Die Offenbarung des Johannes

WILHELM BOUSSET

Die Offenbarung des Johannes, W. Bousset
Jazzybee Verlag Jürgen Beck
86450 Altenmünster, Loschberg 9
Deutschland

ISBN: 9783849666385

Druck: Bookwire GmbH, Voltastr. 1, 60486 Frankfurt/M.

Quelle: https://de.wikisource.org/wiki/Die_Offenbarung_Johannis. Der Text folgt der Ausgabe von 1906 und wurde in der ursprünglichen Rechtschreibung belassen.

www.jazzybee-verlag.de
admin@jazzybee-verlag.de

INHALT:

EINLEITUNG

I. DER LITERARISCHE STIL DER APOKALYPTIK.

Die Offenbarung des Johannes gehört wie das Danielbuch einer bestimmten Literaturgattung an, welche man mit dem Namen Apokalyptik zu benennen pflegt. Der Name ist allerdings nur ein zufälliger und beruht auf einer Verallgemeinerung der Selbstbezeichnung der Apk κατ᾽ ἐξοχήν Erst allmählich ist die Erkenntnis, daß es eine Literaturgattung der Apokalyptik gibt, zum Durchbruch gelangt, wie man auch erst mit der Zeit einen Überblick über die in Betracht kommende Literatur erhielt[1]. Zum ersten Mal hat Semler[2] in seinen Untersuchungen über die johanneische Offenbarung die Schrift in diesen größeren Zusammenhang der jüdischen Apokalyptik hineingestellt. In genialer Weise hat dann Corrodi[3] die Apokalyptik (den Chiliasmus) nicht nur als eine Erscheinung der spätjüdischen und frühchristlichen Zeit zu begreifen, sondern auch nachzuweisen gesucht, daß hier eine zusammenhängende festgegliederte Kette von Erscheinungen vorliegt, die bis tief in die Reformationszeit hineinreicht. Doch war dies Unternehmen verfrüht, auch hinderte der derbe Rationalismus Corrodis ihn an einem richtigen und eindringenden Verständnis dieser geschichtlichen Erscheinung. Er kommt über lauter Schelten und Poltern nicht zum Verstehen der Dinge. Und seine Sammlungen, die mit umfassender Gelehrsamkeit gemacht sind, sind ein wirrer ungeordneter Trümmerhaufen. Höher steht Gfrörers Jahrhundert des Heils. (Geschichte d. Urchristentums III 1. 2. 1738). Auch dieses Werk eilt der Entwicklung der Forschung um einige Jahrzehnte voraus. Gfrörer erweiterte namentlich den Blick über die spätere jüdische Literatur und zeigt dabei eine glänzende, wenn auch oft in die Irre führende Fähigkeit religionsgeschichtlicher Kombination.

Auf dem engeren und uns hier eigentlich in erster Linie interessierenden Gebiet der vorchristlich-jüdischen und frühchristlichen Apokalyptik hat vor allem das groß angelegte Werk von Lücke, Versuch einer vollständigen Einleitung in die Offenbarung Johannes 1832[1], 1852[2], Bahn gebrochen. Es ist das Verdienst Lückes, in durchschlagender und überzeugender Weise die Betrachtung der Literatur von Daniel bis zur Johannes-Offenbarung als einer innerlich einheitlichen durchgeführt zu haben. Freilich bemüht sich Lücke dabei vergeblich, daneben den Begriff einer spezifisch biblischen Apokalyptik festzustellen, nicht zum Vorteil der Klarheit der Sachlage. Neben Lücke ist dann Ewald Geschichte des Volkes Israel Bd. V 1867[3] zu nennen. Trotz lauten Widerspruchs von spezifisch bibelgläubiger Seite (Hengstenberg, Auberlen) brach sich jene Betrachtungsweise auch hinsichtlich des Danielbuches allmählich Bahn. Eine noch bestimmtere und klarere Auffassung von dem Wesen der Apokalyptik liegt bei Hilgenfeld a. a. O. vor. Neueste zusammenfassende Arbeiten auf diesem Gebiete sind: E. Schürer, Geschichte d. jüdischen Volkes[3] II 496-556; W. Bousset, Rel. des Judentums 1903. 195-276; W. Baldensperger, Selbstbewußtsein Jesu: I. Teil: Die messianisch apokalyptischen Hoffnungen d. Judentums 1903; P. Volz, Jüdische Eschatologie von Daniel bis Akiba 1903. Besondere Bahnen ging Gunkel in seinem Werk: Schöpfung und Chaos (1894). Hier wird der Versuch gemacht, die apokalyptische Literatur in einen noch breiteren Zusammenhang hineinzustellen und mit Hülfe einer umfassenderen (religionsgeschichtlichen) Methode zu verstehen (das genauere s. unter Abschnitt IV).

Es muß hier hinsichtlich der Frage nach den der Apokalyptik eigentümlichen Grundanschauungen auf die eben genannten zusammenfassenden Darstellungen verwiesen werden. Es würde sich hier nicht lohnen, diese ausführlicher darzustellen. Denn die Grundideen der apokalyptischen Eschatologie, die Lehre von den beiden Weltaltern (Äonen), von der Nähe des Weltendes, Totenauferstehung und individueller Vergeltung, Herrschaft des Teufels in dieser Welt und Vernichtung seiner Herrschaft am Weltende, Weltgericht, Welterneuerung u. s. w. sind ja ganz in die neutestamentliche Frömmigkeit als deren Grundbestandteil übergegangen. Ihre Darstellung gehört in die biblische Theologie und nicht in die Einleitung zur Apokalypse. Es wird sich hier nur darum handeln, die formalen Eigentümlichkeiten apokalyptischer Schriftstellerei herauszustellen und die Apokalypse ihrer äußeren Anlage und Form nach als eine Spezies der Literaturgattung, zu der sie gehört, zu begreifen. Wir dringen in die Eigentümlichkeiten der apokalyptischen Stilart am besten ein, wenn wir sie mit dem Stil alttestamentlicher Prophetie vergleichen.

Es sind durchgreifende Unterschiede, die in Betracht kommen. In der Prophetischen Predigt steht das gesprochene oder geschriebene Wort, in der Apokalyptik das Bild an erster Stelle. Der Prophet hört und verkündet das Wort Jahves, der Apokalyptiker schaut und erzählt das Bild, die Vision. Auch im Prophetismus spielt die Vision, das Bild und namentlich die symbolisch-ekstatische Handlung, welche letztere in der Apokalyptik nicht weitergebildet wird, eine Rolle, aber nur eine sekundäre, in der Apokalyptik ist es beinahe ein und alles. Es sind natürlich hier wie überall Übergangsformen vorhanden, aber stellen wir auf der einen Seite etwa die Reden des Jeremias und auf der andern Seite die Offenbarung des Johannes, die in mancher Hinsicht, wie wir noch sehen werden, die klarste Ausbildung der apokalyptischen Stilgattung repräsentiert, so greifen wir den Unterschied.

Mannigfach sind die Formen, in denen sich die Apokalyptiker auf diesem Gebiet bewegen, die Vermittelungen, durch welche ihnen ihre Bilder zufließen.

Vor allem spielt der Traum eine große Rolle. Im Danielbuch werden die meisten der Zukunftsbilder im Traum geschaut. 2,1; 4,2; 7,1. („Daniel hatte einen Traum und Gesichte seines Hauptes auf dem Lager"), wahrscheinlich auch 8,1ff. Die beiden Visionen des Henochbuches 83f.; 85ff. sind Traumgesichte. Auch der slavische Henoch beginnt mit einem Gesicht, das Henoch auf seinem Bette hatte 1,3ff. Selbst in den spätesten Erzeugnissen der apokalyptischen Literatur scheut man sich nicht, einfach von apokalyptischen Träumen zu sprechen. Der Apokalyptiker Esra erlebt seine Visionen und seine apokalyptischen Meditationen „als ich einmal auf meinem Bette lag" 3,1. Das fünfte und sechste Gesicht des IV Esra (vgl. 11,1; 12,3; 13,1.13), die Cedernvision und die Wolkenvision des syrischen Baruch (II Bar 36,1; 53,1, vgl. noch Test. Levi 2; 8; Joseph. 19) werden deutlich als Traumgesichte gekennzeichnet.

Mit dieser Charakterisierung des apokalyptischen Gesichtes als eines Traumgesichtes soll natürlich nicht gesagt sein, daß die Apokalyptiker nicht von der Realität der im Traum empfangenen göttlichen Offenbarung überzeugt gewesen seien. Man lebt der naiven Überzeugung, daß Träume unmittelbar göttlichen Ursprungs seien. Aber es ist bemerkenswert, daß ein prinzipieller Unterschied zwischen Traumbildern und Visionen, Träumen und spezifisch ekstatischen Erfahrungen nicht gemacht wird.

Neben der Traumerfahrung ist aber in der Apokalyptik auch die wirkliche Visionäre, ekstatische Erfahrung bekannt. Die Vision Dan 10ff. will Daniel im wachen Zustand an den Ufern des Tigris stehend erlebt haben. In der Übersetzung der Septuaginta zu Dan 4,16 wird deutlich geschildert, wie Daniel die Deutung des Traumes des Nebukadnezar nicht mehr im wachen Bewußtsein, sondern in der Ekstase gibt (vgl. Bousset Religion des Judentums 374). Auch in der syrischen Baruchapokalypse wird das visionäre Element stärker betont. Man vergleiche II Bar 13,1f.: „Danach stand ich Baruch auf dem Berge Zion und siehe, eine Stimme kam aus den Höhen und sagte zu mir: Stelle dich auf deine Füße, Baruch, und höre das Wort des allmächtigen Gottes." Noch charakteristischer ist 22,1 „Und darnach, siehe, taten sich die Himmel auf und ich sah es... und eine Stimme ward aus den Höhen vernommen, und sie sagte zu mir" (vgl. bereits Ezechiel 1,1; andererseits Mt 3,16). Besonders lebendig und reich ist die Schilderung der visionären Exstase im Anfang der Visio Jesaiae (6,10ff.), die ja allerdings bereits in christlicher Bearbeitung vorliegt. Es scheint, als wenn die jüdische Apokalyptik sich mehr und mehr von der Richtung des einfachen Traumgesichtes zur ekstatischen Vision bewegt hat. Die Schilderungen derartiger Zustände werden häufiger; wir werden auch kaum annehmen dürfen, daß diese Schilderungen nur der Literatur angehören. Man kann vermuten, daß in den apokalyptisch erregten Zeiten derartige visionäre Erfahrungen vielfach gemacht sind. Ja, wir können sogar nachweisen, daß eine ganze Reihe in der Überlieferung mit Namen aufgeführter jüdischer Gelehrter Visionäre und Ekstatiker waren[4]. Mit der Zeit wird man auch, obwohl wir wenig Bestimmtes hier nachweisen können, einen Unterschied[5] in der Wertung der wirklichen Vision und des Traumes geltend gemacht haben. Bedeutsam ist jedenfalls in diesem Zusammenhange, daß die Offenbarung des Johannes das Mittel des Traumes nicht mehr kennt, sondern nur die wirkliche Vision, die sie mit einem ἐγενόμην ἐν πνεύματι 1,10; 4,2 (vgl. 17,3; 21,10) oder auch mit einem einfachen καὶ εἶδον umschreibt. Wie Ezechiel in seiner Eingangsvision, wie II Bar 22,1, schaut auch Johannes 4,1 eine im Himmel geöffnete Tür[6] und hört von dort eine Stimme. Immer herrscht die Vorstellung, daß in der Vision der Inhalt der geheimnisvollen oberen Welt in die der irdischen Daseinssphäre entrückte Seele des Sehers eintritt, oder dieser in jene Sphäre, wie wir gleich sehen werden, erhoben wird.

Eine gesteigerte Form der ekstatischen Vision ist dann die visionäre Entrückung. Der Visionär erlebt in der Ekstase, in der er seine Gesichte sieht, vielfach eine Ortsveränderung, er wandert durch fremde geheimnisvolle Gegenden im Himmel und auf Erden. Tatsächliche geheimnisvolle Erfahrungen, die wir als Erfahrungen des Hellsehens, des Fernwirkens zu bezeichnen pflegen, mögen mit dazu beigetragen haben, daß man mit aller Bestimmtheit diese Erfahrungen als Realität auffaßte. Vorbildlich ist auch hier Ezechiel 8,3, der eine solche Entrückung sehr realistisch auffaßt: „Und er reckte etwas wie eine Hand aus und erfaßte mich bei den Locken meines Hauptes, und der Geist hob mich empor zwischen Erde und Himmel brachte mich nach Jerusalem.“ Diese Vision des Ezechiel ist direkt nachgeahmt in der Erzählung des Baruch II Bar 6,3ff. und in der bekannten Erzählung der Entrückung Jesu durch den Geist im Hebräerevangelium.

Noch Paulus denkt so realistisch, daß er bekennt, nicht zu wissen, ob er innerhalb oder außerhalb des Leibes in das Paradies entrückt sei. II Kor 12,3. Nüchterner spricht Daniel 8,2 aus: „Ich schaute im Gesicht, da war es, als ob ich während desselben in der Burg Susa wäre, die in der Landschaft Elam liegt“. Besonders in der Henochliteratur ist das Thema der Entrückung des Sehers weit ausgesponnen. Die Legende von der Entrückung des Henoch gab ja vollkommen Veranlassung dazu. Während die älteren Stücke der Henochliteratur sich noch damit begnügen, Henoch die fernen und geheimnisvollen Orte der Erde durchwandern zu lassen, bringen ihn bereits die Bilderreden mit Vorliebe zu den geheimnisvollen Orten des Himmels und lassen ihn die Mysterien des Himmels schauen. In dem wahrscheinlich den Bilderreden erst angehängten Stück Kap. 70f. haben wir dann bereits eine reguläre Entrückung in den Himmel in ihren Einzelheiten geschildert. Dieses Thema von der Himmelfahrt erzeugt dann eine neue Literatur. Was in der älteren Apokalyptik nur Mittel zum Zweck war, die Entrückung des Sehers, wird zum Selbstzweck und Endzweck der Darstellung, die an dieser Form eine willkommene Gelegenheit fand, allerlei kosmologische, kosmogonische, transzendente Mysterien zu enthüllen. Musterbeispiel für diese Gattung der Apokalyptik ist das slavische Henochbuch. Neben die Himmelfahrten des Henoch treten bald solche des Jesaja, Baruch, Moses, Levi, Abraham und auch mancher moderner rabbinischer Helden, von denen man sich derartiges erzählte[7]. - Es ist demgegenüber bemerkenswert, daß unsere Apokalypse den Stil der eigentlichen „Himmelfahrt“ noch nicht kennt. Freilich wird auch in ihr der Seher entrückt. So sieht er in 4,1 den Himmel offen, eine Stimme tönt herunter ἀνάβα ὧδε, und wenn es dann weiter heißt εὐθέως ἐγενόμην ἐν πνεύματι, so ist damit, wenn anders der Text in Ordnung ist, doch wohl angedeutet, daß der Seher sich nun im Geist in den Himmel erhebt. 17,3 entrückt der Engel ihn ἐν πνεύματι in die Wüste, 21,10 wieder ἐν πνεύματι auf einen hohen Berg. Aber der Apokalyptiker enthält sich aller weiteren Ausmalung der Entrückungen, wie wir sie in der verwandten Literatur finden; ihm ist die Entrückung ein Mittel zum Zweck.

Charakteristisch ist es weiter, daß die Apokalyptik fast immer einen oder auch mehrere Offenbarungsmittler zwischen Gott und dem Seher annimmt. Gewöhnlich ist es ein oft nicht näher bestimmter Engel, der dann einfach als „der“ Engel eintritt. Es ist eben derjenige Engel, der in diesem Fall die Stellvertretung Gottes übernimmt, da dieser nach spätjüdischer Vorstellung nicht mehr selbsttätig bei dem Offenbarungsvorgang eingreift. Schon im apokalyptischen Sacharjastück spielt der Engel die Rolle des Deuters der einzelnen Gesichte (vgl. den „heiligen Wächter“ in Nebukadnezars Traum Dan 4,10ff.). In der zweiten Hälfte des Danielbuches hat Gabriel die Aufgabe der Traumdeutung 8,16ff., resp. der richtigen Schrifterklärung 9,21. Vielleicht ist auch 10,1ff. Der Menschengestaltige, der diesmal als Träger der ganzen Offenbarung erscheint, kein anderer als Gabriel. In der Entrückungsvision erscheint dann fast immer ein Engel als Begleiter des wandernden oder zum Himmel fahrenden Sehers (vgl. die Reisen des Henoch I Hen 18,14; 19,1; 21,5.9; 27,2; 33,14 (Uriel); 22,6 u. ö. 32,6 (Raphael); 23,4; 24,1 (Raguel); 24,6ff. (Michael). Die ganze Himmelsökonomie 72ff. wird dem Henoch durch Uriel offenbart. In den Bilderreden geleitet ein ungenannter Engel den Seher: „der Engel, der mit mir ging“ 46,2; 52,3; „der Engel des Friedens“ (der mit mir ging) 40,8; 52,5; 53,4; 54,4; 56,2 (vgl. Jes 33,7). Bei der Himmelfahrt Henochs geleitet ihn Michael 71,3. Zwei Engel führen den Henoch im slavischen Henoch durch die sieben Himmel. So sehen wir den begleitenden Engel im Testamentum Levi., der Visio Jesaiae, der Apokalypse (hrsg. v. Bonwetsch Stud. z. Gesch. d. Theol. u. Kirche I 1. 1897) und dem Testamentum Abrahams, (hrsg. von M. R. JamesText a. Studies II 1892), im slavisch-griechischen Baruchbuch.

Bemerkenswert ist es, daß im IV Buch Esra der in den ersten Visionen erscheinende Offenbarungsengel, (Uriel nach 4,1; 5,20.31; 7,1) so sehr nur der Zeuge der Offenbarung Gottes ist, daß seine Gestalt oft gänzlich mit derjenigen Gottes verschmilzt (vgl. z. B. 5,43ff.). Noch bemerkenswerter ist es, daß in der Apokalypse des Baruch die Figur des Offenbarungsmittlers ganz verschwunden ist und der Seher hier überall direkt mit Gott verkehrt[8]. An diesem Punkt nimmt die Apokalypse des Baruch eine vollkommen singuläre Stellung innerhalb der späteren jüdischen Literatur ein.

Eigentümlich ist hier auch die Stellung der Offenbarung Johannes. In der ersteren größeren Hälfte spielt, abgesehen von der Überschrift (s. u.), der Offenbarungsengel keine Rolle. Dafür ist es Christus selbst, der seinem Seher erscheint, und bei seinem Eintritt in den Himmel wird nur gesagt, daß der Seher ἐν πνεύματι war[9]. Der 10,1ff. erscheinende Engel hat nur vorübergehende Bedeutung. Dagegen wird dem Seher das Gesicht von der Hure Babylon (17,1) und dem neuen Jerusalem (21,9) durch einen der Schalenengel gezeigt[10]. Dieser ist auch vielleicht 19,9 mit dem Engel gemeint, vor dem der Seher niederfällt. D. h. die Vorstellung vom Engel herrscht in den Stücken, die wir am sichersten als in das Ganze der Apokalypse aufgenommene Quellenstücke nachweisen können[11]. Am Schluß scheint dann der Apokalyptiker selbst die Vorstellung vom Offenbarungsengel aufgenommen zu haben 22,6ff. und ebenso in der nachträglich hinzugefügten Überschrift. 1,1ff. (s. d. Erkl.). — Sichtlich aber hat in der Gesamtanschauung des Apokalyptikers die Person Jesu und die Vorstellung vom Geist[12] als dem Träger ekstatischer Erfahrungen den Offenbarungsengel verdrängt. An beiden Punkten zeigt sich der Einschlag spezifisch christlicher Vorstellungen.

Ein weiteres Charakteristikum erhält die apokalyptische Literatur durch die farbenprächtige Schilderung des als Offenbarungsmittlers erscheinenden Engels (resp. des selbst erscheinenden Gottes). Ez 8 ist auch hier vorbildlich geworden, vgl. Dan 10; II Hen 1. Solche Schilderung übernimmt auch die Apokalypse an zwei Stellen 1,12ff.; 10,1ff., an deren erster aber bereits Christus an Stelle des Offenbarungsengels (resp. Gottes) getreten ist[13].

Wir richten, nachdem wir die mannigfachen Formen, in denen sich die Apokalyptik die Offenbarungsvermittelung denkt, kennen gelernt haben, auf die apokalyptischen Visionen und Bilder selbst unsere Aufmerksamkeit. Sie zerfallen zunächst in zwei große Hauptgruppen. Auf der einen Seite haben wir Bilder, mit denen der apokalyptische Seher die Zukunft weissagend enthüllt, auf der andern Seite solche, in denen einfach geschildert wird, was er als gegenwärtig in seiner Ekstase sieht. Die letzten Bilder gehören ursprünglich eigentlich nur zum Beiwerk der apokalyptischen Weissagung, drängen sich aber im Verlauf der Entwickelung mehr und mehr in den Vordergrund. Auch hier ist wieder Ezechiel mit der breiten Schilderung des göttlichen Thronwagens vorbildlich geworden. Es mußte die Phantasie reizen, den jeweiligen Offenbarungshergang, welchen der Seher erlebt, mit breiteren Pinselstrichen zu zeichnen. Namentlich da, wo die Form der Entrückungsvision ausgebildet erscheint, überwuchern dann die Schilderungen der gegenwärtigen irdischen und himmlischen Geheimnisse die eigentliche apokalyptische Weissagung. Die Henochliteratur gibt das beste Beispiel hierfür, und wiederum ist innerhalb der Henochliteratur das slavische Henochbuch am weitesten fortgeschritten; hier hat die darstellende Vision die weissagende fast ganz verdrängt. Auch in der Apokalypse haben wir eine Reihe von darstellenden Visionen (1,12ff.; 4-5; (6,9ff.) 10,1ff.) und in einem Fall ist auch hier die darstellende Vision Selbstzweck geworden. In den Kapiteln 4 und 5 hat sich die Beschreibung der himmlischen Szenerie zu einem so mächtigen und wuchtigen Bilde ausgestaltet, daß darüber die nun folgende weissagende Vision fast in den Hintergrund gedrängt wird[14].

Die weissagenden Visionen, die der jüdischen Apokalyptik nun doch ihren eigentlichen Charakter verleihen, kann man etwa wieder einteilen in solche Visionen, welche den Zustand des zukünftigen Zeitalters resp. der zukünftigen Welt einfach beschreibend darstellen, und solche, welche die Zukunft, die zu jenem Ende führt, andeutend enthüllen. Zu jenen ersteren Visionen gehören Schilderungen wie die des zum Weltgericht erscheinenden Gottes, mit der das Danielbuch die jüdische Phantasie so stark beeinflußt hat, oder in unserer Apokalypse die Schilderung der seligen Märtyrer vor Gottes Thron (7,9ff.), oder die des neuen vom Himmel herabkommenden Jerusalems. — Erst in dem im eigentlichen Sinne weissagenden Zukunftsbild entfaltet der Apokalyptiker seine Hauptkunst. Hier gilt es, das apokalyptische Geheimnis zu enthüllen und doch auch zu verhüllen, vom Geheimnis nur wenig den Schleier zu lüften und doch nicht ganz; gerade das nur halb enthüllte Geheimnis erregt ja erst recht das Interesse, spannt die Neugierde und den Scharfsinn der Gläubigen und erfüllt den Leser mit andächtiger Bewunderung und frommen Schauern. Das durchgängige Mittel aber, das der Apokalyptiker bei seinen Zukunftsvisionen zu diesem Zwecke anwendet, ist die Allegorie. Die Traumallegorie oder die allegorische Vision hat ihre Wurzeln bereits im Prophetismus und ist eng verwandt mit der hier ebenfalls hie und da vorkommenden allegorischen Rede. Man kann sich z. B. die berühmte Allegorie Ez 17 von dem großen Adler, der zum Libanon kam und die Zeder hinwegnahm, anstatt als Rede als eine Vision des Propheten denken. Dann hätten wir eine vortreffliche allegorische Vision.

So ist IV Esr 4,49f. ein einfaches Gleichnis, das unter dem Bilde eines vorüberrauschenden Regens, hinter dem nur noch einige übrige Tropfen kommen, klar machen soll, wie gering die Tage bis zur Endzeit gegenüber der verflossenen Zeit seien, — tatsächlich in eine allegorische (parabolische) Vision umgesetzt. Nun sieht der Seher tatsächlich die Wolken vorüberrauschen und nur einige Tropfen übrig bleiben. So entsteht die allegorische Vision. Einfachste Beispiele derartiger allegorischer Visionen sind schon im Prophetismus gegeben, so bereits Amos Kap. 7 und 8. Der Seher sieht nur einen einzigen Gegenstand, der für ihn symbolische Bedeutung gewinnt. „Was schaust du Amos? Ich antwortete, einen Korb mit Herbstfrüchten! Da sprach Jahve zu mir: Es kommt der Herbst über mein Volk.“ Bekannt sind auch die beiden kleinen Gesichte im Anfang des Jeremiasbuches. 1,11f.13ff. Das Sacharjabuch setzt sich fast ganz aus einer Reihe derartiger kleiner Bilder, die dann jedes Mal gedeutet werden, zusammen. Diese kleinen allegorischen Visionen sind gleichsam die Keimzellen, aus denen allmählich die Apokalypse erwächst. Aus der einfachen Allegorie entsteht die komplizierte Allegorie. Eine Menge von Einzelzügen werden zu einem allegorischen Bilde verwoben, — ich erinnere an so komplizierte Allegorien, wie sie etwa Apk 12 oder in der fünften Vision des IV Esra vorliegen. Dabei wird das Bild von einem ruhenden zu einem bewegten, die Einzelzüge reihen sich zeitlich an einander, aus dem allegorischen Bilde wird das allegorische im Traum oder in der Vision geschaute Geschehnis, das dann beliebig weit ausgesponnen werden kann. Die ausführliche Weissagung kann aber auch dadurch erzielt werden, daß eine Menge von Einzelbildern an einander gereiht werden, die dann in ihrer Reihenfolge den Verlauf der Zukunftsereignisse widerspiegeln. Diese Bilder werden dann durch ein Zahlenschema mit einander verbunden. Bestimmte Zahlen spielen durch die ganze Apokalyptik hindurch eine entscheidende Rolle: Drei Reiche, vier Metalle, vier auf einander folgende Tiere, vier apokalyptische Reiter, sieben Siegel, sieben Posaunen, sieben Zornesschalen (sieben Donner), zwölf Vorzeichen des Endes (II Bar 27), zwölf Wolken (II Bar 53ff.), ein Adler mit zwölf großen und acht kleinen Gegenflügeln, (IV Esr 11), siebenzig Weltwochen (resp. zehn Wochen mit je sieben Unterabteilungen) (I Hen 93) — das etwa sind die Schemata, mit denen die Apokalyptiker Ordnung in die Fülle der Gesichte zu bringen suchen. Durch diese Mittel entsteht aus der Einzelvision die wohlgeordnete eine ganze Zeitfolge umspannende Apokalypse.

Die Allegorien kann man nun wieder nach ihrem Gehalt einteilen in frei erfundene Allegorieen und solche, die einen bereits gegebenen Stoff für den dem Apokalyptiker vorschwebenden Gedanken verarbeiten. Die frei erfundenen Allegorieen sind die am einfachsten deutbaren, sie umschreiben eben einfach die von dem Apokalyptiker zu weissagenden Ereignisse und hat man diese gefunden, so löst sich die Allegorie restlos auf. Ein Musterbeispiel einer solchen Allegorie sind etwa die Tiervision des Henochbuches, die bekanntlich in ihren Tiergestalten die gesamten Träger der israelitischen Geschichte vorüberziehen läßt, und die Adlervision des IV Esra, deren Undeutbarkeit an gewissen Punkten wohl sicher nur daher rührt, daß hier eine redaktionelle Umarbeitung eines älteren Bildes stattgefunden hat. Diese reinen Allegorieen tragen im Durchschnitt den Charakter einer ledernen Nüchternheit; eignes, urwüchsiges zu erfinden, war die jüdische Phantasie nicht mehr stark genug. Man wußte sich aber anders zu helfen, man nahm seine Zuflucht zu alten überlieferten geheimnisvollen Vorstellungen, zu älteren Weissagungen und Mythen und deutete in die vorgefundenen Bilder die Geheimnisse der Zukunft hinein, wie man sie von seiner Gegenwart aus verstand. So benutzt Daniel in der Vision des zweiten Kapitels sichtlich den weitverbreiteten Mythus von den vier Weltzeiten und adaptiert diesen für seine Gegenwart. Eine Allegorie, die mit vorgefundenem Stoff arbeitet, läßt sich ebenfalls leicht erkennen. Einmal daran, daß, auch wenn man den Schlüssel zur Deutung der Allegorie richtig gefunden hat, in Einzelheiten doch gewisse Inkonzinnitäten bleiben und Bild und Sache sich nie ganz decken, dann auch daran, daß das Bild überschüssige Züge erhält, die nicht gedeutet werden können. Man würde also verkehrt handeln, wenn man in diesem Fall à tout prix alles in der apokalyptischen Allegorie deuten und auflösen wollte. Man wird in dem Gesicht Dan 7 nicht alle Schwierigkeiten wegexegesieren dürfen, man wird vielmehr z. B. aus der künstlichen Zählung der vier Reiche entnehmen dürfen, daß die Zahl vier für die Tiere resp. für die Weltreiche dem Apokalyptiker von vornherein feststand[15]; man wird weiter annehmen, daß die Gestalten der Tiere, deren historisch-allegorische Deutung so unendliche Schwierigkeiten macht, dem Apokalyptiker im großen und ganzen gegeben waren; man wird diese Anschauung auch auf die zehn Hörner des vierten Tieres und den Zug der Beseitigung der drei Hörner durch das elfte auszudehnen haben. Man wird sich sagen müssen, daß niemals weder ein jüdischer noch ein christlicher Apokalyptiker die Geburt des Messias so geschildert haben würde, wie dies Apk 12 geschieht, wenn er nicht hier von einer alten mythologischen Tradition abhängig gewesen wäre[16]. Darin gerade besteht die Kunst der Auslegung derartiger verwickelter Allegorieen, daß man das in ihr überkommene tradierte Element von dem neu hinzugefügten vorsichtig scheidet. Eine derartig gestaltete apokalyptische Allegorie hat oft eine ganze Geschichte hinter sich. Oft wird sich diese nicht mehr rekonstruieren lassen. Dann kann man nur an den vorliegenden Auslegungsschwierigkeiten auf eine solche Geschichte schließen und diese vielleicht hypothetisch rekonstruieren. Oft aber sind wir in einer günstigeren Lage. Der Vorrat der Apokalyptiker an derartigen Bildern ist nicht allzu reichlich. Dasselbe Bild taucht an den verschiedensten Stellen apokalyptischer Überlieferung auf, und diese apokalyptischen Bilder sind dann oft, wie eine nähere Vergleichung zeigt, nicht einfach von einander abhängig, sondern weisen auf eine gemeinsame ältere Überlieferung zurück. Es wäre auch ganz verkehrt, bei dieser Erforschung der Quellen der apokalyptischen Allegorie den Blick auf die Literatur des alten Testaments und des späteren Judentums zu beschränken. Wenn irgendwo, so spielt bei derartigen apokalyptischen, kosmologischen und kosmogonischen Phantasieen und volkstümlichen Vorstellungen die Grenze der Nation und der nationalen Religion keine Rolle. Schon der allgemeine Stil, in dem die apokalyptischen Allegorieen gehalten sind, in seiner bizarren und fremdartigen Mannigfaltigkeit, der grotesken Phantasie, den glühenden Farben hebt sich von der Stilart alttestamentlicher Literatur und Prophetie stark ab und bleibt, von dorther gesehen, ein unlösbares Rätsel. Nichts ist daher verkehrter als in der Apokalyptik nur etwa eine kunstvolle haggadisch-midraschische Weiterführung der Prophetie zu sehen und anzunehmen, diese lebendigen volkstümlichen Phantasieen seien aus schriftgelehrter Betrachtung des Buchstabens der Schrift erwachsen. Diese protestieren mit ihrem ganzen Wesen dagegen. Selbst da, wo derartige Phantasieen sich direkt an einen Buchstaben der alten heiligen Schriften anlehnen, muß man vorsichtig mit der Annahme sein, als wären sie nun wirklich direkt aus der buchstabenmäßigen Auslegung genommen. Es wird sich im einzelnen Fall immer noch fragen, ob hier eine Auslegung oder nur eine Einlegung stattgefunden hat. Der Apokalyptiker Daniel leitet seine Weissagung von den siebenzig Jahrwochen aus Jeremias ab, aber sehr wahrscheinlich ist es, daß er die Idee eines Verlaufes der Weltgeschichte in 70 Wochen einer alten mythischen Tradition[17] entnimmt und sie erst in Jeremias hineingelesen hat. — Hier auf diesem ganzen Gebiet hat also die religionsgeschichtliche Erklärung ihr eigentliches Feld und ihre große Bedeutung.

Es ist übrigens noch zu betonen, daß nicht nur die eine Gruppe allegorischer Zukunftsvisionen mit einem derartigen weitschichtigen Material der Überlieferung arbeitet, sondern daß auch die einfach beschreibenden Visionen eine Menge fremdartigen Stoffes in sich aufnehmen. Nicht, daß der einzelne Apokalyptiker etwa bewußt bei dieser Aufnahme verführe. Aber in den volkstümlichen Vorstellungen von den Räumen des Himmels und seinen Bewohnern, von Gottes Thron, von den Toten- und Gerichtsorten, von den sonstigen geheimnisvollen Orten der Erde, von rätselhaften Naturvorgängen, von der himmlischen Stadt (dem himmlischen Jerusalem) und anderem mehr lagert unkontrolliert Altes neben Neuem, Einheimisches neben Fremdem. Der Apokalyptiker übernimmt diese Vorstellungen als bare Münze ohne jegliche Kritik. Es wäre auch hier nichts verkehrter als dieses ganze Folklore, das hier vorliegt, um jeden Preis auf das alte Testament zurückzuführen. Wir haben es hier im Gegenteil mit Vorstellungen zu tun, die ihre Wurzeln weit hinter der Literatur des alten Testaments haben.

Besonders zu achten ist in dieser Beziehung auf diejenigen Partieen der Apokalypsen, in denen wir es mit reinen Zukunftsweissagungen und nicht mehr mit der ja zum Teil rückwärtsschauenden apokalyptischen Betrachtung der Dinge zu tun haben. Hier wäre ja der Apokalyptiker ganz auf seine allerdings von den Erfahrungen der Gegenwart genährte Phantasie angewiesen, wenn ihm jenes überlieferte Material schon geprägter Bilder nicht zur Verfügung stünde. Hier begnügt er sich oft, ein geprägtes Bild zu übernehmen, das einigermaßen in seinen Zusammenhang paßt, ohne daß er es aus bestimmte Ereignisse deutete. Hier bleibt er selbst beim Geheimnis stehen, und wir würden ihm gar nicht gerecht werden, wenn wir ihm die Frage stellten, was er sich bei dem Bilde genau gedacht. Ein gutes Beispiel bieten die letzten Weissagungen des Danielbuches. Was Daniel 11,40ff. von dem König des Nordens erzählt, ist und bleibt undeutbar auch nach der eignen Meinung des Sehers, der hier eine ihm selbst undeutliche Weissagung bringt, von der erst die Zukunft den Schleier lüften soll. Wir dürfen im Sinn einer rechten Auslegung nur die Frage stellen, was jene übernommene alte Weissagung einst für eine Bedeutung gehabt haben mag, und ob wir diese Frage lösen oder nicht, das macht für unser direktes Verständnis des Danielbuches nichts mehr aus.

Die Allegorie ist also das erste und oberste Mittel des Apokalyptikers, seiner Weissagung einen geheimnisvollen Zauber zu geben, mit dem er die Leser und Hörer zu fesseln und ihre Aufmerksamkeit und ihr Interesse zu erregen sucht. Fast möchte man sagen, stören nun die meisten Apokalyptiker den von ihnen beabsichtigten Zweck, den Eindruck des Feierlichen, Geheimnisvollen, durch die ihren Weissagungen fast regelmäßig zugefügten Deutungen. Die apokalyptische Allegorie bedarf eben wie jede Allegorie der Deutung. Immerhin paßt sich auch die Deutung dem Stil der Apokalyptik an, sie wird als feierliches Geheimnis, als besondere Offenbarung, die der Seher für die Frommen aufzeichnet, mitgeteilt. Sehr oft (man vgl. Sacharja, Daniel, Apk Joh 17[18], die ersten Visionen des IV Esra) übernimmt der in der Vision erscheinende Engel gerade die Deutung der Vision. Dies erhöht den Eindruck ihrer Bedeutung. Auch sonst ist die Erklärung selbst oft im Rätselstil gehalten, sie deutet nur an und läßt vieles bei Seite. Vieles war für den Apokalyptiker, der ein bereits ausgeprägtes Bild übernimmt, überhaupt nicht mehr deutbar und umsomehr dann mysterium tremendum. Bemerkenswert ist an diesem Punkt, daß die Johannesapokalypse im allgemeinen die regelrechte Deutung nicht kennt. Es werden hier nur Einzelheiten in den Visionen im Vorübergehen, oft nur in einem einfachen Relativsatz, gedeutet 1,20; 4,5; 5,6; 5,8; 7,14; 11,4; 14,4: 16,14; 19,8 (19,13b), so daß man fast versucht sein könnte, erst an eine nachträgliche

Hinzufügung der meisten dieser kurzen Zusätze durch die Hand eines Abschreibers zu denken. Eine halbe Deutung, die wieder nur ein neues Rätsel enthält, ist auch die Zahl des Tieres 13,18. Eine ausführlichere Deutung liegt nur k. 17 vor und wieder ist diese Deutung in einem besonders geheimnisvollen Rätselton gehalten. Sonst aber läßt der Apokalyptiker ohne Erklärung die Fülle seiner geheimnisvollen Bilder vorüberrauschen. Zweifellos verleiht dieser Umstand seiner Weissagung eine ganz besondere einheitliche Wucht.

Noch durch manche andere Mittel erzielen die Apokalyptiker jene Stimmung des Geheimnisvollen, auf die es ihnen ankommt. Sie lieben geheimnisvolle Worte und Umschreibungen: „der Betagte" (für Gott), „einer wie ein Mensch" „der wie ein Mensch gestaltet war" (Menschensohn). Der Seher schaut „ein gleichsam geschlachtetes Lamm", und das eine Haupt des Tieres „gleichsam geschlachtet". Er redet von dem Tiere, das war und nicht ist, das das achte ist und doch zu den sieben gehört. Einmal geprägte geheimnisvolle Wendungen und Andeutungen werden in unveränderter Form als apokalyptische Schlagworte weitergegeben, so z. B. „der Greuel der Verwüstung" (βδέλυγμα τῆς ἐρημώσεως), die geheimnisvollen 3½ Jahre der letzten Zeit der Not, die immer wieder umgedeutete Idee des vierten Tieres, die Hure, die auf den Wassern thront u. s. w. Gerne schildert der Apokalyptiker seine Gemütsstimmung beim Empfang der wunderbaren Weissagungen, wie sein Antlitz sich verändert, seine Gebeine zerschmelzen, wie er vor Furcht zu Boden fällt (z. B. Dan 10,8f.; Apk 1,17). Immer ist er aufs äußerste erregt, er sieht Blitze vor Augen, er hört mächtige Stimmen, donnerartiges Geräuch. Der Leser wird an geeigneten Punkten darauf hingewiesen, daß er auf die großen himmlischen Geheimnisse achten soll. „Wer es liest, merke auf" Mk 13,14, „hier ist Verstand und Einsicht von Nöten". Apk 13,18 vgl. 13,9; 14,12f.

So spinnt der Apokalyptiker sich und seine Leser in den Zustand und die Stimmung des Geheimnisvollen ein. Er steht erschüttert vor der Fülle seiner Gesichte: „Ich hörte dies, aber verstand es nicht und sagte darum: o Herr! Was wird der Ausgang von alledem sein? Er antwortete Geh' Daniel! denn bis zur Endzeit bleiben die Worte geheim und versiegelt". Dan 12,8f.

Eigentümlich schwierig ist die Psychologie des Apokalyptikers. Vor allem wüßten wir gerne, ob er mit seiner persönlichen Erfahrung hinter seinen Gesichten und Visionen steht, ob er die Gesichte und ekstatischen Erfahrungen selbst erlebt hat. Haben wir in den jüdischen Apokalyptikern wirklich eine Schar von Ekstatikern zu sehen oder ist das visionär Ekstatische an der Apokalyptik nur literarische Form und Buchweiskeit? Das sind nun Fragen, bei denen sich nicht so einfach mit einem Ja und Nein antworten läßt. Im allgemeinen wird man die Möglichkeit wirklich ekstatischer Erfahrungen nicht leugnen können.

Man kann dagegen nicht die oft sehr feine und minutiöse Ausgestaltung der Visionen ins Feld führen und die Frage erheben, wie denn dem Apokalyptiker aus seinem Traum oder seiner Ekstase jene Unsummen von Einzelheiten hätten im Gedächtnis bleiben können. Man wird hier vielmehr zu scheiden haben. Es kann sehr wohl angenommen werden, daß eine im Traum oder in der Vision gegebene Grundlage bei der schriftstellerischen Ausarbeitung erst ins Einzelne und Feine ausgearbeitet wurde. Auch das wird sich gegen eine wirkliche visionäre Erfahrung kaum ins Feld führen lassen, daß der Apokalyptiker nachweisbar von fremdem bereits geprägtem Stoff, ja von anderen uns noch vorliegenden apokalyptischen Schriften im Durchschnitt abhängig sei. Man wird demgegenüber natürlich annehmen dürfen, daß der Visionär sein Vorstellungswelt an der Lektüre heiliger Offenbarungsschriften und an sonstiger eschatologischer Tradition gebildet hat, und daß ihn diese Vorstellungswelt nun auch ins Traumleben und in das Leben visionärer Erfahrung hineinbegleitet. Der Traum webt sich erfahrungsgemäß aus den Erfahrungen und Eindrücken des wachen Lebens. Und was vom Traum gilt, gilt auch von der visionären Erfahrung. Denn das ist sicher: in einer meist fieberhaft erregten Zeit lebten die Apokalyptiker ganz und gar in den Vorstellungen des Endes, in den Fragen nach den Zeichen der letzten Zeit. Kein Wunder, wenn ihre Fragen, Wünsche, Hoffnungen sie hineinbegleiten in Zustände, die jenseits des taghellen Bewußtseins liegen. Auch wird man im allgemeinen visionäre Erfahrungen dem Zeitalter der Apokalyptik nicht absprechen können. Wenn auch das Dogma existierte, daß die Prophetie in dieser späten Zeit erloschen sei, und man in weiten Kreisen gegenüber gegenwärtiger Prophetie mißtrauisch war[19], so beweisen doch auf der andern Seite manche Zeugnisse, daß in gewissen frommen Kreisen, namentlich auch in den niederen Volksschichten, der Glaube an gegenwärtige direkte Offenbarung und Prophetie nicht erloschen war.

Auf eine sehr gewichtige Gegeninstanz wird man allerdings bei dieser Frage immer hinweisen müssen, auf das Selbstzeugnis der Apokalyptiker. Denn durchgehends tragen die Apokalypsen von Daniel an den mit Händen greifbaren Charakter der Pseudonymität. Wir haben in dieser Literatur eine ganze Musterkarte von Pseudonymen. Daniel, Henoch, Moses, die Patriarchen: Abraham, Isaak, Jakob und die zwölf Söhne Jakobs, Salomo, Jesaia, Jeremia, Baruch, Esra werden fruchtbare Schriftsteller. Die immer wieder festgehaltene Fiktion ist dabei, daß diese alten Helden der Geschichte Israels bisher geheimgehaltene verborgene Bücher geschrieben haben. Sie haben diese Worte für die Endzeit bestimmt. „Denn bis zur Endzeit bleiben diese Worte geheim und versiegelt“ Dan 12,9. Nun aber am Ende der Tage sind die Frommen in den Besitz dieses geheimnisvollen Buches gekommen. „Am Ende (der siebenten Woche) werden die auserwählten Gerechten der ewigen Pflanze der

Gerechtigkeit auserwählt werden, um siebenfache Belehrung über seine ganze Schöpfung zu empfangen." Hen 93,10. Die Apokalyptik gibt sich wenigstens als Buchweisheit, sie will verschollene, geheime Literatur alter vergangener Tage sein. Diese durchgehende Eigentümlichkeit macht sehr mißtrauisch gegen die Annahme, daß hinter den Träumen und Visionen selbsteigne Erfahrung stehe und macht uns geneigt, in dem allen nur eine literarische Form zu erblicken.

Aber auch hier wird man vorsichtig gegen eine zu rasche Formulierung des Urteils sein müssen. Es bleibt möglich, daß in dieser literarischen Form der Apokalyptik ein Kompromiß zwischen der eignen Erfahrung des Apokalyptikers und dem allgemeinen Zeitbewußtsein vorliege. Mochte der Apokalyptiker noch so sehr von der Realität seiner Offenbarungen überzeugt sein, in dem Milieu, das ihn umgab, war man einmal mißtrauisch gegenüber prophetischen Offenbarungen in der gegenwärtigen Zeit. Der Abschluß des Kanons heiliger Schrift war schon zu Beginn der apokalyptischen Zeit weit fortgeschritten. Der Abschluß des Kanons aber setzt immer dem Glauben an fortwirkende, selbständige Offenbarung ein Ende und teilt die Zeiten in eine schöpferische Zeit der Offenbarungen und eine Epigonenzeit, in der Offenbarungen nicht mehr erfolgen. So ist denkbar, daß die Apokalyptiker bei voller Überzeugung von der Realität ihrer Offenbarungen, um diese für die Masse eindrucksvoller und glaubwürdiger zu gestalten, zu dem Kunstmittel der Pseudonymität griffen. War aber einmal diese literarische Form geprägt, so konnte sich ihr so leicht niemand entziehen, wenn er auf Anerkennung seiner Offenbarungen hoffen wollte. Hier muß nun übrigens betont werden, daß gerade an diesem wichtigen Punkte die Johannesapokalypse eine Ausnahmestellung einnimmt. Es bleibt allerdings die Frage, ob die Weissagungen der Apokalypse von dem sich als ihren Träger nennenden Johannes selbst geschrieben oder nur auf seinem Namen geschrieben seien, oder ob eine vermittelnde Hypothese hier ihr Recht habe. Aber eines ist sicher: als Zeuge der Apokalypse gibt sich ein Mann der unmittelbaren oder eben verflossenen Gegenwart. Dasselbe wird zum Schluß im direkten Gegensatz gegen den hergebrachten apokalyptischen Stil hier gesagt: „Versiegele die prophetische Worte dieser Bücher nicht. Denn die Zeit ist nahe!" 22,10. Ihrer Form nach gibt sich die Apokalypse nicht als Buchweisheit, sondern als gegenwärtige Offenbarung. Auch pulsiert in ihr ungebrochenes prophetisches Bewußtsein (vgl. den Abschnitt V). Die Apokalypse ist geschrieben in einer Zeit, wo man wieder im frohen Bewußtsein lebte, den Geist zu besitzen; den Geist Gottes, der zu den Propheten redet. Und einer abgeschlossenen Offenbarung des alten Testaments ist man im Begriff eine neue Offenbarung zur Seite zu stellen. — Das ganze Bedenken, das sich gegen die jüdische Apokalyptik in dieser Frage und an diesem Punkte erhebt, fällt für die neutestamentliche Apokalypse fort.

Dennoch wird sich die Frage weder hier noch dort schwerlich entscheiden lassen. Oft wird das Urteil bei den einzelnen Stücken desselben Buches schwanken. Ich halte es nicht für unmöglich, daß ein Teil der Gesichte im Danielbuch wirklich geschaut sind; aber daß der kleine Abriß der Geschichte in den letzten Kapiteln des Buches der Studierzelle und nicht im Traum eines Visionärs entstammt, dürfte auf der anderen Seite klar sein. Unmittelbare Erfahrung scheint in dem Traumgesicht Henochs k. 83-84 nachzuzittern, aber der ledernen Tiervision k. 85ff. würde man zu viel Ehre antun, wenn man sie – wenigstens dem größten Umfang nach – für mehr nehmen wollte als das müßige Hirngespinst eines Literaten.

Im übrigen wird man bei der Beurteilung dieser Frage auch von dem Satz auszugehen haben, daß sich die Annahme einer wirklichen visionären Erfahrung am leichtesten da halten lassen wird, wo wir kleine einzelne Visionen, abgerundete, leicht behaltbare Bilder haben. Der Prophet sieht (u. s. w.) einen Korb voller Herbstfrüchte und hört die Deutung: der Herbst kommt: das ist eine Vision. Je kleiner, abgerundeter, in sich einheitlicher das Bild, desto wahrscheinlicher die Unmittelbarkeit der Erfahrung. Je größer, umfangreicher, komplizierter, je künstlicher komponiert eine Apokalypse ist, desto mehr erhalten wir den Eindruck einer rein literarischen Produktion. In diesem Punkt steht nun gerade die neutestamentliche Apokalypse auf dem äußersten Punkt der Entwicklung zur literarischen apokalyptischen Kunstform. Keine Schrift des genus, zu dem die Johannesapokalypse gehört, zeigt auch nur annähernd eine so künstliche Komposition wie diese. In keiner Schrift sind die einzelnen Visionen und Visionenreihen so künstlich mit einander verwoben, daß keine fast sich aus dem Ganzen herausnehmen läßt, ohne dieses zu schädigen. Nirgends so wie hier haben wir den Eindruck bis ins einzelne berechnender, in taghellem Bewußtsein arbeitender, künstlerischer Reflexion. Von der Johannesapokalypse als einem Ganzen gilt sicher, daß sie gedichtet und nicht geschaut, daß sie ein literarisches Kunstwerk und nicht das Tagebuch eines Visionärs ist. Mit diesem Urteil ist nun aber wieder nicht gegeben, daß hinter einzelnen Gesichten der Apokalypse nicht unmittelbare Erfahrung stände, sei es, daß der Verfasser der Apokalypse selbst einzelne wirkliche Gesichte älterer Propheten in sein Kunstwerk verwoben, sei es, daß er einmal wirklich erlebte Visionen aufgenommen hat.

Übrigens muß betont werden, daß bei der Abschätzung des wirklichen religiösen Wertes und Gehaltes einer Apokalypse es nicht auf die Frage ankommt, ob in ihr wirkliche visionäre Erfahrung vorliege, oder ob die berichtete Vision nur der literarischen Kunstform angehört. Es kommt auf den Inhalt der religiösen Überzeugung an und nicht auf die Form ihrer Vermittelung. Und dieser innere Gehalt verliert an Großartigkeit, Schwung und Kraft nichts, mag man die Frage so oder so entscheiden. Daß aber ein religiöser Schriftsteller sich einer hergebrachten literarischen Form bedient, um seine Gedanken wirkungsvoll für die Masse zu gestalten, daran könnte nur ein Fanatiker der Wahrhaftigkeit des Buchstabens Anstoß nehmen.

Mit der eben berührten Pseudonymität der apokalyptischen Literatur hängt die vielfach obwaltende Manier zusammen, mit der hier schon geschehene Ereignisse in der fingierten Form der Zukunftsweissagungen als vaticinia ex eventu vorgetragen werden. Da der Apokalyptiker fast ausnahmslos im Namen einer Persönlichkeit einer weit entfernten Vergangenheit redet, so liegt der Gedanke sehr nahe, diese Situation auszunutzen, vom Standpunkte der Vergangenheit aus zu weissagen und durch die Menge bereits erfüllter Weissagungen die Zuverlässigkeit der wenigen noch ausstehenden Weissagungen zu garantieren. Man wird aber doch gut tun, die Absicht und Meinung des Apokalyptikers nicht gar zu mechanisch aufzufassen. Freilich ist z. B. in der Tiervision des Henochbuches diese Art der Weissagung von einem fingierten Standpunkt aus zu einer reinen Farce geworden. Aber oft liegt bei diesem Verfahren doch auch wirklich der Versuch einer Erfassung geschichtlicher Zusammenhänge im größeren Stil vor, so namentlich im Danielbuch. Hier wird (in Kap. 2 und 7) dem Apokalyptiker das vaticinium ex eventu oder der Rückblick in die Vergangenheit ein Mittel, um den Zusammenhang, in welchem seine Gegenwart innerhalb des großen göttlichen Weltenplanes steht, zu erfassen und zu bestimmen. Die Apokalyptik erhebt sich hier zu den ersten Ansätzen einer geschichtlichen Theodicee. Die alte heilige Weissagung von den vier Weltreichen wendet der Apokalyptiker auf die ihm bekannte Geschichte an und bestimmt den Ort, an dem sich seine Zeit und sein Geschlecht befindet. Die Geschichte wird ihm zu einem Zeugnis von der Einheit einer über ihr waltenden göttlichen Absicht, von einem heiligen Willen Gottes, der die Not auf Erden größer und größer werden läßt, bis es endlich heißt: wo die Not am größten, ist Gottes siegende, helfende, heilende, richtende Gegenwart am nächsten.

Nach dem, was oben über die Ausnahmestellung der Johannesapokalypse im Punkte der Pseudonymität gesagt ist, werden wir übrigens von vorn herein erwarten dürfen, daß in ihr auch das vaticinium ex eventu nur eine geringe Rolle spielt. Dennoch ist dies Element apokalyptischer Weissagung hier nicht verschwunden. Wenigstens müssen wir im Sinne des Schriftstellers, der die Apokalypse, wie sie uns vorliegt, geschrieben hat, in Kap. 11,1-2 und Kap. 12 rückwärtsschauende Weissagungen annehmen. Sichtlich schaut der Verfasser hier auf die Zerstörung Jerusalems, die Geburt Christi und seinen Kampf mit dem Teufel, die Verfolgung der ersten Christengemeinde zurück. Die Weissagung ist also nur noch Form. Aber auch hier ist, wenn wir von dem kleinen Fragment 11,1-2 absehen, das vaticinium ex eventu nicht das oberflächliche Mittel, die Sicherheit der noch ausstehenden Weissagungen zu garantieren. Sondern der Rückblick in die Vergangenheit und in die Kämpfe, die hier mit dem alten Erbfeind, dem Teufel, bereits ausgefochten sind, verfolgt den Zweck, der gegenwärtigen Generation zu zeigen, wo sie jetzt siehe, und ihr den Mut für den noch ausstehenden Kampf zu stählen.

Mit dem tatsächlich vorhandenen Element des vaticinium ex eventu hängt ja nun auch die sogenannte zeitgeschichtliche Deutung der Apokalypse zusammen. Denn diese Elemente der apokalyptischen Weissagung erhalten naturgemäß ihre Deutung aus der Geschichte, namentlich aus der in der unmittelbaren Zeitnähe des Schriftstellers liegenden Geschichte. Hier in diesem Punkt ist mit Recht neuerdings zur Vorsicht gemahnt. Man hat wohl zeitweilig die Apokalyptik so angesehen, als bestände sie wesentlich aus vaticinia ex eventu, d. h. man hat sie zu einer Farce gemacht. Demgegenüber wird im allgemeinen daran festzuhalten sein, daß dem Apokalyptiker seine Weissagung kein Spiel, sondern Ernst ist, und daß er wirklich Zukunftsweissagung bringen will. Aber die Art, wie jene Zukunftsweissagungen entstehen, aber haben wir bereits oben geredet. Sie sind natürlich zum Teil auch aus zeitgeschichtlichen Verhältnissen herausgewachsen. Aber es treten hier nun ganz neue Elemente und Hülfsmittel ein, deren sich der Apokalyptiker bedient: alte geheiligte Traditionen und Bilder, Mythen und mythologische Vorstellungen, die er nicht erfindet, nicht den Verhältnissen seiner Gegenwart entnimmt, und die für alle rein zeitgeschichtliche Deutung unlösbar bleiben.

Achten wir endlich noch auf die mit der apokalyptischen Zukunftsweissagung verbundenen Nebenformen. In erster Linie kommt hier natürlich die Paraenese in Betracht. In der prophetischen Rede war die Paraenese ein und alles, sie ist der Endzweck aller prophetischen Rede, und was die Propheten von Vergangenheit und Zukunft predigen, steht mit diesem Endzweck in unmittelbarem Zusammenhang. Es ist nicht zu verkennen, daß sich in der apokalyptischen Literatur die Weissagung selbst zum Selbstzweck auswächst, daß der Apokalyptiker durch seine strahlenden Zukunftsbilder vor allem Trost in die Herzen der leidenden Frommen gießen will. Die eigentliche sittliche Ermahnung steht mit diesem Zwecke nur in loserem Zusammenhange. Die Zukunft hängt dem Apokalyptiker nicht vom Tun und Lassen der Menschen ab, wie dem Propheten, er kommt daher nirgends von seiner Weissagung zu einer konkreten Erfassung der Pflichten der Frommen in der Gegenwart. Was er verkündet, ist Gottes und der überirdischen Gewalten Tun und Handeln. Aber weil nun doch der Apokalyptiker das große Gericht Gottes verkündet, so verbinden sich an diesem Punkt mit den religiösen Hoffnungsgedanken unmittelbar sittliche Motive stärkster Art. Diese Motive stehen aber mit dem speziellen Inhalt der apokalyptischen Weissagung nur in losem Zusammenhang, sie wachsen deshalb aus dieser nicht unmittelbar hervor, sondern treten ziemlich unvermittelt, nur durch den Gedanken des großen Gerichtes Gottes lose mit dieser verbunden, neben sie. Daraus erklärt sich die Struktur der meisten jüdischen Apokalypsen. In ihnen treten die ethischen Ermahnungen in besondern Abschnitten neben die Abschnitte apokalyptischer Weissagungen und Enthüllungen transzendenter Geheimnisse. So stehen im älteren Teil des äthiopischen Henochbuchs die speziellen Paraenesen am Anfang und am Schluß des Buches, im slavischen Henochbuch bilden sie den zweiten, vom ersten scharf abgegrenzten Teil, in den Testamenten wechseln Weissagungen und Ermahnungen, so daß letztere das Übergewicht haben. Im II Bar und IV Esr sind allerdings die beiden Elemente stärker in einander verwoben. Aber in unserer Apokalypse findet sich wieder — abgesehen von einzelnen, über die ganze Apk zerstreuten kurzen Wendungen — das paraenetische Element in den Briefen am Anfang für sich.

Ein bemerkenswertes Nebenelement der Apokalyptik ist übrigens auch das Gebet. Wie dieses in der gesamten spätjüdischen Literatur überhaupt eine Rolle spielt, so auch in der Apokalyptik. Eine besonders wichtige Offenbarung wird gewöhnlich durch ein kürzeres oder längeres, oft sehr langes Gebet eingeleitet. Vorbildlich ist auch hier Daniel mit dem neunten Kapitel seiner Weissagung geworden. Jede der ersten Vision des IV Esr ist mit einem entsprechenden Gebet eingeleitet, auch der Verfasser der II Baruchapokalypse verwebt eine Reihe von Gebeten in seine Weissagung. Die Johannesapokalypse hat keine Gebete, aber auch sie hat ein Mittel, durch welches der einförmige Verlauf der Weissagungen und apokalyptischen Bilder wirkungsvoll durchbrochen wird. Das sind die zahlreichen ein gestreuten kleinen prächtigen Hymnen, deren Form wohl bereits dem christlichen Gottesdienst entlehnt ist. Eine ganz besondere Stilart ist endlich durch das achtzehnte Kapitel, das Klagelied über den Fall Babels, repräsentiert. Es hat seine Parallelen in den mannigfachen sibyllinischen Drohliedern gegen Rom, wie sie namentlich im fünften Buch der Sibylle vorliegen.

So laufen die Fäden überall hinüber und herüber. Unser Buch ist weder seiner ihm zu Grunde liegenden Weltanschauung, nach seiner äußern Form nach eine isolierte Erscheinung, sondern es gehört nach seinem Inhalt zum großen Teil und ganz und gar nach seiner Form in die mit Daniel beginnende Schriftgattung der Apokalyptik hinein. Daß es innerhalb dieser Literatur in mancher Hinsicht eine besondere Stellung einnimmt, ist bereits hervorgehoben. Und betont mag schon hier werden, daß weit darüber hinaus ein persönliches, individuelles, aus einer ganz bestimmten Situation heraus sich ergebendes Element in ihm vorliegt, dessen Darstellung einem späteren Abschnitt vorbehalten bleibt. Im Zusammenhang damit wird auch zur Besprechung kommen, was speziell christlich darin ist.

Fußnoten:

1. Die erste wirkliche Sammlung der einschlägigen Schriften lieferte Fabricius cod. pseudepigraph. Vet. Testamenti 2. ed. 1722—23 (eigentlich schon unter einem noch umfassenderen Gesichtspunkt angelegt). Es folgte die Entdeckung des äthiopischen Henochbuches und der Ascensio Jesaiae (Bruce, Laurence 1773 [1821] 1819), die Ausgabe des Henochbuches von Dillmann, die Arbeiten Gfrörers, Jahrhundert des Heils 1838, Prophetae veteris testamenti pseudepigraphi 1840, die Entdeckungen Cerianis (Assumptio Mosis 1861. Apok. des Baruch 1866), die Herausgabe des Testamentum XII Patriarcharum in einem einigermaßen lesbaren Text von Sinker. Noch die neueste Zeit hat wesentliche Beiträge geliefert. Neuentdeckt wurde ein Stück des griechischen Henoch in der Handschrift von Akhmim (von Bouriant, vgl. die Ausgaben von Lods und Charles); das sehr interessante Buch der Geheimnisse Henochs wurde in einer Übersetzung aus dem Slavischen zugänglich gemacht (Charles the book of the secrets of Henoch 1896 und Bonwetsch, d. slavische Henochbuch. Abh. d. Gött. Ges. d. Wissensch. N. F. I 3. 1896). Aus dem Nachlaß des verstorbenen Bensly gab James das IV. Buch Esra in einem zuverlässigen und zum ersten Male vollständigen lateinischen Text heraus (Text and Studies 1895), und Gebhardt verdanken wir eine abschließende Ausgabe der salomonischen Psalmen (1895). Neuerdings sind hier besonders die von dem Engländer R. H. Charles herausgegebenen Texte und Übersetzungen zu nennen: The Book of Enoch 1893; the apocalypse of Baruch 1896; Assumption of Moses 1897; Ascension of Isaiah 1900; The Book of Jubilees 1902; ferner die Veröffentlichungen von James in Texts a. Studies II und V. Cambridge 1892. 1897; die neuen Ausgaben der Oracula Sibyllina von Rzach (1891) und namentlich von Geffcken (1902). Die wichtigsten Stücke dieser Literatur findet man jetzt (von Daniel abgesehen) in Kautzsch Apokryphen und Pseudepigraphen in Übersetzungen. Einen Überblick über das Material bei Schürer Gesch. d. jüdischen Volkes[3] im dritten Band; Bousset Religion d. Judentums S. 6-48; Artikel Apokalyptic Literature von Charles, Encyclop. Biblica I 213-250; Artikel „Pseudepigraphen des alten Testaments", Realencyklop. XVI 229-265.
2. vgl. Hilgenfeld, jüdische Apokalyptik, Jena 1857 1ff.
3. Geschichte des Chiliasmus, Frankfurt und Leipzig 1781. Vgl. auch die wertvolle Schrift von Berthold, Christologia Judaeorum, Gotha 1828.
4. Bousset, Rel. d. Judentums. S. 349f. u. 379.

5. vgl. die gegensätzliche Auffassung von Vision und Traum im hebr. Testam. Naphthali k. 2; 4; 7.
6. vgl. auch Ascensio Jesaiae 6,6 (nach dem äthiop. Text): „sie hörten eine Tür, welche man öffnete und die Stimme des heiligen Geistes".
7. Die Entrückung spielt auch in der heidnischen Offenbarungsliteratur eine Rolle. Vgl. R. Reitzenstein, Poimandres 1904. S. 5. 9f. 102f. 105 u.ö.; A. Dieterich, eine Mithrasliturgie 1903 und meinen Artikel über die Himmelsreise der Seele, Archiv f. Religionswissensch. IV. 2, 136ff. 229ff.
8. Die Visionen k. 6 u. 7, in denen die Engel eine Rolle spielen, sind dem Ezechiel nachgebildet.
9. Die Stimme 1,10 und 4,1 ist die Stimme Christi oder Gottes.
10. Übrigens liegt hier 17,3; 21,10 eine Kombination der Vorstellungen von der Offenbarungsvermittelung durch den Engel und derjenigen durch den Geist vor.
11. Die Kombination, daß der Engel einer der sieben Schalenengel gewesen sei, wird freilich vom Apok. letzter Hand stammen.
12. Über Spuren dieser Anschauung vom Geist im Judentum s. Rel. d. Judentums 374f.
13. Man beachte, wie hier und da geschildert wird, wie zunächst dem Seher eine einfache menschliche Gestalt erscheint und wie diese sich dann vor den Augen des Sehers in eine himmlische Erscheinung verwandelt. Vgl. die vierte Vision des IV Esra und die Einleitung zum Hirten des Hermas 1. — Dazu vgl. auch R. Reitzenstein Poimandres 11ff.
14. Übrigens ist bereits k. 5 nicht mehr einfach darstellende Vision. Der Seher sieht hier bereits teilweise zukünftige Ereignisse, den unmittelbaren Moment vor der Lösung der Siegel des Buches, als gegenwärtig.
15. Vgl. z. B. auch im griechischen Estherbuch den Traum des Mardochai, der sich nicht als reine Allegorie zur folgenden Erzählung auflöst.
16. Anm: Fußnote wohl entfallen. Im Original gleiches Ankerzeichen wie die vorherige Fußnote.
17. Nämlich der Tradition, daß das große Weltenjahr in 70 (72) Wochen verläuft, so wie nach uralter Vorstellung das einfache Sonnenjahr 72 Wochen à 5 Tage (= 360 Tage) enthält. (Keilschriften u. d. A. Test.[3] 328. 334f.).
18. Bemerkenswert ist es, daß die Adler- und Menschensohn-Vision des IV Esra, die Zedernvision und Wolkenvision im II Bar durch Gott selbst gedeutet werden.
19. Rel. d. Judentums S. 374.

II. DIE APOKALYPSE IM NEUTESTAMENTLICHEN KANON

Die ersten vielleicht beachtenswerten Zeugnisse[1] für ein eventuelles Vorhandensein der Apk finden sich in den ignatianischen Briefen. An Apk 21,3 erinnert in der Tat ad Eph 15,3 ἵνα ὦμεν αὐτοῦ ναοὶ (Apk 21,3 lesen ℵ A λαοί!) καὶ αὐτὸς ἐν ἡμῖν θεὸς ἡμῶν. Ferner gewinnt ad Philad. 6,1 der Satz: οὗτοι ἐμοὶ στῆλαί εἰσιν καὶ τάφοι νεκρῶν, ἐφ' οἷς γέγραπται „μόνον" ὀνόματα ἀνθρώπων an Prägnanz, wenn man darin eine Anspielung auf Apk 3,12ff. erblicken könnte[2].

Der erste Zeuge, bei dem man mit großer Wahrscheinlichkeit Bekanntschaft mit der Apokalypse konstatieren mann, ist Papias. Eusebius freilich weiß davon nichts zu melden. Aber das ist bei seiner Stellung zu unserem Buch nur zu begreiflich. Aber in dem, was er aus dessen Werk berichtet, finden sich starke Anklänge an die Apk: III 39,12 ἐν οἷς καὶ χιλιάδα τινά φησιν ἐτῶν ἔσεσθαι μετὰ τὴν ἐκ νεκρῶν ἀνάστασιν σωματικῶς τῆς Χριστοῦ βασιλείας ἐπὶ ταυτησὶ τῆς γῆς ὑποστησομένης. Eusebius führt freilich diese Meinung des Papias nicht auf die Apokalypse, sondern dem Zusammenhang nach παράδοσις ἄγραφος (III 39,11) zurück, nennt als mißverstandene Quelle des Papias die „ἀποστολικαὶ διηγήσεις", und denkt dabei wohl vor allem an das von Johannes stammende bekannte Herrenwort von der fabelhaften Fruchtbarkeit des Weinstockes im Jenseits (vgl. III 39,11 ξένας τέ τινας παραβολὰς τοῦ σωτῆρος). Aber Eusebius Urteil, das sich auf eine Äußerung des Papias über seine Quellen nicht stützt, kann für uns nicht maßgebend sein. – So hat man zunächst keinen Grund zum Mißtrauen gegen das Zeugnis des Andreas von Caesarea, der in der Vorrede zu seinem Kommentar zur Apk bemerkt, daß neben jüngeren Zeugen auch die älteren „Papias" Irenaeus Methodius Hippolyt τὸ ἀξιόπιστον des Buches bezeugten. Andreas hat den Papias noch selbst gelesen. Zu Apk 12,7 (52,40ff. ed. Sylburg) zitiert er – doch wohl sicher aus den fünf Büchern λογίων κυριακῶν ἐξηγήσεως – zwei Ausprüche des Papias über die zur Verwaltung der Erde gesetzten Engel und deren Fall[3]. Allerdings läßt sich nicht ausmachen, ob A. diese Worte bei Papias als Auslegung zu Apk 12 gefunden habe, – es ist sogar das Gegenteil wahrscheinlich. Aber immerhin ist damit Andreas als ein zuverlässiger Zeuge für das, was er aus dem Werke des Papias zur Frage beibringt, erwiesen.

Wenn endlich Harnack (Chronologie d. altchristl. Litt. I 333ff.) mit der Vermutung recht hat, daß die Aussagen der Presbyter bei Irenaeus (s. den nächsten Abschnitt der Einleitung) auf das Werk des Papias zurückzuführen seien, so ließe sich noch von einer anderen Seite die Bekanntschaft des Papias mit der Apokalypse, ja noch mehr erweisen. Iren V 30,1 (=Eus. H. E. V 8,5) heißt es nämlich, daß alle, die den „Johannes" noch von Angesicht gesehen, als die Zahl des Tieres (Apk 13,18) 666 überlieferten. Stammt diese Notiz mit den übrigen sogenannten Presbyterzitaten bei Irenaeus aus Papias, so ist damit nicht nur erwiesen, daß Papias die Apk gekannt, sondern auch, daß er sie als ein Werk des bekannten kleinasiatischen Johannes angesehen hat[4]. Bemerkenswert ist es übrigens, daß auch der Presbyter, den Irenaeus IV 42-44, (27,8-28,1), IV 46,1-47,1, (30,1-4) 49,1 (32,1) zitiert und dessen Zeugnis wahrscheinlich (vgl. Harnack a. a. O.) nicht mit dem eben besprochenen Zeugnissen der Presbyter (im Plural) zu konfundieren ist, sich auf die Apokalypse der Johannes ausdrücklich beruft, „si quis autem diligentius intendat his, quae a prophetis dicuntur de fine et quaecunque Joannes discipulus domini vidit in apocalypsi, inveniet easdem plagas universaliter accipere gentes, quae tunc particulatim accepit Aegyptus. IV 47,1 [30,4].

Als bemerkenswertes argumentio e silentio mag erwähnt werden, daß der Hirt des Hermas in seinen eschatologischen Partien vollkommen unabhängig von der Apk erscheint. In Rom scheint diese zur Zeit des Hirten noch nicht bekannt gewesen zu sein.

Das erste ganz gesicherte und schwerwiegende Zeugnis für die Apk liefert Justin. Dialog. 81,14: καὶ ἔπειτα καὶ παρ' ἡμῖν ἀνήρ τις, ᾧ ὄνομα Ἰωάννης, εἷς τῶν ἀποστόλων τοῦ Χριστοῦ, ἐν ἀποκαλύψει γενομένῃ αὐτῷ χίλια ἔτη ποιήσειν ἐν Ἰερουσαλὴμ τοὺς τῷ ἡμετέρῳ Χριστῷ πιστεύσαντας προεφήτευσε καὶ μετὰ ταῦτα τὴν καθολικὴν καί συνελόντι φάναι αἰωνίαν ὁμοθυμαδὸν ἅμα πάντων ἀνάστασιν γενήσεσθαι καὶ κρίσιν[5]. Nach einer deutlichen Anspielung auf die Apk (ὄφις καλεῖται καὶ σατανᾶς καὶ διάβολος) bemerkt er: ὡς καὶ ἐκ τῶν ἡμετέρων συγγραμμάτων ... μαθεῖν δύνασθε. Apol I, 28.

Im Laufe des zweiten Jahrhunderts werden dann die Zeugnisse für die Apk reichhaltiger, kaum ein Buch des NT steht so reichbezeugt da. Was zunächst Kleinasien, die Heimat der Schrift betrifft, so finden wir sie hier, wie später erwiesen werden wird, in Geltung und Ansehen bei den Montanisten[6]. Auch ein kirchlicher, doch wohl mehr vermittelnder Schriftsteller, der Bischof Melito von Sardes[7], schrieb über die Apk ein Werk mit dem rätselhaften Titel ,τὰ περὶ τοῦ διαβόλου[8] καὶ τῆς ἀποκαλύψεως Ἰωάννου Eus. H. E. IV 26,2. Ob beim anonymen Antimontanisten (Eus. H. E. V 16,3) eine Anspielung[9] auf den Schluß der Apk vorliegt, ist denn doch sehr zweifelhaft. Der antimontanistische Schriftsteller Appolonius, der 40 Jahre nach dem Auftreten des Montanus schrieb (Eus. H. E. V 18,12), gebrauchte Zeugnis aus der Apk und berichtete daneben von der Auferweckung eines Toten in Ephesus durch den Johannes, der die Apk verfaßt. (H. E. V 18,14.) Aus Kleinasien nahm Irenaeus die Hochschätzung der Apk mit nach Gallien. Irenaeus führt (vgl. Abschnitt III)

Evangelien, Briefe und Apk auf den einen Johannes in Ephesus, den Apostel und Herrenschüler zurück, vgl. namentlich adv. haer. II 33,3 [22,4], III 1,2 [1], III 3,4, III 11,7 [1], für die Apk V 30,1.3. Er zitiert häufig Johannes in Apocalypsi[10], und sagt nichts von einem Widerspruch, der sich gegen die Apk erhoben hätte. So kann es nicht wundernehmen, wenn gerade in dem Schreiben der Gemeinden von Lugdunum und Vienne die Apk (22,11) als heilige Schrift zitiert wird (ἵνα πληρωθῇ ἡ γραφή) Eus. H. E. V 1,58 [vgl. H. E. V 1,10 = Apk 14,4 und H. E. V 2,2 = Apk 1,5]. In Afrika hat die Apk am Ende des zweiten Jahrhunderts eine ganz feste Stellung. Tertullian nennt ein instrumentum Ioannis (resurrectio [25] 38: si instrumentum Ioannis norunt). Man hat vermutet, daß Apk und der erste Brief dies instrumentum Johaneum bildeten[11]. Vgl. pudicitia (12) 19, fuga 9 (scorpiace 12), praescr. 33. Auch Tertullian kennt nur einen Johannes, den Apostel, und zitiert besonders in seinen montanistischen Schriften die Apk sehr häufig. Zweifel gegen die Kanonizität der Apk scheinen ihm, außer dem des Marcion, nicht bekannt[12]. Über Cyprian, der hier ganz dem Tert. folgt, vgl. man Lücke 579,8. In Aegypten folgt Clemens von Alexandria ohne weiteres der gesamten kirchlichen Tradition.[13] Er zitiert die Apk Paed. II, 108 mit ἡ ἀποκάλυψις φησίν (vgl. II,119 (φωνὴ ἀποστολική)[14]. Selbst für Origenes existieren keinerlei Bedenken. Für ihn ist der Verfasser des Evangeliums, der Apk und des ersten Briefes der Apostel Johannes (in Josuam Hom VI.; Kommentar zum Evangelium des Johannes Tom. V ed. Lommatzsch I 165; Eus. H. E. VI 25,9). Auch die Verteidiger des Chiliasmus, mit denen Dionysius zu tun hatte, berufen sich auf die Apk (Eus. H. E. VII 24). In der antiochenischen Kirche soll der Bischof Theophilus nach Eus. H. E. VII 24,1 in seiner Schrift gegen Hermogenes der Apk Zeugnisse entlehnt haben.

Es zeigt sich also hinsichtlich der Anerkennung der Apk eine so allgemeine Übereinstimmung, wie dies bei vielen Büchern des NT nicht der Fall ist. Aber vereinzelte Bedenken gegen die Schrift finden sich schon in dieser Zeit. Daß Marcion (Tertullian adv. Marc. IV 5) das Buch nicht anerkannte, ist ja weiter nicht auffallend. Aber merkwürdig bleibt der Widerspruch, der sich von Seiten einer kleinen innerkirchlichen Partei Kleinasiens, den sogenannten Alogern, erhob. Irenaeus III 11,12 [11,9] erwähnt bereits solche, welche das vierte Evangelium wegen seiner Lehre vom Parakleten verwarfen, welche zwar die falschen Propheten bekämpfen, aber den Gegensatz gegen die Prophetie so weit übertreiben, daß sie diese der Kirche ganz absprechen[15]. Mit diesen hängen nun wahrscheinlich zusammen, oder sind vielleicht identisch diejenigen Bekämpfer der johanneischen Schriften (Evangelium und Apk), gegen welche Epiphanius Haer. 51 und Philastrius Haer. 60 sich richten. Nun ist allgemein zugestanden, daß Epiphanius und Philastrius (wie Ps. Tertullian), soweit sie sich decken, auf das Syntagma des Hippolyt zurückgehen. Demnach kannte Hippolyt eine Partei, welche Apk und das Ev. Johannes verwarf und diese Schriften dem Cerinth zusprach. Mehr ist zunächst nach Vergleichung der Quellen mit völliger Sicherheit auf Hippolyt nicht zurückzuführen. Nicht einmal die Zeit und die Umstände, unter denen diese Aloger auftraten, sind sicher festzustellen. Doch sind dieselben im Syntagma des Hippolyt wahrscheinlich in unmittelbarer Nähe der Montanisten und Quartadezimaner aufgezählt[16], so daß wir in ihnen wohl eine kleinasiatische Partei derselben Zeit zu erblicken haben. Dann hätte Epiphanius Haer. 51,1 Recht, wenn er dieselben im Zusammenhang mit den Montanisten auftreten läßt.

Noch deutlicher wird der Zusammenhang der Aloger mit den Montanisten aus einer Ausführung, die Epiphanius Kap. 33 über die Art der Bekämpfung der Apokalypse von seiten ihrer Gegner bringt, und die um so wichtiger ist, als Epiphanius dieselbe wohl sicher Hippolyt entlehnte. Hier wird der Vorwurf der Aloger gegen die Apk behandelt, daß in ihr ein Schreiben an die Gemeinde von Thyatira gerichtet sei, während es dort gar keine gäbe. Nach den unklaren und verworrenen Ausführungen des Epiphanius war mit diesem Vorwurf gemeint, daß damals die Montanisten die Gemeinde in Thyatira verführt hätten, und daß der Apokalyptiker bei der Auswahl der Gemeinden, an die er schrieb, dies hätte voraussehen müssen. Dagegen macht der Bestreiter der „Aloger“, den Epiphanius hier ausschreibt, (also Hippolyt)[17] im wesentlichen geltend, daß zu seiner Zeit bereits wieder in Thyatira eine katholische Gemeinde existiere, und daß der Prophet beides, Abfall und Wiederherstellung, vorausgesehen habe. Durch diese Ausführungen wird es sehr wahrscheinlich gemacht, daß die Aloger Zeitgenossen und erbitterte Gegner der Montanisten waren. Damit stimmt denn auch überein, daß Epiphanius die Aloger als Gegner des Geistes und Leugner der Geistesgaben in der Kirche behandelt, so in seiner Beurteilung mit Irenaeus zusammentreffend. Es ist also doch wohl Zahn zuzustimmen, wenn dieser das Hauptmotiv für die Verwerfung der johanneischen Schriften bei den Alogern in dem scharfen Gegensatz gegen die Montanisten findet. Umgekehrt ist dann zu schließen, daß gerade die Montanisten an der Verheißung des Parakleten im vierten Evangelium und an der Hochschätzung der Prophetie in der Apk eine gewaltige Stütze fanden. Dagegen wird Harnack[18] nicht Recht zu geben sein, wenn er vor allem bei den Alogern antignostisches Interesse und eine adoptianische Christologie annimmt. Der den Gegensatz gegen die Logoslehre zum Ausdruck bringende Name Aloger scheint erst von Epiphanius eingebracht zu sein, der doch in demselben Atemzug zugestehen muß (Kap. 4. 424 C) δοκοῦσι γὰρ καὶ αὐτοὶ τὰ ἴσα πιστεύειν ἡμῖν. Recht unerklärlich aber bleibt jedenfalls von jenem Gegensatz gegen die Logostheologie aus die runde

Verwerfung der Apk[19]. Daß die „Aloger“ endlich den Gnostiker Cerinth zum Verfasser der Schriften machten, geschah wohl nur, weil man den Cerinth als den häretischen Antipoden des Johannes kannte und mit dieser Behauptung am besten die Schriften diskreditieren konnte.

Einiges aus der Polemik der Aloger gegen die Apk teilt uns Epiphanius mit. Sie erklärten die Erzählungen der Apk von Engeln und Posaunen für nutzlos, spotteten über das Loslösen der vier Engel am Euphrat und die Beschreibung der höllischen Reiterscharen. Einer ihrer Gegengründe ist schon oben besprochen. Es sind die Einwände nüchterner — fast möchte man sagen, was die Behandlung des vierten Evangeliums betrifft — wissenschaftlicher Kritik. Immerhin ist es bedeutsam, daß in der zweiten Hälfte des zweiten Jahrhunderts eine solche Kritik möglich war, daß, wenn auch, wie es scheint, nur in kleinen Kreisen (von Gelehrten?), die Überzeugung ausgesprochen wurde, zwischen der Überlieferung des Johannesevangeliums und der Synoptiker bestehe eine Spannung, in der Apk zeige sich ein phantastisches fremdes Element der Frömmigkeit. Für unsre Untersuchung aber ist ein Punkt besonders lehrreich. Die Aloger sind die frühesten Zeugen für die Zusammengehörigkeit von Evangelium und Apk des Johannes, als einer trotz aller Verschiedenheit aus den gleichen Kreisen hervorgegangenen Literatur. Beide Schriften gelten als die festesten Stützen des Montanismus, beide werden gleicherweise von den Gegnern desselben verworfen. Sie haben von früher Zeit an eine gemeinsame Geschichte gehabt[20].

Den Widerspruch der Aloger hat dann der römische Presbyter Cajus, der zur Zeit des Bischofs Zephyrinus in Rom (199-217) seinen Dialog gegen den Montanisten Proclus schrieb, wieder aufgenommen[21]. Auch er erklärte die Apk für ein Werk des Cerinth (Euseb. H. E. III 28,2): ἀλλὰ καὶ Κήρινθος ὁ δι’ ἀποκαλύψεων ὡς ὑπὸ ἀποστόλου μεγάλου γεγραμμένων τερατολογίας ἡμῖν ὡς δι’ ἀγγέλων αὐτῷ (sc. τῷ ἀποστόλῳ nach Julicher a. a. O.) δεδειγμένας ψευδόμενος ἐπεισάγει (es folgt die Darstellung der Lehre vom tausendjährigen Reich). Es kann kein Zweifel sein, daß Cajus hier sagen wollte, daß Cerinth die Apk dem Namen des Johannes untergeschoben habe. Neuerdings besitzen wir übrigens auch einige Fragmente aus dieser Streitschrift des Cajus, die uns seine Beurteilung der Apk gut illustrieren. Gegen ihn hat nämlich Hippolyt seinerseits wieder eine Streitschrift zur Verteidigung der Apk geschrieben, deren Titel (Kapitel gegen Cajus) uns Ebed Jesu in seinem catalogus librorum[22] ausdrücklich nennt. Fragmente dieser Schrift sind in einem Kommentar des syrischen Monophysiten Bar-Salibi erhalten, von Gwynn (Hermathenen VI 397-418, VII 137-150; die Zugehörigkeit der Fragmente in Bd. VII zu der Schrift gegen Cajus ist nicht gesichert[23]) veröffentlicht und von Achelis der neuen

Hippolytausgabe der Berliner Kirchenväterkommission in deutscher Übersetzung einverleibt: I 2, 241-247. Nach diesen Fragmenten scheint Cajus in der Weise der „Aloger" — es finden sich direkte Berührungen — die Apk Punkt für Punkt durchgenommen und nachgewiesen zu haben, daß sich die Anschauungen der Schrift mit den übrigen des NT nicht decken. Es ist sehr bemerkenswert, daß der Antimontanist und Antichiliast Cajus mit seiner Kritik[24] der Apk direkt an die Aloger anknüpft, ein neuer Beweis, daß die Beurteilung der Aloger als einer antimontanistischen Partei berechtigt ist, und daß Epiphanius mit seiner Kritik der Aloger in die Irre leitet. Gegenüber den Alogern und dem Cajus erstand der Apk in Hippolyt ein unermüdlicher und begeisterter Verteidiger (vgl. Abschnitt IV)[25].

In noch gemäßigterer Form nahm dann Dionysius von Alexandria (Eus. H. E.VII 25) die Kritik an der Apk wieder auf, und er hatte einen durchschlagenden Erfolg. Er bezieht sich in der Einleitung seiner uns von Eusebius zum Teil erhaltenen Schrift deutlich auf seine Vorgänger: τινὲς μὲν οὖν τῶν πρὸ ἡμῶν ἠθέτησαν καὶ ἀνεσκεύασαν πάντη τὸ βιβλίον, καθ' ἕκαστον κεφάλαιον διευθύνοντες ἄγνωστόν τε καὶ ἀσυλλόγιστον ἀποφαίνοντες ψεύδεσθαί τε τὴν ἐπιγραφήν (VII 25,1). Er erwähnt dann die Vermutung, daß der Verfasser der Apk der Ketzer Cerinth sei. Er will sich dieser Kritik nicht anschließen. Aber er vermutet, daß ein andrer Johannes als der Zebedaide[26] der Verfasser der Apk sei. Zu Ephesus zeige man zwei μνήματα des Johannes, das lasse auf einen andern Johannes in Kleinasien schließen. Zum Beweise seiner These führt er dann eine geradezu musterhafte Vergleichung der Apk mit dem Evangelium und den Briefen des Johannes nach schriftstellerischer Eigenart, Sprache und Anlage (διεξαγωγή = Ökonomie) durch. Auch des Dionysius Kritik steht im Dienst der Dogmatik. Im Kampf mit der chiliastischen Partei, an deren Spitze der Bischof Nepos von Arsinoe stand (225 p. Chr.), schrieb er seine zwei Bücher περὶ ἐπαγγελιῶν, in deren zweitem er seine kritische Ansicht über die Apk, die Hauptstütze der Gegner, vortrug.

Von dieser ganzen durch theologische Kritik und dogmatische Bedenken gegen die Apk hervorgerufenen Bewegung scheint nur eine einzige Tatsache unabhängig dazustehen: die Nichtaufnahme der Apokalypse in den syrischen Kanon. In der älteren syrischen Übersetzung des NT, der sogenannten Peschita[27], fehlt die Apk. Wir besitzen eine syrische Übersetzung nur aus der Philoxeniana (?) und der von Thomas v. Charkel unternommenen Rezension der Philoxeniana.

Gehen wir weiter in der Überlieferung der syrischen Kirche zurück, so zählt die doctrina Addai[28], die uns freilich nicht mehr in der von Eusebius bezeugten Form vorliegt und in der uns vorliegenden um etwa 400 entstanden ist, wohl einer älteren Aufzeichnung folgend, die vier Evangelien (Diatessaron), die Paulusbriefe und die Apostelgeschichte als einzige Schriftautoritäten des NT auf, kennt also ebenfalls die Apk nicht.

Der wichtigste Zeuge für den Kanon der syrischen Kirche ist Ephraem (373 †.). Über ihn schrieb ich gegenüber den schwankenden Urteilen über seine Zitate in der fünften Auflage: „Es ist unbedingt nötig, daß einmal über die gesamte interessante Literatur eine umfassende Untersuchung angestellt würde, dann erst würde man auch in der vorliegenden Frage zur Klarheit kommen können.“ Das ist nun mittlerweile zum Teil geschehen. In einer ausgezeichneten Untersuchung hat Burkitt[29] die Überlieferung der syrischen Werke Ephraems in der römischen Ausgabe[30] auf eine bessere Grundlage, nämlich auf die der handschriftlichen Zeugnisse der vorislamischen Zeit, zu basieren versucht. Obwohl sich diese Untersuchung zunächst mit den Evangelienzitaten Ephraems beschäftigt, so wirft sie auch auf unsre Frage ein überraschendes Licht. Es erweist sich nämlich dasjenige Zitat, auf Grund dessen einst Michaelis die Bekanntschaft Ephraems mit der Apk, nachdem er sie früher bestritten hatte[31], zugestand[32], als höchst wahrscheinlich unecht. Dies Zitat[33] findet sich in dem Sermo exegeticus in der römischen Ausgabe V, 330-336. Dieses Stück ist nur in einer Handschrift des zwölften Jahrhunderts überliefert (Cod. Vat. Syr. CXVII), die auch sonst nachweisbar unechtes, d. h. in älterer handschriftlicher Überlieferung unter anderem Namen Überliefertes unter dem Namen Ephraems bringt. Es genügt die Tatsache, daß nur in diesem Stück die Apk zitiert wird, bereits, auch dieses Werk von der Liste der echten Werke Ephraems abzusetzen[34]. So findet sich denn weder in den echten Stücken der römischen Ausgabe, nach in den von Lamy[35] herausgegebenen drei Bänden syrischer Hymnen, noch in der sonstigen gut überlieferten Literatur Ephraems[36] ein Beweis seiner Bekanntschaft mit der Apk. Wir werden also folgern dürfen, daß die Apokalypse im Kanon des Ephraem nicht stand[37]. So können wir das Gesamturteil aussprechen, daß in der alten syrischen Kirche die Apk nicht als kanonisches Buch bekannt war, ja daß man nicht einmal eine Übersetzung von ihr hatte.

Aber auch diese zunächst erstaunliche Tatsache findet doch bei näherem Zusehen ihre Erklärung. Das Urteil der syrischen Kirche ist kein isoliertes, sondern erweist sich als ein auch in der griechischen Kirche des Ostens weithin geteiltes. Kein geringerer als Eusebius hat hier das Urteil des Dionysius wieder aufgenommen[38]. Dieser schwankt freilich sichtlich in seinem Urteil über das Buch. Er weiß nicht, ob er, den einen folgend, es zu den Homologumenen rechnen, oder nach den andern es unter die νόθα stellen soll (zusammen mit dem Hirten des Hermas, der Apk des Petrus). H. E. III 25,4. Aber er gibt (III 39) durch Heranziehung der bekannten Papiasstelle über den Presbyter Johannes der Vermutung des Dionysius, daß ein andrer Johannes die Apk geschrieben habe, neuen Halt, und er stellt mit Vorliebe Notizen zusammen, die darauf hinführen, daß gut kirchliche Männer die Apk verworfen haben. So stellt er an die Spitze seiner Notizen über Cerinth III 28,1f. die Nachricht, daß Cajus diesem die Apk zugeschrieben habe, und weist in Verbindung damit auf das zweite Buch der Schrift des Dionysius über die Apk hin, das er später mit seinem Urteil über die Apk so ausführlich mitteilt VII 25. Dagegen erwähnt er die Verteidigungsschriften nicht (z. B. diejenigen Hippolyts) oder geht nur kurz über sie hinweg.

Das Urteil des Eusebius hat nun offenbar weithin gewirkt. Im vierten Jahrhundert steigert sich der Widerspruch gegen die Apk um ein bedeutendes. Cyrill, Catech. IV 33-36 (Zahn II 177) zählt unter den kanonischen Schriften die Apk nicht mit auf, während er doch alle sieben katholischen Briefe kennt, und sagt ausdrücklich τὰ δὲ λοιπὰ πάντα [ἔξω] κείσθω ἐν δευτέρῳ. Gekannt wird er die Apk natürlich haben. Aber Catech. 15 folgt er bei der Entwickelung seiner eschatologischen Ideen nicht der Apk, sondern Daniel, II Th 2 und der sonstigen Überlieferung vom Antichrist. Im Anhang des 59. resp. im 60. Kanon der Synode von Laodicea[39] (um 360), der jedoch wahrscheinlich erst nachträglich eingeschoben, aber doch ebenfalls alt ist, fehlt die Apk (Zahn II,197ff.). Ebenso im Kanon 85 (84) des achten Buches der apostolischen Konstitutionen (Zahn II,191ff.). Ebenso wie Cyrill urteilt Gregor von Nazianz in seinem carmen περὶ τῶν γνησίων βίβλιων τῆς θεοπνεύστου γραφῆς (carmen 33), obwohl er die Apk auch einmal zitiert (Zahn II 216). In den Jamben des Amphilochius von Iconium, (Zahn II 217, 214,1) wird von der Apk gesagt, daß sie nach dem Urteil der meisten zu den νόθοι gehöre. Chrysostomus zitiert sie nicht[40]. In der vielleicht echten Synopsis des Chrysostomus[41] ist in der προθεωρία eine kurze Übersicht über die Schriften des NT erhalten, in welcher ebenfalls die Apk fehlt (Zahn II 230). Theodor von Mopsueste erwähnt die Apk „auch da nicht, wo man es erwarten könnte“ (Lücke 642). Theodoret, der Haeret. fabul. I,3 das Urteil des Cajus über die Herkunft der Apk. von Cerinth erwähnt, zitiert die Apk ebenfalls nicht und spielt nur einige Male auf sie an (Lücke 643). Er erwähnt sie auch da nicht, wo er sie erwähnen müßte (Kommentar zu II Th 2, haeret. fab. 2), wo er gegen Cerinth, Nicolaiten, Montanisten, Nepos und über Dionysius schreibt.

Zahn hat nachgewiesen (vgl. Forschungen zur Gesch. des neutest. Kanons V,131ff.), daß das Verzeichnis der sechzig kanonischen Bücher, die Stichometrie, welche der um 850 in Jerusalem überarbeiteten Chronographie des Nicephorus angehängt ist, die sogenannte Synopsis des Athanasius und endlich die Liste apokrypher Bücher des Armeniers Mechithar von Aïrivank (um 1290) mit einander auf ein älteres Kanonsverzeichnis, das im fünften Jahrhundert in Palästina vom Standpunkt gelehrten Interesses entworfen wurde, zurückführen. Nach der von Zahn versuchten Rekonstruktion (l. c. 133. 136) stand die Apk. hier unter den neutestamentlichen Antilegomenen (etwa neben der Petrusapk, dem Barnabasbrief und dem Hebräerevangelium). — In der Stichometrie des Nicephorus (Zahn, Gesch. d. Kanons II 1. 299) hat sie diesen Platz behalten. Im Kanon der 60 (Zahn II 1. 290ff.) ist sie ganz verschwunden, bei Pseudo-Athanasius (Zahn II 316) wird sie ausdrücklich unter die Homologumenen eingereiht, so daß die hier vollzogene Neuerung noch deutlich heraustritt. Aber noch bei Mechithar von Aïrivank(Zahn, Forschungen V 116) steht im Verzeichnis der apokryphen Bücher unter dem Titel „Bücher, die zugelassen werden können", Nr. 17 Offenbarung des Johannes.

In der nestorianischen Kirche blieb der Widerspruch der antiochenischen Schule haften. Der Afrikaner Junilius de part. leg. div. I, 4 behauptet auf Grund der Lehrvorträge des Paulus von Basra (Nisibis): „de Ioannis apocalypsi apud Orientales admodum dubitatur". Die Nestorianer hielten überdies an der Peschita fest. Dagegen ist, wenn Gwynn Recht darin hat, daß die von ihm entdeckte syrische Übersetzung die Philoxeniana ist (s. u. Abschnitt VI), die Apk in der jakobitischen (monophysischen) syrischen Kirche anerkannt. Jakob von Edessa (708 †) ist der erste syrische kirchliche Schriftsteller, der sie nachweislich zitiert (in Ephraems opera ed Assemani I, 192). Aber sogar noch Bar-Hebraeus (1286 †) hält sie für ein Werk des Ketzers Cerinth oder des andern Johannes (Assemani Bibl. or. III, 15). Ebenso läßt Ebed-Jesu (1318 †) sie in seinem Verzeichnis kanonischer Schriften aus. Nach Barhebraeus soll Barsalibi einen Kommentar zur Apk geschrieben haben (vgl. Michaelis 1905)[42].

Es ist schließlich doch ein bestimmtes Gebiet, auf das sich der Widerspruch gegen die Apk beschränkt, nämlich die Bezirke Syrien und Palästina: Cäsarea (Eusebius), Jerusalem (Cyrill und etwa die gemeinsame Grundlage des Kanons der LX, der Synopsis des Pseudoathanasius, des Anhanges der Stichometrie des Nicephorus), Antiochia (Theodor, Chry sostomus, Theodoret). Von dort her wird schon die alte syrische Nationalkirche ihr Urteil über das Buch bezogen haben. Die Nestorianer haben dann das Urteil beibehalten. Daß auch in der von der syrischen abhängigen armenischen Kirche sich Spuren der Verwerfung der Apk finden, kann nicht wundernehmen.

Auf die syrisch-palästinensische Kirchenprovinz scheint sich aber auch der Widerspruch gegen die Apk im wesentlichen beschränkt zu haben. In Aegypten, dem Heimatsland desselben, ist er bald verschwunden. Hier hat offenbar die Autorität eines Athanasius Bahn gebrochen. In dem Osterfestbrief von 367 nennt Athanasius am Schluß der kanonischen Schriften des neuen Testaments καὶ πάλιν Ἰωάννου ἀποκάλυψις (Zahn II 1, 212). Didymus, Cyrill von Alexandria, Nilus, Isidor von Pelusium erkennen sie an[43], auch die Kappadozier Basilius der Große und Gregor von Nyssa, ferner Epiphanius von Salamis. Andreas, Erzbischof von Caesarea in Kappadozien, schrieb im Anfang des sechsten Jahrhunderts einen Kommentar über das Buch. Er fühlt sich allerdings veranlaßt, im Prooemium eine Verteidigung der Apk voranzuschicken unter Berufung auf Papias, Irenaeus, Methodius, Hippolyt. Von späteren Kirchenvätern, welche die Apk anerkennen, wäre, seiner Provenienz wegen, noch Johannes Damascenus zu nennen (de fide orthod. IV,17 vgl. de haeres. 51)[44].

In der abendländischen Kirche herrschte dagegen von Anfang an Einstimmigkeit. Hippolyt hat die Schrift nach allen Seiten hin verteidigt. Er schrieb über sie einen verloren gegangenen Kommentar und bringt ausführliche Zitate aus ihr im Danielkommentar und in de antichristo (das Genauere s. unter Abschnitt IV). Der Kanon Muratori erwähnt die Apk an zwei Stellen. Einmal wird hier behauptet, daß Paulus seine Briefe in der Nachfolge des Johannes, der seine sieben Sendschreiben verfaßte, geschrieben habe. Zum Schluß heißt es: apocalypses etiam Iohannis et Petri tantum recipimus, quam quidam ex nostris legi in ecclesia nolunt. Auch im Kanon Mommsens steht die Apk unter den kanonischen Büchern. (Zahn II 1,144.) Den ersten erhaltenen Kommentar zur Apk schrieb ein Abendländer, der Märtyrer Victorin v. Pettau (ca. 303 †). Wenn Philastrius de haeresibus 88 die Apk unter den kanonischen Schriften nicht aufzählt, so ist das bei dem Schriftsteller, der de haeresibus 60 gegen die Verwerfung des Evangeliums Johannis und der Apk polemisiert, nicht zu begreifen. Zahn (II 1,237,3) zweifelt daher wohl mit Recht an der Echtheit jenes Kapitels. Es mag jedoch auch ein Fehler in der Textüberlieferung vorliegen. Ein lateinisches Kanonsverzeichnis, in dem die Apk fehlt, wäre etwas ganz singuläres. Rufin expositio in symb. 37 rechnet die Apk unter die kanonischen Bücher. In Afrika wird sie von Ticonius (vor 380) kommentiert. Im Reskript Innocenz' I von Rom (405) (Zahn II 1,245), auf den Synoden von Hippo und Carthago (393. 397) ist sie anerkannt[45]. Nur eine Ausnahme ist in dem ganzen Chor von Zeugen vorhanden: Hieronymus steht unter morgenländisch-palästinensischem Einfluß. Im Brief an Dardanus charakterisiert er die Stellung der morgen- und abendländischen Kirche zum Kanon damit, daß jene den Brief an die Hebräer, diese die Apk annehmen. Er neigt dennoch dazu, die Apk unter die kanonischen Schriften zu rechnen (epist. 123,3, Vallarsi I, 97,1). Genauer weist er psalm 149, Migne P. L. 26. 1343 C. ([apoc] quae in ecclesia legitur et recipitur, neque enim inter apocryphas scripturas habetur sed inter ecclesiasticas) die Apk einer Mittelklasse zwischen kanonischen und apokryphen Büchern zu.

Er kennt auch die Tradition von zwei kleinasiatischen Johannes. Sonst taucht in der abendländischen Kirche nur hier und da die Erinnerung daran auf, daß die Apk im Morgenland nicht zu den anerkannten Schriften gehört (Sulpicius Severus, Chronic. II, 31, Junilius s. o.).

Ganz plötzlich und unerwartet kommt in der abendländischen Kirche noch in später Zeit ein Widerspruch. Das Capitulare Aquisgranense[46] (789) entfernt stillschweigend unter Anerkennung der Beschlüsse der Synode von Laodicea (can. 59) die Apk aus der Reihe der kanonischen Schriften, aber es hat in diesem Verfahren im Abendland keine Nachfolge gefunden.

Jahrhunderte später aber erwachte die altkirchliche Kritik an der Apk zu neuem Leben[47]. Kein geringerer als Erasmus in seinen Annotationes[48] zum neuen Testament nahm sie in Anlehnung an Hieronymus unter Hinweis auf die altkirchliche Tradition, auf die Sprachverschiedenheiten zwischen Evangelium und Apk und den in dieser ausgesprochenen Chiliasmus wieder auf. Von den Reformatoren unterschied zuerst Carlstadt (libellus de canonicis scripturis 1520)[49] die Bücher des neuen Testaments in drei Klassen und stellte in die dritte II, III Joh, II Pt, Jud, Jak, Hbr, Apk. Er lehnt sich dabei direkt an Erasmus an. Luthers keckes und geniales Urteil[50] über die Apk ist bekannt. Aber schon in seiner Schrift gegen Ambrosius Catharinus macht Luther Gebrauch von Apk 9,7-12 und gibt eine Exegese zu dieser Stelle. Dann gab er 1528 in antipapistischem Interesse den comment. ante centum annos editus heraus. Wesentlich dies Interesse mag es auch wohl gewesen sein, das ihn allmählich zu einem günstigeren Urteil über unser Buch bewog, das er in der Vorrede von 1534 niederlegte. Das allerwesentlichste ist aber, daß Luther seinem Urteil über die von ihm abgelehnten neutestamentlichen Bücher (Jak, Jud, Hbr, Apk) auch dadurch äußerlich Ausdruck verlieh, daß er diesen Schriften in seiner Ausgabe des neuen Testaments keine Nummer und keine Seitenzahl gab und sie so als Anhang darstellte, eine Anordnung, die sich bis ins siebzehnte Jahrhundert erhalten hat, und die so sehr jetzt aus dem Gedächtnis geschwunden zu sein scheint, daß es wahrlich gut täte, eine alte Lutherbibel einmal wieder im Druck herzustellen[51]. Die Stellung, die Luther diesen Schriften anwies, ist ja bekanntlich bis auf den heutigen Tag geblieben.

Luthers Kritik war eine wesentlich innerlich und religiös begründete, dadurch gerade von hervorragender Bedeutung, aber allerdings auch nicht ohne Gefahr zu starker Subjektivität. Die Folgezeit ist deshalb der, äußerlich angesehen, begründeteren und an die Kritik der alten Kirche sich anlehnenden Beurteilungsweise des Erasmus und Carlstadt gefolgt, und lange Zeit hat sich in der lutherischen Kirche die (Eusebianische) Annahme von den sieben Antilegomenen im neuen Testament gehalten. Zu diesen gehörte auch die Apk, aber es ist bemerkenswert, daß sich dabei durchgehend, wohl entsprechend dem späteren Wandel in der Auffassung Luthers, eine verhältnismäßig günstige Beurteilung der Apk zeigt.

Zu nennen sind hier aus dem XVI. Jahrhundert Veit Dieterich im „Summarium über die ganze Bibel“ (Oeder s. u. 313; bereits mit günstigem Urteil über die Apk), und Chemnitz im examen concilii Tridentini 1565-73 p. 49 sqq. und im Enchiridion 1600. Namentlich bei Chemnitz findet sich die Theorie über die sieben Antilegomenen deutlich entwickelt und zwar in Anlehnung an Hieronymus (Rufin) unter Herübernahme seines terminus technicus (libri ecclesiastici)[52]. Brenz in der confessio Wurtembergica (1551) nahm sogar Luthers scharfes Urteil wieder auf; die Centuriatoren halten an den 7 Antilegomenen fest.

Bis ins siebzehnte Jahrhundert hielt sich der Widerspruch: vgl. Aegidius Hunnius. disput. theol. de sacra scriptura cap. I thes. 11. 117. 119. 120ff. (1601); Hutterus, loci communes theologici 1609 p. 18; compendium 1619, quaestio 2 und 5. Besonders bemerkenswert sind noch Dietrichs Institut. catecheticae p. 19ff. In der offiziellen (von Balduin verfaßten) Wittenberger Widerlegung des Rakauer Katechismus (1619) ist von alt- und neutestamentlichen Apokryphen die Rede. Zu letzteren gehören die sieben Antilegomenen, und ein Unterschied wird noch kaum gemacht. Balduin schrieb selbst die idea dispositionum bibliarum (68f.). Die Liste der Apokryphen beginnt hier mit IV Esr und endet mit der Apk, 164 findet sich ein Abschnitt de tractatione apoc., in der das Buch günstiger behandelt wird. Eine für die Apk günstigere Wendung liegt bei Kromayer vor: ecclesiae Romanae apostasia in mysterio (1662) Diss III. Hier findet sich hinter der Liste der kanonischen Schriften die Bemerkung: quibus tamen a nonnullis adduntur ep. ad Hebraeos, apoc. Johannis.

Erst mit der die alte Sachlage geschickt vertuschenden Unterscheidung Johann Gerhards (Loc. theol. loc. cap. 9. § 241) zwischen kanonischen Schriften und libri canonici NT (später „deutero-kanonisch“) und der dort vorgetragenen Konstatierung eines Unterschiedes, der doch kein eigentlicher Unterschied ist, hörte auf einige Zeit alle Kritik in der lutherischen Kirche auf, und man erinnert sich in „lutherischen“ Kreisen bis zum heutigen Tage der freieren Stellung der Alten nur als einer Kuriosität, die man nach Kräften zu entschuldigen oder zu verschweigen sich bemüht.

Auch die ersten Reformatoren der reformierten Kirche, Zwingli und Oecolampadius, verwarfen unter Zurückgreifen auf die altkirchliche Tradition die Apk[53]. Viel rascher aber ist dann hier der Widerspruch gegen die Apk verstummt. Bei Calvin läßt sich wenigstens kein Widerspruch gegen die Apk nachweisen, doch kommentierte er sie nicht (Lücke 904,2). Bibliander (1549), Bullinger (1557), Beza (in den annotationes) verteidigten und kommentierten das Buch (Lücke 906,1; 904,2). Bemerkenswert ist, daß auch die sozinianische Gemeinde die Authentie derselben nicht anfocht (Lücke 907).

Der erste, der im Sinne der modernen Kritik[54] dann von neuem die Frage im Gegensatz zur Leichtgläubigkeit der englischen Kommentatoren aufnahm, war Abauzit in seinem Discours historique sur l'apocalypse (Oeuvres diverses Tom I 1770)[55]. Abauzit untersuchte die altkirchliche Tradition über die Apk und wies die Übermacht der ungünstigen Zeugnisse nach. Ihm antwortete Twells, Critical examination of the late New Text and Version of the New Testament in Greek and English[56] (1732) in hervorragender Weise. In Deutschland wurde die Untersuchung aufgenommen durch Hermann Oeder[57]. Oeder stützte sich in der Beurteilung der Tradition namentlich auf das Urteil des Cajus Romanus und suchte die Apk dem Cerinth zuzusprechen. In derb rationalistischer Weise zieht er gegen den jüdischen Fanatismus, den mannigfachen Aberglauben, die wilde Phantasie, die Unordnung in der Darstellung, die Sprache zu Felde. Das, wie es schien, ganz moderne Fündlein, daß Apk 12 cerinthische Christologie enthalte (Völter), mag man schon bei ihm nachlesen.

Oeders Untersuchungen wurden fortgesetzt von Vogel (freie Untersuchungen über einige Bücher des neuen Testaments) und durch Semler selbst (freie Untersuchung des Kanons. Halle 1771)[58]. Dieser Schrift trat Knittel-Wolfenbüttel (Beiträge zur Kritik über Johannesoffenbarung, ein Synodalschreiben, Braunschweig 1773), entgegen. Semler antwortete in seinen „neuen Untersuchungen über Apokalypsin" 1776. Er stürzte sich in seinen Untersuchungen namentlich auf das Zeugnis der Aloger und war der Meinung, daß die Apk aus montanistischen Kreisen stamme. Er bestritt sogar das Zeugnis des Irenaeus und behauptete, daß entweder dessen Werk unecht, oder die betreffenden Stellen interpoliert seien. Dennoch ermäßigt er die Ausführungen Oeders um ein Bedeutendes, und manches in seinen Darlegungen ist noch heute lesenswert. Die bedeutendste Verteidigung der Apk schrieb Hartwig, Apologie der Apk wider falschen Tadel und falsches Lob 1780-83[59]. Weniger bedeutend, und reich an Übertreibungen[60]ist das Werk von Storr „neue Apologie der Offenbarung Johannis" 1783. Diesen beiden Apologeten trat dann Michael Merkel (historisch-kritische Aufklärung der Streitigkeit der Aloger und andrer Lehrer über die Apokalypsis 1782; umständlicher Beweis, daß die Apk ein untergeschobenes Buch sei 1785) entgegen unter Preisgebung der allzu gewagten Behauptungen von Oeder und Semler[61]. An Bedeutung und Gelehrsamkeit aber ragen zwei weitere[62] hier zu nennende Arbeiten über diese (zum größten Teil) polemischen Eintagserscheinungen hinüber: Corrodis Geschichte[63] des Chiliasmus 1781, in dem ebenfalls die Echtheit der Apk bestritten wurde, und das maßvoll besonnene Einleitungswerk von J. D.

Michaelis[64], das in den wiederholten Auflagen in immer steigendem Maße mit einem umfassenden Wissen ein gesundes nüchternes Urteil verbindet und noch jetzt trotz aller neueren Arbeiten in manchen Fragen unentbehrlich ist.

Dann wurde durch die Arbeiten von Herder und Eichhorn das Ansehen der Apk wieder gehoben, durch Heinrichs, de Wette, Bleek, Ewald, Lücke, Düsterdieck einer gemäßigten Kritik Bahn gebrochen. Von der Baurschen Schule wurde mit aller Energie die Echtheit der Apk als des einen Eckpfeilers ihrer Geschichtskonstruktion verfochten (vgl. Lücke 505,3). Über die Wandlungen, die das Urteil über die Apk und dessen Verfasser in der neuesten Zeit durchgemacht hat, wird in den folgenden Abschnitten geredet werden.

Fußnoten:

1. Eine brauchbare Zusammenstellung der einschlägigen Stellen bei Alford The Greek Testament IV. 2^2. 1884.
2. Nach der alle Instanzen abwägenden Untersuchung Harnacks, Chronologie I, 381-406, sind die Briefe in den letzten Jahren Trajans 110-117 (oder vielleicht einige Jahre später 117-125) geschrieben.
3. Eine merkwürdige Parallele zu diesem Papiasfragment bringt Justin Apol. II,5, vgl. Lücke, Einleitung in d. Offb. Joh 528f.
4. Es lässt sich vielleicht sogar nachweisen, daß die bekannte Notiz des Irenaeus (V 30,3), daß die Apk beinahe zu seiner Zeit am Ende der Regierung Domitians geschrieben sei, aus Papias stammt (s. den folgenden Abschnitt).
5. Das εἷς τῶν ἀποστόλων τοῦ Χριστοῦ wollte Rettig (über das erweislich älteste Zeugnis für die Echtheit der Apk 1829) streichen, s. dagegen Lücke 553ff. Die seltsame Notiz des Hieronymus, de vir. ill. 9 (apocalypsin quam interpretatur Justinus martyr et Irenaeus) und in der Übersetzung der Chronik des Eusebius (apostolus Johannes in Pathmos insulam relegatus apocalypsin vidit, quam interpretatur Irenaeus) ist vielleicht nur aus einem Mißverständnis des Eusebischen Textes der Chronik entstanden (Armen. Übers. uti narrat Irenaeus = ὡς δηλοῖ Εἰρηναῖος Chron. Paschale ed. Bonn p. 468). Man kann aber auch annehmen, daß Hieronymus mit Beziehung auf die langen Ausführungen des Irenaeus über die Apk V 30 absichtlich den Text der Chronik geändert und dann in de vir. illustr. den Justin, dessen Äußerungen über die Apk er ebenfalls kannte, noch eingefügt hat. An einem Kommentar des Justin oder des Irenaeus darf man natürlich nicht denken (vgl. Lücke 558ff.)

6. Die Bestreitung der Apk von Zeiten der Aloger wurde wahrscheinlich durch ihre Benutzung von Seiten der Montanisten hervorgerufen, vgl. Zahn, Geschichte des Kanons I 205.
7. Tertullian bei Hieronymus de vir. ill. 24. Eusebius H. E. IV 26. Hieronymus l. c.
8. Wenn Bonwetsch' Gesch. d. Montanismus 22 von ihm selbst nicht ernsthaft versuchte Konjektur εὐαγγελίου richtig wäre, gehörte die Schrift in den Streit um die johanneischen Schriften. Nach Hieronymus de vir. ill. 24 waren es überhaupt zwei verschiedene Bücher.
9. Zahn, Gesch. d. neut. Kanons I 112. 115. Zahn selbst weist darauf hin (115,1), daß der hier sich findende Anklang an Apk 22,18f. nichts weiter ist als die allgemein (schon im Judentum) gebräuchliche Formel für die Unverletzbarkeit kanonischer Schriften.
10. Die Stellen bei Zahn I 202,2.
11. vgl. Rönsch das neue Testament Tertullians 528, anders Zahn I 111,1, vgl. I 204.
12. „Es ist fast kein Kapitel der Apk, woraus nicht Tertullian zitiert, oder Anspielungen genommen hätte." Lücke 577,3. Die Stellen bei Rönsch 5,28. Zahn I, 204.
13. Zahn hat I 203,2 Anklänge an die Apk in den Akta der Perpetua und Felicitas finden wollen. Aber was er notiert, ist nicht überzeugend. Der Anklang K. 4 (circumstantes candidati multa) ist zu schwach und K. 12 ist nach der Ausgabe von Gebhardt (Acta martyrum selecta 81,9, vgl. den griech. Text 81,24) zu lesen: et in dextra et in sinistra eius seniores quattuor (nicht viginti quattuor).
14. Strom VI 13 106 ὡς φησὶν ἐν τῇ ἀποκαλύψει Ἰωάννης. Zahn I, 205. Lücke Anm: Die auf der nächsten Seite fortgesetzte Anmerkung wurde hier vervollständigt 589. Ob Eus. H. E. VI 14,1 bezeugt, daß Clemens in den Hypotyposen die Apk kommentiert habe, ist zum mindesten zweifelhaft. Man müßte schon, um die Frage zu bejahen, annehmen, daß Eusebius hier der Wertschätzung des Clemens folgend, die Apk zu den ἐνδιάθηκοι γραφαί rechnen, die Eusebius nur in Bausch und Bogen nennt, während er unter den Antilegomenen und Apokalypsen, die Clemens kommentiert haben soll, die Apk nicht nennt.
15. Zahn I 239ff. II 967ff; zu lesen ist mit Zahn, dem Jülicher (s. u.) beistimmt: qui pseudoprophetas quidem esse nolunt.
16. Die Reihenfolge der drei Ketzerkataloge ist folgende:

Epiphanius	Philastrius	Ps. Tertullian
46. Tatian	48. Tatian	Tatian

47. Encratiten		
48. Montanisten	49. Montanisten	Montanisten
49. Quintilianer		
50. Quartadezimaner	58. Quartadezim.	Quartadezim.
51. Aloger	59. Chiliasten	
52. Adamianer	60. (Aloger)	
55. Sampsaeer		
54. Theodotianer	50. Theodotianer	
55. Melchisedekianer	52. Melchised.	

Freilich zählt Philastrius die (von ihm nicht benannten) Aloger erst nach den Theodotianern Anm: Die auf der nächsten Seite fortgesetzte Anmerkung wurde hier vervollständigt und Sabellianern auf. Aber er stellt auch die Quartadezimaner um und beläßt diese in ihrem Zusammenhang mit den Alogern. Und wenn auch Ps. Tert. die Aloger nicht kennt, so bestätigt er doch die Liste des Epiphanius hinsichtlich der Quartadezimaner. Es scheint also Epiphanius die ursprüngliche Reihenfolge des Syntagma (Montanisten Quartadezimaner Aloger Theodotianer) bewahrt zu haben. Ich glaube deshalb nicht, daß Jülichers Skepsis hinsichtlich Ort und Zeit der Aloger (ThLz. 1889 Nr. 7) berechtigt ist.

17. Das ist bei Epiphanius, der das Syntagma des Hippolyt ausschrieb, an und für sich wahrscheinlich und wird zur Evidenz gebracht durch die außerordentlich nahe Berührung der Ausführungen hier (namentlich K. 54) mit denen in Hippolyts Kapiteln gegen Cajus s. u. Irgendwie muß von hier aus auch das Zahlenrätsel, das K. 33 aufgibt, seine Lösung finden. Hier sagt der Bestreiter der Aloger, daß jetzt nach 112 Jahren die Kirche in Thyatira wieder existiere, und daß der Apokalyptiker eben den Abfall der Gemeinde in den nachapostolischen Zeiten vorausgesehen habe. Diese aber liege 93 Jahre (ἐπὶ ἐνενήκοντα τρισὶν ἔτεσιν) hinter der ἀνάληψις τοῦ σωτῆρος. Über diese Zahlen ist viel gestritten worden. Überraschend bleibt es, daß, wenn man die ἀνάληψις nach Hippolyts Ostertafel in das Jahr 29 setzt und die Intervalle von 93 und 112 (111) Jahren hinzurechnet, das Jahr 234 getroffen wird. Man könnte also versucht sein, in dieses Jahr die Abfassung der von Epiphanius zitierten Schrift des Hippolytus zu setzen. Immerhin erhebt sich dann die schwer zu beantwortende Frage, wie Hippolyt zu der Festlegung dieser merkwürdigen Zeitintervalle gekommen sei. Geistvolle Vermutungen hierüber trägt Schwartz („über den Tod der Söhne Zebdedai“ Abh. d. Gött. Gel. Ges. N. F. VII, 5 separat Berlin

1904) S. 39 vor. Andre beziehen die 93 Jahre auf die Zeit zwischen der Geburt des Herrn, für die irrtümlich die ἀνάληψις gesetzt wäre, und der Abfassung der Apk, so daß dann für die Zeit der Abfassung der von Epiphanius benutzten Schrift das Jahr 205 herauskäme. vgl. Harnack, Chronologie der altchristl. Literatur I 376ff.; Th. Zahn, Gesch. d. neutestamentlichen Kanons II 2, 970f. Durchaus nicht zustimmen kann ich dem Versuche von Schwartz 29ff., die „Aloger" des Epiphanius ganz zu beseitigen und die Bestreiter von Evangelium und Apk auf die eine Person des Presbyters Cajus zurückzuführen. Diese Annahme steht in unlöslichem Widerspruch mit unsern besten und zuverlässigsten Zeugnissen: Iren. III 11,12 und Euseb. H. E. II 25,6 (ἐκκλησιαστικὸς ἀνήρ). Um den hier drohenden Schwierigkeiten zu entgehen, verwickelt Schw. sich in die seltsamsten Hypothesen (42). Und das alles ohne Grund. Denn die teilweise Übereinstimmung zwischen den Ausführungen des Epiphanius und den „Kapiteln gegen Cajus" (s. u.) beweist zwar, daß Epiphanius den Hippolyt zitiert, aber nicht, daß der Gegner Hippolyt bei Epiphanius ebenfalls Cajus sei. Es bleibt die Annahme möglich, daß Cajus seine Polemik gegen die Apk von den „Alogern" (auf den Namen kommt es nicht an) übernommen hat. Und selbst wenn man diesen Ausweg nicht annehmen wollte, bleibt Anm: Die auf der nächsten Seite fortgesetzte Anmerkung wurde hier vervollständigt noch der andre möglich, daß H. in seiner Streitschrift gegen die Gegner des Evangeliums (s. u.) und der Apk, die Epiphanius benutzte, zugleich auch die Polemik des Cajus gegen die Apk gelegentlich mitbekämpft hat.

18. Das neue Testament um d. zweite Jahrh. 58ff.
19. Die Unsicherheit, mit der ihnen Epiph. einen Gegensatz gegen die Christologie des vierten Evangeliums aufbürdet, wird deutlich Kap. 3, noch deutlicher Kap. 4, 424 D. sichtbar: καὶ δοκοῦσιν λοιπὸν ἐπιλαμβάνεσθαι τῆς ἁγίας καὶ ἐνθέου διδασκαλίας.
20. Die Nichterwähnung der Johannesbriefe erklärt Harnack a. a. O. gut daraus, daß es sich in jener Zeit nur erst um Evangelium und Apk. als heilige Schriften handelte.
21. Euseb. H. E. II 25,6; VI 20,3.
22. Achelis, Hippolytstudien 1897 S. 19f.
23. Ebenda S. 186f.
24. Cajus fand z. B. die vielen Vorzeichen der Apk unvereinbar mit der Mt 24,43 gegebenen Weissagung von dem plötzlichen Ende; die Strafe der Sünder Apk 9,2ff. im Widerspruch mit den Aussagen der Schrift über

das Gedeihen der Gottlosen in der Welt; das Binden des Satan Apk 20,1ff. im Widerspruch mit der nach dem Evangelium schon vollzogenen Fesselung desselben. Gegen Apk 9,14 finden sich ähnliche Einwendungen, wie die der Aloger bei Epiphanius.

25. Es kann nicht bezweifelt werden, daß man von der Schrift des Hippolyt gegen Cajus noch eine andre Verteidigungsschrift zu unterscheiden hat. Das Schriftenverzeichnis der Statue des Hippolyt (Achelis S. 3ff.) erwähnt ein Werk Hippolyts ὑπὲρ τοῦ κατὰ Ἰωάννην εὐαγγελίου καὶ ἀποκαλύψεως. Da Cajus nur die Apk angegriffen hat (s. o.), da ferner Ebed Jesu diesen Titel: „eine Apologie der Offenbarung Anm: Die auf der nächsten Seite fortgesetzte Anmerkung wurde hier vervollständigt und der Verkündigung des Johannes des Apostels und Evangelisten" unmittelbar neben (hinter) dem andern (Kapitel gegen Cajus) anführt, so muß hier noch eine besondre Kampfschrift des Hippolyt vorliegen (vgl. Zahn, Gesch. d. neutestamentlichen Kanons II, S. 982f.; Achelis, Hippolytstudien 22). Es wäre möglich, daß Epiphanius in seinem Kapitel gegen die Aloger (s. o.), der den Hippolyt darin nachweislich benutzte, die besonders ausführlichen Nachrichten über die Bestreiter des Evangeliums und der Apk und teilweise auch deren Bekämpfung nicht dem kürzeren Syntagma des Hippolyt, sondern der ausführlicheren Sonderschrift entlehnt hätte.
26. Er verweist auf Johannes Marcus, läßt diesen Gedanken aber wieder fallen.
27. Das Zeugnis ist um so bedeutsamer, als die Peschita vielleicht erst später, als man bisher annahm, nämlich erst im Jahre 411 (von Rabula von Edessa), übersetzt wurde. vgl. Burkitt, St. Ephraims quotations S. 57.
28. Lipsius, apokr. Apostelgeschichten II 2, 93. Tixeront, les origenes de l'église d'Edesse 1888. Harnack, das neue Testament um das zweite Jahrhundert. 105.
29. F. C. Burkitt, St. Ephraims quotations from the gospel. Text a Stud. ed. by Robinson VII 2 Cambridge 1901.
30. Sancti Patris nostri Ephraem Syri Opera omnia (Tomi I-VI; die syrischen Werke in den letzten drei Bänden) hrsg. von S. E. Assemani.
31. Noch in der zweiten Ausgabe seiner neutest. Einleitung S. 1899.
32. In der vierten Auflage (mir zugänglich in der englischen Übers. IV, 495).
33. V 332: vidit in Apocalypsi sua Johannes librum magnum et admirabilem a Deo scriptum et septem sigillis munitum, et qui scriptum legeret, nullus erat.

34. Auch eine zweite Stelle VI 636, auf die Kalthoff (Apk. Joh. apostolo vindicata. Hafniae 1834 p. 26) verwies, und die in der Tat eine Anspielung auf Apk 20,13 enthält, steht in einem Stück (VI 629-638), das aus derselben verdächtigen Handschr. stammt.
35. S. Ephraemi Syri Hymni et Sermones... ed. ... Th. J. Lamy I-III Louvain 1882. 1889. Ich bemerke nebenbei, daß hier nur Evang. Acta und Paulusbriefe zitiert werden (Ausnahme: vielleicht Lamy I,250, wo Jak 1,12 (oder Sir 5,11 ?) zitiert wird).
36. Vgl. Burkitt S. 3f.
37. Noch viel weniger Zutrauen verdienen unter diesen Umständen die griechisch überlieferten Werke des Ephraem. Und auch hier ist der Gebrauch der Apk ein sehr seltener. Vier Zitate, die häufig zum Beweise der Bekanntschaft Ephraems mit der Apk angeführt werden, II 194. II 214. II 253. III 146, können zunächst nur als eines gelten (Apk 1,7 + 20,16 zitiert). Die Stücke, in denen es vorkommt, sind identisch; es ist nur durch Nachlässigkeit des Herausgebers ein und dasselbe Stück viermal gedruckt (Bousset, Antichr. 23). Die Echtheit dieses Stückes ist nicht gesichert, vor allem auch, weil es nicht in Versen geschrieben ist. Einfach abzusetzen ist übrigens das selbst bei Lücke 598 A. 2 sich findende Zitat II 248. Denn hier liegt gar kein Zitat aus der Apk vor, sondern es wird II Kor 5,17 zitiert. Ebenso sind die vielfach angeführten Anm: Die auf der nächsten Seite fortgesetzte Anmerkung wurde hier vervollständigt Stellen III 371, II 209, abzusetzen. Die scheinbare Anspielung I 39 auf Apk 6 (πῶς εἰλίσσεται ὡς βιβλίον οὐρανὸς, πῶς ἄστρα πίπτουσιν ὡς φύλλα ἀπὸ συκῆς, πῶς ἐκλείπει ὁ ἥλιος καὶ ἡ σελήνη) muß nicht notwendig daher entlehnt sein, sondern kann aus der Ephraem sonst so geläufigen apokalyptischen Literatur stammen. Besonders bemerkenswert zur Würdigung der Stellung Ephraems zur Apk ist die Stelle III 190. Hier beschäftigt sich E. mit Apk 20,1ff. und weist die chiliastische Deutung ab, und zwar in einer sehr merkwürdigen Weise: εἰ ἀπαιτεῖς με χιλίων ἐτῶν πρώτην ἀνάστασιν, ἀπαιτήσω σε κἀγὼ ἵππον καὶ ὠχριοῦντα ἄγγελον καὶ ζῶον νοερὸν λεγόμενον ἄψινθον ... δός μοι τὰς ἑπτὰ φιάλας καὶ λαβὲ τὰ χίλια ἔτη, ἀπόδειξαι γυναῖκα εἶναι πόλιν, κἀγώ σοι περὶ τῶν χιλίων ἐτῶν παρέξομαι ἀπόδειξιν ... μὴ γεννήσασα γίνεται Ἰερουσαλήμ; μὴ θηρίον ἐστὶν ὁ ἄνθρωπος τῆς ἀνομίας; etc. — Es scheint, als wenn der Schriftsteller, der hier redet, die Apk kennt, aber sie nicht als kanonische Schrift respektiert. Sie scheint ihm wegen ihres Chiliasmus unbequem zu sein.

38. Ich erwähne noch, daß Methodius von Tyrus (311 †) (s. unter Abschnitt IV) und Pamphilius in der Alpologie für Origenes (de la Rue IV 25. 33. Lücke 632. 2) das Buch unumwunden als kanonisch anerkennen.
39. Noch die trullanische Synode (692) nahm diesen Kanon einfach neben den widersprechenden Beschlüssen der afrikanischen Synoden auf (Lücke 648).
40. Suidas unter Joh. Chrysostomus behauptet freilich: δέχεται δὲ ὁ Χρυσόστομος ... καὶ τὴν ἀποκάλυψιν.
41. Die Synopsis ist gleichartig mit dem Verzeichnis des Amphilochius (Jakobus. I. Petrus, I. Joh.) und gibt nach Zahn II 229 den Kanon der antiochenischen Kirche.
42. Ein Katalog der Werke des Bar-Salibi in einer syrischen Handschr. der Vaticana (12. Jahr.) verzeichnet einen liber magnus interpretationis NT et apoc. Ioannis apostoli. — Also auch hier steht die Apk noch außerhalb des neuen Testaments vgl. Lücke 645
43. s. die Stellen bei Lücke 629. 641. 642.
44. Lücke 649. Zahn II, 295.
45. Nachweise aus den Schriften des Lactanz, Hilarius, Ambrosius, Novatus, Anm: Die auf der nächsten Seite fortgesetzte Anmerkung wurde hier vervollständigt Commodian, Arnobius etc. s. bei Lardner, Credibility of the Gospels history (immer noch eine für die Kanonsgeschichte verwendbare reichhaltige Sammlung).
46. Corpus juris Germanici ed Walter, Tom. II, 77f. cap. 20.
47. vgl. zum folgenden Oeder, christlich freie Untersuchung (s. u.) 51f. 313; Hartwig, Apologie III 35ff.; Bleek, Einleitung in den Brief an die Hebräer 449ff.; Lücke 893ff.; die Einleitungen von Holtzmann[2] 177ff.; Jülicher 3. u. 4. A. 440.
48. Kurz bereits in der Ausgabe von 1516, ausführlicher seit 1522.
49. Abgedruckt bei Credner, zur Geschichte des Kanons p. 291ff. vgl. Welche Bücher heilig und biblisch 152. Lücke 8990.
50. Vorrede zur Offenb. Joh in der ersten Ausgabe d. deutschen NT 1522 bei Walch, Luthers Schriften XIV 12f.
51. Die letzte Ausgabe, die diese Eigentümlichkeit zeigt, ist die von 1689 (Holtzmann 180); in den plattdeutschen Bibeln, Hamburg 1596, Wittenberg 1599, und noch in der schwedischen, Stockholm 1673, werden die Bücher gar als Apokryphen eingeführt. Bleek, Einl. i. d. Br. an die Hebräer, 463, A. 569.
52. vgl. Bleek a. a. O. 451. s. dort auch die übrigen Stellen aus dem examen Conc. Trid.

53. Religionsgespräch von Bern 1528, s. Zwinglis Werke von Schuler und Schultheis II 1, S. 169ff. (Lücke 903).
54. Zum folgenden vgl. Walch, neueste Religionsgeschichte VII 257-277. Lücke 495ff. Düsterdieck 67.
55. Über die Geschichte der Schrift s. Lücke 497,4; wahrscheinlich ist sie zuerst im Englischen 1730 gedruckt.
56. Aufgenommen in Chr. Wolffs curae philologicae et criticae, V 387.
57. Christlich freie Untersuchung über die sogenannte Offenbarung Johannis aus den nachgelassenen Schriften eines fränkischen Gelehrten, herausgegeben von J. Sal. Semler Halle 1769. Doch vgl. schon vorher Semler in der Ausgabe von Wetsteinss „libelli ad crisin et interpret. Nov. Test. 1766."
58. S. wandte sich hier hauptsächlich gegen einen Angriff des Tübinger Kanzlers Reuß, der dem Herausgeber Wetsteinss (s. Anm. 5) bereits in den „selecta historiae ecclesiasticae capita" (de auctore apocal., 1767) geantwortet hatte. Auf die „freie Untersuchung" erwiderte Reuß in der „Verteidigung der Offenb." Tüb. 1772. Ein weiterer Verteidiger der Schrift ist Chr. F. Schmidt (Wittenberg): „Ob die Offenbarung Johannis ein echtes göttliches Buch sei" 1771; „Historia antiqua et vindicatio canonis V. ac. N. Test." 1775; gegen die erstere Schrift: Michael Stroth, „freimütige Untersuchung die Offenb. Joh. betreffend" (mit einer Vorrede von Semler 1771).
59. Inhalt des Werkes: B I Besprechung des Cajuszeugnisses (H. leugnet die Beziehung desselben auf die Apk), über den Chiliasmus. B II das Zeugnis des Dionysius, über das Fehlen des Stammes Dan in Apk 7,5. B III Verteidigung gegen Semler, der mittlerweile seine theologischen Briefe gegen B I und II geschrieben hatte; über den Plan der Apk. B IV Vergleichung der Apk mit dem Johannesevangelium.
60. Storr läßt z. B. die Apk vor I Kor geschrieben sein (I Kor 15,52 soll die Abhängigkeit beweisen) und deutet das bestimmt widersprechende Zeugnis des Irenaeus in einer merkwürdigen Weise um.
61. Der erste Teil der Schrift ist gegen Storr, der zweite gegen Hartwig, der dritte gegen einen ungenannten Lützower Rezensenten gerichtet.
62. Mehr Literatur bei Lücke 503; Düsterdieck 67.
63. Vgl. Teil II, Abschnitt 12-14.
64. Einleitung in die göttlichen Schriften 2. Aufl. Göttingen 1766 (mir zugänglich auch in der 4. Aufl. in englischer Übersetzung 1802).

III. DER VERFASSER DER SCHRIFT

Die Tradition vom kleinasiatischen Johannes.

Literatur. Zur allgemeinen Orientierung vergleiche man die umfangreichen Literaturnachweise bei Holtzmann, Einleitung[2] 445ff. und namentlich 475f.; E. Schürer, über d. gegenwärtigen Stand der johanneischen Frage 1889; A. Meyer, die Behandlung der johanneischen Frage im letzten Jahrzehnt. Theol. Rundschau II 1899, 255-263. 295-305. 333-345. Von älteren Arbeiten, die den Lösungsversuch in der unten ausgeführten Richtung versuchten, nenne ich Scholten, der Apostel Johannes in Kleinasien; aus neuerer Zeit vor allem Hugo Delff, das vierte Evangelium 1890. (vgl. bereits Grundzüge der Entwicklungsgeschichte der Religion[2] 1886; die Gesch. des Rabbi Jesu von Nazareth 1889, S. 69). In neuester Zeit ist die Frage Gegenstand besonders eindringender Untersuchung geworden, so daß die ältere Literatur antiquiert erscheint. Ich nenne: P. Corßen, Monarchianische Prologe zu den vier Evangelien 1896. — A. Harnack, die Chronologie der altchristl. Literatur I 1897 320-381. 656-680. — P. Corßen, warum ist d. vierte Evangelium für ein Werk des Apostels Johannes erklärt worden? Ztschr. f. neut. Wissensch. II 1900, 202ff; Die Töchter des Philippus, ebend. 289ff. — Th. Zahn, Forschungen zur Gesch. des Kanons VI 1900: Apostel und Apostelschüler in der Provinz Asien. — J. Weiß, das älteste Evangelium 1903. — F. L. Gutjahr, die Glaubwürdigkeit des irenäischen Zeugnisses über die Abfassung des vierten kanonischen Evangeliums 1904. — E. Schwartz, über den Tod der Söhne Zebedäi. Ein Beitrag zur Geschichte des Johannesevangeliums. Sonderdruck aus Abhandl. d. Gött. Gesellsch. d. Wissensch. N. F. VII 5. 1904. — J. Weiß, die Offenbarung des Johannes 1904. 155-164. — W. P. Badham, American Journ. of Theol. 1899, 729ff.; 1903, 539ff. — P. W. Schmiedel, Art. „John“ in Encyclopaedia Biblica II 2503ff. — Bakon, Hibbert Journal. 1904, 323ff. — Für weitere Details der Untersuchung verweise ich auf meinen Artikel: Der Verfasser des Johannesevangeliums, Theol. Rundsch. VIII 1905, 225-244. 277-295. — Die Ausführungen von A. Hilgenfeld, der kleinasiatische Johannes und W. Bousset, Z. w. Th. XLVIII 1905, S. 560-567, vgl. auch ebendort S. 527ff., — und C. Clemen, the sojourn of the apostle John at Ephesus, American Journal of Theol. VIII 1905, 643-676 geben mir zu Änderungen im folgenden keinen Anlaß.

I. Der Verfasser der Apk nennt sich selbst 1,4.9; 22,8 Johannes. Wer war dieser Johannes? Er bezeichnet sich nicht als Apostel, sondern als Knecht Christi, Bruder und Genosse der Gemeinde. Doch ist diese Selbstbezeichnung an sich kaum ein Zeugnis gegen den Apostelrang des Verfassers. Dagegen könnte — die Einheit der Schrift einmal vorausgesetzt — eher sprechen, daß der Verfasser (21,14) so ganz fremd von den zwölf Aposteln des Lammes spricht. Noch mehr spricht dagegen, daß der Apokalyptiker in erster Linie Prophet sein will und seine Würde als Prophet sehr stark betont (vgl. Abschnitt V). Schließlich wäre ja auch noch die Frage zu erörtern, ob der Selbstanspruch der Apk berechtigt ist, oder ob nicht auch sie, wie alle apokalyptischen Schriften, unter das Gesetz der Pseudonymität fällt. Doch kann von dieser hier noch nicht zu entscheidenden Frage ganz unabhängig die andre untersucht werden, die uns hier vor allem interessiert: Wer war der Johannes, von dem die Apk geschrieben sein will? Die Frage läßt sich noch etwas bestimmter umgrenzen. Die Apk ist als Ganzes betrachtet eine Schrift, deren Heimat die Provinz Asien ist. Der Johannes, der hier ohne weitere Bestimmung genannt wird, oder sich nennt, muß eine Persönlichkeit der kleinasiatischen Kirchenprovinz von hoher Autorität gewesen sein. Die Sendschreiben zeugen deutlich und bestimmt genug von einem Johannes, der in Kleinasien eine solche Stellung einnahm, daß wenn nur der Name Johannes genannt wurde, kein Zweifel darüber entstehen konnte, wer damit gemeint sei. Wer war dieser kleinasiatische Johannes? Bei dem Versuch diese Frage zu beantworten, beginnen wir mit einer Negation.

II. Denn es läßt sich nun m. E. das Eine jetzt mit unsern Mitteln beweisen, daß der Apokalyptiker Johannes, wir können auch sagen der kleinasiatische Johannes, nicht der Apostel Johannes, der Sohn des Zebedaeus, gewesen ist. Wir haben hier in erster Linie das entscheidende Zeugnis des Papias zu respektieren. Das hier in Betracht kommende Papiasfragment ist uns durch zwei Zeugen aufbewahrt. 1) Der Codex Coislinianus 305 (Saec. X oder XI) der Chronik des Georgios Hamartolos berichtet, nachdem er die Rückkehr des Johannes aus der Verbannung unter Nerva erzählt hat: καὶ συγγραψάμενος τὸ κατ' αὐτὸν εὐαγγέλιον μαρτυρίου κατηξίωται. Παπίας γὰρ ὁ Ἱεραπόλεως ἐπίσκοπος, αὐτόπτης τούτου γενόμενος, ἐν τῷ δευτέρῳ λόγῳ τῶν κυριακῶν λογίων φάσκει, ὅτι ὑπὸ Ἰουδαίων ἀνῃρέθη. Es folgt ein Verweis auf Mrk 10,38 und auf die Bezeugung des Martyriums durch Origenes (in Matth. XVI, 6). 2) Ein Epitomator (600—800) der Χριστιανικὴ ἱστορία des Philippus von Sides (430) bringt unter einer Reihe echter Papiasfragmente die Notiz: Παπίας ἐν τῷ δευτέρῳ λόγῳ λέγει, ὅτι Ἰωάννης ὁ θεολόγος καὶ Ἰάκωβος ὁ ἀδελφὸς αὐτοῦ ὑπὸ Ἰουδαίων ἀνῃρέθησαν. (cf. de Boor, Texte u. Untersuch. V 2. 170ff.). Wie auch das gegenseitige Verhältnis dieser Notizen beschaffen sein mag, so steht doch fest, daß die Überlieferung des Papiaszeugnisses sich bis auf Philippus Sidetes zurückverfolgen läßt. Und da es in dem Exzerpt aus Philippus Sidetes zusammen mit einer Reihe anerkannt echter Papiasfragmente steht, so wird an seiner

Echtheit kaum noch gezweifelt werden können[1]. Freilich steht der Wortlaut des Zitates nicht ganz sicher. Aber wir können doch mit dem größten Grade von Wahrscheinlichkeit feststellen, daß in dem Fragment ursprünglich die beiden Brüder Johannes und Jakobus neben einander genannt wurden. In der Handschrift der Chronik des Georgios, in der Jakobus nicht erwähnt wurde, liegt überhaupt kein wörtliches Zitat vor, und da in dem ganzen Zusammenhang nur von Johannes die Rede war, so erklärt sich die Nichterwähnung des einen Bruders in völlig ausreichender Weise. Umgekehrt ist aller Wahrscheinlichkeit nach in dem Philippus-Sidetes-Fragment das „ὁ θεολόγος" entweder von Philippus oder von seinem Exzerptor interpoliert. Wir haben also anzunehmen, daß die Notiz: „Johannes und Jakobus wurden von den Juden getötet" tatsächlich in Papias Werk gestanden habe[2]. — Das Papiaszeugnis bekommt aber noch ein besondres Gewicht, wenn wir es im Zusammenhang mit der bekannten Weissagung des Herrn Mrk 10,39 betrachten. Wenn Jesus nach Mrk hier den beiden Zebedaiden weissagt: τὸ ποτήριον ὃ ἐγὼ πίνω πίεσθε, καὶ τὸ βάπτισμα ὃ ἐγὼ βαπτίζομαι βαπτισθήσεσθε, so kann man sich kaum denken, daß Mrk diesen Wortlaut der Weissagung Jesu überliefert hätte, wenn er nicht bereits, als er sein Evangelium schrieb, auf das Martyrium der beiden Brüder zurückgeschaut hätte (vgl. Wellhausen, das Evangelium Marci S. 90). Markus bestätigt also indirekt das direkte Zeugnis des Papias. Ist das Markusevangelium vor 70 geschrieben (so neuerdings J. Weiß, d. älteste Evangelium), so hätten wir damit zugleich auch einen terminus ad quem des Märtyrertodes des Johannes.

Das Zeugnis des Papias findet aber eine weitere Bestätigung durch ein altes Martyrologium. Unter dem Gesamttitel: „Die Namen unsrer Herren der Märtyrer und Sieger und ihre Tage, an denen sie die Kränze davontrugen" bringt das syrische Martyrologium von 411 (Text bei Lietzmann, d. drei ältesten Martyrologien 1903, S. 9) zum 27. Dezember die Notiz: „Johannes und Jakobus die Apostel in Jerusalem". Es ist freilich richtig, wenn dazu bemerkt wurde (Gutjahr S. 105 A. 5), daß die Ortsangabe „in Jerusalem" nicht notwendig auf den Todesort der beiden Brüder bezogen werden muß, sondern nur auf den Ort, wo ihr Martyrium besonders gefeiert wurde. Aber wenn doch Jakobus das Martyrium in Jerusalem erlitt, wenn unmittelbar daneben zum 28. Dez. das Martyrium des Petrus und Paulus in Rom verzeichnet wird („in der Stadt Rom Paulus der Apostel und Simeon Kephas das Haupt der Apostel unsres Herrn"), so werden wir doch zu dem Schluß kommen, daß im Sinne des Verfassers des Martyrologiums Jerusalem auch als der Todesort[3] des Johannes zu gelten habe, zumal da schon die Notiz des Papias, daß Johannes von den Juden getötet sei, nach Jerusalem hinweist. Ebenso ist durch die Erwähnung des Jakobus dicht neben Johannes außer allen Zweifel gestellt, daß der hier genannte Johannes der

Zebedaide sein soll. Was das Alter dieser Notiz betrifft, so hat Erbes neuerdings in eindringender Untersuchung nachzuweisen versucht, daß die Grundlage des syrischen Martyrologiums mit den Ansätzen zum 25-28. Dezember bereits 341 verfaßt worden ist (Z. f. Kirchengesch. XXV 3, 1904, S. 355ff.). – Wie im syrischen Martyrologium stehen auch im armenischen (nur in umgekehrter Reihenfolge) zum 27. Dez. Petrus und Paulus, zum 28. Jakobus und Johannes, die Donnerssöhne vermerkt (Z. f. Kirchengesch. XXII, 1901 S. 201; 1905 S. 31f.). Und in derselben Reihenfolge wie in der armenischen Überlieferung zählt Aphraates[4] ohne Ortsangabe und Kalenderdatum die Märtyrer Stephanus, der in den beiden Martyrologien zum 26. Dez. verzeichnet ist, Simon, Paulus, Jakobus, Johannes auf (Homilie XXI vom Jahr 343/4 nach der Übers. von Bert, Texte u. Untersuch. III, 188, S. 347). Endlich bietet auch das Martyrium Carthaginiense zum 27. Dez. die Notiz: „sancti Joannis baptistae et Jacobi apostoli, quem Herodes occidit". Wenn hier an Stelle des Zebedaiden der Täufer erscheint, so ist das natürlich die Konjektur eines späteren Bearbeiters, der an der Notiz, daß der Apostel Johannes das Martyrium erlitten, bereits Anstoß nahm. — Wir haben es hier also mit einer weit verzweigten und offenbar weit zurückgehenden Tradition zu tun.

Und endlich erhält die Nachricht des Papias noch von einer dritten Seite her eine Unterstützung durch ein altes und wertvolles Zeugnis. Der Gnostiker Heracleon zählte bei Clemens Stromat. IV 9,71 diejenigen Apostel auf, die nicht Märtyrer geworden seien. Er nennt Matthäus, Philippus, Thomas, Levi. Er bezeugt also indirekt den Märtyrertod des Zebedaiden Johannes.

Auf Grund dieser Zeugnisse können wir die Behauptung aufstellen, der Apostel Johannes habe nach der ältesten Überlieferung vor dem Jahre 70 in Jerusalem das Martyrium erlitten[5]. Dann kann er nicht mit dem Apokalyptiker Johannes identisch sein. Selbst wenn wir einmal annehmen, daß der unter Domitian schreibende Apokalyptiker den Namen des Johannes nur adaptiert und dieser lange vorher in Kleinasien gelebt hätte (eine Annahme, die sich nicht halten lassen wird, s. u.), so würde jene Identifikation ziemlich unwahrscheinlich bleiben. Denn da die Wirksamkeit des Johannes in Kleinasien doch frühestens nach dem Weggang des Paulus angesetzt werden kann, da andrerseits Johannes in Jerusalem Anfang oder Mitte der sechsziger Jahre das Martyrium erlitten haben muß, so bleibt für eine Wirksamkeit des Apostels, die ihn zu einem angesehenen Manne in Kleinasien machte, kaum noch Raum[6].

III. Wenn aber der Apokalyptiker nicht der Apostel gewesen sein kann, wer war er dann? Können wir von ihm noch etwas mehr aussagen als was wir aus der Apk. von ihm erfahren? Hier taucht nun wenigstens die Möglichkeit einer andern Kombination auf. Wir erinnern uns nunmehr an das berühmte

Papiaszeugnis, Eusebius III 394: εἰ δέ που καὶ παρηκολουθηκώς τις τοῖς πρεσβυτέροις ἔλθοι, τοὺς τῶν πρεσβυτέρων ἀνέκρινον λόγους· τί Ἀνδρέας ἢ τί Πέτρος εἶπεν ἢ τί Φίλιππος· ἢ τί Θωμᾶς ἢ Ἰάκωβος ἢ τί Ἰωάννης ἢ Ματθαῖος ἤ τις ἕτερος τῶν τοῦ κυρίου μαθητῶν, ἅ τε Ἀριστίων καὶ ὁ πρεσβύτερος Ἰωάννης, τοῦ κυρίου μαθηταὶ, λέγουσιν. Es wird nicht nötig sein, daß wir uns in diesem Zusammenhang in alle Einzelheiten und Deutungsmöglichkeiten dieses schwierigen und vielumstrittenen Fragments hineinvertiefen. Nur das, was hier unbedingt zur weiteren Untersuchung notwendig ist, soll gesagt werden: 1) Nur absolute Voreingenommenheit und kritische Gewalttätigkeit vermag noch zu leugnen, daß von Papias hier zwei Personen mit Namen Johannes genannt werden: der Apostel Johannes und der, den er im besondern Sinne den Presbyter nennt. 2) Während Papias vom Apostel Johannes ganz en passant und ohne irgend welches besondere Interesse redet, führt er den Presbyter Johannes in ganz besondrer Weise, die auf ein näheres Verhältnis zu ihm hindeutet, ein. 3) Wenn freilich Eusebius den Papias zu einem direkten Schüler des Johannes macht (III, 39,7), so wird diese Meinung sich gegenüber dem direkten Zeugnis des Papias nicht halten lassen. 4) Welches aber auch immer das Verhältnis des Papias zu dem Presbyter Johannes gewesen sein mag — ich nehme an, daß er nur durch ein Mittelglied von ihm getrennt war — jedenfalls war der Presbyter Johannes dem Papias (neben Aristion) indirekt der Hauptgewährsmann der von ihm benutzten mündlichen Überlieferung. Eus. III, 39,7: ὀνομαστὶ γοῦν πολλάκις αὐτῶν μνημονεύσας ἐν τοῖς αὐτοῦ συγγράμμασιν τίθησιν αὐτῶν παραδόσεις. III 39,14: καὶ ἄλλας δὲ τῇ ἰδίᾳ γραφῇ παραδίδωσιν Ἀριστίωνος τοῦ πρόσθεν δεδηλωμένου τῶν τοῦ κυρίου λόγων διηγήσεις καὶ τοῦ πρεσβυτέρου Ἰωάννου παραδόσεις[7]. 5) Wir werden deshalb auch Wert darauf legen, daß Papias die Apostel mit einem τί εἶπον den Aristion und den Presbyter Johannes mit einem ἅ τε ... λέγουσιν einführt, und aus dem Wechsel der Tempora schließen dürfen, daß der Presbyter ein älterer Zeitgenosse des Papias gewesen sei, daß er wenigstens noch lebte, als Papias seine Traditionen, die er in seinem Werke verwertete, sammelte. Es ist auch zum mindesten nicht unwahrscheinlich, daß der Presbyter, der Hauptzeuge des Papias von Hierapolis, in dessen örtlicher Nähe gelebt haben mag. 6) Als die Abfassungszeit des Werkes des Papias werden wir etwa die ersten beiden (drei?) Dezennien des zweiten Jahrhunderts ansetzen dürfen. Denn da Papias die Notizen zu seinem Werk noch zu Lebzeiten des Presbyters sammelte (also spätestens ca. 100), so werden wir mit der endgültigen Abfassung des Werkes nicht gut über 120-125 hinuntergehen dürfen. Andrerseits muß einige Zeit zwischen Sammlung und Abfassung des Werkes verstrichen sein (Eus. III, 39,3)[8]. 7) Wenn Papias den Aristion und den Presbyter Johannes als οἱ τοῦ κυρίου μαθηταί bezeichnet, so muß diese Wendung wahrscheinlich in dem allgemeineren Sinn verstanden werden, daß diese beiden Zeugen noch Mitglieder der Urgemeinde gewesen sind (Theol. Rundschau VIII 240)[9]. Mitglieder der Urgemeinde, die vielleicht allein damals noch am Leben waren, konnten sehr leicht einer späteren Generation als direkte Herrenjünger erscheinen. Daß aber um 100 noch einige Mitglieder der Urgemeinde lebten, die von den frühesten Zeiten dieser angehört hatten, gehört in das Gebiet der Möglichkeiten.

IV. Wird es nun möglich sein diesen Presbyter Johannes, den älteren Zeitgenossen und Hauptzeugen des Papias, zu dem Apokalyptiker Johannes in irgend eine Beziehung zu setzen? Es ist zuzugestehen, daß das bisher Festgelegte zu einem Schluß nicht ganz ausreicht, vor allem deshalb, weil wir in den Angaben des Papias kein direktes Zeugnis für die an sich allerdings sehr wahrscheinliche Annahme finden, daß der Wirkungskreis des Presbyters Kleinasien gewesen sei, wir vielmehr hier auf Wahrscheinlichkeitsgründe angewiesen sind. Wir werden deshalb, um zu einem bestimmten Ziel zu gelangen, mit unsrer Untersuchung noch weiter ausholen müssen.

Dabei richtet sich unser Blick in erster Linie auf die sogenannten Presbyterfragmente des Irenäus.Es handelt sich um fünf offenbar eng zusammengehörige Fragmente, als deren Gewährsmänner οἱ πρεσβύτεροι genannt werden II 22,5; V 5,1; V 30,1; V 33,3; V 36,1. In dreien dieser Fragmente werden die Presbyter in sehr enge Beziehung zu dem in Asien lebenden μαθητής Ἰωάννης gerückt: II 22,5: καὶ πάντες οἱ πρεσβύτεροι μαρτυροῦσιν οἱ κατὰ τὴν Ἀσίαν Ἰωάννῃ τῷ τοῦ κυρίου μαθητῇ συμβεβληκότες. – V 30,1: καὶ μαρτυρούντων αὐτῶν ἐκείνων τῶν κατ᾽ ὄψιν Ἰωάννην ἑωρακότων. – V 33,3: quemadmodum presbyteri meminerint, qui Joannem discipulum domini viderunt. An den beiden andern Stellen werden die Presbyter als ἀποστόλων μαθηταί eingeführt. Nun ist es durch die Untersuchungen von Harnack (Chronologie I 333-340) und Corßen[10] (Ztschr. f. d. neutest. Wissensch. II 202ff.) außerordentlich wahrscheinlich gemacht, daß diese Presbyterfragmente des Irenäus nichts andres seien als Zitate aus dem Werke des Papias. Irenäus hätte dann eben, anstatt die Quelle zu nennen, aus der er schöpfte, nämlich Papias, die Quelle seiner Quelle zitiert. Da er in dem Prooemium des Papias las, daß dieser sich auf die παρηκολουθηκότες τοῖς πρεσβυτέροις und indirekt auf die πρεσβύτεροι berief, so setzte er anstatt den Papias zu zitieren, für Papias seine Gewährsmänner, die πρεσβύτεροι ein. Besteht diese Vermutung zu recht, so ergeben sich von hier aus wichtige Schlüsse über den in diesen Fragmenten so oft genannten Jünger Johannes. Wenn nämlich in diesen (Papias-)Fragmenten unter fünf Malen drei Mal die überlieferten Traditionen auf den Jünger Johannes in letzter Linie zurückgeführt werden, wenn wir andrerseits wissen, daß der

Presbyter Johannes der Hauptgewährsmann des Papias gewesen ist, den er häufig ὀνομαστὶ zitierte, wenn endlich drittens der hier genannte Johannes, mit dem die Presbyter in Asien zusammentrafen, doch schwerlich nach dem oben Festgestellten der Zebedaide Johannes gewesen sein kann, so drängt alles zu dem Schluß, daß der Johannes der Presbyterfragmente bei Irenäus der Johannes Presbyter des Papias ist[11].

Wenn aber der Johannes der Presbyterfragmente des Irenäus der πρεσβύτερος Ἰωάννης ist, so läßt sich nun endlich die Verbindung zwischen dem Apokalyptiker und dem Presbyter Johannes herstellen. Denn in einem dieser Fragmente des Irenäus wird uns mitgeteilt, daß die, welche den Johannes noch persönlich gekannt haben, bezeugten, daß die Zahl des Tieres in der Apk 666 sei V 30,1. Diese Berufung auf Johannes aber hat nur dann Sinn, wenn Irenäus resp. der ältere Gewährsmann (Papias), auf den Irenäus sich beruft, den Johannes für den Verfasser der Apk hielt. Zu dieser Annahme der Identität des Presbyters mit dem Apokalyptiker würde ferner vorzüglich die Beobachtung stimmen, daß die sämtlichen Presbyterfragmente bei Irenäus mit einer Ausnahme (der Tradition über das Alter Jesu II 22,5) spezifisch eschatologischen Inhalt haben. Wenn ferner Irenäus berichtet, daß die Presbyter mit Johannes in Kleinasien zusammengetroffen seien, und daß dieser dort bis zu den Tagen Trajans gelebt habe (I 22,5) und wenn andrerseits angenommen werden darf, daß er diese Notizen seiner Quelle entlehnt hat, so deutet auch diese Überlieferung auf den Apokalyptiker Johannes, der nach der Überlieferung in Asien unter Domitian die Apk schrieb[12]. V. Wir können aber unsern Beweis noch verstärken, wenn wir nunmehr den gesamten johanneischen Schriftenkreis in unsre Untersuchung hineinziehen. Denn wenn es auch aus innern Gründen unmöglich ist, daß Evangelium, Briefe und Apk tatsächlich aus einer Hand stammen, so will doch andrerseits die Tatsache respektiert werden, daß die kirchliche Überlieferung von ältester Zeit her die johanneischen Schriften als eine Einheit betrachtet hat und nur von einem Johannes weiß (s. o. S. 21 u. ö.), dessen Person für sie hinter dem ganzen Schriftenkreis steht, und daß selbst die alten Bekämpfer der johanneischen Schriften die sogenannten Aloger (s. o. S. 24) diese als eine Einheit betrachten[13].

Was ist nun von dem Johannes, der nach kirchlicher Überlieferung hinter dem Evangelium und den Briefen steht, zu halten und in welcher Beziehung steht dieser zu dem Apokalyptiker und dem Presbyter? Ich beginne mit dem sogenannten Nachtragskapitel (Kap. 21) des vierten Evangeliums. In diesem Kapitel tritt uns der Jünger, aus dessen persönliche Autorität sich das vierte Evangelium stützt, in greifbarer Gestalt entgegen. Wir entnehmen aus dem 21. Kap., daß dieser betreffende Jünger so lange lebte, daß das Gerücht entstand, er werde die Parusie des Herrn noch erleben, ja daß sogar ein Herrenwort dieses Inhalts über ihn von Mund zu Mund ging. Mittlerweile war aber der Jünger — vor Abfassung des Kap. 21 des vierten Evangeliums — gestorben und nun beeilt sich der Verfasser dieses Kapitels zu versichern, der Herr habe jene Weissagung, daß der Jünger nicht sterben werde, nicht gesprochen; wenn er etwas Ähnliches gesagt habe, so habe er es anders gemeint. Im übrigen aber tritt in diesem Abschnitt der ungenannte Jünger in einen gewissen Gegensatz zu dem Märtyrer Petrus. Er kann jedenfalls kein Märtyrer gewesen und muß eines friedlichen Todes gestorben sein. Man kann sich dem Eindruck nicht entziehen, daß dieser ungenannte Jünger eine historische, in der Nähe des Verfassers von Kap. 21 lebende Gestalt ist[14]. Nun hieß jener Jünger nach der Tradition Johannes, und das Evangelium, das nach ihm den Namen trägt, zeigt deutliche Spuren kleinasiatischen Ursprungs (s. S. 44). Also tritt uns auch hier ein kleinasiatischer Johannes, der lange lebte und eines friedlichen Todes gestorben ist, folglich nicht mit dem Märtyrer und Zebedaiden Johannes identisch sein kann, entgegen. Sollte nun dieser kleinasiatische langlebige Johannes nicht identisch mit dem Apokalyptiker und dann auch mit dem Presbyter sein? Die Vermutung drängt sich mit stärkster Gewalt auf. Oder sollte es wirklich zwei Johannes gegeben haben, die beide am Ende des ersten Jahrhunderts lebten und beide in Kleinasien eine bedeutsame Rolle spielten?[15]

Von dem Schlußkapitel des vierten Evangeliums wenden wir uns den beiden kleinen Briefen zu, die unter dem Namen des Johannes überliefert sind. In ihnen führt sich der Verfasser bekanntlich schlechtweg als ὁ πρεσβύτερος ein. Da die Überlieferung diese Briefe unter die johanneische Literatur aufgenommen hat, so drängt sich auch hier die Vermutung mit großer Gewalt auf, daß „der Presbyter“ kein anderer sei, als der Presbyter Johannes des Papias. Die Papianischen Nachrichten zeigen zur Genüge, wie dieser Johannes zu dem Ehrennamen des πρεσβύτερος κατ᾽ ἐξοχήν kommen konnte. Ein Bedenken erhebt sich hier allerdings: Wenn der Presbyter des Papias zugleich der Apokalyptiker sein sollte und, wenn wir Grund haben anzunehmen, daß wirklich die uns vorliegende Apk von dem Apokalyptiker Johannes selbst geschrieben sei, so müßten wir nunmehr den Verfasser von II. III Joh und den Verfasser der Apk identifizieren. Gegen eine solche Identifikation scheint aber die ganz andersartige Eschatologie der Briefe zu sprechen. Für den Apokalyptiker ist die letzte und höchste feindliche Gewalt das römische Imperium, der Verfasser der Briefe scheint bei der Weissagung des Antichrist (II 8) nur an die Irrlehre zu denken. Die Irrlehrer der Briefe selbst aber zeigen gegenüber denen der Apk einen entschieden fortgeschrittenen, spezifisch christologischen Charakter. Damit hängt auch die energische Hervorkehrung der Begriffe ἀλήθεια und διδαχή zusammen. Andrerseits freilich zeigen die beiden kleinen Briefe und die sieben Sendschreiben eine ausgesprochene Ähnlichkeit weniger im einzelnen, als in der ganzen Haltung. Es wäre doch vielleicht möglich, daß der Apokalyptiker Johannes, der ja bis in die Zeiten Trajans gelebt haben soll, nachdem er unter Domitian (93 n. Chr.) die Apk geschrieben, acht bis zehn Jahre später, nachdem sich die Verhältnisse dem römischen Reich gegenüber zunächst etwas friedlicher gestaltet hatten und der Kampf gegen eine gnostisierende Irrlehre die Aufmerksamkeit der Gemüter auf sich gelenkt, seine Frontstellung in den Briefen etwas verändert hätte, ohne natürlich seine in der Apk niedergelegten Anschauungen prinzipiell aufzugeben[16]. Zugleich würden wir bei dieser Annahme verstehen können, wie aus dem Kreise unsres Presbyters dann auch die größeren Schriften, Evangelium und I Brief, stammen könnten. II und III Joh bilden die Brücke von der Apk zum Evangelium und zum ersten Brief.

Wir versuchen endlich, die Beziehungen des vierten Evangeliums zu der bereits besprochenen johanneischen Literatur und zu dem kleinasiatischen Johannes festzulegen. Und da scheint es sicher zu sein, daß auch diese Schrift in den besprochenen Schriftenkreis hineingehört. Sie ist als ein Evangelium κατὰ Ἰωάννην überliefert, und die Überlieferung sowohl, wie deutliche Spuren innerhalb des Evangeliums, vor allem die hervorragende Rolle die Philippus und Andreas in ihm spielen, weisen darauf hin, daß die Heimat desselben Kleinasien ist, Johannes also der kleinasiatische Johannes sein soll[17]; das letzte Kapitel bringt die Schrift deutlich zu diesem langlebigen kleinasiatischen Johannes in Beziehung. Endlich läßt sich nirgends nachweisen, daß nach der Auffassung des vierten Evangelisten der „Zeuge" der Zebedaide Johannes sein soll[18]. — Auf der andern Seite ist aber auch das klar, daß die enge Beziehung des kleinasiatischen Johannes, die wir zur Apk (und zu II III Joh) festzulegen suchten, sich nicht halten lassen wird, wenn es nicht gelingt, das Evangelium um ein beträchtliches Stück von seiner Person abzurücken. Denn aus einer Quelle können eben so verschiedene Geisteserzeugnisse wie Apk und Evangelium nicht stammen. Das Evangelium weist uns aber hier mit seinen Andeutungen über sich selbst auf den rechten Weg. Denn es ist deutlich, daß es gar nicht von dem in ihm verherrlichten ungenannten Jünger selbst stammen will. Die ganze Art, wie dieser Jünger ungenannt und doch bekannt überall eingeführt und geflissentlich in den Vordergrund geschoben wird, wäre eben einfach geschmacklos, wenn hier der Zeuge des vierten Evangeliums selbst redete, wird aber sofort verständlich, falls hier ein getreuer Jünger seinen Meister verherrlichen wollte. Überdies gehören die Stellen, in denen der uns bekannte Jünger eingeführt wird, zu den Stücken des Evangeliums, bei denen die

Übermalung des zugrunde liegenden synoptischen Berichtes am deutlichsten hervortritt[19]. Eine Stelle wie die vielerörterte Joh 19,35 gibt dann die authentische Bestätigung jenes allgemeinen Eindrucks. Das vierte Evangelium stammt also aus dem Schüler- und Anhängerkreis des ungenannten Jüngers (Johannes) und wird erst geraume Zeit nach seinem Tode entstanden sein. Gegen die Identifikation des Zeugen des vierten Evangeliums mit dem kleinasiatischen Johannes, dem Presbyter des Papias, wird nun kaum etwas einzuwenden sein. Vielmehr spricht vieles dafür. Als Überlebender einer älteren Generation galt er dieser als einziger und hervorragender Zeuge aus der ältesten Zeit. Wir sehen bereits wie Papias ihn einfach unter die μαθηταὶ τοῦ κυρίου einreiht, obwohl er freilich, wenn er wirklich bis an die Zeiten Trajans heranreichte und ein Werk von so jugendlichem Feuer wie die Apk um 93 schrieb, sich höchstens als Knabe oder kaum herangewachsener Jüngling mit Jesus eben berührt haben mag. Aber einer späteren Zeit galt er eben als ein Augenzeuge des Herrenlebens. Die kritischen Urteile über das Markus- und das Matthäusevangelium, die Eusebius (III 39,15f.) aus Papias Werk erhalten hat, führen das erste sicher (beachte die Einführung καὶ ὁ πρεσβύτερος λέγει), das zweite wahrscheinlich auf ihn zurück. Es pflegte in seiner Umgebung also selbst das Bewußtsein, daß er eine selbst den überlieferten Evangelien überlegene Kenntnis vom Leben Jesu besitze. Er muß auch, da der Zebedaide wieder gänzlich ausgeschlossen ist, dieser Johannes gewesen sein, von dem Polykarp dem Irenäus einst erzählte, und an dessen Worte über die Wunder und die Lehre Herrn dieser sich noch so gut erinnerte[20] (Brief an Florinus bei Euseb. V 20,6). So wird es verständlich, wie er einem begeisterten Jünger nun zu dem einzigen und wahren Hauptzeugen des Herrenlebens heranwuchs, wie dieser ihn überall in die unmittelbare Nähe des Herrn einführte, wie er auf diesen Zeugen gestützt, es wagen konnte, den alten Evangelien ein neues mit dem Anspruch der Überlegenheit gegenüberzustellen und seine auch weit über die seines Meisters hinübergewachsene christliche Gesamtanschauung direkt in das Leben Jesu hineinzutragen. — So wurde der Presbyter und Apokalyptiker zugleich einer späteren Zeit zum Hauptträger evangelischer Überlieferung. Wir werden ihn allerdings so hoch nicht einschätzen. Wenn in den Presbyterfragmenten des Irenäus auf ihn die Meinung zurückgeführt wird, daß Jesus fünfzig Jahre alt geworden sei (II 22,5), wenn er das Wort Jesu von der Fruchtbarkeit des Weinstocks in der Endzeit überlieferte (V 33,3), so werden wir der gesamten von ihm ausgehenden Evangelienüberlieferung von vornherein, was ihren historischen Wert betrifft, sehr mißtrauisch gegenüberstehen. Auch legt der ausgesprochen jerusalemische Charakter des Evangeliums, die Art, wie dieses gleichgültig an dem ganzen Leben Jesu in Galiläa vorübergeht[21], den Schluß nahe, daß der Zeuge desselben ein Jerusaleme war, und schon als solcher, wenn er überhaupt in die Zeit des Lebens Jesu hineinragte, nur wenig mit Jesus in Berührung gekommen sein kann.

Aber wir haben hier nicht über das vierte Evangelium zu urteilen, sondern nur den Nachweis zu führen, daß die Entstehung des gesamten johanneischen Schriftenkreises verständlich bleibt, auch wenn wir annehmen, daß es nur einen kleinasiatischen Johannes gab, der mit dem Presbyter Johannes des Papias, aber nicht mit dem Apostel und Zebedaiden identisch war; und daß die Gestalt des kleinasiatischen Johannes eine in sich mögliche und verständliche ist.

In späterer Zeit, und zwar sehr bald nach dem Abschluß des johanneischen Schriftenkreises, ist dann die Verwechselung des kleinasiatischen Johannes mit dem Apostel Johannes aufgekommen und sehr bald durchgedrungen. Wie man den Evangelisten Philippus sehr frühzeitig mit dem Apostel Philippus[22] verwechselte, so hält bereits Justin, Dial. c. Tryph. 81, den Apokalyptiker für den Apostel Johannes. Ebenso ist Irenäus davon als von etwas Selbstverständlichem überzeugt, daß der kleinasiatische Johannes der Apostel und Zebedaide sei. (Vor allem beweisend sind die Stellen I 9,2.3; [II 22,5] III 3,4). Aber es bleibt ein Irrtum, der auch bei einem Irenäus psychologisch verständlich ist. Denn auch er ist nur in seiner frühesten Jugend mit dem Schüler jenes Johannes Polykarp in Berührung getreten. Und Spuren der richtigen Erkenntnis haben sich hier und da erhalten. Denn es ist nach allem Gesagten doch wohl kein Zufall, daß Polykrates in seinem Brief an Victor von Rom (Euseb. V 24,2ff.) da, wo er die Autoritäten Kleinasiens mit ihren Ehrentiteln aufzählt, an erster Stelle den Apostel Philippus nennt, an zweiter Stelle erst den Johannes, den er deutlich als den Evangelisten charakterisiert und den er nicht ἀπόστολος, sondern μάρτυς und διδάσκαλος nennt, endlich an dritter Stelle die Bischöfe und Märtyrer Polykarp, Thraseus, Sagaris etc.[23] Im Kanon Muratori wird in den bekannten Ausführungen über das vierte Evangelium Andreas, auf dessen Offenbarung hin Johannes das Evangelium geschrieben haben soll, ausdrücklich als ex apostolis bezeichnet, während Johannes ebenso ausdrücklich als ex discipulis eingeführt wird. Selbst, daß Irenäus den Johannes, wenigstens wo er ihn namentlich einführt, immer als μαθητής bezeichnet, nicht als ἀπόστολος, erscheint in diesem Zusammenhang bemerkenswert. Das einfache Beiwort μαθητής haftete einmal an der Person des kleinasiatischen Johannes, auch nachdem er bereits zum Apostel geworden war.

VI. Möglicher Weise erklären sich von hier aus auch die mannigfaltigen und variierenden Nachrichten über ein — allerdings niemals zum Tode führendes — Martyrium des Apostels Johannes. Nach der alten Überlieferung war der Apostel Johannes Märtyrer in Jerusalem; ebenso bestimmt haftete an der Person des kleinasiatischen Johannes die Überlieferung, daß er nicht Märtyrer geworden sei. Wenn nun doch von dem Kleinasiaten später in dieser oder jener Weise ein Martyrium behauptet wird, so darf man schließen, daß bei der Identifikation des Kleinasiaten mit dem Apostel nun auch die alte Überlieferung von dem Martyrium des Apostels in irgendeiner Weise auf den Kleinasiaten übertragen wurde. Es ist nicht unmöglich, daß auf diese Weise erst die Tradition vom Pathmosexil des kleinasiatischen Johannes entstanden ist. Um diesen doch auf irgend eine Weise zum Märtyrer zu machen, las man aus Apk 1,9 ein Pathmosexil des Verfassers heraus, obwohl die Stelle keineswegs mit Notwendigkeit in dieser Weise verstanden werden muß. Beweis für diese Vermutung ist die Unsicherheit und das verhältnismäßig späte Auftreten dieser Tradition.

Irenäus weiß nichts von einem Pathmosexil. Auch in den alten leuzianischen Apostelakten hat vielleicht noch nichts von einem solchen Exil gestanden (vgl. Hennecke neutest. Apokryphen 428, anders urteilt Zahn Acta Johannis CXXIV.) Endlich schweigt auch der von Corßen behandelte alte Prolog zum vierten Evangelium (monarchianische Prologe 7). Es scheint ferner, als wenn sich die Tradition vom Pathmosexil zunächst ohne Anhalt in der Tradition eben aus Apk 1,9 entwickelt hat, und dann erst später mit der Notiz des Irenäus (s. o. S. 42) zu der Behauptung des Pathmosexil unter Domitian verbunden habe. Die ältesten Zeugnisse für das Exil haben keine bestimmte Zeitangabe und sprechen nur von einem Tyrannen, einem βασιλεύς, der den Johannes verbannt habe: Clemens Alexandrinus quis div. salv. 42; Origenes in Matth. 20,22 Tom XVI 6; vgl. Hippolyt de antichr. 36. — Die Notiz vom Pathmosexil unter Domitian hat erst verhältnismäßig späte Zeugen: Victorin in seinem Kommentar zu Apk 10,11; Eusebius H. E. III 18,1-3 (vgl. 20,9; 23,1) und in der Chronik, wo er die Notiz über das Pathmosexil (und die Apk) zum Jahre 2110 (14 Jahr des Domitian) bringt (ed. Schoene II 160-161); Hieronymus, de viris illustr. c. 9; c. Jovinian I 26; Sulpicius Severus, Chronicon II 31 etc. — vgl. noch die „Historia scholastica“ in der Rekonstruktion Corßens (monarchianische Prologe 9). Neben der Tradition vom Pathmosexil steht außerdem eine ganz andersartige Tradition von einem Ölmartyrium in Rom, eine Legende, die offenbar in Mark 10,39, wie die noch spätere vom „Giftbecher“ (vgl. Zahn acta Johannis CXVII) ihren Ursprung hat, und die freilich von Anfang an mit der Tradition von der Verbannung auf eine Insel verbunden ist: Tertullian de praescr. Haeretic. 36: (Roma) ubi apostolus Joannes, posteaquam in oleum igneum demersus, nihil passus est, in insulam relegatur. Daß dieses Martyrium unter Nero stattgefunden, hat bereits Hieronymus adv. Jovinian I 26 (II 16) aus Tertullian herausgelesen. Von da aus erklärt sich die Notiz der „syrischen Geschichte des Johannes“ (Wright, act apost. Syr. I 60f.), daß Johannes von Nero auf eine Insel verbannt und wieder freigelassen wurde (Pathmos ist nicht genannt). Auch Eusebius vertritt in der Demonstr. evang. III 5,65 die Nerotradition. Endlich ist in diesem Zusammenhang zu erwähnen, daß eine Reihe neutestamentlicher Handschr. zum Johannesevangelium berichten, daß dieses 32 (30) Jahre nach der Himmelfahrt auf der Insel Pathmos (Credner, Einl. i. d. NT 1836, S. 259ff.) geschrieben sei. — Es steht zu vermuten, daß eine Legende vom Ölmartyrium des Johannes (mit tötlichem Ausgang) in Rom auf Grund von Mrk 10,39 in einer Zeit aufkam, als die Tradition vom Pathmosexil noch nicht vorhanden oder wenigstens nicht allgemein durchgedrungen war, und daß sie dann in einer wenig geschmackvollen Weise mit dieser letzteren verbunden wurde.

Ganz singulär ist endlich die bei Epiphanius Haer. LI 12.33 sich findende Überlieferung, daß die Verbannung nach Pathmos und die Abfassung der Apk nach der Rückkehr des Apostels von dort unter Kaiser Claudius (41-54) erfolgt sei. Sie kann weder von Epiphanius selbst, der LI 12 den Apokalyptiker in hohem Alter (über 90 Jahre alt) die Apk schreiben läßt, noch aus dessen Hauptquelle Hippolyt stammen. Scharfsinnig hat Schwartz, „über den Tod der Söhne Zebedäi“ S. 39 vermutet, daß die Zeitbestimmung von dem (oder den) Gegner(n) stamme, die H. in seiner Schrift bekämpfe. Eine zweite Stelle, an welcher diese Nachricht sich findet, klärt uns vielleicht über die Herkunft der Notiz auf. In dem Apokalypsenkommentar des Bischofs Apringius (s. u.) ed. Férotin p. 7 findet sich folgende Notiz: „Sicut relatores ecclesiastici docuerunt Claudii Caesaris tempore, quando famis in illa invaluit, quae ab Agabo Propheta in actibus apostolorum ... venire nuntiata est, ea tempestate idem Caesar ..... persecutionem indicit ecclesiis. Quo in tempore etiam Domini nostri I. Chr. apostolum Iohannem mandat exilio mancipari, quem deportatum in Pathmos insula etiam praesens comprolat scriptura.“ (Aus Apringius schreibt Beatus ed. Florez p. 33 diese Notiz ab). Woher mag A. seine Nachricht haben? Sie ist entschieden von der kurzen Notiz des Epiphanius unabhängig. Ich vermute, daß in ältester Zeit, als die Tradition von einem Martyrium des Johannes in Jerusalem noch lebendig war. in Anlehnung an Mrk 10,38f. die Meinung entstand, daß Johannes gleichzeitig mit seinem Bruder Jakobus, also unter Claudius, Märtyrer geworden sei, (vgl. den gesperrten Satz im Apringiuszitat) und daß dann diese Anschauung mit der Tradition vom Pathmosexil verbunden sei. — So stehen neben der Annahme eines Pathmosexils unter Domitian zwei mit dieser wenig harmonierende Meinungen über das Martyrium des Johannes. Es gewinnt also den Anschein, als hätte man in dem Bestreben, den kleinasiatischen Johannes ein Martyrium zuzuschreiben, einerseits die Legende vom römischen Ölmartyrium erfunden, andrerseits aus Apk 1,9 ein Exil auf Pathmos heraus gelesen und später nach Irenäus Bericht über die Apk das Exil unter Domitian verlegt. In der Notiz, daß J. unter Claudius verbannt sei, zeigt sich noch eine letzte Spur vom eigentlich historischen Tatbestand (Martyrium der Zebedaiden in früher Zeit).

VII. Somit können wir zusammenfassen. Als der Johannes der Apk kann nicht der Apostel und Zebedaide in Betracht kommen; sondern nur ein anderer in Kleinasien angesehener Johannes. Dieser ist wahrscheinlich identisch mit dem Presbyter Johannes des Papias, mit dem langlebigen ungenannten Jünger des 21. Kap. des vierten Evangeliums, mit dem Presbyter von II und III Joh, mit dem „Zeugen“ des vierten Evangeliums und endlich mit dem Lehrer des Polykarp, von dem Irenäus im Brief an Florin berichtet. Mit seiner Person stehen alle Glieder der sogenannten johanneischen Literatur in engerer oder weiterer Beziehung. — Von hier aus fällt nun endlich auch ein helles Licht auf die Frage, ob der Johannes der Apk nicht vielleicht doch nach apokalyptischem Brauch ein Pseudonym war. Wir werden nunmehr diese Frage bestimmt verneinen. Denn wenn feststeht, daß die Apk unter Domitian geschrieben wurde (vgl. Abschnitt V), auf der andern Seite der kleinasiatische Johannes nach einstimmigem Zeugnis sehr lange lebte und ein älterer Zeitgenosse des Papias war, so ergibt sich m. E. die Unmöglichkeit der Annahme, daß der Johannesname in der Apk ein Pseudonym sei, man müßte dann schon annehmen, daß jemand noch zu Lebzeiten des Johannes und in seiner Nähe es gewagt hätte, unter dem von ihm erborgten Namen zu schreiben[24]. So kommen wir mit einiger Wahrscheinlichkeit zu dem Schluß, daß der Verfasser der Apk, wie sie uns vorliegt, der kleinasiatische Johannes, der Presbyter des Papias gewesen ist.

Fußnoten:

1. So zweifeln auch weder Harnack noch Zahn (a. a. O.), obwohl sie von dem in ihm enthaltenen Zeugnis über den Tod des Zebedaiden nichts wissen wollen, nicht mehr an der Echtheit des Fragmentes, sondern nur an der Genauigkeit der Überlieferung.
2. Lightfoots selbst von Harnack S. 666 angenommene Konjektur, daß in dem Papiaszeugnis etwa gestanden habe: ὅτι 'Ιωάννης [μὲν ὑπὸ τοῦ τῶν Ρωμαίων βασιλέως κατεδικάσθη εἰς Πάτμον, 'Ιάκωβος δὲ] ὑπὸ 'Ιουδαίων ἀνηρέθη, und Zahns Vermutung, daß hier nicht der Zebedaide, sondern der Täufer Johannes gemeint sei, halte ich für undiskutierbare Vergewaltigungen des Textes. Wenn Harnack gegen den überlieferten Wortlaut des Papiaszeugnisses das Stillschweigen des Irenäus und Eusebius anführt, so ist demgegenüber zu sagen, daß die Notiz bei Papias ungemein kurz und unscheinbar auftritt und wohl, zumal sie gar

nicht zu den überlieferten Vorstellungen paßte, leicht überlesen oder umgedeutet werden konnte.

3. H. Achelis, Die Martyrologien. Berlin 1900 S. 53: „In der Regel ist allerdings anzunehmen, daß der Märtyrer dort gefeiert wurde, wo er gelitten hatte".
4. Ich verdanke die Notiz einer brieflichen Mitteilung des Herrn cand. min. Paul Schwen.
5. War der Apostel Johannes niemals in Kleinasien, so erklärt es sich auch, daß Ignatius ad. Ephes. 12,2 nur von Paulus als dem Apostel der Epheser spricht, und daß Polykarp (3,2; 9,1; 11,3) nur „Paulus und die übrigen Apostel" nennt. Es mag endlich in diesem Zusammenhang noch erwähnt werden, daß es in einem alten Verzeichnis der Apostel mit ihren Gebieten (Martyrium Andreae 2 ed. Bonnet II 2. 47 heißt: Ἰάκωβος καὶ Ἰωάννης τὴν ἀνατολήν Φίλιππος τὰς πόλεις τῆς Σαμαρείας καὶ τὴν Ἀσίαν. Während hier Philippus Asien erhält, ist die Wirksamkeit des Zebedaiden Johannes auf den Osten beschränkt. Hier ist die Identifikation des kleinasiatischen Johannes mit dem Apostel noch nicht vollzogen.
6. Auch würden wir annehmen dürfen, daß wenn ein späterer im Namen des Märtyrers Johannes die Apk herausgegeben hätte, sich irgend ein Hinweis auf das Martyrium dieses Zeugen in der Apk finden würde. Gelegenheit wäre zu einem solchen Hinweis reichlich vorhanden gewesen.
7. Es kann m. E. auch nach diesen Aussagen des Papias kein Zweifel sein, daß der als Gewährsmann der Beurteilung des Markusevangeliums zitierte ὁ πρεσβύτερος III 39,15 kein anderer als der Presbyter Johannes ist. Wenn Eusebius auch vorher nach Erwähnung der von Papias zitierten διηγήσεις des Aristion und der παραδόσεις des Presbyter Johannes fortfährt: ἐφ' ἃς τοὺς φιλομαθεῖς ἀναπέμψαντες ἀναγκαίως νῦν προσθήσομεν ταῖς προεκτεθείσαις αὐτοῦ φωναῖς παράδοσιν, ἣν περὶ Μάρκου ... ἐκ τέθειται διὰ τούτων, so sagt er damit nicht notwendig, daß Papias diese παράδοσις nicht aus den παραδόσεις des Johannes geschöpft habe; er will vielmehr nur sagen, daß während er im übrigen auf das Buch des Papias selbst verweise, er mit dieser einen παράδοσις eine Ausnahme mache.
8. Harnack, Chronologie S. 356ff. setzt die Zeit des Papias auf 140-160 an. H. beruft sich für diesen Ansatz darauf, daß unter den durch Philippus Sidetes erhaltenen Papias-Sätzen sich auch die Bemerkung findet, daß die Toten, die Christus auferweckt, bis Hadrian lebten. Ich habe nachzuweisen versucht, daß dieses Fragment nicht aus Papias, sondern aus der Apologie des Quadratus stamme. Theol. Rundschau VIII 236f.

9. Den Versuch Mommsens, auf Grund der syrischen Übersetzung das τοῦ κυρίου μαθηταί ganz zu streichen, Ztschr. f. neutest. Wissensch. III 242ff., hat der Herausgeber der Kirchengeschichte des Eusebius abgelehnt (E. Schwartz, der Tod der Söhne Zebedäi 9); Harnack, Chronologie I 660 weist darauf hin, daß μαθηταί τοῦ κυρίου eine altertümliche, auf die ersten Zeiten gehende Selbstbezeichnung der Christen sei, vgl. Schwartz l. c. 12f.
10. Der Hauptbeweis beruht auf der Beobachtung, daß nach Iren. V 33,3f. die Überlieferung der Presbyter, qui Joannem discipulum domini viderunt, über den Herrenausspruch von der Fruchtbarkeit des Weinstocks in der Endzeit ausdrücklich zugleich auf das Vierte Buch des Werkes des Papias zurückgeführt wird. Dazu hat Corßen den Beweis erbracht, daß das ganze umfangreiche Zitat nicht auf mündlicher, sondern nur auf schriftlicher Überlieferung beruhen könne (vgl. im Text, nach der Erwähnung der Papiasquelle die merkwürdige mit: et adjecit (sc. Joannes) dicens – beginnende Ausführung. Überhaupt erinnert die Art der Einführung sämtlicher Fragmente unmittelbar an Papias Ausführung über seine Quellen bei Euseb. III 39,3ff.; vgl. noch meine Ausführungen Theol. Rundschau VIII 241ff.
11. Den entgegengesetzten Schluß zieht freilich Corßen. Er ist der Meinung, daß wenn bei Irenäus Presbyter angeführt werden, die ihrerseits wieder Traditionen von Johannes weitergeben, mit diesem Johannes nicht wieder der Presbyter, sondern nur der Apostel, die ältere Autorität hinter den Presbytern, gemeint sein könne. Allein Corßens Schluß steht und fällt mit der Annahme, daß die Einführungsformeln der Fragmente wörtlich aus dem Werk des Papias stammen. Das aber läßt sich nicht nachweisen. Vielmehr wird anzunehmen sein, daß die Einführungsformeln des Papias viel einfacher lauteten. Papias wird etwa (nach dem Zeugnis des Eusebius) geschrieben haben Ἰωάννης λέγει, oder ὁ πρεσβύτερος Ἰωάννης, oder ὁ πρεσβύτερος λέγει. Daraus machte dann Irenäus: alle Presbyter, welche mit Johannes zusammentrafen (oder welche Johannes gesehen haben) sagen. — Corßen setzt bei seiner Untersuchung voraus, daß Irenäus sich dieselbe peinliche Mühe, die Aussagen des Papias über seine Autoritäten zu verstehen und weiterzugeben, gegeben haben sollte, wie er selbst.
12. Vielleicht ist sogar das Zeugnis des Irenäus über die Entstehung der Apk, das sich in unmittelbarer Nähe eines dieser Presbyterfragmente findet: οὐδὲ γὰρ πρὸ πολλοῦ χρόνου ἑωράθη, ἀλλὰ σχεδὸν ἐπὶ τῆς ἡμετέρας γενεᾶς πρὸς τῷ τέλει τῆς Δομε- Anm: Die auf der nächsten

Seite fortgesetzte Anmerkung wurde hier vervollständigt τιανοῦ ἀρχῆς V 30,3: Eus. H. E. V 8,6 – auf Papias zurückzuführen. Der Ausdruck σχεδὸν ἐπὶ τῆς ἡμετέρας γενεᾶς, der bei Irenäus immer wieder Anstoß erregt hat, würde für den um 120 schreibenden Papias vorzüglich stimmen.

13. Der Versuch des Dionysius von Korinth bei Eus. H. E. VII 25 für Apk und Evangelium verschiedene Verfasser anzunehmen, kann sich auf eine ältere Tradition nicht berufen. Denn die zwei Gräber des Johannes, die man nach ihm in Ephesus zeigte (VII 25,16), beweisen nur, daß man sich dort über die echte Grabstätte des einen Johannes nicht im klaren war.
14. Ganz anders urteilt E. Schwartz a. a. O. S. 48ff., gegen Schwartz vgl. meine Ausführungen Theol. Rundschau VIII 234ff.
15. Davon unabhängig ist die Frage für wen der Verfasser des 21. Kap. den langlebigen Jünger gehalten habe. Wenn man zum Beweise dafür, daß im Sinne dieses Verfassers jener Jünger der Zebedaide Johannes sein solle, sich auf die im ganzen Evangelium erstmalige Erwähnung der Zebedäussöhne 21,2 beruft, so gilt dagegen, daß nach dem Sprachgebrauch des vierten Evangeliums, den der Verfasser von Kap. 21 teilt [wenn es nicht überhaupt identisch mit dem Verfasser von Kap. 1-20 ist: Theol. Rundschau VIII 232,3], der ungenannte Jünger nicht unter den οἱ τοῦ Ζεβεδαίου, sondern unter den daneben erwähnten ἄλλοι ἐκ τῶν μαθητῶν αὐτοῦ δύο (21,2) zu suchen ist. Daß hier die Zebedäussöhne genannt werden, rührt daher, daß die der Legende von Kap. 21 zugrunde liegende synoptische Überlieferung diese Figuren bereits bot. Joh 21 ist bekanntlich eine Bearbeitung einer Erzählung, wie sie Luk 5,1-11 bietet.
16. Eine ähnliche, aber mit andern unhaltbaren Hypothesen belastete Vermutung bei J. Weiß, Offenbar. d. Joh. S. 155ff. In diese spätere Zeit wird die Erzählung vom Zusammentreffen des kleinasiatischen Johannes mit dem Ketzer Cerinth zu verlegen sein, die uns Irenäus (III 3 = Eus. H. E. III 28,6; IV 14,6) unter Berufung auf Polykarp überliefert. Auch diese Tradition kann nicht aus der Luft gegriffen sein.
17. Vgl. meine Ausführungen Theol. Rundschau VIII 286f.
18. In dem vierten Evangelium wird ein ziemlich deutlicher Unterschied zwischen den δώδεκα und den μαθηταὶ τοῦ κυρίου gemacht. Die ersteren werden nur ganz nebenbei gelegentlich des galiläischen Aufenthalts erwähnt 6,67. 70. 71, und sofort wird hier hervorgehoben, daß einer von den Zwölf den Herrn verriet. Es wird betont, daß der

ungläubige Thomas εἷς ἐκ τῶν δώδεκα war 20,24, während vorher 20,19 von den μαθηταί die Rede ist. Sonst werden die δώδεκα nicht erwähnt. Seine eigentlichen Jünger hat Jesus in Jerusalem 7,2. Der Zeuge des vierten Evangeliums steht als μαθητής außerhalb des Kreises der δώδεκα, und wo er auftritt in einem deutlichen Verhältnis der Rivalität. 1,41, wo man einen bestimmten Beweis dafür hat finden wollen, daß der ungenannte Jünger der Zebedaide sei, ist zu lesen: εὑρίσκει οὗτος πρῶτον (nicht πρῶτος).

19. Theol. Rundschau VIII 289,1.
20. Polykarp erzählte ihm τὴν μετὰ Ἰωάννου συναναστροφὴν ... καὶ τὴν μετὰ τῶν λοιπῶν τῶν ἑορακότων τὸν κύριον. Wenn J. dann fortfährt: καὶ περὶ τοῦ κυρίου τίνα ἦν ἃ παρ' ἐκείνων ἀκηκόει (sc. Polykarp) καὶ περὶ τῶν δυνάμενων [Vorlage: δυνάμεων] αὐτοῦ καὶ περὶ τῆς διδασκαλίας, ὡς παρὰ τῶν αὐτοπτῶν τῆς ζωῆς τοῦ λόγου παρειληφὼς ὁ Πολύκαρπος ἀπήγγελλε ... so sind die von J. in der Mehrzahl eingeführten Augenzeugen des Polykarp natürlich der eine Johannes. J. liebt es aus einem Zeugen mehrere zu machen. Der Johannes des Polykarp kann aber kein Luftgebilde sein. Nur hat J. diesen kleinasiatischen Johannes mit dem Apostel vertauscht. Vgl. übrigens auch Polykarps Berufung auf seinen Verkehr mit Johannes „dem Herrenjünger und den übrigen Aposteln" nach Irenäus bei Euseb. V 24,16.
21. Vgl. besonders 4,1ff.; 4,44; 7,1.3; ferner 2,11; 4,54.
22. Vgl. die ausdrückliche Angabe des Polykrates b. Euseb III 31,3; V 24,2; Clemens von Alexandria, Stromat. III 39,5-7; Eusebius III 39,5-7. Demnach kann kein Zweifel daran sein, daß Philippus von Hierapolis mit seinen Töchtern identisch ist, mit dem Evangelisten Philippus, den die Apg. wiederum nebst seinen (weissagenden) Töchtern 21,8 erwähnt. Irenäus nennt einen Presbyter, den er zunächst als einen Schüler der Schüler der Apostel einführt IV 27,1 [42,2], bald nachher einen direkten Schüler der Apostel IV 32,1 [49,1] und verwechselt den Herrenbruder Jakobus, (Apg 15,13) mit dem Zebedaiden III 12,15 [18], vgl. Schmiedel, Encyclopaedia Biblica 2511. (Art. John.)
23. Auf die Überlieferung des Polykrates, daß Johannes Priester gewesen sei, will ich keinen allzugroßen Wert mehr legen, obwohl die Notiz zu Kombinationen lockt. Vgl. Joh 18,15 (γνωστὸς τῷ ἀρχιερεῖ).
24. J. Weiß, Offenb. d. Johannes, S. 155-164 vermutet, daß der von ihm angenommene Redaktor der Apk eine ältere Apk des Presbyter Johannes zu dessen Lebzeiten umgearbeitet hätte. Die Hypothese trägt, wie W. selbst halbwegs zugesteht, (S. 163) den Stempel der Unmöglichkeit.

IV. DIE GESCHICHTE DER AUSLEGUNG DER APOKALYPSE.

1. Die ältesten griechischen Ausleger.

Der erste kirchliche Schriftsteller, der zusammenhängende Ausführungen über die Apk gibt, ist Irenäus. Er bringt dieselben im V. Buch seines Werkes[1], und seine Auslegung ist vielfach vorbildlich geworden. Ich habe im „Antichrist" nachzuweisen gesucht, wie Irenäus (s. das Register) seine eschatologischen Ausführungen eigentlich nicht auf Grund der Apk gewinnt, sondern vielfach auf Grund einer alten ihm zugänglichen eschatologischen Tradition, die in die neutestamentliche Zeit zurückreicht, und die er in die Apk hineindeutet. Doch gewinnt er auch viele Einzelheiten durch gelehrte Kombination von Dan 2 u. 7, Apk 13 u. 17.

Nach I. werden in der Endzeit zehn Könige herrschen V 30,2. Von diesen wird der Antichrist drei töten und über die übrigen sieben selbst als achter herrschen V 26,1. Das zweite Tier in Apk 13 ist der Pseudoprophet V 28,2. Nach Jer 8,16 stammt der Antichrist aus dem Stamme Dan. Daher sei schon Apk 7,5—7 in der Aufzählung der Name Dans nicht genannt. V 30,2. Wahrscheinlich ist es, daß Irenäus Recht hat und die Abstammung des Antichrist aus Dan alte Tradition war[2]. Schon bei I. sind die historischen Beziehungen der Schrift gänzlich aus der Erinnerung geschwunden. Er gibt eine mühsame allegorisierende Ausdeutung der Zahl 666 (V 28,2f. 29,2) und verwirft eigentlich alle Ausrechnung eines bestimmten Namens, obwohl er, um zu zeigen, daß er auch hierzu imstande ist, als mögliche Auslegungen Euanthes, Lateinos, Teitan, wahrscheinlich doch von ihm schon vorgefundene Lösungen, nennt V 30,2f. Nachdrücklich bekämpft er die falsche Lesart der Zahl (616), namentlich diejenigen, welche auf Grund dieser Lesart falsche Deutungen empfohlen haben V 30,1. — Wesentlich näher als die späteren Exegeten steht I. der Apk in einem Punkt: er ist Chiliast. Nach der Besiegung des Antichrist werden die Frommen 1000 Jahre (den siebenten Wochentag der Weltdauer) mit Christus in Jerusalem herrschen V 30,4; V 32,1; V 35,1ff. Als Zweck dieses Zwischenreichs wird angegeben, daß es sei principium incorruptelae, per quod regnum, qui digni fuerint, paulatim assuescunt capere Deum. V 32,1 vgl. V 35. Alle Weissagungen von einem irdischen zukünftigen Zustand der Seligkeit beziehen sich auf dieses Zwischenreich. Auch das Wort des Presbyters von der Fruchtbarkeit des Weinstockes bezieht sich auf diese Zeit (V 33,3)[3]. Dann wird das allgemeine Gericht erfolgen, ein neuer Himmel und eine neue Erde. Jedoch tritt kein eigentlicher Weltuntergang, sondern nur eine Verwandlung ein[4]. Im Jenseits werde es verschiedene Wohnungen geben: im Himmel, im Paradiese, in der neuen Stadt (Tradition der Presbyter) V 36,1. Auch die einzelnen gelegentlichen Bemerkungen des I. sind von Einfluß auf die späteren Kommentatoren gewesen. Die vier Cherubim werden schon bei I. auf die Evangelisten gedeutet (Joh. der Löwe, Lk. der Ochse, Mt. Mensch, Mk. Adler)[5], zugleich auf die verschiedenen Charaktere und Attribute Christi III, 11,11 [11,8]. — Die Nicolaiten werden auf den Akt 6,5 genannten Diakon Nicolaus zurückgeführt I, 23 [26,3].

Nach Irenäus muß hier dessen Schüler Hippolyt genannt werden. Von Hippolyt kommen folgende Werke in Betracht[6]: 1) die ἀπόδειξις ἐκ τῶν ἁγίων γραφῶν περὶ τοῦ Χριστοῦ καὶ περὶ τοῦ Ἀντιχρίστου. Hier berücksichtigt H. namentlich die Kap. 11; 12; 13; 17; 18. 2) der Danielkommentar (nach Dan IV 7; 13 später als περὶ τοῦ Ἀντιχρίστου), in dem sich manche einzelne Stellen (Kap. 5) behandelt finden. 3) ein verloren gegangener Kommentar zur Apk. Fragmente desselben haben sich vielleicht in einem arabischen Kommentar erhalten, dessen Handschrift sich auf der Pariser Bibliothek befindet[7]. 4) eine verloren gegangene, nur noch in einzelnen Fragmenten vorhandene Schrift gegen den Bestreiter der Apk Cajus (κεφάλαια κατὰ Γαίου) (das genauere s. o. S. 25). 5) eine nicht mehr vorhandene Streitschrift gegen Widersprüche, die sich gegen das Johannesevangelium und die Apk erhoben hatten. Eine solche setzen die auf der Cathedra Hippolyts noch lesbaren Worte „ὑπὲρ τοῦ κατὰ Ἰωάννην εὐαγγελίου" voraus (bei Ebed-Jesu: Apologie für die Offenbarung und das Evangelium des Johannes, des Apostels und Evangelisten)[8].

Hippolyt schließt sich in der Auslegung der Apk in manchen Einzelheiten an Irenaus an. So hat er z. B. zu der Zahl des Tieres dieselben Deutungen wie dieser[9]. Vor allem aber zeigt er noch deutlicher als Irenäus den Einschlag der alten Tradition vom Antichrist. Er zitiert zweimal (Antichr. 15. 54) einen unbekannten Propheten, offenbar eine Apk, die über den Antichrist handelt, wie aus den zitierten Fragmenten hervorgeht. — Dieser Tradition gemäß bezieht nun H. die beiden Zeugen (Apk 11) auf Elias und Henoch (Antichr. 43; Dan. IV 35 u. ö.). Diese Deutung wird von nun an die herrschende. Wie Christus eine doppelte Parusie hat, so hat er auch einen doppelten Vorläufer Kap. 44. H. weiß noch, daß die erste Hälfte von Kap. 13 der Apk auf das römische Reich zu deuten ist, aber da er der Tradition vom Antichrist folgt, derzufolge dieser nach dem Untergang des römischen Reiches kommen sollte, so gerät er auf den seltsamen Ausweg, das zweite Tier in Kap. 13 für den Antichrist zu nehmen (Antichr. 25. 33. 49; Dan. II 12; IV 5; IV 21)[10], und die Todeswunde des ersten Tiers auf den Zerfall des römischen Reiches in zehn Königreiche (Antichr. 49), die Herstellung desselben auf die scheinbare Wiederherstellung der Ordnung durch den Antichrist zu deuten (Antichr. 49)[11]. Wie bei Irenäus finden wir auch bei H. die von nun an herrschende Kombination von Dan 7, Apk 13 und 17 in der Auslegung der sieben Häupter und zehn Hörner[12] (s. o.). In Anlehnung an Dan 11,41-43, und wohl schon hier der bestimmten Tradition folgend, weiß H., daß die drei vom Antichrist erschlagenen Könige die von Lybien, Aethiopien und Aegypten sind (Antichr. 52; Dan. IV 12). Zu Kap. 12 findet sich bereits die in der Folgezeit herrschende Deutung; das Weib ist die fortwährend den Sohn Gottes gebärende Kirche[13]. Die zweite Hälfte von Kap. 12 deutet H. auf die Flucht der Gläubigen vor dem Antichrist, der dieselben zur Anbetung zu zwingen sucht (Antichr. 61). Die beiden Adlerflügel des Weibes sind Glaubensflügel[14].

Auch die Zeit des Antichrist berechnet H. in Anlehnung an Apk 17,10[15], die Welt wird nach ihm 6000 Jahre stehen, fünf Häupter (Weltalter) sind gefallen, das sechste besteht Dan. IV 23. Da Christi Geburt nach ihm in das Jahr 5500 fällt[16], so werden 500 Jahre von da an bis zum Kommen des Antichrist verstreichen. H. ist Chiliast Dan. IV 23: τὸ σάββατον τύπος ἐστὶ καὶ εἰκὼν τῆς μελλούσης βασιλείας τῶν ἁγίων, ἡνίκα συμβασιλεύσουσι τῷ Χριστῷ παραγινομένου αὐτοῦ ἀπ' οὐρανῶν, ὡς Ἰωάννης ἐν τῇ ἀποκαλύψει αὐτοῦ διηγεῖται.

Ob Clemens die Apk ausgelegt hat, ist fraglich. Eusebius H. E. VI 14,1 versichert allerdings, daß er in seinen ὑποτυπώσεις alle Schriften ausgelegt habe, auch die Antilegomenen. Aber unter diesen, die er namentlich aufzählt, nennt er die Apk nicht. Origenes hat [vgl. das nur lateinisch erhaltene Stück des Matthäuskommentars zu Mtth 24, Nr. 49. Delarue 867] einen Kommentar zur Apk versprochen, jedoch ihn nicht geschrieben. In seinen Werken finden sich nur einige wenige zusammenhängende Ausführungen. Seine Logoschristologie hat er (in Evan. Ioann. Tom. II 4) an Apk 19,10ff. entwickelt, die asketische Stelle Apk 14,1ff. hat er ausführlich kommentiert (in Ev. Ioann. Tom. I 1ff). Origenes ist schon eigentlich kein Chiliast mehr, aber er denkt doch noch an ein geistiges Kommen des Herrn auf Erden in einem bestimmten Abschnitt der Geschichte und an eine neue Zeit auf Erden, das Reich der Vollendung im Gegensatz zu dem Reich fortschreitender Entwickelung (in Psalm 36, Hom. 5; de princ. II 11). Und auch Origenes zeigt sich noch abhängig von der Sage vom Antichrist (Contra celsum VI 45ff.).

Zusammenhängende Auslegungen einzelner Stücke finden sich auch bei Methodius im Symposion. Er hat besondere Aufmerksamkeit auf die Partieen in Apk 14 (und 7) gerichtet, in denen von den jungfräulichen 144 000 Auserwählten die Rede ist und deutet diese natürlich auf die Asketen[17], die ungezählte Schaar 7,9ff. sind die übrigen Heiligen. Einflußreich ist seine

Deutung des 12. Kap.[18] Das Weib bedeutet die Kirche[19]: μέχριπερ ἂν εἰσέλθῃ τὸ πλήρωμα τῶν ἐθνῶν, ὠδίνουσα καὶ ἀναγεννῶσα τοὺς ψυχικοὺς εἰς πνευματικούς VIII 6. Der Drache ist der Teufel, der des Wiedergeborenen neues Wesen zu zerstören sucht, es gelingt ihm aber nicht, weil dieser mit seinem Geist im Himmel weilt. Die Sterne sind αἱ συστροφαὶ τῶν αἱρέσεων, die Irrlehrer, die sich selbst ein Wissen von himmlischen Dingen zuschreiben und vom Glauben gefallen sind VIII 10. Die sieben Häupter der Drachen sind die sieben Hauptsünden, die zehn Hörner die ἀντιθέσεις der zehn Gebote VIII 13. Methodius befolgt also eine ausschließliche spiritualisierende Methode.

Fußnoten:

1. Über den Irrtum des Hieronymus de viris illustribus 9 (und Chronik), daß Justin und Irenäus die Apk kommentiert hätten s. o. S. 20,2.
2. Bousset, Antichrist 112f.
3. Den Chiliasmus teilt auch Tertullian adv. Marcion III, 24: nam et confitemur in terra nobis regnum repromissum, sed ante coelum, sed alio statu, utpote post resurrectionem, in mille annos in civitate divini operis Hierusalem coelo delata.
4. V 36,1: οὐ γὰρ ἡ ὑπόστασις, οὐδὲ ἡ οὐσία τῆς κτίσεως ἐξαφανίζεται. - ἀλλὰ τὸ σχῆμα παράγει τοῦ κόσμου τούτου.
5. Die Deutung ist singulär. (Gewöhnlich wird Mk. der Löwe, Joh. der Adler beigelegt.) Sie ist zustande gekommen, indem mit der Reihenfolge der Tiere bei Ezechiel: Mensch, Löwe, Ochse, Adler die Reihenfolge der Evangelien: Matth., Joh., Luk., Mark. kombiniert wurde. Freilich muß Irenäus, der die Evangelien in der Reihenfolge Mt., Mk., Lk., Jo. aufzählt (III 1,1) und die Tiere in der Reihenfolge der Apk (III 11,11) die Erklärung bereits vorgefunden haben. Wie Irenäus zählt Victorin nach dem vor kurzen aufgefundenen ursprünglichen Text seines Kommentars.
6. Ausgabe von Bonwetsch und Achelis „die griech. christl. Schriftsteller d. ersten Drei-Jahrhunderte" Hippolytus I. 1. 2. Dazu H. Achelis, Hippolytstudien. Leipzig 1897.
7. P. Lagardii Ad analecta sua syriaca Appendix. Berol. 1858. Übersetzt in Achelis' Ausgabe 230-237. Hinzu kommt ein syrisches Fragment aus Jakob v. Edessa (ebenda 236f.) und ein altslavisches Fragment (ebenda 237f., vgl. Achelis Anm: Die auf der nächsten Seite fortgesetzte Anmerkung wurde hier vervollständigt Hippolytstudien 179-181). — Über die Echtheit der Fragmente wage ich nicht zu entscheiden. Einen

archaistischen Charakter tragen sie an sich. Aber fast überall, wo wir vergleichen können, differieren die Auslegungen mit den nachweisbar echten des H. Diese durchgehende Verschiedenheit scheint mir ein Grund gegen die Echtheit zu sein. Ich kann mich auch nach Achelis' (Hippolytstudien, S. 182ff.) Ausführungen nicht von dem Wert der arabischen Überlieferung überzeugen. A. meint, daß die Zitate des Andreas aus Hippolyt sich nur mit den arabischen Fragmenten deckten. Aber das Zitat IV aus Andreas (S. 183) gibt genau die Meinung Hippolyts im Danielkommentar IV 23 über Apk 17,10 wieder und nicht die der arabischen Fragmente. (Beziehung der sieben Könige auf die sieben Zeitalter,nicht auf wirkliche Herrscher). Die Angabe des Andreas (Zitat II), daß Hippolyt gerade nicht das zweite Tier, sondern das erste Tier in Kap. 13 auf den Antichrist bezogen, wird ein Irrtum des Andreas sein, denn die Deutung von Kap. 13 der Apk ist bei H. in den nachweislich echten Werken vollkommen stabil (s. o.). Über die Unechtheit des slavischen Fragments s. Bratke Th. Lt. Bl. 1892, 503-506. 519-522. — Die Existenz des Kommentars ist übrigens von Hieron. de viris illustr. 61 u. ö. (Achelis, Hippolytstudien, S. 14. 16. 18) bestimmt bezeugt.

8. Zahn II 982f.
9. In den arabischen Fragmenten (N. XV. Achelis 235) findet sich noch als vierte Auslegung das singuläre Δαντίαλος
10. Anders die Auslegung in den arabischen Fragmenten, doch ist die Auslegung hier undeutlich.
11. Wenn es heißt, daß das zweite Tier nach dem Willen des ersten tut, so bedeutet dies, daß der Antichrist κατὰ τὸν Αὐγούστου νόμον herrschen wird. — In den arabischen Fragmenten (in Achelis' Ausgabe Nr. XI) wird anders gedeutet.
12. In den arabischen Fragmenten XVII sind die zehn Hörner einfach Anhänger und Vertreter des Antichrist, die Kombination mit dem römischen Reich fehlt.
13. Kap. 61. Achelis S. 41, Z. 19: οὐ παύσεται ... γεννῶσα ἐκ καρδίας τὸν λόγον. — In dem arabischen Fragment ist Christus die das Weib (die Kirche) umhüllende Sonne.
14. In den arabischen Fragmenten (VIII) Hoffnung und Liebe. In interessanter Weise wird hier die Weissagung, daß die Erde das vom Drachen ausgespieene Wasser verschlingen soll, auf die in der Wüste umherirrenden Heere des Antichrist gedeutet.

15. Ganz anders deutet das arabische Fragment XXI Apk 17,10, nämlich die fünf Häupter auf die Reiche des Nebukadnezar, Cores, Darius, Alexander und der Diadochen, das siebente auf den Antichrist.
16. Die Berechnung gründet sich nicht auf chronologische, sondern auf allegorisierende Erwägungen. Dan. IV 24. (vgl. auch Dan IV 32.).
17. Symposion I 5; IV 5.
18. ib. VIII 4ff.
19. Charakteristisch ist die Abweisung der Deutung auf die Geburt Christi: ὁ δὲ Ἰωάννης περὶ παρόντων καὶ μελλόντων θεσμωδεῖ. ὁ δὲ Χριστὸς πάλαι κυηθεὶς οὐχ ἡρπάσθη, ὁπότε ἐτέχθη, πρὸς τὸν θρόνον τοῦ θεοῦ φόβῳ τοῦ μὴ λυμήνασθαι αὐτὸν τὸν ὄφιν (VIII 7).

2. Die ältesten Ausleger der lateinischen Kirche.

Der erste Schriftsteller der lateinischen Kirche, der einen Kommentar zur Apk schrieb, ist der ca. 303 als Märtyrer gestorbene Bischof Victorin v. Pettau[1]. Es gab bis jetzt zwei Rezensionen seines Werkes[2]: a) eine kürzere in „Theophylacti enarrationes in Pauli epistolas et in aliquot prophetas minores" ed. Io. Lonicerus fol. 252-58[3], b) eine längere bei Gallandi Tom IV. Daß die erstere die relativ ursprüngliche sei, hat Haußleiter (241) bewiesen. Derselben steht ein Prologus des Hieronymus voran, in dem dieser angibt, daß er auf den Wunsch eines gewissen Anatolius den Kommentar des Victorin bearbeitet habe, was, da V. Chiliast sei, ein besonders gefahrvolles Unternehmen gewesen sei[4].

Es ist jetzt glücklicherweise eine Erörterung darüber, wie weit die Bearbeitung des Hieronymus in den Kommentar des Victorinus eingegriffen hat, überflüssig geworden, da aller Wahrscheinlichkeit nach nunmehr der echte Victorinkommentar gefunden ist. Haußleiter war so glücklich, denselben in dem Codex Ottobonianus lat. 3288 A. zu entdecken, und wird hoffentlich demnächst seine Ausgabe des Victorinkommentars folgen lassen. Vorläufig[5] hat Haußleiter den ursprünglichen chiliastischen Schluß des Kommentars veröffentlicht, der durch die Bearbeitung des Hieronymus verdrängt war[6]. Ehe der Kommentar nunmehr in seiner neuen Gestalt veröffentlicht ist, muß ich mich auf einige feststehende Hauptdaten beschränken[7].

V. vertritt bereits eine geschlossene Auslegungstheorie, die von allergrößtem Einfluß geworden ist: die Rekapitulationstheorie, d. h. die Anschauung, daß die Apk nicht eine Reihe auseinander folgender Ereignisse schildert, sondern in gewissen Partien das vorher bereits Gesagte rekapituliere. Nur bis zum sechsten Siegel (Apk 6) sieht er einen fortschreitenden geschichtlichen Verlauf, mit dem sechsten Siegel ist bereits seine Zeit, die Zeit der novissima persecutio erreicht[8]. Dann folgen in den sieben Posaunen die in letzter Zeit an den Ungläubigen vollzogenen Strafen. In den sieben Schalen aber wird der Inhalt der sieben Posaunen rekapituliert: et licet repetat per phialas non quasi bis factum dicitur: sed quoniam semel futurum est, quod est decretum a deo, ideo bis dicitur. quidquid igitur in tubis minus dixit, hic in phialis est. nec aspiciendus est ordo dictorum, quoniam saepe spiritus s., ubi ad novissimi temporis finem percucurrerit, rursus ad eadem tempora redit et supplet ea, quae minus dixit. nec requirendus est ordo in apocalypsi, sed intellectus. (de la Bigne 1256C cf. 1254D u. ö.). Es ist beachtenswert, daß gleich an der Schwelle der gesamten Auslegungsgeschichte der Apk dieser Grundsatz steht, die Theorie von der Recapitulatio, d. h. eigentlich der Verzicht, die Reihe der apokalyptischen Visionen in einem einheitlichen Verlauf zu begreifen. Bemerkenswert ist auch, daß gleich der erste Ausleger mit dem sechsten Siegel bis in die letzte Zeit hinunter geht.

Besonders interessant aber ist der Kommentar des V. für uns, weil sich in ihm die Deutung des Tieres auf Nero noch erhalten hat. Nach V.s Meinung ist der Kommentar unter Domitian[9] geschrieben, dem sechsten Herrscher von Galba an gerechnet. Der siebente, der nur kurze Zeit regieren wird, ist Nerva. Nach diesem, natürlich in der Anschauung V.s nicht mehr unmittelbar nach ihm, soll dann Nero der Selbstmörder als achter aus der Unterwelt wiederkehren. Außerdem verbindet V. in sehr interessanter Weise mit dieser Nerodeutung die auch ihm geläufige Tradition vom Antichrist. Nero redivivus wird nach ihm unter falschem Namen und mit heuchlerisch veränderten Sitten als König der Juden auftreten (hunc ergo suscitatum Deus mittet regem dignum dignis Iudaeis). Er wird das Gesetz pflegen und die Christen zur Beschneidung zwingen. Und das zweite Tier, der falsche Prophet, wird bewirken, daß die goldne Statue des Antichrist im Tempel von Jerusalem aufgestellt werde. Die beiden Zeugen deutet er entgegen aller Tradition nicht auf Elias und Henoch, sondern auf Elias und Jeremias. Die 144 000 Gläubigen sind die in der Endzeit bekehrten Juden, Elias ist der Prediger der Endzeit, der die Juden bekehrt. Die zweite Hälfte von Kap. 12 bezieht V. mit allen Einzelheiten auf die Flucht der Gläubigen in der Zeit des Antichrist (die Wasser auf die verfolgenden Heere, die Hülfe der Erde auf plötzliche wunderbare Errettung, die beiden Flügel des Weibes auf die beiden Propheten). Kap. 14,14-20 wird auf die Engelschlacht, in welcher der Antichrist mit seinen Führern besiegt wird, gedeutet. Von Einzelheiten[10] erwähne ich, daß sich in Apk 11,1 ein sehr interessantes Symbolum (des Victorin) findet. Eine Spur der bis jetzt verschollenen und neuerdings erst wieder entdeckten chiliastischen Deutungsweise zeigt sich in der Auslegung zu Apk 1,15: adoramus, ubi steterunt pedes eius, quoniam (l. statt dominum) primum ubi illi steterunt et ecclesiam confirmaverunt i. e. in Judaea, ibi (st. ubi) omnes sancti conventuri sunt et dominum suum adoraturi.

Der Kommentar des Victorin ist ein sehr interessantes Dokument in der Geschichte der Auslegung der Apk. Er zeigt noch reichliche Spuren einer alten Tradition und eines richtigen Verständnisses der Apk. Der die Apk beherrschenden Stimmung ist Victorin der Märtyrer noch kongenial, er lebte selbst noch in der Erwartung des ganz nahen Endes. Mit seiner Rekapitulationstheorie beherrscht er die Zukunft und macht auf ein in der Komposition der Apk vorliegendes Problem aufmerksam.

Lactanz' eschatologisches Gemälde in den Instit. div. VII 14ff. ist kaum eine Auslegung der Apk. zu nennen, sondern eher eine aus allen möglichen Quellen zusammengewürfelte neue Apk[11]. Auch Lactanz ist Chiliast, er meint, daß die Welt 6000 Jahre bestehen werde und dann der Sabbath des tausendjährigen Reiches komme. Nach seiner Berechnung (VII 25) werden den höchstens noch 200 Jahre[12] bis dahin vergehen. Das Ende wird mit dem Verfall des Römerreiches beginnen. Zehn Könige werden am Ende herrschen. Ein König von Norden wird[13] sich erheben, der drei Könige in Asien besiegen wird[14], danach werden die Vorzeichen der letzten Dinge eintreten. Dann wird ein Prophet (VII 17) auftreten, der in Anlehnung an Apk XI geschildert wird. Danach wird ein zweiter Herrscher kommen — alter rex orietur ex Syria — und wird jenen ersten besiegen und vernichten, aber auch den Propheten töten. Dieser letztere tritt dann als Antichrist auf und beansprucht göttliche Ehre: jubet ignem descendere de coelo et solem a suis cursibus stare et imaginem loqui. Seltsam jüdisch klingt die weitere Schilderung: tum eruere templum Dei conabitur et iustum populum persequetur. Die Gläubigen werden auf die Berge flüchten und der König sie verfolgen, bis der von Gott gesandte Messias in vierfacher Schlacht den Antichrist besiegen wird. — Bei Lactanz kann man, wie gesagt, eigentlich nur von einer phantastischen Weiterbildung apokalyptischer Hoffnung und nicht mehr von einer Auslegung der Apk. reden. [Zum Verständnis der Lactanzweissagung vgl. Buttenwieser, d. hebräische Eliasapokalypse 1897, 80-82.]

Fußnoten:

1. Über ihn vgl. Hieronymus de vir. ill. c. 74, (vgl. c. 18), epistola ad Vigilantium 61,2 (75), in Ezechielem XI. c. 36. Vallarsi V 422; Cassiodorus, Instit. div. litt. 9.
2. Vgl. über den Kommentar Haußleiter: die Kommentare des Victorin etc. Ztschr. f. kirch. Wissensch. u. Leben, VII 239ff.

3. Nach Haußleiter. Die Ausgabe war auf der hiesigen Bibliothek nicht vorhanden, ich benutzte de la Bigne ed. 2. Paris 1589. Tom I, p. 1244-1262. Nach Haußleiter wäre eine Handschrift von Troyes bei einer neuen Ausgabe dieser Rezension zu Grunde zu legen. In den gedruckten Texten ist die Auslegung zu Apk 11,1-12,4 vor diejenige zu Apk 7-10 geraten.
4. Die wichtigste Stelle des Prologs lautet: sed ne spernerem precantem majorum statim libros revolvi, et quod in eorum commentariis reperi, Victorini opusculis sociavi. ab jota inde quae ipse secundum literam senserit; a principio libri usque ad signum crucis, quae ab imperitis erant vitiata scriptoribus, correximus, exinde usque ad finem voluminis addita esse cognosce (vgl. noch die Einleitung des Kommentars des Ambrosius Ansbertus [Hausleiter 243]).
5. Theolog. Literaturblatt 1895, 194ff.
6. Es stellt sich überhaupt, wie mir scheint, heraus, daß die Überlieferung des Victorin-Kommentars eine beständig fließende war. So haben wir in der ersten Rezension als Ersatz der chiliastischen Ausführungen V.s einige kurze Sätze des Hieronymus, in der zweiten Rezension finden wir längere Ausführungen, die nachweislich Anm: Die auf der nächsten Seite fortgesetzte Anmerkung wurde hier vervollständigt aus Augustin stammen, diese wiederum bald allein (so in dem Kopenhagener Apringiuscodex s. u. bei Apringius), bald mit denen des Hieronymus vermengt. Ebenso zeigt die Auslegung zu 13,18 mannigfache Stufen in der Überlieferung.
7. Sehr interessant ist die Mitteilung Haußleiters (a. a. O. Sp. 194), daß in dem ursprünglichen Text des V. die Deutung der vier Tiere, Apk 4,7, auf die vier Evangelisten noch dieselbe ist wie bei Irenäus (Joh. der Löwe, Mk. der Adler), vgl. ferner die interessante Berührung V.s mit Papias in seinen Angaben über das Markusevangelium (Haußleiter ebend.).
8. Dies ist zugleich ein Beweis für die Abstammung des Kommentars von Victorin. Ebenso verrät die überall sich findende Betonung der Einheit und Zusammengehörigkeit des alten und neuen Testaments einen Schriftsteller der älteren Periode (s. die Auslegung zu Apk 4,8; 10,1; 12,1 u. ö.), nicht am wenigsten auch die historische Deutung des Tieres (s. u.). Auch ist im Kommentar die Rede von den fortwährenden Dekreten des Senats contra verae fiaei praedicationem. Der Kommentar wurde also vor Konstantin geschrieben (Lücke 977). Hervorzuheben ist endlich, daß (in Apk 1,20) bei der Aufzählung der sieben Gemeinden,

an die Paulus schreibt, die Annahme der paulinischen Abfassung des Briefes an die Hebräer ausgeschlossen ist.

9. In Apc. 10,11. Johannes schrieb nach V. den Kommentar auf Pathmos von Domitian dorthin verbannt; nach seiner Befreiung schrieb er dann auf Bitten seiner Gemeinden sein Evangelium gegen die damals entstandenen Sekten des Valentin, Cerinth und Ebion.
10. Haußleiter teilt mir mit, daß im echten Victorin-Kommentar sich die Berechnung der Zahl 666 überhaupt noch nicht findet. Die ältere Rezension, in der Victorins Werk vorliegt, bringt die Namen Αντεμος und Γενσηρικος (!), die jüngere daneben das Irenäische Τεἱταν und die Lösung mit lateinischen Ziffern Diclux. Das in den Text des Apringius (s. u.) aufgenommene Stück bringt nur Teitan und Diclux. Hiernach läßt sich auch die Zeit der Bearbeitungen festlegen.
11. L. benutzt die Sibyllinen, die Weissagungen des Hystaspes, den λόγος ἀληθτής des Hermes, vor allem eine sibyllenartige Apokalypse vom Antichrist, welche sich vielfach mit der in Commodians carmen apologeticum benutzten Quelle berührt.
12. Er nimmt also wie Hippolyt für die Geburt Jesu das Jahr 5500 an und rechnet von da 500 Jahre bis zum Weltende.
13. „Tum repente adversu eos hostis potentissimus ab extremis finibus plagae septentrionalis orietur“ (VII 16).
14. Auch von ihm wird, wie von dem Nero redivivus bei Victorin eine Namensänderung vorgenommen.

3. Der Kommentar des Ticonius. Augustin und Hieronymus.

Eine ganz neue Wendung nimmt dann die Auslegung der Apk in der lateinischen Kirche durch die Arbeiten des Donatisten Ticonius[1]. Leider ist sein Kommentar uns verloren gegangen. Hauptquelle für denselben ist der Kommentar des spanischen Presbyters Beatus (s. u.), der den Ticonius, wie Haußleiter nachgewiesen hat, mit unschätzbarer Treue ausschreibt[2]. Dies Urteil bleibt auch bestehen, nachdem neuerdings im Spicilegium Casinense Band III 1 „Tyconii Afri fragmenta Commentarii in Apocalypsin ex codice Taurinensi“ veröffentlicht sind. Auch in diesen Fragmenten (zu Apk 2,18-4,1 und 7,16-12,6) liegt nicht der echte Ticonius vor. Sie sind zwar auf Grund der genuinen Werke des Tic. angefertigt und nur auf Grund des Tic. ohne Hinzuziehung andrer Quellen, haben also ebenfalls großen Wert für die Rekonstruktion des Tic.-Kommentars. Aber ein Redaktor hat in diesen Fragmenten den Tic. bearbeitet, ihn der Eigentümlichkeit seines Stiles beraubt und namentlich das afrikanisch donatistische Element beseitigt[3]. Als Hauptzeugen kommen ferner in Betracht der Kommentar des Primasius und die unter Augustins Werke geratenen Homiliae in Apocalyspsim B. Johannis (s. u.). Heranzuziehen sind außerdem die Kommentare des Beda, der uns besonders erwünschte ausdrückliche Zitate unter dem Namen des Ticonius bringt, und des Ambrosius Ansbertus, wenn freilich die Übereinstimmungen mit Ticonius bei dem ersteren zum Teil, bei dem letzteren fast ausschließlich durch Primasius vermittelt erscheinen, endlich auch das Werk des Cassiodor (s. u.). In dem Kommentar des Beatus findet sich p. 4ff. eine Summa, die, wie ich vermute, ursprünglich schon als solche dem Werk des Ticonius beigegeben war, und die, wenn sie auch ebenfalls überarbeitet ist, doch ein vorzügliches Hülfsmittel zur Rekonstruktion des Kommentars abgibt[4]. Dagegen stammt der im Kommentar des Beatus 84ff. sich findende Prologus nicht aus Ticonius, sondern größtenteils aus Isidors Etymologiae[5]. Bei der Rekonstruktion des Ticonius stehen wir natürlich überall da auf ganz sicherem Boden, wo zu Beatus sich Parallelen bei Primasius und Ps. Augustin finden. Nur ist eines dabei zu beobachten. Beatus, Primasius und Ps. Augustin sind zugleich auch von dem Kommentar des Victorin abhängig. Dieser, der ja glücklicherweise vorhanden ist, ist jedesmal erst von den gemeinsam in den drei Zeugen enthaltenen Stücken abzuziehen, erst dann bleibt Ticonius übrig. Ferner ist zu beachten, daß Primasius und Ps. Augustin sehr vieles von den spezifisch donatistischen Auslegungen beseitigen, während Beatus mit größter Harmlosigkeit abschreibt. Beatus hat daher sehr oft allein Partien erhalten, welche die beiden andern Zeugen gleicher Weise auslassen. Hier haben wir dann oft an den im Spicilegium Casinense veröffentlichten Fragmenten, die hier und da selbst der Beatusüberlieferung gegenüber als überlegen erscheinen, ein gutes Mittel der Kontrolle. Ticonius' Auslegungen sind jedoch so charakteristisch und originell, daß sie mit leichter Mühe wiederzuerkennen sind.

Der Kommentar des Donatisten Ticonius[6] wurde geschrieben, nachdem eine große Verfolgung gegen die Donatisten stattgefunden hatte, in einer verhältnismäßig ruhigen Zeit. Da Tic. Die 3½ Jahre der beiden Zeugen, d. h. der ecclesia, Apk 11,3 auf 350 Jahre vom Tode des Herrn an gezählt berechnet, und da er das Ende der Welt sehr nahe erwartete, so kommen wir mit dem Zeitansatz für den Kommentar in die Zeit vor 380. Dieselbe Zeitbestimmung übrigens, die auch für die regulae[7] desselben Schriftstellers gilt.

Ticonius ist Donatist. Er findet in der Apk durchweg die Leiden und Hoffnungen seiner Kirche geweissagt[8]. Er sieht in den gegen die wahre Kirche verbündeten Tiermächten das den Donatisten feindliche weltliche Regiment und die verweltlichte katholische Kirche mit ihren falschen Führern (Bischöfen und Priestern). Wie es scheint bekämpft er auch eine Richtung innerhalb der eignen donatistischen Partei[9]. Denn während er für gewöhnlich nur eine Dreiteilung der Menschen in pagani, vera et falsa ecclesia kennt, erwähnt er gelegentlich als vierten Teil noch das Schisma und spielt dabei wohl auf Vorgänge in Afrika an[10]. Die Anhänger der katholischen Kirche sind ihm durchwegs die falsi fratres und hypocritae. Doch sind — und hier beginnt nun die charakteristische Eschatologie des Ticonius — keineswegs in jener Kirche der falschen Bischöfe alle Mitglieder der wahren Kirche verschwunden. In Afrika freilich ist in offenem Kampf die wahre Kirche offenbart worden. Aber daß nicht in Afrika allein das Wort Gottes bewahrt geblieben ist, beweist für Ticonius die Weissagung, die Philadelphia gegeben ist[11], daß eine Versuchung über die gesamte Erde kommen soll. Es wird die Zeit kommen, in der die wahre Kirche nach den Verfolgungen in Afrika in der ganzen Welt ihre Predigt hören lassen wird. Dann wird überall eine neue separatio eintreten[12]. Wer dann noch von der Kirche sich trennt, wird keine Zeit mehr haben zurückzukehren[13]. Die wahre Kirche und die falsche Kirche werden auf der ganzen Erde zur Erscheinung kommen[14]. Dann wird endlich die große Verfolgung beginnen, die dreieinhalbjährige Zeit[15] des Antichrist[16].

Die von Tic. sehr konsequent festgehaltene Methode der Auslegung der Apk ist eine streng spiritualistische[17], und die einheitliche geschlossene Durchführung dieser Methode ist es wohl gewesen, die dem Kommentar seinen ungeheuren Einfluß für die Folgezeit verschafft hat. Mit dem letzten Rest historisch-realistischer Deutung ist hier aufgeräumt. Ausdrücklich polemisiert Tic. gegen die Deutung der beiden Zeugen auf bestimmte Persönlichkeiten. Die beiden Zeugen sind die Kirche, die durch die beiden Testamente predigt. Die dreieinhalb Jahre sind die 350 Jahre, in welchen sie bereits Zeugnis ablegt, die Auferstehung der Zeugen die allgemeine Totenauferstehung. Das Tier ist das Symbol für die weltliche Macht, die sieben Häupter bedeuten alle Könige der Welt, die zehn Hörner alle Königreiche, das achte Haupt, das doch zu den sieben gehört, oder das zum Tode verwundete Haupt, ist das falsche, verweltlichte Priestertum, das zur Welt gehört, obwohl es nicht zu ihr zu gehören scheint, und das anstatt des gekreuzigten Christus seine eigne Ehre oder gar den Satan verkündigt (Apk 13,14). Die Zahl Apk 13,18 — T. liest 616 — deutet er in irgend einer nur dunkel überlieferten Weise als Monogramm des Antichrist. (Vermutungen darüber von Burkitt, Cambridge University Reporter 1896 p. 625, s. Zahn Einl. II 628.) Dieser selbst ist ihm an vielen Stellen jedenfalls keine Einzelpersönlichkeit mehr, sondern vielmehr die schon in der Gegenwart vorhandene Zusammenfassung der gesamten gottfeindlichen Macht. Auf der andern Seite redet auch Tic. von einer bestimmten Person, die vom Teufel als rex novissimus an die Spitze der in der letzten Zeit mit der wahren Kirche kämpfenden civitas diaboli gestellt wird. Ob er freilich diesem rex novissimus den Titel des Antichrist gegeben hat, steht dahin[18]. Besonders hat Tic. in einer Beziehung den größten Einfluß auf die Folgezeit errungen und zwar nicht bloß auf dem Gebiet der Exegese. Seine Auslegung ist von geradezu geschichtlicher Wichtigkeit geworden, insofern durch sie endgültig mit allen chiliastischen Neigungen und aller realistischen Eschatologie in der lateinischen Kirche gebrochen wurde. In klarer und bestimmter Weise wird bei Tic. zuerst die Idee vom tausendjährigen Reich, vom Binden des Satans durch den Engel (Apk. 20,1ff., nach Tic. die Besiegung des Starken Mt 12,29 durch die erste Erscheinung Christi), die tausendjährige Herrschaft der Heiligen (die Zeit der Kirche von der ersten Ankunft des Herrn bis zu seiner Wiederkunft) umgedeutet[19].

Eingeteilt war das Werk des Ticonius nach Beda[20] in drei Bücher. Nun hat Beatus als Überschrift seines zweiten Buches (das bei ihm nur die Auslegung zu Apk 2 und 3 enthält): liber hic continet quatuor animalia et quatuor equos et animas interfectorum et quatuor ventos et duodena millia. Diese zu seiner Einteilung nicht passende Inhaltsangabe hat er wie Haußleiter richtig gesehen hat, aus dem Kommentar des Ticonius abgeschrieben. Danach enthielt das zweite Buch des Ticonius die Kapitel 4-7[21] (genauer 8,1). Des Tic. Disposition der Apk beruht auf einer durchgeführten Rekapitulationstheorie. Über sein System spricht er ausführlich am Ende der Auslegung von der Apk (Beatus 314)[22]: Advertendum praeterea est et ante oculos cordis habendum narrationis genus, quod spiritus s. in isto libro in omni periocho servavit; usque[23] ad sextum enim numerum ordinem custodivit; et praetermisso septimo recapitulat et duas narrationes quasi ordinem secutus in septimo concludit; sed ipsa recapitulatio pro locis intelligenda est: aliquando enim ab origine passionis, aliquando a medio tempore, aliquando de sola ipsa novissima pressura aut non multo ante dicturus recapitulat. Tamen fixum servat, ut a sexto recapitulet. Andre Bemerkungen über die Rekapitulationstheorie finden sich noch: Beatus 358 (zu Apk 8,2: recapitulat ab origene); 383 (zum Ende von Apk 9, eine ziemlich verworrene Bemerkung[24], der eine zweite zu Apk 11,14 entspricht, Beatus 400); 451 (zu Apk 14,5: recapitulat a tempore persecutionum in Africa gestarum); 455 (zu Apk 14,13: a tempore pacis futurae)[25]; 480 (zu Apk 16,12: ab origine brevius); 485 (zu Apk 16,16: a persecutione novissima); 507f. (zum Ende von Apk 17: a tempore futurae pacis); 522 (19,11: a passione Christi brevius); 545 (20,11); 549 (21,1: a Christi passione, cf. 568)[26]. — Man sieht, Tic. hatte bereits ein vollständig ausgebildetes und sehr künstliches Rekapitulationssystem. In der Folgezeit hat dasselbe durchaus die Exegese beherrscht.

Augustin hat in civitate Dei XX, 7-17 Apk 20 und 21 ausgelegt. Bemerkenswert ist, daß er in der Deutung des tausendjährigen Reiches bereits von Tic. beeinflußt ist[27]. Sermo 259,19 ist er noch der Meinung: octavus ergo iste dies in fine saeculi novam vitam significat, septimus quietem futuram sanctorum, in hac regnabit enim Deus in terra (cod. Vatic.), cum sanctis suis, sicut dicunt scripturae. So sagt er auch noch (de civitate XX, 7,1 (Corpus script. eccles. lat. Bd. 40 p. 440): nam etiam nos hoc[28] opinati fuimus aliquando, und empfiehlt nunmehr eine doppelte Auslegung: donec finiantur mille anni, i. e. aut quod remanet de sexto die, qui constat ex mille annis, aut omnes anni, quibus deinceps hoc saeculum peragendum est (ib. 40, 443,10ff.). Nach der ersten Auslegung wäre Christus innerhalb des sechsten Jahrtausends geboren und das Ende käme also, wenn das, was noch übrig bleibt, vom sechsten Tage abgelaufen ist. Nach der zweiten, der Auslegung des Tic. (s. o. S. 59), umfassen die tausend Jahre wirklich die Zeit von der Geburt Christi bis zur Wiederkunft desselben. Doch ist die Zahl 1000 nicht wörtlich zu verstehen, sie ist gewählt, ut perfecto mumero notaretur ipsa temporis plenitudo (ib. 40, 441,16). Augustin verzichtet darauf die Endzeit zu berechnen[29].

Auch in seinen übrigen Ausführungen berührt Augustin sich vielfach teils zustimmend, teils polemisch, ohne ihn zu nennen, mit dem Kommentar des Tic. Namentlich ist er von der Methode des Tic. beeinflußt. Er spiritualisiert wie dieser. Nur an der Hoffnung der Wiederkehr des Elias XX 29 (40, 503), XX 30,5 (40, 511) hält er fest. Auch die Deutung des vierten Reiches in Dan 7 XX 23 (40, 487ff.) und des κατέχων in II Th 2 (XX 19 40, 473,9) auf das römische Reich hält er fest, erstere unter Berufung auf des Hieronymus' Danielkommentar. Dagegen will er die Weissagung von zehn Königen, die am Ende der Welt herrschen sollen, nicht wörtlich verstanden haben. Die Nerodeutung kennt er, aber weist sie als Absurdität zurück XX 19,3 (40, 473,6). Ganz in den Bahnen des Tic. wandelt er, wenn er, das Tier XX 9,3 (40, 452,14ff.) auf die impia civitas deutend, fortfährt: imago vero eius simulatio eius mihi videtur in eis videlicet hominibus, qui velut fidem profitentur et infideliter vivunt. Mit Tic. endlich teilt er die Rekapitulationstheorie XX 17: „et in hoc quidem libro ... obscure multa dicuntur, ut mentem legentis exerceant, et pauca in eo sunt, ex quorum manifestatione indagentur cetera cum labore, maxime quia sic eadem multis modis repetit, ut alia atque alia dicere videatur, cum aliter atque aliter haec ipsa dicere vestigetur.

Weniger entschlossen als Ticonius und Augustin verfährt in der Methode Hieronymus. Er hat den Kommentar des Victorinus bearbeitet und das Ende desselben selbst geschrieben. Seine geschrobene und künstliche Auslegung von Apk 20,1ff.[30] beweist, daß H. den Ticonius nicht gelesen hat. In der Vorrede zum Kommentar des Victorin verspricht H., daß er einen eignen Kommentar schreiben wolle. Ob dieser Plan zur Ausführung gekommen ist, ist zweifelhaft. Jedenfalls liegt jener nicht in der Summa des Beatus-Kommentars vor, wie

Haußleiter meinte. In einer Münchener Handschrift Cod. Lat. 14469 Saec. IX findet sich fol. 130 seq. ein kurzer Kommentar zur Apk[31] mit der Überschrift: Incipit commentarius sancti Hieronymi. Der Kommentar wird mit Hieronymus wenig zu tun haben. Wenn auch manche originelle und archaistische Auslegungen[32] (mannigfache Anklänge an die Antichrist-Tradition)[33], und Namenerklärungen, wie Hieronymus sie liebt, in demselben vorkommen, so finden sich entschiedene Anklänge an spätere Kommentare (Ansbertus, Haymo) in demselben[34]. Die Frage, ob Hieronymus einen Kommentar zur Apk geschrieben hat, wird also noch in dubio bleiben müssen.

Sehr interessant ist des Hieronymus prinzipielle Auslegung über die Methode der Auslegung der Apk in Isaiam Lib. XVIII Prooem. (Vallarsi IV 767f.): quam si juxta litteram accipimus, judaizandum est, si spiritualiter, ut scripta est, disserimus, multorum veterum videbimur opinionibus contraire Latinorum Tertulliani, Victorini, Lactantii, Graecorum ut ceteros praetermittam Irenaei tantum Lugdun. episcopi faciam mentionem, adversus quem vir eloquentissimus Dionysius Alexandrinae ecclesiae pontifex elegantem scribit librum irridens mille annorum fabulam et auream atque gemmatam in terris Jerusalem ... cui duobus voluminibus respondit Apollinaris, quem non solum suae sectae homines, sed et nostrorum in hac parte dumtaxat plurima sequitur multitudo, ut praesaga mente jam cernam, quantorum in me rabies concitanda sit[35]. — Hieronymus steht deutlich in der Übergangsperiode von einer in der lateinischen Kirche allgemein herrschenden realistischen Auslegungsmethode zu einer spiritualistischen. — H. selbst schwankt in der Auslegung sehr stark zwischen den beiden Methoden, er gab mit doch nur schwachen Änderungen den realistischen Kommentar des Victorin heraus. In dem hier in Betracht kommenden Danielkommentar ist er beeinflußt durch die echt historische Betrachtungsweise des Porphyrius, den er bekämpft. Daneben zeigt er ziemlich genaue Bekanntschaft mit der Tradition vom Antichrist[36]. Er (wie Augustin) kennt noch die Nerodeutung, aber er lehnt sie ab: (in Dan 11,30 Vallarsi V 715) unde multi nostrorum putant ob saevitiae et turpitudinis magnitudinem Domitium Neronem Antichristum fore. In der Auffassung der beiden Zeugen schwankt er zwischen der Elias-Henoch-Deutung und der andern, daß dieselben die beiden Testamente seien: in Sacharjam 4,11f. VI 814, in Am 9,2ff. VI 347, [in Mal 3,5f. VI 985]. Eine spiritualisierende Auslegung von Apk XI gibt er ep. 46,6 I 203; sein Wort (ep. 53,8 I 280): apocalypsis tot habet sacramenta quot verba, drückt seine Stimmung am besten aus und ist bei allen nachfolgenden Exegeten ein geflügeltes Wort geworden.

Fußnoten:

1. S. Haußleiter a. a. O. 239ff.
2. Beatus gibt uns (vgl. die sehr seltene Ausgabe von Florez, Madrid 1770 p. 1) glücklicherweise selbst seine Quellen an, die er ausschreibt (s. u.), unter diesen den Ticonius. Da Beatus sehr wenig Eigenes hinzugetan hat, so kommt es nur darauf an, alle Entlehnungen aus den übrigen Quellen, die uns sämtlich zugänglich sind, zu konstatieren und von Beatus abzuziehen. Der übrig bleibende Rest wäre dann der Kommentar des Ticonius. Eine von mir angefertigte Übersicht der Entlehnungen des Beatus aus andern Quellen findet sich bei T. Hahn, Tyconiusstudien 1900 (Stud. z. Gesch. d. Theol. u. Kirche von Bonwetsch und Seeberg VI 2) S. 10f. Ich bemerke, daß diese Übersicht keinen Anspruch auf Vollständigkeit erhebt. Ein vortreffliches Verzeichnis der Beatusstellen, die mit Wahrscheinlichkeit auf Tic. zurückzuführen sind, gibt Hahn S. 11f.
3. Vgl. hierzu und zum folgenden T. Hahn <span title="in: Tyconiusstudien 1900 (Stud. z. Gesch. d. Theol. u. Kirche von Bonwetsch und Seeberg VI 2)" class="anno" style="color: #00AA00;;">S. 14ff. Was Hahn hier ausführt, hatte sich auch mir bereits aus einer Reihe von Stichproben ergeben. Das Resultat steht also m. E. fest.
4. Haußleiter a. a. O. glaubt in dieser Summa den Kommentar des Hieronymus entdeckt zu haben. Es lassen sich jedoch entscheidende Gründe dagegen geltend machen. Vgl. Hahn 13f.
5. Haußleiter findet gerade hier Ticoniusfragmente, doch glaube ich, daß was im Prologus steht, entweder von Isidor oder von Beatus stammt.
6. Über Tic. vgl. Gennadius de scriptor. ecclesiasticis 18, ferner Augustinus de doctrina Christiana III 30ff. (A. führt die Auslegung des Tic. über die Engel an (III 30), hat also den Kommentar gekannt.)
7. ed. Burkitt, Text and Studies III 1 Cambridge 1894.
8. Des Tic. Kommentars als Quelle für die Theologie des Ticonius und die Geschichte des Donatismus auszubeuten, hat Hahn in der genannten vortrefflichen Untersuchung begonnen. Es bleibt hier noch genug lohnende Arbeit. Denn es handelt sich hier um die Wiederentdeckung einer in der Überlieferung fast verschollenen, höchst charakteristischen und bedeutenden Persönlichkeit der Kirchengeschichte.

9. Tic. gehörte zu den Gemäßigten, er hält an der Einheit der Kirche in den Sakramenten fest, s. den interessanten Abschnitt Beatus p. 56: baptisma non iteramus.
10. Beatus 298.
11. Beatus 212.
12. In Apk 10,11, Beatus 390, vgl. auch die leider nur in einem verdorbenen Text erhaltene Auslegung zur 6. Posaune Beatus 378.
13. Beatus 215.
14. Vgl. die Auslegung des dreifach gespalteten Babylon Beatus 486f.
15. An dieser Zeitbestimmung für die Dauer der Zeit des Antichrist hält Tic. fest.
16. Ich kann hier jetzt für alles weitere Einzelne auf T. Hahns ausführliche Darstellung S. 57ff. verweisen.
17. S. die vorzügliche Charakteristik bei Gennadius a. a. O.: exposuit et apc. J. ex integro nihil in ea carnale sed totum intelligens spirituale ... mille quoque annorum regni in terra justorum post resurrectionem futuri suspicionem tulit.
18. Ich modifiziere meine in der ersten Auflage mit Reserve gegebenen Aufstellungen nach Hahn 95ff. Überzeugt hat mich, was H. für diese Frage aus der regula fidei S. 96 vorbringt. Danach kennt Tic. einen vom Satan gesandten novissimus rex. In den Fragmenten des Spicilegium Casinense ist weder von einem persönlichen Antichrist noch von einem novissimus rex die Rede. Mit Rücksicht hierauf spricht sich doch schließlich auch Hahn über die Frage, ob T. den rex novissimus mit dem Antichrist gleichgesetzt und ob B. nicht die Stellen, die vom persönlichen Antichrist handeln, stark retouchiert habe, skeptisch und zurückhaltend aus (S. 98).
19. Daß diese Auslegung in der lateinischen Kirche neu war, beweist die künstliche Auslegung von Kap. 20, die Hieronymus noch in der Bearbeitung des Victorinkommentars gibt. Denn H. hatte sich seiner Aussage im Prologus gemäß unter den Auslegern der Apk umgesehen. Augustin, ursprünglich Chiliast, ist in der Auslegung von Apk 20 bei Tic. in die Schule gegangen.
20. Beda hat den Tic. im Auge, wenn er im Prologus seines Kommentars sagt: quod opus memoratum in tres libellos relevandae mentis gratia findi placuisset. Haußleiter 248.
21. Nicht Kap. 2-7 wie Haußleiter will, denn der Satz „liber secundus de septem ecclesiis“ der dem „liber hic continet“ vorangeht, stammt nicht von Tic. Vgl. Hahn S. 19.
22. Dazu in Primasius eine vollständige Parallele.

23. Von hier an eine Parallele in Beda.
24. Dazu eine Parallele bei Primasius.
25. Das wird 456 erklärt: ecclesia praecipue post persecutionum flammas in resurrectione albescet.
26. Vgl. jetzt Hahn S. 19f.
27. Das läßt sich durch eine genaue, freilich recht mühsame Untersuchung beweisen. Durch eine Vergleichung von Beatus und Ps. Augustin läßt sich zunächst der Text des Tic. in den betreffenden Abschnitten fast genau herstellen und auf Grund desselben die Abhängigkeit des Augustin in vielen Einzelheiten erweisen. Die Untersuchung ist von mir bis ins Einzelne gemacht.
28. D. h. die chiliastische Ausdeutung der tausend Jahre.
29. Er gibt an, daß einige die Dauer der Kirche auf 400, 500 resp. 1000 Jahre berechnet haben ib. XVIII, 53,1. (40, 357,11ff.). — Augustin zeigt sich von allen Kirchenvätern, wenn man etwa von Origenes absieht, am skeptischsten gegen das ganze apokalyptische Getriebe. Bei ihm findet sich am wenigsten apokalyptisches Material.
30. Den Chiliasmus verwirft H. bestimmt, in Dan 7,17 Vallarsi V, 671: cesset ergo milia annorum fabula.
31. Vgl. Haußleiter a. a. O. 253.
32. So die Bemerkung, daß die Zahl 666 juxta hebraeam linguam zu deuten sei (doch vgl. den Kommentar des Haymo)
33. So wird vom Tier zu Apk 13,18 gesagt: quia fingebat se legem observare per septem dies.
34 So in der Auslegung der sieben Posaunen; - die singuläre Deutung des Schwanzes des Drachen auf den Antichrist finde ich bei Haymo.
35. Im Kommentar des Joachim von Floris (s. u.) finde ich unter des Hieronymus Namen (fol. 146b) folgende Ausführung: licet autem non contradixerit H. ei, qui se interrogavit, utrum Henoch et Elias secundum apocalypsim Joannis essent morituri, in spiritu tamen esse intelligendum, potius quam ad litteram asseruit dicens: de Enoch et Helya, quos venturos apocalypsis refert et esse morituros, non est huius temporis disputatio, cum omnis ille liber aut spiritualiter intelligendus sit, aut si carnalem interpretationem sequemur, judaicis fabulis acquiescendum sit. - Woher stammt dieser Satz? Ein echtes Wort des H. scheint es zu sein.
36. S. Bousset Antichrist im Register unter Hieronymus, vgl. noch Vallarsi V,468 in Ezech 40,5 (der Antichrist ein König der Juden).

4. Die späteren Ausleger der griechischen Kirche.

Für die unter dem Einfluß des Dionysius und Eusebius stehende Stimmung der griechischen Kirche ist es charakteristisch, daß wir in ihr nur sehr wenigen zusammenhängenden Auslegungen des Buches begegnen. Der Kommentar, den man bisher wenigstens als den ersten in griechischer Sprache ansah, ist der des Erzbischofs von Cäsarea in Kappadocien, Andreas[1]. Der Zeit des Andreas und seines Kommentars hat Diekamp, histor. Jahrbuch 1897, eine außerordentlich gründliche Untersuchung gewidmet. Danach hat A. jedenfalls (vgl. die Auslegung zu Apk 16,19) vor der Zeit der beginnenden Herrschaft des Islam (Eroberung Jerusalems 637) geschrieben. Auf der andern Seite zitiert er bereits die Schriften des Dionysius Areopagites (s. zu Apk 4,8; 10,3; 15,7; 22,4), die frühestens 482 entstanden sind (J. Stiglmayr, histor. Jahrbuch XVI 235ff. 720ff.; H. Koch, Philologus LIV 1895, 438-454). So bleiben für Andreas, wenn man die uns bekannten Regierungszeiten der B.B. von Cäsarea in Betracht zieht, die Jahre 482-510, 513-535, 562-637. Nach D. kommt der erst genannte Zeitraum schon wegen der Beziehungen zu Dionysius kaum in Betracht. Für den letzteren spricht, daß der Kommentar starke Kriegsunruhen voraussetzt (zu Apk 6,8; 8,7; 16,9), und daß in der Tat in der Gegend Kappadociens von 603 an zwanzig Jahre hindurch der Krieg mit den Persern wütete. Dagegen aber, daß die Perser — abgesehen von der gleichgültigen Aufzählung der Weltreiche — nirgends eine Rolle in der Auslegung spielen. Daher entscheidet sich D. für den Zeitraum 513-535. Im Jahre 515 erfolgte der auch sonst die apokalyptische Literatur stark beeinflussende Ausbruch wilder hunnischer Völkerschaften durch die sogenannten kaspischen Tore. Andreas aber deutet Gog und Magog 94,46f. auf die Hunnen: ἅπερ καλοῦμεν οὐννικὰ πάσης ἐπιγείου βασιλείας καὶ ἐθνῶν ὡς ὁρῶμεν πολυανθρωπότερά (τε) καὶ πολεμικώτερα. So kommt D. zu dem Schluß, daß der Kommentar bald nach 515 geschrieben sein könnte.

Der Hauptsache nach lehnt A. sich in seinen Deutungen an Irenäus und Hippolyt an, auch wo er nicht zitiert. Gregor v. Nazianz entlehnt er die dogmatischen Ausführungen, dem Epiphanius die Deutung der zwölf Steine Apk 21, dem Methodius folgt er in der Auslegung des 12. Kap.[2] Als seine Methode bezeichnet er selbst in der Einleitung die origenistische (des dreifachen Schriftsinnes).

Mit der Rekapitulationstheorie scheint Andreas im Prinzip unbekannt zu sein. Auf der andern Seite nähert er sich derselben in der Auslegung dennoch. Er deutet das erste Siegel auf die Predigt der Apostel, das zweite auf die Märtyrer und Lehrer, das dritte auf den Abfall vom Glauben, das vierte auf eine

Hungersnot unter Maximianus, das fünfte auf die Klagen der Märtyrer, mit dem sechsten kommt er schon in die Zeiten der Verfolgungen des Antichrist. Die siebente Posaune bedeutet die Auflösung der γηἰνης πολιτείας. Die sieben Posaunen sind die Plagen der letzten Tage, durch deren Erduldung den Verdammten die Höllenstrafen gelindert werden, die sieben Schalen werden ähnlich gedeutet. Die beiden Zeugen sind auch nach ihm Elias und Henoch, der Antichrist ein jüdischer Herrscher aus dem Stamm Dan (zu Apk 7,5ff. [31,39]; 16,12 [72,15ff.]), der sein Heerlager einst in Jerusalem aufschlagen wird[3]. Kap.13 und 17 werden durchweg nach Irenäus und Hippolyt erklärt. Doch wird Babylon nicht auf Rom, sondern auf die gesamte weltliche Macht gedeutet und die sieben Häupter — trotz Erwähnung der Deutung des Hippolyt — auf sieben Weltreiche, von denen das sechste, das zur Zeit des Johannes ist, auf Rom, das siebente auf Neu-Rom (Constantinopel) bezogen wird. Die Deutung, die Andreas von Apk 20 gibt, ist die von Ticonius-Augustin aufgestellte. Der Kommentar des Andreas hat keinen ausgeprägten Charakter. Die verschiedenen Methoden: Rekapitulation und fortlaufende Auslegung, spiritualistische und realistische Deutung wechseln, aber der Kommentar ist ein interessantes Repertoir älterer und jüngerer Anschauungen.

Während man bisher annahm, daß der nächste Nachfolger des Andreas in der Auslegung der Apk Arethas von Caesarea sei, hat sich neuerdings herausgestellt, daß ein anderer Kommentar, zum mindesten den zweiten, wenn nicht den ersten Platz, in dieser Reihe einnimmt, nämlich der des Oekumenius[4]. Nachdem man bis vor kurzem von diesem Kommentar nur den Titel kannte, war Diekamp so glücklich, zunächst ein Fragment und dann in dem Cod. Messinensis S. Salvatore 99 den vollständigen Kommentar (ἑρμηνεία τῆς ἀποκαλύψεως τοῦ θεσπεσίου καὶ εὐαγγελιστοῦ καὶ θεολόγου Ἰ. ἡ συγγραφεῖσα παρὰ Οἰκουμενίου) zu entdecken[5]. Dabei ergab es sich, daß der Kommentar, den man bisher viel später angesetzt, um 600 geschrieben sei. O. selbst bemerkt zu Apk 1,2: ἤδη πλείστου δεδραμηκότος χρόνου, ἐξ οὗ ταῦτα εἴρηται, ἐτῶν πλειόνων ἢ πεντακοσίων; und ein Zitat aus dem Kommentar findet sich bereits in einer syrischen Handschrift des 7. Jahrh. (Mus. Britannicum; syr. 855, fol. 72b). —

Ja es erhebt sich sogar die Frage, ob Oekumenius nicht überhaupt der erste in der Reihe der griechischen Kommentatoren sei. An mehreren Stellen nimmt der Kommentar des Andreas nämlich teils einfach referierend, teils polemisierend auf ältere Auslegungen Bezug (zu Apk 4,5; 9,5.15; 6,1ff.; 12,1ff. vgl. namentlich das oben S. 63,2 zu 6,1ff., Auslegung der Siegel, Vermerkte). Und diese Auslegungen finden sich im Oekumeniuskommentar! — 15,6 (λίνου - λίθου) und 1,5 (λύσαντι - λούσαντι) exegesiert Andreas eine Doppellesart, während Oekumenius nur eine Lesart hat. Es wäre also doch vielleicht die Frage zu überlegen, ob man trotz der entgegenstehenden Bedenken (s. o.) mit dem Andreaskommentar nicht bis 620 hinunterzugehen habe, während dann Oekumenius um 600 anzusetzen wäre. Die Herausgabe des Kommentars wird hoffentlich Licht in die Frage bringen.

Von Andreas und zu einem großen Teil, wie sich jetzt herausstellt, von Oekumenius abhängig ist endlich der dritte Kommentar in dieser Reihe, der des Erzbischofs Arethas von Caesarea (Kappadozien)[6]. Arethas, der vielleicht von 901-940 die erzbischöfliche Würde bekleidet, soll den Kommentar (nach einer Bemerkung des cod. Parisinus 219, vgl. Diekamp 1051) noch als Diakon geschrieben haben. Er wurde aber 895 Diakon in Patrae. Der Kommentar scheint in zwei Rezensionen einer kürzeren (als Anhang der Werke des Oekumenius Verona 1532, [1] Paris 1631, [2] übers. v. Joh. Hentenius, Paris 1547) und einer längeren bei J. A. Cramer, Caten. in epistolas catholicas, accesserunt Oecumenii et Arethae commentarii in Apokalypsim, vorzuliegen[7].

Fußnoten:

1. Eine kritische Ausgabe des Kommentars: Fred. Sylburg, Andreae archiepiscopi Caesarea ... in Joannis ... apoc. Commentarius [Theodoro Peltano interprete] e typogr. Hier. Commelini 1596.
2. Irrtümlich erwähnt A. (55,26) den Hippolyt als Vertreter der Auslegung, daß unter dem ersten Tier in Kap. 13 der Antichrist zu verstehen sei, neben Methodius. — Außerdem werden eine Reihe älterer namenloser Auslegungen (s. u.) erwähnt. Interessant ist die Bemerkung, daß einige das sechste Siegel auf die Belagerung Jerusalems durch Vespasian, die Versiegelung der 144000 auf die Errettung der Judenchristen aus Jerusalem bezogen. Nach einer andern Auslegung werden die sieben Siegel auf das Leben Jesu bezogen, das tausendjährige Reich auf die Zeit zwischen Taufe und Tod Anm: Die auf der nächsten Seite fortgesetzte Anmerkung wurde hier vervollständigt Christi. Eine Spur von der Nerosage findet sich zu Apk 13,3 (56,10ff.): εἶτε τινὰ τῶν ἀρχόντων αὐτοῦ τεθανατῶσθαι καὶ ὑπ' αὐτοῦ [τοῦ Ἀντιχρίστου] διὰ γοητείας ἀπατηλῶς ἀνίστασθαι φαινόμενόν φασι.
3. Als Deutungen der Zahl 666 werden eine Reihe von Eigennamen (neben den schon bekannten sind Λαμπέτης, Βενέδικτος zu nennen) und von vermeintlichen Attributen des Antichrist aufgezählt (κακὸς ὁδηγός, παλαιβάσκανος, ἀληθὴς βλαβερός, ἄμνος ἄδικος).

4. Der Kommentar zu den Paulinen und Apostelgesch. Kath. Br., der unter dem Namen des Oekumenius geht, ist nach Diekamp unecht. Mit einiger Sicherheit sind nur die ihm ausdrücklich darin zugeschriebenen Stücke ihm zuzusprechen.
5. Mitteilungen über d. neuaufgefundenen Kommentar des Oekumenius z. Apok., Sitzungber. d. Berl. Akademie 1901, H. XI. Über Oecumeniuskommentare zur Apok. vgl. v. Soden, die Schriften des N. T. I 288.
6. Über die Zeit des Arethas s. Harnack, Die Überlieferung d. griech. Apologeten d. 2. Jahrh. Texte u. Unters. I. 1882. S. 36-46; A. Jülicher, Gött. Gel. Anz. 1899, S. 377-387. — Zu beachten ist, daß Arethas zu Apk 13,2 von der Herrschaft der Sarazenen in Babylon redet, also wahrscheinlich die Gründung von Bagdad unter Mahdi 775—785 bereits voraussetzt.
7. Nach von Sodens Angaben wäre der echte Arethaskommentar nur in sehr wenigen Handschriften enthalten. Die bekannte Minuskel 95 (Aϱ^{21}) enthalte ihn. Was bisher als Arethaskommentar gegolten, sei der [von Oekumenius (das kann nach Diekamps Untersuchungen nicht richtig sein)] bearbeitete Arethaskommentar.

5. Die Nachfolger des Ticonius.

Lud. Alcasar charakterisiert in seinem großen Kommentarwerk (s. u.) als die erste Gattung der Auslegungen zur Apk diejenigen, welche in der Apk ganz im allgemeinen ohne Beziehung auf bestimmte Ereignisse und ohne bestimmte Zeitfolge eine Weissagung des Kampfes der Kirche mit der Welt fänden. Und mit großem Scharfsinn hat er gesehen, wie diese von Ticonius stammende Auslegung die Exegese bis tief ins Mittelalter hinein beherrschte. Nur paßt die Charakteristik nicht ganz zu dem Kommentar des Tic., den ja Alcasar selbst nicht kannte. Denn dieser fand in der Apk den ganz bestimmten Kampf der wahren donatistischen Kirche mit der falschen Staatskirche und den übrigen Weltmächten. Aber indem man nun von dem Kommentar des Tic. alles echt Donatistische abstreifte, entstand eben jene abstrakte Art der Auslegung der Apk, die Alcasar beschreibt. Derjenige, welcher diese Entwickelung in der Auslegung der Apk herbeiführt, ist Primasius († nach 554, vgl. Diekamp, histor. Jahrb. 1897, S. 1.).

Er[1] hat nach seinem eigenen Zugeständnis den Tic. ausgeschrieben: exundantia reprimens, importuna resecans et impolita componens, catholico moderamine temperavi (Prooemium). Lieber noch ist er natürlich dem Augustin gefolgt, wo es anging: si quae tamen a sancto quoque Augustino testimonia exinde exposita forte repperi, indubitanter adjunxi[2]. Seine Auslegung von Apk 20 ist in der Tat von Augustin beherrscht. Daneben ist auch gelegentlich der Kommentar des Victorin benutzt. Neben manchen eignen Ausführungen gibt so Primasius den Kommentar des Tic. oft in extenso wieder. Selbst direkt donatistische Auslegungen vermeidet er nicht, obwohl der ursprüngliche Sinn derselben in der veränderten Umgebung kaum wieder zu erkennen ist. Besonders einflußreich für die Folgezeit ist es geworden, daß er die ganze Rekapitulationsmethode, ja die ganze Art, wie Tic. die Apk disponiert, an fast allen Stellen genau mit denselben Worten übernommen hat. Dagegen stellen sich bei Prim. schon wieder realistische Deutungen, welche Tic. gänzlich vermeidet, ein. Er bezieht (zu Apk 11,3) die beiden Zeugen wieder auf Elias und Henoch und weiß, daß Elias als Bußprediger unter den Juden auftreten wird. Er weiß wieder etwas von der Abstammung des Antichrist aus dem Stamm Dan (zu Apk 11,7). Das Geschwür 16,2 deutet er darauf, daß die Juden den Antichrist anstatt des Messias als ihren König aufnehmen. Ebenso bringt er in die Deutung von Kap. 13 und Kap. 17[3] wieder die Erwartung eines persönlichen Antichrist hinein und verwirrt dadurch die vorwiegend spiritualisierende Deutung des Tic. Die vier Engel 7,1 erklärt er für die Weltreiche der Assyrer, Meder, Perser, Römer. Beim zweiten Tier (Apk 13) findet er Beziehungen auf Simon Magus etc. Die wunderliche Ausführung endlich, die Prim. zu Apk 13,18 gibt, daß nämlich χριστει (= 1225) die Zahl der Tage angebe, welche der Antichrist herrsche, ist wohl aus einem Mißverstand der Deutung des Ticonius entstanden[4]. Gleichzeitig etwa mit Primasius schrieb Cassiodorus „complexiones in epistolas et acta apostolorum et apocalysin“[5]. Er verweist die Leser, die eine ausführliche Belehrung wünschen, auf des Ticonius Erklärung und produziert im großen und ganzen diese. Doch finden sich auch Erklärungen anderer Art, wie die Elias-Henoch-Deutung, die auf einen persönlichen Antichrist und die Babylons auf Rom.

In diesem Zusammenhang sind ferner die pseudoaugustinischen Homilien[6] zu erwähnen. Dieselben sind ein ziemlich getreuer Auszug aus Tic. unter teilweiser Beseitigung donatistischer Ketzereien. Hier und da ist Victorin benutzt. In der Auslegung von Kap. 20 (Hom. 17. 18) zeigt sich der Einfluß Augustins. Wo Ticonius von der falschen Bischofskirche redet, spricht der Auszug einfach von Häretikern.

Nach Isidorus Hispalensis de viris illustr. 30 schrieb der Bischof Apringius (eccl. Pacensis)[7] einen Kommentar zur Apk: subtili sensu atque illustri sermone melius pene, quam veteres ecclesiastici viri. Den Kommentar hat auch Beatus benutzt, er nennt den Apringius als seine Quelle (s. o. S. 56,1). Haußleiter machte (a. a. O. 257) auf Nachrichten über diesen Kommentar aufmerksam, welche aus der Bibliotheca vetus Hispana des Nicolaus Antonius stammen.

Danach befanden sich Handschriften des Kommentars in spanischen Bibliotheken. Einer Notiz von Mosheim Bibliotheca Bremensis VI 749 folgend fand ich den Kommentar in dem Handschriften-Katalog des Arnamagnaeanske-Legat (III. Teil 1895) unter Nr. 1927 A M. 795. 4[8]. Neuerdings hat M. Férotin den Kommentar herausgegeben, nachdem er ihn bereits früher unabhängig von mir in Kopenhagen aufgefunden[9]. Der Kommentar ist nicht vollständig. Er liegt nur vor für Apk 1-5,7 und dann wieder zu Apk 18,6 bis zum Ende. Dazwischen steht mit der Überschrift „deinde explanatio Iheronimi" der (von Hieronymus überarbeitete) Victorin-Kommentar, von dem auch zu 20,1-10 wieder ein Stück in den Text des Apringius eingesprengt ist. Die Verstümmelung des Kommentars, wenn dieser überhaupt einmal vollständig war, scheint uralt zu sein. Auch in spanischen Handschriften liegt sie bereits vor (Bibl. Hispana I, 277), und wie mir scheint, zeigt bereits Beatus in den mittleren Partieen keine Spur von einem neben dem Kommentar des Ticonius fortlaufenden anderen Kommentar. Der Kommentar selbst ist eine — wie es scheint, ziemlich selbständige — aber recht wertlose Arbeit. Wertvoll ist derselbe nur dadurch, daß er uns ein Mittel an die Hand gibt, den Kommentar des Ticonius aus dem Beatuskommentar zu rekonstruieren. Denn Apringius war bis jetzt unter den von Beatus benutzten Quellen die einzige unbekannte Größe. Bemerkenswert ist endlich die in diesem Kommentar sich findende Notiz, daß die Apk unter Kaiser Claudius geschrieben sei.

Beda (735 †)[10] bekennt in der Einleitung ebenfalls seine Abhängigkeit von dem von ihm sehr geschätzten Ticonius und stellt die sieben Regeln desselben seiner Ausslegung voran. Er zitiert ihn häufig ausdrücklich. Außerdem kennt er als belesener Gelehrter den Primasius (in Apk 13,17) Augustin, von dem er namentlich in Kap. 20 (vgl. auch die Deutung der vier Tiere auf die vier Evangelisten) beeinflußt ist, Hieronymus, Gregor, auch Cyprian. Im Ganzen folgt er in seiner Auslegung mehr dem Primasius als dem Ticonius. Er teilt mit jenem fast alle obengenannten Abweichungen von Ticonius. Er dürfte indessen die Erklärung des Tic. zum siebenten Siegel allein erhalten haben[11]. In seiner Vorrede teilt er die Apk in sieben Teile, eine Einteilung, die der späteren Auslegung weithin zum Muster gedient hat. In der Auffassung der Komposition der Apk folgt Beda noch ganz dem Ticonius resp. dem Primasius. Hier finden sich die Ausführungen des Tic. wörtlich wieder (vgl. zu Apk 6 Ende).Ambrosius Ansbertus[12] schickte seinem schon erschreckende Dimensionen annehmenden Kommentar einen Überblick über die Geschichte der Auslegung voran. Er kennt den Kommentar des Victorin in der Bearbeitung des Hieronymus, dann Ticonius, Primasius (und dessen Verhältnis zu Ticonius); als seine bevorzugten Gewährsmänner nennt er Augustin und Gregorius. Hier und da zitiert er auch Beda. Die Hauptquelle des Ambrosius ist Primasius. Es finden sich bei ihm freilich auch einige direkte Berührungen mit Ticonius, so daß auch dieser Kommentar hier und da zur Rekonstruktion des Tic. heranzuziehen ist. Dem Primasius folgt A. gewöhnlich dem ganzen Gedankenzusammenhang nach und durchsetzt diesen mit ausführlichen Exkursen, langen Erörterungen einzelner Worte und spitzfindigen Fragen, indem er sich dabei vielfach an Gregor anschließt. Auch den Victorin hat er gelesen und berücksichtigt ihn oft (in Apk 10,11). Die Auslegung des Zahlenrätsels (Apk 13,18) ist eine genaue Addition von Primasius und Victorin II. Auch bekämpft er die Deutungen Victorins, so die Deutung der beiden Zeugen (Elias-Jeremias), so die Nerodeutung (in Apk 17,9.10; 13,3), die er für eine Absurdität erklärt. Er akzeptiert (in Apk 13,1) die alte (Hippolyt-Hieronymus) Auslegung der sieben Häupter des Tieres. Die Rekapitulationstheorie behält er, immer noch unter wörtlicher Zitation des Ticonius, bei (vgl. die Auslegung am Ende von Apk 6). Die Anordnung des Kommentars in zehn Bücher ist zur weiteren Orientierung zu beachten.

Beatus, der durch den Streit mit Elipandus bekannte Mönch und Presbyter, schrieb im Jahre 776 einen Kommentar zur Apk, welchen er dem Etherius widmete[13]. Als seine Quellen nennt er Hieronymus, (Victorin?), Augustin, Ambrosius, Fulgentius, Gregorius, Ticonius, Irenäus Abringius, Isidorus. Das Werk beginnt mit der nuncupatio ad Etherium. Dann folgt ein Prologus des Hieronymus, darauf der uns bekannte Prologus desselben zu der Ausgabe des Victorin-Kommentars, dann p. 4-35 eine Summa, die Auslegung zum ersten Kapitel der Apk p. 36-83 (am Schluß der Kommentar des Victorin zu Apk 2 und 3). Dann ein Prologus de ecclesia et synagoga, größtenteils eine Kompilation aus Isidors etymologiae, p. 84-135, endlich der übrige Kommentar.

Der Kommentar ist eine unglaubliche Kompilationsarbeit. Beatus schreibt sinnlos aus den verschiedensten Schriftstellern ab und kombiniert entgegengesetzte Behauptung mit einer köstlichen und für uns ungemein wertvollen Naivität. Die Kommentare des Victorin, Apringius und Ticonius hat er fast ganz in sein Werk aufgenommen, er unterbricht ihre Ausführungen oft mit seitenlangen Plagiaten aus Gregors Homil. zu Ezechiel und Moralien. Den Luxus einer eigenen Meinung gestattet er sich fast nirgends mehr.

Beatus glaubt nach seinen Ausführungen zu 7,1ff. in den letzten Zeiten zu leben, er berechnet, daß nur noch 14 Jahre übrig bleiben sollen bis zum Ende des sechsten Jahrtausends (p. 322, Einleitung Nr. 65ff.), er hatte viel über falsche und heuchlerische Mönche zu klagen (Summa p. 27) und bezog auf diese, wie überhaupt auf alle Namenchristen des Ticonius Polemik gegen falsi fratres. Für uns ist das Werk eine unschätzbare Fundquelle einer alten, verloren gegangenen exegetischen Literatur[14].

Wir sahen bis jetzt, wie namentlich durch Primasius hindurch, aber auch direkt der Kommentar des Ticonius die Folgezeit mit wenigen Ausnahmen beherrschte, wie andrerseits gerade durch Primasius ein Bruchstück der älteren realistischen Deutung wieder in Umlauf kam. — Auch die folgenden Jahrhunderte bieten noch kein wesentlich anderes Bild.

Alcuins Werk Migne (P. L. 100) will zunächst nichts anderes sein als ein Auszug aus Ambrosius. Das ziemlich umfangreiche Werk Haymos von Halberstadt (843 † Migne P. L. 117) ist tatsächlich ebenfalls ein einfacher Auszug aus demselben Werk. Das zeigt sich schon darin, daß die Anfänge der sieben Bücher in Haymos Kommentar mit den Buchanfängen bei Ambrosius übereinstimmen[15]. Übrigens kennt Haymo auch Beda und zitiert ihn (971 A). So finden sich denn selbst bei Haymo noch jene altbekannten Ausführungen über die Rekapitulationsmethode, und so liegt hier eine lange, fast über fünfhundert Jahre reichende Traditionskette vor: Ticonius — Primasius — Ansbertus —— Haymo!

Wie Haymo ein Auszug aus Ambrosius, so ist Walafried Strabos Glossa ordinaria[16] (Migne P. L. 114) wieder ein Auszug aus Haymo. Eine direkte Berührung des Strabo mit Ansbertus habe ich nicht gefunden. Mit Beda teilt übrigens Strabo die Apk in sieben Teile. So findet man auch noch bei Strabo überall Anklänge an Primasius und Ticonius. Auf Grund der Ausführungen des Ticonius hat sich nun mittlerweile ein schon bei Ansbertus vorhandenes; aber mit der größeren Kürze der Kommentare immer klarer heraustretendes bestimmtes Schema der Auslegung gebildet, das dann sehr einflußreich geworden ist. Danach werden die Weissagungen der Siegel so verteilt, daß man in dem ersten die Predigt der Apostel, in dem zweiten die Verfolgungen und die Märtyrer, in dem dritten die Häretiker und doctores ecclesiae, in dem vierten die falsi fratres (Schismatiker, Scheinchristen s. o. Ticonius!), in dem fünften und sechsten die dem Ende vorhergehenden Begebenheiten geweissagt fand; genau analog erklärte man dann die sieben Posaunen[17]. Bei der fünften Posaune bemerkt Strabo: hic est enim damnatio eorum, quos diabolus immitit ad praeparandas vias ante faciem Antichristi. Dagegen werden dann die sieben Schalen auf die „destructionem illorum, qui tempore Antichristi erunt" gedeutet. Zu Apk 11-13 finden wir dagegen die alte Deutung des Ticonius in der Umarbeitung des Primasius wieder. Bedeutsam ist noch, daß Strabo in den Apk 14 auftretenden Engeln christliche praedicatores fand, welche einer dem andern folgen.

Unter den Werken des Ambrosius von Mailand (Migne P. L. 17) findet sich das Werk eines Verfassers, der sich, wie aus dem von ihm selbst in der Einleitung aufgegebenen Zahlenrätsel mit ziemlicher Sicherheit zu erkennen ist, Berengaudus nannte (l. c. p. 843). Von Autoritäten zitiert er namentlich

Gregorius und Prudentius, außerdem Ambrosius, Hilarius, Hieronymus, Augustin (967 C). Er schrieb nach der Zerstörung des Longobardenreiches[18], er geißelt in der Auslegung von Apk 18 namentlich die Ausschreitung gewisser Archidiakone und höherer kirchlicher Beamte[19], ihre Simonie und Bestechlichkeit. Die Herausgeber deuten diese Ausführungen auf die kirchlichen Verhältnisse in Gallien am Anfang des neunten Jahrhunderts. — Der Kommentar ist deshalb interessant, weil er in der ganzen Zeit der einzige einigermaßen selbständige ist. Vieles erinnert zwar noch in der Auslegung an Ticonius oder an andere Ausleger, aber die meisten Ausführungen sind selbständig und singulär. Wie der Kommentar sich an keinen Vorgänger anlehnt, scheint er übrigens auch keine Nachfolger zu haben. B. teilt sein Buch in sieben Abschnitte, die teils mit denen des Beda, teils mit denen des Ansbertus sich decken. Die sechs Siegel werden hier gedeutet auf die Zeit: 1) von Adam bis Noah, 2) bis zum Gesetz, 3) des Gesetzes, 4) der Propheten, 5) der Märtyrer, 6) der Verwerfung des Volkes und Berufung der Heiden. — Die Posaunenengel sind auch hier 1) ante legem, 2) Moses, 3) prophetae, 4) Christus, 5) apostoli, 6) defensores ecclesiae orthodoxae. B. kennt die buchstäbliche und die spirituelle Deutung der beiden Zeugen. Vom siebenten Engel heißt es: praedicatores sancti, qui temporibus Antichristi erunt. Von den drei aufeinander folgenden Engeln, Apk 14,6ff., ist der erste Christus und die Apostel, der zweite doctores ecclesiae, der dritte praedicatores ... qui temporibus Antichristi futuri sunt (vgl. Strabo). Die sieben Häupter des Tieres sind: omnes reprobi, der Antichrist das siebente Haupt. Die Hörner sind die Reiche, die einst Rom zerstört haben (Vandalen, Gothen, Longobarden etc.). Die Zahl des Tieres will B. nicht deuten, er meinte, daß es einem begegnen könne, beim Nachrechnen einmal seinen eignen Namen oder den seiner Verwandten zu finden.

Des Anselmus von Laon († ca. 1117, Migne P. L. 162) enarrationes in Apocalypsin sind in genauer Anlehnung an Walafried Strabos Glosse geschrieben. Bruno von Aste[20], einer der theologischen Gegner Berengars, lehnt sich in seinem Werk im wesentlichen an Haymo[21] an. Strabo mit seiner straffen Dispotion hat noch keinen Einfluß auf ihn gehabt. Er teilt seinen Kommentar in sieben Bücher, teils der Einteilung Bedas, teils der des Ansbertus folgend. Verhältnismäßig selbständig ist der Kommentar des Abts Rupertus v. Deutz[22]. Der Charakter der Auslegung verändert sich allerdings nicht. Wie überall herrscht die Allegorese, die Rekapitulationstheorie, das Vermeiden bestimmter kirchlicher Einzeldeutung. Viel Bekanntes klingt im einzelnen durch, doch findet sich noch mehr Singuläres[23].

Der Einfluß der Glossa ordinaria macht sich dann weiter geltend in dem Kommentar des Richard von St. Victor, (Migne P. L. 196, nach Alcasars Einl., S. 68 1140 geschrieben), der allerdings vorwiegend von dem Werk des Anselm abhängig zu sein scheint, vielleicht auch Haymo folgt. Das feststehende Schema der Auslegung wird befolgt, Eignes bringt er fast garnicht. Dasselbe ist zu sagen von dem Werk des Albertus magnus (Opera Lugdum. 1651. Tom XII. — Alcasar gibt in der Einleitung seines Kommentars das Jahr 1260 an). In diesem tritt schon der Charakter der scholastischen Gelehrsamkeit hervor: überall eine genaue Disposition, kleine Exkurse, zahlreiche Bibelstellen als Paralleltexte, Belege und Erläuterungen; im großen und ganzen auch hier in Anordnung und Einzelauslegung nur Bekanntes[24].

Ferner ist wegen seiner Anlage im großen und ganzen hierher ein Kommentar zu stellen, der früher dem Thomas von Aquin[25] zugeschrieben wurde, jetzt ihm jedoch allgemein abgesprochen wird. Er stammt frühestens aus dem 13. Jahrh. Glossa (Walafried oder Anselmus?), Bernhard v. Clairvaux (z. B. 402a) und sogar die Auslegung des Abt Joachim (s. u.) sind hier zitiert. Eine bestimmte Wendung gewinnt die Auslegung der sieben Posaunen, namentlich der vierten Posaune. Hier werden als Prediger gegen die Scheinchristen „pauperes praedicatores“ genannt (A 391a unten). — A 395b heißt es: paupertas jam omnino et fere ubique percussa est. Vom dritten Stand, dem der Armen, wird gesagt: omnes illam opprimunt et spoliant et nullus eam defendit. Von jenen praedicatores wird behauptet ordo praedicantium, qui modo sunt[26]. Einen besonderen Sinn hat es wohl auch, wenn der Verfasser (der Glossa folgend) von den beiden Tieren Kap. 13 das eine aus die principes das andere auf die falschen praedicatores deutet. Man beachte noch die Ausführungen (zu Apk 14,7) über den tertius ordo praedicatorum (praedicatores audacter dicentes veritatem). — Wir gehen nach den angeführten Beweisstellen kaum fehl, wenn wir annehmen, daß dieser Kommentar wenigstens in der Form von A [in B fehlen die charakteristischen Stellen] in reformerischen Kreisen, vielleicht in denen der spirituellen Franziskaner entstanden ist.

Im folgenden zähle ich vorgreifend die wenigen späteren Kommentare auf, die sich noch immer in demselben Geleise der Auslegung bewegen: 1) Hugo v. St. Caro[27] († 1263) beruft sich sehr oft auf die Glossa[28] (des Strabo ?), muß aber außer dieser noch andre Kommentare aus derselben Gruppe ausgeschrieben haben. 2) Interessanter ist das Werk des Dionysius Carthusius (v. Ryke)[29] (1402-1471). Dieser machte den Anfang eines gewissen wissenschaftlichen Kommentarbetriebs. Er kennt neben Augustin und Hieronymus: Beda, Haymo, Albertus Magnus, die Glossa, sogar Berengaudus. Er kennt auch den Nicolaus v. Lyra (s. u.) und sucht dessen andersartige Methode Schritt für Schritt zu widerlegen. Mit seinen eignen Auslegungen bleibt er ganz in dem alten Geleise. Selbst im 15. Jahrhundert wirkte die Auslegung eines Beda und Strabo noch nach. Der Kommentar des Pariser Theologen und Siegelbewahrers Gagnaeus[30] (16. Jahrh.) wandelt völlig in den alten Bahnen.

Ebenso schließt sich der Menonit Zeger[31] aufs engste an die Auslegung Bedas an. Ebenso (nach Alcasar p. 11) der von Zeger bereits zitierte Titelmann.

So hat von Ticonius her bis tief ins Mittelalter hinein und darüber hinaus eine bestimmte Methode der Auslegung geherrscht, die in ihrer nüchternen, abstrakten Art seltsam absticht gegen den Charakter der Apk. Von nun aber wird das Bild ein andres. Es beginnt die eigentliche phantastische, apokalyptische Auslegung. Dieser Wandel hängt eng zusammen mit einem stärkeren Anschwellen der apokalyptisch-eschatologischen Stimmung in der späteren abendländischen Kirche. Als allmählich die tausend ersten Jahre der Kirche abliefen, da richtete sich auch der Blick der Christenheit mehr und mehr auf das Ende. Im X. und XI. Jahrhundert wird diese Stimmung eine herrschende, man wartete allgemein auf das Reich des Antichrist. Manch stolzer himmelragender Kirchenbau verdankt dieser überweltlichen Stimmung sein Dasein, die Kreuzzüge finden nicht zum wenigsten in dieser eschatologischen Stimmung ihren Untergrund (vgl. Lücke 1003). Die Bedrängnisse, welche die Christenheit vom Islam zu erleiden hatte, beförderte dieselbe. Da begann man auch die Apk in andrer Stimmung und mit andern Augen zu lesen.

Fußnoten:

1. Editio princeps seines Kommentars in einer Kölner Ausgabe von 1535. Selbständige Ausgabe: Basel 1544. Aus der ersteren stammt der Pariser Druck 1544, aus dieser wieder der Abdruck Bd. X d. Bibliotheca Maxima von Lyon, aus der Migne Patrol Graeca 68 geflossen ist. Haußleiter, Theol. Lt. Bl. 1904, Sp. 1-4. — Über Primasius s. Cassiodor, Inst. div. litt. 9: nostris quoque temporibus apoc. ... episc. Primasii ... studio minute ac diligenter quinque libris exposita est.
2. z. B. deutet er gegen die Autorität vieler Väter die vier Cherubim mit Augustin so, daß Mt, nicht Mk das Symbol des Löwen bekommt, vgl. S. 50,4. Diese Anordnung hängt damit zusammen, daß Apk 4 (im Gegensatz zu Ezechiel) der Löwe Symbol des ersten Tieres ist, der Ochse (das zweite Tier) aber für Lukas feststand.
3. Zu Apk 17,11: i. e. antichristus, qui se pro Christo vult suscipi, asserens se quasi mortuum resurrexisse.
4. Außerdem bringt Primasius die Deutungen Αντεμος und Αϱνουμε (Itacismus statt αϱνουμαι), die dann sich sehr oft in späteren Kommentaren wiederfinden.
5. ed. Scipio Maffey Florent. 1721.
6. Migne P. L. XXIV. Der Text scheint sehr in Unordnung zu sein, wie sich denn auch starke Textvarianten zeigen. Es finden sich fortlaufende

Wiederholungen, als wenn die Homilien wirklich gehalten und zum Schluß die Quintessenz noch einmal zusammengefaßt wäre. Aber oft sind die Wiederholungen fast ebenso lang oder länger, als die erste Behandlung des Stoffes, und bringen überdies noch Ausführungen anderer Art. Es scheint fast so, als wenn hier doppelte Excerpte in einander geschoben sind. Eine bisher unbenutzte Handschr., auf die Haußleiter noch aufmerksam machte, findet sich in dem oben S. 61 erwähnten Münchener Cod. Lat. 14469 fol. 67. Die Handschr. scheint nach den bei Migne angegebenen Varianten mit dem Anm: Die auf der nächsten Seite fortgesetzte Anmerkung wurde hier vervollständigt Leydener Manuskript verwandt zu sein. In den besseren Handschr. fehlen große Partieen (s. Migne).

7. Florez in der Ausgabe des Beatus 44: claruit ab anno 530.
8. Genaueres siehe in den Nachrichten der Gesellsch. der Wissensch. zu Gött. Philologisch-historische Klasse 1895. II. Bousset, Nachrichten über eine Kopenhagener Handschr. etc.
9. Bibliothèque patrologique publiée par Chevalier I: Férotin, Aspringius de Béja, son commentaire de l'apocalypse. Paris 1900. F. hat keine weitere Handschr. des A. gefunden. Die Kopenhagener ist also bis jetzt die einzige, die uns das Werk des Apringius erhalten hat. Ich kann jetzt, was die Notizen über Handschr. des A. anbetrifft, einfach auf F. verweisen.
10. Explanatio apocalypsis; Migne P. L. 93.
11. Post interitum Antichristi requies aliquantula futura creditur in ecclesia.
12. Bibliotheca patrum. Colon. Agripp. 1618 IX. 2, p. 305-540. Ambrosii Anberti in S. Johannis .... Apocalypsim libri X. Das Werk ist dem Papst Stephanus III. (IV) gewidmet (768-772). Ansbertus sagt am Ende des Kommentars von sich: ex Gallorum provincia ortus, intra Samnii vero regionem apud monasterium martyris Christi Vincentii divinis rebus imbutus, temporibus Pauli pontificis Romani (757-767) nec non Desiderii regis Langobardorum .... hoc opus confeci atque complevi.
13. S. Beati Presbyteri in Apocalypsin ed. H. Florez. Matriti 1770. Über die Zeit des Beatus s. die Einleitung Nr. 65. 70. Über die sehr interessante Überlieferung des Beatus-Kommentars handelt Conrad Miller, Mappa Mundi, I. Heft: Die Weltkarte des Beatus, Stuttgart 1895. Miller zählt 30 Handschr. auf und sucht dieselben zu klassifizieren. Sehr wichtige Handschr. liegen in Paris. Ich habe eine Handschr. der Berliner Bibliothek Ms. Theol. Lat. Fol. 561 zum Teil kollationiert. Der Text bei Florez ist noch in außerordentlich verwildertem Zustand. Der

Kommentar ist besonders auch wegen seiner Zutaten (Illustrationen, Weltkarte) interessant.

14. Hervorragend interessant ist auch die 498f. sich findende Nerodeutung mit ihrer ganz singulären (mit Caesar beginnenden) Zählung der Kaiser und ihren Nachrichten über das Leben Jesu. Eine bemerkenswerte Ähnlichkeit hat mit jener Liste die uns bei Tertullian adv. Iudaeos cap. 8 (vgl. Hieronymus in Danielem IX) überlieferte Kaiserliste. Hier ist Caligula, dort Claudius ausgelassen, die Zeit des Otho findet sich bei Tertullian (? Handschr.) auf 3 Monate 5 Tage, bei B. auf 3 Monate 6 Tage berechnet, die des Galba auf 7 Monate 6 Tage, während B. freilich 499 für Galba 3 Jahre 6 Monate angibt, aber ihn 500 septimo mense imperii sui sterben läßt. (Die Umstellung Galba-Nero ist wohl ein Versehen des B.) Das interessanteste bei alledem ist, daß also Beatus eine Deutung kannte, dergemäß die Apk unter Nero geschrieben ist und Nero der sechste Kaiser war (welcher ist). Alle die Angaben über die Abfassungszeit der Apk (Claudius-Nero-Domitian) finden wir in dem Werk des Beatus neben einander. Es wäre nicht ganz unmöglich, daß dieses Stück des Beatuskommentars aus dem Verloren gegangenen Teil des Apringiuskommentars stammte (s. o.).
15. Im Anfang des zweiten Buches stimmen sie nicht überein, aber Hm 3 ist = Ab. 5 (Apk 10), Hm. 4 = Ab. 6 (Apk 12,12), Hm. 5 = Ab. 7 (Apk. 14,14), Hm. 6 = Ab. 8 (Apk 17), Hm. 7 = Ab. 9 (Apk 19,1).
16. Das Verhältnis zwischen Ab., Hm. und Strabo dürfte durch folgende Zusammenstellung klar werden. In Apk 4 heißt es bei Ab.: ipse nimirum unigenitus filius veraciter factus est homo, ipse in sacrificio nostrae redemptionis dignatus est mori ut vitulus, ipse per virtutem suae fortitudinis resurrexit ut leo, ipse etiam post resurrectionem suam ascendens ad coelos in superioribus est elevatus ut aquila. - Haymo: significant quoque haec quattuor animalia ipsum dominum Iesum Christum, qui natus est ut homo, passus est ut vitulus, surrexit ut leo, ascendit super omnes caelos ut aquila. Strabo: haec bene repraesentant Christum, qui natus est, passus, resurgens, ascendens.
17. Man fand dann in den sieben Posaunen sieben Klassen von praedicatores (apostoli, martyres, confessores, virgines etc.).
18. Vgl. die Deutung der zehn Hörner zu Apk 17,1. Auch findet sich bereits ein Satz aus dem Symbolum Athanasianum 896 A.
19. Quamvis multi ex episcopis ab hoc scelere videantur immunes.
20. Expostitio in Apoc. Migne P. L. 165. Bruno ist (s. das Prooemium) in der Mitte des 11. Jahr. geboren, er war Bischof zu Signia in Campanien, er schrieb den Kommentar zur Apk in seinem Greisenalter.

21. Aus (Ansbertus und) Haymo bringt er zur Zahl 666 die Deutungen: Antemos, Arnume, Teitan, Genserikos, Diclux.
22. Ruppertus Abbas Tuitiensis 1135 †, Migne P. L. 169. — Der Kommentar ist nach Alcasars Einleitung 1120 geschrieben.
23. Wie Beregaudus deutet er die sieben Posaunen auf den Verlauf der alttestamentlichen Geschichte, die sieben Siegel deutet er auf die einzelnen Taten Christi (eine bei Andreas v. Caesarea erwähnte Auslegung). Die bekannten Deutungen der Zahl hat er nicht.
24. Zum sechsten Siegel heißt es bei Alb.: omnes sancti exibunt in medio impiorum. Da haben wir eine alte Auslegung des Ticonius, die auf langem Wege bis hierher verschlagen ist.
25. Er findet sich in doppelter Form (Rezension A und B) in der Gesamtausgabe des Thomas v. Aquin, Parma 1869, XXIII 324ff. 512ff.
26. Zu beachten ist, daß der Verfasser einen ordo praedicatorum weissagt, der nach der Besiegung des Antichrist predigen wird (vgl. unten die Auslegung Joachims).
27. Postilla in universa Biblia. In dessen gesammelten Werken Colon. Agripp. 1521. Bd. VII. H. schrieb den Kommentar nach Alcasars Einleitung S. 68 um 1240.
28. Einige Sätze finden sich wörtlich in Strabos Glossa (zu Apk 6,5ff. und 21,3), andre habe ich nicht identifizieren können (zu Apk 13,18 und 20,1). Meint Hugo hier die Glossa interlinearis (mir nicht zugänglich), oder besaß er die Glossa des Strabo in ausführlicherer Form?
29. Von mir benutzt: Enarrationes in epist. omnes canonicas, acta apostol., apocal. I. Colon. 1534. Nach Alcasars Einleitung 69 soll Dionysius den Kommentar zur Apk 1470 geschrieben haben.
30. Vgl. Biblia sacra, Venetiis 1757, Tom 28.
31. Scholia in omnes N. T. libros 1555, aufgenommen in den „Critici sacri Anglicani“.

6. Joachim von Floris

Eines der merkwürdigsten und für die Geschichte der Auslegung der Apk wichtigsten Werke ist das des Abtes Joachim von Floris († 1202)[1]. Die Echtheit seiner drei Hauptwerke hat Reuter gegen Preger siegreich erwiesen[2]. Es wird nötig sein, zum Verständnis seines Kommentars eine kurz andeutende Skizze seiner Gesamtanschauung vorauszuschicken[3]. Joachims Gesamtanschauung ist apokalyptisch-eschatologisch, d. h. er glaubte in den letzten Zeiten zu leben. Er berechnet die Dauer der Zeit des neuen Testaments auf 42 Generationen = 1260 Jahre. Dann wird auf die Zeit des Vaters im alten, des Sohnes im neuen

Testament, die Zeit des heiligen Geistes folgen, eine Zeit der Ruhe und des Friedens auf Erden, zu der Christus persönlich wiedererscheinen wird. Bei Joachim taucht also, nachdem er lange Zeit verschollen ist, der Chiliasmus wieder auf, wenn Joachim sich auch dagegen verwahrt, als werde jene Zeit gerade tausend Jahre dauern. Die neue Zeit wird nun — das ist für J. charakteristisch — eine Zeit der Mönche sein. Ein neuer Mönchsorden wird dann blühen; war das alte Testament die Zeit der Ehelichen, das neue die Zeit des Klerus, so wird die künftige Zeit, die des heiligen Geistes, die der Mönche sein. Auf die Zeit des Petrus, die der vita activa, wird die des Johannes, die der vita contemplativa, folgen. Die Erde wird glücklich sein und gedeihen unter einem Mönchsorden von Eremiten, die sich dem beschaulichen Leben geweiht haben. Dann wird man auch altes und neues Testament nicht mehr buchstäblich nehmen, aus beiden vereint wird in der vollkommen geistigen Erfassung derselben (intellectus spiritualis, mysticus)[4] dann eine neue Offenbarung hervorgehen, wie der Geist aus Vater und Sohn hervorgegangen ist[5]. Daß seine Schriften dies neue evangelium aeternum enthalten, sagt Joachim nirgends, so weit ich sehe. — J. geht in seinen apokalyptischen Berechnungen von der Beobachtung eines genauen Parallelismus zwischen altem und neuem Testament aus. Die 42 Geschlechter, welche das neue Testament umfassen soll, sind z. B. erschlossen aus den 42 Geschlechtern des alten Testaments (Mt 1,1ff.; vgl. Apk 11,3). Zwischen den einzelnen Geschlechtern herrscht ein genauer Parallelismus. Es steht z. B. der Prophet Elias in genauer Parallele mit Benedictus, dem Gründer des abendländischen Mönchstums, und Abraham, Isaak, Jakob entsprechen Zacharia, Johannes, Jesus[6].

Uns interessiert vor allem seine Auslegung der Apk[7]. J. schrieb das Werk nach 1195. — Man ist nun von vornherein geneigt, sich von dem Werk die Vorstellung einer apokalyptischen Geheimschrift zu machen. Es ist aber in der Tat ein grundgelehrtes, ziemlich trockenes und pedantisches Werk, das in stark gekürztem Druck 450 Quartseiten einnimmt. J. setzt sich in demselben — es ist das in dieser Zeit ein seltener Fall — mit andern exegetischen Arbeiten auseinander, besonders ausführlich mit Augustin, Hieronymus, Gregor. Er sucht sogar oft eine Grenze zu gewinnen zwischen dem, was man sicher entscheiden könne und dem, was unsicher bleibe. Er betont oft, daß er, was er sage, nur vermutungsweise sage. Er bespricht sogar Textvarianten und rekurriert auf den griechischen Urtext. Er hat auch die jüngere exegetische Literatur gekannt, wenn er sie auch nicht zitiert. Er teilt sein Buch in acht Teile[8] und folgt dabei der Einteilung Bedas in sieben Bücher, nur läßt er das siebente Buch mit Apk 20,1 (statt 21,1) beginnen und kennt noch ein achtes (von Apk 20,11 an).

Die sechs ersten Bücher der Apk bringen sechs Leidenszeiten der Kirche, das siebente behandelt „den Sabbat“, das achte die ewige Ruhe. Zunächst kommen für ihn vier Zeiten in Betracht entsprechend den vier ordines der Kirche: die Zeiten der apostoli, martyres, doctores ecclesiae, virgines. Den vier ordines gegenüber stehen als Gegner die Iudaei (Herodes), Romani (von Nero bis Diocletian), Ariani[9], Saraceni[10]. Wer könnte in diesen Ausführungen das seit Haymo und Strabo geläufige Schema der Auslegung der Apk verkennen! Die fünfte Zeit ist die Zeit des Kampfes der ganzen Kirche gegen Babylon, die sechste die Zeit des Antichrist. Diesen einzelnen Zeiten weist J. nun je einen Teil der sechs ersten Partien der Apk zu. Aber bei den fünf ersten Teilen steht es nun wieder so, daß in ihnen der auf diesen Teil fallende Kampf nur besonders ausführlich und deutlich behandelt wird. Daneben enthält jeder der ersten fünf Teile wieder rekapitulationsweise die ganze Leidenszeit der Kirche, selbst bis zur siebenten Zeit (Ruhezeit der Kirche) erstreckt sich am Schluß fast jedes einzelnen Teiles die Weissagung. Das System Joachims besteht also in einer ganz künstlichen bis ins Einzelne durchgeführten Rekapitulationstheorie. Jeder einzelne Abschnitt enthält wieder sieben sich entsprechende parallele Unterabteilungen. Das kann für die Abschnitte Apk 2-3; 4-7; 8-11,18; 15-16 ja mit leichter Mühe durchgeführt werden, aber auch 11,19-14 wird künstlich in sieben Teile zerlegt. Das eigentlich Neue, das J. in die Auslegung der Apk hineinbringt, ist nun die Deutung des vierten Zeichens auf Muhamed und die „Saracenen“. Zu vergleichen ist hier namentlich der vierte Abschnitt des vierten Hauptteils (zu Apk 13). Das erste Tier ist der Muhamedanismus, die Todeswunde des Tieres sind die Kreuzzüge. Das Tier ist seitdem trotz wiederholter Bekämpfung immer wieder aufgelebt. Seine Wunde wird ganz geheilt, wenn der elfte König (nach Daniel) kommt, das kleine Horn (vielleicht Saladin), das „neulich“ Jerusalem genommen hat. Der Pseudoprophet aber bedeutet die Ketzerei, die neuerdings in der Kirche ihr Haupt erhebt, die Sekte der Patharener[11]. J. hat mit eignen Ohren erzählen hören, daß zwei Abgeordnete der Patharener zu Saladin gekommen seien, um mit ihm ein Bündnis abzuschließen. In dem sechsten Teil (dem der letzten Zeiten der Kirche) hat J. die Unterabteilung nicht mehr genau durchgeführt. Er kennt hier nur drei Teile. Babylon wird auf das römische Reich gedeutet, das in Weltlichkeit und Laster versunken ist. Das Tier ist der Teufel, dessen sieben Häupter die sieben oben erwähnten Reiche sind. Die sieben Fürsten sind etwas anders zu zählen. Fünf[12] sind gestorben. Der sechste „welcher ist“, ist vielleicht Saladin, vielleicht auch eine Reihe von zehn Herrschern (Deutung der zehn Hörner). Dieser Fürst, resp. dies Fürstengeschlecht wird Babylon, das römische Reich, vernichten; der Euphratfluß ist bereits ausgetrocknet, d. h. das schützende Heer Friedrichs I. ist vernichtet. Dann[13] werden jedoch die Heiligen, die in Babylon übrig gebliebene wahre Kirche, d. h. die Mönche, jenen Herrscher besiegen. Ein neuer Mönchsorden (oder auch zwei hinter einander; die betreffenden Stellen, zu Apk 14,14; 17,5ff., sind schwer zu deuten), der in begeisterten Worten von J. geschildert ist, wird erscheinen und wie ein strömender Regen die ganze Erde erquicken. Es wird ein Orden der seligen Geister sein, der vita contemplativa gewidmet. Darauf wird der siebente König, qui nondum venit, der Antichrist, erscheinen, aber von Christus, der nun persönlich erscheint (zu Apk 19,11ff.), besiegt werden. Dann folgt die Zeit der Sabbatruhe, der tausend Jahre. Die realistische Deutung von Apk 20 hält J. auch gegenüber Augustin fest. Dann folgt nach J. ein nochmaliges Ausbrechen der Scharen des Satans, die sich an die äußersten Enden der Erde zurückgezogen hatten, und dann das Endgericht und die Ewigkeit (im achten Teil des Werkes behandelt).

Seit Ticonius ist Joachim der erste Ausleger, der die Apk wieder als ein Buch betrachtete, das wesentlich für seine Gegenwart geschrieben ist. Anknüpfend an eine nunmehr vergangene Epoche der Auslegung macht er den Übergang zu der eigentlich zeitgeschichtlichen Erklärung des Buches. Das System der Rekapitulation behält er bei und führt es bis ins Einzelne aus. Mit ihm gewinnt die Auslegung der Apk neues Leben, sein Buch wurde ein beliebtes Lesebuch für alle, die nach den Zeichen der Zeit forschten.

Der Kommentar und die übrigen Schriften Joachims mit ihren Weissagungen entfalteten erst nach dem Tode Joachims ihren ganzen ungeheuren Einfluß. Der Mönchsorden, den Joachim geweissagt hatte, erstand wirklich in den Franziskanern (und Dominikanern). Und wiederum begannen die in die Opposition gedrängten spirituellen Franziskaner Joachim als ihren Propheten in Anspruch zu nehmen und seine Weissagungen von der Verderbnis der Kirche, von der kommenden neuen Zeit und dem reformatorischen Orden für sich auszunutzen.

In diesen Kreisen der Franziskaner scheint man die drei Hauptschriften des Joachim unter dem bedeutsamen Titel evangelium aeternum zusammengefaßt zu haben. Bei ihnen lief auch ein Liber introductorius in evangelium aeternum seu in libros abbatis Joachim um. Er ist aller Wahrscheinlichkeit nach von dem frater Gerardus, dem getreuen Anhänger Johann von Parmas, der seine Anhängerschaft mit ewigem Gefängnis büßen mußte, verfaßt. In dem Streit, der in Paris zwischen der Universität und den Bettelmönchen entbrannt war, benutzte man namentlich diese Schrift, um den Orden der Franziskaner als der Ketzerei verdächtig zu brandmarken. Als der Lärm darüber groß wurde, schickte der Bischof Reginald von Paris den liber introductorius an Innocenz IV. Dieser suchte die Sache hinauszuzögern und erst sein Nachfolger Alexander IV. setzte im Sommer 1255 eine Untersuchungskommission in Anagni ein, deren Mitglied auch der Kardinal Hugo v. St. Caro war. Auf den Bericht dieser Kommission hin wurde dann durch ein Breve des Papstes 23. Okt. 1255 die Vernichtung des liber introductorius (wie auch anderer verdächtiger Papiere, schedulae) angeordnet. Die Sätze, welche von der Kommission aus dem Introductorius ausgezogen sind, zeigen in der Tat, wie bei den Franziskanern die joachimitische Schwärmerei sich üppig entwickelt hatte. Der erste dieser Sätze lautete: „quod circa MCC annum incarnationis domini exivit spiritus vitae de duobus testamentis, ut fieret evangelium aeternum“ (d. h. die Schriften des Abt Joachim). Und wie man so den Joachim zu einem das alte und neue Testament überragenden Propheten machte, so war man gleicherweise überzeugt, daß der von ihm geweissagte Orden kein andrer als der Franziskaner-Orden sei: „quod evangelium aeternum traditum transmissum sit illi ordini specialiter, qui integratur et procedit aequaliter ex ordine laicorum et clericorum (quem ordinem appellant nudipedum)“.

Die Hauptquelle für die Beurteilung der schwierigen Frage nach dem evangelium aeternum bilden Auszüge aus dem Sitzungsprotokoll von Anagni, die in mehrfacher Überlieferung auf uns gekommen sind. Sie sind,enthalten a) im Cod. 1726 der Bibliothek zu Paris (teilweise bereits bei Quétif et Échard, Script. ord. praed. I 202 veröffentlicht). b) im Cod. 1706 ebenda; (daraus mit Kürzungen abgedruckt bei du Plèssis d' Argentré, Collectio judiciorum I 163-164). c) in der zweiten Hälfte und hier vollständiger in Henricus de Herewordia, liber de rebus memorabilibus sive Chronicon ed. Potthast Gotting. 1859 p. 181ff. — Dazu sind, wenn man sich ein ungefähres Bild von dem Tatbestand machen will, Renans Bemerkungen (Revue des deux mondes T. 64 p. 108ff.) über jene Handschriften zu vergleichen. (R. kennt noch eine dritte Handschr. Cod. Mazarine No. 391.) — Am besten sind die sämtlichen Stücke im Cod. 1726 enthalten. Diese sind: 1) ein langer Auszug aus den Werken des Joachim von Florenz, der ohne irgend eine übelwollende Tendenz gemacht und mit einem wohlwollenden Vorwort eingeleitet ist, in welchem zwar zugestanden wird, daß nicht alles klar in jenen Schriften sei, aber zugleich betont wird, daß diese doch herrliche Weissagungen enthalten. 2) Ein Verzeichnis der Irrtümer, welche offenbar die damit beauftragte Kommission in dem liber „Introductorius in evangelium aeternum“ gefunden hat. 3) Ein aktenmäßiger Bericht darüber, daß der B. von Acco, Florentius, vor der Synode erschienen sei und ihr verdächtige Sätze aus den Schriften des Abbas Joachim übergeben habe. 4) Ein Verzeichnis von Irrtümern aus dem „Evangelium aeternum“ ausgezogen; als dessen erster Teil ein praeparatorium in evangelium aeternum, als dessen zweiter Teil die aus fünf Büchern bestehende Concordantia Novi et Veteris Testamenti bezeichnet wird. — Auf Grund der Untersuchung dieser Quelle ergeben sich mir folgende Resultate, die ich leider nur in Kürze mitteilen kann. 1) Die Kommission von Anagni hatte es wesentlich und in erster Linie mit dem „Introductorius“ in evangelium aeternum zu tun. 2) Ihr Urteil über diesen ist in Stück II erhalten. Der Introductorius wird schon in diesem Aktenstück sichtlich als ein Werk des frater Gerardus behandelt (vgl. die Nachträge aus den Handschriften: Renan 110. 111, auch die bestimmte Behauptung Salimbenes, Chronica, ed. Parmae 1857 p. 233: et Parisius fecit (Ghirardinus de Burgo St. Domini) istum libellum. Reuter 363). 3) Es wird hier ausdrücklich angegeben, daß nach dem Introductorius das Evangelium aeternum nichts anderes sei, als die drei echten Werke Joachims. 4) Die in Stück IV aufgezählten verdächtigen Sätze sind aller Wahrscheinlichkeit nach die von dem B. Florentius der Kommission (nach Stück III) vorgelegten. Als evangelium aeternum lagen dem Bischof der liber introductorius (erster Teil) und die concordia veteris et novi Testamenti des Joachim (zweiter Teil) vor. Die Sätze wollen also in ihrem zweiten Teil Auszüge aus dem echten Werk des Joachim, der Concordia (die beiden andern zum evangelium aeternum gehörigen Werke sind vielleicht als die weniger bedeutenden nicht erwähnt) sein. Sie sind allerdings von einem böswilligen und fanatischen Gegner J.s — ein solcher muß der Bischof gewesen sein — gemacht. Dennoch kann an ihrer Beziehung zur echten Concordia kein Zweifel sein. Es werden die einzelnen Teile der Schrift genannt und ihre Charakterisierung trifft genau zu (s. den Nachweis im einzelnen schon bei Engelhardt, Kirchengesch. Abhandlungen S. 68ff.). 5) Die Kommission hat dem fanatischen Gegner des Joachim nicht den Gefallen getan, den Abt Joachim und seine Werke zu verdammen. Schon in dem Bericht Stück III wird erzählt, wie man vorsichtig und genau geprüft, ob die beanstandeten Sätze in den Schriften Joachims sich fänden. In einer auf einem Konzil (1260 zu Arles) gehaltenen Predigt bedauerte Florentius, jetzt Erzbischof von Arles geworden, daß man damals zwar die von Joachim ausgegangene Lehre, aber nicht die Schriften Joachims selbst verdammt habe (Renan 115). 6) Aber die Excerpte des Florentius gerieten unter die Akten des Konzils und wurden von späteren Ketzerrichtern und Chronisten als authentisches Material benutzt (vgl. die Chronik Heinrichs von Herfords, von diesem wie es scheint abhängig: Chronicon des Hermann Cornerus, corpus historicorum medii aevi. ed. Eccard II 848-851; Nic. Eymerich, Directorium inquisitionis romanae P. II. qu. 9. §4). 7) In dem Schreiben des Papstes Alexander IV an den Bischof von Paris wird erwähnt, daß er (natürlich auf den Bericht der Kommission hin) neben der Verurteilung des liber introductorius auch das Urteil der Vernichtung verhängt habe: de schedulis quibusdam, in quarum nonnullis multa, quae in libello non continebantur eodem; (sc. dem Introductorius) nequiter adscripta fuisse dicuntur, penitus abolendis (s. du Plessis l. c. I 166). Was ist unter diesen Schedulae zu verstehen? Doch wohl kaum die verläumderischen Auszüge des B. Florentius, den man wohl nicht so desavouiert haben wird? Aber vielleicht irgend welche übertreibende Gegenschriften gegen das evangelium aeternum, die man ebenfalls verurteilte. Deutlich tritt heraus, daß man in der Kommission den Mittelweg innezuhalten suchte. Den Introductorius verdammte man. Aber wie man die allzu eifrigen Anhänger Joachims strafte, so traf man auch die allzu eifrigen Gegner. Und den Forderungen des B. Florentius gab man kein Gehör. — Das beste hierüber ist schon von Engelhardt, Kirchengesch. Abhandl. 1-95 gesagt. H. Reuter, Gesch. d. rel. Aufklärung, s. namentlich 354-366, hat die Frage kaum gefördert. Aber auch Renan (s. o.) geriet in seiner vorzüglichen, in der Hauptsache das Rechte treffenden Abhandlung schließlich auf die irrige Vermutung, daß das evangelium aeternum ein tendenziöser Auszug Gérards aus den Werken Joachims sei. J. M. Schneider, Dillinger Programm 1872/73 „Joachim von Floris" behandelt diese Frage fast ohne Kenntnis seiner Vorgänger und unter Benutzung von sekundären Quellen in gänzlich ungenügender Weise. Und ihm ist H. Werner, die Flugschrift onus ecclesiae Gießen 1901, blindlings gefolgt.

Deutlich zeigt sich die Weiterentwickelung der von Joachim ausgehenden Anregung. Seine Schriften sind jetzt bereits evangelium aeternum, eine neue Offenbarung, und der Franziskanerorden ist Träger und Bewahrer dieser neuen heiligen Schriften. So beginnt das bescheidene apokalyptische Büchlein des stillen Mönchs Geschichte zu machen. Es war das Panier, um das sich die streng gesinnten Franziskaner wider den Papst scharten. Daß der Einfluß des Joachim immer weiter sich geltend machte, beweist die Tatsache, daß eine Reihe gefälschter Schriften unter dem Namen Joachims auftauchen. So wahrscheinlich noch unter der Regierung Friedrichs II. apokalyptische Kommentare zu Jeremias (um 1244) und Jesaias (nach Friedrichs II. Tod)[14]. Hier in diesen Kommentaren schon kommt eine feindliche Stimmung gegen den Papst zum Ausdruck, freilich wird auch Kaiser Friedrich als Genosse des Antichrist geschildert. Die Franziskaner und Dominikaner sind als Retter der Welt verherrlicht.

Unmittelbar an Joachim schließt sich dann des Peter Johann Oliva Postille zur Apk an[15]. Auch er redet von sechs verschiedenen Zeiten der Kirche, die drei ersten zählt er analog dem Joachim, in die vierte verlegt er das griechische Mönchstum, in die fünfte das Mönchstum unter Karl dem Großen, in die sechste die Reform unter Franciscus. In der Deutung der letzten Zeiten scheint er völlig von J. abhängig zu sein. Doch unterscheidet sich Oliva wiederum wesentlich von Joachim. Während Joachim alle seine Hoffnung auf das neue, durch Jesus selbst herbeizuführende Weltalter des Geistes richtet, bleibt Oliva mit seinen Gedanken bei der Erfüllung der von Joachim für den sechsten status verheißenen Reform der Kirche durch den Franziskanerorden stehen. So treten denn hier für den Bestand der katholischen Kirche gefährliche Konsequenzen heraus. In der Erscheinung des Franziskanerordens hat für O. eine neue Offenbarung, gleichsam ein zweites Erscheinen Jesu, stattgefunden. Hier findet sich dann sogar die Äußerung: status Christi evacuavit. Die Lehrer des sechsten status überragen alle andern an Größe, daher ist denn auch die Feind schaft der antichristlichen Mächte hier am erbittertsten. Der unmittelbare Vorläufer des Antichrist, der antichristus mysticus, ist das Papsttum, das sich für die spirituelle Auffassung der Regel des Franziskanerordens erklärt hat (Baluz. 241-44). Die Kirche wird in den Tagen des sechsten status zugrunde gehen, aber den Juden und Heiden wird das Evangelium gepredigt werden (217-219). Als antichristus magnus wird endlich der Kaiser Friedrich II (redivivus) mit einem Pseudopapst erscheinen (253). Das Kommen Jesu aber wird nicht mit dem siebenten status, sondern erst am Ende der Dinge erwartet. Bei Oliva kann man nun allerdings wirklich von der Idee einer von Franciscus ausgehenden, das neue Testament überbietenden Offenbarung reden.

Verwandt ist in seinen apokalyptischen Auffassungen Ubertino de Casale[16], ein Anhänger Johanns v. Parma, der die Anschauungen Joachims nach Süddeutschland an den Münchener Hof brachte. Mir ist von seinen Schriften der arbor vitae crucifixae zugänglich[17]. In dieser umfangreichen Schrift ist die Auslegung zur Apk namentlich im fünften Buch zu finden. Seine Autoritäten sind Augustin, Hieronymus, Richard von St. Victor, vor allem Joachim. — Auch für ihn steht die durch Franciscus geschehene Reform im Mittelpunkt seiner Ausführung, auch hier finden wir (wie bei Oliva) die scharfe antipäpstliche Stimmung (verbunden mit einer antikaiserlichen). Das erste Tier (Apk 13) ist ihm Bonifacius VIII. 1294-1303, das zweite Benedict XI. 1303-1304. Die Schilderung der beiden Päpste bietet ein interessantes Stimmungsbild. Daß die Franziskaner Benedict zu vergiften imstande waren, wie von ihnen das Gerücht geht, wird darnach nicht unwahrscheinlich. Selbst die Zahl 666 wird mit Berufung auf Justin (?) auf Βενεδίκτος (mit griechischen Buchstaben) gedeutet. — Weithin hat auch in späterer Zeit die phantastische joachimitische Auslegungsweise geherrscht. Ein Landsmann des Joachim, Telesphorus, schrieb im Jahre 1386 in Anlehnung an Joachims Ideen und andre Weissagungsbücher einen Traktat „de magnis tribulationibus et statu ecclesiae". Telesphorus ist ein Parteigänger des französischen Königtums und weissagte den Sieg des französischen Königs und die Erhebung eines französischen Papa angelicus[18]. Die Beliebtheit dieser Schriften zeigt sich auch darin, daß z. B. Venedig 1516 ein Sammelband: „abbas Joachim magnus" (enthaltend das Werk des Telesphorus, Johannis Parisiensis de antichristo[19], Ubertinus' tractatus de septem statibus ecclesiae) erschien (vgl. Kampers 132). — Alcasar (Einleitung 12) erwähnt unter den chiliastisch gestimmten Nachfolgern des Joachim noch Seraphinus de Fermo (enarratio in Apocalypsin; Walch p. 782 gibt eine Ausgabe Antwerpen 1587 an); Coelius Pannonius; Bullengerus (s. Walch p. 782; Petri Bullengeri ecphrasis in apoc. Paris 1589, commentarius locupletissimus in apoc. Paris 1617)[20]. — Abhängig von Joachim scheint auch der von Alcasar erwähnte

Joannes Annius Viterbiensis zu sein, der Kap. 13 auf die Türken deutete und das Weltende auf 1481 berechnete (Notizen aus ihm in den Kommentaren von Sebastian Meyer und Marloratus vgl. Abschn. 10). Über den Einfluß Joachims und seiner Periodenlehre auf spätere protestantische Ausleger bis Coccejus vergleiche man den Abschnitt 13.

Mit dem oben Ausgeführten ist zugleich deutlich geworden, daß der Einfluß der Schriften Joachims sich viel weiter erstreckte als auf Kommentatoren der Apk oder apokalyptische Traktatenschriftsteller. Ihnen kommt geradezu eine weltgeschichtliche Bedeutung zu, sie haben die Stimmung der Folgezeit mächtig beherrscht. Unter den Nachfolgern Joachims, namentlich in den Kreisen der oppositionellen Franziskaner kam die Meinung auf, die dann dreihundert Jahre lang Geschichte gemacht und die Gemüter beherrscht hat, daß das Papsttum und die Hierarchie der Vorläufer des Antichrist oder gar der Antichrist selbst sei. Ein Vergleich der Schriften von Johannes Oliva und Ubertino de Casale zeigt, wie schon in den Kreisen der Franziskaner diese Stimmung ständig an Schärfe gewann. Von ihr haben dann alle Reformer und Revolutionäre der nächsten Jahrhunderte bis tief in die Anfänge der Reformation gelebt. Zu ihr gesellte sich dann ein andrer mächtiger Glaube. In den joachimitischen Kreisen und weit darüber hinaus brach sich die Überzeugung Bahn, daß der große Umschwung der Zeiten nahe bevorstehe. Man lebt in den Zeiten des letzten entscheidenden Kampfes, in dem auf beiden Seiten die Kräfte bis aufs äußerste gespannt sind. Nach diesem Kampf aber soll hier auf Erden das neue goldne Zeitalter kommen. Diese Schlagworte und Utopien waren es, die weit über die Kreise der Franziskaner in Masse den gemeinen Mann ergriffen[21]. Hatten doch die oppositionellen Franziskaner durch ihre Angriffe gegen den Reichtum der Kirche und die Üppigkeit der Hierarchie den joachimitischen Gedanken eine soziale Wendung gegeben. So wurden die joachimitischen Schriften und was sich daran anlehnte die Hoffnungsbücher des einfachen gemeinen Mannes, der Laien, aller bedrückten Stände. — Von der Herrschsucht, Anmaßung, Geldgier und Bedrückung der Hierarchie, von der toten Gelehrsamkeit der Theologie, die in der Kirche herrschte, ja von aller sozialen Ungerechtigkeit und Bedrückung erwartete man Erlösung und Befreiung in dem kommenden siebenten Zeitalter. In dieser Hoffnung wurzelten dann aber auch reformatorische Bestrebungen verschiedenster Art, in ihnen fand man den Mut gegen die herrschenden Zustände Front zu machen[22]. Und diese Bewegung wuchs immer mächtiger und schwoll zu ungeahnten Dimensionen an, bis aus dem gärenden Chaos die Reformation Luthers geboren wurde, während dann freilich nach Konsolidierung der reformierten evangelischen Kirchen die Eschatologie in den Winkel gedrängt wurde und wieder ein bescheideneres Dasein weiterführte.

Fußnoten:

1. Das wenige was wir von seinem Leben wissen — und dies ist noch unsicher — hat Engelhardt (kirchengeschichtliche Abhandlungen Erlangen 1832 32ff.) zusammengestellt; vgl. im übrigen zum ganzen Abschnitt: H. Reuter, Gesch. d. Aufklärung II. 192ff. 356ff.; Döllinger, Weissagungsglaube und Prophetentum: Historisches Taschenbuch begr. v. Raumer V. Folge I 1871 319ff.; H. Werner, Onus ecclesiae 1901 70ff.; J. W. Schneider, Joachim v. Floris Dillinger Programm 1872/73; Kampers, die deutsche Kaiseridee in Prophetie und Sage 1896.
2. Concordia veteris et novi Testamenti; Expositio apocalypsis; Psalterium decem chordarum; s. Preger das evangelium aeternum und Joachim von Floris 1874, 21; Reuter, Geschichte der Aufklärung II 356. Die Auslegung der Apk wird Preger kaum gelesen haben. Dies Werk trägt überall den Stempel der Echtheit; kein Wort, das über die Zeit Joachims hinausführte. Auch die Schilderung des von J. erwarteten Mönchsordens paßt keineswegs zu dem Franziskanerorden. J. erwartete vielmehr einen der beschaulichen Ruhe geweihten Eremitenorden.
3. Ich schildere hauptsächlich nach der Auslegung zur Apk. Beweise kann man überall finden. cf. Engelhardt 43ff., Reuter II 192ff.; Döllinger, der Weissagungsglaube S. 319ff.; Schneider, Joachim v. Floris.
4. Expositio in Apk 95-97. Auf die Zusammenhänge Joachims mit der Theologie der Viktoriner macht Kampers l. c. 71 aufmerksam.
5. Man beachte den engen Zusammenhang der neuen Offenbarung mit der alten. Eine eigentlich neue Offenbarung ist es doch nicht, was J. erwartet, sondern nur eine vollkommen geistige Deutung des alten und neuen Testaments. Den Gesichtspunkt der Aufklärung darf man an Joachim gar nicht einmal heranbringen. Man beachte doch, daß J. die neue Zeit des Geistes mit der leiblichen Wiederkunft Christi beginnen läßt Anm: Die auf der nächsten Seite fortgesetzte Anmerkung wurde hier vervollständigt (in Apk 19,11ff.). Die schärfste Stelle, die Reuter zu gunsten seiner Auffassung zitiert, ist Neander entlehnt. Reuter bekennt aber selbst, daß er diese nicht nachweisen kann. II 74 Anm. 21.
6. Da man immer von einem dieser Drei aus den Beginn des alten, resp. neuen Bundes berechnen kann, so kommt ein gewisses Schwanken in die ganze Rechnung, derer aber J. in seinem System bedarf. Daher kann auch das Ende mit Sicherheit nur auf zwei bis drei Generationen berechnet werden. In der Zeit von 1200-1260 kann nach J. jeden Augenblick das Ende kommen. Diesem Schwanken in den Angaben

entnimmt Preger Bedenken gegen die Echtheit der Schriften J.s, und auch Reuter kann dasselbe nicht enträtseln 357.

7. Expositio magni abbatis Ioachimi in Apoc., cui adjecta sunt eiusdem psalterium decem chordarum. Venetiis in Edibus Francisci Bindoni ac Maphei Pasini 1527 (vorhanden in der Berliner Bibliothek).
8. In der Überschrift sind nur sechs Bücher angegeben, aber irrtümlicher Weise.
9. Wieder vierfach geteilt in die arianischen reges Constantinopolitani, Vandali, Gothi, Langobardi, so daß auf diese Weise die sieben Häupter des Tieres herauskommen (Parallelen bei Rupert v. Deutz u. a.).
10. Die Muhamedaner treten in Ägypten als Gegner des Mönchstums auf. Die ganze muhamedanische Religion wird als Antimönchstum aufgefaßt.
11. Ich mache auf die außerordentlich interessante Schilderung aufmerksam, welche Joachim von diesen bei der Auslegung der fünften Posaune entwirft.
12. 1) Herodes cum successoribus. 2) Nero etc. 3) Constantius Arianus etc. 4) Chosroes-Muhamed. 5) Henricus (welcher Heinrich?). Hier kommt J.s übrigens sonst nicht stark hervortretende hierarchische Stellung zum Ausdruck. Das deutsche Kaiserreich ist ihm nicht der Antichrist, sondern nur ein Teil von Babylon.
13. Vgl. die Auslegung zu Apk 20,1ff. 210 B.
14. Die Titel bei Preger; Gesch. d. Mystik I 205; Auszug a. d. Jeremiaskommentar bei Engelhardt 47ff.; vgl. Schneider 27-34; Kampers 72. 90.
15. In den Prozeßakten des Oliva (Steph. Baluzius, Miscellanea I Paris 1678 p. 213) sind ausführliche Exzerpte des Werkes erhalten. Das Datum des Kommentars geht aus Baluzius 252 hervor, wo seit Pipin dem Frankenkönig 560 Jahre gerechnet werden. Oliva starb 1297 (Schneider l. c. 60). 1525 wurde der Kommentar von Johann XXII. verdammt. Döllinger veröffentlichte die häretisch befundenen Teile des Werkes, Beitr. zur Sektengesch. d. M. A. II 1890 517-588 (Holtzm.[2] 283); vgl. noch Schneider, Joachim v. Floris S. 58-60; Döllinger, Weissagungsgl. u. Prophetent. 332f.
16. Vgl. Döllinger, Weissagungsglaube und Prophetentum S. 332f. E. Knoth, Ubertino v. Casale 1903.
17. Nach Döllinger S. 333,1 im Jahre 1305 verfaßt. Der tractatus de septem ecclesiis ist nach E. Knoth eine unechte Kompilation aus dem arbor vitae. Über die engen Beziehungen des Arbor vitae zu Olivas Postille vgl. E. Knoth ebend.

18. Vgl. Döllinger 349; Kampers 124. Ein Antitelesphorus von deutschem Standpunkt wurde von einem, der sich Gamaleon nannte, und dem Papst Bonifacius IX. 1390 seine Blicke in die Zukunft überreichte, geschrieben. Döllinger 351, Kampers 127. Auch Heinrich v. Langenstein, Liber contra vaticinia Tel. (Döllinger 348 u. 369 Anm. 118, Kampers 126) ist hier zu nennen.
19. Johann von Paris (14. Jahrh.) stand in den Kämpfen der Imperialisten und Kuxialisten an der Spitze der Verfechter der Selbständigkeit des französischen Staatswesens.
20. Kampers 146 erwähnt noch eine Auslegung zur Apk von Bartholomäus Holzhauser (1613-1658), der in die joachimitische Literatur einzureihen sei.
21. Namentlich scheinen jene Ideen und Hoffnungen durch die Kreise der Begharder weiter unter die Masse des Volkes getragen zu sein. Vgl. Schneider, Joachim v. Floris 72f.
22. Döllinger macht überall auf die Beziehungen zwischen jener antipäpstlichen, apokalyptischen Stimmung und dem praktischen Vorgehen der Kirchenreformer aufmerksam. Über Segarelli und Fra Dolcino vgl. Engelhardt 89ff., Döllinger 318, Schneider 54-58; über Cola di Rienzi Döllinger S. 338-40; über die Weissagungen des Jean la Rochetaillade S. 341, Kampers 116; über den Mönch Theodor, den Clemens VII. einkerkern ließ, weil er sich für den geweissagten Papa angelico des neuen Zeitalters hielt 346; über Savonarola 346f.; über die eschatologischen Anschauungen der Katharer vgl. Gieseler, Kirchengesch. II 2 560 Anm. — Hierher gehört weiter die eschatologiche Sekte von Schwäbisch Hall, eine Bewegung, die vielleicht von dem Dominikaner Arnold ausging (vgl. dessen etwa 1246 verfaßte Schrift epist. de correctione ecclesiae ed. Winkelmann Berlin 1865; Kurtz, Lehrb. d. Kirchen-Gesch. I hrsg. v. Bonwetsch 1899 S. 270). Endlich wurzeln auch eine Reihe deutscher Schriften, Anm: Die auf der nächsten Seite fortgesetzte Anmerkung wurde hier vervollständigt die eine kirchliche Reform verlangten, ganz in joachimitischen Ideen, so die sogenannte Reformation des Kaisers Sigismund (s. Werner l. c. 79ff., Kampers 138ff.) und des Bischofs Berthold von Chiemsee „onus ecclesiae", über die neuerdings eine den Stoff allerdings nicht erschöpfende Monographie von Werner, Onus ecclesiae (1901), vorliegt, vgl. Kampers 144. Auf der andern Seite zeigen sich auch Geister wie Nicolaus v. Cusa und Baco stark von jenen Ideen berührt (Lücke 1011). Interessant ist endlich die Vermählung joachimitischer Gedanken mit astrologischen Spekulationen in den

Praktiken Lichtenbergers (15. Jahrh.), Döllinger S. 357, Werner S. 95, Kampers 140.

7. Die Apokalypse bei den Vorreformatoren.

Es wäre eine lohnende Aufgabe, den mannigfaltigen Einflüssen der Apk auf die sogenannten vorreformatorischen antikatholischen Gemeinden und Kirchenbildungen nachzugehen[1]. Besonderes Interesse verdienen hier die Vorläufer Hussens in Böhmen. Was Neander an Auszügen aus Miličs Schrift de antichristo und aus Matthias v. Janows Werk „de regulis veteris et novi testamentum" mitteilt, berechtigt zu dem Schluß, daß auch diese Reformer mit ihren Grundgedanken in den mittelalterlichen eschatologischen Ideen und speziell in joachimitischen Gedanken wurzeln[2].

Wycliffe selbst schrieb seine erste Schrift über die letzten Zeiten der Kirche als eine Frucht seiner Studien der Weissagung des Abtes Joachims[3]. Seit den Verhandlungen von Brügge[4] scheint W. überzeugt gewesen zu sein, daß das Papsttum das Antichristentum sei. In dem Dialogus[5] führt er seine Deutung von Apk 20 aus. In dem zweiten Jahrtausend der Kirche (bei Beginn desselben) sei der Satan von neuem losgelassen, die Kirche sei damals von der Nachfolge Christi abgefallen. Daher seien die Bestrebungen frommer Männer Franciskus und Dominikus entstanden. Die ihnen folgenden entarteten Mönchsorden greift W. freilich aufs heftigste an. Aber der Zusammenhang mit Joachim ist deutlich.

Direkt von einem Schüler W.s stammt der commentarius in apocalypsin ante centum annos editus[6], den Luther (Wittenberg 1528) als ein Wahrheitszeugnis aus früherer Zeit herausgegeben hat. Der Kommentar wurde ihm zugeschickt: per optimos viros ab extremis finibus Germaniae nempe e Sarmaticis Livonicisque. — Der Kommentar ist im Jahre 1390[7]geschrieben. Er scheint aus der unmittelbaren Umgebung Wycliffes zu stammen. Die Uberzeugung, daß tausend Jahre nach dem Leiden Christi der Antichrist in die Kirche eingebrochen sei, teilt auch der Verfasser. Die ganze Auslegung der Apk wird ihm zu einer Streitschrift wider den Papa antichristus. p. 60A findet sich eine scharfe Polemik gegen die Indulgenzen, p. 64A führt der Verfasser mit Wycliffe Polemik gegen die Bettelmönche. Er kennt (p. 60B) das Erdbeben von 1382, das in Wycliffes Leben eine große Rolle spielt. Er spricht 130B von „quilibet praedicator de corpore Christi mystico existens". Der erste Posaunenengel ist der „qui primus omnium papam Romanum declarat Antichristum" 78A. — Es gewinnt endlich nach den Ausführungen über die beiden Zeugen den Anschein als schreibe der Verfasser im Gefängnis[8]. Bengel vermutete daher vielleicht mit Recht, daß der Verfasser des Kommentars Joh. Purväus ein Schüler Wycliffes sei, der im Gefängnis (1390) nach seines Meisters Lektionen den Kommentar verfaßt habe.

Der Kommentar zeigt keine Beeinflussung von Seiten Joachims. Zitiert sind die glossa interlinearis (63B), Augustin (82B), Beda (83A), Haymo (75). Im Anfang findet sich das gebräuchliche Schema der Erklärung. Aber schon beim vierten Siegel sind die „hypocritae“ oder „falsi fratres“ der gewöhnlichen Auslegung die Anhänger des Papsttums geworden. Vom sechsten Siegel an ist alles auf die letzte Zeit bezogen und jedes Wort eine bittere, schneidende Polemik gegen das Papsttum. Im sechsten Siegel sieht der Verfasser das unheilvolle Schisma der römischen Kirche geweissagt, namentlich gegen Urban VI. (1378-89) richtet er seine Polemik. Die alte Einteilung der Apk in sieben Visionen behält er bei.

So verläuft also die Geschichte der Auslegung der Apk vom vierten bis ins dreizehnte und vierzehnte Jahrhundert hinein unter dem Einfluß hauptsächlich zweier Werke, der Kommentare des Ticonius und des Joachim von Floris. Es haben sich bis jetzt zwei Stilarten derselben herausgebildet; eine vollkommen nüchterne, abstrakte, fast jeder Anspielung auf Zeitverhältnisse des Auslegers ermangelnde und eine mehr phantastisch apokalyptische, welche die großen Ereignisse der jeweiligen Gegenwart in der Apk angedeutet findet und aus ihr auch die Zukunft zu berechnen unternimmt. Die letztere lehnt sich dabei an die erstere an. Eine eigentliche „weltgeschichtliche“ Ausdeutung der Apk bringen beide noch nicht. Man findet nur ganz allgemein die Hauptmomente der Entwickelung angedeutet. Beide Methoden basieren außerdem auf der Rekapitulationstheorie.

Fußnoten:

1. Lücke teilt 1011 mit, daß die Waldenser die dreieinhalb Zeiten der Herrschaft des Antichrist auf 350 Jahre berechnet. Lückes Notiz geht wahrscheinlich auf Bengel, erklärte Offenb. Joh. (3. Aufl. S. 1110) zurück. Bengel, der dazu die 350 Jahre des Ticonius vergleicht, verweist auf Vitringas Kommentar z. Apk p. 464. Vitringa aber trägt hier nur eine Vermutung Scaligers vor, der die 350 Jahre von den Waldensern bis zu Luthers Reformation rechnete. Daß die Rechnung auf die W. zurückführt, ist hier nicht gesagt. Über eventuelle Beziehung der „Nobla Leiczon“ der W. zur Weissagung Joachims vgl. Lehrb. d. Kirchen-Gesch. I hrsg. v. Bonwetsch 1899 S. 270.
2. Milics Schrift ist in dem noch ungedruckten Werk Janows erhalten. Vgl. Neander VI 234f. (Milič), VI 255ff. (Matthias v. Janow).
3. Neander VI 176.
4. Ebenda 178.
5. Ebenda 224.

6. Ein Exemplar dieser seltenen Ausgabe befindet sich in der Göttinger Bibliothek 8. Theol. bibl. 236a.
7. 170 heißt es: per annos mille, scilicet a tempore passionis Christi usque ad antichristum. sed mille anni elapsi sunt a passione Christi et ultra trecenti quinquaginta septem, quia Christus passus est tricesimo tertio suae aetatis anno, qui additi numero faciunt trecentos nonaginta annos, quae est praesens data nostra, quia sumus in anno ab incarnatione (sollte heißen passione) Chr. milesimo trecentesimo quinquagesimo septimo, ergo trecenti septuaginta (sollte heißen quinquaginta) septem anni elapsi sunt, postquam antichristus primo regnavit. Der Text ist verderbt, werden die genannten Verbesserungen eingesetzt, so ist alles klar. Man darf sich durch die Fehler im Text nicht verleiten lassen 1357 als Zeit des Kommentars zu bestimmen. Im Kommentar selbst ist 61B das Jahr 1382, 122B gar 1389 erwähnt.
8. Vgl. 101ff. (104: et steterunt .... super pedes suos i. e. propriis doctrinis tam in carcere elaboratis incumbunt, qui prius minus instructi et nimis debiles contra antichristum fuerunt, tam propter defectum sanctitatis vitae, quam intellectus scripturarum, quibus longa vexatione virtutis et studii jam sufficienter imbuuntur).

8. Die weltgeschichtliche Deutung der Apk; Nicolaus von Lyra.

Eine neue Epoche, freilich keinen neuen Fortschritt in der Auslegung der Apk bezeichnet das Werk des Nicolaus von Lyra[1]. Geschrieben ist sein Kommentar zur Apk 1329[2]. Zum ersten Male ist hier von Anfang bis zu Ende eine fortlaufende weltgeschichtliche Deutung durchgeführt. Mit den Siegeln kommt Lyra bis in die Zeit Domitians, es folgt in den sieben Posaunen die Zeit der Ketzer von Arius bis zu dem Patriarchen Anthemus[3]. Apk 12 findet er den Kampf des Chosroes mit Heraclius, in dem ersten Tier (Apk 13) den Sohn der Chosroes, in dem zweiten Muhamed[4], Apk 14 Pipin und Karl den Großen. Mit den sieben Schalen beginnt die Geschichte der Kreuzzüge, 19,11ff. wird auf Balduin, den ersten König von Jerusalem, bezogen. Selbst über den Abschnitt Apk 20,1ff. geht Lyra mit seiner kirchengeschichtlichen Deutung hinweg. Er sieht dort den Streit zwischen Calixt und Heinrich V. geweissagt. Die Bindung des Satans wird auf die Begründung des Predigerordens bezogen. Mit dem nochmaligen Ausbruch des Satans soll dann das Ende kommen.

Eine Reihe von Auslegungen der Apk nach dem eigentlich weltgeschichtlichen Schema des Nicolaus v. Lyra nennt Alcasar in seiner Einleitung (S. 11 vgl. 68f.). Von diesen ist das Werk des Petrus Aureolus nach Alcasar 69 bereits im Jahre 1317 geschrieben, sodaß wir den Aureolus sogar als den Urheber dieser Auslegungsart anzusehen hätten. Von Aureolus abhängig sollen nach A. 69: Lizarus und Ederus (in „oeconomia“) sein, endlich Antonin (v. Florenz?) in seiner Historia (Summa historialis ?). — Mir sind die Werke sämtlich unzugänglich.

Fußnoten:

1. Lyras Postille wurde sehr oft aufgelegt. Erste (?) Edition Rom 1471; Paulus Burgensis schrieb mit starker Polemik gegen Lyra: additiones ad Nic. Lyrae postillas (Alcasar gibt in der Einleitung seines Kommentars für Paulus Burgensis das Jahr 1434 an); für Lyra trat Matthias Doring in seinen replicis adversus Paulum Burgensem auf. In der Nürnberger Ausgabe von 1493 finden sich sowohl die additiones des Paulus Burgensis und Dorings Replik (nach Walch Bibliotheca theologica selecta IV 396f.).
2. S. die Berechnungen der Zahl 666.
3. Wir finden hier, allerdings jetzt nicht mehr in wiederholter Rekapitulation, sondern in einfacher fortlaufender Deutung, die alte Reihenfolge: Verfolgungen, Ketzer, Sarazenen (vgl. Joachim).
4. Die Berechnung der Dauer der Herrschaft Muhameds auf 666 Jahre, die Innocens IV. einst feierlich verkündigte, wird abgelehnt. Sie paßte nicht mehr zu Lyras Zeit.

9. Luther und seine Nachfolger[1]

Luther hat in der Vorrede zur Ausgabe des NT von 1534 sein schroffes Urteils in der Vorrede 1522 (bei Walch, Luthers Schriften XIV 12f.) stillschweigend unterdrückt und dem Buch sogar, weil es sonst doch nicht brauchbar sei, eine kurze Auslegung seines geheimnisvollen Inhalts vorausgeschickt[2]. Er folgte in der Methode durchaus dem Lyra. Die sieben Gemeindeschreiben werden freilich mit gesundem Takt nicht kirchengeschichtlich gedeutet und in den sieben Siegeln findet L. ganz allgemein große Plagen, welche die gesamte Kirche betreffen. Dann aber werden (im engen Anschluß an Lyra) die sieben Posaunen auf Ketzer bezogen, in der sechsten treten die Sarazenen auf[3]. Der Engel Apk 10 ist für L. das Papsttum. Die beiden Tiere Kap. 13 sind das Papsttum und das Kaisertum, mit einander im Bunde[4]. Das Papsttum heilt die Todeswunde des Tieres und richtet das Bild desselben auf, d. h. es begründet an Stelle des verfallenen altrömischen Reiches das heilige römische Reich deutscher Nation, eine grandiose Deutung. Mit Apk 14 beginnt die Predigt des Evangeliums. Gog und Magog sind die Türken, die nach tausend Jahren (von der Zeit des Johannes an gerechnet) auftreten. Auf genauere Zahlen kommt es L. nicht an.

Mit diesen wenigen Quartseiten apokalyptischer Auslegung von eigentümlich bizarrer Grandiosität hat Luther mächtig auf die Folgezeit gewirkt.

Genau an Luthers Skizze schließt sich an: Die Anleitung zum Verstand im Buch, das man nennt Apocalypsis, dadurch der Leser von Ordnung der Zeit und vielerlei Historie, so bald nach der Apostel Tod gefolget sind, erinnert wird. J(ohannes) F(unke) mit einer Vorrede Philipp Melanchthons 1559. Daneben finden sich mancherlei Extravaganzen und Besonderheiten. Der Engel mit dem ewigen Evangelium, ebenso die beiden Zeugen werden bereits auf Luther bezogen. Nach Irenäus wird die Zahl 666 auf Λατεῖνος gedeutet, und daneben die Lösung רומיית eingeführt. Dem Kaiser Karl V., dem „siebenten" Herrscher, wird baldiger Untergang geweissagt. Ferner finden wir hier eine Deutung, die nachher die Exegese beherrscht. Die 1260 Tage, Apk 11,3, werden auf 1260 Jahre gedeutet, und zwar wird von 1517 (resp. 1521) rückwärts auf 257 (resp. 261) geschlossen: die Anfänge des Archihäretikers Paulus von Samosata. In der Deutung der Tiere schließt sich der Kommentar ganz an Luther an. Die fünf Könige 17,10 werden auf deutsche im Kampf mit dem Papst gefallene Kaiser bezogen.

Ebenso lehnt sich an Luther Andreas Osiander (Sacrorum Bibliorum Pars III)[5] an. Dieser Theologe hat in seinem um 1580 erschienenen Bibelwerk die verschiedensten Kommentare benutzt: Irenäus, Beda, Lyra, Haymo, Bullinger, Lambertus (s. u., vgl. die Deutung ἐκκλησία Ἰταλική zu Apk 13,18), schließt sich aber im wesentlichen, oft unter Abweisung entgegenstehender Anschauungen, an die Deutungen Luthers an. In der fünften Posaune fand er das Papsttum unter Bonifatius VIII., zeigt sich in der Deutung des ersten Siegels von Beda abhängig, deutet die Zahl 666 auf die Zeit der Herrschaft des Papstes, von 1517 an rückwärts berechnet, endlich bezieht er die fünf gefallenen Könige (Apk 17,10) auf die vergangenen Regierungsformen des römischen Reiches, das sechste Haupt auf die Cäsaren bis Nerva, das siebente auf die mit Trajan beginnende Herrschaft von Nichtrömern.

Zu den Luther sich anschließenden Auslegern gehört ferner Nigrinus, Pfarrer in Gießen: Offenb. Joh., in diesen letzten trübseligen Zeiten erklärt und ausgelegt. Nur hier und da liegen kleine Abweichungen vor. Die fünfte Posaune wird auf das Papsttum gedeutet. Die Flucht des Weibes in die Wüste bedeutet die Gründung der christlichen Kirche unter den Heiden. Die sieben Häupter werden ebenso wie bei Osiander erklärt.

Auch Viktorinus Striegel (Hypomnemata in omnes Libros NT Lips. 1565) schließt sich aufs genaueste und bis auf die kleinsten Einzelheiten an Luther an.

17,10 deutet er nach Lambertus (s. u.). Luther folgt nun auch die Mehrzahl der lutherischen Exegeten. Bestimmte Abweichungen sind freilich allen gemeinsam. So fand man (nach Bullinger s. u.) in der fünften Posaune bereits das Papsttum (nicht den Arius), der Engel in Kap. 10 wurde demgemäß nicht mehr auf das Papsttum gedeutet, sondern wieder auf Christus. Apk 17,10 deutete man gewöhnlich auf die 7 auf einander folgenden Regierungsformen des römischen Reiches. Hierher gehören[6]: David Chytraeus, commentarius in Apocalypsin 1563. Matthias Flacius, glossa compendiaria in NT. Bas. 1570. Winckelmann, commentarius in apocalypsim. Francf. 1590. Matthias Hoe von Hoenegg, commentariorum in Jo. apoc. Libr. VIII. Lips. 1590, ein Werk von ungeheurem Umfang (ca. 1000 Folioseiten), in dem der Verf. gründliche Kenntnis der exegetischen Literatur, aber kein eigenes Urteil zeigt. Die Schrift ist eine der wütendsten gegen Papst und Jesuiten gerichteten Polemiken. Paulus Tossanus, Glossen und Auslegungen. (Anfang des 17. Jahr., neue Ausgabe Minden 1716.) Jo. Cluver, primum diluculum apocalypticum, Goslar 1620. Das vollständige Werk nach seinem Tode: Diluculum apocalypticum. Lubecae-Stralsundii 1647. Jo. Gerhard, annotationes in apocal. Joannis. Jenae 1643, welcher ebenfalls eine gründliche Belesenheit in den älteren Kommentaren der Lateiner, der Griechen, auch in denen der Jesuiten und Reformierten (auch der Engländer) zeigt und sich durchgehend mit der zeitgeschichtlichen Deutung von Lyra und Aureolus auseinandersetzt. Ph. H. Friedlieb, Theol. Exegetica, Stralsund 1649/50, der eine andere Deutung des Kap. 13 vorträgt, in der Deutung der Schalen den Einfluß Brightmans (s. u.) zeigt, und 17,10 nach Victorin und Bullinger (s. u.) erklärt. Gerh. Grabius, tabulae apocalypticae Lugd. Batav. 1647. Auslegung der Offenbarung Joh. Hamburg 1647. Hieronymus Kromayer, commentarius in apocalypsim Joanneam Lips. 1662. M. A. Prückner, Commentarius philogico-theologicus in omnes veteris et novi Testamenti libros Pars V. Francf. 1663, der sich übrigens vielfach auf Erklärung des eigentlichen Wortsinnes beschränkt[7].

Offen preist Abraham Calovius, Biblia illustrata Tom. 4. Francf. 1674, die Ausführungen Luthers als kanonische. Mögen die Reformierten ihren Bullinger, Collado, Aretius nennen, diese hätten gut getan, wenn sie nicht von Luther abgewichen wären. In seiner Deutung schließt er sich denn auch mit den üblichen Abweichungen eng an Luther an. Seinem Text hat er den größten Teil des Kommentars von Hugo Grotius, den er bitter bekämpft, einverleibt. Besonders aber mache ich auf die mit großem Fleiß und großer Umsicht geschriebene Einleitung aufmerksam. Calov hat die Werke der Jesuiten in der Einleitung gut und selbständig benutzt, er umfaßt so die katholische und protestantische Literatur. In der Weise Alcasars gibt er einen noch immer lehrreichen Überblick über die verschiedenen Methoden der Auslegung. An wirklicher Gelehrsamkeit steht Calov weit über allen protestantischen Zeitgenossen.

Fußnoten:

1. Vgl. zum folgenden Lücke 1012ff.; namentlich J. G. Walch Bibl. theol. selecta, Tom. IV 760ff.; Stosch, Catalogus rariorum in Apc. Joannis commentariorum; Symb. litt. Bremenses I 560ff. (II 560ff.) und Iken, Schediasma ad Stoschii Catalogum. ib. I 572ff.
2. Vorrede zur Offenbarung Johannis 1534 bei Walch B XIV 151-163. Ferner die Glossen Luthers bei Walch B IX 2815.
3. Bedeutsam ist die Deutung der Heuschrecken auf die Arianer.
4. In den Glossen (Walch IX 2816) hat Luther die Deutung רומיית für die Zahl 666. Er deutet dies dadurch an, daß er die Zahlen 200, 6, 40, 10, 10, 400, unter einander schreibt und addiert.
5. Von mir benutzt nach einer Ausgabe von 1619 Frankf. a. M. In der Vorrede zum alten Testament steht die Jahreszahl 1578 (vgl. Walch 75).
6. Die Zusammenstellung nach Walch.
7. Noch einige Kommentare, die mir unbekannt blieben, aber wohl sicher hierher gehören, s. bei Walch 761ff. z. B. Nicolai Selnecker, Erk. d. Offenbrg. Joh. u. d. Propheten Daniel.

10. Die von Luther unabhängigen Ausleger der protestantischen Kirche.

Hieran schließe ich einen Überblick über die Kommentare der Reformationskirchen, die sich Luther gegenüber selbständig halten. Wir müssen zunächst ein Stück zurückgehen und noch einige Kommentare besprechen, die vor Luthers Auslegung geschrieben sind.

Franciscus Lambertus schrieb bereits 1528 einen Kommentar zur Apk[1]. Im Anfang der Erklärung lehnt Lambertus sich ganz an die gebräuchliche Auslegung (Ticonius-Beda-Haymo-Strabo) an (vgl. die Auslegung der drei ersten Siegel, auch die gebräuchliche Siebenteilung des ganzen Buches). Aber schon im vierten Siegel findet er die Türken, im sechsten Siegel, wieder mit fast allen Auslegern, die letzten Zeiten des Antichrist, im siebenten die kurze Ruhezeit nach der Besiegung des Antichrist. Von hier an aber beginnt für L. die direkt antipapistische Auslegung der Apk. Zwar identifiziert er weder Papst noch Türken mit dem Antichrist, aber diese sind ihm das Vorspiel der noch viel schrecklicheren antichristlichen Macht (vgl. den Gedanken vom antichristus mysticus bei den spirituellen Franziskanern). Apk 17,10 deutet er die fünf gefallenen Könige auf die vielen dem Papsttum von den Türken abgenommenen Königreiche. Merkwürdig ist, daß Lambertus Apk 20 chiliastisch auf die kurze Ruhezeit nach der Besiegung des Antichrist deutet.

Melchior Hoffmann, Auslegung der heimlichen Offenbarung Joh., (1530) gibt ebenfalls im Anfang seiner Auslegung die seit Beda gebräuchliche Deutung, findet aber im vierten Siegel schon das Papsttum, im sechsten die Zeit Hussens. In den Posaunen sind Irrlehrer angedeutet, in der fünften und sechsten findet Hoffmann wieder das Papsttum. Die fünf Monate der Heuschrecken bedeuten die 150jährige Herrschaft des Papstes von Hussens Zeit an gerechnet. Apk 13 A wird auf das aus dem römischen Reich stammende Papsttum gedeutet, 13 B auf das falsche Prophetentum, 17,10 auf sieben auf einander folgende Reiche, von denen das sechste das römische, das siebente das Papsttum ist. Chiliast ist H. nicht. Hier und da kommen seine spezifisch theologischen Ideen zum Ausdruck (Apk 13,10. 19,12). Er feiert in dem Kommentar wesentlich Huß und Hieronymus; von Luther ist, soweit ich sehe, nicht die Rede.

Sebastian Meyer schrieb seine Auslegung nach Panzers Annalen bereits 1534[2]. Die Auslegung, die sich an Beda und Strabo anlehnt, ist noch sehr altertümlich gehalten. M. gibt an vielen Stellen neben seiner eigenen Auslegung in extenso ältere Auslegungen, namentlich die des Rupert v. Deutz. Auch seine Auslegung ist bereits antipäpstlich (s. zu Apk 8 und 9). Die beiden Tiere sind die Monarchie überhaupt, welche sich im römischen Kaisertum, Muhamed und dem Papsttum offenbart. Das tausendjährige Reich rechnet M. von der Geburt Christi bis zum Losbrechen der Türken[3]. Luthers Einfluß macht sich noch nicht geltend. — Hier kann sogleich auch der etwas spätere Kommentar des Marloratus (Novi Test. cathol. expos. Tom. II. Genev. 1564) genannt werden, denn dieser schließt sich noch immer teils an Beda, teils wörtlich an Meyer an.

Auf ganz eigenen Bahnen geht die Auslegung von Theodor Bibliander[4]. Er findet in den sieben Siegeln die ganze Weltgeschichte von Adam bis zum Weltende, in Kap. 8 und 9 eine Rekapitulation, bezieht Kap. 11 auf das Konzil zu Constanz, dessen Dauer 42 Monate betrage. — Auf der andern Seite aber nimmt er die fünf Monate der Heuschrecken einfach wörtlich und findet in Kap. 12 die ecclesia, welche Christus gebiert[5], die Verfolgung des Herodes, Christi Tod und Himmelfahrt angedeutet. Er bezieht ferner die Flucht des Weibes auf die Verfolgung der Christen von Seiten der Juden, die dann folgende Wendung des Drachen gegen die übrigen aus dem Samen des Weibes auf die Verfolgung der heidenchristlichen Kirche durch Nero. Das Tier ist das Römerreich, die Wunde, welche es erhält, ist Neros Tod, mit dem das Kaisergeschlecht erlischt. Vespasians Thronbesteigung ist die Heilung der Todeswunde. Dieser führt mit den Juden den 3½jährigen Krieg. Dann — so mündet die Auslegung wieder in das übliche Fahrwasser ein — zerfällt das römische Reich und wird erneuert durch das zweite Tier, die antichristliche Macht des Papsttums[6]. Nachdem dann B. aus den Schalenplagen Ziska, Procop und die Einnahme Konstantinopels herausgelesen hat, finden wir wieder in streng zeitgeschichtlicher Deutung die fünf gefallenen Könige von Galba bis Titus gezählt. Der sechste ist Domitian, der siebente Nerva, der achte Trajan, welcher als von Nerva adoptiert aus den sieben sei. So erscheinen im Beginn der Reformationszeit überraschend und unerwartet Fragmente und Anfänge einer richtigen Auslegung der Apk[7].

Eine unabhängige Stellung nimmt auch die Isagoge Apocalypseos des Lutheraners Petrus Artopoeus (Frankf. 1549) ein. In manchen Punkten, namentlich in der Auslegung von Apk 12 zeigt A. Berührungen mit Bibliander. Für ihn hat mit dem Jahre 1546 der letzte Kampf begonnen (zu Apk 19,11ff.), er wird 3½ Jahre dauern. Dann wird die Ungerechtigkeit überhand nehmen (bis 1554). Zugleich wird der Türke einbrechen. — Der ausführlichere Kommentar des Artopoeus (Basel 1536 nach Walch 760) ist mir unzugänglich.

Bullinger zeigt in seinen Predigten (1557, über die Ausgaben des Buches vgl. Lücke 1016) über die Apk eine außerordentlich reiche Belesenheit, namentlich auch in der älteren Literatur. Wir finden Justin, Irenäus, Tertullian, Lactanz zitiert. Vor allem ist zu bemerken, daß er auch den Kommentar des Arethas kannte. B. kennt ferner den Kommentar des Victorin und weist dessen Nerodeutung ab. Er schließt sich in den ersten Partieen der Apk in der Deutung durchweg an Luther an. Nur deutet er den Engel Apk 10 nicht auf das Papsttum und findet dieses bereits in der fünften Posaune, und an diesen Punkten sind ihm, wie wir sahen, alle Lutheraner gefolgt. In der Auslegung von Apk 12. 13 und 17 aber folgt B. dem Bibliander (bis auf die Deutung der Zahl 666, auf die Zeit von 97-763, der Zeit der Entstehung der Papstherrschaft).

Franc. Junius, Apoc. Joannus illustrata. Heidelb. 1591 (auch in den Opera theologica Genev. 1613), scheint in der Deutung von Apk 12. 13. 17 dem Bullinger zu folgen. Die Todeswunde, die das Tier Apk 13 erhält, bezieht er allerdings auf das Papsttum, nicht auf das Römerreich. Die 5. und 6. Posaune, die nach ihm beide in die Zeit des Papsttums fallen, setzt er um 150 Jahre aus einander (1075 Gregor VII. - 1217 Gregor IX.), Apk 11 findet er die Ereignisse unter Bonifacius VIII. (35 + 1260 = 1295), das tausendjährige Reich berechnet er bis auf die Zeit Gregors VII.

Ein ganz merkwürdiger Kommentar endlich ist der von Petrus Caponsacchius de Pantaneto Arretinus (in Joannis apocal. obeservatio ad Selimum II. Turcarum imperatorem. Flor 1572. C. bringt nämlich bis zum 11. Kap. eine durchaus historisierende Deutung auf die Katastrophe der Zerstörung von Jerusalem. Der fallende Stern der fünften Posaune ist der große Komet, der damals am Himmel gesehen wurde. In Kap. 11 sind die beiden Zeugen die

Hohenpriester Jesus und Ananus. Das Erdbeben bedeutet das Eindringen der Idumäer in die Stadt. Bei der siebenten Posaune tritt die Zerstörung Jerusalems ein. — Ebenso aber ist vom 12. Kap. alles auf die Eroberung Kleinasiens und die Vernichtung des dortigen Christentums durch die Muhamedaner und Türken bezogen. Capons. scheint also bei diesen Deutungen, da er die Weissagung wesentlich auf Kleinasien beschränkt, den Versuch gemacht zu haben, die Art der Weissagung sich psychologisch verständlich zu machen. Schließlich läuft das ganze in eine Prophetie wider die Türken aus, deren Sturz C. voraussieht. Dann soll die Ruhe des tausendjährigen Reiches eintreten. — Bemerkenswert ist, daß C. überall zur Deutung der Apk das vierte Esrabuch heranzieht.

Überschauen wir diese protestantischen Auslegungen Deutschlands und der Schweiz, so sind ihnen allen zwei Merkmale gemein. Einmal folgen sie alle dem weltgeschichtlichen Schema der Auslegung, wie dieses etwa mit Nicolaus von Lyra begonnen ist. Dann aber sind sie alle — abgesehen etwa von Bibliander und seinen Nachfolgern — einig in der antipapistischen Deutung der Apk. Hier wirkt die schwärmerische enthusiastische Auffassung des Buches, wie sie mit Joachim und den spirituellen Franziskanern begann, mächtig weiter. Freilich büßte diese Auffassung, in dem Maß als die evangelischen Kirchen sich konsolidierten, an wirklichem Stimmungsgehalt viel ein; was übrig blieb, war nicht mehr als eine abstrakte dogmatische Behauptung, ein besonders beliebtes Waffenstück protestantischer Polemik[8]. — Im einzelnen wurde die protestantische Auslegung weithin durch die wenigen Blätter der grandiosen Lutherschen Auslegung beherrscht.

Fußnoten:

1. Fr. Lamb. Avinionensis in sanctam divi Joannis apocalypsim Libri VII. (Marburg) 1528.
2. Walch gibt 1554 an, ich benutzte die Ausgabe Tiguri 1603.
3. Es werden von nun an drei Methoden üblich, die tausend Jahre zu berechnen; man rechnete entweder von Christi Geburt an und kam dann bis zum Anfang der Türkenherrschaft, oder von der Zeit der Apk und geriet dann in die Zeit Gregors VII., oder endlich von Constantin entweder bis zur beginnenden Ottomanenherrschaft oder bis zur Zeit Bonifacius VIII.; mit Hülfe der 1260 Jahre (Apk 11,3) kam man außerdem von Constantin bis zur Reformationszeit.
4. Diligens atque erudita enarratio libri Apoc. Joh. 1549; als Anhang der Isagoge von Petrus Artopoeus beigegeben. Walch 769 gibt an:

commentarius in Apoc. Joannis. Basil 1549. Sind die Ausgaben identisch? (Vgl. bereits Lücke 1061,1.)
5. Eine Deutung, die schon Lambertus wenigstens anführt.
6. Merkwürdig ist, daß das Papsttum hier novus „Caligula" genannt wird. Auch bei Artopoeus (s. u.) wird 16b Caligula neben Nero erwähnt.
7. Woher hatte Bibliander seine Auslegungen? Las er den Victorin? Oder führte ihn Luthers Deutung des Tieres auf das römische Reich gleichsam zufällig auf diese geschichtlichen Deutungen?
8. Welchen Scharfsinn und Eifer man auf die Aufrechterhaltung dieser Deutung Anm: Die auf der nächsten Seite fortgesetzte Anmerkung wurde hier vervollständigt verwandte, zeigt das zweibändige Werk von J. H. Heidegger, Mysterium Babylonis magnae. Lugd. Bat. 1687 (I. II 552 u. 832 Seiten Auslegung von Kap. 17-18 der Apk!).

11. Die englischen Kommentatoren.

Viel wilder noch als die deutschen Kommentatoren gingen die Engländer zu Werk. Dabei sind diese Ausleger in einem Punkt besonders einig, nämlich in der fanatischen, antipapistischen Deutung des Buches, welche in England geradezu zum Dogma erhoben wurde.

Der erste mir zugängliche Kommentar ist der von Johannes Fox. Er bezieht sich auf die Kommentare von Fulko (?) und Sebastian Meyer. Es sind ihm außerdem die meisten älteren Auslegungen bekannt und eine Reihe protestantischer. Er legt die Apk nach einer sehr gekünstelten Rekapitulationstheorie aus, und außerdem finden wir bei ihm eine wilde Zahlenspielerei. Die Dauer der Herrschaft des Tieres sind 42 Monate, d. h. 294 Jahre, so lange dauerte die erste Christenverfolgung, dann von 300-1300 das tausendjährige Reich, um 1300 Beginn der Ottomanenherrschaft, welche spätestens in 294 Jahren (1594) aufhören muß. Gegen die realistische Auslegung der Jesuiten (Ribeira) treibt er ausführliche Polemik in protestantischen Interesse. Sein Zusammenhang mit den deutschen protestantischen Exegeten zeigt sich namentlich bei der Deutung des 13. Kap. und in der Beziehung der fünften und sechsten Posaune auf die Türkenherrschaft[1].

Ihm folgte Joh. Napeir[2]. Durch ihn wird Methode in den Wahnsinn gebracht. N. vertritt teilweise die Rekapitulationsmethode. Er findet in dem fünften Siegel den Beginn der türkischen Herrschaft (1051), in dem sechsten die Herrschaft der Ottomanen (1295) geweissagt. Demgemäß liegen auch die übrigen Posaunen um je 245 Jahre aus einander. Die erste Posaune beginnt mit dem Jahre 71. Die Siegel umfassen die Zeit von 29-71. N. berechnet ferner, daß die drei Engel in Kap. 14 je 49 Jahre aus einander liegen und kommt so in das

Jahr 1688. Das Ende soll demgemäß zwischen 1688 und 1700 stattfinden. Zu Apk 13 hält er an der Deutung Luthers fest. Wichtig ist, daß Napeir mit Kap. 12 einen zweiten Teil der Apk beginnen läßt, in dem einige im ersten Teil der Apk geweissagten Ereignisse deutlicher nachgeholt werden[3].

Ein sehr angesehener und oft aufgelegter Kommentar ist die apocalypseos apocalypsis von Th. Brightmann[4] (1606). Er bringt eine an Lyra sich anlehnende zeitgeschichtliche Deutung. Nur beginnt auch er wie Napeir mit Apk 12 eine zweite Reihe auf einander folgender Ereignisse. Deshalb weicht er auch in der Deutung des Kap. 13 von der protestantischen Auslegung etwas ab unter Beibehaltung der Deutung auf das Papsttum. Er weiß genau, daß seine Zeit durch die dritte Schale dargestellt ist, die übrigen vier Plagen liegen noch in der Zukunft. Der Kommentar zeigt einen ingrimmigen Haß gegen die Jesuiten. Die letzten Ereignisse, welche die Apk weissagt, beziehen sich alle auf den Kampf gegen diese. Die Schrift bringt überhaupt weniger Exegese als zeitgeschichtliche Betrachtungen und ist als apokalyptisches Stimmungsbild aus der Zeit der großen Elisabeth nicht uninteressant. Dem Buch ist eine lange Abhandlung: against Bellarmin touching Antichrist angehängt. (Vgl. gegen B.: Andreas Eudaemon Johannes, Castigatio in Brightmann ap. ap.)

Josephus Mede[5] schickt seiner Auslegung einen sehr kunstvoll ausgearbeiteten Synchronismus voran, eine Methode, die später großen Einfluß errang. Er deutet dann die sechs Siegel auf die Geschichte des römischen Kaiserreichs bis Diocletian (fünftes Siegel) und Konstantin (sechstes Siegel), mit den Posaunen tritt der allmähliche Verfall des römischen Reiches ein. In der fünften Posaune findet M. die muhamedanischen Scharen, in der sechsten die Herrschaft der Türken, Tartaren und Ottomanen. Eigentümlich ist die Auffassung M.s, daß mit 10 ein neues Weissagungsbuch beginnt, zu dem das sonst so oft auf die Reformation gedeutete Kap. nur Einleitung ist. In Kap. 11 sieht er in dem Sinnbild des Messens und Hinauswerfens zwei Zeiten der Kirche angedeutet, von denen die erste die ersten 3-400 Jahre des Christentums, die letzte Periode die folgenden 1260 umfaßt, diese fällt mit ihrem Ende also über die Zeit Medes hinaus. Kap. 12 ist der Sieg Konstantins über das Heidentum geschildert. Kap. 13 ist dann das römische Reich, das siebente Haupt das Papsttum. Die sieben Schalen sind die verschiedenen Plagen, die das Papsttum in der letzten Zeit treffen. Mit der vierten Schale ist M. in seiner Zeit bei dem Siegeszug Gustav Adolphs angelangt. Die übrigen Schalen lagen also noch in der Zukunft. — Bemerkenswert ist, daß Mede das tausendjährige Reich chiliastisch als eine kurze Zeit der Ruhe nach der Besiegung des Antichrist schildert. — Wesentlich von Mede abhängig ist, wie schon Walch 763 gesehen hat, „eigentliche Erklärung über die Gesichte der Offenbarung Ioannis“ 1670 von Peganius (pseudonym); nach der Tradition Knorr v. Rosenroth (s. Walch

763.) Über Patricius Forbesius, commentary upon the revelation. Lond. 1613. (Walch 771), der zum Teil maßvollere und vernünftigere Ansichten vorzutragen scheint, vgl. J. Marck in apoc. Praefatio XIV. Auch die spätere Zeit wurde in England durch die den Unsinn systematisierende Methode eines Brightmann und Mede beherrscht. Ich nenne hier Durham, commentary upon the book of Revelation, Edinburgh 1680 vgl. J. Marck, in apoc. praef. XVII. Die tausend Jahre läßt D. erst mit dem Jahre 1560[1] (300 + 1260) beginnen. Sonst schließt er sich in allen Einzelheiten an Mede an. Nach G. Whiston (s. u.) gehört hierher auch Henricus Morus, visionum apocalypticarum ratio synchronistica, Lond. 1666; expositio prophetica septem epistolarum Lond. 1699 (Walch 773). Ferner ist hier zu erwähnen: Isaak Newton, observations upon the prophecies of Daniel and the apocalypse of St. John 1732. Newton weicht in Einzelheiten von Mede ab, z. B. deutet er die sieben Schalen synchronistisch mit den sieben Posaunen (p. 295). Im großen und ganzen aber findet man den Einfluß Medes. Wertvoll ist Newtons erste Observation, in welcher er die Abfassungszeit der Apk unter Nero ansetzt und Spuren der Apk sogar im I Petr und Hebr findet. N. war übrigens nüchtern genug, auf eine Errechnung des Endes nach der Apk zu verzichten[6]. Dagegen wandelt wieder ganz in den Bahnen von Mede: Whiston, an essay on the revelation of St. John 1706[1]. 1744[2]. In der ersten Auflage berechnet er den Beginn des tausendjährigen Reiches auf 1715 (nach Walch 776). Dann scheint er noch einmal (vor der 2. Aufl.) die Berechnung auf 1734 versucht zu haben. Der fortwährenden Diskreditierung überdrüssig, war er endlich vorsichtig genug, den Termin bis 1866 hinauszurücken (nicht wie Lücke 1036 meint: 1766). Nach Whiston gehört endlich auch Peter Jurieu hierher, l'accomplissement des prophéties ou la délivrance prochaine de l'église. 2 Bände. Rotterdam 1686 (Titel nach de Wette). Als letzten in dieser Reihe nenne ich endlich einen Kommentator, dessen Werk wieder die ungeheuerliche Dimension eines starken Folianten erreicht, der im übrigen trotz aller Gelehrsamkeit dieselben weltgeschichtlichen Bahnen wandelt, wie die andern: den französischen Refugié Chr. Daubuz, a perpetual commentary on the Revel. of St. Jean London 1720. (Vgl. Elliott Horae apocalypticae IV 491ff.). Nach Walch (778) schließt sich an Whiston und Mede an: Eduard Wells, an help for the more easy and clear understanding of the holy scripture being the revelation of St. John the divine. Oxon 1718.

Fußnoten:

1. Bemerkenswert sind auch die langen geschichtlichen und zeitgeschichtlichen Ausführungen, die den breitesten Raum im

Kommentar einnehmen, s. namentlich 234ff. eine Darstellung der Geschichte des Huß und Hieronymus mit umfangreichem Material.

2. Explicatio apoc. Joh. Napeiri Edinburgii 1593 (cf. Walch), ich benutze: Joh. Napeiri Herren zu Merchiston, eines trefflichen schottländischen Theologi Auslegung der Offenb. Joh. Frankfurt 1627.
3. Von Napeir durchaus abhängig ist Matthaeus Cotterus (Cottière), apocalypseos exposito Samur 1615 (nicht 1614 Walch), von diesem wiederum abhängig ist die chronotaxis apocalyptica von Matth. Hoffmann, Jenae 1668.
4. Walch erwähnt als erste Ausgabe die von Frankfurt 1609. Mir liegt eine Ausgabe (lateinisch) vor: In Bibliopolio Commeliniano 1612. Darin eine (lateinische) Vorrede von Br. (offenbar zur ersten Ausgabe) datiert: 25. Februar 1606. Danach scheint das Werk ursprünglich lateinisch geschrieben zu sein. Es giebt aber auch englische Ausgaben (z. B. London 1616).
5. Clavis apocalyptica una cum commentario in Apoc. Cantabr. 1627 (nach Walch), ich benutzte eine Ausgabe von 1649. Der Clavis folgte 1632 sein (mir unbekannter) Kommentar zur Apk. Elliott, Horae apocal. IV 469.
6. Gegen Newton polemisierte Whiston in „six dissertations“ 1734 (Lücke 1036,2).

12. Die katholischen Kommentatoren.

Mittlerweile finden wir eine ganz andere Arbeit auf dem vorliegenden Gebiet bei den katholischen Theologen[1]: den Beginn einer wissenschaftlichen Auslegung, neben dem die Arbeit der Protestanten sich im Durchschnitt geradezu kindlich ausnimmt.

Eine ganz stattliche Reihe wirklich tüchtiger Bibelexegeten, meist aus dem Orden der Jesuiten, ist hier zu verzeichnen. — Allen voran geht Franciskus Ribeira (1591 †)[2], welcher seinen Kommentar zur Apk bald nach 1578 schrieb. Er kennt die griechischen Kommentatoren Andreas und Arethas und beherrscht auch sonst die vorhergegangene Exegese. Vor allem aber wurden von ihm und den folgenden Exegeten die ältesten Kirchenväter Irenäus, Hippolyt — so weit er bekannt war —, Hiernoymus und Augustin wieder durchgehend als Autoritäten benutzt, auch die alte Auslegung des Victorin gewinnt wieder Einfluß. Ribeiras Kommentar und die folgenden sind die ersten Kommentare, denen man in gewissem Sinn wissenschaftlichen Wert zusprechen kann. Die Auslegungen zeugen sämtlich von der Bemühung, irgendwie die Weissagungen der Apk psychologisch begreifbar zu machen. Mit der wilden weltgeschichtlichen Deutung ist hier vollkommen gebrochen. Aber auch der verflachenden spiritualisierenden Auslegung entzieht man sich, man kommt der Gedankenwelt der Apk wieder nahe, freilich nicht näher als Irenäus-Hippolyt ihr gekommen sind. Während es bei den evangelischen Kommentatoren Dogma geworden war, daß der Papst der Antichrist sei und mancher die Kraft seines Lebens daransetzte, das Dogma zu beweisen, sehen wir diese Jesuiten bemüht um ein wirkliches wahrheitsgemäßes Verständnis, sogar so ehrlich, die für sie so gefährliche Deutung Babels auf Rom meistens zuzugeben. Und dabei arbeiten sie mit einer umfassenden Gelehrsamkeit, mit einer Kenntnis der Kirchenväter und der Geschichte der Auslegung der Apk, daß ihre Werke noch immer nicht veraltet sind.

Gleich bei Ribeira[3] verändert sich die Art der Auslegung der Apk völlig. Voran steht bereits eine „Einleitung". Das erste Siegel handelt nach ihm von der Apostel Predigt, das zweite von der Neronischen Verfolgung, das dritte von den falschen Aposteln[4], das vierte (und fünfte) wird auf die zur Zeit Trajans kurz vor oder nach dem Tode des Johannes eingetretene Verfolgung bezogen. Beim sechsten Siegel aber geht der Apokalyptiker nach R. zur Beschreibung der letzten Zeit über (vgl. Victorin). Und dann — das ist nun das wesentliche — wird der Gesichtspunkt konsequent festgehalten, daß der Seher nur Dinge der letzten, (auch für Ribeira) noch zukünftigen Zeit sieht. Der Apokalyptiker weissagt nach Ribeira also nur von seiner eignen und der letzten Zeit. Im folgenden finden wir so die alten Deutungen der Kirchenväter wieder: Elias und Henoch, die Abstammung des Antichrist aus dem Stamme Dan, die alten von Irenäus-Hippolyt stammenden Kombinationen aus Dan und Apk hinsichtlich der Gestalt des Antichrist, die durchaus — freilich wohl auch im antiprotestantischen Interesse — als Erscheinung der Endzeit verstanden wird[5]. Die Deutung des Victorin auf Nero wird scharf abgewiesen. Die Todeswunde des Tieres bedeutet die Nachäffung des Todes und der Auferstehung Christi von Seiten des Antichrist (vgl. Bousset, Antichrist S. 119). Babel ist Rom, freilich das alte Rom, aber R. erwartet doch für das Ende die Zerstörung des dann wieder in Sünden verfallenen Roms, das für die Sünden der Vorfahren bestraft werden wird. R. teilt die Apk in Kap. 1-11, das Siegelbuch, (calamitates continet, quae usque regnum Antichristi futurae sunt) und Kap. 12 bis zum Ende (regnum Antichristi et persecutionem illius temporis)[6].

Dem Ribeira folgte sein Ordensgenosse Blasius Viega[7]. Der Kommentar hat einen umfassenden gelehrten Apparat. Es ist noch jetzt jedem Ausleger der Apk zu empfehlen, an den wichtigeren Stellen der Apk seine Nachweise aus den Kirchenvätern einzusehen. In der Auslegung ist er mehr Eklektiker, folgt erst dem Lyra, dann der gebräuchlichen Auslegung (bei der Deutung der Posaunen).

Von Kap. 11 an ist der Einfluß Ribeiras deutlich spürbar, er folgt ihm hier fast in allem, wenn er auch an einzelnen Stellen seinem Vorgänger vorwirft, daß er plus juste litterae adhaerens sei.

Wieder von anderem Charakter ist die Auslegung des Benediktus Pereyra (1606)[8]. In der Einleitung gibt P. eine Literaturübersicht, die neben merkwürdigen Anachronismen viel Lesenswertes enthält, es findet sich dort auch ein Versuch, die Kommentare nach ihren Methoden zu klassifizieren, in dem allerdings manches fehlerhaft ist. In der Auslegung schließt er sich formell aufs engste an Joachim an. Er findet in der Apk immer von neuem sieben große adversitates und prosperitates der Kirche geweissagt. Das sechste Zeichen aber liegt für ihn noch in der Zukunft. Das schwärmerische und mönchische Element in Joachims Auslegung ist vollkommen abgestreift. Auch will er nicht in jeder Vision die Siebenteilung J.s wiederfinden und hebt hervor, daß eine Reihe von dessen Weissagungen nicht eingetroffen sind. Doch teilt er mit ihm die chiliastischen Ideen. Er stellt eine Reihe von prinzipiellen Grundsätzen der Auslegung der Apk auf, unter denen der der Heranziehung von Sarcharja und Daniel bei der Erklärung der Apk der wichtigste ist. Die Auslegung führt er nur bis zum 7. Kapitel, diese enthält eine außerordentlich lichtvolle Zusammenfassung bisheriger exegetischer Arbeiten.

Zu erwähnen sind hier noch zwei Jesuiten, wenn sie auch nicht Kommentare zur Apk geschrieben haben. Hentenius hat in der Vorrede zur Ausgabe des Arethas (im Anfang der Oekumeniusausgabe s. o. S. 65) ganz kurz seine Auffassung der Apk skizziert. Er macht hier die einflußreich gewordene Andeutung, daß Kap. 6-11 der Apk von der synagoge abrogatio, 12-19 vom excidium gentilismi handle[9]. Ganz ähnlich deutet die Apk der Jesuit Salmeron[10]. Bemerkenswert ist ferner, daß Hentenius wie Salmeron die Apk unter Nero geschrieben sein lassen (unter Berufung auf Tertullian) und sich so die Möglichkeit verschaffen, Kap. 11 von der Zerstörung Jerusalems zu verstehen.

Alle bisherigen Arbeiten aber faßte Ludovicus ab Alcasar in seinem Riesenwerk „vestigatio arcani sensus in apocalypsi“, Antwerpen 1614 und 1619 zusammen. Er zuerst führte den bereits angedeuteten Gedanken durch, daß die Apk in ihrem ersten Teil gegen die Synagoge, im zweiten gegen das Heidentum weissage, und bricht so einer einheitlichen historischen Auffassung des Buches Bahn. Die vier ersten Siegel schildern für ihn den Siegeszug des beginnenden Evangeliums, das sechste führt in die Zeit der Belagerung Jerusalems. Apk 7 wird die Errettung der Christen geschildert, Apk 8 und 9 handelt von dem Unglück, das über die Juden im jüdisch-römischen Krieg hereinbricht, Apk 10 beschreibt die Wendung des Evangeliums vom Judentum zu den Heiden, Apk 11 bringt dann die Zerstörung Jerusalems[11]; die zwei Zeugen sind das mit neuer Herrlichkeit sich erhebende Christentum, das einen Teil der Juden bekehrt. Mit Kap. 12 beginnt dann der zweite Teil: das Weib ist die judenchristliche Gemeinde, welche die heidenchristliche Kirche (in Rom) gebiert und dann sogleich die Verfolgung unter Nero zu erdulden hatte[12]. Das erste Tier in Kap. 13 — auch Alcasar ist hier vorurteilsfrei genug, um das zuzugeben — ist das römische Reich, das zweite, Tier ist die sapientia carnis, die Zahl 666: ἡ ἀλαζονεια βίου. Die Ausgießung der Schalen wird auf die allmähliche Überwindung des römischen Reiches durch das Christentum gedeutet. Apk 19,11ff. ist die vollständige Bekehrung des römischen Reiches geschildert[13]. Der Engel, der den Satan bindet, ist Constantinus magnus. Die tausend Jahre der Ruhe beginnen mit diesem Ereignis und dauern bis zum Weltende. Auch hier zeigt sich ein bedeutender Fortschritt bei Alcasar. Die tausend Jahre liegen bei ihm doch wenigstens hinter den Ereignissen von Kap. 1-19. Eine Rekapitulation gibt es bei A. überhaupt nicht. Auch keine eigentliche kirchengeschichtliche Deutung im einzelnen. A. begnügt sich ganz allgemein, den Sieg des Christentums über das Römerreich geweissagt zu finden. Und so liegt, trotzdem A. in seinen Deutungen der Apk bis in die Zeiten Constantins hinübergreift, in seinem Werk ein erster großer Versuch eines historisch-psychologischen Verständnisses des Buches mit den sieben Siegeln Vor. Mit A. beginnt die wissenschaftliche Auslegung der Apk.

Cornelius a Lapide faßt noch einmal die Arbeit seiner Vorgänger in einem umfangreichen Werk[14] zusammen. Durchgehends setzt er sich mit dem großen Werk des Alcasar auseinander. Er folgt aber nicht ihm, sondern im Anfang (bis zum siebenten Siegel) dem Pereyra (Joachim), dann ausschließlich dem Ribeira und Viegas.

In den nun folgenden Bibelwerken der Jesuiten zeigt sich der Einfluß des Ribeira. Menochius (1630)[15] schließt sich allerdings in der Auslegung der ersten sechs Kapitel dem hergebrachten Stil (Beda-Strabo) an. Von Menochius scheint wieder Gordonus (1636) abhängig zu sein. Tirinus (1632) folgt im Anfang dem Pereyra (Joachim), dann dem Ribeira (also wohl dem Corn. a Lap. s. o.). Ein sehr selbständiger und interessanter Kommentar ist der des berüchtigten Jesuiten Juan Mariana (1619). Im Anfang folgt er dem gebräuchlichen Schema der Auslegung, die sieben Posaunen werden dann auf sieben bestimmte Ketzer gedeutet, bei der fünften findet sich ein Hinweis auf Luther. Von Apk 11 an aber folgen eine Reihe beachtenswerter Versuche historischer Deutung. In Apk 11 findet J. M. die neronische Verfolgung, die beiden Zeugen sind Petrus und Paulus. Apk 12 wird auf Christi Geburt gedeutet. In der zweiten Hälfte von Kap. 12 wird die neronische Verfolgung geschildert, die durch die Erhebung des Vindex endet. M. zählt als die sieben Häupter die römischen Imperatoren von Caligula bis Nerva (Galba, Otho, Vitellius nicht eingerechnet). Mit Caligula beginnt er, weil dieser zuerst die damals mit den Juden vereinigten Christen verfolgt habe. Die Todeswunde bezieht er auf Neros Selbstmord, und bei der Heilung der Todeswunde verweist er auf den bei Victorin, Hieronymus, Sulpicius Severus erwähnten Glauben an die Wiederkunft des Nero: si quis meliora attulerit, gratias habeo. Zu Kap. 17,10 findet sich die bekannte Deutung des Bibliander und Bullinger. Juan Mariana war der erste Exeget, der die Apk wieder in Beziehung zur Sage vom Nero redivivus setzte[16].

Antonius de Escobar et Mendoza lehnt sich in seinem Kommentar (Vetus et Nov. Test. litteralibus et moralibus commentariis illustr. Lugdun. 1652) eng an Ribeira, Johannes de Silveyra in seinem ungeheuren Werk (Commentaria litteraria in Apoc. Lugdun. 1663) an Viegas an. Ich nenne noch Joh. de la Haye, commentarii litterarii in Apoc. Paris 1644.

Fußnoten:

1. Laurentius Valla, adnotationes in N. T. Paris 1505; Desiderus Erasmus, adn. in N. Test. Basel 1516; Thomas Cajetan, ep. Pauli et aliorum apost. ad. Graec. veritatem castigatae Ven. 1531; Benedictus Arias Montanus, elucidationes in N. T. Antv. 1575 sind sämtlich nur kurze Glossen. Ebenso Emanuel Sa, Notationes in totam scripturam sacram Antv. 1598.
2. In sacram Joh. Apoc. Commentarii, Salmaticae 1591 (Walch 616); ich benutze die Ausgabe Antwerpen 1623.
3. Cornelius a Lapide sagt von Ribeira, daß er dem Andreas von Caesarea folge. Das ist insofern richtig, als er die Auslegung des A. verbindet mit der von diesem zitierten älteren Auslegung, der er die Deutung der ersten Siegel entnahm (s. o. S. 63,2).
4. Die Beziehungen zu der gebräuchlichen Auslegung der alten Kirche sind bis hierher deutlich.
5. Damit hängt zusammen, daß die 3½ Jahre, 42 Monate, 1260 Tage wieder einfach wörtlich verstanden werden, und alle Spielerei hier aufhört.
6. Den Anregungen Ribeiras folgt Bellarmin (1621 †) im entschieden polemischen Interesse in: de summo pontifice liber tertius (de antichristo). Er weist hier besonders im Anschluß an die alte Tradition vom Antichrist nach, daß dieser noch kommen werde, aus dem Stamme Dan sei, seinen Sitz in Jerusalem habe etc.

7. J. B. Viegas, in apoc. J. apost. commentarii exegetici Colon. Agripp. 1613. (Walch 738 zitiert als erste Ausgabe Eborae 1601.)
8. Tertius Tomus selectarum disputationum in sacram scripturam contines CLXXXIII disputationes super libro Apoc. B. Joannis J. apost. Lugdun. 1606 (erste Ausgabe).
9. Er deutet allerdings Apk 13 nach Joannes Annius noch auf Muhamed (ebenso Salmeron).
10. Salmeronis Toletani Opera Tom. XII Col. Agr. 1614: in sacram Johannis apoc. praeludia quaedam generalia.
11. A.- will weder mit Annius, Hentenius, Salmeron wegen der Beziehung auf Jerusalem die Apk in die Zeit Neros verlegen, noch mit Ribeira, Viegas deshalb die Deutung von Kap. 11 auf die Zerstörung Jerusalems leugnen.
12. Die realistische Deutung des Antichrist, überhaupt die Beziehung auf das Ende wird abgewiesen. Die sieben Häupter des Drachen sind die sieben Kardinallaster, die zehn Hörner Dämonen. 17,10 wird von den Lastern gedeutet, welche eines auf das andre folgen. Und so tritt hier allerdings ein Rückschritt hinter Ribeira ein.
13. So schuf A. sich die Möglichkeit, Kap. 17 und 18 vom heidnischen Rom zu verstehen.
14. Ich benutze eine Ausgabe von 1662. Die Erlaubnis der kirchlichen Behörden zum Druck ist 1625 und 1626 gegeben.
15. Die folgenden Kommentare sind mir zugänglich in den Biblia sacra Venetiis Tom. 28 1757. (Die Zeitangabe aus Walch 429f.)
16. Anm: Fußnote fehlt im Original. Nur das Ankerzeichen im Text ist vorhanden.

13. Die ausgebildete Rekapitulationstheorie bis Coccejus[1]

Unter den deutschen Gelehrten gewinnt in der späteren Zeit die von Joachim stammende Rekapitulationstheorie großen Einfluß. Der erste, der in dieser Richtung einen systematischen Versuch machte, war Nicolaus Collado[2]. Er läßt in den Siegeln, Posaunen und Schalen immer wieder rekapitulationsweise über die Kirche verhängte Strafe geschildert werden. Auch in der Auslegung bespricht er immer je ein Siegel zusammen mit der entsprechenden Posaune und Schale. Apk 10-11,14 schiebt er hinter dem sechsten Siegel ein und findet hier die Predigt des Evangeliums unter der Herrschaft des Papsttums. In der Deutung des Kap. 13 schließt er sich eng an Luther an. (Kap. 11-14 nennt er eine Digression.) Da man sich bei dieser Rekapitulationstheorie an die Zeitfolge überhaupt nicht mehr gebunden erachtete, so wird in derselben das Raten immer willkürlicher und wilder.

Dem Collado folgte Dav. Pareus, in divinam apoc. Joh. comm. 1618[3]. Pareus hat unter den Evangelischen neben Calov und Hoe den gelehrtesten Kommentar zur Apk geschrieben. Er kennt bereits den Alcasar und hat sich dessen Gelehrsamkeit zunutzen gemacht. In der Einteilung bleibt er bei der partitio recepta. Alle Auslegungsmethoden zu besprechen ist ihm zu langweilig. Er bekennt namentlich von Bullinger und Brightmann gelernt zu haben. Aber in der Rekapitulationstheorie schließt er sich dem Nicolaus Collado an, nur daß er die sieben Schalen auf die Plagen der letzten Zeit bezieht. So findet sich denn hier wie dort für die sechs Siegel und sechs Posaunen dieselbe Erklärung. Die Todeswunde des Tieres Kap. 13 wird auf die durch die Reformation dem Papsttum beigebrachte Niederlage bezogen, die jedoch jetzt schon wieder zu heilen beginne. In Kap. 12, 17 und 20 werde Vergangenes gedeutet. Außerdem ist zu unterscheiden zwischen visiones universales und particulares (nach Luther und Clüver vgl. S. 95). Mit Brightmann läßt P. bei Apk 12 einen neuen Abschnitt beginnen. Endlich teilte er den Verlauf der geweissagten Geschichte in vier Perioden (Constantin, Beginn des Papsttums um 600, Reformation, Ende der Welt). So trägt seine Auslegung einen ungemein willkürlichen und verwickelten Charakter. Das hielt ihn nicht ab, gegen die Deutungen Alcasars aufs heftigste zu polemisieren[4].

Eine neue und konsequent durchgeführte Rekapitulationstheorie[5] vertritt Johannes Coccejus, Cogitationes de apoc. St. Joannis Lugd. Bat. 1668. In immer wiederholten sieben Perioden verläuft für ihn die Geschichte. Auch die sieben Sendschreiben zog er mit in den Parallelismus hinein, während er freilich die Schalen nicht die ganze Kirchengeschichte umfassen läßt. C. findet in den auf einander folgenden Zeichen, 1) die erste Verkündigung des Evangeliums, 2) die Vernichtung des Judentums, 3) die Zeit der Häretiker von Arius bis Muhamed, 4) die Zeit der inneren Kirchenwirren (Entstehung des Papsttums), 5) die Spaltung der Kirche in der Reformationszeit, 6) die Zeiten des dreißigjährigen Krieges. Mit Coccejus gewinnt die Theorie von den sieben Perioden der Kirche (Coccejus deutete das 1000jährige Reich noch immer auf die Vergangenheit, Holtzmann² 285) wieder eine gewisse kirchengeschichtliche Bedeutung. Und es ist interessant zu beobachten, wie hier die joachimitische Betrachtungsweise der Apk noch einmal ihre Blüten treibt. Scharfsinnig hat Johannes Marck, der Gegner des Coccejus (s. u.), die Zusammenhänge und Linien, die von Joachim zu Coccejus hinüberlaufen, nachgewiesen.

Als entschiedener Gegner des Coccejus sei hier dann der eben schon vielfach erwähnte Joannes Marck(ius), in apoc. commentarius (Trajecti ad Rhenum 1699) zu nennen. Sein Werk ist eine große Polemik gegen das System des Coccejus.

Seine Auslegung bedeutet im großen und ganzen eine Rückkehr zur altlutherischen Auslegungsweise, die gegenüber der eben geschilderten einen besonnenen und nüchternen Eindruck macht. Trotz der Bekämpfung des Coccejus ist auch er ein Anhänger einer besonnenen Rekapitulationstheorie. Der Kommentar ist klar geschrieben und reich an Material zur Geschichte der Exegese. Daß M. die tausend Jahre wieder in alter dogmatischer Weise auslegt, kann nicht wundernehmen[6].

Fußnoten:

1. Man vergleiche zu diesem Abschnitt: Joannis Marckii in apocalypsin Joh. commentarius Praefatio: de septem Novi Testamenti Periodis (gegen Coccejus).
2. Methodus facillima ad explicationem sacrosanctae apocalyseos 1581. Vielleicht wäre vor ihm schon Alphonsus Conradi, in apoc. J. ap. commentarius, zu erwähnen (Basel 1560: Walch 769; Lücke 1017). Auch Joannes Saskerides der in belgischer Sprache einen Traktat „über die sieben Zeiten der heiligen Kirche" 1555 schrieb, trägt nach Marck (Einleitung, Abschn. IX) eine ausgebildete Rekapitulationstheorie vor. — Ferner sind hier Jacobus Brocardus (interpretatio et paraphrasis lible apoc. Lugdun. Bat. 1580) zu nennen. Wenn er (nach Marck Einl. XI) von einem secundus status filii redet und diesen in septem aetates einteilt, wenn er von einer sexta aetas novorum prophetarum redet [in die septima aetas fällt natürlich die Reformation], so meint man noch direkt Joachim zu hören. Auch Carolus Gallus (clavis prophetica nova apoc. Antverp. 1592) scheint hierher zu gehören (Marck X).
3. Opera exegetica theologica Genev. 1642-50, II 1071 ff.
4. Dem Pareus folgte Henricus a Diest, analysis apocalypseos exegetica ex commentario Dav. Parei comprimis contexta. Arnhemiae 1663 (Walch). Eine ziemlich streng durchgeführte Rekapitulationstheorie entwickelt Matthäus Hofmann, Chronotaxis apocalyptica Jena 1658. Von H. ist wieder abhängig Caspar Heunisch' synopsis chronotaxeos apoc. Joh. Jena 1678; ein Hauptschlüssel der Offenbarung Johannis, Schleusingen 1684. [Gewöhnliche Jahre sind nach Heunisch verschieden von prophetischen Jahren (vgl. Bengel); Perioden der Kirchengesch. von 343 Jahren (Napeir); Berechnung des Weltendes auf 2010.] An Heunisch scheint sich Schindler, Delineation des ganzen Buches der Offenb. Joh. Brunswigae 1670, anzuschließen.

5. Unter den unmittelbaren Vorgängern des Coccejus nennt Marck (Abschn. XV) den Bonner Theologen Ludovicus Crocius in seinem Syntagma Theologiae 1635.
6. Anm: Fußnotenanker fehlt im Text. An Coccejus schließen sich an: Biermann, clavis apocalyptico-prophetica hoc est septem ecclesiarum ac totidem sigillorum, tubiciniorum et phialarum explicatio, earundem cum prophetis veteris Test. collatio atque ad suas historias applicatio 1702 (Walch 775). Henricus Groenewegger, kette prophetischer gottesgelehrtheit beweisende, daß die auslegung der offenbahrung Joh. ein wahrer schlüssel der weissagung, aus einer vollkommenen übereinstimmung der offenbahrung mit dem hohenlied Salomonis und einiger sonderbarester prophezeyungen. Francof. 1711 (Walch 777). Ruart Andala, exegesis illustrium locorum sacrae scripturae. Accedit clavis apocalyptica. Franecker 1720; verklaaring van de openbaringe van Joannes. Leovardiae 1726 (Walch 777); nach Walchs (781) Beschreibung auch wohl noch: B. Seb. Cremer, fata ecclesiae Romanae — sive commentaria in Apocalypsin. Zutpaniae 1757; endlich wie es scheint auch Melchior Kromeyer, Kirchenchronikon 1708; G. F. Schweizer, prophetischer Offenbarungsschlüssel 1709 (Walch 766f.). Gegen Coccejus schrieb: O. H. Brinck, ontschakelinge van het genaemde Keten der prophetische Godgeleerdheit ofte schriftmatige Verdediginge der Uitlegginge over de Openbaringe van Bullengerus, Pareus, Junius, Gomarus, Rivetus tegen de Nieuwigheden en On gerijmtheden van J. Coccejus en H. Groenewegger.

14. Fortsetzung der wissenschaftlichen Auslegung der Apk namentlich bei den protestantischen Gelehrten.

Ich stelle Zunächst eine Reihe von Kommentaren rein philologischen Charakters zusammen:Camerarius, notationes figurarum sermonis in scriptis apostolicis, in libro praxeon et apocalypseos Lips. 1556; Theod. Beza, adnotationes majores in NT. Genev. 1556 (separatim[2] 1614); Sebastian Castellio, Anmerkungen zum NT. in den Bibelausgaben Venet. 1583, Antw. 1584, Lips. 1611; Ludovicus de Dieu, apocalypsis Joannis ... cum animadversionibus Lugd. Bat. 1627, animadversiones in epistolas Pauli canonicas atque apocalypsin 1646; Joannes Drusius, adnotationes in totum J. Chr. testamentum. Franecker 1612; Jo. Pricaeus, commentarius in varios NT. libros Londini 1660; Jacobus Capellus, observationes in NT. Amsterdam 1667.

Der Lauf der exegetischen Wissenschaft war ein merkwürdiger. Von den Jesuiten geht dieselbe hinüber zu der freier gerichteten protestantischen

Theologie des 17. Jahrh. Diese übernimmt die Geistesarbeit jener und führt sie weiter fort. So wenigstens verhält sich die Sachlage in der Geschichte der Auslegung der Apk.

Hugo Grotius[1] verdankt ungefähr alles, was er in seiner Auslegung der Apk vorträgt, abgesehen von einzelnen sprachlichen und grammatischen Bemerkungen, dem Alcasar. Ihm entlehnt er den Hauptgedanken, daß es sich Apk 1-11 um das Gericht über das Judentum, 12-19 um dasjenige über das Heidentum handle, und Kap. 20 der Zustand der Kirche seit Constantin beschrieben werde. Die klare Auslegung des Alcasar hat er durch hinzugefügte Einzelausdeutungen sogar wieder verschlechtert. Er bezieht Kap. 11 auf die Barkochba-Zeit und deutet von Kap. 14 an wie Alcasar im alten weltgeschichtlichen Stil, nur daß Alcasars Deutung im ganzen auf einen engeren Raum beschränkt bleibt. G. versucht sich bereits in einer Reihe zeitgeschichtlicher Deutungen. Kap. 12A findet er Simon Magus, 12B die neronische Verfolgung; die sieben Häupter sind die römischen Kaiser von Claudius an, die Heilung der Todeswunde bedeutet die Herstellung des Reiches durch Vespasian. In 13B findet er Magier geweissagt, besonders den Apollonius von Tyana (666 = Οὔλπιος). Dann geht die zeitgeschichtliche Ausdeutung allmählich in die weltgeschichtliche über. In den Schalen findet Grotius die einzelnen Kämpfe zwischen Constantin und seinen Gegnern geweissagt, Apk 19,11ff. sogar den Sieg der Perser über Julian. Da es ihm unwahrscheinlich erschien, daß in der Apk Vergangenes prophezeit sei, so begann er zuerst die Literarkritik an der Apk. Er nahm an, daß Johannes eine Reihe einzelner Offenbarungen zu verschiedenen Zeiten empfangen habe. Die frühesten Weissagungen setzt er unter Claudius an, indem er der Notiz des Epiphanius über das Patmosexil des Apostels folgte. Dahin gehören alle Weissagungen über Jerusalem. Die späteren Weissagungen aber schrieb er unter Vespasian nach Apk 17,10[2]. Wenn daher Dorotheus die Apk auf Patmos, Eusebius dieselbe in Ephesus geschrieben sein lassen, so hätten beide Recht. Ein entschiedenes Verdienst hat sich endlich Grotius dadurch erworben, daß er mit der allmählich zum Unfug ausartenden antipapistischen Ausdeutung der Apk energisch ins Gericht ging.

Dem Grotius folgte auf Schritt und Tritt der Engländer Hammond[3]. In seiner Einleitung polemisiert dieser ausführlich gegen Brightmann. Auch er erklärt sich für die kritischen Aufstellungen des Grotius und stellte sie in der Einleitung zusammenhängend dar. Danach sind Kap. 1-11 auf Patmos geschrieben, alles übrige unter Vespasian, als dieser in Judäa war[4]. Auch im einzelnen weicht Hammond nur selten von Grotius ab. So verzichtet er auf die Deutung der Zahl 666 und meint, daß man sie nach dem hebräischen Alphabet deuten müsse. Die Vögel, die Apk 19,11ff. zur Mahlzeit gerufen werden, sind nach H. sogar die Goten und Vandalen.

Einen hervorragenden Charakter zeigen die kurzen Anmerkungen, die Clericus dem Werk des Hammond in seiner lateinischen Übersetzung[5] zugesetzt hat. Sie sind in ihrer abwägenden, vorsichtigen und vornehmen Art geradezu klassisch. Man lese z. B. folgende Sätze: Noster quidem conjectarum conjecturis superstruit nec veretur, ne aedificium tam infirmo tibicine corruat. at cauti est interpretatoris, quam parcissimum esse in conjecturis et in re dubia abstinere a consectariis; nam quo plura incerta in uno colliguntur, eo majorem habet falsitatis speciem, quod dicitur, aut certe in majore errandi periculo versantur, sed ... profiteor me non intelligere haec vaticinia.

Den Alcasar und Grotius folgte Bossuet[6]. Er setzte sich in der Einleitung mit der nach ihm von Augustin (= Ticonius) stammenden spiritualisierenden Deutung, der kirchengeschichtlichen eines Lyra, der endgeschichtlichen eines Ribeira, Viegas auseinander. — Seine eigne Deutung verläßt freilich doch wieder an entscheidenden Punkten die Bahn Alcasars und Grotius'. Die Apk wird bei ihm zu einer fortlaufenden Darstellung der Geschichte des römischen Reiches von Trajan bis zur Zerstörung Roms durch Attila. Im sechsten Siegel findet er bereits die Zerstörung Jerusalems, in den vier Posaunen den Barkochba-Aufstand. Von da an deutet er alles auf die folgende Geschichte der Christenheit im römischen Reich.

Denselben Schritt von Alcasar und Grotius wieder hinüber zur weltgeschichtlichen Deutung tat Dan. Herväus[7], der die Apk auf die Geschichte des römischen Reiches bis Theodosius deutet. Mit den Engländern (s. o.) findet er in Kap. 12 bereits die Geburt Constantins und dessen Sieg. Dann tritt mit Kap. 13 eine Rekapitulation ein. Die sieben Kaiser zählt er von Galba bis Domitian (s. o. die Auslegung Victorins), und hier tritt zum ersten Mal der Gedanke auf, daß Domitian der nero redivivus sei.

Fußnoten:

1. Erste Ausgabe der adnotationes ad NT. Paris 1644.
2. Vgl. G.s Bemerkungen zu 1,9; 4,1; 11,19; 14,1; 17,10.
3. Henrici Hammondi parapharase a. annotation upon all the books of the N. Test. 1653.
4. Die Notiz des Irenäus ἐπὶ τῷ τέλει τῆς Δομετιανοῦ ἀρχῆς bezieht er auf die stellvertretende Regierung des Domitian für seinen Vater während des jüdischen Krieges.

5. Nov. Test. domini nostri J. Chr. ... cum paraphrasi et annotat. H. Hammondi ex anglica lingua in latinam transtulit suisque animadversionibus illustravit. Amstelod. 1698.
6. L'apocalypse avec une explication par J. B. Bossuet 1688.
7. Apocalypsis Jo. ap. explanatio historica. Lugduni 1684.

15. Aufkommen der chiliastischen Auslegung in deutschen pietistischen Kreisen.

Bisher hatte die in den evangelischen Kirchen herrschende Auslegungsweise im Anschluß an die Tradition und namentlich an die Auffassung der alten Kirche die Weissagung der Apk vom 1000jährigen Reich in irgend einer Weise umgedeutet und auf die Vergangenheit bezogen. Durch die Verwertung des Chiliasmus in der Augustana XVII war man hier noch stärker als vorher gebunden. In den pietistischen Kreisen Deutschlands wurde der Bann gebrochen und die chiliastische Deutung der Apk auf den Schild gehoben. Im Pietismus trat der Chiliasmus aus der Reihe der Häresien, in welche er seit anderthalb Jahrtausend verbannt gewesen[1]. Freilich zum besseren Verständnis des Buches führte auch dieser Fortschritt kaum, die Auslegung wurde nur noch phantastischer und wilder. Spener, der im übrigen die Beziehung der Weissagung der Apk auf Türken und Papst aufrecht erhielt, deutete das 1000jährige Reich „auf einen Zustand des Glanzes, der Juden- und Heidenbekehrung, der allgemeinen Regelung des Gemeinschaftslebens nach dem Maßstabe Christi". (Behauptung der Hoffnung künftiger besserer Zeiten 1693.) Die einflußreichste den Chiliasmus vertretende Auslegung wurde die von Campegius Vitringa, ἀνάκρισις apocalypseos Joannis apostoli, Franecker 1705 (nach Walch 776). Er scheint im großen und ganzen stark von Mede abhängig zu sein[2], unterscheidet sich aber von ihm dadurch, daß er mehr auf die Rekapitulationstheorie zurückgreifend (Coccejus) schon mit dem sechsten Siegel das Ende eintreten und in den sechs Siegeln die ganze Kirchengeschichte geweissagt sein läßt. Aber in der kirchengeschichtlichen Ausdeutung der sieben Sendschreiben, in der Deutung der Posaunen, namentlich der sechsten, des Kap. 12, des Tieres, der Schalen, des tausendjährigen Reiches lehnt V. sich direkt an Mede an. Er betont mit aller Kraft, daß das 1000jährige Reich in der Zukunft liege unter offener Verteidigung der chiliastischen Auslegung der alten Kirchenväter. Und mit seiner Auslegung hat er die chiliastische Stimmung in den Kreisen des Pietismus mächtig bestärkt. Der Kommentar ist übrigens reich an Ausführungen rein grammatischer und exegetischer Art[3]. Auch Jacobus Abbadie (ouverture des sept sceaux par le fils Dieu ou le triomphe de la providence et de la religion. Amstelod. 1721. 1-2) erwartete das 1000jährige Reich in der Zukunft als Frucht einer unternommenen Kirchenreform (Holtzmann[2] 285). Sein Kommentar ist ein unsagbar breites Werk (zwei Quartbände von je etwa 900 Seiten), darin unter anderm eine Geschichte der Christenverfolgungen, der Kreuzzüge, der Türken, eine Abhandlung über das Fegefeuer. Der Kommentar ist etwa im Stile Medes gehalten, nur daß A. alles vom siebenten Kapitel an Folgende für den Inhalt des siebenten Siegels hält. — Chiliastisch ist weiter die Deutung A. Drießens (meditationes in sacram apocalypticam. Trajecti ad Rhenum 1717). Er fand in der Apk — wohl in Anlehnung an das System Joachims — wieder sieben Zeitalter geweissagt, nahm als Länge der einzelnen Perioden 360 Jahre und erwartete im achten Zeitalter das 1000jährige Reich. Nur die sieben Sendschreiben deutete er kirchengeschichtlich. Alles übrige lag für ihn (mit Ausnahme von 11,1-13; 12-14) in der Zukunft, also eine Wendung zur endgeschichtlichen Auslegung. Diese Wendung vollzieht dann noch energischer Joachim Lange (apokalypt. Licht und Recht. Hal. 1730). Es hat zwar in der Vorrede zunächst den Anschein, als wolle er dem Vitringa folgen. Von diesem aber übernimmt er nur die schneidige Verteidigung des Chiliasmus, und mit aller Kraft verficht er selbst die Hoffnung auf einen glücklichen Zustand der Kirche. Aber von Vitringa abweichend sucht er sehr scharfsinnig den Beweis zu führen, daß die ganze Apk von Kap. 4 an endgeschichtlich zu verstehen sei. Wir finden also im großen und ganzen — nur noch konsequenter durchgeführt — die Auslegung eines Ribeira hier wieder.

Ganz in schwärmerischen Bahnen bewegen sich die Schriften der Familie Petersen, die halb Auslegung der Apokalypse, halb eigne Weissagungen enthalten: Johanna Eleonora Petersen, anleitung zu grundlicher verständnis der heiligen Offenbarung 1696; Wilhelm Petersen, verklärte offenbarung jesu christi 1706; Schlüssel der heiligen offenb. 1718; die von christo für den philadelphischen engel gegebene offene thür, Frankfurt 1718 (nach Walch 764f.).

Als letzter Kommentator in dieser Reihe sei der wohl — abgesehen von den eben Genannten — phantastischste von allen genannt: J. A. Bengel (erklärte Offenb. Johannis 1740[1] 1746[2] 1758[3], noch 1834 von W. Hoffmann und Bunk neu verlegt; ferner: sechzig erbauliche Reden über d. Offenbar. Joh. 1747[1] 1788[2]). Seine Gelehrsamkeit verleitete Bengel, aus den Phantasien und Willkürlichkeiten apokalyptischer Auslegungen ein gelehrtes mathematisches System zu machen; ein seltsamer Kontrast von Scharfsinn und Phantastik. Wer sich dafür interessiert lese die Darstellung in Burks Leben und Wirken Bengels S. 260ff. (auch Lücke 1040ff). Seine Forschungen befähigten Bengel das Weltende auf 1836 zu berechnen. Auch Bengel ist ein Vertreter des Chiliasmus oder vielmehr eines doppelten Chiliasmus (1836-2836 Bindung des Satans, 2836—3836 das eigentliche 1000jährige Reich, 3836 Weltende und jüngstes

Gericht). Bengels Einfluß ist es wohl besonders zuzuschreiben, daß seit ihm der Chiliasmus trotz der Augustana bis tief hinein in genuin lutherischen Kreisen zu Ehren und Anerkennung gekommen ist. Im Gnomon bringt übrigens B. vorzügliche grammatische und sprachliche Erklärungen und in seinem Hauptwerk eine gute Darstellung der Geschichte der Auslegung[4].

Fußnoten:

1. Vgl. zum folgenden Holtzmann[2] 285.
2. Über den Chiliasmus Medes und seiner Nachfolger s. o. S. 90. — In England, wo man nicht an das Urteil der Augustana gebunden war, konnte natürlich die chiliastische Auslegung leichter aufkommen.
3. Nachfolger Vitringas sind Ch. Joh. Bomble, analysis nec non chronotaxis Apoc. 1721 und van den Honert, dissertationes apocalypticae 1736 (Lücke 1035,1); ferner Gustav Reinbeck, kurze Erörterung des Hauptinhalts der hlg. Offenb. St. Joh. statt d. 16., 17. u. 18. Beitrags des freiwilligen Hebopfers z. Prüfung übergeben. Berol. 1722 (die Auslegung teilweise endgeschichtlich). D. I. Dimpel, Einl. in d. Offenb. Joh. Lips. 1730 (ebenfalls teilweise endgeschichtlich). Chr. A. Loesecken, Erkl. d. Offenb. Joh. Hal. 1731 (in dem Bibelwerk des M. Laurentius, vgl. Walch 766f.).
4. Die an Bengel sich anschließende Literatur verzeichnet Lücke 1044ff. — Ein ganz merkwürdiger Kommentar ist die Offenbarung Johannis von Joh. J. Scheurmann Lippstadt 1722, eine Vereinigung der Auslegung des Grotius und älterer phantastischer Auslegungen. Sch. teilt die Apk in zwei Teile. Im ersten Teil (Kap. 1-11) ist a) die Vernichtung des Judentums, b) der Sieg des Christentums über das römische Imperium beschrieben (8,2-11). Von Apk 12 an verläuft die Auslegung dann Anm: Die auf der nächsten Seite fortgesetzte Anmerkung wurde hier vervollständigt ganz nach englischer Methode (Mede). J. Koch, Scheide-, Prüf- und Wäge-Kunst göttlicher bisher erfüllter und noch unerfüllter Weissagungen, Lemgo 1742, bezog alle Weissagungen vom ersten Siegel an auf die Reformationszeit.

16. Die einseitige und beschränkte zeitgeschichtliche Auslegung.

Auf den Bahnen von Grotius, Hammond, Bossuet ist von den Auslegern dieses Zeitraums zunächst nur einer weiter gegangen: Noel Aubert de Versé (clef de l'apocalypse, Paris 1703). Mit Joh. Annius, Caponsacchius, Hentenius, Salmeron, (Grotius, Hammond), Jurieu läßt er die Apk unter Nero abgefaßt sein.

Er bleibt wie sein Vorgänger (namentlich Bossuet) mit seinen Deutungen innerhalb der Grenzen des römischen Reiches, bezieht die ersten sechs Siegel auf die Geschichte bis Constantin, die Posaunen bis Diocletian. Apk 13 bezieht er wieder auf das römische Reich, nachdem er in Apk 12 die Geschichte der ersten Christenheit gefunden hat. Das verwundete Haupt des Tieres deutet er auf Caligula. Vor allem aber ist seine Auslegung von Apk 13B interessant. Das zweite Tier ist ihm das heidnische Priestertum, und die einzelnen Züge deutet er in einer glänzenden geschichtlichen Ausführung auf dieses. 17,10 bezieht er auf die Zeit von Julius Cäsar bis Claudius, das sechste Haupt sei Nero, das siebente Galba, das achte sämtliche noch folgende heidnische Kaiser. Im folgenden dehnt er die Deutung bis Attila aus. Das tausendjährige Reich versteht er in gewöhnlicher, nicht-chiliastischer Weise. Daneben kennt er schließlich als zweiten Sinn der Apk auch die endgeschichtliche Deutung.

Während Bossuet und Aubert de Versé die Weissagungen der Apk nur auf die Geschichte des römischen Imperiums bezogen, so nahm später die zeitgeschichtliche Deutung in Anschluß an Grotius und Hammond die verhängnisvolle Wendung, daß man in schroffem Gegensatz zu aller kirchengeschichtlichen und weltgeschichtlichen Deutung die ganze Apk analog der Herrenrede, Mt 24, als eine Weissagung auf die Zerstörung Jerusalems auffaßte.

Es ist ungewiß, wer der Vorgänger in dieser Methode der Auslegung der Apk gewesen ist. Abauzits Werk[1] — dieses wird gewöhnlich als erstes angegeben — erschien nach 1732, es setzt Newtons 1732 erschienenes Werk voraus. Des Jesuiten Harduin commentarius in nov. Test. erschien 1741 (Hagae).

Nach Abauzit ist die Apk unter Nero geschrieben: „l'apcalypse écrite sous Néron est proprement une extension de la prophétie du Sauveur sur la ruine de l'État judaique“ (311). Dieser Gesichtspunkt ist bei A. rücksichtslos durchgeführt. Das Tier ist ihm demgemäß der jüdische Sanhedrin, die sieben Häupter die letzten Hohenpriester, der achte Ananus, durch dessen Tod das Tier die tötliche Wunde erhält; die sieben Berge werden auf sieben Hügel Jerusalems bezogen, die zehn Hörner sind die zehn Toparchen, welchen beim Aufstand die einzelnen Distrikte zur Verwaltung übergeben waren, Babel ist natürlich Jerusalem. Es bedeutet einen starken Verlust für das richtige Verständnis der Apk, daß so die Beziehung aus das römische Reich ganz verloren ging.

Fast ebenso konsequent deutete Harduin[2]. Er läßt sogar die Sendschreiben an die Christen in Jerusalem gerichtet sein und treibt so die Verkehrtheit auf die Spitze. An der Deutung der Häupter des Tieres auf die römischen Kaiser bis Nero hält er wenigstens fest. Etwas besonnener ging Wetstein zu Werk[3]. Er beschränkt allerdings die Deutung durchaus auf den Zeitraum bis 70. Dagegen hält er die Beziehung des Tieres auf das römische Imperium fest. Das Tier selbst ist ihm das Interregnum unter Galba, Otho, Vitellius; Apk 14-18 bezieht er auf den Kampf zwischen den Prätendenten und auf die Thronbesteigung Vespasians, er kann demgemäß Babel wieder auf Rom deuten. Das tausendjährige Reich endlich deutet er auf die Zeit von der Zerstörung Jerusalems bis Barkochba.

Wohl am meisten an Harduin schließt sich Harenbergs Erklärung der Offenbarung Johannis, Braunschweig 1759, an[4]. Er faßt die Apk als ein Trostschreiben an die jüdischen Christen, drei Jahre vor dem Osterfest vor 70 geschrieben. Er benutzt außerdem die Rekapitulationshypothese und läßt in den Siegeln, Posaunen und Schalen dieselben Ereignisse von Tiberius bis zum jüdischen Krieg geweissagt sein. An der richtigen Deutung des Tieres mit seinen Häuptern auf das römische Imperium hält er fest, das tausendjährige Reich bezieht er auf die Zeit der Kirche von der Zerstörung Jerusalems an. H. hat (vgl. die Vorrede) eine erstaunliche Masse jüdischer Literatur gelesen und verwendet sein Wissen auf diesem Gebiet in sehr kritikloser Weise und nicht gerade zum Vorteil der Auslegung der Apk. Sein Werk ist eine wüste Stoffsammlung von Parallelen zur Apk aus der rabbinischen Literatur.

Ganz in den Bahnen von Abauzit wandelt Herder in seiner warm geschriebenen und dem poetischen Charakter des Werkes gerecht werdenden Auslegung[5] — In derselben Beschränkung deutet das in mancher Hinsicht immer noch interessante und lehrreiche Buch Hartwigs: Apologie der Apk wider falschen Tadel und falsches Lob 1780-83. Neben einem wieder aufgegebenen Versuch, die sieben Häupter auf die herodianische Herrscherfamilie zu beziehen, wird (außer der Deutung auf die Hohenpriester) die andre auf die römischen Kaiser zugelassen. Das tausendjährige Reich versteht H. in seinem eigentlichen Sinn; nur sucht er den Chiliasmus etwas abzuschwächen. — Diese Reihe von Auslegern beschließt dann Züllig (Offenbarung Johannis, Stuttgart 1834-1840, 2 Teile). Bei ihm gelangt die Methode auf den Gipfelpunkt der Verkehrtheit. Mit Harduin sucht er die sieben Gemeinden in Jerusalem; die sieben Häupter des Tieres sind die herodianischen Könige, der sechste Herodes von Chalcis, die Apk ist demgemäß zwischen 44 und 47 geschrieben. Doch ist in dem Kommentar von Züllig sehr viel Lehrreiches und Interessantes enthalten. Z. sucht die Apk durchaus von der Gedankenwelt des Spätjudentums aus zu verstehen und führt diesen Versuch — allerdings mit zu starker Heranziehung rabbinischer Parallelen — durch. Seine Einleitung über die Eschatologie des Judentums ist immer noch lesenswert. Es mag ferner hervorgehoben werden, daß er das tausendjährige Reich recht versteht und nach Oeder und Semler die Meinung vertritt, daß das Messen des Tempels seine Erhaltung bedeute. Auch das wird bei der neuesten Wendung, welche die Auslegung der Apk genommen hat, interessant sein, daß Züllig das Tier in Kap. 17 von dem in Kap. 13

unterscheidet und dieses letztere nicht zeitgeschichtlich, sondern endgeschichtlich auf das antichristliche Ungeheuer deutet. Auch vermutet er, daß in dieser Symbolik ostasiatischer Einfluß vorliege und verweist dabei auf die Gestalt des Leviathan. Auch die beiden Zeugen in Apk 11 deutet er endgeschichtlich.

Fußnoten:

1. Das Werk, das hier in Betracht kommt, ist nicht der die Echtheitsfrage behandelnde discours hist. sur l'apocalypse, sondern der essay sur l'apoc., oeuvres de feu M. Abauzit I. Genev. 1770.
2. In der Einzeldeutung von Apk sind beide vielfach von Grotius und Hammond abhängig.
3. J. J. Wetsteins libelli ad crisin atque interpretationem N. T. ed. J. J. Semler 1766. Sehr wertvoll sind Wetsteins Anmerkungen in der großen Ausgabe des neuen Testaments. (II 1752) s. auch seine Bemerkung (dort II 889ff.) de interpretatione libri Apoc.
4. An Harenberg lehnt sich J. C. Ulrich, kurze Einleitung und Erklärung der Offenbarung des Herrn Jesu an Johannem, Zürich 1762, an. Als Einleitung steht dem Werke eine Abhandlung von Harenberg selbst über die Abfassungszeit der Apk voran.
5. J. G. Herder, Μαρὰν ἀθά, Das Buch von der Zukunft des Herrn. Riga 1779.

18. Die Anbahnung der richtigen Auffassung der Apk.

Gegen Wetstein wandte schon Semler[1] ein, daß er dem Gesichtskreis der Apk zu enge Grenzen stecke. Er betonte, daß die Apk durchaus von dem Boden des Judentums aus und als ein Buch mit hervorragend judaisierendem Charakter zu verstehen sei. Daneben aber stellte er den durchaus richtigen Grundsatz auf: mala autem illa quae portenduntur, in gentes et Romanos idololatiae tutores praecipue valent. Er hat aber die Apk mehr bekämpft, als zur Deutung derselben im einzelnen beigetragen. In Corrodis kritischer Geschichte des Chiliasmus liegt ein verhältnismäßig vorsichtiger Versuch vor, die Apk nach den jüdisch-rabbinischen Schriften zu deuten, ferner eine ausführliche Verteidigung der Beziehung des Antichrist auf Nero. Auch die Deutung der zehn Könige auf die Parther vertritt er bereits (über Nero vgl. namentlich II 307ff.).

J. Sam. Herrenschneider[2] stellte endlich die Auslegung der Apk auf den Boden, den sie mit Alcasar fast schon erreicht hatte. An Herrenschneider lehnte sich dann Eichhorn[3] an. In bestimmtester Weise wird hier die Beziehung der Weissagung auf das römische Reich festgehalten. Nach dem Vorgang Corrodis wird das verwundete Haupt mit aller Bestimmtheit auf Nero redivivus bezogen. Auch die richtige Deutung von Apk 17, die Beziehung der zehn Hörner auf die mit Nero wiederkehrenden Parther, wird hier ausführlich vorgetragen. Nur zögernd allerdings betritt E. diesen Weg der Deutung; er meint, daß die Apk — nach ihm ein dramatisches Gedicht — diese Bilder nur poetisch verwerte, ohne daß der Verfasser im Ernst den Aberglauben seiner Zeit teile. Das tausendjährige Reich mißdeutet E. noch in alter Weise.

An Eichhorn schließen sich an: F. W. Hagen, Sieg des Christentums über Judentum und Heidentum, oder die Offenbarung Joh. übersetzt und erklärt 1795; S. G. Lange, die Schriften Joh. übersetzt und erklärt I. 1795; F. H. Lindemann, Joh. Offenbarung übers. u. m. e. Kommentar versehen nach dem Lateinischen des Herrn Eichhorn 1816; Fr. A. L. Matthaei, die Offenb. Joh. übersetzt und mit einer vollständigen Erklärung begleitet, 2 Thle. 1828; J. H. Heinrich, Apocalypsis perpetua annotatione illustrata 2. Vol. 1818. 21. (Band X von Koppes NT)[4]

Diejenigen Schriften, in denen dann endlich die Erklärung der Apk einen gewissen Abschluß fand, sind: Bleek, Beiträge zur Kritik und Deutung der Offenbarung Johannes, Berlin. theol. Ztschr. II. 1820, 240-315; Beiträge zur Evangelienkritik 1846; Vorlesungen über die Apk von Hoßbach herausgegeben, Berlin 1862; Ewald, commentarius in apoc. Joannis 1828; die johanneischen Schriften B. II. Göttingen 1862. de Wette, kurze Erklärung der Offenbarung Joh. 1848[1], 1854[2], 1862[3]; Lücke, Versuch einer vollständigen Einleitung in die Offenbarung Joh. 1832[1], 1852[2]; Volkmar, Kommentar zur Offenbarung Joh. Zürich 1862. — Alle diese Kommentatoren gehen von der entscheidenden Beobachtung aus, daß Apk 11 von der Erhaltung des Tempels die Rede ist[5]. Demgemäß muß die Apk, von deren Einheit man überzeugt ist (s. u.), vor der Zerstörung Jerusalems geschrieben sein. Man erkennt richtig, daß die Apk im wesentlichen sich gegen Rom richtet, man hält an der Nerodeutung fest und geht mit der Zählung der sechs Häupter entweder bis Galba, oder mit Überspringung des Interregnums bis Vespasian. Auch die Beziehung von Apk 16 auf die Parther hat man meistens erkannt. Daß Apk 11 und 20 richtig gedeutet werden, braucht wohl kaum erwähnt zu werden. Man hat endlich den Boden erreicht, auf dem man die Apk verstehen kann. Die vorzüglichste Darstellung der Gesamtauffassung gibt de Wette[3] p. 7. „Als den Hauptfeind der christlichen Kirche sah er (der Apokalyptiker) das von der römischen Weltmacht unterstützte, von Priester- und Gaukler-Künsten aufrecht erhaltene Götzentum an, während ihm die Feindschaft der Juden als eine untergeordnete und leicht zu überwindende schien. Der Eindruck der neronischen Verfolgung ist bei ihm noch ziemlich frisch und in Verbindung mit dem Volksglauben, daß dieser Christenverfolger noch lebe und bald als vollendeter Widerchrist wiederkehren werde, die Haupttriebfeder seiner prophetischen Hervorbringung“.

Überdies wurde durch die übereinstimmend von C. F. A. Fritzsche[6], F. Benary[7], F. Hitzig[8], E. Reuß (vgl. Hltzm.[2] 297)[9] erkannte Deutung der Zahl 666 auf קֵסַר נְרוֹן die Beziehung der Apk auf Nero endgültig sichergestellt. Bleek und de Wette blieben freilich bei der Deutung Λατεῖνος, Ewald[3] gab in I die Deutung קֵיסַר רוֹם = 616 bekannte sich aber in II zu der Deutung auf Nero unter Verweisung auf die syrische Schreibweise קְסַר.

Somit ist diejenige Deutung erreicht, welche man, die Einheitlichkeit der Apk vorausgesetzt, eine abschließende nennen kann.

Auch Düsterdieck 1. bis 4. Auflage (1859-1887) dieses Werkes schließt sich im großen und ganzen an die genannten Forscher an. Nur wehrt er die ganze Beziehung auf Nero redivivus als eine der Apokalypse unwürdige Phantasie ab, greift in der Deutung des Kap. 13 auf Grotius zurück und bezieht Kap. 17 teils auf die Herstellung des Reiches durch Vespasian, teils als eine Weissagung auf Titus und Domitian. Hier sind ferner[10] noch etwa zu nennen: Rinck, apokalyptische Forschungen, Zürich 1853; H. Böhmer, die Offenbarung Johannes, Breslau 1866 (B. lehnt sich durchweg an Grotius an); E. Böhmer, de apoc. Joannea ex rebus vatis aetate gestis explicanda. Dissert. Hal. 1854; Kienlen, commentaire historique et critque sur l’Apoc. de Jean 1870; vgl. ferner die populären Darstellungen: E. O. Schellenberg, d. Offenb. Joh. 1867; Manchot d. Offenb. Joh. 1869; W. Beyschlag, d. Offenb. 1876; Lindenbein, die Offenbarung Johannis 2. Aufl. 1895 (populäre Auslegung in Anlehnung an Düsterdieck). Von katholischen Gelehrten ist hier etwa noch zu nennen der Deutsche d’Allioli (in französischer Übersetzung erschienen Paris 1868), der Italiener Antonio Cerese, l’apocalisse o Revelatione dei destini et del corso storico del genere 1869-71, der Franzose Rohrbacher (vgl. über diese Chauffard). Unter den englischen Gelehrten hält, soweit ich sehe, F. D. Maurice (Lectures on the apocalypse. Cambridge 1861) bei größter Abschwächung derselben doch an der geschichtlichen Methode fest. Alford nennt in seinem Kommentarwerk (p. 246; s. u.) nur Moses Stuart (a commentary on the apocalypse. Andover 1845), Davidson und Desprez (England) als Vertreter dieser Auslegungsmethode. Im allgemeinen herrscht gerade in der englischen Literatur noch die phantastische wilde Exegese vergangener Zeit. — Löhr, die Offenbarung Johannes 1890, ist eine Vermischung zeitgeschichtlicher und kirchengeschichtlich-spiritualisierender Auslegung. P. Langer, die Offenbarung d. Ap. Johannes. Trier 1897, sieht in der Apk die Überwindung des Judentums und des Heidentums geweissagt.

Fußnoten:

1. In der Herausgabe von W.s Werk s. o. 103,2.
2. Tentamen apocalypseos a capite 4 usque ad finem illustrandae, akademische Inauguraldissertation, Argent. 1786 (mir nicht zugänglich).
3. Commentarius in apoc. Jo. Göttingen 1791. 2 vol.
4. Nach de Wette[3] 24. Von Eichhorn ist auch Hallenberger, Historiske Anmärkinger öfver Uppenbarelse Boken, Bandet 1-3, Stockholm 1800, abhängig. Mit den im vorigen Abschnitt genannten Auslegern hat er die Heranziehung reichen jüdischen Materials zur Erkl. der Apk gemein.
5. So Bleek nach dem Vorgang von Storr, Oeder, Semler, Corrodi.
6. Annalen d. gesamten theol. Lit. 1831. III 1, 42-64.
7. B. Bauers Ztschr. f. spekul. Theol. I 1836. 205f.
8. Ostern u. Pfingsten 1837 S. 3. Hitzig sprach Benary die Priorität ab, dagegen Benary, Haller allgem. Literaturzeit.: Intelligenzblatt. Aug. 1837. 428. — Vgl. Reuß ebenda Sept. 520.
9. Ewald behauptet, die Nerodeutung schon 1828 gekannt zu haben. (Johanneische Schriften II 263).
10. Vgl. zu der folgenden Literatur den Handkommentar von Holtzmann, ferner L'apocalypse et son interprétation par A. Chauffard 1888-90. B. I. examen critique. (Hier liegt nur ein Überblick über moderne katholische Literatur vor). Wer sich für englische Literatur interessiert, den verweise ich auf Elliotts Horae apocalypticae, Bd. IV 276-528.

19. Moderne Vertreter veralteter Auslegungsmethoden.

Es möge noch eine kurze Übersicht folgen über diejenigen Werke, die sich noch immer auf andern veralteten Bahnen der Auslegung bewegen. Ich nenne hier freilich nur noch solche, die wegen der Persönlichkeit ihres Verfassers Interesse verdienen oder die durch ihr gelehrtes Material besonders ausgezeichnet sind. Die Zahl der Auslegungen alten Stils, namentlich in England und Amerika, ist Legion und vermehrt sich noch alljährlich.

Von einer Reihe von Kommentatoren wurde bis in die Neuzeit die weltgeschichtliche oder kirchengeschichtliche Deutung der Apk festgehalten. Hier ist vor allem Hengstenberg, die Offenbarung Johannis 1849-51, 2. Aufl. 1861, zu nennen. Hengstenberg rechnete das tausendjährige Reich von der Bekehrung der Deutschen (19,11ff.) bis zur Aufhebung des deutschen Reiches und sah 1848 die Zeiten Gogs und Magogs (Demagog!) anbrechen. Ebrard (1853 in Olshausens Kommentarwerk) hielt noch immer an der antipapistischen

Deutung fest. In England hat gegenüber der um sich greifenden von Deutschland herübergekommenen zeitgeschichtlichen Betrachtung der Apk und gegenüber der — namentlich durch Maitland aufkommenden — endgeschichtlichen Auslegung, die wegen ihrer Abweisung der antipapistischen Deutungen bei den katholisierenden Bestrebungen in der Mitte des vorigen Jahrhunderts kirchenpolitische Bedeutung gewann, E. B. Elliott in seinem vierbändigen Riesenwerk, Horae apocalypticae 1851, die altprotestantische, antipapale Deutung der Apk erneuert. Holtzmann² 286 nennt als seine Nachfolger: Garratt, commentary on the revelation 1866, 1878²; Huntingford, the apocalypse 1881. Diese Art Auslegung scheint unter den englischen Kommentatoren noch immer die herrschende zu sein (vgl. Madsen, Johannes' Aabenbaring 233).

Es ist aber doch mit Freuden zu begrüßen, daß wenigstens unter den deutschen Vertretern der „gläubigen" Bibelauslegung die unbefangen weltgeschichtliche Deutung mehr und mehr an Boden verliert, ja gänzlich verschwindet. So vertrat bereits Auberlen gegenüber aller weltgeschichtlichen Ausdeutung (der Prophet Daniel und die Offenbarung Johannes 1854, 1874³) die „reichsgeschichtliche" Deutung, d. h. er will in der Apk nur die Hauptwendepunkte der Kirchengeschichte, nicht geschichtliche Einzelheiten geweissagt finden. Ihm folgten Christiani, übersichtliche Darstellung des Inhalts der Offenbarung Johannis 1861; Luthardt, die Offenbarung Johannes 1861; Bruch, die Zeichen der letzten Zeit; Grau, Bibelwerk 1880; Otto de la Croix, die große Babylon der Offenbarung Johannis 1882; Ittameier, Beiträge zum Verständnis der Offenbarung Johannes, 1880; Madsen, Johannes' Aabenbaring, Kopenhagen 1887 (wertvoll ist hier die Geschichte der Auslegung S. 173ff.). Auf dem Übergang etwa von einer verschämt kirchengeschichtlichen Auffassung zur reichsgeschichtlichen steht J. Chr. K. v. Hofmann (Weissagung und Erfüllung II 1844, 300-378; Schriftbeweis II² 664ff. Vgl. E. v. Lorentz, die Offenb. St. Joh. nach den Vorlesungen Hofmanns f. d. Verst. d. gläub. Gem. bearb. 1896.), der (wie auch schon Ebrard, Luthardt) sich zugleich der endgeschichtlichen Auslegung zuneigte und eine künstliche Rekapitulationstheorie entwickelte. An Hofmann schließt sich Füller an (die Offenbarung Johannis 1874). Charakteristisch für diese Reihe von Auslegern ist auch dies, daß die meisten von ihnen (gegen die Augustana) an der chiliastischen Deutung der Apk festhalten, also das 1000jährige Reich in der Zukunft erwarten. — Zu den Vertretern dieser Methode kann man von den englischen Kommentatoren noch Alford rechnen, the New Greek Testament IV. 2. ed. 2. Cambridge 1884 (mit vortrefflichem Einleitungs- und reichem textkritischen Material). Er vertritt eine gewisse Rekapitulationstheorie, ist sehr sparsam mit weltgeschichtlichen Ausdeutungen und bekennt manches nicht zu wissen. Doch deutet er noch immer das erste Tier in Kap. 13 auf das gesamte römische Reich, das zweite auf das Papsttum.

Der endgeschichtlichen Auslegung hat dann namentlich Kliefoth[1], die Offenbarung Johannis 1874, Bahn gebrochen. Hierher gehören die Kommentare von Burger, Langes Bibelwerk, 2. Aufl. 1878; Beck, Erklärung der Offenbarung 1-12. 1883[2]. Bemerkenswert ist es, daß Kliefoth auch wieder jede chiliastische Deutung der Apk ablehnt. Hier ist endlich auch Th. Zahn, Z. W. L. 1885. 1886 und Einleitung in d. N. Test. II² 1900 zu nennen. Auch unter den katholischen Gelehrten wurde diese Methode wieder aufgenommen, so von Stern (unter Berufung auf Viegas): commentaire de la révélation de l'apôtre Jean, Schaffhouse 1854; Bisping 1876; Krementz 1883; Waller 1884 (nach Holtzmann) und Abbé Drach (nach Chauffard)[3]. In England hat Maitland (1826. 1829f., vgl. Elliott, Horae ap. IV 523) der endgeschichtlichen Auslegung Bahn gebrochen. Elliott betrachtete das als eine Tat von kirchenpolitischer Bedeutung und machte sich auf, den gefährlichen Gegner zu widerlegen. Nach Maitland sind etwa Burgh (Elliott IV 523) und Todd, Williams (Alford 248) zu erwähnen. — Eine merkwürdige zwischen zeitgeschichtlicher und endgeschichtlicher Deutung vermittelnde Stellung nimmt Kübel ein: Z. W. L. 1881 285ff., 1883 337ff. 406ff. 468ff. 561ff. und Handkommentar von Strack-Zöckler, Neues Test. B. IV. 1888.

Fußnoten:

1. Gegen ihn Christiani, Bemerkungen zur Auslegung der Apk 1868; zur Auslegung der Apk 1875. Vgl. Volck, der Chiliasmus seiner neuesten Bekämpfung gegenüber 1869.
2. Als Kuriosa verdienen Erwähnung der endgeschichtlich und tendenziös welfisch gehaltene Kommentar von L. Harms, die Offenb. St. Johannes 1873 und der Schlüssel zur Offenbarung von W. Stärkel, in dem das bekehrte Israel als der Träger der Zukunft der Kirche geweissagt ist (3. Aufl. 1890).
3. Sonst scheint in der katholischen Kirche, soweit aus dem Überblick bei Chauffard zu ersehen ist, eine wilde phantastische Exegese zu herrschen. Hier wirkt vor allem der Einfluß von Joachim von Floris Kommentar noch immer nach. Wir finden hier das charakteristische Periodensystem, die kirchengeschichtliche Deutung der Gemeindeschreiben, die Deutung des Vierten Zeichens auf Muhamed, die Deutung des sechsten Zeichens auf den künftigen Ruhestand der Kirche, das Festhalten an der Idee des tausendjährigen Reiches; vgl. La Font Sentenac, le peau de l'Apocalypse et la signification de prophéties,

qu'elle contient. Chauffard selbst in Anlehnung an einen älteren Kommentar von Holzhauer (übersetzt in l'interprétation de l'Apoc. 2. Vol. Paris 1856) verbindet mit der Periodendeutung die endgeschichtliche. Ein künstliches synchronistisches System entwickeln Bickel und Rohling, le passé présent et l'avenir de l'église d'après la révélation de St. Jean 1873. Kirchengeschichtlich deutet Rougemont, la révélation de St. Jean 1866.

20. Die literarkritische Methode.[1]

Die alte Kritik der Apk von Grotius-Hammond wurde von Vogel (commentationes VII de apoc. Joann. Erlang. 1811-16; mir unzugänglich) wieder aufgenommen. V. schied die Apk in vier Stücke: 1,1-8; 1,9-3,22; 4-11; 12-22, und ließ diese durch den Presbyter Johannes zusammengearbeitet sein. — Gegen Vogel wandte sich Bleek, Beitrag zur Kritik und Deutung der Offenbarung Johannes, Berl. theol. Ztschr. II, 1820, 240ff., nahm jedoch seinerseits an, daß der erste Teil 4-11 vor der Zerstörung, der zweite nach derselben geschrieben sei. Bleek fußte vor allem auf dem Mangel der Verbindung zwischen Apk 11 und 12. Bleek widerrief dann diese Meinung in den Beiträgen zur Evangelienkritik, Berlin 1846, S. 81; Stud. und Krit. 1855, 220ff.[2]

Nachdem so die Versuche der Quellenscheidung in der Apk von ihrem eignen angesehensten Vertreter aufgegeben waren, stand die literarische Einheit der Apk lange Zeit als Axiom fest, und man konnte sich kaum genugtun in der Bewunderung der Planmäßigkeit und Einheitlichkeit der Apk.

Da trat plötzlich Völter — nach Anregungen seines Lehrers Weizsäcker (vgl. Theol. Lt. Zt. 1882 78f.) — mit einer bis ins einzelne gehenden Quellenscheidung der Apk auf und verteidigte dieselbe, allerdings unter fortwährender Abänderung und weiterem Ausbau, in einer ganzen Reihe von Schriften[3]. In einem wichtigen Punkt ist V. sich von Anfang an gleich geblieben: in der Rekonstruktion der apok. Grundschrift, die nach ihm aus den Abschnitten 1,4-6; 4,1-5,10; 6,1-17; 7,1-8; 8-9; 11,14-19; 14,1-3.6f.; 18,1-19,4; 14,14-20; 19,5-10 besteht. Diese Apk stammt aus der ersten Hälfte der sechziger Jahre (jetzt: 65). Vlt. wurde also in erster Linie darauf aufmerksam, daß in 14,14-20 scheinbar der Abschluß einer Apk gegeben sei. Er zog deshalb zwar noch Kap. 18; 19,1-10 zu seiner Grundschrift hinzu, stellte jedoch 14,14-20 zwischen 19,1-4 und 5-10. Ferner bemerkte er richtig, daß wenn irgendwo, so in Kap. 7 bei den beiden divergierenden Abschnitten (7,1-8.9-17) die Quellenscheidung ihr Recht habe, und schied aus seiner Urapokalypse 7,9-17 aus. Er wurde endlich darauf aufmerksam, daß 10,1-11,13 sich empfindlich störend zwischen die sechste und siebente Posaune einschoben. Über die nach dieser Grundschrift auf einander folgenden Bearbeiter hat V. sehr verschieden geurteilt. In der letzten Bearbeitung der Frage hat er den weitaus größten Teil außer der Grundschrift einem selbständigen Werke des Ketzers Cerinth vom Jahre 70 zugesprochen, dem er nun auch die früher von ihm als Nachtrag bezeichneten Stücke 10,1-11,13; 17,1-18 und vom früheren (zweiten) Bearbeiter die Kap. 15-16; 21,9—22,6 zuwies. Die Johanneische Urschrift (von Johannes Markus) und das Werk Cerinths sind dann durch einen Redaktor unter Trajan, der namentlich Kap. 13 selbständig schrieb, [666 nach V. = תריון] zusammengearbeitet. Endlich hat ein Redaktor unter Hadrian die Sendschreiben hinzugefügt. In seiner letzten Bearbeitung des Problems hat V. also sein ursprüngliches Schema — „Grundschrift und allmähliche Überarbeitung" — zu Gunsten einer anderen Grundauffassung — „Quellenschriften und ein Redaktor" — verlassen. Da V. sich in seinem Vorwort der Hoffnung hingibt, das apokalyptische Problem nunmehr seiner endgültigen Lösung entgegenzuführen, darf man vielleicht erwarten, daß er uns künftig nicht mehr mit einer allerletzten Lösung überrascht. Ich gebe eine Tabelle der Quellenverhältnisse nach seiner letzten Schrift.

Voelters Quellenscheidung nach seinem Werk von 1904.

Apk des Johannes Markus[1]	Apk des Cerinth[1]	Redaktor aus Trajans Zeit	Überarbeiter aus Hadrians Zeit
1_{4-8}		1_{7-8}	1_{1-3}
			$1_{9}-3_{22}$
$4_{1}-5_{10}$*		5_{6}^{b*}, $_{11-14}$	
$6_{1}-7_{8}$		7_{9-17}	
$8-9$	10_{1-11}		
	17_{1-18}		
11_{14-19}	11_{1-13}		
	13_{1-18}	12_{11}	
		$12_{16(17)}-13_{18}$	
$14_{1-3,\ 6-7}$		$14_{4-5,\ 9-12}$	14_{13}
	$15_{5-6,\ 8}$	$15_{1-4,\ 7}$	
	16_{1-21}	$16\ (_{13}),\ _{19^{b}}$	16_{15}
		$17_{14,\ 16,\ 17}$	
$18_{1}-19_{4}$			
14_{14-20}			
$19_{5-10^{a}}$			$19_{10^{b}}$
	$19_{11}-21_{8}$		
	$21_{9}-22_{6}$	21_{14}. 21_{22-27}	
		$22_{1-2,\ 8-9}$	$22_{7,\ 10-20}$

Meisterhaft ist die Kritik Weizsäckers, die er im apostolischen Zeitalter 1886[1] 1892[2] niederlegte. Wzs. ging im wesentlichen von der Beobachtung aus, daß in dem harmonischen Aufbau der eigentlichen Apk — abgesehen von Anfang und Schluß und den Sendschreiben — mit seinem dreimal sich wiederholenden

Siebenzeichen sich einzelne Stücke störend einschieben. Schon in Kap. 7 sei dies der Fall, dann aber gehörten vor allem Kap. 11,1-13 mit seiner Einleitung Kap. 10, Kap. 12-13 und 17 hierher. Diese Stücke verschiedenartigen Ursprungs seien gleichsam in die Apk eingearbeitet. 12,1-11 und 12-17 hätten ursprünglich nicht zusammengehört; auch auf den Widerspruch der Deutung der 144000 7,1-8 und 14,1-4 macht Wzs. aufmerksam, ferner auf die in Kap. 13 und 17 vorliegende Doublette, auf die Wiederholungen 11,19 und 15,5, die überaus künstliche Komposition von 14,6-13, das Ausbleiben des dritten Wehes, den Widerspruch zwischen 17,16 und 18,9 (?), die Antizipation des Tieres aus dem Abgrunde 11,7, die antizipierte Gestalt des Drachen 12,3, — alles wesentliche und meist richtige Beobachtungen von bleibendem Wert. Die einzelnen Stücke datiert Wzs. folgendermaßen: 7,1-8 aus den Jahren 64-66, 11,1-13 aus dem Anfang des jüdischen Krieges, 12,1-10 um die Zeit des Auszugs der Christen aus Jerusalem, 13 unter Vespasian, 17 unter Domitian. Die Spuren spätester Zeit findet er in den Sendschreiben. In Wzs.s kurzer Ausführung ist m. E. der Keim zu einem richtigen Verständnis der Apk enthalten.

In demselben Jahre aber erschien von ganz andrer Seite und mit andern Gesichtspunkten eine Arbeit, welche die ganze Frage mit einem Schlage in Fluß brachte. Eberhard Vischer[6] (unter Zustimmung seines Lehrers Harnack) ging von dem Nachweis aus, daß die entscheidenden Kapitel der Apk 11 und 12 nur unter der Voraussetzung jüdischen und nicht christlichen Ursprungs zu verstehen seien. Die Hoffnung, daß der Tempel in Jerusalem erhalten bleiben werde, die Erwartung zweier Zeugen vor der Wiederkunft des Messias seien jüdisch und nicht christlich. Kap. 12 berichte von einer vorläufigen Geburt des Messias (im Himmel) am Ende der Dinge und nach der siebenten Posaune. Das könne ebenfalls nur vom Boden des Judentums aus verstanden werden. Für die Idee eines doppelten Erscheinens des Messias wies Vischer außerdem eine jüdische Parallele nach. Auf Grund dieser Beobachtungen und bei der Überzeugung von der literarischen Einheit der Apk — Vischer verweist mit vollem Recht auf den im ganzen Buche herrschenden gleichen Sprachcharakter — schloß Vischer dann, die Apk sei eine wesentliche jüdische Schrift. Nur das spezifisch Christliche in ihr müsse als eingearbeitet betrachtet werden. Dahin gehörten ihm natürlich die Kap. 1-3, ferner 5,9-14; 7,9-17; 11,8b; 12,11; 13,9-10; 14,1-5.12-13; 15,3; 16,15; (17,6); 17,14; 19,9-10.11.13; 20,4-6; 21,5b-8; 22,6-21 und eine Reihe von einzelnen Wendungen: das häufig in der Apk vorkommende ἀρνίον wurde systematisch getilgt u. s. w. — Die Arbeit Vischers war ein genialer und glücklicher Wurf und hat, wie schon gesagt, unleugbar das Verdienst gehabt, die ganze Frage in Fluß zu bringen. Doch war es, wenn man den Verlauf der Entwicklung der Kritik übersieht, vielleicht nicht ganz glücklich, daß hier gleich am Anfang derselben als entscheidendes Kriterium die Frage, ob und wie weit die Apk jüdisch oder christlich sei, aufgeworfen wurde, eine Frage, deren Beantwortung nicht so einfach ist, wie sie aussieht, und die nach meiner Meinung erst ganz zum Schluß der Untersuchung erhoben werden darf. Es ist ferner zu bedauern, daß bei der Arbeit Vischers die Kontinuität der Untersuchung nicht gewahrt blieb und die absolute literarische Einheit der Apk für Vischer das Axiom ist, mit dem er an einem wichtigen Punkt seiner Kritik einsetzt. Die Annahme, daß die ganze Apk eine jüdische Schrift sei, aus der sich die christlichen Interpolationen noch beseitigen ließen, hat Vischer nur mit der größten Gewalttätigkeit an einigen Stellen durchführen können. Auch läßt sich nicht sagen, daß es V. gelungen wäre, seine These hinsichtlich der Kap. 11 und 12 ganz sicher zu stellen. Hinsichtlich Kap. 11 ist V.s Beweis in keiner Weise zwingend, und bei Kap. 12 wird die Sachlage durch die Zunahme jüdischen Ursprungs doch nicht viel klarer.

Jedenfalls aber hat V.s Arbeit die folgenden Forscher mächtig angeregt. Sie brachte eine neue Fragestellung und setzte neue Mittel zur Lösung des Problems in Bewegung. Im Grunde liegen bei Vischer die ersten Keime der religionsgeschichtlichen Methode vor, die sich dann erst in allerneuester Zeit entwickeln sollte.

Unmittelbar an Vischer schlossen sich an: Iselin in der (mir nicht zugänglichen) theol. Zeitschr. a. d. Schweiz 1887 (apokalyptische Studien), der den Nachweis versuchte, daß die hebräische Grundschrift unsrer Apk. dem Verfasser der späten syrischen Esraapokalypse noch vorgelegen habe; ein Anonymus (*) der Z.A.T.W. 1886, 167-71, der in einer sehr leichtfertigen Untersuchung die hebräische Grundlage der Apk für einige Stücke herzustellen suchte; Rovers (Th.T. 1887, 616-34, apokalyptische Studien 1888), der in einem Referat über die verschiedenen aufgetauchten Hypothesen (Vlt., Wzs., Sabatier) Vischer im wesentlichen zustimmte, jedoch mit einigem Bedenken gegen die literarische Einheit der Apk.

In demselben Jahr und unabhängig von Vischer erschien Weylands Versuch[7]. — Weyland findet in der Apk zwei jüdische Quellen. Die erste א ist nach ihm unter Titus geschrieben, die zweite (zeitlich frühere) ב unter Nero nach der Niederlage des Cestius Gallus. Der christliche Redaktor fügte die Sendschreiben, Anfang und Ende und eine Reihe von Interpolationen hinzu. In Weylands Arbeit sieht man deutlich den Einfluß Völters. Der christliche Redaktor bekommt bei W. etwa dieselben Stücke wie, bei Vischer (Kap. 16 ist von ihm aus א und ב kompiliert). Mit Vischer geht Weyland in der Annahme eines im wesentlichen jüdischen Grundelementes der Apk. Gegenüber der früheren Annahme Vlt.s einer allmählichen Überarbeitung einer Grundschrift stellt W. zum ersten Mal (vgl. den Titel seiner Schrift) die Quellentheorie auf. Er vereinfacht außerdem Vlt.s verwickeltes kritisches System in wohltuender Weise.

Weylands Quellenscheidung:

jüdische Quelle א	jüdische Quelle ב	der christl. Red.
$1_{10.\ 12-17.\ 19}$		$1-3$
$4-6$		(5_{6-14})
$7_{1-8.\ 9-17}$		
$8-9$		9_{18}
	$10_{1}-11_{13}$	10_{7}
11_{14-19}		$11_{8^b.\ 19}$
	$12_{1-10.\ 12-18}$	$12_{11.\ 17^c}$
	13	
14_{2-5}	14_{6-11}	$14_{1.\ 4-6.\ 12-13}$
15_{5}	15_{2-4}	$15_{1.\ 6-8}$
16_{17^b-20}	$16_{13.\ 14}$	$16_{1-17^a.\ 21}$
14_{14-20}		
$17-18$		17_{14}
19_{1-6}	19_{11-21}	$19_{7-10.\ 13^b}$
	20	
21_{9-27}	21_{1-8}	$21_{9^a.\ 14^b}$
$22_{1-11.\ 14-15}$		$22_{7^a.\ 12-13.\ 16-21}$

Ähnlich, nur bedeutend einfacher als Weyland, urteilt O. Holtzmann[10]. Nach ihm ist in der Apk eine jüdische Grundschrift aus der Zeit nach Neros Tod verarbeitet. Diese selbst aber war schon nicht mehr einheitlich, sondern hatte in sich eine Apk aus Caligulas Zeit (Γάϊος Καῖσαϱ: 616), bestehend aus 13; 14,6-13 aufgenommen.

Wieder mehr zu Wzs. zurücklenkend, faßte dann Sabatier[11] die Apk als ein im wesentlichen einheitliches christliches Werk, in das jüdische Stücke eingearbeitet seien. Als solche gelten 11,1-13; 12-13; 14,6-20; 16,13.14.16; 17,1-19,2: 19,11-20,10; 21,9-22,5. Kap. 10 ist vom Apokalyptiker zum Zweck der Einarbeitung von 11,1-13 dem ursprünglichen Zusammenhang hinzugefügt.

Schön[12] gibt sein Urteil ganz im Anschluß an seinen Lehrer Sabatier, beschränkt aber die jüdischen Stücke auf 11,1-13; 12,1-9; 13; 18. Kap. 10 [13]ist nach ihm Einleitung zu 11,1-13, Kap. 17 zu 18; außerdem hat der Apok. bei der Einarbeitung der Stücke noch eine Reihe kleinerer Klammern angebracht.

Ich glaube, daß diese Anschauung, die wir im Gegensatz zur Kompilations- (Quellen) und zur Umarbeitungs-Theorie die Fragmentenhypothese nennen wollen, in allererster Linie Berücksichtigung verdient, vor allem, weil sie den beiden Beobachtungen gerecht wird, dem einheitlichen Eindruck, den die Apk als Ganzes immer wieder macht, wie der ebenso mächtig sich aufdrängenden Beobachtung, daß in der Komposition der Schrift unheilbare Risse Vorliegen[14].

Eine durchgeführte Quellentheorie ist endlich diejenige Spittas (Offenbarung des Johannes 1889). Sp. folgt einer leider gleich von vornherein unglücklichen Generalidee. Er glaubt in den dreifachen Siebenzeichen die Spuren von drei Quellen gefunden zu haben. Die „Siegelquelle" stammt aus der Feder des christlichen Urapokalyptikers, dem Sp. auch die sieben Sendschreiben zuwies in schroffem Gegensatz zu Vischer, Völter, Weyland, die sämtlich die sieben Briefe dem letzten Redaktor des Buches zusprachen. Die christliche Urapokalypse (U) ist bald nach 60 geschrieben. Daneben stehen zwei jüdische Quellen: 1) die Posaunenquelle J^1: aus der Zeit Caligulas (Γάιος Καῖσαϱ = 661); 2) die Schalenquelle J^2 (nach Sp. aus der Pompejuszeit!). Ein christlicher Redaktor hat dann unter Trajan die verschiedenen Quellen vorsichtig und fast ohne sie zu verletzen zusammengeleimt. Es ist zu bedauern, daß Sp.s scharfsinnige Hypothese eine Unmöglichkeit als Grundlage hat, nämlich die Annahme der Existenz dreier Apokalypsen mit je einer Siebenzahl von Zeichen, und in einer Unmöglichkeit gipfelt: der Erklärung der kunstmäßigen Anlage der Apk durch einen Zufall. Dennoch ist Sp.s Arbeit reich an neuen wertvollen Gesichtspunkten und umfassendem Material zur Auslegung des Einzelnen. Wertvoll ist vor allem seine Verteidigung des christlichen Charakters von 4-6. Beachtenswert ist seine Behauptung, daß mit Kap. 6 ein starker Einschnitt in der Apk. gegeben sei, und sein Versuch, in Kap. 1-6 eine zusammenhängende Quelle zu finden, bestechend die Verweisung des Kap. 13 in die Zeit des Caligula[15].

Spittas Quellenscheidung:

U	J^1	J^2	R
$1_{4-6.\,9-19}$			$1_{1-3.\,7-8.\,20}$
$2_1-3_{22^a}$			
$4-6$			$4_1.5_{5^b.6^b(9)}(6_{16})$
$8_1.\ 7_{9-17}$	7_{1-8}		
	8_2-9		$9_{9.\,15^b}$
	$10_{1^a.\,2^b.\,3.\,5-7}$	$10_{1^b.2^a.8^a.9^b.10-11}$	$10_{4.\,8^b.\,9^a}$
		11_{1-13}	$11_{7^b.\,8^b}$
	$11_{(15.)\,19}$	$11_{16.\,17.\,18}$	$11_{14.\,16}$
	12_{1-17}		$12_{6.\,11}$
	$12_{18}-13_8$		$13_{3^a.\,4^b.\,5^b.\,7^a}$
	13_{11-18}		$13_{9-10.\,18^a}$
	$14_{1-2^a.\,4^b-7.\,9.\,10^b.\,11^a}$	14_{14-20}	$14_{2^b-4^a.\,8.\,10^a\,11^b-13.\,17}$
		$15_{2-6.\,8}$	$15_{1.\,7}$
	$16_{13.14.16.17^b-20}$	$16_{1-12.\,17^a.\,21}$	16_{15}
		17_{1-6^a}	17_{6^b-18}
		18_{1-23}	18_{24}
$19_{9^b.\,10}$	19_{11-21}	19_{1-8}	$19_{4.\,8^b.\,9^a.\,15}$
	$20_{1-3.\,8-15}$		20_{4-7}
	$21_{1.\,5^a.\,6^a}$	$21_9-22_{3^a.\,15.}$	$21_{2-4.\,5^b.\,6^b-8}$
$22_{8.\,10-13.\,16^a.\,17.\,18^a.\,20^b-21}$			$22_{3^b-7.\,9.\,14f.\,16^b.\,18-20^a}$

Schmidt[17] treibt die Kompilationstheorie auf die Spitze. Er unterscheidet in dem Buch drei von einander unabhängige Stücke: 4,1-7,8; 8,2-11,15 (Einschub 10,1-11,13); 12,1-22,5 (Einschub 14,6-20; 17,1-19,5). Diese drei (resp. fünf) Stücke wurden dann nebst den für sich existierenden Sendschreiben von einem Redaktor zusammengearbeitet.

Erbes[18] vertritt im wesentlichen die Überarbeitungshypothese. Er kennt eine apokalyptische Grundschrift, welche sich so ziemlich mit der Grundschrift Vlt.s deckt. Die Grundschrift ist christlich und vor der Zerstörung Jerusalems geschrieben. Kap. 11ff. findet Erbes eine Weissagung der Zerstörung des Tempels. In diese Grundschrift ist eine Caligulaapokalypse (12,1-13,18; 14,9b-12) eingearbeitet. Ein Bearbeiter um ca. 80[19] hat dann die Apk an vielen Punkten umgearbeitet und die Schlußpartien hinzugefügt. Erbes stützt seine Hypothese von der Grundschrift der Apk wesentlich durch den erwägenswerten Gedanken, daß nach 10,7 auf die siebente Posaune das Ende bald folgen müsse und in 14,14-20 in der Tat gegeben werde.

Erbes Quellenscheidung:

Caligulaapok.	Apk 62	Apk 80
	1_{4-19}	$1_{1-3.\ 20}$
	$2-3^{4}$	
	4	
	5_{1-10} $({}_{11-14}?)$	
	6	
	$7_{1-8.\ 9-12}$	$7_{4-8.\ 13-17}$
	$8-11$	$9_{12}.\ 11_{14}$
$12_{1}-13_{18}$		
$14_{9}^{b}-{}_{12}$	$14_{1-7.\ 13-20}$	$14_{8.\ 9}^{a}$
	15_{2-4}	15_{1}
		$15_{5}-19_{4}$
	19_{5-9}^{a}	$19_{9}^{b}-20_{10}$
	20_{11-15}	
	21_{1-4}	$21_{5}-22_{2}$
	22_{9-25}	

Im Jahre 1894 erschien die von der Teylerschen theologischen Gesellschaft preisgekrönte Arbeit von Chr. Rauch, die Offenbarung des Johannes. Rauchs Verfahren ist ein mehr kompilatorisches. Er folgt vor allem Weyland; es sind aber auch Einflüsse der Arbeiten Weizsäckers, Schöns, Sabatiers und Spittas nachzuweisen. Nach Rauch ist die Apk im großen und ganzen das Werk eines jüdischen Apokalyptikers ca. 62, dessen eigne Weissagung etwa der Quelle א bei Weyland entspricht. Dieser Apokalyptiker hat aber bereits fünf ältere Fragmente in sein Werk verarbeitet (Fragmentenhypothese), darunter zwei Fragmente (a:

10 (teilweise) 11,1-13; 12,1-17; b: 10 (teilweise) 12,18; 13; 16,13-16) aus der Caligulazeit (Spitta!), eines (17,1-19,6; 21,9) aus dem Jahr 53. Ein Redaktor unter Titus hat dann der jüdischen Grundschrift durch geringe Zusätze einen christlichen Charakter verliehen und die Sendschreiben hinzugefügt. — An Rauch schließt sich zum guten Teil Brückner, Protest. Kirchenzeitung 1896, 653-657, 680-685, 703-710, 733-736 an.

In meiner ersten Bearbeitung dieses Buches[21] habe ich mich bemüht, auf dem von Weizsäcker, Sabatier, Schön gewiesenen Wege die Untersuchung weiter zu fördern und vor allem ein charakteristisches Bild von dem Apokalyptiker letzter Hand zu entwerfen gesucht (s. den folgenden Abschnitt). Ich habe keinen Grund, an meiner Auffassung im großen und ganzen etwas zu verändern. Zu meiner Freude hat auch O. Pfleiderer, nachdem er in der ersten Ausgabe seines Urchristentums (1887, 318-356) noch eine recht komplizierte Hypothese vorgetragen, in der zweiten Auflage seines Werkes (1902, 281-335) sich ebenfalls ganz auf diese Bahn begeben. Der Apok. letzter Hand, zugleich der Verfasser der Briefe, ist ihm ein selbständiger Schriftsteller, der seinem Werke eine Reihe von Fragmenten einverleibt hat. Die Fragmente 11,1-13; 12; 13 (in seiner Grundlage); 14,6-11.14-20; 17,1-5; 18 ist Pfleiderer geneigt einer zusammenhängenden Quelle — vielleicht jüdisch, aus der Caligulazeit — zuzusprechen; auch 21,9-22,5 ist eine — vielleicht — jüdische Quelle. Noch entschlossener geht Jülicher (Einleitung in das neue Testament [3].[4] 1901, 204-229) diesen Weg. Er betrachtet die Apokalypse als das Buch eines Christen um 95, „der an mehreren Stellen ältere apokalyptische Stücke, einigermaßen zurechtgestutzt, mit aufnahm". „Ob diese älteren Stücke einer oder mehreren Apokalypsen angehörten, und ob sie unmittelbar oder nur mittelbar jüdischen Ursprungs sind, wird absolut sicher vielleicht nie entschieden werden können." Endlich steht auch Holtzmann (Handkommentar [2] 1893) praktisch auf dem Boden dieser Auffassung.

Einen eigenartigen und kräftigen neuen Versuch hat J. Weiß (die Offenbarung des Johannes 1904, Forschungen z. Rel. u. Lit. d. A. u. N. T. 3. Heft) gemacht. Er lehnt sich vor allem an Spittas Versuch an, einen christlichen Urapokalyptiker in der Offenbarung nachzuweisen. Diesem christlichen Urapokalyptiker spricht J. Weiß 1,4-6(7. 8). 9-19; 2-3 (mit Ausnahme der Briefschlüsse) zu, ferner 4-6, die Grundlage von 7 (Versiegelung und Sammlung der Auserwählten aus Israel und den Heiden); dann (in Abweichung von Spitta) „die drei Wehe": die ersten beiden Kap. 9, das dritte 12,7-12 (Weiß bricht die Episode vom Kampfe Michaels mit dem Drachen und dem Drachensturz aus Kap. 12 heraus); die Grundlage von 13,11-18; 14,1-5 (der Pseudoprophet, Bewahrung der Versiegelten). In 14,14-20 findet W. das Ende dieser Apok., das

Gericht (vgl. vor allem Völter, Erbes), an das er dann noch 20,1-21,4; 22,3-5 (tausendjähriges Reich, Endgericht, neues Jerusalem) und einige Verse des Abschnittes 22,8ff. anschließt. Diese Urapokalypse soll nach W. in der zweiten Hälfte der 60er Jahre geschrieben sein. – Vom Redaktor der Apokalypse ist aber ferner eine jüdische Apokalypse (11,1-13; 12,1-6.14-17; 13,1-7; 15-19; 21,9-27), die im Jahre 70 während des Ansturms der Römer auf Jerusalem geschrieben wurde, mit jener vereinigt. Diese jüdische Apokalypse ist kein Werk aus einem Guß, sondern eine Sammlung kleiner Weissagungen, die dem Sammler auf die gegenwärtige Krisis Bezug zu haben schienen. Diese kleinen von ihm aufgenommenen Fragmente sind: die sich entsprechenden Weissagungen von der Messiasgeburt 12,1-6.14-17 und der Messiasschlacht 19,11-21; vom Fall Babels (Grundlage von 17; 18) und dem neuen Jerusalem 21,9-27; endlich die Tiervision 13,1-7. Der Apok. letzter Hand hat diese beiden Quellen vereinigt, aber er ist auch für W. kein einfacher Redaktor, der mit der Schere arbeitet, sondern ein Schriftsteller, der selbst etwas zu sagen hat; dieser Apok. letzter Hand hat der Apk erst die Wendung einer Weissagung gegen das römische Imperium und den Kaiserkult gegeben. Er schrieb seine Apk in dem Bewußtsein, eine ältere Weissagung nur revidiert, vermehrt, gedeutet herauszugeben, und war der Meinung, daß diese Weissagung sich in seiner Zeit schon zu erfüllen beginne. Er hat so selbständig mit seinen Quellen geschaltet, daß diese sich oft kaum noch wiederherstellen lassen. So hat er die Briefschlüsse eingefügt, Kap. 4 stark interpoliert, 6,9-11 und 7 neu bearbeitet, aus den drei Wehen die sieben Posaunen gemacht, in 13,1-10.18 die Andeutungen auf Nero redivivus eingeführt und an einer Reihe von Stellen Hindeutungen auf den Kampf mit dem Tier und das Martyrium eingeflochten: 12,11; (14,1-5); 14,8-13; 15,2-4; 16,5-7.13-15; 17,6.14.15; 19,4-10; 20,4 u. s. w.

Als mehr oder minder entschlossene Verteidiger der Einheit der Apk sind demgegenüber zu nennen: Bovon, Revue de théol. et phil. 1887, 329-362. W. Beyschlag (gegen Vischer), St.-Kr. 1888, 102-138. B. sucht die Apk als eine einheitliche, in der neronischen Zeit geschriebene Schrift zu verstehen. Hilgenfeld, Z.w.Th. 1890, 385-468. H. suchte namentlich den judenchristlichen Charakter des Buches zu wahren. Er gibt Interpolationen in 1,1-3; 16,15; 19,8b.10b.13b; 22,18-20 zu. Kappeler war noch 1890 (Theol. Z. aus d. Schweiz, 26-32) der Meinung, daß Volkmar bereits alles Wissenswerte über die Apokalypse gesagt habe. Dann hat A. Hirscht („die Apk und ihre neueste Kritik" 1895) mit Fleiß, aber ohne Methode versucht, die Aufstellungen der Kritiker Vers für Vers zu widerlegen. Ebenso der Katholik M. Kohlhofer, Bibl. Studien hrsgeg. v. Bardenhewer VII 4. 1902. Pressensé, Le siècle apostol. seconde période 1889, 333-347, läßt die Apk 69 entstanden sein, aber erst gegen Ende des Jahrhunderts ihre jetzige Redaktion gefunden haben. A. H. Blom (Th. T.

1883, 184-201 245-286; 1884, 541-551) hielt an der Einheit der Apk fest, und betrachtete nur Apk 17 als Nachtrag aus der Zeit nach dem Tode Galbas. B. Weiß gab unter Voraussetzung der Einheit eine kurze Erklärung nebst Text und textkritischen Untersuchungen. (Die Johannesapokalypse Leipz. 1891. Texte u. Unters. VII 1.) Th. Zahn, für den die moderne Literar-Kritik überhaupt kaum existiert, bietet in seiner Einleitung wertvolle Einzelbemerkungen zu unserm Buche und eine Verteidigung der endgeschichtlichen gegenüber der zeitgeschichtlichen Auslegung.

Fußnoten:

1. Vgl. zum Folgenden die Literaturübersichten von Holtzmann, Jahrb. f. prot. Theol. 1891. 520ff. und Baldensperger, Z. f. Th. u. K. 1894; ferner die Einleitungen der noch zu erwähnenden Arbeiten von Rauch und Hirscht; D. Völter, das Problem der Apokalypse S. 1-32; Bartlett, Journal of American Theology II 776—801: The apocalypse in recent criticism.
2. Nach Düsterdieck 4. Aufl. S. 26; Holtzmann Handkommentar[2] 290 erwähnt noch eine Schrift von Evanson; vgl. noch die Bedenken Schleiermachers gegen die Anm: Die auf der nächsten Seite fortgesetzte Anmerkung wurde hier vervollständigt Einheit der Apk.: Einleitung in das NT. 461-463 (bei Völter, das Problem der Apk S. 2ff.).
3. Die Entstehung der Apk. Freiburg 1882[1] 1885[2]. — Die Offenbarung Joh. keine ursprünglich jüdische Apk (Streitschrift gegen die Herren Harnack und Vischer) 1886. Theol. Tijdschrift 1886, 608ff.; 1891, 259ff. Prot. KZ. 1886. Nr. 32f. Das Problem der Apk. Freibung 1893 (zusammenfassende Darstellung). Endlich: Die Offenbarung Johannis. Straßburg 1904.
4. Nicht besonders notiere ich von V. ausgeschiedene Interpolationen innerhalb einzelner Verse. Vgl. in der Apok. d. Joh. zu 4,1; 5,9.10; 6,16; 11,15.18; 14,1; 18,20; in der Apok. des Cerinth 11,8; 16,2.3; 17,1; 19,20; 20,4.10; 21,9; 22,3.
5. Hier und im Folgenden vermerke ich einzelne vom Redaktor hinzugefügte Verse nur beim Redaktor nicht in den zusammenhängenden Stücken der Grundschrift.
6. Die Offenbarung Joh., eine jüdische Apokalypse in christlicher Bearbeitung mit einem Nachwort von A. Harnack. Texte u. Unters. II 3 1886, 2. Aufl. 1895.
7. Th. T. 1886, 454-70. Omwerkings en Compilatie-Hypothesen toegepast op de Apoaclypse van J. Groningen Wolters 1888.

8. Anm: Die Tabelle von der nächsten Seite wurde hier eingefügt. Im Original: "Hierher die Tabelle auf folgender Seite.".
9. Die Auslassungen einzelner Worte innerhalb eines Verses sind bei diesen und den folgenden Übersichten nicht angegeben. Außerdem vgl. S. 110 Anm. 2.
10. Geschichte des Volkes Israel II 2 658-664.
11. Les origines littéraires et la composition de l'apoc. de St. Jean, Paris 1888 (cf. Revue de théol. et philos. 1887, 553ff.).
12. L'origine de l'apocalypse 1887, zeitlich früher als Sabatiers Werk.
13. Anm: Die Tabelle im Original wurde auf die vorhergehende Seite verschoben.
14. Hier ist noch Bruston, les origines de l'apoc. 1888, zu erwähnen. B. nimmt eine vor dem Tode Neros (hebräisch) verfaßte apostolische und eine 30 Jahr später geschriebene griechische Apk an, zusammengearbeitet durch einen judenchristlichen Redaktor; in seinen „études sur Daniel et l'Apok." 1896 deutete Bruston das verwundete Haupt auf Cäsar, die Zahl 666 auf:נמרד בן כש(Nimrod ben Kusch). — Vgl. noch: le chiffre 666 et l'hypothèse du retour de Néron 1880; Études sur l'Apoc. 1884; L'hypothèse de retour de Néron sous une forme nouvelle, Revue de Théol. Montauban 1897, 606—612 (gegen die erste Auflage meiner Bearbeitung des Kommentars); La tête à blessie à mort et le chiffre 666 dans l'Apoc. Revue de Théol. 1904, 219-292.472-473. Ménégoz (Annales de bibliographie théologique I 1888, 41-45) nahm zwei jüdische Apk und einen christlichen Redaktor an (1,1-3,22; 22,6-21).
15. An Sp. lehnt sich an: die Offenbarung Joh. d. Theologen und das Tier 666, Wiesbaden 1889 (zitiert nach Hirscht 5, A. 1).
16. Mit Ausnahme sämtlicher Briefschlüsse.
17. Anmerkungen über d. Komposition der Offenb. Joh. 1891.
18. Die Offenbarung Joh., Gotha 1891.
19. Doch vgl. Erbes „Der Antichrist in d. Schriften des N. Test." (Theol. Arbeiten aus d. Rhein. wissensch. Predigerver. N. F. 1. Hft. S. 491.) Danach wäre E. geneigt, den Bearbeiter schon in der ersten Hälfte der Regierungszeit Vespasians anzusetzen.
20. Mit Ausnahme der sechs ersten Briefschlüsse.
21. Vgl. meinen Artikel Revelation, Encyclopaedia Biblica von Cheyne und Black I. 194-212; auch den Artikel in Hastings Dictionary of the Bible IV 239-266. P. W. Schmiedel, das Buch des neuen Testaments m. d. 7 Siegeln. Prot. Monatshefte VII, 1903, 45-63.

21. Die religionsgeschichtliche Betrachtung.

Einen neuen Einschnitt in die Geschichte der Auslegung der Apk bedeutet trotz aller Einwände, die man gegen dasselbe erhoben hat, das Werk Gunkels, Schöpfung und Chaos, 1895. Gunkel gibt zwar eine ausführliche Erklärung nur zu einer kleinen Partie der Apk, zu Kap. 12 (daneben eine Reihe von Aufklärungen über verschiedene wichtige Stellen), aber er begründet eine neue Methode der Auslegung und bringt zugleich in Auseinandersetzung mit andern Gesamtanschauungen eine sehr lehrreiche Methodologie. Gunkel wendet sich zunächst scharf gegen eine übereilte literarkritische Methode (202-235). An der zeitgeschichtlichen Methode tadelt er vor allem das haltlose Hin- und Herraten, das Allegorisieren und Symbolisieren, das Ausdeuten im einzelnen. Leicht wird es ihm, den einen Ausdeuter der Apk mit den Deutungen des andern durch einfaches Nebeneinanderstellen zu schlagen. Sehr beherzigenswert, wenn auch von G. einseitig übertrieben, ist der Gedanke, daß der Apokalyptiker von der Zukunft und nicht von der Vergangenheit weissage, und daher im allgemeinen zeitgeschichtliche Anspielungen bei ihm seltener, als man bisher annahm, zu erwarten sind. So erklärt G. zum Schluß seiner Ausführungen (233f.) der bisherigen zeitgeschichtlichen Erklärungsweise den Bankerott. Von zeitgeschichtlichen Beziehungen läßt er jedoch wenigstens die Beziehung des Tieres auf das römische Reich stehen. Bedauerlich ist es, daß G. auch die Deutung des verwundeten Hauptes auf Nero bestreitet.

An Stelle der zeitgeschichtlichen tritt nun die traditionsgeschichtliche Methode. G. geht von der Überzeugung aus, daß der Apokalyptiker überhaupt seine Weissagungen nicht erfindet, sondern uralte heilige Tradition, nur ein wenig umgebogen, gedeutet, angewandt, in seinem Werke weitergibt. Kenntnis der ganzen Traditionskette ist erforderlich, wenn man das einzelne Glied verstehen will. Und hier erhebt sich nun die Aufgabe einer religionsgeschichtlichen Forschung im großen Stil. Denn das apokalyptische Material ist im allgemeinen uralt und hat eine Geschichte, die über Jahrtausende und über Völker und Religionen hinüberreicht. Erst nachdem diese Arbeit getan, nachdem das apokalyptische Material mit den Hülfsmitteln vergleichender Religionswissenschaft erforscht ist, kann man sich dann der Literarkritik und Quellenforschung im einzelnen zuwenden. — Hinsichtlich Kap. 12 sucht dann Gunkel nachzuweisen, daß hier ein uralter, zur Eschatologie umgewandelter babylonischer Schöpfungsmythus vorliege.

Im Anschluß an Gunkel — bei teilweisem Widerspruch gegen ihn und unter Ermäßigung einzelner Thesen — ist dann meine Schrift: „Der Antichrist in der Überlieferung des Judentums, des neuen Testaments und der alten Kirche" 1895 entstanden. In Anlehnung an den Gedanken Gunkels wird hier eine apokalyptische Tradition, die auch der Apk vorgelegen haben soll, genauer untersucht: die eschatologische Tradition vom Antichrist. Das teilweise Recht der zeitgeschichtlichen Erklärung wird Gunkel gegenüber, namentlich hinsichtlich der Deutung der Zahl 666 auf Nero, betont. Die traditionsgeschichtliche und religionsgeschichtliche Betrachtungsweise soll nicht an Stelle, sondern neben die zeitgeschichtliche und literarkritische Methode treten.

Ich habe dann in meiner ersten Bearbeitung dieses Kommentars Gunkels Forschungsmethode – allerdings unter teilweiser Ablehnung im einzelnen – zu vertreten gesucht. Gunkel hat neue Beiträge zum religionsgeschichtlichen Verständnis in dem ersten Heft der „Forschungen z. Rel. u. Lt. d. A. u. N. T.: zum religionsgesch. Verständnis d. N. T." S. 38-63, geliefert. G., der übrigens jetzt das relative Recht der zeitgeschichtlichen und literarkritischen Erklärungsweise mehr als früher betont, gibt zahlreiche neue Anregungen auf religionsgeschichtlichem Gebiet. Jülicher sagt (Einl. 205) von Gunkels Forschungen, daß sie bestimmt seien im Verständnis der Apk Epoche zu machen. Daß das richtig ist, kann man sehen, wenn man z. B. die neuesten Arbeiten von Pfleiderer und Völter mit ihren zahlreichen religionsgeschichtlichen Ausführungen und Anmerkungen sich ansieht. Wie weite Kreise die religionsgeschichtliche Betrachtung bereits zieht, geht auch aus dem merkwürdigen und verkehrten Buch von A. Jeremias („Babylonisches im neuen Testament" 1905) hervor. In eigentümlicher Weise verbindet sich hier Kritiklosigkeit auch gegenüber den wildesten „religionsgeschichtlichen" Einfällen mit einem offenbarungsgläubigen Standpunkt alten Stils. (Vgl. auch den Aufsatz des Katholiken Th. Calmes, Les symboles de l'apocalypse, Revue biblique internat. XII. 1903, 52-68). Eine vortreffliche Fundgrube für weitere Forschungen auf diesem Gebiet ist das mit ausgezeichneter Stoffbeherrschung und großer Besonnenheit geschriebene Werk von H. Zimmern, die Keilinschriften und d. A. Test (von E. Schrader) Teil II 3. Aufl. 1903. Endlich verweise ich noch im allgemeinen auf meine Untersuchungen zur religionsgeschichtlichen Beurteilung der jüdischen Apokalyptik überhaupt (Rel. d. Judentums 1903, 195-276, 473-489 und jüdische Apokalyptik 1903, 36ff.). Gegenüber Gunkel betone ich mehr die Beziehungen der Apokalyptik zur eranischen Religion. Vgl. noch Volz, jüdische Eschatologie von Daniel bis Akiba 1903; T. K. Cheyne, Bible Problems London 1904. In Greßmanns „Ursprung der israelitisch jüdischen Eschatologie" 1905 (Forsch. VI) fällt manche das Verständnis der Apk förderliche Bemerkung ab.

V. GESAMTCHARAKTER, ZWECK UND ZEITLAGE DER SCHRIFT

I. Von den verschiedenen möglichen Methoden der Auslegung können heutzutage einige als nicht mehr in Betracht kommend und in wissenschaftlichen Kreisen nicht mehr vertreten einfach bei Seite gesetzt werden. Die weltgeschichtliche und kirchengeschichtliche Deutung ist auch von Gelehrten, die an dem spezifischen Offenbarungscharakter der Apk festhalten, allgemein aufgegeben. Diese Methoden finden noch immer ihre Anhänger unter Auslegern zweiten und dritten Ranges, bei englischen Kommentatoren[1] und amerikanischen Traktatenschreibern. Namentlich für eine Reihe von Sekten gilt die Apk als ein die geschichtliche Zukunft enthüllendes Buch. Die apologetisch gestimmten wissenschaftlichen Forscher dagegen bewegen sich neuerdings fast ausnahmslos auf den Bahnen der endgeschichtlichen Auslegung. Sie sind damit, wie wir sehen werden, auf keinem ganz falschen Wege. In weiten Kreisen hat sich dagegen die zeitgeschichtliche Deutung der Apk Bahn gebrochen. Und trotz mancher Einseitigkeiten und Übertreibungen ist hier, wie es scheint, nach einer Richtung ein fester Grund und Boden erreicht. Die Beobachtung, daß die Apk im Kern ihrer Weissagung durch die damals im Volk weitverbreitete Erwartung des Nero redivivus bestimmt ist, ist meines Erachtens ein fester Punkt, der nicht wieder aufgegeben werden darf, der rocher de bronce der zeitgeschichtlichen Deutung, an dem alle Widersprüche bis jetzt machtlos zerschellt sind. Unter zeitgeschichtlicher Methode kann man nun freilich ein Doppeltes verstehen: bald die bestimmte Ausdeutung der Apk auf Vorgänge, die in der (nächsten) Vergangenheit des Apokalyptikers liegen, bald die Annahme, daß die Zukunftserwartungen des Sehers im allgemeinen durch den Horizont seiner zeitgeschichtlichen Situation bestimmt seien. Nur die letztere Anschauung wird im großen und ganzen der Psyche einer prophetischen Persönlichkeit, wie es unser Apok. ist, gerecht. Denn es kann nicht genug hervorgehoben werden, daß der Apok. (wie übrigens so mancher seiner Zunftgenossen) wirklich weissagen will und sich nicht mit dem kindlichen Spiel beschäftigt, längst Vergangenes noch einmal als zukünftig zu verkünden. Freilich kommt es auch in unserer Apk vor, daß der Apok. in den Rahmen seiner Weissagung vergangene Ereignisse, die ihm in bedeutungsvollem Zusammenhang mit der Zukunft stehen als zukünftig weissagt (vgl. Kap. 12). Aber dann haben diese Weissagungen immer nur einleitenden Wert; es darf also die zeitgeschichtliche Methode in ersterem Sinn nur vorübergehend angewandt werden. So ist denn auch in der spezifisch zeitgeschichtlichen Ausdeutung der

Apk eine starke Rückströmung eingetreten. Während die alte rationalistische Exegese fast alles zeitgeschichtlich im strengen Sinn des Wortes ausdeutete, wurde in neuerer Zeit eine immer größere Zurückhaltung geübt; nur einige der neuesten Literarkritiker (Völter, Spitta, Erbes) fanden wieder mehr zeitgeschichtliche Beziehungen und lenkten in die alten Bahnen ein. Daneben aber blieb immer ein unerklärbarer Rest in der Apk, den man nach andern Methoden erklärte, ohne sich jedoch über die Verschiedenheit der Methoden und ihre gegenseitige Begrenzung klar zu werden. — Der zeitgeschichtlichen Methode zur Seite ist dann in neuerer Zeit die literarkritische getreten. Sie scheint endgültig eine ältere Theorie verdrängt zu haben, die Rekapitulationstheorie, die freilich bis in die neueste Zeit noch immer energische Vertreter gefunden hat (Hofmann, Hengstenberg, Ebrard, Kienlen, Löhr). Es ist interessant zu beobachten, wie die beiden Methoden der Auslegung oft bei denselben Schwierigkeiten in der Komposition der Apk einsetzen. Man wird jetzt natürlich eher geneigt sein, solche Unerklärlichkeiten in der Komposition durch Quellenscheidung als durch die Rekapitulationstheorie zu heben. Aber ich glaube nicht, daß letztere ganz bei Seite gesetzt werden kann. — Das Resultat der auf die Apk angewandten Literarkritik ist nun wohl dies, daß sich die Überzeugung von der ungeheuren Schwierigkeit, das Buch als eine einheitliche Schrift zu verstehen, fast allgemein durchgesetzt hat. Und mit der literarkritischen Methode verbanden sich religionsgeschichtliche Gesichtspunkte; man begann zu fragen, wie weit die Apk überhaupt auf dem Boden christlicher Anschauung verständlich sei. Man vergaß aber leider bei der nun beginnenden Jagd nach Quellen und bei allen sich gegenseitig immer wieder aufhebenden Rekonstruktionsversuchen die Apk zugleich als eine literarische Einheit, als welche sie sich doch gibt, zu betrachten. Dann ist durch Gunkel eine neue Methode in der Erklärung der Apk eingeführt, die man die traditionsgeschichtliche nennen kann. Unbewußt hatte man diese freilich schon hier und da angewandt (z. B. Spitta in der Deutung des siebenköpfigen Tieres). Aber es bleibt Gunkel das Verdienst, daß er dieselbe mit vollem Bewußtsein und konsequent durchgeführt hat. Durch ihn wurde die Forschung mit allem Nachdruck darauf hingewiesen, wie stark in aller Apokalyptik das einfach traditionelle Element sei. Und daraus ergab sich die Forderung, daß man das ganze Material solcher weitergegebenen Vorstellungen und Traditionen in möglichst umfassender Weise überblicken müsse, ehe man an die einzelne Apokalypse, die Erforschung ihrer Eigentümlichkeit und historischen Bestimmtheit gehen könne. Mit dieser traditionsgeschichtlichen Methode führte Gunkel in die Erklärung aller Apokalyptik zugleich die religionsgeschichtliche Betrachtungsweise im großen Stil ein. In den volkstümlichen Zukunftshoffnungen und den Vorstellungen vom Ende der Welt ist ein Gebiet gegeben, auf welchem das Für-Sich der einzelnen Religion weniger gewahrt bleibt und die verschiedenen Religionen in einander fließen. Daher wird der Forscher, der die Traditionsgeschichte apokalyptischer Vorstellungen übersehen will, seinen Blick über die verschiedenen in Betracht kommenden Religionen wandern lassen müssen. Die bei der Apk so beliebte Fragestellung: jüdisch oder christlich, erweist sich als viel zu eng. Damit, daß Vorstellungen in der Apk als nicht genuin christlich erwiesen werden, ist noch lange nicht ihre Herkunft aus dem Judentum bewiesen. — Es mag übrigens hervorgehoben werden, daß auch Gunkel trotz seiner scharfen Polemik nicht daran denkt, der zeitgeschichtlichen und literarkritischen Auslegungsmethode ihr relatives Recht abzusprechen. Es wird in der Tat namentlich die zeitgeschichtliche Deutung ständig ihr gutes Recht an der Apk behaupten. Ja, es kann gesagt werden, daß durch diese das Verständnis der einzelnen Apk überhaupt erst abgeschlossen und ermöglicht wird. Zu beachten ist endlich, wie in G.'s Untersuchung auch das Recht der endgeschichtlichen Auslegung auf seinen richtigen Ausdruck gebracht wird, wie denn G. sich gern hier und da auf Kliefoth beruft. Noch mehr als die modernen, den Realismus der Apk abschwächenden apologetischen Arbeiten, kommt freilich die endgeschichtliche Betrachtungsweise der Kirchenväter und der Jesuiten des 17. Jahrhunderts in dieser neuesten Phase der Entwickelung zu ihrem guten Recht.

II. Bei der Frage nach der richtigen Gesamtauffassung der Apk wird es zunächst notwendig sein, in den so heiß umstrittenen literarkritischen Fragen Stellung zu nehmen und die Resultate der Bemühung der letzten Jahrzehnte um den Kompositionscharakter der Apk zu registrieren.

Ein Resultat wenigstens scheint in diesen Verhandlungen, wie schon oben angedeutet wurde, erreicht zu sein, sodaß es nicht wieder aufgegeben werden wird. Es hat sich fast allgemein die Erkenntnis aufgedrängt, daß die Apk als eine durchaus einheitliche Schrift nicht zu begreifen ist.

Davon freilich, daß die ersten drei Verse der Apk offenbar eine nachträgliche Überschrift sind, die dem ganzen voraufgestellt wurde, soll hier noch nicht die Rede sein. Auch hat namentlich Spitta, wie mir scheint, siegreich den ursprünglichen Zusammenhang von Kap. 1-3 und 4-6 erwiesen. Man darf behaupten, daß weder Kap. 1-3 jemals selbständig und für sich allein existiert haben können, noch daß es denkbar sei, daß der Verfasser von Kap. 1-3, dieser so selbständige und geistvolle Schriftsteller, sich einfach begnügt haben sollte, diese Kapitel in eine bereits im großen und ganzen fertig vorliegende Apk einzurücken. Die These aber, daß Kap. 7 nicht aus einem Guß ist und in zwei divergierende Hälften (1-8, 9-17) zerfällt, ist so gut wie einstimmig angenommen; und ebenso einleuchtend ist, daß 7,1-8 nach Kap. 6 recht unerwartet kommt. Kap. 7,1-8 macht endlich in sich den Eindruck eines rätselhaften und abgebrochenen Fragments. Die vier Winde, die hier noch festgehalten werden, werden niemals losgelassen, „diese“ 144000 Versiegelten treten nicht wieder auf; man weiß nicht, was ihre Versiegelung für einen Zweck haben soll. Daß Kap. 10,1-11,13 den Zusammenhang der sieben Posaunen und die Zählung der drei Wehe aufs empfindlichste stören, ist fast allgemein zugestanden. Es ist kaum denkbar, daß der Schreiber der Apk den schönen Zusammenhang derselben in dieser Weise durchbrochen haben sollte ohne einen äußeren Grund. Ihm lag hier eine Quelle vor, die er einarbeiten mußte. Auch aus den fragmentarischen und in sich allein unverständlichen Charakter dieses Fragments mag schon hier hingewiesen werden. Kap. 12 der Apk war von Anfang an, ehe die Kritik an der Apk begann, ein Stein des Anstoßes. Der abrupte neue Anfang hat von früher Zeit her die Veranlassung gegeben, bei diesem Kapitel einen Einschnitt zu machen und die große Rekapitulation hier beginnen zu lassen[2]. Bei diesem Stück setzte zum ersten Mal auch die Kritik mit ihren Versuchen der Quellenscheidung ein. An Kap. 12 suchte Vischer nachzuweisen, daß die Apk in ihrem wesentlichen Bestand nicht christlichen, sondern jüdischen Ursprungs sei. Ganz abgesehen davon, ob Vischer mit seiner These Recht hat, läßt sich nicht verkennen, daß die Gesamthaltung von Kap. 12 verglichen mit der ganzen des Buches eine fremdartige und besondere, die Vorstellungswelt desselben ungleich wilder, phantastischer und mythologischer ist, als in irgend einem andern Teil der Apk. In unverständlichen und aller Erklärung spottenden Hieroglyphen redet dies Stück zu uns und ist außerdem in sich selbst uneinheitlich (vgl. V. 6 und V. 14). In Kap. 14,1ff. liegt offenbar ein neuer und andrer Deutungsversuch der in Kap. 7 erwähnten 144000 vor. Die Phantasien Kap. 7,1-8 und 14,1-5 entstammen nicht einem und demselben Kopf. Große Schwierigkeiten macht 14,14—20. Schon hier vollzieht sich ein endgültiges allgemeines Gericht, aber man weiß nicht recht, von wem es gehalten wird, an wem es vollzogen wird, wie sich diese Scene zu den übrigen Gerichtsscenen verhält. Kap. 17 ist schon in seinem Verhältnis zu Kap. 13 ein völliges Rätsel. Die Doublette allein wäre in einer Apk voller wechselnder Bilder noch nicht so bedenklich, wie die totale Verschiedenheit der Bilder, ihre starken Varianten neben mannigfachen Übereinstimmungen. Außerdem durchkreuzen sich in Kap. 17 zwei Vorstellungen, nach der einen ziehen die verbündeten Könige zum Kampf gegen Rom aus, nach der andern versammeln sie sich zum Kampf wider das Lamm. Ferner ist doch alles in der Apk (vgl. 10,6; 11,14ff.) darauf angelegt, daß mit Kap. 12 der große letzte Entscheidungskampf beginnt, schon Kap. 13 drängt alles zur Katastrophe; daß diese erst Kap. 19,11ff. erfolgt, scheint seinen Anlaß nur in einem äußern Grunde zu haben. Die beiden charakteristischen Kap. 17 und 18 scheinen erst in einen größeren Zusammenhang hineingearbeitet zu sein. Endlich zeigen die Brüche in der

Darstellung (vgl. 21,2 mit 21,9; 22,3ff. mit 21,22-27), daß das Gesicht vom neuen Jerusalem ebenfalls schon in einer schriftlich fixierten Form dem Verfasser vorgelegen haben wird. — Das alles sind unüberwindliche Hindernisse für die Annahme eines durchaus einheitlichen Charakters der Schrift.

Außerdem zeigen die einzelnen Partieen auch religionsgeschichtlich betrachtet verschiedene Höhenlagen. Man wird hier ja allerdings sehr vorsichtig sein müssen, gerade in Apokalypsen hält sich ungestört Altes neben Neuem. In dieser phantastischen Welt geht der Blick und Sinn für derartige Unterschiede verloren. Daß Kap. 1-3 ihrer Gesamthaltung nach von vielen übrigen Partieen des Buches stark differieren, wird fast jedermann zugeben. Kap. 7,1-8 mit seinem durchaus partikularistischen Standpunkt kann nicht von derselben Hand wie 7,9-17 stammen. Wer die Bewahrung des Tempels im letzten Gericht so bestimmt erwartete, wie der Verfasser von 11,1-2, zeichnete kaum das Bild vom himmlischen Jerusalem, in dem kein Tempel mehr sein wird (21,22). Über die Haltung von Kap. 12 war schon oben die Rede. Hier sei noch besonders hervorgehoben, daß die Rolle, die der Erzengel Michael in diesem Kapitel spielt, speziell auf dem Grund und Boden jüdischer Gedankenwelt verständlich wird. In der Schilderung von Gog und Magog 20,7-9 und dem neuen Jerusalem 21,24f. zeigt sich wieder ein naiv jüdisch-partikularistischer Standpunkt. Alle die genannten Stücke können kaum in ihrem ersten Wurf von der Hand des Apokalyptikers stammen, der das ganze schrieb[3].

Auch wenn man nach der Abfassungszeit unseres Buches fragt, so tritt wieder eine Uneinheitlichkeit zu Tage. Es scheint eines der gesichertsten Ergebnisse zu sein, daß Kap. 11,1-2 die Erwartung der Erhaltung des Tempels von Jerusalem ausspricht, also vor dessen Zerstörung geschrieben ist. Andrerseits finden sich deutliche Spuren, die auf einen späteren Zeitansatz hinweisen. Damit dem Verlauf der Untersuchung nicht vorgegriffen werde, will ich hier nur auf einen wichtigen Punkt hinweisen. Dem Kap. 17 der Apk liegt eine damals allgemein im Volksglauben verbreitete Erwartung der Wiederkehr Neros mit den Parthern zu Grunde. Das Tier, das mit den zehn Hörnern, den verbündeten Königen, Rom zerstören wird, ist kein andrer als Nero, der eine von den sieben, und jede Erklärung, die das übersieht, bedeutet einen Rückschritt hinter Eichhorn, de Wette. Nun aber ist diese bestimmte Erwartung der Rückkehr Neros mit den Parthern nicht vor dem Ende der Regierung Vespasians nachweisbar, und es ist kaum denkbar, daß dieselbe in der Zeit vom Tode Neros bis zu dem Anfang der Belagerung Jerusalems entstanden sein könnte. So erhalten wir für die beiden Kap. 11 und 17 einen verschiedenen Zeitansatz. — Es wird außerdem weiter unten noch nachgewiesen werden, daß die Apk als ganzes nicht in der neronischen Zeit (vor 70) denkbar ist.

Nicht zu viel Gewicht darf man endlich, wenn man das Recht der Literarkritik erweisen will, auf die vom Seher entworfenen Scenerien seiner Offenbarung legen. Diese können bei einem so verwickelten apokalyptischen Ganzen von vornherein nicht klar und durchsichtig erwartet werden. So scheint in der Scenerie, die Kap. 4 zeichnet, der doppelte Altar (Rauch- und Brandopferaltar), den 8,1ff. voraussetzen, keinen Platz zu finden. Aber schon 6,9ff. ist plötzlich von „dem" Opferaltar die Rede, unter welchem die Seelen der Märtyrer sich befinden. Noch überraschender kommt die plötzliche Erwähnung des Tempels im Himmel 11,19; an 11,19 schließt sich dann 15,5-8 an. Ganz unmöglich scheint mir jedoch die Annahme nicht zu sein, daß der Apokalyptiker, ohne daß er es gerade erwähnt, die Bilder wechseln, kommen und verschwinden läßt. Ferner wechselt auch der Standpunkt des Sehers, der 4,1 zum Himmel entrückt wird, 10,1 wieder auf der Erde sich befindet, während 11,19 der Tempel im Himmel erwähnt wird. Dunkel bleibt es endlich, wo Kap. 12 sich abspielt, und ebenso, von welchem Standpunkt aus die Vision gesehen wird. Kap. 15,5ff. scheint die Vision wieder im Himmel geschaut zu werden, von Kap. 17 an aber nimmt der Seher seinen Standpunkt auf der Erde ein. Immerhin, auch wenn man hinsichtlich der Klarheit und Bestimmtheit dieser Situationen auch nur bescheidene Ansprüche an den Apokalyptiker macht, so läßt sich nicht verkennen, daß der ständige Wechsel der Szenerien sich besser erklären würde, wenn wir annehmen dürften, daß er bei dem Entwurf seiner Bücher von fremdem Material abhängig war[4].

Bei alledem bleibt es als wohl kaum wieder umzustoßendes Resultat bestehen, daß die Apk als einheitliche Schrift nicht zu begreifen ist, und somit tritt die Literarkritik in ihr Recht und in ihre Arbeit ein.

III. Wirft man nun aber einen Blick auf die Arbeit, welche die Literarkritik bisher getan hat, so erhält man zunächst, wenn man die ganze Reihe der Forschungen von Völters erstem Versuch und Vischer bis zu J. Weiß und Völter IV überschaut, einen ziemlich verworrenen Eindruck. Es differieren aber die Kritiker nicht nur in ihren Resultaten, sondern auch, ohne daß dies allen deutlich zum Bewußtsein kommt, in ihrer Methode und Gesamtanschauung von dem Kompositionscharakter der Apk. Wir werden am besten tun, uns nach diesem Gesichtspunkt erst einmal einen Überblick zu verschaffen.

Enger zusammen gehören zunächst die Versuche von Weyland, Spitta, Schmidt, Rauch (vgl. Ménégoz, Bruston, O. Holtzmann, Völter IV). Wir können diese Kritiker die Vertreter der Quellentheorie nennen. Gemeinsam ist ihnen allen die Anschauung, daß die Apk als Ganzes betrachtet eine mehr oder minder mechanische Kompilation ist. Der christliche Redaktor (R.), dessen Tätigkeit z. B. Sp. auf ein Minimum von Versen reduziert, hat demnach teils christliche, teils jüdische Quellen mechanisch an- oder in -einander geschoben und so wenig in ihr inneres Gewebe eingegriffen, daß diese mit leichter Mühe noch rekonstruiert werden können, wie etwa die einzelnen Bestandteile des äthiopischen Henochbuches oder, wenn wir weiter zurückgreifen wollen, die Quellen des Pentateuches. Nun aber zeigt gerade ein einfacher Vergleich mit diesen Schriften, daß der Kompositionscharakter der Apk ein andrer ist daß hier zum mindesten der Versuch einer kunstvollen Redaktion vorliegt die der Apk den Charakter eines relativ einheitlichen Schriftwerks gibt. Die kritischen Versuche haben es für jeden, der sehen will, gezeigt, daß es — von der Ablösung kurzer Fragmente abgesehen — nicht so leicht gelingt, einzelne zusammenhängende Stücke auszuscheiden, so wie man etwa die Bilderreden, die Tiervision, die Paränesen im Henoch-Buch oder auch das Adlergesicht etc. im IV Esra, die Wolkenvision im Baruchbuch auslösen kann. Gerade ein solcher Vergleich beweist deutlich, daß der anzunehmende Redaktor der Apk in ganz andrer Weise eigenmächtig mit seinem Stoff geschaltet hat. Bei der Quellenscheidung Sp.s bleibt es wieder ein psychologisches Rätsel, wie der Redaktor der Apk, der so kunstvoll und harmonisch die differenten Quellen zusammengefügt hat, doch ihren Besitzstand im einzelnen ängstlich bis aufs Wort gewahrt hat. Sp. kann sich in der Methode seiner Kritik allerdings etwa auf die Pentateuchkritik berufen, aber die der Apk zeitlich nahestehende Literatur zeigt nirgends eine so feine Filigranarbeit in der Zusammenwebung der Quellen, sondern ein viel gröberes Verfahren. Was sich gegen Sp. einwenden läßt, kann endlich auch gegen die einfachere Quellenscheidung Weylands gesagt werden. Der durchschlagende Grund gegen jede Quellentheorie ist aber die durchaus gleichmäßige Haltung in der Sprache und dem Stil des ganzen Buches[5]. Wenn es so wäre, daß in der Apk Quellen in ganz mechanischer Weise neben einander gerückt wären, so müßten doch Sprachdifferenzen in ganz erheblichem Maße innerhalb der einzelnen Partieen nachweisbar sein. Es zeigt sich nun aber im Gegenteil in den verschiedenen Teilen der Apk in Sprachgebrauch und Stil, in grammatischen Eigentümlichkeiten und einzelnen einmal geprägten Wendungen eine überraschende Gleichartigkeit bis in die geringfügigsten Einzelheiten. Nach dieser Seite ist bis jetzt leider sehr wenig gearbeitet. Ich will die Untersuchung, um den Überblick über diesen Abschnitt nicht zu erschweren, hier nicht aufnehmen und verweise im voraus auf Abschnitt VII.

Eine zweite Gruppe bilden neben diesen Kritikern Völter I-III und etwa noch Erbes (auch Pfleiderer in der ersten Auflage des Urchristentums), die Vertreter der Überarbeitungstheorie. Sie nehmen eine apokalyptische Grundschrift an, die dann durch allmähliche (nach Vlt.s früherer Anschauung vier- bis fünfmalige) Überarbeitung zu dem gegenwärtigen Umfang angewachsen ist. Gegen diese Überarbeitungshypothese erheben sich zwei Bedenken. Zunächst ist es kaum möglich, mit Vlt. (und Pfleid. I) eine bis in die

Zeit Hadrians hinuntergehende fortdauernde Bearbeitung anzunehmen. Alle Zeugnisse lassen darauf schließen, daß die allgemeine kirchliche Anerkennung der Apk sich sehr früh vollzogen hat. Schon Justin kennt sie als apostolische Schrift. Da ist es nicht denkbar, daß man es noch in einer bis Justin reichenden Zeit gewagt haben sollte, diese Schrift umzuarbeiten. Und ferner, diese Möglichkeit einmal zugestanden, bleibt es immerhin seltsam, daß jeder folgende Überarbeiter mit solcher Sicherheit und Gründlichkeit sein Werk betrieb, daß von den vorhergehenden Gestalten der Apk keine Spur mehr übrig geblieben ist. In der Ascensio Jesaiae und im Testamentum XII Patriarcharum haben wir solche überarbeiteten Schriften, welche das Christentum vom Judentum übernommen hat. Aber jede neue Überlieferung, die von diesen Schriften entdeckt ist, zeigt, daß ihr Text in einem höchst verwirrten Zustand und in fortwährendem Fluß begriffen war. — Und noch ein zweiter Einwand erhebt sich gegenüber der apokalyptischen Grundschrift wie sie Vlt. aus den Kap. 4-11; 14; 19 rekonstruiert. Da hier alle eigentlich charakteristischen Stücke entfernt und den Überarbeitern zugewiesen sind, fragt man sich verwundert, was denn dieser nun noch übrigbleibende apokalyptische Torso, dieser dürre Mechanismus eigentlich jemals für einen Zweck und inneren Sinn gehabt hat. Die angenommene Grundschrift macht zwar den Eindruck der Einheitlichkeit; aber um den Preis, daß alles Charakteristische und Lebendige ausgeschieden ist.

Auf dem Wege zur rechten Anschauung, die im folgenden behandelt werden soll, befindet sich bereits in seinem neuerdings erschienenen Werk J. Weiß. Für ihn ist im Gegensatz zu den bisher genannten Forschern der Endredaktor der Apk keine Strohfigur mehr, die nur mit der Redaktionsschere arbeitet, oder ein gleichgültiger letzter Bearbeiter, der abgesehen etwa von der Hinzufügung der Sendschreiben das Übrige stehen ließ, wie es stand, — sondern eine greifbare Persönlichkeit, die mit bestimmten Absichten und Tendenzen in einer ganz bestimmten Situation unser Buch schrieb resp. herausgab und deshalb an einer Reihe von Stellen so gewaltsam in die Darstellung seiner Quellen eingegriffen hat, daß Weiß vielfach auf eine genaue Rekonstruktion gänzlich verzichtet. — Auf der andern Seite legt Weiß allen Wert darauf, den Endredaktor der Apk von dem Verfasser der Sendschreiben, dem christlichen Urapokalyptiker zu trennen. An diesem Punkt schließt er sich — während er sonst weit von ihm abweicht — mit Sp. zusammen und ist der Meinung, daß hier in dieser Unterscheidung und in der Zuweisung der Sendschreiben zur christlichen Urapokalypse das Hauptverdienst Sp.s liege. Wenn ich recht sehe, liegt hier für beide Forscher der Angelpunkt ihrer Auffassung. Sie können sich nicht denken, daß ein Mann, der auf der literarischen und religiösen Höhe der Sendschreiben steht, zugleich der Verfasser des ganzen Buches mit seinen bizarren Weissagungen, mit seinem oft so wenig spezifisch christlichen Inhalt sei. Ich gestehe zu, daß hier in der Tat eine Schwierigkeit vorliegt. Der Schriftsteller, der in den Briefen mit dieser grandiosen Einfachheit redet, soll zugleich der Schöpfer einer schwierigen und zum mindesten ungemein komplizierten, wenn nicht verworrenen, Buch-Komposition sein; der Prophet, der so mächtig sprechen kann, soll zugleich ein apokalyptischer Literat sein, der eine Menge von übernommenem Stoff — das ist das mindeste, was wir zugeben müssen — einfach weitergibt. Was uns hier aufgegeben wird, ist in der Tat ein schweres psychologisches Rätsel. Aber es fragt sich doch, ob wir nicht gut tun werden, das Rätsel stehen zu lassen und in der Seele des Apokalyptikers zu suchen, anstatt es durch Quellenscheidung zu beseitigen. Ganz und gar liegen denn doch der Endredaktor der Apk und der Verfasser der Sendschreiben nicht aus einander. Denn auf der einen Seite sind auch die Briefe durch ihre Schlußwendungen: wer Ohren hat, höre, was der Geist der Gemeinden sagt, mit dem vorliegenden Ganzen der Apk auf das engste verkoppelt, und Spitta wie Weiß müssen zu dem gewagten Experiment schreiten, die sämtlichen Schlußwendungen dem Verfasser der Sendschreiben abzusprechen (s. Genaueres darüber im Kommentar zu Kap. 1-3). Andrerseits ist der „Redaktor", wie Weiß wenigstens zugesteht, doch ein geistesmächtiger Schriftsteller, der seiner Zeit etwas Großes zu sagen hat und der dem von ihm übernommenen apokalyptischen Material den Stempel seines Geistes aufgedrückt hat. — Das stärkste Bedenken gegen die Konstruktion einer christlichen Urapokalypse ist dieses, daß durch sie nicht erreicht wird, was doch erreicht werden soll: die Herausschälung einer christlichen Schrift, die in ihrer Einfachheit und Grandiosität dem Geist des Verfassers der Sendschreiben ebenbürtig wäre. Sp.s von allen fremden Zutaten gereinigte Urapokalypse ist wirklich zu dürftig und nichtssagend, als daß sie überzeugend wirken könnte. Was bei ihm auf den Eingang Kap. 1-5 als Weissagung folgt, das nimmt sich wie ein dürftiges Notdach auf einem gewaltigen Unterbau aus. Weiß hat diesen Mangel empfunden und sucht ihm abzuhelfen, indem er dem christlichen Apok. noch eine Reihe weiterer Stücke zuschreibt. Ich finde aber nicht, daß seine Rekonstruktion sehr einleuchtend ist. Was er hinter Kap. 6 dem christlichen Urapokalyptiker zuschreibt (die Grundlage von Kap. 7; 9; 12,7-12, die Grundlage von 13,11-18; 14,14-20; 20,1-15; 21,1-4; 22,3-5, die Grundlage von 22,8ff.), sind wirklich disjecta membra. Für im höchsten Grade unwahrscheinlich halte ich die Verteilung von Kap. 12 auf zwei Quellen. Wenig überzeugend wirkt es, daß nach der Einführung des Drachen und des Pseudopropheten als der gewaltigsten Feinde der Endzeit, das durch den Menschensohn vollzogene Endgericht 14,14ff. auf diese Gegner gar keine Rücksicht nimmt, die Fesselung des Drachen durch einen Engel nur so nebenher berichtet wird, der Pseudoprophet ganz verschwindet. — Weiß nimmt an, daß in Kap. 14,14ff. in der Urapokalypse das Endgericht vorliege und rechnet es zu den zweifellosesten (!) Ergebnissen der Kritik, daß die große Szene des Endgerichts 19,11ff. nicht von einem Christen konzipiert sein könne. Aber sind etwa 14,19f. dem christlichen Geist angemessener? Und wenn W. sich damit tröstet, daß hier der christliche Apok. von jüdischer Apokalyptik abhängig sei, warum soll dieser Gesichtspunkt nicht auf 19,11ff. angewandt werden? Mir will dagegen scheinen, daß in 19,11ff. — künstlerisch betrachtet — die einzige würdige Krönung des ganzen apokalyptischen Unterbaues vorliegt und daß Kap. 14 sich als Abschluß der von W. konstruierten Apk dürftig ausnimmt. — Da somit die Versuche der Rekonstruktion einer überzeugenden christlichen Urapokalypse als gescheitert zu betrachten sind, so wird eben doch kaum etwas andres überbleiben als den Verfasser der Sendschreiben und den Schriftsteller, der die Apk in der gegenwärtigen Form schrieb, zu identifizieren, und bei genauerem Zusehen dürfte sich doch dieser Apok. letzter Hand als eine Persönlichkeit herausstellen, der auch die Abfassung der Sendschreiben zuzutrauen ist.

Mit seiner Theorie von der christlichen Urapokalypse verbindet W. die Annahme, daß mit dieser in unserer Apk eine jüdische Quellenschrift (Q) verbunden ist, die wahrscheinlich im Jahre 70 verfaßt wurde. Wichtiger als diese Annahme W.s ist mir seine Erkenntnis, daß diese Quelle wiederum aus einer Reihe einzelner Fragmente, deren Zusammengehörigkeit zweifelhaft ist, zusammengearbeitet wurde, bevor sie in die Hand des Endredaktors kamen. Was an diesen Vermutungen richtig ist, ist diese letztere Erkenntnis. Dagegen ist die Gestalt des Verfassers von Q. bei W. sehr unwahrscheinlich, zum mindesten in keiner Weise erwiesen. Ich glaube wir dürfen von dieser letzteren Vermutung W.s absehen. Wenn wir das tun, und wenn wir den christlichen Urapokalyptiker mit dem Apok. letzter Hand identifizieren, so kommen wir zu der letzten und meines Erachtens zum Ziele führenden Betrachtungsweise der Apk[6].

Und damit sind wir nun auf den noch übrig bleibenden dritten Weg gelangt, der uns vielleicht zum Ziel führen wird. Derselbe ist von Weizsäcker, Sabatier und Schön, neuerdings auch von Pfleiderer, Jülicher u. a. (s. o. S. 110. 112), den Vertretern der Fragmentenhypothese, eingeschlagen. Wzs. schon hat mit sicherem Blick die Eigentümlichkeit der Komposition der Apk erkannt: das dreimal sich wiederholende Siebenzeichen ist nach ihm der Mechanismus, mit dem der Redaktor der Apk eine Reihe übernommener kleinerer Fragmente zu einem Gesamtbilde verarbeitet hat. Mit Weizs. gehen Sabatier und Schön, nur daß sie (nach Vischer) einen christlichen Apokalyptiker annehmen, der verschiedene jüdische Stoffe in seine Apk eingearbeitet hat. Hier sind wir auf dem richtigen Wege. Wir nehmen keine Grundschrift mit allmählichen Erweiterungen, keine Quellen und keinen mechanisch arbeitenden Redaktor an, sondern einen apokalyptischen Schriftsteller, der jedoch in vielen Punkten nicht aus freier Hand schuf, sondern ältere apokalyptische Fragmente und Überlieferungen, deren Überlieferung vorläufig noch dunkel bleibt, verarbeitete.

Die Fragen, welche Fragmente im einzelnen dem Apokalyptiker wirklich literarisch vorlagen, ob diese Stücke in unmittelbarem Zusammenhang mit einander standen, bleiben dann der Einzeluntersuchung vorbehalten und werden sich nicht überall mehr mit Sicherheit beantworten lassen. Auch ist bei dieser Auffassung die Apk natürlich eine christliche Schrift. Und zwar ist dies das Sichere und Gegebene. Ob und wie weit in ihr Fragmente jüdischer Herkunft enthalten sind, bedarf einer sehr vorsichtigen und oft nicht zum sicheren Ziel führenden Einzeluntersuchung.

IV. Wenn es nun richtig ist, daß der Apok. als ein selbständiger Schriftsteller anzusehen ist, dann handelt es sich für uns vor allem und in erster Linie um eine präzise Darstellung der speziellen Individualität und der geschichtlichen Situation des Schriftstellers und des Zweckes seiner Schrift. Zugleich würde, wenn diese Aufgabe gelingt und wir ein einheitliches charakteristisches Bild von der Persönlichkeit des Apokalyptikers letzter Hand gewinnen, die bisher vertretene Auffassung ihren endgültigen Beweis erhalten. Leicht ist dieser Versuch keineswegs, aber er muß dennoch unternommen werden. Müßten wir den Apok. für einen einfachen Redaktor und Kompilator halten, dann wäre es der gewiesene Weg, mit den Quellen einzusetzen und von da zu dem Ganzen vorzudringen. Ich meine aber, daß die in dieser Richtung gemachten Versuche nicht gerade ermutigen, den Weg, der uns bisher nur in ein unentwirrbares Labyrinth von Hypothesen hineingeführt, noch weiter zu verfolgen. Bei unsrer Gesamtanschauung aber ist der Weg vom Ganzen zum Einzelnen einzuschlagen. — Es wird also darauf ankommen mit aller hier gebotenen Vorsicht zu fragen, ob wir nicht in der Apk gewissen Spuren desselben Geistes, derselben aus der gleichen Situation stammenden Gesamtanschauung in allen Teilen der Schrift, oder doch den meisten, wiederbegegnen. Und dabei können wir sogar einmal vorläufig ganz von der Frage absehen, ob wir überall nur mit dem eigensten Besitz des Apok. arbeiten. Selbst wenn wir entdecken würden, daß dieses oder jenes Stück, das wir benutzten, nur von dem Apok. entlehntes traditionelles Gut sei, wäre damit nichts umgestoßen. Wir würden dann nur urteilen, daß der Apok. ältere Vorstellungen mit Verständnis übernommen, alte Münze neugeprägt hat. Nur darauf werden wir Acht geben, daß wir auf den Charakter des Ganzen sehen und nicht an Einzelnem hängen bleiben; unser Gebaude muß so festgestützt sein, daß es nicht schadet, wenn nachher eine oder zwei Stützen wieder weggenommen werden müßten. Jedenfalls haben wir den Vorteil, daß wir zunächst von dem gegebenen Ganzen der Apk ausgehen und nicht von postulierten Quellen und so vom Sichern zum Unsichern uns vorsichtig den Weg bahnen können.

Das Hauptcharakteristikum der Apk ist sicherlich die durch das ganze Buch sich hindurchziehende hochgradige Spannung zwischen der Ecclesia, der einheitlichen Organisation der Gläubigen, und ihrem Gegner, dem römischen Staat. Denn daran dürfte kein Zweifel mehr sein, daß mit dem großen Feind des Christentums, dem Tiere, der römische Staat und mit der Hure auf dem Tiere das heidnische Rom gemeint sei. Und zwar ist dieser Gegner der Hauptgegner des Christentums, hinter dem alle anderen zurücktreten[7], so gewiß als Kap. 12 und 13, die Schilderung vom Erscheinen des Drachen (des Herrn des Tieres) und des Tiere selbst, den Höhepunkt der apokalyptischen Vision bilden. Dieser Kampf mit dem Tiere füllt für den Apokalyptiker Vergangenheit, Gegenwart und Zukunft. Die Vergangenheit: der Apok. schaut bereits eine Schar vollendeter Märtyrer (6,9) unter Gottes Thron. Die Hure Babel ist trunken vom Blut der Märtyrer Jesu 17,6 (vgl. 16,6). In ihr schreit das Blut der Propheten und Heiligen und aller der auf Erden Geschlachteten 18,24. Die Gegenwart: Auch der Apok. lebt in einer Verfolgungszeit. Zwar scheint die Verfolgung in seiner nächsten Umgebung zu einem vollem Martyrium nur selten geführt zu haben. Nur ein Märtyrer, Antipas, wird namentlich genannt 2,13. Aber Verfolgungen und Chikanierungen der christlichen Gemeinden sind an der Tagesordnung und nicht nur in Pergamon nachweisbar (Ephesus 2,3, Smyrna 2,9.10, Philadelphia 3,8). Wenn jedes der Sendschreiben mit dem Lobpreis des „Siegers“ schließt, so denkt der Verfasser in erster Linie an den äußeren Kampf, den die christlichen Gemeinden zu bestehen haben. Vor allem aber soll der Kampf in der nächsten Zukunft des Apok. entbrennen. Das ist der Punkt, auf den seine ganze Weissagung eingestellt ist. Schon in dem Sendschreiben an Philadelphia 3,10 redet er von einer großen Versuchung (πειϱασμός), die über die ganze Welt kommen und von der Philadelphia bewahrt werden soll. Die Weissagung des fünften Siegels 6,9-11 geht auf diese letzte Zeit der großen Not, in ihr soll sich die „Zahl“ der Märtyrer, die Gott in seinem unerforschlichen Ratschluß festgesetzt hat, vollenden, und dann soll das Ende kommen. Wieder und wieder weist er auf die Blutzeugen in diesem Kampfe hin. Er sieht schon die ungeheure Schar der Weißgekleideten, die aus der „großen Trübsal“ kommen, vor Gottes Thron 7,9ff.; er sieht die Sieger am gläsernen Meer stehen 15,2ff.; er hört wie die himmlischen Heerscharen sie preisen 12,11; er verheißt ihnen die Herrschaft im 1000jährigen Reich 20,4. Er ruft zum Kampf gegen das Tier 14,9.12f. Dieses Tier, der Diener des Satans, ist ja bereits vorhanden, der Seher hat es aus dem Meere steigen sehen. Es wird sich aber erst in seiner ganzen widergöttlichen Art enthüllen, wenn sich das Mysterium des totwunden und wieder geheilten Hauptes an ihm vollendet hat. „Wer Ohren hat zu hören, der höre!“ „Hier handelt es sich um Geduld und Treue der Heiligen!" 13,9f. In überströmender ekstatischer Begeisterung jubelt der Apok. dieser Zeit des großen Kampfes entgegen. „Selig sind die in dem Herrn sterben von nun an (d. h. als Märtyrer). Ja, spricht der Geist, sie sollen ausruhen von ihren Mühsalen. Denn ihre Werke wandeln mit ihnen". 14,13.

Von einem bevorstehenden Entscheidungskampf weissagt der Apok. Das römische Imperium (und Rom) ist in diesem der große Gegner der christlichen Gemeinde. – Aber damit ist noch nicht alles gesagt. Die charakteristische Situation, in welcher der Apok. sich befindet, wird uns dann erst klar, wenn wir die Frage stellen, um was es sich in jenem Kampf handelt, weshalb dem Apok. das römische Imperium als die Inkarnation des Satans erscheint. Der Apok. selbst enthüllt uns das Geheimnis der Bosheit – vielleicht mit Absicht – erst auf dem Höhepunkt seiner Weissagung Kap. 13. Mit dem wiederholten eindrucksvollen Refrain καὶ προσεκύνησαν, – καὶ προσκυνήσουσιν charakterisiert er das römische Imperium, das Tier, als die satanische Macht, die widergöttliche Anbetung und Verehrung in der ganzen Welt auf sich zieht. Dem Tiere und der ganzen Welt gegenüber treten die im Buche des Lebens Geschriebenen, die alleine die Anbetung verweigern. „Wenn einer Ohren hat, der höre!" (13,4.8.9). Noch deutlicher wird der Verfasser im zweiten Abschnitt des Kapitels. Das zweite Tier, wer immer es sein möge, verführt die Bewohner der Erde, das Bild des zweiten Tieres anzubeten. Das wird im wiederholtem Refrain zweimal gesagt. Und es bewirkt weiter, daß die, welche die Anbetung verweigern, getötet werden 13,12.14.15. Ist das alles auch noch Weissagung, so entwirft doch offenbar der Apok. dies Zukunftsgemälde aus den Erfahrungen seiner Gegenwart heraus. Und von nun an zeigt er wieder und wieder mit dem Finger auf diesen großen Kampf. Er läßt den Engel 14,9 warnen vor der Anbetung des Tieres und seines Bildes. Hier handelt es sich um die Geduld der Heiligen! 14,12. Die auf dem Meere stehenden Sieger 15,2 haben im Kampf mit dem Tiere und seinem Bilde gesiegt. Der vierte Schalenengel stürzt seine Schale auf den Thron der Tieres 16,10 (vgl. 16,2.5f.). Das Tier und der Pseudoprophet sind die namentlich genannten Hauptgegner, welche in der großen Messiasschlacht vernichtet werden 19,20. Die Herrscher im tausendjährigen Reich sind die Sieger in diesem Kampf 20,4. „Die nicht angebetet haben das Tier, noch sein Bild, noch sein Siegel auf Stirn und Hand genommen haben." – Dieser ständig wiederkehrende Refrain soll sich gleichsam in das Ohr der Hörers einbohren.

Es ist klar, der Haß des Apok. gegen Rom hat eine bestimmte Ursache. Die verdammungswürdige Tat des römischen Imperiums ist für ihn weder die Zerstörung Jerusalems, noch etwa die Christenverfolgungen im allgemeinen, noch im besondern die neronische Christenverfolgung, sondern die Ausrichtung und Pflege des Cäsarenkultus. Der Kaiserkultus ist der Gegenstand des Kampfes; in diesem Kampf soll – so weissagt der Verfasser – die Kirche eine Märtyrerzeit sondergleichen durchmachen[8]. Von dieser Erkenntnis aus läßt sich nun Herkunft und Entstehungszeit der Apk bereits mit einiger Sicherheit festlegen. Vor allem ist damit schon bewiesen, daß die Apk als Ganzes ein spezifisch christliches Buch ist: Das Judentum hat diesen prinzipiellen Kampf mit dem Cäsarentum und dem Cäsarenkultes – von einer vorübergehenden Episode abgesehen – niemals geführt. Es wurde im großen und ganzen mit den Forderungen der Herrscherverehrung niemals belästigt. Es galt im römischen Reich als religio licita, als eine Fremdenreligion mit ihren Sonderbarkeiten und Vorrechten. Und die nationale Verachtung des Judentums hat seine religiöse Duldung niemals auf die Dauer beeinflußt. Die alleinige Ausnahme bilden hier die Ereignisse in der Caligulazeit. Aber hier handelt es sich um ganz bestimmte und vereinzelte Vorgänge, um die Forderung der Aufrichtung der Caligulastatue im Tempel von Jerusalem und um eine Verfolgung der ägyptischen resp. alexandrinischen Juden, bei der unter anderm auch die Frage des Kaiserkultes eine Rolle spielte. Aber man wird doch nicht mehr daran denken, die Apk als Ganzes mit ihrer Grundstimmung aus der Caligulazeit abzuleiten. Man vermißt auch tatsächlich jeden unzweifelhaften Hinweis auf einzelne bestimmte Ereignisse jener Zeit. Von dem Kaiserkult der ganzen Welt, von dem entbrennenden Kampf in der ganzen Oikumene weissagt unser Apok. – Wenn aber so die Apk eine Kampfesschrift der christlichen Kirche gegen das römische Reich ist, so werden wir mit der Zeitbestimmung für sie über die Zeit Neros weit hinüber gewiesen[9]. Auf der einen Seite läßt sich gerade aus den Berichten über die neronische Verfolgung mit Bestimmtheit schließen, daß von einer solchen prinzipiellen Befehdung der christlichen Kirche durch das Imperium, wie der Apok. sie erwartet und doch schon teilweise voraussetzt, damals keine Spur vorhanden war. Für den Vorgänger Neros, den Kaiser Claudius[10], war, wie es scheint, die christliche Gemeinde nur eine Sekte der jüdischen Synagoge und der Kampf um Christus eine innerjüdische Streitigkeit, derenwegen Synagoge und christliche Gemeinde gleicher Weise für eine Weile aus Rom verwiesen wurden. Unter Neros Regiment wird es auch nicht anders gewesen sein. Die Christenverfolgung Neros war eine Laune des Tyrannen; die Christen waren ihm eine abergläubische, verbrecherische und verächtliche Sekte; von einer dem römischen Staat von dorther drohenden Gefahr hat man damals noch nichts geahnt. Auf der andern Seite kann man kaum annehmen, daß die vereinzelten Christengemeinden sich damals schon dem römischen Staat gegenüber als eine einheitliche Macht gefühlt haben, deren Aufgabe es sie, den letzten schweren Kampf mit dem Satansdiener, dem römischen Imperium, aufzunehmen. Durch Neros Vorgehen wird immerhin die Aufmerksamkeit der römischen Provinzialbehörden mehr als vorher auf die verbrecherische Sekte der Christenheit hingelenkt sein. Die Entwicklung im einzelnen liegt hier ja ganz im Dunkeln[11]. Aber man wird annehmen dürfen, daß mindestens einige Dezennien verflossen, ehe diese gewitterschwüle Atmosphäre, in welcher unser Apok. schreibt, entstand. Von der andern Seite her finden wir am Ende der Regierung Domitians nachweisbar die Bedingungen vor, unter denen die Apk entstanden sein kann. Im sechszehnten Jahr der Regierung Domitians wurde nach zuverlässigen Zeugnissen, wie es scheint unter den persönlichen Auspizien des Cäsar in Rom ein Christenprozeß geführt, dem nahe Verwandte des kaiserlichen Hauses, das Ehepaar Titus Flavius Clemens und Flavia Domitilla, zum Opfer fielen. Und nach dem Bericht des Diocassius[12] wurden sie charakteristischer Weise wegen ἀθεότης (sacrilegiums) verurteilt. Diese Verfolgung richte sich also nicht mehr persönlich gegen Christen als verbrecherische Menschen aus der niedersten Hefe des Volkes, sondern gegen die christliche Religion und die Zugehörigkeit zu ihr, die damit als Sakrileg gebrandmarkt war. Hier ist das Verhältnis prinzipieller Feindschaft erreicht. Auch der bekannte Brief des Plinius an Trajan[13], in welchem die Zugehörigkeit zum Christentum an und für sich als ein staatsgefährliches Verbrechen behandelt wird, erlaubt uns einen Rückschluß etwa auf die Zustände am Ende des ersten Jahrhunderts. Denn Plinius entwickelt die Grundsätze seines Verfahrens gegen die Christen nicht als etwas Neues, sondern als etwas selbstverständlich Gegebenes. Auch die enge Beziehung, in welcher christliche Religion und Verwerfung des Kaiserkultes, Verfolgung der Christen und Forderung „der Anbetung des Tieres“ in der Apk mit einander erscheinen, würde sich gerade aus der Zeit Domitians sehr gut erklären. Wir wissen, daß neben Caligula kein Kaiser des ersten Jahrhunderts so sehr seine Selbstvergötterung betrieben hat wie Domitian. Er ließ sich zuerst – allerdings nicht offiziell – in den Briefen seiner Beamten als dominus et deus titulieren[14]. Hat die Verehrung der verstorbenen Cäsaren schon vorher eine große Rolle im Religionswesen namentlich im Osten des römischen Reiches gespielt, so scheint erst unter den Flaviern die Verehrung der lebenden Herrscher sich allgemein durchgesetzt zu haben[15]. Und damit hat dann natürlich der ganze Kultus einen neuen nachhaltigen Aufschwung genommen. So liegen alle die Faktoren, aus denen die Grundstimmung der Apk sich erklären läßt, in der Regierungszeit Domitians oder wenigstens deren Ende neben einander. Über die Regierungszeit Domitians nach rückwärts wird man mit dem Anfang der Apk kaum gehen dürfen. Aber auch nicht viel weiter vorwärts. Denn von einer so systematischen Verfolgung, wie sie der Brief des Plinius voraussetzt, zeigt die Apk — namentlich die Sendschreiben — noch keine Spur. Was in der Apk darauf hindeutet sind Zukunftsweissagungen des Sehers, der allerdings mit hellen Augen in seine Gegenwart hineinschaut.

Diese allgemeinen Erwägungen werden nun trefflich durch direkte Zeugnisse über die Entstehungszeit der Apk gestützt. Vor allem wertvoll ist hier das des Irenäus V 30,3 (Eusebius H. E. V 8,6): οὐδὲ γὰρ πρὸ πολλοῦ χρόνου ἑωράθη, ἀλλὰ σχεδὸν ἐπὶ τῆς ἡμετέρας γενεᾶς πρὸς τῷ τέλει τῆς Δομετιανοῦ ἀρχῆς. Das Zeugnis geht, wie wir oben nachzuweisen versuchten, vielleicht auf einen noch älteren Gewährsmann, Papias, zurück. Aber ganz abgesehen davon ist es besonders wertvoll, weil es allein noch ganz unverworren ist mit der — wahrscheinlich irrtümlichen — Tradition über das Patmosexil des Johannes unter Domitian, während in allen späteren Nachrichten diese Kombination hergestellt ist. — Wir haben nach allen Erwägungen keinen Grund, an der Zuverlässigkeit dieses Zeugnisses zu zweifeln. Einzelbeobachtungen, die man für ein früheres Datum hat geltend machen wollen, vor allem die 11,1-2 ausgesprochene Erwartung der Erhaltung des Tempels von Jerusalem können gegenüber dem oben festgelegten Gesamtcharakter der Apk nicht aufkommen. Sie deuten nur darauf hin, daß in das Gesamtwerk ältere Fragmente eingesprengt sind.

Andre Einzelbeobachtungen bestätigen dagegen mehr oder minder jenes Datum. So wird sich nachweisen lassen, daß in Kap. 17 eine Quelle aus der Zeit Vespasians (s. den Exkurs zu diesem Kapitel) bereits verarbeitet ist. Es wird also wahrscheinlich, daß der Bearbeiter einige Zeit später, also etwa unter Domitian geschrieben hat. Ferner kommt in Betracht, daß der Apok. letzter Hand im Gegensatz zu seiner Quelle in Kap. 17, welche noch einfach das Wiederkommen Neros von den Parthern erwartet, eine andre und doch wohl spätere Form der Nerosage kennt, derzufolge Nero als das höllische Untier aus dem Abgrund erscheint, also aus dem Totenreich wiederkehrt. Wir können mit unsern Mitteln die Geschichte der Nerosage kaum mit voller Sicherheit festlegen. Aber wahrscheinlich ist es doch, daß jene Umwandelung der Nerosage erst in einer Zeit vor sich ging, als die Erwartung von der Wiederkunft Neros mit den Parthern eine gewisse Zeit – sagen wir einmal etwa ein Menschenalter – die Gemüter beschäftigt, geschreckt und enttäuscht hatte und so allmählich unwahrscheinlich geworden war. Damit aber kämen wir wieder an das Ende der Regierungszeit Domitians[16] (vgl. den Exkurs zu Kap. 17).

Wir können aber vielleicht die Zeit der Abfassung der Apk. bis aufs Jahr genau festlegen. In der Apk hört der Seher beim dritten Siegel eine die allgemeine Hungersnot weissagende Stimme: Das Maß Weizen um einen Denar, und drei Maß Gerste für einen Denar, aber Öl und Wein sollst du schonen! 6,6. Bisher hat kein Ausleger diesem Rätselruf einen Sinn abgewinnen können. Neuerdings hat Reinach[17] über diese Stellen in außerordentlich geistvoller Weise gehandelt. Er zieht zur Erklärung eine Notiz Suetons (Domitian, Kap. 7) heran. Hier berichtet Sueton im Jahre 92 (vgl. auch Eusebius Chronik zu diesem Jahr), daß Domitian – im Interesse der italienischen Weinagrarier – ein Edikt erlassen habe, demzufolge die Anlage neuer Weinberge in Italien verboten wurde, in den Provinzen aber die Weinberge bis mindestens zur Hälfte niedergehauen werden sollten. Von dieser Maßregel fühlten sich namentlich die kleinasiatischen Provinzen bedroht. Eine lebhafte Gegenagitation erhob sich, und man setzte es wirklich durch, daß das Edikt, noch ehe seine Ausführung begonnen, wieder aufgehoben wurde. Es wird nun sehr wahrscheinlich, daß der Apok. auf diese Vorgänge mit seiner Weissagung hindeutet. Er ist entrüstet, daß jene Maßregel, die er von seinem asketischen Standpunkt aus als gut und heilsam betrachtet (gibt doch auch das Edikt sich als wesentlich gegen den Luxus gerichtet) wieder aufgehoben ist. Daher weissagt er nun eine große Teuerung, durch welche die notwendigsten Lebensmittel betroffen werden, während die Luxusartikel wie zum Hohn verschont bleiben sollen. Ist diese Kombination richtig, so wäre die Apk bald nach 92, also ca. 93, geschrieben. Mit diesem Ansatz würde es nun merkwürdig gut stimmen, wenn in der oben S. 23 bereits besprochenen Ausführung aus der Polemik des Epiphanius gegen die Aloger (Haer. LI 33) ursprünglich gestanden hätte, daß von der Geburt des Herrn bis zur Apk 93 Jahre verflossen seien. Die Ausführungen stammen aus Hippolyt und es wäre ja möglich, daß Hippolyt das genaue Datum der Schrift noch gekannt hätte. Auch das mag noch hervorgehoben werden, daß Eusebius in seiner Chronik die Verbannung nach Pathmos und die Abfassungszeit der Apk in das 14. Jahr Domitians (94) verlegt.

So steht also unser Apokalyptiker in einer ganz besonders, weltgeschichtlich wie religonsgeschichtlich betrachtet, geradezu hochbedeutsamen Situation. Seine Schrift ist eine wilde Kampfschrift gegen den im römischen Reich herrschenden Kaiserkult. Dieser Cäsarenkult ist seinerseits die charakteristische Erscheinung in der letzten Entwicklungsphase der Religion der griechisch-römischen Kulturwelt[18]. Er war nicht ihr genuines Erzeugnis. Der Osten und Ägypten sind die eigentliche Heimat der absoluten Despotenverehrung und Herrschervergottung. Von dorther ist die Idee des Gottkönigtums in die Kultuswelt des Westens gewandert. Die gewaltige Gestalt des großen Alexander hat sogar die Religion des Griechentums aus ihren Bahnen geworfen. In Anlehnung an den altgriechischen Heroenkult war nach dem Hofe Alexanders der Glaube an die göttliche Majestät des Herrschers in die Kulturwelt der Diadochenreiche eingezogen. Zunächst der gestorbenen, zu den Göttern erhöhten Herrscher. Dann war an dem Hofe der Seleuciden und Ptolemäer die Verehrung auch der lebenden Herrscher aufgekommen. Als die

Gewaltmenschen der letzten Zeit der römischen Republik ihre Hand auf den Osten legten, wurde ihnen dort göttliche Verehrung von allen Seiten entgegengebracht. Und die Römer haben dann dem Kult eine neue Wendung und Bedeutung gegeben. Den klugen Rechnern wurde die ihnen vom Orient entgegengebrachte göttliche Verehrung das gewaltigste Machtmittel, mit dem sie ihre Herrschaft über den Erdrund festigten. Der Kaiserkult wurde die Staatsreligion des die Oikumene umspannenden römischen Reiches. Bereits Cäsar war mit bewußter Absicht und in vollem Umfange auf die Ideen orientalischer Despotenverehrung eingegangen. Das Regiment des Augustus bedeutete eine Reaktion. Augustus lehnte in Rom und Italien eine Vergottung seiner Person auf das bestimmteste ab. Nur die Verehrung des zu den Göttern erhobenen Divus Iulius förderte er. Aber er wehrte der weitergehenden Verehrung im Osten nicht. Und es ist für uns, wenn wir das geistige Milieu unseres Buches uns vergegenwärtigen wollen, wichtig, zu wissen, daß er auf ein Gesuch der Provinzen Kleinasien und Bithynien diesen gestattete, in Pergamon und Nicomedien Provinzialtempel des Kaiserkultes zu Ehren der Roma und des Augustus zu errichten (29 v. Chr.). Denn vielleicht ist dies der Grund, daß der Apokalyptiker von dem Satansthron in Pergamon redet. Allmählich drang der Kaiserkult – abgesehen von Rom und Italien – auch nach dem Westen (Afrika, Gallien, Spanien) vor. Um in der Sprache des Apok. zu reden, so ist es richtig, daß in seiner Zeit die Erdbewohner insgesamt „das Tier anbeteten“. Und hatte Augustus eine Anbetung seiner Person nur in der Form gestattet, daß neben und nach der Dea Roma der divus Augustus genannt wurde, hatte Tiberius noch ausdrücklich die göttliche Verehrung der Cäsaren auf seine verstorbenen Ahnen, Julius Cäsar und Augustus beschränkt, so drang, bereits von Caligula und Claudius begünstigt, etwa im Zeitalter der Flavier auch die Verehrung des lebenden Herrschers durch und neben Caligula hat keiner der römischen Cäsaren des ersten Jahrhunderts so in den Ideen des Gottkönigtums geschwelgt wie Domitian. — So wurde der Kaiserkult ein ungemein wichtiger Faktor in der Kulturwelt des römischen Kaiserreichs. Staatsinteresse und religiöses Bedürfnis begegneten sich in ihm. Byzantinischer Servilismus und politisches Strebertum waren doch nicht die einzigen Faktoren seiner Verbreitung. Es war als wenn alle religiöse Andacht, deren die absterbende Religiosität einer alt gewordenen Kultur noch fähig war, sich der einzigen lebendigen und festen Wirklichkeit in der Welt zuwandten: der Dea Roma und dem divus Augustus, den Mächten, die aus dem Chaos in der Völkerwelt am Ende der Diadochenzeit wieder Leben und Ordnung geschaffen hatten. Und auf der andern Seite wurde diese Stimmung von klugen Staatsmännern gepflegt, welche sahen, daß die römische Herrschaft in ihr die beste Stütze ihrer Macht und Wirksamkeit fand. Nie haben Staat und

Religion, Recht und Frömmigkeit ein so enges Bündnis geschlossen wie hier. Die Begriffe Sacrilegium und crimen laesae majestatis fallen fast zusammen.

Die alten Nationalreligionen waren morsch und kraftlos genug, um sich die Krönung ihres Pantheons durch die Dea Roma und den divus Augustus gefallen zu lassen. Das in der Welt verstreute Judentum war im allgemeinen froh und zufrieden, wenn man es mit den Anforderungen des Kaiserkultes unbehelligt ließ und ihm sein Sonderlingsdasein nicht störte. Im übrigen stand gerade in unserm Zeitalter dem um seine letzte Existenz ringenden jüdischen Volke der ganz andre Gegensatz spezifisch nationaler Art im Vordergrund. — Aber in der neuen christlichen Religion entstand dem letzten Erzeugnis der Antike, der römischen Staatsreligion, ein ebenbürtiger Gegner. Instinktiv hatte man ein Gefühl davon auf beiden Seiten. Ohne daß man eigentlich genau wußte, wie es gekommen war, hatte der römische Staat am Ende der Regierung Domitians eine ausgesprochene Frontstellung gegen das Christentum eingenommen. Und im jungen Christentum fühlte man die Gewitterschwüle der Zeit. Da verleiht unser Apok. dem Unausgesprochenen das Wort und weissagt den furchtbaren und entsetzlichen Kampf, der in der ganzen bewohnten Welt um die letzten Wirklichkeiten des Lebens entbrennen soll. Er sieht klar auf den letzten Kern der Dinge. Er sieht in diesem Bündnis von Staat und Religion mit seiner Menschenvergötterung den Gipfel aller Gottlosigkeit, den Anfang vom Ende, in dem römischen Imperium mit seinem Gottkönigtum die Inkarnation des Satans. Die beste Verteidigung ist der Angriff. So geht auch der Apok. zum offenen Angriff über. Selten wohl ist eine so entschlossene, fulminante Streitschrift gegen ein herrschendes System geschrieben wie in diesem merkwürdigen Buch. Es sind Fanfarentöne, die hier klingen. Sie rufen das verhältnismäßig kleine Häuflein derer, die das Tier nicht anbeten, zum Widerstand gegen eine Welt, zu Trotz und Treue bis in den Tod, sie windet im Voraus den Märtyrern dieses Kampfes die ewige Krone. Der Apk. hat freilich nicht vorausgeahnt, daß der Kampf, den er voraussah, mehrere hundert Jahre hindurch die Weltgeschichte bestimmen sollte. Er sah die Entscheidung und das Ende in dieser Generation. Aber tatsächlich hat er mit seiner Schrift diesen Kampf eingeleitet und weithin bestimmt.

V. Er steht in der Tat auf hoher Warte, in einer großartigen Situation, kurz vor dem Zusammenstoß zweier Welten, und dies Bewußtsein hebt ihn denn auch empor zu einem mächtigen prophetischen Selbstgefühl. Er ist nicht mehr Epigone wie jeder andre Apokalyptiker, er fühlt sich als Prophet, er gehört einer besondern Klasse der Gläubigen an. Sehr bemerkenswert ist die Hochschätzung des Prophetentums in der Apk. Der Prophet steht Gott und seinem Herrn Jesus um eine Stufe näher. Er ist sein δοῦλος in einem ganz besondern Sinn. Seinem

Knechte Johannes hat Gott die Offenbarung gezeigt; wie Moses 15,3 mit besonderem Ehrentitel δοῦλος θεοῦ genannt wird, so sind die Propheten vor allen andern Knechte Gottes. Seinen Knechten, den Propheten, zeigt er, was in Bälde geschehen soll 1,1; 22,6. Gott hat sein Geheimnis seinen Knechten, den Propheten, verkündet 10,7. Es gibt eine ganze Klasse solcher bevorzugten Christen innerhalb der Christenheit. Der Engel ist der Mitknecht des Johannes und seiner Brüder, der Propheten 22,9, und Gott ist ein Herr der Geister der Propheten 22,6. Von hier aus erklärt es sich, wenn 18,20 nicht nur die Christen im allgemeinen, sondern besonders die ἀπόστολοι und προφῆται genannt werden, als die, welche sich freuen sollen über den Fall des christenmörderischen Babels, wenn 18,24 von αἵματα προφητῶν καὶ ἁγίων, 16,6 von αἷμα ἁγίων καὶ προφητῶν die Rede ist, wenn es 11,18 heißt, daß Gott seinen Knechten, den Propheten und den Heiligen, die seinen Namen fürchten[19], im Gericht den Lohn geben wird. Die Propheten sind für den Verfasser der Apk an die Stelle der nur einmal in einem solchen Zusammenhange erwähnten Apostel getreten. Deshalb ist auch das Werk des Propheten von einzigartigem und hohem Wert. Selig sind, die es hören und die das geschriebene halten 1,3; 22,7, und diejenigen, die zu diesen Offenbarungsworten etwas hinzufügen oder etwas von ihnen nehmen, trifft der schwerste Fluch 22,18f. Wort Gottes und Zeugnis Jesu nennt der Seher 1,2 seine Weissagung (vgl. den Ausdruck οἱ λόγοι τῆς προφητείας 1,3; 22,7.10.18). Worte Gottes 17,17 sind die Weissagungen, die vollendet werden müssen. Und das Zeugnis Jesu ist der Geist der Propheten 19,10, d. h. in dem in den Propheten redenden Geist wirkt das Zeugnis Jesu weiter[20], und daher sind die Gläubigen, insofern sie dies Zeugnis Jesu haben, Mitknechte des Engels wie der Prophet. Die Propheten sind geradezu die Vermittler zwischen irdischer und himmlischer Welt. Von der Weissagung des Parakleten im Johannesevangelium und von der Hochschätzung des Propehtentums[21] in der Offenbarung aus, begreift es sich, wie ein gutes Menschenalter später eine Geistesströmung wie die des Montanismus sich in der kleinasiatischen Kirche erheben konnte.

Mit jenem großartigen und wahrhaft prophetischen Blick in die Zukunft verbindet sich bei dem Apok. ein bizarrer und phantastischer Volksglaube, der damals in der jüdischen wie in der heidnischen Welt lebendig war. Der Glaube an die Wiederkunft des verrufenen Tyrannen (und ersten Christenmörders)Neros[22]. Das Tier, das den großen Kampf mit dem Christentum beginnen wird, hat als Symbol neben den zehn Hörnern das Haupt, dessen Todeswunde geheilt ist. Es ist das römische Imperium zur Zeit des Nero redivivus und daher ist die Zahl des Tieres die Zahl eines Menschen (13,18). In dem Nero redivivus wird sich die ganze Furchtbarkeit und die grausame Macht des Tieres noch einmal zusammenfassen[23]. „Es war und ist nicht mehr und wird sein“: Schon einmal haben die Christen mit diesem Nero den Kampf auf Leben und Tod gekämpft, und bald wird er aus der Abyssus wiederkehren zu einer kurzen Zeit der Schreckensherrschaft und der allgemeinen Verfolgung. Es ist wohl zu bemerken, daß bei dieser Auffassung der Zukunftscharakter der Apk gewahrt bleibt, die Apk weissagt wirklich von einer großer allgemeinen Verfolgung und stellt diese dem Volksglauben folgend in Zusammenhang mit der Wiederkunft Neros. Diese Verbindung von einem tiefen Einblick in das Wesen und Ziel der Dinge mit einer vergänglichen fremdartigen Phantasie des Volksglaubens mag uns merkwürdig erscheinen, aber psychologisch unverständlich ist sie nicht.

Es ist schwer zu einem Gesamturteil darüber zu kommen, wie weit der Seher als Judenchrist bezeichnet werden darf. Daß derselbe aus dem Judentum stammt, ist nach den Beobachtungen, die man über seine Sprache machen kann, wohl außer allem Zweifel. Ihm ist der Judenname ein Ehrenname, welchen er den christenverfolgenden Juden abspricht 2,9; 3,9. Einem Judenchristen im eigentlichen Sinne des Wortes wird man ihn doch kaum nennen können. Von einem antipaulinischen starren Judenchristentum kann bei ihm nicht die Rede sein. Die Heidenmission ist als etwas ganz Selbstverständliches anerkannt (7,9ff.), die Juden sind die Synagoge des Satans. Möglich aber, daß der Apokalyptiker an einer gewissen Prärogative des gläubigen Israels (7,1-8) festhält. Aber es läßt sich hier sehr schwer zwischen der überkommenen Tradition und der eignen Meinung des Sehers scheiden. Die Stellung der Apk gegen den römischen Staat, Rom und den Kaiserkultus ist zwar, wenn man auf die apokalyptische Stimmung der Kirche in der Folgezeit sieht, singulär, aber doch nicht notwendig judenchristlich.

Damit ist die Hauptsache zur Gesamtcharakteristik des Apok. gesagt. Neue, bemerkenswerte ethische oder religiöse Gedanken dürfen wir nicht bei ihm suchen. Der Apokalyptiker arbeitet ja im wesentlichen nur auf das Eine hin, die Gläubigen stark und tapfer zu machen in dem bevorstehenden mächtigen und großen Kampf. (In den Briefen nimmt er außerdem eine Frontstellung gegen die Häretiker ein.) In der Christologie und Erlösungslehre zeigen sich nirgends Ansätze zu selbständiger Auffassung, in der Christologie ein wirres Konglomerat verschiedenster Vorstellungen. Es ist daher unbegreiflich, wie man eine mehrhundertseitige Theologie der Apk schreiben mag (vgl. das Werk von Gebhardt 1873). Wer hier zu viel bringt, bringt für den Zweck einer lebendigen historischen Erkenntnis gar nichts. — Aber jenes eine weiß der Apokalyptiker mit unnachahmlicher Sicherheit einzuschärfen: den gewaltigen Ernst der Verantwortung vor Gottes Gericht, den Gedanken des nahen Endes, die Pflicht der Treue bis zum Tode und des Ausharrens im wilden Kampf, der nun entbrennen soll. Eine trotzige Siegeszuversicht gegenüber dem Drachen, der schon im Himmel geworfen ist, und dessen Herrschaft auf Erden nur kurze Zeit dauern wird, eine fast wilde Freude am Martyrium: Selig sind von nun an die Toten, die im Herrn sterben, — eine wenigstens stellenweise flammende Sprache, eine glühende Sehnsucht nach dem Ende und der neuen Zeit: Wahrlich ich komme bald. Amen, komm Herr Jesus, — das alles verleiht der Apk trotz des Bizarren, Phantastischen, Fanatischen, das sich in Hülle und Fülle findet, einen zauberhaften Reiz und eine mächtige Kraft. — Von unvergleichlicher Schöne und Zartheit sind jedenfalls eine Reihe von Bildern, in denen der Seher die zukünftige Welt malt. Man muß diese Worte (wie 7,9ff.; 20,1ff.) einmal am Grabe, oder am Totenfeste gehört haben, um ihren unvergänglichen Zauber zu verstehen. Sie klingen noch immer wie überirdische Musik. — So mußte die Apk auf ihre Zeit wirken wie ein wildes flammendes Kriegsmanifest, sie mußte den Zeitgenossen in der Tat wie eine neue prophetische Offenbarung erscheinen: Selig der es liest und das Geschriebene bewahrt! Sie war eine helle Posaune, die zu mehrhundertjährigem Kampfe rief.

VI. Die Hauptaufgabe, die einer Erklärung der Apokalypse gestellt ist, ist — vorausgesetzt, daß unsere Auffassung von dem Ganzen der Schrift die richtige ist — damit erfüllt, daß eine lebendige Vorstellung von dem Charakter des Apokalyptikers selbst, seiner Frömmigkeit und der Situation, in der er schreibt, möglichst annähernd erreicht ist. Aber daneben schafft nun freilich der Schreiber der Apk in einem großen Teil seiner Schrift, wie bereits deutlich geworden ist, nicht aus freier Hand und mit eignen Mitteln; es scheint fast so, als hätte er die Absicht, nicht bloß eine bestimmte Weissagung zu geben, sondern ein corpus apocalypticum zu schreiben, eine Sammlung von damals im Umlauf befindlichem apokalyptischem Material unter einem einheitlichen Gesichtspunkt zu veranstalten. Daher besteht die zweite Aufgabe in der genaueren Erforschung der Quellen des Apokalyptikers. Freilich wird es immer wichtiger bleiben — es wird dieser Gesichtspunkt gar zu oft übersehen — festzustellen, was der Apokalyptiker selbst aus seinem Stoff gemacht hat, als in dem Dunkel der hinter ihm liegenden apokalyptischen Tradition einige unsichere Schritte zu tun. — Aber auch diese Arbeit muß getan werden, und zwar schon deshalb, weil eine genauere Erforschung der Quellen und der der Apk vorliegenden Tradition indirekt wieder einen klareren Einblick gerade in das Eigentümliche und Charakteristische dieser selbst gibt. Jede Apokalypse hat man in dem Augenblick erst recht verstanden, in dem es gelingt, das ihr überkommene Material von dem ihr eigentümlichen mit einiger Sicherheit abzusondern.

Über die Quellen der Apk wird nun im besonderen im Kommentar zu den einzelnen charakteristischen Kapiteln gehandelt werden (vgl. namentlich die

Bemerkungen zu 7,1-8; 11,1-13; 12; 13,11ff.; 14,14-20; 17-18; 21,9-22,5)[24]. Hier sollen nur einige Bemerkungen allgemeinerer Art folgen. Zunächst werden wir, von der richtigen Erkenntnis des Gesamtcharakters der Schrift herkommend, nicht in den Fehler einer voreiligen Quellenscheidung verfallen. Wir werden uns darauf beschränken, mit einiger Bestimmtheit an diesem und jenem Punkt zu behaupten, daß dem Apokalyptiker fremdes Material eventuell schon in literarisch fixierter Form vorgelegen habe, aber auf den Versuch, noch zusammenhängende Quellen, die wirklich einmal so existiert haben, auszuscheiden, werden wir im großen und ganzen verzichten. Andrerseits ist man, wenn man so rundweg auf Literarkritik im Einzelnen — immer im großen und ganzen geredet — verzichtet, doch noch keineswegs am Ende der Forschung. Es gibt noch einen Weg, der uns etwas weiter zu fördern verspricht. Der literarkritischen Methode zur Seite tritt nun die traditionsgeschichtliche. Die Hoffnung auf eine genaue Bestimmung der Quellen nach Zahl, Umfang und Wortlaut werden wir nach den bisher gemachten Erfahrungen aufgeben müssen. Aber dennoch können wir das in der Tradition — ganz gleich durch welche Mittelglieder — überkommene Material genauer auf seine Herkunft prüfen und kritisch sondern. Dabei werden wir freilich, wenn wir irgendwie vorwärts kommen wollen, unsern Blick über die gesamte eschatologische Überlieferung der der Apk vorangehenden und folgenden Jahrhunderte erweitern müssen. Denn wir sind hier auf den überaus unsicheren und schwankenden Boden derjenigen Vorstellungen und Phantasien geraten, welche von Religion zu Religion, von Geschlecht zu Geschlecht wandern, und deren Lebenskraft nicht mit dem Jahrhundert, dem Volk und der Religion erlischt, in welchen sie zuerst entstanden sind. Nur ein umfassendes Wissen, welches das einzelne Glied in einer jahrtausendlangen Kette zu sehen vermag, kann hier die Arbeit zu Ende führen, wir stehen am Anfang derselben und müssen uns damit begnügen, nur hier und da Einiges beizutragen. Ist man so genauer in das eigentliche Gewebe der Apk eingedrungen, so mag man dann auf Grund besserer Erkenntnis von neuem und genauer beginnen, Quellen zu scheiden. Aber freilich zur vollen Klarheit und zum Ziel werden wir dabei niemals kommen. Und es muß immer wieder betont werden: die Erkenntnis des Individuellen und Konkreten ist immer die Hauptsache in aller Geschichtsforschung und die Kenntnis der Tradition, des „Milieu“, immer nur Vorbedingung. — Das gilt namentlich auch für die Arbeit an der vorliegenden Schrift. Der Apokalyptiker ist nicht nur ein Schriftsteller, der altheilige, vielfach unverstandene Vorstellungen unbesehen weitergibt, sondern er schafft neu, und auch da, wo er einfach übernimmt, sieht er das Übernommene mit seinen Augen an, wie dies oft in ganz unscheinbaren Veränderungen überraschend zu Tage tritt. — Und es ist für uns viel wichtiger, hierauf zu achten, als das apokalyptische Material der Apk bis in seine letzten

Instanzen zu verfolgen. Die charakteristische Weise zu beachten, in welcher der Apokalyptiker die Lehre von den sieben Geistern verwertet, ist fruchtbringender, als jene Anschauung bis in ihre vielleicht babylonischen Ursprünge zu verfolgen. Die Erkenntnis, daß das aus der Abyssos wiederkehrende Tier für den Apokalyptiker Nero ist, ist wichtiger, als zu wissen, was ursprünglich mit jenem Tier gemeint sei.

Nach allen diesen Untersuchungen kann dann erst die Frage erhoben werden, die im Anfang der kritischen Arbeit an der Apk sich fast allzusehr in den Vordergrund gedrängt hat, wieweit die Apk jüdisch oder christlich sei. Und dabei kann es sich nicht mehr um den Gesamtcharakter der Schrift handeln. Das Buch als ganzes und in seiner eigentlichen Grundtendenz ist nur auf christlichem Boden denkbar (s. o.). Für wichtige Partien der Apk hat bereits Spitta Vischers Kritik als bodenlos erwiesen. Es kann sich also nur bei einigen einzelnen Stücken des Buches um jene Fragestellung handeln. So muß denn eine Untersuchung in dieser Richtung für jedes abgeschlossene Fragment selbständig aufgenommen werden und wird selten mit einem runden Ja oder Nein abschließen können. Denn so sehr zugestanden werden muß, daß das apokalyptische Material der Schrift vielfach durchaus jüdische Färbung hat, so bleibt doch immer noch die Frage, ob die schriftliche Fixierung dieser Tradition, welche der Apok. vielleicht benutzte, christlichen oder jüdischen Ursprungs war.

VII. Wir versuchen zum Schluß die Komposition der vorliegenden Apk in ihren Grundzügen zu verstehen. Das Stück 1,1-3 ist als spätere — wahrscheinlich von dem Verfasser selbst nachgetragene — Überschrift des Ganzen zu verstehen. Mit einer Einleitung zu dem am Anfang des Buches stehenden Sendschreiben beginnt die Apk 1,4-20. Nach dem im Briefstil üblichen Gruß 1,4-6 und dem apokalyptischen Merkspruch 1,7-8 bringt die einleitende Vision das mächtige und strahlende Bild des Herrn, der in den folgenden Sendschreiben zu seiner Gemeinde redet. Es folgen die sieben Sendschreiben selbst Kap. 2-3. Aber schon mit der Andeutung 1,19 γϱάψον οὖν ἃ εἶδες (1) καὶ ἅ εἰσιν (2) καὶ ἃ μέλλει γενέσθαι μετὰ ταῦτα hat sich der Seher den Weg zum Folgenden gebahnt. Über die Gegenwart hat er gesprochen. Eine Himmelsstimme ruft ihn in den geöffneten Himmel, er soll jetzt schauen ἃ δεῖ γενέσθαι μετὰ ταῦτα. Nun schaut der Seher zwei in sich abgeschlossene Bilder, die mächtig und groß gezeichnet und an den Anfang der Offenbarung gestellt zu einem starken das Ganze der Apk tragenden Fundament wohl geeignet sind. Zunächst (Kap. 4) ein Bild voll erhabener Ruhe. Der himmlische Thron und auf dem Throne Gott, umgeben von den 24 Ältesten und den vier wunderbaren merkwürdigen Tieren. Zum Schluß kommt etwas Leben und Bewegung in das ruhende Bild. Der Seher hört die sich immer wiederholenden Lobgesänge der wunderbaren Wesen vor Gottes Thron, wenn sie anbetend niederfallen. Ein zweites Bild mit lebhafterer und beinahe stürmischer Bewegung folgt (Kap. 5). Der auf dem Throne Sitzende hält in seiner Hand das geheimnisvolle Buch mit den sieben Siegeln, und niemand kann zum Schmerze des Sehers das furchtbare und schreckliche Geheimnis lösen. Da tritt eine neue und mächtige Gestalt, das Lamm mit den sieben Hörnern und sieben Augen, in den Kreis der Himmelsmächte ein. Es erscheint der Sieger, stark genug, das Geheimnis zu lösen. Und wie er zum Buche greift, stimmen die himmlischen Wesen ihren Lobgesang an, und dieser Lobgesang findet seinen mächtigen Widerhall; in immer weiteren Kreisen und mächtigeren Wogen braust er dahin. Die Bedeutung dieser beiden Bilder wird uns erst recht klar, wenn wir uns die Grundstimmung der Apk vergegenwärtigen. Es ist die Zeit der letzten Not, in der der Apok. schreibt; der letzte wilde Kampf steht unmittelbar bevor; und der Apok. sieht die Gewitterwolken sich türmen. Da stellt er in überlegener Ruhe diese Bilder seiner ganzen Weissagung voran. Der allmächtige Gott, der aller Widersacher spottet, erscheint in seiner Herrlichkeit auf dem Throne, und neben ihm das Lamm, der Sieger in Löwenkraft, als Herr über alle Schrecken und Geheimnisse der Zukunft, der Herrscher des neuen Aeons; und alle Kreatur im Himmel und auf Erden beugt sich vor diesen Mächten und jubelt ihnen Preis und Ehre und Lob zu. Was bedeuten ihnen alle Widersacher und wenn sie auch aus dem Abgrund der Hölle kommen! Nun löst das Lamm die Siegel und die Schrecken der Zukunft nehmen ihren Anfang (Kap. 6). Die vier ersten Siegel: die vier Reiter. Kaum je ist in der religiösen Literatur ein mächtigeres Bild mit so wenigen Strichen hingeworfen. Die größten Künstler hat es von Zeit zu Zeit gepackt und nicht losgelassen, bis sie es dargestellt. Beim fünften Siegel ist der Seher bei seinem Lieblingsthema: er sieht die Märtyrer unter Gottes Thron. Sie schreien nach dem Ende. Aber ihre Zahl ist noch nicht voll. Eine große Zeit der Märtyrer soll kommen, ja sie ist schon da. Nach der etwas stereotypen Schilderung der Ereignisse des sechsten Siegels spüren wir deutlich, wie ein fremdartiger Stoff sich in den Zusammenhang der Apk eindrängt (Apk 7). Wir hören von vier Windengeln, welche die verderblichen Winde loslassen wollen und von der Versiegelung der 144 000 aus den 12 Stämmen. Das sind, wie es scheint, eingesprengte Fragmente. Was der Apok. damit sagen will, ist deutlich. In den Zeiten der letzten Not sollen aus dem neutestamentlichen Zwölfstämmevolk eine Anzahl unversehrt und unverletzt bleiben; sie tragen das Siegel des lebendigen Gottes. Daneben aber stellt der Apok. ein andres Bild, und hier steht er wieder ganz auf eigenem Boden. Seiner eignen Weissagung vorauseilend sieht er schon jetzt die endlose Schaar der Märtyrer der Zukunft als Sieger und Vollendete in weißen Kleidern mit Palmen in der Hand vor Gottes Thron stehen. Er hat uns hier wieder einer seiner herrlichsten Bilder geschenkt;

er öffnet die Himmelstüre und läßt einen Strahl ewiger Herrlichkeit von dort in die gequälte Welt hineinleuchten. Auch dieses Lied vom Zuge der Auserwählten zu Gottes Thron hat seine Geschichte, mit ihm trat die nordische Malerei zum ersten Mal in einen Wettbewerb mit der ihm weit voraus geeilten italienischen ein. — Darauf ertönt die siebente Posaune, und nun tritt eine Stille von einer halben Stunde im Himmel ein 8,1. Mit einem merkwürdigen Mittel erzielt der Apok. hier eine große Stimmungswirkung: Die schwüle Ruhe vor dem gewaltigen Sturme. Im Folgenden ist er dann freilich der Schilderung der Situation nicht ganz Herr geworden. Die himmlische Tempelszenerie, die er uns zeichnet, will zu dem in Kap. 4 entworfenen Bilde nicht recht stimmen. Das Auftreten der sieben Posaunenengel und der Beginn des Blasens wird durch ein Intermezzo mit ziemlich stereotypem Inhalt 8,2-5 unterbrochen. Man sieht zunächst auch nicht recht ein, weshalb der Apok. aus dem siebenten Siegel noch einmal wieder eine ganze Plagenreihe, die Plagen der sieben (sechs) Posaunen (8-9), durch welche der Fortschritt der Weissagung nicht wesentlich weiter geführt wird, sich entwickeln läßt. Wir werden vielleicht annehmen dürfen, daß ihm die letzten beiden Posaunenplagen schon als überliefertes Gut vorlagen und er diese in irgend einer Weise unter die Vorzeichen erreichen wollte. Dazu würde die Beobachtung stimmen, daß die letzten Posaunen andrerseits als die drei Wehe bezeichnet, die fünfte Posaune mit dem ersten Wehe und die sechste Posaune mit dem zweiten Wehe gleichgesetzt werden (8,13; 9,12; 11,14). Von hier aus würde sich dann erklären, wie es kommt, daß anstatt der angekündigten drei Wehe (8,13) im Verlauf der Apk nur zwei tatsächlich gebracht werden. Übernommenes Material ist hier unvollkommen verarbeitet. In der Art, wie der Apok. die drei (zwei) Wehe zu den sieben (sechs) Posaunenplagen verarbeitet, zeigt sich vorübergehend ein gewisses Erlahmen seiner Kraft. Die vier ersten Posaunenplagen sind lange nicht so großartig und mächtig, wie die vier ersten Siegelplagen. Zwischen der sechsten und siebenten Posaune ist dann abermals der glatte Fortgang der Weissagung unterbrochen. Wir können uns das kaum anders erklären, als daß der Apok. das fremde, ihm wertvoll erscheinende Stück 11,1-13 hier in seiner Weissagung aufnehmen wollte; möglicher Weise gehörten auch Stücke von Kap. 10 dieser Quelle an. Jedenfalls will der Apok. in Kap. 10 in seiner jetzigen Gestalt sich selbst und seinen Lesern von dem weiteren Verlauf seiner Weissagung Rechenschaft ablegen. Der Seher hat von neuem die Erscheinung einer Offenbarungsmittlers. Diesmal eines Engels. Er muß ein Buch verschlingen: noch eine ganze Fülle von Weissagungen wird ihm anvertraut über Völker und Nationen und Zungen und Könige. Aber nach der siebenten Posaune soll doch das furchtbare Mysterion, das im Grunde eine frohe Botschaft ist, sich enthüllen. In Anlehnung an eine fremde Quelle beschreibt der Seher dann (Kap. 11), wie er sich die Geschehnisse am Ende der Dinge in

Jerusalem denkt. Aber sein Herz hängt nicht mehr an diesen Vorgängen. Er eilt hinüber zur Schilderung des letzten großen Kampfes in der weiten Welt. Mit der siebenten Posaune eröffnet er diese Weissagung: Wieder hört er einen himmlischen Lobgesang. Gott hat sein Regiment schon angetreten, nun hilft alles Toben der Heiden nicht mehr; nun kommt das große Gericht über Tote und Lebende. Die Pforten des himmlischen Tempels springen schon auf; die Bundeslade, Gottes Thron erscheint. Gott ist nahe! Aber ehe nun der Apok. den nahen Kampf weissagend beschreibt, wirft er einen Blick nach rückwärts, die Flucht der Ereignisse rückt ihm in einen großen Zusammenhang ein. Die Geschichte, die er erlebt, wird ihm ein Akt im Drama des Krieges Gottes mit dem Teufel. Dieser hat bereits eine gewisse Dauer: Schon hat der Erbfeind, der Drache, mit dem jungen Sonnenkind — für den Apok. ist das Christus — den Kampf geführt; und diesen Kampf schildert der Seher uns in einem eigentümlich grotesken Bilde (Kap. 12). Tief hat er den Pinsel eingetaucht in die Farben eines uralten heidnischen Mythus; der muß ihm dienen zur Verherrlichung seines Herrn; und er schildert weiter, wie der Drache, nachdem er das Sonnenkind nicht hat töten können, das Weib, die urchristliche Gemeinde, verfolgt. Dabei aber ist ein großer Trost: In entscheidender Schlacht ist der Teufel, der Drache, im Himmel bereits besiegt und gerichtet. Um so mehr wütet er freilich auf Erden; aber sein Sturz ist nur noch eine Frage der Zeit. So hat er denn auch dem verfolgten Weibe (der urchristlichen Gemeinde) nichts anhaben können. Aber nun ist es endlich zum dritten und letzten Akt des Dramas gekommen: Der Drache hat seine Wut gegen die Übrigen vom Samen des Weibes, gegen die Christen in der weiten Welt gerichtet. Er hat seinen Diener, das Tier mit den sieben Häuptern, das römische,Imperium, gerufen (12,18), dessen furchtbares Kennzeichen, das getötete und wieder lebendig gewordene Haupt, das Widerspiel des geschlachteten Lammes, ist. D. h. das römische Reich wird seine ganze antichristliche Furchtbarkeit erst unter dem zu erwartenden Nero redivivus enthüllen (Kap. 13). Neben das erste Tier tritt als sein Gehülfe in diesem Kampf ein zweites vom Lande her kommend; offenbar eine herübergenommene mythische Figur und deshalb schwer zu deuten. Aber um so deutlicher ist es, was nach der Meinung der Apok. der Gegenstand dieses Ringens sein wird: die Anbetung des Tieres. In immer wiederholtem Refrain bohrt der Apok. dieses Wort den Hörern in die Seele. „Wenn einer Ohren hat, soll er hören. Hier handelt es sich um Geduld und Treue des Heiligen.“ Hier steht der Apok. auf der Höhe seiner Weissagung. — Im Folgenden freilich enttäuscht er uns. Wir erwarten jetzt unmittelbar die Entscheidung des Kampfes; aber diese erfolgt nicht. Auch hier kann der Grund nur der sein, daß dem Apok. bestimmtes eschatologisches Material, das ihm vorlag, allzu wertvoll erschien, als daß er hätte wagen sollen, es zu unterdrücken. So setzt sich die Fülle der Gesichte fort. Einen wirkungsvollen Gegensatz zu den geschilderten Schrecknissen bringt er heraus, wenn er nun Kap. 14 das Lamm mit den 144000 Versiegelten auf dem Berge Zion erscheinen läßt. Ganz klar wird es nicht, was der Apok. sich bei dieser Szene denkt. Glaubt er vielleicht an eine Errichtung des tausendjährigen Reiches in Jerusalem noch zu der Zeit, da in der weiten Welt der Kampf tobt? Es folgen eine Reihe kurzer Ausrufe von Engeln, die wir als Klammern betrachten können, mit welcher der Apok. die einzelnen Teile seines Werkes nach allen Seiten verbindet, — und dann die rätselhafteste Partie des ganzen Buches: die Schilderung eines vorläufigen Gerichts. Aber man weiß nicht recht, durch wen und an wem vollzogen sich unser Apok. dies Gericht gedacht hat. Hier hat er, wie es scheint, am wenigsten das ihm überkommene Material durchzuarbeiten verstanden. Mit Kap. 15 knüpft er einerseits wieder an die große Weissagung in Kap. 13 an; andrerseits greift er wie in Kap. 7 den Ereignissen vor. Schon sieht er die Sieger im Kampf mit dem Tier auf dem himmlischen Meer stehen (V. 2-4); und dennoch hat er den letzten Ausgang jenes Kampfes noch gar nicht geschildert. Noch einmal zögert er dann, ehe er den entscheidenden Höhepunkt seiner Weissagung bringt. Er hat erst noch die schrecklich-schöne Weissagung, die ihm über den Fall Roms durch Nero und die Parther vorliegt, und das Klagelied über Rom in sein corpus apocalypticum einzuarbeiten. Und dazu bedarf es einer Einleitung: Kap. 15-16. Zum dritten Male greift er zu seinem beliebten Schema des Siebenzeichens und bringt das Gesicht von den sieben Schalenengeln mit ihren sieben Plagen. Hier merkt man nun allerdings deutlich, besonders auch in den Wiederholungen, welche diese Reihe von Plagen gegenüber den Posaunenplagen zeigt, die Ermattung. Nur bei den letzten Plagen, in denen der Apok. vielleicht bereits vorliegende, mit der Nerosage zusammenhängende Motive verarbeitet, wird die Darstellung wieder lebendiger. In das dann folgende eingearbeitete Bild von der Hure Babylon, Kap. 17, hat der Apok. eine gewisse Uneinheitlichkeit hineingebracht, indem er das Tier und die zehn Hörner, welche seine Quelle wesentlich als Gegner Roms auffaßt, als Gegner des Lammes hinstellt. Dann, nach dem Klagelied über Rom Kap. 18, spinnt der Apok. wieder seinen eigenen Faden weiter. Und nun endlich erfolgt, eingeleitet durch eine Reihe von Hymnen 19,1-8 — nach einem kurzen Intermezzo, in dem bereits wieder nach vorne auf die Hochzeit des Lammes verwiesen wird, 19,9-10 — die Schilderung des großen entscheidenden Kampfes. Man mag noch so stark den jüdischen Rachecharakter dieses Stückes betonen, man wird doch zugeben müssen, daß in diesem Stück (nicht 14,14-20) erst die wirkliche Krönung des apokalyptischen Gebäudes gegeben ist. In breiter mächtiger Darstellung wird der große Endkampf geschildert; mit inbrünstiger Andacht verweilt der Seher bei dem überaus herrlichen und glänzenden Bild des Siegers. Die Schlacht selbst schildert er uns nicht. Er deutet nur ungemein wirkungsvoll ihr grausiges Ende an, indem er durch einen Engel die Vögel des Himmels zum Fraße rufen läßt. Aber das erwähnt er, daß die beiden großen Gegner der Gläubigen, das Tier und der falsche Prophet, besiegt und vernichtet werden. Was dann folgt (Kap. 20): Fesselung des Satans auf 1000 Jahre, das tausendjährige Reich, Loslösung des Satans, Gog und Magog, Endgericht über die Lebenden und Toten, ist zum guten Teil stereotypes Material jüdischer Apokalyptik. Aber hier und da hat der Apok. doch seine eigenen Farben eingemischt, so wenn er im tausendjährigen Reich in erster Linie die Märtyrer herrschen läßt. Als ein Künstler der Komposition aber beweist er sich, wenn er an diesem Punkt sein Buch nicht abschließt, sondern nach allen den grausigen und erschütternd ernsten Szenen ein in den hellsten Farben gehaltenes Lichtbild setzt: „Und die heilige Stadt, das neue Jerusalem, sah ich vom Himmel herabsteigen von Gott, zubereitet wie eine für ihren Mann geschmückte Braut." Es ist wahr, auch hier hat der Apok. eine ihm überkommene Weissagung vom himmlischen Jerusalem in sein Werk aufgenommen. Aber er hat doch mehr getan. Er hat für das farbenprächtige Bild voll orientalischer naiver Pracht einen stimmungsvollen Rahmen 21,1-8; 22,3-5 geschaffen. So läßt er sein Werk ausklingen in eine Symphonie von Licht und Farben, von Freude und Leben. Und darauf folgt der Schluß in eigentümlichen, kurz abgerissenen, stimmungsvollen Ausrufungen und Andeutungen, in denen bald der Seher, bald der Engel der Offenbarung, bald der Herr Jesus spricht. „Es spricht, der dies bezeugt: Ja wahrlich, ich komme bald. Amen, komm Herr Jesus."

Gewiß sind, wie dieser Überblick zeigt, manche Sprünge und Risse in der Komposition des Apok., manche Stellen, an denen seine Kraft mehr oder minder erlahmt. Man wird von einem Apok. keine vollkommene abgerundete Komposition erwarten. Wenn wir aber nicht die höchsten Maßstäbe der Beurteilung anlegen und die Johannesapokalypse mit den Erzeugnissen der sie umgebenden apokalyptischen Literatur vergleichen, so wird sich mit gutem Grunde sagen lassen, daß sie das beste und reifste Erzeugnis dieser Literarturgattung ist. Kein Werk der jüdischen Apokalyptik ist so straff und kunstvoll komponiert, in keinem hat der Verfasser des Ganzen den eingearbeiteten Fragmenten und dem übernommenen Material eine so einheitliche Färbung und Tendenz zu geben, wie in diesem Buch. Man vergleiche mit ihm selbst das vierte Esrabuch mit seinen vollkommenen Gegensätzen in Anlage, Form, Stimmung und Gehalt der ersten und der letzten Visionen! Hier aber tritt uns fast auf jedem Blatt der Apok. selbst entgegen, der Kämpfer für die Wahrheit der Religion gegen ihre lügenhafte Verzerrung im Kaiserkult. Und wie baut sich doch das Ganze künstlerisch auf! Wenn sich der Apok. des öftern im Gestrüpp der apokalyptischen Überlieferung zu verirren, in der Fülle seiner Gesichte sich zu verwirren scheint, so bahnt er sich doch sicher seinen Weg hindurch. Aus den durch einander klingenden, sich verschlingenden Tönen gestaltet sich die Fuge, und bei dem mächtigen Finale der letzten Stücke vergessen wir den mühevollen Weg der dorthin geführt. Und wie gut weiß der Apok. Licht und Schatten zu verteilen! Wie sicher und fest und mächtig sind wenigstens eine Reihe einzelner Bilder gezeichnet, allen voran das unvergleichliche Bild von den vier Reitern! Auch ist er ein Meister in der Kunst der Prägung kurzer einzelner Worte, mächtiger Mahn- und Weckrufe. Wie klingen diese Rufe noch in unser Ohr hinein, wie bohrt sich das Alles in unsre Seele! Und über dem Ganzen die naive, kindliche, bunte Farbenpracht. Wir dürfen uns doch freuen, daß wir in unserm neuen Testament neben der ernsten und gemessenen Briefliteratur etwas orientalische Pracht und kühne Phantasie haben. Wenn wirs nicht können, sollen wir es von unsern Großen in der Kunst, von den Van Eyck und Dürer an bis Cornelius und Böcklin wieder lernen.

Fußnoten:

1. Die übrigens trotzdem Achtungswertes leisten (z. B. Elliott, Alford).
2. Vgl. Abschnitt IV.
3. Dabei lasse ich andere Bedenken bei Seite. Die doppelte Christologie, die vor allem Weyland in der Apk gefunden hat: das Lamm, das der Welt Sünde trägt, und der Messias, der zur Vernichtung der Heiden mit eisernem Szepter kommen wird, macht mir keine Schwierigkeit. Diese Doppelstimmung ist sogar psychologisch ungemein interessant. Schon in den Sendschreiben liegen die beiden Gedankenkreise in einander. Das Lamm Gottes (Kap. 5) ist zugleich der Löwe aus Judas Stamm. Auch die echt jüdisch-apokalyptischen Schilderungen des Gerichts, sind nicht notwendig quellenmäßig jüdisch. Von diesen Phantasieen lebte auch die junge christliche Kirche. Über die mehrfach erwähnten προφῆται, die man durchaus für jüdische Propheten halten will, wird unten die Rede sein. Auch die beiden Zeugen brauchen nicht notwendig aus einer jüdischen Apk zu stammen, diese Idee kann vielleicht sogar einen viel älteren Stammbaum aufweisen. Wenn endlich das ἀρνίον einige Male in der Apk wohl sicher eingeschoben ist, so darf man es deshalb noch nicht überall streichen.
4. Rätselhaft erscheint auch der ständige Wechsel in der Vorstellung über die Offenbarungsmittler des Buches. Bald vermittelt Christus selbst seinem Seher die Gesichte, bald ist es ein unbestimmt gelassener Engel, bald ein bestimmter Engel. Am Anfang und am Schluß des Buches häufen sich die Schwierigkeiten (vgl. den Kommentar).

5. Vischer hatte Recht, wenn er diesen Umstand bei der Anlage seiner Arbeit besonders betonte. Nur ging er in dem Schluß: weil Apk 11 und 12 jüdischen Ursprungs sind, und der Sprachcharakter der Apk ein so stabiler ist, so ist die Apk eine jüdische Schrift, viel zu schnell vorwärts. Es gibt noch einen andern Weg der Lösung.
6. Ich erwähne nur noch, daß für mich auch der Gesichtspunkt W.s wenig Überzeugendes hat, daß der Apok. letzter Hand sich als Deuter und Herausgeber einer älteren Weissagung erweise, die er schon in seiner Zeit sich erfüllen sehe, daß daher die eigentlichen Zukunftsweissagungen der oder den Quellen zuzuweisen seien, während da, wo die Erfüllung der Weissagungen in der Gegenwart geschaut werde, im Durchschnitt der Herausgeber rede. Gerade der Apok. letzter Hand weissagt eine freilich für ihn nahe Zukunft. W. gewinnt seine Thesen durch eine Betrachtung von Kap. 17, derzufolge der Apok. letzter Hand in dem achten Haupt oder dem wiederkehrenden Tier Domitian gesehen habe. Ich halte diese Deutung für falsch (s. die Ausführung am Schluß des 17. Kap.).
7. Man irrte da am meisten vom rechten Verständnis der Apk ab, als man meinte, daß der Mittelpunkt der Apk eine Weissagung gegen Jerusalem sei, dieses Zentrum in Kap. 11 fand, ja sogar Babel für Jerusalem erklärte. Aber auch die Forscher irren noch, welche wie Alcasar und Grotius, neuerdings Lücke, Düsterdieck u. a. annehmen, daß das Interesse des Apok. zwischen Jerusalem und Rom geteilt sei. An Kap. 11,1-2 muß man vorübergehen, wenn man den Herzpunkt der Apk sucht.
8. Die entscheidende Anregung zum richtigen Gesamtverständnis der Apk hat uns Th. Mommsen, römische Geschichte V 1885 519ff. (namentlich 520 Anm.) gegeben, obwohl auch er das letzte Wort noch nicht gesprochen. Denn Mommsen suchte, indem er von der Voraussetzung eines einheitlichen und spezifisch judenchristlichen Charakters der Schrift ausging, diese als einen Nachklang aus der Caligulazeit zu begreifen. Vgl. auch die vorzüglichen Ausführungen von W. M. Ramsay, The Church in the Roman Empire, London 1893 p. 295–302 und the letters to the seven churches of Asia 1904 p. 93–127.
9. Vgl. zum folgenden K. J. Neumann, der römische Staat u. d. allgemeine Kirche 1890 S. 5ff.; W. M. Ramsay, Church in the Roman empire 252ff., the letters to the seven churches 93ff.; R. Knopf, d. nachapostolische Zeitalter 1905, S. 83-105.
10. Sueton, vita Claudii c. 25. – Apg 18,2.

11. Die Behauptung Neumanns 5ff. 14ff., daß das Christentum erst am Ende der Regierung Domitians als eine dem Judentum gegenüber selbständige Religion der römischen Regierung bekannt geworden und damit aus dem Schutzbereich der religio licita ausgetreten sei, wird sich in dieser Bestimmtheit nicht halten lassen; vgl. die Bedenken Ramsays dagegen.
12. Hist. LXVII 14, vgl. die Zusammenstellung der Quellenberichte über die domitianische Verfolgung in Lightfoots apostolic fathers 1890 I 104ff.
13. Plinius Jun. epist. X 96 ed. H. Keil p. 307f.
14. Vgl. den Artikel Kaiserkultus in Roschers Lexikon der griech. u. röm. Mythologie 907; W. M. Ramsay l. c. 275.
15. E. Kornemann, z. Gesch. d. antiken Herrscherkulte. Beitr. z. alten Gesch. I 1902 S. 144.
16. Die Bestimmung ist approximativ gemeint. Die Sage kann schließlich schon viel früher entstanden sein. Es ist ein einfacher Aberglaube, wenn Zahn (vgl. den Exkurs zu Kap. 17) auf Grund einiger sibyllinischer, zeitlich schwer bestimmbarer Fragmente glaubt, die Geschichte der Nerosage so genau rekonstruieren zu können, daß auf Grund dessen sich der Beweis ergäbe, unser Apok. hätte die Sage in dieser Form noch nicht kennen können. Wenn Z. meint, die Sage hätte erst in dieser Form auftauchen können, als seit Neros Verschwinden eine so lange Zeit verstrichen war, daß an eine Wiederkunft des lebenden Nero nicht mehr gedacht werden konnte, so ist dagegen zu erinnern, daß die Volkssage nicht so rationalistisch arbeitet.
17. S. Reinach, La mévente des vins sous le haut-empire romain. Rev. archéologique. Série III. Tom. 39 1901. Nov. Dec. 350-374; vgl. A. Harnack, Th. Lz. 1902 591f.
18. Vgl. zum folgenden: den Artikel Kaiserkult (von Drexler) in Roschers Lexikon der griech. u. röm. Mythologie II 901-919; E. Beurlier, De divis honoribus, quos acceperunt Alexander magnus et successores eius. 1890; und Le culte impérial, son histoire et organisation depuis Auguste jusqu'à Justinien 1891; Otto Hirschfeld, z. Gesch. des römischen Kaiserkultus, Sitzungsbericht d. Berl. Akad. 1888 833-862; E. Kornemann, zur Geschichte der antiken Herrscherkulte, Beiträge z. alten Gesch. I 1902 S. 51-146.
19. So ist (unter Weglassung des *καὶ*) wahrscheinlich zu lesen (s. den Kommentar).
20. D. h.: der Geist ist der an die Stelle Jesu tretende Paraklet.

21. Neben die Propheten treten bereits eine besondere Rangklasse unter den Christen einnehmend die Märtyrer. Ihrem Lobpreis gilt der Abschnitt 7,9-17, ihr Siegesgesang wird 15,2-4 geschildert, sie allein nehmen an dem tausendjährigen Reich teil. Und in dem Bunde die dritten, treten die Asketen auf. 14,4 deutet der Apokalyptiker die 7,4 erwähnten 144000 auf die παρθένοι um. Auch sie nehmen eine besondere Würdestellung bei dem Lamm ein. Propheten, Märtyrer, Asketen, diese neuen Rangklassen unter den Gläubigen sind charakteristisch für die Apk.
22. Alles Genauere über die Nerosage siehe zu den Ausführungen bei Kap. 13 und Kap. 17. Am letzten Ort wird noch über den Glauben an die Wiederkehr Neros von den Parthern gehandelt werden, den der Apokalyptiker selbst nicht mehr teilt.
23. Die Deutung von 13,18 und 17,3ff. auf Nero scheint mir auch jetzt noch über allen Zweifel erhaben (vgl. den Kommentar).
24. Vgl. auch noch die Erörterungen zu Kap. 1-6 (Spittas Quelle U) und Kap. 13 (Caligulahypothese).

VI. ZUR TEXTKRITIK DER APOKALYPSE.

1. Das Material.

A. Die griechischen Handschriften.

Unter den Majuskeln sind ℵAC bekannt. Es sei nur bemerkt, daß C von 3,19-5,14; 7,14-17; 8,5-9,16; 10,10-11,3; 16,13-18,2; 19,5-22,21 Lücken hat. Der Cod. P (Petersburg kais. Bibl. CCXXV 9. Jahrh.; Apk 16,12-17,1; 19,21-20,9; 22,6-12 fehlen) enthält Akt. Kath. Paul. Apk, und ist (Gregory Textkritik I 103) von andrer Textbeschaffenheit in Akt und I Petr als in den späteren Teilen. Q (Vatican. Gr. 2066; es ist besser, diesen Codex nicht wie Ti. mit B zu bezeichnen) 10. Jahrh., enthält nur die Apokalypse.

Die Minuskeln, die nirgends in befriedigender Vollständigkeit aufgeführt sind, sind zu sammeln aus den bekannten Ausgaben und Kollationen von Mill-Küster (1710), Bengel 1734, Wetstein 1751f., Matthaei 1782-88 Tom. X, Alter 1786-88, Birch, Variae lectiones in Apoc. 1800, Scholz 1830-36, Scrivener, codex Augiensis 1859, adversaria critica 1893[1], Tregelles 1857-72, Alford (Vol. IV, ed. 2, 1884)[2], Delitzsch, handschriftl. Funde, H. 1, 1861, Tischendorf, Octava major, Simcox, a collation of ... Mss. of the Revelation of St. John, Journal of Philology XXII 1894, 285-306.

Ich stelle die einigermaßen kollationierten Minuskeln nunmehr unter Eingabe der zuverlässigsten Quellen ihrer Varianten zusammen unter Benutzung der Siglen bei Tischendorf-Gregory und unter vorläufiger Zurückstellung der neuen Siglen von Sodens (die Schriften des Neuen Testaments I 1902). 1. (Tregelles). 2. 4. (Wetst.). 6. (Cramers Catena). 7. 8 (Scrivener I. l. d.). 10 (Grafton b. Alford). 12. 13 (Mill-Küster). 14 (Scriv. I. f). 16 (Wetst.). 17. 18. 19 (Grafton b. Alford). 24 (Scholz). 26. 27 (Scriv. II. c. f.). 28 Scriv. I. n). 29 (Scriv. II. c). 31 (Scriv. I. c). 32 (Matthaei t). 33. 34. 35. 36 (Alter). 37 (Birch). 38 (Tregelles). 39. 41. 42. 43. 44. (45). 46 (Birch). 47. 48. 49. 50 (Matth. k. l. o. p). 51 (Scholz). 68 (Simcox). 69 (Scholz). 72. 73 (Simcox). 79 (Tischendorf). 80. 81 (Sylburg, And. a. b). 87 (Scriv. I. m). 88 (Birch). 90 (Matth. r). 91 (Tregelles). 92 (Mill). 93. 94. 95. 96. 97. 98 (Scriv. I. a. b. g. h. j. k). 121 (Tischendorf, And. c). 151. 152. 154 (Simcox). 161. (Sylburg, And. p).

B. Die Versionen.

Berücksichtigt sind folgende: a) die lateinischen. Die vetus Latina ist hier nur sehr unvollkommen repräsentiert durch das Palimpsest v. Fleury (f) (Ausgaben von Berger, le palimpseste de Fleury 1889, und unter Vergleichung des Primasius-Textes von Haußleiter, Forschungen z. Gesch. d. Kanons IV s. u.), durch m (speculum „Augustini"), und durch den Gigas Holmensis (g), in welchem Acta und Apokalypse einen allerdings stark von der Vulgata beeinflußten alten Text zeigen (Ausgabe von Belsheim)[3]. — Zusammenfassendes Material über die Vulgata liegt noch immerhin am besten bei Tisch. vor (Hndschr.: Amiatinus um 700, Demidovianus (XII), Fuldensis (VI), Harleianus (IX), Lips. 4. 5. 6 (3. von Matthaei kollationierte Hndschr.), Toletanus (VIII).

b) Die morgenländischen. Von syrischen Übersetzungen sind zwei vorhanden. 1) Die neuerdings von Gwynn (the apocalypse of S. John in a syriac version hitherto unknown. Dublin-London 1897) veröffentlichte und 2) die erstmalig von Ludovicus de Dieu aus dem Orient gebrachte und 1627 (Lugd. Bat) herausgegebene. Nach Gwynns Untersuchung repräsentiert die erstere den älteren Text der Philoxeniana, die letztere den jüngeren der Revision des Thomas v. Heraklea. Sehr unzureichend scheinen noch die Notizen über die koptische, richtiger: memphitische Übersetzung bei Tisch. zu sein. Fragmente sahidischer (thebaischer) Übersetzung, die sich fast über die ganze Apk erstrecken, hat H. Goussen, Studia Theologica I. Lips. 1895 — leider ohne Übersetzung — herausgegeben. Wichtige Varianten sind p. IV-VII verzeichnet. In Revue de l'Orient Chrétien IV. 1899, 263-279 veröffentlicht und übersetzt J. Clédat ein weiteres Fragment derselben Übersetzung, das Kap. 3,4-6,5 umfaßt. Mein Kollege Rahlfs war so freundlich, mit mir dies Fragment mit dem Text Goussens zu vergleichen. Es stellte sich die wesentliche Identität der Texte heraus[4]. — Aufmerksamkeit verdienen endlich die armenische und die äthiopische Übersetzung. Auch hier muß vorläufig mit dem nicht mehr genügenden Material von Tischendorf gearbeitet werden. (Über den jetzigen Text der armenischen Übersetzung und eine ältere wertvolle Handschr. vgl. Goussen, Studia Theol. I, Praefatio).

Ich wähle folgende Siglen: s^1 = syrische Übers. ed. Gwynn, s^2 = syrische Übers. ed. de Dieu, c = koptisch-memphitische, sa = sahidisch-thebaische, a = armenische, ae = äthiopische Übersetzung.

C. Die Kirchenväter.

In Betracht kommen vor allem Origenes[5] namentlich für die zusammenhängenden Zitate: 3,7f.; 5,1-6; 7,2-5; 14,1-7; 19,11-16; 22,13 u. ö.; ferner von Hippolyt die ausführlichen Zitate in de antichristo 11,3-7 (c. 47 cf. 43. 61); 12,1-6.13-17 (c. 60f.); 13,11-18 (c. 48f); 17-18 (c. 36ff.); 20,6.14; 22,15 (c. 65); im Danielkommentar 3,7 (IV 34); 5,1-10 (IV 34); 6,9-11 (III 9); 11,3 (IV 50); 17,10 (IV 23) [contra Noet.: 19,11-13]. Mit den Zitaten des Hippolyt hat es allerdings eine eigne Bewandnis. Die Textüberlieferung differiert sehr stark. Für den Danielkommentar kommt neben sieben griechischen Handschriften (die wichtigste A, Athos Vatopedi 260) namentlich die slavische Übersetzung in Betracht. Für den Antichrist neben dem Slaven (S) drei Handschriften Hierosolymitanus (H), Ebroicensis (E), Remensis (R). — Von griechischen Kirchenvätern wäre dann noch Methodius zu nennen (namentlich für 12,1ff.). Endlich bieten einen zusammenhängenden Text der ganzen Apokalypse die Kommentare des Andreas und Arethas, die beide einen bestimmten Texttypus vertreten. Aber auch hier ist wiederum wenigstens die Textgestalt des Andreaskommentars in sehr mannigfaltiger Überlieferung (vgl. die editio princeps von Sylburg) erhalten und muß erst rekonstruiert werden, während für den Arethaskommentar noch gar nichts Gesichertes vorliegt. Von lateinischen Kirchenvätern ist nach der Untersuchung Haußleiters (Forschungen zur Geschichte des Kanons IV) der Text des Primasius am wichtigsten. Sein Text stimmt, wie Haußleiter nachgewiesen hat, aufs engste zusammen mit den uns erhaltenen Zitaten Cyprians und dem Palimpsest von Fleury. Wir haben demgemäß hier einen vollständigen Zeugen für den altafrikanischen Text der Apokalypse, und dank der vortrefflichen Ausgabe Haußleiters (a. a. O.) stehen wir hier auf sicherem Boden. Ein Rätsel ist hier wie sonst die Zitationsweise Tertullians (Zusammenstellung bei Rönsch, das neue Testament Tertullians). Der Text des Ticonius läßt sich ferner mit einiger Sicherheit rekonstruieren. Schon ein Vergleich der wenigen Zitate der regulae des Ticonius (ed. Burkitt, Texts and Studies, Vol. III 1894) zeigt, daß derselbe im großen und ganzen am getreuesten in den pseudoaugustinischen Homilien (bei Tisch. mit anonym. aug. oder Ticon. bezeichnet) erhalten ist. In zweiter Linie ist der Text im Kommentar des Beatus (es kommt hier sowohl der zusammenhängende vorangestellte Text, wie auch der Text im Kommentar und an einigen Stellen auch derjenige in der Summa in Betracht)[6] als Zeuge für denjenigen des Tic. heranzuziehen, soweit er nicht von der Vulgata beeinflußt ist, ferner einige textkritische Bemerkungen bei Primasius, Beda, Ambrosius Ansbertus. Auch der Text des Haymo zeigt noch den Einfluß des Ticonius. Mit Berücksichtigung dieser Hilfsmittel ist es möglich, wie ich mich durch einen Versuch überzeugt habe, den Text soweit herzustellen, daß man sich von seiner Eigentümlichkeit ein klares Bild machen kann. Was in Tischendorf unter Victorin zitiert ist, ist der Text der späteren Rezension des Victorin (stark von der Vulgata beeinflußt). Über den Text des echten Victorin wird man vor dem Erscheinen der Ausgabe von Haußleiter wenig sagen können. Beda und Ambrosius haben Vulgatatext, Cassiodor zeigt den Texteinfluß des Primasius.

2. Die Gruppierung des Stoffes.

Am leichtesten scheidet sich von dem gesamten Material ein Text ab, dessen Vertreter vielfach sich schon dadurch äußerlich verwandt erweisen, daß sie mit dem Text den Kommentar des Andreas haben. Zu dieser Gruppe gehört von den Majuskeln P (mit manchen Eigentümlichkeiten und Spuren eines älteren Textes) als erste Gruppe: 1. (XII. Jh.). 12 (XV.). 36 (XIII.). 72 (XVI.). 152 (XI.).[7] 81 (= And. b XVI.); als zweite: 79 (XIV.). 28. (XV. vielleicht Apographon von 79, wie 79a). 80 (= Andr. a XIV.). 73 (XV.) und die leider nur ungenügend kollationierte Min. 99[8]; die dritte Gruppe besteht aus Min. 10 (XV.). 17 (XIII). 37 (XV.). 49 (XV.). 91 (XV.). 96 (XI.). Mit dieser ist die editio Complutensis eng verwandt (Theolog. Literaturzeitung 1894, 658). Sie zeigt stärkere Abweichung und manche eigentümliche Lesart. Versuchsweise stelle ich auch 154 (XV.). und 161 (XV.). hierher. Fast nicht mehr zu der vorliegenden Klasse gehört eine vierte Gruppe: 35 (XIV.). 87 (XIV.). 121 (XI. = Andr. c), nach Simcox gehört dahin auch 68. (XI.), in zweiter Linie kommen etwa 151 (XIV.) (nach Gregory Simcox) und 31 (XI.) in Betracht[9]. Diese Gruppe weicht sehr stark nach der im Folgenden zu besprechenden Klasse ab, zeigt aber auch viele Sonderlesarten, beabsichtigte Korrekturen, Spuren eines älteren Textes (א). Endlich ist noch eine Gruppe vorhanden, die entschiedene Verwandtschaft, aber auch ebenso starke Abweichung von der Klasse zeigt: 7 (1087.). 16 (XV.). 39 (XIV.). 45 (1092.). 69 (XIV.). Obwohl die meisten dieser Codices nicht genügend kollationiert sind, ist ihre Verwandschaft außer allem Zweifel[10]. Gleich 1,5 zeigen sie gemeinschaftlich eine umfangreiche Glosse aus dem Andreaskommentar (39 fehlt hier[11]). Ich bezeichne die Klasse mit An. (Andreas-Klasse) und die Gruppen mit An.^{12345} Über die Klasse selbst, deren Hauptzeugen die Gruppen ^{123} sind, habe ich ausführlich gehandelt (Textkritische Studien I, in Text u. Unters. XI, 4). Zur Herstellung des Textes ist die Klasse durchaus wertlos. Sie zeigt durchgehends absichtliche, meist sprachliche Korrekturen, viele Glossen und hat eine Textgrundlage (אAC), die uns durchweg bekannt ist[12]. Aber für die Textgeschichte ist sie außerordentlich interessant. Andreas gebrauchte in seinem Kommentar schon um 450 (?) diesen Text. In meinem textkritischen Studien habe ich auf die Verwandtschaft von An. und ℵc ℵcc aufmerksam gemacht, und indem ich hier kombinierte, daß der Korrektor von ℵc im alten Testament nach einer von Pamphilus geschriebenen Origeneshandschrift korrigiert hat, in den Paulinen mit den ebenfalls nach dem Codex des Pamphilus angefertigten oder nach diesem korrigierten Euthalianischen Text übereinstimmte, folgerte ich, daß wir in P An. den Text des Pamphilus hätten[13]. Es ist interessant, sich den weiten Einfluß dieses Textes zu vergegenwärtigen. Folgende Tatsachen beweisen ihn: 1) Was uns unter dem Sigel arm. bei Ti. erhalten ist, ist (nach Goussen [s. o.]) nur eine spätere Rezension der armenischen Übersetzung. Diese ist nach unserer Textgruppe vorgenommen. In den 42 Sonderlesarten, die ich von An. aufzählte (textkritische Studien p. 8), kann in 12 Fällen nicht entschieden werden. 17mal geht arm. mit An., 10mal sicher gegen, 3mal fehlen die Angaben bei Tisch. Wenn man bedenkt, daß das Material Ti.s, was die Varianten der armenischen Version betrifft, gewiß nicht vollständig ist, so ist das Resultat ein sehr günstiges. Aber es läßt sich noch mehr beweisen, nämlich eine außerordentlich enge Verwandtschaft von An.[1] (1. 12. 36. 81.) und arm.[14]. In erster Linie erweist sich wieder die Minuskel 1 als verwandt mit arm.[15]. Es ist vielleicht auf Grund dieser Beobachtung anzunehmen, daß sich die Klasse An. am reinsten in (P) 1. 12. 36. 81. (161) erhalten hat. Dieselbe Beobachtung wie an der Rezension der armenischen läßt sich übrigens auch an der bei Tisch. vorliegenden äthiopischen Übersetzung machen, so daß also auch diese der cäsareensischen Textklasse zugewiesen werden kann[16] und zugleich von neuem der Wert der Gruppe 1 in helles Licht tritt. 2) Ferner scheint es, als wenn in der Textüberlieferung von Hippolyts Antichrist die eine Gruppe der Texte (ER) eine gelegentliche Korrektur nach einem Exemplar dieser Handschriftenklasse erfahren hat[17]. 3) Endlich läßt sich die weitere wichtige Beobachtung machen, daß der lateinische Text des Ticonius (s. o.) nach einem griechischen Codex unsrer Textklasse angefertigt oder überarbeitet ist. Die Untersuchung ist hier besonders schwierig, schon weil die Geschichte der lateinischen Übersetzung zu wenig bekannt ist. Es bleibt ja schon zweifelhaft, ob die einzelnen Stufen der vet. Latina durch Neuübersetzung oder Bearbeitung entstanden sind. Es wird also bei der genaueren Untersuchung auch darauf zu achten sein, wie weit bei Ticonius noch Spuren altafrikanischer Übersetzung erhalten sind; aber ich denke, daß das unten Beigebrachte zum vorläufigen Beweis ausreicht[18]. Die Vermutung Burkitts (a. a. O. p. CVII), daß wir in dem Text des Ticonius einen sehr alten, vielleicht über Cyprian bis Tertullian hinaufreichenden Textzeugen hätten, hat sich also nicht bestätigt.

Die Zeugenreihe P An.[12345] ℵc ℵcc a ae Ticonius zeigt[19] uns den breiten Einfluß, den die Textgestalt, welche das neue Testament in Cäsarea erhielt, ausgeübt hat. Und zugleich gewinnen wir gerade hier an der Apokalypse einen deutlichen Einblick, von welcher Art die Textarbeiten der origenistischen Schule waren.

Eine zweite Textklasse bilden die meisten der nun noch übrig bleibenden Minuskeln zusammen mit der Majuskel Q: 2. 4. 6. 8. [11]. 13. 14. 18? 19? 24. 26 (mit vielen Spuren eines älteren Textes) 27. 29. 30. 31. 32. 33. 40. 41. 42. 43. 44. 46 (eng verwandt mit 88 vgl. Gregory zu den entsprechenden Evangelienhandschriften 209. 205) 47. 48. 50. 90. 92. 93. 94. 97. 98. 108. 151. Eine besondere Gruppe innerhalb dieser Klasse bilden etwa die Handschriften 9. 13. 23. 27. 93. (Theologische Literaturzeitung 1894, 658). Ferner scheinen enger zusammenzugehören 2. 8. 97. 140[20] (29. 50. 94). Einen bemerkenswerten Texttypus zeigen die Codices 6. 11 (jetzt verloren) 31. (32. 33. 47) 48. Sie haben oft beachtenswerte ältere Lesarten (besonders mit AC; 11 liest 13,18 die Zahl 616), eine Reihe von Berührungen mit An. und viele Sonderlesarten[21]. Doch sind dies nur vorläufige Beobachtungen, die ich deshalb auch nur andeutungsweise mitteile; bei genauerer Untersuchung, zu der allerdings das vorliegende Material noch nicht ausreicht, wird es möglich sein, noch mehr bis ins einzelne zu klassifizieren. Sicher ist noch, daß Q 14. 92 (82? nach Gregorys Bemerkung zu dieser Minuskel) enge Verwandtschaft zeigen. Dazu ist zu bemerken, daß 14 der berühmte codex Leicestrensis = cog. 69 (Ferrargruppe) ist.

Die vorliegende Gruppe hat B. Weiß[22] im großen und ganzen richtig charakterisiert. Nur hat er seine Untersuchung leider auf den einen Hauptzeugen Q beschränkt, der doch noch viele Sonderlesarten zeigt, anstatt die Klasse zu untersuchen. Auch hier beruhen die abweichenden Sonderlesarten im großen und ganzen auf absichtlicher Emendation. Jedoch glaube ich, daß uns die Textgrundlage von Q. Rel. (so bezeichne ich die Klasse) nicht so bekannt ist, wie die von P An. Es ist daher in umfangreicherem Maße möglich, daß in Q Rel. eine ursprüngliche Lesart erhalten ist[23]. Namentlich ist daher auf die Fälle zu achten, in denen Q Rel. mit den lateinischen Textzeugen gehen, und ferner ist das Hinzutreten von Q Rel. zu einem andern Hauptzeugen von größere Gewicht, als das von P An.

Außerhalb dieser beiden Gruppen stehen nun noch die Majuskeln ℵAC, von Minuskeln etwa 38. 51. 95, ferner die meisten Versionen von Kirchenvätern: (Irenäus) Hippolyt, Origenes (Methodius) und Primasius (vgl. den liber de Promissionibus).

Von den Minuskeln scheint 38 sehr stark vom An.-Text beeinflußt zu sein, von den 42 Sonderlesarten (Studien 8ff.) teilt 38 nicht weniger als fünfzehn mit der Klasse. Nur in wenigen und unbedeutenden Varianten gehen 51 und 95 mit An. 51 ist leider nicht zuverlässig kollationiert. Dagegen beansprucht 95 beinahe den gleichen Wert wie ℵAC und bedürfte einer genaueren Untersuchung. Er scheint teilweise absichtlich korrigiert. So liest er z. B. nach προσκυνεῖν immer den Dativ.

Von den übrigen Zeugen bilden nun AC vg. eine besondere Gruppe. Daß A und C eng verwandt sind, so daß man von einem gemeinsamen Archetypus der beiden Codices reden darf, sieht man auf den ersten Blick. Daß die Vulgata, als deren Hauptzeugen der Amiatinus und Fuldensis zu betrachten sind, mit der gemeinsamen Grundlage von AC verwandt ist, kann man schon sehen, wenn man in B. Weiß' Untersuchungen p. 96f. die Zusammenstellung der gemeinsamen Fehler von AC durchgeht. Fast durchgängig teilt hier vg. mit AC die Variante. Da wo AC differieren, geht vg. bald mit A und bald mit C, gibt also einen vorzüglichen Wertmesser ab für die Überlieferung in A und C, namentlich auch an den Stellen, wo A allein steht und C fehlt. (Freilich versagt vg. in dieser Richtung bei den vielen grammatischen und orthographischen Varianten in der Apk natürlich sehr oft.) An Wert überragt die Textgruppe AC vg. alle anderen Zeugen für den Text der Apokalypse (vgl. B. Weiß p. 96 u. ö.). Weder von den Emendationen in Cs. noch in Q Rel. zeigt diese Gruppe sich berührt[24]. Daher ist es auch textkritisch möglich, da wo C fehlt, und namentlich, wenn die vg. nicht entscheiden kann, eine Variante allein auf die Autorität von A anzunehmen. Fehlerlos ist freilich natürlich auch die Überlieferung AC vg. nicht, namentlich zeigt sie Neigungen zur Verkürzung. - Woher dieser Text stammt, ist nicht mit Sicherheit zu sagen. Nach Analogie der Textgruppierungen im übrigen neuen Testament können wir ihn den ägyptischen Text nennen. Mit AC vg. vielfach verwandt ist 95.

Der „ägyptischen" Textgruppe tritt dann die sogenannte abendländische Textgruppe gegenüber. Sie wird jetzt als ganze etwa durch die Zeugen (g) f (m) und lateinische Kirchenväter (Primasius, Cyprian, Victorin, Ticonius, Fulgentius) vertreten. Zu diesen Zeugen gesellt sich in ausgesprochener Weise (und ihr wohl näher stehend als s^2) die ältere syrische (philoxenianische?) Übersetzung (s^1)[25]. Wichtig ist es, daß auch die zusammenhängenden langen Zitate Hippolyts[26] im wesentlichen abendländischen Text zeigen. Endlich finden sich auch in der sahidischen Übersetzung, wie das nach Analogien in den übrigen Teilen des neuen Testaments von vornherein zu erwarten steht, auffällige Berührungen mit der abendländischen Textgruppe[27]. Die Stufe des sogenannten „afrikanischen" Textes vertreten unter diesen Zeugen f, Cyprian,

Primasius, Fulgentius, einen andern aber verwandten Typus zeigen Hippolyt und das Wenige, was wir von Victorins Text wissen. Einen späteren Texttypus haben g Tic. (s. o.). Doch auch hier findet sich manches Ältere. Über die abendländische Gruppe als ganze wird etwa dasselbe gesagt werden müssen, was sonst im neuen Testament von ihr gilt. Sie hat hier und da einen alten und vorzüglichen Text, meistens ist aber dieser durch Willkürlichkeiten und Korrekturen entstellt.

Es erübrigt noch, speziell den Wert des Codex Sinaiticus zu untersuchen. Hier läßt sich zunächst die Beobachtung machen, daß ℵ — wenigstens nach dem vorliegenden Material — aufs engste der Hndschr., welche Origenes[28] in der Apk brauchte, verwandt erscheint. Ja es läßt sich fast sagen, daß die unmittelbare Textgrundlage von ℵ mit der Vorlage des Orig. identisch war. — ℵ ist freilich ein stark überarbeiteter Codex, besonders charakteristisch sind hier die aus zwei Handschriftenklassen zusammengetragenen Doppellesarten: 1,19 ℵ*(C) δει μελλειν. 2,10 βαλλειν βαλιν. 4,11 κυϱιε ο κυϱιος. 17,4 της ποϱνειας αυτης και της γης. Hier und an anderen Stellen zeigt ℵ deutlich den Einfluß von An. Dem Zeugnis von ℵ ist also nicht zu trauen, wenn ℵ mit An. übereinstimmt. (Dasselbe könnte von A nicht gesagt werden.) Hier und da zeigt übrigens auch Hippolyt auffällige Berührungen mit ℵ Or.[1].

Endlich zeigt ℵ, wenigstens im Vergleich mit den übrigen Majuskeln, die stärkste Verwandtschaft mit dem abendländischen Text (des Primasius). In den von Weiß aufgezählten Sonderlesarten von ℵ, A, C zeigt ℵ doppelt so viele (ca. 30) Berührungspunkte mit Primasius als A. Von hier aus begreifen sich auch die Berührungen, die ℵ mit dem Text Hippolyts[29] in einigen Sonderlesarten zeigt. Wir werden also sagen können, daß ℵ Or. einen frühalexandrinischen Mischtext repräsentieren, der sich wieder stark mit dem Text des Hippolyt, mit s^1 und der altafrikanischen Übersetzung berührt.

Textkritische Grundsätze: 1. Die Textkritik kann nur in allerengster Verbindung mit der Erforschung der Grammatik und des Sprachgebrauchs betrieben werden. Hinsichtlich der Apk gilt dabei, da dieselbe einen außerordentlich stabilen Sprachgebrauch zeigt, der allerdings mit Vorsicht zu befolgende Grundsatz, daß die Lesarten, welche für den gleichmäßigen Sprachgebrauch der Apokalypse zeugen, im allgemeinen zu bevorzugen sind. Konformationen einer Stelle nach der andern sind nur da anzunehmen, wo eine solche Ausgleichung für den Abschreiber auf der Hand lag.

2. Als einzige Methode empfiehlt sich in letzter Instanz ein auf innere Gründe gestütztes eklektisches Verfahren. Eine Textgruppe, welche den richtigen Text bewahrt hätte (neutral text), gibt es nicht.

3. Als Zeugen erster Klasse kommen in Betracht ℵAC 95. (38. 51.) f vg. (c) s[12]. Or. Hipp. (Ir. Meth.) Pr. Cypr., als sekundäre Zeugen die Klasse P An. und Q Rel., ferner a ae. g. Tic. ℵc.

4. Die wertvollste Zeugengruppe ist AC vg. (95), A und C sind hinsichtlich ihres Zeugenwertes durch die Vulgata zu kontrollieren.

5. Nicht denselben Wert hat die speziell alexandrinische Klasse ℵ Or. auf der einen, die abendländische Gruppe f Hipp. Pr. Cypr. (g s[1] sa.) auf der andern Seite.

6. Auch ℵAC (vg) repräsentieren vereint keinen irrtumslosen Text, wie auch B. Weiß zugesteht. Wenn die beiden sekundären Zeugengruppen P An. Q Rel. vereint gegen sie stehen, so hat ihr Zeugnis immerhin Gewicht, da sie aus ganz verschiedenen Quellen stammen. Das ist um so mehr der Fall, wenn diese Gruppen, oder eine derselben von den anderen Zeugen (Pr. Or. Hipp.) unterstützt werden.

7. Wo ℵAC in ihrem Zeugnis variieren, bekommen die sekundären Zeugengruppen ein entscheidendes Gewicht. So ist z. B. das Zeugnis A(C) vg. Q Rel. von sehr starkem Gewicht, da diese beiden Gruppen sehr wenig gemeinsame Fehler teilen. — ℵ Q Rel. ist von geringerem Wert, doch immerhin wertvoll; ℵ An. wiegt weniger als AC An. (s. o.) u. s. w.

8. Wo ℵA(C) 95 vg. Pr. zusammentreffen (ich nenne nur Zeugen, die einen durchgehenden Text bieten), ist ihre Lesart einigermaßen gesichert.

Fußnoten:

1. Im folgenden durch Scrivener I und II bezeichnet.
2. Hier sind die Kollationen von Grafton verwertet.
3. Die Apostelgeschichte und Offenbarung Johannes in einer altlateinischen Übersetzung aus dem Gigas librorum. Christiania 1879.
4. Erst nach Absetzung des Bogens erhielt ich Delaporte, Fragments sahidiques du Nouveau Testament. Apocalypse. Paris 1906. Hier ist das vorhandene Material vollständig gesammelt, leider wieder ohne Übersetzung oder Angabe von Varianten in Übersetzung. Wir besitzen jetzt einen fortlaufenden Text der sahidischen Übersetzung (nach mehreren sich gegenseitig ergänzenden Hndschr.) Es fehlen nur die Verse 1,1-6.8-12; 10,2-3; 16,20-21; 19,3-5; 21,11-23.
5. Der lateinische Text des Irenäus kann nicht als unverdächtiger Zeuge für den verlorenen griechischen Text angesehen werden. An Stellen, wo beide neben einander erhalten sind, zeigen sich Differenzen.

6. Vgl. überhaupt über den Kommentar des Tic. die Geschichte der Auslegung S. 56ff., ebenda über Ps.-Augustin S. 66f. und Beatus S. 68f. Da, wo die von mir verglichene Münchener Handschrift vom Text Ps.-Augustins bei Migne abweicht, bezeichne ich die Lesart mit Tic.-M.; über die handschriftl. Überlieferung der Schrift vgl. S. 66,6.
7. Vgl. zum folgenden meine textkrit. Studien I; über 152 und 73 s. Simcox Urteil (Journ. of Phil. XXII, 286), aber auch über die Zugehörigkeit von 72 zur Gruppe 1 kann kein Zweifel sein. Vgl. die Varianten 2,3 εβαπτισας; 2,15 ο μισω ομοιως ο μισω (Doppellesart); 2,17 νικοντι; 2,20 οτι αφεις; auch 1,11 εν θυατειϱοις; 1,20 > αι; 2,2 βασταξαι; 2,20 ειδωλοθυτα φαγειν.
8. Sehr bemerkenswert ist in diesem Zusammenhang, daß die paulinischen Briefe der Min. (hier 93) nach einem Pamphiluskodex kollationiert sind.
9. Die Gruppe gehört wahrscheinlich gar nicht hierher. Ich hatte sie hier hergestellt, weil Tischendorf 121 als And.c notiert. Nach Soden (271) hat die Handschr. Oekumeniuskommentar. Die hierher gehörige Min 68 bezeichnet von Soden (S. 94, vgl. S. 59, aber S. 288 fehlt die Angabe) als $A\varrho^{10}$, rechnet sie also zu den Arethashandschr. Ebenso sind 34. 151 Oekumeniushandschrn., während allerdings 35 eine Andreashandschr. sein soll. Wir haben hier also wahrscheinlich eine Oekumenius-Arethasgruppe.
10. 7 (Akt. 25) und 45 (Akt. 69) sind geschrieben von oder auf Befehl eines Johannis τοῦ τζουτζουνά ἐν τῷ ἀϱτακίῳ κατοικήσαντος. Ein Flecken Artacium liegt in Süditalien. Damit würde die Beobachtung stimmen, daß 69 (Akt. 161) in der Apk einen griechisch-lateinischen Text hat.
11. Ebenso 2,16, vgl. 2,3; 2,26; 3,7 (αδου statt δαυειδ) 3,11; 6,4 etc.
12. Einzelne Ausnahmen sind natürlich vorhanden, so zeigt An. 6,12 in der Auslegung des ολη einen alten Fehler, den schon Prim. teilt. Ebenso sind die Varianten 10,11 λεγει (auch g fu. c s^{12} Pr.) 7,1 ταυτα (g vg. s^{2} Pr.) 11,9 τα πτωματα (g vg. s^{12} Pr.) zu beurteilen. (vgl. 11,8). 18,3 hat dagegen die Klasse in πεπωκαν(εν) mit g vg. s^{12} Tic. und andern Minuskeln die richtige Lesart erhalten.
13. Vgl. auch das oben über die Min. 99 (Paul. 93) gesagte.
14. 2,20 αφηκας ℵc 36. 161. a. 2,21 εκ της ποϱνειας αυτης και ου μετεμοησαν 1. 72. (152) a. 2,22 + εγω 1 a 2,23 αυτων 81. 152 a 3,4 > αλλα 1. 81. 152 a. 3,16 > ουτως 36 a. 4,6 > ως 1. 72. 152 a ae. 5,2 τις + εστιν" αξιος 1 a vg. s^{2}. 5,4 πολλοι 1. 152 acod. ae 5,13 εν τη γη 1. 80. a ae. 6,1 > επτα 1. 28. 79. 81. 152 a c. 7,2 αναβαντα 1. a. 7,10 κϱαζοντες 1. 161. a c. 8,7 + αγγελος 1. 28. 36. 38. 79. 152 ae. a vg. c. 8,9 > των εν τη θαλασση 1. 12.

152 am. harl. a. 10,6 > των αιωνων 1. 12. 47. 81. 152. 161 a 11,1 + και ο αγγελος ειστηκει 36 a (die übrigen Zeugen der Klasse + και ειστηκ. ο. αγγ.). 12,3 > „επτα“ διδαδηματα 1. 12. 81. 152 a. 13,2 > ην 1. 12. 46. 81. 152 a. 13,4 > και προσεκυνησεν τω θηριω 12. 81. 152. 161 a. 16,14 > τον 1. 36. 43. 81. 152. 161 a. 17,6 > Ιησου 1. 36. 152. 161 a (?). 19,6 > κυριος 1. 12. 36. (81.) 152. 161 acod. 20,10 > εις τους αιωνας των αιωνον 1. 12. 81. 152 a.

15. Über Beziehungen der armenischen Übers. zur Pamphilusrec. s. Nestle, Einführung in das griech. N.T.[2] S. 65.

16. 5,6 >επτα [3] A 1. 12. 81. 152 am. fu. harl. ae. Tic. 6,5 την τριτην σφραγιδα 1. 36. 38. ae. 6,15 > και οι ισχυροι 1. 12. 36. 81. 152 ae. 7,11 επι προσωπον 1. 81. 152. 161 ae. c. 9,19 > και εν ταις ουραις αυτων 1. 36. 81. 152. ae. Dazu oben 4,6; 5,4; 5,13; 8,7.

17. Meine Aufstellungen in der ersten Auflage muß ich an diesem Punkt sehr reduzieren. Einige Berührungen in den Sinn nicht betreffenden formalen Varianten bleiben bemerkenswert: 12,4 τικτειν. 12,5 ηρπαγη. 12,14 πεταται. 12,17 οργισθη. 13,16 δωσει. 17,3 γεμον ονοματων (17,8 εν βιβλιω). Ähnliches vielleicht noch an dieser und jener Stelle. Aber z. B. die Lesart 17,10 ο + δε" εις in ER, die ich als Beweis anführte, ist sicher die ursprüngliche Hippolyts. Es ist eine seltene Lesart, die neben wenigen Zeugen auch Primasius teilt. Und dieselbe Lesart findet sich in dem Zitat, Danielkommentar IV 23 (wenigstens nach dem besten Codex A) wieder! So möchte ich alle ernstlichen Varianten, in denen Hippolyt nicht mit An. allein, sondern daneben mit älteren Zeugen, namentlich AC Pr., geht von der Liste absetzen. (Die Auslassung Apk 18,2: και φυλακη – μεμισημενου in An. und ER kann auf Zufall beruhen). Dann schrumpft die Liste sehr zusammen. Keine von den Handschriften oder Handschriftengruppen (auch nicht im Danielkommentar) hat den neutestamentlichen Text des Hippolyt rein bewahrt. Man wird (s. u.) den Kanon aufstellen dürfen, daß diejenigen Handschrn. jeweilig bei der Rekonstruierung des neutestamentlichen Textes Hippolyts den Vorzug verdienen, die den abendländischen Charakter desselben am besten herausstellen.

18. Vgl. die Lesart 1,15 πεπυρωμενοι Tic. (gegen alle Lateiner) An.[12345] (auch Q und die meisten Minuskeln); ferner geht Tic. mit: 2,7 > αυτω ℵ An.[3] cle. lipss. Harl. 2,17 + φαγειν απο P An.[1235] 2,20 + πολλα An.[2] a Pr. Cypr. (+ πολυ ℵ An.[1]). 4,4 + ειδον an besonderer Stelle An.[3] 4,6 > ως 1. 72. 152 a ae. Pr. 5,2 τις + εστιν" αξιος 1. vg. a. 5,6 > επτα[3] A. An.[1] am. fu. harl. ae. 6,13 μεγαλου ανεμου P An.[123]. 7,9 περιβεβλημενοι ℵc P An.[123].

8,5 ~ φωναι ... βρονται P An.^{123} Lat. 8,7 μεμιγμενον ℵP An.^{1} (al). 8,7 + αγγελος An.^{124} Lat. 9,10 κεντρα > και An.^{124} am. tol. harl. a ae. 9,12 >ετι An.^{1} (al). 9,16 δισμυριαδες AP An.^{1} (Cypr.). 11,5 αυτους θελει^{2} An.^{13} Beatus (nicht Ps.-Aug.). 11,5 αποκτειναι 28. 36. 37. 43. 73. 79. 80. 161 (Tic. αποκτειναι η αδικησαι). 11,6 εν (ταις) ημεραις An.^{1} Lat. 11,10 πεμπουσιν ℵP An.^{12} a. 12,3 ~ πυρρος μεγας A 95 P. An.^{123}. 12,9 > εβληθησαν An.^{2} 13,2 > ην An.^{1} a g. 13,7 > και λαον An.^{13} a c Haym. 13,13 ποιη καταβαινειν εκ του ουρανου ℵ P 95 An.^{1} 13,17 > και ℵ C An.^{2} 96. tol. c Ir. Pr. 14,8 οτι ... πεποτικεν An.^{1} 80. 161. Beatus (Ps.-Aug. η πεποτ.). 16,3.4.8.10.12.17 hat Beatus immer αγγελος mit An. 16,18 > και φωναι 12. 81. 152. 161. 17,6 + εκ A. An.^{1235}. 18,2 επεσεν bis. A. 95. An.^{123} vg. s^{12} acod. Hipp. 18,3 πεπωκαν P An.^{123} al. vg. s^{12} a Haym.

19. Vielleicht könnte man hierher auch noch den Codex g stellen; von den 37 (unter 42) in Betracht kommenden Sonderlesarten teilt g mit An. 21 (darunter 11-13 Stellen, an denen die vg nicht mitgeht, oder doch nur einzelne Codices derselben).
20. Bei einer Vorarbeit für von Sodens textkritisches Unternehmen stand mir eine Kollektion dieser Hndschr. von Lietzmann zur Verfügung.
21. Vgl. die Glossen 18,14 und 19,9 (aus dem Arethas-Komm.).
22. Texte und Untersuchungen VII 1. Die Johannes-Apokalypse, textkritische Untersuchungen und Textherstellung von B. Weiß.
23. So verdienen folgende Varianten ernstliche Erwägung: 2,7 του θεου μου vg. c s^{2} Cypr. Pr. Tic. 2,10 ημερας (auch Tert. Tic.). 5,4 + εγω vg. Pr. 5,6 πνευματα αποστελλομενα. 6,6 χοινικες κριθης Lat. 6,8 εδοθη αυτω c s^{12} vg. a ae. Tic. Pr. 9,11 εν + δε" τη ελληνικη vg. s^{2} Pr. (non Flor.). 11,12 ηκουσα ℵc Q alle Minuskeln c Tic. (Pr. fehlt). 14,6 > επι vg. Cypr. Pr. 16,14 + εκεινης s^{12} liber de promiss. Pr. 16,18 > εγενετο fu. a Pr. 17,1 των υδατων των πολλων. 18,12 μαργαριτου. Q cle. am. dem. Haym. 18,13 > και αμωμον ℵc Pr. 17,4 της πορνειας της γης c Cypr. Pr. Hipp. (ℵ). 18,24 αιματα. 19,15 + διστομος cle. Tol. Lipss. s^{2} Cypr. Pr. Tic. 19,20 την καιομενην liber de promiss. (Pr. Doppellesart). 21,6 δωσω + αυτω. 22,5 ου χρεια c s^{12} a (Pr. ?). 22,12 εσται (?). 22,14 ποιουντες τας εντολας αυτου Tert. Cypr. Pr. (?) Tic.; und noch an vielen anderen Stellen sind die Lesarten von Q Rel. Beachtenswert.
24. Wo eine solche Berührung stattfindet, ist AC vg. als Textgrundlage (namentlich von An.) anzusehen. Vielleicht teilt die Gruppe mit An. einige Kürzungen, wenn hier nicht Ursprüngliches vorliegt. 1,6 > των αιωνων. 1,9 > δια cf. 6,9. 1,13 > επτα. 3,3 > επι σε. 3,20 > και. 6,1.5.7 > και ιδου, aber diese Kürzungen stammen dann aus einem älteren Text,

denn die Gruppe An. glossiert lieber, als daß sie kürzte (Studien 32ff.). Auch B. Weiß S. 78 u. 80 zählt eine Reihe von Stellen auf, in denen A und C (nebst vg.) kürzen. Auch wo A allein mit An. geht, ist A als die Textgrundlage von An. anzusehen. Ein typisches Beispiel hierfür ist 13,3, wo A die ungebräuchliche Form εθαυμασθη hat, An.^{12} mit A gehen, aber εθαυμασθη als Passivum auffassen und mit εν ολη τη γη weiter fortfahren. Die vg. scheint sich hier und da, meistens in Kleinigkeiten, mit An. zu berühren.

25. Die Beweise s. bei Gwynn CXLI sqq.

26. Ich verweise auf folgende Varianten, in denen die Verwandtschaft von H mit der abendländischen Gruppe hervortritt. 3,7 κλειει. 5,1 εξωθεν. 5,7 + το βιβλιον. 5,9 + ημας" τω θεω (an dieser Stelle). 5,10 βασιλευσουσιν. 6,11 εδοθησαν στολαι λευκαι. 11,3 περιβεβλημενοι. 11,5 θελησει (Pr. volet), εξελευσεται He.r g vg. Tic. Pr. (ein Textzeuge des Pr [s. Haußleiter 119] hat auch im folgenden volet = θελησῃ [א A g vg. He.r]). 13,12 εποιει He.r.s c. 48, Homnes c. 49; vg. Pr. (daher auch bei Hipp. an der zweiten Stelle εποιει zu lesen, mit He.r c 48, wenn freilich alle Zeugen c. 49 εποιει lesen). 13,13 εποιει He.r g vg. Pr. 13,17 + και" ινα He.r.s א C Ir.i Tic. Pr. 17,4 st. αυτης : της γης. 17,8 υπαγει A 12 s^1 Ir.i Pr. Hh. 17,8 τα ονοματα; + βλεποντες H. vg. Pr. An. 17,10 + δε" εις Antichr. He.r Dan Ha mit 96. Pr. 17,18 > εστιν He.r s^1 Pr. 18,2 st. ορνεου : θηριου A Hh vgl. g Pr. 18,4 εξ αυτης ο λαος μου He.r 18,11 κλαυσουσι κ. πενθησουσι. 18,13 > και αμωμον Hh.s אc Q Rel. s^1 Pr. 18,14 He.r.s P An. vg. s^1 Pr. Auch mit andern lateinischen Zeugen finden sich bemerkenswerte Übereinstimmungen. Die Lesart 20,6 επι τουτον, die sich nur Hh.e.r Ori. 29. 79. 92 findet, ist jetzt auch von Haußleiter bei Victorin nachgewiesen Th. Lt. Bl. 1895 Sp. 195. Bemerkenswert ist ferner, daß die Doppellesart in Hh 18,2 εν ισχυι Anm: Die auf der nächsten Seite fortgesetzte Anmerkung wurde hier vervollständigt φωνη μεγαλη in ihrer ersten Hälfte nur durch vg. cle. tol. und Ticonius bestätigt wird. Diese Zeugen lesen nur εν ισχυι. Daher ist bei H 13,13 auch zu lesen ποιη καταβηναι εκ τ. ουρανου He.r א P 1. 95. s^{12} Tic. (Hh korrigiert nach dem späten Text); 13,17 αριθμος αυτου + εστιν C P An. am. fu. s^2 Tic. — Oft scheint es, als wenn die slavische Übersetzung des Hippolyt allein den abendländischen Charakter seines Textes getreu bewahrt hat: 5,8 κιθαρας. 12,2 lesen alle Zeugen gegen den abendl. Text κραζει, aber nachher (Antichr. 61) hat Hs εκραζεν. 17,8 Hs ονοματα. 17,15 st. λεγει : ειπεν Hs A vg. s^1 Tic. Pr. 18,2 επεσεν semel Hs א Q Rel. Pr. Ich bemerke, daß ich bei dieser Zusammenstellung nur solche Fälle

aufgezählt habe, in denen H nur mit wenig andern Zeugen (auch ℵ) den abendländischen Text begleitet, oder in denen die späteren Textzeugen P An. Q Rel., die allein so gut wie nie mit H zusammentreffen, mit H und abendländischem Text übereinstimmen. Die zahlreichen Fälle, an denen H mit dem älteren und dem abendländischen Text steht, sind fortgelassen. Wenn das gesamte Material beigebracht werden könnte, so würde die Verwandtschaft zwischen H und abendländischem Text noch klarer hervortreten. Gegeninstanzen sind äußerst selten, wenn man von Willkürlichkeiten der spezifisch afrikanischen Gruppe absieht. Und auch hier scheinen einige markante Fälle auf schlechter Überlieferung zu beruhen. So lesen (Dan. IV 22) alle Zeugen bei Hippolyt πληρωσωσιν gegen πληρωθωσιν A C vg. Cypr. Aber in der folgenden Ausführung heißt es: ἵνα ... ὁ ἀριθμὸς τῶν κλητῶν [καὶ] ἁγίων πληρωθῇ (!). Bemerkenswert ist es endlich, daß bei Epiphanius Haer. 33 in einem wahrscheinlich aus Hippolyt stammenden Zusammenhang die singuläre Lesart sich findet: τω αγγελω της εκκλησιας τω εν Θυατειροις = Pr.: angelo ecclesiae qui est Thyatirae (vgl. s[1]).

27. Ich notiere folgende spezifisch abendländische Varianten aus dem von Clédat mitgeteilten Fragment: 3,9 γνωση (st. γνωσιν) mit ℵ 14 Pr. 3,16 > ουτως" οτι = 36 vg. Pr. ~ ψυχος – ζεστος = A P vg. s[1] (Pr. fehlt). 4,5 εξεπορευοντο = 7 vg. cod. Tic. 4,6 > ως" θαλασσα 1. ae. s[1] Pr. Tic. 4,8 ειχον (st. εχων) = ℵ vg. Pr. 4,11 κυριε > και" θεος = P 7. 36. c ae. Pr. 5,10 ημας (st. αυτους) = vg. Cypr. Pr. βασιλειαν = ℵ A vg. c Cypr. Pr. 5,11 + ως" φωνην = ℵ s[12] Fulg. Cassiod. Noch mehr Beweise kann man den von Goußen gesammelten Varianten entnehmen. Eine ganz auffällige Variante teilt sa. mit s[1] in 4,8: εχων + απο των ονυχων αυτου (αυτων) [και επανω]" πτερυγας εξ.

28. Eine Reihe ganz singulärer Lesarten teilen ℵ Or. so 3,7 και ανοιγων ℵ Or. 5,1 εμποσθεν ℵ (Or. 2/2) οπισθεν ℵA 1. 14 Or. 3/1. 5,4 > εγω ℵP An.[1] Or. 5,5 > ο ℵ 14 Or. cod. 14,6 ευαγγελισασθαι ℵ An.[234] Or. 19,13 ℵ περιρεραμμενον Or. ερραμενον. ℵ κεκλητο Or. εκεκλητο 19,14 ενδεδυμενοις (!) ℵ Or. λευκον + και καθαρον ℵ 1 Or. 19,15 ~ της οργης του θυμου ℵ Or. 22,11 ρυπανθητω ℵ Or. — Das sind nur die bemerkenswertesten Fälle, sonst gehen ℵ Or. fast immer zusammen; abgesehen von zahlreichen Varianten, in denen bald ℵ bald Or. ganz allein stehen und andern von unbedeutender Art, lassen sich nur etwa 8 wesentliche Differenzen ausweisen, Anm: Die auf der nächsten Seite fortgesetzte Anmerkung wurde hier vervollständigt fünfmal geht Or.

(3,7; 14,1; 14,4; 14,7; 19,14) mit Q Rel. und dreimal (3,20; 5,6; 19,12) mit A vg.

29. Ich wähle zum Beweise das Zitat aus dem Danielkommentar 5,1-10. 5,2 א ~ αγγ. κηρυσσοντα ισχυρον. H > ισχυρον; > εσιτν אAP 38 ae. Or. 5,3 > ουτε υποκατω της γης אH 12. 49. 94 ae. Or. 5,5 + λυσαι" τας επτα σφραγιδας א H vg. cod. Or.i. 5,8 α εισιν א Q 36. H cod. > αι" προσευχαι א Rel. H. – Nicht ganz so stark tritt die Verwandtschaft aus den Zitaten in de antichristo hervor (doch vgl. z. B. die ganz singuläre Lesart 12,17 του θεου א H.).

VII. DIE SPRACHE DER APOKALYPSE.

I. Besondere Eigentümlichkeiten der Apokalypse.

Durch das ganze Buch hindurch finden sich besondere und in solcher Menge nur in der Apokalypse nachweisbare grammatische und stilistische Härten, namentlich Vernachlässigung der Kongruenz, welche dem Sprachcharakter der Apokalypse sein eigentümliches Gepräge verleihen. 1,4f. ἀπὸ ὁ ὢν ... καὶ ἀπὸ I. Χρ. ὁ μάρτυς ὁ πιστὸς ὁ πρωτότοκος ... ὁ ἄρχων mag man noch immerhin als feierliche Diktion erklären. Aber 1,5f. findet sich schon wieder eine irreguläre Konstruktion: τῷ ἀγαπῶντι ... καὶ ἐποίησεν ἡμᾶς ... αὐτῷ ἡ δόξα. 1,10f. ἤκουσα ὀπίσω μου φωνὴν μεγάλην ὡς σάλπιγγος λεγούσης[1]. Genau parallel ist 4,1 ἣν ἤκουσα ὡς σάλπιγγος λαλούσης. 2,18 lies mit א 12 fu. ὁ ἔχων τοὺς ὀφθαλμοὺς αὐτοῦ ὡς φλὸξ πυρός. 2,20 ist τὴν γυναῖκα I. ἡ λέγουσα ἑαυτὴν προφῆτιν kaum so zu erklären, daß man ἣ als Relativpronomen nimmt. Dasselbe gilt von 3,12 τῆς καινῆς Ἰερουσαλὴμ ἡ καταβαίνουσα ἐκ τοῦ οὐρ.[2] Eine gleichförmige Unregelmäßigkeit herrscht in den Briefschlüssen 2,26; 3,21 ὁ νικῶν δώσω αὐτῷ; 3,12 ὁ νικῶν ποιήσω αὐτόν; aber 2,7.17 τῷ νικῶντι δώσω αὐτῷ (cf. 6,4 τῷ καθημένῳ ἐδόθη αὐτῷ. 21,6 ἐγὼ τῷ διψῶντι δώσω αὐτῷ). Zwischen 4,4 und 5 findet sich ein unmotivierter Übergang vom Nominativ zum Akkusativ. Sehr hart ist 5,11.12 καὶ ἦν ὁ ἀριθμὸς αὐτῶν ... λέγοντες. 6,1 λέγοντος ὡς φωνὴ βροντῆς. 6,8 καὶ ὁ καθήμενος ἐπάνω αὐτοῦ, ὄνομα αὐτῷ θάνατος. Ebenso 9,11 ἔχουσιν ἐπ' αὐτῶν βασιλέα ... ὄνομα αὐτῷ ... Ἀβαδδών[3]. (א liest ᾧ ὄνομα αὐτῷ, eine Lesart, die wegen der parallelen Stelle nicht zu akzeptieren ist.) 7,4 ἤκουσα τὸν ἀριθμὸν ... ἑκατ. τεσσεράκ. τέσσαρες χιλιάδες. 7,9ff. liegt sicher eine Unregelmäßigkeit in der Konstruktion vor, wenn diese auch nicht mehr klar zu erkennen ist. 8,9 τὸ τρίτον τῶν κτισμάτων ... τὰ ἔχοντα (vielleicht nur als Wechsel des Numerus zu erklären). 9,14 τῷ ἕκτῳ ἀγγέλῳ ὁ ἔχων. 10,8 καὶ ἡ φωνὴ ἣν ἤκουσα ... πάλιν λαλοῦσαν. 11,1 καὶ ἐδόθη μοι κάλαμος .... λέγων[4]. Schwer erklärbar ist 12,7 ὁ Μιχαὴλ καὶ οἱ ἄγγελοι αὐτοῦ πολεμῆσαι μετὰ τοῦ δράκοντος[5]. 14,6f. καὶ εἶδον ἄλλον ἄγγελον ... ἔχοντα ... λέγων. 14,12 ὧδε ἡ ὑπομονὴ τῶν ἁγίων ἐστίν, οἱ τηροῦντες (von ἁγίων abhängig cf. 2,20; 3,12). 14,14 καὶ εἶδον καὶ ἰδοὺ νεφέλη λευκὴ καὶ ἐπὶ τὴν νεφέλην καθήμενον ... ἔχων[6]. 16,13 καὶ εἶδον ... πνεύματα ὡς βάτραχοι. 17,4 γέμων βδελυγμάτων καὶ τὰ ἀκάθαρτα, 17,8 κατοικοῦντες ... ὧν οὐ γέγραπται ... βλεπόντων[7]. 18,12.13 wechselt der Akkusativ mit dem Genitiv. 19,6 ἤκουσα ὡς φωνὴν ὄχλου πολλοῦ ... λεγόντες[8]. 19,20 τὴν λίμνην τοῦ πυρὸς τῆς καιομένης (!) wahrscheinlich mit א A P 81 zu lesen. 20,2 καὶ ἐκράτησεν τὸν δράκοντα ὁ ὄφις ὁ ἀρχαῖος[9]. 20,4 ist zur Not zu konstruieren, wenn man καὶ ἐκάθισαν bis αὐτοῖς in Parenthese setzt. 21,9 wahrscheinlich τῶν ἀγγέλων ... τῶν ἐχόντων τὰς ... φιάλας τῶν γεμόντων τῶν ἑπτὰ πληγῶν zu lesen mit א A P 12. 79. 81. 21,27 ist vielleicht zu lesen πᾶν κοινὸν καὶ ὁ ποιῶν βδέλυγμα (א Min.) und zu erklären als wenn dort stände καὶ πᾶς ὁ ποιῶν.

Eine einfache grobe Nachlässigkeit ist es, wenn 1,13 und 14,14 ὅμοιον υἱὸν ἀνθρώπου[10] zu lesen ist, da der Apokalyptiker sonst immer ὅμοιος mit dem Dativ konstruiert. Doch hat ὅμοιον υἱόν schon wegen der Wiederholung große Wahrscheinlichkeit für sich, und ist wohl durch den Akkusativ in ὅμοιον zu erklären.

Sehr häufig ist die hebraistische Wiederaufnahme des Demonstrativpronomen im Relativsatz: 3,8 ἣν οὐδεὶς δύναται κλεῖσαι αὐτήν. 7,2; 7,9[11]. 13,8 οὗ οὐ γέγραπται τὸ ὄνομα αὐτοῦ[12] (anders 17,8) 13,12; 20,8. Ähnlich sind die Wendungen 12,6 ὅπου ἔχει ἐκεῖ. 12,14 ὅπου τρέφεται ἐκεῖ. 17,9 ὅπου κάθηται ἐπ᾽ αὐτῶν[13] (vgl. auch die oben erwähnten Briefschlüsse, namentlich 2,7.17, ferner 16,19 Βαβυλὼν ... ἐμνήσθη δοῦναι αὐτῇ). Hebraistisch ist auch das καί des Nachsatzes in 3,20 καὶ εἰσελεύσομαι אQ Min. mit Ausnahme der Andreasklasse. 10,7 καὶ ἐτελέσθη. 14,9f. εἴ τις προσκυνεῖ ... καὶ αὐτὸς πίεται.

Sehr häufig ist die constructio ad sensum in der Apokalypse. Sogar nach φωνή findet sich diese: 4,1 ἡ φωνὴ ... λέγων[14]. 9,13f. φωνὴν μίαν ... λέγοντα. 11,15 ἐγένοντο φωναὶ μεγάλαι ... λέγοντες (AQ). Nach ζῶον: 4,7 ἔχων (AQ 7. 28. 36), ferner 4,8 τὰ ... ζῶα ἓν καθ᾽ ἓν αὐτῶν ἔχων ... λέγοντες. 19,4 οἱ πρεσβύτεροι ... καὶ τὰ ... ζῶα ... προσεκύνησαν ... λέγοντες. 13,14 τῷ θηρίῳ ὃς ἔχει[15] (ACPQ 28. 33. 34. 35. 36. 79. 81. 87. 92. 131.). Nach θηρίον, ἀρνίον: 17,3 θηρίον γέμοντα (א*AP, das τα ist nicht als Artikel aufzufassen wegen des Folgenden) ... ἔχοντα (אP; A Min.[16] ἔχων; Rel. ἔχον). 17,11 τὸ θηρίον ... αὐτὸς ὄγδοός ἐστιν. 17,16 καὶ τὰ δέκα κέρατα ... καὶ τὸ θηρίον οὗτοι[17]. 5,6 ἀρνίον ἑστηκώς (א 1. 7. 28. 32. 36. 87. 89) und vielleicht 14,1 ἑστώς (Q 1. Min.[10] Or. Meth.); daher wahrscheinlich auch 5,12 ἄξιος τὸ ἀρνίον (A). Nach ἀκρίδες ist 9,3 (אQ 7); 9,4 (אQ 14. 87. 90. 92); 9,5 (אA 1. 7. 12) αὐτοῖς zu lesen. Ferner gehört hierher: 5,13 (πᾶν κτίσμα) ... πάντα ἤκουσα λέγοντας; 7,4 χιλιάδες – ἐσφραγισμένοι; 14,3 αἱ χιλιάδες – οἱ ἠγορασμένοι[18]. 19,14 τὰ στρατεύματα ἐνδεδυμένοι; wahrscheinlich 3,4 ὀνόματα οἵ (Andreasklasse vg. a Tert. Pr.); 5,6 πνεύματα ἀπεσταλμένοι A (?).

Dagegen sind gänzlich anomal die Wendungen: (9,7 τὰ ὁμοιώματα ... ὅμοιοι [א ?]); 11,4 αἱ δύο λυχνίαι αἱ ἑστῶτες; 21,14 τὸ τεῖχος τῆς πόλεως ἔχων (APQ 1. 7. 32. 81. 97. 98); 22,2 ξύλον ζωῆς ποιῶν (A. 18) ... ἀποδιδούς (אQ al.[25]). So ist wohl auch 14,19 wirklich εἰς τὴν ληνὸν ... τὸν μέγαν (ACPQ 6. 8. 14. 29. 31. 32. 38. 40. 41. 42. 43. 48. 49. 50. 90. 92. 96.) in den Text aufzunehmen.

II. Der allgemeine Sprachgebrauch der Apokalypse.

1. Deklination und Konjugation.

Der Regel, daß die Worte auf -ρᾰ und υῖα im Gen. Dat. ης ῃ haben, (Blaß 25) folgt auch die Apk.; μάχαιρα (13,10 μαχαίρῃ AC; 13,14 μαχαίρης ℵAC); vgl. Mt 26,52; Lk 22,49; Act 12,2, die Formen von πρῷρα Akt 27,30, πλήμμυρα Lk 6,48, συνειδυῖα Akt 5,2; nur die η-Formen von σπεῖρα sind überwiegend Akt 10,1; 21,31; 27,1 bezeugt). – Ob andrerseits χρυσᾶν 1,13 ℵAC in den Text aufzunehmen, ist schwer zu entscheiden. – Die kontrahierten Formen von χρυσοῦς sind in der Apokalypse die gebräuchlichen, daher kaum 2,1 χρυσέων (AC); 4,4 χρυσέους (ℵ); 5,8 χρυσέας (ℵ) in den Text zu nehmen. Dagegen ist 2,24 βάθεα (βάθη ℵP An.[12]) gesichert.

Bemerkenswert ist, daß die Apk allein im neuen Testament die aktiven Formen von εὐαγγελίζω 10,7; 14,6 liest[19]. Eine seltene Form ist umgekehrt 13,3 ἐθαυμάσθη A 1. 12. 28. 36. 79. 80. 161 (C ἐθαυμαστώθη) und 17,8 θαυμασθήσονται AP (θαυμασθῆναι II Th 1,10 in Passivbedeutung. - Apk 17,6f. ἐθαύμασα, ἐθαύμασας). Nur Apk 16,19 und Akt 10,31 kommt ἐμνήσθην in passivem Sinn vor.

Was das Fehlen des Augments betrifft, so ist die Form ἴδον (etc.) wohl durch Vertauschung von ει und ι zu erklären und wie in den übrigen Teilen des neuen Testaments nicht in den Text aufzunehmen. Ihr Hauptzeuge ist A (daneben Q 7. 14. 92, seltener ℵ), der auch in den Evangelien mit KΠL (ℵ) diese Lesart fast konstant vertritt (vgl. Schmiedel 45). — Ebenso beruht die Form ἱστήκεισαν (7,11 ℵAP 36 vgl. 8,2) auf derselben Vertauschung. Die Formen sind nicht in den Text zu nehmen. Auch in den Evangelien (Bousset, Studien 106) zeigen ℵA (neben XΔ) durchgehend oder fast durchgehend diese Form. — Bei ἐδύνατο — ἠδύνατο zeigt sich durch das ganze neue Testament ein starkes schwanken der Handschrn. Die Apk scheint durchweg ἐδύνατο zu bevorzugen (Bousset, Studien 19f.), namentlich wenn man berücksichtigt, daß P und die Andreasklasse konsequent ἠδύνατο ändern. Dem entspricht, daß 3,2 fast alle Handschriften ἔμελλον (εν, ες) lesen, 10,4 ℵP und fast sämtliche Min. gegen ACQ 2. 12. 14. 33. 38. 42. 50. 81. 92. 94. 97. Die älteren Textzeugen der Apk lesen ἠνεῳγμένος (ℵP immer, AC nur 3,8 nicht, 10,2 fehlt A.): 3,8; 4,1; 10,2.8; 19,11. Dagegen stehen andrerseits die Formen ἤνοιξεν und ἠνοίγη 11,19 (Q Rel. ἠνοίχθη); 15,5 fest.

Daher ist auch 20,11 ἠνοίχθησαν (APQ Min.[12]) und ἠνοίχθη (AP Min.[9]) zu lesen. Das irreguläre Plusquamperfektum ἑστήκεισαν 7,11 (C. 51) ist nicht in den Text aufzunehmen. Vielleicht ist 19,13 die Reduplikation περιρεραμμένον mit א in den Text zu nehmen.

Von ungewöhnlichen II-Aoristformen auf α sind zu erwähnen (vgl. Schmiedel 111f.): 6,16 πέσατε[20] AP 7. 28. 79; 10,9 ἀπῆλθα A 16. 27. 50. 97; 17,3 ἴ(ει)δα A Hipp.; 17,6 εἶδα א(A) Hipp., vielleicht 18,19 ἔβαλαν C. Hipp. und das Imperf. 9,8 εἶχαν אA[21]. Ob dieselben alle in den Text aufzunehmen sind, ist freilich sehr zweifelhaft. Immerhin ist einiges Gewicht auf das Zeugnis der Handschriften zu legen, weil die Formen als irreguläre auftreten. — Bemerkenswert sind die I-Aorist-Bildungen 3,2 στήρισον vgl. Lk 9,51; 22,32 (Schmiedel 105) (אP Andreas στήριξον); 2,2 βαστάσαι (P 1. 38. 181 βαστάξαι). Die Apk scheint ἐρρέθη vor ἐρρήθη, daß 6,11 nur von 35. 87. 121 (al); 9,4 von Q 35. 87. 121 gehalten wird, zu bevorzugen, während im ganzen übrigen neuen Testament ἐρρήθη entweder besser oder gleichwertig bezeugt wird (anders Schmiedel 105). Attisch ist der Aor. Pass. ἥρπασθη 12,5 (א Andreasklasse ändern in ἡρπάγη, Q ἡρπάχθη; Schmiedel 110).

Zu den ungewöhnlichen Perfektbildungen gehört die Bildung der 3. Plur auf αν. Unter den 10 Fällen, die Schmiedel im neuen Testament (111) aufzählt, kommen drei auf die Apokalypse: 21,6 γέγοναν אcA; 18,3 πέπτωκαν AC (statt des richtigen πέπωκαν, so lesen 38. 47. 121. 161); 19,3 εἴρηκαν אAP 1. 35. 79. 80. 81. 87. Buresch (Rhein. Museum 1891) will freilich keine dieser Formen in den neutestamentlichen Text aufnehmen. Bemerkenswerte Bildungen sind die Formen 2,3 κεκοπίακες AC[22]; 2,5 πέπτωκες א; 11,17 εἴληφες C; vgl. die perfektartige Aoristform ἀφῆκες אC. Auch diese Formen sind keineswegs mit unbedingter Sicherheit in den Text aufzunehmen. Buresch setzt sie auf Rechnung der Abschreiber[23].

Von den im neuen Testament ziemlich seltenen unregelmäßigen Kontraktionen (Schmiedel 116) sind die Formen νικοῦντι 2,7 A; 2,17 AC; νικοῦντας 15,12 C doch nur sehr schmal (durch die Textgrundlage von AC) bezeugt. Den Übergang der Formen auf μι in diejenigen auf ω zeigen vielleicht 3,9 διδῶ (AC). dagegen ist 22,2 ἀποδιδοῦν (A) Korrektur zu ἀποδιδούς[24]. Von μι-Formen sind noch zu erwähnen ἀνάβα (A ἀνάβηθι) und sogar 11,12 ἀνάβατε (אACP 26. 36. 42)[25].

2. Gebrauch der Kasus.

Wie im übrigen neuen Testament wird ἀκούειν (Blaß 101) mit dem Genetiv der Person konstruiert (6,1.3.5.7; 8,13; 16,5.7[26]) und (gewöhnlich) dem Akkus. der Sache (1,3; 7,4; 9,16; 22,8.18, sogar 5,13 πάντα ἤκουσα λέγοντας). Nur bei ἀκούειν τὴν φωνήν (τῆς φωνῆς) zeigt sich ein regelloser Wechsel, wie dieser ähnlich auch im Johannesevangelium vorliegt. προσκυνεῖν regiert den Dativ bei θεός 4,10; 7,11; 11,16; 19,4; 22,9 (daher auch 14,7 τῷ ποιήσαντι zu lesen), δράκων 13,4 (vgl. noch 19,10 αὐτῷ auf den Engel bezüglich). Dagegen den Akkus. bei θηρίον 13,1 (mit A 79. 80); 13,8 (mit allen > ℵP Andreasklasse); 13,12; 14,9 (> C. 95); 14,11 und ebenso bei εἰκών 13,15 (A 1. 80. 161); 16,2; (ℵ — die Angabe bei Tisch. ist fehlerhaft — 1. 79. 80. 161); 19,20 (ℵ 38. 39), daher προσκυνεῖν τὸ θηρίον καὶ τὴν εἰκόνα 14,9.11; 20,4. Der Apokalyptiker macht offenbar einen Unterschied zwischen Anbetung und anbetender Huldigung. Ungewöhnlich im NT (Winer 197) ist αἰνεῖν mit dem Dativ 19,5 (die Andreasklasse ändert), ebenso 2,14 διδάσκειν τῷ Βαλάκ (Blaß 90), wenn hier der Artikel überhaupt gesichert ist. εὐαγγελίζειν regiert wie oft im NT (Blaß 88) 10,7 den Akkus. (An. ändert) und demgemäß ist auch 14,6 der Akkusativ zu lesen (ℵACP 33. 35. 121 Or.: ἐπί), ebenso μνημονεύειν 18,5 (Mt. 16,9; Joh 15,20 ℵD; I Th 2,9; II Tim 2,8; Blaß 102[27]. Zu bemerken ist noch, daß περιβάλλεσθαι 10mal mit dem Akkus. (2mal mit ἐν), ἐνδύεσθαι immer (3mal) mit Akkus. konstruiert wird.

Unregelmäßig ist der Gebrauch von οὐαί mit dem Akkusativ 8,13 (AP Andreasklasse ändern). Der Apok. liebt den Gebrauch des Accus. temporalis 3,8 (ποίαν ὥραν); 11,3.6.9; 12,6[28]. Besonders ist hervorzuheben, daß der Gebrauch des Dativus instrumentalis in der Apk ein außerordentlich seltener ist, er kommt vor in den Wendungen: λέγοντες φωνῇ μεγάλῃ 5,12; 6,10; 7,2.10; 8,13; 10,3; πυρὶ καίεσθαι 8,8; 21,8; μεμιγμένην πυρὶ 15,2; κατεσφραγισμένον σφραγῖσιν 5,1; κεχρυσωμένη χρυσίῳ 17,4 (anders 18,16); ὁρμήματι βληθήσεται 18,21; περιρεραμμένον αἵματι 19,13[29]. Ersetzt wird derselbe durch ἐν, beim Passiv durch ἐκ, ἀπό; 4,11 und 12,11 tritt sogar διά mit dem Akkus. dafür ein[30]. — Der Gebrauch des Vokativs ist in der Apk fast ganz verloren gegangen, dafür der Nominativ mit Artikel: 4,11 ἄξιος εἶ κύριος καὶ ὁ θεὸς ἡμῶν (P An. ändern). 6,10 ἕως πότε ὁ δεσπότης ὁ ἅγιος. 11,17 κύριε ὁ θεός ebenso 15,3; 16,7; 15,3 ὁ βασιλεὺς τῶν ἐθνῶν (ℵ 18. 29. 47. 90. 98. βασιλεῦ). 16,5 δίκαιος εἶ ὁ ὤν. 18,4 ἐξέλθατε ὁ λαός μου. 18,10.16.19 οὐαὶ ἡ πόλις. 18,20 εὐφράνθητι ... οὐρανὲ καὶ οἱ ἅγιοι. 19,5 αἰνεῖτε ... πάντες οἱ δοῦλοι αὐτοῦ[31]. Daher ist 12,12 mit A. An. εὐφραίνεσθε „οἱ" οὐρανοὶ zu lesen.

3. Singular und Plural.

Folgen auf ein Verbum mehrere Subjekte, so steht es im Singular 8,7; 9,2.17; 11,18; 12,10; 18,20; 19,20; 20,11, steht dieses aber hinter jenen, so steht es im Plural 6,14; 18,17; 20,13f. (vgl. 8,7 ἐγένετο χάλαζα καὶ πῦρ μεμιγμένα). — ὄχλος wird κατὰ σύνεσιν mit dem Plural verbunden 7,9, ebenso 13,4 προσεκύνησαν auf ὅλη ἡ γῆ bezogen. Vgl. 18,4 ἐξέλθατε ὁ λαὸς. Unregelmäßigkeiten liegen vor: 8,9 τὸ τρίτον τῶν πλοίων διεφθάρησαν (Q Rel. ändern); 9,12 ἔρχεται ἔτι δύο οὐαί (Q P An. ändern); 9,18 ἀπεκτάνθησαν τὸ τρίτον τῶν ἀνθρώπων[32] (genau wie 8,9). Schwankend ist der Gebrauch bei ἕκαστος: 5,8 ἔχοντες ἕκαστος κιθάραν (An. ändert); 6,11 ἐδόθη αὐτοῖς ἑκάστῳ στολή. 20,13 ἐκρίθησαν ἕκαστος κατὰ τὰ ἔργα αὐτῶν (-οῦ Q Rel) 21,21 εἷς ἕκαστος τῶν πυλώνων ἦν[33].

Sehr selten ist in der Apk der Singular des Verbums nach einem Neutr. Pluralis: 8,3 ἐδόθη αὐτῷ θυμιάματα πολλά. 13,14 διὰ τὰ σημεῖα ἃ ἐδόθη. 14,13 τὰ ἔργα αὐτῶν ἀκολουθεῖ 19,4. τὰ στατεύματα ἠκολούθει. 20,3.5.(7) ἄχρι τελεσθῇ τὰ χίλια ἔτη. 21,12 ἅ ἐστιν τὰ ὀνόματα[34]. Meistens läßt sich allerdings der Plural des Prädikats nach einem Neutrum Plur. als constructio ad sensum erklären: 3,2 (?); 3,4; 4,5.8.9; 5,14; 9,20; 11,2.13.18; 15,4; 16,14[35]; 18,3.23.; 21,24. Aber der Plural findet sich auch: 1,19 ἅ εἰσιν. nach ὕδατα 8,11. τὰ δικαιώματα 15,4. ὄρη 16,20. τὰ λιπαρὰ καὶ τὰ λαμπρά (ἀπώλοντο ? mit ℵ An.) 18,14; βιβλία 20,12; τὰ πρῶτα 21,4.

4. Gebrauch des Pronomens.

Bemerkenswert ist der Gebrauch von αὐτός zum Zweck der scharfen und bestimmten Hervorhebung 14,10; 17,11; 19,15 bis; vgl. den Gebrauch von οὗτος (7,14); (11,4;) 11,6.10; 14,4 bis.; 17,13.14.16; (19,9). Der Gebrauch der vollen Form des Reflexivpronomens ist in der Apk sehr selten. Gesichert ist derselbe in den parallelen Wendungen 2,2.9; 3,9, außerdem 6,15; 10,3; 19,7[36]. Ob der Apokalyptiker zwischen αὐτοῦ und αὑτοῦ etc. noch einen Unterschied macht, ist schwer zu sagen. Aus der einzigen Stelle, die etwas beweisen kann, scheint das Gegenteil hervorzugehen 9,11: ἔχουσιν ἐπ' αὐτῶν. Die Attraktion des Relativpronomens ist gesichert[37], nur 18,6 ἐν τῷ ποτηρίῳ ᾧ ἐκέρασεν. In den Fällen, in welchen im Relativsatz ein Prädikatsnomen steht, ist textlich schwer zu entscheiden, ob das Pronomen auf dieses oder das regierende Wort bezogen ist. Vielleicht aber läßt sich überall derselbe Gebrauch konstatieren und ist 4,5 λαμπάδες αἵ εἰσιν τὰ ἑπτ. πνεύμ.[38] mit Q Rel, 5,6 ὀφθαλμοὶ οἵ εἰσιν τά mit ℵA

1. 38. 51. 81. 87. 161; 5,8 θυμιαμάτων ἅ εἰσιν αἱ προσ. mit ℵQ 36 zu lesen. Der Gebrauch von τις, τινες findet sich nur in den Wendungen εἴ τις, ἐάν τις, sonst fehlt τις entweder ganz oder es tritt εἷς dafür ein (vgl. die bei dem Gebrauch der Präpos. ἐκ unten angeführten Stellen und namentlich noch 8,13 ἑνὸς ἀετοῦ πετ. 18,21 ἦρεν εἷς ἄγγελος ἰσχυρός. 19,17 εἶδον ἕνα ἄγγελον ἑστῶτα).

5. Gebrauch der Präposition. Kasusgebrauch bei ἐπί.

Hier lassen sich eine Reihe merkwürdiger und überraschender Sprachbeobachtungen machen, welche sehr deutlich den bis in die Minutien einheitlichen Sprachcharakter des Apok. erweisen. So läßt sich für die häufig vorkommende Verbindung des Partizipiums von κάθημαι mit ἐπί folgende Regel festlegen. Auf „ὁ" καθήμενος folgt ἐπί m. Akkus. 4,2 (P An. Gen.); 6,2.5; 14,16 (mit CP Rel.)[39]; 19,11; ἐπί m. Dat. 21,5; ἐπί m. Gen. 7,15 (Dat. Q Rel.); auf „τὸν" καθήμενον folgt ἐπί m. Akkus. 4,4; 14,14; 17,3; 20,11. (mit P Q Min.; Gen. A 1. 95; ℵ ἐπάνω); Ausnahme 9,17 ἐπ' αὐτῶν, jedoch liest ℵ ἐπάνω αὐτῶν[40]; auf τοῦ καθημένου folgt ἐπί m. Gen. 4,10; 5,1.7; 6,16; 17,1; 19,18. (PQ Min., Gen. A 14. 92, Dat. ℵ) 19.21; auf τῷ καθημένῳ folgt ἐπί m. Dat. 4,9 ℵA; 5,13 AQ Rel.; 7,10 ℵACP Rel.; 19,4 ℵAC Q Rel. (Ausnahme 6,4 τῷ καθ. ἐπ' αὐτόν (αὐτῷ An.); 14,15 τῷ καθ. ἐπὶ τῆς νεφέλης). — Der Apok. konstruiert ferner immer ἐπὶ τὸ μέτωπον 13,16; 17,5; 20,4, aber ἐπὶ τῶν μετώπων 7,3; 9,4; 14,1; 22,4; Ausnahme 14,9 ἐπὶ τοῦ μετώπου (ℵ τῷ μετώπῳ). Er konstruiert immer ἐπὶ τὴν κεφαλήν (τας -άς) 4,4; 9,7; 10,1 (AC 9. 12.); 12,3; 13,1; 14,14 (A 8. 28. 29. 30. 38. 40. 51. 79. 93. 94. 98); 18,19; 19,12; Ausnahme 12,1. — ἐπὶ τὴν χεῖρα 14,9; 20,1.4; Ausnahme 13,16 (1,20 ἐπὶ τῆς δεξιᾶς). Er gebraucht entweder ἐπὶ τῆς γῆς oder εἰς τὴν γῆν (s. u.), so steht ἐπὶ τῆς γῆς 5,3.10.13; 7,1; 10,2.5.8; 16,18; 18,24; Ausnahme 14,16 ἔβαλεν ἐπὶ τὴν γῆν; ähnlich verhält es sich bei ἐπὶ τῆς θαλάσσης 5,13; 7,1; 10,2.5.8 (Ausnahme 15,2). Ganz charakteristisch ist für diesen konstanten Gebrauch: 7,2; ἵνα μὴ πνέῃ ἄνεμος ἐπὶ τῆς γῆς μήτε ἐπὶ τῆς θαλάσσης μήτε ἐπὶ πᾶν δένδρον. Achtet man auf das verbum regens in den Konstruktionen mit ἐπί, so zeigt sich auch hier eine große Regelmäßigkeit. So steht κατοικεῖν mit ἐπί u. Gen. 3,10; 6,10; 8,13; 11,10 bis.; 13,8; 13,14 bis.; 17,8[41] (ebenso καθῆσθαι 14,6; 17,9, dagegen καθίζειν mit ἐπί u. Akk. 20,4); εἶναι, γίνεσθαι mit ἐπί u. Gen. 5,3; 5,13 bis.; 16,18; γράφειν mit ἐπί u. Akkus. 2,17; 3,12; 17,5.8; 19,16 (die Ausnahme 14,1 ἐπὶ τῶν μετώπων ist durch die oben aufgestellte Regel begründet); ebenso ἵστημι 3,20; 7,1; 8,3 (mit AP An.); 11,11; 12,18; 14,1; 15,2; (Ausnahme 10,5.8 ἐπὶ τῆς γῆς καὶ ἐπὶ τῆς θαλ. s. oben!); τίθημι m. Akk. 1,17 (Gen. 10,2 ἐπὶ τῆς γῆς!), ebenso πίπτειν 6,16; 7,11.16; 8,10; 11,11.16; βάλλειν 2,24;

14,16; 18,19; ἐκχέειν 16,8.10.12.17. Nur ἐξουσία steht in regellosem Wechsel mit ἐπί u. Gen. 2,26; 11,6; 14,18; 20,6[42], ἐπί u. Akkus. 6,8; 13,7;[43] 16,9; 22,14. Ein feines Gefühl zeigt der Apok. für ἐπί m. Dat. 10,11 προφητεῦσαι ἐπὶ λαοῖς, 11,10 nach χαίρειν, 18,20 nach εὐφραίνεσθαι (A 98 ἐν, P An. ἐπί m. Akk.), 18,9 nach κόπτεσθαι (mit A. 1. 38. 79. 80. 81. 95. 97), ebenso 18,11 (den Akk. haben ℵCP 18. 32. 39 Hipp.)[44]. Wie 10,11 nach προφητεῦσαι ἐπί m. Dat. steht, so wird auch 22,16 μαρτυρῆσαι ἐπὶ ταῖς ἐκκλησίαις mit ℵQ und den meisten Minuskeln zu lesen sein.

Eine vom Apok. sehr bevorzugte Präposition ist ἐκ. Sie findet sich etwa 110mal, während ἀπό nur einige 20mal vorkommt. ἐκ steht statt des Genetivs partitivus immer in den Wendungen εἷς ἐκ 5,5; 6,1; 7,13; 15,7; 17,1; 21,9; μιὰ ἐκ 6,1; 13,3. Bemerkenswert für den konstanten Sprachgebrauch des Apok. sind ferner die Wendungen: 2,10 βαλεῖν ... ἐξ ὑμῶν; 3,9 δίδωμι ἐκ τῆς συναγωγῆς; 5,9 ἠγόρασας ἐκ πάσης φυλῆς; 11,9 (sogar beim Subjekt) ἐκ τῶν λαῶν (21,6 δώσω ἐκ τῆς πηγῆς). Ferner tritt ἐκ für den Gen. ein in den Wendungen: γεμίζειν ἐκ 8,5; 15,8 (? mit Q Rel.); πίνειν ἐκ 14,10; 18,3; ποτίζειν ἐκ 14,8; φαγεῖν ἐκ 2,7; χορτάζειν ἐκ 19,21 (dagegen 2,17 der echt griechische Gen. δώσω αὐτῷ τοῦ μάννα); μεθύειν ἐκ 17,2.6 (A An.) — Gegenüber ἀπό wird ἐκ entschieden bevorzugt: ἐξέρχομαι ἐκ 9,3; 14,15.17.18.20; 15,6; 16,17 (ℵA An.); 18,4; 19,21, vielleicht auch 19,5 (ℵ An.); ἐκπορεύεσθαι ἐκ 1,16; 4,5; 9,17.18; 11,5; 19,15; 22,1; ἔρχεσθαι ἐκ 7,14 (A ἀπό); ἐκδικεῖν ἐκ 6,10 (P An. ἀπό); 19,2; κρίνειν ἐκ 18,20; ἐξαλείφειν ἐκ 3,5; 7,17 (ℵ Min. ἀπό); 21,4 (mit ℵA 32, die übrigen ἀπό); λαβεῖν ἐκ 5,7; 6,4 (An. ἀπό); 10,10; 18,4; λύειν ἐκ 1,5 (vgl. die Variante λούειν ἀπό); μετανοεῖν ἐκ 2,21f.; 9,20f.; 16,11. — Schwankend ist der Gebrauch bei ἀγοράζειν ἐκ 5,9, ἀπό; 14,3.4; πλουτεῖν ἐκ 18,3.19, ἀπό 18,15. Man beachte endlich den konstanten Wechsel der Präposition in der Wendung ἐκ τοῦ οὐρανοῦ ἀπὸ τοῦ θεοῦ 3,12; (16,17); 20,9; 21,2.10. Beim Passivum steht ἐκ: 2,11; 3,18; (8,11 ἀπέθανον ἐκ); 9,2; 9,18; 18,1 (in Vertretung des Dat. instrumentalis).

Seltener steht ἀπό, so bei Himmelsrichtungen 7,2; 16,12; 21,13; ἀπὸ μακρόθεν 18,10.15.17; (12,14; 14,20); bei Zeitbestimmungen 13,8; 16,18; 17,8; im Segenswunsch 1,4. Sehr selten vom Verbum abhängig: nach κρύπτειν 6,16; φεύγειν 9,6; 20,11; ἀπέρχεσθαι, ἀπολλύναι 18,14; ἀφαιρεῖν 22,19. Beim Passivum für Dat. instrum. 9,18, für ὑπό 6,13? (ℵ 14. 31); 12,6.

Ganz besonders hervorzuheben ist der Gebrauch von ἐν für den Dat. instrumentalis. So auch in Wendungen, wo daneben der Dat. vorkommt: ἐν φωνῇ μεγάλῃ 5,12; 14,7.9.15; 18,2; καίειν (καυματίζειν) ἐν πυρί 16,8; 17,16; ἐν θείῳ 19,20. Nach μίγνυμι 8,7; vgl. κεχρυσωμένη ἐν (?) χρυσῷ 18,16 (ℵC An.) — Ferner λύειν (etc.) ἐν τῷ αἵματι 1,5; 5,9; 7,14; ποιμαίνειν ἐν ῥάβδῳ 2,27; 12,5; 19,15; ἀποκτείνω ἐν 2,23; 6,8; 13,10; πολεμεῖν ἐν 2,16; (19,11); ἀδικεῖν ἐν 9,19; κιθαρίζειν ἐν 14,2; πλανᾶν ἐν 19,20; πατάσσειν ἐν 11,6; 19,15[45]. Ferner in den passiven Wendungen περιβάλλεσθαι ἐν 3,5; 4,4 (sonst 10mal mit dem Akkus.); πλανᾶσθαι ἐν 18,23; βασανίζεσθαι ἐν 14,10; κατακαίεσθαι ἐν 18,8; ἀποκτείνεσθαι ἐν 9,20; 11,13; 13,10; vergl. hierzu das Vorkommen des Dat. med. S. 164. Der Gebrauch von ἐν ist demnach durchaus überwiegend gegenüber dem des Dat. instrum. Bei Zeitbestimmungen steht gewöhnlich ἐν 1,10; 2,13; 9,6; 10,7; 11,13; 18,8 (über den bloßen Dat. bei μιᾷ ὥρᾳ s. oben).

Beachtung verdient, daß eine Verwechselung von ἐν und εἰς nur 11,11 εἰσῆλθεν ἐν αὐτοῖς nachweisbar ist[46]. Der Apok. gebraucht fast immer γράφειν ἐν τῷ βιβλίῳ (τῇ βίβλῳ) 1,3; 13,8; 20,12.15; 21,27; 22,18.19, εἰς nur 1,11, ἐπί nur 17,8 (79. 95 ἐν)[47]. Während bei καθῆσθαι κατοικεῖν sonst immer ἐπί steht, wird κατοικεῖν einmal 13,12 mit ἐν konstruiert. καθίζειν 3,21 (bis) mit ἐν (20,4 mit ἐπί). ἕστηκα steht immer mit ἐπί, nur 19,17 mit ἐν in andrer Bedeutung. Die Wendung ἐν τῇ χειρί (δεξιᾷ) ist die gebräuchliche 1,16; 2,1; 6,5; 7,9; 10,2.8; 14,14, vielleicht auch 1,20 (A 81) und 20,1 (א 38); Ausnahmen sind 5,1 ἐπὶ τὴν δεξιάν und die Wendungen χάραγμα ἐπί 13,16; 14,9; 20,4. Dagegen steht ἐπί immer bei κεφαλή und μέτωπον. Regellos wechseln die Verbindungen ἐπὶ τῆς θαλάσσης 5,13 und ἐν τῇ θαλάσσῃ 8,9; 16,3; 18,19.

εἰς und ἐπί. Schon oben ist nachgewiesen, daß in der Apk entweder εἰς τὴν γῆν oder ἐπὶ τῆς γῆς gebraucht wird. Demgemäß steht ersteres 5,6; 6,13; 8,5.7; 9,1.3; 12,4.9.13; 13,13; 14,19; 16,1.2 (vgl. 5,6; 9,3); das ist um so auffälliger, als πίπτειν sonst immer mit ἐπί verbunden wird, aber 6,13; 9,1 mit εἰς τὴν γῆν; καταβαίνειν ἐπί 16,21; 13,13 εἰς τὴν γῆν. Bei βάλλειν zeigt der Apok. ein feines Sprachgefühl in dem Wechsel von εἰς und ἐπί: 2,10 εἰς φυλακήν; 6,8; 18,21 εἰς τὴν θάλασσαν; 14,19; 19,20; 20,3.10.14.15 εἰς τὴν ληνόν, sogar 2,22 εἰς κλίνην, aber 2,24 ἐφ' ὑμᾶς; 18,19 χοῦν ἐπὶ τὰς κεφαλάς[48]. — Sonst lassen sich für den Wechsel von εἰς und ἐπί nicht überall bestimmte Regeln festlegen.

Hervorzuheben ist endlich die fast vollständige Verdrängung einer Reihe von Präpositionen aus dem Gebrauch. So findet sich ὑπό beim Passiv., wenn 6,13 mit א 14. 31. ἀπό zu lesen ist, nirgends. Der Apok. vermeidet überhaupt volle Passivwendungen. Einmal 6,8 steht ὑπό an wenig passender Stelle; παρά findet sich nur zweimal m. Gen., einmal m. Dat.; πρός 5mal m. Akk., einmal m. Dat.; κατά m. Gen. 2,4.14.20, m. Akk. in den Wendungen κατὰ τὰ ἔργα 2,23; 18,6; 20,12.13; 4,8 ἓν καθ' ἕν; 22,2 κατὰ μῆνα; περί nur einmal 15,6 (> An.), πρό, σύν, ὑπέρ überhaupt nicht. Häufiger sind διά (m. Gen. nur 2mal) — beachte das

Eintreten von διά m. Akk. 4,11 und 12,11 für den Dat. instrum. — und μετά; beachte die Wendung μετὰ ταῦτα (10mal) und ἀκολουθεῖν μετὰ m. Gen. 6,8 (ACP An.) und 14,13[49] und besonders λαλεῖν μετά 1,12; 4,1; 10,8; 17,1; 21,9.15. Auch ἐνώπιον findet sich häufig (31mal), ἐναντίον niemals, ἔμπροσθεν 11,10 (Q ἐνώπιον); 22,8 (A πρό). Häufig ist noch die Verbindung ἐν μέσῳ (ἐμμέσῳ). Auch ἐπάνω kennt der Apok. 6,8; 20,3; (9,17; 20,11. m. א ?).

Folgen mehrere Substantive auf eine Präposition, so wird diese in den meisten Fällen wiederholt; Ausnahmen: 1,9; 9,18; 14,10; 16,4 (אACP An. Pr.). Ferner die Wendung ἐκ πάσης φυλῆς etc. 5,9; 10,11; (14,6).

6. Gebrauch des Verbums.

Charakteristisch ist das regellose Schwanken zwischen Präsens und Futurum, und damit verbunden ein sehr starkes Variieren der textlichen Zeugen in dieser Hinsicht. Schon in den Briefen zeigt sich dies Schwanken, auch in den Handschriften (2,10.22f.24.27; 3,7.9; vgl. 1,7[50]; 2,5.16). Da in der ganzen Apk die Fiktion festgehalten wird, daß der Apok. die Dinge, die er weissagt, vor Augen sieht, so ist die Schilderung im Futurum eigentlich jedesmal eine Inkonsequenz, ein Aus-der-Rolle-fallen[51], und deshalb wird dieselbe auch niemals konsequent durchgeführt. Besonders charakteristisch ist der Wechsel des Tempus in Kap. 11. — In der fortlaufenden Schilderung wechseln Praesens und Aorist regellos. — Der Gebrauch des Imperfektum ist nicht häufig in der Apk, aber wo dasselbe eingeführt wird, geschieht es mit Bedacht. So wird es mit Vorliebe in ausmalenden und erklärenden Relativsätzen gebraucht 1,12; 2,14; 6,9, ferner in kleinen schildernden und erklärenden Zwischensätzen: 5,4 καὶ ἔκλαιον; 5,14 καὶ τὰ τέσσαρα ζῶα ἔλεγον; 6,8 καὶ ὁ Ἅιδης ἠκολούθει; 10,10 καὶ ἦν ἐν τῷ στόματι ... γλυκύ; 19,14 καὶ τὰ στρατεύματα ... ἠκολούθει; 21,15 καὶ ὁ λαλῶν ... εἶχεν[52]. Selten nur wird das Imperfekt in fortlaufenden Schilderungen gebraucht und dann immer bald durch das Präsens abgelöst 9,8ff.; 13,11ff. Bei κράζειν variieren die Codices sehr stark zwischen Imperf. und Aor. Doch scheint der Apok. das Imperf. überhaupt nicht gebraucht zu haben. Gesichert ist der Aorist 6,10 (> P An.); 7,2 (> AP 161); 10,3; 18,2; 19,17 (> Q 12. 95). Daher auch wahrscheinlich zu lesen: 18,18 (ACP 35. 81. 87. 95 vg. Tic.); 18,19 (AC 35. vg.). Das Präsens steht 7,10 und wahrscheinlich 12,2.

Vulgäre Vermischung der Tempora des Aorist und Perfekts (zu Gunsten der Perfektformen) ist Charakteristikum der Apk (Blaß 195). Daher der Gebrauch des Perfekts in den Apk sehr häufig, namentlich in den Briefen: 2,3 κεκοπίακας (ες) (AC 51. 81); 2,5 πέπτωκας (ες); 2,27; 3,2; 3,3; 3,8 (anders 2,21); 3,17; (3,20). Sonst seltener z. B. 14,8; 18,3; 19,13 (vielleicht auch 16,6 δέδωκας [AC]). Eine

Vorliebe zeigt die Apk für εἴληφα (2,27; 3,3;) 5,7; 8,5; 11,17 (ἔλαβον nur 10,10; 17,12 und im Nebensatz 5,8; 20,4.); εἴρηκα 7,14; 19,3. Ferner ist zu vergleichen γέγονεν 16,17; γέγοναν (?) 21,6 (ℵcA 38 Lat.); γέγραπται 13,8; 17,8. Kaum mitzurechnen ist das präsentische ἕστηκα 3,20; 12,4 (seltsamerweise 18,17 ἔστησαν). Das Plusquamperfektum ist nur von ἕστηκα 7,11 gesichert[53].

Sehr bemerkenswert ist, daß der Apok. fast immer den Infin. Aor. gebraucht, also einen Sinn für den Unterschied von Inf. Präsens und Aor. kaum noch zeigt. Eine Ausnahme macht der Apok. bei βλέπειν, von welchem Verbum er den Aor. überhaupt nicht bildet[54] 1,12; 5,3.4; 9,20 (hier sind auch die folgenden Infinitive durch βλέπειν beeinflußt), ferner 11,6 στρέφειν und vielleicht 13,13 ποιῇ καταβαίνειν, wenn nicht gerade aus diesem Grunde (ἵνα) καταβαίνῃ mit Q Rel. c. zu lesen ist. Dagegen steht nach μέλλειν in der Regel wie im übrigen NT (Blaß 192) der Inf. Präs. 1,19 (γίνεσθαι mit ℵcA und den meisten Minuskeln zu lesen); 2,10 (lies πάσχειν — βάλλειν); 3,10; 6,11; 8,13; 10,4; 10,7; 12,5; 17,8, vielleicht auch 3,16 mit ℵ ἐμεῖν, hingegen 3,2 ἃ ἔμελλον (Imperf.! doch anders 10,4) ἀποθανεῖν und 12,4 μελλούσης τεκεῖν[55].

Dem entspricht, daß der Apok. ganz entschieden den Imperativ Aor. bevorzugt. Freilich muß hervorgehoben werden, daß in den Briefen auch das Präsens sehr häufig ist[56]: μνημόνευε 2,5; 3,3; φοβοῦ 1,17; 2,10; γίνου 2,10; 3,2; τήρει 3,3; κράτει 3,11; ζήλευε 3,19 (ℵP An. ζήλωσον). In den folgenden Kapiteln aber wird das Part. Präs. sehr selten: 5,5 κλαῖε, ferner regelmäßig ἔρχου 6,1.3.5.7; 22,17[57]; ἔγειρε 11,1 (An. ἔγειραι); εὐφραίνου 12,12; 18,20; αἰνεῖτε 19,5. — 16,1 steht ἐκχέετε (ℵACP) wohl wegen des vorangehenden ὅρα μή. Demgegenüber steht der Imper. Aor. in denselben Kapiteln etwa 40mal. Für den Imperativ tritt auch in der Apok. der Conj. Aor. mit μή ein: 6,6; 7,3; 10,4; 11,2; 22,10.

Das Tempus in Nebensätzen: ὅτε regiert immer den Aorist (14mal), ὅτι niemals das Imperfekt; ὅταν regiert mit Grund 4,9; 9,5; 11,7; 12,4; 17,10; 20,7 den Konjunkt. Aor. und 10,7; 18,9 den Konj. Präsens; ebenso ἐάν (6mal) den Konj. Aor.; ἄχρις den Konj. Aor. 2,25; 7,3; 15,8; 20,3.5; (17,17 ℵAP An. ἄχρι τελεσθήσονται, Q Rel. τελεσθῶσιν). Über den Wechsel von Konj. Aor. und Indic. Fut. nach ἵνα und οὐ μή s. unten (unter Gebrauch der Konjunktionen). Regiert ἵνα (ἵνα μή) den Konjunktiv, so folgt nach Praeteritum im Hauptsatz immer Konjunktiv des Aorist, nach Präsens im Hauptsatz gewöhnlich[58] Praesens. 11,6 ἔχουσιν ἐξουσίαν ... κλεῖσαι ... ἵνα μὴ ... βρέχῃ (βρέξῃ Hipp.); 12,6 ὅπου ἔχει ... τόπον ... ἵνα τρέφωσιν; 16,15 μακάριος ὁ ... τηρῶν ... ἵνα μὴ ... περιπατῇ; 21,23 οὐ χρείαν ἔχει ... ἵνα φαίνωσιν[59]. Aber 20,3 ἐσφράγισεν ἵνα μὴ πλανήσῃ (ℵA 1. 79. 80. 81. 95[60]). Unsicher ist 7,1 εἶδον ... κρατοῦντας ἵνα μὴ πνέῃ (ℵ 87. 121 πνεύσῃ).

Sehr bemerkenswert ist endlich das sehr häufige Fehlen der Kopula, fast regelmäßig ist dasselbe in den einfach aneinander gereihten schildernden Hauptsätzen. Aber die Kopula fehlt auch in Relativsätzen z. B. ᾶ ἐνώπιον τοῦ θρόνου αὐτοῦ 1,4; 2,13; (2,20?); 3,12?; 5,13; (9,11); 20,10, bei Ausrufen 5,2 (τίς ἄξιος ἀνοῖξαι); 15,3; 16,7 (in allen Doxologieen). Bemerke noch 1,16 καὶ ἡ ὄψις αὐτοῦ, ὡς ὁ ἥλιος φαίνει; vielleicht ist auch 6,13 zu lesen ὡς συκῆ βάλλουσα (sc. ἐστιν)[61].

7. Gebrauch der Konjunktionen.

Bemerkenswert ist, daß ὅπως in der Apk überhaupt nicht vorkommt; εἰ findet sich nur 11,5 (bis); ἐάν 2,5.22; 3,3.20; 22,18.19; ἐάν findet sich wie sonst im NT schon in Verbindung mit andern Konjunktionen und dem Relativpronomen: 3,19 ὅσους ἐάν (א 36 ἄν); 11,6 ὁσάκις ἐάν (C 38 Hipp. ἄν); 13,15 ὅσοι ἐάν (א An. Hipp. ἄν) und vielleicht 14,4 (mit Q Rel. Or.) ὅπου ἐάν[62]. — ἄχρι (ἄχρις οὗ) steht als Konjunktion (nicht als Präp.) im allein herrschenden Gebrauch (ἄχρις οὗ 2mal, ἄχρις 4mal) gegenüber ἕως (μέχρις)[63].

Über das Tempus in Nebensätzen ist oben bereits die Rede gewesen. Es muß hier noch über den Gebrauch des Modus gehandelt werden. ἄχρις (ἄχρις οὗ) regiert immer den Konj. Aor., daher ist vielleicht auch 17,17 mit Q Rel. ἄχρι τελεσθῶσιν (nicht τελεσθήσονται) zu lesen. ἐάν regiert immer den Konj. Aor., ebenso steht derselbe in Begleitung von ἄν (ἐάν); 2,25 ist ἥξω als Konj. Aor. von ἧξα anzusehen (Schmiedel 13. 10,2). Ebenso steht ὅταν immer mit Konj. Aor.; 4,9 könnte das zweifelhaft sein, da AP An. 38 ὅταν δώσουσιν bieten und nur eine Reihe von Minuskeln die regelrechte Konstruktion ὅταν δῶσιν. Aber nach Schmiedel (14,9) ist hier mit אQ 7. 12. 14. 16. 32. 39. 81. 92 der spätere Aor. Konj. ὅταν δώσωσιν (von ἔδωσα!) zu lesen[64]. Über μή, das in der Apk nie als eigentliche Finalpartikel steht, sondern nur mit dem Aor. Konj. verbunden den Imp. ersetzt s. o. — οὐ μή steht 14mal[65] mit dem Konj. Aor. Daher ist auch 3,3 οὐ μὴ γνῷς mit ACP An.; 9,6 οὐ μὴ εὕρωσιν mit AP An. harl. und wahrscheinlich 19,14 οὐ μὴ εὕρῃς mit Q fast sämtlichen Min. (einige lesen εὑρήσεις) und Pr. zu lesen (statt εὑρήσουσιν). Ein Wechsel zwischen Konj. Aor. und Ind. Fut.[66] findet nur nach ἵνα, ἵνα μή statt, und zwar ist der Indikativ hier häufiger als im übrigen neuen Testament (Blaß 207). Aber auch hier läßt sich eine gewisse Regelmäßigkeit nachweisen. So steht der Ind. Fut. nach ἐδόθη: 6,4 ἵνα ἀλλήλους σφάξουσιν AC 36; 8,3 ἵνα δώσει אAC 95 An.; 9,5 ἵνα μὴ ἀποκτείνωσιν[67] ... ἀλλ' ἵνα βασανισθήσονται אAP 38 An. Ferner 3,9 ποιήσω αὐτοὺς ἵνα ἥξουσιν — προσκυνήσουσιν (אACP An.). Dementsprechend 13,12 ποιεῖ ... ἵνα προσκυνήσουσιν (anders 13,16, wenn nicht mit einigen Minuskeln keln hier ποιεῖ ἵνα δώσουσιν[68] und mit PQ An. dann ἵνα μή τις δύναται zu lesen ist. Vielleicht ist noch zu lesen 9,4 ἐρρέθη αὐτοῖς ἵνα ἀδικήσουσιν A 36; 6,11 ἐρρέθη αὐτοῖς ἵνα ἀναπαύσονται A (bei Tisch. falsche Angabe!) PQ An.; sicher 9,20 οὐδὲ μετενόησαν ... ἵνα μὴ προσκυνήσουσιν (ἵνα beinahe ὥστε). Endlich findet sich die merkwürdige Wendung 22,14 μακάριοι οἱ ποιοῦντες. — ἵνα[69] ἔσται ἡ ἐξουσία. Und demgemäß ist auch wohl 14,13 ἵνα ἀναπαήσονται mit ℵACQ 7. 16. 28. 50 An. zu lesen; diese Wendung ist dann von dem vorausgehenden μακάριοι abhängig zu denken, und das ναὶ λέγει τὸ πνεῦμα in Parenthese zu setzen[70].

8. Der Gebrauch der Partikel.

Hier zeigt die Apk den Charakter einer außerordentlichen Dürftigkeit. Asyndeta sind, da man die einfache Aneinanderreihung der Sätze in fortlaufenden Schilderungen nicht als solche rechnen kann, im ganzen selten[71], aber mit erdrückender Regelmäßigkeit herrscht in der Apk die Partikel καί[72]. In den Briefen zeigt sich ein etwas bunteres Bild; δέ findet sich hier 3mal (im ganzen übrigen Teil der Schrift sicher bezeugt nur noch 10,2 (19,12 > ℵ); 21,8 (> P); ἀλλά 8mal (sonst 5mal). ὄφελον (3,15), πλήν (2,25), οὖν (6mal)[73] kommen nur hier vor. γάρ ist häufiger, namentlich in kurzen Zwischensätzen und Nebenbemerkungen: 1,3; 3,2; 13,18; 14,4f.13; 16,14; 19,8.10; 21,25; 22,10. Aber der Gebrauch von ὅτι ist sehr viel häufiger. — Worte wie πάντοτε πώποτε οὐδέποτε οὐδέπω (καθώς) μέντοι, sogar μέν und τε finden sich in der Apk nirgends — Die Verdoppelung der Negation ist sehr selten; außer dem häufig vorkommenden οὐ μή findet sich 7,16 ein οὐδὲ μή.

Zu bemerken ist, daß nach einem einfachen οὐ in der Apk immer οὐδέ steht 5,3 (dreimal mit ACP An.); 7,16; 9,4; 9,20 (ℵQ 14. 38. 92; οὔτε AP An.; Rel οὐ); 12,8 (> P An.); 20,4 (> An.); 21,23. Ausnahmen 5,4 (οὔτε βλέπειν, doch läßt gerade der Hauptzeuge für οὐδέ im vorigen Vers den Vers 4 per Homoiotel. ganz aus) und 9,21 καὶ οὐ μετενόησαν ἐκ τῶν φονῶν ... οὔτε. Dagegen steht regelrecht οὔτε — οὔτε 3,15.16; 9,20; 21,4. Doch schreibt der Apok. immer μήτε, niemals μηδέ. Er gebraucht immer ὡς (nie ὡσεί καθώς etc.), ὡσεί ist einigemale von den Handschriften eingebracht[74], ὥσπερ steht einmal, 10,3. Dem Apok. eigentümlich ist der manirierte Gebrauch von ὡς, so z. B. 4,6.(7); 5,11; 6,6; 8,8; 9,7; 13,3; (= 5,6); 14,3 (hier hat das ὡς kaum einen Sinn) 15,2; 19,1; 19,6ter; 21,11. Natürlich ändern hier die Handschriften mannigfach, namentlich die altlateinische Übersetzung läßt dies ὡς oft fort (vgl. 4,6.7; 5,11; 6,6; 14,(2).3; (16,21) 19,1.6; (19,12).

9. Gebrauch des Artikels.

Hervorzuheben ist, daß bei Eigennamen kein Artikel steht (1,9.11; 2,13.14.20; 5,5; 7,4ff.; 9,14; 14,1.8; 15,13; 16,19; 17,5.6; 18,2.10.21; 21,2; 22,16). Auch 3,7 ist τὴν κλεῖν Δαυείδ mit AC 38 zu lesen, ebenso 16,12 ἐπὶ τὸν ποταμὸν τόν μέγαν [+ τόν AC] Εὐφράτην; Ἰησοῦς und Ἰωάννης stehen durchweg ohne Artikel. Dagegen ὁ Χριστός 11,15; 12,10; 20,4.6 und τὰ ἔργα τῶν Νικολαιτῶν 2,6; 2,15 (+ τῶν ℵ P An.), da Νικολαῖται offenbar nicht als Eigenname gilt. Wenn 2,14 ἐδίδασκεν τῷ Βαλάκ (AC 7. 11. 95, ℵc Rel.; τόν B; nur Q läßt den Art. fort) zu lesen ist, so tritt hier die Regel ein, daß bei indeklinabeln Eigennamen zur Unterscheidung der casus der Art. hinzutritt (Blaß 148)[75].

Der Apok. braucht immer ὁ θεός (Ausnahme 21,7 [im Prädikat]; 7,2 σφραγῖδα θεοῦ ζῶντος, das Fehlen des Artikels wohl durch die Artikellosigkeit des vorhergehenden Wortes bedingt). Bei κύριος wechselt der Gebrauch: immer κύριος ὁ θεός, Ausnahme 4,11; κύριος näher bestimmt mit Artikel 11,4.8.15; 22,21, aber ἐν κυρίῳ 14,13, κύριος κυρίων 17,14 (Prädikat); 19,16. Der Apok. läßt den (generischen) Artikel bei ὁ ἥλιος, ἡ γῆ, ἡ θάλασσα, ὁ οὐρανός nie fort. Ausnahme: ἀπὸ ἀνατολῆς ἡλίου 7,2; 16,12; οὐκ ἔχουσιν χρείαν φωτὸς λύχνου καὶ φωτὸς ἡλίου 22,5 (Blaß 143).

Wie im übrigen neuen Testament, so finden wir in der Apk hier und da den semitischen Gebrauch, daß bei einem Nomen, welches einen Genetiv regiert, der Artikel fortgelassen wird (Blaß 147): 6,16 ἀπὸ προσώπου τ. καθ.; 8,4 ἐκ χειρὸς τοῦ ἀγγέλου; 12,14 ἀπὸ προσώπου τοῦ ὄφεως; 19,2 ἐκ χειρὸς αὐτῆς, vielleicht auch 22,2 εἰς θεραπείαν τῶν (> ℵ) ἐθνῶν; 7,2 σφραγιδα θεοῦ ζῶντος. Ebenso bei Eigennamen im Gen.: 7,4 ἐκ πάσης φυλῆς υἱῶν Ἰσραήλ; 21,12 τῶν δώδεκα φυλῶν υἱῶν Ἰσραήλ (P An. τῶν υἱῶν I)[76].

Das immer nachgestellte Adjekt. hat den (wiederholten) Artikel vor sich, wenn das Substantiv denselben vor sich hat. Schwankungen der Handschriften sind vorhanden bei Partizipien. Doch lies 8,6 οἱ ... ἄγγελοι οἱ ἔχοντες; 9,15 οἱ ἄγγ. οἱ (ℵ 41. 90. 98. >) ἡτοιμασμένοι; 11,4 αἱ δύο λυχνίαι αἱ (ℵ); 15,6 οἱ ἑπτὰ ἄγγελοι οἱ (> ℵPQ 1. 48. 79. 81. 161); 17,18 ἡ πόλις ἡ μεγάλη ἡ (> ℵ 50. 94. 95); 21,9 τὰς φιάλας τάς (? mit An., > Q Rel., aber die richtige Lesart wahrscheinlich ℵAP 12. 79. 81 τῶν γεμόντων). Daher ist es noch die Frage, ob nicht 5,6 mit 7. 8. 9. 13. 16 (1. 79. 80. 81) τὰ ἑπτὰ πνεύματα „τὰ" ἀποστελλόμενα (ἀπεσταλμένα) zu lesen ist. Zu bemerken ist, daß A hier eine singuläre Lesart hat, und ℵ mit

Konsequenz den Artikel wegzulassen scheint. 19,9 ist zu lesen οὗτοι οἱ λόγοι „οἱ“ (mit A 4. 48) ἀληθινοὶ τοῦ θεοῦ εἰσιν.

Dieselbe Regel gilt für nachgestellte Präpositionalbestimmungen. Wie im neuen Testament das Fehlen des Artikels hier nicht häufig ist, (Blaß 155), so ist es in der Apk nahezu ausgeschlossen. 5,5 ὁ λέων ὁ (> ℵ 14) ἐκ τῆς φυλῆς; 8,3 τὸ θυσιαστήριον ... τό (> ℵ) ἐνώπιον; 11,16 πρεσβύτεροι οἱ (> AQ 1. 7. 12. 14. 46. 81. 92. 95)[77]; 11,19 ὁ ναὸς τοῦ θεοῦ ὁ (mit ACP 14. 35. 38. 87. 92. 95. 121) ἐν τῷ οὐρανῷ; 8,9 τῶν κτισμάτων τῶν (> Q Rel.) ἐν τῇ θαλάσσῃ; (Vgl. 16,3 πᾶσα ψυχὴ τὰ [mit AC 81; τῶν 95] ἐν τῇ θαλάσσῃ); 19,14 τὰ στρατεύματα τὰ (mit AP 30. 32. 47. 48. 49. 50. 51. 91. 95. 121.) ἐν τῷ οὐρανῳ; 20,8 τὰ ἔθνη τὰ (> ℵ 14. 29. 35. 87. 92). Vgl. noch 1,4; 2,24; 14,17; 20,8; 20,13. Daher ist vielleicht mit ℵ, gerade weil hier sonst fast immer der Artikel weggelassen ist, 2,9 τὴν βλασφημίαν + τὴν" ἐκ τῶν λεγότων zu lesen[78]. Wenn 15,5 ὁ ναὸς τῆς σκηνῆς τοῦ μαστυρίου ἐν τῷ οὐρ. steht, so ist die Auslassung des Artikels durch die weite Trennung des ἐν τῷ οὐρανῷ von dem regierenden Subjekt begründet.

Echt griechisch ist die Wendung 2,18 ὁ ἔχων τοὺς ὀφθαλμούς; 4,7 ὁ ἔχων τὸ πρόσωπον. — πᾶς im Singular steht ohne folgenden Artikel in der Bedeutung „jeder“. Aber ein folgendes Partizip bekommt gerne den Artikel (Blaß 158) 18,17 πᾶς ὁ ἐπὶ τόπον πλέων; 21,27 πᾶν κοινὸν καὶ ὁ ποιῶν; 22,18 παντὶ τῷ (> An.) ἀκούοντι. Hingegen steht πᾶς im Plural ausnahmslos mit Artikel; 19,18 lies πάντων, — ἐλευθέρων τε καὶ δούλων.

Besonders ist noch hervorzuheben, daß der Apok. die in der sonstigen apokalyptischen Tradition geläufigen Begriffe und Wendungen sofort mit dem bestimmten Artikel einführt: 1,4 ἀπὸ τῶν ἑπτὰ πνευμάτων; 10,1 ἡ (> P An.) ἶρις (Rückverweisung auf 4,3?); 10,3 αἱ (> ℵ* 1. 4. 7. 18. 161) ἑπτὰ βρονταί; 11,3 δώσω τοῖς δυσὶ μάρτυσιν; 11,4 αἱ ἐλαῖαι – αἱ λυχνίαι; 11,9 καὶ βλέπουσιν ἐκ τῶν λαῶν; 12,14 αἱ (ACP An. 7. 95) δύο πτέρυγες τοῦ (> ℵ) ἀετοῦ τοῦ μεγάλου; 16,12 τῶν βασιλέων τῶν ἀπὸ ἀνατολῆς ἡλίου. Vielleicht auch 17,1 ἐπὶ τῶν (Q Rel.) ὑδάτων τῶν πολλῶν[79].

Der Artikel fehlt gern in kurzen präpositionalen Wendungen, ἄχρι θανάτου (εἰς — ον); 2,10; 12,11 (13,3)[80]. εἰς πόλεμον 9,7.9, aber εἰς τὸν πόλεμον 16,14 (hier jedoch mit einer Genetivbestimmung verbunden); 20,8 (An. ändert an den beiden Stellen); vgl. ποιῆσαι πόλεμον 11,7; (12,7); 12,17; 13,7, aber ποιῆσαι τὸν (> P An.) πόλεμον 19,19 (der Artikel weist vielleicht auf 16,14 zurück). — 20,11 ist wahrscheinlich οὗ ἀπὸ „τοῦ“ (ℵAP 38. 95) προσώπου zu lesen.

Sehr wechselnd ist der Gebrauch des Artikels (wie im ganzen neuen Testament) beim Prädikat. Beim Prädikatsadjektiv steht er allerdings nur einigemal und mit besondrer Absichtlichkeit. 2,23 ἐγώ εἰμι ὁ ἐραυνῶν; 3,17 σὺ εἶ ὁ ταλαίπωρος[81]. Beim Prädikatssubstantiv werden die oben angegebenen Regeln gewahrt, so steht der Artikel bei bestimmten und bekannten Größen, z. B. 4,5; 5,6 ἅ εἰσιν τὰ ἑπτὰ πνεύματα[82], immer in den Wendungen ἐγώ εἰμι τὸ ἄλφα καὶ τὸ ὦ, ὁ πρῶτος καὶ ὁ ἔσχατος, ἡ ἀρχὴ καὶ τὸ τέλος[83] (1,8.17; 21,6; 22,13.16). Ebenso steht der Artikel bei einem durch ein Adjektiv oder einen Genetiv bestimmten Subst. 19,8.9.10; 17,18; 18,23; 20,14; 21,8[84]. Demgemäß auch 5,8 αἵ εἰσιν αἱ (> ℵ Min.) προσευχαὶ τῶν ἁγίων; 21,12 ἅ ἐστιν τὰ (> Q al. [15]) ὀνόματα τῶν δώδεκα φυλῶν[85]; 21,22 ὁ θεὸς ... ὁ (mit A) ναὸς αὐτῆς ἐστιν.

Entschieden ungewöhnlich ist der Prädikatsartikel bei Eigennamen in folgenden Verbindungen: 6,8 ὄνομα αὐτῷ ὁ (> ℵC 16. 95. An.[3]) θάνατος; 8,11 τὸ ὄνομα τοῦ ἀστέρος λέγεται ὁ (> ℵ 1. 7. 14. 36. 38. 80. 81. 161) ἄψινθος; 12,9 ὁ καλούμενος διάβολος καὶ ὁ (ℵ ACP 1. 81. 95. 161) σατανᾶς; 19,13 κέκληται ὁ λόγος τοῦ θεοῦ; 20,2 ὅ ἐστιν ὁ (ℵ 14. 38. 79. 97) διάβολος καὶ ὁ (> P An.) σατανᾶς.

Die Wiederholung des Artikels vor mehreren Subst. ist die überwiegende Regel. Sie unterbleibt in der Regel, wo ein und dieselbe Person durch mehrere Worte bezeichnet ist. 1,5 τῷ ἀγαπήσαντι καὶ λύσαντι; 1,6 τῷ θεῷ καὶ πατρί; vgl. 1,9; 3,14 (ὁ πιστὸς καὶ [+ ὁ nur ℵC 2] ἀληθινός); 3,17; 6,10; 11,9; 12,17; 22,8. In eigentlichen längeren Aufzählungen wird der Artikel hier und da (1,9; 5,12; 9,15; 11,9; 21,8) fortgelassen. Dagegen ist zu lesen: 17,13 τὴν δύναμιν καὶ τὴν (> AQ Rel.) ἐξουσίαν; 18,14 τὰ λιπαρὰ καὶ τὰ (> C 79. 161) λαμπρά; 20,8 τὸν Γὼγ καὶ τὸν (> ℵA 1. 79. 80) Μαγώγ; 20,10 τοῦ πυρὸς καὶ τοῦ (ℵ 7. 13. 16. 18. 32. 33. 95 An.) θείου[86].

10. Wortstellung.

Hier lassen sich ebenfalls aufs bestimmteste einige Regeln aufstellen. Die Wortstellung ist nämlich stark hebraisierend. In der Mehrzahl der Fälle steht das Verbum vor seinem Substantiv, fast immer aber vor dem Objekt. Das Substantiv steht fast immer vor seinem Attribut auch dem Possessivpronomen (Ausnahmen 18,1 ἐν ἰσχυρᾷ φωνῇ[87]; 18,21 ἡ μεγάλη πόλις; 3,8 μου τὸν λόγον), nur Zahlworte machen durchgehend eine Ausnahme[88]. Eine Präpositionalbestimmung steht so gut wie nie zwischen Artikel und Substantiv. Ausnahme: die Briefeingänge 2,1 τῆς ἐν Ἐφέσῳ ἐκκλησίας etc. (doch s. die textkritischen Bemerkungen im Kommentar). Gebräuchlicher ist die Voranstellung einer Präpositionalbestimmung vor das Partizip 11,14; 14,13; 18,17; 19,9; 20,15; 21,3; 21,19. Der Genetiv steht immer hinter dem verbum regens (Ausnahme 7,17 ἐπὶ ζωῆς πηγὰς ὑδ.). Diese Regeln für die Wortstellung sind so stabil, daß man wenn irgendwo so hier einen statistischen Maßstab dafür hat, ob und wo etwa fremde literarische Einflüsse in der Apk vorliegen. Die Ausnahmen von diesen Regeln werden daher bei Gelegenheit der Besprechung der einzelnen Kapitelgruppen, in denen man etwa selbständige Quellen vermuten könnte, besprochen werden.

11. Sonstiger Sprachgebrauch und Wortschatz.

Um nicht zu weitläufig zu werden, will ich hier nur die Hauptsachen hervorheben. Es finden sich in der Apk eine ganze Menge bestimmter geprägter Wendungen, die fortwährend wiederkehren und der Schrift ihr gleichmäßiges Kolorit verleihen. So gebraucht der Apokalyptiker, nachdem er in der feierlichen Einleitung 1,1.2.5 Ἰησοῦς Χριστός gesagt hat, ausnahmslos nur Ἰησοῦς (11mal) oder Χριστός (4mal). Dahin gehören ferner die Wendungen λόγος τοῦ θεοῦ καὶ μαρτυρία Ἰησοῦ 1,2.9; 6,9; (11,7;) 12,11.(17;) (19,10;) 20,4; ὁ μάρτυς ὁ πιστός 1,5; 2,13; 3,14; κύριος ὁ θεὸς ὁ παντοκράτωρ 1,8; 4,8; 11,17; 15,3; 16,7; (16,14;) 19,6.15; 21,22 (παντοκράτωρ im NT nur noch II Kor 6,18, dagegen in LXX und spätjüdischer Literatur sehr gebräuchlich); οἶνος τοῦ θυμοῦ τῆς ὀργῆς (τῆς πορνείας) 14,8.10; 16,19; 17,2; 18,3; 19,15; ζῶν εἰς τοὺς αἰῶνας τῶν αἰώνων (1,18;) 4,9.10; (5,14;) 7,2; 10,6; 15,7 (im NT verhältnismäßig selten, spätjüdischer Sprachgebrauch); λίμνη τοῦ πυρός (καὶ θείου) (14,10;) 19,20; 20,10.14.15; 21,8; φυλαὶ γλῶσσαι λαοὶ ἔθνη 5,9; 7,9; (10,11;) 11,9; 13,7; 14,6; (17,15); βίβλος (βιβλίον) τῆς ζωῆς 3,5; 13,8; 17,8; 20,15; 21,27, im NT nur noch Phil 4,3; eine Reihe sehr ähnlicher Aufzählungen der verschiedenen Klassen von Menschen 6,15; 11,18; 13,16; 19,5.18; 20,12 (beachte besonders die Formel μικροὶ καὶ μεγάλοι); προφῆται — ἅγιοι 11,18; 16,6; (18,20;) 18,24; Verbindungen mit ἀληθινός (ἅγιος — ἀλ., πιστὸς — ἀλ., δίκαιος — ἀλ.) 3,7.14; 6,10; 15,3; 16,7; 19,2; (19,9;) 19,11; 21,5; 22,6; man beachte ferner die eingestreuten Seligpreisungen (μακάριος κάριος etc.) 1,3; 14,13; 16,15; 19,9; 20,6; 22,7.14 und Doxologien 1,6; 4,9ff.; 5,9f.; 5,12f.; 7,12; 15,3; 19,1ff. 6ff; die mit dem hinweisenden ὧδε eingeführten Formeln 13,10.18; 14,12; 17,9; ἦλθεν ἡ ἡμέρα (ὀργή, ὥρα) 6,17; 11,18; 14,7.15; 18,10; 19,7; βρονταὶ φωναὶ ἀστραπαὶ (σεισμός) 4,5; 8,5; 11,19; 16,18; πηγαὶ ὑδάτων 7,17; 8,10; 14,7; 16,4; (21,6); (22,1.17); ὁ ὢν καὶ ὁ ἦν καὶ ὁ ἐρχόμενος 1,4.8; 4,8; (11,17; 16,5); die Aufzählung οὐρανός, γῆ, ὑποκάτω τῆς γῆς 5,3.13; (10,6); (14,7); ἐκ τοῦ οὐρανοῦ ἀπὸ τοῦ θεοῦ war schon oben die Rede. - Von einzelnen Worten hebe ich noch folgende hervor: δοῦλος in prägnantem Sinn 1,1 bis.; 7,3; 10,7; 11,18; 15,3; 19,2.5; 22,5.6 (beachte die Verbindung οἱ δοῦλοι οἱ προφῆται); δεικνύειν 1,1; 4,1; 17,1; 21,9f.; 22,1.6.8;

τηρεῖν 1,3; 2,26; 3,3.8.10 bis.; 12,17; 14,12; (16,15); 22,7.9. Hierher gehört auch noch der Gebrauch von ἀρνίον mit dem es allerdings eine besondre Bewandtnis hat. — Diese gleiche Sprachfärbung erstreckt sich über das ganze Buch, wenn sie sich auch in einzelnen Versen und längeren Partieen besonders zeigt (s. namentlich 11,17-19 etc.).

Zum Schluß wäre noch zu erwähnen, daß der Stil der Apk sein Gepräge durch eine gewisse monotone und namentlich in Wiederholungen sich ergehende Breite erhält. Der Artikel und die Präpositionen vor mehreren Subst. werden fast immer wiederholt, ebenso oft das regierende Wort vor mehreren regierten Worten. Ganze Wendungen werden noch einmal wieder aufgenommen, in der Negation wiederholt, hebräischer Parallelismus ist nicht selten[89].

Fußnoten:

1. Kann man auch das σάλπιγγος erklären, so nicht mehr das λεγούσης. — 1,20 kann man die Konstruktion zur Not erklären.
2. Diese Beispiele widerlegen die Behauptung (Schmidt Spitta), daß die ersten Kapitel der Apokalypse einen reineren Stil zeigen.
3. Kolthoff 116 vergleicht Joh. 1,6; 3,1 (18,10). Im neuen Testament sind sonst die Formeln ὄνομα c. Gen. Lk. 1,5.27; ᾧ (ᾗ) ὄνομα, ὀνόματι gebräuchlich.
4. Hebraismus = לֵאמֹר.
5. 11,31 περιβεβλημένους (statt οι) σάκκους (א* APQ Min.) ist wohl ein Schreibfehler (B. Weiß).
6. Eine ähnliche Unregelmäßigkeit muß 7,9ff. vorgelegen haben, vgl. auch den Anfang von Kap. 14 καὶ εἶδον καὶ ἰδοὺ τὸ ἀρνίον ... καὶ μετ' αὐτοῦ ... χιλιάδες ἔχουσαι.
7. Diese Attraktion des Nomen durch das Relativum findet sich etwa 15mal im neuen Testament.
8. So ist mit Q Min. Tic. zu lesen.
9. So ist zu lesen mit A.
10. 1,13 אQ Min (mit Ausnahme der Andreasklasse) am., 14,14 mit allen gegen C und die Andreasklasse (vg. Pr.).
11. 9,11 lies ὄνομα αὐτῷ.
12. AC (א 95 s^2 ὧν ... τὸ ὄνομα αὐτῶν).
13. Sonst noch Mt 3,12 = Lk 3,17; Mk 1,7 = Lk 3,16; Mk 7,25; Akt 15,17 (= LXX); I Pt 2,24 (LXX?).
14. Anders 1,10; 10,4.8; 11,12; 12,10; 14,13; 16,1.17; 18,4; 19,5; 21,3.

15. Anders 13,2 und 17,11; vgl. das ebenfalls auf θηρίον bezügliche λέγων in demselben Vers.
16. Anders 14,1 χιλιάδες ἔχουσαι.
17. Vgl. noch 11,7 cod. A: τὸ θηρίον ἀναβαίνων (und 13,1(11) in Minuskeln θηρίον ἀναβαίνων – ἔχων).
18. Vgl. die Doppellesart bei Pr. in stagnum ignis ardentis igne.
19. Über die Variante κλαύσονται (ℵA) – κλαύσουσι 18,9 wird sich wenig ausmachen lassen.
20. Die Formen ἔπεσαν ἔπεσα sind hier wie anderswo Regel.
21. Ganz singulär ist 5,4 ἔκλααν. ℵ 4,8 ἔξοσαν ℵ.
22. Hier ist es überhaupt zweifelhaft, ob nicht mit den übrigen ἐκοπίασας zu lesen ist (51. κεκοπίακας).
23. Von den wenigen Fällen, die im übrigen neuen Testament vorkommen (Schmiedel 113 A. 16), vgl. εώρακες Joh 8,57 (B), die Aoristform ἔδωκες Joh 17,7f. (B).
24. Vgl. 22,8 δεικνύοντος (ℵ δεικνύντος).
25. Das NT bevorzugt die Formen auf ηθι: κατάβηθι Mt 27,40; Lk 19,5; Joh 4,49; Akt 10,20; μετάβηθι Joh 7,3; προσανάβηθι Lk 17,40. Dagegen μετάβα Mt 17,20 (B ℵ); καταβάτω Mt 24,17; 27,42; Mk 15,32 (Blaß 49).
26. ἤκουσα τοῦ θυσιαστηρίου, weil der Altar hier personifiziert gedacht wird.
27. Zu vergleichen ist hier Βαβυλὼν ἐμνήσθη 16,19.
28. Der Gen. steht in der Wendung ἡμέρας καὶ νυκτός 4,8; 7,15; 12,10; 14,11; 20,10 (vgl. 21,25).
29. Ein ganz ungeschickter Dativ steht dagegen 22,14 τοῖς πυλῶσιν εἰσέλθωσιν.
30. Echt griechisch wird συγκοινωνεῖν 18,4 mit dem Dativ konstruiert, vgl. auch die Wendungen 8,4 ἀνέβη ... ταῖς προσευχαῖς, 14,4 ἀπαρχὴ τῷ θεῷ, endlich 18,10.16.19 μιᾷ ὥρᾳ.
31. Dagegen 22,20 κύριε Ἰησοῦ.
32. Vgl. den Wechsel von Singular und Plural in 14,10.11.
33. Anders 2,23 δώσω ὑμῖν ἑκάστῳ κατὰ τὰ ἔργα ὑμῶν (αὐτοῦ Q 38 vg.cod. c a.) vgl. auch 4,8 τὰ τέσσαρα ζῶα ἓν καθ' ἓν αὐτῶν ἔχων ... γέμουσιν.
34. 17,12.15 bezieht sich die Copula auf das Prädikatssubstantiv. 19,8 τὸ γὰρ βύσσινον τὰ δικαιώματά ... ἐστιν laßt sich ebenfalls nicht sicher entscheiden.
35. εἰσι πνεύματα, doch nachher lesen nur Q 7. 16. 36. 39 ἃ ἐκπορεύονται, A Rel. ἃ ἐκπορεύεται, ℵ ἐκπορεύεσθαι.

36. 2,20 ist wohl mit ℵQ 7. 16. 40. 69 αὐτήν, 8,6 mit ℵA αὐτούς, 10,7 mit Q Min.[35] τοὺς δούλους αὐτοῦ(?), 17,13 mit allen gegen 1. αὐτῶν. 18,7 mit ℵACPQ Min.[15] αὐτήν zu lesen.
37. 1,20 ist ἀστέρων οὓς εἶδες mit ℵACP 1. 8. 12. 46. 80. 81. 88 zu lesen.
38. ἅ εἰσιν ℵcP 1. 36. 81. 94 (ἅ ἐστιν A) cle. harl. Prim. (ℵ fehlt).
39. Hierher gehört auch 11,16, wenn καθήμενοι (statt κάθηνται) mit AP An. a. c. Cypr. zu lesen ist.
40. 14,6 ist vielleicht τοὺς κατοικοῦντας (mit A 14. 28. 79. 80. 92 Tic.) zu lesen (schon weil ἐπί mit dem Gen. folgt).
41. Nur 17,2 οἱ κατοικοῦντες τὴν γῆν (Vgl. auch 13,12 τοὺς ἐν αὐτῇ κατοικοῦντας).
42. 11,6; 14,8; 20,6 ἔχειν ἐξουσίαν, aber 16,9 dieselbe Wendung mit ἐπί c. Akkus.
43. 6,8; 13,7 δοῦναι ἐξουσίαν, aber anders 2,26.
44. κόψονται ἐπ' αὐτόν 1,7 ist Zitat.
45. Vielleicht ist auch 21,16 ἐμέτρησεν ἐν zu lesen, wenn auch nur durch P An. bezeugt.
46. Sonst immer εἰςέρχεσθαι εἰς.
47. Sonst γράφειν mit ἐπί 2,17; 3,12; 14,1; 17,5.8; 19,16.
48. Ebenso vgl. τίθημι mit ἐπί 1,17; 10,2.
49. Der Dat. steht 14,4.9; 19,14.
50. Das Futurum von ἔρχομαι scheint der Apok. konsequent zu vermeiden.
51. Ausnahmen sind natürlich solche Stellen, in denen der Apok. weissagend vorausgreift z. B. 7,16f.; 13,10; 14,10; 17,14ff.
52. δύναμαι steht immer im Imperf., ἐδυνήθην kommt nicht vor, beachte den Gebrauch von ἦσαν 4,11; 18,23.
53. A liest 17,8 ἐγέγραπται; ℵ (Or.) 19,13 κέκλητο.
54. Vgl. 3,18 ἵνα βλέπῃς; 18,9 ὅταν βλέπωσιν, daher ist wohl auch 22,8 (mit A) ἔβλεπον zu lesen.
55. Blaß 192 urteilt, daß in den Fällen 3,2.16; 12,4 der Aorist mit richtiger Anwendung stehe. Ich glaube nicht, daß der Apok. sich dessen bewußt gewesen ist. Was ist für ein Unterschied zwischen den Infinitiven in 3,2 vgl. mit 6,11; 3,16; 12,4 vgl. mit 2,10 (βάλλειν); 8,13; 10,7; 17,8!
56. Eine Empfindung für die feinen Unterschiede des Imp. Präs. und Aor. (vgl. Blaß 190f.) vermag ich beim Apok. nicht zu entdecken. Er schreibt: τήρει 3,3; κράτει 3,11 aber κρατήσατε 2,25. Er schreibt in regellosem Wechsel 2,5: μνημόνευε ... μετανόησον ... τὰ πρῶτα ἔργα ποίησον; 3,3 μνημόνευε ... τήρει ... μετανόησον.

57. Das Präsens in ὕπαγε 10,8; 16,1, ὅρα μή 22,9 rechnet selbstverständlich nicht mit.
58. Es steht auch nach einem Präsens der Aor. Conj.: 2,10; 3,11 (22,14).
59. Wenn 3,18 nach (ἵνα) πλουτήσῃς ... περιβάλῃ ... μὴ φανερωθῇ ... ein βλέπῃς steht, so ist der Grund dafür oben angegeben.
60. 12,14 ἐδόθησαν ἵνα πέτηται erklärt sich daraus, daß der Apok. wahrscheinlich kein Präteritum von πέταμαι kannte, vgl. übrigens auch die Variante 13,13 ποιεῖ ... ἵνα καὶ πῦρ καταβαίνῃ (Q Rel.).
61. Vgl. noch 14,4 οὗτοι οἱ ἀκολουθοῦντες τῷ ἀρνίῳ, auch 13,18; 21,18; an allen diesen Stellen zeigen sich Varianten in den Handschriften.
62. ἄν findet sich nur 2,25 ἄχρις οὗ ἄν ohne Varianten; ἔαν scheint also das einfache ἄν bereits verdrängt zu haben.
63. ἕως kommt nur in der Wendung ἕως πότε 6,10 vor.
64. 2,22 lesen ℵA ἐὰν μὴ μετανοήσουσιν; 11,6 C ὁσάκις ἐὰν θελήσουσι; 14,4 ὅπου (ἐ)ὰν ὑπάγει AC 7. 16. 28. 36. 81. 87.; 13,15 ὅσοι ἐὰν προσκυνήσουσι ℵ 7. 14. 31. 36. 42. 81. Sämtliche Varianten sind kaum zu akzeptieren.
65. Eingerechnet 7,16 οὐδὲ μὴ πέσῃ.
66. Betreffs des textkritischen Tatbestandes s. Bousset, Studien 30f.
67. Der Konj. an erster Stelle steht wohl des μή wegen. 19,8 steht nach einem ἐδόθη der Konj.
68. Blaß 207 schlägt vor zu lesen δωσι = δώσει (dann falsch verstanden als δῶσιν) (?).
69. Das ἵνα gewinnt in diesem Gebrauch fast die Bedeutung von ὅτι.
70. Auch sonst variieren die Hndschrn. (namentlich ℵ) noch mannigfaltig. Jedoch scheint nirgends ein Grund vorhanden zu sein, einen Indic. Fut. in den Text aufzunehmen.
71. S. z. B. 1,10.20; 7,16; 9,11; (11,4;) 14,5, beachte auch die Wendungen 15,6 λίνον καθαρὸν λαμπρόν; 19,8 βύσσινον λαμπρὸν καθαρόν; 22,16 ὁ ἀστὴρ ὁ λαμπρὸς ὁ πρώινος.
72. Beachte noch die Formel μετὰ ταῦτα (9mal, einmal μετὰ τοῦτο).
73. οὖν steht niemals einfach überleitend, sondern immer folgernd.
74. 1,14 CP An.; 13,3 Q Rel.; in ℵ 1,17; 16,3.13.
75. Vgl. nach: 2,14 τῶν υἱῶν Ἰσραήλ; 21,12 τῶν δώδεκα φυλῶν (P An. + τῶν) υἱῶν Ἰσραήλ; 7,4 ἐκ πάσης φυλῆς υἱῶν Ἰσραήλ. θάνατος hat dagegen immer den Artikel, daher auch wohl 21,4 (gegen ℵ 38. 47 Ir.).
76. Daneben herrscht das Streben, auszugleichen und einen artikellosen Genetiv auch mit einem artikellosen verbum regens, wenn möglich zu

verbinden: 7,2; 16,12; 22,5 (vgl. 1,1 ἀποκάλυψις I. χρ.). Daher 9,11 τὸν (> Q Rel.) ἄγγελον τῆς ἀβύσσου, 15,3 τοῦ (> Q Rel.) δούλου τοῦ θεοῦ, 17,3 γέμοντα (nicht γέμον τὰ) ὀνόματα βλασφημίας zu lesen.

77. A kommt jedoch nicht in Betracht, weil er auch bei πρεσβύτεροι den Art. fortläßt.
78. Beachte, daß P An. das ἐκ fortlassen.
79. Oft werden natürlich unbekannte Wendungen, zunächst ohne Artikel, eingeführt und dann erst später mit dem bestimmten Artikel gebracht. So steht 20,2 χίλια ἔτη; dann erst V. 3 τὰ χ. ε.; V. 4 wahrscheinlich wieder χίλια ἔτη (gegen Q Rel.), dann V. 6 τὰ χ. ε. mit ℵ Q 14. 18. 38. 47. 92. — Vgl. 4,8 mit 4,6, 13,17 mit 13,16, 21,9 mit 15,1. 11,11 ist deshalb auch (vgl. 11,9) μετὰ „τὰς“ (> ℵ P An. a) τρεῖς ἡμέρας, 11,16 οἱ (> ℵ A) εἴκοσι τέσσ. zu lesen. Ebenso 13,14 (vgl. 13,3) τὴν (mit ACP An. Hipp.) πληγὴν τῆς μαχαίρης, 14,1 τὸ (> P An. 7. 95) ἀρνίον.
80. Vgl. Verbindungen mit ἐν: ἐν θανάτῳ 2,23; 6,8; ἐν πυρὶ καὶ θείῳ etc.; 13,10 ἐν μαχαίρῃ; 2,10 εἰς φυλακήν; 2,22 εἰς κλίνην.
81. Vielleicht 17,11 αὐτὸς ὁ (mit ℵ Min.) ὄγδοός ἐστιν („der bestimmte achte“).
82. Anders z. B. 13,18; 14,4; 16,14 (εἰσὶ γὰρ πνεύματα); 17,9.10.12.15.
83. Merkwürdig ist demgegenüber das κύριος κυρίων ἐστίν 17,14.
84. Ausnahmen von dieser Regel sind: 1,20 ἄγγελοι τῶν ἑπτὰ ἐκκλησ. εἰσίν; 2,9 οὐκ εισὶ ἀλλὰ συναγωγὴ τοῦ σατανᾶ (cf. 21,3; 19,10; 22,9).
85. Auch nach dem hinweisenden οὗτος steht der Prädikatsartikel 7,14; 14,4 (bis.); 19,9.
86. ℵ läßt den wiederholten Artikel sonst gerne fort 4,11; 6,15; 11,18; 13,16; 20,12.
87. Doch ist vielleicht ἐν ἰσχύι zu lesen. S. die textkritische Bemerkung.
88. Hierher gehören 3,4 ὀλίγα ὀνόματα; 12,12 ὀλίγον καιρόν; 3,8 μικρὰν δύναμιν; 20,3 μικρὸν χρόνον.
89. Über Spuren direkter Übersetzung aus dem hebräischen wird bei den einzelnen Abschnitten gehandelt werden.

ANHANG.

Die Sprachverwandtschaft der Apk mit den übrigen Schriften der johanneischen Literatur.

Die Verschiedenheit des Sprachcharakters von Evangelium und Briefen auf der einen, der Apk auf der anderen Seite ist in weiten Kreisen so unbedingt zugestanden, daß es sich nicht der Mühe verlohnt, hier noch einmal alles Material zu sammeln. Ich verweise auf die Zusammenstellungen bei Lücke und Ewald[1].

Hingegen ist es ungleich wichtiger, darauf zu achten, wie bei aller Verschiedenheit doch wieder eine gewisse merkwürdige Übereinstimmung, namentlich in der Wahl der Bilder und im Wortschatz vorliegt. — Daß irgend eine literarische Beziehung zwischen der Apk, wie sie uns jetzt vorliegt, und dem übrigen johanneischen Schriftenkreis obwaltet, beweist[2] für sich allein schon die Erwähnung des Logos 19,13. Auch daß Christus im Evangelium und in Apk das Lamm genannt wird, ist sehr bemerkenswert, wenn auch dort ἀμνός und hier ἀρνίον gebraucht wird. Hier wie dort wird das Bild des lebendigen Wassers gebraucht. Ev ὕδωρ ζῶν 4,10f.; 7,38. Apk ὕδωρ ζωῆς 21,6; 22,17 (vgl. πηγαὶ ὑδάτων Apk 8,10 u. ö. πηγὴ ὕδατος Ev 4,14, ποταμοὶ ὕδατος 7,38). Das Bild des Hirten findet sich Ev 10,1ff.27.28; 21,16ff.; Apk 7,17 (anders gewandt 2,27; 12,5; 19,15). Zur Polemik gegen den Tempel 21,22 ist zu vergleichen Ev 4,21[3].

Gemeinsame sprachliche Eigentümlichkeiten im einzelnen finden sich seltener. Man könnte hier den häufigen Gebrauch des ἐκ partitivus nennen (s. o. S. 166f. und Ev 1,35.41; 3,1; 13,4; 12,21.23; 16,17 (εἶπον οὖν ἐκ τῶν μαθητῶν) 20,24; 21,2. Was den sonstigen Gebrauch der Präposition betrifft, so vergleiche πρός c. Dat. 1,13, Ev 18,16, 20,11f. (Lk 19,37; Mk. 5,11); ἀνά 4,8; Ev 2,6 (Mk 6,40 Hndschrn. Mt 20,9); ἀπὸ σταδίων 14,20; Ev 11,18. (Apk 21,16). Ferner vergleiche man zu dem merkwürdigen Gebrauch von ἵνα Apk 14,13[4]; 22,14 (s. o. S. 171f.) die überraschenden parallelen Ev 8,56 ἠγαλλιάσατο ἵνα ἴδῃ. 9,2 τίς ἥμαρτεν ἵνα τυφλὸς γεννηθῇ. 11,15 χαίρω δι' ὑμᾶς ἵνα πιστεύσητε, — ferner χρόνος (ὥρα) ἵνα 2,21; Ev 12,23; 13,1; 16,32; ποιεῖ σημεῖα μεγάλα ἵνα 13,13 vgl. Ev 15,13; Ep 1,9; 3,1.

Irreguläre Satzkonstruktionen, die ja der Apk ihr Gepräge geben, sind auch im Evangelium gar nicht so selten, vgl. z. B. Ev 6,39; 17,2, die aufgelöste Partizipialkonstruktion Apk 1,6 mit Ev 1,32; 5,44; Ep II 2; vgl. Apk 2,26 u. ö. mit Ev 15,2 καὶ πᾶν τὸ καρπὸν φέρον καθαίρει αὐτό, 18,11 τὸ ποτήριον ... οὐ μὴ πίω αὐτό; zu Apk 3,9 ποιήσω αὐτοὺς ἵνα Ev 4,35; 5,42, zur Relativkonstruktion

Apk 4,1; 10,8 Ep. 2,25. Beachte endlich auch noch das begründende ὅστις Apk 1,7.12; 2,24; 19,2; 20,4; Ev 8,53; Ep 1,2.

Ferner sind folgende gleichmäßig wiederkehrende Verbalverbindungen beachtenswert: θαυμάζειν διά Apk 17,7; Ev 7,21. (Mk 6,6); λαλεῖν μετά τινος Apk 1,12; 4,1; 10,8; 17,1; 21,9.15; Ev 4,27; 9,37; 14,30 (sonst Mk 6,50); ἀκολουθεῖν μετά Apk. 6,8; 14,13 vgl. Ev 9,40. Der Wechsel der Konstruktion von προσκυνεῖν m. Dat und m. Akkus. kommt auch im Ev vor, sonst wird προσκυνεῖν mit dem Dat. konstruiert; zu προσκυνεῖν ἐν Apk 11,1 vgl. Joh. 8,20 ἐλάλησεν ἐν τῷ γαζοφυλακίῳ.

Größere Verwandtschaft noch zeigt der Sprachschatz der Briefe: ἀληθινός Apk 10mal, Ev 9mal, Ep 4mal, sonst im NT 6mal; ἀπάρτι Apk 14,13; Ev (1,52) 13,19; 14,7, sonst Mt 23,39; 26,29.64; δείκνυμι (δεικνύω) im feierlichen Sinn des Offenbarens Apk 8mal, Ev 2,18; 5,20; 10,32; 14,8f.; 20,20; ἑβραιστί 9,11; 16,16; Ev 5,2; 19,13.17.20; 20,16; εἰ δὲ μή 2,5.16; Ev 14,2.11 (hier nach affirmativen Sätzen, nach negativen Mk 2,21f.); κεῖσθαι = positum esse 4,2; Ev 2,6; 19,29; 20,12; κοπιάω (im Sinne von ermüden) 2,3; Ev 4,6; (Mt 11,28); λαμβάνω (= günstig aufnehmen) 3,3; Ev 3,11.33; 12,48; 14,17; 17,8 (Mt 13,20; Mk 4,16); μακάριος Apk öfter, Ev 20,29 (Mt 5,3ff.; Lk 6,21f.); μέρος ἔχειν 20,6 (ἐν), Ev 13,8 (μετά); μετὰ ταῦτα Apk 9mal; Ev 8mal (Lk 5mal); μαρτυρία Apk 9mal, Ev 14mal, Ep 6mal, sonst 7mal[5] (vgl. den Gebrauch von μαρτυρεῖν); νικᾶν Apk 16mal, Ev 1mal, Ep 6mal, sonst 4mal; νύμφη 18,23; 21,2.9; 22,17; Ev 3,29; ὄφις 1,16; Ev 7,24; 11,44; πιάζω (= fassen) 19,20, Ev 8mal, sonst Akt 12,4; II Kor 11,32; σημαίνω 1,1; Ev 12,33; 18,32; 21,19 (Akt 11,28; 25,27); σκηνόω 7,15; 12,12; 13,6; 21,3; Ev 1,14 (σκηνή Apk 13,16; 15,5; 21,3); σφάττω Apk 8mal, Ep 3,12 bis.; τηρεῖν τὰς ἐντολάς 12,17; 14,12; Ev 4mal, Ep 5mal; τηρεῖν τὸν λόγον 3,8.10; 22,7.9; Ev 7mal, Ep 1mal; τηρεῖν (= bewahren, hüten) 16,15; Ev 17,11f.; Ep 5,18; φιλῶ 3,19; 22,15; Ev 13mal, sonst 10mal. Bemerke endlich die Wendung ὄνομα αὐτῷ 6,8; 9,11; Ev 1,6; 3,1; 18,10 (sonst ὀνόματι, ᾧ ὄνομα; Lk 1,5 τὸ ὄνομα αὐτῆς).

Man hat gewiß Recht, wenn man diese johanneische Sprachfärbung auf Rechnung des letzten Redaktors der Apk setzt (Harnack, Spitta). Aber man sieht auch wieder, daß dieser Redaktor viel eingreifender den vorliegenden Stoff geformt hat, als man gewöhnlich annimmt. Es scheinen die vorliegenden Sprachparallelen zu der Vermutung ein Recht zu geben, daß der gesamte johanneische Schriftenkreis aus Kreisen stammt, die unter dem Einfluß des kleinasiatischen Johannes standen. Auch von hier aus ergibt sich, daß der „δοῦλος Ἰωάννης" kein andrer sein soll oder ist, als der kleinasiatische Johannes. Und wenn neuerdings[6] die Vermutung ausgesprochen ist, daß es in Kleinasien eine bestimmte johanneische Schulsprache gegeben hat, so scheint mir auch der in der Apk vorliegende Tatbestand für diese Vermutung eine Bestätigung zu bieten.

Fußnoten:

1. Übersicht über die Literatur bei Lücke 662, vgl. Leonhard Twells Werk (s. o. S. 33); J. D. Schulze, schriftstellerischer Charakter des Johannes. 63ff.; Duncker-Curtius, Specimen de apoc. ab indole, doctrina et scribendi genere J. apost. non abhorrente; besonders Kolthoff, Apoc. Joanni apost. vindicata. Hafniae 1834. Dagegen Ewald I Proleg. 67ff. Lücke 662ff. Zu vergleichen ist noch Dannemann: Wer ist der Verf. der Offenb. Joh.? 1841. Wertvolles, aber nicht genügend gesichtetes Material bietet B. Weiß, die Joh.-Apk. Texte u. Unters. VII.
2. Ist die Stelle Glosse, so stammt doch der Glossator aus johanneischen Kreisen.
3. Es ist ferner beachtenswert, daß sich Apk 1,7 und Ev 19,37 dieselbe Form des Zitats Sach 12,10 (nach dem hebräischen Text. gegen die LXX) findet.
4. B. Weiß faßt das ἵνα absolut und vergleicht Joh. 1,8; 13,18; I Joh. 2,19.
5. Dagegen steht μαρτύριον nur Apk 15,5 im Terminus technicus, sonst niemals im johanneischen Schriftenkreis (19mal im NT).
6. v. d. Goltz, Ignatius v. Antiochien, Texte u. Unters. XII. 118-144.

Verzeichnis der weniger gebräuchlichen textkritischen Siglen.

a = armenische Übersetzung.

ae. = aethiopische Übersetzung.

An. = die gesamte „Andreas"-Klasse der Minuskeln.

An.[1] = (Min.) 1. 12. 36. 72. 81. 152 (oder, wie auch im Folgenden, die Mehrheit der zur Gruppe gehörigen Minuskeln).

An.[2] = 28. 73. 79. 80.

An.[3] = 10. 17. 37. 49. 91. 96. (154. 161).

An.[4] = (34). 35. 68. 87. 121. (151).

An.[5] = 7. 16. 39. 45. 69

c = koptisch-memphitische Übersetzung (= Tischend. „cop.").

f = Palimpsest von Fleury (vet. Lat.).

g = Gigas Holmensis.

Pr. = Primasius; Text hrsg. von Haußleiter.

Rel. = die übrigen Minuskeln mit Ausnahme der Andreasgruppen.
m = Speculum Pseudo-Augustinum.
s[1] = syrische Übersetzung hrsg. v. Gwynn.
s[2] = syrische Übersetzung hrsg. v. Ludovicus de Dieu.
sa. = sahidisch-thebaische Übersetzung.
Tic. = Ticonius (namentlich nach den pseudoaugustinischen Homilien).
vg. = Vulgata (die Handschriften der vg. nach den bei Tischend. üblichen Abkürzungen: am. fu. etc.)

Ἀποκάλυψις Ἰωάννου.

Zur Bezeichnung der Schrift eschatologischen Inhalts ist das Wort im Zeitalter unserer Apok. noch nicht das allgemein Übliche gewesen. Die Termini wechseln hier: Bildrede (παραβολή? Maschal), Testamente (διαθῆκαι), assumptio, ascensio (ἀνάλημψις), ὅρασις. Wir können keine Schrift, die älter als die Apk ist, mit diesem speziellen Namen bestimmt nachweisen. (Doch beachte man, daß die etwa gleichzeitige, vielleicht etwas frühere syrische Baruchapok. die Überschrift trägt: „Schrift der Offenbarung“ des Baruch, Sohnes des Nerja; Kautzsch, Pseudepigraphen 410.) Daraus wird man natürlich nicht schließen dürfen, daß unser Apok. erst den Gebrauch des Wortes ἀποκάλυψις einführte. Aber zur allgemeinen Geltung wird er ihn sicher gebracht haben. Im Verzeichnis der „60 kanonischen Bücher“ (Text bei Zahn, Gesch. d. Kanons II 1, 292) finden sich „Apokalypsen“ des Elias, des Sophonias, des Zacharias, des Esdras, des Petrus, des Paulus. Aber diesen Schriften scheinen, so weit wir sie ganz oder bruchstückweise kennen, erst späteren Ursprungs und unter christlichem Einfluß entstanden, resp. mindestens redigiert zu sein.

Der Titel des Buches lautet nach den besten Zeungnissen ἀποκάλυψις Ἰωάννου (ℵC; A in der Unterschrift; einige [bis jetzt etwa 6] Min. Melito bei Eusebius H. E. IV 26,2; Apollonius ib. V 18; Clemens, Originies, Eusebius; s. die Stellen in Tischendorfs ed. octava major). Das Attribut ἅγιος fügen Min. 50 s[1] fu. (am.) c hinzu; in s[2] findet sich das Beiwort ἅγιος εὐαγγελιστής; die Apposition ἀπόστολος in Hndschrn. der Vulgata; ἀπόστολος und εὐαγγελιστής: P 42. – In fast allen späteren Zeugen bekommt der Johannes der Apk bereits das feierliche, auf die Eigentümlichkeit des vierten Evangeliums bezugnehmende θεολόγος. Über diese Lesart urteilte Jo. Chr. Wolf in Curae philol. et criticae in N.T. IV 1735 p. 369f.: Hactenus vero ex doctoribus ecclesiae veteris nemo allatus est, qui ante Eusebium Joannem hoc titulo insigniverit. Es folgt ein Hinweis auf Eus. Praep. Ev. XI 18. Aber auch dort findet sich das Wort θεολόγος nur in einem allgemeinen Sinn, nicht als Beiwort. Vgl. Bousset, der

Verf. des Johannesevangeliums, Theol. Rundschau VIII 227,2. Das Beiwort findet sich übrigens in den Acta Timothei (ed. Usener, Bonn 1878).

ἀποκάλυψις kommt im neuen Testament auch sonst (bei Paulus häufig, dann I Pt und Lk 2,32) in der Bedeutung „Enthüllung göttlicher Geheimnisse" vor. Im alten Testament steht das Substantivum in dieser Bedeutung niemals, das Verbum Amos 3,7; Dan. Theodot. 2,19.22.28-30 u. ö. Dagegen findet sich ἀποκάλυψις in vorliegender Bedeutung bei dem Siraciden[1]: 11,27 ἀποκ. ἔργων; 22,22 μυστηρίου ἀποκ.; 42,1 ἀποκ. λόγων κρυφίων (ἀποκαλύπτειν 4,18). Hieronymus, in Gal 1,12 (Wtst.), meinte, daß das Wort in klassischer Gräzität nicht vorkomme. Vielfach findet man gegen diese Behauptung des Hieronymus den Hinweis auf Plato, Protagoras 352 AB, Gorgias 455 D. Doch findet sich hier u. ö. (Diodorus Siculus XVII 62) nur das Verbum ἀποκαλύπτειν in der betreffenden Bedeutung. Dagegen findet sich ἀποκάλυψις bei Plutarch, Cato Major 20 (Wörterbuch von Pape).

Fußnoten:

1. Ich zitiere nach Swete, the old Testament in Greek. Cambridge 1891ff.

EINLEITUNG 1,1-8.

1,1-3 die Überschrift des Buches. Mit großer Energie wird der prophetische Charakter des Buches betont (beachte die Stufenleiter der Autoritäten: Gott, Christus der Engel, Johannes), und dieses den (kirchlichen) Vorlesern und den Hörern empfohlen; vgl. die Bucheingänge Jes 1,1; Jer 1,1ff.; Prv 1ff. 1,1.ἀποκάλυψις Ἰησοῦ Χριστοῦ (ist nicht Gen. Obj.: die Enthüllung Jesu in messianischer Herrlichkeit, sondern Gen. Subj., doch nicht Gen. des Besitzers, sondern des Urhebers in der nachfolgenden Beschränkung) ἣν ἔδωκεν αὐτῷ ὁ θεὸς, δεῖξαι τοῖς δούλοις αὐτοῦ. Vgl. Amos 3,7: οὐ μὴ ποιήσῃ κ. ὁ θ. πρᾶγμα, ἐὰν μὴ ἀποκαλύψῃ παιδείαν πρὸς τοὺς δούλους αὐτοῦ τοὺς προφήτας. δείκνυμι in dieser Bedeutung der Mitteilung göttlicher Offenbarung durch die Vision gehört zum Sprachbestand des Apokalyptikers (s. o. S. 178). Unter „seinen Knechten" versteht der Apok. speziell die Propheten (s. o. S. 177). Züllig übersetzt in richtiger Absicht: seinen Huldknechten (vgl. seine Ausführungen I 242ff.). Das αὐτοῦ ist nach 22,6 auf Gott, nicht auf Christus zu beziehen (anders Dstd.) – ἃδεῖ γενέσθαι ἐν τάχει (zu ἐν τάχει Dtn 9,3; Ez. 29,5; Ps 2,12; B. Weiß). Es soll geschehen nach göttlicher (absoluter) Willensbestimmung (δεῖ) und zwar im Kürze, nicht in rascher Entwicklung der Dinge, – die Überzeugung aller lebendigen eschatologischen Erwartung. Vgl. Dan 2,28.29: ἃ δεῖ γενέσθαι ἐπ' ἐσχάτων τῶν ἡμερῶν. (Theod.: τί δεῖ γενέσθαι μετὰ ταῦτα). Der Unterschied, der zwischen der Apk und der jüdischen Apokalyptik besteht, und der darauf beruht, daß in ersterer kein Zeuge aus urgrauer Zeit redet, tritt durch diese Parallele klar hervor, vgl. noch Dan 12,4.9 u. o. S. 151. καὶ ἐσήμανεν (ein Wort des johanneischen Schriftkreises s. o. S. 179) ἀποστείλας διὰ τοῦ ἀγγέλου αὐτοῦ. Und „er hat angezeigt" oder „Kunde gebracht". Das Subjekt zu ἐσήμανεν ist wahrscheinlich nicht Gott, sondern Christus, dem ja nach dem Vorhergehenden eben das δεῖξαι τοῖς δούλοις anvertraut ist. Die Worte gehören also nicht mehr zum Relativsatz und man hat zu übersetzen: welche Gott ihm gegeben hat, seinen Knechten zu zeigen, und er (sc. Christus) hat sie kundgemacht (wörtlich: angezeigt, vgl. Weizs'. Übersetzung). – Oder man müßte mit Pr. (significavit nuntianda) ἐσήμανεν ἀποστεῖλαι lesen und übersetzen: welche Gott gegeben hat zu zeigen ... und geboten hat zu entsenden. (σημαίνω ist in dieser Bedeutung im NT nicht nachweisbar, doch findet es sich LXX I Esr 2,4: καὶ ἐσήμηνέν μοι οἰκοδομῆσαι, und oft in klassischer Gräzität; auch ἀποστέλλω mit dem Akk. einer Sache ist nachweisbar). – Bei der gewöhnlichen Lesart steht ἀποστεῖλαι absolut = hinsenden vgl. Ex 4,13 בְּיַד שְׁלַח. Wenn dagegen eingewandt ist, daß ἀποστείλας im NT immer mit dem Akk. der Person stehe, so lesen Mt 11,2 BℵCZ 33 D it. πέμψας διά. – Die Vorstellung, daß Jesus durch seinen Engel die Offenbarung gesandt, bereitet Schwierigkeiten. Die Idee eines besonderen Offenbarungsengels ist in der jüdischen Apokalyptik weit verbreitet und stammt sicher daher (s. o. S. 6f.). Sie will aber nicht recht zu der sonst in der Apk vorliegenden Anschauung stimmen. In den unmittelbar folgenden Kapiteln ist der Menschensohn Träger der Weissagung 1,10ff.; 4,1. Der Engel 10,1ff. hat nur eine vorübergehende Rolle (vgl. 7,2.13; 18,1). Erst zum Schluß tritt der Schutzengel, der dem Apok. die große Hure und das himmlische Jerusalem zeigt, stärker hervor 17,1.7.15; 19,9ff.; 21,9; 22,1. Man begreift, wenn in Rückblick hierauf der Apok. zum Schluß 22,6 sagt, daß Gott seinen Engel geschickt habe, seinen Knechten zu zeigen, was bald geschehen solle (22,16). Man wird daher annehmen müssen, daß der Apok. das Prooemium erst nachträglich geschrieben hat, nachdem er sein Buch beendigt hatte. Da waren ihm vor allem die letzten Kapitel im Gedächtnis. Dieselbe Hand, die 22,16 (im Rückblick auf die vorhergehenden Kapitel) schrieb: ἐγὼ Ἰησοῦς ἔπεμψα τὸν ἄγγελόν μου μαρτυρῆσαι ὑμῖν ταῦτα ἐπὶ ταῖς ἐκκλησίαις, hat nachträglich im Prooemium geschrieben: ἐσήμανεν ἀποστείλας διὰ τοῦ ἀγγέλου αὐτοῦ. – τῷ δούλῳ αὐτοῦ Ἰωάνῃ. Man beachte, wie hier wiederum δοῦλος Ehrenprädikat des Johannes ist.

1,2. ὃς ἐμαρτύρησεν (22,16.18.20, das Wort gehört dem johanneischen Schriftenkreis an) τὸν λόγον τοῦ θεοῦ καὶ τὴν μαρτυρίαν Ἰησοῦ Χριστοῦ. Der Aor. ist gewählt, weil der Schreiber sich auf den Standpunkt seiner Leser versetzt. Veraltet ist die Deutung auf das Johannesevangelium und die Briefe. Die Wendung: „Wort Gottes und Zeugnis Jesu" kommt in der Apk sehr häufig vor und ist ein plerophorischer Ausdruck für christliche Offenbarung überhaupt vgl. 1,9; 6,9; 12(,17); (19,10); 20,4; hier wird der allgemeine Ausdruck durch das folgende ὅσα εἶδεν näher bestimmt als die speziell in diesem Buch vorliegende Offenbarung. μαρτυρία Ἰησοῦ ist Zeugnis Jesu (nicht von Jesus). μαρτυρία gehört wie μαρτυρεῖν dem johanneischen Schriftenkreis an (s. o. S. 179). ὅσα εἶδεν[1]: so viel er schaute.

1,3. μακάριος (s. o. S. 176f.) ὁ ἀναγινώσκων. Die Wendung erinnert an synoptischen Sprachgebrauch (Mt 5,3ff.; Lk 6,21f.; Joh 20,49; Jak 1,12). Grund der Seligpreisung ist die Anwartschaft auf das Leben im messianischen Reich. Der „Lesende" ist der Vorleser im öffentlichen Gottesdienst (Justin, Apol. I 67; Weyland 119). Das beweist der wechselnde Numerus in den Partizipien. Der Apok. bestimmt sein Buch von vornherein als heiliges und prophetisches zur gottesdienstlichen Verlesung. καὶ οἱ ἀκούοντες τοὺς λόγους[2] τῆς προφητείας[3] (22,9; über die der Apk eigentümliche besondere Hochschätzung der προφητεία s. o. S. 138) καὶ τηροῦντες (gehört dem johanneischen Sprachgut an s. o. S. 179) τὰ ἐν αὐτῇ γεγραμμένα. Die Ermahnung, das in der Apk Geschriebene zu halten, hat einen ganz bestimmten Sinn. Dieselbe bezieht sich nicht in erster Linie auf die in den Sendschreiben enthaltenen einzelnen Mahnungen (Dstd.). Die ganze Schrift will eine mächtige Mahnung an die Christen sein, in der letzten Zeit der bittersten Not und des heißen Kampfes getreu auszuharren. ὁ γὰρ καιρὸς (11,18) ἐγγύς. 22,10. Vgl. Mt 24,33; 26,18 und das oben zu ἐν τάχει (1,1) Bemerkte, zu ἐγγὺς Joh 2,13; 6,4; 7,2; 11,55 (B. Weiß).

Exkurs zu 1–3. Das Prooemium hat seiner Stellung vor dem eigentlichem Eingang 4 – 6 mannigfache kritische Bedenken hervorgerufen. Völter[2] 8 erklärte die Verse für spätere Zutat des Redaktors. Ebenso schreibt J. Weiß die Verse dem vom Apok. zu unterscheidenden Redaktor zu.

Nach Sp. 11, Sabatier, Schön liegt hier eine Überschrift vor, wie sie später in den Manuskripten öfter den neutestamentlichen Schriften vorgesetzt worden sei. Es ist aber kein Grund gegen die Annahme vorhanden, daß der Apok. selbst seinem Werk diesen Titel vorgesetzt hätte. Dafür, daß das erst nachträglich nach Vollendung des Buches geschehen ist (vgl. Hirscht), spricht auch das an 22,16 direkt anlehnende διὰ τοῦ ἀγγέλου (s. o.). Auffällig ist die johanneische Sprachfärbung dieser Verse; man vgl. die Ausdrücke σημαίνειν, μαρτυρεῖν, μαρτυρία, τηρεῖν. Das Prooemium empfiehlt die Schrift in feierlicher Weise als heiliges prophetisches Vorlesungsbuch.

1,4-6 Adresse und Segen.4. Ἰωάνης ταῖς ἑπτὰ ἐκκλησίαις ταῖς ἐν τῇ Ἀσίᾳ. Besondere Schwierigkeit macht hier der bestimmte Artikel. Völter (vgl. [2]12, [3]441, [4]49), der die Verse 4-6 ganz aus ihrem Zusammenhang mit V. 9 löst, nimmt an, daß sein Urapokalyptiker, dem er V. 4 – 6 zuspricht, in einer Zeit geschrieben habe, in der es nur sieben kleinasiatische Gemeinden gegeben habe. Diese Meinung steht und fällt mit dem Recht der Völterschen Quellenscheidungen. Wenn dagegen Spitta, der den V. 4 in seinem Zusammenhang mit V. 9 beläßt, ebenfalls der Meinung ist (S. 19), die genannten Städte hätten gleichsam eine Heptapolis in Kleinasien gebildet, (vgl. die Dekapolis im Ostjordanland), so ist dagegen einzuwenden, daß dann so wichtige altchristliche Zentren, wie Colossae und Hierapolis u. a., nicht fehlen durften. — Man wird daher bei der Annahme bleiben müssen, daß der bestimmte Artikel hier im voraus auf 1,11 verweist (vgl. S. 174), wo die sieben Städte genannt werden. Dann ist es freilich von vornherein klar, daß wir es nicht mit wirklichen Briefen in den Sendschreiben zu tun haben, die Briefform ist nur fingiert. Der Apokalyptiker richtet seine Ermahnungen an eine heilige Siebenzahl von Städten, und welche er meint, sagt er erst nachher. So verfährt niemand in einem wirklichen Sendschreiben. Gerade an sieben Gemeinden schreibt er wegen der Heiligkeit der Siebenzahl. — Unter Ἀσία ist natürlich das prokonsularische Asien zu verstehen. Man bemerke noch, daß die genannten sieben Städte sämtlich Gerichtsstädte waren (Holtzmann. Marquardt, römische Staatsverwaltung I 340 – 42).

χάρις ὑμῖν καὶ εἰρήνη ἀπὸ ὁ[4] ὢν καὶ ὁ ἦν καὶ ὁ ἐρχόμενος 1,8; 4,8. Bemerkenswert ist, daß in dem Friedensgruß, den man übrigens kaum paulinisch nennen darf (Sp., Vlt.) noch nicht ἔλεος vorkommt, wie I II Tim. II Joh. ἀπὸ ὁ ὢν (vgl. namentlich noch ὁ ἦν, was nicht in ὃς ἦν umzudeuten ist) ist vielleicht beabsichtigte grammatische Härte. Es liegt eine erhabene Feierlichkeit in dem undeklinierten Gottesnamen. — Vgl. LXX Ex 3,14 ἐγώ εἰμι ὁ ὢν Jes. 41,4. Vielleicht liegt hier eine sonst schon geläufige Ausdeutung des Jahwenamens vor. Targum Hierosol. zu Ex 3,14: qui fuit, est et erit, dixit mundo; Targum Jonathan zu Dtn 32,39: ego ille, qui est et qui fuit et qui erit; Schemoth Rabba III 105b; Midrasch Tehillim 117b; Bereschith Rabba LXXXI (s. Wtst). Stellen aus griechischen Autoren, in welchen Zeus, Athena, Asklepios mit denselben Prädikaten bedacht sind s. bei Wtst. — Unerwartet kommt gegenüber sämtlichen Parallelen der Ausdruck ὁ ἐρχόμενος (Mt 11,3; Hbr 10,37), er ist nicht gleichbedeutend mit ὁ ἐσόμενος, sondern mit bestimmter Beziehung auf den Inhalt der Apk gewählt (Dstd.).

καὶ ἀπὸ τῶν ἑπτὰ πνευμάτων. Durch die Einführung der sieben Geister an dieser Stelle entsteht eine der merkwürdigsten trinitarischen Formel, zu der als Parallele höchstens Justin, Apol. I 6 anzuführen wäre: ἀλλ' ἐκεῖνόν τε καὶ τὸν παρ' αὐτοῦ υἱὸν ἐλθόντα ... καὶ τὸν τῶν ἄλλων ἑπομένων καὶ ἐξομοιουμένων ἀγαθῶν ἀγγέλων στρατὸν, πνεῦμά τε τὸ προφητικὸν[5] σεβόμεθα (vgl. I Tim 5,21; Athenagoras, Suppl. c 10 [11 A] u. 24 [27 A]). Die sieben Geister werden außer 3,1 noch zweimal in der Apk erwähnt, 4,5 sind es die sieben Fackeln vor Gottes Thron, 5,6 die sieben Augen des Lammes. Damit dürften wir vielleicht kombinieren, daß Christus inmitten von sieben goldnen Leuchtern erscheint 1,12 und sieben Sterne 1,16.20 in seiner Hand hat. Es fragt sich, woher diese Vorstellung von sieben Geistern stammt. Der Verweis auf Sach. 3,8ff. und 4,2, wo von sieben Sternen (sieben Augen Gottes) und sieben Leuchtern die Rede ist, hilft uns zunächst nicht weiter, da er nichts wirklich erklärt. Tatsächlich hat man später aus Jes 11,2 die Vorstellung von dem siebenfältigen Gottesgeist oder den sieben Geistern bewiesen. Doch mußte man die Siebenzahl erst mühsam aus dieser Stelle herausrechnen, da hier nur sechs Gaben des Geistes aufgezählt sind. Wie aus Justin, Dialog 87 (314 D vgl. 314 B)[6] „πνεῦμα σοφίας ... συνέσεως ... βουλῆς ... ἰσχύος ... εὐσεβείας ... φόβου ... γνώσεως" ersichtlich ist, gewann man die Siebenzählung durch Heranziehung von Jes 11,3 (πνεῦμα φόβου). Ebenso wie Justin deutet das Targum Jonathan[7] zu Jes 11,2 die Stelle (Gfrörers II, 249). Auch auf einen sechsfachen Gottesgeist wird die Stelle richtig gedeutet (Pirke R. Eliesers, Kap. 3. Gfrörer, II, 249). So legen denn auch schon die ältesten

Ausleger der Apk (Victorin, Andreas, Primasius [Ticonius?]) die Stelle mit Beziehung auf Jes 11,2 aus. — Aber deutlich ist, daß die Anschauung von den sieben Geistern nicht aus Jes 11,2 entstanden sein kann. Es könnte sich nur fragen, ob nicht schon der Apok. durch haggadische Auslegung dieser Stelle zu der Anschauung gekommen sein könnte. Doch deutet darauf keine einzige Spur. Höchstens könnte man dafür ins Feld führen, daß Apk 5,6 das Lamm im Besitz der sieben Geister erscheint, eine ähnliche Idee, wie sie Justin in der genannten Stelle (vgl. auch Dialog 39. 258 A) aus Jes 11,2 entwickelt. Auch zeigen sich daneben in dem Vorstellungsmaterial der Apk manche von hier aus unauflösliche Elemente (die sieben Fackeln 4,5, die Augen 5,6, die Sterne 1,16.20).

Vor allem aber zeigt die vorliegende Stelle einen ganz andern Stil, als jene spiritualisierenden Vorstellungen. Es steht hier eben nicht, daß der Messias in Besitz von sieben Geistern sei, sondern ganz real und konkret stehen die sieben Geister neben dem Χριστός. Was wir hier vor Augen haben, ist eine Vorstellungsform polytheistischer Mythologie, von der von vornherein behauptet werden darf, daß sie weder auf alttestamentlichem noch auf neutestamentlichem Boden gewachsen ist, wenn auch unser Apok., als er sie aufnahm, von deren ursprünglicher Bedeutung und Herkunft wohl kaum noch eine Ahnung gehabt hat. Vielmehr werden wir schließen dürfen, daß die Annahme von sieben Geistern aus einer Religion stamme, in der die Verehrung von gerade sieben Göttern eine hervorragende Rolle spielte. Es erhebt sich nur noch die Frage, ob wir diejenige Religion noch nennen können, aus der diese mythische Vorstellung geflossen ist. Gunkel (vgl. Schöpfung u. Chaos 294-302) hat das Verdienst, auf die Wahrscheinlichkeit einer Entlehnung aus der babylonischen Religion hingewiesen zu haben. Die spätere babylonische Religion hat sich nämlich mehr und mehr zu einer siderischen Religion entwickelt, in welcher der Kult der sieben Planetengottheiten eine hervorragende Stelle einnahm. Eine Reihe von höchsten babylonischen Gottheiten, die ursprünglich nichts mit diesen zu tun hatten, wurden in der babylonischen Theologie allmählich mit den einzelnen planetarischen Gestirnen gleichgestellt. Die Zuweisung der einzelnen Tage an die planetarischen Gottheiten und damit die Schöpfung der siebentägigen Woche, die von Babylon aus allmählich im Laufe der letzten vorchristlichen und ersten nachchristlichen Jahrhunderte nach Westen vorwärts drang, ist die kulturgeschichtlich wichtigste Folge jener religionsgeschichtlichen Tatsache. Zahlreiche Spekulationen über die Heiligkeit der Siebenzahl schließen sich an. — Freilich ist nun zuzugeben[8], daß nach den babylonischen Quellen, soweit sie uns zugänglich sind, die planetarischen Gottheiten, deren planetarischer Charakter im einzelnen feststeht, nirgends als eine zusammengehörige Einheit auftreten, nirgends auch etwa bildlich in der Siebenzahl dargestellt werden. Aber man wird bei der Rolle, die sie als einzelne spielen, annehmen dürfen, daß diese theologische Zusammenfassung zur Siebenzahl in einer Zeit erfolgt, in die unsre Quellen nicht mehr hinabreichen, also etwa in der Diadochenzeit. Vielleicht darf auch die Vermutung ausgesprochen werden, daß noch eine andre Religion bei dieser Entwicklung eingegriffen hat und von Bedeutung gewesen ist. Denn auch in der persischen Religion, die übrigens ihrerseits wieder von der babylonischen an diesem Punkt abhängig sein dürfte, erscheint die höchste Gottheit Ahura Mazda von sechs resp. sieben höchsten Geistern umgeben (den Ameshas Spentas). Sei es nun direkt, sei es unter Vermittelung der persischen Theologie, jedenfalls stammt die jüdische Lehre von den sieben Erzengeln letztlich aus der babylonischen Verehrung der sieben planetarischen Gottheiten[9]. Während aber in der babylonischen Religion die sieben Gottheiten als Wesen gleichen Ranges nebeneinander stehen, mußte natürlich beim Übergang dieser Vorstellung in eine monotheistische Religion eine bedeutende Veränderung vor sich gehen. Das konnte geschehen, indem der eine Gott der monotheistischen Religion mit einem der sieben identifiziert und die übrigen sechs ihm entschieden untergeordnet wurden, oder indem alle sieben Geister als Untergebene des einen Gottes gerechnet wurden. Es wird aber kein Zufall sein, wenn sowohl in der persischen Lehre von den Ameshas-Spentas, wie in der jüdischen Erzengellehre, die Zahl jener höchsten Wesen vor Gottes Thron zwischen sechs und sieben schwankt. Was die vorliegende Stelle betrifft, so ist noch hervorzuheben, daß in ihr die Beziehung zur Mythologie des Polytheismus eine noch unmittelbarere ist, insofern hier nicht nach jüdischer Vorstellung von Engeln geredet wird, sondern von Geistern Gottes. Wenn diese sieben Geister in unserer Apokalypse dann noch durch sieben Fackeln, durch sieben Augen des Lammes, die über die ganze Welt ausgesandt sind (durch sieben Sterne), symbolisiert werden, so ist hier ebenso wie in den Parallelstellen des Sacharja, die ursprüngliche Beziehung der Geister zu den planetarischen Gottheiten noch einigermaßen deutlich[10] (vgl. die Erklärungen zu 1,12; 2,1; 4,5; 5,6; 8,2).

Bemerkenswert ist endlich auch, daß die sieben Geister an zweiter Stelle und nicht an dritter erwähnt werden. Die Erklärung, daß dies wegen der Beziehung auf Gott in ἐνώπιον τοῦ θρόνου αὐτοῦ und wegen der langen Näherbestimmung des Wesens des Ἰησοῦς Χριστός geschehen sei (Hirscht), oder daß Jesus Christus als der, welcher seinen Gemeinden am nächsten stehe, zuletzt genannt werde (Dstd.), reicht doch nicht aus. Die Stellung weist darauf hin, daß an die ursprüngliche (jüdische) Formel „Gott und die sieben Geister" das speziell christliche Element erst angehängt wurde.

ἃ ἐνώπιον τοῦ θρόνου αὐτοῦ[11]. Zum Fehlen der Kopula s. S. 170. Die Vorstellung, daß die höchsten Geister direkt vor Gottes Thron stehen, ergibt sich bei den herrschenden orientalischen Vorstellungen vom königlichen Hofe von selbst (vgl. den Kommentar zu 8,2). Übrigens sitzen in der persischen Theologie die Ameshas Spentas auf ihren Thronen um Ahura Mazda (Archiv f. Religionswissensch. I 363). In der jüdischen Theologie ist die Unterordnung eine größere (doch vgl. Dan 7,9f. = Apk 20,4; auch Henoch 24).

1,5. καὶ ἀπὸ Ἰησοῦ Χριστοῦ, ὁ μάρτυς ὁ πιστός (3,14). Auch diese sprachliche Anomalie ist vielleicht noch absichtlich. μάρτυς kommt nur hier und 3,14 im NT als Anwendung auf Christus vor. Da im folgenden eine deutliche Anspielung auf Ps LXX 88,28 vorliegt, so mag der vorliegende Ausdruck aus 88,38 (καὶ ὁ μάρτυς ἐν οὐρανῷ πιστός) stammen. Die Worte sind nach dem Urtext auf Gott zu beziehen, wurden aber wohl sicher später messianisch gedeutet. Wegen der folgenden aufs Allgemeine gehenden Attribute ist auch μάρτυς allgemein zu fassen (weder mit ausschließlicher Beziehung auf das irdische Leben Jesu, noch auf die folgende Apk). Jesus ist der treue Zeuge jeder göttlichen Offenbarung (Dstd.Hltzm.). – ὁ πρωτότοκος[12] τῶν νεκρῶν καὶ ὁ ἄρχων τῶν βασιλέων τῆς γῆς. Vgl. Ps LXX 88,28 κἀγὼ πρωτότοκον θήσομαι αὐτόν, ὑψηλὸν παρὰ τοῖς βασιλεῦσιν τῆς γῆς. Von dieser Parallele aus begreift sich der Ausdruck leicht; für einen christlichen Verfasser lag die Hinzufügung des τῶν νεκρῶν nahe. Doch mag Paulus (Kol 1,18; I Kor 15,20) hier nachgewirkt haben. Zu erinnern ist übrigens noch daran, daß bereits in der jüdischen Spekulation die höchsten Engel Erstgeschaffene Gottes sind: Jubil. 2,2; Pirke Elieser Kap. 4: angeli qui prius creati sunt; Pastor Hermae, Visio III 4 (πρῶτοι κτισθέντες); Clemens, eclogae ex script. prophet 56. 57. Hier wäre dann die Präexistenzidee auf die Heilstatsache der Auferstehung umgedeutet. Das Christusbild, das hier vorliegt, trägt immerhin einen für das NT singulären Charakter: Neben dem Erstgeborenen von Toten heißt Jesus der Herrscher über alle Könige der Erde. Spekulative Gedanken und jüdisch messianische Vorstellungen liegen neben einander. Hier redet derselbe Verfasser, der 5,5ff. den Löwen aus Judas Stamm neben das Lamm Gottes stellt (vgl. den Ausdruck κύριος κυρίων καὶ βασιλεὺς βασιλέων 17,14; 19,16 und zu diesen Formeln überhaupt: Bousset, Rel. d. Jud. 306). — τῷ ἀγαπῶντι ἡμᾶς καὶ λύσαντι (λούσαντι) ἡμᾶς ἐκ (ἀπὸ) τῶν ἁμαρτιῶν ἡμῶν ἐν (s. o. S. 167) τῷ αἵματι αὐτοῦ. Das Präsens, das P. und An. in ἀγαπήσαντι ändern, ist wegen des folgenden Aor. wirklich als Präsens zu nehmen. Es ist schwer zu entscheiden, ob im Folgenden καὶ λύσαντι ἡμᾶς ἐκ[13] oder καὶ λούσαντι ἡμᾶς ἀπό[14] zu lesen ist. Die Vorstellung von der reinwaschenden Wirkung des Blutes Christi findet sich 7,14; (22,14?), man beachte auch die häufige Erwähnung der weißen Kleider ohne jene Beziehung (3,4.18; 4,4; 6,11).

Es ist daher vielleicht (mit Sp.), namentlich da die sonst mit AC übereinstimmende Vulgata auf Seiten von PQ steht, λούειν ἀπό zu lesen. Zu der Lesart λύειν wäre zu vergleichen das ἀγοράζειν 5,9 (immerhin ein etwas andres Bild). I Kor 1,30; Gal 3,13; Tit 2,14; Akt 20,28; I Pt 1,18; Eph 1,7; Kol 1,14; Mt 20,28; zu λούειν Ps LXX 50,4 (πλῦνόν με ἀπὸ τῆς ἀνομίας μου καὶ ἀπὸ τῆς ἁμαρτίας μου καθάρισόν με). Jes 1,16.18; I Kor 6,11; Tit 2,14; Hbr 1,3; 9,14.22f.; 10,2; I Joh 1,7. Die Vorstellung der Loslösung, des Loskaufs beherrscht im Wesentlichen die paulinische und von Paulus abhängige Literatur, die Vorstellung des Reinigens, Abwaschens die späteren neutestamentlichen Schriften. Die zweite Hälfte des Verses steht mit der ersten in einem schönen Kontrast. Jesus Christus, der siegreich auferstandene, der mächtige Herrscher, liebt uns und hat uns erlöst! — 1,6. καὶ (s. o. S. 159) ἐποίησεν[15] ἡμᾶς[16] βασιλείαν[17] ἱερεῖς. βασιλείαν ἱερεῖς (5,10) ist vielleicht eine schlechte Übersetzung von כֹּהֲנִים מַמְלֶכֶת Ex 19,6 (LXX βασίλειον ἱεράτευμα), wie schon Züllig vermutete. Der Sinn, den der Schriftsteller mit seiner Übersetzung verbindet, ist dann: Gott hat uns gemacht zu einem (seinem) Königreich (und) zu Priestern. In der Übersetzung der LXX ist von einem aus Königen bestehenden Priestertum die Rede. Vgl. Jes. 61,6; I Pt 2,5.9. In der Anknüpfung des Satzes an das Vorhergehende herrscht völlige grammatische Regellosigkeit. τῷ θεῷ καὶ πατρὶ αὐτοῦ[18]. Das αὐτοῦ gehört zu beiden Substantiven, da der Artikel nicht wiederholt ist; vgl. Röm 15,6; II Kor 1,3; Eph 1,3; I Pt 1,3; (Jak 1,27; 3,9). αὐτῷ ἡ δόξα καὶ τὸ κράτος εἰς τοὺς αἰῶνας[19] [τῶν αἰώνων][20] ἀμήν. Die Doxologie knüpft über den Satz καὶ ἐποίησεν ἡμᾶς hinüber an die vorhergehenden Dative an. Sehr bemerkenswert ist es, daß hier eine Doxologie auf Christus vorliegt, die auch Hbr 13,21; I Pt 4,11; II Pt 3,18; II Tim 4,18, also im ganzen erst in der späteren neutestamentlichen Literatur sich findet (Hltzm.).

Der in V. 4 – 6 vorliegende Gruß schließt sich im allgemeinen an die durch die paulinische Briefliteratur geprägte Form an. Aber diese erscheint hier weiter ausgestaltet und rhetorisch stilisiert. Namentlich sind die Ausführungen über I. Χρ. breiter angelegt und durch eine Doxologie gekrönt. Die Ausdrücke: ὁ ἐρχόμενος, ἄρχων τῶν βασιλέων τῆς γῆς, βασιλείαν ἱερεῖς führen unmittelbar in den Gedankenkreis und Stimmungsgehalt des Buches ein (vgl. die Ausführung am Schluß von Kap. 3).

1,7–8. Das Motto des Buches: Er kommt! – Es ist mit großem Nachdruck Gott selbst in den Mund gelegt. Der Stil erinnert etwas an die kurzen Einleitungen der henochischen Bilderreden I Hen 38; 45; 58.

1,7. ἰδοὺ (16,15; 12,7.12) ἔρχεται μετὰ τῶν νεφελῶν. vgl. Dan 7,13. Die Präp. μετά entspricht der Lesart des masoretischen Textes und des Theodotion, vgl. IV Esr 13,3; Mk 14,62. Dagegen haben ἐπὶ τῶν νεφελῶν: LXX; Mt 24,30; 26,64;

Mk 13,26 (D); Apk 14,14-16; Hegesipp b. Euseb. H. E.II 23,13; (ἐπάνω: Didache 16,8; Justin, Apol. I 51f.) ἐν Mk 13,26; Lk 21,27; vgl. Dalman, Worte Jesu 198. {{SperrSchrift|καὶ ὄψεται αὐτὸν πᾶς ὀφθαλμὸς καὶ οἵτινες[21] αὐτὸν ἐξεκέντησαν, καὶ κόψονται ἐπ' αὐτὸν πᾶσαι αἱ φυλαὶ τῆς γῆς. ναί, ἀμήν. Vgl. Sach 12,10: καὶ ἐπιβλέψονται πρός με ἀνθ' ὧν κατωρχήσαντο καὶ κόψονται ἐπ' αὐτὸν κοπετόν . Mt 24,30: καὶ τότε φανήσεται τὸ σημεῖον τοῦ υἱοῦ τοῦ ἀνθρώπου ἐν οὐρανῷ, καὶ τότε κόψονται πᾶσαι αἱ φυλαὶ τῆς γῆς καὶ ὄψονται τὸν υἱὸν τοῦ ἀνθρώπου ἐρχόμενον ἐπὶ τῶν νεφελῶν τοῦ οὐρανοῦ. In der Verbindung von Sach und Dan in der Wendung κόψονται πᾶσαι αἱ φυλαί[22], in dem Ausdruck ὄψονται (statt ἐπιβλέψονται) zeigen sich deutliche Berührungen mit Mt. Auch 3,5 zeigt sich ein deutlicher Anklang gerade an Mt. Ob die Spuren zum Beweise einer Abhängigkeit der Apk von Mt ausreichen steht dahin (s. u.). Eine Abhängigkeit des Mt von Apk wird dagegen kaum anzunehmen sein. Daneben verdient noch ein andrer Einzelzug in dem Zitat der Apk unsere Aufmerksamkeit. Es liegt in dem Zitat aus Sacharja die (gegen die LXX κατωρχήσαντο) richtige Übersetzung des hebräischen דקרו = ἐξεκέντησαν vor. Es ist nun sehr bedeutsam, daß sich dieselbe Übersetzung mit einer ähnlichen Beziehung auf den Kreuzestod Christi bereits Joh 19,37 findet (vgl. Barnabas 7,9; Justin, Dialog. 52. 249 C[23] Aquila Symmachus Theodotion). Der Ursprung dieser Deutung der Sacharjastelle ist also vielleicht in johanneischen Kreisen zu suchen. Anders aber als im Johannesevangelium wird nun in der Apk das Zitat auf die Parusie des zum Gericht wiederkehrenden Christus bezogen (ebenso bei Justin und Barnabas). Der Spruch, der im alten Testament einen friedlichen Sinn hatte und von der Buße des Volkes weissagt, ist nach der Auffassung der Apk gerade ein Spruch des Gerichts und Verderbens, und zwar wird das Gericht über zweierlei Klassen von Menschen ergehen: Es werden ihn sehen, die ihn durchbohrt haben, d. h. die Juden, und alle Geschlechter der Erde, d. h. die ungläubigen Heiden. – Es zeigt uns diese Stelle vielleicht den Ursprung der sehr früh und allgemein verbreiteten Annahme, daß Christus beim Gericht seinen Feinden am Kreuze oder mit dem Kreuz erscheinen werde; das konnte wenigstens aus unserer Stelle unter Kombination mit dem σημεῖον τοῦ υἱοῦ τοῦ ἀνθρώπου Mt 24,30 herausgelesen werden. Vgl. über die Verbreitung dieser Anschauung Bousset, Antichrist 154ff. Bereits Didache XVI 6 liegt diese vor. Wenn hier von einem πρῶτον σημεῖον ἐκπετάσεως ἐν οὐρανῷ die Rede ist, so kann dieser seltsame Ausdruck nur auf die Erwartung bezogen werden, daß Christus (für seine Feinde) am Kreuze hängend zum Gericht wiederkehren wird. Der erste Keim zu allen diesen Phantasien mag in der vorliegenden Verwendung des Sacharjazitats enthalten sein. 1,8. ἐγώ εἰμι τὸ ἄλφα καὶ τὸ ὦ, λέγει κύριος ὁ θεός. Jes 44,6 οὕτως λέγει ... θεὸς Σαβαώθ· ἐγὼ πρῶτος καὶ ἐγὼ μετὰ ταῦτα. Jes 48,12:

ἐγώ εἰμι πρῶτος καὶ ἐγώ εἰμι εἰς τὸν αἰῶνα. Jes 41,4: ἐγὼ θεὸς πρῶτος καὶ εἰς τὰ ἐπερχόμενα ἐγώ εἰμι (vgl. 43,10; Ex 3,14). Es ist Gott, der hier um Anklang an Jesajastellen Alpha und Omega genannt wird. 21,6 ist dasselbe der Fall, während 22,13 dieselbe Formel auf Christus bezogen wird. Verwandt sind die anderen Epitheta πρῶτος καὶ ἔσχατος 1,17; 2,8; 22,13 (von Christus); ἡ ἀρχὴ καὶ τὸ τέλος. 21,6; 22,13 (auch an unsrer Stelle von ℵ An. c vg. Or.i eingeschoben). Vgl. außerdem die nachträgliche Bemerkung zu 22,13. – ὁ ὢν καὶ ὁ ἦν καὶ ὁ ἐρχόμενος (s. o. zu V. 4) ὁ παντοκράτωρ. κύριος (ὁ θεὸς) ὁ παντοκράτωρ ist Übersetzung der LXX von Jahwe (Elohim) Zebaoth. Es ist sehr beachtenswert, daß diese in der spätjüdischen Literatur ungemein häufige Gottesbezeichnung im ganzen übrigen NT nur einmal in einem alttest. Zitat II Kor 6,18 vorkommt, in der Apk dagegen an neun Stellen 1,8; 4,8; 11,17; 15,3; 16,7.14; 19,6.15; 21,22 (vgl. die Statistik bei Bousset, Religion des Judentums 305,1). Nichts zeigt so deutlich, wie nahe der Apok. dem Geist spätjüdischer Religiosität steht.

Bedenken könnten sich gegen die Zusammengehörigkeit von 1,4-6 und 7.8 erheben, die in der Tat nur eine sehr lose ist. Doch scheint es mir nicht unmöglich anzunehmen, daß dieselbe Hand, die V. 4-6 schrieb, nun als Motto V. 7-8 der folgenden Offenbarung voranstellte. Doch kann über diese Frage erst weiter unten entschieden werden. Jedenfalls sind diese Verse von dem Apok. letzter Hand geschrieben. Dafür spricht die in derselben oder ähnlichen Form immer wiederkehrende plerophorische Einführung des Gottesnamens, der Ausdruck παντοκράτωρ, die Verwandtschaft von V. 7 mit Joh 19,37; daß das Epitheton ἄλφα καὶ ὦ 22,13 auch auf Christus angewandt wird, gibt keinen Grund zu kritischen Bedenken. Die Verse 7-8 durchbrechen den Zusammenhang zwar störend. Aber es ist kein Grund abzusehen, weshalb nicht der Apokalyptiker sich hier unterbrochen haben könnte, um in einem kurzen Motto den Inhalt seiner Schrift zu charakterisieren und auf den hohen Ernst und die Bedeutung des Geweissagten hinzuweisen.

Fußnoten:

2. An. fügt aus 1,19 die Glosse hinzu: και ατινα εισι και ατινα χρη γενεσθαι μετα ταυτα.
3. τον λογον ℵQ 100.
4. + ταυτης 7. 16 g vg. cod. s[1] Vict. ist erklärende Glosse.
5. c. ℵAC An.; απο θεου ο ων Q Rel. Pr. Vict. offenbare Korrektur.
6. Bei Justin steht bereits der Geist neben den Engeln (Geistern).
7. cf. Cohortatio ad Graecos 32 (31 B): ὥσπερ οἱ ἱεροὶ προφῆται τὸ ἓν καὶ τὸ αὐτὸ πνεῦμα εἰς ἑπτὰ πνεύματα μερίζεσθαί φασιν.

8. Auch Henoch 61,11 (anders 49,3) werden sieben Formen des Geistes aufgezählt. Prv 9,1 ist kaum hierher zu ziehen.
9. Vgl. vor allem die lehrreiche Darstellung von H. Zimmern in Schraders „Die Keilinschriften u. das alte Testament", 3. Aufl. II 610-626.
10. S. die ausführlichere Darstellung der jüdischen Erzengellehre zu 8,2. Ich verweise schon hier für den Zusammenhang zwischen Erzengel und Sternen aus den slav. Henoch 19.
11. Der Zusammenhang zwischen dem Kultsymbol des siebenarmigen Leuchters (Ex 25,31ff. und Sach 4,2 vgl. Apk 1,12f.) und den Planeten war der jüdischen Überlieferung selbst nicht fremd. Josephus B. J. V 217; Ant. III 146. 182; Philo, quis rer. div. haer. 44 § 221ff. (Gunkel 126,4; 127,1.)
12. Die Hinzufügung von εστιν in An. und die Variante „των" ενωπιον sind ersichtlich Korrekturen [אA!].
13. + εκ An.[13].
14. אAC An.[12] s[12] a f Pr. (vgl. die Glosse in 7. 16. 45. 69 bei Tischend.).
15. PQ Rel. vg. c ae.
16. ποιησαντι Q Min. ist offenbar absichtliche Veränderung.
17. ημιν A Min. (ημων C f vg.?), Korrektur.
18. βασιλεις και ιερεις P An.[12]; βασιλειαν και ιερεις אc 80? 99. vg.cod. Tert. Vict. Pr.; βασιλειον ιερατευμα (9). 13. 14. 23. 27. 55. 92 txt. (vgl. Q βασιλειον ιερεις) (vgl. LXX); βασιλειαν ιεραν s[12] – sind sämtlich Korrekturen.
19. > Pr.
20. τον αιωνα א s[1](2).
21. > AP An.[2] c, die Doxologie fehlt bei Pr.
22. Zu dem begründenden ὅστις s. o. S. 178.
23. Der Ausdruck stammt aus Sach 12,12: καὶ κόψεται ἡ γῆ κατὰ φυλὰς etc. Vgl. noch Jes 40,5: καὶ ὄψεται πᾶσα σάρξ τὸ σωτήριον τοῦ θεοῦ.
24. Joh. Und Justin εἰς ὃν ἐξεκέντησαν; in der Apk nur ὃν ἐξεκ. Dort handelte es sich eben um die Durchbohrung durch den Lanzenstich, hier einfach um die Tötung Jesu. (Bei Barnabas κατακεντήσαντες).

I. DER ERMAHNENDE TEIL 1,9-3,22.

1,9-20. Die einleitende Vision. 1,9. ἐγὼ Ἰωάνης. (Zu dem ἐγώ vgl. Dan 7,2.15.28 u.ö. IV Esr 3,1; Hen 12,3 u. ö.) ὁ ἀδελφὸς ὑμῶν καὶ συγκοινωνός[1] (die beiden Ausdrücke „Bruder und Genosse" gehören eng zusammen, weshalb auch der Artikel zwischen ihnen fehlt; zu συγκοινωνός vgl. Verbum 18,4. Über diese Selbstbezeichnung des Schriftstellers s. d. Einl. S. 35ff.) ἐν τῇ θλίψει καὶ[2] βασιλείᾳ καὶ ὑπομονῇ ἐν Ἰησοῦ[3]. Mit θλῖψις ist die Bedrängnis der letzten Zeit gemeint 2,9.10; 7,14, mit βασιλεία die messianische Herrschaft (das irdische Reich Gottes), ὑπομονή ist das beide vermittelnde sittliche Moment (vgl. 2,2.3.19; 3,10; 13,10; 14,12). ἐν Ἰησοῦ ist wie gewöhnlich im NT zu deuten: „in der Lebensgemeinschaft mit Jesus" und bezieht sich, weil es sich um eine Lebensbetätigung der Gläubigen in der Gemeinschaft mit Jesus handelt, nur auf ὑπομονή und nicht auf θλῖψις und βασιλεία (vgl. II Th 3,5 ὑπομονή τοῦ Χριστοῦ). Gleich in der Einleitung kommt die Stimmung, in welcher der Apok. schreibt, zum Ausdruck. Es ist Kampfes- und Verfolgungszeit. Aber in trotzigem Mut stellt er die gegenwärtige Not und die künftige Herrlichkeit als zwei zusammengehörige Pole hart neben einander und schließt sich in alledem eng mit der Gemeinde der Gläubigen zusammen. ἐγενόμην ἐν τῇ νήσῳ τῇ καλουμένῃ Πάτμῳ διὰ τὸν λόγον τοῦ θεοῦ καὶ [διὰ][4] τὴν μαρτυρίαν Ἰησοῦ[5]. Es sind hier verschiedene Erklärungen möglich. Vielfach wird angenommen, daß sich die kurze Wendung auf das Patmosexil des kleinasiatischen Johannes beziehe. Die Stelle besagt dann, daß Johannes wegen der Verkündigung des Evangeliums nach Patmos verbannt sei. Aber es erhebt sich die Frage, warum der Apok., wenn er dies meinte, es nicht deutlicher zum Ausdruck brachte, warum er den davon nichts verratenden Ausdruck ἐγενόμην braucht. Die Nachricht vom Patmosexil des Johannes taucht ziemlich spät in der Überlieferung auf. Irenäus braucht sie noch nicht gekannt zu haben, wenn er behauptet, daß die Apk unter Domitian geschaut sei. Es bleibt sehr wohl möglich, daß auf Grund unserer Stelle das ganze Patmosexil erst erfunden ist. Man hatte Grund, ein Martyrium zu Ehren des kleinasiatischen Johannes zu erfinden (s. über diese Frage o. S. 47). Daß hier ganz allgemein Johannes sich als συγκοινωνὸς ἐν τῇ θλίψει bezeichnet, beweist für unsere Frage gar nichts. Ebenso wenig, daß Patmos vielfach als Verbannungsort galt (Plinius N. H. IV 12,23). – Demgegenüber bleibt doch die Annahme möglich, daß der Ausdruck: „des Wortes Gottes und des Zeugnisses Jesu wegen" hier ebenso zu deuten sei, wie 1,2. Das ὅσα εἶδεν, das dort den Ausdruck näher bestimmt, konnte hier in der benachbarten Stelle fehlen. Die Annahme, daß der Seher sich in seiner ekstatischen Erregung in die Einsamkeit nach der benachbarten Insel Patmos zurückgezogen habe, ist freilich prekär. Aber man könnte auch annehmen, daß er bei einem zufälligen Aufenthalt auf der Insel seine Visionen erlebt und dann später dies Zusammentreffen unter einem teleologischen Gesichtspunkt gerückt habe: ἐγενόμην διά. Ganz abzuweisen ist endlich auch die Meinung, daß διὰ τὸν λόγον u. s. w. auf die Missionspredigt zu beziehen wäre, wenngleich eine Missionstätigkeit des Apok. auf Patmos nicht gerade wahrscheinlich ist. – Patmos ist eine kleine Insel (Plinius N. H. IV 12,23 circuitu triginta millia passum) zwischen Samos und Cos mit einem kleinen Städtchen. Noch heute wird dort die „Grotte der Offenbarung" gezeigt (vgl. Encyclop. Biblica III 3603f.). – Der Aor. ἐγενόμην zeigt deutlich an, daß der Seher, als er schrieb, nicht mehr auf Patmos war, oder anwesend gedacht wird.

1,10. ἐγενόμην ἐν πνεύματι (4,2; 17,3; 21,10). ἐν πνεύματι ist gleich ἐν ἐκστάσει. Akt (10,10); 11,5; 22,17 (Gegensatz γίνεσθαι ἐν ἑαυτῷ Akt 12,11). πνεῦμα ist hier als Quellpunkt ekstatischer Erregung gedacht. ἐν τῇ κυριακῇ ἡμέρᾳ. Die Sitte der Feier des Sonntags als des Auferstehungstages des Herrn reicht weit zurück. Andeutungen finden sich wahrscheinlich bereits I Kor 16,2; Akt 20,7; ein sicheres Zeugnis Barn 15,9. Der Name ist zuerst nachweisbar Didache 14: κατὰ κυριακὴν κυρίου; Petr.-Evang. V. 50; Ignatius ad Magn. 9 (μηκέτι σαββατίζοντες ἀλλὰ κατὰ κυριακὴν ζῶντες). Melito v. Sardes (Eus. H. E.IV 26,2) schrieb einen περὶ κυριακῆς λόγος vgl. Irenäus, fragm. VII ed. Harvey II 478; Tertullian, de cor. 3, de orat. 23, Dionysius bei Eusebius H. E.IV 23,11, Constit. II 59 VII 30. Allzuweit braucht man mit dem Zeitansatz für das vorliegende Stück wegen dieser Wendung nicht herunterzugehen. καὶ ἤκουσα ὀπίσω μου φωνὴν μεγάλην[6]. Ez 3,12: καὶ ἀνέλαβέν με πνεῦμα καὶ ἤκουσα κατόπισθέν μου φωνὴν σεισμοῦ μεγάλου. Das ὀπίσω μου wird durch die Parallelstelle im Ez. veranlaßt sein (daher liest A ὄπισθεν). Man sollte sich daher über die Bedeutung desselben nicht den Kopf zerbrechen[7]. ὡς (sc. φωνὴν) σάλπιγγος. Die Stimme tönt wie die einer Posaune. Bemerkenswert ist, daß die Stärke der Stimme besonders betont wird. Was der Seher in der Vision hört, ist gewöhnlich etwas Übermächtiges, Gewaltiges. Stimmen wie von Posaunen, ein Erdbeben, ein Donner und vielfältiges Brausen. Zahlreiche Beispiele allein in unser Schrift vgl. 1,15 (= Dan 10,6); 4,1; 10,3 (der Engel schreit wie ein Löwe, die sieben Donner reden); 11,15; 12,10; 19,1.6; u. ö. – Die Stimme, die der Apok. hört, kann kaum eine andere als diejenige des Menschensohns sein (vgl. das Folgende). 1,11. λεγούσης[8] (falsche Beziehung des Partizips zu σάλπιγγος statt zu φωνήν)· ὃ βλέπεις γράψον εἰς βιβλίον καὶ πέμψον ταῖς ἑπτὰ ἐκκλησίαις. – Über die sieben Städte (und die Überlieferung ihrer Namen) s. Genaueres im Folgenden. – Die

Aufzählung der Städte erfolgt in geographischer Reihenfolge von Süden nach Norden: Ephesus, Smyrna, Pergamon und von Norden nach Süden: Thyatira, Sardes, Philadelphia, Laodicea. Es ist überflüssig zu fragen, weshalb der Apok. einige Zentren der Christenheit in Kleinasien nicht genannt hat (Troas, Colossae, Hierapolis, Milet); da er an die Zahl sieben offenbar gebunden war, konnte er nicht alle nennen. Von vornherein wird auch hier klar, daß der Apok. keine wirklichen Briefe, sondern eine Apokalypse schreibt.

1,12. καὶ[9] ἐπέστρεψα βλέπειν τὴν φωνὴν, ἥτις ἐλάλει μετ' ἐμοῦ, καὶ ἐπιστρέψας εἶδον ἑπτὰ λυχνίας χρυσᾶς. Die Deutung dieses Symbols versucht der Apok. in 1,20 selbst zu geben. Jedenfalls erinnern die sieben Leuchter an das alttestamentliche Kultsymbol Ex 25,31ff.; 37,17ff., den siebenarmigen Leuchter, und ebenso an die Vision Sach 4,2(10) von den sieben Lampen. Mit Recht macht Gunkel (s. u.) jedoch darauf aufmerksam, daß der Unterschied zwischen Symbolen – dort ein Leuchter mit einem Hauptarm und sechs Seitenarmen (Ex) oder ein Leuchter mit sieben Armen (Sach), hier sieben selbständige Leuchter neben einander – nicht irrelevant sei. Die verschiedenen Symbole haben allerdings alle dieselbe Grundbedeutung, sie stellen – davon hat auch noch die jüdische Überlieferung etwas gewußt[10] – Sternen-(Planeten-)Gottheiten dar. „Der Unterschied des alttestamentlichen und des in der Apk vorausgesetzten kultischen Symbols ist, daß bei jenem die Mächte des Himmels als selbständige Größen aufgefaßt sind" (vgl. Schöpfung und Chaos 294-302). Doch hat der Apok. von alledem kaum noch eine Ahnung. Er deutet das alte Bild nachher in seiner Weise. 1,13. καὶ ἐν μέσῳ τῶν [ἑπτὰ][11] λυχνιῶν ὅμοιον υἱὸν[12] ἀνθρώπου (Dan 7,13). Da 14,14 ὅμοιον υἱόν überwiegend bezeugt ist, so wird auch hier so zu lesen sein. Dann liegt hier ein grobes Sprachversehen vor. Die folgende Vision hat nun nicht auf das Ganze des Buchs ihre Beziehung, sondern wesentlich auf die sieben Sendschreiben. Das deutet der Apok. schon dadurch an, daß er den Menschensohn stehend oder wandelnd zwischen den sieben Leuchtern (nach ihm den sieben Gemeinden) erscheinen läßt. ἐνδεδυμένον ποδήρη. Dan 10,5: καὶ ἰδοὺ ἀνὴρ εἷς ἐνδεδυμένος βύσσινα (LXX; βαδδείν Theod.) (בַּדִּים לָבוּשׁ). ποδήρης wird Ex 28,4.27.(31) (vgl. Sir 50,11) das lange bis auf die Füße reichende Oberkleid des Hohenpriesters von blauem Purpur genannt (מְעִיל), vgl. Sap. Sal 18,24: ἐπὶ γὰρ ποδήρους ἐνδύματος ἦν ὅλος ὁ κόσμος. Sir 27,8. Im Exodus wird ausdrücklich neben dem Poderes noch der Chiton genannt. Bei Josephus (Antiq. III 153: ἔστι δὲ τοῦτο τὸ ἔνδυμα ποδήρης χιτών... III 159: ἐπενδυσάμενος δ' ἐξ ὑακίνθου πεπονημένον χιτῶνα, ποδήρης δ' ἐστὶ καὶ οὗτος) scheint eine andre Überlieferung vorzuliegen, wenn nicht bei ihm χιτών die Bedeutung des Oberkleides hat. — καὶ περιεζωσμένον πρὸς τοῖς μαστοῖς (?) (CPQ Min.; μαζοῖς A An.[123]; μασθοῖς ℵ; nach Suidas wird μαζός gewöhnlich beim Manne, μαστός und μασθός vom Weibe gebraucht, vgl. Stephanus, Thesaurus; demgemäß erscheint die Lesart μαζός als Korrektur) ζώνην χρυσᾶν. Der Zug stammt wahrscheinlich aus Dan 10,5 Theod.: καὶ ἡ ὀσφὺς αὐτοῦ περιεζωσμένη ἐν χρυσίῳ Ὠφάζ (LXX περιεζωσμένος βυσσίνῳ). Einen goldenen Gürtel trägt nach I Mak 10,89 der König, der Hohepriester nur einen mit Gold verzierten Ex 28,8; 39,5. Die hohe Gürtung (πρὸς τοῖς μαστοῖς) ist dagegen priesterliche Weise (Jos. Ant. III 153 ποδήρης ... ὃν ἐπιζώννυνται κατὰ στῆθος ὀλίγον τῆς μασχάλης). Falsch beziehen demgemäß Züll., Spitta die Gürtung auf die Stellung des Ruhenden. Man beachte, daß der Menschensohn in der Tracht des Königs und Hohenpriesters erscheint.

1,14. ἡ δὲ κεφαλὴ αὐτοῦ καὶ αἱ τρίχες λευκαὶ ὡς[13] ἔριον λευκὸν ὡς χιών. Dan 7,9ff. Theod.: καὶ τὸ ἔνδυμα αὐτοῦ ὡσεὶ χιὼν λευκὸν καὶ ἡ θρὶξ τῆς κεφαλῆς αὐτοῦ ὡσεὶ ἔριον καθαρόν. LXX: ἔχων περιβολὴν ὡσεὶ χιόνα καὶ τὸ τρίχωμα τῆς κεφαλῆς αὐτοῦ ὡσεὶ ἔριον λευκὸν καθαρόν. Die Vergleichung dieser Parallelstelle verbietet, mit Haußleiter nach der altlateinischen Übersetzung (f Pr. Cypr. velut lana ut nix) etwas von dem überladenen Ausdruck zu streichen. Schwierig ist es, das Verhältnis von κεφαλή und τρίχες zu bestimmen. Entweder steht der Hauptbegriff voran, und folgt dann der Begriff, auf den es eigentlich ankommt (sein Haupt, nämlich seine Haare; vgl. Dan ἡ θρὶξ τῆς κεφαλῆς αὐτοῦ), oder es ist mit κεφαλή der Bart, mit τρίχες das Haupthaar gemeint. Es ist sehr bedeutsam, daß der Menschensohn in derjenigen Majestät erscheint, in der bei Dan der Alte der Tage, der Weltrichter Gott selbst gezeichnet ist. Vgl. dazu 1,17.18; 2,8, vor allem 22,12.13. — Hen 46,1 hat diese Übertragung der Prädikate noch nicht stattgefunden, dieselbe scheint spezifisch neutestamentlich zu sein. Und zwar erscheint Christus erst in den späteren Stücken der Evangelienüberlieferung (doch vgl. auch II Kor 5,10) direkt als Weltrichter. καὶ οἱ ὀφθαλμοὶ αὐτοῦ ὡς φλὸξ πυρός. 2,18; 19,12. Dan 10,6: καὶ οἱ ὀφθαλμοὶ αὐτοῦ ὡσεὶ λαμπάδες πυρός. Dan 7,9 ist der Thron Gottes (ὡσεὶ) φλὸξ πυρός. Bei einem so überkommenen Bild darf man nicht viel im einzelnen ausdeuten. 1,15. καὶ οἱ πόδες αὐτοῦ ὅμοιοι χαλκολιβάνῳ.. Zu vergleichen sind zunächst die Parallelen Dan 10,6 Theod.: καὶ τὰ σκέλη ὡς ὅρασις χαλκοῦ στίλβοντος. LXX: καὶ οἱ πόδες ὡσεὶ χαλκὸς ἐξαστράπτων (קָלָל נְחֹשֶׁת כְּעֵין); Ez 1,27: καὶ ἴδον ὡς ὄψιν ἠλέκτρου (חַשְׁמַל כְּעֵין) ἀπὸ ὁράσεως ὀσφύος καὶ ἐπάνω, καὶ ἀπὸ ὁράσεως ὀσφύος καὶ ἕως κάτω ἴδον ὡς ὅρασιν πυρὸς, καὶ τὸ φέγγος αὐτοῦ κύκλῳ; Ez 1,7: ἐξαστράπτων χαλκός (נְחֹשֶׁת כְּעֵין) vgl. noch 1,4; 8,2. Eine Erklärung, was unter χαλκολ. zu verstehen sei, gibt Suidass. v.: χαλκολίβανον εἶδος ἠλέκτρου τιμιώτερον χρυσοῦ. ἔστι δὲ τὸ ἤλεκτρον ἀλλότυπον χρυσίον μεμιγμένον ὑελῷ καὶ λιθείᾳ. Danach wäre also χαλκολίβανον eine Art ἤλεκτρον und dafür spricht auch, daß die LXX gerade dieses Wort in der parallelen Stelle im Ezechiel hat. ἤλεκτρον oder ἤλεκτρος aber ist der Name für Metallmischungen verschiedenster Art, gewöhnlich und wohl auch in diesem Fall eine Goldmischung[14]. Dieser Deutung entspricht nun auch die lateinische Übersetzung des rätselhaften Wortes aurichalcum (vg. Cypr. Prim. auricalco Libani!). Die gewöhnliche Bedeutung von aurichalcum ist allerdings Messing. Man verstand aber darunter auch ein kostbares Metall, vgl. Plautus. Pseud. 688: aurichalco contra non carum fit meum mendacium. Nach Cicero, de offic. III 23,12 hat es einen goldenen Glanz (Goldbronze?). Wenn so die Bedeutung des χαλκολίβανον feststeht, so ist es um so schwerer, das Wort selbst, das ganz singulär ist, zu erklären. Oecumenius (?) in Apk 196,7 (Cramer) erklärt: εἴτε τὸν ἐν τῷ Λιβάνῳ τῷ ὄρει μεταλλευόμενον εἴτε καὶ τὸν χαλκοειδῆ λίβανον νοητέον. (Stephanus Thesaurus). Sehr künstlich aber nicht ganz unmöglich erklärt Züllig: „Das Erz, welches einen Weihrauchnamen hat", wobei daran zu denken wäre, daß χαλκολίβανον = ἤλεκτρον und dieses wieder eine Harzgattung (Bernstein) ist. Ganz abzuweisen als sinnlos und den Parallelen im alten Testament widersprechend, ist die Erklärung, daß χαλκολίβανον wirklich eine Weihrauchart sei. (Ewald, nach Ausonius bei Salmasius exerc. 810 bei Wtst.: ὁ λίβανος ἔχει τρία εἴδη δένδρων, καὶ ὁ μὲν ἄρρην ὀνομάζεται χαλκολίβανος, ἡλιοειδὴς καὶ πυῤῥὸς ἤγουν ξανθός). Jedoch könnte die Stelle immerhin zur Erklärung herangezogen werden. χαλκολίβανον wäre das jener Harzart an Aussehen ähnliche Metall. – ὡς ἐν καμίνῳ „πεπυρωμένῳ". So ist wahrscheinlich mit א 16. 46. 69. 88 vg. c s[12] ae. sa. Ir. Vict. zu lesen und dann auf χαλκολίβανῳ zu beziehen, wie fast sämtliche Übersetzer es auch verstanden haben, zumal da κάμινος im neuen Testament Femininum ist (9,2; Mt 13,42.50). Bei der Lesart „πεπυρωμένοι" (mit PQ Rel.), wäre dies auf πόδες zu beziehen, also parallel dem ὅμοιοι zu verstehen. AC lesen πεπυρωμένης. Die Erklärung dieser Lesart bietet die altlateinische Übersetzung, welche sicut de fornace ignea las (Prim. Matern. cf. Cypr.), also im Griechischen ὡς ἐκ καμίνου πεπυρωμένης voraussetzt. Auch diese letztere Variante gibt einen guten Sinn: Und sein Füße waren Golderz gleich, so wie es aus durchglühtem Ofen kommt. καὶ ἡ φωνὴ αὐτοῦ ὡς φωνὴ ὑδάτων πολλῶν. vgl. Ez 1,24 (43,2); Dan 10,6 LXX: καὶ τὸ σῶμα αὐτοῦ ὡσεὶ θαλάσσης ... καὶ φωνὴ λαλιᾶς αὐτοῦ ὡσεὶ φωνὴ θορύβου (Theod. ὄχλου).

1,16. καὶ ἔχων ἐν τῇ δεξιᾷ [χειρὶ][15] αὐτοῦ ἀστέρας ἑπτά. Die sieben Sterne sind für den Apokalyptiker ein geheimnisvolles Symbol, das er 1,20 sich zu deuten bemüht. Wir werden also anzunehmen haben, daß er das hier vorliegende Bild schon übernommen habe. Es gehört jedenfalls in dieselbe Reihe, wie die sieben Geister 1,4, Leuchter 1,12, Fackeln 4,5, Augen 5,6. Neben dem Zug des Wandelns unter den sieben Leuchtern ist dieser übrigens der einzige in dem vorliegendem Bilde, der dem Apok. eigentümlich ist. – Es mag immerhin erwähnt werden, daß in der von Dieterich herausgegebenen „Mithrasliturgie" der Gott Mithras dem Mystagogen erscheint: κατέχ(ων) τῇ δεξιᾷ χειρὶ μόσχου ὦμον χρύσεον, ὅς ἐστιν ἄρκτος (S. 14, Z. 17): Mithras mit dem Bärengestirn in der Rechten. Mag hier nun wirklicher oder bloß scheinbarer Zusammenhang vorliegen, jedenfalls löst sich von hier aus die Frage, wie es zu denken sei, daß der Menschensohn sieben Sterne in der Hand halte. Die sieben Sterne sind ein zusammenhängendes Sternbild (vgl. 1,20). καὶ ἐκ τοῦ στόματος αὐτοῦ ῥομφαία δίστομος ὀξεῖα[16] ἐκπορευομένη. Vgl. 19,15; Jes 11,4 (49,2); Sap. Sal. 18,15 (Attribut des Logos); Ps. Sal. 17,24.35 (vom Messias); Hbr 4,12 (vom Wort Gottes); IV Esr 13,4.10; II Th 2,9. Es liegt hier eine unschöne Eintragung einer durchaus bildlichen Wendung in eine reale Erscheinung vor. καὶ ἡ ὄψις (nur hier und Joh 7,24; 11,44; es ist schwer zu entscheiden, ob mit 7,24 Aussehen, oder mit 11,44 Angesicht zu übersetzen ist. vgl. Apk 10,1) αὐτοῦ ὡς ὁ ἥλιος φαίνει[17] ἐν τῇ δυνάμει αὐτοῦ. Vgl. Ri 5,31: καὶ οἱ ἀγαπῶντες αὐτὸν ὡς ἔξοδος ἡλίου ἐν δυνάμει αὐτοῦ. (כְּצֵאת הַשֶּׁמֶשׁ בִּגְבֻרָתוֹ). Zu übersetzen ist: Und sein Aussehen (war), wie die Sonne scheint in ihrer Kraft (d. h. dann, wenn sie in voller Macht strahlt).

1,17. καὶ ὅτε εἶδον αὐτὸν, ἔπεσα πρὸς τοὺς πόδας αὐτοῦ ὡς νεκρός. Diese Schilderung des Schreckens und der Furcht des Sehers ist in der Apokalyptik allmählich stereotyp geworden; vgl. Jes 6,5; Ez 1,28; Dan 8,18; 10,9.11; Hen 14,14.24f. u. ö. καὶ ἔθηκεν[18] τὴν δεξιὰν αὐτοῦ[19] ἐπ' ἐμὲ λέγων· μὴ φοβοῦ. vgl. Dan 10,10.12; Mt 14,27; 17,7; Lk 1,13.30; 2,10; Mk 16,6. – ἐγώ εἰμι ὁ πρῶτος καὶ ὁ ἔσχατος. Erst dieses Wort bringt eine originale Wendung und entspricht wiederum ganz der hochgespannten christologischen Auffassung des Apokalyptikers (22,13). Dasselbe Wort wird 1,8 von Gott gebraucht (s. dort die alttestamentlichen Parallelen). – 1,18. καὶ ὁ ζῶν. Auch dieses speziell Gott zukommende Prädikat (4,9.10; 10,6; Sprachgebrauch der spätjüdischen Literatur, vgl. Rel. d. Judentums 293) des Lebendigen an sich wird hier dem Menschensohn zugeeignet. Denn kaum ist mit Haußleiter nach g fu. Tic. Pr. das ὁ ζῶν zu streichen. ὁ ζῶν hat auch neben dem πρῶτος καὶ ὁ ἔσχατος einen guten Sinn und erst recht vor dem καὶ ἐγενόμην νεκρός. Gegen alle Kürzungen des lateinischen Textes muß man sehr mißtrauisch sein. καὶ ἐγενόμην νεκρὸς καὶ ἰδοὺ ζῶν εἰμι εἰς τοὺς αἰῶνας τῶν αἰώνων[20]. Der Satz verhält sich zum nachstehenden wie Grund zur Folge. καὶ ἔχω τὰς κλεῖς[21] τοῦ θανάτου καὶ τοῦ ᾅδου[22]. vgl. 6,8; 20,13f. Im alten Testament erinnert an diese Ausdrücke das Bild von den Pforten des Todes Ps 9,14; ᾅδης ist in LXX Übersetung von שְׁאוֹל Jes 38,10, צַלְמָוֶת Job 38,17. Die Schlüsselgewalt[23] über den Tod ist nach rabbinischer Auffassung etwas, was nur Gott zukommt vgl. Targ. Hieros. zu Dtn 28,12: „Vier Schlüssel sind übergeben in die Hand des Herrn der Welt, welche er keinem Fürsten übergeben hat, die Schlüssel des Lebens, der Gräber, der Speise, des Regens (vgl. ebend. zu Gen 30,22). Sanhedrin 113a: „Elias erbat sich die Schlüssel des Regens und der Auferstehung. Da ward ihm gesagt, drei Schlüssel werden in die Hand eines Gesandten nicht gegeben, die Schlüssel der Geburt, der Auferstehung, des Regens". Vgl. Taanith 2a u. ö. Gfrörers, Jahrhundert d. Heils I 377. Es bedeutet also etwas, daß Christus durch Tod und Auferstehung zum Schlüsselherren des Todes und des Hades geworden ist. Dann haben wir hier eine der frühesten Spuren der Lehre der Hadesfahrt Christi und ihrer Bedeutung. Der Mythus von einer in den Hades hinabsteigenden und die Mächte des Hades bezwingenden Gottheit, der schon lange vor dem Beginn der christlichen Religion sich ausbildete, ist frühzeitig auf Christus adaptiert. „Wir erinnern uns dabei an die babylonisch gnostischen Mythen von der Überwindung der Todesmächte durch einen göttlichen Helden, der in die Unterwelt hinabgestiegen, deren Tore erbrochen, deren Schlüssel erobert habe und als Sieger über Tod und Hölle wieder zur Welt des Lebens und Lichtes zurückgekehrt, zum Retter und Bürgen des Lebens für die Seinen geworden sei." Pfleiderer, Urchristentum[2] II 288. Man vergleiche die Mythen von der Höllenfahrt der Isthar; des Hibil-Ziwa bei den Mandäern, des Urmenschen im System Manis, dem Herabsteigen des Erlösers (des „ἄνθρωπος") in zahlreichen gnostischen Sekten. Es ist vielleicht kein Zufall – das beweist der Überblick über diese Parallelen – daß die Idee der Hadesfahrt gerade in der Vision vom „Menschengestaltigen" erscheint. Die weitverzweigten Mythen vom „Menschen" (Urmenschen) und von der Hadesfahrt scheinen eng zusammenzugehören. – Die Genetive τοῦ θανάτου καὶ τοῦ ᾅδου – können als Gen. possessivi oder objectivi aufgefaßt werden. Im ersteren Fall sind θάνατος und ᾅδης als Personen aufgefaßt, die im Besitz der Schlüssel sind, im zweiten Fall als Lokalitäten (θάνατος etwa gleich Reich des Todes). Da der Apokalyptiker 6,8 Tod und Hades personifiziert, so ist die erstere Deutung wahrscheinlich. Beide Genetive verschieden zu deuten und nur den Tod als Person aufzufassen (Dstd.), geht kaum an. – Die ganze Anrede an den Seher hat zunächst den Zweck, ihn wieder zu ermutigen. Daher aber führt der Weltenrichter sich in seiner vollen Majestät ein, als der ewig Lebendige, der Herr über Tod und Hades, um seinen Seher auszurüsten mit der Bußpredigt, wie mit verheißungsvollem Trost.

1,19. γράψον οὖν, ἃ εἶδες καὶ ἃ εἰσὶν καὶ ἃ μέλλει[24] γίνεσθαι (mit ℵcA. Min; γενέσθαι lesen ℵCPQ An.[123], s. o. S. 169) μετὰ ταῦτα. vgl. 1,2; 4,1. Als der Herr über Tod und Hölle befiehlt Christus dem Seher, die Gerichtsvisionen zu schreiben. Und zwar soll er zunächst schreiben, was er gesehen hat, d. h. in erster Linie die bedeutungsvolle, dem ganzen voranstehende majestätische

Erscheinung des Weltrichters. Weiter soll er zeugen von dem „was ist". Denn die Übersetzung von ἅ εἰσιν, was es bedeutet, wonach dann die Gemeindeschreiben nur Auslegungen der vorstehenden Vision wären (so zuletzt noch Sp.), scheitert schon an dem Gegensatz: καὶ ἅ μέλλει γίνεσθαι μετὰ ταῦτα (vgl. 4,1 ἅ δεῖ γενέσθαι μετὰ ταῦτα, was sicher nicht = ἐν τάχει ist), und somit ist die natürliche und sich von selbst darbietende temporale Bedeutung von ἅ εἰσιν festzuhalten. Dann aber bezieht sich dieses ἅ εἰσιν (vgl. 4,1) auf die Briefe, in denen ja allerdings in erster Linie gegenwärtige Verhältnisse behandelt werden, wenn auch immerhin Zukunftsweissagungen in ihnen vorkommen. 1,19 ist also eine Disposition des folgenden gegeben, die in 4,1 deutlich wieder aufgenommen wird.

1,20. τὸ μυστήριον τῶν ἑπτὰ ἀστέρων, οὓς[25] εἶδες ἐπὶ[26] τῆς δεξιᾶς μου, καὶ τὰς ἑπτὰ λυχνίας τὰς χρυσᾶς – οἱ ἑπτὰ ἀστέρες ἄγγελοι τῶν ἑπτὰ ἐκκλησιῶν εἰσιν[27], καὶ αἱ λυχνίαι αἱ ἑπτὰ[28] ἑπτὰ ἐκκλησίαι εἰσίν. Es liegt hier ein Anakoluth vor, das etwa aufzulösen ist: Das Geheimnis der sieben Sterne und die sieben Leuchter anlangend, so sind etc. Dagegen ist kaum τὸ μυστήριον als weiteres Objekt zu dem doch vollständig abgeschlossenen V. 19 zu ziehen. τὰς ἑπτὰ λυχνίας schließt sich außerdem ganz irregulär an den Akkus. in dem vorausgegangenen Relativsatz an. Der Apokalyptiker deutet hier zwei Züge aus dem im vorhergehenden gezeichneten Bild weiter aus, bemerkenswerter Weise übrigens gerade die Züge, in denen er seinen alttestamentlichen Vorbildern gegenüber selbständig ist. Und er führt diese Deutung feierlich als Deutung eines μυστήριον ein, dessen Erklärung einer besondern Kunstfertigkeit bedarf. Es liegt hier spezifisch apokalyptische Manier vor. In ähnlich feierlicher Weise führt er andre geheimnisvolle Deutungen apokalyptischer Rätsel ein 13,18; 17,7.9. Zu vergleichen ist noch die Art, wie Mk 13,14 (und Parallelen) das βδέλυγμα τῆς ἐρημώσεως eingeführt wird, wie auch Paulus Röm. 11,25; I Kor 15,51 ein eschatologisches Geheimnis seinen Lesern anvertraut, wie endlich der Apokalyptiker selbst 10,7 von dem Geheimnis redet, das Gott seinen Knechten, den Propheten, verkündet hat (vgl. noch Mk 4,11; Mt 13,11; Eph 5,32). Alle diese Parallelen legen nun die Annahme nahe, daß der Apok. hier nicht von ihm selbst erfundene Symbole nachträglich deutet, sondern daß er sich hier an der Deutung alter überlieferter, geheimnisvoller Bilder versucht. Es wird sich daher auch fragen, ob er dieselben richtig erklärt hat. Verschiedene Spuren weisen darauf hin, daß die hier gegebene Deutung erst eine nachträglich angepaßte ist. So finden wir 4,5 ein ganz ähnliches Symbol, wie das der sieben Leuchter, die sieben Fackeln, auf die sieben Geister gedeutet. Ebenso liegt es nahe, aus 3,1 eine Beziehung der sieben Geister auf die sieben Leuchter anzunehmen. Denn wenn es dort vom Menschensohn heißt ὁ ἔχων „τὰ ἑπτὰ πνεύματα" .... καὶ τοὺς ἑπτὰ ἀστέρας und doch irgend eine Rückbeziehung zu der vorhergehenden Vision angenommen werden muß, so liegt es nahe die sieben Leuchter und die sieben Geister zu identifizieren. Nach 1,20 aber sollen die sieben Leuchter und die sieben Gemeinden identisch sein. Die verschiedenen Deutungen, welche diese Symbole in der Apk erhalten, wie die Tatsache, daß in dem einen Bilde zwei Symbole von derselben ursprünglichen Bedeutung (s. o.) nebeneinanderstehen, weisen nun aber nicht mit zwingender Notwendigkeit auf die Annahme hin, daß mehrere Hände an diesem Stück der Apk gearbeitet hätten. Sp. nimmt auf Grund ähnlicher Beobachtungen in 1,20 die Hand des Redaktors an. Aber es bleibt die Annahme möglich, daß einmal geprägte und vorgefundene alte Symbole, von deren ursprünglicher Bedeutung der Apok. noch eine gewisse Ahnung hatte, von ihm künstlich bald so, bald anders gedeutet wurden. Auch wir pflegen mit Symbolen in derselben Weise zu spielen und ihnen bewußt bald diese bald jene Deutung unterzulegen.

Vor allem aber haben wir nun unsre Aufmerksamkeit darauf zu richten, wie der Apok. die beiden Symbole hier verstanden haben will. Die Deutung der sieben Leuchter auf die sieben Gemeinden ist in sich klar, große Schwierigkeit aber bereitet die andere der sieben Sterne auf die sieben Engel der Gemeinden. Jedenfalls sind damit die im Eingang der einzelnen Sendschreiben erwähnten ἄγγελοι gemeint. Aber wer sind diese ἄγγελοι? 1) Nach Ebr. Sp. sollen Boten der einzelnen Gemeinden gemeint sein, nach Ebr. nur in der Vision existierende, nach Sp. wirkliche Boten, welche die einzelnen Gemeindeschreiben überbringen sollen. Doch ist die Vorstellung Sp.s, daß im folgenden wirklich sieben durch Boten zu überbringende Gemeindeschreiben vorlägen, eine durchaus unglückliche. (Der anderen Schwierigkeit, die dieser Deutung entgegensteht, wie nämlich Sterne Symbole für einfache Boten sein sollen, entgeht Sp., indem er 1,20 dem Redaktor zuweist). 2) Vitr., de Synag. vet. ed. II 889-914, Comm. in apoc. ed. II p. 25; Lightfoot, Horae Hebr. ad Mt 4,23; Schoettgen p. 1089 zu Ap 2,1, Beng., Eichh., Heinr., Ew. u. a. finden hier den שְׁלִיחַ צִבּוּר, den Synagogenboten (Diener) wieder, ebenfalls eine unmögliche Anschauung, weil an einen untergeordneten Beamten nicht zu denken ist (auch nicht etwa an den Vorleser, wie aus dem Inhalt der Gemeindeschreiben hervorgeht). 3) Mit Berufung auf Mal 2,7 und das Symbol der Sterne für die Lehrer fanden eine große Zahl der Ausleger hier hervorragende Gemeindeglieder: Vorsteher, Lehrer, Bischöfe oder Presbyter. Der Apok. hätte dann also die im Bilde vorgefundenen sieben Sternenengel auf hervorragende Persönlichkeiten der Gemeinden, an die er schrieb, gedeutet. Da unter der Voraussetzung der Richtigkeit dieser Auslegung mit dem ἄγγελος jedesmal nur eine Persönlichkeit gemeint sein muß, die an der Spitze der Gemeinde steht, so kann eigentlich nur der Bischof in Betracht kommen (so neuerdings Zahn Einl. II 606. J. Weiß 49). Dagegen kann nicht der sonstige Sprachgebrauch der Apk hinsichtlich des Wortes ἄγγελος sprechen. Aber ungelöst bleibt die Frage, weshalb denn in aller Welt die ἐπίσκοποι hier plötzlich ἄγγελοι genannt werden. Man kann sich auch schwer vorstellen, daß neben Johannes bereits ein Bischof die Gemeinde in Ephesus regiert hätte, zumal wenn es richtig ist, daß noch der dritte Johannesbrief gerade die „johanneischen" Kreise in einem starken Antagonismus zur Episkopalverfassung zeigt[29]. 4) Weit verbeitet ist auch die Anschauung, daß der ἄγγελος der Gemeinde diese selbst sei (also der personifizierte Gemeindegeist). Dagegen spräche, daß dann ein Symbol, die Sterne, auf ein anderes Symbol, die Engel, gedeutet wäre. Will man aber die Engel als Realitäten auffassen, so kommt man 5) zu der jüdischen Auffassung von Schutzengeln[30] (Vlkm., Hilgf., Hltzm., Weyl.[31] [vgl. den ἄγγελος ἔφορος bei den Rabbinen Wtst.]). Diese Erklärung hat schon deshalb am meisten für sich, weil sie es ermöglicht, bei dem doch wahrscheinlich ursprünglichen Sinn der Sterne (= Geister, Engel) vollständig stehen zu bleiben. Der Apok. hätte dann die Vorstellung, daß der Menschensohn Herr der sieben (großen) Geister ist, hier der gegenwärtigen Situation so angepaßt, daß er ihn als Herrn der sieben über die einzelnen Gemeinden herrschenden Engelfürsten resp. der Genien der Gemeinden auffaßt. Nimmt man an, daß hier eine ziemlich mühselige Umdeutung einer älteren Vorstellung vorliegt, dann erklärt sich auch manches Sonderbare in der Vorstellung, und fällt mancher Einwurf gegen diese Erklärung. Denn merkwürdig bleibt immerhin die Vorstellung, daß der Seher den Engeln der Gemeinden zu schreiben Befehl bekommt, die doch eines Briefes kaum bedürfen; offen bleibt die Frage, weshalb diese Mittelspersonen, die Engel, überhaupt hier erwähnt werden, zumal die Briefe sich doch ihrem Gehalt nach direkt an die Gemeinden wenden. Man kann wenigstens nicht mit Hltzm. sagen, in den Briefen rede der erhöhte Christus, und zwischen ihm und den Gemeinden seien solche Mittelspersonen notwendig. Denn der Erhöhte redet ja zu dem Seher, und dieser überbringt ja bereits als Mittelsperson den Gemeinden die Botschaft desselben. — Eher kann man darauf hinweisen, daß wie der Schutzengel eines Menschen oft als sein himmlischer Doppelgänger gedacht ist (Akt 12,15), so hier der Engel der Gemeinde nicht viel andres sein solle als die Gemeinde selbst. Dann kämen wir der Erklärung 4 wieder sehr nahe. — Aber diese Schwierigkeiten lösen sich, wenn man bedenkt, daß der Apok. in 1,20 ein μυστήριον kunstvoll deuten will, und daß es ihm dabei auf die innere Logik der Dinge nicht allzu genau ankommt.

Wir blicken zum Schluß noch einmal auf die ganze Vision zurück. Sie ist aus Einzelzügen alttestamentlicher Visionen zusammengewoben: Dan 7; 10; Ez 1

(Sach 4). Dazu gesellen sich einzelne neue Züge, die sieben Sterne in der Hand des Menschengestaltigen, die sieben Leuchter, unter denen er wandelt, vor allem die Schilderung des Menschengestaltigen, als des Gestorbenen und Lebendigen, des Herren über Tod und Hades. Im ganzen ist das Bild geschickt und einheitlich gezeichnet. Greßmann (israelitisch-jüdische Eschatologie 347) hat gut beobachtet, daß, während bei Dan 10 die beiden Vorstellungen einer nackten Gottheit mit einem Lichtleibe und der in ein Lichtgewand gehüllten Gottesgestalt noch unvereinbart neben einander stehen, unser Apok. die Vorstellung ausgeglichen hat. Er schaut vom Leibe des Menschengestaltigen nur die wirklich vom Gewand entblößten Teile, nicht wie Dan den Leib und die Lenden. Ob der Apok. das ganze Bild selbst entworfen oder ob zwischen ihm und den alttestamentlichen Vorbildern noch Zwischenstufen anzunehmen sind, mag dahingestellt bleiben. Möglich, daß dem Apok. bereits eine ausführlichere Zeichnung des zum Hades gefahrenen Menschengestaltigen vorlag. Beachtenswert bleibt, daß er nicht den in den Evangelien so geläufigen Ausdruck υἱὸς τοῦ ἀνθρώπου gebraucht, sondern das Altertümliche ὅμοιος υἱὸν (υἱῷ) ἀνθρώπου. Das weist vielleicht auf eine ältere Grundlage der Schilderung. Jedenfalls haben wir in dem Abschnitt ein grandioses Prooemium der ganzen Schrift. Die Gestalt, die der Apok. zeichnet, ist wuchtiger und eindringlicher als die der alttestamentlichen Parallelen. Sie ist ganz in Gold und Licht und Glanz getaucht. Geheimnisvoll erhaben klingt ihre Charakterisierung als die des Gestorbenen und doch Lebendigen. Als solche tritt sie dem Seher freundlich nahe: „Ich bin es, fürchte dich nicht“ und enthüllt sich ihm als der mächtige Gewalthaber über Hades und Tod. Dieser Herr ist es, der seinem Seher und seinen Gemeinden die folgenden Offenbarungen zu Teil werden läßt.

Fußnoten:

1. ℵCPQ Orig. An.; alle anderen κοινωνος.
2. και εν τη βασιλεια P An.
3. ℵCP 38 g am. fu. tol. c s[1] Orig.; εν Χριστω Ιησου Q Rel. a f cle. harl. lips.[4] (s[2]); εν χριστω A; ιησου χριστου An.[12] Pr. Der Sprachgebrauch der Apk (s. o. S. 176f.) macht die Entscheidung für Ιησους sicher.
4. > δια A C An. vg. c Dionys. Pr.
5. + Χριστου Q Rel s[12] c a ae. Pr.
6. c ℵCP An.[12] f s[12] Pr. (Tr.): φωνην μεγ. οπισθεν μου A; φων. οπισω μου μεγ. Q Rel., die verschränkte Wortstellung ist in dieser Klasse häufig (B. Weiß).
7. Parallelen für Geistererscheinungen, die ὄπισθεν kommen, s. b. Wtst.

8. Hier schieben P An. ein: εγω (ειμι το) αλφα και το ω (ο) πρωτος και ο εσχατος και nach 1,8; 21,6; 22,13.
9. Q und die meisten Minuskeln haben και εκει.
10. Vgl. Josephus, Bellum V 217, Ant. III 146. 182; Philo, quis rer. div. haer. 44 § 221ff. (Gunkel 126,4. 127,1).
11. > ACP An.[12] c sa. ae. s[12] Ir. Cypr. Pr.; επτα wird sehr häufig ausgelassen, namentlich von P An. 6,1; 15,8; 16,1, von A An. 5,6; Bousset, Studien 10. A. 7.
12. ℵQ Rel.; υιω ACP An.[13].
13. ωσει CP An.[123]; 13,3 lesen ℵACP An. ως, Q Rel. ωσει (sonst liest ℵ gerne ωσει 1,17; 16,13). In der Apk scheint durchgehends ως gebraucht zu sein.
14. Vgl. nach Wetstein z. Stelle folgende Zeugnisse: Eustathius in Od. δ p. 150,13 ἤλεκτρος δὲ ἴσως μὲν καὶ ὕλη τις κατὰ τοὺς πολλοὺς χαλκώδης ἰδιαιτάτη παρὰ τὸν ἁπλῶς χαλκὸν, μάλιστα δὲ μῖγμά τι χρυσοῦ καὶ ἀργύρου. Bei lateinischen Schriftstellern finden wir zu electrum folgende Erklärung: Plinius H. N. 33,4: omnino auro inest argentum vario pondere. Ubicunque quinta argenti portio est, electrum vocatur. Servius, in Aen. VIII 402: electrum – quod fit de tribus partibus auri et una argenti ... Et ad lumina in convivio clarius auro et argento lucet. Bemerkenswert ist, daß an dieser Stelle das electrum auch als Mittel gegen Gift genannt wird. Auch daher mag seine besondre Wertschätzung stammen. Über die Art und die besondre Bedeutung dieser Mischmetalle vgl. die ausführlichen Darlegungen bei M. Berthelot, Collection des anciens alchimistes grecs. Introduction Paris 1888. p. 28-73. Namentlich bei der Kunst des Goldmachens spielten diese Mischmetalle eine große Rolle.
15. > 10. 28. 95. 161 f g vg. a Cypr. Pr.; δεξια χειρι αυτου ℵACP An.; δ. αυτ. χ. Rel.; χ. αυτ. τη δ. Q s[1]. Der Apok. bevorzugt das einfache δεξια vgl. 1,17; 1,20; 2,1; 5,1.7; Ausnahme 13,16; 10,5 (?).
16. > 46. 48 f Vict. Cypr. Pr. (s[1] > διστομος). Auch 2,12 lesen g Pr. την ρομφαιαν την διστομον > την οξειαν, 19,15 wo die meisten ρομφαια οξεια lesen (Q Rel. s[2] ρομφαια διστομος οξεια) lesen Pr. Cypr.cod. ρομφαια διστομος. Die lat. Zeugen lesen also an den drei Stellen gleichmäßig. Sie scheinen nicht verstanden zu haben, die Synonyma wiederzugeben.
17. ℵ φαινει ως ο ηλιος, cf. f Pr. Cypr. splendebat ut sol.
18. επεθηκεν ℵ An. (imposuit Cypr. Mat.).
19. + χειρα ℵcc An.[12] (s. zu 1,16).
20. +αμην ℵc Q Rel. s[12].

21. ℵACP An.; κλειδας Q Rel.; κλειδα Orig. s[1].
22. του αδου και του θανατου An.
23. Über die weitverbreiteten Vorstellungen von der Schlüsselgewalt namentlich über Himmels- und Hades-Schlüssel vgl. W. Köhler, die Schlüssel des Petrus (Archiv f. Rel.-Wissensch. VIII 214-243). Ich weise besonders darauf hin, daß unter den Göttern der Mithrasreligion der schlüsseltragende löwenköpfige Aion erscheint.
24. f vg. Pr.: quae oportet (δεῖ) fieri (cf. 1,1; 4,1); ℵ α δει μελλειν; C α δει μελλει, beides offenbare Mischlesarten.
25. ων Q Min. Korrektur.
26. εν τη δεξια A 81 f vg. Pr., Konformation nach 1,16.
27. vg. Pr. εισι των επτα εκκλησιων (ℵ > εισι).
28. αι επτα > 7. 28. 97. f. Pr.; αι επτα λυχνιαι ℵ An.; + ας ειδες P An.
29. Auch Zahn hat mich mit seinen scharfsinnigen Ausführungen nicht überzeugt. Die richtige Erklärung wird von Z. mit dogmatischen Gründen abgewiesen. Alle Stellen, die Zahn zugunsten seiner Erklärung beibringt, lassen sich ebenso gut begreifen, wenn in dem ἄγγελος die durch den Engel repräsentierte Gemeinde angeredet wird. Andere Vermutungen, wie daß 2,9 auf den Märtyrertod des Polykarp gehe, und daß der Bischof von Sardes wegen 3,1 Zosimos oder Zotikos geheißen habe (so schon Bengel), können wir als reine Phantasien beiseite lassen. J. Weiß erklärt sich durch Zahn überzeugt, namentlich durch dessen Verteidigung der Lesart γυναῖκά σου 2,20, welche freilich die Streitfrage entscheiden würde. Ich kann die Lesart nicht mit Anm: Die auf der nächsten Seite fortgesetzte Anmerkung wurde hier vervollstandigt Zahn für „zweifellos echt“ halten (s. den Komm. zur Stelle). Wenn übrigens Weiß die Hypothese Zahns akzeptiert, so stürzt er damit seine eigne von der frühen Abfassung der Briefe.
30. Vgl. über die Idee der Schutzengel und deren Verbreitung in der spätjüdischen und anderen Religionen Bousset, Rel. d. Judentums, 317f.
31. Schutzengel finden hier bereits Orig. Hom. 12 u. 13 in Luc.; de orat 11; Hieronym. zu Mt 18,10 (Vallarsi VII 139f); Andreas zu 1,20 (p. 8; unter unklarer Berufung auf Irenäus). Zahn II 611.

2,1-7. Ephesus. 2,1. τῷ ἀγγέλῳ „τῆς ἐν Ἐφέσῳ ἐκκλησίας“[1] γράψον. Als erste unter den sieben Gemeinden ist Ephesus genannt, in Jonien am Kayster gelegen, die faktische Hauptstadt der Provinz, die sich selbst auf Münzen πρώτη μητρόπολις nannte, obgleich Pergamon die eigentliche und alte Attalidenhauptstadt war. Hier sein Amt anzutreten, war der Statthalter verpflichtet. Hier herrschte der Kultus der Diana. E. nannte sich die Neokorenstadt der Diana Akt 19,28. Später war E. auch Hauptsitz des Kaiserkultus. Unter Antoninus Pius nennt es sich auf den Münzen δισνεωκόρος, besaß also den Provinzialtempel mindestens eines Kaisers, vielleicht von zweien, da es unsicher ist, ob die Neokorie des Dianatempels nicht vielleicht als erste gerechnet ist (Mommsen V, 303ff. Büchner, de neocoria. Gießen 1888. Marquardt, römische Staatsverwaltung I, 340ff.). E. war der alte Missionssitz des Paulus, nach ihm wird nach der soweit glaubwürdigen Tradition Timotheus an der Spitze der Gemeinde gestanden haben. Jedenfalls ist Ephesus auch der Sitz des Apok. selbst, des kleinasiatischen Johannes, gewesen und steht auch aus diesem Grunde an der Spitze der sieben Gemeinden. Einige wenn auch sehr spärliche Aufschlüsse über die spätere Entwicklung der Gemeinde gibt Akt 20,29ff. Hier erfährt man von Irrlehrern, die in E. eingebrochen sind: ἐξ ὑμῶν αὐτῶν ἀναστήσονται ἄνδρες λαλοῦντες διεστραμμένα τοῦ ἀποσπᾶν τοὺς μαθητὰς ὀπίσω ἑαυτῶν. Ob der „Epheserbrief“ wirklich an die Epheser gerichtet sei, steht dahin, ebenso ob die Hypothese zu Recht besteht, daß in Röm 16,1-20 ein nach Ephesus bestimmtes Schreiben vorliege. Dagegen bieten die beiden Timotheusbriefe allerlei Material für die späteren Zustände in Ephesus. Hervorgehoben mögen in diesem Zusammenhang nur die Hinweise auf das Vorhandensein judaisierender gnostischer Irrlehrer werden; I Tim 1,7 (θέλοντες εἶναι νομοδιδάσκαλοι) 4,1-3 u. ö. Vor Spaltungen warnt Ignatius ad Eph. 7,1: εἰώθασι γάρ τινες δόλῳ πονηρῷ τὸ ὄνομα περιφέρειν, ἄλλα τινὰ πράσσοντες ἀνάξια θεοῦ, οὓς δεῖ ὑμᾶς ὡς θηρία ἐκκλίνειν. εἰσὶν γὰρ κύνες λυσσῶντες λαθροδῆκται, οὓς δεῖ ὑμᾶς ὡς θηρία ἐκκλίνειν. εἰσὶν γὰρ κύνες λυσσῶντες λατροδῆκται, οὓς δεῖ ὑμᾶς φυλάσσεσθαι ὄντας δυσθεραπεύτους. 9,1: ἔγνων δὲ παροδεύσαντάς τινας ἐκεῖθεν, ἔχοντας κακὴν διδαχὴν, οὓς οὐκ εἰάσατε σπεῖραι εἰς ὑμᾶς, βύσαντες τὰ ὦτα (cf. c. 16).

τάδε λέγει ὁ κρατῶν τοὺς ἑπτὰ ἀστέρας ἐν τῇ δεξιᾷ αὐτοῦ, ὁ περιπατῶν ἐν μέσῳ τῶν ἑπτὰ λυχνιῶν τῶν χρυσῶν. vgl. 1,13.16; statt des ἔχων dort steht hier κρατῶν, dort nur ἐν μέσῳ hier περιπατῶν. Das Attribut „wandelnd“ in Mitten der sieben Leuchter ist mit sichtlicher Beziehung auf 2,5b gewählt. Die

Zusammenstellung der sieben Sterne und Leuchter macht übrigens wahrscheinlich, daß 2,1 von derselben Hand geschrieben ist, wie 1,20. Mit einem gewissen Nachdruck wird beim ersten Sendschreiben der Menschensohn als Herr der über den Gemeinden waltenden Engel und der sieben Gemeinden selbst geschildert.

2,2. οἶδα τὰ ἔργα σου, καὶ τὸν κόπον[2] καὶ τὴν ὑπομονήν σου[3]. Das σου ist mit Absicht nicht zu κόπος gesetzt, weil ἔργα der Oberbegriff κόπος und ὑπομονή die beiden Arten der gemeinten ἔργα sind. „Ich kenne deine Werke, deine Mühe und Geduld“! κόπος ist die mühevolle Arbeit, ὑπομονή die tragende Geduld (I Th. 2,9; II Kor 6,5). Es sind demgemäß auch nicht alle drei Momente gleichzustellen und gleichmäßig auf den Kampf mit den Irrlehrern zu beziehen (dem widerspricht schon der Ausdruck ὑπομονή). Jedoch ist nun auch nicht das folgende „καὶ ὅτι οὐ δύνῃ βαστάσαι“ als drittes Moment κόπος und ὑπομονή beizuordnen, auch wird mit diesem Ausdruck nicht κόπος und ὑπομονή erklärt, wogegen wieder der Ausdruck ὑπομονή spricht. Vielmehr ist, da in V. 3 der Begriff ὑπομονή wieder aufgenommen und erläutert wird, der dazwischen liegende V. 2b offenbar Erläuterung zu κόπος[4]. Demgemäß haben wir in V. 2-3: a) einen Oberbegriff, ἔργα, die b) zerfallen in die beiden Arten κόπος und ὑπομονή, und diese wiederum werden c) in V. 2b und 3 näher erklärt. Die Werke der Gemeinde bestehen einmal im Kampf gegen die Irrlehrer (κόπος) und zum zweiten im Dulden wegen des Namens Christi (ὑπομονή). Eine merkwürdige Parallele zu diesem Vers bietet übrigens I Th 1,3: μνημονεύοντες ὑμῶν τοῦ ἔργου τῆς πίστεως καὶ τοῦ κόπου τῆς ἀγάπης καὶ τῆς ὑπομονῆς τῆς ἐλπίδος. – [καὶ s. o. 203,3] ὅτι οὐ δύνῃ[5] βαστάσαι κακούς. Das findet seine Erklärung im Folgenden. καὶ ἐπείρασας τοὺς λέγοντας ἑαυτοὺς ἀποστόλους[6] καὶ οὐκ εἰσίν (zur Konstr. vgl. 1,5f.), καὶ εὗρες αὐτοὺς ψευδεῖς. πειράζειν (I Joh 4,1) ist = δοκιμάζειν (II Kor 13,5 vgl. Joh 6,6), auf die Probe stellen. Mit dem „Du hast sie auf die Probe gestellt ... und als Lügner befunden“ deutet der Apok. auf einen ganz bestimmten Vorgang der Vergangenheit hin, bei welchem sich die Gemeinde von den Irrlehrern geschieden hat. (Vgl. Ignat. ad Ephes. 9,1). Unter den falschen Aposteln versteht Sp. unter Verweis auf II Kor 11,13f.23 judaistische Sendlinge aus Jerusalem. Ganz unglücklich zieht Sp. noch zur Erläuterung den Ausdruck οἱ λεγόμενοι Ἰουδαῖοι 2,9; 3,9 heran, da dieser sicher auf wirkliche Juden und nicht auf christliche Irrlehrer gemünzt ist. Umgekehrt bezog die Tübinger Schule (Vlkm. Hilgf. Einl. 413. Z. w. Th. 1890, 408. Vlt.; unter Vorbehalt anderer Möglichkeiten auch Hltzm.) die falschen Apostel auf Anhänger des Paulus, oder gar auf Paulus selbst (besonders scharf Vlkm.). — Hier kann vorläufig nur die Frage aufgeworfen werden, wie die ψευδαπόσοτλοι sich zu den Nicolaiten in V. 6 verhalten, und diese ist bestimmt dahin zu beantworten, daß Nicolaiten und falsche Apostel identisch sind und keineswegs zwei verschiedene Erscheinungen[7], deren eine etwa der Gegenwart (Nicolaiten), deren andere der Vergangenheit (falsche Apostel) angehörte. V. 6 ist eine einfache Wiederaufnahme des V. 2 gespendeten Lobes, nach dem dazwischen stehenden Tadel. Man kann das nur verkennen, wenn man die πρῶτα ἔργα V. 5, die allerdings der Vergangenheit angehören, gegen den Zusammenhang mit den ἔργα in V. 2 identifiziert. Und doch ist es ganz klar, daß unter den ἔργα V. 2 der Kampf gegen die Irrlehrer und die Geduld in Leiden zu verstehen sind, während mit den πρῶτα ἔργα die erste brüderliche Liebe gemeint ist. Die entgegenstehende Meinung ist auch deshalb verfehlt, weil der Apk durch die Tempora V. 2 δύνῃ, V. 3 ὑπομονὴν ἔχεις es ganz deutlich ausspricht, daß er V. 2 von ἔργα redet, welche die Gemeinde in der Gegenwart ganz und voll erfüllt. Auch das ἐπείρασας macht unsre Auffassung nicht unmöglich. Es können sehr wohl dieselben Leute sein, welche die Gemeinde in der Vergangenheit verworfen hat und jetzt noch immer als außerhalb der Gemeinde Stehende haßt. Wer die falschen Apostel sind, läßt sich also erst im Zusammenhang des V. 6 besprechen. Jedenfalls zwingt der Name Apostel keineswegs, mit dem Ansatz für unser Kapitel bis in die apostolische Zeit hinaufzugehen. Vgl. Didache 11,4-6.

2,3. καὶ ὑπομονὴν ἔχεις καὶ ἐβάστασας διὰ τὸ ὄνομά μου. Die Tempora sind genau parallel dem οὐ δύνῃ – ἐπείρασας. Es wird beide Male eine noch vorhandene Beschaffenheit der Gemeinde geschildert, die eine hervorragende Bestätigung in einer Tatsache der nächsten Vergangenheit gefunden hat. Schon die Abschreiber haben die Auswahl der Tempora nicht verstanden, indem sie teils in ὑπομονὴν εἶχες, ἔσχες (Pr.) verbesserten, teils ἐβάστασας [με!] καὶ ὑπομονὴν ἔχεις lasen (P An.). Mit ὑπομονὴν ἔχεις wird nun eben deutlich auf ὑπομονή in V. 2 zurückgewiesen und die Geduld näher als Geduld in Verfolgungsleiden (διὰ τὸ ὄνομά μου), bestimmt, und zwar wird ἐβάστασας auf eine bestimmte in der Vergangenheit liegende Bedrängnis hingewiesen. Daß an Verfolgungen zu denken sei, die mit der Abweisung der Irrlehrer zusammenhängen, ist durch nichts im Text angedeutet. {{SperrSchrift|καὶ οὐ κεκοπίακας[8] „Du bist nicht müde geworden“. Der Ausdruck, vielleicht unter Rückbeziehung auf κόπος gewählt, leitet wieder in die Gegenwart zurück.

2,4. ἀλλ᾽ ἔχω κατὰ σοῦ (Mt 5,23), ὅτι τὴν ἀγάπην σου τὴν πρώτην ἀφῆκας (s. o. S. 169). Die erste Liebe muß nach dem Zusammenhang in etwas anderem bestehen als in dem Eifer gegen die Irrlehrer und der Geduld in Verfolgungen. Diese Tugenden besitzen die Epheser. Die erste Liebe ist aber deshalb auch nicht auf die Liebe zu Gott oder zu Christus zu beziehen. Der Mangel der

Ephesinischen Gemeinde liegt auf dem Gebiet des sittlichen Verhaltens. „Die Rechtgläubigkeit schützt nicht vor sittlichem Altern“ (Vlkm.). Ähnliche Gemeindeverhältnisse setzt Mt 24,12 voraus. 2,5. μνημόνευε (3,3) οὖν πόθεν πέπτωκας[9] (s. o. S. 169), καὶ μετανόησον καὶ τὰ πρῶτα ἔργα ποίησον. „Tue die der ersten Liebe entsprechenden Werke“. εἰ δὲ μή, ἔρχομαί σοι [ταχύ][10] (2,16; 3,3.11. Winer 22,7 A. 3) καὶ κινήσω τὴν λυχνίαν σου ἐκ τοῦ τόπου αὐτῆς. – Bemerkenswert ist der motivierte Übergang vom Präsens zum Futurum, ἔρχομαι drückt die Nähe des Kommens aus, κινήσω die bei diesem Kommen sich vollziehende bestimmte Handlung. Die meisten Ausleger beziehen die Gerichtsdrohung nicht direkt eschatologisch, sondern auf ein vorläufiges Gericht, in welchem Ephesus aus der Zahl der Gemeinden ausgeschieden werden soll. Sp. und Hltzm. ziehen zur Erklärung noch Mt 5,14-16; Phil 2,15 heran (die Gemeinde solle aufhören, eine Leuchte in der Umgebung des Heidentums zu sein). Doch ist die einfache Beziehung auf das endgültige Gericht nicht ausgeschlossen. ἐὰν μὴ μετανοήσῃς.Fut. ex. „Wenn Du nicht Buße getan haben wirst.“

2,6. ἀλλὰ τοῦτο ἔχεις, ὅτι μισεῖς τὰ ἔργα τῶν Νικολαιτῶν, ἃ κἀγὼ μισῶ. Ps LXX 138,21: οὐχὶ τοὺς μισοῦντάς σε, κύριε, ἐμίσησα; nachdrücklich wird noch einmal von den ἔργα der Gemeinde, die V. 2-3 Anerkennung gefunden haben, die Verwerfung der Nicolaiten erwähnt. Die Nicolaiten sind also identisch mit den dort erwähnten ψευδαπόστολοι. Ferner sind sie aller Wahrscheinlichkeit nach dieselben, wie die Bileamiten 2,14 und die Anhänger des Weibes Isebel (s. u.). Über die Nicolaiten ist wohl kaum etwas Sicheres, das über die Nachrichten in der Apk hinüberginge, bekannt; vgl. die Angaben bei Irenäus, adv. haer. I 23 (26,3), III 11,7 (11,1); Tertullian, praescr. haer. 33, adv. Marc. I 29, de pudicitia 19; Clemens Alex., Strom. II 20,118; III 4,25; Hippolyt, Philos. VII 36; Epiphanius, Haer. 25, Philastrius, Haer. 33; Pseudotertullian, adv. Haer. 1; Const. Apost. VI 8; Hieronymus, adv. Lucifer. 23; (vgl. hier und im folgenden Völter II 38, Alford zu dieser Stelle). Schon Irenäus weiß nichts Genaueres, als er in der Apk vorfand, über die Nicolaiten zu berichten. Er (zuerst?) identifiziert ihren Stifter mit dem Akt 6 erwähnten Diakon, eine Kombination, die immerhin ohne vorliegende Tradition gemacht werden konnte. Außerdem sucht Irenäus die Nicolaiten in die Reihe seiner Ketzerliste einzureihen, und erklärt sie für verwandt mit Cerinth. Von Irenäus ist Hippolyt (Epiph., Philastr. Ps.-Tert.), abhängig; nur bemüht er sich, noch die Gründe anzugeben, welche den Nicolaus zu diesem Schritt geführt haben. Später hielt man es doch für verwunderlich, daß ein Mann der apostolischen Urzeit in dieser Weise abgefallen sein sollte und suchte die Verbindung zwischen dem Diakon Nicolaus und den Nicolaiten als auf Irrtum beruhend darzustellen. So entsteht die bei Clem. Alex. Strom. III 4,25 vorliegende Erzählung: ὡραίαν φασὶ γυναῖκα ἔχων οὗτος μετὰ τὴν ἀνάληψιν τὴν τοῦ σωτῆρος πρὸς τῶν ἀποστόλων ὀνειδισθεὶς ζηλοτυπίαν εἰς μέσον ἀγαγὼν τὴν γυναῖκα γῆμαι τῷ βουλομένῳ ἐπέτρεψεν. ἀκόλουθον γὰρ εἶναί φασι τὴν πρᾶξιν ταύτην ἐκείνῃ τῇ φωνῇ τῇ ὅτι παραχρήσασθαι τῇ σαρκὶ δεῖ (Eus. H. E. III 29,2). Hier liegt offenbar der Versuch vor, dem bedenklichen nikolaitischen Satz ὅτι παραχρήσασθαι τῇ σαρκὶ δεῖ die Spitze abzubrechen. Derselbe Versuch, den Diakon Nicolaus zu entlasten, liegt vor Const. Apost. VI 8: οἱ νῦν ψευδώνυμοι Νικολαῖται, und Victorin: qui sub nomine Nicolai ministri sibi fecerunt haeresin.

Von alledem, was die Kirchenväter zu berichten wissen, sind vielleicht folgende Notizen brauchbar: 1) Irenäus III 11,7 meint, daß die Nicolaiten vor Cerinth dasselbe gelehrt haben (Weizsäcker fand in den Nicolaiten, dieser Notiz folgend, Anhänger des Cerinth). 2) erwähnenswert ist, daß Dorotheus den Nicolaus zu einem Bischof von Samarien macht und ihn mit Simon Magus in Verbindung setzt (ὃς ἐπίσκοπος Σαμαρείας γενόμενος ἑτεροδόξησεν ἅμα τῷ Σιμῶνι; (Weyland hält die Nicolaiten demgemäß für eine samaritanische Sekte), 3) eine apokryphe Apostelgeschichte bei Fabricius, Cod. Apocr. NT p. 498 kennt einen Corinther Nicolaus. Doch treten diese selbständigen Notizen zu spät und zerstreut auf, als daß man ihnen sonderlichen Wert beimessen könnte. Noch weniger Wert als die Überlieferung der Kirchenväter haben hier, wo die Dinge gänzlich aussichtlos stehen, die Ratereien moderner Exegeten. Einen Teil derselben mag man bei Dstd. und Hirscht 26 nachlesen. Wir sind demgemäß bei der Frage nach dem Wesen der Nicolaiten völlig auf unsre Apk selbst angewiesen. Doch kann diese erst innerhalb eines Gesamtüberblicks über die Sendschreiben und nach Festlegung von deren Zeit einigermaßen gelöst werden. Hier kann nur noch die Frage erhoben werden, auf die uns der Mangel aller selbständigen Tradition außerhalb der Apk führt, ob nicht „Nicolaiten" überhaupt ein fingierter und kein historischer Name sei. — Zu erwähnen ist jedenfalls die von Chr. A. Heumann (Act. Erudit 1712. p. 179. Poecile II, 392) und J. W. Janus (de Nicol. ex haeretic. catalogo expungendis. Viteb. 1723) aufgebrachte Vermutung, daß in der Volksetymologie Νικόλαος (zusammengesetzt aus νικᾶν und λαός) = Bileam (עַם בָּלַע Volksverschlinger) sei. Aber immerhin erscheint die hier vorgeschlagene Lösung des Rätsels als gar zu künstlich[11]. Es wird dabei sein Bewenden haben, daß die Sekte der Nicolaiten sich nach einem Stifter Nicolaus nannten, über dessen Persönlichkeit wir nichts mehr wissen. — Genaueres über die in den Sendschreiben vorausgesetzte Häresieen s. in dem zusammenfassenden Exkurs zu Kap. 2 und 3.

2,7. ὁ ἔχων οὖς[12] ἀκουσάτω, τί τὸ πνεῦμα λέγει ταῖς ἐκκλησίαις[13]. Zum Schluß erfolgt in allen Briefen eine Wendung von der einzelnen Gemeinde zur gesamten Christenheit. Da das Buch als ganzes schon von vornherein zur

Vorlesung im öffentlichen Gottesdienst bestimmt war, so ist eine solche Wendung an und für sich begreiflich. (Über die sich hier erhebenden kritischen Bedenken s. den Exkurs zu Kap. 1-3.) Der Geist ist der heilige Geist, der den Propheten inspiriert; die Offenbarungsrede Christi kann deshalb auch als eine Rede des Geistes bezeichnet werden. Zu τὸ πνεῦμα vgl. sämtliche Briefschlüsse, 14,13; 19,10; 22,17. Eine gewisse Schwierigkeit liegt in der Erwähnung des Geistes hier und der sieben Geister 1,4. Der Geist, der in den Propheten redet (der Geist Christi), scheint nach dem Apokalyptiker weder identisch zu sein mit den sieben Geistern, noch zu ihnen zu gehören, also noch nicht in die trinitarische Formel aufgenommen zu sein. — τῷ νικῶντι[14] δώσω αὐτῷ[15] φαγεῖν ἐκ τοῦ ξύλου τῆς ζωῆς, ὅ ἐστιν ἐν[16] τῷ παραδείσῳ τοῦ θεοῦ [μου][17]. Wer im Kampf mit allen ungöttlichen Mächten den Sieg erringt, dem will Gott vom Lebensbaum zu essen verleihen, d. h. von dem noch jetzt im Paradies (Gen 2,9) vorhandenen Lebensbaum. Zu der Vorstellung, daß Gott im Jenseits den Seligen vom Lebensbaum zu essen geben wird, vgl. 22,2; (Ez 47,12); Hen. 24-25; Testam. Levi 18 (καὶ δώσει τοῖς ἁγίοις φαγεῖν ἐκ τοῦ ξύλου τῆς ζωῆς). Βίος Ἀδάμ 28; IV Es 7,36; 9,19; Sib. Prooem. 86f.; III 746; II 318; Apk Bar. 29,8 u. ö. Religion des Judentums 271. Die Vorstellung beruht auf der eschatologischen Überzeugung der Wiederkehr des paradiesischen Urzustandes am Ende der Tage (Greßmann, Urspr. d. israelit.-jüd. Eschat. 220). τοῦ θεοῦ [μου] steht mit Nachdruck am Schluß, da auf den hingewiesen werden soll, der die Verheißung den Seinen garantiert. Das μου ist recht gut bezeugt. Ist es echt, so betont damit der verheißende Menschensohn seine Beziehung zu Gott (vgl. II Kor 1,3; Eph 1,3; I Pt 1,3), in dem die Verheißung ruht.

Fußnoten:

1. s[1] τω εν εκκλησια Εφεσου; AC τω αγγ. τω εν Ε. εκκλησιας (!) (g vg. Pr. angelo ecclesiae Ephesi); vgl. d. folgenden Briefeingänge. Zahn (II 611) glaubt, daß der glatte Text der gewöhnlichen Lesart nicht ursprünglich sein kann. Auch mir erscheint das unwahrscheinlich, schon wegen der fast nur in diesen Briefeingängen allein vorkommenden verschränkten Wortstellung. Aber wie lautete die ursprüngliche Lesart?
2. א Q Rel. c ae. + σου (Korrektur).
3. > Pr.
4. Vielleicht ist deshalb auch mit A c ae. das καί vor ὅτι wegzulassen.
5. Die kontrahierte Form des Indic. δύνῃ kommt im NT. nur noch Mk 9,22.23 vor (Schmiedel 14,2), sie ist im Klassischen ungebräuchlich.
6. + εἶναι אcc Q Rel. g vg. s[12] Pr. Vict.

7. Auch sind die Nicolaiten nicht, wie Dstd. will, nur ein Teil des in V. 2 erwähnten κακοί (ψευδαπόσοτλοι). Es liegt kein Grund zu dieser Behauptung vor.
8. 51; AC κεκοπιακες (καικοπιακας 1; και κεκοπιακας Min[5] a), alle übrigen konformieren das Tempus (και ουκ εκοπιασας). Über die schlechten Formen auf ες vgl. Einleitung p. 189. Ob man solche Provinzialismen in den Text aufnehmen soll, ist mehr als fraglich. (Buresch, Rheinisches Museum 1891.)
9. εκπεπτωκας P An. (g vg. s[1] Vict.).
10. + Q Rel. s[2] a Pr.; > ℵACP g vg. c Tic. Das ταχὺ kann nach 2,16; 3,11 hinzugefügt, aber auch als selbstverständlich ausgelassen sein.
11. Erwähnt muß allerdings werden, daß die Deutung Bileam = עַם בָּלַע sich in der Tat Sanhedrin 105a (Schürer, die Prophetin Isabel in Thyatira, Theol. Abh. Weizsäcker gew. 1892, S. 44) findet.
12. + audiendi (ακουειν) vg.cod. c Pr.
13. ταις επτα εκκλησιαις A; ταις εκκλ. ταις επτα C.
14. νικουντι A (2,17 AC, 15,2 C) s. Einleitung S. 163f.
15. > ℵ An.[3].
16. εν μεσω του πραδεισου Pℵcc An. (genauere Bestimmung nach der alttestamentlichen Erzählung).
17. + Q Rel. c s[2] g vg. sa. Cypr. Pr. Or.i; > ℵACP An.[12] s[1] a. θεος μου auch 3,2.12. θεος ημων 7,10.12; 12,10; 19,1.5.

2,8-11. Smyrna. 2,8. καὶ τῷ ἀγγέλῳ τῆς ἐν Σμύρνῃ[1] ἐκκλησίας[2] γράψον. Smyrna ist acht Meilen nördlich von Ephesus gelegen, wurde nach Pausanias von Alexander dem Großen, nach Strabo von Antigonus und Lysimachus neu erbaut. Es erhob ebenfalls neben Pergamon und Ephesus den Anspruch, die erste Stadt der Provinz Asien zu sein, (Mommsen V 303 ff.) und macht diesen Anspruch Ephesus zum Trotz auf Münzen geltend. Als der Leiter und Bischof dieser Gemeinde von Apostel-Zeiten her gilt Polykarp. Euseb. H. E. IV. 14,3: Πολύκαρπος ... ὑπὸ ἀποστόλων κατασταθεὶς εἰς τὴν Ἀσίαν ἐν τῇ ἐν Σμύρνῃ ἐκκλησίᾳ ἐπίσκοπος. Tertullian, praescr. 32: Smyrnaeorum ecclesia Polycarpum ab Johanne collocatum refert. Daher haben manche – namentlich katholische – Ausleger in dem ἄγγελος τῆς ἐκκλησίας den Polykarp finden wollen. Zu bemerken wäre noch, daß sich nachweisen läßt, daß gerade in Smyrna die Juden an Einfluß und Zahl eine große Rolle gespielt haben müssen. Martyrium Polyk. 13,1: μάλιστα Ἰουδαίων προθύμως, ὡς ἔθος αὐτοῖς, εἰς ταῦτα ὑπουργούντων. Die Juden widerrieten es, den Leichnam des Polykarp herauszugeben. ib. 17,2; über Juden in Smyrna vgl. Schürer III 11. 39. 54. Zu vergleichen wäre vielleicht noch

Ignat. ad Smyrn. 1,2: τοὺς ἁγίους καὶ πιστοὺς αὐτοῦ εἴτε ἐν Ἰουδαίοις εἴτε ἐν ἔθνεσιν. Eine besondere Hochschätzung des Martyriums zeigt sich Mart. Polyk. 17,3: τοῦτον μὲν γὰρ υἱὸν ὄντα τοῦ θεοῦ προσκυνοῦμεν, τοὺς δὲ μάρτυρας ὡς μαθητὰς καὶ μιμητὰς τοῦ κυρίου ἀγαπῶμεν.

τάδε λέγει ὁ πρῶτος καὶ ὁ ἔσχατος (1,8 ist dasselbe von Gott gesagt, s. dort die Parallelen), ὃς ἐγένετο νεκρὸς καὶ ἔζησεν (1,17). Er „lebte auf" bezeichnet den Moment der Auferstehung (13,14 ἔχει τὴν πληγὴν .... καὶ ἔζησεν, Rö 14,9). Als der allmächtige Schutzherr der kleinen smyrnensischen Gemeinde, der wie diese gestorben schien, aber wieder erstand, erscheint der Herr dieser Gemeinde.2,9οἶδά σου[3] τὴν θλῖψιν καὶ τὴν πτωχείαν, ἀλλὰ πλούσιος εἶ (Ps 34,11). Nach Sp. wären θλῖψις und πτωχεία Korrelatbegriffe. Dstd. denkt ganz allgemein an Bedrängnis und Armut, Hltzm. an Verfolgung und Armut. Oder man sucht zu vermitteln: In der Verfolgung seien den Christen ihre Güter entrissen, oder wegen ihrer Armut seien sie wehrlos gegenüber den Verfolgern gewesen. Wegen des Folgenden ist jedenfalls θλῖψις auf Verfolgung zu beziehen – καὶ τὴν βλασφημίαν ἐκ[4] τῶν λεγόντων Ἰουδαίους εἶναι ἑαυτοὺς (der Infinitiv erhält nach lateinischer Weise als Subjekt das reflexive Pronomen. Blaß 233) καὶ οὐκ εἰσίν (V. 2) ἀλλὰ συναγωγὴ τοῦ σατανᾶ. Unter diesen die Christengemeinde verfolgenden „Juden" sind nicht judaisierende Irrlehrer, sondern einfach Juden zu verstehen. Vgl. noch Mart. Polyk. 12,2: ἅπαν τὸ πλῆθος ἐθνῶν τε καὶ Ἰουδαίων τῶν τὴν Σμύρναν κατοικούντων ἀκατασχέτῳ θυμῷ καὶ μεγάλῃ φωνῇ ἐβόα (13,1; 17,2). Was für eine βλασφημία von Seiten der Juden gemeint sein mag, ist nicht sicher festzustellen. Es mag sein, daß sie die Christen wegen revolutionären Wesens und Unruhestiftung verleumdeten. In Gegensatz zu dem Anspruch der Juden, συναγωγὴ κυρίου (Num 16,3; 20,4; 31,16; συναγωγὴ ὁσίων Ps Salom 17,16) zu sein, tritt hier das Urteil, daß diese Juden vielmehr des Satans Synagoge seien. Das Wort συναγωγή (nicht ἐκκλησία) ist wohl mit Absicht gewählt. Deutlich ist, daß hier ein Christ schreibt, der den Judennamen als solchen unbedingt hochhält, der also selbst Judenchrist ist. Ganz anders ist die Stimmung des vierten Evangeliums gegenüber den Ἰουδαῖοι. Keinesfalls sind also die Ἰουδαῖοι mit den ψευδαπόστολοι im ersten Sendschreiben zu identifizieren.

2,10. μηδὲν[5] (nichts von dem was ...) φόβου, ἃ μέλλεις πάσχειν[6]. ἰδοὺ[7] μέλλει βάλλειν[8] ὁ διάβολος ἐξ ὑμῶν[9] (s. Einleitung S. 166, Winer § 47, S. 343) εἰς φυλακὴν ἵνα πειρασθῆτε. Da hier Gefängnis als drohende Gefahr genannt wird, so kann es sich nur um Verfolgungen handeln, bei denen, wenn sie auch von Juden ausgingen, doch die heidnische Obrigkeit beteiligt war (Dstd., Hltzm.). Der Ausdsuck διάβολος soll nach Sp. gewählt sein, um an jüdische Verleumdung zu erinnern (Akt 13,50; 14,2; 17,5.13; 18,12). Dagegen machte schon Dstd. geltend, daß man dann vor allem συναγωγὴ τοῦ διαβόλου erwarten sollte. καὶ ἕξετε[10] θλίψιν ἡμερῶν[11] δέκα. Eine Frist von zehn Tagen findet sich auch Dan 1,12.14 (Num 11,19) Sp. Durch die runde Zahl wird die Kürze der Verfolgungszeit angedeutet. Von einem vaticinium ex eventu kann hier nicht die Rede sein. γίνου (nicht ἴσθι) πιστὸς ἄχρι θανάτου. Diese Ermahnung charakterisiert die Heftigkeit der erwarteten Verfolgung. καὶ δώσω σοι τὸν στέφανον τῆς ζωῆς. Ob das Bild vom Lebenskranz in der eschatologischen Sprache ausschließlich der Sitte der Verleihung von Siegeskronen bei den Kampfesspielen (II Tim 2,5; I Pt 5,4; [I Kor 9,24; Phil 3,14]) entlehnt ist, steht dahin. Strahlenkrone, Strahlenkränze sind das Abzeichen der Lichtgötter. Daraus scheint die eschatologische Idee entstanden zu sein, daß die seligen Frommen Lichtkränze trugen. Greßmann, Ursprung der israelit. jüd. Eschatologie 110. Jüdische Parallelen bei Volz, jüdische Eschatologie 344, Bousset, Rel. d. Judent. 265. – τῆς ζωῆς ist deshalb wahrscheinlich nicht Gen. epexegeticus: „Der Kranz, der im (ewigen) Leben besteht", sondern Gen. der Zugehörigkeit: „der Kranz, der zum (ewigen) Leben gehört."

2,11. (11a = 7a.) ὁ νικῶν οὐ μὴ ἀδικηθῇ ἐκ τοῦ θανάτου τοῦ δευτέρου. – ἀδικεῖν mit dem Akkus. der Person ist in der Apk sehr häufig. Zu dem ursächlichen ἐκ vgl. 8,11. Was der zweite Tod ist, geht aus 20,6 hervor. Targum in Ps 49,11: improbos qui moritur morte secunda et adjudicantur Gehennae. Targ. Hieros. in Dt 33,6: vivat Ruben in hoc seaculo et non moriatur morte secunda (andre Stellen bei Wetstein z. Stelle). Der zweite Tod ist die endgültige Verdammnis, welche der Sünder im Gericht Gottes erleidet. Der erste Tod ist demgegenüber der natürliche, der, von den Überlebenden im Zwischenreich abgesehen, jeden Menschen trifft.

Fußnoten:

1. א am. fu. Ζμυρνη.
2. A αγγελω τω εν Σμυρνης εκκλησιας (!); αγγ. της εκκλ Σμ. s[1] (g vg) c ae. Pr.; αγγ. της εκκλ Σμυρναιων An.[1] a.
3. ACP g vg. c s[1] ae. Vict. Pr.; alle übrigen fügen nach 1,2 τα εργα και ein.
4. > εκ P An. a (א + „την" εκ = s[12]).
5. μη ACQ c a; doch ist die schwerere Lesart vorzuziehen.
6. אACP An.; παθειν Q Rel. s. o. S. 169.
7. אACP An.[1245] g vg s[1] Pr.; + δη Rel.
8. (א)ACP An.[14]; βαλειν Q Rel. (א βαλλειν βαλιν). s. o. S. 169.
9. εξ υμων ο διαβολος א 1. 46. 80. 161 g.

10. εχητε A 36. 81. Pr. (g >) ist falsche Konformation nach dem vorangegangenen πειρασθητε, da εξετε als ein neuer Hauptsatz aufzufassen ist. (εχετε CP 1. 11. 12 ist wieder aus der Lesart εχητε entstanden).
11. ℵACP An. Pr.; die übrigen ημερας

2,12-17 Pergamon. 2,12. καὶ τῷ ἀγγέλῳ τῆς ἐν Περγάμῳ ἐκκλησίας[1] γράψον. Pergamon, die alte Attalidenhauptstadt, behauptete sich auch neben Ephesus als angesehenste Stadt der Provinz Asien. Plinius N. H. V. 33: Longeque clarissimum Asiae Pergamum. Pergamena vocatur eius tractus jurisdictio. Ad eam conveniunt Thyatireni ..., aliaeque inhonorae civitates. Außerordentlich wichtig ist, daß im Jahre 29 v. Chr. hier dem divus Augustus und der Göttin Roma auf der höchsten Höhe der Akropolis ein Tempel gewidmet und damit der Kult des römischen Kaisers in Asien begonnen wurde (Guiraud, les assemblées provinciales 25). Daß dieser Tempel wirklich der Sitz des Provinzialkultus gewesen ist, zeigt eine Inschrift aus Mytilene: ἐν [τῷ ναῷ τῷ κατα]σκευαζομένῳ αὐτῷ ὑπὸ τῆς Ἀσίας ἐν Περγάμῳ. Eine eigene Priesterschaft des Augustus läßt sich ebenfalls in Pergamon nachweisen. Von den ὑμνωδοὶ θεοῦ Σεβαστοῦ καὶ θέας Ῥώμης wurde hier dem Hadrian zu Ehren ein Altar errichtet (Hirschfeld z. Gesch. d. röm. Kaiserkultus. Sitzungsbericht d. Berl. Akad. 1888, II 837). Die Stadt Pergamon ist aber vor allem bekannt als Kultstätte des (Zeus) Asklepios. Der Heil- und Wunder-Gott Asklepios nimmt im späteren griechischen Volksglauben, der sich mehr und mehr entnationalisierte und den privaten Bedürfnissen des Lebens zuwandte, die höchste Stelle ein. Bei den Apologeten spielte er eine besondere Rolle (Justin I 21f.; I 54). Man stellte ihn geradezu in Parallele mit Christus. (Origenes, c. Cels. III 3; Arnobius I 49; III 23; VII 44-48. Vgl. die Artikel über Asklepios in Roschers Lexikon der Mythologie und der Realenzyklopädie von Pauly-Wissowa. Zahn, Einleitung II 609). Pergamon aber gilt als die Hauptstätte seiner Verehrung und als einer der berühmtesten Wallfahrtsziele des Altertums. Hier war daher immer genügend Zündstoff für den Ausbruch heidnischen Fanatismus vorhanden. Galenus, de Compos. medic. per. part. IX: εἰώθασιν πολλοὶ ... ἐν τῷ βίῳ λέγειν· μὰ τὸν ἐν Περγ. Ἀσκληπιὸν, μὰ τὴν ἐν Ἐφέσῳ Ἄρτεμιν, μὰ τὸν ἐν Δελφοῖς Ἀπόλλωνα. Tacitus, Ann. III 63. Martialis IX 16. Philostratus, Vita Apollonii IV 34: ὥσπερ ἡ Ἀσία ἐς τὸ Πέργαμον, οὕτως ἐς τὸ ἱερὸν τοῦτο ξυνεφοίτα ἡ Κρήτη. Serenus Sammonic. qui colis Aegeas, qui Pergama, quique Epidaurum. Herodianus Hist. IV 8,3: ἠπείχθη εἰς Πέργαμον τῆς Ἀσίας χρήσασθαι βουλόμενος θεραπείαις τοῦ Ἀσκληπιοῦ. Statius Silv. III 4,23: Pergameas intrasse domos, ubi maximus aegris auxiliator adest. Vgl. Lucian, Icaromenipp 24 p. 780, und den

Andreaskommentar zu dieser Stelle (κατείδωλος ἦν αὕτη ἡ πόλις). Bemerkenswert ist die Schilderung des Aussehens des Asklepios Pausanias II 27,2: κάθηται δ' ἐπὶ θρόνου βακτηρίαν κρατῶν, τὴν δὲ ἑτέραν τῶν χειρῶν ὑπὲρ κεφαλῆς ἔχει τοῦ δράκοντος. Auf pergamenischen Münzen erscheint Asklepios stehend, oder ein Schlangensymbol (die Zitate im Anschluß an Wetsteins Bemerkungen z. Stelle).

τάδε λέγει ὁ ἔχων τὴν ῥομφαίαν τὴν δίστομον τὴν ὀξεῖαν[2]. Das wird mit Bezug auf das Strafgericht über die Bileamiten V. 16 gesagt. 2,13. οἶδα[3] ποῦ κατοικεῖς. ὅπου ὁ θρόνος τοῦ σατανᾶ. Der Eingang lobt und tröstet. In bedrängter Lage ist die Gemeinde treu geblieben, und der Herr kennt ihre Not. Der Thron des Satan hat die verschiedensten Erklärungen gefunden: Vielfach deutete man auf den Kult des Aeskulap, wobei man sich auch auf das Schlangensymbol des Aeskulap berief, oder allgemeiner auf Pergamon als den Sitz der Christenverfolgungen, da hier allein bis jetzt Christenblut geflossen sei, unter Hinweis auf die Tatsache, daß Pergamon Sitz des Obergerichts war, oder unter Annahme besonders dem Christentum feindlicher Personen. Andre Ausleger dachten nur an eine besondre Blüte des Götzendienstes oder an die Nicolaiten oder an eine besondre Machtstellung der Juden in Pergamon (Sp.). Geistvoll haben eine Reihe von Erklärern endlich (Manchot, Vlt., Weizsäcker 509, Hirscht 31, ZahnII 609) an den Riesenaltar des Ζεὺς σωτήρ (Asklepios), das Siegesdenkmal zur Erinnerung an den Sieg des Attalos über die Gallier mit seinem berühmten Reliefschmuck gedacht, der die Stadt allerdings derart überragte, daß man wohl begreifen könnte, wie der Apok. zu seinem Bilde vom θρόνος τοῦ σατανᾶ gekommen wäre. Dieser Auslegung hält jedoch eine zweite die Wage. Wir erinnern uns, daß Pergamon ältester Sitz des Kaiserkultus, die erste Neokore des römischen Cäsarentums war. Hier war der erste Tempel des Augustus und der Roma gebaut, hier bestand eine angesehene Priesterschaft des Kaiserkultus. Nachweislich gingen die Verfolgungen gegen die Christen sehr häufig von dem Provinzialpriestertum des Kaiserkultus aus (vgl. das Martyrium Polycarpi; der Asiarch ist der provinziale Oberpriester des Kaiserkultus), und es handelte sich in ihnen vor allem um die Forderung der Cäsarenverehrung. Daher ist es sehr wohl denkbar, daß der Apokalyptiker, dessen Haupttendenz gegen den Cäsarenkult gerichtet ist, Pergamon, den Hauptsitz dieses Kultus, wo der Kampf mit dem Tier, das Anbetung verlangt, schon begonnen hat, eben deshalb den Thron des Satan nennt (vgl. auch Hltzm.). καὶ κρατεῖς τὸ ὄνομά μου. Du hältst unter diesen Umständen fest an meinem Namen. καὶ οὐκ ἠρνήσω τὴν πίστιν μου. Der allgemeinen Schilderung folgt das spezielle Lob mit Bezug auf eine ganz bestimmte Verfolgungsperiode. πίστις hat hier und 14,12 die Bedeutung „Glaube“ (an mich); in anderer Bedeutung (Treue) 2,19; 13,10. καὶ (mit AC c vg.: auch, sogar in den Tagen) ἐν ταῖς ἡμέραις, αἷς[4] Ἀντίπας[5] ὁ μάρτυς μου ὁ πιστός[6]. Solche Relativsätze ohne Kopula sind in der Apk gebräuchlich 1,4; 5,13 (vielleicht auch 2,20; 3,12). Zu übersetzen ist also: in den Tagen, in welchen Antipas, mein getreuer Zeuge, (Apposition, nach der richtigen Lesart) war. ὃς ἀπεκτάνθη παρ' ὑμῖν, ὅπου ὁ σατανᾶς κατοικεῖ[7]. Tertullian, scorp. 12, nennt einen Märtyrer Antipas in Pergamon. Er wird einfach von unserer Stelle abhängig sein. Akten des Antipas will Andreas gelesen haben. Nach Simeon Metaphrastes soll Antipas, Bischof von Pergamon, unter Domitian in einem glühenden ehernen Stier getötet sein. (Vgl. über Antipas F. Görres ZwTh 1878, 257-279.) Bemerkenswert ist, daß uns aus ältester Zeit noch ein Martyrium von Christen in Pergamon überliefert ist, das des Carpus, Papylus und der Agathonice (vgl. Gebhardt ausgew. Märtyrerakten 13ff. und Euseb. H. E.IV 15,48). 2,14. ἀλλ' ἔχω κατὰ σοῦ ὀλίγα [ὅτι] (> C fu. a c s² Pr.) ἔχεις ἐκεῖ (d. h. gerade an diesem Ort des Martyriums)κρατοῦντας τὴν διδαχὴν Βαλαάμ. Nur einiges hat der Herr gegen die Gemeinde, weil sie zwar einige Irrlehrer unter sich hat und diese gewähren läßt, aber doch sich im großen und ganzen unberührt von der Irrlehre zeigt. Aber immerhin ist in dem ἔχεις der Vorwurf angedeutet, daß die Gemeinde die Irrlehrer hat aufkommen und Anhang gewinnen lassen. Sp. streicht das allerdings etwas unerwartet kommende ὀλίγα, aber ohne einleuchtenden Grund.ὃς ἐδίδασκεν[8] τῷ Βαλὰκ βαλεῖν σκάνδαλον ἐνώπιον τῶν υἱῶν Ἰσραήλ. Die grammatische Irregularität τῷ Βαλὰκ ist mit AC 11. 95. s¹ [1. 18. 92.mg. εν τω Β.; P. An.com. εν τω Βαλααμ τον Βαλακ; Q nur Βαλακ; ℵ* > τω B.] in den Text zu setzen, die meisten Min. lesen τον Βαλακ. Der Dativ bei ἐδίδασκεν ist nicht als Dat. commodi zu erklären, eher als Hebraismus = לִמֵּד לְ, am besten wohl als einfache Nachlässigkeit. Der Infin. ist von ἐδίδασκεν abhängig (vgl. oben V. 7 δώσω φαγεῖν). σκάνδαλον (vgl. Röm 14,13), eigentlich σκανδάλητρον, ist ursprünglich das Stellholz in der Falle = מוֹקֵשׁ (Jos 23,13; Ps 141,10), gewinnt in diesem Zusammenhang fast die Bedeutung des Lockmittels. Schürer (die Prophetin Isabel in Thyatira S. 44; theol. Abhandl. C. v. Weizsäcker gewidmet 1892; S. 44) bezieht das Lockmittel auf die Reize der schönen Moabiterinnen, durch welche die Israeliten verführt wurden, macht aber darauf aufmerksam, daß Num. 22-24 von dieser Tatsache gar nicht die Rede sei, daß erst 25,1ff. die Verführung durch die Moabiterinnen erzählt und 31,16 kurz angedeutet werde, daß dies auf Bileams Rat geschehen sei. Die Kombination dieser Notizen sei ein Werk des späteren Midrasch. Philo, Vita Mosis I 48-55 § 263 bis 304; Jos. Antiq. IV 126ff. Origen., in Numer. Homil. XX,1. — φαγεῖν[9] εἰδωλόθυτα καὶ πορνεῦσαι. Der Infin. ist nicht parallel dem vorhergehenden (wie derjenige Abschreiber, der hier ein καί [s. u.] einschob, verstand), sondern ist erklärender (resp. appositioneller Infinitiv) zu σκάνδαλον. Also B. lehrte, ein

Lockmittel (zur Sünde) den Kindern Israels zu geben, nämlich Götzenopferfleisch zu essen und zu huren. Auch im alten Testament verführen die Moabitischen Buhlerinnen die Israeliten zur Teilnahme an den Opfermahlen (Nu. 25,1f.); für den Apokalyptiker ist diese Parallele zu den gegenwärtigen Verhältnissen, da es sich bei den Irrlehrern wieder um diese beiden Dinge handelt, besonders schlagend. Wenn also hier den Irrlehrern Schuld gegeben wird, daß sie die „Lehre“ Bileams haben, so bedeutet das, daß sie dieselben verführerischen Ratschläge gaben wie damals Bileam, nämlich εἰδωλόθυτα φαγεῖν und πορνεῦσαι; der Ausdruck διδαχή mit Bezug auf Bileam ist natürlich mit Rücksicht auf die Gegenwart gewählt (Genaueres s. weiter unten). 2,15. οὕτως ἔχεις καὶ σὺ κρατοῦντας τὴν διδαχὴν [τῶν] (der Artikel ist mit ℵP An. nach der Parallele in 2,6 beizubehalten) Νικολαιτῶν ὁμοίως[10] (so ist der Satz abzuteilen, nicht ὁμοίως μετανόησον). So wie Bileam durch Balak die Israeliten verführte, so haben die Pergamener die Nicolaiten als Verführer. Zu vergleichen ist nun aber dieser Satz mit dem obigen: ὅτι ἔχεις κρατοῦντας τὴν διδαχὴν Βαλαάμ. Nach dem Zusammenhang kann diese Wendung kaum anders verstanden werden, als daß die, welche an der Lehre Bileams festhalten, identisch sind mit den an der Lehre der Nicolaiten festhaltenden. Es steht also die Lehre Bileams der Lehre der Nicolaiten parallel (man beachte, daß es nicht im Singular heißt: die Lehre des Nicolaus). Nicolaiten sind also Leute, wie einst Bileam es war, und so wird der Gedankengang erst prägnant: wie einst Bileam es gelang, Israel zu verführen, so ist es auch seinen Nachfolgern, den Nicolaiten, gelungen, einige aus der pergamenischen Gemeinde zu gewinnen. Nicht ganz klar ist bei alledem das Verhältnis der Bileamiten zur Gemeinde der Pergamener. Wenn aber im folgenden Vers das angedrohte Gericht über die Bileamiten zugleich ein Gericht über die Gemeinde ist, so müssen die Bileamiten doch in einem, wenn auch losen Verhältnis, zur Gemeinde gestanden haben. Man darf hier den Vergleich Bileam und Israel — Bileamiten und Pergamener nicht zu straff durchführen.

2,16. μετανόησον [οὖν lassen aus ℵP An.[123] g vg. Pr.] εἰ δὲ μή, ἔρχομαί σοι ταχὺ καὶ πολεμήσω μετ’ αὐτῶν ἐν τῇ ῥομφαίᾳ τοῦ στόματός μου. Nach Sp. folgt eine dem Vergehen entsprechende Strafe, auf sinnliche Ausschweifung Vernichtung des Fleisches; vgl. I Kor 5,4f; (11,30). Diejenigen aber, über die das Gericht ergeht, werden deutlich von der Gesamtheit der Gemeinde unterschieden (σοι – αὐτῶν). Es sind die Anhänger der Bileamitischen Richtung. Das Strafgericht trifft die Gemeinde, insofern es eine Anzahl ihrer Glieder trifft.

2,17. (17a = 7a.) τῷ νικῶντι δώσω αὐτῷ[11] [+ ἐκ ℵ 36. 91 c s[1] Pr.] τοῦ (τό Q) μάννα τοῦ κεκρυμμένου (2,7). Die Konstruktion von δοῦναι mit Gen. Part. kommt im neuen Testament nur hier vor. Blaß (99) hält den einfachen Gen. für unwahrscheinlich. Schwierigkeit bereitet der Ausdruck das verborgene Manna.

Jedenfalls kann es sich hier nach der ganzen Anlage der Schlußworte der Sendschreiben nur um eine Gabe des ewigen Lebens und des jenseitigen Aeons handeln. Der Ausdruck „das verborgene Manna“ erinnert an die jüdische Tradition, daß vor der Zerstörung Jerusalems der Prophet Jeremias die Bundeslade mit den darin enthaltenen Heiligtümern verborgen hat, und daß der Messias diese bei seinem Erscheinen wiederbringen werde. Vgl. II Mak 2,4ff; Apk. Bar 6,5-10; Josephus, Ant. XVIII 85-87; vgl. Religion d. Judentums 227; Stellen aus der späteren jüdischen Literatur s. bei Wetstein. Zum Gedanken des Mannaessens im zukünftigen Reich vgl. Apk. Bar 29,8: „Und zu jener Zeit werden wieder die Mannavorräte vom Himmel herabfallen, und sie werden davon in jenen Jahren essen, weil sie das Ende der Zeit erlebt haben“ Sibyll. Prooem. 87; III 746; II 318. Bousset, Rel. d. Judentums 271. Jedenfalls hat gerade diese Verheißung im Zusammenhang einen bestimmten Sinn. Diejenigen, die auf das Essen von Götzenopferfleisch verzichten, bekommen dereinst himmlisches Manna als ihren Lohn. — Sp. findet hier einen Anklang an Joh 6,49ff., der ihm einen Grund abgibt, den Vers dem Redaktor zuzuweisen. Sollte hier ein Anklang vorhanden sein, so ist er anders zu erklären.

καὶ δώσω αὐτῷ ψῆφον λευκὴν καὶ ἐπὶ τὴν ψῆφον ὄνομα καινὸν „γεγραμμένον“ (> Pr.), ὃ οὐδεὶς οἶδεν εἰ μὴ ὁ λαμβάνων. An diesen rätselhaften Worten sind die verschiedensten Deutungen versucht. Wtst. hat die Talmudstelle Joma 8 herangezogen, wo es heißt, daß den Israeliten wertvolle Steine und Perlen mit dem Manna herunterfielen. Die Parallele ist auf den ersten Blick überraschend, aber auch nur auf den ersten Blick. Denn es findet sich hier keine Parallele zu dem auf diesem Stein geschriebenen neuen und unbekannten Namen — Xiphilin, Epit. Dion. p. 228 berichtet von Titus: σφαίρια γὰρ ξύλινα μικρὰ ἄνωθεν εἰς τὸ θέατρον ἐρρίπτει σύμβολον ἔχοντα τὸ μὲν ἐδωδίμου τινὸς ... ἃ ἁρπάσαντάς τινας ἔδει πρὸς τοὺς δωτῆρας αὐτῶν ἀπενεγκεῖν καὶ λαβεῖν τὸ ἐπιγεγραμμένον. Nach dieser Stelle erklären eine Reihe von Exegeten den weißen Stein etwa als Einlaßbillet zu den himmlischen Mahlzeiten. Andre machen auf die Sitte aufmerksam, daß im Gericht weiße Steine zum Zeichen der Freisprechung abgegeben werden und finden demgemäß hier die Rechtfertigung angedeutet. Wieder andre denken an die Urim und Thumim. Dstd. macht jedoch dagegen geltend, daß diese Steine nicht ψῆφοι genannt werden (vgl. Exod 28,17; 39,14). — Noch ratloser sind die Exegeten in der Deutung des unbekannten Namens. Man rät bald auf den Namen Gottes oder Christi (vgl. 3,12; 14,1. 19,12 hat der Messias einen Namen, den Niemand kennt), bald auf den eignen Namen des Siegers (Dstd.). Und was bedeutet es, daß der Name des Siegers auf dem weißen Stein steht? Diejenigen Ausleger, welche die Steine auf Urim und Thumim deuten, sind der Ansicht, daß wie auf diesen die Namen der Zwölfstämme standen, die Gottgeweihtheit der Seligen dadurch zum Ausdruck gebracht werde, daß ihre Namen auf den Steinen stehen. Daß nur der Empfänger den Namen kennt, erklärt Dstd. unter Hinweis darauf, daß der Name die neue Herrlichkeit der Kinder Gottes zum Ausdruck bringe, welche nur von diesen (ὁ λαμβάνων generisch zu fassen) geschaut wird, und von welcher die nichtberufenen keine Ahnung haben. — Das sind alles höchst gezwungene Erklärungen. Erst wenn man diesen rätselhaften Ausdruck in das richtige Milieu eingerückt hat, vermag man ihn zu verstehen. Er findet aber seine Erklärung in dem weitverbreiteten Glauben an die zauberkräftige Bedeutung des Namens. Parallelen hierfür beizubringen, erscheint überflüssig, nachdem Heitmüller in seinem Werk „im Namen Jesu" (Forsch. z. Rel. u. Lit. d. A. u. N. T 1903 H. 2) das in Betracht kommende Material zusammengebracht hat (vgl. namentlich 128-265). Was hier vorliegt, ist Zauberglaube. Und zwar ist hier wohl weniger daran zu denken, daß der Fromme selbst dereinst einen neuen Namen zu eigen bekommen soll und mit dem Namen eine neue Machtstellung. Auch dieser weiter unten noch genauer zu besprechenden Vorstellung begegnen wir in der Apk 3,12; (14,1) und (auf den Messias bezogen) 19,12. Vgl. Jes 62,2; 65,15. Hier liegt vielmehr eine andre Vorstellung zu Grunde. Der weiße Stein mit dem unbekannten Namen ist nichts andres als ein Amulett mit einer wirkungskräftigen Zauberformel. Eine Parallele mag hier erwähnt werden, weil hier ebenfalls gerade ein Stein mit einem geheimnisvollen Namen erwähnt wird: Bab. Talmud, Sukka 5 „Zur Stunde, da David die Fundamente des Tempels ausgrub, strömt der Abgrund hervor, die Welt zu verschlingen. David sprach, wer weiß, ob es erlaubt ist, den unaussprechlichen Namen auf eine Scherbe zu schreiben und in den Abgrund zu werfen, damit er sich beruhige?" (Wtst.) Ein solches zauberkräftiges Amulett verleiht dem Frommen eine vollkommene Herrschaft über alle Dinge. Ganz in diese Vorstellungswelt paßt es hinein, wenn betont wird, daß der Name neu und niemandem bekannt sein soll als dem Empfänger. Auf dem tiefen Geheimnis beruht der Wert des zauberkräftigen Namens (resp. der Formel). Wer den Namen erführe, hätte damit dieselbe Macht wie der Besitzer. Daher wird betont, daß nur der Fromme den Namen kennen und seiner Macht teilhaftig werden soll. Ob der Apok. diese volkstümliche Zaubervorstellung nur noch als herübergenommenes halbverstandenes Bild für den Gedanken der Weltherrschaft verwendet, oder ob er selbst noch mitten im volkstümlichen Glauben steht, kann nicht entschieden werden.

Fußnoten:

1. τω εν εκκλ. Περγαμου s^{1}; τω εν τη Π. εκκλ. (?) sa.; ecclesiae Pergami Pr. (g vg.).
2. > g Pr. vgl. 1,16. την οξειαν την διστομον s^{1}.
3. ℵACP 38 g vg. c s^{1} ae. Pr.; Q Rel. a s^{2} + τα εργα σου και (vgl. V. 9).
4. Q Rel. ae. s^{2}; εν αις verbessern ℵc (ℵ εν ταις) P An. (a) g sa. αις ist durch Versehen ausgefallen in AC vg. c s^{1} Pr. (Pr. cle. lips.[46] haben diebus illis, beginnen also mit diebus einen neuen Satz). Zahn konjiziert nach der Lesart der älteren Hndschrn. ἐν ταῖς ἡμέραις Ἀντίπα ὁ μάρτυς. Ich halte die Konjektur für überflüssig. Die Annahme eines alten Schreibfehlers genügt.
5. Αντειπας ℵcc A Min.[8] c s^{12}.
6. + μου AC 14. 92. s^{1}.
7. s^{1} 38 > οπου ο σατανας κατοικει.
8. εδιδασκεν mit ℵACP An.[123] g vg. Pr.; εδιδαξεν alle übrigen.
9. > „και" φαγειν ℵACP An.[123] c s^{1} a g vg. Pr., die Einschiebung des και in den übrigen Zeugen ist absichtliche Korrektur.
10. ο (ην) μισω lesen irrtümlich 1. (80); ομοιως ο (ην) μισω P 12. 13. 17. 81. 161 (Bousset, textkrit. Stud. 7) Vgl. 2,6.
11. + φαγειν απο schieben zur Erleichterung der Konstruktion ein P. An. a s^{2} g (nur manducare) Tic.

2,18-29 Thyatira. 2,18. καὶ τῷ ἀγγέλῳ τῆς[1] ἐν Θυατείροις[2] (?) ἐκκλησίας γράφον. Thyatira liegt 19 Stunden von Pergamon an der Straße von dort nach Sardes (Dstd.), 10 Meilen nordöstlich von Smyrna, eine inhonora civitas, die zu dem Gerichtsbezirk von Pergamon gehörte. Die Stadt war später ein Hauptort der Montanisten Epiph. Haer. 51,33. τάδε λέγει ὁ υἱὸς τοῦ θεοῦ ὁ ἔχων τοὺς ὀφθαλμοὺς „αὐτοῦ" (> A 36. 38. 161 g vg. s^{1} [τον οφθαλμον] Pr. Epiph., jedoch im Text zu belassen, weil die Weglassung wahrscheinlicher als die Hinzufügung) ὡς φλὸξ (? mit ℵ 12 am. fu. Pr. [nach dem besten Codices] die übrigen φλόγα) πυρὸς, καὶ οἱ πόδες αὐτοῦ ὅμοιοι χαλκολιβάνῳ. Der Apok. faßt vielleicht ὡς φλὸξ πυρός sc. ἔστιν als einen selbständigen Satz. Der Ausdruck „Sohn Gottes" kommt nur hier in der Apk vor und ist vielleicht mit Bezug auf die Psalmstelle, die V. 27 zitiert wird, gewählt.

2,19. οἶδά σου τὰ ἔργα καὶ τὴν ἀγάπην καὶ τὴν πίστιν[3] καὶ τὴν διακονίαν καὶ τὴν ὑπομονήν [σου] (>ℵ 149. dem. g Pr. Or.i). Man wird hier πίστις mit Treue zu übersetzen haben. Bei διακονία ist wohl hauptsächlich an die Unterstützung der

Armen gedacht, ὑπομονή bedeutet Geduld in Verfolgungen. — καὶ τὰ ἔργα σου τὰ ἔσχατα πλείονα τῶν πρώτων. II Petr 2,20: τὰ ἔσχατα χείρονα τῶν πρώτων. Es verhält sich hier also umgekehrt wie in Ephesus. τὰ ἔργα umfassen auch den gesamten sittlichen Zustand der Gemeinde. 2,20. ἀλλ' ἔχω κατὰ σοῦ[4], ὅτι ἀφεῖς τὴν γυναῖκα[5] Ἰεζάβελ. Du läßt sie Einfluß gewinnen, oder: Du hinderst ihr Wirken nicht. Isabel ist jedenfalls symbolischer Name (anders Bengel, Wolf, die das Weib wirklich Isabel heißen lassen, Sp. der wenigstens die Benutzung eines geprägten Beinamens von Seiten des Apok. annimmt). Der Name ist gewählt in Beziehung auf die Königin Isabel (אִיזֶבֶל) und deren Laster (Zauberei, Hurerei) I Kö 16,31; 18,4.13; 21,25ff.; II Kö 9,22.30. Der Name bedurfte keiner weiteren Erklärung (gegen Sp.). Bei der Erklärung haben wir jedenfalls davon auszugehen, daß nach allem, was wir von ihr hören, die thyatirenische Isabel eine konkrete Persönlichkeit ist. Alle Deutungen, welche in ihr nur ein Symbol für eine Richtung, eine Partei sehen, sei es eine ultrapaulinische, sei es eine libertinistische, sind abzulehnen. Schürer (die Prophetin Isabel in Thyatira; Theol. Abh. C. v. Weizsäcker gewidmet 1892) hat nachzuweisen versucht, daß die Isabel eine Prophetin des in Thyatira vorhandenen Heiligtums der chaldäischen Sibylle gewesen sei. Einen solchen Tempel der Sibylle habe es dort tatsächlich gegeben. Corp. incr. Graec. 3509: Φάβιος Ζώσιμος κατασκευάσας σόρον ἔθετο ἐπὶ τόπου καθαροῦ ὄντος πρὸ τῆς πόλεως πρὸς τῷ Σαμβαθείῳ ἐν τῷ Χαλδαίου περιβόλῳ ... ἐγένετο ἐν τῇ λαμπροτάτῃ Θυατειρηνῶν πόλει ἀνθυπάτῳ Κατιλλίῳ Σεβήρῳ. Das Sambatheion im Chaldäischen Bezirk sei das Heiligtum der Sambethe gewesen, der chaldäischen Sibylle nach dem Prolog der Sibyllinen (VI Jh.), aber auch schon nach Pausanias (Alexander Polyhistor), der den Namen Sabbe für die orientalische Sibylle kenne; Descr. Graec. X 12,9: ἐπετράφη δὲ καὶ ὕστερον τῆς Δημοῦς παρὰ Ἑβραίοις ... γύνη χρησμολόγος, ὄνομα δὲ αὐτῇ Σάββη. Βηρώσσου δὲ εἶναι πατρὸς καὶ Ἐρυμάνθης μητρός φασι Σάββην. οἱ δὲ αὐτὴν Βαβυλωνίαν, ἕτεροι δὲ Σίβυλλαν καλοῦσιν Αἰγυπτίαν. Da wiederum bei Ps. Justin, Cohortatio ad Graecos 37, die chaldäische Sibylle Tochter des Berosus genannt werde, Σάββη auch sprachlich = Σαμβήθη sei, so sei in der Tat erwiesen, daß es in Thyatira ein Heiligtum der chaldäischen Sibylle Sambethe gegeben. Da ferner ein hoher Regierungsbeamter L. Catilius Severus sich unter Hadrian (vielleicht schon unter Trajan) nachweisen lasse, so werde wahrscheinlich, daß dies Heiligtum der Sibylle bereits zur Zeit der Apk bestanden haben könne. So dränge sich die Kombination auf, daß man in dem Weib Isabel die Prophetin (Priesterin) des Sambatheions zu sehen habe[6]. Die Ausführungen Schürers sind hinsichtlich des Nachweises eines chaldäischen Heiligtums in Thyatira sehr interessant. Aber ich glaube nicht, daß sie zur Erklärung der Apk irgend etwas austragen. Es ist gar nicht einzusehen, mit welchem Recht man die christliche

Prophetin Isabel mit der heidnischen (im günstigsten Fall halbjüdischen) Prophetin des Sambatheions identifizieren darf, vorausgesetzt, daß im Sambatheion eine solche Prophetin wirklich existierte. Die Prophetin Isabel kann nur als die Führerin einer Bewegung innerhalb der christlichen Gemeinde aufgefaßt werden. Sie steht genau in demselben Verhältnis zur christlichen Gemeinde wie die falschen Apostel, die Bileamiten und Nicolaiten. Sie befindet sich offenbar noch unter der Jurisdiktion der Gemeinde, denn dieser wird vorgeworfen, daß sie sie gewähren lasse. — Zahn (II 606. 612) der Schürers Versuch als Einfall und Phantasie abweist, trägt seinerseits, indem er sich auf die nach ihm „zweifellos echte"[7] Lesart γυναῖκά σου (s. o.) stützt, den nicht besseren Einfall vor, die Isabel sei die Frau des Bischofs von Th. gewesen. Z. sieht wohl selbst ein, daß ein Bischof, dessen Werke, Liebe und Glaube von dem Apok. gerühmt werden, und der daneben sein sektiererisches buhlerisches Weib gewähren läßt, eigentlich eine Unmöglichkeit sei. Aber Z. weiß sich zu helfen: der gute Bischof soll nichts von der Verderblichkeit seines Weibes gewußt haben. „Sie gab sich nicht als πόρνη sondern als προφῆτις und wir wissen auch nicht, wie weit sie und ihre Anhänger in Handlungen gegangen sind." Der Apok. muß ihn erst im Namen dessen, der Nieren und Herzen erforscht, über die Verderblichkeit seiner Ehefrau aufklären! Es handelt sich hier aber gar nicht um ein geheimes buhlerisches Treiben, sondern um das Auftreten einer Partei mit offen ausgesprochenen Grundsätzen. Und davon sollte der „Bischof" nichts gewußt haben?! — Man wird daher wohl bei der Annahme stehen bleiben müssen, daß wir in der Isabel eine falsche (libertinisch gesinnte) christliche Prophetin zu sehen haben, die ihr Wesen in der Gemeinde trieb (Jablonsky, de Jezabele. opp. III 225-260, de W., Bl., Ew., Dstd., Wzs., Sp.). — Die Propheten und Prophetinnen waren in der Zeit, in der die vorliegenden Sendschreiben geschrieben wurden, noch zum Teil wenigstens die ersten Autoritäten in den Gemeinden. Es ist daher nichts Auffallendes, daß hier auch einmal in der Sekte der Irrlehrer eine Prophetin eine Rolle spielt. Merkwürdig ist es, daß gerade hier in Thyatira — später wahrscheinlich einem der Hauptsitze des Montanismus (s. o.) — die falsche Prophetie bekämpft werden mußte[8]. ἡ λέγουσα[9] ἑαυτὴν[10] προφῆτιν. Der Versuch, die hier vorliegende Anomalie in der Sprache dadurch zu heben, daß man ἥ als Relativpronomen faßt und zu λέγουσα ein ἐστιν ergänzt, ist nicht ganz unmöglich. Solche abgebrochenen Relativsätze kommen in der Apk häufig vor (vgl. 2,13 ἐν ταῖς ἡμέραις αἷς Ἀντίπας und die dort angeführten Parallelstellen, ebenso wäre dann auch 3,12 zu erklären). Dennoch scheint mir der Versuch wegen des folgenden Verbum finitum prekär. Winers Erklärung (498): „welche, indem sie sich für eine Prophetin ausgibt, lehrt und verführt", ist allzu künstlich. Die grammatische Anomalie ist einfach zuzugeben. καὶ διδάσκει καὶ πλανᾷ τοὺς ἐμοὺς δούλους πορνεῦσαι καὶ φαγεῖν εἰδωλόθυτα. Hltzm. faßt das διδάσκει absolut und bezieht das Objekt τοὺς ἐμοὺς δούλους nur zu πλανᾷ, weil διδάσκειν 2,14 mit dem Dativ konstruiert sei. Aber es liegt keine Veranlassung vor, einen Konstruktionswechsel als unmöglich auszuschließen. Das πορνεῦσαι steht diesmal (vgl. die folgenden Ausführungen), als die Hauptsünde voran. δοῦλοι steht, wie es scheint, hier in dem allgemeinen Sinn von Christen überhaupt (nicht = Propheten), ein in der Apk seltener Sprachgebrauch. Die Isabel wird übrigens als eine Vertreterin derselben Richtung wie der der falschen Apostel, Bileamiten und Nicolaiten, geschildert.

2,21. καὶ ἔδωκα αὐτῇ χρόνον ἵνα μετανοήσῃ. Der Aor. ἔδωκα kann kaum so übersetzt werden, als stünde hier das Perf. (Dstd.), sondern es liegt hier die Andeutung vor, daß schon einmal eine ganz bestimmte Warnung an das Weib ergangen ist. Dabei bleibt das Wann und Wie ganz unbestimmt, man darf weder mit Ew. auf ein schon einmal erlassenes Schreiben raten, noch mit Sp. gar auf Jud und II Petr verweisen. Jedenfalls hat also die Prophetin schon eine längere Wirksamkeit ausgeübt. καὶ οὐ θέλει μετανοῆσαι ἐκ τῆς πορνείας αὐτῆς. — μετανοεῖν ist in der Apk immer mit ἐκ konstruiert 2,22; 9,20f.; 16,11 (Akt 8,22 steht ἀπό s. o. Abschnitt VIIS. 167). 2,22. ἰδοὺ βάλλω[11] αὐτὴν εἰς κλίνην (die Strafe nach Maßgabe der Versündigung: das Siechbett anstatt des Wollustlagers) καὶ τοὺς μοιχεύοντας μετ' αὐτῆς εἰς θλῖψιν μεγάλην. Bei dem Ausdruck: die mit ihr ehebrechen, ist kaum an das alttestamentliche Bild des Ehebruchs für den Abfall von Gott gedacht, so daß etwa das μοιχεύειν dasselbe bedeutete wie πορνεύειν (dann ebenfalls in allgemeinem Sinn zu verstehen) und φαγεῖν εἰδωλόθυτα (so Dstd.), sondern bei dem μοιχεύειν ist speziell an Unzucht gedacht, welche dieses Weib getrieben hat. Dabei ist auf den Wechsel der Ausdrücke πορνεύειν-μοιχεύειν nicht allzuviel zu geben, obwohl es ja möglich bleibt, daß wir die Prophetin als verheiratete Frau zu denken haben. Wahrscheinlich ist es, daß das unzüchtige Treiben sich mit den Götzenopfermahlzeiten verbunden hat, aber gesagt ist es nicht. Die μοιχεύοντας sind also die Buhlen des Weibes. Jede geistige und uneigentliche Deutung der Stelle scheitert daran, daß neben den Buhlen des Weibes ausdrücklich ihre Kinder genannt werden (Sp.). ἐὰν μὴ μετανήσωσιν[12] ἐκ τῶν ἔργων αὐτῆς[13]. „Von ihren Werken“ d. h. von den Werken, welche jene sie gelehrt hat. Diese verhältnismäßig milde Strafandrohung ist übrigens ein neuer Grund, weshalb man nicht versuchen darf, die Buhlen mit den Kindern des Weibes zu identifizieren und in beiden ganz allgemein Anhänger jener zu sehen. 2,23. καὶ (> A c) τὰ τέκνα αὐτῆς ἀποκτενῶ ἐν θανάτῳ. Die eignen Kinder des Weibes sind gemeint, das Weib soll an seinen Kindern gestraft werden, daher die harte Drohung. Man könnte übrigens vielleicht annehmen, daß die ehelichen Kinder des Weibes gemeint seien und nicht solche, die mit den Buhlen erzeugt sind. Vielleicht liegt hier zugleich eine Anspielung auf das Geschick der Söhne Ahabs vor (II Kö 10,7). Was den gedrohten Tod betrifft, so ist möglich, daß hier an Pest zu denken ist (θάνατος Übersetzung der LXX für דֶּבֶר Ez 33,27 vgl. Jer 14,12; 21,7), doch liegt hier wahrscheinlich nur eine hebraistische Plerophorie der Rede vor, vgl. übrigens das zu 6,8 Bemerkte. καὶ γνώσονται πᾶσαι αἱ ἐκκλησίαι (Bemerkenswert ist, daß hier innerhalb eines Sendschreibens die sonst nur am Schluß übliche Wendung an sämtliche Gemeinden eintritt. Das läßt darauf schließen, daß die Vorgänge in Thyatira weithin Ärgernis erregt hatten), ὅτι ἐγώ εἰμι ὁ ἐρευνῶν (ἐραυνῶν)[14] νεφροὺς καὶ καρδίας[15] καὶ δώσω ὑμῖν ἑκάστῳ κατὰ τὰ ἔργα ὑμῶν[16]. Ps 7,10 LXX: ἐτάζων[17] καρδίας καὶ νεφρούς; Jer 17,10: ἐτ. καρδ. κ. δοκιμάζων νεφρ.; 20,12: συνίων νεφρ. κ. καρδ. vgl. Jer 11,20; Ps LXX 25,2; 61,13: σὺ ἀποδώσεις ἑκάστῳ κατὰ τὰ ἔργα αὐτοῦ.

2,24. ὑμῖν δὲ λέγω τοῖς λοιποῖς τοῖς ἐν Θυατείροις (ῃ vgl. 2,18), ὅσοι οὐκ ἔχουσιν τὴν διδαχὴν ταύτην(beachte auch diesen zu christlicher Häresie passenden Ausdruck), οἵτινες οὐκ ἔγνωσαν τὰ βαθέα τοῦ σατανᾶ, ὡς λέγουσιν. Zu der Stelle vgl. Irenäus, adv. haer. Praefatio (mit Bezug auf die Valentinianer): μηνύσαι σοι ... τὰ τερατώδη καὶ βαθέα μυστήρια; II 32,6; (21,2): qui profunda Bythi adinvenisse se dicunt. Tertullian adv. Vallentinianos 1: si bona fide quaeras, concreto vultu, suspenso supercilio „altum est“ aiunt. Die Parallelen legen nahe, daß wir hier ein Schlagwort gnostischer Weisheit vor uns haben. Auch die Worte in unserm Vers ὡς λέγουσιν deuten darauf hin. Denn das Subjekt des „λέγουσιν“ sind keinesfalls die übrigen Gemeindeglieder οἱ λοιποί, sondern auf jeden Fall die Irrlehrer selbst. Wir haben in dem Ausdruck „die Tiefen des Satans erkennen“ demgemäß eine Selbstcharakteristik der Irrlehrer zu sehen. Diese Selbstcharakteristik erscheint freilich wunderbar, und deshalb nehmen viele Ausleger an, daß der Apokalyptiker den Irrlehrern ihre Selbstaussage in einer stark ironischen Weise im Munde verdreht habe. Die Häretiker hätten natürlich von βαθέα τοῦ θεοῦ geredet, es seien Gnostiker gewesen, Pneumatiker, welche vielleicht unter Berufung auf I Kor 2,10 (Hgf. Einl. 416f., Blom ThT 1878, 88f., Hltzm.)[18] von sich behaupteten, die Tiefen Gottes — in den Augen des Apokalyptikers des Satans — durchdrungen zu haben. Doch hat man diese Annahme einer Verdrehung der Worte der Gegner von Seiten des Sehers nicht unbedingt nötig. Es läßt sich denkbar machen, daß die Irrlehrer selbst davon geredet haben, daß sie die Tiefen des Satans erkennen wollten; sie mögen so ihr praktisches Verhalten, ihr weltförmiges Wesen, und ihre Akkommodation an das Heidentum, das Götzenopferessen und den Libertinismus verteidigt haben: man müsse die Tiefen des Satans kennen lernen, die satanische Macht des Heidentums persönlich ergründen (Sp.). οὐ βάλλω[19] ἐφ' ὑμᾶς ἄλλο βάρος. Das kann sich auf Leiden oder auf Gesetzeslasten beziehen. Ersteres ist jedoch ausgeschlossen, da der Ausdruck im folgenden Vers κρατῆσαι nur auf das Festhalten an gesetzlichen Bestimmungen gedeutet werden kann. Es liegt daher hier aller Wahrscheinlichkeit nach eine Beziehung auf Akt 15,28 (μηδὲν πλέον ἐπιτίθεσθαι ὑμῖν βάρος) vor. Den Gliedern der Gemeinde, welche sich von dem Libertinismus der Nicolaiten zurückgehalten haben, wird gesagt, daß sie außer den im Apostelkonzil auferlegten Lasten, dem Verbot des πορνεύειν und des εἰδωλόθυτα φαγεῖν etc., keine andren mehr tragen sollen. 2,25. πλὴν ὃ ἔχετε κρατήσετε, ἄχρι οὗ ἂν ἥξω[20]. Wegen des feststehenden Sprachgebrauchs der Apk muß ἥξω als Konjunktiv von einem ungewöhnlichen ἧξα aufgefaßt werden.

2,26. καὶ ὁ νικῶν καὶ ὁ τηρῶν (1,8) ἄχρι τέλους τὰ ἔργα μου, (der Sieg besteht in dem Festhalten an den Werken, das hier mit Beziehung auf den vorhergegangenen Vers betont wird) δώσω αὐτῷ (diese starke Anomalie kommt hier zum ersten Mal in den Briefschlüssen vor) ἐξουσίαν ἐπὶ τῶν ἐθνῶν. Ps 2,8: δώσω σοι ἔθνη τὴν κληρονομίαν σου. Zum ersten Mal ist in diesem Schluß die Verheißung der mahnenden Warnung an alle Kirchen vorangestellt[21]. Auch hier scheint der Apokalyptiker kunstvoll die Briefe in 3 + 4 einzuteilen. Die Verheißung zeigt nun in diesem Sendschreiben eine besonders leidenschaftliche und jüdisch-apokalyptische Stimmung, welche man nicht umdeuten und spiritualisieren darf. Die Macht über die Heiden ist entweder ganz einfach auf die triumphierende Herrschaft der Gläubigen in der neuen Zeit oder auf die Machtstellung derselben im Gericht (Mt 19,28; I Kor 6,3; Apk 20,4) zu beziehen. 2,27. καὶ ποιμανεῖ αὐτοὺς (sc. τὰ ἔθνη constructio ad sensum) ἐν ῥάβδῳ σιδηρᾷ (Ps 2,9 in der Übersetzung der LXX mit dem bekannten Fehler תִּרְעֵם statt תְּרֹעֵם), ὡς τὰ σκεύη τὰ κεραμικὰ συντρίβεται[22]. LXX ὡς σκεῦος κεραμέως συντρίψεις αὐτούς; Apk 12,5; 19,15; zu übersetzen, „wie man Töpfergeschirr zerbricht“ (Hltzm.). 2,28. ὡς κἀγὼ εἴληφα παρὰ τοῦ πατρός μου. καὶ δώσω αὐτῷ τὸν ἀστέρα τὸν πρωϊνόν. In dem vorliegenden Sendschreiben allein findet sich eine doppelte Verheißung. — Die Wendung selbst spottet bis jetzt jeder Erklärung. Mit Beziehung auf Jes 14,12 fanden Andreas, Arethas hier den Satan. Verkehrt ist es jedenfalls, mit den meisten nach Apk 22,16 an Christus selbst zu denken, da diese Deutung im vorliegenden Zusammenhang sinnlos ist[23]. Dstd., Hltzm. u. a. denken unter Berufung auf Dan 12,3; Mt 13,43; I Kor 15,40ff. an die himmlische Herrlichkeit der Gläubigen. Aber diese Deutung erklärt doch den sonderbaren Ausdruck nicht. 2,29 s. o.

Fußnoten:

1. C > της; A τω αγγ. τω εν Θυατ. (> εκκλησ.); s[1] τω αγγ. τω εν εκκλ. τη εν Θυατ.; Pr. angelo ecclesiae, qui est Thyat.; Hippol. b. Epiph. H. 51. c 33 τω αγγελ. της εκκλ. τω εν θυατ.
2. Die Pluralform des Namens bezeugen hier ℵACP An. s[1] a Hipp.; den Singular θυατειρη(α) Q Rel. g vg. c ae. Pr. – 2,24 liegt dasselbe Zeugenverhältnis vor, nur daß Q 14. 92 die ganz unmögliche Form θυατειραις (ηραις) haben. Dagegen haben 1,11 die Pluralform ℵP An. (εις θυατειρα; P εν θυατειροις; An.[1] εις θυατειρας) s[1]; dagegen ACQ Rel. g vg. c ae. Pr. die Singularform (θυατειραν; AC θυατιραν; Q θυατηραν)
3. Die Umstellung von πιστις und αγαπη in AC 48. 95. cle Epiph. (1.) ist dogmatische Korrektur.
4. Es ist nicht mit ℵ An.[1] s[1] πολυ; An[2] a Pr. Cypr. Tic. πολλα; l. cle lips[46] ολιγα einzuschieben.
5. ℵCP An.[15] g vg. c a ae Tert. Epiph.; + σου Q Rel. s[12] Cypr. Pr. Der Abschreiber sah also in dem ἄγγελος der Gemeinde den Bischof. Mit dem richtigen Verständnis von ἄγγελος (s. o.) ist diese Glosse also unverträglich.
6. Hltzm.[2] (wie es scheint) und Vlt. III 410ff. akzeptieren die Ansicht Schürers. Letzterer sucht aus derselben für seine späte Ansetzung der Sendschreiben Kapital zu schlagen. Der Einfluß einer solchen außerhalb der Gemeinde stehenden Prophetin setze das Erlöschen der Prophetengabe in derselben voraus. — Gegen Schürer vgl. Hirscht p. 32.
7. Die Lesart ist freilich einigermaßen gut bezeugt (s. o). Aber daß sie zweifellos Anm: Die auf der nächsten Seite fortgesetzte Anmerkung wurde hier vervollständigt echt und die entgegengesetzte Lesart verwerflich sein soll, ist eine von den mit bekannter Sicherheit vorgetragenen grundlosen Behauptungen Zahns. Es ist gar nicht abzusehen, weshalb nicht schon nach den vielen vorausgehenden σου durch ein einfaches Versehen das σου in den Text gekommen sein könnte.
8. Auch die wie es scheint montanistisch gestimmten Märtyrer Carpus, Papylus stammen aus Thyatira (vgl. Harnack die Akta des Carpus etc., Texte u. Unters. V 433ff.).
9. Mit ℵAC; die übrigen verbessern teils in την λεγουσαν (Pℵc An.), teils (Q Rel.) in η λεγει: s. Studien S. 3).

10. αυτην lesen ℵQ An.[5]. Da ℵ (mit s[1]) hinter προφητιν noch ein ειναι liest, so kommen für die vorliegende Irregularität nur noch Q und einige Min. in Betracht, ein zu leicht wiegendes Zeugnis (B. Weiß 118).
11. βαλω (ℵ)PQ 38 sa. vg.cod. Tert. Verbesserung des in der Apk sehr beliebten Präsens (Studien 23).
12. μετανοησουσιν lesen nur ℵA, der Ind. nach εαν läßt sich in der Apk nicht nachweisen (s. Abschnitt VII S. 171).
13. αυτων in A An[12] a ae. c s vg.cod ist Korrektur.
14. ἐραυνῶν AC ist die alexandrinische Form (s. Studien 104), daher ist vielleicht ἐρευνῶν beizubehalten.
15. καρδιαν s[1] Pr. Cypr.
16. αυτου Q a c cle. lips.[46] tol.
17. ἐρευνᾶν wird in dieser Beziehung in der LXX nicht gebraucht.
18. Vlkm. sah hier eine direkte Polemik gegen I Kor 2,10.
19. βαλω ℵ Q vg. c sa. Pr. cf. V. 22 (Studien 23).
20. Die Lesart ανοιξω Q Rel. beruht offenbar auf einem Gehörfehler.
21. Es ist immerhin bemerkenswert, daß diese hier wie 3,6.13 (nicht 3,22) bei Pr. ausgefallen ist.
22. Die Lesart συντριβησεται (alle gegen ℵAC An.[1] s[1][?]) ist jedenfalls mechanische Konformation nach dem vorhergehenden ποιμανει. — Pr. hat: sicut vas figuli confringentur, scheint also gelesen zu haben: ὡς τὰ σκεύη ... συντριβήσονται sc. τὰ ἔθνη. (Ähnlich: Tic.: ut vas figuli comminuentur).
23. Es wäre das nur möglich, wenn in dem πνεῦμα, das zu den Gemeinden redet, Gott als Subjekt gedacht würde.

3,1-6 Sardes. 3,1. καὶ τῷ ἀγγέλῳ τῆς ἐν Σάρδεσιν ἐκκλησίας[1] γράψον Sardes, 13 Stunden südlich von Thyatira, drei Tagereisen nördlich von Ephesus. Unter Tiberius wurde Sardes nebst elf andern Städten zerstört und unter seiner Beihülfe wiederhergestellt. Tacitus, Ann. II 47. τάδε λέγει ὁ ἔχων τὰ ἑπτὰ πνεύματα τοῦ θεοῦ καὶ τοὺς ἑπτὰ ἀστέρας. Über das Verhältnis der sieben Sterne zu den sieben Geistern und die ursprüngliche Identität derselben, deren sich der Apok. wohl kaum mehr bewußt gewesen ist, siehe die Ausführungen zu 1,4. Es ist ganz vergeblich, in der Überschrift und den Attributen, die hier dem Menschensohn beigelegt werden, eine bestimmte Beziehung auf die folgende Gerichtsdrohung zu finden. Es ist gekünstelt, mit Sp. bei den Geistern an den Todeszustand der Gemeinde (im Gegensatz dazu) und bei den sieben Sternen an die Drohung, wie ein Dieb in der Nacht zu kommen, zu denken. Der Menschensohn wird hier ebenso allgemein charakterisiert, wie im Brief an

Ephesus (Dstd.), wie denn überhaupt das Schreiben an Sardes dem an Ephesus parallel läuft.

οἶδά σου τὰ ἔργα ὅτι ὄνομα ἔχεις „ὅτι ζῇς“ (mit ℵACP An. g vg. Pr.; die Lesarten καὶ ζῇς Q Rel. καὶ ὅτι ζῇς s[1] sind sinnlose Korrekturen), καὶ νεκρὸς εἶ. Du hast den Ruf (ὄνομα), daß Du lebst und bist tot. Das Urteil ist nicht absolut zu verstehen, wie aus dem folgenden hervorgeht. Das οἶδά σου τὰ ἔργα ist formal ähnlich dem Eingang des Sendschreibens an die Epheser, dem Inhalte nach entgegengesetzt. 3,2. γίνου γρηγορῶν καὶ στήρισον (Lk 22,32) τὰ λοιπὰ, ἃ ἔμελλον (constructio ad sensum) ἀποθανεῖν[2]. Der Ausdruck erinnert an Ez 34,4.16. (Hltzm.). Die Gesamtheit der Gemeindeglieder (nicht der Bischof oder das Presbyterium) wird ermahnt zu erwachen und sich der absterbenden Glieder anzunehmen. Das Imperfektum (ἔμελλον) erklärt sich als Tempus des Briefstils. Über das Tempus des Infinitivs s. o. S. 169. Verkehrt ist es, mit B. Weiß anzunehmen, daß hier diejenigen Gemeindeglieder gemeint seien, die allein in der Gemeinde noch nicht dem Tode verfallen seien, also die besseren Elemente. Denn wenn es mit diesen schon so stand, wer hätte dann in der Gemeinde die Aufgabe des γρηγορεῖν und στηρίζειν übernehmen sollen! οὐ γὰρ εὕρηκά σου τὰ[3] ἔργα πεπληρωμένα ἐνώπιον τοῦ θεοῦ μου.[4] Unter den Werken ist hier die gesamte sittliche Leistung der Gemeinde zu verstehen. Deshalb ist auch nicht, wie B. Weiß (nach AC) will, σου ἔργα zu lesen. Das würde bedeuten, daß überhaupt keine Werke von der Gemeinde erfüllt seien, ein Vorwurf, der zu hart wäre und mit dem Tatbestand nicht übereinstimmt. Das für diese von Gott bestimmte Maß (als Hohlraum gedacht) ist nicht ausgefüllt (erreicht). Zu πεπληρωμένα vgl Jo 16,24; 17,13, I Jo 1,4.II Jo 12. — Das zu ἐνώπιον τοῦ θεοῦ steht in einem gewissen Gegensatz zu dem Satz, daß die Gemeinde (vor der Welt) den Namen hat.

3,3. μνημόνευε οὖν (2,5), πῶς εἴληφας καὶ ἤκουσας[5]. Der Wechsel des Tempus ist vielleicht beabsichtigt (εἴληφας bezieht sich mit seinen Folgen auf die Gegenwart, ἤκουσας bezeichnet einen einmaligen Zeitpunkt in der Vergangenheit). — Beachte auch hier den Parallelismus mit dem Sendschreiben an die Epheser. Die Gemeinde soll sich erinnern, wie, d. h. ganz allgemein in welcher Verfassung (der ersten Liebe), sie aufgenommen und gehört hat (sc. das Evangelium). I Th 1,5.6; 2,13. Zu künstlich und durch nichts im Text veranlaßt ist es, mit Sp. (Hltzm.) diese Mahnung bestimmt darauf zu deuten, daß die Gemeinde ursprünglich die Predigt von der Freiheit des Evangeliums nicht als Anlaß zu einem sittenlosen Wandel genommen habe. καὶ τήρει καὶ μετανόησον. Es ist nicht etwa das τήρει auf εἴληφας, das μετανόησον auf ἤκουσας zu beziehen (B. Weiß), sondern die Ermahnung zerlegt sich gegenüber der ganzen vorhergehenden Erinnerung in die Aufforderung a) an dem einmal

Empfangenen und Gehörten dauernd festzuhalten (Imper. Präsens), b) mit Rücksicht auf den gegenwärtigen Zustand der Gemeinde umzukehren zur früheren Gesinnung (das ist als ein einmaliger Akt gedacht, daher Imper. Aor.). ἐὰν οὖν[6] μὴ γρηγορήσῃς[7], ἥξω[8] ὡς κλέπτης (16,15), καὶ οὐ μὴ γνῷς[9], ποίαν ὥραν (s. o. S. 164) ἥξω ἐπὶ σε. Deutlicher Anklang an die Evangelien Mt 24,43f. (= Lk 12,39f.; vgl. Mk 13,35): εἰ ᾔδει ὁ οἰκοδεσπότης, ποίᾳ φυλακῇ ὁ κλέπτης ἔρχεται, ἐγρηγόρησεν ἂν ... γίνεσθε ἕτοιμοι, ὅτι ᾗ οὐ δοκεῖτε ὥρᾳ, ὁ υἱὸς τοῦ ἀνθρώπου ἔρχεται. Zu fragen wäre vielleicht, ob die Androhung sich auf das große allgemeine Gericht oder auf ein spezielles Gericht an der betreffenden Gemeinde bezieht. Doch ist das Erstere wahrscheinlich.

3,4. ἀλλ' ἔχεις ὀλίγα ὀνόματα[10] (Namen = Personen. Vgl. 11,13; Akt 1,15; Num 1,2.20.26.(28) u. ö.) ἐν Σάρδεσιν ἃ (οἳ)[11] οὐκ ἐμόλυναν τὰ ἱμάτια αὐτῶν. Vgl. Jud 23. Es ist hier speziell an die Befleckung des Leibes, an sittliche Vergehen im engeren Sinn gedacht (Sp.). Es handelt sich eben in allen Gemeinden um Stellungnahme zu dem πορνεύειν. Der Ausdruck ist wohl mit Rücksicht auf das Bild vom hochzeitlichen Kleid gewählt (3,18; 16,15). καὶ περιπατήσουσιν μετ' ἐμοῦ ἐν λευκοῖς, ὅτι ἄξιοί εἰσιν. Der sittlichen Arbeit entspricht der Lohn. Hier steht zum ersten Mal eine offenbar eschatologische Verheißung, die nicht mit dem üblichen ὁ νικῶν beginnt. Die Gewänder der Seligen sind weiß (vgl. 3,5.18; 6,11; 7,9.13; Kleider der Herrlichkeit (= δόξα) Henoch 62,15; slav. Henoch 22,8). Denn „weiß" ist wahrscheinlich das Symbol für die Darstellung der lichtstrahlenden Gottheit, resp. eines lichtstrahlenden überirdischen Wesens. Daher sind die Gewänder der Engel weiß: Mk 9,8 = Lk 9,29; Mk 16,5 = Mt 28,3; Akt 1,10; oder strahlend wie der Blitz Lk 24,4 (Mt 17,2). Noch ursprünglicher ist die Vorstellung, daß der Leib dieser Lichtwesen selbst strahlend weiß ist (vgl. 1,14; slav. Henoch 1,5). Vgl. Greßmann, Urspr. d. israelit. jüd. Eschatologie 346. Weiteres s. zu 6,11.

3,5. ὁ νικῶν οὕτως[12] (οὗτος) (ein οὕτως scheint ziemlich überflüssig zu sein; das schlechter bezeugte οὗτος entspräche dem Sprachgebrauch der Apk) περιβαλεῖται (περιβάλλεται C s[12]) ἐν (Abschnitt VII S. 167) ἱματίοις λευκοῖς, καὶ οὐ μὴ ἐξαλείψω τὸ ὄνομα αὐτοῦ ἐκ τῆς βίβλου τῆς ζωῆς. Die Vorstellung von einem Buch, oder Büchern, die im Himmel geführt werden, ist eine ungemein verbreitete. Sie stammt vielleicht aus einer Religion wie der babylonischen, welche eine Schreibergottheit (Nabu) besonders verehrte (vgl. Zimmern K.A.T.[3] II 404ff.). Sehr oft ist Gott selbst der Schreiber der himmlischen Bücher. Doch wird die Rolle des himmlischen Schreibers auch auf andre Gestalten übertragen (Michael: Henoch 89,61; Himmelf. Jes. 9,22f. [lat. Text]; Henoch: Henoch 12,3f.; 15,1; 92,1; ein Erzengel: slav. Henoch 22,11ff.; Esra: IV Esra 14,50). Eine die eschatologische Gedankenwelt beherrschende Stellung bekam die Idee durch

Daniel, der 7,10; 12,1 das große entscheidende Gericht Gottes nach den Aufzeichnungen „der Bücher“ (resp. des Buches) gehalten werden läßt. (Die Nachwirkung der Danielstellen erkennt man aus Henoch 47,3; 90,20; 97,6; IV Esra 6,20; Apk 20,12.15.) Diese Bücher des Gerichtes enthalten nun entweder die Namen der Frommen, die zum Gedächtnis vor Gott aufgeschrieben werden, das sind die Bücher des Lebens. Die Gottlosen werden dann entweder der Vergessenheit überliefert, oder werden in andern Büchern zum Verderben aufgezeichnet. So liegt die Idee bereits im alten Testament vor, auch wo an ein ewiges endgültiges Gericht noch nicht gedacht wird[13]. Jes 4,3 („Heilig wird jeder genannt werden, der aufgeschrieben ist zum Leben in Jerusalem.“); Ex 32,32f. („Streiche mich doch lieber aus dem Buche, das Du führst.“); Ps 69,29 („Sie müssen ausgelöscht werden aus dem Buch der Lebendigen und dürfen nicht ausgeschrieben werden mit den Frommen.“); Ps 139,16; Mal 3,16. (eine Gedenkschrift für die, die Jahve fürchten); Dan 12,1; in der späteren jüdischen Literatur: Henoch 47,3; 104,1; 108,3; Jubil. 30,20.22; 36,10; Apk d. Elias 4,2; 14,5; im neuen Testament: Lk 10,20; Phil 4,3; Apk 13,8; 17,8; 20,12.15; 21,27; Hbr 12,23. — Daneben steht die andre Vorstellung, daß in den Büchern die guten und bösen Taten der Menschen aufgezeichnet werden: Jes 65,6; Neh 13,14; Dan 7,10 (?); ferner Henoch 81,4; 89,61ff. 68. 70; 90,17.20; 97,6; 98,7f.; 104,7; 108,7ff.; slav. Henoch 50,1; 52,15; 53,2f.; Apk Baruch 24; kopt. Apk d. Elias 3,13ff.; 11,1ff.; Himmelfahrt Jes. 9,22 (lat. Text); Apk 20,12. Belege aus der späteren jüdischen Literatur bei Weber, jüd. Theol.² 242 282f.; Dalman, Worte Jesu I 171, vgl. zum ganzen Zimmern KAT³ II 505; Bousset, Rel. d. Judentums 247 — An unserer Stelle finden wir die erstere Vorstellung, wie fast überall in unserm Buche und im NT. Das Buch des Lebens (Gen. qualit.) ist also das Buch, in dem die Frommen aufgezeichnet sind. Und zwar verbindet sich mit dieser Idee leicht die andre der Prädestination, da alles, was Gott schreibt oder was im Himmel geschrieben wird, ewige Gültigkeit hat, und da andrerseits die im Himmel befindlichen Bücher als von Anfang an existierend gedacht werden. Bestimmt wird diese Idee 13,8; 17,8 ausgesprochen[14]. καὶ ὁμολογήσω τὸ ὄνομα αὐτοῦ ἐνώπιον τοῦ πατρός μου καὶ ἐνώπιον τῶν ἀγγέλων αὐτοῦ. Vor Gott und den Engeln wird Jesus im Weltgericht die Seinen als zu ihm gehörig anerkennen. Unverkennbar liegt hier ein Anklang an das bekannte Herrenwort (Mt 10,32; Lk 12,8, vgl. Mk 8,38; Lk 9,26) vor. Die Form des Wortes stimmt mit der von Mt-Lk überlieferten, nicht mit der des Mk und wiederum genauer mit Mt 10,32 als mit Lk 12,8; beachte das Einfache ὁμολογήσω (statt [Lk] ὁ υἱὸς τοῦ ἀνθρώπου ὁμολογήσει) und das ἐνώπιον τοῦ πατρός μου. An Lk erinnert freilich das ἐνώπιον τῶν ἀγγέλων. Zur eventuellen Bekanntschaft der Apk mit Mt vgl. oben 1,8; (3,3). — 3,6 = 2,29.

Fußnoten:

1. s[1] τω εν εκκλ. σαρδεων (s[2] τω εν σαρδ).
2. ℵACP An.([2])[4]([5]) g vg. c s[2] a ae. Pr. Tic. (s[1] εμελλες); Q Rel. εμελλες αποβαλλειν Die Lesart mag durch einen Schreibfehler entstanden sein.
3. >τα AC
4. >μου s[1] sa. Pr. 1. 81. 161. cf. 2,7.
5. και ηκουσας και τηρει (s. u.) > Q Rel.
6. ουν ℵ 14 ae. 36 s[1] (Pr. δε), doch wird ουν 2,5 von Cypr. Pr., 2,16 von ℵP An. Pr. ausgelassen.
7. μετανοησης ℵ c. Pr., Konformation nach dem vorhergehenden.
8. > επι σε ACP An.[12] vg.cod. c a ae.
9. γνως mit ACP An.[123]. Der Konjunktiv nach οὐ μὴ scheint in der Apk ausnahmslos die Regel zu sein (Abschnitt VII S. 171). Sonst steht im NT nach οὐ μὴ gewöhnlich der Ind. Fut.
10. ℵACP An.[1] g vg. c s[12] a ae. Pr.; ολιγα εχεις ονομ. Q Rel.; ολιγα ονοματα εχεις 6. 14. 31. 32. 47. 49. 92. 98.
11. οι lesen An.[123] vg. c Tert. Pr., vielleicht die ursprüngliche Lesart, da die constructio ad sensum in der Apk sehr beliebt ist.
12. ουτος lesen PQℵc An.[1245] al.
13. Vielleicht ist dabei hier und da an die Sitte der Eintragung in die Bürgerlisten Jerusalems gedacht, als an das irdische Gegenstück der himmlischen Buchführung (Jes 4,3); Ez 13,9; Jer 22,30; Neh 7,5; 12,22.
14. Dem entspricht die ebenfalls im Judentum verbreitete weitergreifende Idee von himmlischen Schicksalstafeln, auf denen das Geschick der Menschen und alles Wichtige und Wesentliche, das auf Erden geschieht, vorweg verzeichnet ist. Das Buch der Jubiläen ist von dieser Idee beherrscht, vgl. Hen 81,1f.; 93,1f.; 103,2f.; 106,19; 107,1; 108,7; Testam. Levi 5; Asser 7 und die Vorstellung von dem Schicksalsbuch Apk 5,1. S. zu dieser Stelle. Auch auf einer heidnischen punischen Grabinschrift wird vielleicht der Gedanke ausgesprochen, daß die Götter den Namen der Verstorbenen „am Anfang für alle Zeiten“ aufgeschrieben haben. Lidzbarski, Ephem. f. semit. Epigraphie I 166f., Zimmern KAT[3] II 405,3.

3,7-13 Philadelphia. 3,7. καὶ τῷ ἀγγέλῳ τῆς ἐν Φιλαδελφίᾳ ἐκκλησίας[1] γράψον. Philadelphia in Lydien, nach dem Gründer Attalus Philadelphus genannt lag 13 Stunden südöstlich von Sardes. Die früheste Schilderung der

Gemeindeverhältnisse in Philadelphia findet sich in dem Schreiben des Ignatius. Danach war der Zustand der Gemeinde ein relativ günstiger (3,1 οὐχ ὅτι παρ' ὑμῖν μερισμὸν εὗρον). Juden und Judaisten scheinen dort eine Rolle gespielt zu haben (6,1 ἐὰν δέ τις Ἰουδαισμὸν ἑρμηνεύῃ ὑμῖν, μὴ ἀκούετε αὐτοῦ). Es scheint sich in den Streitigkeiten um eine Überordnung des alten Testaments über das Evangelium gehandelt zu haben (Kap. 8ff.). Bei Euseb. H. E. V 17,2-4 ist aus früherer Zeit eine Prophetin Ammia von Philadelphia erwähnt. Constitut. VII,46 nennen als ersten von Petrus eingesetzten Bischof den Demetrius. τάδε λέγει ὁ ἅγιος, ὁ ἀληθινός[2]. Vgl. Jes 65,16 (τὸν θεὸν τὸν ἀληθινόν). Heilig wird Christus nur hier in der Apk genannt (vgl. Akt 3,14 τὸν ἅγιον κ. δίκαιον; 4,27.30 ὁ ἅγιος παῖς), 4,8 und 6,10 Gott; ἀληθινός steht in der Verbindung mit ἅγιος hier und 6,10, mit πιστός 3,14; 19,11; 21,5; 22,6, mit δίκαιος 16,7; 19,2; (15,3), kommt in der Apk zehnmal, im Evangelium neunmal, I Joh viermal vor. (Hbr viermal, sonst nur I Th 1,9). Es ist nicht gleich ἀληθής wahrhaft, sondern bedeutet: echt, seiner Idee entsprechend. Auch hier liegt eine ganz allgemeine Charakteristik vor, deren nähere Beziehung auf das vorliegende Sendschreiben man nicht suchen darf. ὁ ἔχων τὴν κλεῖν[3] Δαυεὶδ[4], ὁ[5] ἀνοίγων καὶ οὐδεὶς κλείει[6][7] καὶ κλείων[8] καὶ οὐδεὶς ἀνοίγει. Der Herr der Gemeinde hat das unbeschränkte Schlüsselrecht über den Himmel! (Vgl. zu 1,18.) Der Ausdruck ist entstanden in Anlehnung an 1,18, aber zeigt deutlichen Anklang an Jes 22,22 (nach A): καὶ δώσω (dem Beamten des Königs, Eljakim) τὴν κλεῖδα οἴκου Δαυεὶδ ἐπὶ τοῦ ὤμου αὐτοῦ, καὶ ἀνοίξει, καὶ οὐκ ἔσται ὁ ἀποκλείσων, καὶ κλείσει, καὶ οὐκ ἔσται ὁ ἀνοίγων. Vgl. Hiob 12,14. Nach Züllig wird dieser Satz auch von jüdischen Auslegern auf den Messias gedeutet. Der seltsame Ausdruck κλεῖν τοῦ Δαυείδ (vgl. 5,5; 22,16 ῥίζα Δαυείδ) wäre damit zur Genüge aufgeklärt. Diesmal hat übrigens das dem Menschensohn verliehene Attribut deutliche Beziehung zu dem folgenden.

3,8. „οἶδά σου τὰ ἔργα“[9]. Eine Anerkennung der Gemeinde in vollstem Umfang. Wie das Sendschreiben an Smyrna ist auch dieses jenem, parallel laufende nur anerkennend, tröstend und verheißend. ἰδοὺ δέδωκα ἐνώπιόν σου (st. des Dativs s. 2,14) θύραν ἠνεῳγμένην, ἣν οὐδεὶς δύναται κλεῖσαι αὐτήν[10] (Abschnitt VII S. 160). Diesen Ausdruck kann man in doppelter Weise verstehen; entweder so, daß der Gemeinde eine Tür geöffnet werden soll, durch die sie selbst, sei es zum ewigen Leben (die Mehrzahl dieser Gruppe von Auslegern), sei es zum irdisch gedachten Gottesreich (Sp.) eingehen soll (vgl. Akt 14,27); oder so, daß man an eine der Gemeinde bald zu eröffnende große Missionstätigkeit denkt, die sich dann namentlich auf die Juden erstrecken wird (de W., Ew., Dstd., Hltzm., vgl. I Kor 16,9; II Kor 2,12; Kol 4,3). Sp. beruft sich für seine Deutung auf das ἐνώπιόν σου, das die Vorstellung in sich schließe, daß die Gemeinde als diejenige gedacht sei, welche durch die Tür eingehen solle. Aber dieser Einwand ist nicht stichhaltig, weil ja auch bei der zweiten Auslegung das Bild bleibt, daß die Gemeinde durch die offene Tür Einlaß bekommt bei denen, auf die sie wirken soll. Die Entscheidung wird danach ausfallen, wie man das „Kommen und Anbeten der Juden" in V. 9 auffaßt (s. u.). — Ein zwingender Grund endlich, die Worte ἰδοὺ - κλεῖσαι αὐτήν mit Sp. an das Ende von V. 8 (hinter τὸ ὄνομά μου) zu stellen, ist nicht vorhanden. Eher könnte man überlegen, wenn man die sprunghafte Darstellung im Anfang des Sendschreibens bessern möchte, ob nicht das οἶδά σου τὰ ἔργα mit Primasius (s. o.) zu streichen sei. ὅτι μικρὰν ἔχεις δύναμιν καὶ ἐτήρησάς μου τὸν λόγον καὶ οὐκ ἠρνήσω τὸ ὄνομά μου. 2,13. Von der „geringen Macht" der Gemeinde ist jedenfalls mit Bezug auf ihre äußeren Verhältnisse die Rede, wahrscheinlich in Hinblick auf die Verfolgung von Seiten einer reichen und mächtigen Judengenossenschaft. Die Gemeinde hat eine Zeit der akuten Not und Verfolgung hinter sich. Das ἐτήρησας und οὐκ ἠρνήσω ist schon wegen des Tempus nicht ganz allgemein zu nehmen. Als Anstifter der Verfolgung sind eben wahrscheinlich die Juden gedacht. Unter diesen Umständen gewinnt die Verheißung an Prägnanz. Gerade die einstigen Verfolger der Gemeinde sollen sich in Zukunft vor ihr beugen.

3,9. ἰδοὺ διδῶ (δίδωμι)[11] (S. 163) ἐκ (S. 166) τῆς συναγωγῆς τοῦ σατανᾶ[12], τῶν λεγόντων (Apposition zu τῆς συναγωγῆς) ἑαυτοὺς Ἰουδαίους εἶναι (latinisierender Akk. mit Inf. 2,9. Blaß 233), καὶ οὐκ εἰσὶν ἀλλὰ ψεύδονται. Die Verhältnisse liegen hier genau so wie in Smyrna (vgl. das zu 2,9 Gesagte). Auch hier sind wirklich Juden gemeint, denen der Verfasser, ein Judenchrist, den Ehrentitel „Juden" abspricht. Der harte Ausdruck „Synagoge des Satans" erklärt sich wohl daraus, daß von dieser Seite die Verfolgungen der Christen in Philadelphia ausgegangen sind (vgl. oben die in den Ignatianen vorausgesetzten Verhältnisse). ἰδοὺ ποιήσω αὐτοὺς (erklärende Wiederaufnahme des ἰδοὺ διδῶ unter Vorwegnahme des Subj. des abhängigen Satzes als Objekt in den regierenden Satz. B. Weiß vergleicht Joh 4,35; 5,42; 8,54; 9,19) ἵνα ἥξουσιν[13] καὶ προσκυνήσουσιν[14] (der Ind. Fut. nach ποιεῖν ἵνα ist in der Apk das gebräuchliche s. Abschnitt VII S. 171) ἐνώπιον τῶν ποδῶν σου. Es geht doch kaum an, den Ausdruck auf eine wirksame Mission unter den Juden und auf das demütige Kommen derselben zum Evangelium (Dstd., Hltzm.) zu beziehen. Hltzm. zieht Jes. 45,14 (διαβήσονται πρός σε καὶ προσκυνήσουσί σοι καὶ ἐν σοὶ προσεύξονται) heran. Aber gerade diese Parallele beweist, daß es sich hier um eine eschatologische Weissagung handelt. Wie den Treuen der Gemeinde in Thyatira Herrschaft über die Heiden verheißen wird, so sollen zu der Gemeinde von Smyrna in ihrer künftigen Herrlichkeitsstellung die Juden als Untergebene in Furcht und Zittern (mit dem bei Orientalen üblichen Gruß) kommen, vgl. Jes 60,24: καὶ πορεύσονται πρός σε δεδοικότες υἱοὶ ταπεινωσάντων σε. Echte jüdische Eschatologie und realistische Zukunftsvorstellung beherrschen noch die Sendschreiben. Demgemäß ist auch die zu öffnende Tür auf den Eingang der Gemeinde zur messianischen Herrlichkeit zu beziehen. καὶ γνῶσιν (liest man καὶ γνώσῃ[15], so wird der ungewöhnliche Konjunktiv vermieden), ὅτι ἐγὼ[16] ἠγάπησά σε. Jes 43,4 καὶ ἐγώ σε ἠγάπησα. Der Aor. ἠγάπησα ist nicht mit Dstd. auf das Todesleiden Jesu zu beziehen, ein Gedanke, der hier ganz fern liegt (zu dem Ausdruck vgl. Joh 13,1; 3,16; I Joh 4,10f.). Zu dem ganzen Vers bietet die genaueste Parallele Jes 49,23: ἐπὶ πρόσωπον τῆς γῆς προσκυνήσουσί σοι καὶ τὸν χοῦν τῶν ποδῶν σου λίξουσιν, καὶ γνώσῃ ὅτι ἐγὼ κύριος, καὶ οὐκ αἰσχυνθήσονται οἱ ὑπομένοντές με (vgl. Sach 8,20ff.; Ps 72,8ff.).

3,10. ὅτι ἐτήρησας τὸν λόγον τῆς ὑπομονῆς μου. II Th 3,5: ὁ δὲ κύριος κατευθύναι ὑμῶν τὰς καρδίας εἰς τὴν ἀγάπην τοῦ θεοῦ καὶ εἰς τὴν ὑπομονὴν τοῦ Χριστοῦ. Demnach ist ὑπομονήν μου zu übersetzen: Die von mir (Christus) geübte Geduld. Das Wort von „meiner“ Geduld ist also das Gebot, wie Jesus Geduld zu üben. Das hat die Gemeinde gehalten. Es ist also nicht zu erklären: „mein Geduldswort“ (5. Aufl.), oder: „die von mir geforderte Geduld“ oder: „die auf den zukünftigen Jesus sich richtende Geduld“ (Sp., Hltzm.). κἀγώ σε τηρήσω (Joh 17,12) ἐκ (τηρεῖν ἐκ nur noch Joh 17,15) τῆς ὥρας τοῦ πειρασμοῦ τῆς μελλούσης ἔρχεσθαι ἐπὶ τῆς οἰκουμένης ὅλης, πειράσαι τοὺς κατοικοῦντας ἐπὶ τῆς γῆς. Die meisten Ausleger verstehen die große Trübsal von der allgemeinen Notzeit vor der Wiederkunft des Herrn. Die alten Ausleger (Ticonius, Primasius, Beda, Andreas, Arethas etc.) beziehen bestimmter auf die Zeit des Antichrist, ebenso Hltzm. auf die Apk 13 geschilderte Herrschaft des Tieres. Alcasar, Grotius und andre denken an eine allgemeine Christenverfolgung. Sehen wir hier einmal von der Frage ab, ob Kap. 1-3 (6) eine besondre Quelle repräsentieren, so kann mit Sicherheit gesagt werden, daß der Apokalyptiker, der die Offenbarung als Ganzes schrieb unter der Versuchung, die über den ganzen Erdboden kommen solle, jedenfalls die letzten furchtbaren Zeiten des Tieres (Apk 13) verstand, den letzten großen Kampf, den die Gemeinde der Gläubigen nach dem Erscheinen des Nero redivivus mit dem römischen Imperium in der ganzen Welt zu bestehen haben werde. Schwierigkeiten bereitet hier nur der Ausdruck: πειράσαι τοὺς κατοικοῦντας ἐπὶ τῆς γῆς, da dieser auf den ersten Blick eher an die Erdbewohner überhaupt als speziell an die Gläubigen denken läßt. Doch muß in der Tat auch dieser Ausdruck auf die Gläubigen bezogen werden, da nur bei ihnen von πειρασμός und πειράζειν die Rede sein kann. Durch diese Wendung werden eben die Gläubigen in der ganzen Welt der kleinen Gemeinde in Philadelphia gegenübergestellt. — Auch über den Sinn der Verheißung herrscht unter den Auslegern Uneinigkeit. Nach den einen wird der Gemeinde Bewahrung vor der Trübsal rundweg zugesagt, nach den andern (so namentlich Dstd.) nur zugesichert, daß sie in jener Versuchung nicht zu Fall kommen, sondern sich bewähren soll (Mt 24,22-24). Im letzteren Fall würde der Gemeinde jedoch gar nichts verheißen, was ihr besonders zukäme. Der Sinn der Verheißung kann vielmehr nur der sein, daß die Stürme und Kämpfe der letzten Zeit die kleine und abgelegene Gemeinde von Philadelphia nicht mehr berühren werden. Diese hat bereits ihre Feuerprobe bestanden und bedarf keiner zweiten mehr (vgl. B. Weiß). — Die Weissagung ist ungemein charakteristisch für die in der Apk herrschende Stimmung: es ist die Stimmung unmittelbar vor dem Ende; der letzte große Kampf auf der ganzen bewohnten Welt steht bevor, das Ungewitter zieht heran, schon sieht der Apokalyptiker die Wetter leuchten.

3,11. [17]ἔρχομαι ταχύ (2,16; 22,7.12.20). κράτει ὃ ἔχεις (2,25), ἵνα μηδεὶς λάβῃ τὸν στέφανόν σου. Auch die Verheißung des Kranzes läuft der des Briefes an Smyrna parallel (2,10). Was sie hat, nämlich die treue Beständigkeit in Verfolgungsleiden, soll die Gemeinde festhalten. Niemand soll ihr zuvorkommen und den Kranz, der schon im Himmel für sie bereit liegt, ihr vorwegnehmen.

3,12. ὁ νικῶν ποιήσω αὐτὸν στῦλον (Gal 2,9) ἐν τῷ ναῷ τοῦ θεοῦ „μου“ (2,7; 3,2, in diesem Vers viermal; vgl. 3,5) καὶ ἔξω οὐ μὴ ἐξέλθῃ ἔτι. Vgl. die dem Eljakim gegebenen Weissagungen Jes 22,23: καὶ στήσω (B στηλῶ) αὐτὸν ἄρχοντα ἐν τόπῳ πιστῷ. 25: κινηθήσεται ὁ ἄνθρωπος ὁ ἐστηριγμένος ἐν τόπῳ πιστῷ; vgl. Sap Sal 3,14 (κλῆρος ἐν ναῷ κυρίου). Da der Ausdruck: ich will ihn zur Säule machen, offenbar bildlich gemeint ist, so wird auch kaum an einen wirklichen Tempel der Zukunft gedacht sein. Tempelsäulen werden die Frommen gleichen in unwandelbarer Festigkeit und herrlichem Schmuck, und weder freiwillig noch gezwungen werden sie ihren Aufenthalt verlassen. — καὶ γράψω ἐπ’ αὐτὸν τὸ ὄνομα τοῦ θεοῦ μου. Jes 56,5: δώσω αὐτοῖς ἐν τῷ οἴκῳ μου καὶ ἐν τῷ τείχει μου τόπον ὀνομαστὸν .... ὄνομα αἰώνιον δώσω αὐτοῖς. Vgl. Jes 62,2: καλέσει σε τὸ ὄνομά σου τὸ καινόν. 65,15: τοῖς δὲ δουλεύουσί μοι κληθήσεται ὄνομα καινόν. Es ist schwer zu sagen, ob „ἐπ’ αὐτὸν“ auf στῦλος zu beziehen ist, also die bildliche Rede weiter fortgesetzt wird, oder ob auf den Gläubigen zu beziehen ist. Dstd. entscheidet sich wohl mit Recht für das Letztere, denkt nach 14,1; 22,4 (7,3; 17,5; 19,12) an eine Aufschrift auf der Stirn und zieht als Parallele die Aufschrift auf der Stirnbinde des Hohenpriesters heran. Jedenfalls, ob nun die bildliche Rede fortgesetzt wird oder nicht, der Sinn bleibt derselbe: die Gläubigen sollen den neuen Namen bekommen. καὶ τὸ ὄνομα τῆς πόλεως τοῦ θεοῦ μου, τῆς καινῆς Ἰερουσαλὴμ (wie der Name Gottes die Zugehörigkeit zu Gott bezeichnet, so der

Name der Stadt Jerusalem das Bürgerrecht in ihr) ἡ καταβαίνουσα[18] (Gal 4,26; Hbr 11,10; 12,22; 13,14; entweder ist wieder ἥ καταβ. zu lesen und ein ἐστιν zu ergänzen [s. zu 2,20], oder es liegt eine einfache Nachlässigkeit vor) ἐκ τοῦ οὐρανοῦ ἀπὸ τοῦ θεοῦ „μου“[19] (21,2.10), καὶ τὸ ὄνομά μου τὸ καινόν. (Jes 62,2): Der Name des Messias und zwar der neue Name, den Niemand kennt 19,12.16. Eine beachtenswerte Parallele zu dem ganzen Vers Baba Bathra 75b: „R. Samuel überliefert im Namen des R. Jochanan, daß drei mit dem Namen Gottes benannt werden: die Gerechten (Jes 43,7), der Messias (Jer 23,6) und Jerusalem (Ez 48,35). (Wtst.).“ — Hier liegt nun also (anders als 2,17) die Idee vor, daß die Gerechten selbst im Jenseits neue Namen (einen neuen Namen) bekommen werden und mit dem neuen Namen natürlich auch ein neues höheres Wesen und eine höhere Machtstellung. „Der Wechsel der Namen bedeutet ursprünglich einen Wechsel in dem Wesen des Trägers.“ Vgl. 14,1; 19,12. Daß die Dinge und Personen mit der großen Wende der Zeiten einen neuen Namen bekommen, scheint eine verbreitete eschatologische Vorstellung gewesen zu sein. „Wie am Anfang der jetzigen Welt alle Dinge ihren bestimmten Namen empfangen haben, so werden sie auch in der künftigen Welt neu genannt.“ (Greßmann, Urspr. d. israel. jüd. Eschat. 281; vgl. außer den schon genannten Stellen Jes 1,26; 4,3; 60,14.18; 61,6; Ez 48,35). — Auf die eventuelle Anspielung auf diese Stelle bei Ignat. ad Philad. 6,1: στῆλαί εἰσιν καὶ τάφοι νεκρῶν, ἐφ' οἷς γέγραπται μόνον ὀνόματα ἀνθρώπων, ist schon oben S. 19 hingewiesen. Die Stelle wird in der Tat in Hinblick auf Apk verständlich. — Endlich mag noch eine griechische Kultsitte zur Erläuterung unserer Stelle herangezogen werden. Es war Sitte, daß der jährlich wechselnde Provinzialpriester des Kaiserkultus nach Ablauf seines Amtes seine Statue im Tempelbezirk aufstellte und seinen und seines Vaters Namen, seinen Heimatsort und sein Amtsjahr darauf verzeichnete (Hirschfeld 860). Vielleicht ist das vorliegende Bild mit Rücksicht auf diese Sitte gewählt, um so die Würde der Gläubigen als Priester Gottes in der künftigen Welt zum Ausdruck zu bringen. 3,13 = 2,29.

Fußnoten:

1. s[1] της εκκλ. Φιλαδ.; g vg. Philad. eccl.; Pr. eccl. qui est Philad.
2. א A ο αληθινος ο αγιος; αγιος + και g Pr.
3. του > AC 38 s. Abschnitt VII S. 173.
4. αδου statt δαυειδ in 7. 16. 33. 45 (Kommentar des Andreas) ist Konjektur nach 1,18.
5. και א Or.

6. κλειει lesen An[1] 6. 11. 31. 51 al. g vg. s[12] Or.i Hipp. Tic. Pr.; ἀνοίγει AC. 15. 36. 80. 81. 92mg.. 161 g vg. A s[12] Or.i Hipp. Tic. Pr. Die überwiegende Bezeugung steht für κλειει, ανοιγει nur daß im ersten Fall AC (doch nicht vg.!) abgewichen sind. Die Futura scheinen aus LXX zu stammen.
7. + αυτην Q Rel.
8. κλειων ℵ(A)P An.[124] 6. 11 al. s[12] Or. Hipp. Pr.; (και) κλειει C 31. (35). 92mg. g vg. Tic.; dafür Q Rel. ει μη ο ανοιγων, eine nachlässige Lesart, wohl entstanden aus ει μη ο ανοιγων και κλειων (5. 7. 13. 16. 37. 45)
9. > bei Pr. vgl. 2,9 und 2,13.
10. Den Hebraismus beseitiget ℵ; über ηνεωγμενην siehe Abschnitt VII S. 162.
11. ℵ δεδωκα; δωσω g vg. c ae. Pr.
12. + εκ s[1] Pr.
13. ℵACP Min.; Q Rel. ...ωσιν.
14. ℵACP Min.; Q Rel. ...ωσιν.
15. ℵ 14 sa. Pr. (für γνώσῃ spricht vielleicht auch die Parallele (s. o.) Jes 49,23, da eine absichtliche Konformation nach dieser Stelle doch ausgeschlossen erscheint); 15. 36 (49) s[1] lasen übrigens γνωσονται
16. ℵACP 1. 7. 16. 28. 36. 38. 49. 80. 81. 91. 121. 161 c g vg. s[12] a ae.; om. Q Rel. Pr.
17. + ιδου 28. 36. 79 vg.cod. a ae.
18. ℵACP An.[12] al.; ῆ καταβαίνει Q Rel. Korrektur.
19. ℵACP An.[123] c s[12] vg.cod. ae Pr.; > Q Rel. fu. a. Vgl. 2,7; 3,2.

3,14-22 Laodicea. 3,14. καὶ τῷ ἀγγέλῳ τῆς ἐν Λαοδικίᾳ ἐκκλησίας[1] γράψον. Laodicea, östlich von Ephesus, südöstlich von Philadelphia, in der Nähe von Colossae gelegen, hat seinen Namen von der Gemahlin Antiochus II., Laodice. Im Jahre 60 (Erbes 128) wurde Laodicea gleichzeitig mit Colossae durch ein Erdbeben zerstört, erholte sich aber bald wieder. Tacit., Annal. XIV 27: eodem anno Laodicea tremore terrae prolapsa nullo a nobis remedio propriis viribus revaluit. Dort gab es schon zu Zeiten des Paulus eine Gemeinde Kol 4,13ff.; Constit. VII 46 wird Archippus (Kol 4,17) als erster Bischof von L. bezeichnet. Eusebius H. E. IV 26,3; V 24,5 nennt einen Bischof von Laodicea, den Märtyrer Sagaris (um 170).

τάδε λέγει ὁ ἀμὴν, ὁ μάρτυς ὁ πιστὸς καὶ ἀληθινός[2]. Ps 89,38. Hier liegt wie 3,1 eine Rückbeziehung auf 1,4-6 vor. Vgl. zu dem Ausdruck ὁ ἀμήν Jes 65,16: „wer sich segnen will im Lande, wird sich segnen בֵּאלֹהֵי אָמֵן“ (LXX τὸν θεὸν τὸν ἀληθινόν). Christus ist dem Apokalyptiker der treue (der zuverlässige πιστός und daher echte ἀληθινός) Zeuge jeglicher göttlichen Offenbarung, er wird hier mit besonderem Nachdruck wegen des folgenden warnenden Zeugnisses wider den sittlichen Zustand der Gemeinde so genannt (Sp.). ἡ ἀρχὴ τῆς κτίσεως τοῦ θεοῦ. Prv 8,22: κύριος ἔκτισέν με ἀρχὴν ὁδῶν αὐτοῦ εἰς ἔργα αὐτοῦ (Sap. Sal 6,22; 9,2; Sir 24,9.(14). Vlt.). Kol 1,15ff. Es ist immerhin bemerkenswert, daß gerade hier im Brief an die Laodicener sich, wie es scheint, eine Berührung mit dem Kolosserbrief findet. ἀρχή kann entweder Anfang d. h. Erstlingswerk (vgl. Gen 49,3; Dt 21,17) der Schöpfung Gottes (Ew., Züll., Hltzm.?) oder Prinzip (Urgrund) derselben (so die meisten Ausleger) bedeuten. Wie es der Apok. hier meint, kann nicht entschieden werden. Über die hier vorliegende fortgeschrittene Christologie s. u.

3,15. οἶδά σου τὰ ἔργα, ὅτι οὔτε ψυχρὸς εἶ οὔτε ζεστός. ὄφελον (vgl. Winer 41,5 A. 2) ψυχρὸς ἦς ἢ ζεστός. Eines der großen Worte der Apk von klassischem Gepräge und packender psychologischer Wahrheit. Gänzliche Erkaltung und völliger Abfall ist immer noch besser, als ein laues lügnerisches Scheinwesen. Denn in jenem ist wenigstens Wahrheit, dieses aber ist ungenießbar wie laues Wasser. Daher heißt es dem Bilde entsprechend weiter 3,16: οὕτως ὅτι[3] χλιαρὸς εἶ [καὶ οὔτε[4] ζεστὸς οὔτε ψυχρὸς[5]], μέλλω σε ἐμέσαι[6] ἐκ τοῦ στόματός μου. Die Strafe steht nahe bevor; doch denkt der Apokalyptiker wohl nicht an ein spezielles Gericht über diese Gemeinde, sondern an das Schicksal der Gemeinde im Endgericht.

3,17. ὅτι (der Hauptsatz folgt in V. 18) λέγεις, [ὅτι[7]] πλούσιός εἰμι καὶ πεπλούτηκα. „Ich bin reich und habe mich bereichert". Der umständliche Ausdruck ist wohl durch einen Einfluß von Hos 12,8 (καὶ εἶπεν Ἐφραίμ· πλὴν πεπλούτηκα, εὕρηκα ἀναψυχὴν ἐμαυτῷ. Vgl. Sach 11,5: εὐλογητὸς κύριος καὶ πεπλουτήκαμεν) zu erklären.καὶ οὐδὲν (AC 12. 81; die übrigen οὐδενός) χρείαν ἔχω. Wegen der in V. 17 folgenden bildlichen Redeweise muß übrigens auch dieser ganze Satz bildlich verstanden werden. Nach ihrer eignen Überzeugung ist die Gemeinde reich ein ihrem innern geistigen Leben und bedarf keiner weiteren Förderung. (I Kor 4,8.) Auf den äußern Wohlstand und Reichtum der Gemeinde ist das Wort nicht zu beziehen. Sonst läge es allerdings nahe, dies Wort mit dem oben zitierten Bericht des Tacitus in Verbindung zu bringen und auf das rasche Aufblühen von Laodicea nach dem zerstörenden Erdbeben (vgl. das πεπλούτηκα und οὐδὲν χρείαν ἔχω) von 60/61 zu beziehen (Hltzm.). Dagegen ist aber auch noch daran zu erinnern, daß hier ja nicht die Stadt Laodicea, sondern die christliche Gemeinde in Laodicea angeredet ist. Gegenüber der unwahren und heuchlerischen Selbstgefälligkeit der Gemeinde, zu der ihr innerer Zustand ihr so wenig Recht gibt, erfolgt nun die tadelnde und scharfe Zurechtweisung: καὶ οὐκ οἶδας, ὅτι σὺ (steht betont) εἶ ὁ ταλαίπωρος (nur hier und Rö 7,24) καὶ[8] ἐλεεινὸς καὶ πτωχὸς καὶ τυφλὸς καὶ γυμνός[9]. Der Artikel vor ταλαίπωρος ist mit Absicht gesetzt: Du bist „die“ elende, — Du gerade bist elend. Und nun folgen sich überstürzend die Vorwürfe mit dem monotonen καί aneinander gereiht. Die Gemeinde ist elend (ταλαίπωρος) und (deshalb) bemitleidenswert. Die Ausdrücke arm, blind und nackt sind mit Rücksicht auf die folgenden Ausführungen gewählt. Der ganze Satz: καὶ οὐκ οἶδας bis γυμνός, ist entweder ein parenthetischer Zwischensatz, oder als zweiter von ὅτι abhängiger Satz zu konstruieren, so daß dann im folgenden Vers der Hauptsatz beginnt. 3,18. συμβουλεύω σοι ἀγοράσαι παρ’ ἐμοῦ χρυσίον[10] πεπυρωμένον ἐκ (das ἐκ vertritt hier den Dat. med. s. oben S. 167) πυρὸς (I Pt 1,7) ἵνα πλουτήσῃς (über das Tempus bei ἵνα s. o. S. 170). Die Wendung erinnert an Jes 55,1ff. Auch hier ist an ein „Kaufen ohne Geld“ gedacht, da man Geld doch nicht eigentlich kaufen, sondern nur mit ihm kaufen kann. πυρόω = צרף Sach 13,9. καὶ ἱμάτια λευκὰ (s. z. 3,4), ἵνα περιβάλῃ καὶ μὴ φανερωθῇ ἡ αἰσχύνη τῆς γυμνότητός σου (die in deiner Nacktheit bestehende Schmach), καὶ κολλύριον[11] (sc. ἀγοράσαι), ἐγχρῖσαι[12] (Infin., nicht Imper.) τοὺς ὀφθαλμούς σου, ἵνα βλέπῃς. ἐγχρίω ist ein selten vorkommendes Wort; κολλύριον bedeutet „eine in die lange und runde Form einer κολλύρα (d. h. Brodkuchen) gebrachte Masse, welche mit mancherlei Medikamenten versetzt insbesondre zum Bestreichen der Augen gebraucht wurde“ (Dstd. nach Wtst.). Die jüdische Bezeichnung dafür ist קולורין = κουλουριον. Zu Vergleichen ist Siphra Fol. 143b: Verba legis corona sunt capitis, collyrium oculis (Schöttgen). Vajjikra R. Fol. 156a: verba legis corona sunt capitis, torques collo, collyrium oculis (Wtst.). Die Frage, ob mit der Augensalbe das Wort Gottes, oder die erleuchtende Kraft des heiligen Geistes gemeint sei (Dstd.), ist gar nicht einmal aufzuwerfen. Es ist hier ganz allgemein davon die Rede, daß die Gemeinde sich mit Gottes Hülfe eine bessere Selbsterkenntnis erwerben möge.

3,19. ἐγὼ ὅσους ἐὰν (s. o. S. 171) φιλῶ (Joh 5,20 und noch 12mal B. Weiß), ἐλέγχω καὶ παιδεύω. ζήλευε[13] οὖν καὶ μετανόησον. παιδεύω (erziehen) ist gegenüber dem ἐλέγχω (hart tadeln) der weitere Begriff (Dstd.). Vgl. Prv 3,12: ὃν γὰρ ἀγαπᾷ κύριος, ἐλέγχει, μαστιγοῖ δὲ πάντα υἱὸν, ὃν παραδέχεται; Ps Sal 10,2.14; Hbr 12,6; I Kor 11,32. Über den im Spätjudentum weitverbreiteten Gedanken der erziehenden Gerechtigkeit Gottes vgl. Bousset, Rel. d. Judentums 364f. Die Ermahnung ζήλευε - μετανόησον (beachte hier allerdings die feine Auswahl des Tempus; die Sinnesänderung ist eine einmalige Handlung, das „Eifern“ etwas Dauerndes), sollte man in umgekehrter Reihenfolge erwarten.

3,20. ἰδοὺ ἕστηκα ἐπὶ τὴν θύραν καὶ κρούω. Hier ist nicht etwa an ein Anklopfen an die Herzenstür der Gemeinde und an ein Wohnen Jesu im Herzen der Menschen gedacht, sondern die Wendung ist durchaus eschatologisch zu verstehen. Der zum Gericht wiederkehrende Herr wünscht seine Knechte wachsam zu finden; er ist schon ganz nahe, klopft gleichsam schon an die Tür. Das Bild erinnert in erster Linie an Lk 12,36ff.; (Mt 25,1ff.), auch an Mk 13,29 u. Par. Zu vergl. ist auch Hohel. 5,2: φωνὴ ἀδελφιδοῦ μου, κρούει ἐπὶ τὴν θύραν· ἄνοιξόν μοι ἀδελφή μου, ἡ πλησίον μου. Jak 5,9: ἰδοὺ ὁ κριτὴς πρὸ τῶν θυρῶν ἕστηκεν. – ἐάν τις ἀκούσῃ τῆς φωνῆς μου (ἀκούειν φωνῆς hier und 14,13; 16,1; 21,3; hier ist der Gen. vielleicht gewählt, um das willige und erfolgreiche Anhören anzudeuten; Joh 10,3) καὶ ἀνοίξῃ τὴν θύραν, „καὶ"[14] εἰσελεύσομαι (Joh 14,23) πρὸς αὐτὸν καὶ δειπνήσω μετ' αὐτοῦ καὶ αὐτὸς μετ' ἐμοῦ (sc. δειπνήσει). — Die Verheißung des himmlischen Mahles ist eine in der Sprache des Urchristentums sehr geläufige Wendung. Eine spezielle Parallele liegt vor Lk 22,16.18.29f.; Mt 26,29. Hen 62,14: „Und sie werden mit jenem Menschensohn essen, sich niederlegen und aufstehen bis in alle Ewigkeit". Daß diese Weissagung wörtlich zu nehmen und nicht zu verflachen und zu spiritualisieren ist, bedarf wohl kaum eines weiteren Beweises. 3,21: ὁ νικῶν δώσω αὐτῷ καθίσαι[15] μετ' ἐμοῦ ἐν τῷ θρόνῳ μου. Hen 108,12: „Ich will in ein helles Licht die hinausführen, die meinen heiligen Namen liebten, und ich werde jeden einzelnen auf den Thron seiner Ehre setzen". Lk 22,29f.; Mt 19,28; 20,21; I Kor 6,3. Der Zusammenhang in V. 20 und 21 beweist, daß der Apokalyptiker das charakteristische Herrenwort über den Lohn seiner Jünger in der zukünftigen Welt in der Form, wie es Lk 22,29ff. überliefert ist, kannte. Dann aber ist es weiter sehr bemerkenswert, daß hier von einem Sitzen der Jünger auf dem Thron ihres Herrn, aber nicht von ihrem Sitzen auf den (zwölf) Thronen und dem Richten der Stämme Israels die Rede ist. Es ist möglich, daß die Apk hier noch den ursprünglichen Wortlaut des Herrenwortes bewahrt hat, das in der Fassung des Mt und Lk doch immer wieder wegen der stark nationalen Färbung der Hoffnungsidee einen ganz singulären Eindruck macht. — Auch hier darf man die stark realistische Zukunftserwartung nicht (wie z. B. noch Dstd.) spiritualisieren. Der Apokalyptiker stellt sich die Königsherrschaft des Herrn ganz real vor, seine speziellen Anhänger denkt er geschart um die Stufen seines Thrones, dem Könige am nächsten stehend. Ob er bei diesem Bild an das tausendjährige Reich gedacht hat, läßt sich schwer sagen, namentlich nicht, ehe das kritische Urteil über die Zusammengehörigkeit unserer Kapitel mit dem ganzen der Apk feststeht. — ὡς κἀγὼ ἐνίκησα καὶ ἐκάθισα μετὰ τοῦ πατρός μου ἐν τῷ θρόνῳ αὐτοῦ. Jesus verheißt also die Herrlichkeit, die er mit seinem Vater teilt, auch seinen Gläubigen vgl. 5,6; 22,1.

Fußnoten:

1. της εκκλ. Λαοδ. s^{1} Pr.; τ. Λαοδ. εκκλ. g vg.
2. και ο αληθινος ℵC; ο αληθινος An.^{25}.
3. > ουτως οτι a s^{1} (dafür και); > ουτως 36 sa.; sed quia (quoniam) g vg. Pr.
4. ου Min.^{30} (nicht An.) s^{12}.
5. ουτε ψυχρος ουτε ζεστος AP 17 vg. ist wohl Konformation nach V. 15; bemerkenswert ist, daß 10 g m harl. ae. Pr. Ambros. Haym. και ουτε ζεστος ουτε ψυχρος auslassen. Die Diktion würde sehr gewinnen, wenn man den ganz überflüssigen und matten Passus striche.
6. ℵ εμειν s. o. S. 169.
7. AC An.^{124} 6. 31. 40. 48. 95 g vg. s^{12} (Pr. fehlt); alle übrigen >. Das ὅτι konnte leicht als überflüssig weggelassen werden.
8. ℵCP An.^{123}; + o" ελεεινος AQ Rel., verfehlte Korrektur, die im folgenden aufgegeben wurde.
9. γυμνος – τυφλος 7. 8. 16. g m a ae. Ambr. Haym. (Pr. fehlt) (s^{1} > και τυφλος); die Lesart ist nicht ganz zu verwerfen, vgl. die im folgenden befolgte Ordnung.
10. παρ' εμου χρυσ. ℵAC An.^{123} g. vg. s^{12} a ae. Cypr. (Pr. fehlt) Vict.; χρυσιον παῤ εμου P Q Rel. c.
11. κολ(λ)υριον ℵCQ Rel. g vg. Cypr.; κολλουριον AP An.^{3} al. κουλ(λ)ουριον An.^{1}(^{1})^{2} (P); auch B. Weiß zieht die ältere Form κολλυριον vor.
12. ℵAC (wahrscheinlich auch die meisten Übersetzungen, die jedoch εγχρισαι als Imper. auffassen s^{12} m g vg. Pr.). Die Lesart εγχρισον P An.^{123} ist eine aus falschem Verständnis der Stelle hervorgegangene Korrektur. — Die Variante ινα εγχριση Q Rel. scheint zum Zweck der Verdeutlichung der Konstruktion eingebracht zu sein, oder auch Konformation nach dem Vorhergehenden zu sein. Dabei wurde nicht beachtet, daß der Inf. hier mit Absicht wegen des folgenden ἵνα βλέπῃς gesetzt ist.
13. ζηλευσον ℵP An. (über das Tempus beim Imperativ s. o. S. 170).
14. > και AP An.^{123} (nicht s^{1} Pr.) g m c a ae. s^{2} Orig. — Die schwierige und hebraisierende Lesart ist beizubehalten (gegen B. Weiß). Die Übersetzungen haben in diesem Falle eine geringe Autorität.
15. Die Konstruktion von δοῦναι mit dem Inf. ist die gebräuchliche in der Apk (10mal), nur 9,5 und 19,8 folgt ἵνα, 11,2 u. 3 ein Hauptsatz mit καί.

EXKURS ZU KAP. 1-3

1) Die Integrität dieser Kapitel. Über die Verse 1,1-3 ist schon oben gehandelt, ebenso über 1,7f. Die Bedenken, die sich gegen 1,20 erhoben, sind auf ihr richtiges Maß zurückgeführt. Es ist in der Tat kein Grund abzusehen, weshalb nicht der Apokalyptiker selbst diese (falschen) Deutungen einem von ihm übernommenen Bilde hinzugefügt haben sollte. Vischer hat innerhalb der Kap. 1-3 nicht geschieden. Er weist dieselben in Bausch und Bogen dem Redaktor zu. Die übrigen Kritiker, welche wie Vischer die Briefe dem letzten Redaktor der Apk zuschreiben (X, Völter, Weyland, Erbes), suchen doch irgendwie aus Kap. 1-3 einen Anfang für Kap. 4ff. herauszuschlagen. X. gewinnt diesen aus 1,1-20 unter Streichung von 1,4-9 und unter Entfernung aller christlicher Bestandteile aus 1,10-20 (V. 10 ἐν τῇ κυριακῇ ἡμέρᾳ, V. 11 καὶ πέμψον — Λαοδίκειαν, V. 12f. ἑπτὰ λυχνίας χρυσᾶς καὶ ἐν μέσῳ τῶν λυχνιῶν, V. 14 ἡ δὲ κεφαλὴ – χιών, V. 16 καὶ ἔχων – ἐκπορευομένη, V. 17 ἐγώ εἰμι — V. 18 τοῦ ᾅδου, V. 19 καὶ ἅ εἰσὶν und μετὰ ταῦτα). Vlt. fand in 1,4-6 die Einleitung zu 4,1. Weyland beginnt seine Quelle א mit 1,10, streicht V. 11 als Doublette zu V. 19; nach ihm hat der Red. eine Angelophanie in eine Christophanie verwandelt, wie er die Attribute des Menschensohnes auf die sieben Gemeinden deutet. Daher streicht er auch V. 17b. 18. 20. Diese Versuche stehen und fallen mit der Annahme, daß die Sendschreiben dem letzten kompilierenden Redaktor angehören.

Ernsthaftere Bedenken hat Sp. gegen sämtliche Briefschlüsse in Kap. 2 und 3 erhoben. Die Gründe Sp.s sind etwa folgende: 1) Diese Schlüsse sind alle vollkommen analog gestaltet, in allen finden sich dieselben Wendungen: Wer Ohren hat, höre, was der Geist den Gemeinden sagt, und daneben eine Verheißung an die Sieger und zwar so, daß die Ermahnung in den ersten drei Schreiben voransteht und in den letzten vier folgt. 2) Die Verheißungen in den Briefen haben gewöhnlich gar keine Beziehung zu dem speziellen Inhalt der einzelnen Sendschreiben. 3) Dieselben heben sich von den übrigen Ausführungen der Sendschreiben durch ihre dunkle und rätselhafte Form ab, stehen vielfach zu späteren Teilen der Apk in Beziehung und finden dort erst ihre Erklärung (vgl. 2,7 mit 22,2; 2,11 mit 20,6.14; 21,8; 2,17 mit 19,12; 22,4; 2,26f. mit 12,5; 19,15; 20,4; 2,28 mit 22,16; 3,12 mit 21,10; 22,4; 3,20 mit 19,9; 3,21 mit 20,4). 4) Dagegen haben die Briefeingänge alle eine deutliche Beziehung auf den Inhalt des folgenden Sendschreibens (vgl. 2,1 u. 5; 2,8 u. 10; 2,12 u. 16; 2,18 u. 23; 3,7 u. 8; 3,14 u. 19) und finden ihre Erklärung fast alle in den Abschnitten 1,4-6 und 1,10-20 (Ausnahme 3,7, wo übrigens doch eine

Anlehnung an 1,18 vorhanden ist). 5) Es finden sich gerade hier sehr starke Reminiscenzen an synoptische Herrenworte vgl. 3,5 mit Mt 10,32; Lk 12,8; 3,20f. mit Lk 22,29f.; Mt 19,28. ὁμολογεῖν 3,5 ist ein für den Schreiber der Kapitel ungewöhnlicher Ausdruck. 2,17 ist gar von Joh 6,49ff. abhängig. Ebenso erinnert das wiederholte νικᾶν an den johanneischen Sprachgebrauch und an den sonstigen Gebrauch des Redaktors. 6) Besonders verdächtig aber ist die wiederholte Formel: τί τὸ πνεῦμα λέγει ταῖς ἐκκλησίαις. Der in den Briefen redende Herr wird hier identifiziert mit dem Geist. Das scheint sich kaum mit der für dieses Stück so außerordentlich charakteristischen Anschauung von den sieben Geistern zu vertragen 1,4; (2,1); 3,1. Endlich verrät sich auch in der Mahnung: Wer Ohren hat, höre, was der Geist den Gemeinden sagt, der Zweck der vorgenommenen Redaktion. Derselbe Schriftsteller, der die Mahnung 1,3 schrieb, wendet sich auch hier an jeden Hörer der Offenbarung. Da das Buch als ganzes vom Redaktor schon zum Zweck kirchlicher Vorlesung bestimmt war, so mußte er den Sendschreiben zum Schluß eine solche allgemein kirchliche Wendung geben. — Der Kritik von Sp. ist im großen und ganzen dann Erbes gefolgt, nur wollte er den Schluß des siebenten Sendschreibens als echt halten. Auch J. Weiß 36f. folgt Sp. W. betont besonders, daß hier das wiederholte τί τὸ πνεῦμα λέγει dem Redaktor gehöre, der auf die von ihm herausgegebene Prophetie hinweise, und der sich nicht mehr an die einzelnen Gemeinden, sondern an die Gesamtkirche wende.

Gegen Sp.s Theorie lassen sich folgende Einwände erheben. 1) Die stereotype Form der Briefausgänge spricht nicht gegen ihre Echtheit (vgl. die Eingänge der Briefe). Daraus, daß durch die verschiedene Anordnung des Schlusses die Sendschreiben in 3 + 4 abgeteilt werden, läßt sich zunächst nur der Schluß ziehen, daß hier dieselbe Hand tätig war, welche die gesamte Apk schrieb. 2) Einige Briefschlüsse haben doch eine Beziehung zu dem Vorhergegangenen, so die Verheißung des Mannaessens 2,17 zu dem Verbot des Essens der εἰδωλόθυτα die Verheißung, den Namen nicht auszulöschen; 3,5 zu 3,1 (ὄνομα ἔχεις ὅτι ζῇς καὶ νεκρὸς εἶ); 3,12 die Verheißung des ἔξω οὐ μὴ ἐξέλθῃ ἔτι zu 3,7 (ὁ ἔχων τὴν κλεῖν Δαυείδ). Auch J. Weiß hält 36,1 dies Argument Sp.s für nicht beweisend. 3) Die vielen Beziehungen der Briefschlüsse zu späteren Partien der Apk beweisen zunächst doch nur, daß diese und die Sendschreiben von einer Hand stammen. Eine wirklich nachträgliche Erklärung in späteren Partien findet übrigens höchstens der Begriff des δεύτερος θάνατος. 4) Auch bei den Briefeingängen ist die Beziehung zum folgenden nicht überall deutlich z. B. 3,1 (die Erwähnung der ἑπτὰ πνεύματα und επτὰ ἀστέρες); ganz allgemein ist auch die Charakterisierung 3,14. 5) Anklänge an die Synoptiker und an die johanneischen Schriften beweisen zunächst nur für die spätere Datierung der

Sendschreiben überhaupt. 6) Auch die Wendung an die Gemeinden insgesamt beweist nicht das, was Sp. (vgl. J. Weiß) beweisen möchte. Sp. freilich nimmt an, daß die sieben Sendschreiben ursprünglich wirkliche, an die einzelnen Gemeinden gerichtete Briefe gewesen seien, so daß also jede Gemeinde ihren besondern Brief (mit angehängter Apk) bekommen hätte. Dann paßten die Briefschlüsse allerdings nicht und Sp. hätte Recht, sie als spätere Interpolationen aufzufassen. Aber Sp.s Anschauung von den Sendschreiben ist vollständig unhaltbar. Wirkliche Briefe sehen denn doch anders aus, wie diese apokalyptischen Sendschreiben. Nichts spricht vielmehr dagegen, daß die Apk von vornherein für die Gesamtkirche (αἱ ἐκκλησίαι) als Vorlesungsbuch bestimmt war, daß die sieben Sendschreiben von vornherein nicht als einzelne Briefe, sondern als literarisches Ganzes gedacht sind. Es sind zwar konkrete Zustände in den einzelnen Gemeinden behandelt, aber diese sind typisch für die Gesamtkirche. Daher wendet sich der Apokalyptiker ausdrücklich auch jedesmal an alle Gemeinden: Wer Ohren hat, höre, was der Geist den Gemeinden sagt. Nach diesen Ausführungen scheint mir die Integrität der ersten drei Kapitel im großen und ganzen festzustehen. Bei einzelnen Stücken 1,1-3.20 mag ja immerhin das Urteil schwanken.

Ehe wir aber weiter über das Verhältnis dieser Partie zum Ganzen der Apk ein abschließendes Urteil geben, werden wir gut tun, uns die Gemeindeverhältnisse und die sonstige geschichtliche Situation, eventuelle Sprachbesonderheiten und schriftstellerische Eigentümlichkeiten, wie auch die Beziehungen zu andern Schriften zu vergegenwärtigen, um wenn möglich nach alledem die Zeitlage der ersten drei Kapitel der Apk zu bestimmen.

2)Die Verhältnisse in den Gemeinden der sieben Sendschreiben. Charakteristisch ist, daß eine Reihe von Gemeinden eine Verfolgungszeit hinter sich hat. In dem Schreiben an die Eph. kann 2,3 καὶ ὑπομονὴν ἔχεις καὶ ἐβάστασας διὰ τὸ ὄνομά μου καὶ οὐ κεκοπίακας kaum anders bezogen werden. In Pergamon, der Residenz des Satans, der Metropole des Kaiserkultus, ist bereits Christenblut geflossen, es wird dort der Märtyrer Antipas genannt[1]. Auch Philadelphia scheint eine Verfolgungszeit gehabt zu haben 3,8: καὶ ἐτήρησάς μου τὸν λόγον καὶ οὐκ ἠρνήσω τὸ ὄνομά μου. Weil die Gemeinde sich bereits in einer Verfolgungszeit bewährt hat, wird sie von der drohenden allgemeinen Not bewahrt werden. Smyrna wird Gefängnis und Todesgefahr in einer kurzen Verfolgungszeit geweissagt. Thyatiras Geduld wird hervorgehoben. Der Umstand, daß in Smyrna und Philadelphia die Verfolgungen von den Juden auszugehen scheinen, darf nicht dazu benutzt werden, die Briefe in eine frühere Zeit hinaufzurücken. Heidnische Obrigkeit war jedenfalls bei Verfolgungen, bei denen es sich um Gefängnis und Tod handelt, beteiligt. Und auch späterhin noch hetzten die Juden, wie man aus dem Martyrium des Polykarp sieht, die heidnischen Behörden gegen die Christen auf. Nun geben allerdings diese Daten einen sehr unsicheren Anhalt für die Datierung der Briefe. Wir kennen ja nur ganz geringe Fragmente aus der Geschichte der Stellungnahme des römischen Imperiums zum Christentum im ersten Jahrhundert. Es ist allerdings möglich, daß vereinzelte Verfolgungen, denen auch die Obrigkeit ihren Beistand lieh, in jedem Dezennium vorgekommen sein mögen, aber die Sendschreiben spiegeln uns doch eine Lage der Gemeinden wieder, in der die Verfolgungen epidemisch zu werden drohen. Man hat sich darauf berufen, daß auch Paulus bereits Verfolgungen erdulden mußte. Aber man vergleiche doch einmal mit den kurzen Schilderungen der Sendschreiben die Gesamthaltung der paulinischen Briefe in dieser Hinsicht, dann begreift man den Unterschied in der Situation. Hier in den Sendschreiben tritt der Kampf mit der Außenwelt, die von dort kommende Not und Gefahr, vollkommen in den Vordergrund. Der Verfasser der Sendschreiben erwartet überdies eine Zeit der Not, wahrscheinlich der Verfolgung, die über den ganzen Erdkreis hin die Gläubigen treffen soll. Das alles weist in eine spätere Zeit und doch wohl über die Zeit der neronischen Christenverfolgung, die auf Rom beschränkt geblieben zu sein scheint, hinaus. Wenn endlich in den Briefen nicht — wie in den übrigen Teilen der Apokalypse — hervorgehoben wird, daß es sich bei den Verfolgungen um den Cäsarenkultus handle (doch vgl. das zu 3,10 Bemerkte), so mag es auf Zufall beruhen, daß der Apok. hier von der allen bekannten Tatsache nicht ausdrücklich redet.

In Ephesus, Pergamon, Thyatira wird das Treiben von Irrlehrern geschildert, und zwar scheint uns überall dieselbe Erscheinung entgegenzutreten. Denn wahrscheinlich sind die falschen Apostel 2,2 identisch mit den Nicolaiten 2,6, diese wiederum sicher mit den Bileamiten (2,14f.), und da der Prophetin Isabel von Thyatira dasselbe wie den Bileamiten (φαγεῖν εἰδωλόθυτα – πορνεύειν) vorgeworfen wird, so ist an allen drei Stellen dieselbe Art von Häretikern gemeint. Es handelte sich aber bei diesen Irrlehrern sicher noch nicht um eine ausgebildete gnostische Schule, die wir unter den bekannten gnostischen Schulen zu suchen hätten, sondern um weltförmiges libertinistisches Christentum, um praktische Fragen und nicht um Spekulation. Die Teilnahme oder Nichtteilnahme an den Götzenopfermahlzeiten ist deshalb eine so brennende Frage im ersten Christentum geworden, weil die Entscheidung über sie die Stellungnahme zum heidnischen Gesellschaftsleben bedingte, das sich ja ganz wesentlich an die gemeinsamen Mahlzeiten anschloß. Viele, die sich sonst zum Christentum hingezogen fühlten, waren nicht im stande, diesen energischen Bruch mit der Außenwelt zu vollziehen. Dasselbe gilt von dem πορνεύειν; es ist sicher mit diesem Vorwurf nicht gemeint, daß die Irrlehrer eine besondre orgiastische Unsittlichkeit trieben, wie diese bei späteren gnostischen Schulen vorkommt. Auch hier wird es sich wesentlich um ein Mitmachen mit der Sitte und dem Urteil der heidnischen Gesellschaft auf der einen Seite, um eine schroffe Verwerfung derselben aus der andern gehandelt haben. Die Bileamiten oder Nicolaiten, wie man sie nannte, waren weltförmige Heidenchristen und nichts weiter. Nur ein Ausdruck scheint darüber hinauszuführen, das Schlagwort: γνῶναι τὰ βάθη τοῦ σατανᾶ. Aber es mag das immerhin ein ganz praktisch gemeintes Wort gewesen sein, mit dem man seinen Verkehr mit der heidnischen Gesellschaft und das weltförmige Wesen zu rechtfertigen suchte[2]. Diese Irrlehrer scheinen auch Leute, die sich Apostel nannten, also wohl herumziehende Wanderprediger, Winkellehrer (nach Art der gewerbsmäßigen Sophisten) in ihrer Mitte gehabt zu haben, in Thyatira war ihre Fuhrerin sogar eine Prophetin, und hier scheint ihre Sekte schon einen lasciveren und gefährlicheren Charakter angenommen zu haben, wenn den Schilderungen des Apokalyptikers ganz zu trauen ist. Die Häresie tritt übrigens ebenfalls epidemisch auf. In Thyatira und Pergamon scheinen die Häretiker ihr Wesen noch innerhalb der Gemeinde getrieben und großen Einfluß erlangt zu haben, in Ephesus sind sie bereits ausgeschieden. Es scheint ferner, als wenn in Sardes diese Richtung, obwohl sie nicht genannt wird, großen Einfluß errungen hat. — Eine genaue Zeitbestimmung ergeben diese Erwägungen nun noch weniger, als die vorhergehenden. Sie bestimmen uns eher, die Briefe in früherer Zeit, als allzuspät anzusetzen. Von den uns in der Geschichte bekannten Häresien fehlt jede Spur. Die Ignatianen zeigen hier bereits einen Fortschritt. Dennoch bleibt uns auch nach diesen Beobachtungen immerhin der Zeitraum etwa des ersten Jahrhunderts für den Zeitansatz der Briefe.

Der Zustand in den Gemeinden ist kein besonders glänzender: Ephesus hat seine erste Liebe vergessen, Sardes hat den Namen, daß es lebt, und ist tot, in Thyatira hat die Prophetin „Isabel" verwüstend gewirkt, in Laodicea ist ein laues, weltförmiges, heuchlerisch-selbstgewisses Christentum, nur Smyrna und Philadelphia finden unbedingte Anerkennung. Man muß dabei immer beachten, daß es sich bei diesen Beobachtungen nicht um ganz vereinzelte Fälle handelt. Zu nahe an die apostolische Zeit werden wir die Briefe nicht heranrücken dürfen.

3) Der Verfasser der Sendschreiben war ein Christ jüdischer Abstammung. Für ihn ist der Judenname ein Ehrenname, er spricht den Juden, welche die Christen verfolgen, 2,9; 3,9, diesen ab und nennt sie Satanssynagoge. Er hofft zugleich auf eine Bekehrung des Ungläubigen Israels. Wenn auch die immer wiederkehrende Polemik gegen εἰδωλόθυτα φαγεῖν und πορνεύειν nicht judenchristlich zu sein braucht, so ist doch die prinzipielle Rückbeziehung auf

den Beschluß des Apostelkonzils bemerkenswert (2,24). In souveräner Weise handhabt er die Bildersprache des alten Testaments, so daß in seiner Behandlung wieder neue Gebilde entstehen. So sind in der Menschensohnvision wenig Züge, die sich nicht in den Visionen des Daniel (7 u. 10), Ezechiel 1ff. (Sacharja) nachweisen ließen. Dennoch ist daraus ein neues geworden, namentlich durch die kühne Kombination der Attribute eines erscheinenden Engels mit den Attributen Gottes selbst (nach Dan 7,9) zur Charakteristik des Menschensohnes. Auch sonst benutzt er in ziemlichem Umfang das alte Testament, aber immer nur lose anspielend (1,7.8; 2,7.26.27; 3,5.7.9.12.14.17.19). Aus 2,27 läßt sich mit Sicherheit schließen, daß er die LXX gebrauchte. Ob er auch den hebräischen Text benutzte, ist nicht ganz sicher (vgl. zu 1,6.7 und 3,14). Mit rabbinischer Theologie und Haggada zeigt er sich vertraut (1,4; 2,14).

Auch die Christologie der Briefe zeigt in vielen Punkten noch die realistischen und kräftigen Züge der jüdisch-messianischen Gedankenwelt. Christus ist der Oberste der Könige der Erde 1,5. In der Gestalt des Menschensohnes mit den Feueraugen und Erzfüßen, der Donnerstimme und dem Schwert im Munde, als der Besitzer der Schlüssel Davids zum Öffnen und Schließen des Gottesreiches tritt er auf. Daneben ist er der wahrhaftige Zeuge, der wahre Künder aller Offenbarung Gottes, der durch sein Blut die Seinen erkauft hat, der tot war und lebt und Macht hat über Tod und Hölle, der Sohn Gottes (2,18; nur hier in der Apk), der mit dem Vater auf dem Thron sitzt (3,21, vgl. 2,27; 3,5). Ja noch mehr, er ist der Erstgeborene von den Toten, der Anfang aller Schöpfung und (das geht über die Theologie des Paulus hinaus) der Erste und Letzte, der Lebendige 1,17f. Er tritt in der Vision dem Seher mit den Attributen Gott Vaters bei Daniel entgegen. Die Christologie der Briefe ist allerdings, nach dieser Seite betrachtet, die scheinbar fortgeschrittenste fast im ganzen neuen Testament. Dennoch wird sich hieraus eine Zeitbestimmung für diese Kapitel nicht ergeben (gegen Vlt., Weyl.). Wir haben in ihnen einen von aller theologischen Reflexion unberührten Laienglauben, der mit unbekümmerter Naivetät Christus in seinen Prädikaten und Attributen mit Gott einfach identifiziert und auf der andern Seite auch ganz archaistische Elemente ruhig übernimmt. Ein solcher Laienglaube konnte sich auf Grund paulinischer Theologie sehr rasch erheben.

Die sittlichen Ermahnungen der Briefe sind durchaus in altchristlicher Weise durch den Gedanken des Endgerichts bestimmt, und nirgends im neuen Testament — wenn man von den Herrenreden absieht — ist mit dieser Wucht der Gedanke der Verantwortlichkeit vor einem überweltlichen Richter geltend gemacht. Mit ihm ruft der Prophet eine Christenheit, die schon zu verweltlichen droht, zurück zur ersten Liebe, macht die Lauen wieder warm, erneut die erstorbene Kraft. Er ruft aus zum nahen Kampf, stählt zur Treue bis in den Tod, lenkt den Blick auf die im Himmel bereit gehaltenen Kronen.

Trotz aller Ungelenkigkeit und Eckigkeit im Ausdruck gehören die Briefe zum Mächtigsten, was im neuen Testament geschrieben ist. In unnachahmlicher Kürze, Prägnanz und Wucht reiht sich Satz an Satz. Fast nirgends steht ein Wort zu viel. Jeder Brief entwirft in kurzen markigen Zügen ein individuelles Bild von der Gemeinde, und jedes Bild erhält einen wirkungsvollen Rahmen in den bunten apokalyptischen Farben, die dem Zeichner des Menschensohnbildes 1,9ff. zur Verfügung stehen (s. o.). Die Motive im Innern der Bilder wiederholen sich zum Teil in kunstvoller Weise im Rahmenwerk. Eine ganze Reihe einzelner Sätze sind kleine Kunstwerke und sind geflügelte Worte der christlichen Religion geworden.

Und die große geschichtliche Situation — der Seher steht vor dem Beginn des großen Kampfes zwischen Christentum und römischem Imperium — erhöht den Reiz und das Interesse dieser Briefe. Eine Stimmung des christlichen Glaubens ist hier so getroffen, eine Tonart so angeschlagen, daß diese drei Kapitel ihre Wirkung und ihren Einfluß niemals verlieren werden; sie werden immer eine klassische Darstellung einer eigenartigen Seite christlicher Frömmigkeit bleiben.

4) Die Sprache des Stückes[3]. Es wird öfter behauptet, daß dies Stück der Apk in glatterem Griechisch geschrieben sei. Demgegenüber verweise ich noch einmal auf die oben S. 159f. gerade auch aus unsern Kapiteln beigebrachten Anomalien[4]. — Besonders häufig ist in diesem Teil der Apk das Fehlen der Copula (s. o. S. 170). Ebenso zeichnen sich die ersten Partien durch eine größere Mannigfaltigkeit der Partikel aus (s. o. S. 172). Es mag dies aber darauf zurückgeführt werden, daß hier Briefe und keine apokalyptischen Schilderungen vorliegen. Eine einzige wirkliche Spracheigentümlichkeit scheint in diesen Kapiteln allein vorzuliegen. Der Verfasser zeigt in ihnen ein feineres Verständnis in der Auswahl der Tempora. Beispiele sind 2,3 ὑπομονὴν ἔχεις – ἐβάστασας – κεκοπίακας, 3,3 πῶς εἴληφας καὶ ἤκουσας, 3,8 δέδωκα, 3,20 ἕστηκα, 1,5 τῷ ἀγαπῶντι ἡμᾶς καὶ λύσαντι. Der wesentlich in den ersten Kapiteln vorkommende Wechsel von Imper., Präs. Und Aor. (s. o.) scheint hier und da vielleicht auf Absicht zu beruhen, z. B. 3,19 ζήλευε - μετανόησον, ähnlich 2,5 μνημόνευε - μετανόησον — dann freilich ποίησον[5]. Was die Wortstellung in diesem Stücke betrifft, so steht das Adjektiv hier fast immer seinem Substantiv nach (mit Wiederholung des Artikels), nur die Zahlwörter stehen voran; außerdem beachte 1,10 ἐν τῇ κυριακῇ ἡμέρᾳ, 2,24 ἄλλο βάρος, 2,20 τοὺς ἐμοὺς δούλους, Ausnahmen, die selbstverständlich sind. Niemals kommt die verschränkte Stellung des Genitivs vor (zwischen Artikel und verbum regens). Das einzige

Mal, wo eine Adverbialbestimmung zwischen Artikel und Subst. steht, nämlich bei den Wendungen τῷ ἀγγέλῳ τῆς ἐν Ἐφέσῳ ἐκκλησίας u. s. w., ist die Lesart nicht gesichert (s. die textkritischen Anmerkungen). Die Ausnahmen, in denen das Verbum nicht vor dem von ihm regierten Wort steht, sind hier etwas häufiger: 2,3 ὑπομονὴν ἔχεις, 2,4 τὴν ἀγάπην σου τὴν πρώτην ἀφῆκας, 2,5 τὰ πρῶτα ἔργα ποίησον (2,6 τοῦτο ἔχεις), 2,23 καὶ τὰ τέκνα αὐτῆς ἀποκτενῶ (2,25 ὃ ἔχετε κρατήσατε, 3,17 οὐδὲν χρείαν ἔχω). Höchst selten ist die verschränkte Wortstellung 3,8 μικρὰν ἔχεις δύναμιν (3,4 ist ἔχεις ὀλίγα ὀνόματα zu lesen).

5) Beziehungen der ersten drei Kapitel zur altchristlichen Literatur. An die synoptische Sprache erinnern sehr viele Wendungen: die Ermahnung zum Wachen, die Verheißung der weißen Kleider, des himmlischen Mahls, das Kommen des Herrn wie das des Diebes in der Nacht. Direkte Berührungen liegen vor 1,7f.; 3,5; 3,20f. Es finden sich spezielle Anklänge an Matthäus (1,7f.; 3,5) und an Lukas (3,5.20). Ferner scheinen unter den paulinischen Briefen Kol (vgl. mit 1,18; 3,14 Kol 1,15.18. [I Kor 15,20]) und Th (vgl. 2,2 und I Th 1,3; 3,3 und I Th 5,2; 3,10 und II Th 3,5) benutzt zu sein (vgl. noch 3,19 mit Hbr 12,5f.). Beachtenswerte Parallelen finden sich zu Jak. Beachte die Wendungen: στέφανος τῆς ζωῆς Jak 1,12; die Hervorhebung der πειρασμοί; zu 3,20 Jak 5,8 ἰδοὺ ὁ κριτὴς πρὸ τῶν θυρῶν ἕστηκεν; den Begriff νεκρός Apk 3,1; Jak 2,17; die energische Betonung der ἔργα (Sp. 521). Eine literarische Beziehung beweisen alle diese Beobachtungen nicht. Zu II Pt und Jud besteht auch nach Sp. keine andre Beziehung als die Benennung der Irrlehrer mit dem Namen Bileams. Zu erwähnen sind endlich noch die Beziehungen zu I Pt. Eine Gedankenparallele liegt unstreitig 1,5f.; 5,9f. (7,15) vgl. I Pt 1,18f.; 2,9 vor. Die Doxologie 1,6 findet sich wörtlich I Pt 4,11: ᾧ ἐστιν ἡ δόξα καὶ τὸ κράτος εἰς τοὺς αἰῶνας τῶν αἰώνων. Ferner sind zu vergleichen die Ausdrücke: I Pt 5,4 τὸν ἀμαράντινον τῆς δόξης στέφανον (2,10), I Pt 2,16 δοῦλοι θεοῦ, die Zurückführung der Verfolgungen auf den Teufel I Pt 5,8f.[6]. Die Berührungen sind in der Tat auffällig und weisen wenigstens darauf mit Bestimmtheit hin, daß die Sendschreiben der Apk und I Pt in derselben geschichtlichen Situation, dem Beginn des Kampfes zwischen römischem Staat und Christentum, geschrieben sind.

6) Spezielle Andeutungen für die Zeitbestimmung der Sendschreiben. Mit der Angabe 1,9 ist nicht viel anzufangen. Selbst wenn es wahrscheinlich wäre, daß hier ein Exil des Johannes auf Patmos gemeint sei, so variierte doch die Tradition in der Angabe der Zeit dieses Exils. — Ein zweites und besseres Indicium ist die sicher bezeugte Nachricht, daß Laodicea 60/61 in einem Erdbeben zerstört wurde. Dies Erdbeben war nach der Schilderung des Tacitus ein so bedeutendes Ereignis, daß man seine Erwähnung in dem Sendschreiben erwarten sollte. Eine solche Anspielung auf diesen Vorfall liegt nun aber 3,17

nicht vor (s. den Kommentar). Dann aber bleibt kaum etwas andres übrig, als entweder mit Sp. die Briefe vor 60 anzusetzen, oder mit ihnen eine geraume Zeit, etwa ein Menschenalter hinunterzugehen. Alle bisherigen Erwägungen drängen zu dem Letzteren, und so führt uns auch diese Beobachtung in die Zeit hinab. — Noch weiter mit dem Ansatz der Sendschreiben (mit Vlt.) hinunterzugehen liegt m. E. wenigstens in diesen selbst kein zwingender Grund vor.

7) Nach alledem können wir uns an die kritische Lösung des Problems machen, das die Sendschreiben uns stellen: In welchem literarischen Verhältnis stehen diese zu den übrigen von ihnen völlig verschiedenen Partien des Buches? Eines scheint jedenfalls festzustehen: Für sich allein haben diese Kapitel niemals existiert, sie haben nur Sinn als Einleitung zu längeren apokalyptischen Ausführungen. Die meisten Kritiker sehen daher in diesen Briefen den spätesten Bestandteil der Apk. Dieser Ansicht haftet nun eine unlösliche Schwierigkeit an. Gewöhnlich nämlich identifiziert man dann den Schreiber der ersten Kapitel mit dem letzten Redaktor oder Überarbeiter, dessen Arbeit man sich sonst möglichst mechanisch und nichtssagend vorzustellen pflegt. Und dann bleibt eben die Frage offen: Wie kommt es, daß der geistesmächtige Schriftsteller, der Kap. 1-3 schreiben konnte, sich nachher damit begnügte, Quellen zu kompilieren (Erbes, Weyland), oder in eine schon vorhandene Apk dürftige Zusätze einzuarbeiten (Vlt., Vischer, Pfleiderer I)? — Treffend hat Sabatier p. 10 dies Problem zusammengefaßt: le rédacteur chrétien n'est pas un simple littérateur ... ce Jean qui écrit aux sept églises d'Asie ... veut faire oeuvre apostolique ou moins oeuvre pastorale directe, et dès lors il vient difficile d'admettre, qu'un apôtre ou un pasteur d'âmes se soit borné à un simple rôle d'éditeur et d'annotateur. Umgekehrt und jedenfalls richtiger suchen Sp. und J. Weiß die Sendschreiben gerade dem christlichen Urapokalyptiker zuzuschreiben und diesen von dem Apok. letzter Hand resp. dem Redaktor bestimmt zu trennen. Mit der Hypothese einer christlichen Urapokalypse, wie sie J. Weiß vorträgt, habe ich mich bereits oben S. 127f. auseinandergesetzt. Über Sp.s Versuch (der Ausscheidung der Siegelquelle) vgl. den Exkurs am Ende von Kap. 6. Somit gelangen wir auf die Bahn, die Wzs. Sabatier schon zuerst betreten haben. Allerdings stammen die ersten drei Kapitel der Apk von letzter Hand. Aber wir dürfen uns dann auch den Schriftsteller derselben nicht in den späteren Partien als simplen Redaktor denken, sondern als selbsttätigen Schriftsteller, der allerdings apokalyptische Quellen und Fragmente mündlicher und schriftlicher Tradition in reichem Maße verwandte, aber doch so, daß er selbsttätig und frei mit seinem Stoff schaltete und aus den verschiedenen Elementen ein neues Ganze schuf, das den Stempel, seines Geistes trägt. Das wird die einfachste Lösung des Problems sein.

Fußnoten:

1. Man hat wohl dagegen hervorgehoben, daß hier doch nur ein Martyrium erwähnt werde. Allein es ist nicht nötig, daß es gleich in allen Fällen zum äußersten gekommen sein müßte. Wir stehen erst im Anfang einer Zeit, in der die Zugehörigkeit zur christlichen Religion als Verbrechen galt.
2. Die Irrlehrer, die im II Pt und Jud-Brief geschildert werden, stehen doch schon, obwohl sich manche Berührungspunkte zeigen, auf einem fortgeschritteneren Standpunkte. Bei ihnen zeigen sich entschieden spekulative Elemente.
3. Ich bemerke, daß ich hier nur etwaige sprachliche Besonderheiten des betreffenden Stückes aufzähle, und namentlich über die Eigentümlichkeiten in der Wortstellung referiere.
4. Hier ist vielleicht noch das recht ungewöhnliche οὐδὲν χρεὶαν ἔχω 3,17 zu erwähnen.
5. Schwankender Gebrauch: 3,11 κράτει, 2,25 κρατήσατε. Danach ist das Urteil 170,2 etwas zu modifizieren.
6. Vgl. hier noch I Pt 5,13: die Bezeichnung Roms als Babel, καταβολὴ κόσμου 13,8; 17,8; I Pt. 1,20.

II. DIE SIEBENSIEGELVISION. KAP. 4-8,1.

A. KAP. 4. DER THRONSAAL GOTTES.

4,1. μετὰ ταῦτα εἶδον καὶ ἰδοὺ θύρα ἠνεῳγμένη (s. o. S. 162) ἐν τῷ οὐρανῷ. Ez 1,1 κ. ἠνοίχθησαν οἱ οὐρανοί, καὶ εἶδον ὁράσεις θεοῦ. Himmelf. Jes 6,9 (im äthiop. Text) „Und sie hörten eine Tür, welche jemand öffnete und die Stimme des heiligen Geistes". II Bar 22,1; Mt 3,16 u. Par. Akt 10,11. Der Ausdruck μετὰ ταῦτα εἶδον führt jedesmal eine neue und besonders wichtige Offenbarung ein 7,1.9; 15,5; 18,1; 19,1, kleinere Abschnitte werden durch ein einfaches καὶ εἶδον eingeleitet. Auch Ausleger, die nicht daran denken, Quellen in der Apk zu sondern, empfinden hier eine Schwierigkeit und nehmen an, daß zwischen 3,22 und 4,1 ein Zeitraum liegt, in dem Johannes sich im gewöhnlichen Bewußtsein und nicht in der Ekstase befunden habe. Aber die eigentliche Schwierigkeit liegt nicht hier, sondern erst in V. 2. Daß der Seher erst hier in den Himmel gerufen wird, steht nicht im Widerspruch zum Vorhergehenden. Denn daß er die Vision 1,10ff. im Himmel gehabt haben muß, ist durch nichts bewiesen. Er kann die Erscheinung ebensogut von der Erde aus gesehen haben. Daher ist es überflüssig, an eine im Himmel befindliche Tür zu denken und zu erklären, daß Johannes in einen neuen und höheren Raum im Himmel durch dieselbe eingehen solle. Der Ausdruck θύρα ἠνεῳγμένη ἐν τῷ οὐρανῷ setzt die Anschauung voraus, daß der Himmel als festes Gewölbe gedacht wird, und der Seher durch die Tür in den Himmel eintreten soll. καὶ ἡ φωνὴ ἡ πρώτη ἣν ἤκουσα ὡς (sc. φωνήν) σάλπιγγος λαλούσης[1] (nachlässig auf σάλπιγγος bezogen, obwohl es nur auf ἣν bezogen werden kann) μετ' ἐμοῦ λέγων. Die Beziehung auf 1,10 (ἡ φωνὴ ἡ πρώτη) ist deutlich. Die Stimme, die der Seher hört, ist also dieselbe wie die 1,10 erwähnte, und wenn man diese für die Stimme des Menschensohnes halten muß, so ist also auch hier Christus redend gedacht. Immerhin ist es seltsam, daß dieser, der in der Vision als Lamm erst später auftritt, hier schon redet. Auch hier wieder hört der Seher eine überaus laute Stimme (s. o. zu 1,10). λέγων[2] ist constructio ad sensum auf φωνή bezüglich oder eine Nachahmung des hebräischen לֵאמֹר. ἀνάβα (Schmiedel § 13,22; s. o. S. 163) ὧδε (Joh 6,25; 20,27), καὶ δείξω σοι, ἃ δεῖ (1,1; 22,6) γενέσθαι μετὰ ταῦτα. Hier liegt eine deutliche Beziehung zu 1,19 vor, und zugleich werden die beiden Abschnitte Kap. 2 und 3 und Kap. 4-6 durch diese Angabe in erkennbare Beziehung zu einander gesetzt. Die Überleitung ist eine völlig ungezwungene. Auf das ἅ εἰσιν (1,19) Kap. 2 und 3 folgt das, was darauf geschehen soll. Eine kritische

Schwierigkeit liegt hier durchaus nicht vor. Schwieriger ist das folgende: 4,2. εὐθέως[3] ἐγενόμην ἐν πνεύματι. Hier erheben fast alle Kritiker seit Vischer ihre Bedenken. Man findet hier einen unlösbaren Widerspruch mit 1,10. Sp., der den Zusammenhang Von 1-3 und 4-6 wahren möchte, konjiziert daher ἐφερόμην und übersetzt πνεῦμα durch „Wind" (sogleich wurde ich vom Winde fortgetragen) unter Berufung auf Hen 14,8; 39,3f.; 70,1ff.; 71,1.5 (dagegen Hirscht 40)[4]. Dieser Versuch wäre doch nur dann statthaft, wenn Sp. für 1-6 ein hebräisches Original annehmen würde. Jedoch ist diese Auskunft Sp.s nicht einmal nötig; man darf wirklich eine apokalyptische Darstellung nicht so genau und gründlich nehmen: Der Apokalyptiker hat entweder, namentlich wenn wir annehmen, daß die Apk nicht in einem Zuge geschrieben wurde, nicht mehr daran gedacht, daß er schon einmal von sich erzählt hat, ἐγενόμην ἐν πνεύματι, oder er nahm es als selbstverständlich an, daß nach Kap. 3 eine gewisse Pause in dem visionären Zustand eingetreten war. Eine ganz ähnliche Schwierigkeit liegt übrigens auch Ez 11,5 im Vergleich zum Vorhergehenden (11,1) vor (de W.). Vgl. noch I Hen 14,8f. u. 14; 39,3f.; 71,1.5. Daß bei der höheren Offenbarung eine weitere, höhere Stufe der Geistesmitteilung nötig gewesen wäre (de W., Dstd., Hilg., ZwTh 1890, 422, vgl. auch B. Weiß), ist allerdings mit keinem Worte angedeutet[5]. Man hat übrigens auch einen Widerspruch zwischen V. 1 und V. 2 finden wollen (J. Weiß 54,1). Doch ist offenbar nach Ansicht des Apok. die Sache so zu denken, daß dieser zunächst bei noch wachem oder halbwachem Zustand die Himmelstür offen sieht und dann erst in den eigentlichen Zustand der Entrückung verfällt. — Wegen der mancherlei vorhandenen Schwierigkeiten will J. Weiß καὶ ἡ φωνὴ - ἐγενόμην ἐν πνεύματι streichen. — Die Versuche, in Kap. 4,1f. den Anfang einer neuen Apk zu finden, werden noch weiter unten (Exkurs zu Kap. 4—6) beleuchtet werden.

καὶ ἰδοὺ θρόνος ἔκειτο (er stand, befand sich; Jer LXX 24,1; Joh 2,6; 19,29) ἐν τῷ οὐρανῷ, καὶ ἐπὶ τὸν θρόνον[6] (s. o. S. 162) καθήμενος. — Zur Vorstellung von Gottes Thron im Himmel vgl. I Kö 22,19; Ps 47,9; (Jes 6,1); Ez 1,26.28; 10,1ff.; (Dan 7,9); Hen 14,18ff.40; Himmelf. Mos 4,2; Test. Levi 5; slav. Hen 22,3. Zur Herkunft und dem ursprünglichen Sinn der Vorstellung vgl. das zu V. 6 u. V. 8 Bemerkte. Aus der bei Dstd. zitierten längeren Stelle aus den Pirke R. Eliesers Kap. 4, die überhaupt zeigt, wie die Vision Ezechiels variiert wurde, ist der Satz zur Vergleichung heranzuziehen: Schechina vero Dei in medio est, et ipse insidet throno excelso et elevato, et sedes eius alta est et in aere pendet. Daß der Apok. den Sitzenden nicht nennt, entspringt der jüdischen Scheu, den Namen Gottes auszusprechen. Vgl. Dan 7,9 „das Gericht ließ sich nieder". Zugleich bekommt die Diktion eine gewisse geheimnisvolle Erhabenheit. 4,3. καὶ ὁ καθήμενος[7] ὅμοιος ὁράσει (dem Ansehen nach) λίθῳ ἰάσπιδι καὶ σαρδίῳ.

Vgl. Ez 1,27: καὶ ἴδον ὡς ὄψιν ἠλέκτρου ἀπὸ ὁράσεως ὀσφύος καὶ ἐπάνω. Ez 1,4: ὡς ὅρασις ἠλέκτρου (8,2). Pirke R. Elies. 4: splendor magnificentiae eius sicut Chasmal. (vgl. auch II Hen 22,1 „das Angesicht des Herrn, wie Eisen erglüht im Feuer und herausgenommen und Funken sprühend und brennend"). Eine mit umfassender Erkenntnis unternommene Untersuchung der symbolischen Bedeutungen der Edelsteine in der Zeit der ersten christlichen Jahrhunderte, würde vielleicht auch auf die Auswahl derselben in der Apk schon einiges Licht fallen lassen. Der Sardios (Sardion vgl. 21,20) kommt LXX Ez 28,13 als Übersetzung für אֹדֶם vor, nach Epiphanius (bei Vitringa) πυρωπὸς τῷ εἴδει καὶ αἱματοειδής, ein fleischfarbener Edelstein, unser Karneol (Hltzm.). Der „Jaspis" entspricht in LXX Ez 28,13; Ex 28,20; 39,13 dem hebräischen יָשְׁפֵה. Man darf kaum an den nicht sehr kostbaren und undurchsichtigen Jaspis denken, vgl. 21,11 λίθῳ τιμιωτάτῳ ὡς λίθῳ ἰάσπιδι κρυσταλλίζοντι. Es muß ein lichtstrahlender Stein, vielleicht der Diamant, gemeint sein. καὶ ἶρις κυκλόθεν τοῦ θρόνου ὅμοιος[8] (nur hier mit mir zwei Endungen Schmiedel § 11,1) ὁράσει σμαραγδίνῳ. vgl. Ez 1,27f.: καὶ τὸ φέγγος αὐτοῦ κύκλῳ, ὡς ὅρασις τόξου, ὅταν ᾖ ἐν τῇ νεφέλῃ ἐν ἡμέραις ὑετοῦ, οὕτως ἡ στάσις τοῦ φέγγους κυκλόθεν. Der Bogen, den der Seher um den Thron Gottes sah, hatte die Gestalt eines Regenbogens, aber nur eine, die smaragdgrüne Färbung. Der Regenbogen vertritt hier die Stelle eines gewaltigen „Nimbus". Strahlenkranz und Strahlenkrone sind bei griechischen Göttervorstellungen Attribute der Lichtgottheiten. Vgl. Stephani, Nimbus und Strahlenkranz; Mém. de l'Acad. de St. Petersbourg 6 Sér. 1859, 25f. 119. A. Dieterich, Nekyia 43. Die Vorstellung ist aber jedenfalls auch orientalisch. Vgl. die Vorstellungen von dem den höchsten Gottheiten und den frommen Heroen eignenden Hvarena (Tiele, Gesch. d. Rel. im Altert., übers. v. Gehrich. II 2 1903, 211ff.) und die (orientalisch-griechische) Darstellung auf dem Grabdenkmal des Antiochus von Kommagene (Cumont, Textes et Monuments rel. aux mystères de Mithra, II 89). Zimmern KAT³ nimmt die Vorstellung als babylonisch in Anspruch. — Hier umgibt der Nimbus nicht nur das Haupt, sondern den ganzen Thron Gottes (vgl. Ps 104,2 „der sich in Licht hüllte wie einen Mantel"). Vielleicht erklärt sich aus der Vorstellung vom Nimbus auch die auffallende Einfarbigkeit des Regenbogens.

4,4. [καὶ][9] κυκλόθεν τοῦ θρόνου θρόνοι εἴκοσι τέσσαρες (θρόνους εἴκοσι τέσσαρας)[10] καὶ ἐπὶ τοὺς εἴκοσι τέσσαρας[11] θρόνους πρεσβυτέρους καθημένους περιβεβλημένους ἐν[12] ἱματίοις λευκοῖς· καὶ ἐπὶ τὰς κεφαλὰς αὐτῶν στεφάνους χρυσοῦς. Vgl. zum folgenden Gunkel, Schöpfung und Chaos 302-308. Die Frage wer die 24 Ältesten sind, hat von jeher den Exegeten große Schwierigkeit bereitet. Anklänge in der alttestamentlichen und jüdischen Tradition fand man wenige. Dan 7,10 (vgl. 4,14) redet von einem himmlischen

Richterkollegium, das mit Gott erscheint. Ein noch stärkerer Anklang liegt Jes 24,23 vor: ὅτι βασιλεύσει κύριος ἐκ Σιὼν καὶ εἰς Ἰερουσαλὴμ καὶ „ἐνώπιον τῶν πρεσβυτέρων“ δοξασθήσεται. Und diese Parallele liefert in der Tat für die Erklärung des Ausdrucks einen gewissen Anhalt. Aber damit ist derselbe doch höchstens um eine Instanz weiter zurückverfolgt und nicht erklärt. Auch finden wir in der Apk eine viel reichere Anschauung als in der Jesaiasstelle und deshalb ist jene nicht einzig und allein aus dieser zu verstehen. Achten wir nun zunächst darauf, wie die πρεσβύτεροι hier gedacht sind, so ist hervorzuheben, daß sie auf Thronen sitzen und Kronen auf dem Haupt haben: sie werden als Könige vorgestellt, die unmittelbar vor Gottes Thron, vor dem König aller Könige ihren Platz haben, und ihre Zahl ist vierundzwanzig. — Auf die Frage, welcher Art Wesen diese 24 Ältesten seien, hat man nun meist geantwortet, daß es verklärte Menschen, Idealgestalten, Repräsentanten der Gemeinde seien, nur die Zahl 24 machte dann noch Schwierigkeiten. Es lag nahe, an die verdoppelte Zwölfzahl zu denken und in den 24 entweder ganz allgemein Vertreter der alt- und neutestamentlichen Gemeinde, oder bestimmter Vertreter der Heiden- und Judenchristen oder endlich die 12 Apostel und 12 Patriarchen zu sehen. — Mit dieser etwas eigentümlichen und im Text durch nichts angedeuteten Erklärung nicht zufrieden, versuchte man (Vitringa, von neueren Züll., Ew., Hilgf. Einl. 424, Renan 303, Sp., Erb. 49) bei der Erklärung der Ältesten auszugehen von den 24 Priesterklassen (I Chr 24,7-18; Jos. Antiq. VII 365; Vita § 2). Sp. hob hervor, daß der Dienst der Ältesten ja auch hier der priesterliche Dienst der Anbetung sei 4,10; 5,11. Er meinte, daß auch die Kronen (?), Throne (?) und weißen Kleider zur Annahme des priesterlichen Charakters der πρεσβύτεροι paßten, und hob hervor, daß die Vorsitzenden der Priesterklassen Fürsten שָׂרִים, Häupter רָאשִׁים und Älteste hießen (Schürer II 236). Auch diese Parallele scheint jedoch die Schwierigkeit nicht zu heben und den königlichen Charakter der Presbyter unerklärt zu lassen. Doch führten die eindringenden Bemerkungen Sp.s noch weiter. Sp. behauptete, daß man in diesen ständigen Beisassen der göttlichen Herrlichkeit keine verklärten Menschen zu erblicken habe, sondern Engel. Von vornherein scheint das größere Wahrscheinlichkeit für sich zu haben. Denn wie sollten Menschen zu dieser exceptionellen Stellung vor Gottes Thron kommen? Mit dem Gerede von „Repräsentanten der irdischen Gemeinde“ wird man doch der plastischen Vorstellungsweise der Apk nicht gerecht. Auch redet der Seher ja 7,13 den einen der πρεσβύτεροι mit κύριε an. Ferner berief Sp. sich auf Tanchuma fol. 52b zu Dan 7,9 (vgl. fol. 48a): tempore futuro Deus S. B. sedebit, et angeli dabunt sellas magnatibus Israelis et illi sedent. Et Deus S. B. sedet cum senioribus tamquam princeps senatus et judicabunt gentiles, — indem er diese Stelle mit Recht so verstand, daß die erwähnten Engel beim jüngsten Gericht, aber auch erst dann, ihre Sitze den Frommen einräumen werden. Auch sonst findet sich wohl die Idee, daß die Gläubigen oder hervorragende Vertreter derselben (Mt 19,28) beim jüngsten Gericht vor Gott thronen werden, aber niemals die Vorstellung, daß sie jetzt schon diesen Platz einnehmen. Die Engel, die er in den Ältesten fand, identifizierte dann Sp. 276 mit den θρόνοι. An diesem Punkt nun scheinen uns Gunkels Untersuchungen zum erwünschten Ziel zu führen. Auch für G. steht es fest, daß man in den Presbytern überirdische Geisteswesen und nicht irgendwelche irdische Repräsentanten zu sehen habe. Vor allem aber legte er Gewicht darauf[13], daß der Apokalyptiker sich die Gestalten der 24 Ältesten nicht erdacht habe, auch nicht unter Anlehnung an diese oder jene doch fernabliegende alttestamentliche Vorstellung, sondern daß er in diesem Gemälde einfach eine apokalyptische Tradition übernimmt. Da Gunkel nun auch sonst Spuren babylonischer Tradition in diesem Abschnitt zu finden meint (die vier Tiere, die sieben Fackeln etc.), so sucht er auch für dieses Bild in babylonischer Mythologie seine Erklärung. Er findet in ihm die 24 babylonischen Sterngötter des Tierkreises und zitiert für diese Anschauung Diodorus Siculus (ed. Bekker II 31): μετὰ δὲ τὸν ζῳδιακὸν κύκλον εἴκοσιν καὶ τέτταρας ἀφορίζουσιν ἀστέρας, ὧν τοὺς μὲν ἡμίσεις ἐν τοῖς βορείοις μέρεσι, τοὺς δὲ ἡμίσεις ἐν τοῖς νοτίοις τετάχθαι φασίν, καὶ τούτων τοὺς μὲν ὁρωμένους τῶν ζώντων εἶναι καταριθμοῦσι, τοὺς δὲ ἀφανεῖς τοῖς τετελευτηκόσι προσωρίσθαι νομίζουσιν, οὓς δικαστὰς τῶν ὅλων προσαγορεύουσιν[14]. Ob gerade diese von Diodor überlieferte babylonische Lehre, die bisher in den Inschriften ihre Bestätigung nicht gefunden hat, für unsre Stelle in Betracht kommt oder nicht — jedenfalls wird man vermuten dürfen, daß der apokalyptischen Anschauung eine (polytheistische) Tradition zugrunde liegt, nach welcher der Hofstaat der höchsten Gottheit aus 24 Göttern besteht. Zu erwähnen ist hier, daß die persische Religion neben den 6 (7) Ameshas-Spentas 24 Nazatas im himmlischen Götterstaat zählt. Ahura-Mazda von den 24 thronenden Nazatas umgeben wäre also ein auf persischem Religionsboden mögliches Bild[15].

Wir werden nach alledem anzunehmen haben, daß der Apokalyptiker ein uraltes traditionelles Bild einfach herübernahm. Daß er es nur noch halb verstanden hat, beweist, daß er den Ältesten zugleich priesterliche Funktionen verlieh. Man war eben von altersher in weiten Kreisen gewohnt, sich Gottes majestätische Herrlichkeit und seinen Hofstaat unter diesem Bilde vorzustellen, und darüber was die πρεσβύτεροι ursprünglich bedeuteten, hat man sicher nicht mehr nachgedacht.

4,5. καὶ ἐκ τοῦ θρόνου ἐκπορεύονται ἀστραπαὶ καὶ φωναὶ καὶ βρονταί. In dieser Reihenfolge auch 11,19; 16,18; 8,5 βρονταὶ καὶ φωναὶ (resp. φωναὶ καὶ βρονταί) καὶ ἀστραπαί. Vgl. Ex 19,16: ἐγίνοντο φωναὶ καὶ ἀστραπαί. Ez 1,13: ὡς ὄψις λαμπάδων συστρεφομένων ἀναμέσον τῶν ζώων καὶ φέγγος τοῦ πυρὸς καὶ ἐκ τοῦ πυρὸς ἐξεπορεύετο ἀστραπή. Dan 7,9ff.; I Hen 14,9ff.; Jub. 2,2. Bei den „Stimmen" ist an das Brausen und Tosen, das im Gewitter neben Blitz und Donner einhergeht, zu denken vgl. Ps 29; 18,14; 50,3. καὶ ἑπτὰ λαμπάδες πυρὸς καιόμεναι ἐνώπιον τοῦ θρόνου[16], αἵ εἰσιν[17] τὰ[18] ἑπτὰ πνεύματα τοῦ θεοῦ. Vgl. Apk Bar. 21,6: „Die flammenden und feurigen Wesen, welche rings um deinen Thron stehen". Es ist grundlos, mit Sp. den Relativsatz zu streichen, und überdies für die Erklärung belanglos. Die sieben Fackeln können kaum anders gedeutet werden als auf die sieben Gottesgeister. Es liegt hier genau dieselbe Anschauung vor, wie 1,4; (1,12f.); 1,16; (1,20); 2,1; 3,1; 5,6 (parallel ist vor allem das Bild der sieben Leuchter 1,12f.; 2,1; Ex 25,37; Sach 4,2). Hinsichtlich der in der Apk sich findenden verschiedenen Anschauungen dieser Art s. die Erklärung zu 1,4. Im übrigen stimmt das Symbol der sieben Fackeln vortrefflich zu der ursprünglichen Beziehung der sieben Geister zu den Planetengestirnen. In ähnlicher Weise sind die sieben Planeten auf Mithrasaltären durch sieben flammende Altäre abgebildet (Cumont, Textes et Monuments I 115 II 232. 253. 311 u. ö.). Man wird annehmen dürfen, daß der Apok. oder sein Vorgänger auch aus derartigen Kultbildern — natürlich brauchen es nicht gerade Mithräische zu sein — Anregungen zu seinen Bildern empfangen hat. Ein Grund, den ganzen Vers wegzulassen, ist durchaus nicht Vorhanden (eine kritische Schwierigkeit wird bei 5,6 besprochen werden).

4,6. καὶ ἐνώπιον τοῦ θρόνου ὡς[19] θάλασσα ὑαλίνη ὁμοία κρυστάλλῳ.. Der Apok. sagt nicht: es war ein Meer; sondern: es war gleichsam (ὡς) ein Meer. Diese ständige Einfügung eines ὡς gehört zum apokalyptischen Sprachgebrauch, durch den das Geheimnisvolle der Redeweise gesteigert wird (vgl. bereits 1,10; 4,1, ferner 4,7; 5,11; 6,6.(12); 8,8; 9,7; 13,3; 14,3; 15,2; 19,1.6; 21,11). Im allgemeinen ist dies apokalyptische ὡς nicht textkritisch zu entfernen. Hier liegt, wie es scheint, wieder eine fragmentarische und archaistische Anschauung vor. Die Parallelen, die zunächst heranzuziehen wären, jedoch diese Vorstellung nicht decken, wären wohl Ex 24,10: καὶ τὰ ὑπὸ τοὺς πόδας αὐτοῦ (sc. τοῦ θεοῦ) ὡσεὶ ἔργον πλίνθου σαπφείρου καὶ ὥσπερ εἶδος στερεώματος τοῦ οὐρανοῦ τῇ καθαριότητι, und Ez 1,22: καὶ ὁμοίωμα ὑπὲρ κεφαλῆς αὐτοῖς τῶν ζώων ὡσεὶ στερέωμα ὡς ὅρασις κρυστάλλου. Vgl. Ez 1,25f.; Hltzm. zieht hier noch Hen 14,9f. heran, eine Parallele, die noch weiter abliegt. Eine Parallele in der Apk selbst, die aber die Sachlage noch dunkler macht, ist 15,2 gegeben (s. den Kommentar). Dstd. zieht mit Unrecht den Lebensstrom 22,1 zur Erklärung heran. An das eherne Meer im Tempel dachte Alcasar. Ew. sah unter Berufung auf Koran Sure 27,44 in dem krystallenen Meer nur die blankgetäfelten

Fußböden des Tempels. Auch die Rabbinen verglichen den Glanz des Fußbodens im Tempel mit dem des Krystalls (Wtst. Harenb. Züll.). — Die nächste Parallele, die in Betracht kommt, ist die nun erst aufgedeckte im slavischen Henoch 3,3. Dort sieht der Seher im ersten Himmel über dem Äther ein sehr großes Meer, größer als das irdische Meer. Nach Testam. Levi 2 liegt dies Meer zwischen dem ersten und zweiten Himmel. Aber auch ohne diese Parallele sollte es klar sein, daß es sich hier um eine alte weitverbreitete Naturanschauung handelt: das gläserne Meer ist nichts anderes als das Wasser über der Himmelfeste oder diese Feste selbst, die als der durch eine unsichtbare Scheidewand dort oben festgehaltene Himmelsozean gedacht wird. Der Thron Gottes ist also in dem ursprünglichen Bilde als auf dem Himmelsozean stehend gedacht, das dann im Vordergrunde vor dem Thron sichtbar wird. So erklärt sich auch die merkwürdige Vorstellung von dem gläsernen, krystallgleichen Meer. Die Himmelsfeste, der Behälter des Himmelswassers, wird als aus festem durchsichtigen Stein bestehend gedacht. Vgl. zu dieser Vorstellung II Hen 29: „Und mein (Gottes) Auge blickte auf viel festen harten Stein ... und von dem Stein schnitt ich ab ein großes Feuer und von dem Stein machte ich die Ordnungen der ... Heerscharen (sc. der Gestirnengel)“. — Aus dieser Vorstellung erklärt sich letztlich auch Ex 24,10, wonach zu Gottes Füßen ein Boden ist, „wie aus Saphirsfliesen und wie der Himmel selbst an Klarheit.“ (Vgl. Ex 1,26.) Gunkel, z. religionsgesch. Verst. d. N. T. 44,5. Die Vorstellung von dem oberen Himmelsozean ist in der babylonischen und dann in der persischen Religion nachweisbar (Tiele, Gesch. d. Rel. im Altertum übers. v. Gehrich II 290).

καὶ ἐν μέσῳ τοῦ θρόνου καὶ κύκλῳ τοῦ θρόνου τέσσαρα ζῶα γέμοντα ὀφθαλμῶν ἔμπροσθεν καὶ ὄπισθεν. Die Erklärung des Ausdrucks „inmitten und ringsum von dem Thron“ bereitet große Schwierigkeit. Am zusagendsten ist die Erklärung, daß die Tiere sich in der Mitte je einer Seite befunden hätten, (also in der Mitte und doch rund um den Thron, so daß an jeder Seite je eines herausschaut) Züll., de W., Dstd. Andere Ausleger helfen sich so, daß sie das ἐν μέσῳ nicht ganz wörtlich nehmen. Während Donner und Blitz aus dem Thron hervorkommen, und die sieben Fackeln vor dem Thron sich befinden, stehen die Tiere mehr nach der Mitte des Thrones zu (vgl. Sp. 280). Ewald II konjizierte: καὶ ἐν μέσῳ τοῦ θρόνου καὶ ἐν μέσῳ πρεσβύτερων καὶ κύκλῳ etc. Ez 1,5 hat nur καὶ ἐν τῷ μέσῳ und bemerkenswert ist, daß 28. 29. 30. 98 harl. c a (?) Tic. καὶ κύκλῳ τοῦ θρόνου fortlassen. Es läge also möglicherweise hier eine Glosse vor. Daß die Tiere mit dem Haupte nach dem Throne zuständen, ist eine geschmacklose Vorstellung und keineswegs daraus zu erschließen, daß der Seher bemerkt, sie hätten hinten und vorne Augen (vgl. Ez 1,18). 4,7. καὶ τὸ ζῶον τὸ πρῶτον ὅμοιον λέοντι καὶ τὸ δεύτερον ζῶον ὅμοιον μόσχῳ καὶ τὸ τρίτον ζῶον ἔχων[20] τὸ[21] πρόσωπον ὡς (4,6) ἀνθρώπου[22] καὶ τὸ τέταρτον ζῶον[23] ὅμοιον ἀετῷ πετομένῳ. Bei Ez (1,10; 10,14) ist jedes der Vier ζῶα als eine vierköpfige Gestalt gedacht, hier liegt die einfachere und ruhigere Vorstellung vor. Die Reihenfolge der Köpfe ist dort ἄνθρωπος, λέων, μόσχος, ἀετός[24]. — μόσχος ist (vgl. Ex 21,37 (LXX 22,1); Lev 22,23; Ez 1,10) Übersetzung für שׁוֹר, Ex 29,10 פַּר, Ex 32,4 עֵגֶל, Gen 12,16 בָּקָר, demgemäß nicht immer mit Kalb, hier jedenfalls mit Rind (Ochse) zu übersetzen. Ob das dritte Tier auch sonst Menschengestalt hat, ist mit Sicherheit nicht zu sagen, das vierte scheint fliegend gedacht zu sein. 4,8. καὶ τὰ[25] τέσσαρα ζῶα ἓν καθ' ἓν [αὐτῶν][26] ἔχων[27] (eine kühne constructio ad sensum) ἀνὰ πτέρυγας ἕξ(Joh 2,6). Hier liegt eine Kombination der Gestalten des Ezechiel mit den Seraphen des Jesaias (6,2) vor. κυκλόθεν καὶ ἔσωθεν γέμουσιν ὀφθαλμῶν. Da wir das vorhergehende ἔχων kaum dem sonstigen Sprachgebrauch der Apk nach als wirkliches Partizip nehmen können, sondern als verbum finitum mit fehlender Kopula auffassen müssen, so haben wir hier ein störendes Asyndeton. Außerdem ist κυκλόθεν und ἔσωθεν ein sehr wenig passender Gegensatz. (Gewöhnlich erklärt man ringsum und auf der Innenseite der Flügel.) Beachtenswert bleibt daher, daß Pr. übersetzt: habebant singula alas senas per circuitum. et erant plena oculis ante se et retro (ebenso Vict.: habentes alas senas in circuitu et oculos intus et foris)[28], also den griechischen Text κυκλόθεν καὶ ἔξωθεν καὶ ἔσωθεν voraussetzt, der sich bei Q 12 al.[2] in der Tat findet, während 14. 92 κυκλόθεν, ἔξωθεν καὶ ἔσωθεν lesen, einige andre Minuskeln statt ἔσωθεν wenigstens ἔξωθεν haben. Bedenkt man, wie leicht ein καὶ ἔξωθεν vor καὶ ἔσωθεν ausfallen konnte, so ist der letzteren Lesart entschieden der Vorzug zu geben und also zu übersetzen: Sie hatten je sechs Flügel ringsum, und von Augen sind sie voll außen und innen. Diese letztere Bemerkung ist nun im Vergleich mit V. 6 keine einfache Wiederholung, sondern es wird besonders bemerkt, daß diese flügelbedeckten Wesen an den Außenseiten und auch unter den Flügeln Augen hatten (vgl. Ez 10,12). καὶ ἀνάπαυσιν οὐκ ἔχουσιν[29] ἡμέρας καὶ νυκτὸς λέγοντες. Vgl. I Hen 71,6f.: „Und rings umher waren Seraphim, Cherubim und Ophanim; das sind die, welche nicht schlafen" und I Hen 39,12: „Dich preisen die, welche nicht schlafen, sie stehen vor deiner Herrlichkeit, preisen, rühmen und erheben dich, indem sie sprechen: Heilig, heilig ist der Herr der Geister, er füllt die Erde mit Geistern." ἅγιος ἅγιος ἅγιος[30] κύριος ὁ θεὸς ὁ παντοκράτωρ, ὁ ἦν καὶ ὁ ὢν καὶ ὁ ἐρχόμενος (1,8; 11,17). Der Lobgesang lehnt sich an Jes 6,3 (ἅγιος α. α. κύριος σαβαώθ) an unter Hinzufügung der dem Apok. eigentümlichen Wendung und unter charakteristischer Abweichung. Zu der weitverbreiteten Vorstellung von himmlischen Lobgesängen, welche die niederen himmlischen Wesen dem höchsten Gott darbringen, vgl. Hen 39,12f.; 40,3f.; 69,26. u. ö.; Test. Levi 3; slaw. Hen 15,1; 19,6; 20,3; 21,1; 22,3; Himmelf. Jes 7,15.20.27.29f.35; 8,16ff.; 9,28f.42.; 10,1ff. u. ö. Über weitere religionsgeschichtliche Zusammenhänge Reitzenstein, Poimandres 55ff. Zu παντοκράτωρ s. o. zu 1,8. Mit Nachdruck bekommt hier, wie am Anfang der Apk Gott diese feierlichen Attribute. Zu bemerken ist, daß hier das in die Vergangenheit weisende Prädikat ὁ ἦν vorantritt.

Wir werden, wenn wir die disjecta membra der Vorstellungen der Apk in ihrer Genesis und Wurzel verstehen wollen, die Frage nicht umgehen können, was für eine Vorstellung sich ursprünglich mit den vier fabelhaften Wesen unter Gottes Thron hier und im ersten Kapitel des Ezechiel verbunden habe. Zwei Momente sind es, die uns der Lösung des Rätsels zunächst näher führen. Vor allem vergegenwärtigen wir uns, daß der Thron Gottes sich nach der hier vorliegenden Vorstellung auf der Himmelsfeste befindet. Wenn nun die Tiere rings um den Thron Gottes stehen, so werden wir das Recht haben, nach Erscheinungen am Himmelsgewölbe zu suchen, welchen den Tieren entsprechen. Wenn ferner der Apok. mit Staunen meldet, daß die Tiere ganz voller Augen starren, wenn nach Ezechiel die Räder, die neben dem Throne stehen, mit Augen bedeckt sind, und die Wesen und die Räder funkeln und glänzen, wenn aber die Augen in der apokalyptischen symbolischen Sprache Sterne bedeuten (s. zu 5,6), so werden wir das Recht haben, in den vier Tieren große Sternbilder zu sehen, die den im Zenith des Himmels befindlichen Thron Gottes tragen. Darauf deutet endlich auch die Vierzahl der Wesen. Denn die Vierzahl ist dem Himmel eigentümlich (vier Himmelsgegenden, vier Winde, vier Jahreszeiten, vier Engel als Führer der Sterne, I Hen 82,11). Und zwar müssen wir vier an den entsprechenden Ecken des Himmels stehende Sternbilder suchen. Nun nehmen von den 12 Bildern des Tierkreises natürlich bei einer Vierteilung das erste, vierte, siebente und zehnte Bild eine besondere Stellung ein. Das erste aber ist nach altbabylonischer Anschauung das des Stieres, das vierte das des Löwen. Als das siebente erscheint der Skorpion, der nach altbabylonischer Vorstellung als Skorpionmensch gedacht ist. Das zehnte Bild, der Wassermann, hat allerdings nichts mit dem Adler zu tun. Doch befindet sich tatsächlich in seiner Nähe das Sternbild des Adlers! Vgl. H. Zimmern, die Keilinschriften u. d. A. T.[3] 631f., Gunkel, z. religionsgesch. Verst. d. N. T. 44ff. So wird nun die Apk 4 zugrunde liegende Vorstellung ganz klar. Der Thron Gottes ist ursprünglich gar nichts anders als das weite Himmelsgewölbe selbst, auf dessen höchster Höhe Gottes Herrlichkeit thront[31]. Diesen Thron tragen (inmitten desselben stehend) vier wunderbare gewaltige Wesen, die mächtigen

Gebilde des Stieres, Löwen, Menschen und Adlers[32]. Daher heißt dieser Thron slav. Hen 22,2 der sehr große und nicht mit Händen bereitete Thron des Herrn: „wer will aussagen seine unwandelbare Schönheit und die unaussagbare Größe seiner Herrlichkeit" (vgl. noch Gunkel 44,5[33]). Zugleich zeigt es sich, daß der Apok. hier mit seiner Konzeption an einem Punkt dem ursprünglichen Bild noch näher steht als Ezechiel mit seinen komplizierten Tiergestalten[34]. Die Tradition vom Wagen Gottes war eben noch zu seiner Zeit eine flüssige und lebendige. Die Rabbinen, gerade des ersten und zweiten Jahrhunderts, wissen viel von geheimnisvollen Spekulationen über die Merkaba Gottes im Anschluß an Ez 1 zu erzählen (Bousset, Rel. d. Judentums 349f.). Auch außerhalb des Judentums sind späterhin noch derartige Spekulationen nachweisbar. Dio Chrysostomus weiß in seiner 36. Rede an die Borysthener von einer merkwürdigen Spekulation der Mager vom Wagen des Zeus zu berichten, in der sich orientalische Elemente mit platonisch-stoischen Elementen[35] in merkwürdiger Weise mischen (Rel. d. Judentums 491, A. 3). — Von dem ursprünglichen Sinn des Bildes wird bei alledem der Apok. nur wenig oder gar nichts mehr geahnt haben. Für ihn sind, wie der Zusammenhang deutlich zeigt, die vier Keruben nichts weiter als Engel (hervorragende Engel) neben den andern, wie denn auch sonst die Cherubim, Seraphim, Ophanim der jüdischen Überlieferung als Engelklassen neben andern gelten Hen 61,10f.; 71,6f.; slav. Hen 20,1; 21,1; 22,2.

4,9. καὶ ὅταν (jedesmal wann) δώσωσιν[36] τὰ ζῷα δόξαν (Anerkennung, Preis)καὶ τιμὴν (Ps 29,1; 96,7) καὶ εὐχαριστίαν τῷ καθημένῳ ἐπὶ τῷ θρόνῳ[37] (vgl. oben S. 165), τῷ ζῶντι, εἰς τοὺς αἰῶνας τῶν αἰώνων (wenn ὅταν δώσουσιν gelesen wird, so macht das Futurum große Schwierigkeiten: einige Ausleger erklären als wirkliches Fut., die meisten schreiben dem Tempus frequentative Bedeutung zu (jedesmal wenn, so oft). Alle Schwierigkeiten lösen sich, wenn man δώσωσιν liest, und dies als einen ungewöhnlichen Konj. Aor. faßt; s. o. S. 171. 4,10. πεσοῦνται οἱ εἴκοσι τέσσαρες πρεσβύτεροι ἐνώπιον τοῦ καθημένου ἐπὶ τοῦ θρόνου καὶ προσκυνήσουσιν τῷ ζῶντι εἰς τοὺς αἰῶνας τῶν αἰώνων (V. 9). Das Attribut Gottes ζῶν (εἰς τοὺς αἰῶνας τῶν αἰώνων) ist in der spätjüdischen Literatur sehr gebräuchlich (Bousset, Rel. d. Judentums 293). Es findet sich außer in diesen beiden Versen 10,6; 15,7; (7,2), auf Christus übertragen 1,18. Beachte die weitschweifige Art der Wiederholung der Schilderung in V. 9.καὶ βαλοῦσιν[38] τούς στεφάνους αὐτῶν ἐνώπιον τοῦ θρόνου. Wtst. macht auf Tacit. Annal. XV 28 aufmerksam: ad quam (effigiem Neronis) progressus Tiridates sublatum capite diadema imagini subjecit. λέγοντες· 4,11 ἄξιος εἶ ὁ[39] κύριος καὶ ὁ θεὸς ἡμῶν[40] (über den Nominativ an Stelle des Vokativs s. o. S. 164) λαβεῖν τὴν δόξαν καὶ τὴν τιμὴν καὶ τὴν δύναμιν. Gott hat das Recht, das, was sein ist,

Preis, Ehre und „Macht", auch sich zu eigen zu nehmen (Dstd.). ὅτι σὺ ἔκτισας τὰ πάντα καὶ διὰ τὸ θέλημά σου (wohl einfach mit „durch deinen Willen" zu übersetzen, Vermeidung des Dat. medialis s. o. S. 163 und Joh 6,57; Winer 49 c) ἦσαν καὶ ἐκτίσθησαν[41]. Das ἦσαν macht Schwierigkeiten. Es ist nicht zu übersetzen: sie traten ins Dasein (de W.), auch ist ἦσαν nicht gleich ἐγένετο. Die Vorstellung geht auf den Moment der Schöpfung mit lebendiger Anschaulichkeit zurück (vgl. das ἔκτισας vorher), da waren alle Dinge, die vorher nicht waren (Dstd.). In ungeregelter Darstellung wird dann nachträglich das Moment, auf dem das ἦσαν beruht, hinzugefügt: sie wurden geschaffen. Zu der Hervorhebung der Schöpferwürde Gottes vgl. das zu 10,6 Bemerkte und 14,7. Vgl. zu V. 9ff. Henoch 9,4f.: „Du bist der Herr der Herren und der Gott der Götter ... Dein Name ist heilig und in aller Welt gepriesen. Denn Du hast alles gemacht".

Wir vergegenwärtigen uns noch einmal das ganze glänzende Bild. Mit wie wuchtigen, knappen und klaren Strichen ist es gezeichnet, besonders im Vergleich mit der unklaren, verworrenen, allerdings teilweise reicheren Darstellung des Ezechiel! Und mit welcher Pracht der Phantasie, namentlich auch in der Farbengebung! Der auf dem Throne Sitzende in der Herrlichkeit von Diamant und rotem Edelstein leuchtend, die 24 Ältesten in weißen Kleidern mit goldenen Kronen. Davor das krystallene Meer; und sieben brennende Feuerfackeln und Leuchten der Blitze und gewaltiges Rauschen der Donner. Dann endlich die vier wunderbaren Wesen unter dem Gottesthron, über und über mit leuchtenden Augen besäet! Das Bild hat aber auch als Prooemium des Ganzen eine tiefe innere Bedeutung. Der Apok. will weissagen von den gewaltigen Nöten der letzten Zeit und ihren unerhörten Kämpfen. In starkem Kontrast dazu steht hier ein Bild von erhabener ruhiger Majestät. Auf Erden soll der letzte erbitterte Kampf beginnen. Aber hier im Himmel huldigen alle die mächtigen Wesen dem allmächtigen, in alle Ewigkeit lebendigen Gott, sie werfen sich huldigend vor ihm nieder und bringen ihm ihre Kronen dar. In einen jubelnden Hymnus klingt das Ganze aus: Der allmächtige Schöpfergott hält das Ziel dieser Welt sicher in seinen starken Händen. Ihm gebührt Preis und Ehre und alle Macht.

Fußnoten:

1. א Pr. λαλουσαν.
2. Hier wie an andern Stellen von אcP An. (s. Studien 18) korrigiert.
3. P An. (Studien 28) heben das Asyndeton auf und lesen και ευθεως.

4. Gegen die Konjektur ἐφερόμην ließe sich auch einwenden, daß man hier eher den Aor. als das Imperf. erwarten sollte.
5. Noch andre Erklärungen versuchen Züllig: Ich war dort entzückungsweise; Hltzm.: alsbald war ich im Geiste, d. h. nur noch mit dem Körper auf der Erde (im Unterschied von 1,10).
6. P An. verändern in του θρονου (Studien 26).
7. και ο καθημενος ℵAPQ Min. g vg. s^{12} Pr. Tic.; alle übrigen > (Schreibfehler).
8. ομοια verbessern $An.^{345}$; dagegen ομοιος AP $An.^{12}$. 6. 11. 30, während Q Rel. ομοιως und nachher ορασις σμαραγδινων lesen, ein andrer Versuch, das schwierige ομοιος zu korrigieren.
9. και lesen ℵc (ℵ fehlt) AP An. g vg. c s^1 a ae. Pr.; και > Q Rel. s^2 Tic. Es scheint als wenn das Asyndeton die schwierigere Lesart ist, doch kann das καὶ vor κυκλόθεν auch ausgefallen sein.
10. θρονους ℵA $An.^4$ Tic.; gegen diese anakolutische Lesart spricht, daß nachher in sämtlichen Handschriften (auch ℵA) εἴκοσι τέσσαρες gelesen wird; dafür, daß im folgenden der parallele Akkusativ πρεσβυτέρους steht.
11. A 17; P $An.^1$. 6. 11. al. επι τ. θρονους εικ. τεσσ.; Q Rel. επι τ. θρ. τους εικ. τεσσ.; ℵ om. επι – θρονους. Mit Ausnahme von V. 4a steht εικοσι τεσσ. In der Apk immer vor dem zugehörigen Subst.
12. εν > AP $An.^2$.
13. Der Gedanke findet sich auch schon bei Sp. 276.
14. Diese 24 δικασταί werden bei Diodor von den zwölf Zeichen des Tierkreises bestimmt unterschieden. Sie entsprechen nach Hommel, ZDMG 45 S. 599f., wahrscheinlich den 24 Mondstationen. Zimmern, K. A. T.[3] S. 633.
15. Eine interessante Vorstellung von den 24 Ältesten findet sich in der Schrift αἱ διαταγαὶ αἱ διὰ Κλήμεντος (Lagarde, juris ecclesiastici antiquissimae Lips. 1856, 74ff.): εἴκοσι γὰρ καὶ τέσσαρές εἰσι πρεσβύτεροι, δώδεκα ἐκ δεξιῶν καὶ δώδωκα ἐξ εὐωνύμων ... οἱ μὲν γὰρ ἐκ δεξιῶν δεχόμενοι ἀπὸ τῶν ἀρχαγγέλων τὰς φιάλας προσφέρουσι τῷ δεσπότῃ, οἱ δὲ ἐξ ἀριστερῶν ἐπέχουσι τῷ πλήθει τῶν ἀγγέλων. Hier scheint noch eine gegenüber der Apk selbständige Anschauung vorzuliegen; deutlich wird es auch hier, daß die Ältesten als Engel zu denken sind, und sehr beachtenswert ist endlich ihre Einteilung in 2×12 und ihre Stellung zur Rechten und zur Linken Gottes. Die Bezeichnung von Sternengeistern mit πρεσβύτεροι, „elders“ slav. Henoch 4,1 (übers.

v. Charles-Morfill), ist textlich nicht gesichert (s. die Übers. v. Bonwetsch).

16. >αυτου nach ℵAP An.^{1} g vg. c s^{1} a ae. Pr. Tic.
17. α εισιν ℵc AP An.^{1} (A α εστιν, ℵ fehlt); Pr. faculae qui sunt spiritus (s. o. S. 165).
18. ℵcAP An.^{12} 14. 92; τα > Q Rel.
    - ➢ An.^{1} a ae. (sa.) s^{1} Tic. Pr.; s. Studien 34; Pr. hat an vielen Stellen das ὡς fortgelassen.
19. AQ Min. alle übrigen εχον.
20. Der Artikel mit ℵAP An.^{123}.
21. A 11. 13. 36 vg. s^{1} Pr. (faciem quasi humanam); An. c s^{2} Tic. ως ανθρωπος; Q Rel. ανθρωπου, ein doppelter Korrekturversuch (Studien S. 3); ℵ ως ομοιον ανθρωπου, 35 ομοιον ανθρωπου, Vict. Faciem similem homini, g animal simile homini.
22. ℵAP An.^{135} g vg. s^{12} c Pr.; die übrigen >.
23. An diese Ordnung scheint sich zunächst die Deutung der ζῶα auf die vier Evangelisten angelehnt zu haben. Daß Markus und Johannes bald, den Löwen und bald den Adler bekommen, beruht auf der verschiedenen Anordnung der Evangelien Mt. Mk. Lk. Joh oder Mt. Joh. Lk. Mk; wenn dagegen Augustin Mt den Löwen zuwies, so mag er sich an die Reihenfolge der Apk gehalten haben.
24. > Q Min. (Schreibfehler).
25. AP An. a; αυτων Q Rel. Pr.; εν εκαστον αυτων ℵ 38. (c g vg Tic. singula eorum).
26. A An.^{15} al.; εχον Q Rel.; ειχον ℵ g vg. sa. Pr.; εχοντα c 38. 50; sämtlich Verbesserungsversuche, von denen ειχον auf Grund von εχον entstanden ist.
27. Auch Tic. scheint ebenso gelesen zu haben. In den Homilien findet sich das Zitat: habebant alas senas per circuitum.
28. εξοσαν ℵ g vg.cod. Vict. Tic. Pr.
29. αγιος dreimal ℵcAP An.^{1235} al. g vg. c s^{12} a ae. Pr. Vict.; Q Rel. neunmal, ℵ 29 achtmal.
30. Die Vorstellung tritt noch besonders deutlich Hen 14,9ff. hervor, vgl. auch Hen 18,2f., wo die vier Winde der Erde die Feste des Himmels tragen (Gunkel 46).
31. Zimmern a. a. O. 631 hält es nicht für unwahrscheinlich, daß diese vier Tiergestalten im babylonischen ursprünglich Symbole der vier Winde gewesen seien und dann also auf die vier Quartal-Sternbilder übertragen wären.

32. Vielleicht erklären sich von hier aus auch noch die Stimmen und Donner, die von dem Thron ausgehen. Es ist vielleicht ursprünglich dabei an die geheimnisvolle, die Bewegung des Himmels begleitende Sphärenmusik zu denken, von der man im Altertum viel redete (Gunkel 47.). Vgl. slav. Hen 15; 22,2 (die ununterbrochenen Gesänge des Cherubim). Der Apok. hätte allerdings den ursprünglichen Zusammenhang nicht mehr verstanden. Er denkt an Gewittererscheinungen.
33. Nach Winckler, Altor. Forsch. II 347ff. wäre auch im ursprünglichen Text des Ez von vier Wesen mit je einem Gesicht die Rede gewesen.
34. Vgl. das Bild von den vier Rossen, die Lehre von den vier Elementen und dem Untergang der Welt durch Feuer und Wasser.
35. δωσωσιν ℵQ An.$(^{1})^{5}$ 14. 92; δωσουσιν AP An.$(^{1})^{2}$ Q Rel. δωσιν.
36. Nur mit ℵA s. o. S. 165.
37. βαλλουσι ℵQ An.^{12} (Pr. mittentes), wohl ein einfacher Schreibfehler.
38. κυϱιε ο θεος ημων P An.^{125} g fu. cle. dem. tol. c a ae pr.; ℵ 31 κυϱιε ο κυϱιος κ. ο. θ. η.
39. Q Rel. s^{2} a + ο αγιος; > ℵAP An.^{125} g vg. s^{1} c Pr.
40. Die Handschriften korrigieren in verschiedener Weise: P An. εισιν; Q 14. 38. 51 ουκ ησαν; nur εκτισθησαν 36 Pr.; nur ησαν A.

B. KAP. 5. DAS VERSIEGELTE BUCH UND DAS LAMM.

5,1-7. Das Lamm. 5,1. καὶ εἶδον ἐπὶ τὴν δεξιὰν τοῦ καθημένου ἐπὶ τοῦ θρόνου βιβλίον γεγραμμένον ἔσωθεν καὶ ἔξωθεν[1], κατεσφραγισμένον σφραγῖσιν ἑπτά. Gott hält das Buch auf der offenen Hand, nicht in der Hand (daher επί m. Akkus. vgl. Ez 2,9). Nach unsrer Stelle ist das Buch drinnen und draußen beschrieben, nach Ez 2,10 vorne und hinten. Denn bei Ez handelt es sich um eine ausgerollte Rolle (ἀνείλησεν αὐτήν), hier um ein verschlossenes Buch resp. eine Buchrolle, die wir auch hier annehmen müssen, da das ἔξωθεν γεγραμμένον bei einem wirklichen Buch eine sonderbare Vorstellung ist. Bei einer verschlossenen Buchrolle konnte der Seher dennoch sehen, daß sie außen beschrieben sei. Daß sie es inwendig war, verstand sich dann von selbst (zum ὀπισθόγραφον vergleicht Dstd. Lucian, Vit. Auction 9; Plinius, L. III ep. 5; „a tergo" Juvenal, Sat. I 6; „in aversa charta" Martial VIII 22). Über die hier vorliegende Vorstellung des Buches vgl. das zu 3,5 Bemerkte; hier handelt es sich nicht um ein Gerichtsbuch, sondern um das Buch, in dem die Schicksale der Welt verzeichnet sind. Parallelen zu der Versiegelung des Buches finden sich Jes 29,11 (οἱ λόγοι τοῦ βιβλίου τοῦ ἐσφραγισμένου) und Dan 8,26; 12,4.9, dagegen nicht in der Ezechielstelle. Die symbolische Bedeutung der Versiegelung bedarf keiner Erklärung. Schwieriger ist es, wie man sich das Buch und die Siegel des näheren vorzustellen habe. Die Anschauung Hofmanns[2], daß der Inhalt des Buches erst nach der vollständigen Entsiegelung zu Tage käme, also erst 8,1, so daß derselbe in der σιγή bestände, ist jedenfalls abzuweisen. Es ist vielmehr der Inhalt des Buches in den Ereignissen, welche die sieben Siegel bringen, zu suchen, so daß jedes Siegel einen Teil bringt. Dann aber wird die Vorstellung zu akzeptieren sein (Grotius, Spitta), daß das Buch aus sieben einzelnen Membranen bestand, von denen ein jedes wieder sein Siegel gehabt hätte. Dagegen spräche dann allerdings, daß der Seher unter diesen Umständen nicht alle sieben Siegel zugleich hätte sehen können. Daher nehmen Corn. a Lap., de W. in dem aufgerollten Buche mehrere Schnüre an, durch welche die einzelnen Abteilungen zusammengehalten werden und denken sich an diese erst die Siegel befestigt[3]. Es steht freilich dahin, ob sich der Apokalyptiker seine Vorstellung selbst bis ins einzelne plastisch ausgemalt hat. Wenn dann endlich nach der Lösung der Siegel die Ereignisse der Zukunft im Himmel geschehen, so ist hier die Erinnerung an die jüdische Vorstellung, daß alle irdischen Vorgänge im Himmel ihre Vorbilder haben, nicht berechtigt. Denn es handelt sich hier gar nicht um ein Vorspiel im Himmel, dem dann die eigentlichen Vorgänge auf Erden folgten, sondern um eine Weissagung. Es wäre ganz dasselbe, wenn nun der Seher in dem geöffneten

Buche die zukünftigen Schicksale der Menschen zu lesen begänne. Die Darstellung erhält nur größere Plastik und Lebendigkeit dadurch, daß die Ereignisse in Bildern vor das Auge des Sehers treten.

5,2. καὶ εἶδον ἄγγελον [ἰσχυρὸν] (> Hipp.; ℵ κηρυσσ. ισχ.) κηρύσσοντα ἐν[4] φωνῇ μεγάλῃ Ein starker (?) Engel, weil er mit lautem, durchdringendem Ruf zu rufen hat. Wieder sind die Erlebnisse des Visionärs von gigantischer Mächtigkeit. τίς ἄξιος[5] (Joh 1,27 mit ἵνα konstruiert) ἀνοῖξαι τὸ βιβλίον καὶ λῦσαι τὰς σφραγῖδας αὐτοῦ; Hysteronproteron (de W.) — 5,3. καὶ οὐδεὶς ἐδύνατο (s. o. S. 162) ἐν τῷ οὐρανῷ[6] οὐδὲ[7] ἐπὶ τῆς γῆς οὐδὲ[8] ὑποκάτω τῆς γῆς ἀνοῖξαι τὸ βιβλίον οὐδὲ βλέπειν αὐτό. Das ganze Gebiet der Schöpfung wird nach seinen drei Regionen aufgezählt, Oberwelt, Erde und Unterwelt. Vgl. Phil. 2,10: πᾶν γόνυ ... ἐπουρανίων καὶ ἐπιγείων καὶ καταχθονίων. Diese Einteilung ist weitverbreitet. Sie bildet auch die Grundlage der babylonischen Kosmogonie und deutliche Spuren finden sich im alten Testament, vgl. Ex 20,4 (Zimmern, KAT^3 II 615). Mit den „unter der Erde" befindlichen können die Hadesbewohner gemeint sein oder die Dämonen (Vitringa). Exod 20,4 (ὅσα ἐν τῷ οὐρανῷ ἄνω καὶ ὅσα ἐν τῇ γῇ κάτω καὶ ὅσα ἐν τοῖς ὕδασιν ὑποκάτω τῆς γῆς) sind freilich mit den unter der Erde befindlichen die meeresbewohnenden Lebewesen gemeint.

5,4. καὶ ἐγὼ[9] ἔκλαιον πολὺ (Imperf. der Schilderung; der Seher befindet sich wie so oft in starker Erregung),ὅτι οὐδεὶς ἄξιος εὑρέθη, ἀνοῖξαι[10] τὸ βιβλίον οὔτε βλέπειν αὐτό. Die beim Apk beliebte weitschweifige Wiederholung. 5,5. καὶ εἷς ἐκ (s. o. S. 166) τῶν πρεσβυτέρων λέγει μοι· μὴ κλαῖε, ἰδοὺ ἐνίκησεν ὁ λέων ὁ ἐκ τῆς φυλῆς Ἰούδα, ἡ ῥίζα Δαυείδ, ἀνοῖξαι[11] τὸ βιβλίον καὶ[12] τὰς ἑπτὰ σφραγῖδας αὐτοῦ. Das ἐνίκησεν steht absolut, nicht in unmittelbarer Verbindung mit dem folgenden Infin. (die Berufung aus Ps 51,6 [hebr. זָכָה] nützt nichts. Denn auch hier steht in LXX das ἐνίκησεν absolut. Es ist also nicht zu übersetzen (wie zuletzt noch Vischer): er hat Macht, das Buch zu öffnen. Dagegen spricht der Sprachgebrauch der Apk, in der νικᾶν niemals so gebraucht wird (Dstd.), und auch das Tempus des Aor. Vielmehr ist zu erklären: er hat gesiegt, um zu (Inf. des entfernten Zweckes) öffnen (de W., Dstd., Hltzm., Sp. Vlt. 82 unter Hinweis auf Ps Sal 4,10: οὐκ ἀπέστη, ἕως ἐνίκησεν σκορπίσαι ὡς ἐν ὀρφανίᾳ. Hirscht 45), vgl. übrigens 3,21 ὡς κἀγὼ ἐνίκησα. Unter dem Sieg des Löwen kann nun auch nicht etwa der messianische Sieg verstanden werden, da dieser ja erst noch erfolgen soll, sondern es muß damit eine Tatsache der Vergangenheit gemeint sein. Dann aber sind mit diesem Sieg Tod und Auferstehung gemeint; durch diese Tatsachen hat sich der Löwe das Recht errungen, als Herr über alle zukünftigen Schicksale der Welt das versiegelte Buch zu öffnen. Der Löwe aus dem Stamm Judas heißt Christus in Anlehnung an Gen 49,9, Sprößling Davids (ein aus der Wurzel Davids aufwachsender Sprößling) nach Jes 11,10. Die ganze Schilderung des Messias zeigt noch einige urwüchsige, ungewohnte Züge eines national orientierten Judenchristentums. Sp. hat freilich Bedenken gegen den ganzen Vers erhoben wegen des plötzlichen Eintretens sonst unbekannter Wendungen und der Parallele mit 22,16, auch wegen des ἐνίκησεν (vgl. die Briefschlüsse). Er streicht deshalb den ganzen Vers und vermutet als ursprünglichen Text: μὴ κλαῖε, ἰδοὺ ὁ ἀνοίγων τὸ βιβλίον. Für uns ist im Gegenteil dieser Vers einer der Hauptbeweise dafür, daß auch in dem vorliegenden Abschnitt die Hand des uns bekannten Apokalyptikers sichtbar ist.

5,6. καὶ εἶδον[13] ἐν μέσῳ τοῦ θρόνου καὶ τῶν τεσσάρων ζώων καὶ ἐν μέσῳ τῶν πρεσβυτέρων ἀρνίον ἑστηκὼς[14] (s. o. S. 161) ὡς ἐσφαγμένον. Zwei Auffassungen über die Stellung des Lammes sind möglich. Entweder beziehen sich die beiden ἐν μέσῳ (s[1] läßt übrigens das zweite fort) aufeinander wie das hebräische בין ובין Lev 27,12 (LXX ἀνὰ μέσον καὶ ἀνὰ μέσον). Dann stände also das Lamm in dem Raum zwischen den Ältesten und der Mitte des Thrones (d. h. den vier Tieren), also etwa auf dem gläsernen Meer (de W.). Oder die beiden ἐν μέσῳ laufen parallel und betonen, daß das Lamm überhaupt im Mittelpunkt aller bisher genannten Wesen stand. Für letztere Auffassung spricht erstens der Ausdruck ἐν μέσῳ τοῦ θρόνου verglichen mit 4,6 und zweitens die Parallele 7,17 ἀνὰ μέσον τοῦ θρόνου. Demgemäß befand sich das Lamm auf dem von den vier Cheruben umgebenen Raum (Hltzm. gerade im Zentrum des ganzen Kreises). Das in der Apk so häufige Wort ἀρνίον kommt sonst in der neutestamentlichen Literatur nur noch Joh 21,15 (D πρόβατια) vor; dagegen ἀμνός Joh 1,29.36; I Pt 1,19; Akt 8,32. Die exegetischen Verhandlungen zu dieser Stelle haben m. E. das Resultat ergeben, daß die zuerst von Vischer versuchte Streichung des ἀρνίον an dieser Stelle unmöglich und ein Akt kritischer Willkür ist. Daß an einigen Stellen (6,16; 13,8) eine Interpolation des ἀρνίον sich wahrscheinlich machen läßt, beweist nichts für die mechanische Durchführung der Streichung durch die ganze Apk. Der Widerspruch mit den Attributen des Messias hier und im vorhergehenden Verse ist nicht kritisch aufzuheben, sondern psychologisch zu erklären[15]; und dann gerade außerordentlich interessant und charakteristisch. Weshalb ferner in der apokalyptischen Phantasie ein Lamm mit sieben Hörnern nicht zu dulden sein sollte, ist nicht abzusehen; welchem andern Tiere will man denn mit mehr Recht dies Attribut verleihen? Und endlich entsteht durch die Streichung des ἀρνίον eine Lücke im Zusammenhang, zu deren Ausschmückung man die Phantasie zu Hülfe nehmen muß. Vischer vermutet, daß in einem anzunehmenden aramäischen Urtext ארי gestanden habe[16]; aber was für eine elende Kenntnis der Ursprache mutet er da seinem Übersetzer zu! Noch unglücklicher ist Harnacks Vermutung, daß hier nur ἑστηκώς (vgl. den Beinamen des Simon Magus) gestanden habe. Auch bleibt es unerklärbar, was bei einem jüdischen Messias der Ausdruck V. 5 ἐνίκησεν ἀνοῖξαι bedeuten soll, wenn man nicht die oben zurückgewiesene Erklärung Vischers akzeptiert. Wenn das Lamm als „gleichsam geschlachtet" eingeführt wird, so ist das wohl kaum anders zu verstehen, als daß es mit einer offenen Wunde (wahrscheinlich, da das Lamm doch als Opfertier gedacht wird, einer Halswunde) erscheint, wenn auch die Vorstellung uns häßlich erscheinen mag. Es ist übrigens nur „gleichsam" (s. o. zu 4,6) geschlachtet, weil es ja in Wahrheit nicht gestorben ist, sondern lebt. ἔχων[17] κέρατα ἑπτά. Das Horn ist ein Symbol der Macht und Kraft. Henoch 90,37: „Und ich sahe, daß ein weißer Farre geboren wurde, mit großen Hörnern." Dan 7,20ff.; 8,3. Es liegt hier wohl eine Analogiebildung zu dem Tier mit den sieben Häuptern (Kap. 13) vor. Das Lamm und der Löwe, das Lamm und die sieben Hörner — beide Male derselbe Gegensatz. καὶ ὀφθαλμοὺς ἑπτὰ, οἵ[18] εἰσιν τὰ ἑπτὰ[19] πνεύματα τοῦ θεοῦ [τὰ] ἀποστελλόμενα (ἀπεσταλμένα)[20] εἰς πᾶσαν τὴν γῆν. Eine dreifache Variante steht zur Wahl ἀποστελλόμενα, ἀπεσταλμένα, ἀπεσταλμένοι. Bei der Entscheidung fragt es sich vor allem, ob das „entsandt werden" auf die Augen oder auf die Geister zu beziehen sei. B. Weiß entscheidet sich für ersteres — aus folgenden Gründen: 1) Die Vorstellung, daß die Augen die ausgesandten Geister darstellen, sei unvollziehbar. Doch das gilt nur gegen die Lesart ἀπεσταλμένα nicht gegen die andre ἀποστελλόμενα. 2) Im andern Falle müsse man vor dem Attribut den Artikel erwarten (τὰ ἀπεσταλμένα). Man könnte aber eventuell mit einem so alten Zeugen wie Hipp. (Min.) auch den Artikel lesen. 3) Die Parallele Sach 4,10 (ἑπτὰ οὗτοι ὀφθαλμοὶ [κυρίου] εἰσὶν οἱ ἐπιβλέποντες ἐπὶ πᾶσαν τὴν γῆν) lege die erstere Auffassung nahe. Jedoch ist beachtenswert, daß hier gerade nicht das Verbum ἐπιβλέπειν, sondern ἀποστέλλεσθαι gebraucht ist. Es scheint also doch kein Grund vorhanden zu sein, mit A allein die Lesart ἀπεσταλμένοι zu akzeptieren. Dann aber ist auch vielleicht nicht ἀπεσταλμένα, sondern ἀποστελλόμενα zu lesen (welche die sieben Geister sind, die ausgesandt werden über die ganze Erde). Es liegt die Vorstellung vor, daß die Geister, die ständig ausgesandt werden in alle Welt, im Bilde den sieben Augen gleichen, mit denen das Lamm alles sieht, ein herrliches Bild. Wie Jahwe bei Sarcharja 4,10 mit den sieben Augen über die ganze Welt schaut, so hat hier das Lamm die sieben Augen, ist also als Besitzer, Herr der sieben Geister gedacht. Daß das Lamm hier direkt das Attribut Gottes bei Sacharja erhält, ist charakteristisch für die Christologie der Apk. Die zu Grunde liegende mythologische Vorstellung schimmert hier und in der Sacharjastelle noch deutlich hindurch. Daß die Gestirne als die Augen der Gottheit gefaßt werden, mit denen sie über die Welt schaut, ist eine in vielen

Religionen geläufige Vorstellung (vgl. Greßmann, Ursprung d. israel. jüdischen Eschatologie 111). Die „sieben“ Augen sind dann ursprünglich die sieben Planeten, die zugleich wieder als lebende Trabanten der Gottheit gedacht werden können. Daß die Geister in Kap. 4,5 als Fackeln vor dem Throne Gottes, hier als Augen des Lammes gedacht werden, gibt, wie mir scheint, zu kritischen Bedenken keinen Anlaß. Weshalb will man denn diese Doppeldeutung dem Apok. weniger zutrauen, als einem nachträglich korrigierenden Redaktor?

5,7. καὶ ἦλθεν καὶ εἴληφεν[21] ἐκ τῆς δεξιᾶς τοῦ καθημένου ἐπὶ τοῦ θρόνου. Das Perf. steht hier nach dem vorhergehenden Aor. mit Absicht. Christus empfängt die Offenbarung der Zukunftsgeheimnisse als bleibenden Besitz. — Diese Gestalt des Lammes, das die Siegel des Buches löst, hat vielleicht eine lange Geschichte hinter sich. Dafür spricht ihre Kompliziertheit; die Attribute des Löwen, der sieben Hörner, der sieben Augen, wollen zu der Figur des hier gemeinten Jesus wenig passen, auch nicht die Vorstellung, daß das Lamm die (Zauber-) Macht hat, die Siegel des Buches zu lösen. Es scheint, als wenn ein alter heidnischer Mythus in dem vorliegenden apokalyptischen Bild verarbeitet und mit der doch wohl spezifisch christlichen Vorstellung vom geschlachteten Lamm verbunden ist. Es wurde hier ursprünglich geschildert, wie in die Versammlung der ratlosen Götter, die eine große Aufgabe nicht erfüllen können (5,2f.), plötzlich eine neue machtige Gottheit mit den hochsten Attributen himmlischer Lichtgottheiten ausgestattet eintritt. Sie kommt von einem großen Siege (über dämonische Gewalten) her (5,5) und hat nun die Zaubermacht gewonnen, die Siegel des geheimnisvollen Schicksalbuches zu lösen, den alten Weltlauf zu Ende zu bringen und die neue Weltherrschaft anzutreten. Vgl. Marduks Auftreten im Götterkreis im babylonischen Schöpfungsmythus. Gunkel, z. religionsgesch. Verst. d. N. T. 62.

5,8-14. Die Lobgesänge. 5,8. καὶ ὅτε ἔλαβεν τὸ βιβλίον (als er das Buch genommen hatte; 6,1.3), τὰ τέσσαρα ζῷα καὶ οἱ εἴκοσι τέσσαρες πρεσβύτεροι ἔπεσαν (S. 189 Anm. 1) ἐνώπιον τοῦ ἀρνίου. Auf die große Tat erfolgt der Lobgesang der himmlischen Heerscharen, in der Komposition und der Steigerung der einzelnen Lobgesänge ein wundervoller Abschnitt von grandiosem Aufbau (Sp.). Sp. erklärt ἔπεσαν – ἀρνίου für eine Glosse, da 1) die vier Cherubim nicht niederfallen können (doch vgl. 19,4), 2) dieses Niederfallen auch bei den Ältesten nicht wahrscheinlich sei, da sie Zither und Rauchgefäß in der Hand trugen (dagegen vgl., was Hirscht 47 aus den bildlichen Darstellungen ägyptischer Wandgemälde beibringt), 3) das Niederfallen der Ältesten erst 5,14 erfolge (der dritte Gegengrund hebt den zweiten auf, vgl. dagegen Hirscht, 48), 4) durch die Einschiebung des Verbums die folgenden Partizipien in unpassender Weise zugleich auf die ζῷα bezogen erscheinen. Das ist alles nicht überzeugend. Am meisten trifft noch der erste Grund zu. Doch beweist jene Inkongruenz meines Erachtens nur, daß der Apok. von dem ursprünglichen Wesen der Tiere als Thronträger Gottes keine Ahnung mehr hatte. J. Weiß (55) beseitigt hier und in Kap. 4 die Ältesten und stattet dafür die Tiere mit Zithern und goldenen Schalen aus. ἔχοντες (sc. οἱ πρεσβύτεροι) ἕκαστος κιθάραν[22] (14,2f.; 15,2; Ps 146,7; 150,3) καὶ φιάλας χρυσᾶς γεμούσας θυμιαμάτων (Ez 8,11), ἅ (αἵ)[23] εἰσιν αἱ[24] προσευχαὶ τῶν ἁγίων. Falsch ist die Beziehung des αἵ (?) auf φιάλαι da unmöglich die Schalen mit den Gebeten verglichen werden können, sondern nur das in den Schalen befindliche Räucherwerk. „Die Heiligen“ (d. h. Gottgeweihten, — wenn Hltzm. ergänzt „die durch den Versöhnungstod Gott zu eigen gewordenen“, so liest er zu viel aus dem Ausdruck heraus) werden in der Apk häufig die Christen genannt: 8,3.4; 11,18; 13,7.10; 14,12; 16,6; 176; 18,(20).24; 19,8; 20,9. An Heilige, die im Himmel befindlich wären (entweder also vollendete Selige oder Engel), ist nicht zu denken. Denn dann bedurfte es der Darbringung der Gebete nicht. Sp. sieht hier einen an unpassender Stelle aus 8,3 eingedrungenen Zusatz. Dort nur habe es einen guten Sinn, wenn der Engel die Gebete der Heiligen darbrächte. Die Erwähnung der Heiligen steht allerdings recht unvermittelt. Aber der Apokalyptiker liebt solche Antizipationen.

5,9. καὶ ᾄδουσιν ᾠδὴν καινὴν (14,3; Jes 42,10; Ps 33,3; 40,4; 96,1; 144,9) λέγοντες. Zu dem bisherigen Preis des Schöpfers (s. o. zu 4,8) tritt der Lobpreis des Erlösers. „Ein neues Lied“ ist eine in den Psalmen häufige Wendung. ἄξιος εἶ, λαβεῖν τὸ βιβλίον καὶ ἀνοῖξαι τὰς σφραγῖδας αὐτοῦ, ὅτι ἐσφάγης καὶ ἠγόρασας τῷ θεῷ[25] ἐν (s. o. S. 167) τῷ αἵματί σου (s. o. S. 166) ἐκ πάσης φυλῆς καὶ γλώσσης καὶ λαοῦ καὶ ἔθνους. Die Bedeutung des Todes Jesu vermittelt sich der Apokalyptiker hier durch die ursprüngliche und einfache Vorstellung des Kaufpreises (Lösegeldes). I Kor 6,20; I Pt 1,18ff.; II Pt 2,1; Akt 20,28 (vgl. 1,5 die Lesart λύσαντι). Der Loskauf geschieht zu Gunsten Gottes, also aus dem Machtbereich einer feindlichen Gewalt. Der Ausdruck ἐκ πάσης φυλῆς etc. ist gebildet durch Erweiterung des Danielischen „Völker, Nationen, Zungen“ Da 3,4.7.(29); 5,19; 6,25 (Theod. immer: λαοὶ φυλαὶ γλῶσσαι dagegen schwankt LXX: 3,4 ἔθνη χῶραι λαοὶ γλῶσσαι; 3,7.29 ἔθνη φυλαὶ γλῶσσαι; 6,25 ἔθνη γλῶσσαι χῶραι. Der Text der Apk erscheint als eine Mischung von Theod. und LXX) und ein oft wiederkehrender Lieblingsausdruck des Apk: 7,9; (10,11); 11,9; 13,7; 14,6; (17,15). Ein ähnlicher findet sich übrigens auch IV Esr 3,7: natae sunt ex eo gentes et tribus, populi et cognationes. 5,10. καὶ ἐποίησας αὐτοὺς[26] τῷ θεῷ ἡμῶν βασιλείαν[27] καὶ ἱερεῖς (1,6 βασιλείαν ἱερεῖς). Während LXX Ex 19,6 βασίλειον ἱεράτευμα übersetzt, liest das Buch der Jubiläen (äth. Text) genau wie hier die Apk „ein Königreich und Priester“. Charles, the book of Jubilees 116, weist nach, daß auch in der jüdischen Überlieferung diese (falsche) Auffassung von ממלכת כהנים die übliche war. καὶ βασιλεύσουσιν[28] ἐπὶ τῆς γῆς. Das βασιλεύσουσιν nimmt das Wort βασιλεία wieder auf und erklärt es. Die Gläubigen sind ein Königreich, d. h. sie sind Könige, sie sollen herrschen. Da Sp. das Ende in unsrer Apk 7,9-17 findet, so ist für ihn die Erwähnung einer Herrschaft der Gläubigen auf Erden hier eine Unmöglichkeit. Er weist daher καὶ — γῆς dem Red. zu. Hervorzuheben ist, daß die chiliastische Grundanschauung des Apokalyptikers sich bereits hier zeigt.

5,11. καὶ εἶδον (das „und ich sah" ist die stereotyp gewordene Formel, durch welche der weitere Verlauf der Vision eingeleitet wird) καὶ ἤκουσα ὡς[29] (s. zu 4,6, besonders 6,6; 19,1.6) φωνὴν ἀγγέλων πολλῶν κύκλῳ τοῦ θρόνου καὶ τῶν ζῴων καὶ τῶν πρεσβυτέρων. Rings um den kleineren Kreis, der bisher beschrieben war. καὶ ἦν ὁ ἀριθμὸς αὐτῶν [μυριάδες μυριάδων καὶ][30] χιλιάδες χιλιάδων. Dan 7,10 χίλιαι χιλιάδες ... καὶ μύριαι μυριάδες. Vgl. Hen 14,22; 40,1; Apk 9,16. — 5,12. λέγοντες φωνῇ μεγάλῃ (das Partizipium ist nachlässig angeschlossen, wie oft in der Apk) ἄξιός[31] (ον?) ἐστιν τὸ ἀρνίον τὸ ἐσφαγμένον λαβεῖν τὴν δύναμιν. Das geschieht entweder durch die lobpreisende Anerkennung oder durch die tatsächlich bevorstehende Ergreifung der Macht von Seiten des Lammes. Der Lobgesang 11,17 (εἴληφας τὴν δύναμιν .... καὶ ἐβασίλευσας) ist der Refrain dieser Stelle. Daß der Artikel nur vor δύναμις und nicht vor den folgenden Worten steht, zeigt an, daß diese sämtlich aufs engste zusammengehören, so daß das ganze folgende Wortgefüge gleichsam als ein Wort zu lesen ist. καὶ πλοῦτον[32] (d. h. Reichtum an allen Gütern, wie dieser Gott und dem Lamme eigen ist) καὶ σοφίαν καὶ ἰσχὺν (die ersten vier Glieder gehören gegenüber den drei folgenden enger zusammen, in den ersten Gliedern handelt es sich um Ergreifung der Macht, in den letzten um Anerkennung von Seiten der Menschen) καὶ τιμὴν καὶ δόξαν καὶ εὐλογίαν (Lob, Preis, nicht Segen). Vgl. die ähnliche Doxologie I Chron 29,11ff.: μεγαλωσύνη – δύναμις – καύχημα – νίκη – ἰσχύς – πλοῦτος – δόξα. Die Doxologie ist am ähnlichsten der in 7,11, sie ist siebengliedrig wie diese (4,9.11 drei-, 5,13 vier-gliedrig) und zwar kehren hier wie dort dieselben Glieder wieder, nur daß hier πλοῦτος dort εὐχαριστία steht. Die Anordnung ist verschieden, insofern dort εὐλογία δόξα am Anfang, hier am Schluß stehen. Hier bei der Doxologie auf das Lamm handelt es sich in erster Linie um den Gedanken, daß dieses die Macht bekommt.

5,13. καὶ πᾶν κτίσμα, ὃ ἐν τῷ οὐρανῷ καὶ ἐπὶ[33] τῆς γῆς καὶ ὑποκάτω τῆς γῆς[34] καὶ ἐν τῇ (ἐπὶ τῆς) θαλάσσῃ(ης[35]), (beachte das Fehlen[36] der Kopula im Relativsatz) καὶ τὰ ἐν αὐτοῖς „πάντα ἤκουσα λέγοντας" (?)[37]. Mit den Cheruben, den Presbytern, den Engelchören schließt sich in einem gewaltigen

Finale die ganze Schöpfung zum Lobpreis zusammen. Die gewöhnliche Dreiteilung der Welt (s. o. zu V. 3) ist hier durch eine Vierteilung verdrängt, die einen unsystematischen Eindruck macht. Der Apok. will offenbar die Geschöpfe nach ihren Reichen in Luft, Wasser, Erde aufzählen. Aber dazu paßt das ὑποκάτω τῆς γῆς (s. o. zu V. 3) auch das ἐν τῷ οὐρανῷ nicht recht. Man bleibt daher im Zweifel, ob mit dem πᾶν κτίσμα - ἐν τῷ οὐρανῷ die Vogelwelt oder die Engel (dagegen V. 11) gemeint seien. Es sind hier eben verschiedene Einteilungsprinzipien durch einander geworfen. Vgl. übrigens Ps LXX 145,6: τὸν ποιήσαντα τὸν οὐρανὸν καὶ τὴν γῆν, τὴν θάλασσαν καὶ πάντα τὰ ἐν αὐτοῖς. — Das καὶ τὰ ἐν αὐτοῖς πάντα steht scheinbar überflüssig, doch faßt es noch einmal den Begriff πᾶν κτίσμα zusammen, vgl. Mt 26,59: οἱ δὲ ἀρχιερεῖς καὶ οἱ πρεσβύτεροι καὶ τὸ συνέδριον ὅλον - τῷ καθημένῳ ἐπὶ τῷ θρόνῳ (s. o. S. 165) καὶ τῷ ἀρνίῳ ἡ εὐλογία καὶ ἡ τιμὴ καὶ ἡ δόξα καὶ τὸ κράτος (nur noch 1,6 in den Doxologien der Apk) εἰς τοὺς αἰῶνας τῶν αἰώνων[38]. Auch hier herrscht wie im vorhergehenden die Viergliederung.

5,14. καὶ τὰ τέσσαρα ζῷα ἔλεγον[39] ἀμήν[40]. Die Schilderung des Lobpreises kehrt zum Anfang zurück. Die vier Cheruben, als höchste Thronengel, bestätigen den Lobgesang durch ihr ἀμήν. καὶ οἱ πρεσβύτεροι ἔπεσαν καὶ προσεκύνησαν[41]. Die Anbetung gilt Gott und dem Lamm.

Von ihrer Gesamtanschauung von dem jüdischen Charakter der Apk aus, müssen Vischer und Weyland[42] (vgl. auch Schmidt) natürlich den ganzen Abschnitt V. 9-14 streichen. Weder ein Lobgesang auf das Lamm noch die Erwähnung der Erkauften von allen Völkern der Erde paßt in eine jüdische Apokalypse. Wenn Vischer zur Begründung der Beseitigung dieser Verse auf den Widerspruch mit 7,1-8 aufmerksam macht, so ist dagegen zu sagen, daß das Problem nicht hier, sondern in der Beurteilung des letztern, allerdings seltsamen Stückes liegt. Aber auch Vlt. (Erbes 50 schwankt) streicht die Verse, weil der Lobgesang der Engel keine Rücksicht auf das Öffnen des Buches nehme, und weil hier eine fortgeschrittene Christologie vorliege. Von den übrigen Gründen Völters können wir ganz absehen. Wirklich Zwingendes ist für die Beseitigung der Verse nicht vorgebracht, und mit vollem Recht beläßt Sp. sie im Zusammenhang des fünften Kapitels. Nur hat Sp. nicht gesehen, daß gerade diese Verse mehrere (sprachliche) Beweise für die Identität des Verfassers von Apk 1-6 mit dem Verfasser der Apk als eines Ganzen liefern.

Auch das fünfte Kapitel hat in dem Pragmatismus des Ganzen eine zentrale Bedeutung. Wie Gott in seiner majestätischen Ruhe über allem Getriebe und aller Not des Weltverlaufs ruhig thront (Kap. 4), so wird das Lamm in Kap. 5 als der gewaltige und gnadenreiche Held hingestellt, der die geheimnisvollen Geschicke der Welt in seiner Hand hält und den Weltverlauf sicher seinem Ende zuführt. Und wie die christliche Gemeinde in ihren Gottesdiensten, so begleitet die gesamte Kreatur in den drei Reichen seine und des Vaters Taten mit brausenden Lobgesängen.

Fußnoten:

1. Die Varianten εμπροσθεν και οπισθεν Or.[4] [97]; εσωθεν και οπισθεν A. 1. 14 s[2] Cypr. Or.[2] [525] (retro) scheinen Konformationen nach LXX Ez 2,10 τα εμπροσθεν και τα οπισω; den Text lesen PQ Rel. g vg. c s[1] a ae. Hipp. Pr. Vict. Tic. (Orig.Philoc.), also die überwiegende Mehrzahl der Zeugen. Zahn II 599 will freilich mit A Cypr. Orig. εσωθεν και οπισθεν lesen und οπισθεν dann zum folgenden ziehen. Also: „ein Buch, drinnen beschrieben und hinten besiegelt." Daß man ein Buch innen beschreibt und, falls es versiegelt wird, auf der Rückseite versiegelt, sind aber bare Selbstverständlichkeiten, deren Hervorhebung man nicht begreift. Daran scheitert die Zahnsche Auffassung, der sich J. Weiß 57ff., durch die Sicherheit der Zahnschen Behauptungen bestochen, anschließt. — Zahn wendet gegen die Annahme einer offenen Rolle, die hinten und vorne beschrieben sei, ein, daß man nicht eine Rolle, sondern nur ein Buch ἐπὶ τὴν δεξιάν, halten könne, eine Rolle halte man ἐν τῇ δεξιᾷ. Als wenn das ἐπὶ τὴν δεξιάν, das hier nur wegen der Größe des Gegenstandes steht, notwendig die Vorstellung eines Balancierens auf der gestreckten Hand einschlösse! Die Vorstellung eines ὀπισθόγραφον erscheint Zahn ärmlich. Aber Ezechiel, an den sich diese Stelle deutlich anlehnt, hat nun doch einmal diese „ärmliche" Vorstellung, die übrigens wohl mit Absicht gewählt ist, um den großen Reichtum göttlicher Offenbarung auszudrücken, den eine Rolle nicht faßt.
2. Zahn, unter Verweis auf E. Huschke, das Buch mit sieben Siegeln 1860 (J. Weiß schließt sich an Zahn an) vermutet, daß man in dem Buch ein Testament zu sehen habe, das nach römischer Rechtsvorschrift auf den Schnüren entsprechend den sieben Zeugen sieben Siegel tragen mußte (Marquardt, Röm. Privatleben[2] 805f. andre Belege bei Zahn). Diese Vermutung ist durch nichts bewiesen. Die sieben Siegel sind vom Apok. entsprechend den sieben Zeichen gewählt, nicht umgekehrt. Wenn hier die Vorstellung vorläge, daß die Eröffnung der sieben Siegel nur präliminarische Bedeutung hätte, wie die Ablösung der Siegel bei der Eröffnung des Testaments, so müßte notwendig in dem Gesicht nach der Ablösung des siebenten Siegels der Hauptakt, die Eröffnung des Buches selbst, dargestellt werden. Hier aber liegt die Vorstellung vor, daß mit der Ablösung jedes Siegels sich ein Teil des Inhaltes der Buchrolle verwirkliche.

3. J. Weiß 57,3 teilt mit, daß R. Knopf eine solche Buchrolle mit sieben an Schnüren befestigten Siegeln konstruiert habe.
4. Über die Auslassung des εν in P An. a Or. Hipp. s. Studien 27; Pr. (Cypr.) (g) läßt bei dieser Wendung das εν immer fort 5,2; 18,2; 19,17 cf. 4,4.
5. ℵAP An.(¹)²³ s¹ ae. Hipp. Or.; εστιν αξιος 1. vg. a s² Tic.; αξιος εστιν Q Rel. g c Cypr. Pr.
6. ℵAP An.¹²³ g vg. c s¹ a ae. Cypr. Vict. Pr. Or.; + ανω Q Rel. s² vielleicht Konformation nach Exod 20,4 s. o.
7. ουδε alle dreimal AP An.¹²³, die übrigen ουτε.
8. ουδε – γης > ℵP An.¹ Hipp.cod.
9. > ℵP An.¹ c s¹² a ae. Or. Hipp. Hil.
10. + και αναγνωναι An.¹³ (Glosse)
11. ℵAP An.¹²³⁵ vg. c ae. Or. Hipp. Pr.; ο ανοιγων Q Rel. (s¹²).
12. + λυσαι ℵ vg.cod. a (?) Or.i Hipp. (Glosse).
13. 35. 87 vg. Tic. και ιδον και ιδου (A και ιδου).
14. ℵ 1. 7. 28. 32. 87; alle übrigen εστηκος, wie B. Weiß liest. Es könnte allerdings nach der Bezeugung in dem ἑστηκώς ein einfacher Schreibfehler vorliegen.
15. Man vergleiche übrigens die merkwürdige Parallele Testamentum Joseph. 19: καὶ εἶδον, ὅτι ἐκ τοῦ Ἰούδα ἐγεννήθη παρθένος ἔχουσα στολὴν βυσσίνην καὶ ἐξ αὐτῆς προῆλθεν ἀμνὸς ἄμωμος καὶ ἐξ ἀριστερῶν αὐτοῦ ὡς λέων. καὶ πάντα τὰ θηρία ὥρμουν κατ᾽ αὐτοῦ καὶ ἐνίκησεν αὐτὰ ὁ ἀμνός. Der Text, der nicht ursprünglich ist, scheint bereits nach der Apk überarbeitet zu sein.
16. Weyland denkt an eine Verwechselung mit אריאל Jes 29 (cf. 29,1).
17. ℵA Q Min.; die übr. εχων.
18. ℵA An.¹ al. s. o. S. 165.> A An.¹ am. fu. harl. ae. Tic. (Vgl. 1,13; 6,1; 16,1).
19. απεσταλμενα ℵ 38. 49. (τα απ. An.¹² Hipp.cod.); απεσταλμενοι A; αποστελλομενα Q Rel. (τα απ. An.⁵ al s¹); Lat. missi.
20. + το βιβλιον An.(¹)⁵ c sa. g lips.⁶ tol. s¹ Cypr. Pr. Hipp. (hinter θρονου 38. cle. fu. dem.); alte Glosse.
21. κιθαρας An.¹³⁵ g vg. Cypr. Pr. Hipp.slav.
22. α ℵQ 36 Hipp.b; d. übrigen αι s. o. S. 165.
23. ℵcAPQ An.¹²³ Orig.; d. übr. (auch Hipp.) > αι
24. Nur mit A 44 (τω θεω ημων); alle übr. τω θεω ημας (ημας τω θεω An.⁴⁵ s¹ s² sa. g vg. a ae. Pr. Cypr. Hipp.) Doch ist bei der richtigen Auffassung der πρεσβυτεροι ein ημας hier völlig unmöglich. Auch das αυτους und

βασιλευσουσιν in V. 10 macht die Lesart ημας unmöglich. Konsequent sind hier nur die lateinischen Textzeugen, die auch im folgenden ημας und βασιλευσομεν lesen.

25. ημας g vg. Cypr. Pr. (s. Anm. 4 vorhergehender Seite); > Hipp.
26. ℵA g vg. c Pr. Hipp.; die übrigen verbessern in βασιλεις; s^{1} hat beide Lesarten (vgl. das zu 1,6 Bemerkte).
27. βασιλευουσιν AQ Rel. s^{2} (Studien 23), ist schwächer bezeugt und kaum in den Text zu setzen, obwohl ein Grund dieser Änderung schwer einzusehen ist; βασιλευσομεν vg.cod. Pr. (s. Anmerkung 4 vorhergehender Seite).
28. > APQ An.^{12} c a ae. g vg. Pr. (Pr. läßt auch 14,3; 19,1.6 das ως fort, kommt also als Zeuge nicht in Betracht).
29. Die Reihenfolge der Ausdrücke ist sehr auffällig, daher vielleicht das μυριαδες μυριαδων mit g vg. Pr. zu streichen.
30. αξιος nur A, es ist zweifelhaft, ob diese harte constructio ad sensum in den Text aufzunehmen ist.
31. ℵAP An.^{123}; Q Rel. τον πλουτον, eine falsche Korrektur.
32. εν τη γη 1. 80 s^{1} a ae. Pr.
33. και υποκ. τ. γ. > ℵ Min. fu. c a. Schreibfehler.
34. εν τη θαλασση ℵ g vg. c s^{12} Pr.; alle übrigen επι τ. θαλ. Konformation mach dem Vorhergehenden.
35. P An. vg. Pr. bringen das εστιν nach επι της γης, AQ und die meisten Min. s^{1} nach επι της θαλασσης (εστιν oder α εστιν), an keiner Stelle lesen es ℵ 38 c s^{12} a ae., doch verbessert ℵ dafür in παν κτισμα το.
36. P Min. (λεγοντα A An.^{1}); παντας ... λεγοντας d. übr. (vg. Tic. Pr.: omnes audivi dicentes); dagegen haben ℵ 30. 34. 36. 98 g παντα και ηκουσα λεγοντας (35. 87. 121 λεγοντων) (Q παντα και παντας). Diese Lesart ist vielleicht aus einem και παντα(ς) ηκουσα λεγοντας 13. (14). 28. 47. 80. (92) entstanden. - Jedenfalls ist das schwierige και zu schwach bezeugt, als daß es in den Text aufgenommen werden könnte.
37. ℵAP An.^{4}(^{5}) g vg. c s^{12} a Pr. Tic.; Rel + αμην.
38. λεγοντα Q Rel. s^{1}.
39. + το αμην Q Rel. (Glosse: „das“ im Gottesdienst bekannte Amen).
40. + τω ζωντι εις τους αιωνας των αιωνων cle. lips.^{45} Pr.
41. Weyland weist schon von V. 6 an alles dem Redaktor zu, noch radikaler verfuhr Pfleiderer I, wenn er das ganze Kap. 5 dem christlichen Redaktor zuwies.

C. KAP. 6. DIE ERSTEN SECHS SIEGEL.

6,1-2. Erstes Siegel. 6,1. καὶ εἶδον, ὅτε[1] ἤνοιξεν τὸ ἀρνίον μίαν ἐκ (s. o. S. 166) τῶν ἑπτὰ[2] σφραγίδων. In dem μίαν ἐκ τ. σφρ. liegt ein Hebraismus vor. Es ist zu übersetzen „das erste" der sieben Siegel. Vgl. V. 3 das zweite Siegel etc. Wenn nun im folgenden die eschatologischen Ereignisse in jeweilig sieben Akten sich entwickeln und diese wieder jedesmals als in 4 + 3 geteilt erscheinen (vgl. auch die Posaunen- und Schalen-Plagen), so liegt letztlich dem die weitverbreitete Vorstellung zu Grunde, daß der gesamte Weltverlauf sich in vier resp. sieben Zeitaltern abspielt. Über die Verbreitung dieser Annahme s. das zu 17,10 Bemerkte, ferner Bousset, Rel. d. Judentums 476,3; Gunkel, Komm. z. Genesis[2] 233ff., z. religionsgesch. Verst. d. A. T. 53; Zimmern KAT[3] 541f. καὶ ἤκουσα ἑνὸς ἐκ τῶν τεσσάρων ζῴων (das erste von den vier Tieren) λέγοντος ὡς φωνὴ (φωνῇ)[3] βροντῆς (eine außerordentlich harte Wendung, die man nur etwa unter der Einnahme eines verkürzten Satzes erklären kann). ἔρχου. Da die Aufforderung, zu kommen, sich bei jeder der nächsten drei Siegel wiederholt, so gilt sie nicht dem Seher (wie ich in der früheren Auflage des Buches annahm), sondern dem jedesmal erscheinenden Reiter. Freilich ist es das Lamm, das durch Lösung des Siegels die Erscheinungen hervorruft. Das schließt aber nicht aus, daß sich die vier Tiere an der Entwickelung der Dinge sekundär beteiligen. 6,2. καὶ εἶδον, καὶ ἰδοὺ[4] ἵππος λευκός. Das nun folgende Bild von den vier Rossen lehnt sich an Sacharja 1,8; 6,1ff, an. Die Rosse bei Sacharja sind aber mythologische Gestalten, sie bedeuteten einst die Götterboten, die vier Winde[5], eine Bedeutung, welche dem Sacharja selbst noch gegenwärtig war. Auch die Farben, welche die Rosse erhalten, sollen die Himmelsgegenden symbolisieren[6]. Die Aufzählung der Farben wird an drei Stellen 1,8; 6,1f.; 6,6f. wiederholt, doch nicht gleichmäßig, es scheint der Text verderbt zu sein (Gunkel, Schöpfung u. Chaos 122ff.). Am zuverlässigsten erscheint mir die Aufzählung 6,2, welche die LXX so wiedergibt: πυρροί - μέλανες - λευκοί - ποικίλοι ψαροί (1,8 fehlt μέλανες, 6,6 πυρροί, dafür erscheinen ποικίλοι und ψαροί getrennt). Nun verband der Apokalyptiker mit dieser Weissagung offenbar eine andre stereotyp gewordene Aufzählung der Plagen der messianischen Wehezeiten. Schon Jer 14,12; 15,2; 21,7; 24,10; 29,17f.; 42,17; 44,13 etc. kehrt die Aufzählung: μάχαιρα - λιμός - θάνατος beständig wieder. Das sind nun die Plagen, welche die drei letzten Rosse bei dem Apokalyptiker bringen. Der μάχαιρα entspricht die rote Farbe, dem λίμος die schwarze, für das Roß des Todes wurde die Leichenfarbe (χλωρός) an Stelle der bunten Farbe (ποικίλος – ψαρός) gewählt[7]. Bei dieser Deutung und Kombination blieb das weiße Roß übrig. In der Apk steht dieses als erstes am Anfang, was bei der Aufzählung des Sacharja sonst nirgends der Fall ist. Beide Tatsachen, die Voranstellung des weißen Rosses, und die andre, daß sich die Deutung dieses Rosses zunächst nicht aus stereotyp gewordenen, sonst nachweisbaren eschatologischen Vorstellungen erklären läßt, deuten nun darauf hin, daß gerade an diesem Punkt der Apokalyptiker eine eigne Idee, eine originelle Wendung seiner Weissagung bringt. Wir werden also gerade hier nach Anknüpfungspunkten in der Zeitgeschichte des Apokalyptikers suchen. So sehr man bei den folgenden Siegeln Gunkel (Schöpfung und Chaos 226) darin Recht geben wird, daß es bei dem vorliegenden Tatbestand das denkbar Verkehrteste sei, im ganzen ersten Jahrhundert nach Kriegen, Hungersnöten, Pestilenzen zu suchen, so unterliegt das erste Siegel einer andern Beurteilung, d. h. hier scheint der Versuch einer zeitgeschichtlichen Deutung der zunächst gewiesene Weg zu sein. Abzuweisen ist daher auch die rein symbolisierende Deutung des ersten Rosses, nach welcher hier einfach die Personifikation des Krieges oder Sieges gefunden wird. Man darf eben das erste Siegel nicht analog den andern erklären.

Die nähere Charakteristik des ersten Rosses lautet nun: καὶ ὁ καθήμενος ἐπ' αὐτὸν (s. o. S. 165) ἔχων τόξον, καὶ ἐδόθη αὐτῷ στέφανος, καὶ ἐξῆλθεν νικῶν „καὶ ἵνα νικήσῃ“[8]. Verfehlt ist jedenfalls die Identifikation dieses Reiters auf weißem Rosse mit dem Reiter 19,11ff. und die Deutung desselben auf den wiederkehrenden Christus (Dstd.; neuerdings noch von B. Weiß Einl. 394 vertreten; Hilgf., Z.w.Th. 1890 425 deutet auf den Triumph der messianischen Sache). Denn bei dieser Auffassung zerstört man die Harmonie des apokalyptischen Bildes. Christus kann wohl nach einander als Menschensohn und als Lamm in derselben Apk auftreten, aber er kann nicht zugleich das Lamm sein, das die Siegel des Buches öffnet, und der Reiter, der aus dem Buch hervorgeht. Auch ist es merkwürdig, daß dann die Erscheinung Christi vor der der drei andern Reiter stattfindet, d. h. daß der Messias vor den messianischen Wehen kommt. Die wesentliche Einheit der Apk vorausgesetzt ist es endlich merkwürdig, daß Christus, der erst 19,11ff. vom Himmel herabkommt, bereits hier erscheint. Jedenfalls hat der Apokalyptiker letzter Hand, wenn wir von der Quellenfrage einmal ganz absehen, hier nicht den Messias gesehen. — Da eine zeitgeschichtliche Deutung nach der vorhergegangenen Überlegung geboten erscheint, so bleiben eigentlich nur zwei Möglichkeiten der Deutung dieses als Sieger und Triumphator geschilderten Reiters, nämlich entweder die Deutung auf das Römerreich (Vlt., Sp. 290 unter Beziehung auf Vergil. Aen. III 537ff.; dagegen Sp. Schmidt 11; Hirscht 52) oder die auf das Partherreich (Vitringa, Vlt. IV (1904), 16f. Schmidt 11, Hltzm., Erbes 38f.). Wenn man, was zunächst geboten ist, den Zukunftscharakter der Weissagung zu wahren sucht, so liegt die

Beziehung auf das Partherreich näher. Auf das Römerreich bezogen, wäre die Weissagung völlig ein vaticinium ex eventu. Der Apokalyptiker aber weissagt wirklich von einer zukünftigen sieghaften Ausdehnung des Partherreiches und sah in dieser noch zu erwartenden Tatsache das erste Vorzeichen vom Ende. Nicht richtig wäre es nun freilich, wieder auf irgend einen bestimmten geschichtlichen Vorgang (z. B. den Sieg des Königs Vologäses über die Römer in den Tigrispässen a. 62, Erbes 38f., Hltzm.) zu raten, der in diesem Bilde symbolisiert wäre. Vielmehr werden wir urteilen, daß die historische Situation, aus der heraus die Erwartung eines mächtigen Anschwellens der Parthermacht — namentlich für einen Orientalen — psychologisch verständlich wird, fast im ganzen Verlauf der zweiten Hälfte des ersten Jahrhunderts und weit darüber hinaus gegeben ist. Die Beziehung auf die Reiterheere der Parther legen übrigens auch die beiden Symbole: das Roß und den Bogen nahe, während man nicht sagen kann, weshalb gerade der Bogen bei einer Symbolisierung des römischen Reiches verwandt wäre. „Und er zog aus siegend und um zu siegen" heißt es am Schluß von dem Reiter. Mit besondrer Energie ist durch den doppelten Ausdruck das Sieghafte und Unwiderstehliche in der ganzen Erscheinung geschildert. Man beachte wie hier, wo der Apokalyptiker, wie es scheint, aus freier Hand schildert, sofort sein Lieblingsausdruck, das johanneische νικᾶν, sich findet[9].

6,3-4. Zweites Siegel. 6,3. καὶ ὅτε ἤνοιξεν τὴν σφραγῖδα τὴν δευτέραν[10], ἤκουσα τοῦ δευτέρου ζῴου λέγοντος· ἔρχου[11]. 6,4. καὶ ἐξῆλθεν ἄλλος ἵππος πυρρὸς (πυρὸς)[12], καὶ τῷ καθημένῳ ἐπ' αὐτὸν[13] ἐδόθη αὐτῷ[14] (2,7.17 s. o. S. 160) λαβεῖν τὴν εἰρήνην ἐκ[15] τῆς γῆς[16] καὶ ἵνα ἀλλήλους σφάξουσιν[17]). καὶ ἐδόθη αὐτῷ μάχαιρα μεγάλη. Richtig wird von den meisten Auslegern der zweite Reiter als Symbol des Krieges und des Blutvergießens aufgefaßt. Falsch ist die Beziehung auf Christenverfolgung. Wir haben hier dann aber eine ganz und gar stereotyp gewordene Weissagung, vgl. Mk 13,8; Mt 24,7;. Sib. III 156; IV Esr 6,24; 13,31; Apk. Bar 70,1ff. (Sp.), die zeitgeschichtlich nicht gedeutet werden darf. Es ist daher auch kaum nötig, hier die verschiedenartigen Ratversuche auch moderner Exegeten zu registrieren. Kriege hat es ja in der Tat in damaliger Zeit recht viele gegeben. — Erwähnt mag die Auslegung Hltzm.s werden, der hier das den Frieden von der Erde nehmende römische Weltreich symbolisiert findet, so daß die beiden ersten Reiter die damaligen beiden Weltreiche repräsentierten. Aber nach dem oben bemerkten gehören offenbar die drei letzten Reiter zusammen (Krieg, Hungersnot, Pest). Nach der richtigen Deutung des Symbols ist dann auch zu übersetzen: und es wurde ihm gegeben, den Frieden von der Erde zu nehmen. Denn an das „Land" Palästina ist hier nicht gedacht (vgl. den häufig wiederkehrenden Ausdruck κατοικοῦντες ἐπὶ τῆς γῆς). Das ἵνα ἀλλήλους σφάξουσιν hängt endlich von dem ἐδόθη ab; über ἵνα mit dem Indic. Fut. s. o. S. 171.

6,5-6. Drittes Siegel. 6,5. καὶ ὅτε ἤνοιξεν τὴν σφραγῖδα τὴν τρίτην, ἤκουσα τοῦ τρίτου ζῴου λέγοντος (ἀκούειν c. Gen. der Person s. S. 163), ἔρχου. καὶ εἶδον· καὶ ἰδοὺ (vgl. V.2) ἵππος μέλας. Offenbar will der Apokalyptiker im Folgenden die Plage der Hungersnot symbolisieren. Er wählte als Symbol der verderben- und todbringenden Plage das schwarze Roß. καὶ ὁ καθήμενος ἐπ' αὐτὸν ἔχων ζυγὸν ἐν τῇ χειρὶ αὐτοῦ. ζυγός ist der Wagebalken, welcher die beiden Wagschalen verbindet (Prv 16,11), dann die Wage überhaupt. Vgl. Ez 4,16; Lev 26,26. Weshalb dem dritten Reiter eine Wage gegeben wird, erhellt aus dem Folgenden. 6,6. καὶ ἤκουσα ὡς[18] φωνὴν ἐν μέσῳ τῶν τεσσάρων ζῴων λέγουσαν. Nach Dstd. soll das ὡς andeuten, daß dem Seher unbekannt blieb, von wem die Stimme ausgegangen sei. Jedenfalls gehört dies ὡς zum Stil des Apokalyptikers; vgl. das zu 4,8 Bemerkte, zu ὡς φωνήν vgl. 5,11; 19,1.6. Die Meinung von Dstd. und B. Weiß, daß die Erklärung dieser über die Kreatur verhängten Plage aus der Mitte der Cheruben hervorgehe, weil diese die Vertreter und Repräsentanten des Naturlebens seien, scheitert erstens daran, daß diese Bedeutung der Cheruben gar nicht feststeht, zweitens daran, daß die Stimme nicht von den Cheruben ausgeht, sondern aus deren Mitte herkommt. Es könnte für ἐν μέσῳ τῶν ζῴων etwa auch ἐν μέσῳ τοῦ θρόνου hier stehen. Wenn man überhaupt die Frage erheben will, wer hier spricht, so könnte man am ersten an das Lamm denken. χοῖνιξ σίτου δηναρίου καὶ τρεῖς χοίνικες κριθῶν[19] δηναρίου[20]. Diese Worte geben die Höhe der Teuerung an, sie sind gedacht als ein zum Kauf lockender Ruf. χοῖνιξ ist das tägliche Speisemaß für eine Person, Athenaeus III 20. (Hltzm. vgl. Wtst.), κριθή ist die schlechtere Getreideart. Es ist also der tägliche Lohn (der Denar Mt 20,2) eines Arbeiters, gerade gleichwertig mit seiner Brotration (in besserem Brod); die Steigerung des Getreidepreises ist zwar immerhin eine enorme, da bei gewöhnlichem Preis 12 Maß Weizen einen Denar, 12 Maß Gerste einen halben Denar kosten, Cicero, Verr. III 81 (Hltzm.); aber die Teuerung soll nicht den höchsten Grad der Hungersnot erreichen. καὶ τὸ ἔλαιον καὶ τὸν οἶνον[21] μὴ ἀδικήσῃς. Die konkrete Angabe über die geweissagte Hungersnot legt den Gedanken nahe, daß, wenn irgendwo, so hier eine zeitgeschichtliche Ausdeutung der Weissagung berechtigt ist (vgl. Sp. Hltzm. Erbes). Doch war man bisher diesen Anspielungen gegenüber ratlos, bis neuerdings Th. Reinach den rechten Weg gewiesen zu haben scheint (s. o. Einleitung S. 135).

6,7-8. Viertes Siegel. 6,7. καὶ ὅτε ἤνοιξεν τὴν σφραγῖδα τὴν τετάρτην, ἤκουσα [φωνὴν][22] τοῦ τετάρτου ζῴου λέγοντος· ἔρχου. 6,8 καὶ εἶδον, καὶ ἰδοὺ (s. V. 2) ἵππος χλωρός. Es ist hier die grünlich-bläuliche Farbe des Leichnams gemeint. καὶ ὁ καθήμενος ἐπάνω αὐτοῦ[23] ὄνομα αὐτοῦ ὁ[24] θάνατος. „Eine lose aber kraftvolle Wortfügung" (Dstd.); die Unregelmäßigkeit ist also vielleicht beabsichtigt. Der Tod ist hier übrigens nicht selbst als Pest zu fassen, sondern als der Herr über alle die Todesgefahren, die im folgenden aufgezählt werden. καὶ ὁ ᾅδης ἠκολούθει[25] μετ' αὐτοῦ[26] (14,13; Lk 9,49). Der Hades ist hier personifiziert und als Diener des Todes gedacht. Vgl. zu der Zusammenstellung von Tod und Hades 1,18; 20,13.14; Prv 5,5; Jes 28,15. — καὶ ἐδόθη αὐτῷ (αὐτοῖς)[27] ἐξουσία ἐπὶ τὸ τέταρτον τῆς γῆς (d. h. über einen beträchtlichen Teil der Erde), ἀποκτεῖναι ἐν ῥομφαίᾳ καὶ ἐν λιμῷ καὶ ἐν θανάτῳ καὶ ὑπὸ τῶν θηρίων τῆς γῆς. Das αὐτῷ bezieht sich nach der wahrscheinlich richtigen Lesart auf die Hauptperson, den Tod, zurück. Der Satz „und der Hades folgte ihm" ist also gleichsam in Parenthese zu denken. Auch den Hades hat man sich, wenn er dem Tode zu folgen imstande ist, reitend zu denken. Sp. vermutet demgemäß einen Zusammenhang zwischen unserm Bilde und den fünf Reitern II Makk 10,29, kaum mit Recht. Bemerkenswert ist es allerdings, daß bei dem vierten Zeichen zwei Gestalten auftreten, das stört in etwas die schöne Einheitlichkeit des Bildes. Zu so gewaltsamen Hypothesen, wie J. Weiß sie S. 61f. vorschlägt, ist aber kein Grund vorhanden. Eher könnte man auf Grund der eben mitgeteilten Beobachtungen „ὁ ᾅδης ἠκολούθει αὐτῷ" für eine Glosse halten. In der Aufzählung der Werkzeuge des Todes ist der Wechsel der Präpositionen absichtlich: ἐν zur Bezeichnung des leblosen Werkzeuges, ὑπό dagegen bei den selbsttätigen Tieren. ὑπό beim Aktiv ist recht ungewöhnlich. Die viergliedrige Aufzählung der Plagen stammt aus Lev 26,22f.; Ez 5,17; 14,21; (33,27), während bei Jeremias (s. die Stellen zu 6,2) ständig eine dreigliedrige befolgt ist (es fehlen hier die wilden Tiere). Vgl. noch: Ps Salom 13,2f.: ἔσωσεν ἡμᾶς ἀπὸ ῥομφαίας διαπορευομένης, ἀπὸ λιμοῦ καὶ θανάτου ἁμαρτωλῶν. θηρία ἐπεδράμοσαν αὐτοῖς πονηρά (vgl. Mt 24,7). θάνατος ist in diesem Zusammenhang gleich dem hebräischen דֶּבֶר, das die LXX ständig mit θάνατος übersetzt. Diese Weissagung verheerender epidemischer Krankheiten, in deren Gefolge wohl die in den verödeten Gegenden auftretenden Tiere zu denken sind, ist nun das eigentlich Neue in diesem Abschnitt. Ursprünglich war denn wohl auch der vierte Reiter als Pestengel von dem Apokalyptiker gedacht. Das hat sich aber durch die Aufzählung der verschiedenen Todesarten in 8b verwischt. Eine zeitgeschichtliche Deutung verbietet hier wieder von vornherein die ganz allgemein gehaltene Schilderung. So wollen wir auch hier auf einen Überblick über die Epidemien des ersten christlichen Jahrhunderts, welche uns die Exegeten liefern, verzichten.

Wir verweilen einen Augenblick noch bei der wundervollen Vision der vier apokalyptischen Reiter. Bis ins einzelne konnten wir dem Apok. seine Mittel nachrechnen, mit denen er gearbeitet. Aber mit diesen Mitteln hat nun ein Künstler ein Bild geschaffen, das zu verschiedenen Zeiten die Phantasie der allergrößten Maler gefangen genommen hat. Aus den Rosseherden des Sacharja hat er — vielleicht auch bereits einer Tradition folgend — einzelne Rosse gemacht. Sie werden ihm zu Symbolen der ihm sonst überlieferten apokalyptischen Plagen. Er schaut sie nicht mit einem Male, sondern läßt sie eines nach dem andern an den Blicken der Leser vorüberziehen. Die stereotype Handlung der Siegelöffnung spannt jedes Mal die Aufmerksamkeit von neuem. Den Rossen hat er Reiter gegeben, und Roß und Reiter sind zu einem Bild von einem Guß verschmolzen. Jedes Bild ist mit einfachen Strichen gezeichnet, man kann es mit einem Blick überschauen. So ziehen in prachtvollem Ansturm, in einem Schwall und Prall die visionären Reiter an der Seele des Lesers vorüber und füllen sie mit Staunen und Grausen.

6,9-11. Fünftes Siegel. 6,9. καὶ ὅτε ἤνοιξεν τὴν πέμπτην σφραγῖδα[28], εἶδον ὑποκάτω τοῦ θυσιαστηρίου τὰς ψυχὰς[29] τῶν ἐσφαγμένων διὰ τὸν λόγον τοῦ θεοῦ καὶ „διὰ τὴν“[30] μαρτυρίαν[31], ἣν εἶχον. Einig ist man in der Erklärung dieses Verses darüber, daß mit den Geschlachteten die Märtyrer gemeint sind, die um der Sache Gottes willen den Tod erlitten haben. Da die Märtyrer als Gott geweihte Opfer betrachtet werden, das Blut der Opfertiere aber an den Fuß (Lev 4,7 אֶל־יְסוֹד; LXX παρὰ τ. βάσιν) des Brandopferaltars θυσιαστηρίου ausgegossen wurde und in dem Blute die Seele sich befindet (vgl. die zum Opferkultus gehörigen Ausdrücke ἐσφαγμένοι und αἷμα), so ist erklärlich, wie das vorliegende Bild: die Seelen der Märtyrer unter dem Altar, entstehen konnte. Ursprünglich mag man bei dieser Vorstellung wohl an den wirklichen Altar in Jerusalem gedacht haben. Sehr leicht aber konnte sich von hier aus dann weiter die Anschauung entwickeln, daß der Aufenthalt der Seelen der Märtyrer unter dem im Himmel ebenso wie auf Erden befindlichen Brandopferaltar sei. Ähnliche Behauptungen liegen bei den Rabbinen tatsächlich vor. Schabbath 152b: „Die Seelen der Gerechten sind aufbewahrt unter dem Thron der Herrlichkeit“. Debarim Rabba Kap. XI: Er (Gott) sprach zu ihr (der Seele des Moses) ... ich will dich hinaufführen in den obersten Himmel und dich wohnen lassen unter dem Thron meiner Herrlichkeit bei den Cherubim und Seraphim und himmlischen Heerscharen (Weber, jüdische Theol.[2] 337f.). Schon diese Parallelen legen nahe, daß der Apok. hier an den irdischen Altar in Jerusalem nicht gedacht haben wird (gegen Sp.). Wie sollte auch der im Himmel befindliche Seher mitten unter all den Vorgängen, die im Himmel geschehen (Aussendung der vier Reiter), den irdischen Tempel überhaupt haben sehen können. Und dazu müßten wir dann noch voraussetzen, daß dieser zur Zeit des Sehers noch existiert hätte. Merkwürdig ist hier allerdings das eine, daß hier als etwas ganz Selbstverständliches ein Brandopferaltar[32] im Himmel erwähnt wird, von dem vorher gar nicht die Rede war, und der in die im voraufgehenden geschilderte Scenerie gar nicht so ohne weiteres hineinpaßt. Doch werden uns ähnliche Rätsel noch des öftern begegnen (s. Einleitung S. 124). Es scheint, daß es für den Apokalyptiker selbstverständlich war, daß sich im Himmel ein Tempel mit sämtlichem Zubehör befinde (daher auch die Einführung des θυσιαστήριον mit dem bestimmten Artikel), daß er aber diese Vorstellung mit der in Kap. 4 konzipierten in keiner Weise ausgeglichen hat. Die Märtyrer werden nun charakterisiert als hingeschlachtet „des Wortes Gottes wegen und des Zeugnisses, welches sie hatten", d. h. besaßen. Es kann sich hier nämlich nicht um ein Zeugnis handeln, das sie abgelegt haben, da hierzu der Ausdruck εἶχον nicht paßt, sondern nur um ein solches, das ihnen gegeben ist; vgl. Joh 14,21. Das „Zeugnis" ist also, wie das Wort Gottes, der objektive Besitz der Gläubigen. Wenn hier auch nicht ausdrücklich dies Zeugnis μαρτυρία Ἰησοῦ genannt wird, so ist doch Jesu Zeugnis, das er in seiner ganzen Predigt abgelegt hat, damit gemeint. Der Ausdruck λόγος θεοῦ καὶ μαρτυρία bedeutet also auch hier genau dasselbe, was er sonst (in der volleren Form) in der Apk bedeutet[33]. 6,10. καὶ ἔκραξαν[34] φωνῇ μεγάλῃ[35] λέγοντες· ἕως πότε (Joh 10,24), ὁ δεσπότης ὁ ἅγιος καὶ ἀληθινός (zu dem Vok. mit Artikel s. o. S. 164), οὐ κρίνεις καὶ ἐκδικεῖς τὸ αἷμα ἡμῶν ἐκ[36] (Lk 18,3 ἀπό; Apk 18,20; 19,2 ἐκ; vgl. Ps LXX 42,1: κρῖνόν με ... ἐξ ἔθνους οὐχ ὁσίου. I Sam 24,13: ἐκδικήσει με ὁ κύριος ἐκ σοῦ. Das ἐκ entspricht dem hebr. מִן) τῶν κατοικούντων ἐπὶ τῆς γῆς. Ps LXX 78,5: ἕως πότε, κύριε, ὀργισθήσῃ, 10 ἡ ἐκδίκησις τοῦ αἵματος τῶν δούλων σου τοῦ ἐκκεχυμένου; vgl. Ps 80,5; Dtn 32,43; I Sam 16,1; II Kön 9,7; Hab 1,2; Sach 1,12; Ps 13,2. Das Attribut δεσπότης für Gott (im NT. nur noch Lk 2,29; Akt 4,24; II Pt 2,1; Jud 4) ist im Sprachgebrauch des jüdischen Hellenismus (wie κύριος ὁ θεὸς ὁ παντοκράτωρ und ὁ ζῶν [εἰς τοὺς αἰῶνας]) verhältnismäßig oft nachweisbar (Rel. d. Judentums 314,2). Der Herr wird als der Heilige, der die Sünde richtet und als der wirkliche (vgl. 3,7.14), der diesen Namen verdient, angerufen. Zu dem Wort ἐκδικεῖν und der hier zu grunde liegenden urwüchsig leidenschaftlichen Stimmung vgl. 18,20; 19,2; Lk 18,1ff. „Die Erdbewohner" (vgl. Hos 4,1) ist ein in der Apk häufig wiederkehrender Ausdruck, der gewöhnlich die übrigen Menschen im Gegensatz zu den Knechten Gottes bezeichnet. Die starke Rachestimmung, welche dies Gebet atmet (vgl. dazu noch Hen 9,1.3.9f.; 22,5.7; 47,2; 97,5), abzuschwächen, müht man sich vergebens. Wir müssen uns daran gewöhnen, daß der Apokalyptiker im Hinblick auf eine gemordete Märtyrerschar in kräftigeren Stimmungen des Hasses und der Hoffnung lebt, als wir sie gutheißen mögen, auch ohne sofort mit Vischer zu behaupten, hier läge jüdische Stimmung vor.

6,11. καὶ ἐδόθη[37] αὐτοῖς ἑκάστῳ[38] στολὴ λευκή. Mit den Kleidern, welche die Frommen bekommen, hat es, wie es scheint, eine besondre Bewandtnis. Es sind keine gewöhnlichen Kleider, sondern die neuere äußere Erscheinungsform der Gläubigen, ihr himmlischer Leib. Wenn diese Vorstellung Hen 62,15 noch nicht vorliegt, so doch sicher im slav. Henoch 22,8 (verglichen mit 56,2). In der Himmelf.Jes. kann der Seher nicht eher zum höchsten Himmel aufsteigen, als bis er sein himmlisches Kleid bekommen hat (9,2 vgl. 9,8.11.24ff.). In der „Perle" des Bardesanes (?) wird dem aus der niederen Welt zurückkehrenden Gesandten Gottes an der Grenze der oberen Welt sein Strahlenkleid entgegengesandt (Preuschen, zwei gnostische Hymnen 24f.; vgl. II Kor 5,3ff.; E. Böklen, d. Verwandtschaft d. jüd.-christl. mit der persischen Eschatol. 61ff.; Bousset, Rel. d. Judent. 265f.). Auch hier ist das Kleid weiß, lichtstrahlend. Denn die Seligen tragen (s. zu 3,5) den Engeln (Gestirngeistern) gleich lichtstrahlende Gewänder (Leiber). Darf man also annehmen, daß die Märtyrer hier ihren neuen Leib bereits vorweg bekommen, so erklärt sich auch, wie dies für sie als eine besondere Veranlassung zur Geduld angesehen werden kann. καὶ ἐρρέθη αὐτοῖς, ἵνα ἀναπαύσονται[39] ἔτι χρόνον (χρόνον ἔτι)[40] μικρόν[41] (d. h. einfach: die Märtyrer sollen sich gedulden, aufhören zu schreien um die ἐκδίκησις; dagegen ist der Ausdruck nicht im Sinn der seligen himmlischen Ruhe zu nehmen), ἕως[42] πληρωθῶσιν[43] [καὶ][44] (wenn so zu lesen ist, so ist mit „auch" zu übersetzen) οἱ σύνδουλοι αὐτῶν καὶ οἱ ἀδελφοὶ αὐτῶν. Es ist bei der richtigen Lesart πληρωθῶσιν dieses weder mit vita defungi zu übersetzen (de W.), noch an sittliche Vollendung zu denken, sondern nach der unten anzuführenden Parallele aus IV Esra ist einfach an die Vollendung der Zahl der Märtyrer zu denken. Der Gedanke, der hier ausgesprochen ist, ist nun ein höchst charakteristischer. Er stammt aus der Gedankenwelt des Spätjudentums, in der man sich Gottes Weltregierung so darzustellen suchte, daß er alles nach Maß, Zahl und Zeit vorher genau bestimmt habe. IV Esr 4,36f.: quoniam in statera ponderavit saeculum et mensura mensuravit tempora et numero numeravit tempora et non commovebit nec excitabit, usque dum impleatur praedicta mensura. Apk. Bar 30,2: „Und es wird zu jener Zeit geschehen, auftun werden sich die Vorratskammern, in denen die Zahl der Seelen der Gerechten aufbewahrt worden ist, und sie werden herausgehen". Mit σύνδουλοι und ἀδελφοί sind dieselben Personen gemeint; durch die Wiederholung des αὐτῶν bekommt der Ausdruck das charakteristisch Schleppende. οἱ μέλλοντες ἀποκτέννεσθαι ὡς καὶ αὐτοί. Der Märtyrertod der Mitknechte und Brüder der schon vorausgegangenen Märtyrer steht nahe bevor (μέλλοντες). Der Apokalyptiker erwartet ein großes und allgemeines Martyrium in nächster Zeit. In diesem sollen die Märtyrer einer vergangenen Zeit Genossen erhalten; aber nur eine kleine Weile sollen sie sich noch gedulden, die Zahl wird bald vollendet sein.

Exkurs zu 6,9-11. Bei der Beurteilung dieses für die Gesamtanschauung so ungemein wichtigen Abschnittes tun wir gut, mit den in der jüdischen Apokalyptik sich findenden Parallelen zu unsrer Stelle einzusetzen. Es heißt IV Esr 4,35: „Haben nicht darüber die Seelen der Gerechten in ihren Behältern gefragt, indem sie sprachen: wie lange (ἕως πότε) sollen wir noch hier bleiben, und wann wird die Frucht unsres Lohnes kommen? Und es antwortete ihnen der Erzengel Jeremiel und sprach: wann die Zahl derer, die euch ähnlich sind, erfüllt sein wird". — Die Parallele ist überraschend genau, eine literarische Beziehung muß, vorhanden sein. Eine Abhängigkeit des IV Esra von der Apk ist nun aber jedenfalls nicht anzunehmen. Im Gegenteil, IV Esra zeigt aller Wahrscheinlichkeit nach die relativ ursprünglichere Form der Überlieferung, und das zu beachten, ist höchst interessant. Im IV Esra findet sich nämlich der Gedanke, der hier vorgetragen wird, in einer allgemeineren Form als in der Apk. Es ist hier von einer von Gott bestimmten Anzahl von gerechten Seelen die Rede; die Welt wird zu Grunde gehen, wenn sie diese Anzahl hervorgebracht haben wird. Dieser allgemeinere Gedanke, der übrigens auch Apk. Bar. 30,2 vorliegt, ist in der Apk spezialisiert und auf die zu erfüllende Zahl Märtyrer bezogen. Und wenn wir nun wissen (s. Einleitung S. 130f.), daß die ganze Apk in Hinblick auf ein nahendes großes Martyrium geschrieben ist, so ist der Schluß zwingend, daß der Apokalyptiker in der Überlieferung einer älteren Tradition hier sekundär ist. Er änderte dieselbe ein wenig für seine Zwecke um und machte aus den Gerechten Märtyrer. Dabei soll nicht behauptet werden, daß der Apokalyptiker von IV Esra abhängig wäre, es wird beiden eine gemeinsame ältere Quelle zugrunde liegen. Und die bisher aufgestellten Vermutungen bestätigen sich uns, wenn wir nun eine noch ältere Parallele aus dem Henochbuch heranziehen. Es heißt dort 47,(2).4: „die Herzen der Heiligen wurden voll Freude, daß die Zahl der Gerechtigkeit erfüllt und das Gebet der Gerechten erhört war und das Blut der Gerechten gesühnt wurde vor dem Herrn der Geister". Auch durch diese etwas weniger genaue Parallele wird die Überlieferung des IV Esra-Buches (vgl. die „Zahl der Gerechten") bestätigt und zugleich von neuem wahrscheinlich, daß hinter Apk, IV Esra und auch hinter den die hier vorliegende Anschauung nur andeutenden Henochschen Bilderreden eine gemeinsame ältere Quelle liegt (vgl. noch Hen 9,1-3.10f.; 22,5—7; 97,5).

Wir schauen an diesem Punkt tief in die Komposition der Apk und die schriftstellerische Eigentümlichkeit des Apokalyptikers hinein[45]. Nachdem er bei der Schilderung der Vorzeichen, der messianischen Wehen, der stereotyp gewordenen Aufzählung gefolgt ist und diese durch eine Kombination mit der Rosse-Vision des Sacharja verlebendigt hat, folgt er beim fünften Siegel einer andern Tradition, nach welcher das Ende kommen sollte, wenn „die Zahl der Gerechten vollendet“ ist. Er macht aber seinem Hauptgedanken folgend aus den Gerechten Märtyrer, und so schlägt er hier die ersten Töne seines Leitmotivs an, das sich dann reicher und reicher entwickelt: Es naht eine Zeit des allgemeinen Martyriums, aber nur auf eine kurze Weile, denn das Ende ist nahe.

Auch des fünften Siegels Genesis können wir also bis ins einzelne verfolgen. Und doch hat alles Einzelne eine Metamorphose in der Seele des Apok. durchgemacht. Was im Henochbuch eine vorübergehende Bemerkung war, was im IV Esra eine lehrhafte Ausführung, das ist hier ein Bild geworden. Man sieht dies Bild in voller Lebendigkeit; man hört die Seelen unter Gottes Thron schreien. Und welch ein lebendiger Zug ist die Bekleidung derselben mit weißen Kleidern! In dem Gemälde pulsiert die verhaltene Leidenschaft des Kampfes und der Märtyrerfreudigkeit.

Wie wertvoll dieser Abschnitt für die Zeitbestimmung der Apk ist, ist schon oben (Einleitung S. 130f.) angedeutet. Jedenfalls ist hier — man beachte den in der Apk stereotypen Ausdruck τὸν λόγον τοῦ θεοῦ καὶ τὴν μαρτυρίαν, bei dem nur zufällig das Ἰησοῦ fehlt — nur an christliche Märtyrer zu denken. Es ist verkehrt, mit Sp. auf die lange Reihe von alttestamentlichen Zeugen zu rekurrieren. Dann gibt es für den Verfasser schon eine ganze Reihe von Blutzeugen (eine Klasse derselben), die bereits der Vergangenheit angehören und jetzt unter dem Thron Gottes sind. Es wird auch kaum genügen, mit Sp. (Erbe3) nur an die frühpalästinensischen Märtyrer[46] zu denken; diese frühpalästinensischen Märtyrer hätten auch nicht um Rache gegen die κατοικοῦντες ἐπὶ τῆς γῆς (hier wie überall Erdbewohner) geschrieen. Am besten verständlich wird der Ausdruck, wenn wir annehmen, daß die neronische Verfolgung hinter dem Verfasser liegt. Dann aber muß weiter, wenn man die Zeit der Apk näher bestimmen will, die Frage erhoben werden: Wann waren nach der neronischen Verfolgung die Zeitumstände so beschaffen, daß die Erwartung eines nahenden allgemeinen Martyriums psychologisch verständlich wird? Diese Fragestellung aber führt uns mit dem Zeitansatz für die Apk mindestens in die spätere Zeit Domitians hinab (s. Einleitung S. 132f.).

6,12-17. Sechstes Siegel. 6,12. καὶ εἶδον, ὅτε[47] ἤνοιξεν τὴν σφραγῖδα τὴν ἕκτην, καὶ[48] σεισμὸς μέγας ἐγένετο (ἐγένετο μέγας)[49] (Mt 24,7 σεισμοὶ κατὰ τόπους), καὶ ὁ ἥλιος ἐγένετο μέλας (μέλας ἐγένετο)[50] ὡς σάκκος τρίχινος. Vgl. Amos 8,9; Jes 13,10; Ez 32,7f.; Joel 2,3.10; 3,4; Mt 24,29: ὁ ἥλιος σκοτισθήσεται; Himmelf. Mos. 10,4f.: et tremebit terra, usque ad fines suas concutietur ... sol non dabit lumen et in tenebris covertent se cornua lunae. Zum Erdbeben noch IV Esra 6,14ff.; Apk Baruch 70,8; Apk 8,5; 11,13; 16,18. — Vor allem vergleiche Jes 50,3 ἐνδύσω τὸν οὐρανὸν σκότος καὶ ὡς σάκκον θήσω τὸ περιβόλαιον αὐτοῦ. — καὶ ἡ σελήνη ὅλη[51] ἐγένετο ὡς αἷμα. Jes 13,10: Ez 32,7. Joel 3,4. (2,31): ἡ σελήνη εἰς αἷμα; Himmelf. Mos. 10,5: (cornua lunae) confringentur et tota convertit se in sanguine. — 6,13. καὶ οἱ ἀστέρες [τοῦ οὐρανοῦ][52] ἔπεσαν εἰς τὴν γῆν, ὡς συκῆ βάλλει[53] τοὺς ὀλύνθους αὐτῆς ὑπὸ ἀνέμου μεγάλου[54] σειομένη. Jes 34,4: καὶ τακήσονται πᾶσαι αἱ δυνάμεις τοῦ οὐρανοῦ, καὶ ἑλιγήσεται ὡς βιβλίον ὁ οὐρανὸς, καὶ πάντα τὰ ἄστρα πεσεῖται ὡς φύλλα ἐξ ἀμπέλου. Jes. 13,10; Ez 32,7; Joel 2,10; 3,4; Mt 24,29; Himmelf. Mosis 10,5. — Hesych gibt zu ὄλυνθος die Erklärung: τὸ μὴ πεπαμμένον σῦκον. 6,14. καὶ ὁ οὐρανὸς ἀπεχωρίσθη ὡς βιβλίον ἑλισσόμενον[55]. „Der Himmel verschwand wie ein Buch, das man aufrollt". Vgl. Jes 34,4; (24,18.23); II Pt 3,10: οἱ οὐρανοὶ ῥοιζηδὸν παρελεύσονται. Sib. III 81f.: ὁπόταν θεὸς ... οὐρανὸν εἱλίξῃ, καθάπερ βιβλίον εἱλεῖται – καὶ πᾶν ὄρος καὶ νῆσος[56] ἐκ τῶν τόπων αὐτῶν ἐκινήθησαν. An diesem Punkt allein findet sich keine völlige Parallele, am nächsten kommt Jer 4,24: εἶδον τὰ ὄρη, καὶ ἦν τρέμοντα, καὶ πάντας τοὺς βουνοὺς ταρασσομένους (beachte, daß א an unsrer Stelle βουνός liest). Vgl. Ez 38,20. Gar zu wörtlich will diese etwas übertriebene Schilderung nicht genommen werden. Eine Parallele aus dem Babylonischen zu diesen Naturrevolutionen, namentlich der Verfinsterung von Sonne und Mond bei Zimmern KAT^3 393.

6,15. καὶ οἱ βασιλεῖς τῆς γῆς καὶ οἱ μεγιστᾶνες καὶ οἱ χιλίαρχοι καὶ οἱ πλούσιοι καὶ οἱ ἰσχυροὶ καὶ πᾶς δοῦλος καὶ[57] ἐλεύθερος ἔκρυψαν ἑαυτοὺς εἰς τὰ σπήλαια καὶ εἰς τὰς πέτρας τῶν ὀρέων· Zu dieser Aufzählung (beachte die Siebenzahl! Sp.) vergleiche man 19,18; (13,16). Das Vorbild ist die Schilderung der Vernichtung von Gog und Magog Ez 39,17-20 (vgl. Jes 24,21f.; 34,12). Die Megistanen (hier und 18,23) im Unterschied von den (römischen) Chiliarchen sind parthische Staatsbeamte und Hofleute (Mommsen V 343f.). Mit den Starken sind physisch Starke gemeint. Vgl. Jes 2,10: καὶ νῦν εἰσέλθετε εἰς τὰς πέτρας καὶ κρύπτεσθε εἰς τὴν γῆν ἀπὸ προσώπου τοῦ φόβου κυρίου; 2,19: (καὶ τὰ χειροποίητα) εἰσενέγκαντες εἰς τὰ σπήλαια καὶ εἰς τὰς σχισμὰς τῶν πετρῶν ... ἀπὸ προσώπου τοῦ φόβου κυρίου (vgl. 2,21; Jer 4,29). 6,16. καὶ λέγουσιν τοῖς ὄρεσιν καὶ ταῖς πέτραις· πέσετε ἐφ' ἡμᾶς καὶ κρύψατε ἡμᾶς (Hos 10,8: καὶ ἐροῦσιν τοῖς ὄρεσιν· καλύψατε ἡμᾶς καὶ τοῖς βουνοῖς πέσετε ἐφ' ἡμᾶς. Lk 23,30) ἀπὸ προσώπου τοῦ καθημένου ἐπὶ τοῦ θρόνου[58] καὶ ἀπὸ τῆς ὀργῆς τοῦ ἀρνίου. Das ἀπὸ τῆς ὀργῆς τοῦ ἀρνίου klappt allerdings merkwürdig nach, und man könnte versucht sein, namentlich auch da im folgenden Vers αὐτοῦ und nicht αὐτῶν zu lesen ist, den Ausdruck mit Vischer, Sp., Weyland, Vlt. u. a. zu streichen. Aber wenn man sich an die oben beigebrachte Parallele aus Jes 2,10.19.21 erinnert, so sieht man den Grund der nachträglichen Erwähnung des Lammes. Der Gerichtstag im folgenden Vers aber würde dann, weil der Apokalyptiker wesentlich an den Messias als den Weltrichter denkt, ungenau[59] nur als der Tag des Zornes des Lammes (nicht Gottes) bezeichnet. 6,17. ὅτι ἦλθεν ἡ ἡμέρα ἡ μεγάλη τῆς ὀργῆς αὐτοῦ[60] (nämlich des Lammes), καὶ τίς δύναται σταθῆναι; „Der große Tag" ist eine in der spätjüdischen Literatur außerordentlich häufige Wendung. Bousset, Religion d. Judentums 246. — Zum Ausdruck ἡμέρα ὀργῆς vgl. Seph 2,3; (Jo 1,15; 2,1f.; 3,4; Jes 63,4 u. ö.). Ferner Na 1,6: ἀπὸ προσώπου ὀργῆς αὐτοῦ τίς ὑποστήσεται καὶ τίς ἀντιστήσεται ἐν ὀργῇ θυμοῦ αὐτοῦ; Mal 3,2. Die Könige und Gewaltigen auf Erden empfinden das Erdbeben als ein Zeichen des nahenden Gerichtes.

Bei der Beurteilung des sechsten Siegels wird man davon ausgehen müssen, daß der Apokalyptiker in der ganzen Schilderung kaum einen originalen Zug bringt, daß er vielmehr alles entlehnt und übernimmt. Man wird ihn daher von vornherein bei der Deutung der einzelnen Züge nicht zu genau beim Wort nehmen dürfen, er gab eben stereotyp gewordene Schilderungen wieder. — Zweitens aber wird man daran festhalten müssen, daß der Apok. ein mächtiges und in seiner Furchtbarkeit ungewöhnliches Erdbeben schildern will, aber doch nicht mehr als dieses. Er hat sich freilich in der Auswahl der Züge, mit denen er schildert, etwas vergriffen und verwendet eine Reihe von Zügen, die sonst bei der Schilderung des letzten großen Gerichtstages verwandt zu werden pflegen. Aber er wollte doch nur ein ungeheures Erdbeben zeichnen; man darf daher das Fallen der Sterne vom Himmel und das Entweichen aller Berge und Inseln nicht so wörtlich nehmen. Man setzt sonst den Apok. mit sich selbst in Widerspruch. Wenn die Sterne vom Himmel gefallen, und die Berge alle gewichen sind, wenn der Himmel aufgerollt ist, dann können sich auch die Könige nicht mehr in die Höhlen und Felslöcher verkriechen. Auch ist der Eindruck, den die Könige und Gewaltigen durch das Schreckwunder des Erdbebens erhalten, doch kein andrer, als daß der Gerichtstag nahe herbeigekommen sei. Denn der Ausruf: „Gekommen ist der große Tag", ist doch im Sinne der erschreckten Gewaltigen zu verstehen und nicht im Sinne des Apok. Wenn man diesen übertriebenen Charakter der Schilderung des sechsten Siegels verkennt[61], dann erscheint allerdings der unten zu besprechende Vorschlag Sp.s in Kap. 6,12ff. das Ende einer kleinen Apk zu sehen (gegen Sp. vgl. vor allem Erbes) annehmbar. Jedenfalls ist aber das, was in Kap. 6,12ff. geschildert wird, ein apokalyptisches Erdbeben, das noch in der Zukunft liegt. Man darf also auch hier nicht auf die Suche nach Erdbeben im ersten christlichen Jahrhundert gehen. Auch deutet kein originaler Zug in der Schilderung darauf hin, daß hier Anspielungen auf zeitgeschichtliche Vorgänge vorlägen.

Fußnoten:

1. ℵACP An.[125] g dem. c s[12] a ae. Vict. Pr.; Q Rel. vg. οτι. Das ὅτι ist nicht nur die schlechter bezeugte, sondern auch die leichtere Lesart, da bei der Lesart ὅτε das εἶδον objektlos steht und zu dem Folgenden ebenso schlecht paßt, wie schon 5,11 καὶ εἶδον καὶ ἤκουσα.
2. > P (falsche Angabe bei Tisch.) An. c a sa. s. z. 5,6.
3. φωνης verbessern P An.[1] al.; φωνην ℵ 26. 91 g vg. a (Pr. > ως – βροντης). Westcott-Hort und B. Weiß schlagen φωνῇ (7. 87. 93 al.) vor, nach B. Weiß wäre ὡς φωνή eine unerhörte Härte. Das „ὡς" φωνῇ wäre dann ein neues Beispiel für den manirierten Gebrauch von ὡς in der Apk.
4. Die ganz gleichmäßig auch in V. 5 und 8 wiederkehrenden Varianten verteilen sich auf die Handschriften folgendermaßen:
   1) και (ε)ιδον και ιδου
5. V. 2. ACP An.[123] am. a. ae. s[12]
6. V. 5. ACP An.[1235] am. fu. a (?).
7. V. 8. ACP An.[1235] am. fu. a.
8. 2) και ιδε και ιδου
9. V. 2. Q Rel. fu. dem. harl. tol. lips.[6] Vict. Pr.
10. V. 5. Q Rel. cle. dem. harl. tol. lipss. c.
11. V. 8. Q Rel. clem. dem. tol. ae.
12. 3) και ιδε και (ε)ιδον και ιδου
13. V. 2. ℵ An.[5] al. g cle. lips.[45] c.
14. V. 5. ℵ s[2] a (?) Vict.
15. V. 8. ℵ c s.
16. 4) και ιδου.
17. V. 2. 38. al?
18. V. 5. 38. 80 g s[1] ae.
19. V. 8. 38 al.
20. (Pr. V. 5 u. 8 και ιδε και ειδον; s[1] V. 8 κ. ειδον). Die dritte Variante ist jedenfalls Mischtext. Die äußere Bezeugung spricht für Variante 1: και ειδον και ιδου. Hart wäre auch in Var. 3 das ἰδὲ neben dem folgenden ἰδού, wenn freilich ein Wechsel in der Bedeutung des Imperativs vorliegt. Die schlecht bezeugte Var. 4 ist wohl durch ein Schreibversehen entstanden.

21. Die Idee, daß am Ende der Dinge die vier Rosse losgelassen werden, entspricht in der bildlichen Rede dem Loslassen der vier Winde 7,1ff.
22. Jeremias, das alte Testament im Licht des Orients 367; Vlt. IV 15; schwarz soll die Farbe des Nordens, rot des Südens, weiß des Ostens, falb des Westens sein.
23. Bei dieser Ableitung der Vorstellungen der Apk ist allerdings nicht alles erklärt. Bei Sacharja erscheinen Rosseherden von vierfach verschiedener Farbe, hier einzelne Rosse. Ebenso sind die Reiter auf den Rossen hier etwas Neues. Infolgedessen sind die einzelnen Figuren hier ungleich konkreter. Gunkel, zum religionsgesch. Verst. d. N. T. 53f., denkt bei den vier Reitern an die vier Weltheroen, Weltgötter, die über je eine der vier (bekannten) Weltperioden gebieten und sie heraufführen. Es wäre möglich, daß der Apok. in 6,1-8 eine ältere Weissagung von den vier Weltaltern herübergenommen hätte. Doch wäre dann bei ihm der ursprüngliche Sinn der Weissagung gänzlich verwischt.
24. א sa. και ενικησεν; 32. 36 Pr. ινα νικηση και ενικησεν.
25. Bei dieser Deutung bleibt es unbenommen, mit Gunkel (zum religionsgesch. Verst. d. N. T. 53,6) anzunehmen, daß in dem Reiter auf weißem Roß ursprünglich die Gestalt eines Sonnengottes gezeichnet sei. Weißes Roß, Bogen, Kranz (Strahlenkranz) sind allerdings nachweisbar in orientalischer Vorstellung Symbole des Sonnengottes (s. die Nachweise bei Gunkel). Aber der Apok. ahnt sicher nichts mehr von diesen Zusammenhängen.
26. אACP An.[11] g vg. c Vict. Pr.; Q Rel. ae την δευτεραν σφραγιδα (im folgenden την σφραγιδα την τριτην etc. sicher bezeugt).
27. + και ιδε g cle. dem tol. harl. lips. c a(?) ae. Vict. Tic. Pr.; + και ιδε και ειδον και ιδου א An.[3] (vgl. V. 2).
28. אC Min. g vg. (rufus) a s[12] ae. Vict. Tic. Pr.; die übr. πυρος.
29. αυτω An.[1].
30. > אcA Tic.
31. > A An.[5]; απο An.[1].
32. אACP An.[15] g vg. s[2] Tic. Pr.; die übr. > και.
33. AC 36; alle übr. ωσιν.
34. אACP An.([1]) g vg.; die übr. > (s. das zu 5,11 Bemerkte).
35. κριθων אACP An.[1]([2]) s[2]; Q Rel. vg. κριθης.
36. του δηναριου A; B. Weiß setzt diese Variante in den Text.
37. τον οινον και το ελαιον 36 vg. s[1] Tic. Pr.

38. φωνην lesen ℵA An.^{123} vg. s^{1} a ae; > CPQ Rel. g c s^{2} Pr. Es ist möglich, daß nach den vorhergehenden Parallelen φωνην gestrichen ist.
39. > CP An.^{1} dem. harl. lips.^{5} tol.
40. > ℵC An.^{3}(^{5}) 95. Der Prädikatsartikel entspricht dem Sprachgebrauch der Apk s. o. S. 175.
41. An. verbessern ακολουθει.
42. ACP An.^{1235}; ℵQ Rel. αυτω.
43. αυτοις ℵACP An.^{123}; αυτω Q Rel. g vg. c s^{12} a ae. Pr. αυτω ist gut bezeugt und αυτοις naheliegende Korrektur.
44. την σφραγιδα την πεμπην ℵ 14. 92 cle. dem. lips.^{56} tol., Konformation nach dem vorhergehenden.
45. + των ανθρωπων ℵP An.
46. > A tol. c Cypr. Pr., die Wiederholung der Präposition entspricht dem Sprachgebrauch der Apk s. o. S. 168.
47. + του αρνοιυ Q Rel.
48. Vielleicht ist mit de W. an den Rauchopferaltar 8,3 zu denken.
49. Auf das Fehlen des Ἰησοῦ ist kein Gewicht zu legen (gegen Vischer).
50. P An. εκραζον.
51. ℵACP An.^{1235}; φωνην μεγαλην Q Rel.
52. P An. Hipp. απο.
53. εδοθησαν στολαι λευκαι vg. a ae. Cypr. Pr. Hipp.
54. > εκαστω Q Rel. Hipp.; > αυτοις 2. 4. 11. 12. 19. Clem.
55. αναπαυσονται A (falsche Angabe bei Tisch.) An^{12}(^{5}); d. übr. ωνται, s. o. S. 172.
56. χρονον ετι A am. fu. tol. Hipp. (s^{1} εως καιρου χρονον μικρον).
57. > Q Rel.
58. εως ου An.
59. AC 29. 51 g vg. s^{1} Cypr. Fulg. (Pr. fehlt); die übr. πληρωσωσιν, es liegt hier ein Hörfehler vor. πληρώσωσιν würde bedeuten bis sie ihren Lauf (Akt 20,24; II Tim 4,7) vollendet haben. Die angeführte Esra-Parallele bezeugt die Richtigkeit der Lesart πληρωθῶσιν. Sp. liest πληρώσωσιν, ergänzt aber τὸν ἀριθμόν.
60. > Q vg. c a Cypr. Fulg. Hipp.s; es ist sehr wohl möglich, daß das καί erst später eingedrungen ist. Mit dieser Variante hängt es zusammen, daß Q Rel. (Cypr.?) nachher οι + καί" μελλοντες lesen.
61. Dafür daß Apk. 6,9-11 vom Apok. letzter Hand selbst entworfen ist, sprechen neben der Betonung des Martyriums die Ausdrücke λόγος θεοῦ καὶ μαρτυρία, ἐκδικεῖν ἐκ, οἱ κατοικοῦντες ἐπὶ τῆς γῆς, ὁ ἅγιος καὶ ὁ ἀληθινός, der bemerkenswerte Vokativ ὁ δεσπότης ὁ ἅγιος und noch

andre Kleinigkeiten. Das hat auch J. Weiß gesehen, und er spricht deshalb, während er sonst die Siegelvision auf den um 60 schreibenden Urapokalyptiker zurückführt, das fünfte Siegel in der gegenwärtigen Form dem Redaktor letzter Hand zu.

62. Weyl. denkt von seiner Auffassung des Kap. als einer jüdischen Quelle aus an die Opfer der Zerstörung Jerusalems, die unter dem zerbrochenen Altar liegen.
63. P (Tisch. falsch) An. Pr.: και οτε.
64. + ιδου A cle. harl. lips.
65. εγενετο μεγας A g am. fu. dem. lipss. tol. Vict. Tic.
66. εγενετο μελας ACP An.[12] g vg. s[2] Tic. Pr.; das Zeugnis AC vg. Pr. wiegt stärker als das gegenüberstehende.
67. P An. sa. >.
68. του θεου A; > fu. Vict. Pr. (nicht Tic. gegen Tischendorf).
69. ACPQ (g) vg. Tic. Pr.; Rel. βαλλουσα oder βαλουσα, eine höchst unglückliche und den Sinn gänzlich verfehlende Konjektur.
70. μεγ. αν. P An. Tic.
71. ειλισσομενος P An.
72. νησοι vg. Pr. Vict. (nicht g).
73. + πας א P An. c a.
74. ACP An.; אQ Rel. τω θρονω, s. o. S. 165f.
75. Vgl. dieselbe ungenaue Redeweise in I Th 3,11; II Th 2,16.17; Warfield bei Hirscht 59. Bedenken, wie daß das Lamm nicht zürne (Vischer), oder daß diese Rolle des Richters nicht zu der sonstigen Stellung des Lammes in diesen Kapiteln passe, können wir beiseite lassen.
76. αυτων אC 38 vg. s[12] Fulg. ist offenbar Korrektur, da man sich die Lesart αυτων vorausgesetzt, die Variante αυτου nicht erklären könnte.
77. Vgl. Holtzmann: Zweifelsohne ist man mit ἦλθεν ἡ ἡμέρα 6,17 am letzten Ende bereits angekommen (?).

EXKURS ZU KAP. 4-6.

1. Am einschneidendsten ist hier die Kritik von Spitta. Nach Sp. soll mit Kap. 6 — abgesehen von einer kleinen Fortsetzung in Kap. 7 und 19 — die christliche Urapokalypse (U) zu Ende gehen. Sp.s Gründe dafür sind im wesentlichen 1) daß mit 6,12ff. in der Tat ein apokalyptisches Ende gegeben sei. 2) daß mit 7,1ff. eine unerwartete, ganz neue Episode einsetze. Nun aber ist mit der richtigen Erklärung von 6,12ff. Sp. erster Grund hinfällig geworden. In 6,12ff. ist nicht das Weltende gezeichnet, sondern ein starkes Erdbeben als Vorzeichen desselben. Gerade nach 6,12ff. erwartet man noch mindestens die Schilderung des eigentlichen Endes, die man in Sp.s rekonstruierter Quelle U einfach vermißt. — Der zweite Grund Sp.s würde, wenn er sich als stichhaltig erwiese, doch noch nicht beweisen, daß mit Kap. 6 eine Quelle aufhörte, sondern nur, daß in 7,1ff. ein störendes Element in den Zusammenhang des Ganzen sich eindrängt. Sp.s Annahme einer U-Quelle scheint also danach nicht begründet zu sein. An Sp. hat sich auch nur Schmidt bis jetzt angeschlossen, während J. Weiß, der sich, was die Grundidee betrifft, in den Bahnen Spittas hält, dies Werk der christlichen Apk mit Kap. 6 noch lange nicht zu Ende sein läßt. Die Gründe, die Sp. veranlaßten, bei Kap. 6 den starken Einschnitt zu machen, sind also auch für J. Weiß nicht maßgebend.

Wie aber die Kapitel 4-6 nach vorwärts mit den folgenden Kapiteln zusammenhängen, so ist auch nach rückwärts ihr Zusammenhang mit Kap 1-3 nicht (mit Vischer, Vlt., Weyl., Pfleid. I, Schmidt) zu zerreißen. Die Schwierigkeiten, die in den Versen 4,1.2 Vorliegen, sind zu überwinden (vgl. den Kommentar zu dieser Stelle, auch zu 1,20, und was oben über den Charakter von 1-3 gesagt ist).

Namentlich ist zu betonen, daß Kap. 4-6 genau so christlichen Ursprungs sind wie Kap. 1-3. Der christliche Charakter haftet wenigstens an Kap. 5 untilgbar. Es ist ein unbestreitbares Verdienst von Sp., daß er Vischer gegenüber diese These siegreich verfochten hat. Die Streichung von 5,9-14 (Erbes 5,11-14) und die Beseitigung von ἀϱνίον in V. 6 (Vischer), oder gar die Streichung von 5,6-14 (Weyl.) ist nichts anders als einfache kritische Willkür, mit der man schließlich jede neutestamentliche Schrift in eine jüdische umprägen könnte.

2. Was die Sprache dieses Stückes anbetrifft, so finden sich häufig in diesen Kapiteln die charakteristischen Wendungen, welche auch sonst in der ganzen Apk zerstreut sind: καθήμενος ἐπὶ τὸν θϱόνον etc. achtmal (sonst sechsmal vgl. auch die vielen übrigen Verbindungen mit καθήμενος und die Innehaltung der o. S. 165f. besprochenen merkwürdigen Regel); ἀστϱαπαὶ φωναὶ βϱονταί 4,5; (8,5;

11,19; 16,18 tritt noch σεισμός hinzu); der manirierte Gebrauch von ὡς 4,6; 5,6; 5,11; 6,1; 6,6 (sehr oft in der Apk); 4,8 κύριος ὁ θεὸς ὁ παντοκράτωρ etc.; 5,9 ἐκ πάσης φυλῆς etc.; 6,8 ἐξουσία; 6,9 διὰ τὸν λόγον θεοῦ καὶ διὰ τὴν μαρτυρίαν; 6,10 ἅγιος καὶ ἀληθινός; οἱ κατοικοῦντες ἐπὶ τῆς γῆς vgl. die Aufzählung 6,15[1]. Daß sich die sonstigen Spracheigentümlichkeiten der Apk auch in diesen Kapiteln belegen lassen, bedarf kaum einer Erwähnung. An besondern Spracheigentümlichkeiten sind etwa noch folgende zu bemerken: λαμπάς 4,5; 8,10, sonst λυχνία, 5,1 κατασφραγίζειν sonst σφραγίζειν, 5,2 κηρύσσειν (sonst κράζειν). In der Wortstellung finden sich dieselben Eigentümlichkeiten, wie in den andern Partien des Buches. Das Verbum steht gewöhnlich den andern Satzgliedern mit Ausnahme der Subjekte voran, sehr oft beginnt es auch den Satz. Ausnahmen sind sehr selten und dann gewöhnlich begründet: 4,8 ἀνάπαυσιν οὐκ ἔχουσιν, 6,4 καὶ ἵνα ἀλλήλους σφάξουσιν, 6,6 καὶ τὸν ἔλαιον καὶ τὸν οἶνον μὴ ἀδικήσῃς (ferner 4,5 καὶ ἐκ τοῦ θρόνου ἐκπορεύονται, 6,13 ὑπὸ ἀνέμου μεγάλου σειομένη). Aber 6,4 τῷ καθημένῳ ἐδόθη — αὐτῷ. Das Attribut wird seinem Substantiv immer nachgestellt, eine Ausnahme bilden auch hier nur die Zahlwörter. Eine Trennung des Artikels vom folgenden Substantiv kommt nicht vor.

3. In der Christologie von Kap. 4-6 zeigen sich die überraschendsten Berührungen mit den ersten drei Kapiteln. Christus steht hier wie dort im Mittelpunkt der apokalyptischen Handlung, dort ist er der Menschensohn, welcher inmitten seiner Gemeinde richtet, hier das Lamm, das die Siegel des Buches allein lösen kann. Wie Christus in seinen Attributen und seiner Machtbefugnis neben Gott tritt 1,13f.; 1,17 (vgl. die Doxologie 1,6), so steht das Lamm auch hier inmitten des Thrones und erhält denselben Lobpreis, wie Gott ihn erhält 5,9ff.; 5,13; erscheint neben ihm als Weltrichter. Hier wie dort steht Christus in Beziehung zu den sieben Geistern und ist der Herr derselben 1,4-6; 3,1; 5,6. Nur wird in diesen Kapiteln Christus als das Lamm, das geschlachtet ist, und das durch seinen Tod die Erlösten erkauft hat, gedacht (5,9). Aber der parallele Gedanke findet sich auch schon 1,5. Und wie in Kap. 1-3 neben einer bereits sehr weitgehenden Christologie sich Spuren einer älteren Anschauung finden, so ist hier das Lamm, das geschlachtet wurde, zugleich der Löwe aus Judas Stamm, der Sproß Davids, und es ist von dem Zorn des Lammes im Weltgericht die Rede.

4. Literarische Berührungen. Vgl. Völter III 458ff. Durchsetzt sind diese Kapitel von Anklängen an das alte Testament, so daß sich oft Wort für Wort und Satz für Satz die Parallelen nachweisen lassen. Aber der Apokalyptiker handhabt das alte Testament in einer sehr freien und originellen Weise. Spuren einer selbständigen Übersetzung des hebräischen Textes finden sich kaum.

Bemerkenswert ist, daß 6,16; (Hos 10,8) statt des charakteristischen Wortes der LXX βουνοί : πέτραι steht. Aber auch gemeinsame Fehler mit der LXX lassen sich nicht nachweisen. Von Berührungen mit dem Buch Henoch läßt sich außer der Parallele 6,9; Hen 47 nur die Charakterisierung der Cherubim ἀνάπαυσιν οὐκ ἔχουσιν (vgl. Hen 39,12ff.; 40; 71,7) anführen. Alle übrigen bei Vlt. aufgezählten Anklänge beweisen nichts. Die Parallele zwischen 6,9-11 und IV Esra 4,35-36 ist schon besprochen. (Vlt. 461 plaidiert für die Priorität der Apk).

Auf die Berührungen zur eschatologischen Herrenrede ist bereits hingewiesen 6,1-8 vgl. Mk 13,7-8; Mt 24,7; Lk 21,10ff.; 6,12ff. vgl. Mk 13,24f.; Mt 24,29f.; Lk 21,25f. Dagegen ist das fünfte Siegel nicht in Parallele mit der Weissagung des Jüngerschicksales zu setzen. Es handelt sich die beiden Male um etwas ganz Verschiedenes. Berührungen mit dem Petrus-Brief sind bereits erwähnt. Hier sei nur darauf hingewiesen, daß der stärkste Anklang an die Versöhnungslehre der Apk sich I Pt 1,18f. findet. Dort finden sich die beiden Bilder vom Lamm und Loskauf neben einander.

5. Vor allem aber sind die Kap. 4-6 den drei ersten in ihrer künstlerisch literarischen Gesamthaltung durchaus ebenbürtig. Die Abhängigkeit von fremden Vorbildern ist naturgemäß größer als bei den Briefen, aber sie ist genau dieselbe wie bei der Menschensohnvision im ersten Kapitel. Und ebenso groß und noch größer ist die Originalität, Kraft und Wucht, mit der unser Apok. den entlehnten Stoff neu zu gestalten gewußt hat. Der Vergleich macht das am besten klar. Wie klar und einheitlich ist die Vision vom Throne Gottes gegenüber der verworrenen Zeichnung des Ezechiel! Was hat der Apok. in der Vision von den vier Reitern aus dem Gesicht des Sacharja von den vier Rosse-Herden gemacht! Wie nüchtern ist die Scene von den Gerechten in ihren Behältern im IV Esra und wie plastisch ist die entsprechende Vision des fünften Siegels! Die Visionen vom Throne Gottes, von der Eröffnung des Buches durch das Lamm, von den vier Reitern, den Seelen unter Gottes Thron haben im alten und neuen Testament, wie in der spät-jüdischen Literatur kaum irgendwie ihres Gleichen. Auch der Aufbau des Ganzen ist prachtvoll. Zuerst ein großangelegtes ruhiges Bild: Gott im Himmel thronend, umgeben von seinen Trabanten. Dann eine zweite große Szene voller Spannung. In Gottes offener Hand ruht das Geheimnis der Zukunft, das versiegelte Buch, und niemand im ganzen weiten Rund der Schöpfung kann die Siegel des Geheimnisses lösen. Da tritt in den Kreis eine neue gewaltige, geheimnisvolle Gestalt, das geschlachtete Lamm, und ihm allein ist die Macht über das Geheimnis gegeben. In mächtigen Hymnen löst sich die Spannung auf, und nun beginnt das Lamm die Siegel zu lösen, und in stürmischer Bewegung rauschen und brausen die Ereignisse vorüber, bis nach dem sechsten Siegel eine Ruhepause eintritt.

Fußnoten:

1. Spezielle Verwandtschaft mit Kap. 1-3: βασιλαίαν καὶ ἱρεῖς 1,6; 5,10; θάνατος καὶ ᾅδης 1,18; 6,8; (20,13f.); ὁ ἔχων τοὺς ὀφθαλμούς 2,18; ὁ ἔχων τὸ πρόσωπον 4,7; der Gebrauch von ἕκαστος 2,23; 5,8; 6,11; ἅγιος in Beziehung auf Gott und Christus 3,7; 4,8; 6,10.

D. INTERMEZZO UND SIEBENTES SIEGEL. KAP. 7-8,1.

Erstes Intermezzo. Die Versiegelung der 144000 7,1-8. 7,1. [καὶ][1] μετὰ τοῦτο[2] εἶδον τέσσαρας ἀγγέλους ἑστῶτας ἐπὶ τὰς τέσσαρας γωνίας τῆς γῆς. Die Frage, ob gute oder böse Engel gemeint seien, ist überhaupt kaum aufzuwerfen. Es sind die Engel, die speziell über die vier Winde gesetzt sind, gemeint. Zur Vorstellung derartiger Elementarengel vgl. 14,18 (Feuerengel), 16,5 (Wasserengel); Bousset, Religion des Judentums 317. — Zur Vorstellung von verderblichen Windgeistern vgl. Sach 6,5; Jer 49,36, und namentlich Dan 7,2. Von Plagen, welche durch Winde geschehen, spricht Hen 34,3; 76,4; vgl. Hen 18,2f.; 36,1; 60,12; 69,22 (Geister des Wassers, der Winde und aller Lüfte). Die Engel stehen an den vier Ecken (Enden) der Welt (über ἐπί mit dem Akkus. s. o. S. 166), d. h. an den Orten, von denen aus die Winde über die Erde wehen. κρατοῦντας τοὺς τέσσαρας ἀνέμους τῆς γῆς, ἵνα μὴ πνέῃ ἄνεμος ἐπὶ τῆς γῆς μήτε ἐπὶ τῆς θαλάσσης μήτε ἐπὶ [τι (πᾶν)][3] δένδρον. Über den Wechsel von Gen. und Akk. nach ἐπί s. o. S. 166. Offenbar liegt die Vorstellung zugrunde, daß diese (als bekannt vorausgesetzten) vier verderblichen Winde zu einer bestimmten Zeit und zwar am Ende der Welt losgelassen werden sollen. Bis dahin werden sie von ihren Engeln gehalten. Nun erfährt man aus der Apk selbst nichts weiter von dieser Erwartung. Die Lösung der Winde erfolgt nicht, 9,14f. liegt zwar eine verwandte, aber nicht dieselbe Vorstellung vor. Wir werden also vermuten, daß der Apok. hier eine ältere Tradition bruchstückweise weiter gegeben hat. Diese Vorstellung von den vier Winden (nicht also Winden überhaupt, sondern bestimmten apokalyptischen Winden), welche am Ende der Tage zur Reinigung der ganzen Erde losgelassen werden, findet sich nun in der Tat noch in späteren Apokalypsen. Ich setze einige Beispiele hierher. In der unechten Johannesapok. 25,2 heißt es: τότε ἀποβουλώσω τὰ τέσσαρα μέρη τῆς ἀβύσσου (vgl. Dan 7,1), καὶ ἐξέλθωσιν τέσσαρες ἄνεμοι μεγάλοι καὶ ἐκλείψωσιν ἅπαν τὸ πρόσωπον τῆς γῆς, καὶ λειχανθήσεται πᾶσα ἡ γῆ ὥσπερ χιὼν καὶ γενήσεται ὥσπερ χαρτίον. In der syrischen Petrusapk (ZwTh 1893 I 454ff.): „Darauf werde ich den vier Winden gebieten, und sie werden losgelassen einer in der Richtung des andern. Und wenn der Seewind losgelassen wird, so steigt Schwefel vor ihm auf, und wenn der Südwind losgelassen wird, so steigt loderndes Feuer vor ihm auf, und wenn der Westwind losgelassen wird, so werden die Berge und die Felsen gespalten“. Ebenso heißt es schon Sib. VIII 204f.: πολλῇ δέ τε λαίλαπι θύων γαῖαν ἐρημώσει· νεκρῶν δ’ἐπανάστασις ἔσται (noch andre Stellen vgl. in meinem Antichrist S. 165f.). Es ist möglich, daß sich in dieser späteren Literatur eine apokalyptische

Tradition erhalten hat, die nicht aus unsrer Apk stammt, vielmehr dieser schon vorlag, die mindestens bis Dan 7,1, ja Vielleicht noch weiter zurückgeht.

7,2.καὶ εἶδον ἄλλον ἄγγελον ἀναβαίνοντα ἀπὸ ἀνατολῆς[4] ἡλίου. Unter dem Engel ist einfach ein Engel zu verstehen, nicht Christus. Nach Ew. steigt der Engel von Osten auf, weil dort der Thron Gottes gedacht wird, nach Ebr., Hgstb., Vlkm., Dstd., weil von Osten die lebenbringende Sonne kommt. Sp. erinnert daran, daß im Osten das Paradies liege Gen 2,8; 3,24; I Hen 32,3; Erbes (51 A. 1) daran, daß von Osten der Messias komme (Sib. III 652). Sicheres wird sich nicht ausmachen lassen. Aufklärung könnte man nur erhalten, wenn uns noch ausführlichere Quellen erschlossen würden. ἔχοντα σφραγῖδα θεοῦ ζῶντος. Über den in der spätjüdischen Literatur geläufigen Terminus θεὸς ζῶν s. 43f; Rel. d. Judentums 293. Ob die Verbindung der Idee der Versiegelung der Knechte Gottes mit der andern von den vier Winden dem Apok. schon vorlag, oder seine eigene Konzeption ist, läßt sich aus den sonstigen Parallelen nicht mehr erkennen. καὶ ἔκραξεν (ἔκραζεν)[5] φωνῇ μεγάλῃ τοῖς τέσσαρσιν ἀγγέλοις (κράζειν hier und 14,5 mit dem Dat. im Sinne von Zurufen), οἷς ἐδόθη αὐτοῖς (s. o. S. 160) ἀδικῆσαι τὴν γῆν καὶ τὴν θάλασσαν. Die Schädigung würde dadurch erfolgen, daß sie die ihnen anvertrauten Winde loslassen. Die Schädigung der Bäume ist hier nicht mehr erwähnt. 7,3λέγων· μὴ ἀδικήσητε τὴν γῆν μήτε[6] τὴν θάλασσαν μήτε τὰ δένδρα, ἄχρι[7] σφραγίσωμεν (bis wir versiegelt haben werden; der Plural hier wie in dem Folgenden ist nicht Pluralis majestaticus, sondern setzt Gehilfen des Engels voraus) τοὺς δούλους τοῦ θεοῦ ἡμῶν (vgl. θεός μου 3,2; 3,12; (2,7); ἡμῶν 7,10.12; 12,10; 19,1.5) ἐπὶ τῶν μετώπων αὐτῶν (s. o. S. 166). Die Idee der Versiegelung spielt in der Apk eine große Rolle. Nicht nur die Knechte Gottes (vgl. 9,4; 14,1; 22,4), sondern auch die Anhänger des Tieres werden versiegelt 13,16f.; 14,9; 16,2; 19,20; 20,4. Vorbildlich für diese Szene der Versiegelung ist offenbar Ez 9,4, wo der Engel Befehl bekommt, ein Zeichen auf die Stirne der Männer zu drücken, die da seufzen und jammern über die Greuel in Jerusalem. Deutlich erkennbar liegen hier Vorstellungen aus dem Gebiet der Zauberreligion vor. Das auf die Stirn gedrückte Siegel (Zeichen oder Namen Gottes) hat Sinn und Wert eines Amuletts. Es stellt den Gläubigen in den Schutz des betreffenden Gottes und sichert ihn namentlich vor den von Seiten niederer böser Mächte drohenden Gefahren. Es läßt sich im alten Testament auch noch tatsächlich die Sitte einer solchen Stigmatisierung nachweisen. Jes. 44,5: „Ein andrer wird auf seine Hand „Jahwe gehörig" schreiben". (Vgl. das hierhergehörige Kainszeichen Gen 4,15.) Das häufige Vorkommen der Versiegelung in der Apk beweist vielleicht, daß auch bei Christen zur Zeit der Apok. es noch hie und da Brauch war, sich durch den der Haut eingeritzten Namen (Gottes oder Jesu) gegen allerlei Gefahren zu schützen. An die Taufe ist bei der σφραγίς hier in der Apk gar nicht zu denken. Wohl aber ist auch die Taufe, insofern in ihr der Name Gott über dem Täufling genannt wird, ebenfalls eine (abgeschwächte) σφραγίς. Hier wie dort liegt dieselbe Art von Vorstellungen vor. Vgl. noch Ps Sal 15,10: τὸ σημεῖον τῆς ἀπωλείας ἐπὶ τοῦ μετώπου αὐτῶν. (Heitmüller im Namen Jesu 150. 174. 234, vgl. auch das zu 2,17 Vermerkte.) 7,4.καὶ ἤκουσα τὸν ἀριθμὸν τῶν ἐσφραγισμένων, ἑκατὸν τεσσεράκοντα τέσσαρες χιλιάδες ἐσφραγισμένοι[8] ἐκ πάσης φυλῆς υἱῶν Ἰσραήλ. Der Vollzug der Versiegelung wird also stillschweigend vorausgesetzt, der Seher sieht auch den Vorgang nicht mehr, er hört nur noch die Zahl der Versiegelten. 7,5-8.ἐκ φυλῆς Ἰούδα δώδεκα χιλιάδες ἐσφραγισμένοι[9] – ἐκ φυλῆς Βενιαμεὶν δώδεκα χιλιάδες ἐσφραγισμένοι. Vgl. die Listen Gen 46,8ff.; 49; Num 13,4ff.; Ez 48; Dt 33,6ff.; I Chron 2,1ff.; 4-7. Die Liste der Apk zeigt die Eigentümlichkeit, daß der Stamm Manasse neben dem Stamme Joseph (Ephraim) steht, wie in Num 13. Ez 48 (I Chron 5,23ff.; 7,14ff. 20ff.). Aber während Num 13; Ez 48 dafür der Stamm Levi fehlt, läßt der Apok. den Stamm Dan fort. Das ist eine ganz singuläre Eigentümlichkeit, die ihre Parallele auch nicht an I Chron 7 findet, da hier Dan (neben Sebulon) nur im gegenwärtigen Text fehlt. (Die Söhne Dans werden hier ursprünglich 7,12 gestanden haben, da der hier erwähnte Husim nach Gen 46,23 Sohn Dans war). Die Erklärung, daß die Auslassung von Dan deshalb erfolgt sei, weil der Stamm damals ausgestorben war, reicht nicht zu (de W., Dstd.). Denn das ließe sich auch von manchem andern der 12 Stämme sagen. Hartwig, Züll., Sp. nehmen an, daß ursprünglich Δάν im Text gestanden hätte, dieses dann in Μάν verschrieben, und daraus Manasse entstanden sei. Doch ist das eine im höchsten Grade unwahrscheinliche Auskunft, da eine derartige vorausgesetzte Abkürzung in den alten Majuskelhandschriften sehr selten vorkommt, und die Verschreibung von Δάν in Μάν, da bei den Abschreibern doch Bekanntschaft mit den 12 Stämmen vorausgesetzt werden kann, höchst unwahrscheinlich ist. Die einzige mir möglich erscheinende alte Erklärung ist die des Irenäus, der, nachdem er von der Abstammung des Antichrist aus dem Stamm Dan gesprochen hat, fortfährt (V. 30,2): et propter hoc non annumeratur tribus haec in Apooalypsi cum his, quae salvantur. Die an Dt 33,22; Gen 49,17; Jer 8,16 sich anlehnende Idee, daß aus dem Stamm Dan die wider Gott sich empörende Gewaltherrschaft des Antichrist hervorgehen werde, mag recht wohl so alt und älter wie die Apk sein. Sie findet sich schon im Testament Dans c. 5; Irenäus setzt sie als selbstverständlich voraus, auch die meisten älteren Kommentatoren (Andreas, Arethas, Beda) teilen sie (über die Verbreitung dieser Erwartung vgl. Bousset, Antichrist 112ff.). Es ist anzunehmen, daß sie dem Apok. geläufig war, und daß er deshalb den Stamm Dan fortließ. Die Reihenfolge der 12 Stämme in der Apk ist ganz willkürlich. Charakteristisch ist es, daß Juda voransteht, wie in keiner der alttestamentlichen Listen. An zweiter Stelle folgt Ruben, dann die Nebenstämme Gad, Asser, Naphthali; daß neben diesem Manasse steht, könnte von neuem die Konjektur Dan = Manasse empfehlen. Darauf folgen die übrigen Levistämme Simeon, Levi, Issachar, Sebulon. Endlich ganz zum Schluß (wie Gen 49) Joseph und Benjamin. Exkurs zu 7,1-8. Ein endgültiges Urteil über diesen Abschnitt kann erst gefällt werden, wenn man über sein Verhältnis zu dem Folgenden, 7,9-17, zur Klarheit gekommen ist. Aber einiges kann doch schon hier festgestellt werden. Vor allem fällt, wie schon angedeutet wurde, das Fragmentarische an diesem Abschnitt auf. Das hat auch Sp. bereits gesehen, wenn er behauptet, daß in der mit Kap. 7 für ihn beginnenden zweiten Quelle das erste Stück bereits anderswoher eingesprengt sei[10]. Zwei Stücke sind hier mit einander verwoben: die Weissagung von den vier Winden und die Versiegelung der Knechte Gottes. Beide stehen ziemlich isoliert in der Apk in rätselhafter Kürze und ohne Zusammenhang mit dem Folgenden. Die vier Winde werden überhaupt nicht mehr erwähnt, die 144 000 kehren nur noch einmal, (14,1ff.) dort ebenfalls außer allem Zusammenhang und umgedeutet, wieder. Für das erste Stück gelang es uns, bereits eine ausführlichere apokalyptische Tradition wenigstens in einem Zweig der Antichristapokalypsen nachzuweisen. Eine bemerkenswerte Parallele enthält ferner II Bar 6. Hier sieht Baruch vier Engel mit Feuerfackeln an den Ecken der Stadt Jerusalem. Und ein fünfter Engel steigt vom Himmel herab und befiehlt jenen, nicht eher die Stadt anzuzünden, als bis er die heiligen Tempelgeräte verborgen. Hier ist zwar nicht der Inhalt, aber die Form der Vision eine überraschend ähnliche.

Auch für das zweite Stück lassen sich gewisse Berührungen mit der Antichristtradition nachweisen. Auf eine wurde bereits hingewiesen. Zu beachten ist aber dann weiter die durchaus jüdisch-partikularistische Stimmung in diesem Fragment. Es handelt sich nur um eine Versiegelung von 144 000 Juden aus den 12 Stämmen. Eine allegorisierende Umdeutung (des Zwölf-Stämme-Volks auf die Christen) ist wegen der bestimmten Aufzählung der einzelnen Stämme nicht erlaubt. Von neuem ergibt sich hier, daß der Apokalyptiker an dieser Stelle ziemlich mechanisch einer vorliegenden Tradition folgt. Wir werden anzunehmen haben, daß es eine jüdische Tradition gab, derzufolge in den Zeiten der letzten Not eine Auswahl[11] aus dem Volk durch eine wunderbare Versiegelung vor allem Ungemach bewahrt bleiben sollte. Über die näheren Zusammenhänge dieses Fragmentes wird sich nichts ausmachen lassen. Die spätere Tradition deutete auf die kleine Schar von Gläubigen, die in den letzten Zeiten dem Antichrist Widerstand leisten soll (Bousset, Antichrist 139ff.). Dagegen ließe sich allerdings einwenden, daß es schwer erklärbar sei, wie ein Jude von den 12 damals gar nicht existierenden Stämmen noch ernsthaft habe reden können, und daß diese Beobachtung gerade eine allegorisierende Auslegung der Stelle nahelege. Doch läßt sich darauf erwidern, daß die Erwartung der Erneuerung des Zwölfstämmevolkes am Ende der Tage im Spätjudentum sehr verbreitet war (Antichrist 61. 65. 143). Ja, es finden sich sogar noch Spuren, die selbst dafür zeugen, daß auch sonst in der spätjüdischen Literatur die 12 Stämme als gegenwärtige vorhandene Größen behandelt werden. Bousset, Testament d. 12 Patr. ZnW I 206ff. So sind wir imstande, noch einigermaßen die hinter Apk 7,1-8 liegende apokalyptische Tradition zu erraten. Was nun der Apok. sich dabei dachte, wenn er diese so einfach herübernahm, kann erst weiter unten erörtert werden.

Die Seligen vor Gottes Thron.7,9.μετὰ ταῦτα εἶδον [καὶ ἰδοὺ][12] ὄχλος(ν) πολὺς(ν), ὃν[13] ἀριθμῆσαι αὐτὸν[14] οὐδεὶς ἐδύνατο (den Relativsatz weist Sp. ohne sonderlich zwingende Gründe dem Redaktor zu), ἐκ παντὸς ἔθνους καὶ φυλῶν καὶ λαῶν καὶ γλωσσῶν (s. zu 5,9) ἑστῶτες(ας)[15] ἐνώπιον τοῦ θρόνου καὶ ἐνώπιον τοῦ ἀρνίου. Wer diese ungezählten Scharen sind, kann erst weiter unten ausgemacht werden. Durch die Betonung ihrer Unzählbarkeit soll jedenfalls die bestimmte Angabe von den 144 000, die der Apok. ja übernahm, übertrumpft werden. Das Stehen vor dem Thron kann kaum etwas anders bedeuten, als den Zustand der vollkommenen Seligkeit vor Gottes Angesicht. Gegenüber Vischers Streichung des ἀρνίον in der ganzen übrigen Apk beachte man, wie hier in einem Abschnitt, der nach Vischer vom Redaktor stammt, das ἀρνίον auf den ersten Blick genau so interpoliert zu sein scheint wie an manchen andern Stellen. περιβεβλημένους(οι)[16] στολὰς λευκάς. Gut bemerkt B. Weiß: wie die Märtyrer 6,11, deren Zahl hier voll geworden zu sein scheint. Über die weißen Kleider s. z. 3,5; 6,11. καὶ φοίνικες(ας)[17] ἐν ταῖς χερσὶν αὐτῶν. Vgl. Joh 12,13; II Makk 10,7. Buch das Attribut der Palmzweige weist auf einen erkämpften Sieg und Freude und Frieden nach dem Kriege hin, so daß auch hiernach der Gedanke naheliegt, daß die ungezählte Schar die Schar der Märtyrer ist. Weiße Kleider und Palmzweige sind übrigens so naheliegende, in sich selbst verständliche Attribute, daß man nicht nötig hat, hier nach allen möglichen Beziehungen zu suchen (auch nicht mit Deißmann, Bibelstud. 285 auf dem Gebiet des griechischen Kultus). 7,10.καὶ κράζουσιν[18] φωνῇ μεγάλῃ λέγοντες· (6,10; 18,2; 18,18f.; 19,17) ἡ σωτηρία τῷ θεῷ ἡμῶν τῷ καθημένῳ ἐπὶ τῷ θρόνῳ (s. o. S. 165f.) καὶ τῷ ἀρνίῳ. Vgl. das zu 5,9 bemerkte. σωτηρία ist Hebraismus. Vgl. Ps 3,9 9 לַיהוָה הַיְשׁוּעָה (Hltzm.). Zu übersetzen ist etwa Heil unserm Gott! Derselbe Hebraismus 12,10; 19,1. Zu θεὸς ἡμῶν s. o. zu 7,3. 7,11. καὶ πάντες οἱ ἄγγελοι εἱστήκεισαν κύκλῳ τοῦ θρόνου καὶ τῶν πρεσβυτέρων καὶ τῶν τεσσάρων ζῴων (Vgl. 5,11; wir haben dort ganz denselben Aufbau des Hymnus.) καὶ ἔπεσαν ἐνώπιον τοῦ θρόνου[19] ἐπὶ τὰ πρόσωπα αὐτῶν καὶ προσεκύνησαν τῷ θεῷ. Über die Konstruktion von προσκυνεῖν s. o. S. 163. 7,12.λέγοντες· ἀμήν · (bekräftigender Abschluß des vorhergehenden Gebets, dann folgt die Weiterführung) ἡ εὐλογία καὶ ἡ δόξα καὶ ἡ σοφία καὶ ἡ εὐχαριστία καὶ ἡ τιμὴ καὶ ἡ δύναμις καὶ ἡ ἰσχὺς τῷ θεῷ ἡμῶν εἰς τοὺς αἰῶνας τῶν αἰώνων· ἀμήν[20]. Hier ist anders als in 5,12 der Artikel nachdrücklich vor jedem Wort wiederholt; auch diese Doxologie ist siebengliedrig. (Vgl. das zu 5,12 Bemerkte). 7,13.καὶ ἀπεκρίθη εἷς ἐκ τῶν πρεσβυτέρων λέγων μοι· Das ἀπεκρίθη entspricht dem hebräischen ענה „er hob an". Nicht ist das Folgende als eine Antwort auf eine unausgesprochene Frage aufzufassen. Über den erklärenden Dialog in der Apokalyptik s. Einleitung S. 12. οὗτοι οἱ περιβεβλημένοι τὰς στολὰς τὰς λευκὰς τίνες εἰσὶν καὶ πόθεν ἦλθον; Die im Altertum so bekannte Frage nach Charakter und Heimat. 7,14.καὶ εἴρηκα[21] (übersetze: und [da] habe ich ihm gesagt) αὐτῷ· κύριέ μου[22] σὺ οἶδας. Die Anrede hätte, wenn die πρεσβύτεροι nur Vertreter der Gemeinde sein sollen, etwas Befremdliches und läßt darauf schließen, daß die πρεσβύτεροι als Engelwesen gedacht sind. Zwingend ist dieser Schluß allerdings nicht. Engel werden mit diesem Ausdruck angeredet Sach 4,5 (οὐ γινώσκεις τί ἐστιν ταῦτα; καὶ εἶπα· οὐχὶ, κύριε), ebenso Sach 1,9; 4,4: 4,13, aber Gen 23,6 Abraham; 31,35 Laban; Num 12,11 Moses; Joh 12,21 Philippus. Aber immerhin ist es jedesmal die übergeordnete Persönlichkeit, die so angeredet ist. Der aber, der hier anredet, ist der Seher, dem eigentlich doch nur ein Engel nach seinem eigenen Bewußtsein übergeordnet sein kann. Das Perfektum εἴρηκα zwischen den Aoristen verlebendigt die Erzählung, wie es sonst ein Präsens tun würde (Joh 21,15). καὶ εἶπέν μοι· οὗτοί εἰσιν οἱ ἐρχόμενοι ἐκ τῆς θλίψεως τῆς μεγάλης[23]. Es ist jedenfalls nicht an die Trübsal des ganzen Lebens gedacht. Auch ist bis jetzt noch gar nicht eine μεγάλη θλῖψις geschildert, auf die der Ausdruck zurückweisen konnte. Denn ἡ μεγάλη θλῖψις bedeutet mehr als die in Kap. 6 geschilderten Vorwehen, nämlich die furchtbaren Nöte, die unmittelbar dem Ende vorhergehen, die allerletzte Zeit. Von dieser letzten Zeit redete der Seher, wenn er von der Stunde der Versuchung weissagt, die über den ganzen Erdkreis kommen soll (3,10). Diese Zeit der letzten Not aber war für ihn in erster Linie eine Zeit des Martyriums, in der die im voraus bestimmte Zahl der Märtyrer sich vollenden sollte (6,11). So sind denn auch wahrscheinlich die aus der großen Trübsal kommenden diejenigen, die im Martyrium der letzten Zeit bestanden haben. Über die bei dieser Auffassung vorliegende Schwierigkeit, daß der Apokalyptiker hier bereits vorgreifend die allerletzten Ereignisse schaut, wird weiter unten die Rede sein. Hier aber erheben sich außerdem spezielle Bedenken gegen diese Erklärung aus der folgenden Charakterisierung dieser vor Gottes

Thron stehenden Schaar: καὶ ἔπλυναν[24] τὰς στολὰς αὐτῶν καὶ ἐλεύκαναν[25] αὐτὰς ἐν τῷ αἵματι τοῦ ἀρνίου. Danach läge es auf den ersten Blick näher, hier die durch das Blut des Lammes erlösten, zur Seligkeit gelangten Christen überhaupt zu verstehen. Aber es läßt sich der Ausdruck auch anders deuten. Dazu zwingt uns der parallele Ausdruck 12,11 καὶ αὐτοὶ ἐνίκησαν αὐτὸν διὰ τὸ αἷμα τοῦ ἀρνίου. Auch dort wird der Sieg der Märtyrer als durch das Blut[26] des Lammes errungen dargestellt. Demgemäß ist hier nicht zu übersetzen: Sie haben ihre Kleider in dem Blut des Lammes gewaschen, sondern durch das Blut. Nicht aus eigener Kraft haben die Märtyrer ihre Kleider im Martyrium gewaschen, d. h. sind durch ihr Martyrium rein von aller Schuld und Gott wohlgefällig geworden, sondern die Kraft dazu haben sie erhalten durch den Erlösungstod des Lammes. Das ἐν τῷ αἵματι gibt die entferntere Ursache an. Etwas anders erklärt Ewald aber in demselben Sinn: sanguine Chr. i. e. caede, quam ob Christi doctrinam, Christi et in hac re exemplar secuti, passi sunt. Zu der hier vorliegenden Opfervorstellung vgl. I Kor 6,11; I Joh 1,7; Hbr 9,14. 7,15.διὰ τοῦτό εἰσιν ἐνώπιον τοῦ θρόνου τοῦ θεοῦ καὶ λατρεύουσιν (22,3) αὐτῷ ἡμέρας καὶ νυκτὸς ἐν τῷ ναῷ αὐτοῦ, καὶ ὁ καθήμενος ἐπὶ τοῦ θρόνου (s.o.S. 165f.) σκηνώσει ἐπ' αὐτούς. 21,3; Joh 1,14. Wie Gott (die Schechina) nach alttestamentlicher Vorstellung im Tempel wohnt, Lev 26,11; Ez 37,27; Jes 5,5, so thront er hier — er selbst, nicht verhüllt durch eine Rauch- oder Feuer-Säule — über seiner Gemeinde. Das Futurum σκηνώσει deutet übrigens an, daß der Seher sich bewußt ist, ein Bild zu sehen, das der Entwickelung der Dinge vorgreift. 7,16. οὐ πεινάσουσιν [ἔτι][27] οὐδὲ[28] διψήσουσιν ἔτι[29], οὐδὲ[30] μὴ πέσῃ ἐπ' αὐτοὺς ὁ ἥλιος οὐδὲ πᾶν καῦμα. Jes 49,10: οὐ πεινάσουσιν οὐδὲ διψάσουσιν, οὐδὲ πατάξει αὐτοὺς καύσων οὐδὲ ὁ ἥλιος; vgl. Ps 121,6. Bei dem οὐδὲ πᾶν καῦμα ist vor allem an die Hitze des Glutwindes (καύσων) zu denken. 7,17.ὅτι τὸ ἀρνίον τὸ ἀνὰ μέσον τοῦ θρόνου ποιμανεῖ[31] αὐτοὺς καὶ ὁδηγήσει[32] (Ez 34,23) αὐτοὺς ἐπὶ ζωῆς[33] πηγὰς ὑδάτων. Bemerkenswert ist, daß hier ἀνὰ μέσον gebraucht wird, während es sonst immer ἐν μέσῳ heißt. Da offenbar aber mit τὸ ἀνὰ μέσον zurückgewiesen wird, muß ἀνὰ μέσον = ἐν μέσῳ sein. Tatsächlich ist auch ἀνὰ μέσον Jos 19,1 die Übersetzung von בְּתוֹךְ (= ἐν μέσῳ; Hltzm.), während es sonst zwischen zwei oder mehreren Dingen bedeutet. Zu dem Ausdruck ἐπὶ ζωῆς πηγὰς ὑδάτων vgl. 16,3 πᾶσα ψυχὴ ζωῆς, 22,1 ποταμὸν ὕδατος ζωῆς, 22,17 ὕδωρ ζωῆς, 21,6 ἐκ τῆς πηγῆς τοῦ ὕδατος τῆς ζωῆς. Über den johanneischen Stil in diesen Worten s. o. S. 178f. ζωῆς ist Gen. Qualitatis oder des Inhalts. „Lebenswasserquellen". Zur Stellung vgl. I Pt. 3,21: σαρκὸς ἀπόθεσις ῥύπου; zum Ganzen Jes 49,10 (vgl. 9): ἀλλ' ὁ ἐλεῶν αὐτοὺς παρακαλέσει καὶ διὰ πηγῶν ὑδάτων ἄξει αὐτούς. Vgl. Ps 23,2f. καὶ ἐξαλείψει ὁ θεὸς πᾶν δάκρυον ἐκ[34] τῶν ὀφθαλμῶν αὐτῶν. Jes 25,8 καὶ πάλιν ἀφεῖλεν κύριος ὁ θεὸς πᾶν δάκρυον ἀπὸ παντὸς προσώπου. Vgl. Apk 21,4.

Exkurs zu Kap. 7. Bei der Beurteilung des Kap. 7 tun wir am besten, von gewissen feststehenden Punkten auszugehen. Fast allgemein anerkannt dürfte es sein, daß die 144 000 in dem ersten Teil des Kapitels und die zahllose Menge in dem zweiten Teil nicht identisch sind. Hier ist eine unbestimmte, dort eine bestimmte Anzahl derselben angegeben, hier sind es Leute aus allen Völkern und Nationen, dort wird die Menge ganz bestimmt als aus Juden, (resp.) Judenchristen bestehend charakterisiert, diese stehen noch vor den Nöten und Wehen der letzten Zeit, und die Versiegelung hat den Zweck, sie in denselben zu bewahren, jene kommen bereits aus der großen Trübsal mit weißen Kleidern angetan und Palmen in den Händen.

Daß mit den 144 000 Leute jüdischer Nationalität, seien es Juden, seien es Judenchristen, gemeint sind, muß vor allem durchaus festgehalten werden. Die Aufzählung der einzelnen Stämme zwingt unbedingt zu diesem Schluß[35]. Nur hinsichtlich der Bedeutung der Versiegelung ist eine verschiedene Beurteilung möglich. Der Apokalyptiker scheint nach 9,4 die Versiegelung als das Mittel zur sicheren Bewahrung der Gläubigen in den Nöten des Endes aufgefaßt zu haben. Auf diese Auffassung scheint nun auch eine Vergleichung von Ez 9,4ff. (Ex 12,7.13) hinzuführen. Die Versiegelung der Knechte Gottes bedeutet hier ihre Bewahrung vor dem Verderben, und von Ez 9,4ff. scheint eben unser Stück abhängig zu sein. Auf der andern Seite kann man auch mit Dstd. die Versiegelung als ein Symbol der Bewahrung vor den Versuchungen des letzten großen Kampfes auffassen; nicht vor diesem selbst sollen dann die 144 000 behütet werden, aber vor dem Unterliegen im Kampfe. Doch scheint mir schließlich diese Differenz in der Auslegung nicht allzu stark zu sein, die beiden Deutungen können sogar in einander übergehen. Wie dem aber auch sein möge, so steht es andrerseits fest, daß die ungezählten Scharen aus allen Völkern Märtyrer und zwar christliche Märtyrer der letzten großen Verfolgungsnot sein sollen.

Bei dieser Auffassung der vorliegenden Stücke hat nun die Kritik fast einstimmig die Unmöglichkeit der Annahme der literarischen Einheit von Kap. 7 behauptet. Man stützt sich dabei aber auf eine doppelte Erwägung: 1) Es erscheine unmöglich, daß derselbe Apokalyptiker, der seine Hoffnungen und seinen eschatologischen Gesichtskreis so bestimmt auf Israel beschränke, zugleich 7,9-17 geschrieben haben sollte. 2) Kap. 7,9-17 erscheine überhaupt vollkommen deplaziert, die Reihenfolge der Visionen werde aufs störendste unterbrochen, dem Inhalt nach gehöre dieses Gesicht ganz an das Ende.

Die meisten Kritiker schieben nun 7,9-17 aus diesen Gründen dem Redaktor (oder einem der Redaktoren) zu (Vlt., Vischer, Pfleid. I, Schmidt) und betrachten das Stück als eine Interpolation in eine jüdische oder judenchristliche Grundschrift. Die Unebenheiten in der Komposition des Kapitels fallen damit dem Redaktor zur Last. Anders urteilt Sp. Auch nach ihm stammen 7,1-8 und 7,9-17 von verschiedenen Händen. Aber 7,9-17 gehöre nicht dem Redaktor, sondern sei die Fortsetzung von Kap. 6 (also zur Quelle U gehörig). Damit rückt für ihn 7,9-17 wirklich an das Ende einer Apk, wohin es zu gehören scheint. Dagegen haben Erbes und Weyland versucht, durch Streichungen in dem Kapitel selbst die literarische Einheit herzustellen. Erbes beseitigt V. 4-8, Weyl. (ebenso Rauch) streicht V. 9 die Worte καὶ ἰδού – γλωσσῶν; ἐνώπιον τοῦ ἀρνίου, V.10 καὶ τῷ ἀρνίῳ, V.14 καὶ ἐλεύκαναν – ἀρνίου, V.17 τὸ ἀρνίον τὸ ἀνὰ μέσον τοῦ θρόνου; jener beseitigt also die jüdischen, dieser die christlichen Elemente des Stückes.

Es erscheint mir nun aber nicht unmöglich, gegenüber jenen Haupteinwänden die relative Einheit des Kapitels (mit Weizs., Sabat, Schön) festzuhalten. Gesetzt, der Verfasser der Apk war ein Judenchrist, ein Christgläubiger und daneben doch noch ein begeisterter Anhänger jüdischer Nationalität, wie dies schon aus 3,9 sehr wahrscheinlich geworden ist, so ist es gar nicht verwunderlich, wenn er des Glaubens lebte, daß am Ende der Dinge sein Volk eine besondre eschatologische Rolle spielen würde. Hat doch selbst Paulus in seiner Eschatologie daran festgehalten, daß das bekehrte Judenvolk dereinst am Ende zu großen Dingen berufen sei. Wenn ihm nun in der Eschatologie seines Volkes die Hoffnung überliefert war, daß in den letzten Zeiten des großen Abfalls und der allgemeinen Not eine große Zahl aus dem dann wieder in seinen zwölf Stämmen versammelten Israel aller Versuchung widerstehen und vom Verderben wunderbar errettet werden solle, — warum hätte er dann nicht mit Freuden auch diesen Zug in seinem apokalyptischen Gemälde verwerten und, was ursprünglich nur von Gläubigen Israels galt, nun von Gläubigen in seinem Sinn, d. h. bekehrten Judenchristen, aussagen sollen? Solche Ideen und Hoffnungen lagen nun aber, wie wir schon oben in der Beurteilung von 7,1-8 bemerkt haben, als alte Tradition dem Apokalyptiker vor. Zugleich aber war der Apokalyptiker allerdings überzeugter Universalist, die Heidenmission stand ihm als etwas Selbstverständliches fest. Und in demselben Moment, in dem er an die Bewahrung und den Triumph der Gläubigen seines Volkes in den Nöten der Endzeit erinnert wird, erweitert sich sein Blick sofort auf die Gläubigen in der ganzen weiten Welt, die nun auch den großen Kampf zu bestehen haben; und um diesen zu sagen, daß auch sie ihres Sieges gewiß sein können, verwendet er nicht wieder dasselbe Bild, sondern läßt diese Märtyrer proleptisch als Gerettete vor Gottes Thron erscheinen. Dabei entsteht allerdings in der Reihenfolge der Bilder eine Inkongruenz, aber ich sehe nicht ein, weshalb man das, was man einem hier angenommenen Redaktor der Apk so ohne weiteres zutraut, nicht schließlich auch dem Apokalyptiker selbst zutrauen könnte. Mit Recht hat Hirscht (63) überdies hervorgehoben, daß gerade das Stück 7,9-17 eine Unmenge von sprachlichen Berührungen mit dem übrigen Ganzen der Apk zeige (vgl. die Formel: μετὰ ταῦτα εἶδον καὶ ἰδού, ἔθνος φυλαί etc. die weißen Kleider, ὁ καθήμενος ἐπὶ τοῦ θρονοῦ, κράζεν φωνῇ μεγάλῃ, die Doxologie). Man kann ruhig behaupten, daß, wenn irgendwo, so in diesem Stücke der Apokalyptiker selbst deutlich erkennbar ist. Das gilt auch gegen den Versuch von Sp., 7,9-17 als das Ende seiner Quelle U aufzufassen. Überdies sei noch einmal darauf hingewiesen, daß man die μεγάλη θλῖψις, auf die 7,14 hinweist, keineswegs in den Siegelplagen finden darf. Als Ende einer Kap. 1-6 umfassenden kleinen Apk ist 7,9-17 undenkbar, denn nach der Darstellung des sechsten Siegels erwartet man noch das Ende, das 7,9-17 als vollzogen bereits vorausgesetzt ist. Es klafft hier also eine breite Lücke, welche Sp.s Quelle U zu einem fragmentarischen Torso macht.

Der einzige Grund, der nach alledem zu Gunsten einer kritischen Operation an Kap. 7 noch sprechen könnte, liegt also nicht in 7,9-17, sondern in 7,1-8. Hier liegt jedenfalls traditionelles Material vor. Eine andre Frage aber ist es immerhin, ob diese für den Apok. bereits in einer schriftlichen Vorlage fixiert war. Was auch zu dieser Annahme geneigt machen könnte, ist der in mehrfacher Hinsicht fragmentarische, abrupte Charakter dieses Stückes, der vielleicht darauf hindeutet, daß die hier nur halb verarbeitete Tradition dem Apok schon in einer schriftlich fixierten Form und nicht als nur mündlich überliefertes Rohmaterial vorgelegen habe.

Eine eingehende Untersuchung hat neuerdings J. Weiß (64-72) unserm Stück gewidmet. W. nimmt (vgl. oben Erbes, Weyland) an, daß das ganze Kapitel eine Einheit sei und, wenn auch in veränderter Form, der apokalyptischen Grundschrift angehört habe. W. unterscheidet streng zwischen der Auffassung des Stückes im Sinne des Apokalyptikers und des Herausgebers. Für den Herausgeber handle es sich in der ersten Hälfte des Kapitels um die 14,1ff. genauer beschriebenen christlichen Asketen, die in der letzten Zeit der Not wunderbar bewahrt werden sollen, in der zweiten Hälfte um christliche Märtyrer, die ihren Sieg im Himmel feiern. Für den Verfasser der apokalyptischen Grundschrift seien die 144 000 die aus Israel erwählten Christen, die zahllose Menge die heidenchristliche Gemeinde, die aus allen Gegenden gesammelt, nun ihrem Herrn entgegen ziehe. Der Herausgeber habe in der zweiten Hälfte des Kapitels stark eingegriffen und aus der versammelten Gemeinde Märtyrer gemacht, aus der auf Erden zu denkenden Szene eine himmlische. Ich stimme mit W. überein in der Behauptung der relativen Einheit des Kapitels und seiner Zugehörigkeit zu Kap. 1-6 (resp. dem Ganzen der Apokalypse). Ich vermag aber keinen zwingenden Grund zu finden, hinter dem vorliegenden Zusammenhang einen vollständig andern zu postulieren, der aus der uns vorliegenden Bearbeitung sich überhaupt kaum mehr erkennen läßt. W.s Hypothese hat das Bestechende, daß nach ihr sich in reinlicher Sonderung die Schar der Judenchristen und der Heidenchristen gegenübertritt. Aber es kommt doch auch dann ein Gegensatz heraus, wenn man annimmt, in V. 1-8 schildre der Apok. die besonderen Günstlinge Gottes aus Israel, die in den letzten Nöten der Antichristzeit sich bekehren und wunderbar errettet werden sollen, und in V. 9ff. lasse er dann die Heroen der christlichen Gemeinde, die Märtyrer, als Gegenstück erscheinen. Der Gegensatz ist freilich einigermaßen künstlich; aber das wird erklärlich, wenn wir annehmen dürfen, daß der Apok. in 7,1-8 eine überkommene Tradition verarbeitet. Wenn aber der Apok. einmal die Märtyrer in ihrer Gesamtheit als Gegenstück zu den 144 000, dem bekehrten Rest Israel, einführen wollte, so mußte er die Szenerie ganz in die Zukunft und in den Himmel verlegen. Wenn endlich W. zum Beweis seiner Hypothese darauf hinweist, daß die weißgekleidete Schar in V. 14 gar nicht durchgängig als eine Schar von Märtyrern geschildert werde, so ist darüber das Nötige im Kommentar gesagt.

Jedenfalls gehört die zweite Hälfte des siebenten Kapitels zu den Höhepunkten der ganzen Apk. Hat der Apok. in der ersten Hälfte in fremder Manier gemalt, so ist er hier wieder ganz er selbst. Nach dem Sturm und Drang und dem wilden Wechsel der Erscheinungen in Kap. 6 zeichnet er hier ein Bild von einer wundervollen Ruhe und einer ergreifenden Schönheit und Verklärung. Eine starke Massenwirkung wird aufgeboten. Ungezählte Scharen nahen sich Gottes Thron, und alle Engel umstehen ihn und stimmen den brausenden Lobgesang an. Und über das alles ist die große Ruhe ausgebreitet: Alle in weißen Kleidern und Palmzweigen in der Hand! Und dahinten liegt die Zeit der großen Trübsal! Die letzten Töne des Kampfes verhallen so eben, noch zittert der Schmerz und die Klage nach, aber Gott trocknet alle Thränen, und der Blick schweift über schattige Gefilde und grüne Auen und rinnende Quellen. — An diesem Bilde ist die nordische Malerei zum Bewußtsein ihrer Kraft und ihres Könnens erwacht.

8,1. Das siebente Siegel.καὶ ὅτε[36] ἤνοιξεν τὴν σφραγῖδα τὴν ἑβδόμην, ἐγένετο σιγὴ ἐν τῷ οὐρανῷ ὡς ἡμίωρον[37] (ὥριον). Eine gewisse Parallele bietet Da 4,16, wo berichtet wird, daß Daniel, nachdem er den Traum Nebukadnezars gehört, eine ganze Weile (LXX, Theod. ὥραν μίαν) vor Entsetzen verstummt sei. Sehr lebendig schildert namentlich die LXX die Szene erweiternd, den ekstatischen Starrkrampf des Sehers. Was bei Da als subjektives Erlebnis des Sehers geschildert wird, ist hier gleichsam objektiviert. Das Stillschweigen im Himmel drückt die bange Erwartung des Kommenden aus. Die Bestimmung ὡς ἡμίωρον soll die erdrückende Schwüle und Länge dieser angstvollen Stille ausmalen. Das Schweigen ist nicht etwa der Inhalt des siebenten Siegels, sondern wie die meisten Ausleger richtig erkannt haben, ist dieser Inhalt in dem Ganzen, das nun folgt, enthalten, also zunächst in der Enthüllung der sieben Posaunen. Auch von den Kritikern, die die Siegel- und Posaunen-Visionen auf verschiedene Quellen verteilen, wird das zugestanden werden, daß nach der Absicht des Redaktors die sieben Posaunen aus dem siebenten Siegel hervorgehen sollen. Zu verwerfen ist jedenfalls an dieser Stelle die Rekapitulationstheorie, derzufolge das Schweigen des siebenten Siegels den Weltuntergang bedeutet oder gar das tausendjährige Reich (Vict.), und dann mit der ersten Posaune die Weissagung von neuem beginnt. Sp. muß seiner Quellentheorie zufolge den Vers vor 7,9ff. stellen.

Fußnoten:

2. AC vg. (c) Pr.
3. ταυτα P An. vg. s[2] a Pr., Korrektur nach dem gewöhnlichen Sprachgebrauch der Apk.
4. παν δενδρον ℵ P An.[123] s[1]; τι δενδρον CQ Rel. g vg. Pr.; δενδρου A (δενδρα c s[2] a ae.). Nach Apk 9,4; 21,27 wäre man allerdings geneigt (mit Tisch. gegen Weiß), παν für das Ursprüngliche zu halten, dem Sprachgebrauch der Apk entsprechend. Doch ist παν recht schlecht bezeugt. Zu überlegen wäre, ob nicht mit A nur επι δενδρον (δενδρου) zu lesen ist.
5. ανατολων A, es ist doch fraglich, ob man mit B. Weiß ανατολων in den Text zu setzen hat, da C auf der andern Seite steht. Vgl. dieselbe Variante 16,12; (21,13).
6. εκραζεν AP; s. über Imperf. u. Aor. bei κράζω o. S. 169.
7. και A 37. 38. 41. 42 cle. arm. Harl. lips.[56] Tic.
8. αχρι ℵACP An.[1] Or.; αχρις ου Q Rel.; αχρις αν An.[2] (grammatische Korrekturen).
9. Q Rel. verbessern in εσφραγισμενων s. o. S. 184.
10. Nur hier und am Schluß ist das εσφραγισμενοι in den Text aufzunehmen, Q al.[25] lesen εσφραγισμεναι.

11. Mit dieser Erkenntnis verliert Sp. jedoch einen Grund, Kap. 7ff. von 1-6 abzutrennen. Die Erklärung des Fragments 7,1-8 wird dadurch um nichts leichter, daß man mit 7,1ff. eine neue Quelle beginnen läßt.
12. J. Weiß meint, daß die geringe Anzahl der Geretteten mehr auf eine juden-christliche als auf eine jüdische Quelle deute. Aber einmal ist die Zahl der „Geretteten" nicht gar so gering, und andrerseits handelt es sich hier wahrscheinlich nicht um alle im messianischen Gericht zu Bewahrenden, sondern nur um den Teil der Gläubigen, der vor den Leiden der letzten Zeit geschützt werden soll.
13. A vg. c s^{1} sa. ae. Cypr. Pr. (nicht Tic.) (C > ιδον) und dann οχλον πολυν A vg. c s^{1} ae. Cypr. Pr. Es scheint mir doch das Wahrscheinlichste zu sein, anzunehmen, das in A etc. das και ιδου per Homoiotel. ausgefallen sei. Der Apok. liebt die Wendung και ειδον και ιδου. Auch erklärt sich so am besten das Schwanken des Kasus im folgenden εστωτες-περιβεβλημενους-φοινικες (genau wie 14,14).
14. A και, was B. Weiß fälschlich in den Text aufnimmt.
15. αυτον Q Rel. (vg. Cypr. Pr.).
16. εστωτες ℵAP An.; Q Rel. -ας; (C -ων); dagegen ist im Folgenden die Unregelmäßigkeit περιβεβλημενους mit allen gegen ℵcP An.^{123} vg. Tic. Vict. (Cypr. Pr.) vielleicht stehen zu lassen.
17. Siehe letzte Anmerkung.
18. Man kann schwanken, ob φοινικες mit ℵcAP An. s^{1} g vg. (Cypr. Pr.) oder φοινικας ℵQ Rel. zu lesen ist. Da ein relativ neuer Satz beginnt, so mag vielleicht φοινικες das ursprüngliche sein (B. Weiß).
19. εκρζον g vg. sa. Cypr. Pr.
20. ℵACP An.^{123} 95 g vg. c Pr.; + αυτου Q Rel. s^{12} ae.
21. C Pr (hier fehlt das αμην oft). Fulg.
22. ℵACP An.^{12}; Q Rel. ειπον.
23. μου A 1 vg.cod. a se. sa. Cypr. Pr.
24. απο θλιψεως μεγαλης A.
25. επλατυναν l. (Tisch.) 2. 9. 13. 29. 30. 41. 42. 50. 82. 93. 94. 95. 97. 98.
26. ℵAP An. $(^{1})^{23}$ g vg. c s^{12} Cypr. (Pr.: et stolas suas candidas fecerunt; >και επλυναν); Q Rel. a. ae. > αυτας.
27. Zur Übersetzung vgl. den Kommentar zu der Stelle.
28. ℵ 36 vg. c s^{12} a ae. Cypr. Fulg. Pr. (Konformation nach LXX?).
29. + μη A 14. 92.
30. P An.^{14} c s^{1} a (Fulg.?).
31. + ου Q Rel.
32. ℵAPQ An.$^{12(3)5}$ g vg. s^{12} a ae. Cypr.cod; Rel. a Pr. ποιμαινει.

33. ℵAPQ An.[12] al g vg. c s[12] a ae. Cypr.cod; Rel. Pr. οδηγει.
34. An.[12] c s[2] ζωσας (vgl. 16,3).
35. απο ℵ An.[25] 95 g cle. lipss c.
36. Etwas weniger entschieden würde z. B. das Urteil lauten, wenn wie in I Pt. und Jak nur vom Zwölfstämmevolk die Rede wäre.
37. Auf die Autorität von AC darf man nicht ὅταν in den Text nehmen, da ὅταν in der Apk immer mit dem Konj. steht.
38. AC ημιωρον.

III. DIE SIEBEN-POSAUNEN-VISION. KAP 8,2-11,19.

A. DIE ERSTEN SECHS POSAUNEN. KAP. 8-9.

8,2-6. Die Vorbereitung.8,2.καὶ εἶδον τοὺς ἑπτὰ ἀγγέλους, οἳ ἐνώπιον τοῦ θεοῦ ἑστήκασιν. Nicht sieben beliebige Engel sind gemeint, sondern wie der Artikel zeigt, die sieben bekannten Engel. Die Vorstellung von sieben höchsten Engeln findet sich bereits Tobit 12,15: ἐγώ εἰμι Ῥαφαὴλ, εἷς ἐκ τῶν ἑπτὰ ἁγίων ἀγγέλων, οἳ προσαναφέρουσιν τὰς προσευχὰς τῶν ἁγίων καὶ εἰσπορεύονται ἐνώπιον τῆς δόξης τοῦ ἁγίου. (Vgl. Lk 1,19 ἐγώ εἰμι Γαβριὴλ ὁ παρεστηκὼς ἐνώπιον τοῦ θεοῦ[1].) Die Namen der sieben Engel werden Hen 20 im griechischen Text aufgezählt. (Der äthiopische Text zählt nur sechs.)[2] Auch im Pastor Hermae ist die jüdische Lehre von den sieben Erzengeln einfach herüber genommen, wenn Christus, der hier etwa an Stelle Michaels tritt, so häufig umgeben von sechs Engeln (Jünglingen) erscheint. Visio III 4 οὗτοί εἰσιν οἱ ἅγιοι ἄγγελοι τοῦ θεοῦ οἱ πρῶτοι κτισθέντες, οἷς παρέδωκεν ὁ κύριος πᾶσαν τὴν κτίσιν αὐτοῦ. Similitudo IX 3. 12 u. ö. (Vgl. Clemens Alexandrinus, Stromat. VI 16, Potter 812: ἑπτὰ μέν εἰσιν οἱ τὴν μεγίστην δύναμιν ἔχοντες πρωτόγονοι ἀγγέλων ἄρχοντες). — Es ist nun im höchsten Grade wahrscheinlich, daß die jüdische Sieben-Erzengellehre aus einer polytheistischen Religion stamme, in der man sieben höchste Gottheiten verehrte. In der spätbabylonischen Religion aber haben jedenfalls die sieben planetarischen Gottheiten eine große Rolle gespielt. Dorther wird also — vielleicht unter Vermittelung der persischen Theologie in welcher Ahura Mazda umgeben von sechs (resp. sieben) Ameshas-Spentas erscheint, die jüdische Lehre stammen. So erklärt sich auch das Schwanken in der Angabe der Zahl der höchsten Engel. Bei der Herübernahme jenes polytheistischen Dogmas verfuhr man nämlich entweder so, daß man Gott als einen von den Sieben ansah und dann die übrigen sechs ihm völlig unterordnete, oder so, daß man sämtliche Sieben als die Untergebenen des über ihnen stehenden Gottes ausfaßte[3]. — Diese Herübernahme hat sich übrigens schon in verhältnismäßig früher Zeit vollzogen. Denn es kann kaum ein Zweifel darüber bestehen, daß auch die sechs linnengekleideten Männer im neunten Kapitel des Ezechiel, zu denen sich der siebente mit dem Schreibgerät gesellt, in diesen religionsgeschichtlichen Zusammenhang hineingehören[4]. — Nach alledem gehört die Lehre von den sieben Erzengeln[5] in dieselbe Reihe mit den Vorstellungen von den sieben Geistern vor Gottes Thron, den sieben Sternen, den sieben Augen Gottes (des Lammes), den sieben Fackeln vor Gottes Thron. In ihr liegt die dem jüdischen Geist am meisten entsprechende Umwandelung des babylonischen Polytheismus vor. Vgl. das zu 1,4 Bemerkte; Gunkel, Schöpfung u. Chaos 294-302; z. religionsgesch. Verst. d. N. T. 40-42; Bousset, Rel. d. Judentums 319f.; H. Zimmern, Keilinschriften u. d. alte Testament³ 625. — Für den Apok. freilich waren natürlich die sieben Engel etwas ganz andres als die sieben Geister; ihrer ursprünglichen Identität war er sich nicht mehr bewußt. καὶ ἐδόθησαν αὐτοῖς ἑπτὰ σάλπιγγες. Die Posaunen spielen häufig eine Rolle beim letzten Gericht. I Kor 15,52; I Th 4,16; Mt 24,31; IV Esr 6,23 (Hltzm.) Apok. Mosis (Βίος Ἀδάμ) Kap. 22: ἠκούσαμεν τοῦ ἀρχαγγέλου Μιχαὴλ σαλπίζοντος. Vgl. Bousset, Antichrist S. 166. 8,3.καὶ ἄλλος ἄγγελος (ein andrer, diesmal nicht näher bestimmter Engel) ἦλθεν καὶ ἐστάθη ἐπὶ τοῦ θυσιαστηρίου[6] (s. o. S. 166; er trat auf den Altar) ἔχων λιβανωτὸν χρυσοῦν. Mit dem Altar, der von dem im folgenden genannten θυσιαστήριον χρυσοῦν offenbar unterschieden wird, ist der große Brandopferaltar gemeint. (Über die beiden Altäre vgl. Ex 27,1-7 u. 30,1-10.) Es wäre auch ein unschönes Bild, wenn man sich den Engel auf dem kleinen Rauchopferaltar stehend denken müßte. Der Seher denkt sich also ohne weiteres eine vollständige Tempelszenerie im Himmel. λιβανωτός bedeutet nach allgemeinem Sprachgebrauch den Weihrauch. Hier aber an dieser Stelle kann mit λιβανωτός gar nichts anders als die Räucherpfanne gemeint sein, die dazu bestimmt war, die zum Räuchern notwendigen Kohlen vom Brandopferaltar zum Rauchopferaltar zu bringen (Sp.). Die sonst beliebte Erklärung „Räucherbüchse" scheitert an V. 5[7]. Die zum Räuchern gebrauchte Kohlenpfanne scheint also den Namen λιβανωτός gehabt zu haben. Dieselbe heißt sonst in der LXX πυρεῖον (הַמַּחְתָּה) Ex 27,3; 38,3. Sie ist allerdings nach Ex 38,3 von Kupfer, aber I Kön 7,50 kommt auch eine goldne Pfanne vor. καὶ ἐδόθη (beachte den Singular!) αὐτῷ θυμιάματα πολλά. Das Opfer vollzieht sich hier nicht nach Analogie des gewöhnlichen alttestamentlichen Kultus, da hier von derselben Person, welche die Kohlen geholt hat, auch das Rauchopfer dargebracht wird, so daß dies Opfer in Analogie mit dem des großen Versöhnungstages tritt (Sp. 325); vgl. Lev 16,12: καὶ λήμψεται (sc. Aaron) τὸ πυρεῖον πλῆρες ἀνθράκων πυρὸς ἀπὸ τοῦ θυσιαστηρίου τοῦ ἀπέναντι κυρίου καὶ πλήσει τὰς χεῖρας θυμιάματος – καὶ εἰσοίσει ἐσώτερον τοῦ καταπετάσματος. Num 16,46: λαβὲ τὸ πυρεῖον καὶ ἐπίθες ἐπ' αὐτὸ πῦρ ἀπὸ τοῦ θυσιαστηρίου (Lev 10,1). Von einem Eingang ins Allerheiligste ist hier allerdings nicht die Rede. ἵνα δώσῃ[8] ταῖς προσευχαῖς τῶν ἁγίων πάντων ἐπὶ τὸ θυσιαστήριον τὸ χρυσοῦν τὸ ἐνώπιον τοῦ θρόνου. Tob 12,12: ἐγὼ προσήγαγον τὸ μνημόσυνον τῆς προσευχῆς ὑμῶν ἐνώπιον τοῦ ἁγίου (Hen 9,2ff.; 15,2; 40,6; 47,1f.; 104,1; vgl. schon Sach 1,12). In dem ταῖς προσευχαῖς liegt ein gut griechischer Dativ der Beziehung vor. Die Heiligen, deren Gebete[9] durch das Opfer des Engels unterstützt werden sollen, sind, weil „πάντες“ dabeisteht, die Gläubigen überhaupt, nicht die Märtyrer von 6,9ff. allein. Diese Unterstützung der Gebete der Gläubigen widerspricht der Versiegelung in 7,4ff. nicht, denn hier handelt es sich nicht um die Bewahrung der Gläubigen vor den Plagen, sondern um die baldige Herbeiführung des Endes und der Strafen für die ungläubige Welt (vgl. V. 5). Mit dem goldenen Altar, der vor Gott steht, ist der Rauchopferaltar gemeint, der Num 4,11 der goldne Altar genannt wird. Der Ausdruck soll der alttestamentlichen Ausdruckweise הַמִּזְבֵּחַ מִלִּפְנֵי יְהוָה (Lev 16,12; 4,7.18. I Kön 9,25; Ez 41,22) entsprechen. Weil der Apok. aber vorher in der großen Szene von Kap. 4 den Thron Gottes mit seiner Umgebung gezeichnet hat, so sagt er in der Erinnerung daran ἐνώπιον τοῦ θρόνου, ohne zu überlegen, daß er bei einer solchen Verbindung der beiden Szenerien einen unvorstellbaren Widerspruch hervorbringt. 9,13 steht dagegen τοῦ θυσιαστηρίου τοῦ χρυσοῦ τοῦ ἐνώπιον τοῦ θεοῦ und gleich in dem hier folgenden Vers (8,4) τοῦ ἀγγέλου ἐνώπιον τοῦ θεοῦ.

Es ist jedenfalls sicher, daß der Apok. sich 8,3ff. eine vollständige Tempelszenerie im Himmel denkt. Er unterscheidet zwischen einem θυσιαστήριον und einem θυσιαστήριον χρυσοῦν ἐνώπιον τοῦ θεοῦ. Er kennt also zwei Altäre, und 11,19; 14,17; 15,5f.8; 16,17 werden ausdrücklich Tempel und Allerheiligstes von ihm erwähnt. Nach dem hier geschilderten Opfervorgang ist es außerdem deutlich, daß mit dem ersten Altar der Brandopferaltar vor dem Heiligtum, mit dem zweiten der Rauchopferaltar im Heiligen gemeint ist, der auch Num 4,11 das Beiwort τὸ χρυσοῦν führt. Diese vollständige Tempelszenerie ist nun aber neben der Szenerie in Kap 4 nicht gut vorstellbar. Phantastisch sind jedenfalls die Versuche von Züll., Hgstb., Ebr. (Klief.), die beiden Schilderungen mit einander auszugleichen und in ein Bild einzutragen, dadurch, daß man die Szene in Kap. 5 in das Allerheiligste versetzt. Denn wie will man sich denken, daß der Seher Gott in dem noch verschlossenen Allerheiligsten (11,19; 15,8) sehen kann! (Vgl. Sp. 88. 89). Man könnte nun entweder annehmen, daß der Apok. die Bilder wechseln läßt, ohne dies ausdrücklich anzugeben. Möglich ist es auch, daß er sich überhaupt keine Gedanken über das Nebeneinander der verschiedenen Vorstellungen macht. Dafür spricht, daß er bereits 6,9ff. ein θυσιαστήριον (Brandopferaltar) im Himmel als etwas Selbstverständliches erwähnt. Jedenfalls aber hat er sich den vorauszusetzenden Tempel im Himmel und nicht auf Erden gedacht (gegen B. Weiß). Auch die Meinung Sp.s, daß hier in der ursprünglichen Vision I der Tempel auf Erden[10] gesehen sei, scheitert an V. 5. Überhaupt erscheint es mir nicht irgendwie notwendig, auf Grund des Wechsels in den szenischen Verhältnissen Kap. 4-6 und 8-9 von einander zu trennen. Auch J. Weiß, S. 73, sieht hier keine zur Quellenscheidung nötigende Schwierigkeit.

8,4.καὶ ἀνέβη ὁ καπνὸς τῶν θυμιαμάτων ταῖς προσευχαῖς τῶν ἁγίων (Dat. Commodi: der Rauch stieg auf zu Gunsten der Gebete der Heiligen) ἐκ χειρὸς τοῦ ἀγγέλου ἐνώπιον τοῦ θεοῦ. Das ist mit Rücksicht auf des Engels augenblickliche Stellung vor dem Räucheraltar gesagt. Wenn B. Weiß aus dem ἀνέβη schließen will, daß der Apok. sich die vorliegende Szene auf Erden gedacht habe, so muß dagegen die Frage erhoben werden, was denn im andern Fall für ein andres Prädikat bei ὁ καπνός erwartet werden könnte. 8,5.καὶ εἴληφεν (präsentisches Perfekt, B. Weiß) ὁ ἄγγελος τὸν λιβανωτόν. Jedenfalls ist hier der λιβανωτός als Kohlenpfanne gedacht. Die hier sich vollziehende Handlung gehört übrigens nicht mehr zur Opferhandlung, sondern ist ein Akzidenz derselben. Man darf daher nicht nach alttestamentlichen Parallelen suchen. καὶ ἐγέμισεν αὐτὸ ἐκ (s. o. S. 167) τοῦ πυρὸς τοῦ θυσιαστηρίου καὶ ἔβαλεν εἰς τὴν γῆν (s. o. S. 168). Wie immer in der Apk „auf die Erde"; hierdurch wird es sicher, daß der Standort des Engels im Himmel ist. In der parallelen Stelle Ez 10,2 streut der Engel vom irdischen Tempel aus die Kohlen über die Stadt Jerusalem. Aber diese Vorstellung liegt hier eben nicht vor. Objekt des Werfens ist nicht das Räucherfaß, sondern (aus dem Vorhergehenden zu ergänzen) die Kohlen, mit denen es angefüllt war (Ez 10,2). καὶ ἐγένοντο βρονταὶ καὶ φωναὶ καὶ ἀστραπαὶ καὶ σεισμός[11]. Wie (11,19) 16,18 tritt hier anders als 4,5 als viertes Glied das Erdbeben hinzu. Diese Erscheinungen sind dann verständlich, wenn der Engel vom Himmel herunter die Kohlen gießt, aber nicht, wenn sie vom Tempel in Jerusalem aus geworfen werden. 8,5 ist gleichsam das Vorspiel zu den nun folgenden Posaunenplagen. 8,6.καὶ οἱ ἑπτὰ ἄγγελοι οἱ ἔχοντες τὰς ἑπτὰ σάλπιγγας ἡτοίμασαν αὐτοὺς (s.o.S. 165), ἵνα σαλπίσωσιν. Mit Recht hebt J. Weiß 73 den stimmungsvollen Charakter des kleinen Abschnittes hervor. 8,7-12. Die ersten vier Posaunen.8,7.καὶ ὁ πρῶτος[12] ἐσάλπισεν· καὶ ἐγένετο χάλαζα καὶ πῦρ μεμιγμένα (ον)[13] ἐν (s. o. S. 167) αἵματι. Vgl. 15,2. Die Schilderung ist nach Analogie der vierten ägyptischen Plage entworfen. Auch dort ist von Hagel und Feuerregen die Rede (vgl. Ex 9,24: χάλαζα καὶ τὸ πῦρ φλογίζον ἐν τῇ χαλάζῃ. Ps LXX 17,13: χάλαζα καὶ ἄνθρακες πυρός. Sib. V. 377: πῦρ γὰρ ἀπ᾽ οὐρανίων ... βρέξει ... πῦρ καὶ αἷμα. Daß Blut mit Feuer und Hagel untermischt erscheint, stammt vielleicht aus der ersten ägyptischen Plage Ex 7,19ff. καὶ ἐβλήθη εἰς τὴν γῆν (s.o.S. 168), καὶ τὸ τρίτον τῆς γῆς κατεκάη, καὶ τὸ τρίτον τῶν δένδρων κατεκάη, καὶ πᾶς χόρτος χλωρὸς κατεκάη. Zur Hervorhebung der Bäume vgl. 7,1.3; IV Esra 5,8. 8,8.καὶ ὁ δεύτερος ἄγγελος ἐσάλπισεν· καὶ ὡς ὄρος μέγα πυρὶ καιόμενον ἐβλήθη εἰς τὴν θάλασσαν· καὶ ἐγένετο τὸ τρίτον τῆς θαλάσσης αἷμα. Es ist nicht an einen Berg zu denken, der ins Meer stürzt, sondern eine feurige Masse an Größe einem Berg vergleichbar (ὡς) fällt vom Himmel herab ins Meer.

Zu der Vorstellung von brennenden Bergen (Gestirnen) vgl. Hen 18,13f.; 21,3; 108,4. Was die Wirkung dieser Plage betrifft, so liegt hier offenbar eine Parallele zu der ersten ägyptischen Plage vor Ex 7,20ff. Undeutlich aber bleibt es, inwiefern hier Ursache und Wirkung zusammenhängen. Es scheinen hier verschiedene Vorstellungen vermischt zu sein (s. u. V. 10f.). 8,9.καὶ ἀπέθανεν τὸ τρίτον[14] τῶν κτισμάτων τῶν[15] ἐν τῇ θαλάσσῃ[16] τὰ ἔχοντα ψυχάς[17]. Der Nominativ schließt sich hier wie so oft in der Apk ganz konstruktionslos an. καὶ τὸτρίτον τῶν πλοίων διεφθάρησαν[18]. Die Plage betrifft also das Meer, sowohl die Geschöpfe, welche im Meer leben, als auch die auf dem Meere fahrenden Menschen. Der unregelmäßige Plural des Verbums rührt daher, daß es von τρίτον getrennt unmittelbar bei τῶν πλοίων steht. 8,10.καὶ ὁ τρίτος ἄγγελος ἐσάλπισεν· καὶ ἔπεσεν ἐκ τοῦ οὐρανοῦ ἀστὴρ μέγας καιόμενος ὡς λαμπάς. An einen zu seiner Bestrafung vom Himmel geworfenen Stern (Jes 14,12) ist nicht zu denken; übrigens ist natürlich ein wirklicher Stern und kein Meteor oder Komet gemeint. Zu beachten ist vielleicht, daß auch in der persischen Eschatologie die große Endkatastrophe mit dem Herabfallen des Sternes Gôkîhar (Bundehesh 30,18.31) eingeleitet wird. καὶ ἔπεσεν ἐπὶ τὸ τρίτον τῶν ποταμῶν καὶ ἐπὶ τὰς πηγὰς τῶν ὑδάτων. Man wird annehmen müssen, daß nach der Vorstellung des Apok. der Stern zersprühend nach allen Richtungen hin aus einander gestoben ist. Die dritte Plage trifft nun die übrigen Gewässer mit Ausnahme des Meeres. 8,11.καὶ τὸ ὄνομα τοῦ ἀστέρος λέγεται ὁ[19] (s. o. S. 175) ἄψινθος. Der Stern „Wermuth“ wird mit einem seiner Wirkung entsprechenden Namen bezeichnet. Das Maskulinum ist gewählt, weil ἀστήρ Maskulinum ist. καὶ ἐγένετο τὸ τρίτον τῶν ὑδάτων εἰς ἄψινθον. Demnach waren in 8,10 nicht alle Wasserquellen gemeint. καὶ πολλοὶ τῶν ἀνθρώπων ἀπέθανον ἐκ (Winer § 44 S. 344) τῶν ὑδάτων, ὅτι ἐπικράνθησαν (s. o. S. 165). Gegen diese Darstellung erhebt sich das Bedenken, daß der Wermut (vgl. Winer R. W. B. s. v.) kein tötliches Gift ist. Dstd. löst die Frage mit dem Hinweis auf die Übernatürlichkeit dieses Wermuts, aber weshalb ein übernatürlicher Wermut giftig sein soll, wenn es der natürliche nicht ist, ist nicht recht einzusehen. Übrigens wird der Wermut bereits Jer 9,14; 23,15 für Gift gehalten (לַעֲנָה in Parallele mit מֵי־רֹאשׁ). Man mag also wohl von seiner Giftigkeit allgemeiner überzeugt gewesen sein. Vgl. IV Esr 5,9; et in dulcibus aquis salsae invenientur (Sp.), und wiederum die erste ägyptische Plage. 8,12.καὶ ὁ τέταρτος ἄγγελος ἐσάλπισεν· καὶ ἐπλήγη τὸ τρίτον τοῦ ἡλίου καὶ τὸ τρίτον τῆς σελήνης καὶ τὸ τρίτον τῶν ἀστέρων (Parallelen s. zu 6,12ff), ἵνα σκοτισθῇ τὸ τρίτον αὐτῶν „καὶ ἡ ἡμέρα μὴ φάνῃ[20] (oder φανῇ Schmiedel 13,12) τὸ τρίτον αὐτῆς“[21] καὶ ἡ νὺξ ὁμοίως. Eine seltsame naive Anschauung! Dadurch daß die Gestirne um ein Dritteil ihres Lichtinhalts geschädigt sind, ist der Tag um ein Dritteil seines Lichtes beraubt und ebenso die Nacht. Denn an die Intensität des Lichtes kann bei dem „μὴ φάνῃ τὸ τρίτον αὐτῆς“ nicht gedacht werden, sondern nur an die Zeitdauer. Die Gestirne werden etwa als Fackeln gedacht, die in einer bestimmten Zeit herunterbrennen vgl. Am 8,9. Beachte auch die Analogie zur vierten ägyptischen Plage.

Die vier ersten Plagen haben nach einander Erde, Meer, Gewässer und Gestirne betroffen, es ist kein Zufall, daß im folgenden eine Plage aus dem Abgrund aufsteigt, so daß dann wieder die vier Regionen der Welt beisammen sind.

8,13. Der erste Adler-Ruf.καὶ εἶδον καὶ ἤκουσα (5,11; 6,1) ἑνὸς (9,13; 18,21; 19,17) ἀετοῦ[22] πετομένου ἐν μεσουρανήματι λέγοντος φωνῇ μεγάλῃ. Der Adler fliegt am Zenith (14,6; 19,17); μεσουρανεῖν bezeichnet nämlich das Stehen der Sonne in ihrer Mittagshöhe, μεσουράνημα ist dann das Wort, das diesen Standpunkt der Sonne bezeichnet. Der Adler ist hier als der gewaltige und furchtbare Vogel zum Träger des mächtigen Weherufs gewählt. Der Adler als Bote kommt auch in der Apok Bar 77,19ff vor. οὐαὶ οὐαὶ οὐαὶ τοὺς κατοικοῦντας[23] ἐπὶ τῆς γῆς (die Irregularität des Akk. ist gänzlich unerklärlich; anders B. Weiß) ἐκ (vgl. 8,11) τῶν λοιπῶν φωνῶν τῆς σάλπιγγος[24] (der Singular ist generell zu fassen; in der Übersetzung ist σάλπιγξ eng zu φωνῶν zu ziehen: Posaunenstöße) τῶν τριῶν[25] ἀγγέλων τῶν μελλόντων σαλπίζειν. Dieser Weheruf trennt die ersten vier Posaunen von den folgenden drei. Mit der Zählung der folgenden Weherufe kommt der Apok. allerdings ins Gedränge. Regelrecht notiert er 9,12 nach der fünften Posaune den Ablauf des ersten Wehes. Da er jedoch zwischen die sechste und siebente Posaune 10,1-11,13 einschiebt, so wird das Ende des zweiten Weherufes erst 11,14 notiert. Und da endlich die siebente Posaune kein eignes Wehe bringt, so wird das dritte Wehe überhaupt nicht erwähnt. Doch mag man es immerhin 12,12 finden. Achtet man nun noch darauf, daß die Schilderungen der fünften und sechsten Posaune einen vollkommen andern Stil zeigen als die sehr stereotyp gehaltenen der ersten vier, so drängt sich die Vermutung aus, daß der Apok. ein fremdes apokalyptisches Fragment von den drei Wehen hier nur zum Teil in seinem corpus apocalypticum verarbeitet habe. Der Symmetrie wegen hätte er dann — allerdings nicht zu gunsten der Straffheit der Komposition — aus den drei Wehen die sieben Posaunenplagen gemacht (vgl. J. Weiß 75f.). Ob das hier anzunehmende Fragment mit einem der übrigen in der Apk verarbeiteten in Beziehung gestanden habe, wird sich kaum ausmachen lassen.

9,1-12. Die fünfte Posaune.9,1.καὶ ὁ πέμπτος ἄγγελος ἐσάλπισεν, καὶ εἶδον ἀστέρα ἐκ τοῦ οὐρανοῦ πεπτωκότα εἰς τὴν γῆν. Der Stern ist hier als persönliches Wesen gedacht. Über die Personifikation der Gestirne und ihre Auffassung als

Engel vgl. das zu 1,4 und 8,2 Bemerkte, ferner Religion d. Judentums 315. Wenn im folgenden dem auf die Erde fallenden Stern ein Schlüssel in die Hand gegeben wird, so wird sich der Apok. denselben wohl in menschlicher Gestalt vorgestellt haben. Ganz ähnlich sind die vom Himmel fallenden Sterne Hen 86,1ff.; 88,1 in Tiergestalt gedacht (vgl 88,3; 90,21.24, ferner 18,16; 21). Wie der Apok. sich die Verwandlung gedacht hat und wann er dieselbe eintreten läßt, kann kaum gefragt, jedenfalls nicht beantwortet werden. — Nicht ganz deutlich ist es, ob der Stern vom Himmel gesandt, oder ob er herabgeworfen wird. Das erstere ist wahrscheinlich, da er doch im folgenden im Auftrag Gottes handelt. καὶ ἐδόθη αὐτῷ ἡ κλεὶς τοῦ φρέατος τῆς ἀβύσσου. ἄβυσσος (LXX) ist = תְּהוֹם, ursprünglich einfach die Tiefen der Erde Gen 1,2; 7,11; dann der Aufenthalt der Abgeschiedenen Ps LXX 70,21 (ἐκ τῶν ἀβύσσων τῆς γῆς πάλιν ἀνήγαγές με); Ps 107,26; Röm 10,7; endlich wie hier (11,17; 17,8) die Wohnstätte höllischer Geister. Auch Hen 10,4.12 werden die abgefallenen Engel vorläufig in finstern Löchern unter der Erde gefesselt (vgl. Gebet Manasse V. 13 μηδὲ καταδικάσῃς με ἐν τοῖς κατωτάτοις τῆς γῆς). Der Sitz des Satans wird freilich in einem gewissen Widerspruch mit dieser Vorstellung 12,8f. noch im Himmel gedacht. Zur Vorstellung von dem Wächter der Abyssus vgl. II Hen 42,1: „Ich sah jene, welche die Schlüssel bewahren und die Torwächter der Hölle sind, stehend wie große Schlangen und ihre Gesichter waren wie qualmende Lampen und ihre Augen schrecklich und ihre Zähne sehr scharf". Die Vorstellung von der verschlossenen (versiegelten) unter der Erde befindlichen Abyssos, welche mit dieser durch einen Schacht (Brunnen φρέαρ) in Verbindung stehend gedacht wird, ist sehr interessant. Es liegt hier ein Stück jüdischer Volksvorstellung vor. Vgl. Gebet Manasse 3: ὁ πεδήσας τὴν θάλασσαν τῷ λόγῳ τοῦ προστάγματός σου, ὁ κλείσας τὴν ἄβυσσον καὶ σφραγισάμενος αὐτὴν τῷ φοβερῷ καὶ ἐνδόξῳ ὀνόματί σου (die Versiegelung erfolgt „durch" den zauberkräftigen Namen Gottes). Nach der oben zu 2,17 angeführten Talmudparallele dachte man sich später die Öffnung zur Abyssus unter dem Grundstein des Tempels. Auch dort wird das Hervorströmen des Abyssos verhindert durch den Stein mit dem wirkungskräftigen Gottesnamen. Über die vermutlichen weiteren Zusammenhänge von der Vorstellung vgl. Gunkel, Schöpfung und Chaos 91-98, und die Ausführungen zu 20,4; zum „Brunnen", der in die Abyssos führt vgl. das Märchen von der Frau Holle.

9,2.καὶ ἤνοιξεν τὸ φρέαρ τῆς ἀβύσσου[26]. καὶ ἀνέβη καπνὸς ἐκ τοῦ φρέατος ὡς καπνὸς καμίνου μεγάλης[27]. Ex 19,18: ἀνέβαινεν ὁ καπνὸς ὡσεὶ καπνὸς καμίνου. Gen 19,28: καὶ ἐσκοτίσθη[28] ὁ ἥλιος καὶ ὁ ἀὴρ ἐκ τοῦ καπνοῦ τοῦ φρέατος[29]. Joel 2,10: πρὸ προσώπου ... ὁ ἥλιος καὶ ἡ σελήνη συσκοτάσουσιν. Es handelt sich nicht um eine Sonnenfinsternis, sondern die Verfinsterung der

Sonne geschieht durch den die Luft erfüllenden Rauch. Der Rauch steigt von dem Höllenfeuer aus, das sich in der nunmehr geöffneten Abyssos befindet. 9,3.καὶ ἐκ τοῦ καπνοῦ ἐξῆλθον ἀκρίδες εἰς τὴν γῆν. Es liegt hier weder die Vorstellung vor, daß der Rauch sich in einen Heuschreckenschwarm verwandelt, noch ist er einfach mit dem Heuschreckenschwarm zu identifizieren; vielmehr steigen mit dem Höllenrauch die gespenstischen Heuschrecken empor. καὶ ἐδόθη αὐτοῖς[30] (die Heuschrecken sind als dämonische (persönliche) Mächte gedacht, die einen Befehl erhalten, daher die constructio ad sensum) ἐξουσία, ὡς ἔχουσιν ἐξουσίαν οἱ σκορπίοι τῆς γῆς. Die nähere Bezeichnung Skorpionen der „Erde“ ist hinzugefügt, weil die Heuschrecken Tiere des Abgrunds sind. 9,4.καὶ ἐρρέθη (s.o.S.162) αὐτοῖς, ἵνα μὴ ἀδικήσωσιν[31] (ουσιν) τὸν χόρτον τῆς γῆς οὐδὲ πᾶν χλῶρον οὐδὲ πᾶν δένδρον. Den Plagen, welche Land, Meer, Flüsse und die Gestirne betroffen haben, folgt nun eine solche, welche über die Menschen allein ergeht. εἰ μὴ τοὺς ἀνθρώπους[32], οἵτινες (das vollere Relativpronomen steht motivierend) οὐκ ἔχουσιν τὴν σφραγῖδα τοῦ θεοῦ[33] ἐπὶ τῶν μετώπων[34]. Die Bemerkung verbindet das vorliegende Stück mit 7,4-8. Dagegen ist hier, was man eigentlich erwarten sollte, von dem Loslassen der vier Winde (7,1-3) nicht die Rede, ein Beweis mehr, daß wir dort ein eingesprengtes Fragment haben. 9,5.καὶ ἐδόθη αὐτοῖς, ἵνα μὴ ἀποκτείνωσιν αὐτούς, ἀλλ’ ἵνα βασανισθήσονται[35] μῆνας πέντε. Die Zeit der Heuschrecken wird auf fünf Monate, d. h. auf die gewöhnliche Zeit, innerhalb derer die Heuschrecken zu erscheinen pflegen, beschränkt, nur daß sie hier die ganze Zeit hindurch bleiben. καὶ ὁ βασανισμὸς αὐτῶν ὡς βασανισμὸς σκορπίου, ὅταν παίσῃ[36] ἄνθρωπον. παίειν ist neben πατάσσειν Übersetzung von הִכָּה Num 22,28; II Sam 14,6. Das Tempus ist beachtenswert: wann er einen Menschen geschlagen haben wird. Winer § 42,5. 9,6.καὶ ἐν ταῖς ἡμέραις ἐκείναις ζητήσουσιν οἱ ἄνθρωποι τὸν θάνατον καὶ οὐ μὴ εὕρσωσιν[37] αὐτόν. Der Schriftsteller fällt hier ganz aus der Rolle des Visionärs. καὶ ἐπιθυμήσουσιν ἀποθανεῖν καὶ φεύγει[38] ὁ θάνατος ἀπ’ αὐτῶν[39]. Hiob 3,21; ὁμείρονται τοῦ θανάτου καὶ οὐ τυγχάνουσιν. Jer 8,3.

9,7.καὶ τὰ ὁμοιώματα τῶν ἀκρίδων ὅμοια[40] ἵπποις ἡτοιμασμένοις εἰς πόλεμον. Die folgende Schilderung lehnt sich an die des Propheten Joel an, aber geht in der Zeichnung des dämonischen Charakters der Heuschrecken weit über diesen hinaus. ὁμοιώματα heißt nicht ihre Ähnlichkeiten, sondern nach seiner Ableitung ist ὁμοίωμα die Gleichgestalt (Ez 1,16; 10,21 Hebr. דְּמוּת; Röm 1,23; 8,3; Phil 2,7 u. ö.), oder die Gestalt, insofern sie einer andern gleich ist; Hltzm.: „die Gestalten ... gleichen Rossen“. Vgl. Joel 2,4: ὡς ὅρασις ἵππων ἡ ὅρασις αὐτῶν καὶ ὡς ἱππεῖς οὕτως καταδιώξονται. Die Gestalt der Heuschrecken soll in der Tat eine gewisse Ähnlichkeit mit der des Pferdes haben (Winer R.W.B.), wenigstens mit einem gerüsteten Pferd, dessen Kopf aus dem Brustharnisch hervorsieht, wie der Kopf der Heuschrecken aus dem Thorax. καὶ ἐπὶ τὰς κεφαλὰς αὐτῶν ὡς στέφανοι ὅμοιοι χρυσῷ. Also nur „von goldigem Glanz“ (B. Weiß). Ausgeschlossen ist jede allegorisierende Deutung der στέφανοι, so z. B. auf Helme (nach Vlkm. die der heranziehenden Partherheere). de W., Züll., Dstd., Sp. verstehen darunter die ziemlich starke zackige Erhöhung auf der Mitte des Brustschildes der Heuschrecken, deren Farbe eine gelbgrünlich glänzende ist. καὶ τὰ πρόσωπα αὐτῶν ὡς πρόσωπα ἀνθρώπων. Der Heuschreckenkopf soll eine schwache Ähnlichkeit haben mit einem Menschenantlitz. Doch ist hier nicht daran allein zu denken. Wir müssen uns immer vergegenwärtigen, daß hier Heuschrecken dämonischer Art geschildert sind. 9,8.καὶ εἶχον (beachte wie durch den Wechsel in der Satzbildung die Schilderung lebendiger wird) τρίχας ὡς τρίχας γυναικῶν. Haare so lang wie Weiberhaare. Wahrscheinlich ist es, daß der Apokalyptiker dabei an die langen Fühlhörner der Heuschrecken gedacht hat (Dstd., Sp.). de W. zitiert aus Niebuhrs Reise einen arabischen Spruch über die Heuschrecken: am Kopfe dem Roß, an der Brust dem Löwen, an den Füßen dem Kameel, am Leibe der Schlange, an den Fühlhörnern den Haaren der Jungfrau gleich. καὶ οἱ ὀδόντες αὐτῶν ὡς λεόντων ἦσαν. Joel 1,6: οἱ ὀδόντες αὐτοῦ ὀδόντες λέοντος. Das Attribut soll die verwüstende Gefräßigkeit der Heuschrecken bezeichnen. 9,9.καὶ εἶχον θώρακας ὡς θώρακας σιδηροῦς. Das Brustschild der Heuschrecken trägt in der Naturgeschichte den bezeichnenden Namen Thorax. Prim. hat die den Sinn treffende Übersetzung: habebant „pectora“ sicut loricas ferreas.καὶ ἡ φωνὴ τῶν πτερύγων αὐτῶν ὡς φωνὴ ἁρμάτων ἵππων πολλῶν τρεχόντων εἰς πόλεμον (Joel 2,5 ὡς φωνὴ ἁρμάτων vgl. Jer 47,3). „Wie das Geräusch von Wagen vieler Rosse, welche zum Kampf rennen“. Der Ausdruck ist sehr überladen. Man tut vielleicht gut mit sa. ἵππων als eine ungeschickte Glosse zu ἁρμάτων anzusehen. Der Abschreiber nahm an dem Ausdruck ἁρμάτων ... τρεχόντων Anstoß.

9,10.καὶ ἔχουσιν[41] οὐρὰς ὁμοίας σκορπίοις (verkürzte Vergleichung) καὶ κέντρα, καὶ ἐν ταῖς οὐραῖς αὐτῶν ἡ ἐξουσία αὐτῶν[42] ἀδικῆσαι[43] τοὺς ἀνθρώπους μῆνας πέντε. Die Schwänze der Heuschrecken sind also den Schwänzen von Skorpionen gleich, nicht diesen selbst. In dem Satze sind eigentlich zweierlei Gedanken zusammengetragen: 1) die Heuschrecken hatten in ihren Schwänzen die Kraft (zu schaden), 2) sie hatten die Vollmacht, fünf Monate zu schaden (V. 5).9,11.[44]ἔχουσιν ἐπ' αὐτῶν βασιλέα[45] τὸν[46] ἄγγελον τῆς ἀβύσσου [ᾧ][47] ὄνομα αὐτῷ Ἑβραιστὶ (im NT. nur noch fünfmal im Evang. Joh.) Ἀβαδδὼν καὶ (?)[48] ἐν τῇ Ἑλληνικῇ ὄνομα ἔχει (ἔχει ὄνομα ℵ 36; dies die in der Apk durchaus übliche Wortstellung)) Ἀπολλύων. Das

Asyndeton ist absichtlich zur Hervorhebung des Folgenden gesetzt. Der Engel des Abgrundes ist nicht mit dem Engel V. 1 zu identifizieren, es ist auch nicht der Satan gemeint, sondern der als Herrscher in der Abyssos gedachte Engel. Das hebräische אֲבַדּוֹן (LXX ἀπώλεια) bezeichnet etwa dasselbe wie die Abyssos und ist im alten Testament gleich שְׁאוֹל. (Bei den Rabbinen der unterste Raum der Hölle.) Der Abaddon ist nun ähnlich, wie schon oben θάνατος und ᾅδης personifiziert. Eine solche Personifikation liegt schon Hiob 28,22 vor: „Abgrund und Tod sprechen"; vgl. Hiob 26,6. Die griechische Übersetzung Ἀπολλύων (s. LXX ἀπώλεια) ist Vielleicht (Grotius, Erbes 60 A.) eine Stichelei auf Apollo[49], dessen Namen auch sonst von ἀπολλύω abgeleitet wird, und dessen Attribut unter anderm die Heuschrecke ist. Vlt.IV 31 sieht in dem Apollyon-Abaddon den persischen Ahriman, der nach Bundehesh 3,26f. den Himmel angreifen wollte, von dort gestürzt wurde und sich dann ein Loch in die Erde bohrte (φρέαρ τῆς ἀβύσσου), um sich hier zu verbergen und als der Herr aller schädlichen Tiere, Skorpionen, Schlangen zu hausen.

Die Schilderung der dämonischen Heuschrecken lehnt sich an die des Propheten Joel an, aber sie ist nicht allein daher ableitbar. Geht schon die Beschreibung der Heuschreckenplage bei Joel ins Mythologische hinüber (Greßmann, Urspr. d. israel. jüd. Eschat. 187), so sind die hier geschilderten Heuschrecken mit der Gestalt der Rosse, den menschlichen Gesichtern, den Weiberhaaren und Löwenzähnen, mag auch hier und da die Phantasie sich an die natürliche Gestalt der Heuschrecken anlehnen, reine mythologische Fabelwesen, wie sie „die religiöse Phantasie des Orients" vielfach gebildet hat. Sie steigen aus dem Höllenrauch; sie plagen und stechen ganz anders als gewöhnliche Heuschrecken die Menschen; ihre ἐξουσία liegt nicht in ihren Freßwerkzeugen, sondern in ihren skorpionartigen Schwänzen. Dazu vgl. Zimmern KAT[3] 505; Gunkel, Schöpfung und Chaos 217f.; z. religionsgesch. Verst. d. NT. 52; Greßmann a. a. O. 188.

9,12.ἡ οὐαὶ ἡ μία ἀπῆλθεν, ἰδοὺ ἔρχεται[50] ἔτι δύο οὐαὶ μετὰ ταῦτα[51]. Eine Zwischenbemerkung des Sehers. Das Femininum ἡ οὐαί erklärt sich durch die dem οὐαί zugrunde liegende Vorstellung einer θλῖψις. Der Plural des Verbums ist eine Unregelmäßigkeit, die sich auch durch den Hinweis darauf, daß das Verbum voransteht, nicht rechtfertigen läßt. Auch die von Winer § 58 4. A. beigebrachten Beispiele decken sie nicht. Nach B. Weiß schwebten die αὐαί dem Verfasser als Neutra vor; wenn er sie nur nicht ausdrücklich als Feminina behandelte!

9,13-21. Sechste Posaune.9,13.καὶ ὁ ἕκτος ἄγγελος ἐσάλπισεν, καὶ ἤκουσα φωνὴν μίαν (8,13 s.o.S. 165) ἐκ τῶν τεσσάρων[52] κεράτων τοῦ θυσιαστηρίου τοῦ χρυσοῦ τοῦ ἐνώπιον τοῦ θεοῦ (vgl. 8,3). μίαν ist nicht im Gegensatz zu den vielen

Stimmen unter dem Altar 6,9ff. zu verstehen, auch nicht im Gegensatz zu den vier Hörnern, sondern einfach als unbestimmter Artikel[53]. An die Märtyrer 6,9ff. ist überhaupt nicht zu denken, da hier nicht der Brandopferaltar, sondern der goldne Räucheraltar gemeint ist. Auch ist schwerlich anzunehmen, daß die Stimme von Gott ausgeht. Jedenfalls ist diese Annahme in der Parallelstelle 16,7 ausgeschlossen. Es ist der Altar selbst, der hier redend gedacht wird. Die Stimme geht von den vier Ecken — man sollte hier eher ἀπό als ἐκ erwarten — des goldenen Rauchopferaltars aus, vor dem die Gebete der Heiligen dargebracht waren. So erscheint denn die sechste Plage als die eigentliche Antwort auf die 8,3ff. dargebrachte Bitte; es ist die eigentliche Hauptplage, während die übrigen Plagen nur ein Vorspiel zu dieser sind. 9,14.λέγοντα[54] τῷ ἕκτῳ ἀγγέλῳ ὁ ἔχων (2,20 s.o.S. 160) τὴν σάλπιγγα (es ist bemerkenswert, daß der sechste Engel, noch außerdem daß er bläst, in die Handlung eingreift. Sp. streicht τῷ ἕκτῳ bis σάλπιγγα, aber ohne ersichtlichen Grund)· λῦσον τοὺς τέσσαρας ἀγγέλους τοὺς δεδεμένους ἐπὶ τῷ ποταμῷ (über ἐπὶ c. Dat. s. o. S. 166) τῷ μεγάλῳ Εὐφράτῃ. Vgl. Gen. 15,18; Dt. 1,7; Jos 1,4. Der bestimmte Artikel „die" vier Engel ist beachtenswert. Aber er beweist nicht von vornherein, daß diese vier Engel mit den 7,1 erwähnten identisch sind[55], sondern läßt sich vielmehr auch aus der Annahme erklären, daß dem Apok. solche am Euphrat gebundenen Engel schon in der Tradition bekannt waren. Die Vierzahl der Engel entspricht jedenfalls den vier Teilen des von ihnen angeführten Heeres. 9,15.καὶ ἐλύθησαν οἱ τέσσαρες ἄγγελοι οἱ ἡτοιμασμένοι εἰς τὴν (zum Gebrauch des Artikels s. o. S. 175. Es soll durch die einmalige Setzung angedeutet werden, daß das ganze Folgende ein zusammengehöriger Begriff ist [vgl. 5,12].) ὥραν καὶ ἡμέραν[56] καὶ μῆνα καὶ ἐνιαυτόν, ἵνα ἀποκτείνωσιν τὸ τρίτον τῶν ἀνθρώπων. Den Engeln ist Tag und Stunde ihres Wirkens von Gott auf das genaueste nach jüdisch-apokalyptischer Anschauung vorweg bestimmt. Weshalb die Engel gebunden sind, und wie sie gelöst werden, sagt der Engel nicht. Es ist dann fraglich, ob der folgende Finalsatz von ἐλύθησαν oder von ἡτοιμασμένοι abhängt. Doch ist das letztere das Näherliegende, auch 8,6 wird ἑτοιμάζω mit ἵνα konstruiert (Dstd.).

Diese kleine Episode ist ungemein dunkel und hat die verschiedensten Erklärungsversuche herausgefordert. Bedenken erregten vor allem, daß die Engel eigentlich mit den nun im folgenden geschilderten Reiterscharen herzlich wenig zu tun haben. Iselin, Theol. Zeitschr. aus der Schweiz 1887, I 64, machte deshalb auf eine merkwürdige Parallele in der von Baethgen aus der syrischen Handschrift Sachau N. 131. Z.A.T.W. 1886, 193ff. veröffentlichten syrischen Esraapok. Kap. 6 aufmerksam. „Und eine Stimme wurde gehört: gelöst werden sollen diese vier Könige, welche gefesselt sind am großen Fluß Euphrat, die ein Drittel der Menschen vernichten werden. Und sie wurden gelöst, und es war ein großes Toben". Daraus schloß Iselin, daß in einem anzunehmenden hebräischen Original der Apk מְלָכִים, gestanden habe, während der griechische Übersetzer מַלְאָכִים gelesen habe (vgl. LXX II Sam 11,1; I Chron 20,1). Doch ist schon die Annahme eines hebräischen Originals der Apk bei unsrer Gesamtauffassung derselben eine höchst prekäre (gegen Iselin vgl. Sp. 98). Sp. 99 vermutet, daß hier statt ἀγγέλοις: ἀγέλαις zu lesen sei (vgl. die von ἀγέλη abgeleiteten Wendungen II Makk 3,18; 14,14.23). Aber es gibt doch keinen rechten Sinn, wenn hier von ungeheuren gefesselten Scharen die Rede ist. Sp. verbindet dann noch mit dieser Hypothese eine andre. Auch das ἡτοιμασμένοι — ἐνιαυτόν sei vom Redaktor erst eingetragen, und es sei von diesem nicht gemeint, daß die Engel auf Zeit und Stunde bereitet wären, denn dagegen spreche das Voranstehen des kleineren Zeitteils ὥρα (warum?)[57]. Vielmehr sei ἡτοιμασμένοι mit „bestimmt" zu übersetzen, die Engel seien Zeitenengel und das Lösen der Engel bedeute das Aufhören der Zeit, darauf weise 10,6f. χρόνος οὐκέτι ἔσται hin (s. dagegen den Kommentar zu dieser Stelle). Diese letzten Kombinationen Sp.s sind sämtlich grundlos, Sp. legt selbst auf sie keinen großen Wert (103).

Doch liegt diesen Versuchen von Iselin und Sp. etwas Berechtigtes zugrunde. Eine gewisse Inkongruenz zwischen V. 13 und 14 und dem Folgenden liegt vor, und die abrupte Art der Schilderung fällt hier wie z. B. 7,1ff. auf. Zwei Beobachtungen drängen sich außerdem auf. Einmal ist schon oben bemerkt, daß der Apok. durch den bestimmten Artikel die vier Engel als bekannt voraussetzt, und ferner liegt doch offenbar eine Parallele mit 7,1ff. vor, wenn auch die vier Engel hier und dort im Sinne des Apok. nicht identisch sind. Das drängt uns zur folgenden Annahme. Den Ausführungen Apk 9,13f. wird jedenfalls eine ältere Tradition zugrunde gelegen haben, in der von den vier verderblichen (Wind-)Engeln die Rede war, die in der letzten Zeit über die Erde losbrechen würden. Diese Tradition liegt in ihrer ursprünglichen Gestalt 7,1ff. (s. dort die übrigen Parallelen) ja bereits im Sacharja vor. 9,13f. ist eine spätere Variante derselben. Die Variation dieser Überlieferung, derzufolge die vier Engel gefesselt[58] am Euphrat erscheinen, wird nun ihre geschichtliche Veranlassung gehabt haben, und diese können wir wohl nirgends anders finden, als in dem Auftreten der Parther. In den Zeiten, in denen man fortwährend in der Erwartung des Heranbrausens der verderblichen Partherheere von Osten lebte, lag es nahe, jene vier verderblichen Engel, die einst über die Erde dahinfahren sollten, als Führer der Parther zu denken; so bekommen diese ihren Standort am Euphrat. Diese Kombination hat übrigens ebenfalls bereits unserm Apok. vorgelegen. Sie ist bereits in den Bilderreden des Henochbuchs vorhanden. Kap. 56,5: „In jenen Tagen werden „die" Engel sich versammeln und ihre Häupter gegen Osten richten nach den Parthern und Medern hin, um eine Bewegung unter den Königen (dort) anzurichten, daß ein Geist der Aufregung über sie kommt" (folgt die Beschreibung des Einfalls der Parther in das heilige Land). Hier haben wir eine direkte Parallele zu unsrer Stelle und es wird eine gemeinsame Quelle sein, aus der Henoch und Apk schöpfen. Über die hier demgemäß anzunehmende Beziehung der Weissagung auf die Partherheere wird dann weiter unten gehandelt werden.

9,16.*καὶ ὁ ἀριθμὸς τῶν στρατευμάτων* [*τοῦ ἱππικοῦ*[59]] [*δισ-*]*μυριάδες*[60] *μυριάδων· ἤκουσα τὸν ἀριθμὸν αὐτῶν*. Hier wie in 7,4 zeigt sich die reflektierende Art des apokalyptischen Schriftstellers, der jedesmal genau bemerkt, wie er die Kenntnis dieser großen Zahlen erhalten hat. Die Zahl des „Reiterheeres" ist übrigens ungeheuer (200 resp. 100 Millionen).

9,17.*καὶ οὕτως*[61] *εἶδον τοὺς ἵππους ἐν τῇ ὁράσει καὶ τοὺς καθημένους ἐπ' αὐτῶν· ἔχοντας θώρακας πυρίνους καὶ ὑακινθίνους καὶ θειώδεις*. Daß der Seher selbst von seinem Gesicht, *ὅρασις*, spricht, kommt nur hier in der Apk vor; bei Daniel häufig (vgl. 8,1; 9,21 u. ö.). Fraglich ist es, ob diese Schilderung nur auf die Reiter oder auf Roß und Reiter zu beziehen ist. Das erstere erscheint als das wahrscheinlichere. Die Reiter hatten feuerfarbige und hyacinthenfarbige und schwefelgelbe Panzer. Da im folgenden (s. u.) *πῦρ* dem *πύρινος*, *θεῖον* dem *θειώδης* entspricht, so gibt *καπνός* die Vorstellung, die sich der Apok. von der Hyacinthenfarbe[62] (= Farbe des Rauches) machte. Es ist ferner fraglich, ob alle Panzer diese verschiedenen Farben haben, oder ob die einen so und die andern anders gefärbt waren. Merkwürdig ist nun immerhin, daß der Apok. von nun an nur noch die Rosse und nicht die Reiter schildert. Die Partherheere erscheinen dem Seher als wilde Rossescharen, der Reiter als zu seinem Roß gehörig. *καὶ αἱ κεφαλαὶ τῶν ἵππων ὡς κεφαλαὶ λεόντων καὶ ἐκ τῶν στομάτων αὐτῶν ἐκπορεύεται πῦρ καὶ καπνὸς καὶ θεῖον*. Vgl. die Schilderung Hiob 41,11f.: *ἐκ στόματος αὐτοῦ ἐκπορεύονται λαμπάδες καιόμεναι ... ἐκ μυκτήρων αὐτοῦ ἐκπορεύεται καπνὸς καμίνου*. „Feuer, Rauch und Schwefel" entspricht den verschiedenen Panzern der Reiter im vorigen Verse. Sichtlich sind hier zwei ganz verschiedene Vorstellungen mit einander kombiniert. Hier in diesem Vers liegt die (ältere) mythologische Vorstellung vor: Aus den Mäulern der gespenstischen löwenköpfigen Reiter bricht Feuer, Rauch und Schwefel hervor. Der Schwefel charakterisiert sie besonders als höllische Erscheinung; s. zu 14,10. Im Vorhergehenden ist die Vorstellung rationalisiert und auf die verschiedenfarbigen Panzer irdischer Reiter gedeutet. Auch das vorliegende Bild hat also schon eine gewisse Geschichte hinter sich (Gunkel, z. religionsgesch. Verst. d. N. T. S. 32f.).

9,18.ἀπὸ τῶν τριῶν πληγῶν τούτων ἀπεκτάνθησαν (vgl. 8,9 s. o. S. 164) τὸ τρίτον τῶν ἀνθρώπων (8,8.11.12) ἐκ[63] τοῦ πυρὸς καὶ[64] τοῦ καπνοῦ καὶ τοῦ θείου τοῦ ἐκπορευομένου ἐκ τῶν στομάτων αὐτῶν. V. 18 ist von Pr. fortgelassen und ist im Zusammenhang völlig entbehrlich. 9,19.ἡ γὰρ (s.o.S. 172) ἐξουσία τῶν ἵππων ἐν τῷ στόματι αὐτῶν ἐστιν καὶ ἐν ταῖς οὐραῖς αὐτῶν (s. die Variante in V.10, vielleicht ist dort nach diesem Vers verbessert). αἱ γὰρ οὐραὶ αὐτῶν ὅμοιαι ὄφεσιν[65] ἔχουσαι[66] κεφαλάς, καὶ ἐν αὐταῖς (1,5 s.o.S. 167) ἀδικοῦσιν. Die Schwänze der Pferde sind also Schlangen gleich und haben eigne Köpfe. Die verschiedensten Deutungen sind hier versucht. Bengel denkt an das Schießen der Türken beim Rückwärtsfliehen, Vlkm. an das Ausschlagen der Pferde, andre ziehen die Fabeln der Alten von dem Ungeheuer ἀμφίσβαινα heran; Grotius denkt gar an einen hinter dem Reiter aufsitzenden Fußsoldaten. Sp. (340) verweist auf die Sitte der Parther, die Schwanzhaare der Rosse gegen das Ende zusammenzubinden (Riehm II, 1181), Holtzmann vergleicht die Giganten auf dem pergamenischen Zeusaltar, die statt der Beine Schlangen haben. Der Seher wandle hier auf den Wegen späterer griechischer Kunst (vgl. Manchot, die Heiligen 44). Man darf hier aber überhaupt nicht in dieser Weise deuten; vielmehr tritt hier nur die mythologische Art der Schilderung besonders deutlich hervor. — Und so ist endlich auch über das ganze Bild zu urteilen. Gewiß, der Apok. will in diesem Abschnitt das Hervorstürmen der parthischen Reiterscharen am Ende der Zeiten schildern. Aber er benutzt dabei eine alte mythologische Schilderung höllischer Reiterscharen und hat diese nicht überall umgearbeitet, so daß die alten Vorstellungen deutlich hindurchschimmern. Mit Recht zieht VölterIV 33 übrigens die Schilderung dämonischer, beim Weltende auftauchender Reiterscharen in der späten persischen Apokalypse Bahman Nast II 24ff. zum Vergleich heran. Auf einen bestimmten in der Geschichte gegebenen Einfall der Parther darf man nicht deuten, und nur der eine konkrete Zug ἐπὶ τῷ ποταμῷ ... Εὐφράτῃ erlaubt eine historische Deutung.

9,20.καὶ οἱ λοιποὶ τῶν ἀνθρώπων, οἳ οὐκ ἀπεκτάνθησαν ἐν ταῖς πληγαῖς ταύταις, οὐδὲ (οὔτε)[67] μετενόησαν ἐκ τῶν ἔργων τῶν χειρῶν αὐτῶν (d. h. nicht von ihrem sittlichen Wandel, sondern von den durch ihre Hände gemachten Götzen). Trotz der grammatischen Schwierigkeit muß natürlich mit οὐδὲ der Hauptsatz begonnen werden: Die übrigen Menschen, welche ..., kehrten auch nicht um von ihrer „Hände Werk". ἵνα μὴ προσκυνήσουσιν[68] (ἵνα steht mit dem Indik., weil es gänzlich alle Finalbedeutung abgestreift hat und fast mit ὥστε oder dem Inf. Vertauscht werden kann) τὰ δαιμόνια καὶ τὰ εἴδωλα τὰ χρυσᾶ καὶ τὰ ἀργυρᾶ καὶ τὰ χαλκᾶ[69] καὶ τὰ λίθινα καὶ τὰ ξύλινα, ἃ οὔτε βλέπειν (s.o.S. 169) δύνανται[70] οὔτε ἀκούειν οὔτε περιπατεῖν. Vgl. Dan 5,4 (Theod.): τοὺς θεοὺς τοὺς χρυσοῦς καὶ ἀργυροῦς καὶ χαλκοῦς καὶ σιδηροῦς καὶ ξυλίνους καὶ λιθίνους. 5,23 (Theod.) ebenso; fügt noch hinzu: οἳ οὐ βλέπουσιν καὶ οἳ οὐκ ἀκούουσιν καὶ οὐ γινώσκουσιν. Hier wie 1,7 und 1,13 scheint der Apok. von einer der des Theod. ähnlichen Übersetzung abhängig zu sein. LXX hat einen ganz andern Text. Dt 4,28; Mich 5,12; Ps 115,4-7; 135,15-17. Hen 99,7: „Bilder von Gold und Silber und Holz und Ton — unreine Geister und Dämonen." Sib. V 80ff. Der Unterschied, der oben zwischen den Dämonen (den Göttern der Heiden selbst nach jüdischer Anschauung Ps 106,37; I Kor 10,20) und leblosen Götzenbildern gemacht wird, ist bemerkenswert; s. darüber Bousset, Rel. d. Judentums 172f. 9,21.καὶ οὐ μετενόησαν (16,11.21) ἐκ τῶν φόνων αὐτῶν οὔτε (s.o.S. 172) ἐκ τῶν φαρμακιῶν[71] αὐτῶν οὔτε ἐκ τῆς πορνείας αὐτῶν οὔτε ἐκ τῶν κλεμμάτων αὐτῶν. Ez 43,9: καὶ νῦν ἀπωσάσθωσαν τὴν πορνείαν αὐτῶν καὶ τοὺς φόνους τῶν ἡγουμένων αὐτῶν; zu φαρμακεία vgl. Jes 47,9.12 und Mal 3,5. Das καὶ οὐ μετενόησαν schließt sich an das μετενόησαν V. 20 an. Das fünfte bis siebente Gebot liegt dieser Aufzählung (Vgl. Mt 5,21.27; 15,19; 19,18) in der Zuordnung des hebräischen Textes im Unterschied von der wahrscheinlich in der LXX ursprünglichen, nach welcher das sechste vor dem fünften Gebot steht (so Mk 7,21f.(?); 10,19; Lk 18,20; Rö 13,9), zugrunde. φαρμακεία ist ursprünglich Zauberei. Aber es ist immerhin seltsam, daß die Zauberei — eine Sünde gegen Gott — hier mitten unter Mord, Hurerei und Diebstahl steht. Ebr. versteht daher unter φαρμακεία verführende Bezauberung, so daß dann ein Korrelatbegriff zu πορνεία herauskäme (sa. liest übrigens μοιχειῶν). Diese Auslegung hat sehr viel für sich, besonders wenn man nur 18,23 mit 17,2 und 18,3 vergleicht (Sp. 341). Ew. übersetzt direkt mit Liebeszauber. Man könnte übrigens auch noch (hinter ἐκ τῶν φόνων) an Giftmischerei denken.

J. Weiß 78 hebt hervor, daß weder hier noch 9,4 von der Sünde der Anbetung des Tieres die Rede ist. Das ist in der Tat ein Beweis mehr dafür, daß der Apok. in Kap. 9 wesentlich herübergenommenes Gut weitergibt (doch nicht wie Weiß will ein Indizium für die Beurteilung der von ihm angenommenen Urapokalypse).

Es ist bemerkenswert, daß von den Plagen — bei der fünften sowohl wie bei der sechsten ist das ausdrücklich vermerkt — nur die Ungläubigen betroffen werden (Sp.). Die ganze Posaunenvision steht noch unter der Stimmung von 7,4-8 (Versiegelung der Gläubigen) und 8,3-5 (Unterstützung des Rachegebets der Gläubigen durch den Engel). Es ist aber nicht einzusehen, weshalb dieser Gegensatz auf jüdischen Ursprung deuten sollte und nicht ebenso gut auf christliche Herkunft des Stückes. Spezifisch Christliches bieten die Kap. 8 und 9 ja nicht, aber deshalb sind sie noch nicht jüdisch. (Weiteres über diese Kap. s.

am Schluß von Kap. 11, in der Besprechung der Sieben-Posaunen-Vision als eines Ganzen.)

Fußnoten:

1. Vgl. Hen 90,21f.; 81,5; 87 (Ausg. v. Flemming 109); (71,3); Test. Levi Kap. 8.
2. Sechs höchste Engel auch im Targum Ps-Jonathan zu Dt 34,6 und Pirke des R. Eliezer Kap. 4. — Die Namen der Engel werden in der jüdischen Überlieferung sehr verschieden angegeben: Gfrörer I 361f. Weber I 169. Lueken, Michael 36f. Einigermaßen fest stehen nur vier von ihnen: Michael, Gabriel, Raphael, Uriel (an seiner Stelle bereits Hen 40 Phanuel). Die Lehre von vier höchsten Engeln scheint im Judentum älter zu sein als die Annahme von sieben Erzengeln.
3. So schwankt die Zählung der Ameshas-Spentas auch in der persischen Religion. Tiele, Gesch. d. Rel. im Altertum, übers. v. Gehrich II 140.
4. Vgl. Gunkel, Archiv f. Religionswissensch. I 294-300. G. identifiziert hier in geistvoller Weise den siebenten Engel mit dem Schreibgerät mit dem babylonischen Gotte Nabu (Merkur).
5. Besonders deutlich tritt die Beziehung der Erzengel (die hier nicht mehr als sieben Einzelwesen sondern als sieben Scharen [Legionen] aufgefaßt werden) zu den Gestirnen II Hen 19,2 hervor: „Diese machen die Ordnungen und lehren den Gang der Sterne.“ Zusammenstellung der sieben Erzengel in späterer Tradition mit den sieben Planeten Weber 169, Lueken, Michael 56, und den sieben Himmeln, Bousset, Arch. f. Religionswissensch. IV 268f.
6. το θυσιαστηϱιον AP An.[13].
7. Anders urteilt Hirscht 69, der aber den Hauptpunkt übersieht, daß nämlich in die Räucherbüchse doch keine Kohlen hineingetan werden können. Wenn H. behauptet, daß der λιβανωτός zunächst zur Aufnahme der θυμιάματα bestimmt sei, so steht das V. 5 eben einfach nicht da.
8. Dieser spätere Konj. Aor. ist mit PQ Rel. zu halten, δωσει lesen ℵAC An.[124] 95.
9. 5,8 ist die Vorstellung anders, dort sind die Gebete das aufsteigende Rauchwerk selbst. Doch ist das kein Grund, hier oder dort zu streichen.
10. Nach Sp. ist daher das ἐνώπιον τοῦ θϱόνου erst durch R. eingebracht für ein ursprüngliches ἐνώπιον τοῦ θεοῦ.

11. P An. Tic. ~ φωναι - βρονται, um αστραπαι und βρονται zusammenzubringen. Aus demselben Grunde A 16. 38. c s² βρ. - αστρ. - φων. 4,15; 11,19; 16,18 ist die Reihenfolge αστραπαι - φωναι - βρονται.
12. + αγγελος An. g vg. c a ae. Pr.
13. μεμίγμενα A Q Rel. g vg. Pr.; - ον ℵP An.(¹) 38 al. Tic. (mechanische Korrektur).
14. + μερος ℵAn.⁴ vg. Pr.
15. ℵAP An.⁴ 38. 51; > Q Rel. (gegen den Sprachgebrauch der Apk, wohl einfacher Schreibfehler).
16. > των εν τη θαλασση An.¹ am. harl. (cle. fu. dem. lipss. tol. nach τα εχοντα ψυχας; Pr. tertia pars piscium).
17. ψυχην ℵ c ae. (s¹ το εχον ψυχην).
18. ℵAP; An.¹²³; Q Rel. διεφθαρη.
19. >ℵ An.¹ al (Studien 24).
20. φαινη P An.
21. ℵAP; An.³ g vg.; An.⁴ s¹ (s² Mischlesart zwischen diesem und dem gewöhnlichen Text) a: και ουκ εφαινεν η ημερα το τριτον αυτης; Q Rel. ~ και το τριτον αυτης (- ων Min., so muß auch c gelesen haben, bei dem dann das κ. το τριτ. αυτ. per Homoiotel. ausgefallen) μη φανη (η) ημερα. - Noch freier ae. und Pr.
22. P An. a Vict. verbessern αγγελου. Pr. unus ut aquilam, also ενος ως αετου, eine auf den ersten Blick plausible Lesart, die aber doch wohl auf Korrektur beruhen dürfte.
23. τοις κατοικουσιν AP An.¹²³⁵.
24. > sa.
25. > sa.
26. και - αβυσσου AP An.¹²³⁵ f g cle. fu. lipss. dem. s² Tic. Pr.; > ℵ Q Rel. am. harl. tol. c s¹ ae. a. Ausfall per Homoiotel.
27. ℵAP An.¹² al. f vg. c a ae. Tic. Pr.; καιομενης Q Rel. s²; (s¹ g Min. μεγ. καιομ.).
28. εσκοτωθη A.
29. εκ - φρεατος >ℵ f Pr.
30. ℵQ; V. 4 ℵQ 14. 92; V. 5 ℵA An.¹ c; alle übr. αυταις.
31. αδικησουσιν A 36, vielleicht ein Schreibfehler, da der Indik. hier kaum dem Sprachgebrauch der Apk entspricht.
32. An.³ g vg. + μονους.
    - > του θεου An.¹² harl. a.
33. ℵAP An.¹² g am. harl. tol.; + αυτων Q Rel. f fu. dem. lipss. s¹² a ae. Pr.
34. Q Rel. βασανισθωσιν (s. o. S. 171).

35. πληξη An.^{3}, das gewöhnlichere Wort.
36. AP An.^{234} (s. o. S. 171); alle übr. ευϱησουσιν (ωσιν).
37. AP An.^{1}; ℵ φυγη; Q Rel. f g vg. s^{1} Pr. φευξεται (Konformation nach dem Vorhergehenden).
38. ο θανατος απ αυτων ℵAP An.^{12} f g vg. s.^{12} Pr.; απ' αυτων ο θανατος Q Rel. a (die Stellung ο θαν. απ' αυτων ist die in der Apk gebräuchliche).
39. ℵ ομοιοι.
40. ειχον 38 vg. f Pr.
41. ℵAP An.^{1}(^{4}) g vg c Pr.; εξουσιαν εχουσιν Q Rel. s^{2}. - An. harl. s^{1} Tic. verbessern *και κεντϱα εν ταις ουϱαις αυτων και η εξουσια αυτων* (εξουσιαν εχουσι); andre Zeugen (s. Tisch.) führen die Verbesserung nur halb ein (g am. tol. a ae.).
42. ℵAP An.^{124} al.; του αδικησαι Q Rel.
43. ℵA al. (c ειχον); P An. s^{12} a ae. verbessern in *και* εχουσιν; f g vg. Pr. Tic. et habebant; Q Rel. εχουσαι.
44. επ αυτων βασιλεα (ℵ)AP An.^{12} 14. 92 f g vg. c s^{1} Pr. Tic.; ~ Q Rel s^{2} a.
45. ℵ(A) P An.^{125} al.; > τον Q Rel.
46. ω ℵ (18. s^{1} vg.); alle übr. > (s. o. S. 160).
47. ℵAP An.^{1} al. s^{1} ae.; εν δε τη Q Rel. vg. s^{2} Pr. (fu. Tic. haben weder *και* noch δε); das in der Apk ungemein seltene δε mag doch wohl erst durch einen Abschreiber in den Text gekommen sein.
48. s^{2} liest wirklich Apollon (Hirscht 73 A. 1).
49. εϱχονται PQ An. (die Übers. haben fast alle εϱχονται).
50. μετα ταυτα ziehen zu diesem Satz AP An.^{124} g vg. s^{2} Tic.; die übr. zum folgenden Satz (Pr. > μετα ταυτα).
51. ℵc A An.^{2} g am. fu. harl. lips.^{5} tol. c s^{12}; > τεσσαϱων (τεσσαϱων fiel vor *κεϱατων* leicht aus).
52. Hirscht vergleicht εἷς ἅγιος Da (Theod.) 8,13 und cod. A I Sam 1,1.
53. ℵA, die andern Zeugen korrigieren in λεγοντος – λεγουσαν.
54. Jene vier Engel hatten ja einen ganz andern Standort und sind nicht gebunden.
55. *και* ημεϱαν AP 6. 17. 18. 26. 33. 35. 36. 37. 40. 41. 42. 80. 81. 161 g vg. Pr. Tic.; *και* την ημεϱαν 10. 28. 38. 49. 91. 96; *και* εις την ημεϱαν Q Rel; ℵ 1 >.
56. Slav. Henoch 33,2 und 65,7 ist die Idee von dem Aufhören der Zeit ausgesprochen, dort stehen gerade die Jahre voran.
57. Dieser Zug mag älter sein, er paßt vorzüglich zu den vier Windengeln.

58. ℵAPQ An.[12](5) 14. 92. Rel. του ιππου (wohl nur Schreibfehler), g exercitus equitatus, vg. equestris exercitus, Pr. militantium equitum. Sehr bemerkenswert ist es, daß sa. und Tic. (vgl. Haußleiter) ιππικου (ιππου) ganz fortlassen. Dstd. hält ἱππικοῦ für eine Verbesserung des ungebräuchlichen τοῦ ἵππου (statt τῆς ἵππου).
59. AP An.[1] 11. 31 Tic. vg. Cypr.; δυο μυριαδες ℵ An.[2]; μυδιαδες Q Rel. g? a; Pr. octoginta milia; μυριαδας ℵ s[1]; μυριας [μυριαδος] sa.
60. > 38. a Tic. Pr. (s[1] > ουτως - ορασει).
61. Pr. liest hier spineas: ακανθινους; vgl. Nestle, Einführung in d. N. T.[2] 264.
62. ℵACP An.[123]; απο Q Rel.; g vg de igne (Pr. >).
63. P An. s[12] a an beiden Stellen + εκ, das erste Mal auch C g cle. lips.[4].
64. ℵACP An.[123] 14. 92; οφεων Q Rel., falsche Korrektur.
65. P εχουσαις, C εχουσιν.
66. ουδε ℵQ 14. 38. 92; ουτε AP An.[1]; neque g vg. s[12] c Pr. Cypr.; ου C Rel. ist sicher Korrektur.
67. ℵAC, die übrigen ωσιν.
68. > και τα χαλκα Min. 30.
69. δυνανται ℵACPQ An.[24](5); δυναται Q[2] Rel.
70. APQ (An.) φαρμακιων; φαρμακων ℵ (falsche Angabe bei Tisch.) C Rel.

B. DAS INTERMEZZO. KAP. 10,1-11,19

Einleitung 10,1-11.10,1.*καὶ εἶδον [ἄλλον][1] ἄγγελον ἰσχυρὸν καταβαίνοντα ἐκ τοῦ οὐρανοῦ περιβεβλημένον νεφέλην*. Schwierigkeiten, die mit der literarischen Komposition der Apk zusammenhängen, erheben sich sofort bei der Frage nach dem jetzigen Standpunkt des Sehers. Denn wenn der Engel, um dem Seher das Buch zu überbringen, vom Himmel herabsteigt, so ist der Seher offenbar jetzt auf der Erde befindlich zu denken. Es muß also (mit de W.) angenommen werden, daß der Seher, der 4,1 in den Himmel gestiegen war, ohne daß er es erwähnt, sich wieder auf seinen ursprünglichen Standort zurückbegeben hat. Wenn Ew., Dstd. an dem Standort des Sehers im Himmel festhalten unter Berufung auf alle die vorhergegangenen Stellen, in denen Vorgänge auf Erden trotz des angenommenen Aufenthalts des Sehers im Himmel geschaut werden, so ist dagegen zu erinnern, daß der Seher zwar vom Himmel herab Vorgänge auf Erden schauen kann, es aber dabei doch sinnlos bleiben würde, wenn der Engel vom Himmel herabstiege, um dem im Himmel befindlichen Seher das Buch zu überreichen.[2] Schwierigkeiten bereitet auch die Frage, worauf sich das ἄλλος (ἄγγελος) zurückbeziehe, wenn ἄλλος überhaupt zu lesen ist. Man bezieht dann entweder auf alle vorhergangenen Engel überhaupt, oder auf die Posaunenengel, oder auf den ἄγγελος ἰσχυρός 5,2. Im übrigen ist bei dieser Erscheinung natürlich an einen Engel zu denken und nicht etwa an Christus. Daß der Engel in eine Wolke gehüllt erscheint, soll nur die überwältigend herrliche Erscheinung des Engels charakterisieren. *καὶ ἡ[3] ἶρις ἐπὶ τὴν κεφαλὴν[4] αὐτοῦ*. Die Iris (vgl. Ez 1,27f.) ist schon oben einmal als Attribut des thronenden Weltrichters erwähnt (4,3), daher der bestimmte Artikel. *καὶ τὸ πρόσωπον αὐτοῦ ὡς ὁ ἥλιος* (1,16), *καὶ οἱ πόδες αὐτοῦ ὡς στῦλοι πυρός*. 1,15. Sp. macht darauf aufmerksam, daß die Attribute des Engels besser zu einer ruhenden als zu einer herabschreitenden Gestalt passen. Doch handelt es sich hier ja einfach um übernommene traditionelle Züge. 10,2.*καὶ ἔχων[5] ἐν τῇ χειρὶ αὐτοῦ βιβλαρίδιον[6] ἀνεῳγμένον* (s. o. S. 166) *καὶ ἔθηκεν τὸν πόδα αὐτοῦ τὸν δεξιὸν ἐπὶ τῆς θαλάσσης, τὸν δὲ εὐώνυμον ἐπὶ τῆς γῆς* (s. o. S. 166). Ein zweites Offenbarungsbuch neben dem 5,1 erwähnten bestimmt den Fortgang der Vision; vgl. Ez 2,9: χεὶρ ἐκτεταμένη πρός με καὶ ἐν αὐτῇ κεφαλὶς βιβλίου. Erde und Meer gilt die Kunde, die der Engel bringen soll. Ist die Vision in Kleinasien gedacht, so schaut der Engel, der den rechten Fuß auf das Meer, den linken auf das Land setzt, nach Süden. 10,3.*καὶ ἔκραξεν φωνῇ μεγάλῃ, ὥσπερ λέων μυκᾶται* (Hos 11,10; Am 1,2; 3,8; Joel 4,16 von Gott; IV Esr 11,37; 12,31 vom Messias gesagt). μυκᾶσθαι wird eigentlich vom Stiere gebraucht, doch ausnahmsweise auch vom Gebrüll des Löwen (Theokrit, Idyll. XXVI 10 μύκημα λεαίνης); vgl. Wtst. Der Engel brüllt also zuerst mit furchtbarer unartikulierter Stimme, er ist der Bote, der die Gerichtsdrohung Gottes bringt (vgl. das zu 4,1 Bemerkte). Es geht kaum an, das Gebrüll des Engels auf die in V. 6 folgenden Worte (Beng., Sp.) zu beziehen. καὶ ὅτε ἔκραξεν, ἐλάλησαν αἱ[7] ἑπτὰ βρονταὶ τὰς ἑαυτῶν φωνάς. Der bestimmte Artikel beweist, daß der Seher in den sieben Donnern eine ihm bekannte Vorstellung einführt. Der Verweis auf 4,5 genügt nicht, auch nicht der auf Ps 29,3-9, wo der „Donner Jahves" allerdings gerade siebenmal eingeführt wird; oder gar auf Sap Sal 19,13 (Völter IV 59); grundlos denkt Ew. an die Donner der sieben Himmel. Falsch ist es, wenn Sp. unter Heranziehung der Gesetzgebungssagen in dem Donner nur einen Nachhall der Rede des Engels sieht. Denn es handelt sich hier um ein artikuliertes Reden (ἐλάλησαν), das der Seher versteht und niederschreiben will. Wir werden aber kaum mehr erraten können, worauf der Apok. eigentlich anspielt (s. u.). 10,4.καὶ ὅτε[8] ἐλάλησαν αἱ ἑπτὰ βρονταὶ, ἔμελλον γράφειν· καὶ ἤκουσα φωνὴν ἐκ τοῦ οὐρανοῦ λέγουσαν· σφράγισον (Dan 8,26; 12,4.9), ἃ ἐλάλησαν αἱ ἑπτὰ βρονταὶ, καὶ μὴ αὐτὰ[9] γράψῃς. Der Ausdruck „eine Stimme vom Himmel her" deutet wieder darauf hin, daß der Seher seinen Standort auf Erden einnimmt; die Erklärung, daß die Stimme aus der Mitte des Himmels gekommen sei, ist sehr künstlich. Gemeint ist mit der Stimme wahrscheinlich diejenige Christi. Der Befehl, den der Seher erhält, ist durchsichtig und einfach. Es handelt sich um ein vollständiges, nicht wieder abzuschwächendes Verbot der Niederschrift dessen, was der Seher gehört hat. Er soll das Gehörte versiegeln, d. h. für jedermann unzugänglich machen. Das tut er, wenn er es nicht aufschreibt. Deshalb ist auch alles Fragen nach dem Inhalt der sieben Donner unerlaubt. Nicht ganz leicht ist es aber zu sagen, was denn dieses Intermezzo für einen Sinn und Zweck hat. Die Parallele, die Dan 10,2ff.; 12,4ff. zu unsrer Szene bietet, ist doch nur eine recht oberflächliche. Am ansprechendsten ist immer noch die Vermutung von Weizs., Schoen, Pfleid., daß das Intermezzo einen literarischen Zweck hat, und daß der Apok. hier eine Quelle, welche sieben Donnervisionen[10] enthielt, absichtlich aus dem Rahmen seines apokalyptischen Werkes ausschließen wollte. Oder es wäre möglich, daß der Apok. mit dem Intermezzo hat ausdrücken wollen, daß er selbst im Begriff gewesen sei, von neuem ein Siebenzeichen einzuschieben, daß er aber vom göttlichen Geist eines Besseren belehrt sei. Wenn Sp. als Gegengrund darauf hinweist, daß die sieben Donner erst nach der siebenten Posaune erwartet werden können, so gilt dagegen, daß der Seher ja mit vollem Recht schon an dieser Stelle zunächst die siebente Posaune hätte bringen können. Auch gibt Sp. 347 zu, daß der Redaktor in der Tat die Stelle, wie oben angegeben, verstanden habe. Jedenfalls fällt der Seher nirgends so aus seiner

Rolle wie in Kap. 10; er zeigt sich hier als reflektierender Schriftsteller, der unter der Fiktion einer Vision sich und seinen Lesern Rechenschaft gibt über den Stoff des Buches, wie über seine Anlage und seine Disposition. de W., Hirscht u. a. sehen übrigens in dieser Episode nur eine wirkungsvolle Einleitung zum folgenden, Erhöhung des Geheimnisvollen. 10,5.καὶ ὁ ἄγγελος, ὃν εἶδον ἑστῶτα ἐπὶ τῆς θαλάσσης καὶ ἐπὶ τῆς γῆς (s.o.S. 166), ἦρεν τὴν χεῖρα αὐτοῦ τὴν δεξιὰν[11] εἰς τὸν οὐρανόν. Nach dem Intermezzo V. 3b. 4 nimmt der Apokalyptiker die Beschreibung des Engels und dessen, was er tut, wieder auf. Nicht, weil der Engel in der linken das Buch hat, sondern weil die rechte Hand die Schwurhand ist, hebt der Engel diese zum Himmel empor. Sp. streicht grundlos ὃν εἶδον – ἐπὶ τῆς γῆς. 10,6.καὶ ὤμοσεν (Mt 5,34ff; 23,16) ἐν[12] τῷ ζῶντι εἰς τοὺς αἰῶνας τῶν αἰώνων. Über ζῶν etc. s. das zu 4,9 Bemerkte. Vgl. Theod. Dan 12,7: καὶ ὕψωσεν τὴν δεξιὰν αὐτοῦ καὶ τὴν ἀριστερὰν αὐτοῦ εἰς τὸν οὐρανὸν καὶ ὤμοσεν ἐν τῷ ζῶντι (LXX τὸν ζῶντα εἰς) τὸν αἰῶνα (Dt 32,40). - ὃς ἔκτισεν τὸν οὐρανὸν καὶ τὰ ἐν αὐτῷ καὶ τὴν γῆν καὶ τὰ ἐν αὐτῇ[13] καὶ τὴν θάλασσαν καὶ τὰ ἐν αὐτῇ[14]. Beachte die weitschweifige Art der Darstellung. Vgl. Gen 14,22; Ex 20,11. Ps LXX 145,6: τὸν ποιήσαντα τὸν οὐρανὸν καὶ τὴν γῆν, τὴν θάλασσαν καὶ πάντα τὰ ἐν αὐτοῖς. Eine besonders feierliche Einführung des Gottes, dessen großes Mysterium nun bald offenbar werden soll. Diese Charakterisierung Gottes als des Schöpfers (vgl. 4,11; 14,17) ist in der spätjüdischen Apokalyptik außerordentlich gebräuchlich, im sonstigen neuen Testament dagegen selten. Bousset, Religion des Judentums 296. ὅτι χρόνος οὐκέτι ἔσται[15]. Sp. bezieht diese Weissagung auf das gänzliche Aufhören der Zeit (Beda) und kombiniert mit der folgenden Stelle die 9,14ff. erwähnten Engel (s.o.), die er als Zeitengel auffaßt. Parallelen zu diesem Gedanken liegen nun freilich in dem slavischen Henochbuch tatsächlich vor, 33,2: „Im Beginn des achten Jahrtausends ist keine Zeitrechnung und kein Ende, weder Jahre noch Monate, noch Wochen, noch Tage, noch Stunden." 65,6f.: „Wenn alle Kreatur der sichtbaren und unsichtbaren Dinge zu Ende gehe ... dann soll jedermann vor das große Gericht des Herrn kommen. Dann werden die Zeiten vergehen und dann soll kein Jahr, noch Monat noch Tag sein." Doch hindert an dieser Erklärung der Zusammenhang und ein Blick in die Parallelstelle Dan 12,7, in welcher der Schwur des Engels denselben Sinn hat, wie hier, daß nämlich nur noch eine gewisse Zeit bis zum Ende verstreichen wird, resp. dieses Ende sicher ist. Erbes 65 weist darauf hin, daß der Ausdruck geradezu im Gegensatz zu Dan 12,7 (vgl. 12,13 [Theod.]: ἔτι γὰρ ἡμέραι εἰς ἀναπλήρωσιν συντελείας stehe und sich an 6,11 ἔτι χρόνον μικρὸν anschließe. Es muß also erklärt werden: es wird keine Zeitfrist mehr verstreichen; und es ist nur noch die Frage zu erheben, wo Anfangs- und Endpunkt dieser geringen Zeitfrist liegen. 10,7.ἀλλ᾽ ἐν ταῖς ἡμέραις τῆς φωνῆς τοῦ ἑβδόμου ἀγγέλου, ὅταν μέλλῃ σαλπίζειν (umständliche Ausdrucksweise), καὶ[16] ἐτελέσθη (Joh 19,28.30) τὸ μυστήριον τοῦ θεοῦ. Es liegt hier nicht die Vorstellung eines dauernden Blasens des siebenten Engels vor, sondern ἐν ταῖς ἡμέραις ist unbestimmte Zeitangabe: in der Zeit, da der siebente Engel in die Posaune stoßen wird. Das καὶ ἐτελέσθη ist einfacher Hebraismus und entspricht dem ו consecutivum mit Perf. (z.B. Ex 16,6f; 17,4; LXX καὶ mit dem Futurum). Es ist also so zu übersetzen, als wenn τελεσθήσεται dort stände. Es läßt sich übrigens auch das Tempus im Deutschen wiedergeben: dann ist vollendet. Sp. streicht ἀλλ' — σαλπίζειν und übersetzt: es wird keine Zeit mehr geben, und vollendet wurde das Geheimnis Gottes[17]. — Man hat darüber gestritten, ob der Apok. sagen will, daß zwischen der siebenten Posaune und der Enthüllung des Mysteriums, oder zwischen der Gegenwart des Sehers und der siebenten Posaune keine Zeitfrist mehr eintreten soll. Das ist eine falsche Fragestellung. Der Seher meint offenbar, daß von der augenblicklichen Gegenwart bis zur Enthüllung des Mysteriums keine Zeitfrist mehr verstreichen wird. Dieses wird vielmehr schon zur Zeit der siebenten Posaune eintreffen; von dieser aber versteht es sich natürlich von selbst, daß sie gleich — das χρόνος οὐκέτι ἔσται ist natürlich nicht allzu wörtlich zu nehmen — nach der sechsten Posaune kommen wird. Geschrieben ist also der ganze Passus offenbar schon unter Hinblick auf das Intermezzo 11,1-13. Der Leser der Apk soll sich durch diese abermalige Verzögerung nicht entmutigen lassen. Das Ende kommt doch sehr bald: χρόνος οὐκέτι ἔσται. Es fragt sich nun weiter, was das Mysterium Gottes für einen Inhalt hat. Zunächst geht aus dem Folgenden hervor, daß es etwas Freundliches und Tröstendes enthält: ὡς[18] εὐηγγέλισεν[19] (s. o. S. 161) τοὺς[20] (z. Akkus. s. S. 163) ἑαυτοῦ δούλους[21] τοὺς προφήτας (s. o. S. 177). Nun scheint aber im Folgenden, nachdem die siebente Posaune geblasen ist, überhaupt zunächst kein freudiges Ereignis einzutreten. In Kap. 12 ist vielmehr von einem verfolgten Weibe, einem mühsam geretteten Kind, der Wut des Drachen die Rede. Von freudigen Ereignissen für die Frommen wird erst 14,14-20 (15,1-4) erzählt, und es läge von hier aus nahe, die siebente Posaune unmittelbar mit 14,14-20 zusammenzuziehen und hier die ursprüngliche Apk zu Ende geben zu lassen (s. die Quellenscheidung von Weyland[22]), die Überarbeitungshypothese von Erbes und Völter) - Dennoch wird es geraten sein, Kap. 12 doch noch einmal daraufhin anzusehen, ob sich in ihm nicht auch ein frohes Geheimnis verbirgt. Und das ist allerdings vorhanden. Das große und frohe Geheimnis Gottes, das mit der siebenten Posaune sich vollendet, ist der in Kap. 12 geschilderte Sturz des Drachens im Himmel. Dieser Vorgang ist in der Tat „das" Geheimnis Gottes, das alles Folgende beherrscht. Denn mag auch der Satan nun noch eine kurze Zeit auf Erden wüten, die Gläubigen haben ihn nicht zu fürchten. „Das wacht er ist gericht, ein Wörtlein kann ihn fällen". In „τοὺς ἑαυτοῦ δούλους τοὺς προφήτας" ist die Voranstellung des ἑαυτοῦ absichtlich und soll hervorheben, inwiefern Gott gerade ihnen die Offenbarung gibt. Es sind jedenfalls nicht alttestamentliche Propheten gemeint, die Berufung auf diese liegt dem Seher ganz fern. Der Seher hat vielmehr christliche, mindestens zeitgenössische Propheten und Prophetinnen vor Augen, er meint sich und seines gleichen. Es ist überdies interessant, wie er sich selbst bewußt ist, im Namen eines ganzen Kreises, einer Klasse zu sprechen, er verarbeitet ja in seinem Werk eine ganze prophetische Literatur. Vgl. Amos 3,7: διότι οὐ μὴ ποιήσει ὁ θεὸς πρᾶγμα, ἐὰν μὴ ἀποκαλύψῃ παιδείαν πρὸς τοὺς δούλους αὐτοῦ τοὺς προφήτας. 10,8.καὶ ἡ φωνὴ, ἣν ἤκουσα ἐκ τοῦ οὐρανοῦ, πάλιν λαλοῦσα(ν) μετ' ἐμοῦ καὶ λέγουσα(ν)[23]. Ist der Nomin. zu lesen, so liegt hier wieder ein Beispiel der Auslassung des Prädikats vor. Die Stimme, die hier gemeint ist, ist weder die Stimme des Engels — das hätte einfacher ausgedrückt werden können — noch die Stimme der sieben Donner V. 4, sondern die schon V. 4 vom Himmel her ertönende Stimme Christi (oder Gottes). ὕπαγε (16,1)[24], λάβε (5,7) τὸ βιβλαρίδιον (s. o. zu V. 2) τὸ ἠνεῳγμένον (s.o.S. 162) ἐν τῇ χειρὶ[25] τοῦ ἀγγέλου τοῦ ἑστῶτος ἐπὶ τῆς θαλάσσης καὶ ἐπὶ τῆς γῆς. 10,9.καὶ ἀπῆλθον πρὸς τὸν ἄγγελον (der Standpunkt des Sehers ist auf der Erde) λέγων αὐτῷ δοῦναί[26] μοι τὸ βιβλαρίδιον. Der Infin. ist von λέγειν abhängig, vgl. Apg 21,21. καὶ λέγει μοι· λάβε καὶ κατάφαγε αὐτὸ, καὶ πικρανεῖ σου τὴν κοιλίαν, ἀλλ' ἐν τῷ στόματί σου ἔσται γλυκὺ ὡς μέλι. Die Stelle schließt sich völlig an Ez 3,1ff. an. Nur in dieser scharfen Gegenüberstellung der verschiedenartigen Wirkungen des zu verschlingenden Buches geht sie über Ezechiel hinaus. Denn dort steht nur: τὸ στόμα σου φάγεται καὶ ἡ κοιλία σου πλησθήσεται, und dann wird weiter berichtet: καὶ ἐγένετο ἐν τῷ στόματί μου ὡς μέλι γλυκάζον. Der Kontrast, der im Ezechiel sachlich vorhanden ist zwischen dem süßschmeckenden Buch und seinem grauenvollen Inhalt, wird hier in das Bild selbst symbolisch hineingelegt, indem das Buch seiner ersten (äußeren) Wirkung nach als angenehm, seiner eigentlichen Wirkung nach als verderblich geschildert wird. Sp. will diese Abweichung als ein Mißverständnis des Apok. von Ez 3,14 (und ich fuhr erbittert im Grimm meines Geistes dahin) unter Kombination mit 3,3 verstehen. Doch sind die Gründe nicht zwingend. Die meisten Ausleger bleiben nun in der Erklärung einfach bei der Erwägung stehen, daß der Empfang einer jeglichen göttlichen Offenbarung an und für sich angenehm, der tatsächliche Inhalt aber gerade dieser Offenbarung unerfreulich sei. Es fragt sich aber doch, ob nicht der Seher in der Schilderung der Wirkung des Buches auf den teils erfreulichen, teils traurigen Inhalt desselben angespielt habe (Heinr., Ew.). Der Inhalt des Buches, das der Seher verschlingt, ist nun offenbar alles von Kap. 12 an Folgende. Denn über die Ereignisse bis zur siebenten Posaune war schon vorher die Rede gewesen. Kap. 12 aber beginnt ja mit dem „frohen Geheimnis" Gottes und schließt in seiner ersten Hälfte mit einem jubelnden Hymnus im Himmel, das ist die Süßigkeit im Munde des Sehers; dann aber folgt das bittere Wehe über die Erdbewohner und die Schilderung der grimmigen Not der letzten Zeit. 10,10.καὶ ἔλαβον τὸ βιβλαρίδιον (s. zu V.2) ἐκ τῆς χειρὸς τοῦ ἀγγέλου καὶ κατέφαγον αὐτὸ, καὶ ἦν ἐν τῷ στόματί μου ὡς μέλι γλυκύ[27]· καὶ ὅτε ἔφαγον αὐτὸ, ἐπικράνθη[28] ἡ κοιλία μου. Man beachte den breiten Stil des Apokalyptikers. Die Reihenfolge der Wirkungen wird hier anders als oben angegeben. Dort handelte es sich um die Hervorhebung des wichtigeren Begriffs, während hier die beim Essen naturgemäße Reihenfolge vorliegt. 10,11.καὶ λέγουσίν μοι. Schwierigkeiten bereitet der Plural des Verbums. Der Apok. denkt an irgendwelche himmlische Stimmen (man sagt mir)[29], wobei allerdings rätselhaft bleibt, weshalb der Apok. nicht die Stimme von V. 8 wiederum reden läßt. Aber weshalb die Sache dadurch besser wird, daß man das λέγουσιν dem Redaktor zuweist (Sp.) ist nicht recht einzusehen. δεῖ (der Seher muß weissagen, eine innere Notwendigkeit treibt ihn) σε πάλιν προφητεῦσαι ἐπὶ (s. o. S. 166) λαοῖς καὶ ἐπὶ ἔθνεσιν καὶ γλώσσαις καὶ βασιλεῦσιν πολλοῖς. Durch die oben vorliegende Symbolik soll also keineswegs dargestellt werden, daß die Weissagung von der Endvollendung vorläufig noch geheim bleiben soll (B. Weiß). Vielmehr spricht dieser Satz es deutlich aus, daß die nun folgenden Weissagungen als Inhalt des verschlungenen Buches gedacht werden. Mit dem „πάλιν" προφητεῦσαι schaut der Apok. dann auf die Fülle von Weissagungen zurück, die er bereits vorgelegt hat. Dann umfaßt die Charakterisierung des Inhaltes der neuen Weissagung den ganzen (von Kap. 12 an) folgenden Inhalt der Apk. Namentlich deutlich wird das, wenn der Apok. in der ihm so geläufigen Wendung (s. zu 5,9) die φυλαί hier durch die βασιλεῖς ersetzt. Denn hier wird offenbar von ihm auf die Kapitel 13. 17. 18 Rücksicht genommen. So tritt zu dem Buch in Kap. 5 ein zweites hinzu und beide zusammen umfassen den Inhalt der ganzen Offenbarung.

Exkurs. In der Beurteilung dieses merkwürdigen Kapitels gehen die Forscher weit auseinander. Eine neue Quelle (ב) läßt hier Weyland beginnen. Er muß aber, um die Rückbeziehungen auf das Vorhergehende zu beseitigen, eine Reihe von Operationen vornehmen. So streicht er das ἄλλος in 10,1, das πάλιν in V. 11, die Erwähnung der siebenten Trompete und der Knechte Gottes V. 7. Auch J. Weiß ist der Meinung, daß bereits in Kap. 10 vom Herausgeber der Apok. eine literarisch fixierte Quelle verarbeitet ist. Er findet in V. 7a (s. o.) eine deutliche Spur der Bearbeitung (Verkoppelung der Quelle mit der Sieben-Posaunenvision) und in dem Symbol des Buches, wie in dem Ausdruck „πάλιν" προφητεῦσαι (V. 11) das Zugeständnis, das der Seher eine bereits vorliegende Quelle übernimmt, in der die Weissagung schon „einmal“ gestanden habe. Über V. 7a ist bereits oben das Nötige gesagt. Die hier gegebene Deutung von V. 11 scheint mir nicht gesichert zu sein (s. o. die Erklärung der Stelle). Ungemein künstlich ist Spittas Kritik. Sp. findet in dem Kapitel 1) den Anfang seiner dritten Quelle (J^2), 2) ein Intermezzo zwischen der sechsten und siebenten Posaune verarbeitet. Was den Anfang von J^2 betreffe, so sei das Buch hier, wie bei Ezechiel, ursprünglich von Gott selbst gegeben. Von Gott und nicht von dem starken Engel seien ursprünglich die Attribute ausgesagt. Diese passten nur zu einer ruhenden und nicht zu einer schreitenden Gestalt und ständen nach καταβαίνοντα am unrechten Platz. V. 2a setze sich dann fort in V. 8, der ursprünglich gelautet habe: καὶ ἤκουσα φωνὼν λέγουσαν etc. Erst durch den Redaktor sei dort der verschrobene Satz zustande gekommen. Im Folgenden sei alles auf den Engel Bezügliche zu streichen und statt λέγουσιν: λέγει zu lesen. Das Intermezzo zwischen sechster und siebenter Posaune aber bilde V. 1a. 2b. 3 (4 Redaktor) (5). 6. (7) und außerdem ein von 9,14f. her zu ergänzender Passus (vgl. V. 6) über die Lösung der Zeitengel.

Annehmbarer ist es schon, wenn Völter 10,1-11,13 für einen Nachtrag von der Hand des Urapokalyptikers hält. Völter fußt namentlich auf der Beobachtung, daß 11,14 (die Verkündigung des zweiten Wehes) sich unmittelbar an Kap. 9 anschließe. 10,1-11,13 sei daher ein eingeschobenes Stück. Dasselbe sei später geschrieben als 1-9. Denn das Intermezzo der sieben Donner bedeute nichts andres, als daß der Seher das Sieben-Posaunengesicht (die sieben Donner sind gleich den sieben Posaunen) noch auf einige Zeit zu versiegeln den Befehl erhalte, das Ende also noch hinausgeschoben werde. Richtig hat Vlt. jedenfalls erkannt, dass Kap. 10,1-11,13 von derselben Hand wie die ersten Kapitel stammen, da sie die mannigfachsten sprachlichen und sachlichen Berührungen mit diesen zeigen (vgl. 10,1 ἄγγελος ἰσχυρός mit 5,2; 10,8 ἡ ἶρις mit 4,3; die weitere Schilderung des Engels mit 1,15.16). Dennoch wird es kaum nötig sein, das Stück 10,1-11,13 als einen Nachtrag von derselben Hand aufzufassen, welches dann von späterer Hand erst an verkehrter Stelle eingerückt ist. Es wird sich doch auch hier empfehlen, die Lösung des Rätsels mit den einfachsten Mitteln und Voraussetzungen in Angriff zu nehmen.

Auf den rechten Weg weisen die Einsichten von Weizs. Schön, Sabatier. Auch nach Weizs. ist 10,1-11,13 ein im Zusammenhang des Ganzen störender Abschnitt. Kap. 10 aber ist nach ihm ein Übergangsabschnitt, in dem der Seher den Befehl bekomme, eine Quelle (die sieben Donner) zu versiegeln, d. h. auszuschalten und eine (das verschlungene Buch, Kap. 11,1-13) einzuschalten. Der Apok. gibt also nach Weizs. in Kap. 10 gleichsam Rechenschaft über die weitere Disposition seiner Schrift.

Schön faßt Kap. 10 als den überleitenden Abschnitt, mit dem der Apok. das kleine jüdische Fragment 11,1-13 einleitet. Sabatier endlich ist der Ansicht, daß der Apok. mit Kap. 10 die ursprüngliche Anlage seines Werkes unterbricht, um hier eine Reihe jüdischer Fragmente einzuschieben, und daß Kap. 10 als die motivierende Einleitung zu diesem Exkurs anzusehen ist.

Bei Sabatier scheinen mir alle Momente einer richtigen Auffassung gegeben zu sein. Kap. 10 ist in der Tat im Wesentlichen ein überleitendes Kapitel von des Apok. eigner Hand, das zwar nicht als Nachtrag anzusehen ist, aber als eine Digression, in welcher der Apok. sich Rechenschaft über den weiteren Verlauf seiner Offenbarung zu geben bemüht, da die Fülle der Gesichte allmählich eine gewisse Unordnung herbeizuführen droht. Es ist aber nicht nur als eine Einleitung zu 11,1-3 zu betrachten, vielmehr weist der letzte Vers: „Du mußt wiederum weissagen über Völker und Nationen, Sprachgebiete und Könige" weit über 11,1-13 bis zu Kap. 17 und 18 hinaus. So steht das Kap. 10 in der Mitte der ganzen großen Komposition und bildet eine mächtige Klammer, durch welche die auseinanderfallenden Bestandteile zusammengehalten werden. Es schaut rückwärts in der Schilderung der Engelerscheinung auf Kap. 1, in der Erwähnung des siebenten Posaunenengels auf die sechs ersten Posaunen, mit dem χρόνος οὐκέτι ἔσται (V. 6) auf 6,9ff., und vorwärts auf das μυστήριον τοῦ θεοῦ, das in Kap. 12 sich enthüllen soll: die erst süße und dann bittere Offenbarung vom Sturz des Drachens aus dem Himmel und seinem letzten großen Kampf auf Erden, bis zu den Königen, die mit dem Lamme kämpfen (Kap. 17). Bei alledem bleibt die Möglichkeit bestehen, dass der Apok. letzter Hand zugleich in Kap. 10 einige Verse, die ursprünglich Einleitung zu dem Quellenstück 11,1ff. waren, verarbeitet hat (vgl. J. Weiß). doch wird sich Genaueres hier kaum ausmachen lassen.

Von Redewendungen des Apok. bemerke noch außer den oben genannten: V. 6 τῷ ζῶντι εἰς τοὺς αἰῶνας τῶν αἰώνων 1,18; 4,9.10; 15,7; ὃς ἔκτισεν τ. οὐρ. etc. 14,7 (vgl. die Dreiteilung οὐρανὸς γῆ θάλασσα); V. 7 εὐαγγελίζειν im Akt. und mit dem Akkus. 14,6; τοὺς ἑαυτοῦ δούλους τοὺς προφήτας 1,1 bis.; 11,18; (15,3); 19,2.5; 22,3.6; V. 11 ἐπὶ λαοῖς καὶ ἐπὶ ἔθνεσιν etc. s. o. S. 176.

Fußnoten:

1. ℵAC An.(¹)⁴ g vg. s¹² a ae. Tic.; αγγελον αλλον An.⁵ Pr.; > αλλον (P) Q Rel.
2. Vgl. B. Weiß, nach dessen Annahme der Seher sich schon mit 8,2ff. auf Erden befand.
3. P An.[15] a > η.

4. τ. κεφαλην AC; τ. κεφαλης d. übr., s. o. S. 166.
5. An. g vg. c a Pr. Vict. και ειχεν.
6. Über βιβλιον, βιβλαριδιον und βιβλιδαριον hier und in V. 8. 9. 10 s. Studien 21, die überwiegende Bezeugung steht, wie mir scheint, an allen Stellen (nur 10,8 könnte man zweifeln) auf Seiten von βιβλαριδιον.
7. > א.
8. οσα א g Pr.
9. μετα ταυτα An.[123], eine nicht ungeschickte Konjektur in An.
10. B. Weiß bemerkt, daß in diesen Donnervisionen speziell vom Ende die Rede war oder sein soll. Aber das läßt sich nicht beweisen.
11. > A An.[1] s[1].
12. אcACP An.[1235] 6. 31.; > אQ Rel.
13. και την γην και τα εν αυτη > A An.[1].
14. κ. τ. θαλ. - εν αυτη > אA Min. g. s.[1] a Pr.
15. εστι א c.
16. An.[3] g cle. fu. dem. tol. c a sa. Pr. > και; Q An.[12] και τελεσθη, doppelter Korrekturversuch. — τελεσθησεται g fu. sa. Pr.
17. Wie Sp. streicht auch J. Weiß diese Worte und findet hier eine unzweifelhafte Spur redaktionellen Eingreifens, durch das die hier vorliegende Vision mit der Sieben-Posaunen-Vision verbunden werden soll. Er macht dafür noch geltend, daß der Satz den Rhythmus des Ganzen störe, und daß das καὶ ἐτελέσθη sich außerordentlich schlecht anschließe. Aber ein Rhythmus ist in Kap. 10 überhaupt nicht vorhanden und das καὶ ἐτελέσθη schließt sich nach vorgenommener Streichung nicht viel besser an. — Gegen Sp.s Anschauung vgl. M. D., A misused scripture text. Apok. 10,5f. Expositor XII 431.
18. An.[23] ο.
19. An.[23] ευηγγελισατο.
20. An.[12] τοις εαυτου δουλοις τοις προφηταις.
21. δουλους αυτου Q Rel. (allerdings die in der Apok. durchaus gebräuchliche Wortstellung).
22. Weyland sieht in dem μυστήριον τοῦ θεοῦ eine Vorausverweisung auf den Evangelienruf 14,6.
23. λαλουσαν - λεγουσαν אAC(P?) Q am. fu. dem. lipss. tol.; fast alle Minuskeln lesen λαλουσα — λεγουσα; es ist möglich, daß die unerträglich harte Konstruktion in den Majuskeln durch eine falsche Korrektur hineingekommen ist; 7 cle. s[1] Pr. lesen και ηκουσα φωνην (φωνην ηκουσα) εκ τ. ουρ. ... λαλουσαν ... λεγουσαν.
24. + και 4. 6. 11. 31. 32. 33. 48 cle. lips.[45] dem. Pr.

25. εκ χειρος 36 g vg. Pr. (C >).
26. δος P An.[123]
27. γλυκυ ως μελι AQ 36 c.
28. εγεμισθη ℵ g Pr. (s. Ezechiel).
29. B. Weiß erklärt: die Stimme vom Himmel her und der Engel.

11,1-2. Die Ausmessung des Tempels. 11,1[1]. καὶ ἐδόθη μοι κάλαμος ὅμοιος ῥάβδῳ[2], λέγων. Eine sehr harte Konstruktion. Zunächst bleibt das Subjekt des Satzes unbestimmt. Das Nächstliegende ist, an den Engel Kap. 10 zu denken (nicht etwa an Christus). Zu κάλαμος ὅμοιος ῥάβδῳ vgl. Ez. 40,2 קְנֵה הַמִּדָּה; LXX κάλαμος μέτρον. Das Partizip λέγων ist ganz lose angehängt, bezieht sich aber jedenfalls auf das in ἐδόθη vorausgesetzte Subjekt. „Man gab mir ein Rohr ... und sprach.“ ἔγειρε (wohlan, das hebräische קוּם) καὶ μέτρησον τὸν ναὸν τοῦ θεοῦ καὶ τὸ θυσιαστήριον καὶ τοὺς προσκυνοῦντας ἐν αὐτῷ. Das Ausmessen kommt im alten Testament als Symbol von dreierlei Bedeutung vor. Ausgeschlossen ist hier durch den Zusammenhang der Ez 40,1ff.; Apk 21,15ff. vorliegende Gedanke, daß ein zukünftiges Gebäude vorweg in allen seinen Teilen genau dem Seherauge dargestellt werden soll. Es bleiben zur Wahl nur die beiden Deutungen, daß durch das Werfen der Meßschnur das angezeigt wird, was erhalten bleiben, oder was zerstört werden soll. Der Gedanke der Erhaltung liegt vor Sach 2,5ff., der Gedanke der Zerstörung Jes 34,1 (er wird eine Meßschnur darüber ziehen, daß sie wüste werde, und ein Richtblei, daß sie öde sei; vgl. Klagel. 2,6ff.; II Kön 21,13. Amos 7,7). Namentlich Erbes 69ff. hat neuerdings allen Nachdruck auf letztere Stellen gelegt und behauptet, daß es sich hier nur um Zerstörung des Tempels handeln könne (Vgl. Harenberg, Züll.). Aber E. hat nicht bewiesen, daß das Werfen des Senkbleis unter allen Umständen die Zerstörung und nicht die Erhaltung bedeute. Es läßt sich hier also nicht durch alttestamentliche Parallelen, sondern nur aus dem Zusammenhang beweisen, und der spricht hier deutlich genug (s. u.). Was nun das Ausmessen von Tempel und Altar betrifft, so kann jedenfalls, wenigstens wenn wir nach dem ursprünglichen Sinn der Stelle fragen, weder ναός noch θυσιαστήριον irgendwie bildlich verstanden werden, da hierauf nichts in dem Zusammenhang (vgl. nachher πόλις) hindeutet. Dann muß ναός das eigentliche (Allerheiligstes und Heiliges umfassende) Tempelgebäude sein. Es folgt daraus weiter, daß mit dem daneben genannten Opferaltar der innerhalb des Tempels befindliche Rauchopferaltar nicht gemeint sein kann. Ohnedies bedeutet θυσιαστήριον ohne nähere Bestimmung immer Brandopferaltar. Endlich hat es keinen Sinn, daß der kleine Rauchopferaltar ausgemessen werden sollte. Nach Ez 41,8 war die Meßrute sechs Ellen lang, der Räucheraltar aber war nur zwei Ellen hoch und eine lang (Sp. 418ff.). Auch Ez 43,13ff. wird der große Brandopferaltar gemessen. Die Erkenntnis, daß hier wirklich von dem Brandopferaltar die Rede ist, macht jedem unklaren Allegorisieren[3] ein Ende. Der Ausdruck καὶ τοὺς ἐν αὐτῷ προσκυνοῦντας bereitet Schwierigkeit. Wenn man übersetzt: „die, welche auf ihm anbeten", so wären hier nur die Priester als zu rettende bezeichnet. Daher wird man gut tun zu übersetzen: die bei ihm (vgl. Joh 8,20 ἐν τῷ γαζοφυλακίῳ διδάσκων) — also in dem Vorhof der Gläubigen — anbeten. Wenn man dann nicht mit Vitringa, Sp. hier eine blasse Metonymie annehmen will, derart, daß das προσκυνοῦντες ἐν αὐτῷ einfach Umschreibung für den Vorhof wird, so ergibt sich von neuem eine Schwierigkeit. Der Ausdruck kann in der gegenwärtigen Situation unmöglich besagen (vgl. V. 2), daß alle Juden als Anbeter im inneren Vorhof gerettet werden sollen, sondern er setzt voraus, daß eine ganz bestimmte Schar von Gläubigen gemeint ist, die in einer bestimmten historischen Situation in der Lage sind, im innern Vorhof anzubeten (s. u. die zusammenhängende Erklärung).

11,2. καὶ τὴν αὐλὴν τὴν ἔξωθεν[4] τοῦ ναοῦ ἔκβαλε ἔξωθεν[5] καὶ μὴ αὐτὴν μετρήσῃς. Es ist zu übersetzen „der äußere Vorhof des Tempels", nicht unter Berufung auf 14,20 „der Vorhof außerhalb des Tempels". Nur so kommt der Gegensatz zu V. 1 rein heraus. ἡ αὐλὴ ἡ ἔξωθεν ist also der äußere Vorhof (= ἡ αὐλὴ ἐξωτέρα Ez 10,5) im Gegensatz zu dem inneren Vorhof mit dem θυσιαστήριον. Ausdrücklich wird nun hier erklärt, daß das Nichtmessen des äußeren Vorhofs ein Hinauswerfen desselben bedeute. Und damit ist ganz klar ausgesprochen, daß durch das Messen des Tempels und des inneren Vorhofs deren Erhaltung in der drohenden allgemeinen Zerstörung angedeutet ist. Denn jedenfalls haben Tempel und äußerer Vorhof ein diametral entgegengesetztes Geschick. Anzunehmen aber, daß der Tempel zerstört und der äußere Vorhof nach der Meinung des Sehers erhalten bleiben soll, ist sinnlos. Übrigens liegt schon in dem ἐκβάλλειν der Sinn des Hinaustuns zur Vernichtung. ὅτι ἐδόθη τοῖς ἔθνεσιν. „Denn gegeben wurde er (nämlich der äußere Vorhof) den Heiden", oder „es (vgl. das Folgende) wurde den Heiden gegeben". Die letzte Auffassung ist wohl vorzuziehen. Den Heiden wird ja tatsächlich die Vernichtung der ganzen Stadt gegeben, zu welcher nach der Erklärung des Apok. (ἔκβαλε ἔξωθεν) auch der äußere Vorhof gehört. Vgl. auch die Wendung V. 3 καὶ δώσω — καὶ προφητεύσουσιν. Die Begründung, die mit ὅτι eingeleitet ist, umfaßt also dann die beiden folgenden Satzglieder. καὶ τὴν πόλιν τὴν ἁγίαν (21,2.10; 22,19; Mt 27,53) πατήσουσιν μῆνας τεσσεράκοντα καὶ[6] δύο. Die 42 Monate sind die 3½ Zeiten (Jahre) oder 1260 Tage: Da 7,25; 12,7. Zum Terminus πατεῖν vgl. Ps. Sal. 2,19; 7,2; 17,22. Eine direkte Parallele liegt Lk 21,24 vor: καὶ Ἰερουσαλὴμ ἔσται πατουμένη ὑπὸ ἐθνῶν, ἄχρις οὗ πληρωθῶσιν καιροὶ ἐθνῶν. Aus dem Futurum πατήσουσιν geht übrigens hervor, daß bei dem ἐδόθη nur an ein Geben der göttlichen Absicht, dem göttlichen Plane nach zu denken ist, aber noch nicht an ein schon tatsächlich vollzogenes. Die Erklärung dieses rätselhaften Fragmentes kann erst mit der des folgenden Abschnittes gegeben werden.

11,3. καὶ δώσω τοῖς δυσὶν μάρτυσίν μου, καὶ προφητεύσουσιν (hebraistische Auflösung der Inf.-Konstruktion s. o. V. 2) ἡμέρας χιλίας διακοσίας ἑξήκοντα περιβεβλημένοι[7] σάκκους. Der Seher sieht zwei Zeugen, die im Bußsack d. h. als Bußprediger auftreten. Der Ursprung dieser apokalyptischen Erwartung liegt bis jetzt noch völlig im Dunkeln, und damit ist auch die Beantwortung der Frage, wer die Zeugen seien, sehr erschwert. Im Judentum war ursprünglich nur die Erwartung eines Zeugen, nämlich des Elias lebendig. Diese Erwartung (vgl. Bousset, Rel. d. Judent. 219) knüpft an die Weissagung Mal 3,1.3.23f. an und findet sich zuerst Jes. Sir 48,10-11; im neuen Testament Mk 6,15 u. Par., 8,28 u. Par., 9,11 und Par., Mk 1,2f.; Mt 11,10.14 und Par.; vgl. Sib. II 187; Justin., Dialog. c. Tryph. 8 und 49; Lactanz, Instit. VII 17, beides Schriftsteller, denen jüdische Tradition in reichem Maß zur Verfügung stand. Auch die spätere jüdische Apokalyptik kennt nur einen Zeugen (Bousset, Antichrist 137). Es scheint also hier eine fremde Vorstellung in die jüdische oder urchristliche apokalyptische Gedankenwelt eingedrungen zu sein, und es ist sehr wahrscheinlich, daß an diesem Punkte weitere religionsgeschichtliche Forschungen Aufschluß geben werden. Analoge Vorstellung von mehreren Begleitern des Messias bei dessen Ankunft sind übrigens bereits ziemlich früh nachweisbar. Schon Mk 9,4 erscheint Jesus in seiner zukünftigen Herrlichkeit von zwei Begleitern, Moses und Elias, umgeben. IV Esr 6,26 läßt am Ende die Männer erscheinen, die den Tod nicht geschmeckt haben. Zu diesen Begleitern des Messias rechnete man nach späteren Traditionen Moses, Esra, Baruch, Jeremias (Mt. 16,14), Hiob (Religion d. Judentums S. 220), die späte Eliasapok. kennt sogar 60 Vorläufer des Messias (ed. Steindorff 97. 165). — Aber das sind entferntere Parallelen und im allgemeinen steht die Tradition von den beiden der bösen Macht unterliegenden Vorläufern des Messias — man beachte auch den eigentümlichen Ausdruck „die beiden Zeugen“ — ziemlich isoliert da. Die Überlieferung von den beiden Zeugen in der Antichristtradition (Bousset 134ff.), scheint doch im großen und ganzen, wenn auch hier und da selbständige Züge in der späteren Überlieferung auftauchen, von der Apok. abhängig zu sein. Mindestens hilft sie uns nicht weiter in der Erkenntnis des ursprünglichen Sinnes und der Herkunft der vorliegenden eschatologischen Tradition. Die nächste Parallele hat diese Phantasie von den beiden von dem Tier getöteten Zeugen übrigens an der späteren jüdischen Erwartung des Messias ben Joseph (Ephraim), d. h. eines den feindlichen Mächten unterliegenden Vorläufers des Messias ben David (Religion d. Judentums 218f.). Aber auch die Herkunft und Genesis der Idee vom Messias ben Joseph ist zur Zeit noch ebenso rätselhaft wie die von den beiden Zeugen. Erinnert mag auch noch daran werden, daß die spätere persische Apokalyptik drei Messiasgestalten, je eine am Ende je eines Millenniums der letzten Zeit kennt und die beiden ersten als Vorläufer des letzten eigentlichen Messias gelten. Aber hier ist wieder keine Rede von leidenden und unterliegenden Vorläufern.

Es erübrigt noch zu fragen, wer die beiden Zeugen im Sinne unseres Apokalyptikers sein sollen. Nach der Charakteristik V. 6 scheint es als wenn er an Moses und Elias denkt. Er kommt also hier der Vorstellung in Mk 9 (Moses und Elias neben dem Messias) am nächsten. Über die Wiederkunft des Elias ist bereits oben das nötige gesagt. Die Wiederkunft des Moses war — übrigens wie die des „Boten“ im Maleachi — eine selbständige messianische Erwartung, die im Anschluß an Dt 18,15 entstanden war (Joh 1,21; 6,14; 7,40 u. ö.). Als sich dann die Erwartung des messianischen Königs gefestigt hatte, wurden die beiden Gestalten, Elias und Moses, ihr als Begleiter oder Vorläufer untergeordnet. Bemerkenswert bleibt es, daß die spätere Tradition in den Antichristapokalypsen fast einstimmig Elias und Henoch als die beiden Zeugen auffaßt. — Weshalb endlich die beiden Vorläufer μάρτυρες genannt werden, kann ebenfalls nicht mit Bestimmtheit gesagt werden. Es wäre möglich, daß der Apok. diese ganz seiner sonstigen Redeweise entsprechende Benennung selbst geschaffen hat. — Die Zeitdauer der Wirksamkeit der beiden zeugen wird auf 1260 Tage, d. h. auf die seit Daniel bekannte apokalyptische Zahl von 3½ Jahren angegeben[8]. Die Zeit der Eliasplage beträgt nach I Kö 18,1 nur drei Jahre. Wenn Lk 4,25; Jak 5,17 ebenfalls 3½ Jahre angeben, so sind auch diese Stellen apokalyptisch bestimmt. Große Schwierigkeit bereitet endlich auch die Frage, wo die beiden Zeugen eigentlich auftreten, weshalb sie kommen, wem sie Buße predigen. Der Zusammenhang mit dem Vorhergehenden ist ein sehr loser. Das zeigt sich schon daran, daß in dem καὶ δώσω offenbar plötzlich Gott (oder Christus, B. Weiß) redet, während man kaum (mit Sp.) als Subjekt des λέγων in V. 1 Gott annehmen darf. Das Wahrscheinlichste ist es, an ein Auftreten der Zeugen in Jerusalem und an eine Bußpredigt unter den Juden zu denken. Aber schon Züll. und nach ihm Sp. denken wesentlich an eine Bußpredigt unter den Heiden und Sp. läßt die Zeugen in Rom auftreten (s. das Genauere weiter unten).

11,4. οὖτοί εἰσιν αἱ δύο ἐλαῖαι καὶ αἱ[9] δύο λυχνίαι αἱ[10] ἐνώπιον τοῦ κυρίου[11] τῆς γῆς ἑστῶτες[12] (s. o. S. 161). Das Bild ist entworfen nach Sacharja[13] 4,2f.12.14, allerdings in freier Überarbeitung. Denn dort ist von einem siebenarmigen Leuchter die Rede, an dessen beiden Seiten zwei Ölbäume, in der Deutung Josua und Serubabel, stehen. Sonderbarerweise werden die beiden Zeugen in der Apk außerdem als zwei Leuchter bezeichnet. Jedenfalls sollen die beiden Zeugen als die schon bei Sacharja geweissagten hervorragenden Diener des Herrn („die Ölsöhne" Sach 4,14) charakterisiert werden. Daher auch der bestimmte Artikel. Es kann nach dem uns vorliegenden Material nicht entschieden werden, ob nur eine phantastische Kombination des Apok. hier vorliegt, oder ob auch die beiden Gestalten, die Sacharja schaut, in einen weiteren religionsgeschichtlichen Zusammenhang hineingehören, also von Sach nur auf Josua und Serubabel gedeutet wären (vgl. Gunkel, Schöpfung und Chaos 129).

11,5. καὶ εἴ τις αὐτοὺς θέλει[14] ἀδικῆσαι, πῦρ ἐκπορεύεται[15] ἐκ τοῦ στόματος αὐτῶν καὶ κατεσθίει τοὺς ἐχθροὺς αὐτῶν. Vgl. Jer 5,14: ἰδοὺ ἐγὼ δέδωκα τοὺς λόγους μου εἰς τὸ στόμα σου πῦρ. Sir 48,1: ἀνέστη Ἡλίας προφήτης ὡς πῦρ, καὶ ὁ λόγος αὐτοῦ ὡς λαμπὰς ἐκαίετο (II Kön 1,10; Num 16,35). Sibyll. II 188-189 heißt es von Elias: τότε σήματα τρισσὰ κόσμῳ ὅλῳ δείξει. Richtig Dstd.: was Jeremias 5,14 vergleichsweise gesagt ist, das erscheint hier in furchtbarer Wirklichkeit. Sirach nimmt etwa eine Mittelstellung ein. καὶ εἴ τις θέλει (θελήσῃ)[16] αὐτοὺς[17] ἀδικῆσαι[18] οὕτως δεῖ αὐτὸν ἀποκτανθῆναι. Er soll so, nämlich durch das Feuer, umkommen. Diese wie die folgenden Züge sind aus dem Leben des Elias und Moses entlehnt (vgl. hier II Kön 1,10ff.). 11,6. οὗτοι ἔχουσιν[19] ἐξουσίαν, κλεῖσαι τὸν οὐρανόν[20], ἵνα μὴ ὑετὸς βρέχῃ τὰς ἡμέρας τῆς προφητείας αὐτῶν. I Kön 17,1; Sir 48,2f; Lk 4,25; Jak 5,17. καὶ ἐξουσίαν ἔχουσιν ἐπὶ τῶν ὑδάτων, στρέφειν αὐτὰ εἰς αἷμα καὶ πατάξαι τὴν γῆν ἐν (s. o. S. 167f.) πάσῃ πληγῇ ὁσάκις ἐὰν[21] θελήσωσιν[22]. Vgl. Ex 7,19ff. Der Apok. hat bei dem ἐν πάσῃ πληγῇ offenbar die übrigen ägyptischen Plagen vor Augen.

11,7. καὶ ὅταν τελέσωσιν (Fut. exactum) τὴν μαρτυρίαν αὐτῶν, τὸ θηρίον[23] τὸ ἀναβαῖνον ἐκ τῆς ἀβύσσου ποιήσει μετ' αὐτῶν πόλεμον καὶ νικήσει αὐτοὺς καὶ ἀποκτενεῖ αὐτοὺς. Die Erwähnung „des" (beachte den bestimmten Artikel) aus der Abyssus aufsteigenden Tieres kommt hier ganz plötzlich und überraschend. Man kann auch nicht sagen, daß dasselbe hier proleptisch unter Hinblick auf Kap. 13 und 17 eingeführt sei. Denn weder wird es als das Tier mit der Todeswunde, noch als das aus der Abyssus wiederkehrende Tier bezeichnet; es steht ganz für sich in einer eigenartigen Situation, die aber nicht mehr deutlich und durchsichtig ist. Auch bleibt es völlig dunkel, in welchem Verhältnis das Tier zu den beiden Zeugen steht, weshalb diese von jenem getötet werden. Das sind jedoch Rätsel, welche man nicht durch eine kritische Behandlung der Apk selbst, sondern nur von einem umfassenderen Gesichtspunkt aus lösen kann.

Verfehlt ist es jedenfalls, mit Sp. hier das Tier ganz zu beseitigen und die beiden Zeugen eines natürlichen Todes sterben zu lassen. Der apokalyptische Torso, der dann übrig bleibt, wird nur um so rätselhafter. Auch ist es methodisch bedenklich, aus einem apokalyptischen Bild einen Hauptzug so einfach kritisch zu beseitigen. Wenn Sp. für seine kritische Operation den Grund geltend macht, daß es in einer jüdischen Apk undenkbar sei, daß die Vorläufer des Messias von der antimessianischen Macht getötet würden, so ist das zunächst gar nicht richtig (Vgl. Die Rolle des Messias ben Joseph in den späteren jüdischen Apokalypsen), und ferner ist es methodisch verkehrt, jüdische Abfassung von Kap. 11 in dieser Weise als Axiom vorauszusetzen. Sollte sich erweisen, daß die Apokalypse 11,1-13 an einem Hauptpunkte als jüdische Schrift unbegreiflich sei, dann hat man sie eben als christliche zu betrachten. Erbes hält das Tier an dieser Stelle für ursprünglich, 17,8 für eine Kombination von 11,7 mit Kap. 13 und findet hier den jüdischen Antichrist (76; s. u.). Man wird aber über die Fragestellung jüdisch oder christlich weit hinübergehen müssen und zunächst einmal anzuerkennen haben, daß wir hier ebenso wie im Falle der beiden Zeugen das Fragment einer mythologischen Vorstellung haben, die weder aus den uns bekannten Prämissen des Judentums noch denen des Christentums recht ihre Erklärung findet. Auch die beiden Zeugen zeigen hier einen noch fremdartigeren Charakter. Es sind keine Bußprediger mehr, sondern Heroen, die mit dem höllischen Tier (Drachen) Krieg führen und im Kampfe fallen.

11,8. καὶ τὸ πτῶμα[24] αὐτῶν ἐπὶ τῆς πλατείας τῆς πόλεως τῆς μεγάλης, ἥτις καλεῖται πνευματικῶς Σόδομα καὶ Αἴγυπτος, ὅπου καὶ (wie jene Zeugen) ὁ κύριος αὐτῶν ἐσταυρώθη. Auch Jes 1,9f.; Ez 16,46.49 (vgl. Jer 23,14; Dt 32,32) wird Jerusalem Sodom genannt, die Bedeutung Ägyptens im alten Testament ist bekannt. Die Kritiker, die für jüdische Herkunft des Kapitels eintreten, sind gegenüber diesem klaren und bestimmten Urteil über Jerusalem in einiger Verlegenheit. Der Nebensatz ὅπου καὶ ὁ κύριος αὐτῶν ἐσταυρώθη läßt sich ja allerdings leicht beseitigen, und das tun denn auch fast sämtliche Kritiker. Dann bleibt aber immer noch das unbedingte Urteil über Jerusalem. Weyl. findet daher in τῆς πόλεως τῆς μεγάλης einen Übersetzungsfehler (גדולה statt קדושה) und streicht dann ἥτις – Αἴγυπτος, eine einfache Vergewaltigung des Textes. Vischer postuliert statt μεγάλη πόλις ein ἁγία πόλις, weil Jerusalem 11,2 so genannt werde. Sp. dagegen deutet die große Stadt auf Rom (so schon Arethas). Auch 14,8; 16,19; 17-18 werde Rom die große Stadt genannt, dagegen niemals Jerusalem. Doch wird Jerusalem Sib. V 154. 226. 413 (Apk 21,10 in Handschrn.) die große Stadt genannt (vgl. Ps.-Hecataeus bei Josephus c. Apion I 197ff.). Wenn sie 11,2 ἁγία πόλις heißt, so ist das höchstens ein Beweis, daß 11,1f. und 11,3 künstlich zusammengearbeitet sind. Der Zusammenhang deutet ganz bestimmt nach Jerusalem, auf Rom führt auch nicht die leiseste Spur[25]. Wenn der Apok. hier Rom gemeint hätte, so hätte er das unbedingt sagen müssen. Nach der gesamten jüdischen Tradition ist es selbstverständlich, daß die beiden Zeugen in Jerusalem auftreten. Es muß also Sp. gegenüber unbedingt daran festgehalten werden, daß als Schauspiel dieser Szene nur Jerusalem in Betracht kommen kann (s. namentlich noch das zu V. 13 Bemerkte). Das Rätsel der hier gegebenen Charakteristik Jerusalems wird weiter unten gelöst werden.

11,9. καὶ βλέπουσιν[26] ἐκ (s. o. S. 166) τῶν λαῶν καὶ φυλῶν καὶ γλωσσῶν καὶ ἐθνῶν (s. o. S. 176) τὸ πτῶμα[27] αὐτῶν ἡμέρας τρεῖς καὶ ἥμισυ, καὶ τὰ πτώματα αὐτῶν (beachte den Wechsel des Numerus) οὐκ ἀφίουσι[28] (ἀφήσει Pr.) (zur Form vgl. Mk 1,34; 11,26; Lk 11,4; Joh 20,23, Hndschrn., Schmiedel § 14,16) τεθῆναι εἰς μνῆμα[29]. Der Zusammenhang ist hier wieder ein überaus dunkler, namentlich wenn man daran festhält, daß die Szene 11,1-13 sich in Jerusalem abspielt. Wer sind die Völker und Nationen? Von neuem könnte sich hier ein Grund ergeben, die Szene nach Rom zu verlegen. Immerhin bietet sich nach dem richtigen Verständnis von V. 1 und 2 eine einigermaßen befriedigende Erklärung. Man kann die Völker und Nationen auf das Belagerungsheer vor Jerusalem beziehen (B. Weiß). Aber dennoch bleibt der Ausdruck seltsam. Es muß daher beachtet werden, daß Pr. den Singular des Prädikats (non sinet sc. τὸ θηρίον) gelesen hat. Dann fiele freilich V. 9a καὶ βλέπουσιν – ἥμισυ aus dem Zusammenhang heraus. Sollte sich im Lauf der Untersuchung herausstellen, daß der Apok. hier eine Quelle bearbeitet, so würden wir mit einiger Sicherheit (vgl. auch die Wendung τῶν λαῶν καὶ φυλῶν etc.) in V. 9a einen Zusatz von seiner Hand zu erkennen haben (s. u.). Die Nichtbestattung gilt als eine besondre Schmach. Ps 79,3; Ps Salom. 2,27; Joseph. B. J. IV 314ff. 3½ Tage bleiben die Leichname, weil ihre Bestattung verhindert wird, unbestattet. Die 3½ Tage entsprechen den 3½ Jahren ihrer Wirksamkeit, vielleicht auch den drei Tagen, welche Christus im Grabe geblieben ist. Über die Frist von 3 (3½) Tagen vgl. Gunkel, z. religionsgesch. Verständnis des neuen Testaments 80. Gunkel will die vielfach sich findende Dreizahl letztlich auf einen Mythus vom Sonnengott zurückführen. Die drei Wintermonate, in denen der Sonnengott gleichsam gestorben ist, seien zugleich die böse Zeit der Trübsal. 3½ sei nur eine Variante von 3. G. wird im allgemeinen Recht haben, doch ist es ihm nicht gelungen, die Zahl 3½ zu erklären. Sie hat ihre besonderen Wurzeln. Aber später, wie an unsrer Stelle, fließen die Vorstellungen in der Tat zusammen.

11,10. καὶ οἱ κατοικοῦντες ἐπὶ τῆς γῆς χαίρουσιν[30] ἐπ' αὐτοῖς καὶ εὐφραίνονται[31] καὶ δῶρα πέμπουσιν[32] (πέμψουσιν) ἀλλήλοις, ὅτι οὗτοι οἱ δύο προφῆται ἐβασάνισαν τοὺς κατοικοῦντας ἐπὶ τῆς γῆς. Es ist wahrscheinlich überall das Präsens zu lesen; die Veränderung ins Futurum lag so nahe, daß es begreiflich wird, wie bald hier, bald dort in den Handschriften geändert ist. Die Schwierigkeiten häufen sich noch in diesem Vers. Es fragt sich zunächst, ob die Bewohner der Erde identisch sind mit den Völkern und Nationen des vorigen Verses. Mit einiger Wahrscheinlichkeit kann diese Frage verneint werden. Denn die Völker und Nationen sind nach dem Vorhergehenden offenbar in Jerusalem gedacht, hier aber ist ausdrücklich von den Bewohnern der ganzen Erde die Rede. Dann aber ist es wieder rätselhaft, was die Bewohner der Erde mit den beiden Propheten, die in Jerusalem im Kampf mit dem aus dem Abgrund aufsteigenden Tier auftreten, zu tun haben. Es läge daher fast nahe, daran zu denken, daß hier — ursprünglich wenigstens — die Bewohner des Landes (Palästinas) gemeint waren. Zu dieser Annahme würde dann auch stimmen, daß die κατοικοῦντες ἐπὶ τῆς γῆς in 3 ½ Tagen von dem Tode der Zeugen hören und sich gar Geschenke schicken können. — Es ließe sich allenfalls dagegen sagen, daß die Plagen, welche die beiden Zeugen verhängen, ja doch die ganze Erde betreffen und deshalb die Bewohner der Erde sich über den Tod der Zeugen freuen können (B. Weiß). Aber die Kürze der Zeitfrist in der das geschieht, bliebe doch immer bedenklich. — Freilich der Apok. letzter Hand hat jedenfalls „die Bewohner der Erde" seinem sonstigen Sprachgebrauch gemäß verstanden. Die Schilderung der Freude der Erdbewohner erinnert an Est 9,19: ἐξαποστέλλοντες μερίδας καὶ τοῖς πλησίον... 22 ... τοῖς φίλοις καὶ τοῖς πτωχοῖς. Neh 8,10.12.

11,11. καὶ μετὰ τὰς[33] τρεῖς ἡμέρας καὶ ἥμισυ πνεῦμα ζωῆς (Lebensgeist Gen 6,17; Ez 37,5) ἐκ τοῦ θεοῦ εἰσῆλθεν ἐν[34] (s. o. S. 167) αὐτοῖς, καὶ ἔστησαν ἐπὶ τοὺς πόδας αὐτῶν, καὶ φόβος μέγας ἐπέπεσεν[35] ἐπὶ τοὺς θεωροῦντας (ein johanneisches Wort) αὐτούς. Vgl. Mt 27,54; Ez 37,10: καὶ εἰσῆλθεν εἰς αὐτοὺς τὸ πνεῦμα, καὶ ἔζησαν καὶ ἔστησαν ἐπὶ τῶν ποδῶν αὐτῶν. 11,12. καὶ ἤκουσα (ἤκουσαν[36]) Die Entscheidung zwischen den beiden Lesarten ist sehr schwierig. Das ἤκουσα würde der sonstigen Gewohnheit des Apok. (vgl. namentlich 12,10) entsprechen. ἤκουσαν ist äußerlich zwar etwas besser [AC vg.!] bezeugt, erklärt sich jedoch leicht als eine Verbesserung nach dem Zusammenhang. Wenn ἤκουσαν zu lesen ist, so mag betont werden sollen, daß die, welche soeben noch als Leichen dalagen, nunmehr die Stimme hören. φωνὴν (ῆς) μεγάλην (ης)[37] ἐκ τοῦ οὐρανοῦ λέγουσαν (ούσης) (s. o. S. 163) αὐτοῖς· ἀνάβατε ὧδε, καὶ ἀνέβησαν εἰς τὸν οὐρανὸν ἐν τῇ (> sa; auch hier scheint die Vorliebe des Apok. für den bestimmten Art. vorzuliegen; s. o. S. 174) νεφέλῃ, καὶ ἐθεώρησαν αὐτοὺς οἱ ἐχθροὶ αὐτῶν. καὶ – αὐτῶν erklärt Sp. für eine Glosse, ohne ersichtlichen Grund. Man hat wohl darauf hingewiesen, daß der hier vorliegende Zug ganz bestimmt auf einen christlichen Ursprung des Stückes hindeute (vgl. meine Ausführungen in der früheren Auflage), allein mit Unrecht.

Der Zug ist aus jüdischen Prämissen (Himmelfahrt des Elias II Kön 2,11, Sterben [und Auferstehen] des Messias IV Esr 7,29) sehr wohl zu verstehen. Läge hier eine Parallele zu Christi Auferstehung vor, so müßte τῇ τρίτῃ ἡμέρᾳ oder μετὰ τὰς τρεῖς ἡμέρας hier stehen[38].

11,13. καὶ[39] ἐν ἐκείνῃ τῇ ὥρᾳ[40] ἐγένετο σεισμὸς μέγας, καὶ τὸ δεκατὸν τῆς πόλεως ἔπεσεν. Das Erdbeben erinnert an Mt 27,51. καὶ ἀπεκτάνθησαν ἐν τῷ σεισμῷ ὀνόματα (3,4) ἀνθρώπων χιλιάδες ἑπτά. Diese Zahlenangabe paßt zwar allenfalls zur Bevölkerungsziffer Jerusalems, das nach der Angabe des Hecataeus (Josephus, contra Apionem I 197) 120000 Einwohner hatte, aber jedenfalls nicht zu der Roms. Pr. liest übrigens „LXX milia hominum" (vielleicht bereits eine absichtliche Korrektur). καὶ οἱ λοιποὶ ἔμφοβοι ἐγένοντο καὶ ἔδωκαν δόξαν τῷ θεῷ τοῦ οὐρανοῦ. Im Gegensatz dazu vgl. 9,21; 16,9. Der Ausdruck θεὸς τοῦ οὐρανοῦ ist wie die Wendungen θεὸς ζῶν, κύριος ὁ θεὸς ὁ παντοκράτωρ, die Charakterisierung Gottes als des Schöpfers in der spätjüdischen Literatur beliebt (Bousset, Rel. d. Judentums 306), im NT nur hier und 16,11. Der außerordentlich günstige Ausgang der Plage legt es ebenfalls nahe, nicht an Rom, sondern an Jerusalem zu denken.

11,14. ἡ οὐαὶ ἡ δευτέρα ἀπῆλθεν· ἰδοὺ ἡ οὐαὶ ἡ τρίτη ἔρχεται[41] ταχύ. Vgl. 8,13; 9,12. Dieses zweite Wehe hätte man eigentlich schon am Ende der sechsten Posaune erwarten müssen. Und so erscheint — schon rein literarisch betrachtet — 10,1-11,13 als ein eingesprengtes Stück.

Exkurs zu 11,1-13[42]. Darin, daß 11,1-13 ein zwischen die sechste und siebente Posaune eingesprengtes Stück sei, sind sich fast alle Kritiker einig. Schon Vischer erkannte in seiner Kritik den singulären Charakter von Kap. 11. Vlt. sah in ihm einen Nachtrag aus dem Jahre 70. Weizs., Sabatier, Schön (ähnlich Pfleiderer und Schmidt) fanden hier ein apokalyptisches Fragment, als dessen Einleitung sie Kap. 10 ansahen. Für Weyland und Sp. bildete Kap. 11 (mit der Einleitung in Kap. 10) den Anfang einer neuen Quelle. In der Beurteilung dieses Stückes als eines Fremdkörpers in der Apk ist nahezu Einigkeit erreicht. Die wichtigste Beobachtung, die wir in dem bisherigen Verlauf der Untersuchung gemacht haben, ist die des durchaus fragmentarischen und dadurch rätselhaften Charakters des Fragments. Schon die Stellung dieses Stückes, das den Zusammenhang der Posaunenvision (vgl. auch die Stellung der beiden Wehe) empfindlich unterbricht, genügt zum Beweis dieser These. Deutlich wird der Charakter des Abschnittes auch aus der plötzlichen und abrupten Erwähnung des Tieres aus dem Abgrund. Aus freien Stücken hätte der Apok., in dessen Weissagung das Tier eine so große Rolle spielt, nie ein Tier aus dem Abgrund hier bereits eingeführt, ohne dessen Verhältnis zu den folgenden

Erscheinungen zu erörtern, wenn ihm nicht hier ein quellenmäßiger Zusammenhang vorgelegen hätte.

Es besteht aber dieses Stück wieder aus zwei kleineren, 11,1-2 und 11,3-13 (12), die zunächst jedes für sich untersucht werden müssen. Seit den verdienstlichen Untersuchungen Wellhausens über diesen Abschnitt (Skizzen und Vorarbeiten VI 221-223) ist nun zunächst eine ganz genaue Datierung des kleinen Fragmentes 11,1-2 und dessen völlig zureichende Deutung möglich geworden. Es muß in einer Zeit äußerster nationaler Not geschrieben sein. Die heilige Stadt gilt dem Seher bereits als verloren, sie soll den Heiden gegeben werden. Aber er erhofft die Rettung des Tempels und des inneren Vorhofes mit seinem Brandopferaltar. Weiter noch führt uns die Angabe, daß οἱ πορσκυνοῦντες ἐν αὐτῷ (τῷ θυσιαστηρίῳ) gerettet werden sollen. Hier kann der Seher in der gegenwärtigen Situation kaum an alle Juden, die zu irgend einer Zeit beim Brandopferaltar anbeten, denken. Wen aber mag er damit meinen? Da wir aller Wahrscheinlichkeit nach die hier geschilderte Situation auf die Zeit der Belagerung Jerusalems 67-70 zu beziehen haben, so werden wir uns die Frage zu stellen haben, ob in dieser Zeit das οἱ πορσκυνοῦντες ἐν αὐτῷ nicht einen ganz bestimmten Sinn gehabt haben könnte. Nun wissen wir, daß zur Zeit der Belagerung der Tempel und der innere Vorhof das Hauptquartier der Zeloten war. Damit ist die Situation für 11,1-2 tatsächlich gegeben. Wir haben hier ein zelotisches Flugblatt. Es ist in der Zeit der Belagerung Jerusalems geschrieben. Es wird geweissagt: die Römer sollen die Stadt Jerusalem, ja selbst den äußeren Vorhof einnehmen, aber an dem Widerstand der Zeloten im Innern des Tempels sollen ihre Angriffe scheitern, und nur eine bestimmte Zeit — die Zeit der letzten Not hindurch — sollen die Heiden die Stadt Jerusalem zertreten. Man beachte, daß von einer Zerstörung Jerusalems hier nicht die Rede ist[43].

Wir gehen zur Betrachtung des zweiten Stückes V. 3-13 über. Seinem allgemeinen Charakter nach enthält dieses reine Zukunftsweissagung, bei der man zunächst auf jede zeitgeschichtliche Deutung wird verzichten müssen. Und zwar haben wir diese Zukunftsweissagung in einer so rätselhaften und fragmentarischen Form, daß jeder Versuch der näheren Deutung zu scheitern scheint. Die Weissagung von den beiden Zeugen ist jedenfalls ein stehen gebliebenes Rudiment, dessen Herkunft und Bedeutung für uns unerkennbar bleibt (s. o. S. 317f.). Das aus dem Abgrund auftauchende Tier ist allerdings eine seit Daniel der jüdischen Apokalyptik im allgemeinen geläufige Figur. Aber alle näheren Umstände, unter denen diese Gestalt hier auftritt, sind hervorragend undeutlich. Soll das Tier eine rein mythologische Figur, oder wie bei Daniel Symbol eines Reiches, oder eine persönliche, geschichtliche Gestalt sein? In welcher Beziehung steht es zu Jerusalem, der Stadt, in welcher es auftritt? In welcher Beziehung zu den hier erwähnten Völkern und Nationen? In welchem Verhältnis stehen die Zeugen zum Tiere? Weshalb tötet das Tier die Zeugen? Das sind alles Fragen, auf die der Apok. keine Antwort gibt.

Vielleicht kommen wir weiter, wenn wir die Beziehung des Stückes zu seiner Umgebung untersuchen. Wir stellen die Frage, in welchem Verhältnis 11,3-13 zu dem kleinen, in seiner Bedeutung durchsichtigen Fragment 11,1-2 steht. Und hier läßt sich nun zunächst beweisen, daß die Verbindung der beiden Stücke nicht von unserm Apok. vorgenommen sein kann, ja überhaupt nicht von einem Apokalyptiker, der nach der Katastrophe vom Jahre 70 schrieb. Denn nur unter der Voraussetzung, daß die Stücke in einer vor dem Jahre 70 geschriebenen Apokalypse zusammenstanden, gewinnen sie einen guten Sinn und einen inneren Zusammenhang. Nach V. 1-2 wird nämlich, wie wir sahen, Jerusalem nicht zerstört, sondern nur den Heiden gegeben, während der Tempel sogar erhalten bleibt. Und eben nur in dieser Situation ist die folgende Weissagung denkbar. Der Bestand der Stadt ist hier ganz klar vorausgesetzt[44]. In der von den heidnischen Heeren besetzten Stadt haben wir uns die Szene der beiden Zeugen und des aus dem Abgrund auftauchenden Tieres zu denken. Das ganze Bild 11,1-13 kann nur von einem vor dem Jahre 70 schreibenden Apokalyptiker entworfen sein, für einen späteren sind disjecta membra. Da nun V. 1-2 ein in der Zeit der Belagerung Jerusalems geschriebenes Fragment ist, und da. V. 3-13 mit diesem Fragment vor 70 verbunden sein muß, so liegt es nahe, anzunehmen, daß die beiden Stücke überhaupt von jeher in einer Apk zusammengestanden haben. Dagegen erheben sich nun allerdings verschiedene Bedenken. V. 1-2 sind von einem jüdischen Zeloten geschrieben; können V. 3-13 von derselben Hand stammen? Der eine spezifisch christliche Satz ὅπου καὶ ὁ κύριος αὐτῶν ἐσταυρώθη[45] ließe sich mit leichter Mühe beseitigen und dem christlichen Apok. zuschreiben, wie denn hier die Kritiker nahezu einstimmig für Ausscheidung des Satzes eintreten. Sonst findet sich in dem Stücke nichts, das uns zwänge, christliche Herkunft anzunehmen. Auch den Zug der Auferweckung und Himmelfahrt der Zeugen darf man nicht dagegen ins Feld führen. Denn die Phantasie ist aus jüdischen Prämissen sehr wohl erklärbar und muß aus nichtchristlichen Prämissen verstanden werden, weil hier die Auferweckung nach 3½ und nicht nach 3 Tagen erfolgt (s. den Kommentar). Vom Standpunkt des zelotischen Verfassers, der sich mit seinen Parteigenossen im Tempel verschanzt hat, erklärt sich auch die Charakterisierung Jerusalems — ἥτις καλεῖται πνευματικῶς Σόδομα καὶ Αἴγυπτος — ausgezeichnet. Ein Einwand ließe sich noch gegen diese Kombination erheben. Man könnte fragen, ob ein in einer so akuten Situation schreibender Verfasser wie der von 11,1-2 seine Apokalypse mit einer so allgemein gehaltenen, rein phantastischen und nicht mehr geschichtlich orientierten Weissagung geschlossen haben würde (vgl. Weiß 129). Doch ist das durchaus nicht unmöglich. Es ist vielmehr ein Grundzug aller Apokalyptik, daß sie von der Tradition lebt. Nur die vorderen Kulissen verschieben sich je nach dem zeitgeschichtlichen Milieu, der Hintergrund bleibt mehr oder minder unverändert. So verbindet denn auch der hier schreibende Apokalyptiker mit der dramatischen, unmittelbar aus seinen Erlebnissen hervorgewachsenen Weissagung die stereotypen Erwartungen vom Ende, wie er sie in der ihm geläufigen Tradition vorfand. Während die feindlichen Heere bereits Jerusalem besetzt halten, ein Häuflein getreuer Israeliten an seiner letzten Zufluchtsstätte der feindlichen Übermacht standhält, werden dort unten in Jerusalem die großen Wunder der Endzeit erscheinen: die beiden Zeugen und das aus dem Abgrund auftauchende Tier. Leider hat jener „zelotische" Apokalyptiker, oder wahrscheinlicher der christliche Apok. letzter Hand uns diese Weissagung allerdings erheblich verkürzt überliefert. Es wird wahrscheinlich schon vor dem Autreten der beiden Zeugen von dem aus dem Abgrund auftauchenden Tier die Rede gewesen sein. Es wird bestimmter geschildert sein, wie sich die Tätigkeit der Zeugen gerade gegen das Tier gerichtet habe. Nur so kann die Tötung der Zeugen durch das Tier motiviert gewesen sein. Am Schluß (nach dem Erdbeben) ist die Weissagung jedenfalls abrupt abgebrochen. Wir werden unsre Aufmerksamkeit darauf richten müssen, ob wir diesen Schluß nicht in den folgenden Weissagungen unserer Apk noch irgendwie wiederfinden[46].

So ergibt sich das wichtige Resultat, daß die Weissagung V. 3-13 im Grunde bereits älter ist als die konkrete zeitgeschichtlich bedingte kleine Apk V. 1-2. Jene wurde als eine bereits stereotyp gewordene Endweissagung von dem Verfasser dieser weitergegeben, nicht erdichtet. — Wenn wir nun versuchen, die Geschichte dieser Weissagung noch ein wenig nach rückwärts zu verfolgen, so ist klar, daß diese in den größeren Zusammenhang der (an Daniel sich anlehnenden) Apokalypsen einzureihen ist, die am Ende der Zeit die Zusammenfassung aller widergöttlichen Bestrebungen in einer halb mythischen, halb menschlich-persönlichen Gestalt erwarten. Am nächsten steht unserer Apk das bemerkenswerte Stück in der Himmelfahrt des Moses Kap. 8-9. Auch hier wird ein in Jerusalem auftretender furchtbarer, widergöttlicher Tyrann erwartet, ein König über die Könige der Erde, der — eine Mischgestalt zwischen Antiochus Epiphanes und Herodes — eine Schreckensherrschaft über das Volk errichten wird. Das mythologische Element ist hier allerdings ganz geschwunden. Aber auch in unserer Apk wird man sich das mit den Zeugen kämpfende Tier menschlich persönlich vorzustellen haben. In der „Himmelfahrt" liegt übrigens noch ein zweiter Zug vor, den man mit der Weissagung der beiden Zeugen in unserer Apk parallelisieren könnte. Es wird dort erzählt, daß ein Mann mit dem rätselhaften Namen Taxo(n) mit seinen sieben Söhnen sich vor dem Tyrannen flüchtet und zu sterben beschließt und dann das Ende eintreten werde. Auch hier also Gestalten, die etwa den Zeugen in Kap. 11 entsprechen. Wahrscheinlich ist es auch, daß mit dem βδέλυγμα τῆς ἐρημώσεως, das an heiliger Stätte stehen wird, Mt 24,15 (= Mk 13,14), nichts anders gemeint ist, als diese in Jerusalem in den Zeiten der letzten Not auftretende widergöttliche Gestalt. So hat jedenfalls der sich in der Schilderung der Endzeit eng an Matthäus anschließende Verfasser der Zwölfapostellehre, dem übrigens neben Matthäus wohl noch eine ausführlichere und klarere Überlieferung zur Verfügung gestanden haben muß, die Sache angesehen. Denn nach deutlicher Anspielung auf Mt 24,11-13 (vgl. Did. 16,4 „αὐξανούσης γὰρ τῆς ἀνομίας μισήσουσιν ἀλλήλους", vorher 16,3 die Erwähnung der falschen Propheten und Irrlehrer und „ἡ ἀγάπη στραφήσεται εἰς μῖσος") fährt er doch offenbar in Anlehnung an Mt 24,15 fort: καὶ τότε φανήσεται ὁ κοσμοπλάνος ὡς υἱὸς θεοῦ καὶ ποιήσει σημεῖα καὶ τέρατα, καὶ ἡ γῆ παραδοθήσεται εἰς χεῖρας αὐτοῦ, καὶ ποιήσει ἀθέμιτα, ἃ οὐδέποτε γέγονεν ἐξ αἰῶνος. Erscheint hier die widergöttliche Gestalt halbwegs noch als König und Tyrann, halbwegs als falscher Lehrer und Weltverführer, so ist endlich in der merkwürdigen Weissagung II Th 2, an dessen paulinischer Herkunft ich doch vorläufig festhalte, der ἄνθρωπος τῆς ἀνομίας und υἱὸς τῆς ἀπωλείας ganz als falscher Prophet aufgefaßt. Bemerkenswert ist es übrigens, daß auch hier der Sitz des ἄνθρωπος τῆς ἀνομίας Jerusalem und gar der Tempel — dies letztere vielleicht bereits ein Zug christlicher Überarbeitung — ist. Ganz unvermittelt taucht endlich in IV6nbsp;Esr 5,6 die Gestalt des großen Widersachers wieder auf, und diesmal ist wieder das Bild des feindlichen Herrschers festgehalten: et regnabit quem non sperant, qui inhabitant super terram[47]. Jedenfalls, ob nun mehr die Vorstellung eines die Welt beherrschenden Königs oder eines die Welt verführenden Propheten vorliegt, so entstammen alle diese Traditionen derselben Wurzel der Erwartung einer unheimlichen Persönlichkeit, in der sich aller Widerstand gegen Gott und dessen Weltleitung inkorporiert. Und zwar gilt im allgemeinen der Feind der Endzeit direkt als Widersacher Gottes, noch nicht als der spezielle Widersacher des Messias, weshalb man in dieser Zeit noch nicht im eigentlichen Sinn von der Idee des Antichrist sprechen kann. Allen besprochenen Quellen ist ferner dies gemeinsam, daß der Widersacher entweder als mächtiger Herrscher oder als Prophet und Antichrist in Jerusalem erwartet wird, während bei Daniel der gottfeindliche König noch ganz bestimmt als ein auswärtiger Herrscher aufgefaßt wird. Und es darf wohl mit Bestimmtheit behauptet werden, daß dieser Wandel in der Tradition bereits auf jüdischem Boden sich vollzogen hat und nicht erst auf dem Boden der christlichen

Überlieferung[48]. Diese Umwandelung der Danielschen Idee wird sich entweder in der letzten Makkabäischen Zeit, wo die Frommen in scharfem Gegensatz gegen ihr eignes Herrscherhaus standen, oder im herodianischen Zeitalter vollzogen haben. Gestalten wie Alexander Jannaeus oder Herodes der Große werden auf die Entwickelung dieser eschatologischen Tradition eingewirkt haben.

Wir können endlich noch einen Schritt weiter zurückgehen bis zum letzten Ursprung jener merkwürdigen Idee und mit großer Wahrscheinlichkeit behaupten, daß jener gottfeindliche Widersacher in der Eschatologie des Judentums gar nichts andres ist als der vermenschlichte Teufel. Älter als diese Idee eines letzten Feindes der Endzeit ist die andre, daß Gott mit dem Teufel selbst in der Endzeit zu kämpfen habe. Dafür läßt sich noch ein Beweis aus dem Namen des „Feindes“ führen. Paulus nennt den Antichrist bereits Beliar (II Kor 6,15), und dieser Name kehrt an zahlreichen Stellen der Antichristüberlieferung wieder. Beliar, Belial aber ist z. B. in den Testamenten der Patriarchen, in den Jubiläen und in der jüdischen Grundschrift der Himmelfahrt Jesaia niemand anders als der Teufel selbst (Religion des Judentums 328-330). Daß am Ende der Zeit Gott mit dem Teufel seinen Kampf auszufechten habe, gehört zur Grundanschauung der Testamente und der Himmelfahrt des Moses und wird in den Evangelien (Worten Jesu) als selbstverständlich vorausgesetzt (Religion des Judentums 240-242). Der Teufel aber ist eine mythische Gestalt, er kann mehr geistig persönlich, aber auch als Ungeheuer, Drache, höllisches Tier vorgestellt werden. Mythologische und theologische Vorstellungen verschiedener Provenienz kreuzen sich hier. So steht hinter dem Tyrannen bei Daniel die mythische Konzeption eines furchtbaren Ungeheuers. So dringen diese mythischen Züge auch in das prinzipiell vermenschlichte Bild des „ἄνθρωπος τῆς ἀνομίας“ wieder ein. Einen solchen mythischen Zug haben wir auch hier in der Erwähnung des Tieres, das aus dem Abgrund auftaucht und mit den beiden (göttlichen) Heroen kämpft und sie tötet; vielen derartigen Zügen begegnen wir in allen den Apokalypsen, in denen die Nerosage mit der Antichristsage verschmolzen erscheint.

Es ist ein Gebiet, wo tausend Fäden hinüber- und herüberschießen und das Einzelne nur im Rahmen des Ganzen durch stetigen Vergleich aller verwandten Erscheinungen einigermaßen deutlich und erkennbar wird. — Wenn wir von diesem größeren Zusammenhang noch einmal auf Apok. 11 zurückgreifen, so sehen wir nun deutlicher, wie hier durch Amalgamierung der Weissagung vom Erbfeind mit einer auf die bestimmte Situation der Belagerung Jerusalems gehenden Apokalypse der Sinn jener ein wenig verschoben ist. Während das Charakteristische der verwandten Apokalypsen (Himmelf. Mosis; II Th; Mt 24;

Mk 13) das Hervorgehen jener Gestalt aus dem Judentum, oder wenigstens deren enger Zusammenhang mit diesem ist, ist dieser Zug hier verwischt. Zwar steht das Tier zu Jerusalem in enger Beziehung, aber Jerusalem ist hier die von Heiden beherrschte und zertretene Stadt, und der Antichrist steht wenigstens in der gegenwärtigen Gestalt der Apk in besondrer Beziehung zu den Völkern. Ebenso bleibt es undeutlich, wer die siebentausend Personen sind, die im Erdbeben umkommen, ob Juden oder Heiden. Die Notiz, daß die „Übrigen", die nicht im Erdbeben umkamen, Gott die Ehre gaben (V. 13), deutet darauf hin, daß in der zu Grunde liegenden Apk. in erster Linie an Juden gedacht war. In ihr war das Tier, das aus dem Abgrund aufsteigt, ein jüdischer (oder halbjüdischer) Herrscher, dessen Herrschaft sich freilich über die ganze Welt erstreckt, dessen Anhänger aber in erster Linie auch abtrünnige Juden sind.

So hätten wir also eine dreifache Stufe in der Entwickelung der Weissagung von Kap. 11 zu unterscheiden. Zu Grunde liegt dem Stücke eine ältere jüdische Weissagung von dem in Jerusalem seine Herrschaft aufrichtenden widergöttlichen Herrscher der Endzeit. Diese zeitlose Zukunftsweissagung wurde in der Zeit der Belagerung Jerusalems mit einer Apokalypse von höchst aktueller Bedeutung verbunden. So fand unser Apok. das Stück vor, versah es mit einer Einleitung, brach den Schluß ab und stellte es zwischen die sechste und siebente Posaune, indem er hier und da geringfügige Zusätze machte.

Es erübrigt noch, die Frage zu erheben, was sich denn der Apok. letzter Hand bei seiner Weissagung gedacht habe. Mit Bestimmtheit wird sich das allerdings kaum ausmachen lassen. Jedenfalls wird er in V. 1 und 2, falls er überhaupt über deren Bedeutung nachdachte, eine Weissagung von der Zerstörung Jerusalems gesehen haben. Während er hier also rückwärtsblickend ein bereits erfülltes Vatizinium seiner Meinung nach brachte, muß er dann im Folgenden auch seinerseits eine reine Zukunftsweissagung gesehen haben. Vor dem Erscheinen des Messias, auf das er mit seinen Weissagungen abzielt, stellt er die Erscheinung der beiden Vorläufer. Ob er seinerseits das Tier aus dem Abgrund mit dem Tier in Kap. 13 und 17, also mit Nero redivivus, identifiziert hat? Es wird sich schwerlich mehr ausmachen lassen. Und auch die Frage, wie sich der Apok. zusammengereimt hat, daß nach der Weissagung von Jerusalems Fall V. 1-2 doch im Folgenden das Bestehen der großen Stadt vorausgesetzt wird, entzieht sich einer abschließenden Erörterung. Dachte er vielleicht an einen Wiederaufbau Jerusalems, oder hielt er die μεγάλη πόλις nicht für Jerusalem? Oder hat er über diese Dinge gar nicht nachgedacht?

11,15-19. Die siebente Posaune.11,15. καὶ ὁ ἕβδομος ἄγγελος ἐσάλπισεν· καὶ ἐγένοντο φωναὶ μεγάλαι ἐν τῷ οὐρανῷ. Der Seher kann diesem Ausdruck und dem folgenden Zusammenhang nach sowohl auf der Erde wie im Himmel gedacht werden. Doch ist das Erstere wahrscheinlicher. λέγοντες·[49] (vgl. 4,8; 5,13; constructio ad sensum; s. o. S. 161) ἐγένετο ἡ βασιλεία τοῦ κόσμου τοῦ κυρίου[50] ἡμῶν καὶ τοῦ Χριστοῦ αὐτοῦ. Vgl. 12,10; Ps 2,2.6; Apg 4,26; Da 2,44; 7,27. „Die Königs-Herrschaft über die Welt (17,18 βασιλεία ἐπί) ward Gott und seinem Christus zu eigen." Der Ausdruck τοῦ κυρίου ἡμῶν καὶ τοῦ Χριστοῦ αὐτοῦ hat einen altertümlichen (vgl. 19,6) Charakter; zu Χριστοῦ αὐτοῦ (κυρίου) vgl. Ps Sal 18,5.7 und die Überschrift (danach auch 17,32 und Lk 2,11 χριστὸς κυρίου zu lesen). Es liegt kein Grund vor, τοῦ Χριστοῦ αὐτοῦ zu streichen. In dem Hymnus ist das Ereignis von Kap. 12, der große Sieg im Himmel über den Satan, vorweggenommen. Der Sieg Gottes und seines Gesalbten ist dem Apok. so gewiß, daß er ihn bereits vorher feiern läßt. καὶ βασιλεύσει εἰς τοὺς αἰῶνας τῶν αἰώνων[51]. 11,16. καὶ οἱ εἴκοσι τέσσαρες πρεσβύτεροι οἱ ἐνώπιον τοῦ θεοῦ[52] καθήμενοι[53] (οἵ κάθηνται) ἐπὶ τοὺς θρόνους αὐτῶν ἔπεσαν ἐπὶ τὰ πρόσωπα αὐτῶν καὶ προσεκύνησαν τῷ θεῷ. 11,17. λέγοντες· εὐχαριστοῦμέν σοι κύριε ὁ θεὸς (4,8 lautet der Vokativ κύριος ὁ θεός, dagegen hier 15,3; 16,7 κύριε; ℵ liest auch auch hier κύριος) ὁ παντοκράτωρ (s. o. S. 176) ὁ ὢν καὶ ὁ ἦν[54] (1,8; 4,8, das dritte Moment ὁ ἐρχόμενος ist hier, weil es sich gleichsam schon erfüllt hat, fortgelassen), ὅτι[55] εἴληφας (s. o. S. 169) τὴν δύναμίν σου τὴν μεγάλην καὶ ἐβασίλευσας. „Weil Du die Herrschaft angetreten hast". Vgl. zu ἐβασίλευσας Ps LXX 92,1; II Sam 15,10; 16,8. Den Dank bringen die Ältesten Gott dar, weil sein Sieg auch den Sieg seiner sämtlichen Untertanen bedeutet. 11,18. καὶ τὰ ἔθνη ὠργίσθησαν (s. o. S. 164f.), καὶ ἦλθεν ἡ ὀργή σου καὶ ὁ καιρὸς τῶν νεκρῶν κριθῆναι. Vgl. zu dem ganzen Ps LXX 98,1: κύριος ἐβασίλευσεν, ὀργιζέσθωσαν λαοί, und Ps 2,1.5.12. Es liegt auch hier eine völlige Prolepsis vor (Dstd.). Der Zorn der Heiden, das Kommen des Zornestages Gottes und des Gerichtstages für die Toten wird in der Tat erst im Folgenden geschildert. καὶ δοῦναι τὸν μισθὸν (22,12) τοῖς δούλοις σου τοῖς προφήταις (s. o. S. 177.) καὶ τοῖς ἁγίοις [καὶ][56] τοῖς φοβουμένοις τὸ ὄνομά σου, τοῖς μικροῖς καὶ τοῖς μεγάλοις[57]. Wenn ich vorschlage, das zweite καί zu streichen, so kann ich mich dabei auf die äußere Bezeugung kaum stützen, da auch in Cyprians Zitat nur eine Handschrift, das „et" fortläßt. Aber hier scheinen mir innere Beweise entscheidend zu sein. Durchschlagend ist vor allem der Grund, daß durch Streichung des καί in dem Satz der schönste Parallelismus entsteht (τοῖς δούλοις - προφήταις; τοῖς ἁγίοις - τὸ ὄνομά σου). Dann sind hier neben allen Heiligen, die den Namen des Herrn fürchten, als eine besondre Klasse der Gläubigen nur noch die Propheten genannt, unter denen man natürlich nicht die alttestamentlichen Propheten zu verstehen hat. Unsre Stelle ist so verstanden ein locus classicus für die Wertschätzung des Prophetentums in der Apk. — Will man aber das καί beibehalten, so sind allerdings drei Klassen von Gläubigen zu unterscheiden: 1) οἱ δοῦλοί σου οἱ προφῆται (denn so ist nach dem sonstigen Gebrauch der Apk abzutrennen und nicht δοῦλοί auch auf οἱ ἅγιοι zu beziehen), 2) οἱ ἅγιοι, 3) οἱ φοβούμενοι, das, wenn man καί liest[58], nicht mit Dstd., B. Weiß als zusammenfassendes Charakteristikum der προφῆται und ἅγιοι aufgefaßt werden kann. Dann würde es sich fragen, wer mit den ἅγιοι und mit den φοβούμενοι gemeint sei. Diejenigen Kritiker, die hier eine jüdische Quelle annehmen, sehen in den beiden Klassen natürlich Juden und Proselyten. Aber die Annahme eines jüdischen Ursprungs von 11,15-19 ist schon wegen der deutlich den Apok. letzter Hand verratenden Sprachfärbung recht unwahrscheinlich; auch spricht sonst kaum ein wirklich ernsthaft zu nehmender Grund für die Annahme eines in 11,15-19 vorliegenden Quellenstückes. So bliebe bei der Lesart καί nichts anderes übrig, als die ἅγιοι und φοβούμενοι auf Juden- und Heidenchristen (vgl. die bei Paulus bekannte Wendung „die Heiligen in Jerusalem") zu beziehen (Vlt.). Der Ausdruck τοῖς μικροῖς καὶ τοῖς μεγάλοις ist der Psalmensprache entlehnt, Ps 115,13: „Er wird segnen, die Jahve fürchten, die Großen und die Kleinen." Hier bezieht sich der Ausdruck allerdings wahrscheinlich auf Proselyten (Religion d. Judentums 83,1). Bei dem Apok. ist es eine stereotype Formel geworden; vgl. 19,5: πάντες οἱ δοῦλοι αὐτοῦ οἱ φοβούμενοι αὐτὸν οἱ μικροὶ καὶ οἱ μεγάλοι, ferner 13,16; 19,18; 20,12. καὶ διαφθεῖραι τοὺς διαφθείροντας[59] τὴν γῆν. 19,2 ἥτις ἔφθειρεν τὴν γῆν. Mit Recht hebt Dstd. die schon hier vorhandene deutliche Beziehung auf den Sturz Babels hervor. Der ganze Satz sieht recht überladen aus, daher streicht Vlt. das τῶν νεκρῶν κριθῆναι καί. Jedoch rührt die Überladung des Satzes daher, daß der Redaktor hier im Hinblick auf alles folgende, wieder einmal zusammenfaßt, wie dies von Dstd. richtig gesehen ist.

11,19. καὶ ἠνοίγη ὁ ναὸς τοῦ θεοῦ ὁ[60] ἐν τῷ οὐρανῷ. Hier zeigt es sich ganz deutlich (vgl. das zu 8,2ff. Gesagte), daß wenigstens vom Apok. letzter Hand ein himmlischer Tempel angenommen wird. Sp. streicht das ἐν τῷ οὐρανῷ und bezieht den Satz auf den irdischen Tempel. Es wäre aber erst nachzuweisen, daß dem Apok. 11,14-19 eine schriftliche Vorlage, in der er korrigieren konnte, überhaupt vorgelegen hat. Über das Verhältnis der hier (seit Kap. 8) gedachten Szenerie zu der in Kap. 4-6 vorliegenden ist schon oben die Rede gewesen. καὶ ὤφθη ἡ κιβωτὸς τῆς διαθήκης αὐτοῦ ἐν τῷ ναῷ αὐτοῦ. Es öffnet sich nun das Allerheiligste und im Allerheiligsten wird die Bundeslade sichtbar. Daß der Seher gerade diese im Allerheiligsten sieht, hat wohl seinen besondern Grund. Nach jüdischem Glauben ist die Bundeslade, die mit der Zerstörung des ersten Tempels verloren ging, an einem geheimen Orte verborgen (von Jeremias II Makk 2,4-8, von einem Engel Apk Bar 6,5-10, von Josia Bab. Talmud Horajoth

12a; derselbe Zug auch in der samaritanischen Eschatologie Josephus, Ant. XVIII 85-87; vgl. auch noch Epiphanius, Vita Prophetarum unter Jeremias, Bousset, Rel. d. Judentums 227) und wird zur Zeit des wiederkehrenden Messias wiedererscheinen. Durch diese Tradition wurde der Apk. bewogen, nun auch im himmlischen Tempel vor allem auf das Erscheinen der Bundeslade aufmerksam zu machen. καὶ ἐγένοντο ἀστραπαὶ καὶ φωναὶ καὶ βρονταὶ καὶ σεισμὸς[61] καὶ χάλαζα μεγάλη. Zu dieser stereotypen Wendung s. o. S. 177. Die Stellung der einzelnen Worte ist die bei dem Apok gebräuchliche (Ausnahme 8,5).

Den Abschnitt V. 14-19 haben Eichh., Heinr., de W. auf die Zerstörung Jerusalems bezogen. Grotius bezieht auf den Barkochba-Krieg. Die große Mehrheit der Ausleger findet hier mit Recht nur ein Intermezzo mit proleptischer Bedeutung.

Die Kritiker zeigen große Differenzen. Nach Vischer, Weyl., Sp. u. a. Ist das Stück jüdisch. Man argumentiert hier namentlich aus dem φοβούμενοι V. 18, ein Argument, mit dem wir uns bereits auseinandergesetzt haben. Nach Vlt., Weizs., Sabatier, Schön, Erbes, J. Weiß, schließt sich 11,14-19 einfach an 9,21 an und gehört zur Urapokalypse, oder ist vom Apokalyptiker selbst geschrieben und kein aufgenommenes Fragment. Nach Sp. gehört 15a und 19 zu J^1 und bilden den Inhalt der siebenten Posaune; 15b-18 wies er zunächst dem Redaktor, dann im Anhang seines Werkes im großen und ganzen der Quelle J^2 mit Ausnahme von V. 16 zu, der wie V. 14 dem Red. zugesprochen wird.

Gegenüber allen kritischen Operationen läßt sich nachweisen, daß V. 14 bis 19 von einem Verfasser stammt, der das Ganze der Apk überschaute. V. 15 weist rückwärts auf die Sieben-Posaunen-Vision und mit dem Ausruf: „Die Herrschaft fiel anheim unserm Herrn und seinem Christus", hinüber auf den Drachenkampf und messianischen Sieg im Himmel in Kap. 12. V. 16 schaut auf die Siegelvision zurück. V. 17-18 gibt einen kurzen Überblick über das, was folgen soll, Zorn der Heiden (Kap. 13ff.), Zorn Gottes (Kap. 19 etc.), Gericht über die Toten, Belohnung der Knechte Gottes, (Kap. 20), Vernichtung der Weltverderber (Kap. 17 bis 18). Der einzige originelle Zug ist V. 19, das Erscheinen der Bundeslade. V. 15-19 hat also der Apok. letzter Hand geschrieben. Dafür sprechen auch die Ausdrücke βασιλεύσει (V. 15), ἐβασίλευσας (V. 17), vgl. 5,10; 19,6; 20,4.6; 22,5; V. 15 τοῦ θεοῦ καὶ τοῦ Χριστοῦ αὐτοῦ 12,10; 20,6; V. 17 ὁ θεὸς ὁ παντοκράτωρ ὁ ὢν καὶ ὁ ἦν; εἴληφας; V. 18 ἦλθεν ἡ ὀργή σου; δοῦναι τὸν μισθόν; τοῖς δούλοις σου τοῖς προφήταις; τοῖς μικροῖς καὶ τοῖς μεγάλοις, τοὺς διαφθείροντας τὴν γῆν; V. 19 ἀστραπαὶ καὶ φωναί etc.

Exkurs zu Kap. 8-11. Überschauen wir an diesem Ort noch einmal die ganze Sieben-Posaunen-Vision, jetzt mit Ausscheidung des Stückes 10,1 bis 11,13, so findet sich auch hier wieder die Einteilung der sieben Zeichen in 4 + 3. Und zwar sind die Weissagungen der ersten vier Zeichen wenig original und gehören zum stereotyp gewordenen apokalyptischen Gemeingut. Anders wird das mit der fünften und sechsten Posaune. Hier liegen lebendige und konkrete Weissagungen vor. Diese führt der Apok. als die (drei) Wehe ein. Es ist möglich, daß er den Stoff zu diesen Weissagungen einer apokalyptischen Quelle entlehnte und diese Entlehnung auch durch die Einleitung desselben andeutete. Dann hätte er freilich die Quelle nicht ganz ausgeschöpft, sondern von drei Wehen nur zwei gebracht, die er in die fünfte und sechste Posaune verlegte, während er in der siebenten mit stereotypem Material wirtschaftet. Doch das alles liegt im Bereich der Vermutungen und Kombinationen und kann nicht mehr zur Evidenz gebracht werden.

Was den Sprachcharakter von Kap. 8-11 betrifft, so sind hier wenig Eigentümlichkeiten hervorzuheben. Es zeigt sich auch hier dieselbe Art der Wortstellung. Das Verbum beginnt den Satz in Kap. 9 und 10 fast regelmäßig, Kap. 8 zeigen sich größere Schwankungen. Das Substantiv steht vor seinem Attribut, das gilt auch hier mit den bekannten Ausnahmen (einzige bemerkenswerte Ausnahme 8,13 ἐκ τῶν λοιπῶν φωνῶν). Ebenso treten attributive Bestimmungen ständig hinter das regierende Wort[62]. Das Objekt steht immer hinter dem Verbum. Ausnahmen: 9,11 ὄνομα ἔχει (jedoch ℵ 36 ἔχει ὄνομα), 10,4 μὴ αὐτὰ γράψῃς. Adverbialbestimmungen stehen gewöhnlich hinter dem Verbum, fast immer hinter dem Partizip. Wendungen wie 9,1 ἀστέρα ἐκ τοῦ οὐρανοῦ πεπτωκότα, 10,4 φωνὴν ἐκ τοῦ οὐρανοῦ λέγουσαν, sind selten.

Bedeutend anders aber verhält es sich mit der Wortstellung in Kap. 11. Voreinstellung des Objekts ist häufig: 11,2 μὴ αὐτὴν μετρήσῃς; καὶ τὴν αὐλὴν ... ἔκβαλε ἔξωθεν; τὴν πόλιν τὴν ἁγίαν πατήσουσιν; 11,5 αὐτοὺς ἀδικῆσαι (bis.); 11,6 ἐξουσίαν ἔχουσιν; 11,9 τὰ πτώματα αὐτῶν οὐκ ἀφίουσιν τεθῆναι; 11,10 δῶρα πέμπουσι. Die beschränkte Wortstellung 11,4 αἱ ἐνώπιον τοῦ κυρίου τῆς γῆς ἑστῶτες ist in der Apk unerhört. Das Subjekt steht in den überwiegenden Fällen vor dem Verbum. Auch sonst zeigen sich spezifische Spracheigentümlichkeiten in Kap. 11. Es ist bemerkenswert, daß das Präsens und Futurum hier in der apokalyptischen Erzählung überwiegt. Nur hier findet sich zweimal ein δοῦναι mit folgendem καί: V. 2 ἐδόθη τοῖς ἔθνεσιν, καί; V. 3 δώσω τοῖς δυσὶν μάρτυσίν μου καί (sonst folgt immer Infin. oder ἵνα). Hier allein findet sich V. 11 eine Verwechselung von ἐν und εἰς. So wird hier das kritische Urteil über 11,1-13 durch die sprachliche Untersuchung gerechtfertigt.

Fußnoten:

1. Vgl. Kübel, apokalyptische Studien, Z.W.L. 1881; Wabnitz, die Ausmessung des Altars, Z. f. Prot. Theol. XI 134f.
2. Pr. ändert in dem Satzgefüge εδοθη in dedit.; Qℵcc An.[34] s[12] a Vict. interpolieren vor λεγων: και ο αγγελος ειστηκει. An.[2] statt λεγων: και φωνη λεγουσα.
3. Allegoristen können sich auf Ignatius, ad Trallianos VII, 2 berufen: ὁ ἐντὸς θυσιαστηρίου ὢν καθαρός ἐστιν, τουτέστιν ὁ χωρὶς ἐπισκόπου καὶ πρεσβυτερίου καὶ διακόνου πράσσων τι οὗτος οὐ καθαρός ἐστιν τῇ συνειδήσει. Ignat., ad Magn. VII, 2: πάντες ὡς εἰς ἕνα ναὸν συντρέχετε θεοῦ, ὡς ἐπὶ ἓν θυσιαστήριον (vgl. ad Philad. IV). Von neueren Exegeten erklärt noch B. Weiß allegorisierend die Abmessung des Tempels auf die Erhaltung der gläubigen Judengemeinde. Nach Beyschlag wird in dem Vers angedeutet, daß der Opferkultus aufhören, der Kultus des Gebetes dauern werde (Beyschlag sieht in dem θυσιαστήριον den Rauchopferaltar) und die wahrhaft frommen Israeliten errettet werden sollen. Das sind Rückschritte hinter die durch Bleek, Ewald, Dstd. eingenommene Linie der Erklärung.
4. εσωθεν ℵ An.[14] s[1] Vict.; Korrektur infolge eines alten Mißverständnisses der Stelle.
5. ℵcA (P εσωθεν) An.[124]; d. übr. εξω.
   - και ℵP An.[4] al. g cle. am. dem. Pr.
6. περιβεβλημενους ℵAPQ An.[2] al. (Hipp.e.r - οις), ein sehr alter Schreibfehler, den sämtliche Majuskeln teilen, während Hipp. mit den Minuskeln geht.
7. Wenn Da 12,11 1290 Tage angegeben werden, so ist hier ein Schaltmonat mit eingerechnet.
8. ℵ.
9. Anm: Siehe vorherige Anmerkung.
10. θεου An.[12] a.
11. εστωσαι ℵccP An.[123]([5]) Hipp.
12. Dorther hat der Apok. wahrscheinlich auch die Idee des Messens entlehnt.
13. θελει αυτους ℵ An.[4] cle. (lips.) Vict.
14. εξελευσεται He.r. vg. Tic. Pr.
15. θελησῃ ℵA vg. (38. Hipp.e.r., θελησει); d. übr: θελει.
16. αυτους θελει An.[1] Pr.
17. αποκτειναι An.[12]([3]); vgl. die Doppellesart des Tic.
18. + την ACP (gegen den Sprachgebrauch der Apk, in der immer ἐξουσίαν ἔχειν, δοῦναι etc. mit folgendem Infinitiv steht; anders B. Weiß).

19. Q Rel.: τον ουρανον εξουσιαν κλεισαι, eine in der Apk unerhörte verschränkte Wortstellung, für welche die Klasse Q Rel. Vorliebe zeigt.
20. αν C 38 Hipp. (?).
21. Q Rel. οσακις εαν θελησωσιν εν παση πλ. (s. o. die vorletzte Anmerkung).
22. A το θηριον το τεταρτον, ein Versuch, das rätselhafte Tier näher zu bestimmen; vielleicht hängt mit dieser Lesart die in sa. „τοτε το θηριον" zusammen.
23. τα πτωματα ℵP An.[1234] g vg. s[12] sa. Pr. Vict.; im folgenden Vers ändern P An.[123] s[1] g vg. Pr.
24. Unmöglich kann man bei den beiden Zeugen dieser durchaus eschatologischen Figuren an Petrus und Paulus denken (ebensowenig an die gemordeten Hohenpriester Jesus und Ananus (Josephus, Bellum IV 314ff.), so schon Grotius, Vitringa, Wtst., Eichh., Herder u. a.).
25. βλεψουσιν g vg. c a ae. Pr.
26. s. V. 8 Anm.
27. ℵACP An.[12] am. fu. harl. tol. lips.[5] Tic.; αφησουσι Q Rel. g cle. dem. lips.[46] c s[12] (Pr.); das Zeugnis der Lateiner, die überall das Futurum einbringen, wiegt nicht sehr schwer.
28. μνηματα ℵc g vg. s[1] a ae. Pr.
29. χαρησονται 38. 161 g vg. c s[1] ae. Pr.
30. ℵACP An.[12] 95 a Tic.; ευφρανθησονται Q Rel. (g) vg. c s[12] Pr.
31. πεμπουσιν ℵP An.([1])[2] vg.cod. a Tic.; πεμψουσιν ℵcAC An.([1])[3] 95 g cle. am. fu. c s[12] Pr.; δωσουσιν Q Rel.
32. ℵP An.[123] sa.; der rückweisende Artikel entspricht dem Sprachgebrauch der Apk (vgl. V. 9).
33. A An.[2] 95; > εν CP An.[1]; επ' An.[3] al.; εις αυτους ℵQ Rel.
34. ACP An.[35] al.; ℵQ Rel. επεσεν.
35. ηκουσαν ℵACP vg. s[1]([2] ?) a (38); ηκουσα ℵc Q rel. c g Tic. (Pr. fehlt).
36. Gen.: ℵCP An.[123]; Akkus.: AQ Rel.
37. Vgl. einen eigentümlich mythischen und kaum aus christlichen Prämissen allein begreifbaren Bericht von der Auferstehung der Zeugen in der späten koptischen Eliasapokalypse (Steindorff 163ff.).
38. ℵACP An.[1] alle Übers.; > και Q Rel.
39. ℵACP An.[1] 95 vg. c s[12] a ae. Tic. Pr.; Q Rel. sa. ημερα.
40. (ℵ)ACP An.[1] 95 g vg. c s[2] (ℵ ιδου ερχ. η ουαι η τρ.; 28. 79. 80 η τριτη ουαι); Q Rel. η ουαι η τριτη ιδου ερχεται; > ιδου 6. 7. 32. 33. 35. 46. fu.; + και ιδου cle. am. s[1] Pr.
41. Vgl. zum folgenden Bousset, Antichrist, namentlich S. 138f.

42. Der Einwand, den J. Weiß 129 erhebt, daß die literarische Umgebung, in der das Stuck stehe, die Annahme eines zelotischen Verfassers erschwere, ist kaum stichhaltig. Denn es soll erst noch bewiesen werden, daß wir hier nicht ein versprengtes Fragment vor uns haben.
43. Ich nehme als bewiesen an, daß die in V. 3-13 vorausgesetzte Stadt nur Jerusalem sein kann (s. den Kommentar).
44. Außerdem möchte ich mit einiger Bestimmtheit den V. 9a καὶ βλέπουσιν – ἥμισυ dem Apok. letzter Hand zuweisen. Er enthält eine dem letzteren stereotype Redeweise und stört nur den Zusammenhang, namentlich wenn mit <tt<Pr. in 9b οὐκ ἀφήσει (non sinet) zu lesen ist.
45. Viel zu schnell bringt J. Weiß 129ff. unser Stück mit einer ganzen Reihe anderer versprengter Stücke unserer Apk in Verbindung. Unannehmbar ist es vor allem, daß in der hier vorliegenden, auch nach J. Weiß vor 70 geschriebenen Quelle bereits mit dem Tier aus dem Abgrund der wiederkehrende Nero gemeint sei. Das mag im Sinne des Apok. letzter Hand richtig sein. Aber in der Zeit vor 70 ist die Beziehung auf Nero eine Unmöglichkeit. Denn wenn allenfalls das Gerücht von dem wiederkehrenden Nero in dieser Zeit unserm Apok. hätte bekannt sein können — auch das ist recht unwahrscheinlich — so ist es unmöglich, daß schon vor 70 die Gestalt Neros eine gespenstisch höllische geworden wäre. Und das müßte bei dieser Beziehung des θηρίον ἀναβαῖνον angenommen werden (s. den Kommentar zu Kap. 17).
46. Ich verzichte hier auf alle eine spätere Schicht der Überlieferung repräsentierenden Stücke, in denen die Gestalt des Antichrist mit dem wiederkehrenden Nero verschmolzen ist. Nur auf das eine vielleicht bereits christliche Stück Sibyll. III 63ff., in welchem der Widersacher Beliar wieder mehr als Prophet und Wundertäter aufgefaßt wird und vielleicht mit der Person des Simon Magus verschmolzen ist, sei noch hingewiesen.
47. Es bleibt möglich, daß die spezifische Idee des „Antichrist“ erst auf christlichem Boden entstanden ist, da hier naturgemäß dem zum Weltgericht wiederkehrenden Christus der Antichrist gegenübertritt. Doch bleibt es ebenso möglich, daß hier und da die Gegenüberstellung schon im Judentum erfolgte, da Paulus diese schon II Kor 6,15 als bekannt voraussetzt, wenn er Χριστός und Βελίαρ einander entgegensetzt. Denn Βελίαρ (υἱὸς τῆς ἀπωλείας) ist nachweisbar einer der Namen jener widergöttlichen Gestalt (Sibyll. III 63. Bousset, Antichrist 99ff.).
48. λεγουσαι ℵCP An. (Studien 18).

49. του θεου 28. s[1] Pr. Ambr.

50. + αμην א vg.cod. a.

51. אACP An.[123] f vg. c s[1] a ae. Pr.; του θρονου του θεου Q Rel. s[2], die in der Apk gebräuchliche Wendung: 7,15 (20,12 ?); 22,1.3.

52. πρεσβυτεροι ... καθημενοι A An.[1]; πρεσβ. οι ... καθημενοι P An.([2]?)[3]; πρεσβ. οι ... καθηνται אc C[2] s[1] f? Pr.?; πρεσβ. οι ... οι καθηνται א (liest jedoch nachher και επεσεν) Q Rel.; πρεσβ. ... καθηνται 95 (nachher και επεσεν). Da die Auslassung des ersten οι in A sich daher erklärt, daß dieser Zeuge (nur mit א) auch vor πρεσβυτεροι den Art. fortläßt, so ist dieses sicher in den Text zu nehmen; ob man καθημενοι oder οι καθηνται in den Text aufzunehmen hat, ist nicht ganz sicher.

53. + και ο ερχουμενος An.[23] vg.cod. c a (?).

54. και οτι (falsch) אC fu.

55. An.[12] a Cyprcod.

56. τους μικρ. και τους μεγ. אAC (A liest bereits vorher και τους αγ. και τους φοβουμ.)

57. Das Recht der Berufung auf Gal 6,16 (ἐπ’ αὐτοὺς καὶ ἐπὶ τὸν Ἰσραὴλ τοῦ θεοῦ; Bovon, andre Stellen bei Hirscht 90,1) ist überhaupt fraglich. Auch kann sie deshalb nichts beweisen, weil hier eine Aufzählung von drei Glieder vorliegt.

58. διαφθειραντας C An.[345] f g vg. s[1] Cypr. Pr.

59. ACP An.[3] 14. 38. 92; > אQ Rel.; s. o. S. 174.

60. Q Rel. (ausgenommen An.[123] 95; An.[4] σεισμοι)

61. οὗτος im Nominativ steht vor dem Substant: 11,10 οὗτοι οἱ δύο προφῆται (19,9; 21,5; 22,6), in den Casus obliqui immer nach.

IV. DER HÖHEPUNKT DER APOKALYPTISCHEN WEISSAGUNG. KAP. 12-14.

A. DER DRACHE, DAS WEIB UND DAS KIND. KAP. 12.

12,1-9. Die Geburt des Kindes. Der besiegte Drache.12,1. καὶ σημεῖον μέγα ὤφθη (11,19) ἐν τῷ οὐρανῷ. σημεῖον bedeutet keineswegs, wie Dstd. meint, irgend eine beliebige Erscheinung, sodaß also alle Vorgänge der Apk σημεῖα genannt werden könnten, — sondern ein Wahrzeichen in einem ganz besondern Sinn. Es hat wenigstens ursprünglich eine ähnliche Bedeutung wie das σημεῖον ἐξ οὐρανοῦ (Lk 11,16; Mk 8,11-13) und das σημεῖον des Menschensohnes (Mt 24,30). Es ist also ein Zeichen ganz außerordentlicher Art gemeint, ein solches, das den Anfang vom Ende bedeutet. Dasselbe erscheint nun am Himmel (Vischer, Vlt., B. Weiß), nicht im Himmel, so daß der Standpunkt des Sehers wieder im Himmel gedacht wäre, und die folgende Szene im Himmel sich abspielte (so de W., Hgstb.., Dstd., neuerdings Sp., Gunkel 198, Hltzm.). Das Erstere geht mit aller wünschenswerten Deutlichkeit aus dem Zusammenhang hervor. Das Weib, das mit der Sonne bekleidet ist, der Drache, der die Sterne vom Himmel schlägt, ist nicht im Himmel, sondern am Himmel, auch eine Wüste V. 6 hat sich der Apok. schwerlich im Himmel gedacht; zum Schluß der Szene stürmt allerdings der Drache den Himmel, und was dann geschieht, spielt sich gleichsam auf erweiterter Schaubühne ab, aber der Standpunkt des Sehers bleibt durch die ganze Szene hindurch die Erde. γυνὴ περιβεβλημένη τὸν ἥλιον (vgl. Ps LXX 103,2 ἀναβαλλόμενος φῶς ὡς ἱμάτιον), καὶ ἡ σελήνη ὑποκάτω τῶν ποδῶν αὐτῆς, καὶ ἐπὶ τῆς κεφαλῆς αὐτῆς στέφανος ἀστέρων δώδεκα. Eine interessante Parallele Testam. Naphtali 5: καὶ Ἰούδας ἦν λαμπρὸς ὡς ἡ σελήνη καὶ ὑπὸ τοὺς πόδας αὐτοῦ ἦσαν ιβ' ἀκτῖνες. (Vgl. ebend.: Levi strahlend wie die Sonne mit zwölf Palmzweigen; auch das hebr. Test. Naphth. 2-3). Hier wie dort haben wir dieselbe Art der Symbolik, an unsrer Stelle ist die Herrlichkeit des Weibes noch stark gesteigert. Aber wenigstens das dürfte aus dem Vergleich hervorgehen, daß in unserer Apk bei den zwölf Sternen, ebenso wie bei den zwölf Strahlen im Testam. Naphthali irgendwie an das Zwölfstämmevolk gedacht ist. Ohne daß der Erklärung des Ganzen vorgegriffen würde, mag ferner schon hier darauf hingewiesen werden, daß dem Apok. (oder seinem Vorgänger) bei der Zeichnung dieses Bildes vielleicht ein Kultbild vorschwebte, das er sich in seiner Weise deutete. Das Sonnenkleid und der Kranz der zwölf Sterne (zwölf Sternbilder des Tierkreises) deuten auf die Vorstellung einer Himmelsgöttin

(Zimmern, KAT[3] 630). 12,2. καὶ ἐν γαστρὶ ἔχουσα [καὶ][1] κράζει[2] (ἔκραζεν) ὠδίνουσα καὶ βασανιζομένη τεκεῖν. Wzs. übersetzt: „Und sie war schwanger und schrie in Wehen und Qualen der Geburt." Über den an βασανιζομένη lose angeknüpften Infinitiv vgl. Winer § 44,4 S. 306. Gunkel, Schöpf. u. Chaos 200,2 findet hier eine Spur für ursprünglich aramäische Abfassung und vergleicht I Sam 4,19 הרה ללדת (s. u.). Zur Sache vgl. Jes 26,17: καὶ ὡς ἡ ὠδίνουσα ἐγγίζει τεκεῖν, ἐπὶ τῇ ὠδῖνι αὐτῆς ἐκέκραξεν. Micha 4,9f. (vgl. Jer 4,31; 22,23) wird die plötzlich über Israel hereinbrechende Not unter dem Bild der über die Gebärerin kommenden angstvollen Geburtsstunde geschildert. Jes 66,8ff. (vgl. 54,1ff.) wird das Kommen der messianischen Zeit unter dem Bilde eines leichten und glücklichen Gebärens des Weibes Israel dargestellt. Diese Parallelen deuten doch wohl darauf hin, daß in dieser Vision — wenigstens im Sinne unseres Apokalyptikers — von der Geburt des Messias oder der messianischen Zeit die Rede sein soll, und daß bei dem Weibe vielleicht an eine Personifikation Israels zu denken ist. Gunkel betont freilich, daß hier in keiner Weise eine derartige Beziehung vorliege, weil hier 1) das was im Alten Testament bildlich gemeint sei, als Wirklichkeit aufgefaßt sei, 2) gerade das Bild einer qualvollen Geburt mit Beziehung auf die messianische Zeit sich nicht nachweisen lasse; 3) nirgends in den parallelen Stellen die Mutter, das himmlische Jerusalem, mit dem bestimmten Kinde, dem Messias, zusammen vorkomme. Dagegen ließe sich einwenden, daß der Vorgang, daß prophetische Bilder in der apokalyptischen Literatur materialisiert und grobsinnlich verstanden werden, ein gar nicht selten vorkommender ist. Der zweite und dritte Einwand Gunkels aber besteht insofern freilich zu Recht, als aus jenen alttestamentlichen Stellen allein diese Vorstellungen nicht abgeleitet werden können.

12,3. καὶ ὤφθη ἄλλο σημεῖον ἐν τῷ οὐρανῷ, καὶ ἰδοὺ δράκων μέγας πυ(ρ)ρὸς[3] (πυ[ρ]ρὸς μέγας)[4] ἔχων κεφαλὰς ἑπτὰ καὶ κέρατα δέκα, καὶ ἐπὶ τὰς κεφαλὰς αὐτοῦ ἑπτὰ διαδήματα. Der siebenköpfige Drache ist eine Vorstellung, dessen mythologische Herkunft von vornherein deutlich ist. Auch die babylonische Mythologie kennt eine siebenköpfige große Schlange (Zimmern KAT[3] 504, auch an die babylonischen Darstellungen des chaotischen Ungetüms mušruššû [Schlangenkopf mit 2 Hörnern] ist zu erinnern. Zimmern 502 vgl. 503). Mehrköpfig ist auch der Leviathan Ps 74,14. In der gnostischen Pistis Sophia (übers. v. C. Schmidt 88,34) wird eine Schlange in Gestalt „eines Basilisken, der sieben Köpfe hat", erwähnt. Sp., der sehr richtig gesehen hat, daß die Siebenzahl der Häupter ursprünglich mit römischen Zäsaren gar nichts zu tun hat, meint, daß die Zahl durch eine Kombination der vier Tiere in Dan 7 entstanden sei. Doch entstehen derartige urwüchsige Phantasien, wie sie hier vorliegen, kaum auf so mechanischem Wege. Die Vorstellung, daß auf den sieben Häuptern sich sieben Diademe befinden, läßt sich meines Wissens sonst nicht nachweisen und mag wohl aus dem parallelen Bilde 13,1 eingetragen sein. Gunkel 277 findet schon hier eine Beziehung auf sieben Könige angedeutet. Die zehn Hörner stammen sicher aus Dan 7. Durch die Kombination verschiedener Vorstellungen ist ein Mangel an Plastik in das Bild hineingekommen, und man fragt sich vergeblich, wie die zehn Hörner sich auf die sieben Häupter der Tiere verteilen. Die rote Farbe des Drachen hält Gunkel 363 für uralte Tradition. Mir scheint das gewagt zu sein; solche kleinen Attribute und Symbole hat sicher auch hier und da die freischaffende Phantasie der Apokalyptiker erfunden und hinzugetan. Die rote Farbe wird, wie in 6,4, auf den mörderischen Charakter des Tieres gehen (Hltzm.). Immerhin mag erwähnt werden, daß das chaotische Ungetüm mušruššû vielleicht (?) in roter Farbe dargestellt wurde (Zimmern 503. 512). Was das Gesamtbild des Drachen anlangt, so wird darüber unten im Zusammenhang gehandelt werden. Hier sei nur hervorgehoben, daß der Drache an vielen Stellen im alten Testament als der Hauptfeind Gottes erscheint (vgl. Hiob 7,12; Ez 29,3-6; 32,2-8; Jer 51,34.36.42; Jes 27,1; 51,9 u. ö.; Gunkel 29-90). Unsrer Stelle zeitlich am nächsten steht Ps Sal 2,25-31, die Schilderung des Pompejus als des Drachenungeheuers. 12,4. καὶ ἡ οὐρὰ αὐτοῦ σύρει τὸ τρίτον τῶν ἀστέρων (vgl. 8,7.8f.10.12 u ö.) τοῦ οὐρανοῦ καὶ ἔβαλεν αὐτοὺς εἰς τὴν γῆν. Eine verwandte Stelle liegt Dan 8,10 vor: „Auch gegen das Heer des Himmels erhob es sich (das kleine Horn) und stürzte etliche von dem Heer des Himmels zu Boden und trat sie mit Füßen." Hinter dieser Vorstellung mag ein alter Sternenmythus liegen. Gunkel, Schöpfung und Chaos 387, findet hier einen ätiologischen Mythus, eine Erzählung, durch welche man eine Lücke im Sternenhimmel zu erklären suchte: In der Urzeit hat der Drache dort die Sterne vom Himmel geschlagen. Sehr alt und weit verbreitet ist wenigstens die Vorstellung von einem schlangenartigen Ungeheuer, das am Himmel sein Unwesen treibt, Sonne und Mond umstrickt und verfinstert Hiob 3,8f.; 26,13, Jes 27,1; vgl. noch den Mythus vom Kampf der Gestirne Sibyll. V, 512ff. καὶ ὁ δράκων ἕστηκεν („er stand hochaufgerichtet" Hltzm.) ἐνώπιον τῆς γυναικὸς τῆς μελλούσης τεκεῖν[5], ἵνα ὅταν τέκῃ (Futurum exactum) τὸ τέκνον αὐτῆς, καταφάγῃ. Also ein schwangeres Weib vom Drachen verfolgt, der dem Kindlein, das geboren werden soll, nach dem Leben trachtet, das ist der Mittelpunkt dieses apokalyptischen Gemäldes. Wir werden für diese Vorstellung nach Parallelen suchen müssen auch in fremden Religionen und Mythologien. Denn das Leben Jesu gibt doch zu diesen Phantasien nicht die Erklärung, und ebenso wenig finden sich zureichende alttestamentliche Parallelen (s. u.).

12,5. καὶ ἔτεκεν [υἱὸν] ἄρσενα (ἄρρενα ἄρσεν)[6]. Diesen textlich nicht sicher stehenden Ausdruck, sieht Gunkel (200,2) als eine Übersetzung von בן זכר (vgl.

Jer 20,15) an. ὃς μέλλει ποιμαίνειν (s. o. S. 169) πάντα τὰ ἔθνη ἐν[7] ῥάβδῳ σιδηρᾷ. S. zu 2,27; vgl. 19,15. Aus diesem Beiwort geht klar hervor, daß hier die Geburt des Messias geschildert werden soll. Ob freilich ursprünglich die Geburt des Jesuskindes oder eines jüdischen Messias gemeint war, kann erst weiter unten erörtert werden. Ausgeschlossen ist die erstere Beziehung durch diese Charakteristik durchaus nicht. Auch für den Apok. ist das Lamm zugleich der Löwe aus Judas Stamm. καὶ ἡρπάσθη (S. 162) τὸ τέκνον αὐτῆς πρὸς τὸν θεὸν καὶ πρὸς τὸν θρόνον αὐτοῦ. Das πρὸς τὸν θρόνον αὐτοῦ macht einen etwas schleppenden Eindruck. Sp. erklärt es daher als Glosse. Doch kann es immerhin als eine nachfolgende nähere Ortsbestimmung aufgefaßt werden. Jedenfalls verrät der Ausdruck dieselbe Hand, die Kap. 4 geschrieben hat. Wenn berichtet wird, daß das Kind zu Gott entrückt wird, so ist es auch hier wieder am einfachsten, anzunehmen, daß das Kind sich bisher nach der Vorstellung des Apokalyptikers auf der Erde befunden hat. Man könnte ja schließlich auch annehmen, daß es von einem Teil des Himmels in den andern entrückt wird. Über eine gewisse Parallele zu dieser Rettung des Messias durch seine Entführung in den Himmel, die Vischer im jerus. Talmud Berachoth II,5a nachgewiesen hat, wird in größerem Zusammenhang gehandelt werden. Es ist nun wohl sicher, daß der Apok. letzter Hand in diesem Bilde, das er hier überliefert hat, die Errettung Jesu im Kampf mit dem Teufel dargestellt fand[8]. Und zwar hat er dabei an die Himmelfahrt gedacht, nicht an die Errettung des Jesuskindes vor Herodes. Denn unmöglich kann diese letztere durch die Entrückung des Kindes zum Throne Gottes symbolisiert sein. Bei dieser Erklärung bleibt nun allerdings das Rätsel bestehen, wie es möglich war, daß ein Apokalyptiker das Leben Jesu überhaupt unter diesem Symbole schildern konnte. Denn das ganze Leben Jesu von seiner Geburt bis zur Himmelfahrt ist hier bis auf Null reduziert; Jesus ist als Kind dargestellt, das eines höheren Schutzes bedarf. Eben nur die Züge der (wunderbaren) Geburt und der Himmelfahrt sind im Symbol einigermaßen glücklich dargestellt. Diese Beobachtung führt uns auf die Vermutung, daß der Apok. die Beziehung auf die Geburt und Entrückung Jesu in einen ihm durch die Tradition überlieferten Zusammenhang, der ursprünglich einen ganz andern Sinn hatte, erst eingearbeitet hat. Es kann aber dieses Problem erst in einem größeren Zusammenhang gelöst werden.

12,6. καὶ ἡ γυνὴ ἔφυγεν εἰς τὴν ἔρημον, ὅπου ἔχει ἐκεῖ[9] (s. o. S. 160) τόπον ἡτοιμασμένον ἀπὸ[10] τοῦ θεοῦ (s. o. S. 168), ἵνα ἐκεῖ τρέφωσιν[11] αὐτὴν ἡμέρας χιλίας διακοσίας ἑξήκοντα. Dieser Zug in dem Bilde gibt wieder einen Beweis dafür ab, daß der Apok. sich die ganze Szene im Wesentlichen auf der Erde denkt. Man wird doch nicht eine Wüste im Himmel annehmen wollen. Die 1260

Tage (3½ Jahre) sind apokalyptische Tradition (vgl. 11,3) seit Daniel, sie repräsentieren überall die Zeiten der letzten und höchsten Not. In dem ὅπου ἔχει ἐκεῖ sieht Gunkel, Schöpfung u. Chaos 200,2, ein Anzeichen einer direkten Übersetzung unsres Kapitels aus dem Hebräischen. ... אשׁר שׁם. Notwendig ist dieser Schluß nicht, diese Spracheigentümlichkeit findet sich zerstreut über die ganze Apk, welche als Ganzes jedenfalls keine Übersetzung aus dem Hebräischen ist. Wer das in der Wüste geflohene Weib ernähren soll, wird nicht gesagt: „Damit man sie dort ernähre" (vgl. 10,11; 11,1). Überhaupt wird hier eine Begebenheit vorläufig nur kurz angedeutet, die dann 12,13ff. ihre weitere Ausführung erhält.

12,7. καὶ ἐγένετο πόλεμος ἐν τῷ οὐρανῷ· ὁ Μιχαὴλ καὶ οἱ ἄγγελοι αὐτοῦ τοῦ[12] πολεμῆσαι μετὰ τοῦ δράκοντος. Es liegt hier eine völlig irreguläre Konstruktion vor, die manche Versuche, zu korrigieren, hervorgerufen hat. Dstd. schlägt vor ἐπολέμησαν zu lesen (s. die lateinischen Versionen), oder den Ausfall eines ἦσαν, ἀνέστησαν vor τοῦ πολεμῆσαι anzunehmen, oder πόλεμος ἐν τῷ οὐρανῷ zu streichen. Gunkel 200,2 streicht ὁ Μιχαὴλ καὶ οἱ ἄγγελοι αὐτοῦ und retrovertiert ins Hebräische: ותהי מלחמה בשמים להלחם בתנין. Es ist aber höchst bedenklich, einen so charakteristischen Zug der Erzählung, wie die Einführung des Erzengels Michael hier ist, zu beseitigen und dafür den Torso eines Berichtes stehen zu lassen. Denn nach Gunkels Korrektur der Stelle wird nun gar nicht mehr gesagt, wer die im Himmel Kämpfenden sind. Man kann aber m. E. ohne Korrekturen auskommen, man ergänze ein ἐγένετο vor ὁ Μιχαὴλ und nehme ὁ Μιχαὴλ καὶ οἱ ἄγγελοι αὐτοῦ als irregulären Nominativ statt des Akkus., so daß hier nichts weiter als eine irreguläre Konstruktion des Kasus vorliegt, die beim Apok. häufig vorkommt. Der Apok. hätte etwa schreiben müssen (vgl. B. Weiß): ἐγένετο τὸν Μιχαὴλ καὶ τοὺς ἀγγέλους τοῦ πολεμῆσαι. Vgl. dazu Apg 10,25: ὡς δὲ ἐγένετο τοῦ εἰσελθεῖν τὸν Πέτρον; ferner zu dem Inf. mit τοῦ Apg 3,2.12; zu dem Gebrauch von γίνεσθαι Lk 10,32 (D it.); Joh 6,25; Apg 20,16; 21,17; 25,15 (vgl. Züll., Ew., Bleek). Zu der Idee des himmlischen Kampfes vergleicht Sp.II Makk 5,2f.; Josephus B. J.VI 298; Sibyll III 796—808[13]. Zu der Vorstellung, daß der Drache hier mit Gewalt den Himmel zu stürmen sucht, finden sich Parallelen[14] in der persischen Mythologie (Ahriman stürmt am Anfang der Weltgeschichte den Himmel und wird abgeschlagen, Bundehesh 3,11.26; Spiegel, eranische Altertumskunde II 121, 179f.; s. Weiteres unten), in der Mythologie der Manichaeer (Flügel Mani 87), der Mandaeer (Brandt, Mand. Schr. 178. 181f., namentlich 231f.); ferner im griechischen Apollomythus (s. u.). An den persischen Mythus vom Sturm Ahrimans gegen den Himmel erinnert ferner slav. Henoch 29,4f.[15] Was übrigens in dieser ganzen Überlieferung als ein Mythus der Urzeit erscheint, ist hier eine eschatologische Phantasie geworden (Genaueres s. u.). Sehr bedeutsam ist hier nun endlich die hervorragende Stellung des Erzengels Michael, als des Drachenbesiegers. Dieser Zug deutet direkt auf eine jüdische, resp. judenchristliche Hand. Der Erzengel Michael nimmt in der Phantasie des Spätjudentums eine erstaunlich hohe Stellung ein. Schon bei Daniel ist es der Engel des Volkes 10,13.21, der streitbare Held gegen die Feinde der Endzeit 12,1. Vgl. Hen 20,5; Testament Levi 5; Dan 6; Himmelfahrt Moses 10,2 und die Rolle, welche Michael in einem Zweig der Tradition vom Antichrist bei der Besiegung desselben spielt (Bousset S. 151ff.). Er ist der ἀρχιστρατηγός, so wahrscheinlich schon Dan 8,11 in der Übersetzung der LXX, slav. Henoch 22,6 (Rec. A); 33,10; vgl. Hen 60,4. Er führt im obersten Himmel die Akten (die Bücher des Lebens) Himmelf. Jes. 9,21-23, er ist der große Fürbitter für die Sünden des Volkes (und der Menschen) Test. Dan 6; Test. Levi 5; Hen 40,9; 68,2; Himmelf. Jes. (lat.) 9,23; slav. Apk Baruchs 11ff. Er ist der Bewahrer des großen Zauberwortes, mit dem Gott Himmel und Erde gegründet hat, Hen 69,14ff., der Gesetzgeber Apk Mos. (Βίος Ἀδάμ), Überschrift. Ja, man kann sagen, daß die Figur des Erzengels Michael vielleicht schon die Logosspekulation Philos, hier und da auch die christologischen Spekulationen des ersten Jahrhunderts beeinflußt hat. Die Christologie des Hermasbuches wird erst dann verständlich, wenn man eingesehen hat, daß Christus hier genau an die Stelle tritt, welche in der jüdischen Engelspekulation der Erzengel Michael eingenommen hat. So ist es denn auch begreiflich, wie selbst für einen christlichen Apokalyptiker der Gedanke noch erträglich war, daß der Erzengel Michael gleichsam zum Schutz eintritt[16] für das zum Himmel entrückte Kind Jesus. Vgl. Lueken, Michael, Göttingen 1898 und meine Religion des Judentums 320ff. καὶ ὁ δράκων ἐπολέμησεν καὶ οἱ ἄγγελοι αὐτοῦ. 12,8. καὶ οὐκ ἴσχυσεν (ἴσχυσαν)[17]. οὐκ ἴσχυσεν ist gleich dem hebräischen לֹא יָכֹל, vgl. Ps 13,5 (anders übersetzt in der LXX); Gen 30,8; 32,26, und ist zwar ein Hebraismus, gestattet aber nicht unbedingt den Rückschluß auf Übersetzung aus dem Hebräischen. Zu übersetzen: „Er gewann nicht den Sieg" (Dstd., Gunkel). οὐδὲ[18] τόπος εὑρέθη αὐτῶν[19] ἔτι ἐν τῷ οὐρανῷ. Dieser Satz und im folgenden V. 10 setzen die Vorstellung voraus, daß der Satan bisher seinen Platz im Himmel gehabt habe, eine Vorstellung, wie wir sie Hiob 1,6f., vgl. Sach 3,1f.; Hen 40,7, finden. Und zwar ist der Aufenthalt des Satan und der bösen abgefallenen Engel wahrscheinlich im untersten Himmel gedacht, vgl. Himmelf. Jes 7,9ff. (slav. Hen 7,1). Heranzuziehen ist hier endlich das Herrenwort Lk 10,18 und das verwandte Wort Joh 12,31. Die Vorstellung, daß das große Ende mit dem Sturz des Satans im Himmel beginnen soll, liegt schon in unsrer Evangelienliteratur vor, und Jesus scheint sie geteilt zu haben. 12,9. καὶ ἐβλήθη ὁ δράκων ὁ μέγας, ὁ ὄφις ὁ ἀρχαῖος. Der Drache wurde geworfen, d. h. er verliert seinen Platz im Himmel, so daß nun naturgemäß alles Folgende sich wieder auf Erden abspielt. Falsch ist es, mit Sp. nur: „er wurde niedergestreckt“ zu übersetzen. Der Ausdruck „die alte Schlange“ geht zunächst auf Gen 3 zurück und zeigt, daß der Apok. bereits die erst spät innerhalb des Judentums sich bahnbrechende Vorstellung von der Identität der Schlange der Verführung und des Teufels vollzogen hat. Vgl. Sap Sal 2,24. II Kor 11,14; Bousset, Religion des Judentums 390. Ob sich der Ausdruck, „die alte Schlange“, übrigens allein aus Gen 3 erklärt, steht dahin. Es ist möglich, daß hier der alte Drachenmythus nachklingt. Zu vergleichen sind die rabbinischen Ausdrücke הַנָּחָשׁ הַקַּדְמוֹנִי, הַנָּחָשׁ הָרִאשׁוֹן (s. die Parallelen bei Wtst. und Schöttgen). ὁ καλούμενος διάβολος. διάβολος ist die Übersetzung für שָׂטָן, Ankläger (Verläumder), vgl. die Rolle des Satan Sach 3,1ff.; Hiob 1,6ff.; 2,2ff.; Himmelfahrt Moses 10,1: et tunc Zabulus finem habebit.καὶ ὁ[20] σατανᾶς ὁ πλανῶν τὴν οἰκουμένην ὅλην (20,3.8.10. „Der die ganze Erde verführt“. Sp. weist als proleptische Wendung den Satz dem Redaktor zu.) ἐβλήθη εἰς τὴν γῆν (ungeschickte Wiederaufnahme des Verbums, von Sp. mit Unrecht gestrichen) καὶ οἱ ἄγγελοι αὐτοῦ μετ’ αὐτοῦ ἐβλήθησαν[21]. Slav. Hen 29,5 „und ich werfe ihn hinab von der Höhe mit seinen Engeln“.

12,10-12. Himmlischer Lobgesang.12,10. καὶ ἤκουσα φωνὴν μεγάλην (11,15; 19,1) ἐν τῷ οὐρανῷ λέγουσαν· ἄρτι ἐγένετο ἡ σωτηρία (Hebraismus: gleich: תְּשׁוּעָה, יְשׁוּעָה, Heil, Sieg; derselbe Hebraismus liegt 7,10; 19,1 vor); καὶ ἡ δύναμις καὶ ἡ βασιλεία τοῦ θεοῦ ἡμῶν καὶ ἡ ἐξουσία τοῦ Χριστοῦ αὐτοῦ. Vgl. 11,15 (dort nur das einfache βασιλεία). Der Lobgesang wird von den siegreichen Engelscharen angestimmt. ὅτι ἐβλήθη ὁ κατήγωρ (?)[22] τῶν ἀδελφῶν ἡμῶν. Ist κατήγωρ zu lesen, so liegt hier eine Hebraisierung des griechischen Wortes κατήγορος in קטיגור vor. κατήγορος ist eine bessere Übersetzung von שָׂטָן als διάβολος. Dieselbe Bildung ist in סניגור, bezeichnender Weise Beiname des Erzengels Michael, nachweisbar; Midrasch R. z. Ruth (Anfang) bei Lueken, Michael 21; Schemot R. Par 18 zu Ex 12,29 heißt es von Michael und Sammuel: דומין לסניגור וקטיגור (Schöttgen I 1120; Lueken 22). Auch wenn die Engel den Lobgesang singen, so können sie doch sehr gut von den Menschen als von ihren Brüdern sprechen. Auf Grund dieser Wendung wird man dagegen kaum die vollendeten Christen (Märtyrer) als die Urheber des Lobgesangs ansehen. Denn diese sind nach der Vorstellung des Apok. nicht im Himmel. Wer von den Menschen aber die Brüder der Engel sind, ob einige oder alle, ergibt sich erst aus dem Folgenden. ὁ κατηγορῶν αὐτοὺς ἐνώπιον τοῦ θεοῦ ἡμῶν[23] ἡμέρας καὶ νυκτός. 4,8; Vgl. Hiob 1,6ff.; Sach 3,1f.; I Chr 21,1. Hen 40,7: „Und die vierte Stimme hörte ich, wie sie die Widersacher abwehrte und ihnen nicht erlaubte, vor den Herrn der Geister zu treten, und die, welche auf Erden wohnen, zu verklagen.“ 12,11. καὶ αὐτοὶ (s. o. S. 165) ἐνίκησαν(s. o. S. 176) αὐτὸν διὰ τὸ αἷμα τοῦ ἀρνίου καὶ διὰ τὸν λόγον τῆς μαρτυρίας αὐτῶν (s. o. S. 179). Die Brüder, für welche die Engel danken, sind also die Sieger im Kampf mit dem Drachen. Da der eigentliche Kampf mit diesem aber noch bevorsteht, so ist der Hymnus proleptisch zu verstehen. Der Sieg der Gläubigen ist dem Apok. so gewiß, daß er schon jetzt die Engel für denselben danken läßt. Denn schon ist der Drache im Himmel geworfen und kann die Gläubigen nicht mehr vor Gott verklagen. Wie 4,11 so scheint auch hier δία mit dem Akkus. an Stelle eines δία mit dem Genitiv (resp. eines Dat. medialis) getreten zu sein (so auch Hltzm.). Das Blut des Lammes ist das entferntere Mittel, durch das die Gläubigen gesiegt haben. Es wird also hier etwa dasselbe ausgesagt wie 7,14: „Sie haben ihre Kleider gewaschen durch das Blut des Lammes.“ Da das διὰ τὸν λόγον parallel dem διὰ τὸ αἷμα verstanden werden muß, so gibt es wie dieses den objektiven Grund des Sieges der Märtyrer an, und der ist das Offenbarungswort Gottes, das hier als das Wort ihres Zeugnisses (für das sie Zeugnis ablegen) näher bestimmt wird. Es ist also nicht zu erklären: um des von ihnen abgelegten Wortes ihres Zeugnisses wegen. καὶ οὐκ ἠγάπησαν τὴν ψυχὴν αὐτῶν ἄχρι θανάτου. 2,10. Als dritter Grund ihres Sieges wird in einem selbständigen Hauptsatz — man sollte ὅτι erwarten — ihr bis zum Tode getreuer Zeugenmut genannt. Über die Verse 10-11, die sicher vom Apok. letzter Hand stammen, und ihr Verhältnis zum Ganzen wird weiter unten die Rede sein. 12,12. διὰ τοῦτο εὐφραίνεσθε οἱ[24] οὐρανοὶ καὶ οἱ ἐν αὐτοῖς σκηνοῦντες. Vgl. 13,6; 18,20; Ps LXX 95,11 εὐφραινέσθωσαν οἱ οὐρανοί. Unter den Himmelsbewohnern sind nur die Engel zu verstehen, nicht die vollendeten Gläubigen, die nach dem Apok. gar nicht im Himmel sind. Die Himmelsbewohner aber sollen sich freuen, weil nun aus dem Himmel der Satan entfernt und hier aller Streit und Kampf zu Ende ist. Das διὰ τοῦτο bezieht sich also über V. 11 hinüber auf V. 10 oder 9 zurück. οὐαὶ τὴν (s. o. S. 164) γῆν καὶ τὴν θάλασσαν[25], ὅτι κατέβη (dies intransitive Wort entspricht nicht genau dem ἐβλήθη oben; Gunkel 200,2 erklärt die Schwierigkeit durch Annahme einer Übersetzung von ירד. Aber wie ירד ausnahmsweise einmal eine mehr passive Bedeutung annehmen kann, so scheint dieselbe Auskunft schließlich auch bei dem griechischen κατέβη möglich) ὁ διάβολος πρὸς ὑμᾶς ἔχων θυμὸν μέγαν, εἰδώς, ὅτι ὀλίγον καιρὸν ἔχει. Die Zeit, die ihm gegeben ist, ist V. 6 und 14 genauer bestimmt. Der aus dem Himmel geworfene Satan, dem nach dieser Niederlage nur noch eine kurze Frist bis zur endgültigen Vernichtung bleibt, wendet nun seine volle Wut den Regionen unter dem Himmel zu. Daher wehe Land und Meer!

12,13-17. Die Flucht des Weibes. 12,13. καὶ ὅτε εἶδεν ὁ δράκων, ὅτι ἐβλήθη εἰς τὴν γῆν, ἐδίωξεν τὴν γυναῖκα, ἥτις (begründet, s. o. S. 178) ἔτεκεν τὸν ἄρσενα (V. 5). Ich bemerke im Voraus, daß auch bei der Erklärung des Folgenden zunächst nur die Frage gestellt werden soll, was der Apok. letzter Hand sich bei den einzelnen Symbolen gedacht habe. In erster Linie aber muß gefragt werden, was der Apok. unter dem Sonnenweib verstanden wissen wollte. Wenn dieser nun in dem Kinde den Messias sah und in seiner Errettung zu Gottes Thron (wahrscheinlich) die Himmelfahrt Jesu, so kann unter dem Weibe, seiner Mutter, da von der Beziehung katholischer Ausleger auf Maria natürlich ganz abzusehen ist, nur zweierlei verstanden werden: entweder die (ideale) jüdische[26] Gemeinde (so die meisten Ausleger), oder die urchristliche messianische Gemeinde (Bleek, Vlkm., Hilg., Weizs.), die, weil sie das wahre Israel repräsentiert, auch wieder als die Mutter des Messias gedacht werden kann[27]. Es kann also die im Folgenden geschilderte Not des Weibes entweder auf die Zerstörung Jerusalems und die Not des Judentums, oder auf eine Verfolgung der urchristlichen Gemeinde bezogen werden. Was nun die Erklärung des V. 13 betrifft, so ist Sp. zuzugeben, daß die Erzählung: „als der Drache sah, daß er auf die Erde geworfen war", auffallend steif und ungeschickt ist. Es hat den Anschein, als wenn hier eine Naht sichtbar wird, durch welche der Apok. divergierende Elemente mit einander verbindet, zumal V. 13 in merkwürdiger Weise auf V. 6 zurückgreift. (Vgl. Hippolyt, de antichr. c. 60.) Ließe man übrigens ὅτι ἐβλήθη εἰς τὴν γῆν fort, so schlösse sich V. 13 unmittelbar an V. 6 an.

12,14. καὶ ἐδόθησαν τῇ γυναικὶ αἱ[28] δύο πτέρυγες τοῦ[29] ἀετοῦ τοῦ μεγάλου. Zur Flucht des Weibes vergleicht Vlt., IV 79, Micha 4,8-10: „Weshalb schreist Du so laut ... Winde Dich und kreise Zion wie eine Gebärende. Denn nun wirst Du zur Stadt hinaus müssen und draußen auf freiem Felde lagern und bis Babel gelangen. Dort wirst Du Rettung erfahren" (vgl. Jes 51,3). Die Berührungen sind auffällig. Doch kann ich sie nur für zufällig halten. Daß sich jene Symbole des A. T. zu einem Mythus, wie er hier vorliegt, verdichtet haben sollten, ist ganz unmöglich. Schwierigkeiten bereitet die Einführung „des großen Adlers" mit dem bestimmten Artikel. Ganz fern liegt die Parallele Ex 19,4; (Dt 32,11; Jes 40,31): ἀνέλαβον ὑμᾶς ὡσεὶ ἐπὶ πτερύγων ἀετῶν. Nach Ew. I (vgl. Jud 6,15; I Sam 17,14) soll der Artikel Hebraismus sein, nach Dstd. soll er generisch zu verstehen sein. Die Erklärung ist einfacher. Der Apok. oder sein Vorgänger hat noch eine deutliche Erinnerung daran, daß ursprünglich hier ein ganz bestimmter Adler gemeint sei. Mit der Frage, was das für ein Adler sei, können wir uns erst weiter befassen, wenn wir die hinter Kap. 12 liegende mythologische Tradition untersuchen. ἵνα πέτηται εἰς τὴν ἔρημον εἰς τὸν τόπον αὐτῆς, ὅπου[30] τρέφεται ἐκεῖ (s. Einleitung S. 160) καιρὸν καὶ καιροὺς καὶ ἥμισυ καιροῦ ἀπὸ προσώπου τοῦ ὄφεως. Dan 7,25 עדן ועדנין ופלג עדן; Da 12,7 עדנין; מועד מועדים וחצי und מועדים sind ursprünglich als Duale gedacht; das war jedoch ohne Punktation nicht zu erkennen, und so übersetzte schon die LXX mit dem Plural (Gunkel 200,2). Über die Zeitbestimmung selbst s. 11,2; 12,6f. Zur wunderbaren Ernährung des Weibes vgl. Ps 78,24; 105,40. ἀπὸ προσώπου τοῦ ὄφεως ist Hebraismus = מפני. Vgl. Ri 9,21: ἔφυγεν ... καὶ ᾤκησεν ἐκεῖ ἀπὸ προσώπου Ἀβιμέλεχ.

12,15. καὶ ἔβαλεν ὁ ὄφις ἐκ τοῦ στόματος αὐτοῦ ὀπίσω τῆς γυναικὸς ὕδωρ ὡς ποταμόν, ἵνα αὐτὴν ποταμοφόρητον ποιήσῃ. ποταμοφόρητος ist ein sonst in der biblischen Gräzität nicht vorkommendes Wort; vgl. die Bildung ἀνεμοφόρητος. Hesych (ed. Alberti I 461) zu Hom. Il. IV 348 erklärt: ἀπόερσεν durch ποταμοφόρητον ἐποίησεν (Dstd.). Vitringa erklärt: ut aquis fluvii abreptam submergeret. Parallelen wie Hos 5,10; Ps 18,5.17; 32,6; 42,8; 124,4 (Gott schüttet seinen Zorn aus wie einen Strom), oder der Durchzug der Israeliten durchs rote Meer (Sp.) sind völlig nichtssagend. Vielmehr tritt das spezifisch Mythologische unseres Textes gerade hier wieder ganz deutlich heraus. Bemerkenswert ist, daß der Drache hier als Wassertier geschildert wird (vgl. Ez 29,3; 32,3; Ps 74,14; Test. Asser 7 [ursprünglicher Text]). Wie schon oben angedeutet, kann von dem Apok. letzter Hand bei dem vorliegenden Symbol nur entweder an die Belagerung von Jerusalem oder an die erste Christenverfolgung in Jerusalem gedacht sein. 12,16. καὶ ἐβοήθησεν ἡ γῆ τῇ γυναικί, καὶ ἤνοιξεν ἡ γῆ τὸ στόμα αὐτῆς καὶ κατέπιεν τὸν ποταμὸν, ὃν ἔβαλεν ὁ δράκων ἐκ τοῦ στόματος αὐτοῦ. Auch dieser Zug in dem Bilde schaut uns als ein völliges Rätsel an und weist auf verborgene und tiefere Zusammenhänge. Im alten Testament und in der jüdischen Literatur suchen wir vergeblich nach Parallelen. So beschränken wir uns hier darauf, zu behaupten, daß der Apok. nur zweierlei mit diesem Symbol gemeint haben kann, entweder die Rettung eines Teils von Israel, nämlich der gläubigen Judenchristen nach Pella im Jahre 67 (Eusebius H. E.III 5,3), oder das baldige Aufhören der Verfolgung der ersten Christengemeinde in Jerusalem.

12,17. καὶ ὠργίσθη ὁ δράκων ἐπὶ τῇ γυναικὶ καὶ ἀπῆλθεν ποιῆσαι πόλεμον μετὰ τῶν λοιπῶν τοῦ σπέρματος αὐτῆς τῶν τηρούντων τὰς ἐντολὰς τοῦ θεοῦ καὶ ἐχόντων τὴν μαρτυρίαν Ἰησοῦ[31]. Bei diesem Verse, dessen Herkunft von dem Apok. letzter Hand durch die letzte Wendung zweifellos gemacht ist, fragt es sich vor allem, wer die λοιποὶ τοῦ σπέρματος αὐτῆς[32] sind[33]. Wenn man den Apok. genau beim Worte nehmen will, so kann es sich, da im Vorhergehenden nur von einem Sohne des Weibes, dem Messias, die Rede war, bei den „Übrigen von ihrem Samen" nur um die Anhänger (Brüder) des Messias handeln, sei es, daß man nun auf die Christen überhaupt (Dstd., Züll.), sei es, daß man unter Streichung von καὶ ἐχόντων τὴν μαρτυρίαν Ἰησοῦ auf die auf Erden lebenden Juden bezieht (Vischer, Weyl., Sp., J. Weiß). Man darf aber nicht vergessen, daß im Vorhergehenden der Apok. unter dem Symbol der Verfolgung des Weibes gar nichts anderes verstanden haben kann, als irgendwie die Verfolgung der Gläubigen. So sind denn allerdings schon vorher „andre" von dem Samen des Weibes bildlich angedeutet. Das Einfachste ist es nun, wenn vorher die Errettung der Judenchristen, sei es durch die Flucht nach Pella, sei es durch das Aufhören der ersten Christenverfolgung symbolisiert war, „die Übrigen vom Samen des Weibes" auf die Christen überhaupt im römischen Reich zu beziehen (Bleek, Vlkm., Hilgf., Einl. 433. 435), deren Verfolgung dann Kap. 13 erzählt. Dazu paßt denn auch der Inhalt von Kap. 13. Denn unter den Christen muß man jedenfalls die „λοιποί" suchen, wenn man nicht V. 17b irgendwie vergewaltigen oder beseitigen will. Ganz unglücklich ist es, mit Erbes bei den λοιποί an die Juden, als die Brüder der Judenchristen und Söhne Israels (zur zeit Caligulas) zu denken, die ja auch das Zeugnis Jesu unter sich, d. h. ganz äußerlich in ihrer Mitte, haben.

EXKURS ZU KAP. 12.

1. Wir fassen zum Zweck der endgültigen Erklärung des zwölften Kapitels zunächst noch einmal zusammen, was sich als Inhalt und Bedeutung dieses Kapitels im Sinne des Apokalyptikers letzter Hand ergeben hat. Nach der siebenten Posaune will er die Weissagung offenbar auf die Höhe führen. Der letzte Krieg mit dem furchtbarsten und letzten Feind beginnt. Der Satan selbst und sein Diener, das römische Reich, zwingen die Gläubigen zum entsetzlichen Kampf. So wird das zwölfte Kapitel eine grandiose Einleitung zum Folgenden. Der Apok. schaut rückwärts auf das Treiben des Satans in dieser letzten Zeit, seitdem der Heiland auf Erden erschienen ist. In rätselhaften mythischen Farben schildert er dessen Erscheinen auf Erden. Von dem herrlichen Sonnenweibe wird das Wunderkind geboren. Aber schon vor und mit seiner Geburt hat der alte Erbfeind das „Kind“ verfolgt. Es ist aber durch die Auffahrt zu Gottes Thron seiner Macht entrückt. Und seine Diener, Michael an der Spitze, haben den nachstürmenden Drachen in einer Himmelsschlacht besiegt. Schon hört der Seher den Jubel im Himmel, daß der Erbfeind ein für allemal besiegt und gerichtet ist und Gott und sein Gesalbter das Regiment in den Händen haben. Auf Erden freilich wird die Not und der Kampf jetzt erst furchtbar werden, aber in prophetischer Siegeszuversicht läßt der Apok. schon jetzt im Himmel den Siegeshymnus zu Ehren derer anstimmen, die in der Not des letzten allgemeinen Martyriums Treue bis zum Tode bewahren werden. — Der vom Himmel gestürzte Drache rüstet sich zu neuem Kampf. Er verfolgt nunmehr das Weib, d. h. Im Sinn des Apokalyptikers das wahre Israel oder die Gemeinde der Gläubigen. Er hätte sie fast verderbt, aber in wunderbarer Flucht hat sich die (judenchristliche) Gemeinde gerettet, und nunmehr wendet der Drache sich der Verfolgung der übrigen vom Samen des Weibes, d. h. der Gläubigen (Heidenchristen) in der weiten Welt zu.

2. So gut die Frage beantwortet werden kann, was sich unser Apok. im großen und ganzen bei der Weissagung in Kap. 12 gedacht habe, ebenso sicher ist es, daß damit nicht der ursprüngliche Sinn dieser Bilder erschlossen ist. Es bleiben eine Menge von Inkongruenzen und Diskrepanzen zwischen Bild und Sache. Und wir können mit Sicherheit behaupten, daß der Apok. aus sich heraus niemals seine Bilder geschaffen hätte, um das zu sagen, was er meinte. Viele Züge in dem Gemälde bleiben bei jener Deutung einfach überschüssig: Das in die Sonne gekleidete Weib mit dem Mond unter den Füßen, die Häupter, Hörner, Diademe des Drachen, das Herabfegen der Sterne vom Himmel, die Flucht des Weibes in die Wüste, die Flügel des großen Adlers, der stromspeiende

Drache, die den Strom verschlingende Erde, diese ganze Fülle von grotesken Bildern, die uns von vornherein den Gedanken nahelegt, daß wir uns hier auf dem Boden des Mythus befinden. Aber es sind noch stärkere Beweise vorhanden. Es ist mit Recht hervorgehoben, daß kein Christ aus eignen Stücken, so wie es hier geschehen ist, das Leben seines Herrn gezeichnet haben würde: Ein Kind, das vom Drachen verfolgt und zu Gottes Thron entrückt wird! Wo bleibt hier das irdische Leben und wo das Kreuz? Und mit der Darstellung von der Entrückung des Kindes hängt der andere Zug zusammen, daß nicht der Herr selbst, sondern Michael mit dem den Himmel stürmenden Drachen kämpft. Das wäre bei einer in der Wurzel christlichen Offenbarung ebenfalls undenkbar. Wie hätte ferner irgend ein Christ darauf kommen können, die Mutter Jesu in der Gestalt des Sonnenweibes zu zeichnen! Und wenn man sagt, diese Mutter sei das ideale Israel, aus dem der Messias stamme, so ist mit jener Annahme das Bild noch immer nicht erklärt. — Was hat jenes Sonnenweib und seine Embleme — etwa abgesehen von dem Kranz mit den zwölf Sternen — mit dem idealen Israel zu tun! Und was für eine merkwürdige Inkonzinnität ergibt sich, wenn das Weib erst die Mutter des Messias, Idealisrael ist und nachher — wie es doch kaum anders gedeutet werden kann — die von Jesus gestiftete Gemeinde der Gläubigen!

3. Seitdem Vischer (und etwa gleichzeitig Weyland) mit allem Nachdruck diese Schwierigkeiten zu Gunsten der Annahme eines jüdischen Ursprungs dieses Kapitels hervorgehoben hat, sind ihm eine ganze Reihe von Forschern hierin gefolgt. Neuerdings hat auch Wellhausen[34] (vgl. Skizzen und Vorarbeiten VI 215ff.) sich mit aller Entschiedenheit auf Vischers Seite gestellt — auch gegenüber Weizsäckers (apost. Zeitalter 1892, S. 358) Bedenken (218f.). Auch J. Weiß plädiert wenigstens für den größten Teil des Kapitels für jüdischen Ursprung und will nur 12,7-12 dem christlichen Urapokalyptiker belassen. Man urteilt hier wesentlich nach dem Grundsatz, daß, was in der Apok. nicht christlich sei, jüdisch sein müsse, ohne andre Eventualitäten in Betracht zu ziehen. Es fragt sich nun aber doch sehr, ob man Kap. 12 unter der Voraussetzung jüdischer Abstammung irgendwie besser versteht oder auch nur ebenso gut verstehen kann.

Einen solchen Versuch, unsre Weissagung aus jüdischen Prämissen zu begreifen, hat Vischer nun tatsächlich gemacht. Er glaubte, eine parallele im Jerusal. Talmud, Berachoth II 5a (Lightfoot zu Mt 2,1), gefunden zu haben (vgl. Midrasch Echa Rabbathi I,16; Vlt. IV 75). Dort wird erzählt: Zu einem Juden sei ein Araber gekommen und habe ihm zugleich mit der Nachricht von der Zerstörung Jerusalems die von der Geburt des Messias Menachem, des Sohnes des Hiskia, in Betlehem gebracht. Danach sei der Jude nach Betlehem aufgebrochen und habe die Mutter des Messias gesehen. Als er zum zweiten Mal nach Betlehem gekommen sei, habe jene ihm erzählt, daß inzwischen das Kind durch Winde und Stürme fortgerissen sei. — Aber wie schon oben angedeutet ist, deckt sich diese Erzählung doch keineswegs mit dem Mythus von Apk 12. Einigermaßen stimmen beide nur in dem einen Zug überein, daß das Kind (von Winden) entrückt wird. Aber hier wird es, wie es scheint, geraubt und dort gerettet. Das Sonnenweib dort ist hier eine irdische Messiasmutter; vom Drachen, seinem Kampf gegen die Sterne, seinem Sturm in den Himmel, von der Flucht des Weibes in die Wüste ist hier nicht die Rede. — Teilweise an Vischer lehnt sich die Deutung Wellhausens an. W. nimmt an, daß das vorliegende Stück in den letzten Zeiten Jerusalems, als die Römer schon im Lande standen, geschrieben sei. Das Weib sei der „sogenannte Rest“ (שארית) des jüdischen Gemeinwesens, der sich durch die Flucht rette. Das Stück stamme aus pharisäischen Kreisen, die sich damals dem letzten Entscheidungskampf durch die Flucht entzogen. Die wunderbare Anschauung von der Geburt des Messias sei durch eine Kombination zweier messianischer Überlieferungen entstanden, nach deren einer der Messias auf Erden geboren werden, nach deren anderer er vom Himmel kommen sollte. Die Vermittelung zwischen beiden Gedanken gebe die hier vorliegende Annahme der Entrückung. Das Schlußstück der Apk., das vom wiederkehrenden Messias gehandelt, sei dann abgebrochen. Es ist zuzugeben, daß bei dieser Annahme der Zug von der Flucht des Weibes einigermaßen gut erklärt ist. Auch dann liegt freilich noch die Inkonzinnität vor, daß das Weib zunächst die israelitische Gemeinde, die Mutter des Messias ist und dann nach der Geburt desselben auch den Rest der Gläubigen bedeuten soll ohne den Messias. — Aber es erheben sich auch große Bedenken gegen die Deutung der merkwürdigen Schilderung von der Geburt des Messias. Einmal ist eine solche Kombination der beiden Messiasbilder in so früher Zeit durchaus nicht nachweisbar[35]. Auch hinsichtlich der oben zitierten Talmudstelle ist die Annahme nicht gesichert, daß der Zug der Entrückung des Messias aus einer Kombination der beiden verschiedenen Messiasbilder entstanden sei. Es kann hier auch eine einfache, das Judentum und seine Erwartungen ironisierende Spotterzählung vorliegen: Mit der Geburt des Messias sei es nur eitel Wind. Und wenn wir eine solche Kombination als möglich einmal zugeben, wozu dann der ganze in Apk 12 aufgebotene groteske Apparat? Die Annahme einer einfachen Entrückung genügte. Wie wenig ist von dem ganzen hier vorliegenden Bilde wirklich erklärt, wenn allenfalls die Idee der Entrückung des Kindes erklärt ist! Auch J. Weiß (138f.) vermag zur Erklärung des Bildes aus jüdischen Prämissen nichts mehr beizutragen: „Jedenfalls will er (der Apok.) mit seiner Darstellung sagen: Der im Himmel etwa vorhandene Messias kann noch nicht auf Erden erscheinen, denn gegenwärtig führt hier noch eine andre Macht das Regiment, der Antichrist. Er hindert die messianische Vollendung, er verfolgt das Weib, d. h. er hindert die Offenbarung des himmlischen Jerusalem. Weil er aber dem Messias und dem Weibe nichts anhaben kann ... so wendet er seinen Grimm gegen die „Übrigen" vom Samen des Weibes, d. h. (?) gegen die Juden." — J. Weiß gibt dann selbst zu: „Zu diesen praktischen Gedanken steht nun der aufgebotene Bilderapparat in keinem rechten Verhältnis." — Allen diesen Versuchen gegenüber muß ich bei der Behauptung bleiben: Die Idee eines Messias, der gleich nach seiner Geburt vom Drachen verfolgt und mühsam gerettet wird, ist spezifisch unjüdisch. Viel schwerer noch als die Beziehung des Kindes auf Jesus ist die Erklärung von Apk 12 aus jüdischen Prämissen.

4. Wir werden also die Fragestellung, jüdisch oder christlich, hinsichtlich unseres Kapitels überschreiten und die Frage nach Traditionen verwandter Art auf dem Gebiet der benachbarten Religionen erheben. Wenn weder die Annahme jüdischer noch diejenige christlicher Herkunft des Kapitels uns dessen Verständnis in den wesentlichsten Punkten erschließen, so kann nur noch dieser Weg zum Ziel führen, wenn sich dieses überhaupt erreichen lassen wird.

Wir erheben aber zunächst die Frage, ob nicht in der Komposition des Kapitels selbst sich Risse und sprunghafte Stellen zeigen, deren Beobachtung bei der Frage nach den ursprünglichen Elementen der vorliegenden apokalyptischen Tradition von Wert sein konnte. Und mindestens eine solche schadhafte Stelle zeigt sich allerdings, auf die fast alle Kritiker bereits aufmerksam gemacht haben. Es handelt sich um das merkwürdige Verhältnis von V. 6 zu V. 13-17. Nachdem in V. 6 bereits von der Flucht des Weibes die Rede gewesen, wird diese V. 13-17 noch einmal wieder aufgenommen und viel ausführlicher berichtet. Dieser Tatbestand hat zu den verschiedensten Kombinationen Anlaß gegeben. Weizsäcker[2] 490, Völter[3] 146f. wollten deshalb die ganze zweite Hälfte des Kapitels (13ff. resp. 11ff.) dem Verfasser der ersten Hälfte absprechen. Sp. hält den V. 6 für eine Zutat des Redaktors, durch welche kurz auf das Folgende hingewiesen werden soll. Gunkel (a. a. O.) sieht in V. 6 und V. 7-16 Parallelberichte. Ein erster Bearbeiter des vorliegenden Gemäldes habe mit V. 6 das Ganze, die ursprüngliche Relation stark verkürzend, abgebrochen, ein zweiter habe dann neben den abgekürzten Bericht den ursprünglichen unverkürzten Bericht gestellt. Dabei bleibt dann freilich die Frage unbeantwortet, weshalb der zweite Bearbeiter den kurzen Passus V. 6 nicht einfach wieder beseitigt habe. Etwas anders sieht Wellhausen (215f.) in V. 1-6 und V. 7-14 zwei Parallelberichte, von denen der in V. 7-14 der klarere Bericht sein soll. Nach diesem finde zunächst ein Kampf des Drachen im Himmel statt und dann die Verfolgung des Weibes auf Erden. Aus den ersten sechs Versen lasse sich keine klare und widerspruchsfreie Anschauung gewinnen. Durch eine Kombination beider Berichte gewinnt W. endlich folgenden Zusammenhang: Szene im Himmel, Kampf Michaels mit dem Drachen, Sturz des Drachen; Szene auf Erden: Verfolgung des Weibes, welches das Kind geboren hat, Entrückung des Sohnes, Flucht in die Wüste. Dann liege in V. 15-16: Errettung des Weibes, Verfolgung der übrigen vom Samen des Weibes, die beiden Parallelberichten zugrunde liegende gemeinsame Quelle vor. Wieder anders versucht J. Weiß das Kapitel sich zurechtzurücken. Er sieht in V. 6 (in Anlehnung an Spitta) eine verkürzende Vorwegnahme von V. 7-13 durch den Redaktor und nimmt weiter an, daß von diesem Redaktor im zwölften Kapitel zwei Quellen verschmolzen seien, deren eine von der Geburt des Messias, der Verfolgung des Weibes durch den Drachen und der Verfolgung der Söhne des Weibes handele, deren andre den Kampf des Drachen mit Michael und den Sturz des Drachen aus dem Himmel erzähle. Das letztere Stück (V. 7-12) spricht Weiß dann dem christlichen Urapokalyptiker, das erstere der eingearbeiteten jüdischen Quelle zu.

Und derartige Zurechtrückungen des zwölften Kapitels ließen sich, wie die bereits aufgestellte Tafel zeigt, durch Kombinationen und neue Einfälle vielleicht um ein halbes Dutzend vermehren. — Zu einleuchtenderen und gesicherteren Ergebnissen wird man m. E. doch erst dann kommen, wenn man nun wiederum die rein literarische Quellenkritik mit ihren teilweise wichtigen Beobachtungen auf eine einheitliche Erforschung der hier vorliegenden apokalyptischen Traditionen auch in ihren nichtjüdischen und nichtchristlichen Bestandteilen basiert, oder wenigstens jene mit dieser verbindet. Auch Gunkels verdienstvolle Forschungen in Schöpfung und Chaos haben an diesem Punkt nicht zum Ziele führen und die Sachlage nicht ganz klären können, weil sie nicht auf tatsächlich vorhandenes religionsgeschichtliches Material sich stützten, sondern allzu schnell vermeintliche babylonische Parallelen erst auf Grund unseres Kapitels postulierten. Es bleibt aber Gunkel das nicht zu unterschätzende Verdienst, dass er mit sicherem Blick den wesentlich fremdartigen, mythologischen, weder aus jüdischen noch aus christlichen Prämissen erklärbaren Grundcharakter der vorliegenden Vision erkannt und das große Fragezeichen für alle weitere Forschung hier errichtet hat.

5. Wir beginnen aber in unserer Umschau nach wirklichen religionsgeschichtlichen Parallelen unseres Kapitels mit der Ausscheidung eines Bildes, das zunächst ganz und gar aus jüdischen Prämissen begreifbar ist; das ist die Weissagung vom Kampf des Drachen mit Michael und dem Sturz des Drachen vom Himmel. Das scheint mir das bleibende Verdienst von J. Weiß' Scheidungsversuchen zu sein, denen ich sonst nicht zustimme, dass er dieses Stück herausgegriffen und einer von dem Übrigen losgelösten Betrachtung unterworfen hat. Weiß sucht das Stück aus urchristlichen Prämissen heraus zu begreifen. Wir können aber hier noch etwas weiter zurückgehen und zunächst

die allgemeineren jüdischen Voraussetzungen nachweisen, in denen diese Weissagung wurzelt. Eine direkte parallele dieses Satanssturzes finden wir II Hen 29,4-5: „Einer aber von der Ordnung der Erzengel, der mit seiner Heerschar abgefallen war, faßte den unmöglichen Gedanken, daß er seinen Thron höher denn die Wolken über der Erde setze, damit er dem Range meiner (Gottes) Kraft gleich werde. Und ich warf ihn hinab von der Höhe mit seinen Engeln. Und er fliegt beständig in der Luft über dem Abgrund“[36]. Daß hier von einem Kampf Gottes, dort vom Kampf Michaels mit dem Drachen die Rede ist, daß hier der Teufel mit seinen Scharen im Reiche der Luft bleibt, dort auf die Erde herabsteigt, sind unwesentliche und begreifbare Varianten. Wesentlicher ist der Unterschied, daß was hier als ein Ereignis urgrauer Vergangenheit erzählt wird, in unserem Kapitel als Ereignis der Zukunft geweissagt wird. Aber auch diese Umformung eines Mythus aus der Urzeit in eine eschatologische Weissagung läßt sich begreifbar machen. Jene Anschauung vom Sturz des Satan in der Urzeit ist im jüdischen Volksglauben nicht die einzige und nicht die herrschende gewesen. Wir sehen gerade aus unserm Kapitel, daß daneben noch die im alten Testament (Hiob 1f.; Sach 3,1ff.) herrschende sich behauptet, daß der Satan als Anklageengel noch immer und bis zur Endzeit seinen Platz vor Gottes Thron behaupte (12,10). Aus einer Kombination beider Überlieferungen konnte und mußte dann die eschatologische Erwartung entstehen, daß der Satan am Ende der Zeiten mit seinen Scharen von seinem Platz im Himmel herabgestürzt werden solle. Diese Überzeugung muß im neutestamentlichen Zeitalter verbreitet gewesen sein. Nur von hier aus erklärt es sich, wenn Jesus nach Lk 10,18 auf die Kunde davon, daß auch seine Jünger Dämonen austreiben, in die Worte ausbricht: „Ich sahe den Satan wie einen Blitz vom Himmel fallen“. Ist das Wort echt, so glaubte auch Jesus, daß die Endzeit mit dem Sturz des Satans vom Himmel beginne, und daß sich aus dieser von ihm (visionär) geschauten Besiegung des Satans im Himmel auch seine (relative) Machtlosigkeit auf Erden erkläre (vgl. Mt 12,28 u. Par. und Joh 12,31). — So folgte unser Apok. nur einer weiter verbreiteten Auffassung, wenn er den Mythus vom Teufelssturz aus der Vergangenheit in die Zukunft projizierte.

6. So hebt sich die mittlere Partie unseres Kapitels 12,7-12 deutlich aus innern Gründen — durch die beigebrachten Parallelen — und aus äußern — ich verweise noch einmal auf die Doublette in V. 6 und 13ff. und auf den ungeschickten Übergang in V. 13 — von seiner Umrahmung ab. Es bleibt uns die schwierigere Aufgabe, der Weissagung 12,1-5.(6).13-17.(18) durch Rückgang auf ihre Genesis ein einigermaßen hinreichendes Verständnis abzugewinnen. In diesen Versen haben wir die kompakte Masse des speziell Mythologischen, weder aus jüdischen noch aus christlichen Prämissen Begreifbaren. Wird es noch

möglich sein, auch dieses Rätsel zu lösen? Es sind verschiedene Versuche gemacht der Lösung des Rätsels näher zu kommen.

Gunkel hat in „Schöpfung und Chaos“ (vgl. z. religionsgesch. Verst. d. N. T. 54ff.)[37] das Kapitel wesentlich aus babylonischen Einflüssen erklären wollen. Er fand in dem Drachenungeheuer die babylonische Tiâmat. Die Empörung und der Kampf des Drachen gegen die himmlischen Mächte stehn im Mittelpunkt des babylonischen Schöpfungsmythus. Tiâmat sei als Wasserungeheuer gedacht. Dazu würde die Schilderung von der Verfolgung des Weibes gut passen. Außerdem zeigen die Vorstellungen in der Apk mannigfache Berührungen mit Dan 7 (und 8), dessen Abhängigkeit von dem altbabylonischen Mythus Gunkel wahrscheinlich gemacht hat. Der Drache schlägt mit seinem Schweif die Sterne vom Himmel, das kleine Horn Dan 8,10ff. stößt sie vom Himmel herab. Aber das ist auch alles, was an etwaigen Berührungen mit altbabylonischer Mythologie sich wahrscheinlich nachweisen läßt[38]. Gunkel aber postuliert nun auf Grund von Apk 12 einen altbabylonischen Mythus von der Geburt des Marduk, des jungen Sonnengottes. Das Sonnenweib ist nach G. die Mutter Marduks, Damkina[39]. Diese gebiert — Genaueres zur Aufhellung von V. 1ff. kann G. auch nach der babylonischen Mythologie nicht geben — den Marduk. Sie und das Kind werden von der lichtfeindlichen Tiâmat verfolgt. Der Adler, der dem Weibe behülflich sei, sei vielleicht das Sternbild „des Adlers“. Die Zeiten, in denen Tiâmat herrscht, sind 3½, d. h. die Zeit von der Wintersonnenwende bis zur Frühlings-Tag- und Nacht-Gleiche, und einem (½) weiteren Zeitraum, den Gunkel nicht deuten kann. Das ist die Zeit der Herrschaft des gestrengen Winters. Dann aber erhebt sich der junge Sonnengott und schlägt die Tiâmat[40]. Aber alle charakteristischen Züge dieses babylonischen Sonnenmythus, das Weib, die Geburt des Kindes, die Verfolgung durch den Drachen, die Flucht in die Wüste sind bis jetzt wenigstens nur postuliert und nicht nachgewiesen. Das gesteht Gunkel, z. religionsgesch. Verst. d. N. T. 55ff., selbst zu. Er legt jetzt allen Nachdruck nicht mehr auf den Beweis des Babylonischen, sondern des Mythischen. — Viel erfolgreicher und einleuchtender ist der Rückgang A. Dieterichs auf das Gebiet der griechischen Mythologie (Abraxas 117ff.). D. glaubt in Apk. 12 eine Überarbeitung des Mythus von der Geburt des Apollo zu finden, wie er in der gebräuchlichsten Fassung bei Hygin vorliegt. Dort wird erzählt: Pytho dem Sohn der Erde, dem großen Drachen war geweissagt, daß der Sohn der Leto ihn töten würde. Leto war von Zeus schwanger und Hera bewirkte, daß sie nur wo die Sonne nicht scheine, gebären könne. Als Python merkt, daß Leto gebären werde, fängt er an, sie zu verfolgen, um sie zu töten. Aber Boreas trägt die Leto zum Poseidon. Dieser bringt sie nach Ortygia und bedeckt die Insel mit den Wogen des Meeres. Als Pytho die Leto nicht findet, kehrt er zum Parnaß zurück. Auf der von

Poseidon wieder erhobenen Insel gebiert Leto. Am vierten Tage nach der Geburt nimmt Apollo Rache, er eilt zum Parnaß und tötet den Pytho. — Nun hat man gerade aus den Gegenden, aus denen die Apk stammt aus Milet, Tripolis in Karien, Magnesia am Maeander, Münzen, welche die fliehende Leto darstellen. Eine Münze aus Hadrians Zeit trägt die Inschrift Εφεσιων Λητω. Pythische Spiele, in denen dieser Sagenkreis dargestellt wurde, lassen sich für jene Zeit in Milet, Magnesia, Tripolis nachweisen. Es läßt sich sogar wahrscheinlich machen, daß eine Erzgruppe, Leto mit Apollo und Artemis auf dem Arm, vor dem Drachen fliehend, in Ephesus gestanden hat, auf welche jene Münztypen zurückzuführen sind. Das alles scheint zu der Annahme Dieterichs zu drängen, daß in Apk 12 ein Apollomythus enthalten sei.

Die Übereinstimmungen zwischen Apk 12 und jenem Mythus sind allerdings frappant. Selbst geringfügige Züge wie der, daß dem Weibe Adlersflügel gegeben werden (vgl. oben Leto vom Boreas getragen), finden ihre Parallele. Allerdings sind auch die Differenzen bedeutend. Die Flucht des Weibes wird in letzterem nicht vor, sondern nach der Geburt des Sohnes erzählt; das Wasser ist hier eine wohltätige rettende, in der Apk eine verderbliche Macht; dort wird die Insel vom Wasser verschlungen, hier verschlingt die Erde das Wasser. Dort führt das Kind selbst mit dem Drachen Krieg, hier tritt zunächst Michael für dasselbe ein. Aber die großen Züge: das Weib, das Kind, der verfolgende Drache und eine Reihe charakteristischer Einzelzüge kehren in beiden Erzählungen wieder.

Gegen Dieterich ist (von Gunkel) eingewandt, daß ein apokalyptisches Bild in der Weise, wie D. es sich vorstellt, von einem jüdischen oder christlichen Apokalyptiker niemals übernommen sein könne. Denn der Apok. müßte dann mit klarem Bewußtsein einen heidnischen Mythus umgedeutet haben, und diese Annahme sei unmöglich. Es sei vielmehr a priori zu behaupten, daß ein Apokalyptiker niemals in solcher Weise erfinde und seinen Stoff zurechtschneide. Wie hätte er dann den Mut haben sollen, seine Erfindungen als göttliche Offenbarungen auszugeben? Noch dazu sei eine Herübernahme eines heidnischen Mythus von Seiten eines Juden oder Christen undenkbar. Vielmehr lägen hier uralte Zusammenhänge vor; solche Herübernahme von Ideen aus einer Religion in die andre vollzögen sich nicht im Sturm und im Lauf einer Generation, es sei das ein Vorgang, der mehr im Unbewußten und im Laufe von Jahrhunderten vor sich ginge. — Ich glaube nicht, daß Gunkels Bedenken zutreffen. Solche Herübernahme von Mythen, Erzählungen, Sagen und Symbolen, Lehren und Vorschriften von einer Religion in die andre, gehören doch zu den allergewöhnlichsten geschichtlichen Vorgängen. Durch nichts kann wirkungsvoller für eine neue Religion Propaganda gemacht werden, als wenn man sie im Gewande der alten darstellt. Wenn Gunkel aber eine solche Annahme für unverträglich mit der Psychologie eines Apokalyptikers erklärt, so wird es sich auch hier empfehlen, keine allzu apriorischen Behauptungen aufzustellen. Überdies kann als möglich zugestanden werden, daß unser Apok. hier allerdings ein schon vorgefundenes und bereits umgeprägtes Bild einfach herübergenommen habe. Aber selbst, wenn das nicht der Fall wäre, so ist die Annahme einer direkten Herübernahme eines heidnischen Mythus nicht ganz unmöglich. Es wird also D. zugestanden werden müssen, daß er in der Tat eine Möglichkeit des Verständnisses von Apk 12 aufgedeckt hat, wenn es sich freilich bei der weiten Verbreitung des Drachenmythus, für die wir sogleich noch einen Beleg finden werden, empfiehlt, mit der Annahme einer direkten Entlehnung vorsichtig zu sein.

Wir überschauen aber das zur Beurteilung von Apk 12 in Betracht kommende Material noch nicht völlig, wenn wir nicht zum Schluß noch einen Blick auf die ägyptische Mythologie werfen. Denn in dieser finden sich Parallelen, die genau so überraschend sind wie diejenigen im Apollomythus. Das Weib, die Mutter des Kindes, ist hier die große Göttermutter Hathor (resp. Isis), das Kind der junge Sonnengott Horus (Harpokrates), der Drache Typhon. Hathor findet sich (Brugsch, Relig. u. Mythol. der Ägypter 211) dargestellt mit einer Sonne auf dem Haupt. Horus, das Kind, heißt der schöne Knabe (a. a. O. 356), sein Geburtsfest wird am Frühlingsanfang gefeiert. Typhon (Seth) wird unter verschiedenen Symbolen dargestellt, die bevorzugten Symbole für ihn sind der Drache, die Schlange, das Krokodil (709). In der ägyptischen Pistis Sophia ist der Drache, der die Sophia verfolgt, siebenköpfig (s. o.). Das Weib sammelt, nachdem Osiris (die alternde Sonne) von Seth erschlagen ist[41], von Typhon verfolgt, seine Gebeine und gebiert auf wunderbare Weise das Kind, den jungen Sonnengott. Dann entflieht sie auf einem Nachen von Papyrus, durchschifft die Sümpfe und rettet sich auf die sagenhafte schwimmende Insel Chemmis (400f.). Nach einer andern Variante gebiert sie erst dort den jungen Horus (403. 405, vgl. auch die vermenschlichte Isis-Osiris-Legende, in der Osiris König, Horus der junge Königssohn geworden ist, 643). Vor allem möge hier eine Stelle aus einem Osiris-Hymnus zitiert werden (398):

Sie (Isis) macht Luft mit ihren Federn
Und erzeugt Wind mit ihren Flügeln[42].
Sie jubiliert, ist ihr Bruder gelandet,
Sie stellt die regungslosen Glieder des Toten zusammen,
Sie saugt seine Feuchtigkeit auf
Und bildet einen Sprößling.
Sie nährt das Kind in der Einsamkeit,
Und niemand weiß, wo es weilt und wohin sie geht.

Und vom Siege des Horus heißt es (vgl. in demselben Hymnus 399, und dann [717] 721):

Und der Drache (Abut-unti) richtet sich gegen dich auf,
Horus zückt seine Speere nach ihm,
Indem jener Himmel und Erde durch seine Unwetter bewegt.
Seine magischen Kräfte tragen den Sieg über seinen Gegner davon,
Und sein scharfes Schwert trifft den geblendeten Drachen[43].

Die Differenzen zwischen dem ägyptischen Mythus und Apk 12 sind ganz ähnlicher Art wie diejenigen, welche diese Erzählung von dem griechischen unterscheiden. Eine wesentliche Differenz ist es noch, daß weder im ägyptischen noch im griechischen Mythus von einer Flucht in die Wüste die Rede ist. Aber im ägyptischen ist wenigstens die Wassernatur des Ungeheuers Typhon noch ganz deutlich bewahrt.

7. Woher der Verfasser von Apk 12 sein Material entlehnt hat, das wird sich kaum mehr mit Sicherheit sagen lassen. Aber in einem Punkte begegnen sich die Hülfslinien, die wir bis jetzt gezogen haben: ein alter Sonnenmythus scheint aller Wahrscheinlichkeit nach in Apk 12 verarbeitet zu sein. Die alte heilige Erzählung von dem Sieg des jungen erwachenden Lichtgottes über die bösen Mächte der Finsternis hat man verwandt, in ihr symbolisch den Sieg Jesu über den Satan und den glorreichen Ausgang seines Lebens darzustellen. Jesus trat an Stelle des schönen Knaben, des jungen Lichtgottes. Die Mutter des rettenden Lichtgottes ist ursprünglich die große Himmelsgöttin. Von hier aus verstehen wir ihre Attribute Sonne, Mond und die zwölf Sterne (des Tierkreises), die sie als Diadem aus dem Haupte trägt, sehr wohl. Diese Himmelsgöttin wird nun, indem man sich dabei an alttestamentliche Vorbilder anlehnen konnte, das idealisierte Israel. Der Drache, ursprünglich der Gott der Tiefe und der Finsternis, des Winters und der Kälte, der Erbfeind alles Lichtes und Lebens, der Feind der himmlischen Lichtgottheiten, wurde zu der der jüdisch-christlichen Apokalyptik geläufigen Figur des Teufels umgedeutet. Wenn in dem Mythus berichtet wird, daß der Drache, der grimmige Herrscher der Winterszeit, den eben geborenen und heranwachsenden jungen Lichtgott und seine Mutter verfolgt, so lag doch die christliche Umdeutung auch hier recht nahe. Seit langem war man gewohnt das Leben Jesu als eine Kette von Nachstellungen des Satans anzusehen Lk 4,13. Auch daß der vom Drachen verfolgte Sonnengott als Kind erscheint, störte nicht so sehr, wie es uns stört. Man war ja gewohnt, das ganze irdische Leben Jesu nur als etwas Vorläufiges, als den ersten noch nicht entscheidenden Akt und erst seine Wiederkunft als das eigentlich Entscheidende anzusehen. An einem Punkt freilich — und hier löst sich uns nun die letzte Schwierigkeit in der Komposition der Apk — konnte man die Darstellung des Mythus nicht

herübernehmen. In diesem erfolgt die Rettung des Sonnenknaben durch die Flucht der Mutter, in der Einsamkeit wächst der junge Sonnengott auf, um dann später den Erbfeind zu besiegen. Diesen Zug konnte die christliche Apokalyptik nicht verwenden. So verlegte der Apok., der diese Umdeutung vollzog, die Rettung des Kindes vor die Flucht des Weibes. Als Errettung des Kindes aber galt ihm die Entrückung zu Gottes Thron, die Himmelfahrt. Das gab dem Apok. dann Gelegenheit, einen zweiten Mythus von dem Himmelssturm des Teufels und seinem Sturz hier einzuflechten, da bei seiner Auffassung die endgültige im Mythus geschilderte Besiegung des Drachen durch das errettete Kind für ihn ganz an das Ende rückte. Dadurch wurde nun aber die ursprüngliche Erzählung zerrissen. Die Flucht des Weibes, durch welche ursprünglich das Kind gerettet wurde, wird nun bedeutungslos. Sie wird daher zunächst nur noch kurz erwähnt. Aber der, welcher den Mythus umdeutete, fand nachträglich, daß sich auch mit diesem Zug etwas anfangen lasse und brachte nun auch diese Szene V. 14ff. noch ausführlich nach. Wenn er das Weib auf das ideale Israel umdeutete, so ließ sich ja nun auch der Verfolgung des Weibes durch den Drachen ein vorzüglicher Sinn abgewinnen. In ihr konnte man die Nöte der ersten christlichen Gemeinde dargestellt finden.

8. Es wäre nun noch die Frage zu beantworten, wer Kap. 12 in der gegenwärtigen Form im wesentlichen zusammengearbeitet hat, ob wir hier die Hand unseres Apokalyptikers zu sehen haben oder die eines seiner Vorgänger. Zuzutrauen wäre jenem die Zeichnung des prachtvollen Bildes schon. Aber es scheint doch so, als wenn unser Apok. die Materie von Kap. 12 im wesentlichen bereits zugerichtet und bearbeitet vorfand. Dafür spricht schon die offenbar ungeschickte Stellung des Kap. 12 hinter Kap. 11, der Geburt des Messias hinter der siebenten Posaune. Müßten wir annehmen, daß der Apok. seinen Stoff frei geformt hätte, so wäre es doch höchst unerklärlich, wie er nach 11,19 von der Geburt des Messias an zu rekapitulieren beginnt. Anders verhält sich die Sachlage, wenn er Kap. 12 schon als feste und kompakte Masse vorfand und dann an dieser Stelle einarbeitete. Dazu kommt noch, daß der Zusammenhang innerhalb des Kapitels an einer Stelle brüchig ist und auf eine Überarbeitung schließen läßt. Die Aufforderung an die Himmlischen, sich zu freuen, und der Weheruf über die Erde V. 12 schließt sich eng an V. 9 an und steht mit V. 10 und 11 in einem gewissen Widerspruch. V. 10 und 11 zeigen überdies deutliche Spuren des Apokalyptikers letzter Hand. Ferner ist das hier vorliegende Stück sicher nur ein Fragment. Es fehlt zum Schluß der Sieg des mittlerweile zum Helden herangewachsenen Sonnenkindes über den Drachen. Dieser Schluß wird auch in den späteren Teilen der Apk nicht nachgeholt. Der Gegner, mit dem der wiederkehrende Messias Apk 19 kämpft, ist nicht der Drache, sondern das Tier. Es ist aber nicht anzunehmen, daß derjenige Apokalyptiker, der zum ersten Male

die grandiose Idee faßte, den heidnischen Sonnenmythus seinem christlichen Siegeshymnus zugrunde zu legen, sich den packenden und so hervorragend passenden Abschluß jenes Mythus hätte entgehen lassen und nur einen Torso geschaffen hätte. Wenn wir aber einmal scheiden müssen zwischen dem Verfasser von Apk 12 und dem Apok. letzter Hand, so tun wir gut, vor allem auch den V. 17 dem Apok. letzter Hand zuzuweisen. Wenn im Sinne des Verfassers von Apk 12 das verfolgte Weib bereits eine symbolische Beziehung zur Gemeinde der Gläubigen haben muß, also hier von der Idee der Messiasmutter bereits ganz abgesehen ist, dann kann die Erwähnung der „übrigen ihres Samens“ nur vorwärtsschauende Beziehung zu Kap. 13 haben, so daß hier der vorher bei der Flucht des Weibes gemeinten judenchristlichen Kirche die heidenchristliche Gemeinde der Gläubigen gegenübergestellt werden soll. Das heißt, wir haben in V. 17 wie in V. 18 eine Klammer von der Hand des letzten Apok., durch welche dieser die Kap. 12 und 13 mit einander verbindet. Endlich werden wir vielleicht noch an einer dritten Stelle das Eingreifen des Apokalyptikers letzter Hand konstatieren können. Die sieben Diademe auf den sieben Häuptern des Drachen hängen aufs engste zusammen mit den zehn Diademen auf den zehn Hörnern des Tieres in Kap. 13. Nun haben sie dort ihren guten Sinn; weshalb aber der Teufel in der vorliegenden Weissagung Diademe trägt, ist nicht einzusehen. Wir haben hier wieder eine Klammer, durch welche der Apok. letzter Hand Kap. 12 und Kap. 13 verbindet. — Immerhin gestehe ich zu, daß die Gründe für die Annahme eines in Kap. 12 vorliegenden Quellenstückes nicht vollständig durchschlagend sind. Es bleibt die Möglichkeit, daß der Apok. selbst Kap. 12 in Anlehnung an ältere Traditionen entworfen haben könnte.

Nach alledem können wir ein endgültiges Urteil über die Komposition und die Stellung von Kap. 12 im Ganzen unserer Apk gewinnen. Es behalten, wie es scheint, diejenigen unter den Kritikern recht, welche Apk 12 als ein für sich bestehendes Fragment auffassen (Weizsäcker, Sabat., Schön, Pfleiderer, auch Gunkel und Wellhausen). Aber dieses für sich stehende Fragment ist nicht, wie viele von den Kritikern meinen, jüdischen, sondern christlichen Ursprungs. Als ein Fragment jüdischer Apokalyptik wäre es ganz unverständlich. Vielmehr hat ein Christ in diesem Kapitel einen heidnischen Mythus von der Geburt, der Verfolgung und dem Siege des jungen Sonnengottes auf seinen Herrn Jesus umgedeutet. Es liegt hier ein bemerkenswerter Übergang einer Idee aus einer Religion in die andre vor. Mit großer Kühnheit ist jene Umdeutung vollzogen. Ein uralter heidnischer Sang von dem Sieg des Lichtes über die Finsternis und des Todes über das Leben ist umgedichtet zu einem christlich-messianischen Triumphlied, so wild, grotesk und grell in den Farben wie kaum ein zweites wieder angestimmt ist. Hineinverwoben ist ein zweiter Mythus vom Sturm des

Drachen auf den Himmel und seinem Sturz. Unser Apok. letzter Hand hat dieses Stück aufgegriffen und hat es außerordentlich geschickt in das Ganze seiner Weissagung verwoben. Er hat auf der Höhe seiner Weissagungen sich ein grandioses Prooemium geschaffen zu dem zentralen Stück seines ganzen Werkes, der Weissagung von dem Kampf mit dem Tier, das Anbetung verlangt (Kap. 13). Er hat aber nur ein Fragment jenes Stückes gebrauchen können. Die Schilderung vom endgültigen Siege des Sonnenkindes hat er abgebrochen, weil er diese hier nicht gebrauchen konnte, und nachher nicht wieder aufgenommen. Von Eigenem hat er nur Weniges hinzugetan. Er hat einige Klammern angebracht und in V. (10b) 11 läßt er energisch den Grundton seiner eignen Auffassung der Dinge hineinklingen, die Verherrlichung des Martyriums und die Treue der Gläubigen bis in den Tod. Und das will er denn auch wesentlich mit dem ganzen Kapitel seiner Zeit sagen: Mögen Satan und seine Trabanten auf Erden sich noch so furchtbar stellen und noch so sehr dräuen; wir fürchten uns nicht, der böse Feind ist bereits gerichtet, seine Macht dauert nur noch kurze Zeit, und geboren ist das Sonnenkind, der Herr des Lichtes und des Lebens. Der soll den Sieg behalten.

Fußnoten:

1. και ℵC 95 f g am. fu dem. lips.[46] tol. ae. Pr.; > APQ Rel. cle. lips[5] Hipp. Meth. Vict. Das και ist wahrscheinlich als die schwierigere Lesart beizubehalten und dann dem Sprachgebrauch der Apk gemäß zu ἔχουσα ein ἐστιν zu ergänzen.
2. κραζει ℵAP An.[12] 95 dem. tol. Hipp.gr Meth.; εκραζεν C. Rel. f g cle. fu lips.[46] s[2] a Pr. Hipp.s; εκραξεν Q al[12].
3. πυρρος ℵAP An.[3] 38 al. f g Or.i Meth. Tic. Pr.; πυρος CQ Rel. c s[12] a.
4. μεγας πυρ(ρ)ος AP An.[123] 95 s[1] vg. Or.i Tic.
5. An.[3] Hipp.e.r τικτειν s. o. S. 169f.
6. αρσεν AC (möglicherweise ein Schreibfehler), alle übrigen αρσενα (αρρενα) auch Meth. Hipp. Durch das hinzutretende Zeugnis von Meth. und Hipp. wird die Lesart αρσενα (αρρενα) wahrscheinlich. Da Pr. nur masculum übersetzt, so bleibt es möglich, daß υιον überhaupt eine Glosse zur Erklärung des αρσενα (αρσεν) war.
7. > εν P An.[12] 95.
8. Freilich hat diese realistische Deutung auf Geburt und Himmelfahrt Jesu von Methodius an (s. o. S. 52f.) bis Kliefoth hin vielfachen Widerspruch gefunden, und immer wieder hat man die allegorisierende

Methode bei der Deutung von Kap. 12 verwandt, die jedenfalls noch unmöglicher ist, als die realistische.

9. > C An.[1] 38.
10. ℵACP An.[124] 51. 95; Rel. υπο.
11. τρεφουσιν ℵC; wohl nur ein Schreibfehler.
12. ACP An.[3] 95 f s[2] Pr. (Michael et angeli eius ut pugnarent); > του ℵQ Rel.; g. vg. Vict. Tic. επολεμησαν; s[1] πολεμουσιν. Es könnte allerdings durch Dittographie das του aus αυτου und danach das πολεμησαι aus πολεμουσιν (επολεμησαν) entstanden sein.
13. Vgl. besonders 805f.: ἐν νεφέλῃ δ' ὄψεσθε μάχην πεζῶν τε καὶ ἱππέων – οἷα κυνηγεσίην θηρῶν, ὁμίχλῃσιν ὁμοίην.
14. Von einem solchen Himmelssturm des Drachen handelt wahrscheinlich bereits Dan 8,10f., vgl. noch den im hebr. Text gänzlich fehlenden interessanten Satz der LXX: καὶ δι' αὐτὸν τὰ ὄρη τὰ ἀπ' αἰῶνος ἐῤῥάχθη.
15. Zu vergleichen sind endlich einige allerdings erst in später Zeit nachweisbare Züge in der Sage vom Antichrist und in der Simon Magus-Sage. Bousset, Antichrist 96ff.
16. Wenn auch Dstd. bestreitet, daß dies an unsrer Stelle ausgesprochen wird, und darauf hinweist, daß das Kind schon durch seine Erhebung zu Gottes Thron geschützt sei, so läßt sich doch nicht verkennen, daß der Erzengel Michael für dieses und an Stelle desselben den Kampf übernimmt, der doch durch seine Verfolgung von Seiten des Drachen notwendig geworden war.
17. ισχυσαν ℵCP An.[12]. 95? f g vg. s[12] a Vict. Pr.; ισχυσεν A Rel. c ae.; ισχυον Q.
18. ουτε P An.[1].
19. αυτων ACPQ An.[1] 38. 95 f g vg s[2] a Pr. Tic. Vict.; αυτοις ℵcc 17. 36 s[1]; αυτω Rel. c ae.
20. ℵACP An.[1] 95; > Q Rel.
21. > 49 sa. Tic.
22. A; Rel. κατηγορος.
23. An.[12] c a ae. sa.
24. οι A An.[123] 95 a; > alle übr.; der Artikel beim Vokativ ist das Gebräuchliche in der Apk. S. o. S. 164.
25. ℵACP An.([1])[2] 95; Q Rel. τη γη και τη θαλασση; der Akkus. bei ουαι ist ganz ungewöhnlich.
26. Vgl. zu diesem Bilde Hos 1,3; Jer 2,2ff.; IV Esra 9,38ff. u. ö.
27. Die Möglichkeit solcher Deutungen vorliegender uralter Symbole von Seiten des Apok. oder seines Vorgängers kann kaum bestritten werden.

So wird z. B. Sohar. Exod fol. 47. Ex 21,22 auf Michael und Samael, die sich im Kampf um die jüdische Gemeinde befinden, gedeutet. Auch im Pastor Hermae, Visio IV, wird die Kirche als Jungfrau dem Drachen gegenübergestellt. Und wenn einmal die Kirche als Weib oder Jungfrau symbolisiert wurde, warum hätte man dann nicht die Geburt des Kindes auf die Geburt des Messias beziehen sollen?

28. ACP An.[12] 95 Hipp.e.r (antichr. 61 doch nicht 60); > αι ℵQ Rel. (Hipp.?).
29. > ℵ s[1] a.
30. ℵACP An.[12] 95 f g vg. c s[2] a ae. Pr. Tic. Hipp.; Q Rel. s[1] οπως τρεφηται.
31. cle. tol. lips.[4] Pr. του ιησου Χριστου, ℵ Hipp.h του θεου, 98 θεου.
32. Vgl. Micha 5,2 οἱ ἐπίλοιποι τῶν ἀδελφῶν αὐτῶν. — J. Weiß vergleicht Gen 3,15 „Feindschaft zwischen Dir und dem Weibe und zwischen Deinem Samen und Ihrem Samen."
33. Vischer und Sp., welche die Flucht des Weibes in die Wüste auf einen präexistenten Vorgang im Himmel beziehen, denken bei den λοιποί an das empirische auf Erden befindliche Israel.
34. Vgl. gegen Wellhausen Gunkel, aus Wellhausens neuesten apokal. Forschungen, ZwTH 42,581-611.
35. Die jüdische Idee von dem doppelten Erscheinen des Messias scheint erst in ziemlich später Zeit entstanden zu sein. Justin, ein genauer Kenner jüdischer Haggada, weiß noch nichts davon, obwohl er gerade auf dem Gebiet jüdisch messianischer Vorstellungen gut orientiert ist. Vgl. Dial. 8: Χριστὸς δὲ εἰ καὶ γεγέννηται καί ἐστί που, ἄγνωστός ἐστι καὶ οὐδὲ αὐτὸς ἑαυτὸν ἐπίσταται οὐδὲ ἔχει δύναμιν, μέχρις ἂν ἐλθὼν Ἠλίας χρίσῃ αὐτὸν καὶ φανερὸν πᾶσι ποιήσῃ (vgl. 110 εἰ δὲ καὶ ἐληλυθέναι λέγουσιν, οὐ γινώσκεται, ὅς ἐστιν), dazu vgl. Joh 7,27; näher unsrer Erzählung kommt schon Targum Jonathan zu Micha 4,8: „Du Gesalbter Israels, der Du verborgen bist, wegen der Sünden des Volkes von Zion, Dir wird das Reich zu Teil" (Gfrörer II 223). — Vielleicht ist erst in der Polemik mit den Christen die Idee von dem doppelten Erscheinen des Messias auf jüdischer Seite entstanden. Auf eine spätere Zeit weist auch der Name des Messias, Menachem. Vgl. Bousset, Religion des Judentums 218f.
36. Es ist oben zu 12,7 schon auf die Parallelen zu dieser Vorstellung von Satans Himmelssturm und Sturz in der eranischen Mythologie (Bundehesh) hingewiesen. Es scheint mit keine Frage zu sein, daß diese jüdische Idee aus der persischen Mythologie stammt. Aber die Entscheidung über diese Frage trägt für die Erklärung unseres Kapitels

nichts aus. Jener eranische Mythus wird übrigens wieder im letzten Grunde auf den babylonischen vom Drachenkampf zurückführen. Auf diesen Zusammenhang deutet vielleicht noch unser Kapitel mit seiner Kombination der Gestalt des persönlichen Teufels (Ahrimans) mit der des Drachen.

37. Vgl. auch Zimmern K.A.T.³ 508ff., namentlich 512 u. ö.

38. Einzelne Berührungen in späteren Kapiteln werden genauer weiter unten besprochen werden. Die meisten von ihnen sind recht unsicher, andre wieder beweisen nichts.

39. Gewisse Parallelen zwischen der Darstellung des Sonnenweibes 12,1 und Darstellungen babylonischer Mythologie s. Gunkel, Schöpfung u. Chaos 386,1, z. rel. Verst. d. N. T. 561; Zimmern 360,3 630.

40. In Apk 12,7 findet Gunkel einen vorläufigen unentschiedenen Kampf, welchen die andern Götter vor Marduk mit der Tiâmat führen. Aber der Apok. will hier gerade den Enscheidungskampf schildern. G. gesteht selbst (382), daß die Überlieferung nur noch verdunkelt vorliege.

41. Von hier aus könnte man die Frage Gunkels 386 beantworten, wo Apk 12,1 der Vater des Kindes gedacht werde.

42. Dazu vgl. die Flügel des großen Adlers 12,14; der heilige Vogel der Hathor-Nechbit war der Geier (322 s. die Abbildung).

43. Dann wird auch hier von einer Gefangensetzung des Drachen und von seiner Verzehrung durch Feuer erzählt 722, s. u. zu Apk 20,1ff.

B. DIE BEIDEN TIERE. KAP. 12,18-13.

12,18-13,8. Das erste Tier. 12,18. καὶ ἐστάθη (ἐστάθην)[1] ἐπὶ τὴν ἄμμον τῆς θαλάσσης. Ist ἐστάθη (Dstd., B. Weiß, Hltzm.) zu lesen, so hat der Apok. Kap. 12 und 13 in einen engeren Zusammenhang gestellt, indem er das Erscheinen des Tieres in Kap. 13 als durch den Drachen selbst veranlaßt andeutet. Freilich erscheint diese Überleitung etwas gezwungen, denn man sollte erwarten, daß noch genauer erzählt wird, wie der Drache das Tier wirklich gerufen hat. Das gerade aber muß man erraten. Ist ἐστάθην (Sp., Gunkel und fast alle früheren Ausleger, vgl. Dan 8,2) zu lesen, so würde sich deutlich zeigen, daß mit Kap. 13 ein neuer Abschnitt beginnt.

13,1. καὶ εἶδον ἐκ τῆς θαλάσσης θηρίον ἀναβαῖνον. Da 7,3: καὶ τέσσαρα θηρία [μεγάλα] ἀνέβαινον ἐκ τῆς θαλάσσης. IV Esra 11,1: ecce ascendebat de mari aquila. Das Aufsteigen aus dem Meere steht im Gegensatz zum Aufsteigen des folgenden Tieres vom Lande. Der Apok. sagt uns nicht, wie sich das hier aus dem Meere auftauchende Tier zu dem aus dem Abgrund aufsteigenden 11,7 (vgl. 17,6) verhalte. Er wird sich darüber vielleicht gar keine bestimmten Gedanken gemacht haben[2]. Daß das hier gemeinte Tier das römische Imperium ist, das für den Orientalen aus dem Meer aufsteigt, steht bei allen Auslegern fest. Auch Gunkel leugnet hier die politische Beziehung nicht. ἔχον κέρατα δέκα καὶ κεφαλὰς ἑπτὰ καὶ ἐπὶ τῶν κεράτων αὐτοῦ δέκα διαδήματα. Während bei dem Drachen 12,3 die sieben Häupter voranstehen, so sind hier die zehn Hörner vorangestellt. Dort tragen die sieben Häupter Kronen, hier die zehn Hörner. Vielfach hat man daher aus dieser Stelle die bestimmte Andeutung herausgelesen, daß die Apk unter dem zehnten römischen Cäsaren geschrieben wurde. Es fragt sich dann, wie die zehn Könige zu zählen sind. Denn es bleibt zweifelhaft, ob man mit Cäsar[3] oder Augustus beginnen soll. Ferner kann die Zählung schwanken, je nachdem man die drei Herrscher des Interregnums mitzählt oder nicht. Im ersteren Falle wäre der zehnte Herrscher Titus (Vespasian), im letzteren Trajan (oder Nerva)[4]. Im ersteren Fall käme man mit dem Kapitel in die Zeit der Zerstörung Jerusalems, im letzteren in die Zeit der beginnenden allgemeinen Christenverfolgung. Doch erheben sich gegen diese ganze Ausdeutung der Stelle ernstliche Schwierigkeiten. Im Sinne des Apok letzter Hand kann sie nicht sein. Denn dieser zählt den antichristlichen Herrscher, der nach ihm sicher ein römischer Cäsar ist, in dem vorliegenden Kapitel ausdrücklich als eines der sieben Häupter (s. u.). Ferner hat der Verfasser unsrer Apk wahrscheinlich unter Domitian geschrieben (s. die Einleitung S. 133ff.). Auf Domitian führt aber die Zehnzahl der Hörner, wie man auch rechnen möge (abgesehen von der willkürlichen Deutung Völters s. u. Anm. 2), nicht. Nun werden in Kap. 17 die zehn Hörner ausdrücklich auf zehn Könige gedeutet, die mit dem Tiere, dem römischen Reich, verbündet sind. Die Annahme liegt nahe, daß der Verfasser der Apk hier bereits auf jene zehn Könige im voraus hingedeutet und den Hörnern als Symbolen der in der Zukunft gleichzeitig mit dem antichristlichen Regenten herrschenden Fürsten die Kronen gegeben habe. Wen er dann unter den zehn Königen verstanden wissen will, werden wir in der Auslegung von Kap. 17 sehen. — Die sieben Häupter haben für den Apok. letzter Hand jedenfalls eine größere und zwar zeitgeschichtliche Bedeutung. Er betrachtet, wie schon gesagt, den Herrscher der antichristlichen Zeit, der sicher ein römischer Cäsar ist, als eines der sieben Häupter. Er deutet, wenn auch hier seiner Quelle folgend, die sieben Häupter in Kap. 17 ausdrücklich auf sieben Könige. Verkehrt aber wäre es dennoch, nun auf Grund dieser Gleichung — sieben Häupter = sieben römische Könige — hier bereits eine Zeitbestimmung für seine Weissagung wagen zu wollen. Denn der Apok. ist bereits abhängig von älteren Traditionen. Er gab seinem Tiere nicht sieben Häupter, weil er genau sieben römische Kaiser kannte, sondern er hat jedenfalls das ihm überlieferte Bild des siebenköpfigen Tieres auf sieben römische Kaiser — und zwar wahrscheinlich recht künstlich — gedeutet. Eine ältere Deutung der sieben Häupter, die der Apok. nicht selbst entwarf, sondern nur herübernahm und sich zurechtlegte, so gut es ihm gelingen wollte, liegt 17,10ff. vor. Dahinter aber liegen noch ältere Traditionen auf der einen Seite von sieben Weltregenten, die nach einander über die Welt herrschen sollen (s. die Erklärung zu 17,10ff.), andrerseits von dem siebenköpfigen Tier. Ob dieses Bild von dem siebenköpfigen Tier ursprünglich aus einer einfachen Addition der Häupter der vier Tiere in Da 7,1ff. entstanden ist (Sp.), oder ob dahinter noch ältere Traditionen liegen (s. oben 12,3 das zur Erscheinung des siebenköpfigen Drachen Bemerkte), kann kaum noch entschieden werden. Jedenfalls arbeitet unser Apok. durchweg mit überkommenem Material. καὶ ἐπὶ τὰς κεφαλὰς αὐτοῦ ὀνόματα (ὄνομα)[5] βλασφημίας. Beachte den Wechsel der Konstruktion von ἐπί. Wenn ὀνόματα zu lesen ist, so denkt der Apok. an die einzelnen Namen der Cäsaren, die ihm — das kennzeichnet seine schroffe Stellung zum Cäsarentum — einfach Lästernamen sind. Liest man aber ὄνομα, so ist an einen und denselben Namen zu denken, der auf sämtlichen Häuptern stand. Was das aber (nach der Ansicht des Apok.) für ein Name war, hat wahrscheinlich schon Beda richtig gesehen: Reges enim suos Deos appellant tam mortuos et velut in coelum atque inter Deos translatos, quam etiam in terris Augustos, quod est nomen ut volunt Deitatis. Es ist der mit dem Cäsarenkultus zusammenhängende Name: Σεβαστός, divus Augustus gemeint.

13,2. καὶ τὸ θηρίον, ὃ εἶδον, ἦν ὅμοιον παρδάλει, καὶ οἱ πόδες αὐτοῦ ὡς ἄρκου καὶ τὸ στόμα αὐτοῦ ὡς στόμα λέοντος[6]. Da 7,1ff. tauchen nach einander die Gestalten des Löwen, Bären und Panthers aus dem Meere auf. Gunkel vermutet, daß das hier vorliegende Bild des zusammengesetzten Ungeheuers älter sei, als das von Da 7,1ff. Derartige Mischgestalten sind allerdings spezifisch charakteristische Erzeugnisse orientalischer Phantasie[7]. Der Apok scheint aber seine Gestalt bereits ziemlich planlos kompiliert zu haben (vgl. die Erwähnung des einen Löwenmaules im Verhältnis zu den sieben Häuptern des Tieres). So ist es doch das Wahrscheinlichere, daß er die verschiedenen Gestalten, die Daniel zeichnet, hier mit einander kombiniert hat, an dessen Weissagung ihn die ihm bereits (s. o.) überlieferte Figur des Tieres mit den sieben Hörnern und zehn Häuptern ja erinnern mußte[8].

καὶ ἔδωκεν αὐτῷ ὁ δράκων τὴν δύναμιν αὐτοῦ καὶ τὸν θρόνον αὐτοῦ (2,13) καὶ ἐξουσίαν μεγάλην. Hier wird nun Kap. 13 mit Kap. 12, die Erscheinung des Drachen mit der des Tieres ausdrücklich verbunden. Das römische Weltreich ist ein Diener des Satans, sein Thron ein Satansthron, seine große Macht ein Teufelsgeschenk. Jedes Wort ist mit feierlichem Nachdruck gesetzt.

13,3. καὶ μίαν ἐκ[9] (s. o S. 166) τῶν κεφαλῶν αὐτοῦ ὡς ἐσφαγμένην εἰς θάνατον. Mit dieser Bestimmung tritt nun das Tier oder wenigstens eines seiner Häupter in einen bedeutsamen und wohl zu beachtenden Gegensatz zum Lamm, 5,6. Es ist demgemäß auch das ὡς ἐσφαγμένην genau so zu verstehen wie dort, wo das Lamm „gleichsam getötet" genannt wird. Beide Male muß sich der Ausdruck demgemäß auf einen wirklichen gewaltsamen Tod beziehen. Aber wie das Lamm in Wirklichkeit nicht tot ist, sondern in himmlischer Herrlichkeit weiter lebt, so muß es auch mit dem Tode des Tieres eine besondre Bewandtnis haben. καὶ ἡ πληγὴ τοῦ θανάτου αὐτοῦ ἐθεραπεύθη. Hier löst sich das Rätsel, weshalb das Haupt ὡς ἐσφαγμένην genannt wurde. Die „Todeswunde" des Hauptes wurde nämlich in irgend einer wunderbaren Weise wieder geheilt. Man beachte, wie schon hier durch das αὐτοῦ das eine Haupt und sein Geschick mit dem des Tieres identifiziert wird. Das vorliegende Symbol kann nun eigentlich nur auf zwei der römischen Cäsaren gedeutet werden, auf Cäsar oder auf Nero, denn nur diese können als durch Schwertesschlag (πληγή, vgl. V. 14) hingemordet bezeichnet werden. Für Cäsar haben sich noch neuerdings wieder Bruston zu wiederholten Malen[10] und Gunkel, Schöpfung und Chaos 355, ausgesprochen. Aber bei dieser Annahme erklärt sich das „ὡς" ἐσφαγμένη nicht. Auch sieht man nicht ein, wie die Ermordung Cäsars den Apok. noch am Ende des ersten Jahrhunderts so hätte interessieren können, daß er den charakteristischsten Zug in seiner Zeichnung des Tieres dieser Tatsache entlehnte. Daher ist an der Auslegung der großen Mehrzahl der modernen

Ausleger[11] festzuhalten und die Beziehung auf Nero hier anzuerkennen. Und zwar muß dann die Weissagung, daß der Todesschlag wieder geheilt wurde, notwendig auf die Volkserwartung vom Nero redivivus bezogen werden. Genaueres über die Nerosage wird zu Kap. 17 beigebracht werden (s. dort auch die Auseinandersetzung mit Zahn). Hier sei nur vorläufig erwähnt, daß die Sage vom wiederkehrenden Nero in drei Gestalten vorliegt: 1) Sofort nach dem Tode Neros entstand das Gerücht, daß er nicht gestorben sei, sondern sich nur verborgen halte. 2) Bald nachher läßt sich der Glaube nachweisen, daß Nero sich bei den Parthern verborgen halte und mit diesen im Bunde wiederkehren werde. 3) Danach, etwa nach einem Menschenalter, entsteht die Sage, daß Nero gestorben sei, aber aus der Unterwelt wiederkehren werde (Genaueres s. u.). Nun liegt hier die Sage offenbar schon in der dritten Gestalt vor. Nur darauf kann das Symbol von der Heilung der Todeswunde gedeutet werden. Nur so wird das eine Haupt zu einem vollständigen Antitypus des ἀρνίον ὡς ἐσφαγμένον. Der Apok. setzt also diese Volkserwartung vom wiederauflebenden Nero in ihrer jüngsten Gestalt voraus. Wie er sie sich dann seinerseits im einzelnen gedeutet, das kann uns erst die Erklärung von Kap. 17 zeigen. Zum Bilde des römischen Imperiums mit seinen sieben Häuptern und zehn Hörnern gehört für den Apok. vor allem also der Zug, daß einer von den Cäsaren hingemordet, aber wunderbar wieder zum Leben erwacht ist.

καὶ ἐθαυμάσθη[12] ὅλη ἡ γῆ ὀπίσω (Apg 5,37; 20,30) τοῦ θηρίου. Apk 17,6f.8. Gunkel 358 nimmt an der Konstruktion θαυμάζειν ὀπίσω Anstoß, retrovertiert: ותתמה מאחרי החיה, und konjiziert מאחרית: die ganze Welt entsetzte sich über das schließliche Geschick des Tieres (nämlich darüber, daß es am Leben blieb). Wenn ein solcher Versuch Wert haben soll, müßte schon zunächst die Annahme einer hebräischen Grundlage der Apk mit zwingenderen Gründen erwiesen werden. Die staunende Bewunderung der ganzen Erde bezieht sich vor allem auf die wunderbare Wiederkunft des Nero redivivus, dann auch auf die μεγάλη ἐξουσία des Tieres. Auch hier tritt der Zukunftscharakter der Weissagung deutlich hervor. 13,4. καὶ προσεκύνησαν (s. o. S. 163) τῷ δράκοντι, ὅτι[13] ἔδωκεν τὴν ἐξουσίαν τῷ θηρίῳ. Vom Drachen stammt überhaupt die Macht des römischen Reiches. Insbesondre aber wird der Drache wohl hier als der, welcher den Nero redivivus gesandt, die Todeswunde des Hauptes geheilt und die Macht des Tieres wiederhergestellt hat, gedacht. καὶ προσεκύνησαν τὸ θηρίον[14] λέγοντες· τίς ὅμοιος τῷ θηρίῳ; Exod 15,11: τίς ὅμοιός σοι ἐν θεοῖς, κύριε, τίς ὅμοιός σοι; es liegt wohl eine absichtliche Nachahmung jenes an Gott gerichteten Lobgesanges vor. In diesem Verse schlägt nun der Apok. zum ersten Mal den Ton an, der das ganze Folgende beherrscht. In absichtsvollem Refrain kehrt das Stichwort schon hier zweimal wieder: „Und sie beteten den Drachen an“ „Und sie beteten das Tier an“. Die Anbetung des Tieres ist das große Thema, dessenwegen er ja eigentlich sein ganzes Werk geschrieben. Hier findet er die Signatur seiner Zeit, hier den Hauptgegenstand des Kampfes zwischen dem römischen Reich und dem Christentum. Bemerkenswert ist dabei, daß er die Fiktion eines geschauten Gesichtes festhaltend die ganze Schilderung im Präteritum gibt. Er sieht das Ganze greifbar lebendig vor sich, ja indem er sich an das Ende der Zeiten versetzt, erzählt er die Not der letzten Zeit bereits als etwas Vergangenes. Er kann das um so eher, als tatsächlich, was er hier schildert, die anbetende Huldigung der ganzen Welt gegenüber dem Tier, für ihn schon gegenwärtig ist. Was schon jetzt auf dem ganzen Erdenrund sich zuträgt, das wird beim Erscheinen des Nero redivivus nur in erhöhtem Maß geschehen. καὶ[15] τίς δύναται[16] πολεμῆσαι μετ’ αὐτοῦ. Jes 40,25; 44,7; 46,5; Ps 35,10; 113,5; Micha 7,18. Das Wort schildert die Machtstellung des römischen Reiches im Weltenrund. 13,5. καὶ ἐδόθη αὐτῷ στόμα λαλοῦν μεγάλα καὶ βλασφημίαν[17]. Dan 7,8.20 στόμα λαλοῦν μεγάλα, 7,25 καὶ λόγους (LXX ῥήματα) πρὸς τὸν ὕψιστον λαλήσαι (7,11). Der Zug erklärt zunächst völlig aus der Parallele im Daniel. Zimmern zieht als weiterliegende Parallele die trotzige Rede, mit der Tiâmat Marduk im babylonischen Schöpfungsmythus begegnet, heran KAT[3] 513. Die Schilderung des Apok. geht auf den Cäsarenwahnsinn der Gegenwart, wie auf seine furchtbare Steigerung in der Zukunft. καὶ ἐδόθη αὐτῷ ἐξουσία [ποιῆσαι][18] μῆνας τεσσεράκοντα δύο. Dan 7,25; 12,7 u. ö., ferner Apk 11,2.3; 12,6. Zu dem ποιῆσαι (es so zu treiben) vgl. Dan 11,28: καὶ ἡ καρδία αὐτοῦ ἐπὶ διαθήκην ἁγίαν καὶ (LXX τοῦ ἁγίου, > καί)·ποιήσει (vgl. 11,30). Der Satz wird von Sp. als störende Glosse gestrichen. Die Schreckensherrschaft des Nero redivivus dauert die gewöhnliche apokalyptische Zeit von 3½ Jahren. 13,6. καὶ ἤνοιξεν τὸ στόμα αὐτοῦ εἰς βλασφημίαν[19] (βλασφημίας) πρὸς τὸν θεόν, βλασφημῆσαι τὸ ὄνομα αὐτοῦ (10,9) καὶ τὴν σκηνὴν αὐτοῦ καὶ[20] τοὺς ἐν τῷ οὐρανῷ σκηνοῦντας. Die Stelle ist ein schwacher Nachhall von Da 8,10: „Auch gegen das Heer des Himmels erhob es (das kleine Horn) sich und stürzte etliche von dem Heere des Himmels und von den Sternen zu Boden und trat sie mit Füßen. Sogar gegen den Fürsten des Heeres erhob es sich.“ Die alte Sage von dem Ansturm des Drachenungeheuers gegen den Himmel, die bei Daniel noch deutlich erkennbar ist, ist hier allerdings fast gänzlich unkenntlich geworden. Die Stelle aber muß demgemäß auch aus Daniel erklärt werden: das Zelt Gottes ist der Himmel, die im Himmel Zeltenden sind die Engel, das Himmelsheer. (Bestimmte historische Beziehungen, etwa auf den Tempel von Jerusalem, dürfen hier kaum gesucht werden). In uralten Bildern wird hier das gottesschänderische und himmelstürmende Wesen des römischen Cäsarentums geschildert. Beachtenswert ist, daß der Apok. daneben die Lästerung des

„Namens“ Gottes noch besonders hervorhebt. Er hat eben, in seinem ganzen Wesen dem Volksglauben nahestehend, auch noch eine besondre Empfindung für die Bedeutung der Namen, vor allem des heiligen Gottesnamens (s. besonders 2,17; 3,12; 13,16f.; 14,1; 19,12). 13,7. καὶ ἐδόθη αὐτῷ ποιῆσαι πόλεμον μετὰ τῶν ἁγίων καὶ νικῆσαι αὐτούς[21]. Dan 7,21 Theod.: ἐθεώρουν καὶ τὸ κέρας ἐκεῖνο ἐποίει πόλεμον μετὰ τῶν ἁγίων καὶ ἴσχυσεν πρὸς αὐτούς. LXX: πόλεμον συνιστάμενον πρὸς τοὺς ἁγίους καὶ τροπούμενον αὐτοὺς; auch hier wieder (vgl. 1,7.13; 10,6) eine größere Verwandschaft mit dem Text Theod. Die grimmige Verfolgung, die in der Endzeit unter Nero redivivus sich gegen die Christen erheben wird, wird in enger Anlehnung an Daniel unter dem weniger passenden Bilde eines Krieges mit den Heiligen geschildert. Auf die Zerstörung Jerusalems darf hier sicher nicht gedeutet werden, denn wenn der Apok. diese vor Augen gehabt hätte, so hätte er sie wohl deutlicher geschildert. Ebensowenig darf man an die erste Christenverfolgung unter Nero denken. Denn der hier geschilderte Kampf erstreckt sich über die ganze Welt. καὶ ἐδόθη αὐτῷ ἐξουσία ἐπὶ πᾶσαν φυλὴν καὶ λαὸν[22] καὶ γλῶσσαν καὶ ἔθνος. Vgl. 5,9; Dan 7,23. Die breite und nachlässige Darstellung in diesen Versen ist auffallend. Die Erwähnung der großen Macht des Tieres hat der Apok. hier hinzugefügt, damit die Gefährlichkeit der Verfolgung deutlicher hervortrete.

13,8. καὶ προσκυνήσουσιν[23] αὐτὸν[24] (s. o. S. 163) πάντες οἱ κατοικοῦντες ἐπὶ τῆς γῆς(s. o. S. 166). Während nun die Gläubigen im Kampfe ausharren, huldigt die ganze weite Welt dem Zäsarenkultus. Mit dem Tempus des Futur verläßt der Apok. hier zum Schluß den Visionsstil und zeigt deutlich, daß ihm die geschilderten Ereignisse tatsächlich noch in der Zukunft liegen. οὗ (ὧν) οὐ γέγραπται τὸ ὄνομα (τὰ ὀνόματα) αὐτοῦ (αὐτῶν)[25] (s. o. S. 160) ἐν τῷ βιβλίῳ τῆς ζωῆς τοῦ ἀρνίου τοῦ ἐσφαγμένου ἀπὸ καταβολῆς κόσμου. Der wohl aufzunehmende Singular des Relativpronomens erklärt sich, wenn man hinter κατοικοῦντες etwa ein ἕκαστος ergänzt. Zur Vorstellung vom Buch des Lebens vgl. die Ausführungen zu 3,5. Wenn irgendwo, so ist übrigens hier τοῦ ἀρνίου τοῦ ἐσφαγμένου als Glosse (Vischer, Sp., Weyl., Schön, Sabat., Pfleid.) zu streichen: 17,8 findet sich dieselbe Wendung ohne diese Worte; doch vgl. 21,27 (Vlt. streicht den ganzen Vers). Die Glosse stammt aber nicht vom Apok. letzter Hand, sondern ist von einem Abschreiber herzlich ungeschickt eingefügt. Wenn die Worte beibehalten werden, so ist ἀπὸ καταβολῆς κόσμου natürlich auf γέγραπται zu beziehen. Die Gläubigen sind vom Anbeginn der Welt in das Buch des Lebens eingetragen (Prädestinationsgedanke).

13,9-10. Ermahnung zu Geduld und Treue.13,9. εἴ τις ἔχει οὖς, ἀκουσάτω. 13,10. εἴ τις εἰς αἰχμαλωσίαν ἀπάγει, εἰς αἰχμαλωσίαν[26] ὑπάγει. Jer LXX 15,2:

ὅσοι εἰς θάνατον, εἰς θάνατον· καὶ ὅσοι εἰς μάχαιραν, εἰς μάχαιραν· καὶ ὅσοι εἰς λιμὸν, εἰς λιμόν· καὶ ὅσοι εἰς αἰχμαλωσίαν, εἰς αἰχμαλωσίαν, — ist nicht als Parallele, auch nicht zur Beurteilung des Textes heranzuziehen, da in den beiden Stellen ein völlig verschiedener Gedanke vorliegt. Nur die oben akzeptierte Lesart entspricht dem Zusammenhang (vgl. das Folgende): „Wenn einer gefangen nimmt, soll er in Gefangenschaft wandern“, d. h. in Verbindung mit dem Folgenden: wer sich auf Empörung und wirkliche Kriegführung einläßt, der wird es zu seinem Schaden tun. Die von A am. fu. vertretene Variante ergäbe den Sinn: wenn einer in die Gefangenschaft (sc. geht), so soll er ruhig hingehen, sein Schicksal über sich ergehen lassen. Aber das meint der Apok. nicht. εἴ τις ἐν μαχαίρῃ ἀποκτενεῖ, δεῖ αὐτὸν ἐν μαχαίρῃ ἀποκτανθῆναι. Vgl. Mt 26,52: πάντες γὰρ οἱ λαβόντες μάχαιραν ἐν μαχαίρῃ ἀπολοῦνται. Der Sinn des Warnspruches ist klar. Die Christen sollen sich nicht bewaffnet gegen die kaiserliche Macht zur Wehr setzen. Es fragt sich allerdings, ob die hin und her im römischen Reich zerstreuten Christen hieran überhaupt denken konnten. Aber es läßt sich doch immerhin annehmen, daß in den zahlreichen Christengemeinden Kleinasiens bei der unruhigen und gährenden Art der Bevölkerung und dem Haß der Orientalen gegen die Römerherrschaft hier und da solche wahnwitzigen Gedanken an bewaffneten Widerstand gehegt wären. Dem tritt der Apok. entgegen. Unglücklich ist der Gedanke von Vlkm., die vorliegende Ermahnung sei an Nero gerichtet. ὧδέ ἐστιν ἡ ὑπομονὴ καὶ ἡ πίστις τῶν ἁγίων. Hier muß die Geduld und Treue der Gläubigen sich zeigen, oder so verhält es sich mit der Geduld der Gläubigen (s. o. S. 131). Der Apok. apelliert also an den passiven geistigen Widerstand der Gläubigen in diesen schweren Zeiten.

13,11-18. Das zweite Tier. 13,11. καὶ εἶδον ἄλλο θηρίον ἀναβαῖνον ἐκ τῆς γῆς. Nach 16,13; 19,20; 20,10 hat der Apok. letzter Hand jedenfalls in dem Tier den Pseudopropheten gesehen. Was aber denkt sich der Apok. bei dem Pseudopropheten? Es sind alle Ratereien auf einzelne Personen (zuletzt noch wieder auf Simon Magus — Sp., Erbes; auf Alexander von Abonoteichos, Herodes Atticus — Vlt. I, II; s. die Musterkarte bei Gunkel 348) bestimmt abzulehnen, und es ist die Frage im Zusammenhang mit der richtigen Erklärung von 13,1-10 zu stellen, von welcher Seite das römische Zäsarentum in seinem Kampf mit den Gläubigen um den Zäsarenkultus besonders unterstützt wurde. Dann bleiben nur zwei Möglichkeiten: entweder hat man in dem zweiten Tier das römische Präfektentum zu sehen (Mommsen), aber dagegen spricht die Bezeichnung und Schilderung des zweiten Tieres als des Pseudopropheten, oder man hat an das heidnische Priestertum (Vict., Andr., Hammond, Grot., Eichh., Ew., de W., Dstd., Hilgf.) oder besser und bestimmter noch an die spezielle Kaiserpriesterschaft in den Provinzen (vgl. Hltzm. 301, Pfleid.)[27] zu denken, die in Kleinasien ihren Hauptsitz hatte und ein Heerd heidnischen Fanatismus war. Diese Priesterschaft konnte dann der Apok. sehr wohl als den falschen Propheten bezeichnen. Doch bei dieser Erklärung haben wir freilich wieder einmal nur eruiert, was der Apok. mit seinem Bilde sagen wollte. Aber dies Bild selbst ist noch lange nicht erklärt. Die großen Schwierigkeiten, die alle Exegeten bei der Erklärung von 13,11ff. empfunden haben, und das schwanken der Erklärungen weist darauf hin, daß der Apok. hier älteres Material benutzt hat. — Wenn der Pseudoprophet vom Lande aufsteigt, so mag der Apok. dabei an das Festland Kleinasiens gedacht haben, ursprünglich war die Heimat des Pseudopropheten doch wahrscheinlich Palästina (Weiteres s. u.). καὶ εἶχεν κέρατα δύο ὅμοια ἀρνίῳ καὶ ἐλάλει ὡς δράκων. Die zwei Hörner erinnern an den Widder mit den zwei Hörnern Dan 8,3. Aber was die Bemerkung hier im Zusammenhang besagen will, ist dunkel. Nicht einmal das wird deutlich, ob der Apok. sich das Tier überhaupt in Lammesgestalt gedacht hat. Man kann allenfalls darauf hinweisen, daß Mt 7,15 die äußere Lammesgestalt als Symbolum des falschen Prophetentums gewählt ist. Einige Schwierigkeiten bereitet das Folgende: „Und er redete wie ein Drache." Es muß in diesem Vergleich doch an ein besonders listiges und schlaues Reden, vielleicht mit Erinnerung an Gen 3,1ff. gedacht sein. Aber ist Schlauheit sonst gerade das Charakteristikum des Drachen? Gunkel (Schöpfung und Chaos 351,1) findet die Schwierigkeiten unüberwindlich, er retrovertiert ותאמר und konjiziert dann ותאר „und eine Gestalt". Aber die Hypothese Gs. von einer hebräischen Urform des Kap. steht auf sehr schwachen Füßen. — Der Apok. mag übrigens bei „dem Reden wie ein Drache" an die verführerischen Reden gedacht haben, mit denen man die Christen im Verhör zu bereden suchte, dem Kaiser zu opfern.

13,12. καὶ τὴν ἐξουσίαν τοῦ πρώτου θηρίου πᾶσαν ποιεῖ[28](ἐποίει) ἐνώπιον αὐτοῦ. Es übt die Macht des ersten Tieres vor seinem Angesicht aus, es bringt die dem ersten Tier gegebene ἐξουσία zum Vollzug und zur Verwirklichung. Das gilt dem in den Provinzen zur höchsten Blüte und Ausbreitung gelangten Priestertum des Kaiserkultus. καὶ ποιεῖ[29] τὴν γῆν καὶ τοὺς κατοικοῦντας[30] ἐν αὐτῇ (ἐν bei κατοικεῖν kommt nur hier hier vor, sonst immer ἐπί m. Gen.; 17,2 Akk.), ἵνα προσκυνήσουσιν[31] (s. o. S. 163) τὸ θηρίον τὸ πρῶτον, οὗ ἐθεραπεύθη ἡ πληγὴ τοῦ θανάτου αὐτοῦ. D. h. von dem kleinasiatischen Provinzialpriestertum des Kaiserkultes geht eine mächtige Förderung dieses Kaiserkultes aus. Und zwar liegt hier wieder eine Zukunftsweissagung vor. Das zweite Tier wird eine ganz besondre Tätigkeit entfalten, wenn der Todesschlag des Tieres geheilt sein wird, d. h. unter Nero redivivus. Man beachte, daß hier von der Todeswunde des Tieres die Rede ist und nicht mehr von der des einen Hauptes des Tieres. Mehr und mehr werden im Lauf der Weissagung das eine

Haupt mit der Todeswunde und das Tier selbst, Nero redivivus und das römische Imperium, mit einander identifiziert.

13,13. καὶ ποιεῖ[32] (ἐποίει) σημεῖα μεγάλα, ἵνα (Joh 15,13; I Joh 1,3; 3,1; B. Weiß) καὶ πῦρ ποιῇ καταβαίνειν ἐκ τοῦ οὐρανοῦ[33] εἰς τὴν γῆν ἐνώπιον τῶν ἀνθρώπων. Die Bedeutung des ἵνα kommt hier der des ὥστε nahe; es ist daher merkwürdig, daß hier kein Indikativ folgt. Die unregelmäßige Wortstellung ἵνα καὶ πῦρ ποιῇ ist beabsichtigt (zum Zweck der Betonung des πῦρ). Bei der Erklärung der Stelle ist zu beachten, daß hier offenbar rein Zukünftiges geweissagt (vgl. Kap. 11 die Wunder der beiden Zeugen) wird. Dabei mag der Verfasser wohl bestimmte Züge der Magie und des Gaukelwesens heidnischen Priestertums vor Augen gehabt haben (vgl. Ramsay a. a. O. 99ff.). Wir werden vielleicht auch vermuten dürfen, daß hier eine ältere konkrete Tradition verarbeitet ist. 13,14. καὶ πλανᾷ τοὺς κατοικοῦντας ἐπὶ τῆς γῆς διὰ τὰ σημεῖα (über den Gebrauch von διά m. Akk. in der Apk s. o. S. 168; διά m. Akk. steht die für den Dat. instrumentalis), ἃ ἐδόθη αὐτῷ ποιῆσαι ἐνώπιον τοῦ θηρίου, λέγων τοῖς κατοικοῦσιν ἐπὶ τῆς γῆς ποιῆσαι εἰκόνα τῷ θηρίῳ, ὃς[34] (s. o. S. 161) ἔχει[35] τὴν[36] πληγὴν τῆς μαχαίρης καὶ ἔζησεν[37]. Deutlich wird die Einführung der göttlichen Verehrung des Nero redivivus geschildert. Man beachte, wie auch in diesem Vers wieder das eine Haupt des Tieres mit dem Tiere selbst identifiziert wird. ἔζησεν führt Gunkel 353,4 auf ויחי zurück (Jes 38,21 u. ö.), es ist aber auch gut griechisch. 13,15. καὶ ἐδόθη αὐτῷ δοῦναι πνεῦμα[38] τῇ εἰκόνι τοῦ θηρίου, ἵνα καὶ λαλήσῃ ἡ εἰκὼν τοῦ θηρίου[39]. Dieser Zug mag ebenfalls den Priestergaukeleien damaliger Zeit entnommen sein. Von Simon Magus heißt es Recogn. III 47: ego statuas moveri feci et animavi exanima. Auf die Wunderzeichen des Apollonius von Tyana verwiesen bereits Arethas, und Oecumenius; jetzt Ramsayl. c. 101ff.; auf die der Ägypter Helicon und Apelles von Askalon (am Hofe Caligulas) Erbes 25. καὶ ποιήσῃ, ἵνα[40] ὅσοι ἐὰν μὴ προσκυνήσωσιν[41] τὴν εἰκόνα[42] τοῦ θηρίου ἀποκτανθῶσιν. Vgl. Dan 3,5.7.15. Von dort her mag überhaupt die ganze Schilderung beeinflußt sein. Aber sie wird auch aus dem Milieu der Apok. durchaus verständlich. Bereits aus dem Brief des Plinius an Trajan (ep. X 96) erfahren wir, daß das Standbild des Cäsaren und dessen Anbetung in den Christenprozessen eine große Rolle spielte. 13,16. καὶ ποιεῖ[43] πάντας τοὺς μικροὺς καὶ τοὺς μεγάλους καὶ τοὺς πλουσίους καὶ τοὺς πτωχούς καὶ τοὺς ἐλευθέρους καὶ τοὺς δούλους (eine in der Apk gebräuchliche Art der Aufzählung s. o. S. 176), ἵνα δῶσιν[44] αὐτοῖς χάραγμα[45] (ein Zeichen; welches, sagt der folgende Vers) ἐπὶ τῆς χειρὸς αὐτῶν τῆς δεξιᾶς ἢ ἐπὶ τό μέτωπον[46] αὐτῶν (s. o. S. 166). Zu dem Zeichen des Tieres vgl. 14,9.11; 16,2; 19,20. Das vergebliche Umherraten der Exegeten beweist, daß hier wieder ein

Zug einer verschollenen älteren Tradition entlehnt ist, der in das vorliegende Bild und seine Deutung nicht mehr hineinpaßt. Grot., Ebr., Dstd. denken ganz allgemein an die weit verbreitete Sitte, daß man Sklaven und Soldaten stigmatisierte. Andre Ausleger denken mit Bezugnahme auf das Folgende an die römische Münze mit Bild und Inschrift des Kaisers (Sp., Erbes, Mommsen V 525). Aber diese Erklärung deckt sich doch nicht mit dem Bild des Schreibens des χάραγμα (s. u.) auf Hand und Stirn. Wer das Milieu der religiösen Vorstellungen in der Zeit des Apokalyptikers kennt, kann nicht im Zweifel sein, welchen Sinn dieser Zug wenigstens ursprünglich gehabt haben muß. Das „Bezeichnen" von Stirn und Hand mit dem Zeichen des Tieres hat die Bedeutung eines zauberkräftigen Schutzmittels. Dabei liegt hier die besonders altertümliche Vorstellung vor, daß das schützende Zeichen nicht als Amulett am Leibe getragen, sondern dem Leibe selbst aufgeprägt wird. Damit, daß die Tieranbeter das Zeichen des Tieres sich aufprägen, stellen sie sich unter seinen göttlichen Schutz. Derartige in den Umkreis des Zauberglaubens gehörende Vorstellungen begegnen wir in der Apk besonders häufig. Vgl. 2,17; (3,12); 7,2ff.; 9,4; 14,1; 22,4. Wetstein zu Gal 6,17. Deißmann, Bibelstudien 262ff., W. Heitmüller im Namen Jesu 37,2. 174f. Übrigens scheint auch die Angabe, daß das Amulett auf Stirn und rechter Hand angebracht werde, von Bedeutung zu sein. Friedländer (Antichrist 158ff.) bringt folgende interessante Parallelen. Targum zu Hohel. 8,1: „Es spricht die Gemeinde Israel: ich bin von allen heidnischen Völkern erkoren, weil ich auf die linke Hand und um das Haupt die Tephillin binde". Damit ist zu vergleichen Megilla 24b: „Wer die Tephillin auf der Stirne (beachte den Gegensatz zu „um das Haupt") oder auf der Handfläche trägt, der befolgt die Weise der Minaeer." Es handelt sich also hier um einen Gegensatz in der Anlegung der Tephillin zwischen Gläubigen und Ketzern. Sollte nicht auf einen solchen Gegensatz auch unsre Stelle anspielen? Dieser ist hier noch deutlicher herausgearbeitet: hier die rechte, dort die linke Hand, hier das Anlegen auf der Stirn, dort um das Haupt. Die Tieranbeter erscheinen hier als das Widerspiel der rechtgläubigen jüdischen Tephillinanleger. Damit wäre freilich eine jüdische Vergangenheit unseres Stückes erwiesen. 13,17. [καὶ][47] ἵνα μή τις δύνηται[48] ἀγοράσαι ἢ πωλῆσαι (I Mak 13,49 ἐκωλύοντο ... καὶ ἀγοράζειν καὶ πωλεῖν) εἰ μὴ ὁ ἔχων τὸ χάραγμα [τὸ ὄνομα] τοῦ θηρίου ἢ τὸν ἀριθμὸν τοῦ ὀνόματος [τὸ ὄνομα] αὐτοῦ[49]. Nach den unten angegebenen Varianten wird man mit großer Wahrscheinlichkeit das τὸ ὄνομα in der ersten und das τὸν ἀριθμὸν in der zweiten Hälfte des überladenen Satzes als erklärende Glossen zu streichen und zu lesen haben: τὸ χάραγμα ... ἢ τὸ ὄνομα αὐτοῦ. „Wer nicht das Zeichen des Tieres oder seinen Namen hat." Wahrscheinlich unterscheidet der Apok. hier von dem in Buchstaben geschriebenen, vielleicht abgekürzten Namenszug des Tieres (χάραγμα) die Zahl, die dem Buchstabenwert seines Namens entspricht. (Wenn dagegen der gewöhnliche Text beibehalten wird, so ist klar, dass dann für den Apok. Zeichen des Tieres, Name und Zahl seines Namens ein und dasselbe sind.) Wer nun das Zeichen oder den Namen des Tieres nicht hat, der soll nicht kaufen und verkaufen können. Ein merkwürdig fremdartiger Zug. Was soll in diesen Zeiten der höchsten Not das Kaufen und Verkaufen! Der Apok. scheint hier eine ihm bereits überkommene Überlieferung, deren religiöse Bedeutung er nicht mehr verstand, rationalistisch umgedeutet und das Ganze auf Kaiserbild und Umschrift der Kaisermünze bezogen zu haben, ohne die Handel und Wandel ja tatsächlich unmöglich waren. Diese Deutung deckt natürlich den Sinn der ursprünglichen Überlieferung nicht. Vor allem bleibt von hier aus das Bild des Versiegelns der Stirn gänzlich unverständlich.

13,18. ὧδε ἡ σοφία ἐστίν. Hier ist Weisheit von Nöten, zu gebrauchen. Über diese apokalyptische Formel, durch welche die Auflösung eines Geheimnisses eingeleitet wird, s. o. die Einleitung S. 3 und die Bemerkungen zu 1,20. ὁ ἔχων νοῦν ψηφισάτω τὸν ἀριθμὸν τοῦ θηρίου. Der Apok. spricht ganz bestimmt die Meinung aus, daß der Name sich von dem, der Verstand hat, errechnen lasse (besser wissen es Irenäus V 30, Luthardt, Hofm., Zahn). ἀριθμὸς γὰρ ἀνθρώπου ἐστίν. καὶ ὁ ἀριθμὸς αὐτοῦ[50] χξς'[51]. Während man bisher sich bei der Erklärung dieses Verses eigentlich wesentlich mit dem Erraten der Bedeutung der geheimnisvollen Zahl beschäftigt hat, hat sich neuerdings infolge einer Reihe von Artikeln[52] die Aufmerksamkeit mehr auf die Vorfrage gelenkt, nämlich auf die nach der Form des vorliegenden Rätsels überhaupt. Die ältere Durchschnittsauffassung, die auch in der vorigen Auflage vertreten wurde und die den meisten bisherigen Deutungen einfach zu Grunde gelegt wurde, ist etwa folgende: Was hier vorliegt, wird aufgefaßt als ein in der rabbinischen Terminologie sogenanntes gematrisches Rätsel[53]. Der gematrischen Anschauung zufolge steckt in jedem Namen und jedem Wort eine Zahl, die man gewinnt, wenn man den Zahlenwert der Buchstaben des betreffenden Wortes, sei es in griechischer oder hebräischer Schrift zusammenrechnet. Umgekehrt kann dann auch der betreffende Zahlenwert für das Wort eingesetzt werden und die gematrische Kunst besteht dann etwa darin, daß man aus dem Zahlenwert, der ja unendlicher Deutungen fähig ist, das rechte Wort herausrechnet. Das würde in diesem Falle der Apok. mit ψηφίζειν τὸν ἀριθμὸν τοῦ θηρίου „die Zahl des Tieres berechnen", meinen. Man solle aus der mitgeteilten Zahl 666 einen Namen gewinnen, der eben der Name des Tieres sei. Da der Apok. eine bei seinen Lesern bekannte Kunst voraussetzte, so konnte er annehmen, daß er mit dieser kurzen Andeutung verstanden wurde. Dabei blieb die Bedeutung der

Zwischenbemerkung ἀριθμὸς γὰρ ἀνθρώπου ἐστίν noch umstritten. Manche Forscher (Dstd., Hltzm., Weyl., Gunkel, Clemen) erklärten unter Verweis auf 21,17 μέτρον ἀνθρώπου ὅ ἐστιν ἀγγέλου, der Apok. wolle hier sagen, die Zahl sei wirklich eine menschliche, menschlich berechenbare, keine supranaturale. Aber während die Bemerkung 21,17 im Zusammenhang ihren Zweck hat, so kann man sich nicht verhehlen, daß diese Betonung der menschlichen Natürlichkeit der Zahl hier vollkommen zweck- und sinnlos dastehen würde. Daher erklärte ich mich in der ersten Auflage entschieden für die andre Alternative der Auffassung: der Apok. sage hier, es sei möglich, die Zahl des Tieres zu berechnen, denn es sei zugleich die Zahl eines (den Lesern bekannten) Menschen[54]. Das sei aber so zu verstehen, daß das Tier und der betreffende Mensch für den Apok. überhaupt zum Teil wenigstens identische Größen seien. Dafür, daß diese teilweise Identifikation des Tieres mit einem Menschen, im Bild dem (einen zum Tode verwundeten) Haupte, tatsächlich vom Apok. vollzogen werde, kann man nicht nur auf den vielleicht überarbeiteten Vers 17,11, sondern auch auf 13,3 und 13,12.(14) hinweisen[55].

Neuerdings hat nun aber Corßen einen andern Weg zur Lösung des Rätsels eingeschlagen. Er ist der Meinung, daß hier ein Fall von Isopsephie vorliege. Beispiele solcher Isopsephie findet er bei Boissonade, Anecdota II 459, wo z. B. errechnet ist, daß die Worte θεός – ἅγιος – ἀγαθός alle den Zahlenwert 284; Paulus = σοφία den Zahlenwert 781 habe etc. (vgl. auch Cs. interessanten Nachweis einer Isopsephie bei Berossus Z.n.W. III 241). So seien auch hier für den Apok. das Tier und der Mensch zwei verschiedene Größen; was er sagen wolle, sei dies, daß Tier und Mensch denselben Zahlenwert haben, nämlich 666. Die Aufforderung, die Zahl des Tieres zu berechnen, bedeute, man solle den Namen eines Menschen herausfinden, der gleicherweise in dieser Zahl enthalten sei. Es läßt sich nicht leugnen, daß Corßens Vorschlag eine neue Möglichkeit des Verständnisses der Stelle darbietet. Aber zweifelhaft bleibt es mir, ob dieser Weg der Lösung hier eingeschlagen werden muß. Denn keineswegs sind alle Fälle gematrischer Berechnung, die wir kennen, derartiger isopsephischer Natur. Die Isopsephie ist nur ein bestimmter Einzelfall der gematrischen Kunst. Die von Corßen selbst III 239, V 87 beigebrachten Parallelen beweisen nichts für Isopsephie. (Andre Beispiele außer denen bei Boisonnade hätte Corßen bei Weber, jüd. Theologie[2] a. a. O. 122 finden können, z. B. צמח Sach 3,8 = מנחם Klagel. 1,16.) Allerdings findet bei C. das ἀριθμὸς γὰρ ἀνθρώπου ἐστίν seine ausreichende Erklärung, aber ich glaube, daß die oben für diesen Satz gegebene Deutung dem Gedankenkreis des Apok. näher liegt. Bedenklich für die Lösung Corßens ist der Umstand, daß der Apok. in diesem Zusammenhang den Namen des Tieres, der dann doch eben die Grundlage der Berechnung abgeben müßte, nicht mitteilt. Daß er diesen bei seinen Lesern als bekannt vorausgesetzt, sieht Corßen III 266 selbst als weniger wahrscheinlich an. So nimmt C. an, er habe den Namen des Tieres nicht mitteilen wollen. Weshalb nicht, — da doch das eigentliche Geheimnis in dem Namen des Menschen lag? Zu welchem Zweck die Einführung dieses neuen X? Alles in allem halte ich die Auskunft Corßens für eine erwägenswerte, aber nicht für die einzig mögliche.

Wieder eine andre Auffassung trägt Vischer, Z.n.W. IV 167-174 vor. Nach ihm ist das eigentliche Geheimnis, daß der Apok. hier mitteilt, dies, daß die Zahl des Tieres 666 sei. Die Wendung: καὶ ὁ ἀριθμὸς αὐτοῦ ἑξακόσιοι ἑξήκοντα ἕξ sei bereits die Lösung der in ὁ ἔχων νοῦν ψηφισάτω enthaltenen Frage. Die Zahl 666 aber habe der Apok nicht aus gematrischer Berechnung irgend eines historischen (oder mythologischen) Namens gewonnen, sondern aus allgemeinen spekulativ phantastischen Erwägungen heraus, bei denen die Sechszahl eine Rolle spiele, wie wir sie noch bei Irenäus V 28,2 (in recapitulationem universae apostasiae eius, quae facta est in sex millibus annorum) oder V 29 (Beziehung auf Dan 3,1ff., vgl. Apk 13,15) finden. Daß dann mit dieser Mitteilung über die Zahl des Tieres nebenbei eine Aufforderung enthalten sei, diese Zahl durch gematrische Kunst in einer historischen Persönlichkeit wiederzufinden, will Vischer nicht leugnen. Vischers Deutung scheitert, wie Corßen IV 266 richtig hervorhebt, an dem Ausdruck ψηφίζειν. Was Vischer meint, hätte der Apok. etwa mit ἀποδεικνύναι, εὑρίσκειν, ἀποκαλύπτειν umschreiben müssen. Aber der terminus ψηφίζειν bedeutet die gematrische, künstliche Bearbeitung des betreffenden Namens. Dennoch hat Vischer etwas Richtiges gesehen. Dem Apok. hat in jenem Zahlenrätsel nicht nur an einer umschreibenden Verhüllung des zu errechnenden Namens gelegen, sondern gerade diese Zahl 666 war ihm wichtig[56]. Ich kann Vischers Anregung mit der von mir noch immer festgehaltenen Auffassung in der früheren Auflage verbinden, und dann ergäbe sich etwa folgende Erklärung: Der Apok. sagt seinen Lesern: Behandelt mit gematrischer Kunst den Namen des Tieres; ihr könnt es, denn ihr wißt, das Tier, wie ich es meine, ist zugleich identisch mit seinem Haupt, einem (euch nicht ganz unbekannten) Menschen. Dann ergibt sich, falls ihr richtig rechnet, die furchtbare und die geheimnisvolle Bosheit des Tieres (Menschen) andeutende Zahl 666.

Immerhin wird es nun die Hauptsache sein, die vom Apok. angedeutete Beziehung der Zahl 666 auf eine historische Persönlichkeit herauszufinden. Hier laufen doch alle Linien der sich gegenüberstehenden Auffassungen zusammen. Denn Vischer will ja eine solche Nebenbeziehung nicht leugnen, und es bleibt ziemlich gleichgültig, ob nach Corßens Auffassung die Zahl 666 nicht nur den Namen eines Menschen, sondern daneben auch noch den Namen des Tieres umschließen soll, da es dem Apok. selbst in erster Linie auf die historische Deutung (ἀριθμὸς ἀνθρώπου) ankommt. Bestimmt abzuweisen ist nur die letztlich noch von Clemen vertretene Deutung des ἀριθμὸς ἀνθρώπου aus 21,17.

Es wird sich nun vor allem fragen, nach welchem Alphabet die gematrische Rechnung zu vollziehen ist, oder bestimmter, ob dabei das hebräische Alphabet von vornherein auszuschließen sei, wie das neuerdings wieder von Clemen mit den bekannten Gründen II 111f. behauptet ist. Es ist nun aber schlechterdings nicht einzusehen, weshalb der Apok. sein Zahlenrätsel nicht nach dem hebräischen Alphabet gestellt haben sollte. Wenn er sonst — übrigens nicht ohne Nebenabsicht — den Ausdruck Ἀβαδδών mit Ἀπολλύων wiedergibt 9,11, anderswo ein Wort ausdrücklich als hebräisch bezeichnet 16,16, so ist damit kein Präjudiz für unsre Stelle gegeben. Er will eben ein Rätsel geben und legt offenbar außerdem gerade auf die Zahl der Bosheit 666 Wert, die er eben anders als mit den Mitteln hebräischen Alphabets nicht herausrechnen konnte. Außerdem wird ihm als Judenchristen, dem aus seiner jüdischen Vergangenheit die Kunst der Gematria vertraut war, die Anwendung des hebräischen Alphabets bei dieser Kunst zur zweiten Natur geworden sein. Übrigens müssen wir uns denken, daß seinen Lesern einigermaßen bekannt war, wen er mit dem Tiere und dem Menschen meine — besser als uns, die wir uns erst mühsam in die Zeitstimmung hineinversetzen müssen. Der Apok. traute also dem Scharfsinn seiner Leser nichts Unmögliches zu, wenn er ihnen nicht verriet, daß das Rätsel mit den Mitteln des hebräischen Alphabets zu lösen sei[57].

Zweitens erhebt sich die Frage, ob wir mit der Überlieferung der Zahl 666 oder mit der andern 616 zu rechnen haben. Hier kann aber m. E. kein Zweifel sein, daß die Zahl 666 durch die bekannten Ausführungen Irenäus V 30,1 vgl. V 28,2; 29 und seine Berufung auf die Presbyter (Papias) so sicher bezeugt ist, daß kein Widerspruch dagegen aufkommen kann. Auch wegen ihrer symbolischen Bedeutung wird wahrscheinlich gerade diese Zahl vom Apok gewählt sein.

Versuchen wir nun die Lösung des Rätsels nach dem hebräischen Alphabet, so scheint mir diejenige Lösung, die alle andern aus dem Felde schlägt, die nun seit langem bekannte[58] קסר נרון zu sein. Die defektive Schreibung קסר kann schon deshalb keine Schwierigkeit machen, weil eben der Apok. gerade die Zahl 666 herausrechnen wollte[59]. Überdies gibt diese Lösung auch wahrscheinlich Aufschluß über die Variante 616. Denn diese erhielte ihre Erklärung durch die latinisierte Formנרו קסר, und es ist dann kein Zufall, daß diese Überlieferung gerade von abendländischen Zeugen vertreten wäre. Gerade diese Lösung aber würde dann auch ausgezeichnet in den Rahmen der Gesamtauffassung des Apok. hineinpassen. Die Vermutung, daß das wie zum Tode verwundete und wieder aufgelebte Haupt des Tieres Nero redivivus sei, die sich schon oben mit der größten Wahrscheinlichkeit herausstellte, erhielte hier das letzte Siegel ihrer Bestätigung. Überdies wird uns auch die Erklärung von Kap. 17 sowohl im Sinne der dort vorliegenden Quelle, als auch im Sinne des Apok. letzter Hand mit zwingender Gewalt auf Nero weisen. Die hier vorliegende Identifikation des Tieres und des Menschen, d. h. des römischen Imperiums mit Nero redivivus wird durch 13,3.12.14; 17,11 bestätigt, sie hat auch einen inneren Sinn: für den Apok. faßt Nero redivivus die ganze Furchtbarkeit des römischen Imperiums in sich zusammen.

Von sonstigen[60] hebräischen Deutungen ist Gunkels Lösung תהום קדמוניה für den Namen des Tieres der Erwähnung wert. Sie würde, wenn Corßen mit der Annahme einer Isopsephie (s. o.) Recht hätte, neben der eben gegebenen bestehen können. Doch würde sie auch dann natürlich nur ein Versuch und eine Möglichkeit bleiben. Die auf Trajan deutenden zeitgeschichtlichen Berechnungen תרינו (Aberle, theol. Quartalschr. 1872, 144) תריון (Wabnitz nach Vlt. II 76) fallen wegen ihrer unmöglichen Transkriptionen; die auf Hadrian führenden טרינוס אדרינוס (666) oder טיריון אדרינוס (616) Vlt. II 77) können der Zeit wegen schon gar nicht mehr in Betracht kommen. Reine Willkür ist auch der Vorschlag נמרוד בן כוש (Bruston, zuletzt noch Z.n.W. V 260), obwohl sein Urheber sehr stolz auf ihn zu sein scheint. Da sind immer noch eher die Lösungen 666= קיסר רומים (Manchot, Weyland) oder 616= קיסר רום (Ewald I) und selbst die alte רומיית (Luther s. o. S. 84,4; Osiander) der Erwähnung würdiger.

Von Lösungsversuchen nach dem griechischen Alphabet ist der einzige, der ernstlich in Betracht kommen kann, der aus Γάϊος Καῖσαϱ = 616. Sie würde uns auf die Frage führen, ob hinter Apk 13 mit der gesicherten Beziehung auf Nero, eine Caligulaapokalypse als Quelle anzunehmen sei (Genaueres s. u.). Clemens neuerdings Z.n.W. II 114 vorgetragene Deutungen ἡ ἰταλὴ βασιλεία = 666, oder ἡ λατίνη (!) βασιλεία = 666, scheitert bereits an Clemens falscher Deutung von ἀϱιθμὸς γὰϱ ἀνθϱώπου ἐστίν (s. o.). Auch sehe ich nicht ein, weshalb man dann nicht bei der von Irenäus bereits vorgeschlagenen Lösung Λατεῖνος stehen bleiben will.

EXKURS ZU KAP. 13.

1) Im großen und ganzen ist also der Sinn und die Bedeutung des 13. Kap. im Rahmen der ganzen Weissagung durchaus deutlich und gar nicht zu verkennen. Mit Kap. 13 führt der Apok. auf die Höhe seiner Weissagung. Das Tier, das aus dem Meere aufsteigt, ist das römische Imperium. Die sieben Häupter desselben, deren eines zum Tode verwundet ist, müssen sieben Cäsaren des Reiches sein, während die zehn Hörner mit den Kronen in der Weissagung keine Rolle spielen und erst später (Kap. 17) ihre Erklärung finden. Eines dieser Häupter erregt die besondere Aufmerksamkeit des Apok. Es hat eine Todeswunde, aber er sieht die Todeswunde „des Tieres" geheilt. Da auch nachher der Name des Tieres mit dem Namen eines Menschen identifiziert wird und die Zahl, die für Tier und Mensch angegeben wird, deutlich auf Cäsar Nero geht, so kann über die Deutung des Ganzen kaum ein Zweifel sein. Was der Apok. schaut, ist das römische Imperium unter der Herrschaft des Nero redivivus. — Schwerer zu deuten ist das zweite Tier, das vom Lande aufsteigt. Auch die immerhin wahrscheinlichste Deutung dieses Tieres auf das römische Provinzialpriestertum des Kaiserkultus bleibt künstlich und abstrakt. Allem Anschein nach deutet die ganze Weissagung auf eine konkrete und persönliche Erscheinung; aber eine solche bestimmte Person, auf welche die Weissagung gehen könnte, läßt sich nun einmal trotz allen Ratens nicht finden. Wir werden uns deshalb mit jener halben Lösung zunächst begnügen müssen. Um so bestimmter und deutlicher tritt nun in der zweiten Hälfte des Kapitels heraus, worin der furchtbare Kampf des ersten Tieres mit den Heiligen besteht. Es handelt sich um die Kaiserverehrung, den Cäsarenkult, den jenes verlangt und diese verweigern. Das zweite Tier ist seinem Wesen nach der Agent des Kaiserkultes, aber auch durch das ganze Kapitel hindurch wird dieser Ton wieder und wieder angeschlagen. Heidnische Staatsmacht und heidnische Staatsreligion im Bunde mit einander wider den neuen Glauben! Es ist der letzte arge Feind, mit dem die Christen den Kampf zu bestehen haben. Rechnet nur nach: die furchtbare Zahl 666 paßt auf ihn! Aber der äußern Gewalt sollen sie beileibe keine äußere Gewalt entgegensetzen. Passive Beharrlichkeit sei ihre Waffe. Hier handelt es sich um Geduld und Treue der Heiligen!

Wie nun im einzelnen die Weissagung zeitgeschichtlich zu deuten ist, mit welcher historischen Situation der Apok. die Weissagung von der Wiederkunft des Nero redivivus verbindet, wie die sieben Häupter des Tieres zu deuten resp. die römischen Cäsaren zu zählen sind, das kann erst bei der Auslegung zu Kap. 17 erörtert werden. Kap. 13 gibt bei der mannigfachen Deutbarkeit der sieben

Häupter (Könige) zu wenig Anhalt. Nur das eine ergibt sich schon hier, daß die Erwartung der Wiederkunft des Nero in der hier vorliegenden Form der Weissagung der Wiederkehr aus dem Tode uns zwingt, mit der Apk bis ans Ende des ersten Jahrhunderts hinabzugehen. Denn die Nerosage hat einige Zeit gebraucht, bis sie sich zu dieser Form entwickelte (das Genauere s. u. zu Kap. 17).

2) Hier haben wir uns noch mit der Frage zu beschäftigen, ob Spuren der Verarbeitung älterer Quellen in unserem Kapitel nachweisbar sind. Anlaß zu der Annahme, daß hier eine ganze jüdische Quelle verarbeitet sei, hat namentlich die andre Überlieferung der Zahl des Tieres „616“ gegeben, die allerdings bereits auch von der Nerodeutung aus ihre zureichende Lösung gefunden hat. Nachdem von Zahn schon 1885 (Z.W.L. 571-73) scherzweise die Auflösung des Zahlenrätsels 616 = Γάϊος Καῖσαρ vorgetragen war, wurde der Versuch dieser Lösung gleichzeitig von Oscar Holtzmann (in Stades Gesch. Israels II 388ff.), Spitta und Erbes unternommen[61]. Nach Sp., der besonders eindringend das Kap. 13 untersucht hat[62], ist demgemäß dies Kapitel unter Cajus geschrieben und spiegelt die Lage Palästinas in den Jahren 39-41 wieder. Damals hatte nämlich Caligula die Aufstellung seiner Statue im Tempel von Jerusalem befohlen und schickte sich der Statthalter Petronius, wenn auch zögernd an, den Befehl des Caligula mit Waffengewalt durchzusetzen (vgl. Leg. ad. Cajum c. 30ff.; Mang. II. 575ff.; Jos. Antiq. XVIII 261ff.). Den Kern von Kap. 13 sieht Sp. demgemäß in V. 6, in den Worten βλασφημῆσαι τὸ ὄνομα αὐτοῦ καὶ τὴν σκηνὴν αὐτοῦ. Er deutet hier σκηνή auf das irdische Heiligtum in Jerusalem, muß aber um diese Deutung durchzuführen schon hier gleich (καὶ) τοὺς ἐν τῷ οὐρανῷ σκηνοῦντας streichen. Sp. dringt ferner darauf, daß man unter dem zweiten Tier eine bestimmte Person verstehen müsse, und demgemäß bestreitet er die Deutung der sieben Häupter auf sieben Könige. Caligula allein werde durch das siebenköpfige Tier, eine Kombination aus Da 7,1ff., symbolisiert. Den V. 3 beseitigt dann, um die Beziehung auf Caligula aufrecht zu erhalten, Erbes ganz, Sp. läßt die zweite Hälfte (καὶ ἡ πληγὴ τοῦ θανάτου αὐτοῦ ἐθεραπεύθη.) stehen und findet hier eine Anspielung darauf, daß Caligula im Anfang seiner Regierung von einer tötlichen Krankheit befallen wurde, aber wieder genas (Sueton, Caligula 14; Dio Cassius LIX 8; Philo, Legatio ad Cajum Z. M. II 548). V. 4 wird dann von Sp. auf die Freude der ganzen Welt über Caligulas Genesung bezogen. V. 7a, den Krieg mit den Heiligen, muß Sp. wieder für eine Glosse erklären, Erbes für eine nicht erfüllte Weissagung. V. 8, die Anbetung des Tieres, läßt sich natürlich auf die Caligulazeit sehr gut beziehen (vgl. schon Mommsen a. a. O.). Die Verse 9-10 erklärt Sp. von seiner Hypothese aus, daß in Kap. 13 eine jüdische Apk vorliege, natürlich für Interpolation; Erbes hält sie[63], dafür aber

ist seine Hypothese, daß Kap. 13 trotz der Beziehung auf die Caligulazeit dennoch christlich sei, prekär. Mit dem zweiten Tier wissen weder Erbes noch Sp. bei ihrer Auffassung des Ganzen etwas Rechtes anzufangen. Sp. denkt an Simon Magus, Erbes an Magier am römischen Hof; aber beide können in der von ihnen hier gesuchten historischen Situation neben Caligula keine irgendwie hervorragende Persönlichkeit von verderblichem Einfluß, die man auf das zweite Tier beziehen könnte, nachweisen. V. 15b bezieht Erbes auf die Drohungen des Petronius, der aber den Juden eher günstig gestimmt war. V. 16 sieht er die verschiedenen Scharen der Juden, die sich in der bedrängten Lage bittflehend an Petronius wandten. V. 14 muß Sp. natürlich ὃς ἔχει – ἔζησεν streichen, Erbes auch V. 12 οὗ ἐθεραπεύθη – αὐτοῦ.

Ich leugne nicht, daß diese Caligulahypothese auf den ersten Blick etwas Bestechendes hat. Aber gegen dieselbe erheben sich doch gewichtige Bedenken. Denn 1) kann sie nicht ohne große kritische Gewalttätigkeit durchgeführt werden. Folgende Verse werden nämlich teils von Sp., teils von Erbes ausgemerzt: V. 3 (Erbes, Sp. V. 3a), V. 4b (Sp. wegen der Beziehung auf den Krieg mit den Heiligen), V. 5b (Sp. aus rein literarischen Gründen), V. 6 τοὺς ἐν αὐτῇ σκηνοῦντας. (Sp.), V. 7a, V. 9-10 (Sp.), V. 12c (Erbes), V. 14c (Sp., Erbes), V. 18a (Sp.). Das heißt, etwa ein gutes Drittel des Kapitels müßte fallen, ehe dieses ganz in die Caligulazeit hineinpaßt. Und dabei bleibt die zweite Hälfte des Kapitels von hier aus noch recht unerklärlich. Ich würde vorschlagen, daß man dann außerdem wenigstens noch den V. 7b streicht, weil er allzudeutlich die Sprachfärbung des Redaktors zeigt, ebenso verrät V. 16 die eingreifende Hand des Apok., der die ganze Apk schrieb. Dann bliebe schließlich nur noch ein Torso zurück, den man allenfalls als Caligulaapokalypse bezeichnen könnte. 2) Die Zahl 616 ist zu schlecht bezeugt, um als die ursprünglich überlieferte angenommen werden zu können. Sie erklärt sich auch von der Deutung קסר נרון aus, als der Zahlenwert der latinisierten Form des Tiernamens (s. o.). Daß die Auflösung Γάϊος Καῖσαρ restlos gelingt, kann immerhin ein neckisches Spiel des Zufalls sein (s. o. die Deutung Vlt.s auf Trajanus Hadrianus). Mit alledem will ich die Vermutung von Sp., Erbes, daß Kap. 13 einmal eine Caligulaapok. zugrunde gelegen habe, nicht ganz abweisen. Es gehört aber diese Hypothese in den Bereich der Möglichkeiten, mit denen wir nicht weiter rechnen können. Das 13. Kap. erklärt sich als Ganzes besser aus der oben angegebenen Situation als aus der Caligulazeit. Kaum ein Zug desselben wird durch den Rückgang auf diese deutlicher als er vorher war.

3) Dagegen soll natürlich nicht geleugnet werden, daß auch im 13. Kap. manche ältere apokalyptische Traditionen verarbeitet sind. Schon die Figur des ersten Tieres ist eine sehr künstliche und komplizierte. Namentlich fällt die

merkwürdige Identifikation des einen todwunden und wieder geheilten Hauptes mit dem Tiere selbst auf. Es ist von vornherein anzunehmen, daß diese Figur des Tieres mit den sieben Häuptern und zehn Hörnern und dem einen mit dem Schwerte getroffenen Haupte eine komplizierte Vorgeschichte hatte. Einige Linien dieser Vorgeschichte laufen bis Daniel zurück (die zehn Hörner, die Lästerreden des Tieres, sein Kampf mit dem Heer des Höchsten), aber nicht alle. Es fragt sich, ob die sieben Häupter, die ihre Parallele bereits in Apk 12,3 hatten, schlankweg aus Daniel erklärt werden dürfen, oder ob hier nicht eine ältere Tradition vorliege, von der bereits Daniel abhängig ist. Doch würden sich diese Fragen erst bei der Auslegung von Kap. 17, wo wir Genaueres über die sieben Häupter hören, erledigen lassen.

Sicher liegt dagegen eine ältere Tradition der Weissagung vom zweiten Tier zugrunde. Das sahen wir bereits an der Inkongruenz des Bildes mit der einzig möglichen zeitgeschichtlichen Ausdeutung. Wir finden hier ferner eine Reihe überschüssiger, zunächst unausdeutbarer Einzelzüge. Die Gestalt des zweiten Tieres blieb undeutbar. Die Wunder, die von ihm berichtet werden, weisen doch wohl auf eine mythische Figur, wenn der Apok. auch an die Gaukelwunder des Priestertums des Kaiserkultes gedacht haben mag. Die Versiegelung auf Stirn und rechter Hand fand seine überraschende Parallele in direkt jüdischer Tradition. In der Drohung, daß niemand kaufen und verkaufen könne, wer nicht Zeichen und Zahl des Tieres auf Stirn und Hand trage, fanden wir eine rationale Ausdeutung einer unverstandenen älteren Überlieferung. — Was nun für eine Gestalt hier dem Apok. ursprünglich in der Tradition gegeben war, darüber kann kaum ein Zweifel bestehen. Er selbst führt uns auf die rechte Spur, wenn er dieses zweite Tier späterhin mehrfach den Pseudopropheten nennt. Die spätere Apokalyptik des Judentums hat (vgl. Bousset, Rel. d. Judentums 242f.) eine doppelte Ausprägung der von ihr erwarteten Gestalt des großen göttlichen Widersachers der Endzeit (ursprünglich des Teufels) geschaffen. Sie faßte diesen bald als einen gottfeindlichen furchtbaren Herrscher, bald als einen verführerischen Propheten (oder als eine Kombination beider Gestalten). In der zweiten Hälfte unsres Kapitels tritt uns nun klar die letztere Gestalt entgegen, die des falschen Propheten, die Paulus bereits II Th 2 vom Judentum übernommen hat (vgl. auch Didache 16), und die hier vom Lande aufsteigt, weil sie nach ursprünglicher Auffassung in Jerusalem, in Palästina (II Th 2) auftreten soll. Diese ursprünglich ganz selbständige und alleinstehende Gestalt hat dann unser Apok. zu einer Nebenfigur, einem Diener des ersten Tieres verarbeitet[64].

In Kap. 13 sind also merkwürdiger Weise die beiden Gestalten, welche der erwartete eine große göttliche Widersacher in der jüdischen Tradition erhalten hat, die des antichristlichen Tyrannen und die des falschen Propheten neben einander als zwei Figuren gestellt. Wenn wir uns weiter daran erinnern, daß diese Annahme eines menschlichen, gottfeindlichen Widersachers am Ende der Tage aus der Idee eines Kampfes Gottes mit dem Satan, resp. dem höllischen Drachen erwachsen ist, so haben wir in Kap. 12 und 13 in den drei neben einander gestellten Figuren des Teufels, des Tieres mit seinem verwundeten Haupt und des zweiten Tieres, des falschen Propheten, die verschiedenen Phasen der Entwickelung einer und derselben Idee vor uns.

4) Gunkel hat versucht, die Tradition unseres Kapitels noch weiter zurückzuverfolgen und die mythologischen Elemente desselben herauszuschälen. Nach G.[65] läge diesem Kapitel wieder ein Stück des altbabylonischen Drachenmythus zugrunde. G. polemisiert sehr scharf gegen die Deutung der Zahl auf einen römischen Kaiser. (Seine Einwände gegen diese sind oben widerlegt.) Er findet in dem Tiere den alten Drachen, dessen Name (nach dem gebräuchlichen Zahlenwert ἀριθμὸς ἀνθρώπου) zu berechnen ist; dieser Name lautet 666= תהום קדמוניה. Dieses Urungeheuer sei auch nach altbabylonischer Überlieferung siebenköpfig, seine Gestalt habe der Apok. in V. 1 noch ursprünglicher als Daniel überliefert. Die Todeswunde des Tieres deutet G. auf eine Wunde, die es in einem früheren Kampf (Apk 12,7) erhalten habe, die Lästerung gegen Gott und sein Zelt und die im Himmel Wohnenden auf den Ansturm des Drachen gegen den Höchsten der Götter (deutlicher erhalten Da 8,10). Das zweite Tier, das vom Lande aufsteigt, ist ebenfalls ein babylonisches Ungeheuer. Die babylonische Mythologie kennt neben dem Wasserungeheuer, der Tiâmat, noch ein zweites Landungeheuer (Behemoth neben Leviathan). So steht auch hier das Tier, das vom Land gekommen, neben dem, das aus dem Meere aufsteigt. — An diesen Kombinationen ist viel Beachtenswertes, so namentlich der Hinweis auf das mythische Motto des Land- und Wassertieres, auf den letzten Nachklang eines Mythus vom Drachensturm gegen den Himmel (besser erhalten Da 8,10, am besten übrigens Apk 12,7ff.). Doch sind in diesem Kapitel die mythischen Elemente derart verarbeitet, daß der Nachweis für die direkte Erklärung des Kap. viel weniger bedeutet, als bei der von Kap. 12.

5) Somit können wir uns nun ein Gesamturteil über Herkunft und Bedeutung unsres Kapitels im Zusammenhang der ganzen Apk bilden. Apk 13 ist so gut wie ganz vom Apok. letzter Hand geschrieben. Das ist schon deshalb anzunehmen, weil in diesem Kapitel offenbar der Höhepunkt des apokalyptischen Dramas erreicht wird. In Kap. 12 hatte der Apok. einen Blick in die Vergangenheit geworfen, hatte geschildert, wie der Drache im Himmel geworfen und damit seine endgültige Niederlage besiegelt sei. Dann war der Drache auf die Erde geeilt und hatte begonnen das Weib zu verfolgen. Als dieses aber wunderbar errettet wurde, da wendet er seinen Zorn gegen die Übrigen

vom Samen des Weibes, die Christen draußen in der weiten Welt. Und nun beginnt der Apok. von der letzten Zeit zu weissagen. Er sieht vom Drachen gerufen ein Tier mit sieben Häuptern und zehn gekrönten Hörnern aufsteigen, dessen eines Haupt zum Tode verwundet, wieder lebendig geworden ist: das ist das römische Reich unter Nero redivivus. Unter seinem Regiment beginnt die letzte wilde Zelt der Not und des Kampfes. Und neben dem ersten Tier steht ein zweites, neben dem gottfeindlichen Cäsarentum die falsche Religion, das lügnerische und gauklerische Priestertum, der Cäsarenkult. Gegen diese beiden Mächte in ihrer satanischen Vereinigung haben die Heiligen im Kampf zu stehen. Dabei benutzte der Apok. eine ältere apokalyptische Tradition von dem Tier mit den sieben Häuptern und zehn Hörnern, und in der zweiten Hälfte des Kapitels eine von ihm selbst nicht mehr ganz verstandene Überlieferung vom „Antichrist".

Fußnoten:

1. εσταθη ℵAC 87. 92 g vg. s[2] a ae. Tic. (Pr. fehlt); εσταθην PQ Rel. c s[1] ist doch wahrscheinlich Korrektur nach dem folgenden ειδον.
2. Gunkel 361 behauptet die Identität von θάλασσα und ἄβυσσος, schwerlich im Sinne des Apok.
3. So rechnet die Adlervision des IV Esra offenbar von Cäsar an, vgl. 12,15.
4. Vlt. II rechnete bis Hadrian, indem er das Tier selbst als elften König mitzählt, Vlt. III zählt 11 Kaiser, rechnet aber die Regenten des Interregnums ein und kommt so bis Domitian. Vlt. IV 133 endlich deutet den zehnten Kaiser auf Trajan.
5. ονομα ℵCP An.[12] 95. fu. dem. lips.[4] tol. c sa. a ae. Pr.; ονοματα A Q Rel. cle. am. lips.[56] s[12]; die Zeugnisse halten sich ungefähr die Wage.
6. λεοντων ℵ 14. 92 s[12] Vict.; offenbar Korrektur (s[1] 38 > στομα).
7. Schöpfung und Chaos 361. Gunkel zieht (361,5) als Parallele die Gestalt des Herrschers der Finsternis bei Mani (Flügel, Mani 86) und den Mandäern (Brandt, mandäische Religion 43, mandäische Schriften 226) heran. Vgl. auch noch Zimmern KAT[3] 512.
8. Übrigens liegt hier das umgekehrte Verhältnis in der Beziehung des Apok. zu seinen alttestamentlichen Vorbildern vor, wie 4,7. Während Ezechiel die Gestalten der Keruben kompliziert, vereinfacht der Apok. sie. Eher darf man dort auf Ursprüngliches schließen.
9. > εκ Q An.[1] c a (Studien 27).

10. G. retrovertiert ins Hebräische ואחד מראשית, was auch das erste seiner Häupter bedeuten kann. Über Bruston vgl. die Literaturangaben S. 113,2, und dazu noch Z. n. W. V. 258-261 „la tête égorgée et la chiffre 666“. Bruston V 259 verweist auf Zuschlag, der in seinem Kommentar über die Offenbarung Joh. nach de Wette[3] 196 (vgl. de W.[3] 25) bereits 1860 diese Anschauung ausgesprochen habe.
11. Von den Alten hat diese Auslegung noch Victorin, dann wird sie bei den Protestanten durch Bibliander und Bullinger (teilweise), bei den Katholiken durch Juan Mariana wieder aufgenommen, von den neueren Gelehrten vertreten durch Eichhorn, Corrodi, Ew., Lücke, de W., Bleek, Vlkm., Hilgf., Renan, Hltzm., Vlt., Pfleid. u. a., auch von Erbes, Spitta, Schmidt, die dann durch Streichungen diese Beziehungen beseitigen. Dstd. sträubt sich gegen diese Deutung und bezieht die Todeswunde des römischen Reiches auf die Zeit des Interregnums, Weyl. 107 ganz verfehlt auf die Niederlage des Cestius Gallus im jüdischen Kriege.
12. εθαυμασθη A. An. (C εθαυμαστωθη), demgemäß liest An. εθαυμασθη εν ολη τη γη (s. o. S. 162), d. übr. εθαυμασεν.
13. ος εδωκεν g cle. tol. lips.[46] a; τω δεδωκοτι Q Rel.
14. το θηριον nur A 79, d. übr. τω θηριω; doch entspricht der Akkus. dem Sprachgebrauch der Apk s. o. S. 163.
15. Min. (mit Ausnahme von An. 14. 82. 95) >.
16. ℵACP An.[124] 95 g vg. Pr.; δυνατος Q Rel.
17. βλασφημιας ℵC 38. 51. 95. cle. dem. lipss. tol. s[2] ae. (am. fu.); βλασφημα A An.[24] sind wahrscheinlich Korrekturen nach dem vorhergehenden μεγάλα. Das richtige haben PQ Rel. s[1] a Ir.i Dionys. (bei Euseb.). (Pr. >).
18. ℵ (ae.) ποιησει ο θελει; Q Rel. (14. 92 c) πολεμον ποιησαι sind Glossen, nur ποιησαι haben ACP An.[12] 95 g vg. s[12] Tic. Pr.; a Dion. Ir.i > ποιησαι.
19. βλασφημιας ℵAC An.[14] 95 cle. fu. dem. tol. lips. (fast dieselben Zeugen, die V. 5 den Plural haben); βλασγημιαν PQ Rel. am. s[12] c a ae. Pr. Tic. Ir.i.
20. PQℵc An. [124] 38. 51. g vg. sa. s[2]cod. a Ir.i Tic., > και ℵAC Rel. s[1] ae. Die Auslassung des και entstand dadurch, daß man die σκηνοῦντας falsch als Apposition zu σκηνή faßte. Pr. liest: eius qui in caelo habitat: αὐτοῦ τοῦ ἐν τῷ οὐρανῷ σκηνοῦντος.
21. Den ganzen Satz lassen durch Überlesen vom ersten zum zweiten και εδοθη ACP. An.[1] 14. 92 sa. aZoh. Ir.i aus. Sp.s Vorschlag, den Vers zu streichen, hängt mit seiner Gesamtauffassung des Kapitels zusammen.

22. > και λαον An.[13] c a (Tic.).
23. cle. lips.[46]. Ir.i Pr. adoraverunt.
24. αυτω ℵ P. An.[13] 38. 95.
25. ου ου το ονομα αυτου (A)C Ir.i Pr.; ων ου τα ονοματα αυτων ℵ 95 a; ων ου τα ονοματα ℵcP An.[12] g vg. ae.; ων ου το ονομα Q Rel. c Tic. (ουτε Q Min.[13]); ων ου το ονομα αυτων s[2]; οι ου (γεγραμμενοι) s[1]. - Da AC durch Ir.i Pr. gestützt werden, so ist die Lesart zu akzeptieren. Die Veränderungen von ου in ων, ονομα in ονοματα sind Korrekturen.
26. ει τις εις αιχμαλωσιαν απαγει εις αιχμ. υπαγει lesen nur 33. (34). 35? 87 Anm: Die auf der nächsten Seite fortgesetzte Anmerkung wurde hier vervollständigt (επαγει), aber auch g s[12] al. cle. dem. lips.[456] tol. Ir.i Pr.; nur ει τις εις αιχμαλωσιαν υπαγει (Ausfall per Homoiotel) ℵCPQ An.[12] 38. 95 (die meisten übrigen Minuskeln ει τις εχει αιχμαλωσιαν υπαγει); ει τις εις αιχμαλωσιαν, εις αιχμαλωσιαν υπαγει A am. fu. (vielleicht Konformation nach Jer 15,2).
27. Vgl. überhaupt die treffliche Milieuschilderung zu Apk 13,11ff. bei W. M. Ramsay, Church in the Roman empire 259-302; the letters of the seven Chruches 93-127: The Flavian persecution in the province of Asia as depicted in the Apocalypse. Ramsay deutet allerdings das zweite Tier etwas wunderlich auf die besonders dem Zäsarenkult ergebene Provinz Asien und dann sogar auf eine bestimmte in Kleinasien ihren Einfluß ausübende historische Gestalt, wahrscheinlich Apollonius von Tyana.
28. εποιει 38. vg. c s a ae. Ir.i Pr. Hipp.e.r.s..
29. ℵACP An.[12] 95 g fu. tol. Ir.i Tic.; εποιει Q Rel. c s a ae. am. dem. lipss. Hipp.e.r. (s. o.).
30. κατοικουντας εν αυτη C 14. 92. g vg. Ir.i (Pr.); d. übr. τους εν αυτη κατοικ. Die verschränkte Wortstellung ist in der Apk sehr ungebräuchlich.
31. AC; d. übr. ... ωσιν; προσκυνειν ℵ.
32. εποιει 31 g vg. ae. Pr. Hipp.e.r..
33. ℵ(P) An.[1] (95) s[12] Tic. Hipp.e.r.s. (P 95 ποιει); εκ του ουρανου καταβαινειν AC An.[24] 38 Ir.i Pr., Hipp.h (gegen die in der Apk gebräuchliche Wortstellung); και πυρ ινα εκ του ουρανου καταβαινει (η) Q Rel. c.
34. ACPQ An.[124]; ℵ Rel. o.
35. ℵACP An.[14] 38. 95 g vg. s[1] Pr. Hipp.; ειχεν Q Rel. s[2]. Der Korrektor wählt das genauere Tempus.
36. > την (ℵ) Q Rel.
37. τ. μαχ. κ. εζ. ℵACP An.[1234] 38. 95 g vg. c s a ae. Hipp. Pr.; και εζ. απο. τ. μαχ. Q Rel.

38. ℵAP An.^{12} 95 g vg. c s^{12} a ae. Pr. Hipp.; πνευμα δουναι Q Rel. Hipp.e.r. (eine in der Apk ungebräuchliche Wortstellung).
39. ποιησει ℵ.
40. ινα lesen an diesem Ort AP 95 g cle. fu. dem. tol. lips. Pr. Hipp.e.r.; vor αποκτανθωσιν An.^{13}; die übrigen lassen es ganz fort.
41. ουσιν ℵ, s. o. S. 171.
42. A An.^{1}; Rel. τη εικονι, s. o. S. 163.
43. Pr. εποιει.
44. δωσιν ℵACPQ An.(^{1})^{34} 38. 51, Rel. δωσωσιν.
45. ℵACP An.^{123} 38. 95 g vg. s^{12} ae. Hipp. Ir. Pr.; Q Rel. χαραγματα.
46. των μετωπων Q An.^{123} s^{2} Pr. (C του μετωπου).
47. > ℵ C An.^{2} tol. c s^{12} Ir. Tic. Pr. Hipp.e.r..
48. δυναται PQ An.
49. ℵ 36. 38 sa. το χαραγμα του θηριου η το ονομα αυτου; cle. lips.^{46} Tic. nomen aut notam bestiae; Haym. characterem bestiae aut nomen bestiae.
50. + εστιν CP 1. 10. 18. 28. 37. 38. 47. 78. 80. 81. 91. 95. 96. 161. am. fu. lipss. s^{2} Tic. Hipp. (ℵ s^{1} > και ο αρ. αυτ. εστιν).
51. χις' C 11 Tic. (quidam bei Irenäus).
52. Vgl. die Artikel, die sämtlich in Z. n. W. erschienen von C. Clemen II 109-114; P. Corßen III 238-242; E. Vischer IV 167-174; P. Corßen IV 264-267; E. Vischer V 84-86; P. Corßen V 86-88; C. Bruston V 258—260; ferner J. Weiß a. a. O. 21,1.
53. Über die rabbinische Kunst der Gematria vgl. Weber, jüdische Theologie^{2} 121; Abetle, theol. Quartalschrift 1872-74; Beispiel eines verwandten gematrischen Rätsels Sib. I 324ff.: 888 = Ιησους (vgl. auch eine etwas andre Form gematrischer Rechnung Sib. VIII 148ff. und etwa die Berechnung des Zahlenwertes von περιστερά auf 901 = ΩΑ bei den Markosiern, Irenäus I 14,6; in diesem Abschnitt noch andre Beispiele). Parallelen aus der griechischen Kulturwelt (vgl. Sogliano, Rendiconti dell' Accademia dei Lincei. Ser. V. Vol. X fasc. 7-8, p. 256ff.; Mau, Bulletino del Instituto 1874 p. 90; Cumont, Revue des études greques XV 1902, p. 314; Angaben nach Corßen III 239, V 87). Vgl. Deißmann, christliche Welt 1903, 746f.
54. Gegen den Einwand, es müßte dann ἀνθρώπου τινός resp. ἑνός dastehen (zuletzt noch Hltzm.) vgl. Corßen Z.n.W. III 239.
55. An meiner Auffassung haben mich auch Clemens Gegenbemerkungen Z.n.W. II 112f. nicht irre gemacht. 13,3 liegt wirklich in πληγὴ τοῦ θανάτου αὐτοῦ eine Identifikation von Tier und Haupt vor. Vgl. das καὶ

ἐθαύμασεν ὅλη ἡ γῆ ὀπίσω τοῦ θηϱίου. Gegen Clemens Erklärung des Satzes aus 21,17f. Corßen III 238.

56. Vielleicht war ihm die Zahl 666 ein Gegenstück zu der Zahl für Ἰησοῦς 888; Sib. I 324ff.
57. Die Annahme der Lösungsmöglichkeit des Rätsels aus dem hebräischen Alphabet ist daher auch nicht von Gunkels Annahme einer ursprünglich hebräischen Abfassung des Kapitels abhängig.
58. s. o. S. 105f. das über Fritzsche, Benary, Hitzig, Reuß Vermerkte.
59. Vgl. Die Formen קֵיסָרִים neben קֱסָרִים bei Buxtorf, Lex. Rabbinicum; Ewald (s. o. S. 106) hält die Form für aramäisch.
60. Überblicke über die verschiedenen Lösungsmöglichkeiten s. bei Wolf, curae philologicae; Heinrichs, Kommentar (s. o. S. 105), Exkurs IV de antichristo, Züllig II 233ff.; Dstd. 447ff.; Holtzmann 297. 303 u. ö.; Zahn, Einleitung II 624; meine Einleitung an verschiedenen Stellen.
61. Nach Züll. II 239 hat bereits Weyers im Anfang dieses Jahrh. die Beziehung der Zahl 616 auf Γάϊος Καῖσαϱ vermutet.
62. Vgl. auch die Ausführungen von Erbes, der unabhängig von Sp. in den meisten Punkten mit diesem übereinstimmt.
63. Er sieht in ihnen sogar den Mittelpunkt der ganzen Caligulaapok., welche nach ihm den Zweck hatte, in jener erregten Zeit die Judenchristen von dem Ergreifen der Waffen abzuhalten.
64. J. Weiß vermutet, daß der Apok. letzter Hand, von dem das 13. Kap. größtenteils stamme, eine Weissagung vom falschen Propheten in seiner Grundschrift vorgefunden habe. Doch begnügt sich W. hier mit einer allgemeinen Vermutung, die natürlich nur dann in Erwägung gezogen werden könnte, wenn die allgemeine Annahme einer „Grundschrift" feststände.
65. A. a. O. 356. 360ff. und an andern Stellen.

C. INTERMEZZO. KAP. 14.

14,1-5. Das Lamm und die 144000. 14,1. καὶ εἶδον καὶ ἰδοὺ τὸ ἀρνίον ἑστὸς[1] ἐπὶ τὸ ὄρος Σιὼν καὶ μετ' αὐτοῦ[2] ἑκατὸν τεσσεράκοντα τέσσαρες χιλιάδες ἔχουσαι τὸ ὄνομα αὐτοῦ καὶ τὸ ὄνομα τοῦ πατρὸς αὐτοῦ γεγραμμένον ἐπὶ τῶν μετώπων αὐτῶν. Dem Tiere gegenüber tritt nun das Lamm (nicht ein Lamm); denen, die das Zeichen des Tieres auf Stirn und Hand tragen, die mit dem Namen des Lammes Versiegelten. Vgl. Joel 3,5 „Aber ein jeder, der den Namen Jahwes anruft, wird gerettet werden. Denn auf dem Berge Zion und zu Jerusalem soll Rettung sein, wie Jahwe gesagt hat." IV Esra 13,35: ipse (sc. Messias) autem stabit super cacumen montis Sion. 39 et quoniam vidisti eum (sc. Messias) colligentem ad se aliam multitudinem pacificam, hae sunt decem tribus. Vgl. auch IV Esra 2,42f.: ego Ezra vidi in monte Sion turbam magnam, quam numerare non potui, et omnes canticis conlaudabant Dominum, et in medio eorum erat juvenis statura celsus, eminentior omnibus illis et singulis eorum capitibus inponebat coronas. — Der Apok. hat hier nach den beigebrachten Parallelen offenbar ein älteres Bild eingearbeitet. Wahrscheinlich versteht er übrigens unter dem Zion das irdische, nicht das himmlische Jerusalem, da er dieses letztere erst ganz am Ende der Weissagung als eine neue Erscheinung einführt. Ferner entsteht die Frage, wer die 144000 hier sein sollen, und wie sich diese zu den 7,4ff. erwähnten verhalten. Und daraus läßt sich antworten, daß der Apok. jedenfalls andre 144000 verstanden haben will, was schon aus dem Fehlen des Artikels, dann aber aus der folgenden ausdrücklichen Charakteristik hervorgeht. Mit einiger Wahrscheinlichkeit aber läßt sich auch behaupten, daß ursprünglich die hier erwähnten und vom Apok. herübergenommenen 144000 dieselben sind wie die 7,4 erwähnten, also die in der letzten Zeit der Not bewahrt gebliebenen Juden (resp. Judenchristen), daß also die kleinen Fragmente 7,1ff. und 14,1ff. einmal zusammengehört haben müssen. Die 144000 erscheinen hier im Gegensatz zu den Tieranbetern versiegelt mit dem Namen des Lammes und des Vaters. Über die Bedeutung der Versiegelung s. o. zu 13,16. Die Geretteten erscheinen hier als Stigmatisierte Gottes. Deutlich zeigen sich auch hier höchst ursprüngliche religiöse Anschauungen, die auf den niedersten Stufen menschlichen religiösen Lebens lebendig waren und sich in der apokalyptischen Sprache gleichsam versteinert erhalten haben. — In dem allerdings gezwungenen Doppelausdruck: „sein Name und der Name seines Vaters" sieht Sp. eine Überarbeitung und schlägt statt dessen nach 7,2 als ursprünglich vor: τὸ ὄνομα τοῦ θεοῦ ζῶντος. Wenn zwischen 7,1ff. und 14,1 ein quellenmäßiger

Zusammenhang vorliegt, eine nicht unwahrscheinliche Vermutung. Der Apok. letzter Hand hätte dann hier überarbeitet.

14,2. καὶ ἤκουσα φωνὴν ἐκ τοῦ οὐρανοῦ (10,4.8) ὡς φωνὴν ὑδάτων πολλῶν (1,15) καὶ ὡς φωνὴν βροντῆς μεγάλης (19,1), καὶ ἡ φωνὴ, ἣν ἤκουσα, ὡς κιθαρῳδῶν κιθαριζόντων ἐν ταῖς κιθάραις αὐτῶν. Es ist nicht ganz klar, wen der Apok. hier als die Sänger gedacht hat, die Engelchöre oder die 144000. Wenn freilich im vorhergehenden Vers das irdische Zion gemeint war, so ist nur die erstere Erklärung möglich. 14,3. καὶ ᾄδουσιν ὡς[3] (s. o. S. 127f.) ᾠδὴν καινὴν (5,9) ἐνώπιον τοῦ θρόνου καὶ ἐνώπιον τῶν τεσσάρων ζῴων καὶ τῶν πρεσβυτέρων. Es sind die vorher erwähnten Stimmen, welche etwas wie ein neues Lied singen. Bemerkenswert ist, daß der Apok. hier ganz unbefangen zu der in Kap. 4 entworfenen Szenerie zurückkehrt, als wäre inzwischen nichts Vorgefallen. καὶ οὐδεὶς ἐδύνατο μαθεῖν τὴν ᾠδὴν, εἰ μὴ αἱ ἑκατὸν τεσσεράκοντα τέσσαρες χιλιάδες οἱ (s. o. S. 161) ἠγορασμένοι ἀπὸ τῆς γῆς (5,9). Die 144000 sind allein imstande, den neuen Gesang zu lernen. Auch daraus geht hervor, daß andre als die 144000 die Sänger des Gesanges sind. Hltzm. vergleicht mit Recht 2,17; 19,12. Auch hier handelt es sich um einen geheimnisvollen — sit venia verbo — zauberkräftigen Gesang, dessen Erlernung einen ganz besondern Vorzug der Gläubigen bedeutet. 14,4-5. Man beachte den harmonischen Satzbau im folgenden. V. 4a (Vordersatz mit Begründung) entspricht dem V. 5, in der Mitte stehen zwei kurze Sätze, die mit οὗτοι beginnen (4b) (Hofm., Dstd.). 14,4. οὗτοί εἰσιν, οἳ μετὰ γυναικῶν οὐκ ἐμολύνθησαν· παρθένοι γάρ εἰσιν. Zu dem Ausdruck παρθένος, auf Männer bezogen, vgl. FabriciusCod. Pseudepigraph. Vet. Test. II 92-98; Kypke, Observationes sacrae ad loc.; Suidas s. v. Abel (Dstd.). Der Ausdruck ist auf keinen Fall bildlich umzudeuten, noch von geschlechtlicher Keuschheit im allgemeinen zu verstehen, noch auf die Enthaltung von Hurerei, wie sie mit dem Götzendienst verbunden zu sein pflegte (Bleek, de W.), zu beziehen; auch ist hier nicht von den Gläubigen der Endzeit die Rede (Hofm.). Man wird vielmehr den katholischen Auslegern darin Recht geben müssen, daß hier an christliche Asketen zu denken sei (Augustin, de virg. 27; Hieron., advers. Jovin. I 40; Andreas, Beda, Dstd., Hltzm.). Hltzm. führt für die Möglichkeit, daß παρθένοι hier tadellose Gemeindeglieder bedeuten könnte, als Parallele an: Epiph. Haer. 30,2 τὰ αὐτῶν συγγράμματα πρεσβυτέροις καὶ παρθένοις γράφουσιν. Doch ist diese Stelle selbst undeutlich. Die früheste Erwähnung von Asketen findet sich neben unsrer Stelle in den Ignatianen (ad Polyc. V 2), doch vgl. schon Mt 19,12. Schon um die Wende des ersten Jahrhunderts war also die völlige Askese eine in der Kirche bereits verbreitete Sitte (vgl. Rückert, theol. Quartalschrift 1887, 105-132). οὗτοι[4] (sc. εἰσιν) οἱ ἀκολουθοῦντες τῷ ἀρνίῳ, ὅπου ἐὰν[5] ὑπάγῃ[6]. Obgleich man ein andres Tempus erwarten sollte, ist diese

Schilderung, analog den umgebenden Sätzen, auf die Vergangenheit zu beziehen. Sie charakterisiert also nicht die Gläubigen in ihrem zukünftigen seligen Zustande. Dann aber liegt hier wahrscheinlich ein Anklang an das Herrenwort Mt 10,38; 16,24f. vor (Resch, außerkanonische Evangelienparallelen; vgl. Joh 21,18f.). οὗτοι[7] ἠγοράσθησαν ἀπὸ τῶν ἀνθρώπων ἀπαρχὴ[8] τῷ θεῷ καὶ τῷ ἀρνίῳ. Sie wurden (aus der Sündenherrschaft) aus der Zahl (ἀπό) der übrigen Menschen erkauft, wie alle übrigen Gläubigen (d. h. durch Jesus erlöst), aber als eine ἀπαρχή, eine Erstlingsgabe für Gott, eine besonders auserwählte Schar Gottes. καὶ τῷ ἀρνίῳ macht hier fast den Eindruck des Zusatzes. Denn erkauft wurden die Gläubigen „von" dem Lamm für Gott. Es ist übrigens möglich, daß mit den οὗτοι οἱ ἀκολουθοῦντες die auserwählten Frommen von einer andern Seite ihres Wesens geschildert würden: sie sind zugleich die Märtyrer. Wie 7,14 und 12,11 würde sich dann mit der Erwähnung ihrer Treue auch hier der Hinweis auf den Opfertod Christi verbinden. 14,5. καὶ ἐν τῷ στόματι αὐτῶν οὐχ εὑρέθη[9] ψεῦδος. Weshalb hier als weitere Eigenschaft der Jungfräulichen (resp. der Märtyrer) ihre Wahrhaftigkeit hervorgehoben wird, ist nicht deutlich. Vgl. Ps. LXX 31,2: οὐδέ ἐστιν ἐν τῷ στόματι αὐτοῦ δόλος. Jes 53,9: ἀνομίαν οὐκ ἐποίησεν οὐδὲ δόλον ἐν τῷ στόματι αὐτοῦ. Zph 3,13; Mal 2,6. Es ist möglich, daß die Schilderung des reinen und unbefleckten Lammes im Jesaias bei der Schilderung der ἀπαρχή hier mitgewirkt hat. Darauf weist auch das Schlußwort ἄμωμοί [γάρ[10]] εἰσιν hin und findet hierdurch seine Erklärung.

Exkurs. Den Kritikern hat dieser Abschnitt große Schwierigkeiten bereitet. Vischer, Pfleiderer I, Schmidt schreiben den Abschnitt dem christlichen Redaktor zu und betrachten ihn meistens als ein beabsichtigtes Gegenstück zu 7,1-8. Auf der andern Seite findet J. Weiß 94f. hier gerade ein Stück der christlichen Grundschrift. Die 144000 seien die ursprünglich in der letzten Zeit der Not treugebliebenen Erwählten aus Israel, welche hier dem Lügenpropheten in 13B unter dem wahren Messias gegenübertreten. Weyl., Vlt., Erb., Sp. versuchen, ein jeder in seiner Weise, innerhalb des Abschnittes zu scheiden. Weyl. scheidet V. 1 und V. 4-5 aus, weist V. 2-3 der Quelle א zu und läßt diese Verse sich an 11,18 anschließen. Er findet dann hier den Lobgesang der 7,1-8 erwähnten 144000. Vlt. hält V. 4-5 und in V. 1 die Worte τὸ ὄνομα αὐτοῦ καί für Interpolation und findet demgemäß in den 14,1ff. erwähnten die 144000 von 7,1ff. wieder. Vlt. vergleicht übrigens zum ganzen Stück Joel 3,5. Erbes streicht V. 4a: οὗτοι – παρθένοι γάρ εἰσιν, eventuell 4b οὗτοι – ὑπάγῃ, in 4c τῷ ἀρνίῳ, und rechnet das Übrigbleibende zur Grundschrift. Sp. streicht (s. o.) in V. 1 ebenso wie Vlt.[11]. Von V. 2 läßt Sp. nur καὶ ἤκουσα φωνὴν ἐκ τοῦ οὐρανοῦ stehen, V. 3 fällt ganz. Von V. 4-5 bleibt nur stehen οὗτοι ἠγοράσθησαν ἀπὸ τῶν ἀνθρώπων ἀπαρχὴ τῷ θεῷ. ἄμωμοι γάρ εἰσιν.

Sp., der am gewalttätigsten in der Beurteilung dieser Verse verfährt, hat doch den besten Blick für die großen Schwierigkeiten bewiesen, die den Versuch drücken, aus diesen Versen eine ältere Quelle herauszuschälen. So sehen z. B. sämtliche Kritiker V. 4-5 ohne weiteres als Interpolation an, ohne darauf zu achten, daß in 4d ebenso deutlich wie an manchen übrigen Stellen, auf die sie doch alles Gewicht legen, bereits vielleicht ein τῷ ἀρνίῳ interpoliert ist, hier also nach den sonstigen Grundsätzen gerade ein älterer Zusammenhang anzunehmen wäre.

Kap. 14,1-5 zeigen jedenfalls deutlich und fast in jedem Verse die Hand des Verfassers, der die Apk als Ganzes schrieb, an. V. 2 hat seine Parallelen in 1,15 und 19,6, V. 3a weist deutlich auf Kap. 4, V. 3b auf 5,9; V. 4a weist an sich schon in eine spätere Zeit, 4b erinnert an 7,17, 4c an 5,9[12]. Wenn in diesem Abschnitt ein älteres kleines Fragment verarbeitet wäre (s. o.), so ist vom Ursprünglichen jedenfalls nicht mehr viel stehen geblieben.

Schwierig ist nur das Verhältnis von 7,1ff. und 14,1-5. Wie verhalten sich unter diesen Umständen die 144000 aus den 12 Stämmen Israels zu den 144000 Asketen und Märtyrern? Wie kommen diese beiden Bilder in eine Apk? Wir haben oben nachgewiesen, daß 7,1-8 eine ältere Tradition voraussetzt, in der von der Versiegelung der 144000 Israeliten die Rede war, die in der letzten Zeit getreulich ausharren würden. Es ist nun anzunehmen, daß die 144000 in Kap. 14,1 ursprünglich mit den 7,1 erwähnten identisch waren, die Szene 14,1ff. also derselben apokalyptischen Tradition angehört. Wir befinden uns hier nur am Ende, dort am Anfang der apokalyptischen Erzählung. Die 144000, die dort versiegelt wurden, sind hier schon errettet. Der Messias, der ihnen zu Hülfe gekommen ist, steht mit ihnen auf dem Berg Zion, und sie leben bereits in Ruhe und Frieden, während rings umher die Feinde der Vernichtung preisgegeben werden. Der Apok. hat die Spuren von der ursprünglichen Identität der 144000 in 7,1-8 und 14,1-5 (vgl. den fehlenden Artikel 14,1) allerdings so ziemlich verwischt. Er benutzte aber das hier vorliegende überkommene Bild, um in seiner Weise vorläufig eine lichtvollere Szene jenen grauenvollen in Kap. 13 gegenüber zu stellen. Während jener furchtbare Kampf beginnt, steht das Lamm Gottes mit den 144000 Erstlingen, den Märtyrern und Asketen unter den Gläubigen, in Ruhe und Frieden auf dem Berg Zion, d. h. wahrscheinlich, es regiert mit ihnen im tausendjährigen Reich (vgl. 20,4ff.). Das Bild ist also vom Apok. proleptisch gedacht. Einen Fortschritt in dem apokalyptischen Drama bedeutet die Szene nicht.

14,6-13. Die Engelrufe.14,6. καὶ εἶδον [ἄλλον][13] ἄγγελον πετόμενον ἐν μεσουρανήματι. Die Beziehung des ἄλλος (ἄγγελος) bereitet Schwierigkeiten. Hilgf. Einl. 438 hält das Lamm 14,1, d. h. den Messias, für den ersten unter den Engeln. Sp. und B. Weiß denken an die Engelstimmen im vorhergehenden. Dstd. bezieht auf den Engel 10,1. Vlt.III 235 schlägt die Übersetzung vor: einen andern, nämlich einen Engel, J. Weiß konjiziert unter Beziehung auf 8,13 ἄλλον ἀετόν. Vielleicht ist das ἄλλον nach Textzeugen (als Dittographie?) zu streichen. Dann läge keine Schwierigkeit vor. ἔχοντα εὐαγγέλιον αἰώνιον εὐαγγελίσαι[14]. Zum Infinitiv vgl. Lk 12,50; 7,40; Joh 16,12. Es steht nicht τὸ εὐαγγέλιον da, sondern εὐαγγέλιον. Es ist demgemäß auch nicht „das Evangelium" zu übersetzen. Ein ewig (geltendes) Evangelium ist der schon 10,7 den Engeln Gottes verkündete Ratschluß in Beziehung auf das baldige Ende, der im folgenden nun noch einmal wie dort den Propheten so hier aller Welt verkündet wird. [ἐπὶ][15] τοὺς καθημένους (κατοικοῦντας)[16] ἐπὶ τῆς γῆς καὶ ἐπὶ πᾶν ἔθνος καὶ φυλὴν καὶ γλῶσσαν καὶ λαόν (s. o. S. 176). Beachte die für den Stil des Apok. charakteristische Tautologie. Vielleicht ist τοὺς καθημένους (κατοικοῦντας) ἐπὶ τῆς γῆς als beabsichtigter Gegensatz zu ἐν μεσουρανήματι dem folgenden Ausdruck vorangestellt. Übrigens steht dieser Vers in deutlichem Gegensatz zu dem 8,13 erfolgten Weheruf über alle Bewohner der Erde, der ebenfalls von der Mitte des Himmels herabgerufen wird. 14,7. λέγων (strukturlos s. o. S. 160) ἐν[17] φωνῇ μεγάλῃ· φοβήθητε τὸν θεὸν[18] καὶ δότε αὐτῷ δόξαν (11,13), ὅτι ἦλθεν ἡ ὥρα (s. o. S. 177) τῆς κρίσεως αὐτοῦ. Die Botschaft von der Endkatastrophe, für die Gläubigen eine frohe Botschaft, enthält zugleich für alle Völker eine ernste Mahnung, sich zu Gott zu bekehren, und schließt den Ruf zur Buße ein; denn sie verkündet zugleich das nahende Gericht. καὶ προσκυνήσατε τῷ ποιήσαντι[19] (s. o. S. 167) τὸν οὐρανὸν καὶ τὴν γῆν (καὶ)[20] (τὴν)[21] θάλασσαν καὶ πηγὰς ὑδάτων. Zu diesem Prädikat Gottes vgl. 4,11 und das zu 10,6 Bemerkte, Apg 4,24; 14,15. Die Erdbewohner sollen Gott und nicht das Tier (s. das Folgende) anbeten. Bemerkenswert ist das artikellose πηγὰς ὑδάτων (14. 92 sa. lesen τὰς πηγάς).

14,8. καὶ ἄλλος [δεύτερος] ἄγγελος[22] ἠκολούθησεν λέγων· ἔπεσεν[23] ἔπεσεν Βαβυλὼν ἡ μεγάλη (18,2; Jes 21,9; Jer 50,2; 51,8). Wenn in V. 6 ἄλλον zu streichen ist, so muß auch hier das δεύτερον gestrichen werden. Diese Interpolation wurde mit jener notwendig. Es würde sich auch der doppelte Ausdruck am besten erklären, wenn ursprünglich hier und nicht V. 6 ein ἄλλος ἄγγελος gestanden und dann eben nach dem Einschub in V. 6 hier ἄλλος δεύτερος gesetzt wurde. Der Ausruf weist voraus auf das sich vollziehende Gericht über Babel = Rom, Kap. 17. Rom wird Babel genannt Apk Baruch 67,7;

Sibyll. V 143.159; I Pt 5,13; die große Babel 16,19; 17,5; vgl. Dan 4,27. ἧ[24] ἐκ τοῦ οἴνου τοῦ θυμοῦ τῆς πορνείας αὐτῆς πεπότικεν[25] πάντα τὰ ἔθνη. Den Zorneswein reicht sonst Gott den Völkern selbst. Jer 25,15-17.27ff.; Jer 51,7 ist Babel ein solcher Becher in Gottes Hand (Hltzm.). Man könnte daher annehmen, daß hier der Wein, mit dem Babel die Völker tränkt, nicht etwa als Zorneswein, sondern als Wein der Raserei oder Giftwein, oder Glutwein aufzufassen sei (vgl. Hos 7,5: θυμοῦσθαι ἐξ οἴνου; Jer 51,7); vielleicht ist derselbe Sprachgebrauch auch 16,19; 19,15 nachzuweisen. Dann bestünde also die Raserei, der Rausch, in welche der Wein versetzt, in der Teilnahme an der πορνεία Babels. Andernfalls liegt hier eine Vermischung zweier Vorstellungen vor. Der Wein der Hurerei ist der berauschende Trank, den die Verführungskünste Babels den Völkern darbieten. Dieser Wein ist aber zugleich ein Zorneswein Gottes. Wenn die Völker den Verführungen Babels unterliegen, so ist das ein Verhängnis göttlichen Zornes.

14,9. καὶ [ἄλλος][26] ἄγγελος τρίτος ἠκολούθησεν αὐτοῖς[27] λέγων ἐν φωνῇ μεγάλῃ· εἴ τις προσκυνεῖ τὸ θηρίον καὶ τὴν εἰκόνα αὐτοῦ (s. o. S. 163) καὶ λαμβάνει χάραγμα ἐπὶ τοῦ μετώπου αὐτοῦ ἢ ἐπὶ τὴν χεῖρα αὐτοῦ. Beachte den Kasuswechsel nach ἐπί. ἐπὶ τοῦ μετώπου ist gegen die Sprachregel der Apk s. S. 166. 14,10. καὶ αὐτὸς (das καί ist das hebraistische καί des Nachsatzes; αὐτός das betonte Personalpronomen, also: (und) der wird trinken) πίεται ἐκ τοῦ οἴνου τοῦ θυμοῦ τοῦ θεοῦ τοῦ κεκερασμένου ἀκράτου ἐν τῷ ποτηρίῳ[28] τῆς ὀργῆς αὐτοῦ. Dem Mahnruf zur Anbetung des einen Gottes gesellt sich der Weheruf gegen die Tieranbeter. Der Ausdruck κεκερασμένου ἀκράτου kann bedeuten, daß der Wein zwar mit andern Ingredienzen vermischt, aber mit Wasser unvermischt ist, d. h. stark. Wahrscheinlich aber liegt hier eine Verschiebung des Gebrauchs von κεράννυμι vor. Da der Wein immer gemischt wird, so kann schließlich κεράννυμι die Bedeutung von „einschenken, bereiten" gewinnen. Ew. (vinum paratum, ut merum sit), Dstd., Hltzm. Vgl. die viel behandelte Wendung bei Justin, Apol. I 65: ποτήριον ὕδατος καὶ κράματος. Ps LXX 74,9 stehen die verschiedenen Ausdrücke etwas anders neben einander: ποτήριον ... οἴνου ἀκράτου πλῆρες κεράσματος. καὶ βασανισθήσεται[29] (beachte den Übergang in den Plural) ἐν πυρὶ καὶ θείῳ (vgl. 9,17; 19,20; 20,10.14f.; 21,8; und das zu 19,20 Bemerkte) ἐνώπιον τῶν ἁγίων ἀγγέλων[30] (die Engel sind als Gerichtsbeisitzer gedacht) καὶ ἐνώπιον τοῦ ἀρνίου. Das Lamm steht allerdings an merkwürdiger Stelle. Dennoch ist es nicht notwendig, den Ausdruck zu streichen. So gut wie 1,4ff. das Lamm nach den 7 Geistern genannt wird, so kann es auch hier hinter den Engeln stehen. Ja vielleicht kann man sogar annehmen, daß der Ausdruck „vor den Engeln" nichts weiter als eine dem spätjüdischen Sprachgebrauch entsprechende Umschreibung der Formel „vor Gott“ ist; vgl. Lk 15,10; 12,8f. Religion des Judentums 308. Dann stünde ἐν. τοῦ ἀρνίου an völlig richtigem Platz, und wir hätten hier wieder einen neuen Beweis für jüdische Bedingtheit der religiösen Sprache des Apok. 14,11. καὶ ὁ καπνὸς τοῦ βασανισμοῦ αὐτῶν εἰς αἰῶνας αἰώνων[31] ἀναβαίνει. 18,9; 19,3; 20,10; vgl. Jes. 34,10: καὶ ἔσται ἡ γῆ ... καιομένη νυκτὸς καὶ ἡμέρας καὶ οὐ σβεσθήσεται εἰς τὸν αἰῶνα χρόνον καὶ ἀναβήσεται ὁ καπνὸς αὐτῆς ἄνω. — βασανισμός steht hier passivisch im Sinne von βάσανος (Dstd.). καὶ οὐκ ἔχουσιν ἀνάπαυσιν ἡμέρας καὶ νυκτός οἱ προσκυνοῦντες τὸ θηρίον καὶ τὴν εἰκόνα αὐτοῦ, καὶ εἴ τις λαμβάνει τὸ χάραγμα τοῦ ὀνόματος αὐτοῦ. Der Apok. redet hier mit ganz besonderem Nachdruck, man beachte das Drohende: Und wenn jemand das Zeichen seines Namens annimmt! Mit machtvollem Ernst hält er unmittelbar vor dem großen entscheidenden Kampf den Gläubigen das Schicksal vor Augen, das jedem, der im Kampf mit dem Tier zu Falle kommt, droht. In diesen und den folgenden Versen wird die Tendenz der Apk ganz deutlich. Sie will ein Kriegsmanifest gegen den Cäsarenkultus sein.

14,12. ὧδε ἡ ὑπομονὴ τῶν ἁγίων ἐστίν. Der Apok. fällt gerade in den Kapiteln 12-14 sehr oft aus der Rolle des beobachtenden Visionärs heraus und redet selbst zu seinen Zeitgenossen. Zum zweiten Mal (vgl. 13,9-10) setzt er hier mit einer Mahnung, welche die Hörer packen soll, ein. Man denke sich diese Verse in den gottesdienstlichen Versammlungen der Gläubigen in den Zeiten, da sich das Unwetter gegen sie zusammenballte, verlesen. οἱ τηροῦντες τὰς ἐντολὰς τοῦ θεοῦ καὶ τὴν πίστιν Ἰησοῦ. Der Apok. gebraucht Ἰησοῦς, nicht Ἰησοῦς Χριστός s. o. S. 176. Die Konstruktion ist völlig formlos. Zu erklären ist: Hier gilt es die Geduld der Heiligen, derjenigen, welche die Gebote Gottes und den Glauben an Jesus wahren. „Glauben an Jesus“ ist zu übersetzen und nicht „Glauben oder Treue Jesu“. Mit dieser Wendung greift der Apok. auf 12,17 zurück: τοὺς ἔχοντας τὰς ἐντολὰς τοῦ θεοῦ καὶ τὴν μαρτυρίαν Ἰησοῦ. Die Gläubigen, denen dort der Kampf mit dem Drachen gedroht ward, werden hier noch einmal ermahnt, im Kampf zu bestehen.

14,13. καὶ ἤκουσα φωνῆς ἐκ τοῦ οὐρανοῦ λεγούσης· γράψον· μακάριοι οἱ νεκροὶ οἱ ἐν κυρίῳ ἀποθνήσκοντες ἀπάρτι[32]. Die Sprache des Apok. wird flammend. In glühender Leidenschaftlichkeit ruft er zum Martyrium auf: „Selig sind die Toten, die von nun an (d. h. von dem großen nunmehr beginnenden Kampfe an) im Herrn sterben“. ἀπάρτι ist also zu ἀποθνήσκοντες zu ziehen (Züll.), nicht auf μακάριοι, so daß der Apok. mit dieser Wendung nur auf das bald kommende Ende hinwiese (Dstd., Hltzm. und die meisten Ausleger). ἀποθνήσκειν steht hier im Sinne von ἀποκτανθῆναι. Joh 11,50; 19,7; Züll. Gegen die Beziehung auf das Martyrium darf man übrigens nicht mit Dstd. aus dem ἐν κυρίῳ argumentieren. Es ist das freilich ein allgemeiner Ausdruck (vgl. die paulinische Formel I Kor 15,18; I Th 4,16), der nicht direkt auf das Martyrium bezogen werden kann (falsch Züll. „um des Herrn willen“). Aber in der Zeit, in der der Apok. schrieb, wußte jeder, was er mit dem Satze meinte: „Selig sind, die von nun an im Herrn sterben“. Denn die große Mehrzahl derer, die in der nächsten Zeit in gläubiger Treue im Herrn sterben sollten, waren eben Märtyrer. Nur wenn man sich diese historische Situation vergegenwärtigt, versteht man die ergreifende Bedeutung der Stelle: ναί, λέγει[33] τὸ πνεῦμα (vgl. 2,7 etc.), ἵνα ἀναπαήσονται (ἀναπαύσονται)[34] ἐκ τῶν κόπων αὐτῶν. ἵνα hängt wahrscheinlich von λέγει ab: Ja wahrlich spricht der Geist, sie sollen ausruhen von ihren Mühen (Hltzm.-Win. 297 läßt ἵνα von ἀποθνήσκοντες abhängig sein). τὰ γὰρ[35] ἔργα αὐτῶν ἀκολουθεῖ μετ᾽ αὐτῶν (s. o. S. 168). Nach Dstd. sind die von den Gläubigen getanenen Werke selbst ein ewiges Gut für sie. Nach Hltzm. brauchen sie nicht noch einmal getan zu werden. Doch liegt hier wenigstens ursprünglich ein viel stärkerer Realismus der Vorstellung vor. Die guten Werke werden als Begleiter der Seele zum Gericht gedacht. IV Esra 7,35; Religion des Judentums 285. — Hier ist an das spezifische Werk und den spezifischen Lohn der Märtyrer gedacht. Die Märtyrer erwartet ein besonders herrliches Los. Sie nehmen teil am tausendjährigen Reich 20,6.

Exkurs: Den Kritikern haben diese Verse eine besondere Schwierigkeit bereitet. Sie gehn in ihren Urteilen aufs mannigfachste auseinander. Vischer, Schmidt beseitigen nur die christlichen Stücke: V. 10 ἐνώπιον τοῦ ἀρνίου, V. 12-13. Weyl. streicht V. 8, V. 12-13; V. 6-7 und 9-11 gehören nach ihm der Quelle ב an und standen unmittelbar hinter Kap. 13. Spitta streicht in V. 6 ἔχοντα – τῆς γῆς καί, in V. 10 καὶ αὐτός – τῆς ὀργῆς αὐτοῦ, καὶ ἐνώπιον τοῦ ἀρνίου; in V. 11 καὶ ὁ καπνός – ἀναβαίνει; οἱ προσκυνοῦντες bis Ende. V. 8. 12-13 werden ganz gestrichen. Den Torso weist er J[1] zu. — Völter hält 14,6-7 für einen Bestand der Urapokalypse; V. 8 in II für einen Ersatz für das ursprünglich hier ausgefallene Kap. 18, in III und IV für ursprünglich; V. 9-12 (13) für einen Einschub von demselben Verfasser, der Kap. 13 geschrieben hat (14,1-3.6—7.(8).14-20 gehören demgemäß zur Völterschen Grundschrift). Erbes verteilt ähnlich: 14,6-7.13 an die Apk. aus dem Jahre 62, 14,9b-12 an die Quelle von Kap. 13. 14,8.9a sei vom Redaktor eingeschoben. Weizsäcker nimmt in 14,6-13 eine eigne Quelle an. Sabatier faßt die Verse als Einleitung zu 14,14-20. Schön hält die Verse 14,9-13 für interpoliert mit Rücksicht auf Kap. 13. J. Weiß spricht V. 6-7 der Grundschrift, V. 8-13 dem Redaktor zu.

Aus dieser Ratlosigkeit der Kritiker geht hervor, daß innerhalb dieser Verse überhaupt kaum geschieden werden kann. Es ist vielmehr klar, daß hier wieder

der Schriftsteller gearbeitet hat, der die Apk als Ganzes vor Augen hatte, d. h. der Verfasser selbst. In V. 6 ist die Rückbeziehung auf 8,13 in der Tat deutlich. Ferner ist der Vers mit 10,7 verwandt. V. 7 klingt an 11,18 an. V. 8 weist vorwärts auf Kap. 18. In V. 10-11 zeigen sich deutliche Anklänge an Kap. 17; zugleich verbinden V. 9-11 dieses Stück mit Kap. 13. In V. 12-13 zeigt sich das spezifische Interesse, wie auch der Stil des Apok. letzter Hand. Vers für Vers kann man endlich in dem Abschnitt den in der Apk herrschenden Sprachgebrauch nachweisen. Auch der Zweck des Abschnittes ist deutlich. Mit 14,14ff. beginnen die großen Gerichtsszenen, die sich dann bis Kap. 19 hinziehen. 14,6-13 ist als Einleitung zu diesem Abschnitt anzusehen. Der Apok. überschaut schon hier das gesamte Material, das er in seiner Weissagung noch zu bringen gedenkt. Mit dem Ruf zur Buße und dem Hinweis auf das nahende Gericht Gottes beginnt der Abschnitt. Dann folgt die Ankündigung des in den späteren Teilen sich vollziehenden Gerichts über Babel und die Anbeter des Tieres, endlich der Hinweis auf die künftige Seligkeit der Treuen Gottes in Kap. 20.

14,14-20. Ein vorläufiges Gericht. 14,14. καὶ εἶδον, καὶ ἰδοὺ[36] νεφέλη λευκή, καὶ ἐπὶ τὴν νεφέλην (s. das zu 1,7 Bemerkte) καθήμενον ὅμοιον υἱὸν[37] ἀνθρώπου, ἔχων ἐπὶ τῆν κεφαλὴν[38] αὐτοῦ στέφανον χρυσοῦν καὶ ἐν τῇ χειρὶ αὐτοῦ δρέπανον ὀξύ (s. u. V. 15). Die grammatische Unregelmäßigkeit: ὅμοιον υἱὸν ἀνθρώπου, die hier und 1,13 vorkommt, ist einer der besten Beweise für den gleichmäßigen Sprachcharakter der Apk. Es kann wohl kaum ein Zweifel sein, daß die hier beschriebene Gestalt nach dem ursprünglichen Sinn des Stückes der Messias sein soll. Die Anlehnung an Da 7 ist zu genau, als daß man hier zweifeln könnte. Auch die goldne Krone deutet auf den König Messias. Auf der andern Seite hat der Apok. letzter Hand hier kaum noch den Messias gesehen. Er konnte das gar nicht, weil für ihn das eigentlich messianische Gericht viel später kommt. Er hat deshalb den Messias zu einem Engel unter andern degradiert; vgl. das im folgenden Vers zu ἄλλος ἄγγελος Bemerkte (Genaueres s. unten).

14,15. καὶ ἄλλος ἄγγελος ἐξῆλθεν ἐκ τοῦ ναοῦ[39], κράζων ἐν φωνῇ μεγάλῃ τῷ καθημένῳ ἐπὶ τῆς νεφέλης. Der Ausdruck „ἄλλος ἄγγελος" ist bemerkenswert, da er sich nur auf den Messias als ersten Engel zurückbeziehen kann. Dstd., B. Weiß glauben freilich, daß ἄλλος ἄγγελος sich auch auf die vorhergehenden Engel beziehen kann. Aber der Hinweis auf den ἄλλος ἄγγελος V. 6 nützt nichts, da die textliche Überlieferung (s. o.) unsicher ist. Nach Hltzm., Vlt. ist der Messias selbst einem Engel gleich, vgl. Hen 46,1. Man wird anzunehmen haben, daß erst unser Apok. zu dem in seiner Quelle vorgefundenen ἄγγελος ein ἄλλος hinzugefügt habe. Merkwürdig ist auch die einfache Erwähnung, daß der Engel aus dem Tempel gekommen sei, weshalb vielleicht An. in ἐκ τοῦ οὐρανοῦ verändert, während bei Pr. die Bestimmung ganz fehlt. Ist ἐκ τοῦ ναοῦ zu lesen, so hat man den Ausdruck auf den himmlischen Tempel zu beziehen und sich zu erinnern, daß der Apok. von Kap. 8 an die allerdings dann und wann wieder fallen gelassene Vorstellung von einem in der Vision geschauten himmlischen Tempel festhält. πέμψον τὸ δρέπανόν σου καὶ θέρισον, ὅτι ἦλθεν ἡ ὥρα (11,18; 14,6; s. o. S. 177)[40] θερίσαι· ὅτι ἐξηράνθη ὁ θερισμὸς τῆς γῆς. Das Doppelbild von Kornernte und Weinernte (hier u. V. 17) ist genau nach Joel 4,1ff. LXX 4,13 gebildet: „ἐξαποστείλατε δρέπανα, ὅτι παρέστηκεν τρυγητός. εἰσπορεύεσθε πατεῖτε, διότι πλήρης ἡ ληνός". πέμψον und nachher (V. 17) ἔβαλεν sind natürlich nur Übersetzungen des hebräischen שלח, ein Beweis, daß der Schriftsteller hier kaum den Text der LXX vor sich gehabt hat (Sp.). Zu dem Gebrauch von πέμπειν vgl. I Sam 20,20. Es ist hier nicht an die Erntevorstellung Mt 9,37; Joh 4,35ff. zu denken. Die Ernte ist hier nur Sinnbild des Gerichts und der Vernichtung. Einige Ausleger denken zwar zunächst an die Entscheidung für die Gerechten, so daß dann erst nachher das Gericht über die Ungerechten hereinbräche. Das ist jedoch durch die Anlehnung an die Joelstelle ausgeschlossen.

14,16. καὶ ἔβαλεν ὁ καθήμενος ἐπὶ τὴν νεφέλην[41] (s. o. S. 165) τὸ δρέπανον αὐτοῦ ἐπὶ τὴν γῆν, καὶ ἐθερίσθη ἡ γῆ. Die Erde wurde geerntet, d. h. es wurde ein Ende gemacht mit aller Bosheit und Schlechtigkeit der Erde. 14,17. καὶ ἄλλος ἄγγελος ἐξῆλθεν ἐκ τοῦ ναοῦ τοῦ ἐν τῷ οὐρανῷ, ἔχων καὶ αὐτὸς δρέπανον ὀξύ. Auch hier und im folgenden muß der Bearbeiter irgendwo eingegriffen haben. Denn schwerlich hat in dem ursprünglichen Bild neben dem Messias-Menschensohn eine zweite weltrichtende Gestalt gestanden. 14,18. καὶ ἄλλος ἄγγελος ἐξῆλθεν[42] ἐκ τοῦ θυσιαστηρίου (ὁ)[43] ἔχων ἐξουσίαν ἐπὶ τοῦ πυρός. Wie dem Menschensohn ein Engel zur Seite trat (V. 14-15), so tritt hier neben die zweite richtende Engelsgestalt ebenfalls ein zum Gericht mahnender dritter resp. vierter Engel. Dieser kommt aus dem Altar (ἐκ ist nicht gleich ἀπό). Zu dieser Schilderung ist 8,3ff., dann 6,9; 9,13; 16,7 zum Vergleich heranzuziehen. Nach dem ganzen Zusammenhang ist nur an einen Altar, der in der himmlischen Tempelszenerie vorhanden ist, zu denken, und zwar an den Brandopferaltar. Daß in diesem ein Feuerengel waltend gedacht wird, ist leicht erklärlich. Über die Vorstellung von Engeln, die über die einzelnen Elemente gesetzt sind, s. Religion des Judentums 317. καὶ ἐφώνησεν [ἐν][44] φωνῇ[45] μεγάλῃ τῷ ἔχοντι τὸ δρέπανον τὸ ὀξὺ λέγων· πέμψον σου τὸ δρέπανον τὸ ὀξὺ καὶ τρύγησον (Lk 6,44) τοὺς βότρυας τῆς ἀμπέλου τῆς γῆς, ὅτι ἤκμασαν αἱ σταφυλαὶ[46] αὐτῆς[47]. In das hier folgende Bild der Traubenernte mischen sich Züge aus der Joelstelle, Sach 14,4; Jes 63,1ff. δρέπανον bezeichnet im Griechischen sowohl die Hippe, wie das Winzermesser. 14,19. καὶ ἔβαλεν[48] ὁ ἄγγελος τὸ δρέπανον αὐτοῦ εἰς τὴν γῆν, καὶ ἐτρύγησεν τὴν ἄμπελον τῆς γῆς καὶ ἔβαλεν εἰς τὴν ληνὸν τοῦ θυμοῦ τοῦ θεοῦ τὸν μέγαν[49] (vgl. 19,15). Der Wechsel des Genus ist eine einfache grammatische Unregelmäßigkeit, die ihre Erklärung in etwas darin findet, daß auch ὁ ληνός im Gebrauch vorkommt. 14,20. καὶ ἐπατήθη ἡ ληνὸς ἔξωθεν[50] τῆς πόλεως. Das ἔξωθεν τῆς πόλεως steht ohne alle Beziehung, wohl ein Beweis, daß hier ein apokalyptisches Fragment verarbeitet ist. So wie die Andeutung dasteht, kann man schwanken, ob hier Jerusalem unter Rückbeziehung auf Kap. 11, oder Rom—Babel 14,8 gemeint sei. Der Apok. letzter Hand hat vielleicht bereits an Rom gedacht. Dem Gericht außerhalb der Stadt entspräche dann das Gericht über Babel selbst Kap. 17-18. Daß das aber ein künstlich geschaffener Zusammenhang ist, sieht man auf den ersten Blick. Das Gericht findet nach Joel im Tale Josaphat statt, nach Sach 14,4 auf dem Ölberg (vgl. Sibyll. III 667ff.), auf Zion IV Esr 13,35; Apk. Bar. 40,1. καὶ ἐξῆλθεν αἷμα ἐκ τῆς ληνοῦ ἄχρι τῶν χαλινῶν τῶν ἵππων, ἀπὸ σταδίων (Joh 11,18; 21,8) χιλίων ἑξακοσίων. Das Gericht ist nach Jes 63,3 geschildert: καὶ κατεπάτησα αὐτοὺς ἐν θυμῷ μου, καὶ κατέθλασα αὐτοὺς ὡς γῆν, καὶ κατήγαγον τὸ αἷμα αὐτῶν (εἰς γῆν). Eine besonders auffallende Parallele liegt vor Hen 100,1ff.: „Vom Morgengrauen bis Sonnenuntergang werden sie einander hinmorden. Ein Roß wird bis an seine Brust im Blut der Sünder waten und ein Wagen bis zu seiner Höhe einsinken. An jenem Tage werden die Engel in Verstecke herabsteigen und alle Helfer der Sünde an einen Ort zusammenbringen, der Höchste wird sich an jenem Tage des Gerichtes aufmachen, um das große Gericht unter den Sündern zu halten". Die Maßangabe der Ausdehnung des Blutbades macht besondere Schwierigkeiten. Möglich ist, daß die Zahl nur schematisch ist (40×40), Dstd. Victorin nimmt an, daß diese schematische Zahl die ganze Erde bedeutet: per omnes mundi quattuor partes. Viele sind der Meinung, daß mit der Zahlenangabe die Länge Palästinas gemeint sei (nach Antoninus itinerarium beträgt die Länge Palästinas von Tyrus bis zur ägyptischen Grenze 1664 Stadien, nach Hieronymus, Ep. ad Dard. 160 Milien = 1280 Stadien Dstd., Hltzm.). Die angegebene Länge entspricht auch dem Meerbusen von Suez (Hltzm.). Dieser kann jedoch hier kaum in Betracht kommen.

Exkurs: Es ist an diesem Stück wieder ganz deutlich geworden, daß der Apok. fremde Elemente in seine Apk aufgenommen hat. Denn es liegt hier offenbar ursprünglich ein abschließendes und endgültiges Gericht vor. So haben denn fast alle Kritiker auch hier mit ihrer Quellenscheidung eingesetzt. Weyland sieht in 14,14-20 das Endgericht seiner Quelle א, dem noch das Gericht über Babel und das Gesicht vom neuen Jerusalem folgen. Ebenso steht für Vlt., Erbes und J. Weiß diese Episode etwa am Schluß der Grundschrift der Apk. Diese Forscher sind also darin einig, daß dieses Stück als Schilderung des Endgerichts jedenfalls ursprünglich einmal am Schluß einer Apk gestanden haben muß. Ähnlich rechnet Weizs. 14,14-20 zur Grundlage, dafür aber auch die Stücke 11-13, 17-19 zu den Quellen der Apk. Unglücklicher ist Sp. in seiner Quellenscheidung. Er weist 14,14-20 seiner Quelle J^2 zu, der dann noch Kap. 15-18 gehören. Bei ihm tritt also dieses Endgericht wieder an den Anfang vor die sieben Schalenplagen. Sabatier hält 14,14-20 für ein vereinzelt stehendes jüdisches Quellenstück, während Schön auch dieses Stück wieder dem christlichen Apok. zuweist. Schmidt sieht in dem Abschnitt 14,6-20 ein Orakel über Rom und betrachtet ihn als ein vereinzeltes Fragment.

Die Kritiker haben sich also überwiegend dahin geeinigt, daß 14,14-20 einmal am Schluß einer selbständigen Apokalypse (resp. der apok. Grundschrift) stand und vom Redaktor wie vom Schreiber der uns vorliegenden Schrift aus seiner ursprünglichen Stellung verdrängt und zu einem Vorgerichte degradiert ist. Diese Anschauung dürfte das Richtige treffen. Zugleich erklärt sich dann gut, wie es gekommen ist, daß hier die Gestalt des Menschensohnes auf einer Stufe mit andern Engeln erscheint. Der Bearbeiter, der aus dem Weltgericht ein Vorgericht machte, mußte natürlich auch den Weltrichter auf den Rang eines Engels herunterdrücken. Da wir nicht mit Völter, Erbes, J. Weiß annehmen, daß 14,14-20 der apokalyptischen Grundschrift angehörte (s. d. Einleitung S. 127f.), so bleibt für uns noch die Frage zu erledigen, ob das hier eingesprengte Fragment etwa mit andern in der Apk verarbeiteten Fragmenten in Beziehung steht. Mir scheint nun das hier ohne Zusammenhang stehende und vom Apok. letzter Hand einfach übernommene ἔξω τῆς πόλεως auf eine ursprüngliche Verbindung mit 11,3-13 hinzuweisen. Dieses Fragment brach bei der Schilderung des nach dem Tode sich an der Stadt vollziehenden Gerichtes plötzlich ab. Es wäre immerhin möglich, daß sich daran ursprünglich das Gericht außerhalb der Stadt angeschlossen hätte. Wir sollten bei dieser Annahme allerdings erwarten, daß in unserm Stück auch ein Gericht über das Tier aus dem Abgrund, das die beiden Zeugen getötet hat, berichtet würde. Aber wir werden anzunehmen haben, daß der Apok., wenn er einen solchen Zug in seiner Quelle vorgefunden, diesen sicher beseitigt haben würde, da die Herübernahme seine Disposition vollständig zerstört haben würde. Ich halte es demgemäß für nicht unmöglich, daß 11,1-13 mit 14,14-20 einmal in ursprünglichem Zusammenhang stand. Und in diesen Zusammenhang mögen auch 7,1-8 (14,1-3) und Stücke aus der Schilderung des Antichrist 13,11ff. hineingehören. Aber allerdings ist durch den Apok. letzter Hand der ganze Zusammenhang seiner „Quelle“ so zerstört und zerrissen, daß wir nur noch Teile in der Hand haben, deren geistiges Band fehlt. Wir werden daher auf alle Sicherheit der Rekonstruktion verzichten müssen. — Auch darauf mag noch hingewiesen werden, daß in der späteren Tradition vom Antichrist geweissagt wird, daß die Gläubigen und Auserwählten in der Zeit der höchsten Not aus Jerusalem in die Wüste fliehen, dann vom Antichrist verfolgt werden sollen, und daß dann die Scharen, welche der Antichrist aussendet, von den Engeln Gottes vernichtet werden. (Vgl. den Nachweis in meinem Antichrist 148.) Ich nahm seiner Zeit an, daß zwischen dem hier geschilderten Kampf und dem Gericht ἔξω τῆς πόλεως Beziehungen vorlägen, sehe aber ein, daß sich hier nichts Sicheres ausmachen läßt.

Fußnoten:

1. ℵACP 79, εστως Q An.[124] 95.
2. Q Rel. (exc. An.[123] 95) s[2] + αριθμος.
3. AC An.[12] 95 vg. s[1]; > ως ℵPQ Rel. c s[2] a ae. g sa. Pr. Or. (s. o. S. 248 A. 4).
4. ℵACP An.[12] 38 g am. harl. cle. dem. tol. lips. c s[1] a Or.; + εισιν Q Rel. s[2] fu. Meth. Cypr. Pr.
5. αν ℵACP An.[123] 38. 93; Q Rel. εαν.
6. υπαγει AC An.[5].
7. Q Rel. (exc. An.[124] 95) s[2] + υπο Ιησου.
8. ℵ 16. 39. Pr. (wahrscheinlich auch sa.) απ' αρχης.
9. ℵACP An.[123] 95 g vg. s[12] a Meth. Tic. Pr.; ουχ ευρεθη εν τω στοματι αυτων Q Rel. c ae.
10. > γαρ ACP An.[12] am. fu. lips.[45] (Pr.), das γαρ konnte sehr leicht hinzugefügt werden.
11. Eine handschriftliche Begründung liegt nicht vor; wenn P. 1 το ονομα αυτου και nicht lesen, so liegt hier ein Ausfall per Homoiotel. vor.
12. τω αρνιω mag von einem späteren Abschreiber eingeschoben sein.
13. ℵcc ACP An.[23] 95 g vg. c s[12] a ae. Pr. Cypr. Tic.; ℵQ Rel. sa. Or. >. Bei der unüberwindlichen Schwierigkeit, welche die Erklärung des ἄλλον macht, ist die Streichung desselben empfehlenswert. Vgl. auch das zu V. 8 Bemerkte.
14. ℵ An.[23] Or. ευαγγελισασθαι s. o. S. 161.
15. ℵACP 33. 35. 121 Or.; Q Rel. >. ευαγγελιζειν m. Akkus. scheint Sprachgebrauch der Apk zu sein. Doch steht hier vielleicht εὐαγγελίζειν in etwas anderm Sinn als 10,7: nicht „jemandem" verkünden, sondern „über jemanden" frohe Botschaft ausrufen.
16. κατοικουντας A An.[2] 14. 51. 92 Tic.; καθημενους kommt in dieser Wendung, sonst in der Apk nicht vor.

17. > A vg. Cypr. Pr.
18. ℵACP An.^{123} 95 am. fu. c s^{12} a Or. Cypr. (?) Pr.; Q Rel. g cle. dem. harl. tol. lips. Tic. κυριον.
19. Q Rel. (Or.) αυτον τον ποιησαντα, gegen den Sprachgebrauch der Apk.
20. > 36. cle. fu. lips.^{45} harl. Cypr. (?) Pr.
21. > ACP 1. 95.
22. αγγ. δευτ. ℵccCP An.(^{1})^{23} c s^{2} a; ~ A Q Rel. Pr.; ℵ 95 s^{1} > αγγελος; 14 vg. ae. Tic. > δευτερος.
23. AP 1. 10. 17. 28. 36. 37. 42. 47. 49. 80. 91. 95. 96. 161 g vg. m s^{12} a Tic. Pr.; > επεσεν ℵcQC Rel. c ae. sa.
24. AC An.^{4} 26. 38. 51. 95 vg. s^{12} a ae. Tic.; > η ℵcPQ Rel. m c Pr.
25. πεπτωκαν ℵc 12 c sa. Pr.comm.
26. > αλλος cle. dem. lips.^{45} ae. Cypr. Pr.; s. o. V. 6 u. 8.
27. αυτω A Pr.
28. εκ του ποτηριου A 7. 10. 39.
29. βασανισθησονται A 8. 14. 36. 92 c; d. übr. βασανισθησεται.
30. ℵCP (36.) 38. 81. 92. 95 g cle. am. fu. tol. lips. αγγελων αγιων; Q Rel. sa. (Cypr. Pr.) των αγιων αγγελων; των αγγελων A 26 m c (αγιων fiel vor oder hinter αγγελων aus). Das auch durch A bezeugte των entspricht dem Sprachgebrauch der Apok., der den scheinbar unmotivierten Artikel liebt (s. o. S. 174). „Die" heiligen Engel sind ihm eben die Engel, welche mit dem Gericht betraut sind. Liest man mit Art., so ergibt sich damit auch die Stellung des αγιων vor αγγ.
31. αιωνα αιωνος C An.^{2} (α - ων P 1 al.).
32. So ist mit den besseren Codices zu interpunktieren.
33. Q Rel. (exc. An.^{1} 38. 95) λεγει ναι; > ναι ℵ.
34. ℵAC αναπαησονται; Q Rel. αναπαυσονται; P An. αναπαυσωνται.
35. Q Rel. (exc. 38. 95) δε.
36. In diesem und in dem folgenden Verse ist wie in 7,9 infolge des εἶδον καὶ ἰδού ein starker Kasuswechsel von Nominativ und Akkusativ entstanden, und es ist demgemäß in den verschiedenen Handschriften aufs mannigfaltigste abgeändert. Einen Überblick s. Bousset, textkrit. Studien 15.
37. Wie 1,13 ist υιον lesen; C An. korrigieren in υιω.
38. της κεφαλης A Min. s. o. S. 166.
39. An. ουρανου.
40. + του 10. 18. 26. 30. 33. 34. 37. 39. 49. 90. 91. 93. 98. g; θερισμου ℵ 38. 41; beides Korrekturen des schwierigen Infinitivs.

41. την -ην CP Rel.; της νεφελης ℵA An.[12] 38; τη ν -η Q 7. 8. 13. 14. 26. 32. 50. 90. 92. 93. 94.

42. > A g am. fu. Pr. (non f.).

43. + ο AC g vg. s[12].

44. > ℵACPQ An.; + εν Rel.

45. κραυγη C Rel. (exc 38. 95).

46. ηκμασεν η σταφυλη Q Rel. (exc. An.[123] 38. 95).

47. της γης Q Rel. (exc. An.[123] 38. 95).

48. ℵAPCQ An.; εξεβαλεν Rel.

49. Im Archetypus von ℵ An. hat wahrscheinlich folgende Doppel-Korrektur gestanden την (τον) ληνον τον (την) μεγαν (μεγαλην) und ist dann in verschiedener Weise in die einzelnen Handschriften (ℵ An.[245] 95 την ... μεγαλην An.[13] τον ... μεγαν) übergegangen.

50. εξω ℵ An.[2] 38 s[1] f Pr. (extra), g a foris extra.

V. DIE SIEBEN-SCHALEN-VISION. KAP. 15—18.

A. PROOEMIUM. KAP. 15-16,1.

15,1. Die vorläufige Ankündigung der sieben Engel. καὶ εἶδον ἄλλο σημεῖον ἐν τῷ οὐρανῷ μέγα καὶ θαυμαστὸν (Joh 9,30), ἀγγέλους ἑπτὰ ἔχοντας πληγὰς ἑπτὰ τὰς ἐσχάτας (sieben Plagen, nämlich die letzten). Der Seher sieht ein andres Zeichen; der Ausdruck bezieht sich nicht auf das in Kap. 14 Gesehene zurück (Dstd.), sondern greift hinüber auf 12,1.3 (Hltzm.). Es sollen nun nach dem in Kap. 12-14 geschilderten Unheil die allerletzten Plagen geschildert werden. Vgl. Lev 26,21: προσθήσω ὑμῖν πληγὰς ἑπτὰ κατὰ τὰς ἁμαρτίας ὑμῶν (vgl. V. 18.24.28). Daß die Engel die Plagen „haben", bedeutet wohl einfach, daß sie dieselben in Gestalt der Schalen in den Händen tragen. ὅτι ἐν αὐταῖς ἐτελέσθη ὁ θυμὸς τοῦ θεοῦ. Da mit Kap. 16 die Zornesgerichte Gottes noch keineswegs zu Ende sind, so ist der Ausdruck allgemeiner zu verstehen. „Mit ihnen kommt, (eigentlich kam, vom Standpunkt der Zukunft aus) der Zorn Gottes zu seinem Ende". Das schließt nicht aus, daß dieser erst nach Ablauf der sieben Posaunen recht eigentlich auf seine Höhe kommt.

15,2-4. Intermezzo: die Sieger auf dem Meer. 15,2. καὶ εἶδον ὡς (s. o. S. 172) θάλασσαν ὑαλίνην μεμιγμένην πυρί. Was es bedeuten soll, daß das Meer mit Feuer gemischt erscheint, ist bis jetzt ein Rätsel geblieben. Es liegt aber hier ein Rudiment ursprünglicher Naturanschauung vor. Das Meer, das der Apok. hier sieht, ist wie zu 4,6 nachgewiesen, nichts andres als die himmlische Veste, der Himmelsozean. Das Feuer kann dann nur das Blitzfeuer sein. Daß das Feuer aus dem Wolkenwasser kommt, erschien der naiven Anschauung außerordentlich wunderbar. Vgl. II Hen 29,2: „Es ... empfing der Blitz die wunderbare Natur, sowohl Feuer im Wasser und Wasser im Feuer, und weder löscht dieses jenes, noch trocknet jenes dieses aus. Deswegen sind die Blitze leuchtender als die Sonne und weiches Wasser fester als harter Stein" (d. h. das Wasser des Himmelsgewölbes, das Meer, das dem Krystalle gleicht 4,6, oder das „gläserne" Meer in diesem Verse). Unser Apok. mag übrigens schon, wie der folgende Vers beweist, an das rote Meer und bei dem Ganzen an das Siegeslied der Kinder Israel am roten Meer gedacht haben. καὶ τοὺς νικῶντας ἐκ(Winer 47, S. 345) τοῦ θηρίου καὶ ἐκ τῆς εἰκόνος αὐτοῦ καὶ ἐκ τοῦ ἀριθμοῦ τοῦ ὀνόματος αὐτοῦ ἑστῶτας ἐπὶ τὴν θάλασσαν τὴν ὑαλίνην, ἔχοντας κιθάρας[1] τοῦ θεοῦ. 5,8; 14,2. τοὺς νικῶντας steht hier für τοὺς νενικηκότας. Der Apokalyptiker schaut die Märtyrer und zwar, wie es scheint, in ihrem Zustande nach dem Tode, in ihrer zukünftigen

Herrlichkeit. Sie stehen auf dem wunderbaren Himmelsozean vor Gottes Thron. Die das Martyrium verherrlichende Tendenz der Apk wird auch hier deutlich.

15,3. καὶ ᾄδουσιν τὴν ᾠδὴν Μωυσέως τοῦ[2] δούλου τοῦ θεοῦ (Num 12,7; Jos 14,7; 22,5; Ex 14,31) καὶ τὴν ᾠδὴν τοῦ ἀρνίου. Mit dem Liede Mosis ist jedenfalls das Loblied des Moses nach dem Durchzug durch das rote Meer und der Errettung von den Ägyptern (Ex 15) gemeint. Das folgende Wort „und das Lied des Lammes“ (nicht vom Lamme [Gen. Obj.], wegen des vorhergehenden Μωυσέως) bereitet einige Schwierigkeit. Es ist zunächst fraglich, ob ein und dasselbe Lied gemeint sei, das von Moses und dem Lamme stammen soll, oder ob zwei verschiedene Hymnen anzunehmen sind. Durch die Wiederholung des τὴν ᾠδήν ist die zweite Auffassung vom Apok. selbst nahe gelegt. Der Apok. läßt die Sieger zunächst das alte Moseslied und dann ein neues Lied, das des Lammes, anstimmen. — Fast sämtliche Kritiker streichen hier allerdings τὴν ᾠδὴν τοῦ ἀρνίου. Unbedingt nötig scheint mir das nicht; zu erwägen wäre immerhin, ob nicht dem Apok. eine ältere Tradition auch hier vorgelegen hat, in der von einem Liede des Moses, das von den siegreichen Gläubigen gesungen wird, die Rede war. Es genügt aber eigentlich zur Erklärung die Annahme einer Abhängigkeit von Ex 15,1. λέγοντες μεγάλα καὶ θαυμαστὰ τὰ ἔργα σου (Ps 98,1f; 111,2; 139,14; Dt 32,4; I Chr 16,9), κύριε ὁ θεὸς ὁ παντοκράτωρ (S. 176), δίκαιαι καὶ ἀληθιναὶ (S. 178) αἱ ὁδοί σου ὁ βασιλεὺς (S. 164) τῶν ἐθνῶν[3]. (Sach 14,9). Ps LXX 144,17: δίκαιος κύριος ἐν πάσαις ταῖς ὁδοῖς αὐτοῦ καὶ ὅσιος ἐν πᾶσι τοῖς ἔργοις αὐτοῦ. Vgl. 16,7; 19,2; Ps 19,10. — ἀληθινός entspricht hier dem hebräischen תמים und bedeutet anders als sonst in der Apk mehr wahrhaft als wirklich (Dstd.). 15,4. τίς οὐ μὴ φοβηθῇ [σε][4] κύριε. Vgl. Jer 10,7(6): „Wer sollte Dich nicht fürchten, König der Völker?“ (fehlt im Text der LXX). καὶ δοξάσει(-ῃ)[5] τὸ ὄνομά σου; ὅτι μόνος ὅσιος[6].[7] (von Gott nur hier und 16,5 im NT, vgl. Ps LXX 144,17), ὅτι πάντα τὰ ἔθνη[8] ἥξουσιν καὶ προσκυνήσουσιν ἐνώπιόν σου, ὅτι τὰ δικαιώματά σου (19,9 „deine Rechtstaten“) ἐφανερώθησαν. Vgl. Ps LXX 85,9; πάντα τὰ ἔθνη, ὅσα ἐποίησας, ἥξουσιν καὶ προσκυνήσουσιν ἐνώπιόν σου κύριε. Mch 7,15ff. Die beiden ersten durch ὅτι eingeleiteten Sätze sind koordiniert und begründen die beiden vorhergehenden Sätze. Der dritte Satz mit ὅτι ist subordiniert. Daher weist auch das ganze der Ausführung in die Zukunft: Die Völker werden kommen, weil deine Rechtstaten offenbar wurden. (Fut. exactum.).

Die Szene 15,2-4 entspricht ihrer Anlage und Stellung nach den beiden proleptischen Szenen 7,9ff. und 14,1ff. Sie ist vom Apok. gleichsam aus ästhetischen Gründen entworfen und hierher gestellt. — Nach dem grausigen Gericht 14,14-20 bedurfte seine Komposition wieder eines solchen Lichtbildes.

Das Stück zeigt fast in jedem Satz die Spuren seiner Hand (s. die Einzelbemerkungen). Zur Annahme einer Quelle ist kein durchschlagender Grund vorhanden.

15,5-16,1. Die Vorbereitung der sieben Schalenengel.15,5. καὶ μετὰ ταῦτα εἶδον[9], καὶ ἠνοίγη ὁ ναὸς τῆς σκηνῆς τοῦ μαρτυρίου (משכן אהל מועד) ἐν τῷ οὐρανῷ. Nicht „der die Stiftshütte umschließende Tempel" (Dstd.) ist zu erklären, sondern der Tempel, nämlich die Stiftshütte (Züll., de W.). Dies Öffnen des Tempels ist freilich 11,19 schon einmal berichtet. 15,6. καὶ ἐξῆλθον οἱ ἑπτὰ ἄγγελοι οἱ[10] ἔχοντες τὰς ἑπτὰ πληγὰς [ἐκ τοῦ ναοῦ[11]], ἐνδεδυμένοι[12] λίνον[13] καθαρὸν λαμπρὸν καὶ περιεζωσμένοι περὶ τὰ στήθη ζώνας χρυσᾶς. Das Bild ist nach Ez 9,2 entworfen. Wie die sechs Männer dort, erscheinen hier die Engel in weißem Leinen, einem ihr Lichtwesen symbolisierenden Gewand (vgl. 3,4; 6,11; 7,9), sind aber, wie der Menschensohn in Kap. 1, mit goldenen Gürteln geschmückt. Besondre Schwierigkeit bereitet hier der Umstand, daß das Erscheinen der Engel schon in V. 1 erzählt war. Es entsteht überdies die Frage, wie die Engel, von dem Seher schon V. 1 gesehen werden konnten, wenn sie erst V. 5 aus dem bisher verschlossenen Tempel heraustreten. Diese Inkongruenz hat wieder Anlaß zu den mannigfachsten kritischen Operationen gegeben. Doch sind diese insgesamt nicht notwendig. Man muß nur 15,1 als Überschrift zu dem ganzen Folgenden betrachten. Den wichtigsten Inhalt der folgenden Weissagung stellt der Apok. voran (Vlt.III 256f.). 15,7. καὶ ἓν[14] ἐκ (S. 166) τῶν τεσσάρων ζῴων ἔδωκεν τοῖς ἑπτὰ ἀγγέλοις ἑπτὰ φιάλας χρυσᾶς γεμούσας τοῦ θυμοῦ τοῦ θεοῦ τοῦ ζῶντος (vgl. das zu 4,9; 7,2 Bemerkte) εἰς τοὺς αἰῶνας τῶν αἰώνων. Weshalb grade einer der Cheruben die Schalen den Engeln reicht, kann nicht erklärt werden. 15,8. καὶ ἐγεμίσθη ὁ ναὸς καπνοῦ[15] ἐκ τῆς δόξης τοῦ θεοῦ (Ez 10,4) καὶ ἐκ τῆς δυνάμεως αὐτοῦ (δόξα und δύναμις sind hier gleichsam als Hypostasen Gottes gedacht, vgl. Bousset, Rel. d. Judent. 336ff.), καὶ οὐδεὶς ἐδύνατο εἰσελθεῖν εἰς τὸν ναὸν, ἄχρι τελεσθῶσιν (S. 171) αἱ ἑπτὰ πληγαὶ τῶν ἑπτὰ ἀγγέλων. Der Rauch ist ein Zeichen der Gegenwart der Herrlichkeit und Machtfülle Gottes. Jes 6,4; Ex 40,34; I Kön 8,10f. Weil seine Gegenwart aber, so lange die Plagen dauern, eine Gegenwart des Zornes und Gerichtes ist, so ist sie unnahbar und verderbenbringend für jeden, der sich naht, so daß niemand in den Tempel kommen kann.

16,1. καὶ ἤκουσα φωνῆς μεγάλης [16] (S. 163) ἐκ τοῦ ναοῦ[17] λεγούσης τοῖς ἑπτὰ ἀγγέλοις· ὑπάγετε καὶ[18] ἐκχέετε τὰς ἑπτὰ[19] φιάλας τοῦ θυμοῦ τοῦ θεοῦ εἰς τὴν γῆν (S. 168). 8,5. Nach 15,8 muß die aus dem Tempel erschallende Stimme die Stimme Gottes sein.

Fußnoten:

1. τας κιθαρας Q Rel. (exc. An. ^{123} al.).
2. ℵAP An.^{123}(^{4}?) 38. 51; > του Q Rel.
3. αιωνων ℵC 95 cl. fu. dem. tol. lipps. s^{12} a?
4. σε > ACPQ An.^{12} 14. 92 g am. fu. dem. tol. c a ae. Cypr. Pr.; ℵ 95 σε φοβ.; Rel. s^{12} φοβηθη σε. - Das σε ist fast unentbehrlich.
5. δοξασει ACPQ; δοξαση ℵ (s. o. S. 171).
6. ℵACP An.^{12} 38 vg. Cypr. Pr.; αγιος Q Rel. g (sanctus) s^{1} (a); οσιος κ. αγιος f dem. s^{2}.
7. An.^{3} vg.cod. s^{1} Pr. + ει.
8. παντες Q Rel. (exc. An.^{123} 38).
9. + και ιδου f vg. c Tic. Pr.
10. > ℵPQ An.^{12} s. o. S. 173f.
11. ℵACP An.^{125} 95 f g vg. s^{12} ae. Tic.; An.^{3} εκ του ουρανου; > Q Rel. Pr. (c a an anderer Stelle).
12. ℵACP 1 al.; οι ησαν ενδεδυμενοι Q Rel.
13. λιθον AC am. fu. dem. tol. lipss. Die unsinnige, nur durch einen Schreibfehler entstandene Lesart, darf nicht akzeptiert werden, gegen Dstd., Sp. (vgl. auch das nur zu λίνον passende καθαρόν). Ez 28,13 πάντα λίθον χρηστὸν ἐνδέδεσαι (Apk 21,11) deckt sich mit der vorliegenden Lesart nicht.
14. > εν ℵ An.^{125}.
15. εκ του καπνου Q Rel. (exc. An.^{1235} 38. 95).
16. μεγαλης φωνης ACQ Min.^{10}. Die in der Apk gebräuchliche Wortstellung φωνης μεγαλης.
17. 13 dem. tol. lips.^{6} c (ae) εκ του ουρανου; > Q Rel. (exc. An.^{1234} 38. 95) s^{2}.
18. > An. lips.^{4} c ae.
19. ℵACP An.^{1}; Q Rel. εκχεατε.

B. 16,2-21. DIE SIEBEN SCHALENENGEL.

16,2. Der erste Engel. καὶ ἀπῆλθεν ὁ πρῶτος καὶ ἐξέχεεν τὴν φιάλην αὐτοῦ εἰς τὴν γῆν (S. 168). καὶ ἐγένετο ἕλκος κακὸν καὶ πονηρὸν ἐπὶ τοὺς ἀνθρώπους τοὺς ἔχοντας τὸ χάραγμα (13,16f.; 14,9f.) τοῦ θηρίου καὶ τοὺς προσκυνοῦντας τὴν εἰκόνα[1] αὐτοῦ (s. o. S. 163). Vgl. die sechste ägyptische Plage: Ex 9,10f.; Dt 28,35 LXX ἕλκος πονηρόν; ein übles (bösartiges) Geschwür. Dieses Geschwür kommt über (ἐγένετο ἐπί: Lk 1,65; 3,2; Winer 49c. 480) die, die sich dem Cäsarenkultus gebeugt haben. Gegen das Cäsarentum und seine Anhänger richten sich die folgenden Plagen.

16,3. Der zweite Engel. καὶ ὁ δεύτερος[2] ἐξέχεεν τὴν φιάλην αὐτοῦ εἰς τὴν θάλασσαν· καὶ ἐγένετο αἷμα ὡς νεκροῦ, καὶ πᾶσα ψυχὴ [ζῶσα (ζωῆς)][3] ἀπέθανεν [τὰ][4] ἐν τῇ θαλάσσῃ. (Apposition zu ψυχή). Während 8,8 nur ein Drittel des Meeres von der Plage betroffen wird, wird jetzt das ganze Meer in Blut verwandelt; und alles Lebendige stirbt darin; noch dazu wird das Meer zu Blut, wie es einem Toten eignet. Ex 7,17.21. Vgl. 8,9: κτισμάτων ... τὰ ἔχοντα ψυχάς. Gen 1,30: ὃ ἔχει ἐν ἑαυτῷ ψυχὴν ζωῆς. Winer § 30,2β.

16,4-7. Der dritte Engel.16,4. καὶ ὁ τρίτος ἐξέχεεν τὴν φιάλην αὐτοῦ εἰς[5] τοὺς ποταμοὺς (S. 168) καὶ [εἰς][6] τὰς πηγὰς τῶν ὑδάτων καὶ ἐγένετο[7] αἷμα. „Und es ward Blut", ist unpersönlicher Ausdruck für: „die Gewässer wurden Blut". 16,5. καὶ ἤκουσα τοῦ ἀγγέλου (S. 163) τῶν ὑδάτων λέγοντος· δίκαιος εἶ ὁ ὢν καὶ ὁ ἦν, ὁ[8] ὅσιος (15,4), ὅτι ταῦτα ἔκρινας (Ps 16,28; 143,18; Dt 32,4). Gemeint ist der (bestimmte) über die Gewässer gesetzte Engel (vgl. den Windengel 7,1, den Feuerengel 14,18; Religion des Judentums 317: Engel über die Wasserkräfte auch Hen 66,2). ὁ ὅσιος ist Vokativ (S. 164) „Du der du heilig bist", steht parallel dem ὁ ὢν καὶ ὁ ἦν und ist nicht etwa als Prädikat davon abhängig. 16,6. ὅτι αἵματα[9] ἁγίων καὶ προφητῶν ἐξέχεαν. Die ἅγιοι sind (wahrscheinlich) die Christen insgesamt, die Propheten sind eine besonders hervorragende Klasse derselben (s. Einleitung S. 138f.); vgl. 11,18; 18,24. καὶ αἷμα αὐτοῖς ἔδωκας (AC δέδωκας) πιεῖν (AC πεῖν Winer § 8,4) , ἄξιοί εἰσιν. 16,7. καὶ ἤκουσα τοῦ θυσιαστηρίου λέγοντος (der Altar wird als Person gedacht, daher der Gen. s. o. S. 163); vgl. 14,18. Daß die Stimme aus dem Altar erschallt, hat seinen Grund in der 6,9ff.; 8,3 vorliegenden Anschauung, daß die Märtyrer sich unter dem Altar befinden. ναί, κύριε ὁ θεὸς ὁ παντοκράτωρ (S. 176) , ἀληθιναὶ καὶ δίκαιαι αἱ κρίσεις σου. 15,3 (s. dort die Parallelen). 19,2 vgl. noch Ps LXX 18,10: τὰ κρίματα κυρίου ἀληθινά. κρίσεις bedeutet hier, anders als in der Psalmstelle, die Gerichte. 16,8-9. Der vierte Engel.16,8. καὶ ὁ τέταρτος ἐξέχεεν τὴν φιάλην αὐτοῦ ἐπὶ τὸν ἥλιον, καὶ ἐδόθη αὐτῷ (nämlich der Sonne, schwerlich dem Engel) καυματίσαι (die in der Apk nach δίδωμι gebräuchliche Konstruktion) τοὺς ἀνθρώπους ἐν πυρί[10]. 16,9. καὶ ἐκαυματίσθησαν οἱ ἄνθρωποι καῦμα μέγα (Winer § 32,5) καὶ ἐβλασφήμησαν[11] τὸ ὄνομα (beachte auch hier die Betonung des Namens) τοῦ θεοῦ τοῦ ἔχοντος[12][τὴν] ἐξουσίαν ἐπὶ τὰς πληγὰς ταύτας. καὶ οὐ μετενόησαν δοῦναι αὐτῷ δόξαν. Vgl. 9,20f. Den entgegengesetzten Erfolg hatte das Erdbeben 11,13. Wie die vier ersten Posaunen, so haben also auch die vier ersten Schalenplagen nach einander, Land, Meer, Flüsse und Gestirne (Sonne) betroffen, nur daß bei der vierten Plage die Gestirne nicht verfinstert werden, sondern gerade die Sonnenglut angefacht wird. Die letzten drei Plagen sind nun auch hier individueller ausgestaltet.

16,10-11. Der fünfte Engel.16,10. καὶ ὁ πέμπτος ἐξέχεεν τὴν φιάλην αὐτοῦ ἐπὶ τὸν θρόνον τοῦ θηρίου· καὶ ἐγένετο ἡ βασιλεία αὐτοῦ ἐσκοτωμένη, καὶ ἐμασῶντο τὰς γλώσσας αὐτῶν ἐκ τοῦ πόνου (Winer §47b, 347). Mit dem Throne des Tieres, des Cäsarentums, ist offenbar Rom gemeint, die Plage trifft also jetzt den Sitz der gottfeindlichen Macht selbst. Sie bringt über Rom eine Finsternis. Ex 10,21ff.; Jes 8,22; Ps 105,28. Merkwürdig ist, daß diese Plage zugleich als schmerzhaft geschildert zu sein scheint „sie bissen sich auf die Zunge infolge der Pein". Nach Dstd. macht die grauenvolle Finsternis die übrigen Leiden noch schlimmer. Sp. nimmt hier eine ungeregelte und ungenaue, resp. überarbeitete Darstellung an. 16,11. καὶ ἐβλασφήμησαν τὸν θεὸν τοῦ οὐρανοῦ (s. z. 11,13) ἐκ τῶν πόνων αὐτῶν καὶ ἐκ τῶν ἑλκῶν αὐτῶν καὶ οὐ μετενόησαν ἐκ τῶν ἔργων αὐτῶν. V. 9. Das ἐκ τῶν ἑλκῶν αὐτῶν ist wohl deshalb hinzugefügt, weil der Apok. die Angst und den Schmerz der Erdbewohner von der Finsternis allein nicht recht ableiten mochte. 16,12-16. Der sechste Engel.16,12. καὶ ὁ ἕκτος ἐξέχεεν τὴν φιάλην αὐτοῦ ἐπὶ τὸν ποταμὸν τὸν μέγαν[13] Εὐφράτην, καὶ ἐξηράνθη τὸ ὕδωρ αὐτοῦ, ἵνα ἑτοιμασθῇ ἡ ὁδὸς τῶν βασιλέων τῶν ἀπὸ ἀνατολῆς ἡλίου[14]. Die hier vorliegende viel konkretere Weissagung erklärt sich nicht aus 9,14ff.; auch soll hier nicht ganz allgemein eine von Osten kommende Gefahr geweissagt werden (Dstd.). Im Recht sind vielmehr, wie weiter unten noch näher nachgewiesen werden wird, diejenigen Ausleger, welche diese Weissagung auf die mit dem wiederkommenden Nero heranziehenden Partherkönige beziehen (Eichh., Heinr., Ew., Vlkm., Hilgf.Vlt.II 163, Hltzm.). Wenigstens haben sie damit den Sinn, welchen der Apok. letzter Hand mit den hier vorliegenden mythologischen Phantasien verbindet, richtig getroffen. Die Könige sind für den Apok. identisch mit den zehn Königen, die in Kap. 17 als im Bunde mit dem Tiere stehend beschrieben werden. In proleptischer Weise werden hier Figuren eingeführt, die erst nachher ihre Erklärung finden. Zur Vorstellung von austrocknenden oder sich teilenden Strömen vgl. Jos 3,13-17; Jes 11,15f.; 44,27; 51,10; IV Esra 13,43-

47. 16,13. καὶ εἶδον ἐκ τοῦ στόματος (9,17; 11,5) τοῦ δράκοντος καὶ ἐκ τοῦ στόματος τοῦ θηρίου καὶ ἐκ τοῦ στόματος τοῦ ψευδοπροφήτου — beachte den für den Apok. charakteristischen breiten Stil; das zweite Tier wird hier also ohne weiteres auf den Pseudopropheten gedeutet s. o. den Exkurs zu 13,11ff. — πνεύματα τρία ἀκάθαρτα[15] (Mt 10,1; Mk 1,26) ὡς βάτραχοι(S. 160). Es ist vielleicht eine Anlehnung an Ex 8,1f. (Ew.II) vorhanden. Die unreinen Geister haben Gestalten wie Frösche, falsch ist die Erklärung von Dstd.: „unrein wie Frösche". Hermas, Visio IV 1,6 gehen aus dem Munde des Ungeheuers Heuschrecken hervor. Auch hier tritt das ursprünglich Mythologische dieser Phantasie deutlich hervor. 16,14. εἰσὶν γὰρ πνεύματα δαιμονίων ποιοῦντα σημεῖα. Es kann entweder übersetzt werden: (diese Frösche) sind nämlich Dämonengeister, oder (in Parenthese gedacht): es gibt nämlich Dämonengeister, die so gut wie ihre Meister (13,19) Zeichen tun (Hltzm.). Die letztere Erklärung ist deshalb vorzuziehen, weil der Zusammenhang des Ganzen dadurch ein strafferer wird. ἃ ἐκπορεύεται[16] (ist εἰσίν bis σημεῖα Parenthese, so schließt sich das ἃ ἐκπορεύεται direkt an das Ende von V. 13 an) ἐπὶ τοὺς βασιλεῖς τῆς οἰκουμένης ὅλης συναγαγεῖν αὐτοὺς εἰς τὸν πόλεμον (S. 175) τῆς ἡμέρας [ἐκείνης][17] τῆς μεγάλης τοῦ θεοῦ τοῦ παντοκράτορος (S. 176). Der große Tag Gottes ist der große Triumphtag, den Jahwe über seine Feinde feiert, eine der spätjüdischen Literatur sehr geläufige Wendung. Religion d. Judent. 246,1. Vgl. 6,17 auch Sach 12,11: ἐν τῇ ἡμέρᾳ ἐκείνῃ. Der Satz weist deutlich auf 17,14 und 19,11ff. Schwierigkeit bereitet die Frage nach dem Verhältnis der Könige der ganzen Erde zu den Königen des Ostens. Es scheint so, als ob der Apok. beide nicht für identisch gehalten habe. Dann will er also von einer zweifachen Vorbereitung berichten. Einmal wird der Weg frei gemacht für die Könige des Ostens[18], und zweitens werden durch die unreinen Geister alle Könige der Erde zum letzten Kampf versammelt.

16,15. ἰδοὺ ἔρχομαι[19] ὡς κλέπτης (3,3)· μακάριος ὁ γρηγορῶν (3,2f.; Lk 12,37) καὶ τηρῶν τὰ ἱμάτια αὐτοῦ, ἵνα μὴ γυμνὸς περιπατῇ (3,18), καὶ βλέπωσιν τὴν ἀσχημοσύνην αὐτοῦ. Hier wie 22,7.12.20 liegt ein plötzlicher Übergang aus der Rede des Propheten in die Rede des Herrn selbst vor. Man kann sich denken, daß der in der Gemeindeversammlung redende Prophet einen solchen Wechsel der Personen in der Verzückungsrede liebte. Der Apok. verwendet das literarisch und bringt durch diesen plötzlichen Wechsel des Subjekts eine besondre Stimmung in seine Weissagung.

16,16. καὶ συνήγαγεν αὐτοὺς εἰς τὸν τόπον τὸν καλούμενον Ἑβραιστὶ Ἀρμαγεδών[20]. Das συνήγαγεν bezieht sich über V. 15 auf die Parenthese V. 14 zurück, nimmt also das συναγαγεῖν dort wieder auf. Da δαιμόνια Subjekt ist, sollte man συνήγαγον erwarten, wie א s^2 tatsächlich lesen. Die früher fast allgemein angenommene Beziehung auf Megiddo II Kön 23,29f.; II Chron 35,22 scheitert daran, daß hier dann von einem „Berg“ von Megiddo die Rede wäre. Denn es gibt kein Gebirge von Megiddo, dieses liegt vielmehr in der Ebene (II Chron 35,22; Ri 5,19). Daher versuchen Hltzm., Hilgf. 440, Vlt.II 158 die Konjektur מְגִדּוֹ עִיר[21]). Ferner kann man fragen, weshalb der Apok. hier einen Berg als Ort der großen Schlacht annimmt, Schlachten pflegen doch auf Bergen nicht geschlagen zu werden. Der Verweis auf Ez 38,18-20; 39,2.4.17 (Sp., Hltzm., Erb.) hilft nicht, weil hier dasselbe Problem vorliegt. Diese Schwierigkeiten bewogen vielleicht schon einen Abschreiber, das Ἁρ aus dem Worte zu entfernen (s. u.). Mit Recht vermutet Gunkel, Schöpfung und Chaos (263-66), hier eine ältere nicht mehr verstandene Tradition. Schon der geheimnisvolle von dem Apok. hebräisch mitgeteilte und nicht übersetzte, also von ihm selbst kaum mehr verstandene, Name deutet darauf hin. Sagen von einem Kampf der Götter auf dem Berg oder um den Berg sind uralt. So versammeln sich die abgefallenen Engel Hen 6,6 auf dem Berg Hermon (vgl. Flügel, Mani 87; Brandt, Mand. Schriften 89; Gunkel 388 A. 2); vielleicht ist hier auch die Schilderung des Untergangs des Antiochus Dan 11,45 „zwischen dem Meer und dem Berg der heiligen Zierde“ heranzuziehen. Jensen, Rhein. Museum XLIX (1894) S. 49, vergleicht den Namen des babylonischen Unterweltsgottes Υεσεμιγαδων, des Gemahls der bekannten Todesgöttin Ereschigal, der uns nur in ägyptischen Zaubertexten neben dem Namen Ἐρέσχιγαλ aufbewahrt ist, und findet in μαγεδων einen Anklang an μιγαδων. Vgl. Cheyne, Encyclopädia biblica s. v. Armageddon; Legge, Proceedings of the Soc. of Biblic. Archaeol. 1900 XXII, p. 121f.

Nicht blos der Name Harmagedon, sondern auch so manche andre schon erwähnten Züge deuten also darauf hin, daß der Apok. in V. 13-16 eine von ihm nicht oder nur halb verstandene mythologische Phantasie weitergegeben und verarbeitet hat. Unter furchtbaren Führern haben — so erzählte der Mythus — einst Dämonenheere den heiligen Götterberg zu erstürmen versucht. Von dämonischen Boten waren sie zusammengerufen, Flüsse trockneten vor ihnen aus. Aber — so fuhr der Mythus, dessen Ende hier abgebrochen ist, wahrscheinlich fort — sie wurden von den lichtstrahlenden Göttern (Apk 19,11ff.) geschlagen und vernichtet. Der Apok. hat diesem Mythus dann durch die Beziehung des Dämonenschwarms auf die Macht der Parther eine zeitgeschichtliche Wendung gegeben.

16,17-21. Der siebente Engel.16,17. καὶ ὁ ἕβδομος ἐξέχεεν τὴν φιάλην αὐτοῦ ἐπὶ[22] τὸν ἀέρα. Dazu, daß die Plage in die Luft gegossen wird, passen die folgenden Erscheinungen. καὶ ἐξῆλθεν φωνὴ μεγάλη[23] ἐκ τοῦ ναοῦ[24] ἀπὸ τοῦ θρόνου λέγουσα· γέγονεν. Bei der mächtigen Stimme, die aus dem Tempel erschallt, hat man jedenfalls an Gottes Stimme zu denken. In dem Ausdruck ἐκ τοῦ ναοῦ ἀπὸ τοῦ θρόνου liegt offenbar der Versuch vor, die Vision vom Thron Gottes mit der andern von Kap. 8 an herrschenden Vorstellung, nach der ein Tempel im Himmel gedacht wird, zu einem Bilde zu kombinieren. Der Ruf: es ist geschehen (vgl. 21,6), bezieht sich auf die Ausgießung der sieben Plagen, welche so durch ein besondres Wort Gottes eingeleitet und abgeschlossen erscheinen. 16,18. καὶ ἐγένοντο ἀστραπαὶ καὶ φωναὶ καὶ βρονταὶ[25] (S. 176), καὶ σεισμὸς [ἐγένετο][26] μέγας (8,5; 11,19), οἷος οὐκ ἐγένετο, ἀφ' οὗ (οἱ)[27] ἄνθρωποι ἐγένοντο (ἄνθρωπος ἐγένετο)[28] ἐπὶ τῆς γῆς, τηλικοῦτος σεισμὸς οὕτως μέγας; vgl. Dan 12,1 (Theod.): θλῖψις, οἵα οὐ γέγονεν ἀφ' ἧς γεγένηται ἔθνος ἐν τῇ γῇ; (LXX): οἵα οὐκ ἐγενήθη, ἀφ' οὗ ἐγενήθησαν (sc. οἱ υἱοὶ τοῦ λαοῦ σου). Die gehäuften Ausdrücke sollen die Größe des Erdbebens anschaulich schildern. 16,19. καὶ ἐγένετο ἡ πόλις ἡ μεγάλη εἰς τρία μέρη, καὶ αἱ πόλεις τῶν ἐθνῶν ἔπεσαν. Es kann hier dem ganzen Zusammenhang nach bei der richtigen Auffassung von Kap. 17f. nur an Rom und nicht an Jerusalem gedacht werden. Das Erdbeben trifft, wie 11,13 Jerusalem, so hier Rom, aber in ganz anderer und furchtbarerer Weise. Diese Auffassung bestreitet neuerdings J. Weiß 122, mit dem Hinweis darauf, daß hier neben der großen Stadt die Städte der Heiden genannt werden. Aber warum sollte der Apok. nicht erst die eine große Stadt Rom nennen können und dann im allgemeinen die Städte der Heiden? Mit Babylon im folgenden greift er dann wieder auf ἡ πόλις ἡ μεγάλη zurück. An Jerusalem ist in dem ganzen Zusammenhang gar nicht gedacht. καὶ Βαβυλὼν ἡ μεγάλη ἐμνήσθη (18,5; Apg 10,31) ἐνώπιον τοῦ θεοῦ δοῦναι αὐτῇ (S. 160; zum Inf. vgl. 14,6 u. 15), τὸ ποτήριον τοῦ οἴνου τοῦ θυμοῦ τῆς ὀργῆς αὐτοῦ. Hier und 19,15 findet sich derselbe überladene Ausdruck τοῦ θυμοῦ τῆς ὀργῆς, vgl. 14,10; 18,3. Das Erdbeben scheint nur als eine Vorstrafe gedacht zu sein, die Babel trifft. Zugleich wird auf die nun im Folgenden kommende Vernichtung Babels hingewiesen. 16,20. καὶ πᾶσα νῆσος ἔφυγεν καὶ ὄρη οὐχ εὑρέθησαν. 6,14; 20,11. 16,21. καὶ χάλαζα μεγάλη ὡς ταλαντιαῖα καταβαίνει ἐκ τοῦ οὐρανοῦ ἐπὶ τοὺς ἀνθρώπους. Hagelstücke von der Schwere eines Talents (pfundschwer, Hltzm.), so schwer wie man Schleudersteine für Wurfmaschinen machte (Joseph B. J.V 270), vgl. 9,18-25. καὶ ἐβλασφήμησαν οἱ ἄνθρωποι τὸν θεὸν ἐκ τῆς πληγῆς τῆς χαλάζης, ὅτι μεγάλη ἐστὶν ἡ πληγὴ αὐτῆς σφόδρα. Zum dritten Mal, vgl. V. 9 und 11, kehrt dieser Refrain wieder, der die Unbußfertigkeit der Menschen hervorheben soll (vgl. die Steigerung noch über 9,20f. hinaus).

Exkurs. Bei der Beurteilung des Kap. 16 gehen die Kritiker wieder weit auseinander. Vischer streicht nur V. 15. Nach Vlt. sind Kap. 15 und 16 Interpolationen, die mit der Einfügung von 12 und 13 zusammenhängen, und so die ursprünglich zusammengehörenden Kap. 11 und 17 weit auseinandergesprengt haben. Nach Erbes ist das dritte Siebenzeichen vom Redaktor, der auch das Fragment 12-14 eingearbeitet hat, in Anlehnung an Kap. 8-9 geschaffen. Weyland schreibt das Kapitel im wesentlichen dem Redaktor zu, der, um ein Stück der Quelle ב (17-18) einzuarbeiten, hier in Anlehnung an 8-9 ein neues Plagenschema fingiere. Einiges aus der Quelle ב sei in dieses Stück aufgenommen, 16,17b-20 aber gehöre (hinter 11,19) zur Quelle א. Sp. sieht in dem Siebenzeichen einen Bestandteil der Vision J², er muß infolgedessen alle Stücke, die an den Kampf mit dem Tier erinnern, also gerade das Charakteristische aus dem Kapitel streichen, und kommt außerdem wegen des Parallelismus von Kap. 8-9 und 16-17 ins Gedränge. Für Weizs. gehört das Kapitel zum Mechanismus des Redaktors der Apk. J. Weiß unterscheidet von dem Endredaktor der Apk einen Bearbeiter der Babylonvision und weist diesem Kap. 15,5-16,21 zu. Vom Redaktor des Ganzen stamme dagegen 15,1-4; 16,5-7; 16,13-15 und einige kleinere Zusätze.

Wie mir scheint, haben Wzs. und dann mehr oder minder Erbes und Weyland das Richtige getroffen. Kap. 16 ist nichts weiter als ein einleitendes Stück zu Kap. 17. Es läßt sich von vornherein annehmen, daß in Kap. 17 dem Apok. ein selbständiges Fragment vorgelegen hat. Um dieses einzuarbeiten, hat er dann ein neues Sieben-Schema komponiert. Aber seine Phantasie erlahmt hier. Er bringt es wenigstens im Anfang nicht weiter als zu einer allerdings stark variierenden Wiederholung von Kap. 8-9. Wenn in der letzten Hälfte die Weissagungen lebendiger werden, so kommt das daher, daß der Apok. hier ältere Traditionen, die ihm vielleicht schon (namentlich 16,12-16) in schriftlicher Fixierung vorlagen, verarbeitet hat. Das ganze Stück verrät aber überall die Hand unseres Apok., daher die zahlreichen Beziehungen zu den übrigen Kapiteln der Apk; vgl. 15,5 mit 11,19; 15,7 mit 4,6ff., ferner die zahlreichen Beziehungen zu Kap. 13: 16,2.6.10.13, die Berührungen mit Kap. 17: 16,12.14.19, mit Kap. 18: 16,19.20. Am interessantesten ist die durchgängige Verwandtschaft mit Kap. 8 und 9. Zum Zweck des Nachweises dieser Verwandtschaft gibt Sp. 170 folgende Parallele

Posaune		Schale
1.	Hagel und Feuerregen	Geschwür
2.	Blutmeer	Blutmeer
3.	Bittere Quellen	Blutquellen
4.	Verfinsterung der Gestirne	Sonnenhitze
5.	Heuschrecken	Finsternis
6.	Kriegsheer vom Euphrat	Könige vom Euphrat
7.	Hagel, Donner, Blitze, Erdbeben.	Donner, Blitze, Erdbeben, Untergang Babels, Hagel.

Die Vergleichung ist außerordentlich interessant. Nr. 2, 3, 4 machen weiter gar keine Schwierigkeiten, in Nr. 4 ist eine leichte Änderung (s. u.) eingetreten. Nr. 1 liegt eine entschiedene Differenz vor. Diese rührt vielleicht daher, daß der Apok., als er zum zweiten Mal sein Schema entwarf, darauf aufmerksam wurde, daß in Nr. 1 und 7 des ersten Schemas eine Wiederholung vorläge. Daher hat er diesmal in Nr. 1 die der Hagelplage vorhergehende ägyptische Plage gewählt. Außerdem bringt er, wo er kann, in das alte schon einmal gebrauchte Schema die Beziehung auf das Tier und die Tieranbeter, auf Babel und den bevorstehenden Kampf mit dem Tiere hinein und erreicht so die Verbindung nach rückwärts mit Kap. 13, nach vorwärts mit Kap. 17 und 18. Beziehungen auf die Tieranbeter und die Verfolger der Gläubigen bringt er schon bei der ersten und dritten Plage. In Nr. 6 werden aus den vom Euphrat herstürmenden Reiterscharen konkreter die Partherkönige, die mit Nero redivivus wiederkehren sollen; wahrscheinlich ist hier zugleich eine noch ältere Tradition verarbeitet. In Nr. 7 ist eine Weissagung auf den Fall Babels eingebracht. Und in Nr. 5 greift der Apok. endlich, weil eine Heuschreckenplage für Rom, gegen das sich die Weissagung ja richtete, wenig paßte, wieder zur folgenden ägyptischen Plage und läßt eine Finsternis über den Thron des Tieres kommen. Außerdem geht der Parallelismus bis ins einzelne, an Stelle des Rätselwortes Ἀβαδδών, das dort allerdings gedeutet wird, tritt hier das andere Ἁρμαγεδών. Und der Hinweis auf die Unbußfertigkeit der Menschen 9,20f. kehrt dreimal 16,9.11.21 wieder. So begreift sich die Komposition von Kap. 16 durchaus, wenn man annimmt, daß derselbe Apok., der im wesentlichen Kap. 8 und 9 schrieb, denselben Stoff noch einmal wieder aufarbeitete und ihm eine andere und konkretere Beziehung gab, um eine passende Überleitung und Einleitung für Kap. 17 und 18 zu gewinnen. Auch glaube ich, daß sich bei dieser Annahme am besten die Identität der Kap. 8f. und 16 im großen und ganzen sowie auch die Differenzen im einzelnen erklären lassen. Der Annahme von Erbes und Vlt., daß hier gerade sich der nachtragende und abhängige Überarbeiter in seiner Eigenart zeige, bedarf es nicht, obwohl diese Anschauung viel einleuchtender ist, als die künstliche Annahme von Sp., der in Kap. 8f. und 16 zwei verschiedene Quellen entdeckt, wegen der großen Ähnlichkeit der Kapitel aber wieder gezwungen ist, eine neue Sieben-Plagen-Schrift als gemeinsame Quelle von 8-9 und 16 anzunehmen.

Fußnoten:

1. א 79. 161; d. übr. (gegen den Sprachgebrauch der Apk) τη εικονι.
2. Über die Hinzufügung von ἄγγελος hier und in den folgenden Versen in An. s. Studien S. 33.
3. ζωης AC 95 s^{2} ae.; ζωσα אPQ An.^{1235} 38 f g vg. s^{1} c a; beides fehlt in Rel. Pr.
4. τα ACP (95 s^{2}); > d. übr.; die Lesart τα ist als die schwierigere wohl vorzuziehen. τα wäre dann κατὰ σύνεσιν auf ψυχή zu beziehen.
5. επι א vg. Pr.
6. > אACP An.^{23} 95 f g c Pr., + εις Q Rel. Die Wiederholung entspricht dem Sprachgebrauch der Apk.
7. εγενοντο A 36. 95 f g Pr.
8. אP An.^{123} 51; ACQ Rel. s^{12} > (Schreibfehler).
9. αιματα א 36. 39; d. übr. αιμα, der Hebraismus ist vorzuziehen.
10. εν πυρι τους ανθρωπους Q Rel. (exc. An.).
11. + οι ανθρωποι Q Rel. (exc. An.^{12} 38. 95) s^{2}.
12. אAP An.^{3}; d. übr. >. ἐξουσία steht in der Apk mit dem bestimmten Artikel, Anm: Die auf der nachsten Seite fortgesetzte Anmerkung wurde hier vervollständigt wo es sich um die Vollmacht (Macht) überhaupt handelt 9,19; 12,10; 13,4.12; 17,13, wo also ἐξουσία durch keine Näherbestimmung beschränkt erscheint. Wo das letztere aber der Fall ist, steht in der Regel (in 12 Fällen außer an dieser Stelle) kein Artikel (Ausnahmen 9,10, s. d. Lesart von Q Rel., und 22,14).
13. + τον AC An.(^{1})^{24} 95; der Artikel vor dem Eigennamen ist schwerlich in den Text zu setzen (s. o. S. 173).
14. Beachtenswert ist die Variante Pr.: regi venienti ab oriente solis, g regi venienti a solis ortu.
15. Q Rel. (exc. An.^{1235} 95) ακαθαρτα τρια.
16. εκπορευονται Q am. tol.; και (> α) εκπορευονται g cle. dem. fu. lipss. Pr.; (> α) εκπορευονται אc am. tol. a; εκπορευεσθαι א 95.
17. >אA 14. 38. 92. 95 g vg. c a ae. Tic.
18. Die Lesart: der König des Ostens (s. o.), würde fast besser zum Folgenden passen.
19. ερχεται א 38. s^{1} Pr.
20. Q Rel. (exc. An.) fu. s^{1} Tic.: μαγεδων.

21. X retrovertiert מגדו הר, seinen kostbaren Berg. Vlt. IV 102 denkt an אֶרֶץ, aramäisch אֲרַע.
22. εις An. g. vg. s^{1} Pr.
23. > A An.^{1}.
24. εκ του ναου אA 14. 92. 95 vg. c s^{12} ae. Pr.; An.^{12} g a εκ του ουρανου; Q Rel. εκ του ναου του ουρανου (Mischlesart) (ähnliche Änderungen namentlich in An. 14,15; 15,6; 16,1).
25. (א) A An.^{2} 95 g vg. a Pr.; die übrigen Hndschrn. variieren mannigfach.
26. εγενετο אA An.^{123} 14. 92. 95 g vg. s^{12} c ae. Tic.; > Q Rel. a sa. fu. Pr. Die verschränkte Wortstellung ist in der Apk ganz ungewöhnlich, daher ist εγενετο vielleicht fortzulassen.
27. > οι אQ An.^{2} 14. 92.
28. ανθρωπος εγενετο A 38 c a ae.

C. DIE HURE BABYLON UND DAS TIER. KAP. 17.

17,1-6a. Das Bild. 17,1. καὶ ἦλθεν εἷς ἐκ τῶν ἑπτὰ ἀγγέλων τῶν ἐχόντων τὰς ἑπτὰ φιάλας καὶ ἐλάλησεν μετ' ἐμοῦ λέγων· (21,9), δεῦρο, δείξω σοι τὸ κρίμα τῆς πόρνης (14,8) τῆς μεγάλης τῆς καθημένης ἐπὶ [τῶν] ὑδάτων [τῶν][1] πολλῶν. Von nun an tritt die vorher nicht vorhandene Figur des Offenbarungsengels, der dem Seher seine Gesichte zeigt und deutet, in den Vordergrund der apokalyptischen Komposition. Es kann kein Zweifel sein, daß mit der Hure die Stadt Rom gemeint ist. Sie wird nachher (V. 5 vgl. 16,19) Babylon genannt. In der späteren apokalyptischen Literatur ist der Name Babylon für Rom gebräuchlich: Apk Bar 67,7 „Aufstehen wird der König von Babel, welcher jetzt Zion zerstört hat." — Sib. V 143. 159 (s. u.); vgl. I Pt 5,13. Nun ist freilich Rom-Babel nicht an vielen Wassern gelegen, auf den Tiber kann man die πολλὰ ὕδατα unmöglich beziehen, am Meere aber liegt Rom nicht. Das hat den Erklärern von jeher große Schwierigkeiten bereitet. Das Problem löst sich sehr einfach, wenn man eingesehen hat, daß es sich hier wieder nur um Herübernahme einer älteren apokalyptischen Tradition handelt. Jer 51,13 wird das alte Babel als eine an vielen Wassern liegende Stadt beschrieben. Es ist übrigens möglich, daß eine noch ältere apokalyptische Tradition hinter diesem Bild von dem Weibe an den vielen Wassern liegt; vgl. Sib. III 77; V 18; VIII 200; Bousset, Antichrist 62; Gunkel, Schöpfung und Chaos 361. 17,2. μεθ' ἧς ἐπόρνευσαν οἱ βασιλεῖς τῆς γῆς (Na 3; Apk 18,9), καὶ ἐμεθύσθησαν οἱ κατοικοῦντες τὴν γῆν (nur hier, sonst immer ἐπὶ τῆς γῆς) ἐκ τοῦ οἴνου τῆς πορνείας αὐτῆς. Zu οἶνος πορνείας vgl. 14,8; 18,3. Die Relativkonstruktion ist in der zweiten Hälfte des Satzes unterbrochen. Winer 22,4 A. Durch die verführerische Roma haben sich alle Herrscher der Welt betören lassen.

17,3. καὶ ἀπήνεγκέν με εἰς ἔρημον ἐν πνεύματι. Im Geist, nicht mit Sp. im Sturmwind. Wie 4,2 wird der Anfang einer neuen Vision ausdrücklich hervorgehoben. Babel, das der Verwüstung anheimfällt, schaut der Seher in der Wüste, das vom Himmel kommende Jerusalem auf dem Berg. καὶ εἶδον γυναῖκα καθημένην ἐπὶ θηρίον κόκκινον γέμοντα ὀνόματα[2] βλασφημίας. Es ist nicht mit Dstd., B. Weiß zu lesen γέμον τὰ ὀνόματα; dann müßte „τῆς" βλασφημίας folgen. γέμοντα ist vielmehr eine recht harte constructio ad sensum. γέμειν wird übrigens nur hier und (halbwegs) V. 4 in der Apk mit dem Genetiv konstruiert. Das Weib erscheint auf einem Tiere sitzend, und dieses oder vielleicht die Decke, auf dem das Weib sitzt, ist scharlachrot, eine Farbe, die nicht die Grausamkeit und das Blutvergießen symbolisieren soll, sondern die üppige Pracht (Sp., Hltzm.). Das Tier Kap. 13 trägt die Lästernamen auf den sieben Häuptern, hier erscheint sein ganzer Leib voll von ihnen. Was mit den Lästernamen hier gemeint ist, ist schwer zu sagen. Eine ältere verschollene apokalyptische oder mythologische Vorstellung mag auch hier vorliegen. ἔχων (ἔχοντα)[3] κεφαλὰς ἑπτὰ καὶ κέρατα δέκα. Deutlich wird hier wieder das römische Imperium geschildert. Daß das Weib auf dem Tier sitzt, bedeutet für den Apok., daß Rom seine Herrlichkeit und Machtstellung auf Grund des römischen Cäsarentums besitzt. Das hier zu Grunde liegende Bild selbst hält Gunkel, Schöpfung und Chaos 365, für babylonisch. Die Sitte, die (vermenschlichten) Gestalten der Götter auf die entsprechenden Tiere zu setzen und auf diese Weise die alten Tiergestalten beizubehalten, stamme dorther. Irgend ein Kultbild einer auf einem Tiere thronenden Göttin mag allerdings dem Apok. oder seiner Quelle bei dem Entwurf des Bildes vorgeschwebt haben. Zwischen der Charakteristik des Weibes V. 1 und 3 ist kein Widerspruch; das Sitzen an vielen Wassern und das Sitzen auf dem Tiere schließt sich nicht aus. Eher erscheint allerdings zu dem Sitz am Wasser in völligem Widerspruch zu stehen, daß der Seher das Weib in der Wüste sieht. Aber man muß beachten, daß hier die Weissagung beginnt (δεῦρο, δείξω σοι τὸ κρίμα τῆς πόρνης τῆς μεγάλης), und das Weib gesehen wird, wie es in Zukunft sein wird.

17,4. καὶ ἡ γυνὴ ἦν περιβεβλημένη (12,1) πορφυροῦν καὶ κόκκινον (S. 163f.) καὶ[4] κεχρυσωμένη χρυσίῳ καὶ λίθῳ τιμίῳ (Ez 28,13) καὶ μαργαρίταις, ἔχουσα ποτήριον χρυσοῦν ἐν τῇ χειρὶ αὐτῆς, γέμον βδελυγμάτων καὶ τὰ ἀκάθαρτα (s. o. V. 3) τῆς πορνείας αὐτῆς[5] (τῆς γῆς). Jer LXX 28(51),7: ποτήριον χρυσοῦν Βαβυλὼν ἐν χειρὶ κυρίου μεθύσκον πᾶσαν τὴν γῆν. ἀπὸ τοῦ οἴνου αὐτῆς ἐπίοσαν ἔθνη, διὰ τοῦτο ἐσαλεύθησαν. Das Weib trägt ein Gewand von der Farbe des Tieres. Scharlach und Purpur sind beide ein Symbol für die Üppigkeit und Pracht Roms, die Scharlachfarbe ist nicht auf das Blut der Zeugen Jesu zu beziehen. γέμειν regiert hier zunächst den Genit. und dann den Akkus., ein in der Apk oft vorkommender Kasuswechsel. (Kaum ist mit Hltzm. zu übersetzen: und hatte einen goldenen Becher in der Hand — und die Unreinigkeiten ihrer Hurerei.) Der Becher ist also voll von allem Gräulichen im allgemeinen, insbesondere aber von den Unreinheiten ihrer Hurerei.

17,5. καὶ ἐπὶ τὸ μέτωπον αὐτῆς ὄνομα γεγραμμένον· μυστήριον, Βαβυλὼν (14,8; 16,9) ἡ μεγάλη, ἡ μήτηρ τῶν πορνῶν (der Huren, oder πόρνων der Hurer?) καὶ τῶν βδελυγμάτων τῆς γῆς. Das Stirnband trugen vornehme römische Frauen (Sp.). Römische Huren pflegten ihren Namen zu veröffentlichen. Seneca, Contr. 1,2; Juvenal VI 123; Wtst. Hltzm. Der Ausruf μυστήριον enthält die Aufforderung aufzumerken und den folgenden Namen nicht buchstäblich, sondern πνευματικῶς zu deuten. Und zwar scheint es so, als wenn μυστήριον bereits als Teil der Inschrift zu denken sei. Es ist aber möglich, daß wir es hier nur mit einem Ausrufungszeichen des Apok. zu tun haben, vgl. Jer 50,12; Dan 4,27. Die βδελύγματα deutet Sp. darauf, daß der Götzendienst der ganzen Welt in Rom zusammengeflossen ist.

17,6. καὶ εἶδον τὴν γυναῖκα μεθύουσαν ἐκ[6] τοῦ αἵματος (S. 167) τῶν ἁγίων καὶ[7] ἐκ τοῦ αἵματος τῶν μαρτύρων Ἰησοῦ. 2,13; 16,6; 18,24 (über Ἰησοῦς s. o. S. 176). Nach Dstd. sind die Heiligen und Zeugen Jesu nicht von einander verschieden, sondern es soll hervorgehoben werden, daß die Heiligen als Zeugen Jesu den Tod finden. Es läßt sich jedoch nicht verkennen, daß der merkwürdig schleppende Ausdruck die Vermutung der Interpolation nahe legt. Demgemäß streicht die weitaus größte Mehrzahl der Kritiker hier καὶ – Ἰησοῦ. Die Frage, wer dann die ἅγιοι sein sollen, bleibe einem größeren Zusammenhang überlassen.

17,6b-21. Die Deutung des Bildes. καὶ ἐθαύμασα ἰδὼν αὐτὴν θαῦμα μέγα. Der ganz natürliche Reflex der Furchtbarkeit der Erscheinung in der Seele des Sehers. Vgl. 13,3. 17,7. καὶ εἶπέν μοι ὁ ἄγγελος· διὰ τί ἐθαύμασας; ἐγὼ ἐρῶ σοι[8] τὸ μυστήριον τῆς γυναικὸς καὶ τοῦ θηρίου τοῦ βαστάζοντος αὐτὴν τοῦ ἔχοντος τὰς ἑπτὰ κεφαλὰς καὶ τὰ δέκα κέρατα. Zur Form des Gesprächs vgl. 7,13f. Es handelt sich also bei Weib und Tier um ein Mysterium, um etwas, zu dessen Erkenntnis es tiefer, geheimnisvoller und überirdischer Weisheit bedarf. 17,8. τὸ θηρίον, ὃ εἶδες, ἦν καὶ οὐκ ἔστιν καὶ μέλλει ἀναβαίνειν ἐκ τῆς ἀβύσσου καὶ εἰς ἀπώλειαν ὑπάγει[v][9]. Das Auftauchen aus dem Abgrund (vgl. 9,1) ist ein Anzeichen mythologischer Herkunft dieser Vorstellung, die aber vom Apok. bereits zeitgeschichtlich gedeutet ist. Es wird unten im Zusammenhang nachgewiesen werden, daß hier die Nerosage in ihrer ausgebildeten Form (s. u.) vorliegt. Das Tier, das aus der Abyssus zurückkehrt, ist der erwartete Nero redivivus, von dem man in späterer Zeit überzeugt war, daß er aus der Unterwelt wiederkehren werde. Es ist hier unter einem andern Bilde dieselbe Sache gemeint, wie 13,3.12.14. Denn auch das Wiederaufleben des durch den Schwertesschlag getöteten Hauptes bedeutet ein Wiederkommen Neros aus der Unterwelt, und durch beide Bilder endlich wird Nero redivivus zu einem verzerrten Gegenbild des geschlachteten Lammes, des Herrn über Tod und Unterwelt. καὶ θαυμασθήσονται (θαυμάσονται)[10] (13,3) οἱ κατοικοῦντες ἐπὶ τῆς γῆς[11], ὧν οὐ γέγραπται τὸ ὄνομα[12] ἐπὶ τὸ βιβλίον[13] τῆς ζωῆς (s. zu 3,5) ἀπὸ καταβολῆς κόσμου. 13,8. Deutlicher noch tritt hier die Beziehung zu Kap. 13 hervor. Diesen Vers schrieb entweder ein Überarbeiter in enger Anlehnung an Kap. 13, oder dieselbe Hand, die Kap. 13 abgefaßt hat. Auch geht aus einer Vergleichung mit 13,8 mit einiger Wahrscheinlichkeit hervor, daß das dort ganz ungeschickt stehende τοῦ ἀρνίου erst eine spätere Glosse ist. Zum einzelnen vgl. die Erkl. zu 13,8. βλεπόντων[14] τὸ θηρίον, ὅτι ἦν[15] καὶ οὐκ ἔστιν καὶ παρέσται[16]. Das βλεπόντων ist aus Attraktion durch das vorhergehende Relativpronomen entstanden und nicht mit B. Weiß als Gen. absol. zu erklären. τὸ θηρίον ist mit Absicht als betont aus dem Nebensatz in den Hauptsatz gezogen. Das Rätselwort: es war und ist nicht und wird wieder da sein, — paßt genau auf Nero redivivus. Das Futurum παρέσται steht deshalb, weil der Seher hier (wie schon im vorhergehenden μέλλει ὑπάγειν) nicht mehr schildert, was er sieht, sondern aus dem geschauten Bilde die Zukunft weissagt. 17,9. ὧδε ὁ νοῦς ὁ ἔχων σοφίαν. „Hier kommt es auf den Verstand an, der Weisheit hat"; nicht: „So ist der Sinn der Weisheit in sich schließt." Hinsichtlich dieser echt apokalyptischen Formel vgl. das zu 13,18 Bemerkte. αἱ ἑπτὰ κεφαλαὶ ἑπτὰ ὄρη εἰσίν, ὅπου ἡ γυνὴ κάθηται ἐπ' αὐτῶν (S. 160). Im Folgenden werden nun zunächst die sieben Häupter doppelt gedeutet, und zwar zuerst auf die Berge der siebenhügeligen Roma. Eine solche Doppeldeutung ist, wenn sie sich nicht widerspricht, immerhin innerhalb einer und derselben Apk möglich. Man braucht aus diesem Grunde nicht notwendig zu scheiden. Doch legt eine solche Beobachtung den Gedanken der Überarbeitung nahe.

καὶ βασιλεῖς (d. h. römische Kaiser vgl. I Pt. 2,13.17; I Tim 2,2 Hltzm.) ἑπτά εἰσιν[17]· 17,10. οἱ πέντε ἔπεσαν, ὁ[18] εἷς ἔστιν, ὁ ἄλλος οὔπω ἦλθεν, καὶ ὅταν ἔλθῃ, ὀλίγον αὐτὸν δεῖ μεῖναι[19]. Die Beziehung dieser Stelle auf sieben römische Könige steht außer Frage (vgl. Dstd..). Auch hier kommen bei der Aufzählung die beiden Fragen in Betracht, ob die römischen Cäsaren von Cäsar oder von Augustus an zu zählen, und ob die Cäsaren des Interregnums mitzurechnen sind; s. zu 13,1. Eine Zählung von Cäsar an ist aber hier ausgeschlossen, da dann der sechste Nero selbst sein würde, und von diesem unmöglich gesagt werden kann: ὁ εἷς ἔστιν. Berücksichtigt man das Interregnum, so ist der sechste Galba und der siebente Otho, im andern Fall ist der sechste Vespasian, der siebente Titus. Für die letztere Deutung entscheidet m. E. der Grund, daß in der Zeit des Interregnums das Gefühl ὁ εἷς ἔστιν kaum entstehen konnte, wenigstens nicht in den Provinzen. Dann würde es sich weiter fragen, ob man mit dem ὁ εἷς ἔστιν wirklich ernst machen darf, oder ob hier ein zurückdatiertes vaticinium ex eventu vorliegt. Diese Frage ist bei der ersten Lösung (Galba, Otho) einigermaßen irrelevant, bei der zweiten sehr wichtig. Nimmt man das ὁ εἷς ἔστιν ernst, so wäre dann unser Stück unter Vespasian geschrieben; betrachtet man die Weissagung als vaticinium ex eventu, dann wäre sie nach dem Tode des Titus anzusetzen, und der nachher erwähnte achte Herrscher müßte dann Domitian sein[20]. Das Gegebene ist es nun doch, den hier redenden Apok. ernst zu nehmen und ihm zunächst kein vaticinium ex eventu gegenüber seiner ausdrücklichen Versicherung zuzutrauen, also die Weissagung unter Vespasian anzusetzen. Dann aber erhebt sich die Frage, wie der Apok. dazu kommt, dem siebenten Herrscher nur eine kurze Dauer zuzuschreiben. Dstd. löst die Frage durch die Annahme, daß man schon zur Regierungszeit Vespasians von Nachstellungen des Domitian gegen den Thronfolger Titus gewußt hätte, wie denn auch später das Gerücht entstanden sei, daß Domitian den Titus ermordet habe. Bei dieser Voraussetzung wäre dann Domitian der geweissagte achte Cäsar. Man könnte vielleicht die Weissagung auch daraus erklären, daß der Apok. von dem zerrütteten Gesundheitszustand des Titus gewußt hätte, der bei seiner Thronbesteigung (wenn nicht schon vorher) unheilbar erkrankt war. Plutarch, de tuenda sanit. praecepta c. p. 123D; Dio Cassius LXVI 26,2; Sueton, Titus 7; Schiller, römische Kaiserzeit I^2 520; vgl. P. Schmidt 42,1. Doch bietet sich möglicher Weise eine noch einfachere Erklärung. Man darf nämlich annehmen, daß der hier redende Apokalyptiker von der ihm überkommenen Anschauung ausgeht, daß das römische Imperium bis zu seinem Untergang sieben Herrscher haben müsse (s. u.). Da er nun unter dem sechsten lebte, so mußte er noch einen siebenten weissagen, und dieser konnte noch nicht der zurückkehrende Nero sein. Denn dieser war ja schon unter den sechsen. Also mußte er noch einen Herrscher weissagen; da er aber von der Nähe des Endes überzeugt war, so konnte dieser nur kurze Zeit noch regieren. Ja es wäre möglich, daß es in der hier übernommenen Tradition bereits geheißen hätte, das Regiment des siebenten Herrschers soll nur ein kurzes sein. Auch IV Esra 12,30 wird als letztes ein regnum exile et turbationis plenum geweissagt. Wie man nun aber auch das αὐτὸν δεῖ μεῖναι erklären möge, sicher scheint mir, daß der vorliegende Vers ursprünglich unter Vespasian geschrieben war.

17,11. καὶ τὸ θηρίον, ὃ ἦν καὶ οὐκ ἔστιν (man beachte, daß hier das μέλλειν ἐκ τῆς ἀβύσσου nicht wieder aufgenommen wird), καὶ (entspricht dem folgenden καί) αὐτὸς[21] (auf θηρίον κατὰ σύνεσιν bezogen) ὄγδοός ἐστιν καὶ ἐκ τῶν ἑπτά ἐστιν. Das Tier ist auf der einen Seite selbst der achte und gehört doch zu den sieben. Die Beziehung auf Nero redivivus ist deutlich[22], auf wen anders würde der Ausspruch passen: er ist der achte und gehört doch zu den sieben! Dstd. wendet zwar ein, daß es in diesem Falle εἷς ἐκ τῶν ἑπτά hätte heißen müssen. Doch ist der Gegengrund keineswegs zwingend, vgl. Apg. 21,8 ὄντος ἐκ τῶν ἑπτά (Hltzm.), und Dstd. liefert seinerseits keine bessere, ja auch nur irgendwie in sich deutliche Erklärung. Bemerkenswert ist nur, daß hier das Tier selbst ausdrücklich mit dem achten Haupt identifiziert wird. Diese Identifikation des einen Hauptes mit dem Tiere, in der Nero redivivus gleichsam als die Inkarnation des römischen Imperiums erscheint, lag, wie wir sehen, bereits dem Zahlenrätsel 13,18 zugrunde und war auch schon 13,3.12.14 angedeutet. Viele Ausleger nehmen nun an, daß in dieser Gleichsetzung des achten Hauptes mit dem Tiere eine Verlegenheitsauskunft vorliege. Der Verfasser dieser Weissagung sei an eine ältere gebunden gewesen, in der sieben römische Könige geweissagt waren, und habe doch einen achten unterbringen wollen und das auf diese Weise versucht. Vgl. Harnack, Chronologie I S. 245f., J. Weiß u. a. Allein wenn der achte eben Nero redivivus war, so war ja diese Schwierigkeit gar nicht vorhanden. Es blieb ja die alte Siebenzahl ruhig stehen (ἐκ τῶν ἑπτά ἐστιν), und das Symbol reichte vollkommen aus. Der Apok. hätte dann nur noch, wie der in Kap. 13, irgend ein besondres Attribut einem der sieben Häupter geben dürfen. Wir werden die hier vorliegenden Schwierigkeiten erst bei der zusammenhängenden Besprechung des Kap. lösen können. καὶ εἰς ἀπώλειαν ὑπάγει fügt der Apok. siegesgewiß hinzu, des Ausgangs des nunmehr beginnenden großen Kampfes sicher.

17,12. καὶ τὰ δέκα κέρατα, ἃ εἶδες, δέκα βασιλεῖς εἰσιν, οἵτινες βασιλείαν οὔπω[23] ἔλαβον, ἀλλὰ ἐξουσίαν ὡς βασιλεῖς μίαν ὥραν (9,5; s. o. S. 164) λαμβάνουσιν μετὰ τοῦ θηρίου. Es liegt hier offenbar eine einigermaßen künstliche Deutung der aus Da 7,24 stammenden zehn Hörner vor, die der Apok., der hier schreibt, sicher den Erfahrungen seiner Zeit entlehnt hat. Die weitaus wahrscheinlichste Erklärung scheint mir nun die Beziehung der Könige auf die Partherfürsten zu sein, deren Ansturm man mit dem zurückkehrenden Nero erwartete (Eichh., de W., Bleek, Lücke u. s. w.). Die genaueren Angaben über die Könige aus dem Osten 16,12 erheben diese Vermutung fast zur Gewißheit. Nach Mommsen V 521 waren die Satrapen der einzelnen parthischen Provinzen durchaus selbständig, wie kleine Könige, und wurden im Ausland als solche angesehen. Man zählt deren 14; auf die genaue Zahl kommt es natürlich hier nicht an. Da lag, wenn man Nero redivivus mit dem θηρίον identifizierte, die Deutung auf die parthischen Satrapen sehr nahe. Vom Standpunkt des römischen Weltreichs aus konnte es natürlich dann auch von diesen Partherfürsten heißen: βασιλείαν οὔπω ἔλαβον. Da sie im Gefolge des Nero erscheinen, so erklärt sich endlich auch der Ausdruck: Sie empfangen eine Macht ὡς βασιλεῖς und nur auf kurze Zeit (μίαν ὥραν), da auch Neros Herrschaft bald vergehen wird. Demgemäß ist die Beziehung auf die Statthalter der römischen Provinzen (Ew., Vlkm., Hilgf., Hausr., B. Weiß, Mommsen 522) jedenfalls abzuweisen. Dagegen spricht schon der Ausdruck: V. 13 τὴν δύναμιν καὶ τὴν ἐξουσίαν αὐτῶν τῷ θηρίῳ διδόασιν, V. 17 δοῦναι τὴν βασιλείαν τῷ θηρίῳ (Sp.), dafür höchstens die Zehnzahl der dem Senat zugeteilten Provinzen. Unbekannte Zukunftsgestalten als Bundesgenossen des Kaisers (nach Da 7,7.20.24) nehmen Weizs.[2] 499, Hltzm. an.

17,13. οὗτοι μίαν γνώμην ἔχουσιν[24] καὶ τὴν δύναμιν καὶ τὴν[25] ἐξουσίαν αὐτῶν τῷ θηρίῳ διδόασιν.[26]. Deutlich wird hier die Bundesgenossenschaft der

Partherfürsten mit dem Nero redivivus angezeigt. Trotzdem sie viele sind, werden sie in diesem Bündnis mit dem Tiere in der letzten furchtbaren Zeit einig sein. 17,14. οὗτοι (das wiederholte οὗτοι ist Stil des Apok.) μετὰ τοῦ ἀρνίου πολεμήσουσιν, καὶ τὸ ἀρνίον νικήσει αὐτοὺς, ὅτι κύριος κυρίων ἐστὶν καὶ βασιλεὺς βασιλέων. 19,16. Dt 10,17 θεὸς τῶν θεῶν καὶ κύριος τῶν κυρίων; II Makk 13,4 ὁ βασιλεὺς τῶν βασιλέων. Ps. 136,3. Diese an die Titulatur der persischen Großkönige erinnernden Wendungen sind in der spätjüdischen Literatur häufig. Rel. d. Judentums 306. Zimmern K.A.T.³ 373f. weist darauf hin, daß „König der Götter, Herr der Herren", „Herr der Herren, König der Könige" (vgl. 19,16) bereits Titel des babylonischen Marduk ist. Dieser Krieg der Könige mit dem Lamme und seinen Anhängern kommt hier ganz unerwartet, da im vorhergehenden von Babel, ihren Schandtaten und dem ihr drohenden Untergang die Rede war. Doch berührt sich dieser Vers mit der Weissagung der Versammlung der Könige bei Harmagedon in Kap. 16, nach vorwärts weist er auf die große Messiasschlacht 19,11ff. hin. Es wird aber aus dem Folgenden ganz deutlich werden, daß der Vers in die hier geschilderte Situation nicht hineinpaßt. καὶ οἱ μετ' αὐτοῦ κλητοὶ καὶ ἐκλεκτοὶ καὶ πιστοί. „Und die mit ihm (sind) Berufene und Auserwählte und Getreue". Der Apok. deutet hier ein altes vorgefundenes Bild künstlich um. Überkommene Tradition ist es, daß der Sieger in der Endschlacht an der Spitze eines Heeres erscheint. Der Apok. deutet die himmlischen Heroen, die „Genossen" des Lammes, auf die Gläubigen.

17,15. καὶ εἶπεν (λέγει)[27] μοι· τὰ ὕδατα, ἃ εἶδες, οὗ ἡ πόρνη κάθηται, λαοὶ καὶ ὄχλοι εἰσὶν καὶ ἔθνη καὶ γλῶσσαι (S. 176). Nach alttestamentlichen Vorbildern, Jes 8,7; Jer 47,2, werden die ὕδατα auf große Volksmassen gedeutet. Der Sinn dieses überkommenen Zuges ist natürlich dem Apok. verloren gegangen. Sobald er das Weib an den Wassern auf Rom deutete, so mußte dieses Symbol irgendwie allegorisch umgedeutet werden.

17,16. καὶ τὰ δέκα κέρατα, ἃ εἶδες, καὶ τὸ θηρίον, οὗτοι (s. o. V. 13. 14) μισήσουσιν τὴν πόρνην καὶ ἠρημωμένην ποιήσουσιν αὐτὴν καὶ γυμνὴν[28] καὶ τὰς σάρκας αὐτῆς φάγονται καὶ αὐτὴν κατακαύσουσιν [ἐν][29] πυρί. Hier erfolgt nun erst die eigentliche Drohweissagung gegen Rom, die man schon oben, wo statt dessen von dem Kampf der Könige mit dem Lamm die Rede war, hätte erwarten sollen. Der zurückkehrende Nero soll also im Bunde mit den Partherkönigen Rom zerstören. Die beiden Prädikate φάγονται und κατακαύσουσιν finden darin ihre Erklärung, daß bei dem ersten an das Weib selbst, bei dem zweiten an die durch das Weib dargestellte Stadt gedacht ist. 17,17. ὁ γὰρ θεὸς ἔδωκεν εἰς τὰς καρδίας αὐτῶν, ποιῆσαι τὴν γνώμην αὐτοῦ (d. h. die Meinung des Tieres) καὶ ποιῆσαι μίαν γνώμην[30] καὶ δοῦναι τὴν βασιλείαν αὐτῶν (sie besaßen also wirkliche Königreiche) τῷ θηρίῳ. Es ist Gott selbst, sagt der Apok., der dieses

Strafgericht über Rom heraufgeführt hat. Er hat das Wunder der Einigung der wider einander strebenden Mächte vollbracht. Seinen Willen vollführen sie, wenn sie nun gemeinsam gegen Rom ziehen. Es ist nicht gerade ein Widerspruch, wenn unserm Vers gegenüber 16,14 geschildert wird, daß der Drache und seine Untergebenen Geister ausschicken, um alle Könige zu sammeln. Aber es erscheint hier und dort doch eine andersartige Tradition vorzuliegen. Besonders bemerkenswert ist, daß der schon 16,13f. wieder erwähnte Drache hier noch gar keine Rolle spielt. ἄχρι τελεσθήσονται[31] οἱ λόγοι τοῦ θεοῦ. Bis Gottes Worte (Weissagung) vollendet sein werden, d. h. bis zum Ende des Gerichts, bis zu welchem die Herrschaft des Tieres dauert.

17,18. καὶ ἡ γυνὴ, ἣν εἶδες ἔστιν ἡ πόλις ἡ μεγάλη (14,8; 16,19) ἡ ἔχουσα βασιλείαν ἐπὶ τῶν βασιλέων τῆς γῆς. Jetzt folgt abschließend die Deutung des ganzen Bildes. Das Weib ist Rom, die Herrin der ganzen Welt.

Exkurs.

In der Erörterung über dieses in seiner Komposition große Schwierigkeiten bietende Kapitel geht man wohl am besten von dem Nachweis aus, daß es in sich selbst nicht einheitlich ist. Mehrere Inkongruenzen innerhalb des Kapitels sind ja bereits im Lauf der Einzelerklärung zu Tage getreten. Vor allem scheint die Weissagung zwei Spitzen zu haben: V. 14 weissagt den Kampf des Tieres und der versammelten Könige mit dem Lamm, V. 16 die Vernichtung der Hure Babel durch das Tier, das im Bunde mit den Königen erscheint. Achten wir dann auf den Zusammenhang, in dem diese Verse stehen, so ist es immerhin merkwürdig, daß V. 14 und 16, die beide von den Königen handeln, durch den ganz andersartigen V. 15, in dem die Wasser, an denen das Weib sitzt, gedeutet werden, getrennt sind. Von hier aus fällt es dann weiter auf, daß für die sieben Häupter des Tieres ebenfalls eine Doppeldeutung auf sieben Berge V. 9 und sieben Könige V. 9f. gegeben ist. Ferner scheint mit Sicherheit die Zählung der Könige V. 10 auf die Zeit Vespasians zu führen. Ebenso sicher aber liegt in unserm Kapitel bereits die ausgebildete Sage vom Nero redivivus vor V. 8. Die Entstehung dieser Form der Legende aber ist, wie sich mit großer Wahrscheinlichkeit erweisen läßt, erst am Ende des ersten Jahrhunderts, jedenfalls nicht schon in der Zeit Vespasians denkbar. Auch hat der Apok. letzter Hand sicher nicht schon unter Vespasian geschrieben.

Man wird aber die Tragweite der in unserm Kapitel vorliegenden Differenzen nur überschauen und richtig würdigen können, wenn man sich die Wandlungen, welche die Nerosage in der Überlieferung überhaupt durchgemacht hat, vergegenwärtigt. Schon bald nach dem Tode Neros bildete sich der Glaube aus, daß er nicht gestorben sei, sondern noch lebe und zur Rache wiederkehren werde, Sueton, Nero 57; Tacitus, Hist. II 8. Die Sage ist in ihren Ursprüngen römisch-national. Man konnte nicht fassen, daß das alte Kaisergeschlecht der Julier zu Grunde gegangen sei, Vespasian und seine Söhne galten dem römischen Volk nicht als eigentliche Cäsaren aus dem göttlichen Geschlecht. Und so beginnt die Sage vom wiederkommenden Kaiser schon in dieser Zeit ihren Zauber zu entfalten, den sie ein Jahrtausend hindurch und weit darüber hinaus ausgeübt hat. Zunächst wird einfach gesagt, daß Nero nicht gestorben sei, daß er irgendwo noch weile. Bald aber nimmt die Sage eine bestimmtere Wendung: Nero, heißt es nun, ist zu den Parthern geflohen und wird von dort mit Heeresgewalt wiederkehren. Nero selbst soll davon gesprochen haben, daß er zu den Parthern fliehen werde, Sueton 47. Er hatte freundschaftliche Beziehungen zu dem Parther-Könige Vologaeses, Sueton 57, ja es war ihm geweissagt, daß er einst König des Orients werden und in Jerusalem seinen Thron aufschlagen würde, Sueton 40. Schon im Jahre 69 unter dem Regiment Othos hatte ein Pseudo-Nero Kleinasien und Griechenland in Aufregung versetzt. Er hatte einen Anhang gesammelt, war durch einen Sturm auf die Insel Cydnus verschlagen, dort von Calpurnius Asprenas, einem Statthalter Galbas, gefangen und hingerichtet Tacitus, Hist. II 8-9; Dio Cassius LXIV 9; Zonaras XI 15. Ein zweiter Pseudo-Nero (sein eigentlicher Name soll Terentius Maximus gewesen sein) soll nach Zonaras XI 12 unter Titus am Euphrat aufgetreten sein. Er erhielt die vorübergehende Unterstützung des Partherfeldherrn Artabanus. Vielleicht ist dieser Pseudo-Nero identisch mit demjenigen, von dem Sueton c. 57 berichtet, daß er zwanzig Jahre nach Neros Tode aufgetreten sei. Die Zeitangabe wäre freilich recht ungenau. Aber auch von diesem Pseudo-Nero berichtet Sueton, daß er die Unterstützung der Parther gefunden habe, und dieser mag ja immerhin sein Wesen noch einige Jahre bis in die Regierung Domitians getrieben haben, so daß Zonaras und Sueton nicht mit einander durchaus im Widerspruch standen. Ganz allgemein sagt übrigens Tacitus Hist. I 2, bei seinem Überblick über die Schicksale des römischen Reiches, die er berichten will: mota etiam prope Parthorum arma falsi Neronis ludibrio. — Was aus diesem zweiten (dritten) Nero schließlich geworden ist, wissen wir nicht. Die Parther werden ihn bald haben fallen lassen.

An diesen Volksglauben knüpften nun die jüdischen und christlichen Erwartungen an[32]. Als älteste Quelle kommt hier für uns zunächst das vierte Buch der Sibyllinen in Betracht. Zahn (a. a. O. 33ff.) hat wahrscheinlich gemacht, daß diese Sibylle bald nach dem Ausbruch des Vesuv (79) von einem Juden verfaßt sei (vgl. IV. 130ff.)[33]. Unmittelbar nach dem Ausbruch des Vesuv erwartet die Sibylle das Ende. Hier in Kleinasien scheint die Erwartung vom wiederkehrenden Nero am lebendigsten gewesen zu sein. In unsrer Sybille heißt es

IV 119ff.:

καὶ τότ' ἀπ' Ἰταλίης βασιλεὺς μέγας οἷά τε δράστης
φεύξετ' ἄφαντος ἄπυστος ὑπὲρ πόρον Εὐφρήταο.
IV 137ff.:
εἰς δὲ δύσιν τότε νεῖκος ἐγειρομένου πολέμοιο
ἥξει, καὶ Ῥώμης ὁ φυγὰς μέγα ἔγχος ἀείρας
Εὐφρήτην διαβὰς πολλαῖς ἅμα μυριάδεσσιν.

Die Stellen sprechen deutlich genug, sie beweisen, daß um das Jahr 79/80 die Erwartung, daß Nero mit den Parthern zurückkehren werde, im Volksglauben lebendig war. Man kann auch gar nicht einmal sagen, daß hier eine spezifisch jüdische Weissagung vorliegt. Der jüdische Verfasser der Sibylle hat einfach übernommen, was der heidnische Volksglaube von dem wiederkehrenden Nero fabelte.

Anders verhält es sich mit der von spezifisch jüdischem Geist durchtränkten fünften Sibylle. Gegenüber Zahns Versuchen einer durchgehenden Quellenscheidung hat neuerdings Geffcken mit guten Gründen die Herkunft des ganzen Buches mit Ausnahme der später eingeschobenen Verse 1-51 und weniger anderer Verse von einem Verfasser behauptet. Aber noch bestimmter, als G. dies hervorgehoben, möchte ich darauf hinweisen, daß Sib. V andrerseits keine fortlaufende Weissagung enthält, sondern eine ganze Reihe kleinerer von einer Hand stammender Orakel[34], die zwar immer wieder auf einander Bezug nehmen, aber doch jedes für sich stehen. Die Themata dieser Orakelsprüche, die immer wiederkehren, sind — abgesehen von den Weissagungen über Ägypten (52-91. 179-213. 484-Ende): Pseudo-Nero (93-110. 137-154. 214-227. 361-385), Drohreden gegen Babel (155-178. 228-246. 386-413), das neue Jerusalem und sein Messias (247-285. 414-433). — Das Zusammentreten dieser Themata ist bedeutsam. Es sind genau dieselben Stoffe, die unser Apok. in Kap. 17. 18. 21 behandelt. Mit großem Scharfsinn hat Geffcken die Zeit dieser Orakel bestimmt. Er setzt sie, da sie noch nichts von Trajans Erfolgen gegen die Parther wissen, an das Ende des ersten christlichen Jahrhunderts. Ihr Verfasser hat den Sturz des zweiten Tempels noch mit erlebt (V. 398), schreibt aber eine geraume Zeit nachher. Die in dieser Orakelsammlung sich findenden Nerostücke tragen nun etwa denselben Charakter, wie die in Buch IV. Auch hier ist Nero der noch lebende, zu den Parthern geflohene König 143ff., der von dort zurückkehren und die Erde mit Krieg und Blutvergießen erfüllen wird 361ff. Doch sind dem Bilde Pseudo-Neros bereits entschieden gespenstische Züge beigemischt. Nero ist 215ff. eine grauenhafte, dämonische Gestalt geworden, welche von den Parzen durch die Lüfte geführt wird. Auch spezifische der jüdischen Tradition angehörige Phantasien verbinden sich mit seiner Gestalt. Wie das kleine danielische Horn beseitigt Pseudo-Nero drei Häupter 222ff., ja es wird bereits erwartet, daß Pseudo-Nero sich von Westen her gegen Jerusalem wenden wird und von dort durch den von Gott gesandten König zurückgewiesen werden soll (100-110). So verschmilzt vor unsern Augen auch in der Sibyllendichtung die Gestalt Pseudo-Neros mit der des Antichrist.

Vollkommen ist dieser Verschmelzungsprozeß dann durchgeführt in dem (oben abgesetzten) ersten Stück der fünften Sibylle 1-51, die, wie es scheint, aus der Zeit Hadrians stammt[35]. Hier heißt es bereits

V. 33 ἀλλ' ἔσται καὶ ἄϊστος ὀλοίιος· εἶτ' ἀνακάμψει,

ἰσάζων θεῷ αὐτόν· ἐλέγξει δὲ οὔ μιν ἐόντα.

Deutlich zeigt sich uns hier eine zweifache (resp. dreifache) Stufe der Nerosage. Ursprünglich glaubte man einfach von Nero, daß er wiederkehren werde. Dann wird die Sage konkreter: er wird im Bunde mit den Parthern, zur Rache an Rom wiederkehren. Endlich wird Nero allmählich eine höllische gespenstische Gestalt, und sein Bild wird ins Übermenschliche gezeichnet. Er ist der Antichrist, der Drache, der Empörer gegen Gott, das Tier, das aus der Unterwelt wiederkehrt, das nur scheinbar getötete Haupt. Für diese letzte Phase der Entwickelung der Sage wird man keinen allzu frühen Zeitpunkt ansetzen dürfen. Die Wandlung konnte sich erst vollziehen, als nach dem Verschwinden Neros etwa ein Menschenalter verstrichen und die Erwartung, daß der lebende wiederkehren werde, unwahrscheinlich geworden war. Da erst hörte auch das Auftreten der falschen Nerone auf, da — also etwa im letzten Decennium des ersten Jahrhunderts — konnte sich die neue Gestalt der Sage entwickeln.

Dieser Überblick gibt uns die Mittel in die Hand, um über Komposition und Herkunft unseres Kapitels ins Klare zu kommen. Denn es gehört jedenfalls zu den gesichertsten Ergebnissen unserer Kritik, daß unser Kapitel die Nerosage voraussetzt und weiterspinnt. Ja es treten uns in ihm, wie es scheint, die beiden Hauptformen der Nerosage deutlich entgegen. Denn Nero ist hier auf der einen Seite einer der römischen Imperatoren, der mit den Partherkönigen zur Zerstörung Roms wiederkehrt, auf der andern Seite das Tier aus dem Abgrunde, das im Bunde mit den Königen den Kampf gegen das Lamm führt. Wir werden kaum fehlgehen, wenn wir hier bei der Härte, mit der die verschiedenen Anschauungen sich gegenübertreten, ein Anzeichen finden, daß in diesem Kapitel eine ältere Quelle verarbeitet ist. Und zwar werden wir diejenigen Verse, in denen die Anschauung von Nero als dem höllischen Widersacher des Lammes heraustritt, dem Bearbeiter letzter Hand, unserm Apokalyptiker, zusprechen. Diesem werden wir also jedenfalls den V. 14 und die mit V. 14 zusammenhängenden V. 12-13 zuweisen. Damit stimmt es denn auch vortrefflich, daß in den Versen 16-17 eine vollkommene Doublette zu V. 12-14 vorliegt. Ebenso werden wir dann mit Sicherheit dem Bearbeiter den V. 8

zuweisen. Denn wir finden in ihm auf das deutlichste die Anschauung vom Nero redivivus ausgesprochen, und jedes Wort erinnert uns hier an den Stil des Apokalyptikers letzter Hand (θαυμασθήσονται, οἱ κατοικοῦντες ἐπὶ τῆς γῆς; ὧν οὐ γέγραπται τὸ ὄνομα ἐπὶ τὸ βιβλίον τῆς ζωῆς ἀπὸ καταβολῆς κόσμου). Außerdem bildet er eine Doublette zu V. 11f. und steht an einer ganz unpassenden Stelle, nämlich vor dem Beginn der Deutung der Weissagung V. 9: ὧδε ὁ νοῦς ὁ ἔχων σοφίαν. Schwieriger ist es dann, über die Verse 10-11 zu entscheiden. Freilich gehört die Deutung der sieben Könige in V. 10 sicher der bearbeiteten Quelle an. Auf der andern Seite ist es fast ein Axiom bei einer Reihe von Kritikern, daß V. 11 einer andern Hand als V. 10 zuzuweisen sei. In künstlicher Weise soll hier die Rechnung mit sieben römischen Kaisern in V. 10 auf einen achten König erweitert sein. Der Apokalyptiker, der unter dem achten König schrieb, soll die unter dem sechsten Kaiser entworfene Rechnung vorgefunden und sie künstlich auf seine Zeit adoptiert haben, indem er den achten Regenten mit dem Tiere gleichsetzte. (So besonders bestimmt Harnack, Chronologie I 245f.) Ich glaube, daß sich gegen diesen Schluß doch einige Bedenken erheben lassen. Der Apok., der V. 10 schrieb, kann doch ebenfalls seine Weissagung kaum mit dem Hinweis auf das kurze Regiment des siebenten Kaisers geschlossen haben. Seine Weissagung würde unter dieser Voraussetzung der Pointe entbehren, man müßte denn annehmen, daß er nach dem siebenten Regiment einfach den Sturz des römischen Reiches durch die zehn Könige (die Parther) geweissagt habe. Zu dieser Annahme ist aber wieder kein Grund vorhanden, da die zehn Könige nie allein, sondern immer im Bunde mit dem Tiere auftreten. Nehmen wir aber an, der Schreiber von V. 10 wollte auch seinerseits die Weissagung von dem wiederkehrenden Nero vortragen, wie hätte er dann, da er einmal an das Bild von den sieben Häuptern, an die Überzeugung, daß Rom sieben Herrscher haben werde, gebunden war, die Weissagung anders gestalten können, als dies in V. 11 geschehen ist? Identifizierte er Nero mit dem siebenten Haupt, so bekam Rom nur sechs Könige. Also mußte er den wiederkehrenden Nero als den achten fassen, der doch zu den sieben gehört. Der Ausdruck ergibt sich fast mit Notwendigkeit. Und wenn er nun das gegebene Bild, das Tier mit den sieben Häuptern, auf diese Weissagung adaptieren wollte, wie sollte er am Bilde veranschaulichen, daß mit dem wiederkehrenden Nero acht Könige und doch nur sieben vorhanden seien? Lag nicht auch hier der Gedanke nahe zu sagen: das achte Haupt ist das Tier selbst: in diesem achten Haupt wird sich die ganze Macht und Furchtbarkeit des Tieres noch einmal konzentrieren. — Und der Sachverhalt wird noch klarer, wenn wir annehmen dürfen (s. o.), daß dem Apok. eine Tradition vorlag, derzufolge das Regiment des siebenten Hauptes ein kurzes und schwaches sein werde. Dann konnte er das siebente Haupt gar nicht mit der furchtbaren Gestalt des wiederkehrenden Nero identifizieren. — Wir kommen also zu dem Schluß, daß wir V. 10-11 der Quelle zuzuweisen haben. — Es bleiben noch einige Kleinigkeiten zur weiteren Erwägung. Da wir in Kap. 17 doch sicher mit einer Überarbeitung zu rechnen haben, so werden wir diesem Bearbeiter auch das seltsam nachklappende καὶ ἐκ τοῦ αἵματος τῶν μαρτύρων Ἰησοῦ V. 6 zuweisen. Ob wir die doppelte Deutung der sieben Berge auf die beiden Hände verteilen müssen, ist mir nicht sicher. Aber möglich ist es, daß dem Bearbeiter der Satz ἑπτὰ ὄρη εἰσίν, ὅπου ἡ γυνὴ κάθηται ἐπ' αὐτῶν καί zuzusprechen ist. Ferner halte ich es für möglich, daß der Bearbeiter, der V. 8 schrieb in V. 11 ὃ ἦν καὶ οὐκ ἔστιν hinzugefügt hat. Auf der andern Seite möchte ich V. 15 und V. 18 der Quelle zuweisen. So treten in Kap. 17 Quelle und Bearbeitung ziemlich reinlich aus einander: Quelle: V. 1-7. 9-11. 15-18; Bearbeiter: V. 8. 12-14 und einzelne Worte in V. 6. 9. 11.

Von hier aus ergibt sich die Situation für die Quelle und den Bearbeiter mit hinreichender Deutlichkeit. Der Verfasser der Quelle schrieb unter dem sechsten römischen Kaiser. Das ist je nachdem man von Cäsar oder von Augustus an zählt, die Könige des Interregnum mitrechnet oder nicht mitrechnet, entweder Nero, oder Galba, oder Vespasian. Da zu Neros Lebzeiten die Weissagung vom wiederkehrenden Nero nicht entstanden sein kann, da Galbas Regiment kaum je so fest bestanden hat, daß der Apok. sagen konnte ὁ εἷς ἔστιν, so ist die Quelle in Kap. 17 zu Vespasians Zeit geschrieben. Nach Vespasian erwartete der Verfasser dieses Stückes noch das kurze siebente Regiment und dann die Wiederkunft Neros mit den Parthern zur Zerstörung Roms. Die Quelle kann, wenn wir dem Bearbeiter das ἐκ τοῦ αἵματος τῶν μαρτύρων Ἰησοῦ zuweisen, jüdisch sein. Wenn der Verfasser Rom trunken vom Blute der Heiligen sieht, so wäre das auf die Zerstörung Jerusalems und die Vernichtung des jüdischen Staates zu beziehen; und der Apok. würde dann seine ganze Hoffnung auf die Bestrafung des gottlosen Rom durch Nero und die Parther richten.

Diese Weissagung hat dann unser Apok. letzter Hand übernommen und umgedeutet. Nicht mehr die Zerstörung Jerusalems, sondern die Verfolgung der Christen ist ihm die Sünde Roms. Nero aber ist das aus dem Abgrund der Hölle wiederkehrende Tier, die zehn Könige sind auch vielleicht nicht mehr die Parther, sondern irgendwelche gespenstische Gehülfen Neros. Und nicht mehr die Zerstörung Roms ist ihm die Hauptsache, sondern der Kampf des Tieres mit dem Lamm, den er uns 19,11 in seiner ganzen Großartigkeit und Furchtbarkeit schildern wird. Aber auch die Zählung der sieben römischen Kaiser hat er einfach übernommen. Denn wenn er unter Domitian schrieb, so will jene

Zählung in keiner Weise mehr recht passen. Da er das ὁ εἷς ἔστιν übernahm, so muß für ihn Domitian der sechste Kaiser gewesen sein, während auch er den siebenten und achten noch von der Zukunft erwartete. Das kommt aber nur bei einer sehr künstlichen Zählung heraus, nämlich wenn man von Nero (exclusive) an zählt: Galba, Otho, Vitellius, Vespasian, Titus, Domitian. Die Zählung ist künstlich, aber bei einer solchen Herübernahme geht es ohne Künstlichkeit nicht ab. Aber vielleicht hat der Apok. überhaupt nicht so genau über die Einzelheiten nachgedacht, sondern einfach tradiert. Dazu daß er mit V. 10-11 nicht so viel anzufangen wußte, würde auch die Annahme stimmen, daß er erst in V. 9 die Deutung der sieben Häupter auf die sieben Berge hinzufügte.

Dagegen ist auf das bestimmteste die Annahme zurückzuweisen, daß für den Apok. letzter Hand das achte Haupt, das doch eines von den sieben sein soll, Domitian sei, daß also unser Apok. geglaubt habe, in Domitian sei die Weissagung von Nero redivivus erfüllt. Als das gesichertste Ergebnis unsrer ganzen bisherigen Untersuchung erschien vielmehr dies, daß der Apok. eine zwar nahe, aber doch furchtbar geheimnisvolle Zukunft weissagt. Ihm ist das Tier, dessen Todeswunde geheilt wurde, das wie das Lamm „geschlachtet" und doch wieder aufgelebt ist, das aus dem Abgrund aufsteigen wird, um in die Verdammnis zu fahren, eine grausig, gespenstische, übermenschliche Erscheinung der Zukunft, nicht ein gegenwärtiger römischer Kaiser. Und dieser Apok. sollte die wilde Volkssage in rationalistischer Weise umgedeutet und den Domitian zum Nero redivivus gemacht haben! Und das Tier, das nach ihm mit den zwölf Königen gegen das Lamm kämpft, sollte Domitian gewesen sein? Und in der großen Messiasschlacht 19,11ff. soll man sich Domitian als Gegner dessen, der mit seinen Scharen auf weißem Roß dahersprengt, denken? Man raubt m. E. unsrer Apokalypse ihren Stimmungsgehalt, wenn man ihr jene banale rationalistische Umdeutung, die sich übrigens sonst nirgends nachweisen läßt, zuschreibt. Der Apok. hat es in seiner Weissagung mit überirdischen höllischen und himmlischen Gewalten zu tun. Die Deutung auf Domitian ist einfach stilwidrig[36].

Zum Schluß mag noch die Frage erwogen werden, ob etwa hinter der Endredaktion in Domitians Zeit und hinter der Quelle aus Vespasians Zeit noch eine weiter zurückliegende Quelle anzunehmen sei, in der die Häupter des Tieres, also die römischen Cäsaren, noch gar keine Rolle spielten. Das ist die Meinung von Spitta, der sich Pfleiderer II 321 und J. Weiß 19ff. 121 anschließen. Sp. gebührt das Verdienst, zuerst darauf hingewiesen zu haben, daß in Kap. 17 das Bild (V. 1-6) und die Deutung des Bildes (V. 7ff.) nicht recht mit einander stimmen. Im Bilde reitet das Weib auf einem scharlachenen Tier; dieses Tier ist nur ein Nebenzug in dem Bilde, in dem vor allem die Üppigkeit und Pracht des

Weibes hervorgehoben wird. Dagegen erscheint in der Deutung das Tier als die Hauptfigur, und ganz unerwarteter Weise tritt es hier, während es früher der Träger der Macht des Weibes ist, nunmehr als dessen Zerstörer auf. Sp. strich deshalb V. 7-18. Er hat den Eindruck seiner Kritik selbst abgeschwächt durch die willkürliche Verlegung des stehengebliebenen Torso in die Pompejuszeit. Auch Pfleiderer erkennt die hier vorliegende Diskrepanz an. Besonders eindrucksvoll und energisch hat J. Weiß die Kritik fortgesetzt, aber auch etwas verändert. Er beläßt dem Tier auch in der Urquelle seine sieben Häupter und läßt ferner der ersten Quelle die einfache Deutung der sieben Häupter auf römische Cäsaren. Er setzt deshalb seinerseits die Quelle unter Vespasian an („der sechste, der ist"). In dieser sei ganz allgemein der Untergang Roms, des üppigen Weibes, geweissagt, über der Gott und nicht das Tier das Gericht halte. Dieselbe Auffassung zeige auch das Kap. 18, in welchem Gott das Strafgericht vollziehe. (Auch Sp. rechnete bereits Kap. 18 mit 17,1-5 zusammen zu J^2.) Der Bearbeiter unter Titus habe dann erst die Wendung eingebracht, daß das Tier (Pseudo-Nero) sich mit den zehn Königen (den Parthern) gegen das Weib wenden werde. Da er unter Titus schrieb und dieser doch nicht der furchtbare, feindliche König war, den der Apok. erwartete, habe dieser künstlich ein achtes Haupt eingefügt und dieses dann noch mit dem Tiere identifiziert. Diese Weissagung habe endlich der Apok. letzter Hand übernommen. Ihm erst sei das Tier, das er nun auf Domitian, als den Nero redivivus beziehe, der Feind und Gegner des Lammes geworden. Ich kann mich Weiß weder in der Unterscheidung zweier Apokalyptiker aus Vespasians und Titus Zeit, noch (s. o.) in der Beziehung des Tieres auf Domitian im Sinn des Apok. letzter Hand anschließen. Aber ich kann mich den gemeinsamen Gründen von Sp., Pfl., Weiß nicht ganz verschließen. Ich halte es nicht für unmöglich, daß der von mir nachgewiesene Apok. aus Vespasians Zeit das Bild, das er 17,6ff. deutete, das Weib auf dem Tiere (vielleicht ohne die Häupter), bereits vorfand. Weiter kann ich aber nicht mitgehen. Alle weiteren Schlüsse über die Herkunft des kleinen Fragments scheinen mir unmöglich zu sein, selbst wenn Kap. 18 tatsächlich mit 17,1-5 verbunden werden müßte.

Aller Wahrscheinlichkeit nach ist aber auch die Weissagung von den sieben Königen, deren letzter nur eine kurze Weile bleiben soll, übernommenes Gut, das aus uralter Überlieferung stammt. Die Anschauung, daß sieben Herrscher in der Welt herrschen werden, ist nämlich eine weitverbreitete. Sie ruht auf der Basis astrologischer Spekulation. Es war eine alte (babylonische) Annahme, daß der Zeitraum des großen Weltenjahrs in sieben Perioden eingeteilt sei, über die je einer der sieben Planeten als Herrscher regieren sollte. Sie hat sich noch im System der Mandäer erhalten (Realencyklopädie[3], Art. Mandäer von Keßler XII 171. Brandt, mandäische Schriften S. 45). So ist die Vorstellung in die

Weissagungen der Sibyllen übergegangen. Das „tuus jam regnat Apollo“ der vierten Ekloge des Vergils beruht auf ihr[37]. Zu vergleichen ist auch die Weissagung, von neun Weltaltern in der tiburtinischen Sibylle (Sackur, sibyllin. Texte und Forschungen 1898, S. 143), ferner die in der späteren griechischen Eschatologie (Bahman Nast, Zartust-Name) sich findenden Weissagungen von sieben Weltreichen, die durch Metalle symbolisiert werden (vgl. bereits äthiop. Henoch 52). Genaueres: Bousset, Archiv f. Religionsgesch. IV 243-244. Was in der älteren Tradition vom Weltall und seinen Herrschern gilt, wurde dann in der jüdisch-christlichen Überlieferung auf das römische Weltreich und seine Herrscher umgedeutet. So entstand das apokalyptische Dogma von sieben römischen Kaisern.

Fußnoten:

1. υδατων πολλων ℵAP An.[124] 95; των υδατων των πολλων Q Rel. Letztere Lesart erscheint als die schwierigere den Vorzug zu verdienen.
2. Über die Korrekturen γεμον ονοματα ℵcQ Rel. und γεμον ονοματων An. Hipp.cod. s. Studien S. 4. Den richtigen Text lesen ℵAP.
3. A Min. εχων; ℵP εχοντα; Q Rel. Hipp. εχον.
4. > Q Rel. (exc. An.[1] al.).
5. αυτης A An. 51. 95 vg. ae. Tic.; της γης Q Rel. c s[1] Hipp. Cypr. Pr.; ℵ s[2]cod. αυτης και της γης (a läßt beides aus). Die Zeugen halten sich ungefähr das Gleichgewicht.
6. A An.[1235] vg. c Vict. Tic. Pr. Hipp.e.r.; > εκ ℵcPQ Rel. Hipp.h (τω αιματι ℵ 38). Wegen des folgenden εκ ist auch das erste εκ in den Text aufzunehmen.
7. > Q Rel. (exc. An.[135] 14. 38. 51. 95). Nach letzterer Lesart würde ἐκ τοῦ αἵματος – Ἰησοῦ noch mehr als Glosse erscheinen.
8. σοι ερω ℵ P An.[123] am. fu. dem. tol. Pr.; ερω σοι ist die in der Apk übliche Stellung.
9. υπαγει A 12. 80 s[1] Jr. Pr. Hipp.h; d. übr. υπαγειν.
10. θαυμασθησονται AP, die ungewöhnliche Form ist durch 13,3 gedeckt: an eine Konformation in AP nach 13,3 wird man wegen der weiten Entfernung nicht denken können.
11. (>επι) την γην Q Rel. (exc. An. 95) Hipp.e.r. (Pr. hat an allen Stellen den Akkus.); Konformation nach V. 2.
12. τα ονοματα ℵP An. vg. s[1] a ae. Pr. Hipp.s; s. o. 13,8.
13. ℵAP An.[13] 95 Hipp.h; Q Rel. επι του βιβλιου; 79. (95) g vg. Pr. Hipp.e.r εν βιβλω (τω βιβλιω).

14. βλεποντες An. vg. Hipp. Pr.
15. ℵAP An.[123] 95 g vg. c s a ae. Hipp. Pr.; Q Rel. οτι ην το θηριον.
16. παρεστιν ℵc An. s[1] Hipp.s.
17. βασ. εισ. επτ. Q Rel (exc. An.[123] 38. 95); επτ. βασ. εισ. ℵ c.
18. + δε 96 Pr. Hipp. Antichr.e.r Dana.
19. δει αυτον μειναι Q Rel. (exc. An.) g vg. Pr.; αυτον μειναι δει ℵ; αυτον δει μειναι ist eine in der Apk nicht gewöhnliche Wortstellung (doch s. u. die Ausführung über die Spracheigentümlichkeiten unsres Kapitels).
20. Einen Mittelweg schlägt Weyl. ein, der zwar das ὁ εἷς ἔστιν auch nicht wörtlich nimmt, aber die Apk. unter Titus geschrieben sein und den Apok. nicht den Domitian, sondern den Nero redivivus weissagen läßt.
21. ουτος ℵQ Rel. (exc. An[13](4)).
22. So beziehen Ew., de W., Vlkm., Hilgf., Vischer, Vlt., Sp., Erb., Weyl., Hltzm., Pfleid., Weizs., Schmidt u. a.
23. ου A fu.
24. ℵAP An.[13] 38. 95 g vg. s[12] a Hipp. Tic. Pr.; εχουσιν γνωμην Q Rel. c; die verschränkte Wortstellung ist in dieser Textklasse beliebt (B. Weiß S. 28f.).
25. ℵP An.[134]; > AQ Rel. (S. 175).
26. δωσουσι An.[7] (sa. liest auch vorher εξουσιν) cle. fu. dem. tol. lips. Tic. Pr.
27. ειπεν A vg. s[1] c a Tic. Pr. Hipp.s; d. übr. λεγει.
28. ℵAP An.[2] 38. 95 g vg. s[2] a ae. Hipp.; add. ποιησουσιν αυτην Qmg. Rel.; > και γυμνην Q An.[1] al.; και ηρημ. κ. γυμν. ποιησ. αυτ. 34 s[1] Pr.
29. > ℵPQ An.[4].
30. και ποιησαι – γνωμην > A An.[2] g. vg. Tic. (Schreibfehler); μιαν γνωμην ℵP An.[13] 95; γνωμην μιαν d. übr.
31. Q Rel. (exc. An.[123] 51) τελεσθωσιν.
32. Vgl. zum folgenden Zahn, apok. Studien ZWL. 1886 337ff. Geffcken, Studien zur älteren Nerosage Nachr. d. Ges. d. Wiss. Gött. 1899. Ders., Komposition u. Entstehungszeit der Oracula Sibyllina 1902. (Texte u. Unters. N. F. VIII 1.).
33. Vgl IV. 135 f.
34. γινώσκειν τότε μῆνιν ἐπουρανίοιο θεοῖο
35. εὐσεβέων ὅτι φῦλον ἀναίτιον ἐξολέσουσιν.
36. Vgl. V. 125ff. die Zerstörung des Tempels.
37. Möglich daß ein Redaktor, ohne viel vom Eignen hinzuzufügen, diese Stücke durch leichte Übergänge verband, so daß sie nun den Eindruck eines zusammenhängenden Orakels machen.

38. An dem Datum möchte ich mit Zahn unter Absetzung von V. 51 festhalten, trotz des Widerspruchs von Geffcken, der mit Beibehaltung von V. 51 das Orakel in die Zeit des Mark Aurel versetzt. Die Weissagung Sib. VIII 151-159 setze ich aus diesem Zusammenhang ab, da Geffcken mich belehrt hat, daß hier ein heidnisches Orakel von dem lebenden Nero vorliege.
39. Wenn J. Weiß zwar den Urapokalyptiker wirklich für einen Propheten hält, den Apok. letzter Hand aber nur für einen Herausgeber und Deuter der Weissagung, so ist demgegenüber abgesehen von dem Recht dieser Scheidung überhaupt (s. o. S. 127f.), gerade darauf Gewicht zu legen, daß der Apok. letzter Hand, d. h. der, welcher den Kampf gegen den Kaiserkultus führt, sich als ein die Zukunft schauender Prophet gibt (s. o. S. 138).
40. Vgl. dazu das erklärende Nigidiusfragment bei Servius zu Vergils Ekloge IV 10; Gruppe, griechische Kulte I 493.

D. DAS KLAGELIED ÜBER ROM. KAP. 18

18,1-3. Der erste Engelruf. 18,1. μετὰ ταῦτα εἶδον ἄλλον ἄγγελον καταβαίνοντα ἐκ τοῦ οὐρανοῦ ἔχοντα ἐξουσίαν μεγάλην, καὶ ἡ γῆ ἐφωτίσθη ἐκ τῆς δόξης αὐτου. Ein andrer Engel im Unterschied von dem 17,1.7.15 genannten, nicht, wie Sp. nach 18,8. 9; 19,3 will, der Bringer des himmlischen Feuers, durch das Babylon zerstört wird, sondern der Engel, der dem Seher die folgende Vision bringt. Ez 43,2 והארץ האירה מכבדו; LXX καὶ ἡ γῆ ἐξέλαμπεν ὡς φέγγος ἀπὸ τῆς δόξης. 18,2. καὶ ἔκραξεν (s. o. S. 169) ἐν (?)[1] (s. o. S. 167) ἰσχυρᾷ φωνῇ[2] λέγων· ἔπεσεν ἔπεσεν[3] Βαβυλὼν ἡ μεγάλη. Jes 21,9: πέπτωκεν πέπτωκεν Βαβυλών. Bemerke die Abweichung von LXX (Sp.); vgl. Jer 51,8. {{SperrSchrift|καὶ ἐγένετο κατοικητήριον δαιμονίων[4] καὶ φυλακὴ παντὸς πνεύματος ἀκαθάρτου [καὶ μεμισημένου] καὶ φυλακὴ παντὸς θηρίου ἀκαθάρτου καὶ μεμισημένου καὶ φυλακὴ παντὸς ὀρνέου ἀκαθάρτου καὶ μεμισημένου[5]. Jes 13,21 ורבצו־שם ציים ומלאו בתיהם אחים ושכנו שם בנות יענה. LXX: καὶ ἀναπαύσονται ἐκεῖ θηρία, καὶ ἐμπλησθήσονται αἱ οἰκίαι ἤχου καὶ ἀναπαύσονται ἐκεῖ σειρῆνες καὶ δαιμόνια ἐκεῖ ὀρχήσονται (vgl. V. 19. 22; Jes 34,11ff.). Baruch 4,35: πῦρ γὰρ ἐπελεύσεται αὐτῇ παρὰ τοῦ αἰωνίου ... καὶ κατοικηθήσεται ὑπὸ δαιμονίων. Zph 2,14f. Jer 50,39: „Daselbst wohnen die Wildkatzen mit den Schakalen und die Vögel der Wüste“ (der Vers fehlt in der LXX). Jer 51,37. 18,3. ὅτι ἐκ τοῦ οἴνου [τοῦ θυμοῦ][6] τῆς πορνείας αὐτῆς πέπωκασιν[7] (zum Plural S. 165) πάντα τὰ ἔθνη. Vom (göttlichen) Zorneswein oder vom Rauschwein ihrer Hurerei. Vgl. Die Erklärung zu 14,8, wo sich genau derselbe Ausdruck wiederfindet, weshalb er auch hier trotz der Varianten beizubehalten sein wird. 17,2 hat dagegen das Einfache τοῦ οἴνου τῆς πορνείας αὐτῆς. καὶ οἱ βασιλεῖς τῆς γῆς μετ' αὐτῆς ἐπόρνευσαν. Genau parallel ist die Darstellung in 17,2. Auch dort steht das Trunkenwerden aller Völker und das Huren der Könige neben einander. Vgl. Jer 51,7: Von ihrem Wein tranken alle Völker, 51,39: Ich will ihnen Rauschtrank zu trinken geben. Jer 32,1 (25,15): λάβε τὸ ποτήριον τοῦ οἴνου τοῦ ἀκράτου τούτου ἐκ χειρός μου καὶ ποτιεῖς πάντα τὰ ἔθνη. — καὶ οἱ ἔμποροι τῆς γῆς ἐκ τῆς δυνάμεως τοῦ στρήνους αὐτῆς ἐπλούτησαν. „Sie sind reich geworden von der Kraft ihrer Üppigkeit“, entweder: von ihrer gewaltigen Üppigkeit, d. h. ihrem Hang zum Luxus — oder auch: von ihrer üppigen Kraft, d. h. ihrem ungeheuren Reichtum. Vgl. Ez 27,9-25.

18,4-8. Die zweite Stimme. 18,4. καὶ ἤκουσα ἄλλην φωνὴν ἐκ τοῦ οὐρανοῦ λέγουσαν (gemeint ist nach dem folgenden die Stimme Christi oder Gottes) · ἐξέλθατε[8] (Plural beim Kollektivum) ὁ λαός μου ἐξ αὐτῆς[9], ἵνα μὴ συγκοινωνήσητε ταῖς ἁμαρτίαις αὐτῆς καὶ ἐκ τῶν πληγῶν αὐτῆς ἵνα μὴ λάβητε. Jer

51,45: „Ziehet aus von ihr mein Volk und rettet ein jeglicher sein Leben vor der Glut des Zornes Jahwes" (fehlt in der LXX); vgl. 50,8; 51(LXX 28),6: φεύγετε ἐκ μέσου Βαβυλῶνος καὶ ἀνασῴζετε ἕκαστος τὴν ψυχὴν αὐτοῦ καὶ μὴ ἀποριφῆτε ἐν τῇ ἀδικίᾳ αὐτῆς (vgl. V. 9). Der in der LXX fehlende Vers zeigt die nächste sprachliche Berührung, vgl. noch Jes 48,20; 52,11; Apk Bar 2,1. — Das „Teilnehmen an den Sünden" darf nicht umgedeutet werden in Teilnehmen an den Sündenstrafen. Es handelt sich also um wirkliche, sei es freiwillige, sei es erzwungene Beteiligung an den Sünden. 18,5. ὅτι ἐκολλήθησαν αὐτῆς αἱ ἁμαρτίαι ἄχρι τοῦ οὐρανοῦ καὶ ἐμνημόνευσεν ὁ θεὸς τὰ ἀδικήματα αὐτῆς. — μνημονεύειν wird mit dem Gen. und Akk. im NT konstruiert. Jer 51,9 כי נגע אל השמים משפטה LXX ὅτι ἤγγικεν εἰς οὐρανὸν τὸ κρίμα αὐτῆς, ἐξῆρεν ἕως τῶν ἄστρων. Wörtlich ist zu übersetzen: Ihre Sünden hangen an bis zum Himmel, d. h. sie sind zu einer solchen Masse angewachsen, daß sie bis zum Himmel reichen. Vgl. Bar 1,20 ἐκολλήθη εἰς ἡμᾶς τὰ κακά. Nach Hltzm. läge hier die Vorstellung einer unendlichen Buchrolle vor. Zu vergleichen ist zu dem Ganzen Mt 24,16ff. Wie dort die Gläubigen den Befehl bekommen, aus Jerusalem zu fliehen, so sollen sie hier aus Rom ausziehen. Für den in Kleinasien schreibenden Apok. hat übrigens dieser Befehl keine aktuelle Bedeutung mehr. Er gibt auch hier überkommene Motive einfach weiter.

18,6. ἀπόδοτε αὐτῇ ὡς καὶ αὐτὴ ἀπέδωκεν (teilt ihr aus, wie sie ausgeteilt hat) καὶ (und zwar) διπλώσατε [τὰ][10] διπλᾶ[11] κατὰ τὰ ἔργα αὐτῆς. Jer 50(LXX 27),15: ἐκδικεῖτε ἐπ' αὐτήν· καθὼς ἐποίησεν, ποιήσατε αὐτῇ. 50(LXX 27),29: ἀνταπόδοτε αὐτῇ κατὰ τὰ ἔργα αὐτῆς· κατὰ πάντα ὅσα ἐποίησεν, ποιήσατε αὐτῇ. Jer 16,18: καὶ ἀνταποδώσω διὰ πάσας τὰς κακίας αὐτῶν καὶ τὰς ἁμαρτίας αὐτῶν. Ps LXX 136;8: θυγάτηρ Βαβυλῶνος ... μακάριος ὃς ἀνταποδώσει σοι [τὸ ἀνταπόδομά σου], ὃ ἀνταπέδωκας ἡμῖν. Babel soll wiedervergolten werden und zwar das doppelte Maß des Unheils, das sie angerichtet. Es entsteht die Frage, an wen die Ermahnung zur Vergeltung gerichtet sei. Jedenfalls ist nicht an das Volk Gottes, sondern an himmlische Strafgewalten, resp. an das Tier und die zehn Könige zu denken. ἐν τῷ ποτηρίῳ[12], ᾧ (über die seltene Attraktion des Relativpronomens S. 165) ἐκέρασεν, κεράσατε αὐτῇ διπλοῦν. Es ist nicht an den Kelch der Üppigkeit und Hurerei zu denken, sondern an den Zorneskelch, mit dem Babel allen Völkern aufgewartet hat. 18,7. ὅσα ἐδόξασεν αὐτὴν καὶ ἐστρηνίασεν, τοσοῦτον δότε αὐτῇ βασανισμὸν καὶ πένθος. „So viel sie sich verherrlichte und üppig lebte, so viel Qual und Trauer verursacht ihr." Von nun an geht die Rede in die Worte des Sehers selbst über. ὅτι ἐν τῇ καρδίᾳ αὐτῆς λέγει, ὅτι[13] κάθημαι[14] βασίλισσα καὶ χήρα οὐκ εἰμὶ καὶ πένθος οὐ μὴ ἴδω. Jes 47,7f.: „Wähntest Du doch, für immer werde ich Herrin sein ... Ich werde nicht als Witwe sitzen und Kinderlosigkeit nicht erfahren." Für Kinderlosigkeit (ὀρφανεία) ist hier Trauer (um die verlorenen Kinder?) eingesetzt, vgl. Jes 47,5; Sib. V 173: Ἀλλ' ἔλεγες· μόνη εἰμὶ καὶ οὐδείς μ' ἐξαλαπάξει. 18,8. διὰ τοῦτο (geht auf das vorhergehende ὅτι) ἐν μιᾷ ἡμέρᾳ[15] ἥξουσιν αἱ πληγαὶ αὐτῆς, θάνατος καὶ[16] πένθος καὶ λιμός. Jes 47,9: „So soll Dich denn dieses beides plötzlich, an einem Tage betreffen: Kinderlosigkeit und Witwenschaft". καὶ ἐν πυρὶ κατακαυθήσεται. 17,16. Jer 50,32; 51,25.30.32.58. — ὅτι ἰσχυρὸς [κύριος][17] ὁ θεὸς ὁ κρίνας αὐτήν. Es liegt nicht gerade ein Widerspruch mit Kap. 17 vor, wenn Gott hier selbst die Vernichtung Roms zu veranstalten scheint. Doch ist es immerhin bemerkenswert, daß in diesem Kapitel auf die konkrete Weissagung in Kap. 17 so wenig Rücksicht genommen wird. Jer 50 (LXX 27),34: καὶ ὁ λυτρούμενος αὐτοὺς ἰσχυρὸς, κυρίος παντοκράτωρ ὄνομα αὐτῷ· κρίσιν κρίνει πρὸς τοὺς ἀντιδίκους αὐτοῦ.

18,9-10. Das Klagelied der Könige. 18,9. καὶ κλαύσουσιν[18] καὶ κόψονται ἐπ' αὐτῇ[19] (s. o. S. 166) οἱ βασιλεῖς τῆς γῆς (17,2; 18,3) οἱ μετ' αὐτῆς πορνεύσαντες καὶ στρηνιάσαντες, ὅταν βλέπωσιν τὸν καπνὸν τῆς πυρώσεως αὐτῆς. 14,11. die Weissagung des Unterganges Roms durch einen Brand wird festgehalten (17,16); vgl. Jes. 34,10 und Ez 26,16f.: „Alle Könige am Meer ... werden ein Klagelied über Dich erheben"; vgl. zum folgenden überhaupt Ez 26,16ff. das Triumphlied über Tyrus. 18,10. ἀπὸ μακρόθεν ἑστηκότες διὰ τὸν φόβον τοῦ βασανισμοῦ αὐτῆς (sie wagen sich nicht näher an das brennende Rom heran), λέγοντες· οὐαὶ οὐαὶ ἡ πόλις ἡ μεγάλη (16,19), Βαβυλὼν, ἡ πόλις ἡ ἰσχυρὰ (über den artikulierten Vokativ s. o. S. 164), ὅτι μιᾷ ὥρᾳ ἦλθεν ἡ κρίσις σου.

18,11-19. Das Klagelied der Händler. 18,11. καὶ οἱ ἔμποροι τῆς γῆς κλαύσουσιν καὶ πενθήσουσιν[20] (κλαίουσιν καὶ πενθοῦσιν) ἐπ' αὐτῇ (αὐτήν)[21]. Wie Ez 27,28ff. gesellen sich zu den klagenden Fürsten die Handelsleute, die bis jetzt ihren Verdienst von der großen Stadt hatten. ὅτι τὸν γόμον (eigentlich Schiffsladung, dann Ware αὐτῶν οὐδεὶς ἀγοράζει οὐκέτι. 18,12. γόμον χρυσοῦ καὶ ἀργύρου καὶ λίθου τιμίου καὶ μαργαρίτου[22] καὶ βυσσίνου (Lk 16,19) καὶ πορφύρας[23] (-οῦ) καὶ σιρικοῦ (Seide) καὶ κοκκίνου (17,4) καὶ πᾶν ξύλον θύϊνον (entweder „kostbares Holz jeder Art" oder auch „all das Duftholz", die ganze Menge des Duftholzes, zu übersetzen. θύϊνον = Duftholz, Rinde vom Baum θῦον, einer weißen Ceder, Wtst., Winer RWB) καὶ πᾶν σκεῦος ἐλεφάντινον καὶ πᾶν σκεῦος ἐκ ξύλου τιμιωτάτου καὶ χαλκοῦ καὶ σιδήρου καὶ μαρμάρου. Man beachte den Rhythmus in dieser Aufzählung: Gold und Silber, kostbare Steine und Perlen — Byssus und Purpur, Seide und Scharlach. — Dann folgen drei Glieder mit πᾶν beginnend, dann wieder drei (vom letzten abhängig): χαλκοῦ-σιδήρου-μαρμάρου. 18,13. καὶ κιννάμωμον[24] (Zimmet, Winer RWB) [καὶ ἄμωμον][25] (eine von einer asiatischen Staude gewonnene kostbare Haarsalbe Plin. H. N. XII 28) καὶ θυμιάματα καὶ μύρον καὶ λίβανον (s. o. zu 1,15) καὶ οἶνον καὶ ἔλαιον καὶ σεμίδαλιν (feinstes Weizenmehl, simila vg., similago g; triticum Pr.; Plin. H. N. XIII 20: Similago ex tritico fit laudatissimo) καὶ σῖτον καὶ κτήνη (hier Zugvieh, nicht allgemeiner Ausdruck für Vieh) καὶ πρόβατα[26] καὶ ἵππων καὶ ῥεδῶν (wie oben V. 12 der Gen. in den Akkus., so geht hier am Schluß wieder der Akkus. in den Gen. über; zu ergänzen ist γόμον. ῥέδαι = rhedae sind vierräderige (Luxus-) Wagen, s. d. Stellen bei Wtst.) καὶ σωμάτων, καὶ ψυχὰς ἀνθρώπων: „Und Leiber und Menschenseelen" σώματα = δοῦλοι; vgl. Tob. 10,10 σώματα καὶ κτήνη, ἀργύριον. Züllig erklärt die σώματα als Lustmädchen (Leibverkäuferinnen). Zum zweiten Ausdruck vgl. Ez LXX 27,13; I Chron 5,21; nach Wtst. sollen es Gladiatoren sein, nach Ew. II weibliche Sklaven. ψυχή ist aber doch wohl ganz einfach der bis heute noch bekannte Ausdruck für Sklaven, Leibeigene; vgl. zum Ganzen Ez 27,5-7.12-25. Man beachte in dieser Aufzählung den genauen Rhythmus. Die Glieder ordnen sich zwei bei zwei und in Gruppen zu vier: Zimmet und Rauchwerk, Myrrhe und Weihrauch — Wein und Öl, Feinmehl und Weizen — Zugvieh und Schafe, Pferde und Wagen — Sklaven und Menschenseelen. Demnach möchte ich vorschlagen, doch καὶ ἄμωμον am Anfang zu streichen. Die Haarsalbe paßt in den Zusammenhang, wo Rauchwerk aufgezählt wird, nicht hinein.

18,14. καὶ ἡ ὀπώρα σου τῆς ἐπιθυμίας τῆς ψυχῆς[27] ἀπῆλθεν ἀπό σου Luth.: Das Obst, da Deine Seele Lust daran hatte. καὶ πάντα τὰ λιπαρὰ (fettglänzend Jes 30,23) καὶ τὰ λαμπρὰ ἀπώλοντο (-ετο)[28] ἀπό σου (Ps LXX 141,5 ἀπώλετο φυγὴ ἀπό μου). καὶ οὐκέτι αὐτὰ οὐ μὴ (οὐ μὴ αὐτὰ)[29] εὕρῃς[30]. Wegen des Wechsels in der Anrede und der sichtlichen Störung des Zusammenhangs schlug schon Vitringa vor, den Vers zwischen V. 23 und 24 zu stellen. Ebenso Ew. II, Vlkm., B. Weiß, vgl. Hltzm.; Ew. I hält ihn für eine Randbemerkung. Der Zusammenhang wird in der Tat empfindlich durch diesen Vers gestört.

18,15. οἱ ἔμποροι τούτων (nämlich aller V. 11-14 genannten Dinge)οἱ πλουτήσαντες ἀπ᾽ αὐτῆς ἀπὸ μακρόθεν στήσονται διὰ τὸν φόβον τοῦ βασανισμοῦ (s. V. 10) αὐτῆς κλαίοντες καὶ πενθοῦντες[31] (s. V. 11), 18,16: λέγοντες· οὐαὶ οὐαὶ[32] (s. V. 10) ἡ πόλις ἡ μεγάλη ἡ περιβεβλημένη (17,4) βύσσινον[33] καὶ πορφυροῦν[34] (πορφύραν) καὶ κόκκινον καὶ κεχρυσωμένη [ἐν][35] χρυσίῳ καὶ λίθῳ τιμίῳ καὶ μαργαρίτῃ[36], 18,17. ὅτι μιᾷ ὥρᾳ (s. V. 10) ἠρημώθη ὁ τοσοῦτος πλοῦτος. So großer Reichtum, wie ihn diese Stadt besaß. Beachte den gleichmäßigen Aufbau des Ganzen. V. 15-16 sind genau parallel V. 10-11.

18,17. καὶ πᾶς κυβερνήτης καὶ πᾶς ὁ ἐπὶ τόπον[37] πλέων (Apg 27,2 πλεῖν εἰς τοὺς κατὰ τὴν Ἀσίαν τόπους; richtig de W. „Küstenfahrer"; Hltzm. „jeder nach bestimmtem Ort Schiffende“) καὶ ναῦται καὶ ὅσοι τὴν θάλασσαν ἐργάζονται (was alles auf dem Meer arbeitet, das gesamte Schiffspersonal; Hltzm.) ἀπὸ μακρόθεν ἔστησαν. Ez 27,27-30, besonders 27,28f.: „Von dem lauten Geschrei Deiner Steuerleute werden die Gefilde (?) erdröhnen. Da werden denn alle, die das Ruder handhaben, von ihren Schiffen herabsteigen, die Matrosen, alle Steuerleute des Meeres, werden das Land betreten“. 18,18. καὶ ἔκραξαν[38] βλέποντες τὸν καπνὸν τῆς πυρώσεως (V. 9) αὐτῆς λέγοντες· τίς ὁμοία τῇ πόλει τῇ μεγάλῃ[39]; 13,4. 18,19. καὶ ἔβαλον χοῦν ἐπὶ τὰς κεφαλὰς αὐτῶν καὶ ἔκραξαν[40] κλαίοντες καὶ πενθοῦντες λέγοντες·[41] οὐαὶ οὐαὶ (V. 10.15) ἡ πόλις ἡ μεγάλη, ἐν ᾗ ἐπλούτησαν πάντες οἱ ἔχοντες τὰ πλοῖα ἐν τῇ θαλάσσῃ ἐκ τῆς τιμιότητος αὐτῆς (von ihrer, der Stadt, Kostbarkeit, d. h. von den in ihr enthaltenen Schätzen), ὅτι μιᾷ ὥρᾳ ἠρημώθη (V. 15). Ez 27,30: „Sie werden über Dich wehklagen und werden bitter schreien und Sand auf ihr Haupt werfen.“ 27,33. „Du hast alle Völker mit deinem Reichtum angefüllt — und hast reich gemacht alle Könige der Erde.“

18,20. Der Ruf des Sehers. 18,20. εὐφραίνου ἐπ’ αὐτῇ, οὐρανὲ καὶ οἱ[42] (Art. beim Vok. s. o. S. 164) ἅγιοι καὶ οἱ ἀπόστολοι (s. u.) καὶ οἱ προφῆται. Vgl. 12,12; Jer 51,48: „Da werden dann über Babel Himmel und Erde samt allem, was in ihnen ist, frohlocken.“ Dt 32,43; Jes 44,23. Die für diesen Vers das Muster abgebende Stelle Jer 51,48 ist nur im Urtext vorhanden. ὅτι ἔκρινεν ὁ θεὸς τὸ κρίμα ὑμῶν ἐξ αὐτῆς. Denn Gott hat euer Gericht — das Gericht für euch — an ihr (s. o. S. 167) vollzogen. 19,2. Über οἱ ἀπόστολοι καὶ οἱ προφῆται s. u. den Exkurs.

18,21-24. Das Symbol der Vernichtung. 18,21. καὶ ἦρεν εἷς (8,13; S. 165) ἄγγελος ἰσχυρὸς[43] (5,2; 10,1) λίθον ὡς μύλον[44] μέγαν (wie einen großen Mühlstein) καὶ ἔβαλεν εἰς τὴν θάλασσαν λέγων· οὕτως ὁρμήματι (I Mak 4,8; B. Weiß; Weizs. „mit einem Schwung“) βληθήσεται Βαβυλών, ἡ μεγάλη πόλις καὶ οὐ μὴ εὑρεθῇ ἔτι. Die Symbolik ist nach Jer 51,63f. gebildet, wo auf Befehl des Jeremias Seraja das tut, was hier von Seiten des Engels geschieht. Man vergleiche aber auch die Schilderung des Untergangs Babels. Sib. V 158:

ἥξει δ’ οὐρανόθεν ἀστὴρ μέγας εἰς ἅλα δῖαν
καὶ φλέξει πόντον βαθὺν αὐτήν τε Βαβυλῶνα
Ἰταλίης γαῖάν θ’, ἧς εἵνεκα πολλοὶ ὄλοντο.

Vgl. ib. V 163: ἀλλὰ μενεῖ ... πανέρημος, ib. 175: κ’ οὐκέτι σου σημεῖον ἔτ’ ἔσσεται ἐν χθονὶ κείνῃ.

18,22. καὶ φωνὴ κιθαρῳδῶν καὶ μουσικῶν (Sängern) καὶ αὐλητῶν καὶ σαλπιστῶν οὐ μὴ ἀκουσθῇ ἐν σοὶ ἔτι, καὶ πᾶς τεχνίτης πάσης τέχνης[45] οὐ μὴ εὑρεθῇ ἐν σοὶ ἔτι, καὶ φωνὴ μύλου οὐ μὴ ἀκουσθῇ ἐν σοὶ ἔτι. Ez 26,13: καὶ καταλύσει τὸ πλῆθος τῶν μουσικῶν σου, καὶ ἡ φωνὴ τῶν ψαλτηρίων σου οὐ μὴ ἀκουσθῇ ἔτι. Jes 24,8: πέπαυται εὐφροσύνη τυμπάνων ... πέπαυται φωνὴ κιθάρας. Jer 25,10 „die Stimme (das Geräusch) der Mühle" (LXX ὀσμὴν μύρου). 18,23. καὶ φῶς λύχνου (Jer 25,10) οὐ μὴ φάνῃ ἐν σοὶ ἔτι, καὶ φωνὴ νυμφίου καὶ νύμφης οὐ μὴ ἀκουσθῇ ἐν σοὶ ἔτι (Jer 25,10 „Bräutigamsjubel und Brautjubel". 7,34; 16,9; 33,11)[46], ὅτι οἱ[47] ἔμποροί σου ἦσαν οἱ μεγιστᾶνες (6,15) τῆς γῆς. Etwas vom Neide der Orientalen auf den glänzenden Handel Roms kommt hier zum Ausdruck. Zum Schluß folgt eine kategorische Aufzählung der Verschuldungen Babels. Die nun folgenden Sätze stehen also sämtlich parallel. ὅτι ἐν τῇ φαρμακίᾳ σου (9,21) ἐπλανήθησαν πάντα τὰ ἔθνη. Na 3,4: ἡ πωλοῦσα ἔθνη ἐν τῇ πορνείᾳ αὐτῆς καὶ λαοὺς ἐν τοῖς φαρμάκοις αὐτῆς. Sib. V 165: ὅτι φαρμακίην ἐπόθησας·. Mit φαρμακία ist die verführerische Zauberei der Hure gemeint, die in ihrem Zauberbecher die Völker trunken macht. 18,24. καὶ ἐν αὐτῇ αἷμα[48] προφητῶν καὶ ἁγίων εὑρέθη καὶ πάντων τῶν ἐσφαγμένων ἐπὶ τῆς γῆς. 11,8; 16,6; Jer 51,35: „Mein Blut komme auf die Bewohner Chaldäas, spreche Jerusalem." 51,49: „Babel muß fallen ... wie um Babels willen Erschlagene auf der ganzen Erde fallen müssen." Ez 24,7: „Das von ihr vergossene Blut ist mitten in ihr." Der letzte Vers steht mit ganz besonderer Bedeutung am Schluß. Man beachte, daß hier der Mord der „Heiligen", nicht der Frevel des Cäsarenkultes den Seher als die Hauptsünde gilt. Über die Propheten, Heiligen und Erschlagenen wird sogleich im Zusammenhang geredet werden.

EXKURS ZU KAP. 18.

Die meisten Kritiker (Vlt., Weyl., Erb., Schmidt) betrachten Kap. 17 und 18 als zusammengehörig. Sabatier sieht in Kap. 17 und 18 zwei verschiedene Fragmente, Schön betrachtet 17 als Einleitung zu 18. Sp. machte darauf aufmerksam, daß die Stellung der Könige und Händler der Erde zu Babel eine andere sei als die in Kap. 17 (doch vgl. 17,2), in dem geweissagt wird, daß die Könige die Hure verbrennen, und sucht seinerseits dieser Schwierigkeit zu entgehen, indem er die zweite Hälfte von Kap. 17 streicht (s. o.); vgl. Pfleiderer II 321ff. J. Weiß nimmt an, daß Kap. 18 unmittelbar zu der ersten der drei von ihm angenommenen Schichten in Kap. 17 gehöre. Hier sei von dem Strafgericht die Rede, das Gott selbst, nicht das Tier, an Rom vollziehe 18,21. Vom Tiere oder gar vom Kaiserkult werde hier nirgends gesprochen. Ich kann auch hier Weiß nicht folgen. Daß Apk 18 im großen und ganzen nicht vom Apok. letzter Hand stammt, halte auch ich für wahrscheinlich. Es fehlen alle die ihn charakterisierenden Spezifika. Aber ich nehme an, daß Kap. 18 ursprünglich zu der von mir postulierten Vespasianquelle gehörte. An die Weissagung von der Zerstörung Roms durch Nero und die Parther schließt sich gut die Droh- und Klagerede über Babel. Daß hier der Untergang Babels durch keine Andeutung auf Nero zurückgeführt, sondern Gott zugeschrieben wird (18,5 vgl. 19,1f.), ist mindestens kein Widerspruch, wenn es freilich auffällig bleibt, daß in dem Liede die konkreten Verhältnisse von Kap. 17 nicht mehr berührt werden. Entscheidend ist — abgesehen von der schattenhaften Existenz der von Sp., J. Weiß angenommenen Urquelle von Kap. 17 (s. o.) — für mich die zu Kap. 17 und 18 in der sibyllinischen Literatur vorliegende Parallele. An mehreren Stellen, namentlich des fünften Buches, schließen sich hier an die konkrete Weissagung vom wiederkehrenden Nero ähnliche allgemein gehaltene Drohreden gegen Rom (s. o. S. 412f.). Auch finden sich direkte Berührungen mit den sibyllinischen Drohreden gegen Babel im 5. Buch der Sib.[49] (s. o. S. 413). Bemerkenswert ist, daß das alte Testament, wie aus einer Reihe von Beobachtungen hervorgeht, nicht nach der LXX, sondern im Urtext benutzt zu sein scheint. — Von hier aus wird sich nun auch ein Urteil über die von der Kritik viel behandelten Verse 20 und 24 gewinnen lassen. Es scheint mir doch sehr wahrscheinlich, daß das an unpassender Stelle stehende καὶ οἱ ἀπόστολοι V. 20 von dem Überarbeiter letzter Hand stammt. Das an beiden Stellen übrig bleibende ἅγιοι καὶ προφῆται (17,6 ἅγιοι, vgl. übrigens auch 11,18) kann sich dann ebenso gut auf die Zerstörung von Jerusalem und die Vernichtung des jüdischen Volkstums bei Annahme einer jüdischen Quelle, als auf die Christenverfolgung in Rom, bei der übrigens auch das οἱ ἀπόστολοι passen würde, bei Annahme einer christlichen Quelle beziehen. Das πάντων τῶν ἐσφαγμένων ἐπὶ τῆς γῆς V. 24 stammt dagegen aus dem alten Testament (s. o. Kommentar) und braucht nicht ausgedeutet zu werden[50]. Es muß also auch hier unentschieden bleiben, ob die Vespasianquelle (17-18) jüdischen oder christlichen Ursprungs ist.

Fußnoten:

1. εν AP An.[123] vg. P (Tic.); d. übr. >.
2. An.[1] εν μεγαλη φωνη; cle. tol. Tic. εν ισχυι; Hipp.h εν ισχυι φωνη μεγαλη.
3. επεσεν zweimal A(P) An.[13] 95 g vg. s[12] (a) Hipp. Tic.; d. übr.: dreimal.
4. ℵAQ 95; d. übr. δαιμονων, vgl. 9,20; 16,14. Der Apok. gebraucht δαιμονιων nicht δαιμονων.
5. Die Handschriften variieren mannigfach. Pr. 34. 121 haben hinter πνευμ. ακαθ. ein: και φυλακη παντος θηριου ακαθαρτου. s[2] hat dieselbe Wendung am Schlusse des Verses. Dagegen lesen A Hipp.h statt ορνεου: θηριου. Bezeichnen wir die Glieder πνευματος, θηριου, ορνεου mit I II III, so lesen Pr. 34. 121: I II III; g s[2] I III II; A Hipp.h I II; ℵPQ Rel. vg. I III; P An. s[1] Hipp.e.r nur I. Anm: Die auf der nächsten Seite fortgesetzte Anmerkung wurde hier vervollständigt Ebenso schwankt die Bezeugung des και μεμισημενου: in I lesen es A g s[1] Hipp.h, in II A g s[2] Hipp.h, am Schluß fast alle Zeugen. Bei der Einschiebung des Gliedes mit θηριου liegt vielleicht Einfluß der LXX vor. Es scheint das beste, alle drei (zwei) Glieder jedesmal mit μεμισημενου am Schluß zu lesen. Die Varianten erklären sich dann per Homoiotel.
6. εκ του θυμου του οινου P An. g c a (ae.) Hipp.; > του οινου A(C) am. fu. tol. lips.[56]; Pr. s[1] > θυμου; man könnte eher geneigt sein, mit Pr. θυμου, als mit AC vg. οινου fortzulassen.
7. πεπτωκασιν AC (αν) ℵQ An.[5] 51. 95 al c ae. Hipp.; πεπωκασιν (πεπωκαν, πεποκαν, πεπωκε, πεποκε πεποτικε s. Studien 11) P Rel. g vg. s[12] a Tic. Letztere Lesart ist wegen 14,8 (vgl. 17,2) vorzuziehen.
8. ℵA An.[2] (P An. εξελθετε) g vg. c a s[12] Tic. Hipp.; εξελθε CQ Rel., Cypr. Pr.
9. ℵCP 38 ae.; d. übr. εξ αυτης ο λαος μου; An.[1] > εξ αυτης.
10. ℵC Rel.; > τα APQ An. Hipp.
11. Über die beiden Korrekturen in P An. διπλωσατε + αυτη, und in Q Rel. τα διπλα + ως και αυτη s. Studien 4.
12. + αυτης Q Rel. (exc. An.[12] 95 ae.) s[12].
13. > An.[15] g vg. Cypr. Tic.

14. καθιω Q 14. 92; καθως Rel. (exc. An. 95 al.).
15. 92. Cypr. Pr. εν μια ωρα (s. V. 10).
16. > Q Rel. (exc. An. 95) (Cypr.).
17. א ο θεος ο κυριος; > κυριος A 95 vg. ae.; > θεος 6. 31. 38 al. s^{1} Pr.
18. κλαυσονται אA An.^{1} Hipp.e.r, Korrektur der ungewöhnlichen Form. (κλαυσουσιν liest auch Hipp.); + αυτην P An.^{12} s^{1}.
19. A An.^{12} 95; d. übr. επ' αυτην (S. 166); 14. 92. Pr. >.
20. Q Rel. vg. Hipp.; κλαιουσιν και πενθουσιν אACP An.^{13} 95 g Pr.; Hipp. der auch V. 9 κλαυσουσιν las, scheint den Ausschlag für das Futurum zu geben.
21. επ' αυτην אCP; d. übr. επ' αυτη (A εν αυτη).
22. μαργαριτων א An.^{4} 95 g c s^{12} Pr.; μαργαριτας CP Hipp.; μαργαριταις A fu.; μαργαριτου Q vg. a. ae ist wegen 18,16 zu akzeptieren.
23. אC An.^{45} 95 Hipp.; d. übr. πορφυρου; A >; Pr. σιρικου και πορφυρου.
24. κιν(ν)αμωμου אQ al. Pr. ist gedankenlose Konformation nach dem vorhergehenden.
25. אACP An.$^{(2)4}$ 6. 11. 12 al. g a fu. tol. lipss. s^{2} ae; > και αμωμον Q Rel. cle. dem. c s^{1} a Pr. Hipph. Es kann entweder der Zusatz durch Dittographie oder die Auslassung per Homoiotel. erklärt werden (s. o.).
26. και προβατα και κτηνη Q Rel. (exc. An. 95); sa > και κτηνη.
27. אACP An.^{4} 95 am fu. tol. Hipp.; (>σου) της επιθυμιας της ψυχης + σου Q Rel. g cle. dem. lips. (s^{1}) (sa > σου + αυτων).
28. א An.^{345} απωλοντο; d. übr. απωλετο.
29. ου μη αυτα אA 35. 38. 95 Pr. Hipp.e.r; αυτα ου μη CPQ Rel. g vg. s^{1} Hipp.h; An. αυτα hinter ευρ.
30. ευρησουσιν אACP An.^{4} 51 vg. s^{12} a Hipp.h; ευρης (ευρησεις) Q Rel. Pr. Hipp.e.r.s (g Doppellesart invenient -es); nach ου μη steht in der Apk der Konj. s. o. S. 171.
31. + και P An. vg. s^{1} ae. Hipp.e.r.s Pr.
32. > ουαι Q Rel. (exc. An. 38. 95) Hipp.
33. βυσσον Q Rel. (exc. An. 38. 95).
34. πορφυραν P An.^{4} al. g Pr.
35. אC An.^{13}; > d. übr.
36. μαργαριτη אACP 95 c ae. Hipp.h Pr.; d. übr. μαργαριταις vgl. V. 12.
37. ο επι των πλοιων P An. (s^{1}) ae. Tic. (Hipp.); sa. επι των ποταμων.
38. εκραξαν ACP An.^{4} 95 g vg. Tic. Hipp.; d. übr. εκραζον. Der Sprachgebrauch der Apk empfiehlt den Aor.; s. o. 169.
39. C g vg Pr. + ταυτη.
40. εκραξαν AC 1. 35 vg. Hipp. s. o.

41. ℵAC 1 An.[4] 95 g cle. fu. dem. tol. lips. c Hipp.; d. übr. και λεγοντες.
42. > και οι C An.[1] g cle. dem. tol. lips.[46] a.
43. > ισχυρος λιθον + ισχυρον ℵ; > ισχυρος A s[2] Tic. (Vgl. d. Var. zu 5,2).
44. μυλινον AC ist einfaches Versehen, λιθον ℵ Korrektur.
45. πασ. τεχν. > ℵA c.
46. Hier wäre dann etwa der oben an zweifelhafter Stelle stehende V. 14 einzusetzen (B. Weiß).
47. > A 95.
48. αιματα Q Rel.
49. Vgl. auch noch Sib. VIII 37ff. (ἥξει σοι ποτ' ἄνωθεν ἴση, ὑψαύχενε Ῥώμη, οὐράνιος πληγή ... πῦρ σε ὅλην δαπανήσει ... καὶ πλοῦτος ὀλεῖται ... καὶ σὰ θέμειλα λύκοι καὶ ἀλώπεκες οἰκήσουσι ... καὶ τότ' ἔσῃ πανέρημος ὅλως ὡς μὴ γεγονυῖα). Vgl. VIII 73ff. 86f. (πτῶσις ὅταν ἔλθῃ πόλεων καὶ χάσματα γαίης; s. Ap. 16,19f.).
50. Mommsen V 522 bezog diese Stelle darauf, daß die Vollstreckung der Todesurteile, resp. der Verurteilungen zum Tierkampf, die vielfach am Gerichtsort nicht stattfinden konnte, in Rom erfolgte.

E. DER ABSCHLUß DER BABEL-WEISSAGUNG.

19,1-8. Die himmlischen Lobgesänge. Die ungeheure Tatsache des Falles Babels wird durch eine Reihe von himmlischen Lobgesängen gefeiert. 19,1. μετὰ ταῦτα ἤκουσα ὡς[1] (S. 172) φωνὴν μεγάλην ὄχλου πολλοῦ[2] (V.6; 7,9) ἐν τῷ οὐρανῷ λεγόντων· (auf τοῦ ὄχλου bezogen) ἀλληλουϊά (V. 4 und 6, nur hier im neuen Testament), ἡ σωτηρία καὶ ἡ δόξα [καὶ ἡ δύναμις][3] τοῦ θεοῦ ἡμῶν. 7,10; (11,15); 12,10. Es ist an die Stimme von Engelsscharen, oder an die der seligen Vollendeten zu denken. Hallelujah ist die aus den Psalmen bekannte Formel: Lobet Jahwe. Zu σωτηρία vgl. das zu 12,10 Bemerkte. 19,2. ὅτι ἀληθιναὶ καὶ δίκαιαι αἱ κρίσεις αὐτοῦ (15,3; 16,7), ὅτι ἔκρινεν τὴν πόρνην τὴν μεγάλην. Es ist nicht sicher auszumachen, ob die beiden auf einanderfolgenden Sätze mit ὅτι parallel laufen oder ob der erste vom zweiten abhängig ist. ἥτις (steht begründend 1,7; 12,13) ἔφθειρεν[4] τὴν γῆν ἐν τῇ πορνείᾳ αὐτῆς (Jer 51,25) καὶ ἐξεδίκησεν τὸ αἷμα τῶν δούλων αὐτοῦ ἐκ χειρὸς αὐτῆς. Es ist möglich, daß hier von δοῦλοι im besondern Sinn (s. zu 1,2) die Rede ist, denn der Lobgesang schaut auf 18,20.24 zurück. Während 6,10 gefragt wird, wann die Rache Gottes kommen soll, 11,18 fast in denselben Formeln wie hier gesagt wird, daß die Zeit gekommen sei, schaut nun dieser Vers auf die vollzogene Tatsache zuruck (Hltzm.). 19,3. καὶ δεύτερον εἴρηκαν· ἀλληλούϊα, καὶ ὁ καπνὸς αὐτῆς (18,9.18) ἀναβαίνει εἰς τοὺς αἰῶνας τῶν αἰώνων. 14,11 wird dasselbe (ὁ καπνὸς τοῦ βασανισμοῦ αὐτῶν) von den Tieranbetern behauptet. Vgl. Jes 34,10.

19,4. καὶ ἔπεσαν οἱ εἴκοσι τέσσαρες πρεσβύτεροι (οἱ πρ. οἱ εἰκ. τεσσ.)[5] καὶ τὰ τέσσαρα ζῷα καὶ προσεκύνησαν τῷ θεῷ τῷ καθημένῳ ἐπὶ τῷ θρόνῳ (S. 165) λέγοντες· ἀμὴν ἀλληλούϊα. Wie 11,16; 14,3 (vgl. 15,7; Ps 106,48) greift der Apok. auch hier am Schluß wieder zu der zuerst entworfenen himmlischen Szenerie zurück. 19,5. καὶ φωνὴ ἀπὸ[6] τοῦ θρόνου ἐξῆλθεν λέγουσα· αἰνεῖτε τῷ θεῷ ἡμῶν (S. 163) πάντες οἱ δοῦλοι αὐτοῦ. Jer 20,18; Ps Salom 2,37. Die Stimme, die von dem Throne ausgeht, scheint die des Lammes zu sein. Dann ist immerhin merkwürdig, daß hier von θεὸς ἡμῶν die Rede ist. Ps LXX 133,1: ἰδοὺ δὴ εὐλογεῖτε τὸν κύριον πάντες οἱ δοῦλοι κυρίου. Ps LXX 134,1 αἰνεῖτε τὸ ὄνομα κυρίου, αἰνεῖτε δοῦλοι κύριον. — [καὶ][7] οἱ φοβούμενοι αὐτόν, οἱ μικροὶ καὶ οἱ μεγάλοι (stereotyper Sprachgebrauch der Apk, S. 176); vgl. das zu 11,18 Bemerkte.

19,6. καὶ ἤκουσα ὡς[8] φωνὴν ὄχλου πολλοῦ καὶ ὡς[9] φωνὴν ὑδάτων πολλῶν καὶ ὡς φωνὴν βροντῶν ἰσχυρῶν (14,2) λέγοντες·[10] ἀλληλούϊα, ὅτι ἐβασίλευσεν (11,15) κύριος ὁ θεὸς ἡμῶν ὁ παντοκράτωρ (S. 176). Es ist doch wahrscheinlich die ganz irreguläre Partizipialkonstruktion λέγοντες zu lesen. Sp., Hltzm. machen darauf aufmerksam, daß der Gedanke der Königsherrschaft Gottes die salamonischen Psalmen beherrsche. 2,30.32; 5,18f.; 17,1.4.34.46. 19,7. χαίρωμεν καὶ ἀγαλλιῶμεν (Ps 118,24) καὶ δῶμεν[11] τὴν δόξαν αὐτῷ, ὅτι ἦλθεν ὁ γάμος τοῦ ἀρνίου καὶ ἡ γυνὴ αὐτοῦ ἡτοίμασεν ἑαυτήν. Das Weib oder die Braut des Messias ist nach dem Sinne des Apok. Neujerusalem. Das Bild ist bemerkenswert, es erinnert zunächst an die alttestamentliche Vorstellung von der Ehe Gottes mit Israel. Aber es ist möglich, daß hier ein altes mythologisches Motiv mitwirkt. Der vom Kampf siegreich zurückkehrende Held bekommt die Braut! Dieser Zug erscheint hier (21,9; 22,17) auf den Messias übertragen. Er gilt auch schon in den Evangelien als Bräutigam. Mk 2,19 u. Par.; Joh 3,29 (vgl. die Gleichnisse von der Hochzeit Mt 22,1ff.; 25,1ff.; Lk 12,35ff. und II Kor 11,2). Auch in der jüdischen Apokalyptik erscheint Zion als Weib IV Es 9,38; 10,25ff. Die kurze Andeutung des Apok. ist übrigens proleptisch und weist auf Kap. 21 voraus; sie ist in absichtsvoll mysteriösem Tone gehalten. So redet auch der Verfasser des Epheserbriefes in geheimnisvollem Ton von der Ehe zwischen Christus und der Kirche. Vgl. Zimmern KAT[3] 394, der das Hochzeitsfest Marduks mit Zarpanitu (am Neujahrstag? s. Zimmern 371) hier heranzieht. Z. erinnert auch an den gnostischen Mythus von der Hochzeit des Σωτήρ mit der gefallenen Σοφία. (Anz, Ursprung d. Gnostizismus, 97). 19,8. καὶ ἐδόθη αὐτῇ, ἵνα (6,4) περιβάληται (S. 163f.) βύσσινον λαμπρὸν[12] καθαρόν. 15,6 Gegenbild 17,4. τὸ γὰρ βύσσινον τὰ δικαιώματα τῶν ἁγίων ἐστί. δικαιώματα sind die Rechtstaten, nicht die Gerechterklärungen (Ew. II, B. Weiß); in derselben Bedeutung steht das Wort 15,4, vgl. Bar 2,19; Röm 5,18; Hltzm.; vgl. 7,14; Mt 22,11ff.; Ez 16,10. Der Vers sieht wie eine recht nichtssagende Zutat eines müßigen Abschreibers aus.

Exkurs. Es scheint mir klar zu sein, daß nur der Apok. letzter Hand diese Verse geschrieben haben kann. Sie stehen mit allen Teilen der Apk in inniger Verbindung. Vgl. V. 1 mit 7,9, V. 2a mit 15,6; 16,5., 2b mit Kap. 17. 18 (vgl. 11,18); 2c mit 6,10, V. 3 mit 14,11, V. 4 mit Kap. 4, V. 5 mit 11,18, V. 6 mit 14,1ff., V. 7f. mit Kap. 21. Ferner beachte das manirierte ὡς (V. 1 und 6), V. 1 ἡ σωτηρία, V. 2 ἀληθιναὶ καὶ δίκαιαι, ἐκδικεῖν ἐκ, V. 4 προσεκυνεῖν τῷ θεῷ τῷ καθημένῳ ἐπὶ τῷ θρόνῳ, ἐκ τοῦ θρόνου, V. 5 οἱ μικροὶ καὶ οἱ μεγάλοι, V. 6 κύριος ὁ θεὸς ἡμῶν ὁ παντοκράτωρ, V. 7 ὅτι „ἦλθεν" ὁ γάμος τοῦ ἀρνίου[13].

19,1-8 rückt unter denselben Gesichtspunkt, wie Kap. 7,9ff.; 11,14—18; 14,1-5; 15,1-3. Jedesmal schiebt der Apok. hinter den grauenvollen Gerichtsszenen als Gegenstück ein freundliches Lichtbild ein. Besonders in diesem Stück tritt die Art seiner Arbeit dabei deutlich hervor. Er sucht sich das Material aus allen möglichen verschiedenen Stücken zusammen, weiß aber doch wieder ein einheitliches Ganzes zu schaffen und ein Stück aus alledem zusammenzuweben, das in lauter Licht und Jubel getaucht erscheint.

19,9. καὶ λέγει μοι. Es wird nicht ganz klar, wer der zu dem Seher Redende sein soll. Die einfachste Annahme bleibt es, daß der 17,1 eingeführte Schalenengel gemeint sei. γράψον· μακάριοι (14,13 u. ö. s. o. S. 176) οἱ εἰς τὸ δεῖπνον τοῦ γάμου[14] τοῦ ἀρνίου κεκλημένοι· καὶ λέγει μοι· οὗτοι οἱ λόγοι [οἱ][15] ἀληθινοὶ [τοῦ θεοῦ] εἰσιν[16]. Liest man τοῦ θεοῦ, so muß man notwendig mit wenigen Zeugen οἱ ἀληθινοί lesen, und übersetzen: „Dies sind die wahrhaftigen Worte Gottes." Ohne das οἱ läge hier jedenfalls eine grammatische Härte und Unklarheit vor (vgl. die Übersetzung von Züllig; de W.: Diese Worte sind wahre [sc. Worte] Gottes). Die Schwierigkeit aber liegt eigentlich in dem τοῦ θεοῦ. Dies τοῦ θεοῦ steht nun in den Handschriften an drei verschiedenen Stellen und ist vielleicht als Glosse zu beseitigen, da auch 21,5 dieselben Worte in Q Rel. eingeschoben sind. Dann wäre einfach zu übersetzen: Diese Worte sind wahr, also wie 21,5; 22,6. 19,10. καὶ ἔπεσα ἔμπροσθεν τῶν ποδῶν αὐτοῦ προσκυνῆσαι αὐτῷ. προσκυνεῖν ist hier im Sinne einer Gott zu Teil werdenden Verehrung konstruiert (s. o. S. 163). Wie der Seher dazu kommt, den Engel anzubeten, ist nicht gesagt. Kaum ist die Anschauung des Apk die, daß der Seher den Engel fälschlich für Gott oder Christus gehalten habe (s. u.). καὶ λέγει μοι· ὅρα μή· σύνδουλός σου εἰμὶ καὶ τῶν ἀδελφῶν σου τῶν ἐχόντων τὴν μαρτυρίαν Ἰησοῦ[17]. τῷ θεῷ προσκύνησον (S. 163). Ursprünglich wenigstens ist mit μαρτυρία Ἰησοῦ nur die christliche Offenbarung schlechthin gemeint. Der Engel will also nur Mitknecht der Propheten und der übrigen Gläubigen sein. Dieser Satz wird aber nun im folgenden tendenziös umgebogen. ἡ γὰρ μαρτυρία Ἰησοῦ ἐστιν τὸ πνεῦμα τῆς προφητείας. Das Zeugnis Jesu wird hier nachträglich bestimmt als der Geist der Prophetie. Die Brüder, die das Zeugnis Jesu in diesem Sinne haben, sind also entweder die Propheten, oder die Gläubigen, aber nur insofern sie im Besitz prophetischer Offenbarung sind. Das γάρ ist demgemäß nicht begründend, sondern erläuternd (nämlich). Der ganze Satz (beachte auch seine Stellung hinter τῷ θεῷ προσκύνησον) macht den Eindruck einer ungeschickt eingeschobenen Glosse[18].

Mehrere Gründe sprechen dafür, daß in V. 9-10 wieder ein fest überliefertes Stück vom Apok. eingesetzt ist. Zunächst deutet die plötzliche und unerwartete Einführung dieser Szene bereits darauf hin. Dann erklärt sich so am besten, daß zu derselben 22,8ff. eine vollkommene Doublette vorliegt. Eine Parallele findet sich überdies Himmelfahrt Jes 7,21: et cecidi in faciem meam, ut adorarem eum, et non dimisit me angelus, qui me instruebat, et dixit mihi: noli adorare angelum neque thronum istius coeli. — Es ist möglich, daß der Apok. das vorliegende Stück seiner Quelle, der er in Kap. 17. 18 folgt, entlehnt hat, da in dieser der offenbarende Engel eine so große Rolle spielt. Die Annahme würde sich noch mehr empfehlen, wenn sich herausstellen würde, daß auch das Gesicht vom himmlischen Jerusalem derselben Quelle entstammte. Denn dann würde sich erklären, weshalb der Apok. am Abschluß dieser Vision eine Doublette unsrer Erzählung bringt. — Jedenfalls verfolgte er — und schon sein Vorgänger — mit diesem Stück eine polemische Tendenz. Er polemisiert gegen jüdischen, resp. judenchristlichen Engelkultus. Spuren eines solchen Engelkultus liegen vor Kol 2,18f.23 (vgl. 2,8.15). Ausdrücklich wird den Juden Engelkult vorgeworfen im Kerygma Petri bei Clemens Alexandrinus Strom. VI 5,41, in der syrischen Rezension der Apologie des Aristides c. 14 (übers. v. Hennecke S. 24), von Celsus bei Origenes c. Cels. I 26 (V 6). Auch der Hebräerbrief wendet sich in den ersten Kapiteln sichtlich gegen die Gefahr übertriebener Engelverehrung. Dagegen sind die Verfasser von II Pt u. Jud. offenbar auf Seite der Engelverehrung und Gegner ihrer „Lästerer". Vgl. Bousset Relig. d. Judent. 324f. Über Spuren vom Engelkult im späteren Judentum: W. Lueken Michael 6ff.

Der Apok. hat, wie schon gesagt, diese Szene zweimal in seiner Apk bearbeitet, das erste Mal hier und das zweite Mal 22,8ff. Zwischen beiden Stellen liegt aber ein bemerkenswerter Unterschied vor. Denn dort bezeichnet sich der Engel als Mitknecht des Apok. „und deiner Brüder der Propheten und derer, die die Worte dieses Buches bewahren". An dieser Stelle tritt also die Tendenz möglichst hoher Schätzung des Propheten und des Prophetentums auf das deutlichste hervor. Dieselbe absolute Wertung des Propheten und des Mittlers zwischen irdischer und himmlischer Welt, die 22,8f. mit dürren Worten ausgesprochen ist, wird an unsrer Stelle erst durch die nachfolgende Glosse, in welcher der Begriff μαρτυρία umgedeutet wird, erreicht. Man kann nun demgemäß vermuten, daß der Apok., der dasselbe Stück aus einer älteren Tradition zweimal bearbeitete, das erste Mal ziemlich ungeschickt seine eigne Anschauung erst in einer nachträglichen Glosse eingebracht habe, und daß ihm erst beim zweiten Wurf die Einarbeitung besser gelungen ist. Aber dagegen läßt sich allerdings der Einwand erheben, daß schon 19,10a τῶν ἐχόντων τὴν μαρτυρίαν Ἰησοῦ ziemlich deutlich die Hand des Apok. verrät. Es ist daher wahrscheinlich, daß die Glosse in V. 10 erst nachträglich von der Hand eines Schreibers hinzugefügt wäre, der 19,10ff. mit 22,8f. auszugleichen versuchte.

Fußnoten:

1. An.[1] 38 s[12] a g Tic. Pr.
2. οχλων πολλων vg. s[1] Pr.

3. ℵcACP An.^{12} s^{1} a vg. Tic.; d. übr. κ. η δυν. κ. η δοξ. (Pr. salus et claritas, also > και η δυναμις).
4. ℵCP An.^{12} 95; διεφθειρεν Q Rel.; εκρινεν A.
5. οι εικ. τεσσ. πρεσβ. AQ An.^{12} 14. 92 dem. tol. lipss. c (s^{1}) a. ae. Pr.; alle andern οι πρεσβ. οι εικ. τεσσ.
6. εκ ℵP An. (Q 14. 92 Pr. απο του ουρανου).
7. και ℵCP. Eine Einfügung des και war sehr leicht möglich, vgl. 11,18. Selbst wenn και zu lesen ist, so sind die δοῦλοι und die φοβούμενοι doch nicht notwendig verschiedene Personen. Es können aber auch unter δοῦλοι die bevorzugten Knechte Gottes (Propheten), unter φοβούμενοι alle übrigen Christen verstanden werden.
8. An. g s^{1} Pr. (Studien 34).
9. A.
10. λεγοντων AP An.^{24} 95 g vg. Pr. (ℵ λεγουσων); λεγοντας An.; λεγοντες Q Rel. Tic.
11. δωσομεν ℵcA; δωσωμεν P.
12. + και Q Rel. cle. lips. tol. s^{12}; καθ. (και) λαμπρ. An.^{1} s^{1} a.
13. Ich finde es daher auch nicht überzeugend, wenn J. Weiß, der in 19,4ff. auch die Hand des letzten Bearbeiters der Apk anerkennt, 19,1-3 zu der Quelle in 17-18 zieht. Der Sprachcharakter dieser Verse ist dem Ganzen zu gleichförmig. 19,2a muß auch W. wieder ausscheiden. W. meint, daß der Standpunkt des Apok. 19,1-3 auf der Erde, 19,4ff. im Himmel sei. Aber bewiesen kann diese Vermutung nicht werden.
14. ℵP An.^{12}.
15. A 4. 48 s^{1}; > d. übr.
16. αληθινοι εισιν του θεου ℵ An.^{123} 38; του θεου αλη. εισ. ℵc 95. 98 cle. lipss. tol
17. ℵAPQ 1. 12. 14. 16. 36. 49. 79. 80. 81. 92. 95. 161 al.; d. übr. του Ιησου, s. o. S. 176.
18. Er wird von fast allen Kritikern, selbst von Hilgf. Z.W.Th. 1890, 459 als Glosse beseitigt.

VI. DAS ENDE. KAP. 19,11-21,8

A. DIE MESSIASSCHLACHT. KAP. 19,11-21.

19,11-16. Der Sieger. 19,11. καὶ εἶδον τὸν οὐρανὸν ἠνεῳγμένον (S. 162). Es beginnt ein neues Gesicht und der Seher befindet sich wieder auf der Erde. καὶ ἰδοὺ ἵππος λευκὸς (6,2) καὶ ὁ καθήμενος ἐπ' αὐτὸν [καλούμενος][1] πιστὸς καὶ ἀληθινὸς καὶ ἐν δικαιοσύνῃ κρίνει καὶ πολεμεῖ. Sap. Sal 18,15: ὁ παντοδύναμός σου λόγος ἀπ' οὐρανῶν ἐκ θρόνων βασιλείων ἀπότομος πολεμιστὴς εἰς μέσον τῆς ὀλεθρείας ἥλατο γῆς. Jes 11,3f.: οὐ κατὰ τὴν δόξαν κρινεῖ ... καὶ ἔσται δικαιοσύνῃ ἐζωσμένος τὴν ὄσφυν αὐτοῦ. Der Sieger, der nun endlich, nachdem die Spannung auf das Höchste gestiegen, auf weißem Roß daherstürmt, trägt die den Lesern bereits vertrauten (1,5; 3,7.14) Namen „Treu" und „Wahrhaftig". Außerdem wird seine Gerechtigkeit hervorgehoben. Dann erst geht der Seher zur Schilderung der äußeren Glanzgestalt des Heros über. Zu dem weißen Roß des Messias zieht Vlt. IV 117 eranische Parallelen (Sraosha und Mithra haben weiße Rosse vor ihren Wagen) heran. 19,12. οἱ δὲ ὀφθαλμοὶ αὐτοῦ (ὡς)[2] φλὸξ πυρὸς (s. zu 1,14 vgl. 2,18) καὶ ἐπὶ τὴν κεφαλὴν (sc. ἐστι) αὐτοῦ διαδήματα πολλά (Weil er nach V. 16 König der Könige ist, vgl. auch das Gegenbild des Drachen 12,3 und des Tieres 13,1; Sap. Sal 18,24 καὶ μεγαλωσύνη σου ἐπὶ διαδήματος κεφαλῆς αὐτοῦ) ἔχων (Anakoluth) ὄνομα γεγραμμένον[3], ὃ οὐδεὶς οἶδεν εἰ μὴ αὐτός. Es wird besonders hervorgehoben, daß der Messias einen unbekannten Namen habe. Dieser Stelle liegt, wie 2,17 (s. die Erkl.) der Glaube an die Bedeutung und Macht des Namens zu Grunde. Der Messias hat einen Namen, an dem die Macht über Himmel und Erde hängt (vgl. zu dieser Vorstellung Hen 69,13ff.), und da Niemand diesen Namen außer ihm kennt, so ist er auch im alleinigen Besitz der mit dem Namen verbundenen Macht. Vgl. Himmelf. Jes 9,5: „Aber seinen Namen kannst Du nicht hören, bis Du aus Deinem Leibe emporgestiegen bist." Auch an die bekannten gnostischen Phantasien von dem geheimnisvollen Namen des Erlösers, in dessen Kraft er durch alle Himmel hindurchführt, fühlt man sich erinnert. Dieselbe Vorstellung von der geheimnisvollen Wirkungskraft verborgener Namen findet sich auch bei den Mandaeern, Brandt, mandäische Religion 114f. Vgl. Ps.-Clement. Hom. XVI 18. 19,13. καὶ περιβεβλημένος ἱμάτιον βεβαμμένον[4] αἵματι. Nach der richtigen Lesart ist zu übersetzen: getaucht in Blut, nicht bespritzt mit Blut. Vorbild ist die Erscheinung Gottes Jes 63,1, der im roten blutbefleckten Gewand vom Siege heimkehrt. Es ist nicht an das Versöhnungsblut Christi zu denken. καὶ κέκληται[5] τὸ ὄνομα αὐτοῦ ὁ (S.

175) λόγος τοῦ θεοῦ. Vgl. Sap. Sal 18,15. Daß in dem Logosnamen eine Spur johanneischer Theologie vorliegt, kann nicht bezweifelt werden. Ob freilich diese Bemerkung zum ursprünglichen Bestande des hier vorliegenden Zusammenhangs gehört, kann mit Recht bezweifelt werden. Daß hier der Name des Messias doch genannt wird, steht in eigentümlichem Mißverhältnis zu der Betonung des unbekannten Namens vorher. Denn gerade darauf, daß der Name des Messias nicht bekannt ist, beruht seine Kraft. Es ist möglich, daß hier der müßige Einfall eines Abschreibers vorliegt[6], der den unbekannten Namen doch gar zu gerne gedeutet hätte. — Etwas anderes ist es mit dem Namen in V. 13. Einmal steht die Bemerkung von unserer Stelle weiter entfernt und nicht in so unmittelbarem Kontrast; dann aber ist dort kein eigentlicher Name, sondern nur ein Titel gegeben.

19,14. καὶ τὰ στρατεύματα τὰ[7] ἐν τῷ οὐρανῷ ἠκολούθει αὐτῷ ἐφ' ἵπποις λευκοῖς, ἐνδεδυμένοι (s. o. S. 164) βύσσινον λευκὸν[8] καθαρόν. 19,8. Es ist hier kaum an die himmlischen Vollendeten zu denken (Ew. II, Dstd.). Der ganze nun entbrennende Kampf ist ein übersinnlicher und wird von den Engelsscharen geführt. Der Apok. setzt voraus (s. den bestimmten Artikel), daß gewaltige Engelheere im Himmel sind. Die folgen nun dem messianischen Heros zum Siege. Diese Lichtwesen tragen natürlich weiße Kleider und reiten auf weißen Rossen. Vlt. IV 117 vergleicht die Vorstellung von den himmlischen Heeren mit der eranischen von den Fravashis. 19,15. καὶ ἐκ τοῦ στόματος αὐτοῦ ἐκπορεύεται ῥομφαία ὀξεῖα [δίστομος][9] (s. zu 1,16; 2,12), ἵνα ἐν αὐτῇ πατάξῃ τὰ ἔθνη. Jes 11,4: καὶ πατάξει γῆν τῷ λόγῳ τοῦ στόματος αὐτοῦ. Ps Sal 17,24: ὀλοθρεῦσαι ἔθνη παράνομα ἐν λόγῳ στόματος αὐτοῦ (vgl. 17,26). Sap Sal 18,22: ἐνίκησε τὸν ὄχλον οὐκ ἰσχύι τοῦ σώματος οὐχ ὅπλων ἐνεργείᾳ ἀλλὰ λόγῳ τὸν κολάζοντα ὑπέταξεν. — καὶ αὐτὸς ποιμανεῖ αὐτοὺς ἐν ῥάβδῳ σιδηρᾷ (s. zu 2,27; vgl. 12,5) Ps 2,9; Ps Sal 17,24. καὶ αὐτὸς πατεῖ τὴν ληνὸν τοῦ οἴνου τοῦ θυμοῦ τῆς ὀργῆς τοῦ θεοῦ (16,19) τοῦ παντοκράτορος (S. 176) 14,19f. Beachte das nachdrückliche, wiederholte καὶ αὐτός, ein Sprachmittel der Apok. zur Steigerung des Ausdrucks: „Und der". — „Und der". Zwei Vorstellungen sind in diesem Bild mit einander vermischt: die Zornkelter, die getreten wird, und der Zornwein, den Gott mischt. 19,16. καὶ ἔχει ἐπὶ τὸ ἱμάτιον καὶ ἐπὶ τὸν μηρὸν αὐτοῦ ὄνομα γεγραμμένον· βασιλεὺς βασιλέων καὶ κύριος κυρίων. Dstd. erklärt: Er hatte den Namen auf seinem Mantel und zwar auf seiner Hüfte, also wohl am Gürtel (ebenso B. Weiß, Hltzm.). Sp. vermutet, daß μηρός ein besonderes Kleidungsstück bezeichnet, etwa den Schwertgurt. Über den Titel βασιλεὺς βασιλέων s. o. zu 17,14. Hier wie dort erhält Christus den Ehrentitel Gottes im Sprachgebrauch des Judentums.

19,17-18. Das Vorspiel des Kampfes. 19,17. καὶ εἶδον ἕνα[10] (8,13 S. 165) ἄγγελον ἑστῶτα ἐν τῷ ἡλίῳ. Die Stellung des Engels in der Sonne erklärt sich vielleicht daraus, daß er den Vögeln Botschaft bringen soll. Doch mag hier auch irgend ein fremdes, uns unbekanntes Motiv mitgewirkt haben.καὶ ἔκραξεν [ἐν][11] (S. 167) φωνῇ μεγάλῃ λέγων πᾶσιν τοῖς ὀρνέοις τοῖς πετομένοις ἐν μεσουρανήματι· δεῦτε συνάχθητε εἰς τὸ δεῖπνον τὸ μέγα τοῦ θεοῦ. 19,18. ἵνα φάγητε σάρκας βασιλέων καὶ σάρκας χιλιάρχων (6,15) καὶ σάρκας ἰσχυρῶν καὶ σάρκας ἵππων καὶ τῶν καθημένων ἐπ' αὐτῶν[12] καὶ σάρκας πάντων ἐλευθέρων τε καὶ δούλων καὶ μικρῶν καὶ μεγάλων. Ez 39,(4.)17-20: εἰπὸν παντὶ ὀρνέῳ πετεινῷ ... συνάχθητε ... ἐπὶ τὴν θυσίαν μου ... (Apk εἰς τὸ δεῖπνον τὸ μέγα τοῦ θεοῦ) καὶ φάγεσθε κρέα καὶ πίεσθε αἷμα, 18 κρέα γιγάντων (Apk ἰσχυρῶν) φάγεσθε καὶ αἷμα ἀρχόντων τῆς γῆς πίεσθε. V. 20: καὶ ἐμπλησθήσεσθε ... ἵππον καὶ ἀναβάτην (Apk τῶν καθημένων ἐπ' αὐτῶν) ... καὶ πάντα ἄνδρα πολεμιστήν. Der Apok. hat also die Ezechielstelle mit der ihm sonst geläufigen Aufzählung (vgl. 6,15 u. ö. S. 176) zusammengewoben. Zu dem hier vorliegenden grausigen Bild von dem großen Gastmahl Gottes — bei Ezechiel ist es eine Opfermahlzeit — und dessen religionsgeschichtlichen Zusammenhängen vgl. Greßmann, Ursprung der israelit. jüd. Eschatologie 136-141. Vielleicht hängt die Phantasie letztlich mit dem babylonischen Schöpfungsmythus — auch Marduk wirft den Leichnam der Tiamat hin (vgl. das Ende des Drachen Ps 74,14; Ez 29,5; 32,4) — zusammen. Nicht ohne Absicht läßt der Apok. den Ruf zum Gastmahl Gottes vor der Schlacht erfolgen. Ihr Ausgang ist so sicher und gewiß, daß jener schon vorher erfolgen kann. Dann folgt in kurzem, lapidarem Stil die Schilderung der Schlacht selbst.

19,19-21. Die Messiasschlacht. 19,19. καὶ εἶδον τὸ θηρίον (13,1) καὶ τοὺς βασιλεῖς τῆς γῆς (16,14; 17,12) καὶ τὰ στρατεύματα αὐτῶν[13] συνηγμένα, ποιῆσαι τὸν[14] πόλεμον (17,14) μετὰ τοῦ καθημένου ἐπὶ τοῦ ἵππου καὶ μετὰ τοῦ στρατεύματος αὐτοῦ. Die Schilderung des Kampfes ist fast rein mythologisch gehalten. Gegner des Messias und seiner himmlischen Scharen sind das Tier und die Könige der Erden — nicht mehr die Partherkönige, sondern, wie 16,14, die Könige der Erde überhaupt — rein übergeschichtliche Gestalten, und ihre Heere sind dämonische, von Dämonen zusammengerufene Heere (9,13ff.; 16,13). 19,20. καὶ ἐπιάσθη (dorisch für ἐπιέσθη, johanneisch S. 179) τὸ θηρίον καὶ μετ' αὐτοῦ ὁ ψευδοπροφήτης[15] ὁ ποιήσας τὰ σημεῖα ἐνώπιον αὐτοῦ, ἐν οἷς ἐπλάνησεν τοὺς λαβόντας τὸ χάραγμα τοῦ θηρίου καὶ τοὺς προσκυνοῦντας τὴν εἰκόνα[16] αὐτοῦ· ζῶντες ἐβλήθησαν οἱ δύο εἰς τὴν λίμνην τοῦ πυρὸς τῆς καιομένην(?)[17] ἐν θείῳ. Dan 7,11. Bemerkenswert ist, daß das Interesse des Apok. an diese zwei Gestalten geheftet erscheint. Ihr Geschick erzählt er vorweg. Hier zeigt sich deutlich die Hand dessen, der auch Kap. 13 schrieb. Vor allem werden das Tier, das römische Imperium in seiner persönlichen Spitze, dem Nero redivivus, und der Pseudoprophet (vgl. 16,13), deutlich hier als das zweite Tier 13,11ff. gezeichnet, d. h. das falsche Priestertums — auch hier denkt der Apok. wohl an eine Inkarnation desselben in einer bestimmten Persönlichkeit — besiegt und vernichtet. Es wird übrigens ganz klar, daß diese beiden Gestalten, das Tier und der Pseudoprophet, für den Apok. bereits überkommene Größen sind, die er sich in seiner Weise deutet. Es bleibt beachtenswert, daß auch die eranische Eschatologie zwei Hauptgegner Ahuras und seines Gesandten Sraosha am Ende der Welt kennt: Angramainyu und Azi-Dahâka. „Als Priester erheben sich die beiden Gottheiten, mit Gebet und Gebetsschnur (vgl. die ῥομφαία ἐκ τοῦ στόματος) überwältigen sie die Bösen und stürzen sie und ihr Versteck in den glühenden Strom" de la Saussaye, Lehrbuch der Religionsgesch.[3] II 226f.; Bahman Yast 43; Bundehesh 30; vgl. auch Vlt. IV. 118. Freilich kennt der Apok. schließlich drei große und letzte Gegner (vgl. 20,1ff.). Aber Verdoppelungen von Gestalten stellen sich hier leicht ein. Die Vorstellung von einem glühenden Feuerstrom, in welchem die Feinde Gottes umkommen, ist ebenfalls spezifisch eranisch. Vgl. Boeklen, die Verwandtschaft der jüd.-christl. mit der persischen Eschatol. 119ff. Bousset, Rel. d. Judent. 269. 181ff. Wenn in der Apk zu wiederholten Malen (14,10; 20,10. [14f.]; 21,8) vom Feuer- und Schwefel-See die Rede ist, so mag hier die Anschauung des Toten Meeres mitgewirkt haben, das als Strafort der bösen Geister galt (Henoch 67,4ff. Kautzsch, Pseudepigr. 274. Greßmann, Urspr. d. israelit.-jüdisch. Eschatol. 37).

19,21. καὶ οἱ λοιποὶ ἀπεκτάνθησαν ἐν τῇ ῥομφαίᾳ τοῦ καθημένου ἐπὶ τοῦ ἵππου (S. 165) τῇ ἐξελθούσῃ ἐκ τοῦ στόματος αὐτοῦ, καὶ πάντα τὰ ὄρνεα ἐχορτάσθησαν (S. 165) ἐκ τῶν σαρκῶν αὐτῶν. Die Schilderung erinnert an Hen 46,4-6. Die λοιποί sind nach dem Zusammenhang die Könige und ihre Heere. Nach 14,9f. hat der Apok. sicher auch an die Tieranbeter gedacht. Überall sehen wir, wie überkommene mythologische Vorstellungen ihre künstliche und nur halb vollzogene Umdeutung auf zeitgeschichtliche Verhältnisse erfahren.

Exkurs zu V. 11-21. Die Urteile der Kritiker gehen auch über diesen Abschnitt auf das mannigfachste auseinander. Sp. findet hier den Abschluß seiner Quelle J[1], Weyland den Schluß von Quelle ב, nach Vlt. gehört das Stück demselben Überarbeiter an, der auch Kap. 12 geschrieben hat. (Dabei muß Vlt. freilich die Beziehungen auf Kap. 13 in diesem Stück beseitigen.) Erbes schreibt das Stück dem letzten Redaktor zu.

Daß in diesen Versen sich auf literarischem Wege eine wirkliche Quelle nicht mehr ausscheiden läßt, beweist am besten Sp.s eigener Versuch. Sp. streicht in V. 11 καλούμενος πιστὸς καὶ ἀληθινός, angeblich weil sie neben καὶ ἐν δικαιοσύνῃ κρίνει καὶ πολεμεῖ überflüssig sind (202). Aber S. 569 sind auch diese letzteren Worte gestrichen. Tatsächlich müssen allerdings jene Worte fallen. Sie zeigen zu stark den Sprachgebrauch des Apok. letzter Hand (1,5; 3,7.14). V. 12 οἱ δὲ ὀφθαλμοὶ - πυρός wird als Anklang an 1,14 beseitigt. V. 15a muß wegen seiner Beziehungen zu 1,16 fallen, V. 15b ist nur eine Wiederholung von 12,5, V. 15c eine Zusammenfügung aus 14,11 und 20. Aus einem Abschnitt von 128 Worten streicht Spitta 63! J. Weiß zählt zu den zweifellosesten Ergebnissen der Kritik, daß die hier vorliegende Schilderung der Messiasschlacht nicht von dem christlichen Urapokaltsptiker konzipiert sein könne. Es stünde schlimm um die ganze Kritik, wenn W. recht hätte. Wenn W. doch selbst 14,14-20 seiner christlichen Urquelle zuschreibt und dort entschuldigend annimmt, daß der Zug vom Waten der Rosse im Blut bis an die Zügel wohl vom Apok. der Tradition entlehnt sei, so ist gar nicht einzusehen, weshalb das Stück 19,11ff. mit seinen sicher traditionellen Bestandteilen (19,18ff.) dem christlichen Apok. abgesprochen werden müßte. Wenn W. meint, die christliche Urapok. habe mit 14,14-20 geschlossen, so hat er das eben nicht bewiesen. Wir fanden hier gerade ein zwar ursprünglich messianisches, aber nun zu einem Vorspiel degradiertes Gericht. Wenn W. Spitta folgend aus dem unbekannten Namen des Messias auf eine jüdische Quelle schließt, so könnte man mit demselben Recht die bekannten gnostischen Phantasien über den Messiasnamen für jüdisch erklären. Außerdem muß auch W. V. 13b. V. 15a. (V. 16?). V. 20 mit Ausnahme der ersten vier Worte dem Bearbeiter letzter Hand zuweisen. Es gehört mir zu den „zweifellosesten Ergebnissen", daß 19,11 durchweg — die Herübernahme traditioneller Elemente ist dabei natürlich nicht ausgeschlossen — in ihrer jetzigen Form vom Apok. letzter Hand stammt. V. 19 weist so bestimmt auf 17,14 zurück, daß wer 17,14 dem letzten Bearbeiter zuschreibt, auch diesen Vers und damit den Mittelpunkt unsres Stückes derselben Hand zusprechen muß. Tatsächlich steht unser Abschnitt mit fast sämtlichen Teilen der Apk in enger Beziehung: Kap. 1-3. 12. 14; dazu kommen Kap. 13. 16,14; 17,14 (vgl. 19,19-21); 6,15 (vgl. 19,18). Die bisher gesponnenen Fäden läßt der Apok. hier an einem Punkte zusammenlaufen. Das Kind, dessen Geburt in Kap. 12 berichtet war, das die Heiden weiden sollte mit ehernem Szepter, und das bisher zum Himmel entrückt war, kehrt nun wieder und tritt sein großes Amt an. Das Tier und der Pseudoprophet, die beiden Feinde in Kap. 13, treten auf und gehen ihrer endgültigen Vernichtung entgegen. Mit ihnen erscheinen die Könige der Erde, deren Sammlung der Apok. 16,14; 17,14 vorbereitet hatte, und das Gericht, das jene schon 6,15 bei dem gewaltigen Erdbeben herankommen sahen, das trifft sie jetzt. So klingen alle angeschlagenen Motive in einem gewaltigen Finale zusammen. Daß dabei natürlich die Vorstellungsformen sich vermischen und nicht reinlich gesondert erscheinen, ist nicht wunderbar. Die Identifizierung des Messias mit dem Logos mag aber in der Tat von der Hand eines Abschreibers stammen. An den Gedanken, daß ein Christ das vorliegende blutige und schaurige Nachtbild gezeichnet hat, wird man sich eben einfach gewöhnen müssen. Gelesen ist die Apk jedenfalls im jungen Christentum mit großer Vorliebe, erbaut hat man sich an diesen Racheszenen. Warum sollte ihre christliche Herkunft eine unmögliche Annahme sein?

Fußnoten:

1. AP An.[12] vg. cod. a Hipp. (א liest πιστος καλουμενος.)
2. A An.[4] 95 g vg. ae. sa. s[12] Or. Cypr. Pr., alle andern >.
3. AP (א >) An.[12] al. g vg. c a Ir. Or. Cypr. Pr.; ονοματα γεγραμμενα אc 9. 13. 16. 27. 39 ae.; Q Rel. ονομα γεγραμμενον και ονοματα γεγραμμενα.
4. (περι)ρεραμμενον א (P) An.[4] g vg. (Or.) Pr. Cypr. Tic. (Hipp.); AQ Rel. βεβαμμενον. Es ist anzunehmen, daß aus βεβαμμενον durch einen Schreibfehler ρεραμμενον geworden ist. Diese Form hat dann die mannigfachsten Korrekturen veranlaßt.
5. καλειται An. (Studien 23) g cle. am. tol. lips.[5] Ir. Cypr. Pr. Tic.
6. Die meisten Kritiker sehen den Vers als eine Interpolation an, auch Hilgf. Z.w.Th. 1890, 460. — Eine ähnliche Interpolation fand man bisher in der bekannten Henochstelle 90,38 vor. Doch liegt hier wahrscheinlich nur ein einfacher Übersetzungsfehler vor. S. Kautzsch, Pseudepigr. II 298.
7. τα אQ An.[1215].
8. + και א Min. cle. lips.[46] s[1] Or.; s. o. zu 19,8.
9. אAP An [12] am. fu. dem. c s[1] a Ir. Or.
10. AP An.[13] 95 g Pr.; (א 36 sa. s[1] c a αλλον αγγελον); Q Rel. >.
11. אQ Rel. (exc. An.); d. übr. >.
12. επ' αυτοις א; επ' αυτους A 14. 92; s. o. S. 165f.
13. αυτου A 6. 11. 31 (s[1] schiebt και τα στρ. αυτου hinter το θηριον ein).
14. τον P An. sa.
15. אP An.[3] 38 vg. Pr., και ο μετ' αυτου ψευδοπροφητης Q Rel.; οι μετ' αυτου ο ψευδ. A c.
16. א 38. 39; d. übr. τη εικονι S. 163.
17. אAP vg. Pr. της καιομενης (wohl ein Nachlässigkeitsfehler eines Abschreibers; eine ähnliche Unregelmäßigkeit liegt übrigens 14,19 vor).

B. VOM ERSTEN GERICHT BIS ZUM ENDGERICHT. KAP. 20

20,1-3. Die Fesselung des Drachen. 20,1. καὶ εἶδον[1] ἄγγελον καταβαίνοντα ἐκ τοῦ οὐρανοῦ ἔχοντα τὴν κλεῖν τῆς ἀβύσσου (1,18;9,1) καὶ ἅλυσιν (Mk 5,4f.) μεγάλην ἐπὶ (5,1) τὴν χεῖρα[2] αὐτοῦ. Die Kette trägt er nicht in der Hand, sondern auf der Hand, so daß sie auf den Seiten herabhängt (Dstd.). Es wird nun im Folgenden das Geschick des dritten Erbfeindes geschildert. 20,2. καὶ ἐκράτησεν τὸν δράκοντα τὸν ὄφιν τὸν ἀρχαῖον[3], ὅς ἐστιν ὁ[4] διάβολος καὶ ὁ[5] σατανᾶς[6] (zu dem Art. s. o. S. 175), καὶ ἔδησεν αὐτὸν χίλια ἔτη. Jes 24,21f. Er band ihn auf die Dauer von tausend Jahren. Zur Identifikation der alten Schlange mit dem Teufel (Drachen) s. zu 12,9. 20,3. καὶ ἔβαλεν αὐτὸν εἰς τὴν ἄβυσσον καὶ ἔκλεισεν (d. h. die Abyssus) καὶ ἐσφράγισεν ἐπάνω αὐτοῦ, ἵνα μὴ πλανήσῃ[7] (S. 171) ἔτι[8] τὰ ἔθνη (13,14; 16,13) ἄχρι τελεσθῇ (S. 171) τὰ χίλια ἔτη· μετὰ ταῦτα δεῖ αὐτὸν λυθῆναι (λυθῆναι αὐτὸν)[9] μικρὸν χρόνον. 17,10.

Auch in diesem Bilde von dem auf tausend Jahre gefesselten Drachen liegt eine uralte Überlieferung vor. Nach der parsischen Eschatologie ist die Schlange Azi-Dahâka im Berge Demavend gefesselt[10], auch hier wird geweissagt, daß sie am Ende der Tage ihre Fesseln sprengt, um dann nach kurzer Zeit von dem bis dahin in Schlummer versunkenen Thraêtaona, den zwei Boten Ahuras wecken, dauernd besiegt zu werden[11]. Im alten Testament schon ist die Vorstellung weit verbreitet, daß Gott das Meer (resp. das Meerungeheuer) in der Urzeit besiegt hat und nun in seinem Gelaß gefangen hält, s. die Stellen bei Gunkel, Schöpf. u. Chaos 91-95. Besonders interessant ist das mit unsrer Stelle sich nahe berührende Stück Geb. Manasse 2-4. Dort heißt es in dem an Gott gerichteten Hymnus: ὁ ποιήσας τὸν οὐρανὸν καὶ τὴν γῆν σὺν παντὶ τῷ κόσμῳ αὐτοῦ, ὁ πεδήσας τὴν θάλασσαν τῷ λόγῳ τοῦ προστάγματός σου, ὁ κλείσας τὴν ἄβυσσον καὶ σφραγισάμενος τῷ φοβερῷ καὶ ἐνδόξῳ ὀνόματί σου[12]. Genau in derselben Weise wird die Fesselung des Drachen in der Apk berichtet. Freilich findet sich in keiner der alttestamentlichen Parallelen eine Andeutung, daß nun am Ende der Schöpfung das besiegte Ungeheuer sich empören wird. Aber diese Kombination ergab sich dann sehr leicht und liegt, wie wir gesehen haben, bereits in der parsischen Eschatologie vor. Dem Apok. hat sich dann der ganze Vorgang bereits wieder etwas verschoben. Er verlegt auch die erste Besiegung des Drachen an das Ende, auch ist Gott nicht mehr selbst der Sieger sondern ein Engel.

Mit dieser Konzeption verbindet sich nun dem Apok. im folgenden die Idee vom Zwischenreich. Über die Entstehung dieses Gedankens vgl. Bousset, Rel. d. Judent. 273ff. Die frühesten Zeugnisse in der jüdischen Literatur für denselben sind Hen 93,1-14 + 91,12-19; Sibylle III 652ff.; Apk Baruch 30; 40,3; 74,2; IV Esra 7,28ff., 12,34; I Kor 15,23-28. Die Dauer des Zwischenreiches wird hier auf tausend Jahre angegeben. Die Bestimmungen innerhalb der jüdischen Eschatologie sind hier höchst mannigfaltige vgl. Rel. d. Judent. 275f. IV Esra 7,28f. beträgt die Dauer des Zwischenreiches 400 Jahre. Die erste Berechnung der Weltepochen nach 1000 Jahren findet sich innerhalb der jüdischen Literatur im slavischen Henoch (Kap. 33). Vgl. Barnabas 15,4; Irenäus V 28,3 (II Pt. 3,8). Gewöhnlich erklärt man die Annahme eines tausendjährigen Zwischenreichs aus einer Kombination alttestamentlicher Stellen (Gen 2,2; Ps 90,4). Es ist aber wahrscheinlich. daß die Berechnung der Weltdauer nach Zyklen von 1000 Jahren aus der eranischen Eschatologie in die jüdische eingedrungen ist. Rel. d. Judentums 176ff.

20,4-6. Das tausendjährige Reich. 20,4. καὶ εἶδον θρόνους καὶ ἐκάθισαν ἐπ' αὐτούς. Das Vorbild für diese Schilderung ist Da 7,9. Dort sind Gerichtssessel gemeint, und die darauf Sitzenden sind als die Beisassen Gottes im Gericht gedacht. Auch hier wird nicht gesagt, wer diejenigen sind, welche sich auf die Throne setzen. Die Beziehung auf die im nachfolgenden erwähnten Märtyrer, an und für sich gar kein unmöglicher Gedanke, ist wohl durch die Darstellung des Apok. ausgeschlossen. Als Gerichtsbeisassen Gottes werden dann, wenn der Apok. hier nicht einfach übernommen hat, etwa Christus und die Engel gedacht sein. Es ist aber die Frage, wer die Gerichtsbeisassen Gottes seien, wohl am besten ganz unbeantwortet zu lassen. καὶ κρίμα ἐδόθη αὐτοῖς. Den ungenannten Personen wird das Gericht gegeben, d. h. sie werden zu Gerichtsherren eingesetzt. Ein partielles Gericht, welches das Zwischenreich einleitet, ist also hier angedeutet. καὶ τὰς ψυχὰς (zu ergänzen ist aus dem Anfang des Satzes ein καὶ εἶδον) τῶν πεπελεκισμένων διὰ τὴν μαρτυρίαν Ἰησοῦ καὶ διὰ τὸν λόγον τοῦ θεοῦ (S. 176) καὶ οἵτινες (S. 178) οὐ προσεκύνησαν τὸ θηρίον (S. 163) οὐδὲ τὴν εἰκόνα αὐτοῦ καὶ οὐκ ἔλαβον τὸ χάραγμα ἐπὶ τὸ μέτωπον[13] (S. 166) καὶ ἐπὶ τὴν χεῖρα αὐτῶν· καὶ ἔζησαν καὶ ἐβασίλευσαν μετὰ τοῦ Χριστοῦ[14] χίλια ἔτη. 22,5; Dan 7,18.27. Es werden scheinbar zwei Klassen von Märtyrern unterschieden: a) die, welche überhaupt um der christlichen Offenbarung willen das Martyrium auf sich genommen haben, b) die Märtyrer, die speziell in der Verfolgung des Tieres standhaft geblieben sind. Zusammen machen sie die Gesamtzahl der Märtyrer aus, die nach 6,11 vollendet werden mußte. Dabei denkt sich der Apok. offenbar die letzte Gruppe von Gläubigen noch teilweise am Leben. Das tausendjährige Reich wird nicht nur denen verheißen, die im Martyrium vollendet sind, sondern allen, die nur im Kampfe ausgeharrt haben, ohne daß sie gerade den Tod erlitten hätten. Beachte die Doppeldeutigkeit deutigkeit des Wortes ἔζησαν (lebten auf, blieben am Leben, B. Weiß). Daß die Apk in einer

Zeit des Kampfes mit der Tendenz, zum Martyrium zu ermutigen, geschrieben ist, wird auch hier wieder ganz deutlich. Die Märtyrer, und nur die Märtyrer, erleben die erste Auferstehung und nehmen Teil an der Königsherrschaft und Freude des tausendjährigen Reiches. Man kann sich denken, zu welcher wilden Todesfreudigkeit diese Weissagung und die mit ihr eröffneten Aussichten die Gläubigen damaliger Zeit begeistert haben. 20,5. [15][16]οἱ λοιποὶ τῶν νεκρῶν οὐκ ἔζησαν. Das wird noch nachdrücklich (im nachdrucksvollen Asyndeton; B. Weiß), um den Lohn der Märtyrer besonders hervorzuheben, erwähnt. Alle übrigen — also auch die Gläubigen, die eines ruhigen Todes sterben — werden zunächst nicht wieder aufleben. ἄχρι τελεσθῇ τὰ χίλια ἔτη αὕτη ἡ ἀνάστασις ἡ πρώτη. V. 6.14; 2,11; 21,8; Lk 14,14.

20,6. μακάριος (S. 176) καὶ ἅγιος ὁ ἔχων μέρος (21,8) ἐν τῇ ἀναστάσει τῇ πρώτῃ· ἐπὶ τούτων ὁ δεύτερος θάνατος (s. V. 5; 2,11) οὐκ ἔχει ἐξουσίαν, ἀλλὰ ἔσονται ἱερεῖς τοῦ θεοῦ καὶ τοῦ χριστοῦ. Jes 61,6: ὑμεῖς δὲ ἱερεῖς κυρίου κληθήσεσθε, λειτουργοὶ θεοῦ. καὶ βασιλεύσουσιν μετ' αὐτοῦ [τὰ][17] χίλια ἔτη. 1,6; 5,10. Diejenigen, die an der ersten Auferstehung teilnehmen, sind natürlich dem zweiten (endgültigen) Tode entnommen (s. die Erklärung zu 2,11). Sie herrschen mit Christus, d. h. Christus wird aller Wahrscheinlichkeit nach auf Erden persönlich anwesend gedacht.

Der Abschnttt V. 4-6 trägt so deutlich nach Inhalt und Form das Gepräge des Apok. letzter Hand, daß wir darauf verzichten können, die kritischen Versuche zu registrieren und zu widerlegen.

20,7-10. Gog und Magog. Die endgültige Fesselung des Drachen. 20,7. καὶ ὅταν τελεσθῇ[18] (S. 171) τὰ χίλια ἔτη, λυθήσεται ὁ σατανᾶς ἐκ τῆς φυλακῆς αὐτοῦ. Beachte den Wechsel in der Darstellung; in diesem und dem folgenden Vers herrscht der prophetische Stil, danach wird einfach erzählt, als wenn der Seher die Vorgänge sehe. Zu der Vorstellung vom Loskommen des Satans s. o. die religionsgeschichtlichen Parallelen. 20,8. καὶ ἐξελεύσεται πλανῆσαι τὰ ἔθνη τὰ[19] ἐν ταῖς τέσσαρσιν γωνίαις τῆς γῆς, τὸν Γὼγ καὶ τὸν[20] Μαγώγ[21], συναγαγεῖν αὐτοὺς εἰς τὸν πόλεμον, ὧν ὁ ἀριθμὸς αὐτῶν (S. 160) ὡς ἡ ἄμμος τῆς θαλάσσης. Vgl. Jes 11,12 ἐκ τῶν τεσσάρων πτερύγων τῆς γῆς. Ez 7,2. Die Idee stammt aus Ez 38,2-39,16; dort ist Gog der Fürst Magogs, hier sind Gog und Magog zwei Völker. Seit jener Prophetie, die ihrerseits wieder einer uralten Weissagung von dem Hervorbrechen dämonischer Unholde von Norden entlehnt ist, ist die Weissagung von dem Ansturm und Untergang der letzten Feinde Israels ein ständig wiederkehrendes Stück jüdischer Apokalyptik geworden. Vgl. Bousset, Rel. d. Judentums 205f. und für die weiter zurückliegenden Beziehungen: Greßmann, Ursprung d. israelit. jüd. Eschatol. 174ff. Auch in den Antichrist-Apokalypsen sind Gog und Magog ständig wiederkehrende Gestalten (s. Bousset, Antichrist, Register unter Gog und Magog u. Ztschr. f. Kirchengesch. XX 2, 113ff.). Die unserm Stücke zeitlich am nächsten stehenden Parallelen sind die unten zu besprechenden Stellen: Henoch 56; Sib. III 319-322, 512f., 663ff., vgl. ferner Targum Jerusch. zu Num 11,27: „Am Ende der Tage wird Gog, Magog und ihr Heer hinaufziehen gegen Jerusalem" (Gfrörers II 257). Die Frage, wie nach 19,17-21 diese Völker noch existieren können, ist unberechtigt. Wir haben hier eben einfach apokalyptisches Gemeingut (Sp.). Übrigens sagt auch 19,17-21 nicht gerade ausdrücklich, daß alle Völker vom Messias vernichtet sind.

20,9. καὶ ἀνέβησαν ἐπὶ τὸ πλάτος τῆς γῆς. Ez 38,16: καὶ ἀναβήσῃ ἐπὶ τὸν λαόν μου Ἰσραήλ. Hab 1,6: τὸ ἔθνος ... τὸ πορευόμενον ἐπὶ τὰ πλάτη τῆς γῆς. Hen 56,5: „Und in jenen Tagen werden die Engel sich versammeln und ihre Häupter gegen Osten richten nach den Parthern und Medern hin und eine Bewegung unter den Königen anrichten, und sie werden heraufziehen in das Land der Auserwählten". Sie ziehen herauf von der tiefer gelegenen Peripherie der Erde zum Mittelpunkt (dem Nabel) der Erde. Die ursprüngliche Lage des auf dem „Nabel" der Erde liegenden Götterberges, gegen den sich der Ansturm der dämonischen Heere richtet (S. 399), ist auf Jerusalem übertragen (Ez 38,2.8). καὶ ἐκύκλευσαν τὴν παρεμβολὴν τῶν ἁγίων καὶ τὴν πόλιν τὴν ἠγαπημένην. Das Heerlager der Heiligen und die geliebte Stadt sind kaum zwei verschiedene Dinge, sondern ein und dasselbe von verschiedener Seite betrachtet. Man kann aber auch annehmen, daß das Heerlager der Heiligen sich noch rings um die Stadt herumzieht. Henoch 56,7; Sib. III 665-668. καὶ κατέβη πῦρ ἐκ τοῦ οὐρανοῦ [ἀπὸ τοῦ θεοῦ][22] καὶ κατέφαγεν αὐτούς. Ez 38,22: καὶ πῦρ καὶ θεῖον βρέξω ἐπ' αὐτόν. 39,6 καὶ ἀποστελῶ πῦρ ἐπὶ Γώγ. Sib. III 669ff.; Targum Jerusch zu Nu 11,27. (Gfrörers II 257): „Ihre Seelen werden verbrannt durch die Feuerflamme, welche unter dem Throne Gottes hervorbricht, ihre Leiber werden liegen auf den Bergen des Landes Israel." Hen 56,8: „Und in jenen Tagen wird das Totenreich seinen Rachen öffnen, und sie werden in dasselbe hinabsinken."

20,10. καὶ ὁ διάβολος ὁ πλανῶν αὐτοὺς (14,13) ἐβλήθη εἰς τὴν λίμνην τοῦ πυρὸς καὶ τοῦ[23] θείου (s. zu 19,20), ὅπου καὶ[24] τὸ θηρίον καὶ ὁ ψευδοπροφήτης. Es erfolgt also jetzt die endgültige Vernichtung des letzten von den drei gewaltigen Feinden Gottes. καὶ βασανισθήσονται ἡμέρας καὶ νυκτὸς εἰς τοὺς αἰῶνας τῶν αἰώνων. 14,11.

Exkurs. Auch in diesem Abschnitt hat der Apok. offenbar eine ältere, und zwar zunachst jüdische, apokalyptische Tradition verwertet. Gerade dieselbe charakteristische Weissagung, derzufolge Gog und Magog erst nach dem messianischen Zwischenreich aufstehen werden, findet sich bereits Sib. III 663. Es heißt dort nach Schilderung des messianischen Reiches: „Aber wiederum werden die Könige der Erde wider dieses Land insgesamt einen Ansturm bereiten, sich selber Verderben bereitend ... Sobald sie das Land erreicht haben, werden die schändlichen Könige rings um die Stadt ein jeder seinen Thron aufstellen, mit sich führend widerspenstiges Volk. Und mit gewaltigem Ruf wird Gott dann reden zu dem ganzen unerzogenen eitlen Volk, und Gericht hält über sie der große Gott, und alle werden vernichtet durch die Hand des Unsterblichen. Vom Himmel werden aber feurige Schwerter fallen u. s. w." Auch hier ist also die Verlegung von Ez 38-39 in den letzten Akt des apokalyptischen Dramas, der in der Zeit nach dem messianischen Zwischenreich spielt, vollzogen. Der Apok. konnte hier einfach herübernehmen. Wie stark er übrigens in diesem Bilde mit überkommenem Gut auch im einzelnen gearbeitet hat, zeigt der oben bereits durchgeführte Vergleich mit der Weissagung des Parthereinfalls Henoch 56[25]. So erklärt sich die durchaus jüdische Haltung und Färbung des kleinen Stückes. Ob aber eine wirkliche, schriftlich fixierte Quelle dem Apok. hier vorgelegen hat, in welchem größeren Zusammenhang dies Fragment ihm überliefert war, das sind Fragen, die wir mit unsern Mitteln nicht mehr beantworten können. Der Apok. konnte übrigens das Stück trotz seiner jüdischen Färbung so unbesehen herübernehmen, weil er ja auch — wahrscheinlich wenigstens — das tausendjährige Reich in Jerusalem sich dachte und so die geliebte Stadt auf die Wohnung Christi und der Märtyrer beziehen konnte. Eine originale Wendung bekommt das ganze Stück von V. 1-10 erst dadurch, daß der Apok. mit dieser Weissagung von dem Ansturm Gogs und Magogs gegen das messianische Reich einen älteren Mythus von der Fesselung der Schlange auf eine bestimmte Reihe von Jahren und ihrer darauf erfolgenden Loslösung verband, von dem wir in der sonstigen jüdischen Literatur kaum noch Spuren finden, während in der parsischen Eschatologie eine direkte Parallele vorliegt.

20,11-15. Das letzte große Gericht. 20,11. καὶ εἶδον θρόνον μέγαν λευκὸν καὶ τὸν καθήμενον ἐπ' αὐτόν[26] (Jes 6,1; Dan 7,9), οὗ ἀπὸ τοῦ[27] προσώπου ἔφυγεν ἡ γῆ (16,20) καὶ ὁ οὐρανὸς[28], καὶ τόπος οὐχ εὑρέθη αὐτοῖς. Der Apok. sieht einen großen weißen — d. h. lichtglänzenden Thron. Und darauf thront jemand (Gott, nicht Christus), den er wie 4,2 aus Ehrfurcht nicht nennt. Nur hervorgehoben wird, daß vor der gewaltigen Majestät seines Antlitzes Himmel und Erde fliehen. Vgl. IV Esra 7,33; Hen 90,20. 20,12. καὶ εἶδον τοὺς νεκρούς, τοὺς μεγάλους καὶ τοὺς μικροὺς[29] (S. 176) ἑστῶτας (Hen 90,23) ἐνώπιον τοῦ θρόνου, καὶ βιβλία ἠνοίχθησαν (S. 162)· καὶ ἄλλο βιβλίον ἠνοίχθη, ὅ ἐστιν τῆς ζωῆς. καὶ ἐκρίθησαν οἱ νεκροὶ ἐκ τῶν γεγραμμένων ἐν τοῖς βιβλίοις κατὰ τὰ ἔργα αὐτῶν. Die vielen Bücher, die geöffnet werden, sind diejenigen, in denen die Taten der Menschen verzeichnet stehen. Das Buch des Lebens ist dasjenige, in dem die Namen der zum Leben bestimmten Menschen aufgezeichnet sind. Vgl. das zu Apk 3,5 Bemerkte, und besonders Dan 7,10; IV Esr 6,30: libri aperientur ante faciem firmamenti. Apk Bar 24,1. I Hen 47,3; 90,25; 20,13. καὶ ἔδωκεν ἡ θάλασσα τοὺς νεκροὺς τοὺς ἐν αὐτῇ, καὶ ὁ θάνατος καὶ ὁ ᾅδης (6,8) ἔδωκαν[30] τοὺς νεκροὺς τοὺς ἐν αὐτοῖς. Jes 26,19: ἀναστήσονται οἱ νεκροὶ καὶ ἐγερθήσονται οἱ ἐν τοῖς μνημείοις. Hen 61,5: „Und diese Maße werden alles in der Tiefe der Erde Verborgene offenbaren, und die, welche in der Wüste umgekommen sind und welche von den Fischen des Meeres und von den Tieren gefressen sind, damit sie wiederkehren." Hen 51,1: „In jenen Tagen wird die Erde die, welche in ihr angesammelt sind, zurückgeben, und auch die Scheol wird wiedergeben, was sie empfangen hat, und die Hölle wird, was sie schuldet, herausgeben." — Nachträglich wird hier die allgemeine Auferstehung aller Toten geschildert, deren Erscheinen vor Gottes Richterthron schon im vorhergehenden Vers erwähnt war. Über die allmähliche Entwicklung des Gedankens der allgemeinen Totenauferstehung, der hier mit aller Bestimmtheit ausgesprochen wird, s. Bousset, Rel. d. Judent. 255-262. καὶ ἐκρίθησαν ἕκαστος κατὰ τὰ ἔργα αὐτῶν. Der Wechsel von Sing. und Plur. bei ἕκαστος kommt in der Apk häufiger vor. — Es folgt nun das allgemeine große Gericht, von dem natürlich diejenigen, die schon im tausendjährigen Reich gelebt haben, ausgenommen sind. Dieses Gericht entscheidet über Seligkeit und Verdammnis. Vgl. IV Esr 7,32f.

20,14. καὶ ὁ θάνατος καὶ ὁ ᾅδης ἐβλήθησαν εἰς τὴν λίμνην τοῦ πυρός (19,25; 21,8) [οὗτος ὁ θάνατος ὁ δεύτερός ἐστιν, ἡ λίμνη τοῦ πυρός][31]. Es liegt hier der Gedanke der Beseitigung der letzten Feinde Gottes vor, vgl. dazu Jes 25,8: „Vernichten wird er den Tod für immer." I Kor 15,26.54f.; IV Esr 7,31 „Die Vergänglichkeit selber wird vergehen." Die Idee der Vernichtung der letzten Feinde Gottes spielt auch in der eranischen Eschatologie eine Rolle. Plutarch faßt deren Meinung de Is. et Os. 47 in dem Satz zusammen: τέλος δ' ἀπολείπεσθαι τὸν Ἅιδην (sc. Ahriman). 20,15. καὶ εἴ τις οὐχ εὑρέθη ἐν τῇ βίβλῳ[32] (τῷ βιβλίῳ) τῆς ζωῆς γεγραμμένος, ἐβλήθη εἰς τὴν λίμνην τοῦ πυρός. Vgl. zu dem Ganzen noch Hen 90,20: „Und ich sahe, bis ein Thron aufgerichtet wurde in dem lieblichen Land und der Herr der Schafe sich darauf setzte; und der andre (?) nahm alle die versiegelten Bücher, und er öffnete sie vor dem Herrn der Schafe". 90,24: „Sie (die gerichteten Engel) gingen an den Ort der Verdammnis, und man warf sie an einen tiefen Ort voll von Feuerflammen und voll von Feuersäulen". Vlt. IV. 121 verweist auch hier auf die parsische Vorstellung des durch den Feuerstrom vollzogenen Gerichtes. Jedoch ist hier die eranische Vorstellung (Apokatastasis) eine prinzipiell verschiedene.

Exkurs zu Kap. 20. So wie das Kapitel vorliegt, stammt es von dem Apok. letzter Hand. Namentlich in V. 4-6 zeigen sich so deutliche Spuren seiner

Schreib- und Denkweise, daß man (mit Sp. u. a.) diesen Abschnitt jedenfalls beseitigen muß, um in Kap. 20 eine Quelle zu finden. Da man jedoch für die Beseitigung des Abschnittes kaum irgendwelche nennenswerte Gründe vorgebracht hat, so wird man umgekehrt eben von V. 4-6 aus das ganze Kapitel beurteilen dürfen. Es zeigen sich außerdem auch mannigfache Berührungen mit den übrigen Teilen der Apk in unserm Kapitel, vgl. V. 2 mit 12,9; V. 10 mit 19,20; V. 11 mit 4,1ff.; V. 12 die Wendung τοὺς μικροὺς καὶ τοὺς μεγάλους; V. 13 mit 6,8; V. 14 die Wendung λίμνη τοῦ πυρός. — Der Apok. vertritt also die Anschauung vom Zwischenreich; wahrscheinlich einem alten Mythus (wenn auch unbewußt) folgend, weissagt er die Fesselung des Satans auf tausend Jahre; nachweislich schließt er sich einer älteren jüdischen Tradition an, wenn er nach dem Zwischenreich die Scharen Gogs und Magogs losbrechen läßt. Charakteristisch und original aber ist seine Weissagung an einem Punkte: Das tausendjährige Reich ist ihm eine Zeit der Märtyrer, in welcher diese den Lohn für ihre Treue im Kampf bekommen. Wieder einmal schauen wir hier der Tendenz und dem innersten Zweck des Apok. bis auf den Grund. Nach dem tausendjährigen Reich schildert er dann endlich die große Totenauferstehung, das allgemeine Gericht und das Ende alles Vergänglichen.

Fußnoten:

1. + αλλον ℵc sa. a ae. Tic.
2. εν τη χειρι ℵ 38
3. ο οφις ο αρχαιος A.
4. ℵ 38; d. übr. >.
5. ℵAQ Min (Ausn. An.^{125}); die andern Zeugen >.
6. Q Rel. (exc. An.^{12} 95) + ο πλανων την οικουμενην ολην.
7. (ℵ) A. An.^{12} 95 (Pr.); d. übr. πλανα.
8. > 1. 14. 40. 80 c ae. Tic. (s^{1} al. loco).
9. αυτον λυθηναι ℵ. An.^{123} g vg. Tic. Pr.; λυθηναι αυτον AQ Rel.; 17,10 lesen die Handschriften αυτον δει μειναι, oder δει αυτον μειναι, nur ℵ δει μειναι αυτον.
10. Eine ausführliche Erzählung Bahman Yast. 3,52-60 (vgl. 2,62), doch setzt bereits Bundehesh 29,8f. sie voraus. Auch findet sich in diesem Zusammenhang die Rechnung nach tausend Jahren. Nach Bahman Yast. 3,55 liegt Azi-Dahak 9000 Jahre gefesselt. Ein unterirdisches Gefängnis, die Abyssos also, ist nach Bundehesh 3,26 (Yasht 13,77) der Aufenthalt Ahrimans. Vlt. IV. 118.

11. Vgl. noch den ägyptischen Hymnus bei Brugsch a. a. O. 722: „Und sein scharfes Schwert trifft den geblendeten Drachen. Es erhebt sich der Unterweltsgott, er erscheint als sein Wächter. Er hat ihn erfaßt, er verschließt ihn in seinem Gefängnis".
12. Vgl. das zu 2,17 Gesagte. Auch hier liegt die Vorstellung der Zauber- und Bann-Formel vor.
13. + αυτων An.^{13} tol. lips. s^{1} c a ae.
14. + τα Q Rel.; > τα ℵA An.^{123}.
15. Der ganze Satz fehlt in ℵ Min. (exc. An. 38. 95) s^{12} (Auslassung per Homoiotel).
16. A g cle. am. fu. tol. lips.^{56} Vict. Pr.; d. übr. + και.
17. τα ℵQ 14. 38. 92; d. übr. >.
18. Statt οταν τελεσθη Q Min. (exc. An. 38. 95) μετα.
19. > ℵ An.^{4} 14. 92.
20. > ℵ A An.$^{(1)2}$, der Apok. liebt die Wiederholung des Artikels.
21. + και ℵ al. (g) vg. s^{1} ae. Aug. (Pr.).
22. > A An.^{2} lips.^{4} (Tic.). Pr. (ℵ fehlt); Q Rel. sa. c a s^{1} Vict. (Tic.) εκ του ουρ. απο τ. θ.; ℵcP An. vg. s^{2} απο τ. θ. εκ τ. ουρ. Doch ist 21,2.10 εκ του ουρανου απο του θεου gesichert; P An. stellen auch 21,2 um, Pr. reprasentiert hier nicht den altlateinischen Text.
23. ℵ Rel.; > του APQ An. sa.; S. 175.
24. > ℵ An.^{1} fu. dem. tol. c a ae.
25. Hier erscheinen die Parther noch nicht nach, sondern vor dem messianischen Reich.
26. επ' αυτου A 1. 95; επανω αυτου ℵ 38. S. 165.
27. ℵAC 38. 95; > του d. übr.
28. ο ουρανος κ. η γη tol. a ac. Aug.
29. τους μικρ. κ. τ. μεγ. Q 4. 26. 31. 32. 48. 121 m c; > Min.^{15}. Sonst steht in der Apk immer μικρους και μεγαλους.
30. εδωκεν A s^{1}.
31. ουτος – πυρος > An.^{1} al. c sa. a (Pr.) Promiss. (s^{1} > η λιμνη του πυρος). — Wenn hier kein Homoiotel. vorläge, so würde man mit Sicherheit den Satz für die Glosse eines späteren Abschreibers erklären. So bleibt die Entscheidung unsicher.
32. ℵAP An.^{135} 38; Q Rel. εν τω βιβλιω gesichert ist η βιβλος in der ganzen Apk. nur 3,5.

C. DIE NEUE WELT. SCHLUßWORT. KAP. 21,1-8.

21,1-5a Die neue Welt. 21,1. καὶ εἶδον οὐρανὸν καινὸν καὶ γῆν καινήν· ὁ γὰρ πρῶτος οὐρανὸς καὶ ἡ πρώτη γῆ ἀπῆλθον(αν ℵA). Vgl. Jes 65,17; 66,22; Hen 91,15; (45,4.5; 72,1); Jubil 1,29; Slav. Hen 65,6ff.; Apk Bar 32,6 u. ö.; IV Esr 7,75; Mt 19,28; II Pt 3,13. Vgl. Religion d. Judent. 268f. καὶ ἡ θάλασσα οὐκ ἔστιν ἔτι. Parallelen zu dieser Vorstellung finden sich namentlich in der sibyllinischen Literatur, dort hängen sie sichtlich mit der Weissagung eines allgemeinen Weltbrandes zusammen. So heißt es V 158f.: ἥξει δ' οὐρανόθεν ἀστὴρ μέγας εἰς ἅλα δῖαν καὶ φλέξει πόντον βαθὺν (ähnlich schon IV 179f.). Noch näher verwandt ist V 447: ἔσται δ' ὑστατίῳ καιρῷ ξηρός ποτε πόντος. Vgl. V 530 und VIII 236. Dieselbe Idee findet sich bereits in der Schilderung des Weltunterganges, Himmelfahrt Moses 10,6; vgl. die pseudojohanneische Apk Kap. 19 (apoc. apocr. ed Tischendorf): καὶ ὅταν ἀνοίξῃ τὴν ἕκτην σφραγῖδα, ἐκλείψει τὸ δίμυρον τῆς θαλάσσης; – und Bedas Kommentar, der ebenfalls zu dieser Stelle auf den Weltbrand[1] verweist. Auch ist eine Parallele bei Plutarch de Iside et Osiride 7 immerhin sehr merkwürdig. Es heißt dort von den Isispriestern: ὅλως δὲ καὶ τὴν θάλατταν ἐκ πυρὸς ἡγοῦνται καὶ παρωρισμένην, οὐδὲ μέρος οὐδὲ στοιχεῖον ἀλλ' ἀλλοῖον περίττωμα διεφθορὸς καὶ νοσῶδες. — Es mögen bei diesen Phantasien über das Verschwinden des Meeres auch agrarische Neigungen einer binnenländischen Bevölkerung mitspielen. An einen Zusammenhang mit dem babylonischen Schöpfungsmythus, in welchem das Wasserungetüm Tiâmat als spezieller Gegner der Götter, erscheint, ist hier wohl kaum zu denken.

21,2. καὶ τὴν πόλιν τὴν ἁγίαν Ἰερουσαλὴμ καινὴν εἶδον καταβαίνουσαν ἐκ τοῦ οὐρανοῦ ἀπὸ τοῦ θεοῦ (S. 177). Der Wechsel der Präposition ist beabsichtigt: ἐκ gibt den Ursprung, ἀπό den Urheber an. Der Apok. erwartet also das himmlische Jerusalem erst nach dem tausendjährigen Reich, er rechnet dasselbe schlechthin zu der zukünftigen Welt. Jeder Gedanke an eine Verklärung und Erneuerung des irdischen Jerusalems ist ausgeschlossen. Diese Anschauung vom himmlischen Jerusalem findet sich nun übrigens auch in späteren jüdischen Apokalypsen. Sie scheint erst nach dem Fall Jerusalems weitere Verbreitung gefunden zu haben. Bald nach diesem Ereignis verkündigt die Apokalypse des Baruch (Kap. 4), daß das zerstörte Jerusalem gar nicht das eigentliche Jerusalem sei. Dieses sei bei Gott von Anfang der Welt bewahrt, Moses habe es auf dem Berge Sinai gesehen. In ähnlicher Weise wird in der vierten Vision des IV Esra-Buches das himmlische Jerusalem dem irdischen gegenübergestellt. Demgemäß wird nun auch in der Zukunft nicht mehr eine Erneuerung des irdischen, sondern ein Erscheinen des himmlischen Jerusalem erwartet IV Esra 7,26; 8,52; 10,27ff.50ff.; 13,36. Das Theologumenon von dem präexistenten Jerusalem ist freilich wahrscheinlich früher vorhanden gewesen. Vgl. bereits I Hen 90,28ff.; 53,6; Gal 4,26; Hebr 12,22, aber einen Einfluß auf den Glauben und die Eschatologie des jüdischen Volkes erhielt, so weit wir wenigstens sehen können, jene theologische Theorie erst nach dem Fall Jerusalems. Daneben hielt sich freilich auch noch die spezifisch irdische, chiliastische Hoffnung auf Neu-Jerusalem. Ein schönes Beispiel hierfür gibt das fünfte Buch der Sibyllinen mit den beiden Bildern von Neu-Jerusalem V. 250ff. 420ff. Vgl. Religion d. Judentums 221. 272. ἡτοιμασμένην ὡς νύμφην κεκοσμημένην τῷ ἀνδρὶ αὐτῆς. S. das zu 19,7 Bemerkte. Zum zweiten Mal schlägt der Apok. hier das Motiv vom himmlischen Jerusalem, der Braut des Lammes, an. Er pflegt seine Bilder von fernher vorzubereiten.

21,3. καὶ ἤκουσα φωνῆς μεγάλης ἐκ τοῦ θρόνου[2] (οὐρανοῦ) λεγούσης· ἰδοὺ ἡ σκηνὴ τοῦ θεοῦ μετὰ τῶν ἀνθρώπων. Hebr 8,2; 9,11. Ist ἐκ τοῦ θρόνου zu lesen, so hat man auf den Richterthron Gottes 20,11 zu beziehen. Das neue Jerusalem soll zugleich der Wohnsitz Gottes bei den Menschen (entsprechend der alttestamentlichen Stiftshütte) sein. καὶ σκηνώσει μετ' αὐτῶν, καὶ αὐτοὶ λαὸς[3] αὐτοῦ ἔσονται, καὶ αὐτὸς ὁ θεὸς ἔσται μετ' αὐτῶν[4][5]. Ez 37,27: καὶ ἔσται ἡ κατασκήνωσίς μου ἐν αὐτοῖς, καὶ ἔσομαι αὐτοῖς θεὸς, καὶ αὐτοί μου ἔσονται λαός. Sach 8,8: καὶ κατασκηνώσω ἐν μέσῳ Ἱερουσαλὴμ, καὶ ἔσονταί μοι εἰς λαὸν, κἀγὼ ἔσομαι αὐτοῖς εἰς θεὸν. Jer LXX 31 (38) 33: καὶ ἔσομαι αὐτοῖς εἰς θεὸν καὶ αὐτοὶ ἔσονταί μοι εἰς λαόν. Gen 17,8; Jes 65,19; II Kor 6,16.

21,4. καὶ ἐξαλείψει[6] πᾶν δάκρυον ἐκ[7] (S. 167) τῶν ὀφθαλμῶν αὐτῶν (7,17), καὶ ὁ[8] θάνατος οὐκ ἔσται ἔτι, οὔτε πένθος οὔτε κραυγὴ οὔτε πόνος οὐκ ἔσται ἔτι, ὅτι[9] τὰ πρῶτα ἀπῆλθον (S. 165). Jes 25,8: „Vernichten wird er den Tod für immer" (LXX übers. falsch) καὶ πάλιν ἀφεῖλεν κύριος ὁ θεὸς πᾶν δάκρυον ἀπὸ παντὸς προσώπου. Jes 35,10: ἀπέδρα ὀδύνη καὶ λύπη καὶ στεναγμός. Jes 65,16-19; Hen 10,22.

21,5. καὶ εἶπεν ὁ καθήμενος ἐπὶ τῷ θρόνῳ. Der Dativ nach ὁ καθήμενος ist in der Apk ungebräuchlich, s. o. S. 165 (An.-Hndschrn. lesen ἐπὶ τοῦ θρόνου, ἐν τῷ θρόνῳ)[10]. ἰδοὺ καινὰ ποιῶ πάντα[11]. Jes 43,19: ἰδοὺ ἐγὼ ποιῶ καινά. II Kor 5,17. Es ist ein Mosaik aus alttestamentlichen Stellen und Motiven, in welchem der Apok. hier die Herrlichkeit der neuen Zeit darstellt. Es sind wenige Züge, die nicht ihre Parallelen hätten. Aber wie wirkungsvoll ist dies Mosaik gestaltet. Wie mächtig setzt der Apok. gleich am Anfang mit der Betonung persönlichen Schauens ein. Ich habe es gesehen! Ich sah den neuen Himmel und die neue Erde! Und was er weiter zu sagen hat, läßt er durch eine himmlische Stimme verkünden, und zum Schluß spricht der auf dem Throne sein majestätisches welterneuerndes Wort selbst.

21,5b-8. Vorläufiges Schlußwort. καὶ λέγει·[12] γράψον, ὅτι (weil) οὗτοι οἱ λόγοι πιστοὶ καὶ ἀληθινοί εἰσιν[13] (19,6). 21,6. καὶ εἶπέν μοι· γέγοναν[14] (γέγονα?). Nach der parallelen Stelle 16,17 (γέγονεν) ist doch wohl γέγοναν zu lesen und zu übersetzen: Es ist geworden. ἐγὼ τὸ ἄλφα καὶ τὸ ὦ, ἡ ἀρχὴ καὶ τὸ τέλος. S. o. zu 1,8. 22,13. ἐγὼ τῷ διψῶντι δώσω αὐτῷ[15] (s. o. S. 178) ἐκ τῆς πηγῆς τοῦ ὕδατος τῆς ζωῆς (S. 160) δωρεάν. 22,17; Jes 55,1. 21,7. ὁ νικῶν κληρονομήσει[16] ταῦτα καὶ ἔσομαι αὐτῷ[17] θεὸς, καὶ αὐτὸς ἔσται μοι υἱός. II Sam 7,14. 21,8. τοῖς δὲ δειλοῖς καὶ ἀπίστοις[18] καὶ ἐβδελυγμένοις καὶ φονεῦσιν καὶ πόρνοις καὶ φαρμάκοις καὶ εἰδωλολάτραις καὶ πᾶσιν τοῖς ψευδέσιν. — Die Stimmung ist ähnlich wie Ps Sal. 17,28. Mit dem Gedanken an die neue Zeit und ihre Segnungen verbindet sich der Gedanke der ethischen Läuterung der Gemeinde (des Volkes). Rel. d. Judent. 268f. Die Aufzählung ist charakteristisch. Unter den Verworfenen voran stehen die Feigen. Die feigen Christen, die im Kampf mit dem Tiere nicht bestanden haben, sind zunächst ausgeschlossen von der Seligkeit im neuen Jerusalem. Man könnte beinahe vermuten, daß dann weiter τοῖς ἀπίστοις mit „den Untreuen" zu übersetzen wäre, möglich aber auch, daß der Apok. hier an die Ungläubigen insgesamt denkt. Ebenso könnte man vielleicht die ἐβδελυγμένοι auf diejenigen speziell beziehen, die sich durch den Dienst des Tieres verunreinigt haben. Den ersten drei Gliedern folgen dann drei allgemeinere Wendungen, denen wir in den Lasterkatalogen des N. T. häufiger begegnen (Mörder, Unsittliche, Giftmischer). Den Schluß machen wieder zwei charakteristische Worte: Götzendiener und Lügner. Götzendienst ist die Kardinalsünde, vor welcher der Apok. warnt. Die Götzen aber sind Lügengebilde, die Götzendiener Lügner. Vgl. zum ganzen die ähnliche Aufzählung 22,15. τὸ μέρος αὐτῶν ἐν τῇ λίμνῃ τῇ καιομένῃ πυρὶ καὶ θείῳ (s. zu 19,20), ὅ ἐστιν ὁ θάνατος ὁ δεύτερος. S. o. zu 2,11, vgl. 20,6.15. Möglich ist es, daß der Apok. in diesen Versen die Mysteriensprache nachahmt, die damals wohl auch schon den christlichen Gottesdienst zu beeinflussen beginnt. Von der vollendeten gläubigen Gemeinde und ihrer Versammlung werden alle Ungeweihten und Unwürdigen ausgeschlossen.

Über den Abschnitt 21,1-8 können wir uns kurz fassen. Er zeigt deutlich Sprache und Geist des Apok. letzter Hand; vgl. die Parallelen V. 1. 2 zu 19,7, V. 3 zu 7,15, V. 4 zu 7,17, V. 5 zu 19,9f. — ὁ καθήμενος ἐπὶ τῷ (?) θρόνῳ (?), πιστὸς καὶ ἀληθινός, τὸ ἄλφα καὶ τὸ ὦ, τῷ διψῶντι δώσω αὐτῷ (vgl. die Briefschlüsse), πηγῆς τοῦ ὕδατος τῆς ζωῆς, ὁ νικῶν, τὸ μέρος αὐτῶν ἐν, λίμνη καιομένη πυρὶ καὶ θείῳ. Wir haben in diesem Abschnitt gleichsam wieder das Gegenstück zu den vorhergehenden furchtbaren oder doch ernsten Gerichtsszenen, ein Lichtbild, wie die Abschnitte 7,1ff.9ff.; 14,1ff. 15,2ff.; 19,1ff. Achten wir auch auf die Tonart und Haltung des Stückes! Die Begeisterung des Apok. ist auf das

Höchste gestiegen. Staunenden und verzückten Blickes betrachtet er die neue Welt. In leuchtenden Farben, wie in 7,9ff., schildert er das selige Glück des Jenseits. Gesunken sind alle Fesseln, gefallen alle Hüllen. Das Erste ist vergangen! Siehe, ich mache alles neu! — Und Gott ist gegenwärtig, den Seinen nahe; nur den Frevlern, die nun endgültig ausgewiesen werden, furchtbar.

Fußnoten:

1. Weitere Parallelen s. Bousset, Antichrist 159ff.
2. θρονου ℵA vg. (a) Ir.i Aug.; alle andern ουρανου. Ir.gr. >; vielleicht sind daher beide Varianten eine spätere Glosse.
3. λαοι ℵA An.[12] Ir. ist aus Nachlassigkeit wegen des vorhergehenden αυτοι entstanden.
4. ℵP An.[123] c ae. Aug. (Pr.); d. übr. μετ' αυτων εσται. Diese Variante hängt mit der folgenden zusammen.
5. A vg. s[12] Ir.i Tic. + αυτων θεος. (P An.([1])[2]([3]) + θεος αυτων). Offenbar liegt hier eine Kombination zweier Lesarten vor: 1) και αυτος ο θεος εσται μετ' αυτων, 2) και αυτος ο θεος εσται θεος αυτων. Der letzte Gedanke aber scheint erst nach den alttestamentlichen Parallelen (s. o.) eingetragen zu sein (anders urteilt B. Weiß).
6. + απ' αυτων Q Rel. (exc. An.); + ο θεος A 1. 161 vg. Tert. Tic. Pr.
7. ℵA tol.; d. übr. απο; s. o. zu 7,17.
8. > ℵ Ir.gr.
9. > AP am. fu. luxov. lipss. (Schreibversehen nach ετι).
10. An.[1] επι του θρ.; An.[3] εν τω θρ.
11. Q Rel. (exc. An.) παντα καινα ποιω.
12. + μοι ℵP An. 26 cle. fu. lipss. s[1] c sa. a ae. (Pr.).
13. + του θεου Q Rel. (exc. An.) s. oben zu 19,9.
14. ℵcA lesen die ungewöhnliche Form γεγοναν, 38 γεγονασιν; die 3 Pers. Plural. setzen auch s[1] vg. Ir.i Pr. voraus (factum est); dementsprechend schieben übrigens A 38 vg. Cypr. Tic. Pr. c ae. hinter εγω ein ειμι ein. Buresch, Rhein. Museum 1891 p. 193, will γεγοναν nicht aufnehmen und plädiert für die Lesart der übrigen Zeugen γέγονα, das hier einfach = εἰμί stehe.
15. > αυτω ℵAP An.[1]([2])[35].
16. δωσω αυτω Q Rel. 1 (exc. An.).
17. αυτων A An.[12] a Tert.
18. ℵAP 1. 49. 51. 79. 80. 81 g vg. m c a Tert. Tic. Pr.; Q Rel. + αμαρτωλοις.

NACHTRAG. DAS GESICHT VOM NEUEN JERUSALEM. KAP. 21,9-22,8.

21,9. καὶ ἦλθεν εἷς ἐκ (S. 166) τῶν ἑπτὰ ἀγγέλων τῶν ἐχόντων τὰς ἑπτὰ φιάλας τῶν γεμόντων (γεμούσας)[1] τῶν ἑπτὰ πληγῶν τῶν ἐσχάτων. Also wohl derselbe Engel, der 17,1 dem Apok. Babel zeigte. Ist τῶν γεμόντων zu lesen, so ist doch anzunehmen, daß der Apok. das Attribut auf φιάλας beziehen wollte, wozu es allein paßt, und daß er wegen des vorhergehenden τῶν ἀγγέλων sich versah. καὶ ἐλάλησεν μετ' ἐμοῦ λέγων· δεῦρο, δείξω σοι (4,1; 17,1) τὴν νύμφην [τὴν γυναῖκα][2] τοῦ ἀρνίου. Für den Apok. ist Neu-Jerusalem noch die Braut des Lammes (21,2), wenn er auch proleptisch und ungenau 19,7 davon redet, daß das Weib des Lammes sich zur Hochzeit vorbereitet hat. Offenbar ist demgemäß τὴν γυναῖκα hier eine Glosse, durch welche ein Abschreiber diesen Vers mit dem falsch verstandenen Satz 19,7 ausgleichen wollte. 21,10. καὶ ἀπήνεγκέν με ἐν πνεύματι ἐπὶ ὄρος μέγα (Ez 40,2) καὶ ὑψηλόν. Der Gegensatz zu 17,3 ist beabsichtigt. καὶ ἔδειξέν μοι τὴν πόλιν τὴν ἁγίαν Ἰερουσαλὴμ (V. 2) καταβαίνουσαν ἐκ τοῦ οὐρανοῦ ἀπὸ τοῦ θεοῦ. (20,9); 21,2. Jerusalem wird hier mit Nachdruck die heilige Stadt (Gegensatz zu 11,8) genannt. Denn dies neue Jerusalem stammt ja vom Himmel her. 21,11. ἔχουσαν τὴν δόξαν τοῦ θεοῦ. — Beachte hier und im Folgenden die dreifache asyndetische Weiterführung durch das Partizip. Vgl. Jes 60,1: ἡ δόξα κυρίου ἐπί σε ἀνατέταλκεν. Ez 43,2: καὶ ἰδοὺ δόξα θεοῦ Ἰσραὴλ ἤρχετο κατὰ τὴν ὁδὸν ... καὶ ἡ γῆ ἐξέλαμπεν ὡς φέγγος ἀπὸ τῆς δόξης κυκλόθεν. Als das Erste und Wichtigste schaut der Apok., daß die Stadt die Lichtherrlichkeit und Gegenwart Gottes in sich schließt. ὁ φωστὴρ (auch hier Asyndeton) αὐτῆς ὅμοιος λίθῳ τιμιωτάτῳ, ὡς λίθῳ ἰάσπιδι κρυσταλλίζοντι. Über den kristallklaren Jaspis s. den Kommentar zu 4,3. Der Leuchter ist nicht identisch mit der δόξα Gottes. Was der Apok. sich bei dem ohne weitere Erklärung eingeführten Leuchter Gottes denkt, sagt er uns nicht.

21,12. ἔχουσα τεῖχος μέγα καὶ ὑψηλὸν, ἔχουσα πυλῶνας δώδεκα καὶ ἐπὶ τοῖς πυλῶσιν (S. 166) ἀγγέλους δώδεκα[3] καὶ ὀνόματα ἐπιγεγραμμένα, ἅ ἐστιν τὰ ὀνόματα[4] τῶν δώδεκα φυλῶν υἱῶν Ἰσραήλ (S. 173). Zu diesem Vers und dem folgenden vgl. Ez 48,30ff.; Jes 62,6: „Auf deine Mauern stelle ich Wächter". Jedes Tor scheint nach der Vorstellung des Apok. einem Stamme zur Benutzung überlassen zu sein (de W., anders Dstd.). 21,13. ἀπὸ ἀνατολῆς πυλῶνες τρεῖς καὶ ἀπὸ βορρᾶ ... καὶ ἀπὸ νότου ... καὶ ἀπὸ δυσμῶν ... Mit den zwölf genau nach den vier Himmelsrichtungen orientierten Toren der Himmelsstadt und den darüber gesetzten Engeln hat es eine eigene Bewandtnis. Wenn, wie weiter unten noch wahrscheinlich gemacht werden wird, das neue Jerusalem nichts andres ist, als die Himmelsstadt im eigentlichen Sinne, die wunderbare Stadt, die auf diesem sichtbaren Himmelsgewölbe ruht, oder mit diesem identisch ist, dann werden wir die Tore mit den zwölf Engeln auf den zwölffach geteilten Tierkreis und seine zwölf Götter beziehen. Der Apok. hat durch seine Beziehung auf die zwölf Stämme Israels den ursprünglichen Sinn verwischt. Aber in den zwölf Engeln, die über den Toren wachen, hat er ein ursprüngliches Rudiment stehen lassen. Die Vorstellung selbst stammt aus Babylon. Über die Herkunft des Tierkreisbildes von dort und über Tierkreiskult vgl. Zimmern KAT³ 626ff.; vgl. Diodor II 30: τῶν θεῶν δὲ τούτων (der 36 Dekane) κυρίους εἶναι φασι δώδεκα τὸν ἀριθμὸν, ὧν ἑκάστῳ μῆνα καὶ τῶν δώδεκα λεγομένων ζῳδίων ἓν προσνέμουσιν. Zu den zwölf Toren am Himmel vgl. noch Hen 72,2ff.; 75,4ff. Zur Vorstellung der den Aufenthalt der vollendeten Frommen schützenden Mauer vgl. slav. Hen 65,10. Greßmann, Urspr. d. israel.-jüd. Eschatol. 227ff. 21,14. καὶ τὸ τεῖχος τῆς πόλεως ἔχων(?)[5] θεμελίους δώδεκα. Die drei Tore auf jeder Seite teilen die Mauer in zwölf Abschnitte, deren jeder von einem Grundstein getragen wird. Die Grundsteine aber sind zum Teil wenigstens sichtbar gedacht. Das Himmelsgewölbe ruht nach naiver Vorstellung auf mächtigen Grundquadern. καὶ ἐπ' αὐτῶν δώδεκα ὀνόματα τῶν δώδεκα ἀποστόλων τοῦ ἀρνίου. Zur Vorstellung vgl. Eph 2,20; Hebr 11,10, zur Sache s. u. den Exkurs. 21,15. καὶ ὁ λαλῶν μετ' ἐμοῦ εἶχεν μέτρον κάλαμον χρυσοῦν, ἵνα μετρήσῃ τὴν πόλιν καὶ τοὺς πυλῶνας αὐτῆς καὶ τὸ τεῖχος αὐτῆς[6]. Ez 40,3: καὶ ἐν τῇ χειρὶ αὐτοῦ ἦν ... κάλαμος μέτρον; vgl. 40,48. Über die verschiedenen Vorstellungen, die sich mit dem Bilde des Messens verbinden, s. die Ausführungen zu 11,1. Hier bedeutet das Messen, daß dem Seher die Maße der Stadt gezeigt werden sollen, vgl. Ez. 42,16; Hen 61,1ff. 21,16. καὶ ἡ πόλις τετράγωνος κεῖται. Die Stadt liegt viereckig da. καὶ τὸ μῆκος αὐτῆς, ὅσον [καὶ][7] τὸ πλάτος. καὶ ἐμέτρησεν τὴν πόλιν[8] τῷ καλάμῳ ἐπὶ σταδίους[9] (Winer §49, I S. 381) δώδεκα χιλιάδων. Wenn nicht ἐπὶ σταδίων zu lesen ist, so liegt hier wieder ein unmotivierter Wechsel des Casus vor. Es fragt sich, ob mit der Zahl von 12000 Stadien der Gesamtumfang der Stadt oder ihre Ausdehnung nach jeder Richtung hin bezeichnet ist. Das letztere ist das wahrscheinliche. τὸ μῆκος καὶ τὸ πλάτος καὶ τὸ ὕψος αὐτῆς ἴσα ἐστίν. Die Stadt hat also die Gestalt eines Kubus, dessen jede Seite eine Länge von 12000 Stadien hat. 12000 Stadien sind etwa gleich 300 deutschen Meilen. Eine phantastische Vorstellung, die kaum daher zu erklären ist, daß das Allerheiligste im Tempel kubusartig gebaut war. Ez (45,2); 48,16.20 ist nun von der quadratartigen Form Neujerusalems die Rede. Eine gewisse Parallele liegt dagegen Sib. V 251f. vor, wo es von den Mauern Jerusalems heißt, daß sie von Jerusalem nach Joppe und bis an die dunklen Wolken reichen (vgl. auch V 424f.).

Nach Baba bathra 75b soll das neue Jerusalem ebenso hoch, wie lang und breit sein und zwar drei Meilen hoch. Hier findet sich in der Tat die ungeheuerliche Vorstellung der kubusartigen Stadt wieder. — Die Vorstellung wird aber verständlich, wenn angenommen werden darf, daß das neue Jerusalem ursprünglich die am Himmel sich ausdehnende Sternenstadt ist, die ebenso lang und breit, wie hoch ist. 21,17. καὶ ἐμέτρησεν τὸ τεῖχος αὐτῆς· ἑκατὸν τεσσεράκοντα τεσσάρων πηχῶν, μέτρον ἀνθρώπου, ὅ ἐστιν ἀγγέλου. Da mit dem letzten Satz nur gesagt sein kann, daß das menschliche Maß auch das im Himmel (bei den Engeln) geltende ist[10], so beträgt die Höhe der Mauer wirklich 144 Ellen = 70 Meter (Hltzm.) und nicht mehr. Neben der Stadt von 300 Meilen Höhe ist die Mauer von 144 Ellen unendlich winzig. Aber auch hier erklärt sich das wunderliche Bild aus der zu Grunde liegenden vom Apok. kaum mehr verstandenen naturhaften Vorstellung. Nach naiver Anschauung, die hier noch hervortritt, ruht das Himmelsgewölbe, da wo Erde und Himmel sich berühren, auf einer schmalen Rampe. Das wäre dann die winzige Mauer der ungeheuren Stadt. Wenn der Apok. freilich vorher die Mauer μέγα und ὑψηλόν nennt und sie mit dem Tierkreis und seinen zwölf Toren zusammenbringt, so zeigt sich, daß er nur noch disjecta membra der ursprünglichen Vorstellungen besitzt. — 21,18. καὶ ἦν[11] ἡ ἐνδώμησις τοῦ τείχους αὐτῆς ἴασπις, καὶ ἡ πόλις χρυσίον καθαρὸν ὅμοιον ὑάλῳ καθαρῷ. Der Unterbau der Mauern über den Grundsteinen besteht aus Jaspis. Die Stadt selbst aber ist von reinen glasähnlichem (d. h. durchsichtigem Gold). 21,19. [καὶ[12]] οἱ θεμέλιοι τοῦ τείχους τῆς πόλεως παντὶ λίθῳ τιμίῳ κεκοσμημένοι.·Mit „allerlei“ kostbarem Edelstein. Die Aussagen hier und im Folgenden schwanken etwas. Hier erscheinen die Mauern nur mit Edelsteinen geschmückt. Im Folgenden scheinen sie aus Edelsteinen zu bestehen. Jedenfalls ist klar, was unter dem Juwelenschmuck des Himmelsgewölbes und dessen Mauern ursprünglich zu verstehen ist. ὁ θεμέλιος ὁ πρῶτος ἴασπις, ὁ δεύτερος σάπφειρος, ὁ τρίτος χαλκηδὼν, ὁ τέταρτος σμάραγδος. 21,20. ὁ πέμπτος σαρδόνυξ, ὁ ἕκτος σάρδιον, ὁ ἕβδομος χρυσόλιθος, ὁ ὄγδοος βήρυλλος, ὁ ἔνατος τοπάζιον, ὁ δέκατος χρυσόπρασος, ὁ ἐνδέκατος ὑάκινθος, ὁ δωδέκατος ἀμέθυστος. Es werden hier fast dieselben Steine, wenn auch in andrer Reihenfolge, aufgezählt, die sich Ex 28,17ff.; LXX 36,17ff.; (39,10ff.) in der Beschreibung des Brustschildes des Hohenpriesters und Ez LXX 28,13 in der Schilderung des Gewandes des (mit dem König von Tyrus verglichenen) Urmenschen finden. Diese drei alttestamentlichen Listen sind nämlich alle drei völlig parallel, nur daß Ez 28,13 hinter ἴασπις noch καὶ ἀργύριον καὶ χρυσίον eingeschoben ist. In der Liste der Apk lassen sich nicht sofort identifizieren: χαλκηδών σαρδόνυξ ὑάκινθος χρυσόπρασος. Für diese hat die LXX ἀχάτης ἄνθραξ λιγύριον ὀνύχιον.

Es mag folgender Versuch gewagt werden, die Reihenfolge der Edelsteine in der Apk aus der im Ex und Ez zu entwickeln. In den Exodusstellen sind die zwölf Steine in Stichen zu je drei geordnet. Ich nehme an, daß der Apok. den hebräischen oder griechischen Text in einer Anordnung las, in der Stichos 2 vor 1; 4 vor 3 gestellt war. Er las also die Reihenfolge:

ἄνθραξ	σάπφειρος	ἴασπις
σάρδιον	τοπάζιον	σμάραγδος
χρυσόλιθος	βηρύλλιον	ὀνύχιον
λιγύριον	ἀχάτης	ἀμέθυστος

Ferner hat der Apok. oder seine Quelle den Stichos 1. 2 von rechts nach links, den Stichos 3. 4 von links nach rechts gelesen. Dann kommt ungefähr die Reihenfolge im Text der Apk heraus. 1) ἴασπις. 2) σάπφειρος. 3) ἄνθραξ dafür Apk χαλκηδών. 4) σμάραγδος. 5) liest Apk allerdings σαρδόνυξ, während wir das τοπάζιον der LXX an der Stelle von ὀνύχιον (Nr. 9) finden; es muß hier eine Verwerfung stattgefunden haben zwischen den im Text benachbarten Nr. 5 und 9. 6) σάρδιον. — Dann von links nach rechts: 7) χρυσόλιθος. 8) βηρύλλιον (βήρυλλος). 9) τοπάζιον s. zu Nr. 5. 10) λιγύριον dafür σαρδόνυξ. 11) ἀχάτης dafür ὑάκινθος. 12) ἀμέθυστος. Es würden sich dann die Gleichungen ergeben ἄνθραξ = χαλκηδών, ὀνύχιον = σαρδόνυξ, λιγύριον = χρυσόπρασος; ἀχάτης = ὑάκινθος. An zwei Punkten können diese Gleichungen bestätigt werden: Hiob 28,16 liest LXX Cod. 248marq. tatsächlich σαδονύχιον für ὀνύχιον, und Ez 28,13 fügt die Luciangruppe der Hndschr. vor ἀχάτης ein ὑάκινθος ein. ὑάκινθος erscheint also wohl als Doppellesart zu ἀχάτης. So mögen auch die übrigen Identifikationen und damit auch die oben vorgetragene Hypothese zu Recht bestehen. — Danach hat sich die Erklärung der einzelnen Edelsteine zu gestalten. — 1) ἴασπις s. o. den Kommentar zu 4,3. 2) σάπφειρος = סַפִּיר, auch noch Ex 24,10; Plinius H. N. 37,39, nicht der durchsichtige Saphirstein, sondern der dunkelblaue Lazurstein. 3) χαλκηδών. Der χαλκηδών kommt weder in der LXX noch bei Plinius vor. Vielleicht ist er = ἄνθραξ, נֹפֶךְ Karfunkel, Rubin. 4) σμάραγδος s. Kommentar zu 4,3. 5) σαρδόνυξ = ὀνύχιον (?) יָשְׁפֵה; Plinius 37,23: Sardonyches olim, ut ex nomine ipso apparet, intellegebantur candore in sarda, hoc est velut carnibus ungue hominis inposita et utroque tralucido. 6) σάρδιον s. den Kommentar zu 4,3. 7) χρυσόλιθος תַּרְשִׁישׁ, nach Plinius 37,42 goldgelb, wohl identisch mit unserm Topas, während unser Chrysolith grasgrün ist. 8) βήρυλλος, LXX βηρύλλιον (ebenso P, ιος Q) שֹׁהַם; — Gen 2,12 ὁ λίθος ὁ πράσινος. Plin. 37,20 viriditatem puri maris imitantur. 9) τοπάζιον פִּטְדָה, auch Hiob 28,19, nach Strabo (Wtst.) goldgelb, wie unser Topas, nach Plinius 37,32 grün, wie unser Chrysolith. 10) χρυσόπρασος kommt in der LXX nicht vor. Nach Plin. 37,29 ist er von blässerem Goldglanz als der Chrysoberyll. Er würde vielleicht dem λιγύριον, Übers. von לֶשֶׁם (Opal) entsprechen. 11) ὑάκινθος entspräche eventuell dem ἀχάτης שְׁבוֹ, nach Plinius 37,41 dem Amethyst ähnlich. 12) ἀμέθυστος אַחְלָמָה, nach Plinius 37,40 purpurfarben. — Es ist möglich, daß wie die sieben Planeten nachweislich zu sieben Metallen in Beziehung gesetzt wurden (Bousset, Archiv f. Rel.-Wiss. IV 234ff.), so die zwölf Edelsteine Symbole der Tierkreisgestirne waren; Zimmern, KAT^3 II 628,1; 624,3.

21,21. καὶ οἱ δώδεκα πυλῶνες δώδεκα μαργαρῖται· ἀνὰ εἷς ἕκαστος (Winer §37,3 A; vgl. ἓν καθ' ἕν 4,8) τῶν πυλώνων ἦν ἐξ ἑνὸς μαργαρίτου. Baba bathra 75b: „R. Iochanan saß und predigte: Gott wird einst Edelsteine und Perlen anschaffen, dreißig Ellen lang, ebenso viel breit. Dieselben werden ausgehöhlt zu einer Höhe von zwanzig, einer Breite von zehn Ellen, um dann als Tore von Jerusalem zu dienen". Gfrörer II 246. Vgl. zu diesem und den vorhergehenden Versen Jes 54,12: „Ich will Deine Grundfeste mit Rubinen legen und will dich gründen mit Sapphiren. Deine Zimmer will ich aus Jaspis machen und Deine Tore aus Karfunkeln und Deine ganze Grenzeinfassung aus Edelsteinen". καὶ ἡ πλατεῖα (22,2) τῆς πόλεως χρυσίον καθαρὸν ὡς ὕαλος διαυγής: wie durchsichtiges Kristallglas. Der Apok. stellt sich hier wie 21,18 also durchsichtiges Gold als möglich vor. ἡ πλατεῖα steht generisch: alles was die Stadt an Straßen hat. Auch bei dieser Schilderung schaut die ursprüngliche Anschauung von dem glänzenden, klaren Himmelsgewölbe hindurch. Vgl. das zu 4,1 und 15,2 Bemerkte. Gunkel, zum religionsgesch. Verst. d. NT. 49, denkt sogar direkt, wie bei dem im Folgenden erwähnten Himmelsstrom, so hier bei der goldnen Gasse, an die Milchstraße; Greßmann Urspr. d. isr.-jüd. Eschat. 223 an die Prozessionstraße Marduks in Babel, die hier in den Himmel projiziert erscheine.

21,22. καὶ ναὸν οὐκ εἶδον ἐν αὐτῇ. ὁ γὰρ κύριος ὁ θεὸς ὁ παντοκράτωρ (S. 176) ναὸς αὐτῆς ἐστιν καὶ τὸ ἀρνίον. Vgl. Mk 13,2 u. Par.; Joh 4,21. Wenn auch diese Weissagung nicht ganz ohne Analogieen in der spätjüdischen Anschauung ist (Sp.), so ist es doch wahrscheinlicher, daß dieser Satz von einem Christen geschrieben wurde (Genaueres s. u.).

21,23. καὶ ἡ πόλις οὐ χρείαν ἔχει τοῦ ἡλίου οὐδὲ τῆς σελήνης, ἵνα φαίνωσιν[13] αὐτῇ· ἡ γὰρ δόξα[14] τοῦ θεοῦ ἐφώτισεν αὐτήν, καὶ ὁ λύχνος αὐτῆς τὸ ἀρνίον. Vgl. V. 11. Jes 60,19f.: καὶ οὐκ ἔσται σοι ἔτι ὁ ἥλιος εἰς φῶς ἡμέρας, οὐδὲ ἀνατολὴ σελήνης φωτιεῖ σοι τὴν νύκτα, ἀλλ' ἔσται σοι κύριος φῶς αἰώνιον καὶ ὁ θεὸς δόξα σου. οὐ γὰρ δύσεται ὁ ἥλιός σοι, καὶ ἡ σελήνη σοι οὐκ ἐκλείψει, ἔσται γὰρ κύριός σοι φῶς αἰώνιον. Es ist möglich, daß die δόξα τοῦ θεοῦ der Sonne und das Licht des Lammes dem des Mondes entsprechen soll.

21,24. καὶ περιπατήσουσιν τὰ ἔθνη διὰ τοῦ φωτὸς αὐτῆς, καὶ οἱ βασιλεῖς τῆς γῆς φέρουσιν[15] τὴν δόξαν[16] αὐτῶν[17] εἰς αὐτήν. Jes 60,3: καὶ πορεύσονται βασιλεῖς τῷ φωτί σου καὶ ἔθνη τῇ λαμπρότητί σου (vgl. 5-7), 11 εἰσαγαγεῖν πρὸς σε δύναμιν ἐθνῶν. Vgl. Jes 49,23; Ps 72,10. Diese ganze Schilderung paßt nicht zu dem Vorhergehenden, zu der bis jetzt fest gehaltenen Schilderung des himmlischen Jerusalems. Denn hier werden doch offenbar Heidenvölker und Fürsten noch außerhalb Jerusalems wohnend gedacht (Ew., de W., Bleek). Das aber stimmt nicht zu der in V. 1 geschilderten Szenerie, dem neuen Himmel und der neuen Erde. Hier liegt ganz deutlich ein archaistischer Zug in der Schilderung vor, der ursprünglich nur in das Bild von dem erneuerten (irdischen) Jerusalem hineinpaßt. 21,25. καὶ οἱ πυλῶνες αὐτῆς οὐ μὴ κλεισθῶσιν ἡμέρας· νὺξ γὰρ οὐκ ἔσται ἐκεῖ. Jes 60,11: καὶ ἀνοιχθήσονται αἱ πύλαι σου διὰ παντός, ἡμέρας καὶ νυκτὸς οὐ κλεισθήσονται. Vgl. Sach 14,7: ἔσται μίαν ἡμέραν ... καὶ οὐχ ἡμέρα καὶ οὐ νύξ. Man beachte die mechanische Umwandlung der Jesaiasstelle. 21,26. καὶ οἴσουσιν τὴν δόξαν καὶ τὴν τιμὴν τῶν ἐθνῶν εἰς αὐτήν[18]. Jes 60,5: ὅτι μεταβαλεῖ εἰς σὲ πλοῦτος θαλάσσης καὶ ἐθνῶν καὶ λαῶν. — 21,27. καὶ οὐ μὴ εἰσέλθῃ εἰς αὐτὴν πᾶν κοινὸν καὶ [ὁ] ποιῶν?[19] βδέλυγμα (17,4f.; 21,8) καὶ ψεῦδος (21,8; 22,15), εἰ μὴ οἱ γεγραμμένοι ἐν τῷ βιβλίῳ τῆς ζωῆς τοῦ ἀρνίου[20]. 13,8. Jes 52,1: οὐκέτι προστεθήσεται διελθεῖν διά σου ἀπερίτμητος καὶ ἀκάθαρτος. Jes 35,8: καὶ οὐ μὴ παρέλθῃ ἐκεῖ ἀκάθαρτος. Ez 44,9: πᾶς υἱὸς ἀλλογενὴς ἀπερίτμητος καρδίᾳ καὶ ἀπερίτμητος σαρκὶ οὐκ εἰσελεύσεται εἰς τὰ ἅγιά μου ἐν πᾶσιν υἱοῖς ἀλλογενῶν τῶν ὄντων ἐν μέσῳ οἴκου Ἰσραήλ.

22,1. καὶ ἔδειξέν μοι ποταμὸν ὕδατος ζωῆς λαμπρὸν ὡς κρύσταλλον (4,6; 7,17) ἐκπορευόμενον (4,6) ἐκ τοῦ θρόνου τοῦ θεοῦ καὶ τοῦ ἀρνίου. Ez 47,1: καὶ ἰδοὺ ὕδωρ ἐξεπορεύετο ὑποκάτωθεν τοῦ αἰθρίου κατ' ἀνατολάς. Sach 14,8: καὶ ἐν τῇ ἡμέρᾳ ἐκείνῃ ἐξελεύσεται ὕδωρ ζῶν ἐξ Ἱερουσαλήμ. Der Fluß, der in sämtlichen parallelen Schilderungen (vgl. auch Gen 2,10-14) erscheint und der bald zweigeteilt (Sach 14,8), bald viergeteilt (Gen 2,10ff.) ist, bald aus zwei Quellen herkommt und sich in vier Arme teilt (slav. Hen 8), erklärt sich ebenfalls am besten, wenn wir uns vergegenwärtigen, daß allen diesen Paradiesesbeschreibungen ursprünglich die Naturanschauung des gewölbten Himmels zu Grunde liegt. Der Himmelsfluß ist die Milchstraße mit ihren Armen. Die mandäischen Phantasien vom himmlischen Jordan (Brandt, mand. Rel. 186) und die rabbinische vom Flusse Dinur (Bousset, Rel. d. Judent. 317,1) haben die Naturanschauung der Milchstraße am Sternenhimmel als Ausgangspunkt. Vgl. Gunkel, Kommentar Z. Genesis² 33; z. religionsgesch. Verst; d. NT. 49ff. 22,2. ἐν μέσῳ τῆς πλατείας αὐτῆς καὶ τοῦ ποταμοῦ ἐντεῦθεν καὶ ἐκεῖθεν ξύλον ζωῆς (der Singular ist generisch zu verstehen) ποιῶν (οὖν) καρποὺς δώδεκα, κατὰ μῆνα ἕκαστον ἀποδιδοῦς (οὖν)[21] τὸν καρπὸν αὐτοῦ. Man kann entweder übersetzen: auf der Mitte der Straße und zu beiden Seiten des Flußes, so daß also τοῦ ποταμοῦ von dem nachfolgenden ἐντεῦθεν καὶ ἐκεῖθεν abhängig zu denken ist (Beng., Züll., de W.) — oder: zwischen ihrer Gasse und dem Fluß auf beiden Seiten (Dstd., Hltzm.). Das letztere ist grammatisch einfacher, aber der Ausdruck auf beiden Seiten bleibt in diesem Fall recht unverständlich. Klarer ist Ez 47,7: καὶ ἰδοὺ ἐπὶ τοῦ χείλους τοῦ ποταμοῦ δένδρα πολλὰ σφόδρα ἔνθεν καὶ ἔνθεν, 12 καὶ ἐπὶ τοῦ ποταμοῦ ἀναβήσεται ἐπὶ τοῦ χείλους αὐτοῦ ἔνθεν καὶ ἔνθεν· πᾶν ξύλον βρώσιμον οὐ μὴ παλαιωθῇ ... οὐδὲ μὴ ἐκλίπῃ ὁ καρπὸς αὐτοῦ. τῆς καινότητος αὐτοῦ πρωτοβολήσει ... Grundtext: „Ihre Blätter werden nicht verwelken, noch ihre Früchte aufhören, alle Monde werden sie neue Früchte tragen." Bemerkenswert ist, daß sich in diesem Verse die verwandten Vorstellungen von der goldnen Gasse (s. zu 21,21) und dem Lebensstrom unmittelbar neben einander finden. Woher die Vorstellung der vielen immergrünen Lebensbäume stammt, ist schwer zu sagen. Der Verweis auf Gen 2,9 allein genügt nicht. Ob eine naive Phantasie diese Bäume in dem Lichtgewimmel der Milchstraße sah? Das mythologische Kapitel vom Himmelsbaum und Himmelsbäumen ist lang. Ursprünglich bedeutet „der" ungeheure Himmelsbaum, dessen Wurzeln im Wasser ruhen, „der alles bedeckt und Erzeugnisse von allen Früchten hat" (slav. Hen 8) das Himmelsgewölbe selbst, das auf den unterirdischen Wassern gegründet ist, von dem nach antiker Vorstellung aller befruchtender Same herunterkommt, an dem die Lichtkörper hängen. (Dan LXX 4,7ff.; vgl. Die eranische Vorstellung vom Baum Allsamen im Bundehesh). Hier erscheinen aber eine unendliche Zahl solcher Bäume. Ob auch diese Vorstellung letztlich dieselbe Wurzel hat? καὶ τὰ φύλλα τοῦ ξύλου εἰς θεραπείαν τῶν ἐθνῶν. Ez 47,12: καὶ ἔσται ὁ καρπὸς αὐτῶν εἰς βρῶσιν καὶ ἀνάβασις αὐτῶν εἰς ὑγίειαν. Hen 25,4-6: „Von seiner Frucht wird den Auserwählten Leben gegeben werden." Die seltsame Wendung setzt außerhalb Jerusalems wohnende Heidenvölker voraus. Wir haben hier also wieder einen archaistischen und in die Schilderung des himmlischen Jerusalems eigentlich nicht hineinpassenden Zug, der eben einfach herübergenommen ist. Bemerkenswert ist, daß auch in den beigefügten Parallelen ein derartiger Zug sich nicht findet. 22,3. καὶ πᾶν κατάθεμα οὐκ ἔσται ἔτι[22]. „Kein Gebannter wird darinnen sein." Sach 14,11: καὶ ἀνάθεμα οὐκ ἔσται ἔτι καὶ κατοικήσει Ἱερουσαλὴμ πεποιθότως. – καὶ ὁ θρόνος τοῦ θεοῦ καὶ τοῦ ἀρνίου ἐν αὐτῇ ἔσται, καὶ οἱ δοῦλοι αὐτοῦ λατρεύσουσιν αὐτῷ (nämlich Gott). 7,15. 22,4. καὶ ὄψονται τὸ πρόσωπον αὐτοῦ (Gottes), καὶ τὸ ὄνομα αὐτοῦ ἐπὶ τῶν μετώπων αὐτῶν s. zu 14,1. 22,5. καὶ νὺξ οὐκ ἔσται ἔτι[23], (21,25) καὶ οὐ[24] χρεία φωτὸς[25] λύχνου καὶ φωτὸς[26] ἡλίου[27]. Sie bedürfen weder des künstlichen noch des Sonnen-Lichtes. ὅτι κύριος ὁ θεὸς φωτιεῖ (φωτίσει AP) [ἐπ'][28] αὐτούς καὶ βασιλεύσουσιν εἰς τοὺς αἰῶνας τῶν αἰώνων. 21,23. Vgl. Dan 7,27.

Exkurs zu Kap. 21,9-22,5

Auch mit der hier vorliegenden Schilderung vom neuen Jerusalem wurzelt der Apok. ganz und gar im Boden der jüdischen Apokalyptik. Und zwar vertritt er entschieden die spätere Wendung der Auffassung vom neuen Jerusalem, wie sie erst in der Zeit nach der Zerstörung Jerusalems die jüdische Phantasie beherrscht (vgl. slav. Henoch 55,2; IV Esr 7,26; 8,52; 10,54-59; 13,36; Apk Bar 4,2-6; Gal 4,26; Hebr 12,22; angedeutet schon Hen 53,6; 90,28ff.). Für ihn ist Neu-Jerusalem nicht mehr wie in der national bestimmten Erwartung des älteren Judentums das erneuerte irdische Jerusalem, sondern die vom Himmel kommende Stadt. Er bringt das Gesicht vom himmlischen Jerusalem erst nach der Erneuerung von Himmel und Erde. Er schaut wie die neue Stadt vom Himmel her, von Gott, sich heruntersenkt auf die erneuerte Erde[29]. Aber freilich ist diese Idee vom himmlischen Jerusalem vom Apok. nicht rein durchgeführt. In den Versen 21,24-27; 22,2 ist der Standpunkt des Jenseits vollkommen verlassen. Da wohnen noch Völker auf der Erde, die nach Jerusalem wallfahrten. Da gibt es noch Unreines und Gemeines, das von seinen Toren ausgeschlossen bleibt. Da müssen die Blätter des Lebensbaumes noch zur Heilung der Heiden dienen. Der Widerspruch in den Vorstellungen ist so hart, daß der Verweis auf die alttestamentlichen Parallelen und die Annahme der Abhängigkeit des Apok. von diesen kaum zur Erklärung ausreicht. Er wird sich am besten durch die Annahme erklären lassen, daß der Apok. in diesem Abschnitt eine schriftlich fixierte Quelle herübergenommen und überarbeitet hat. Dafür sprechen auch noch manche andere Beobachtungen. Vor allem die unorganische Verbindung zwischen diesem Stück und der übrigen Masse der Apk. Es steht hier an einem Ort, wo man eigentlich nach 21,1-8 kaum noch etwas erwarten sollte. Hätte der Apok. hier kein Quellenstück vor sich gehabt, aus eignem Antrieb hätte er schwerlich diese lange Ausführung noch hinzugefügt. Daß er zweimal, 19,7 und 21,2, zum Voraus auf diese Stücke hinweist, scheint ebenfalls darauf hinzudeuten, daß hier ein quellenmäßiger Zusammenhang vorliegt.

Dafür sprechen auch die merkwürdigen Doubletten 21,23 und 22,5b, 21,25 und 22,5a, 21,27 und 22,3. Demgemäß haben die meisten Kritiker in diesem Stücke eine jüdische Quelle mit dünner christlicher Bearbeitung gefunden (Vischer, Weyl., Sp., Pfleid., Sab., Schmidt, J. Weiß).

Was nun bei dieser Voraussetzung in dem Stück dem Apok. letzter Hand zuzuschreiben ist, kann im einzelnen kaum mehr bestimmt werden. Hier variieren die Kritiker mannigfaltig. In der Einleitung V. 9-10 spürt man (zum Teil) seine Hand. Das gerade hier immer wiederkehrende ἀρνίον 21,9.(14.)22.23.27; 22,1.3 deutet überall auf Bearbeitung von seiner Seite. Sicher stammt von ihm in V. 14 der Hinweis auf die Apostel des Lammes; vielleicht sogar der ganze Vers mit seiner im Zusammenhang unklaren Vorstellung von den Grundsteinen der Mauern. Die Behauptung, daß im himmlischen Jerusalem kein Tempel sei, wird er ebenfalls erst eingebracht haben (doch beachte das ἀρνίον am Schluß); vielleicht auch den ganzen V. 23 mit seinem ὁ λύχνος αὐτῆς τὸ ἀρνίον (vgl. die Doublette 22,5). In V. 27 haben wir wieder neben der Erwähnung des Lammes eine Doublette (22,3). Aber im einzelnen läßt sich nicht mehr mit Sicherheit entscheiden. Ich gebe deshalb auch meinen Versuch, den ich in der früheren Auflage auf Grund eines als ursprünglich angenommenen Rhythmus angestellt habe, preis.

Es erübrigt noch die Frage, ob das hier als Quelle vorliegende Fragment in einen größeren Zusammenhang mit den übrigen eruierten Fragmenten zusammenzustellen sei. Und da ist schon eben hervorgehoben, daß die Themata: Zerstörung Babels durch den mit den Parthern wiederkehrenden Nero, Drohrede gegen Rom, neues Jerusalem, sich auch sonst — namentlich in der fünften Sibylle — so wie hier neben einander finden. Das deutet vielleicht auf einen ursprünglichen Zusammenhang der drei Gesichte in Kap. 17. 18. 21 hin, zumal diese sämtlich durch die spezifische Figur des Offenbarungsengels zusammengehalten sind, der in der Apk sonst nur noch 10,1-11,13 eine Rolle spielt, so daß wir versucht wären auch dies vierte Stück derselben Quelle zuzuweisen. Aus dieser Quelle würde dann auch das Motiv 19,9-10; 22,6-9 (Anbetung des Engels) stammen. Doch das bleiben Vermutungen, die nur mit allem Vorbehalt aufzustellen sind.

Fußnoten:

1. των γεμοντων ℵAP An.^{2} (γεμουσων ℵc); γεμουσας Q Rel., τας γεμουσας An.(^{1})^{3}. Die Lesart γεμοντων ist sehr hart, aber doch nicht unmöglich.
2. ℵAP. An.^{4} 38 g vg. c s^{12} a ae. Cypr. Tic. Pr.; την γυν. τ. νυμφ. του αρν. Q Rel.; την νυμφ. τ. αρν. τ. γυν. An.^{12} lips.^{5}. Das Schwanken der Handschriften deutet darauf hin, daß την γυναικα eine Glosse ist.
3. και επι – δωδεκα > A fu s^{2} (Homoiotel.).
4. > ℵP An.^{123} a ae. (τα ονοματα A 35. 87 al.^{12}, ονοματα Q Rel.), die Wiederholung von (τα) ονοματα entspricht dem Sprachgebrauch der Apk.

5. APQ An.[1](5) (א fehlt); אc Rel. εχον. Die unglaubliche grammatische Konstruktion ist textlich dennoch sehr gut bezeugt.
6. > και – αυτ. אAP (Homoiotel.).
7. + και A 40 vg. c s² a ae Pr.
8. εν fügen hinzu P An.[12](4), gerade die Klasse, welche sonst oft εν fortläßt (Studien 27).
9. σταδιων אP An.[12].
10. Unmöglich ist die Deutung Sp.s: menschliches Maß, welches ein Engel gebraucht, also in Wirklichkeit viel größer.
11. > ην אcAP g s¹² a (א > η); Schreibfehler.
12. + και א* An.[123] cle. lips.[45] c s¹² a ae.
13. + εν אc An.[3] vg. c.
14. αυτη γαρ η δοξα Q Rel. (exc. An.[13]).
15. Q Rel. (exc. An.) + αυτων (nachher > την).
16. + και την τιμην. Q Rel. (exc. An.) vg c s². Konformation nach V. 26.
17. των εθνων Q Rel. (exc. An.) c s¹². Konformation nach V. 26.
18. Q Rel. (exc. An.) + ινα εισελθωσιν.
19. ο ποιων א Rel.; ποιων אcA 18. 41. 68. 92; ποιοῦν PQ An. Es wird ο ποιων zu lesen sein, ποιων wird durch Nachlässigkeit entstanden sein, ποιουν ist Korrektur. Möglich aber auch, daß der Apok. wirklich schrieb παν κοινον κ. ποιων.
20. > του αρνιου Ir.gr..
21. ποιων lesen freilich nur A 18, aber αποδιδους alle mit Ausnahme von A 30. 32. 34. 47. 80. 94. 121. 161 (1. 29 αποδιδοντα), und diese haben dafür die ungewöhnliche Form αποδιδουν, die doch vielleicht erst nachneutestamentlich ist. — Dann liegt hier ein grober grammatikalischer Verstoß vor.
22. א c >; An. εκει.
23. אAP 2. 19. 35. 68 vg. s² Tic. Pr.; εκει An. s¹ a; Q Rel. c ae. >.
24. οὐ χρεία Q Rel. s² a (Pr.); ουκ εχουσιν χρειαν א; χρ. ουκ. εχ. P An.; ουχ εξουσιν χρ. A s¹; non egebunt g vg. Tic.
25. אA 18. (38.) 47. 79. 80 g. vg. s¹²a Tic. Pr.; > PQ Rel. Ambr.
26. φως AP 11. 12. 32. 48. 79. 81.
27. אAP An. g vg. s¹² ae. Tic. Pr.; > Q Rel.
28. אA 35 g Tic. Pr.; d. übr. >.
29. Natürlich ist die mythologische Idee von der wunderbaren Himmelsstadt älter als beide Ideen der jüdischen Apokalyptik von der Erneuerung Jerusalems und von dem himmlischen Jerusalem. Daher kommt es, daß schon bei den früheren Schilderungen Anm: Die auf der

nächsten Seite fortgesetzte Anmerkung wurde hier vervollständigt vom erneuerten Jerusalem im alten Testament und in der spätjüdischen Literatur (Bousset, Rel. d. Judentums 226f.) sich wieder und wieder eine Reihe rätselhafter Züge einmischen, die das Bild einer irdischen Stadt sprengen und tatsächlich dem Mythus von der wunderbaren Himmelsstadt entstammen (Gunkel, Komment. z. Genesis² 30f., z. religionsgesch. Verst. d. N. T. 50). Man vergleiche namentlich Schilderungen in der spätjüdischen Literatur, wie sie sich Sib. V. 247-285, 414-433 und vor allem Tobit 13,16ff., der nächsten Parallele zu unserm Stücke, finden.

30. οἰκοδομηθήσεται Ἱερουσαλὴμ σαπφείρῳ καὶ σμαράγδῳ,
31. καὶ λίθῳ ἐντίμῳ τὰ τείχη σου,
32. καὶ οἱ πύργοι καὶ οἱ προμαχῶνες ἐν χρυσίῳ καθαρῷ,
33. καὶ αἱ πλατεῖαι Ἱερουσαλὴμ βηρύλλῳ καὶ ἄνθρακι
34. καὶ λίθῳ ἐκ Σουφεὶρ ψηφολογηθήσονται.
35. Es ist aber doch (gegen Gunkel, z. religionsgesch. Verst. d. N. T. 51) als eine spätere Entwickelung anzusehen, wenn nun in der jüdischen Apokalyptik die Idee von der himmlischen Stadt in Bausch und Bogen auf das neue Jerusalem übertragen wird, und so wieder rein heraustritt.

SCHLUß. 22,6-21.

22,6-9. Die Anbetung des Engels. 22,6. καὶ εἶπέν[1] μοι (das Subjekt ist wahrscheinlich Christus V. 7)· οὗτοι οἱ λόγοι πιστοὶ καὶ ἀληθινοί (19,9; 21,5), καὶ ὁ[2] κύριος ὁ θεὸς τῶν πνευμάτων τῶν προφητῶν ἀπέστειλεν τὸν ἄγγελον αὐτοῦ, δεῖξαι τοῖς δούλοις αὐτοῦ, ἃ δεῖ γενέσθαι ἐν τάχει. „Der Herr, der Gott der Geister, der Propheten" ist wahrscheinlich eine Erweiterung der in den Bilderreden des Henoch-Buches ständig vorkommenden Bezeichnung für Gott: Herr der Geister, vgl. besonders Hen 39,12. Relig. d. Judent. 315. Das Beiwort, Herr der Geister; sichert Jahwe die absolute Herrscherstellung innerhalb des Engelreiches, das im Glauben des Spätjudentums immer mehr an Bedeutung gewann. In dem Ausdruck τῶν πνευμάτων τῶν προφητῶν liegt nun eine interessante Umdeutung dieses Namens vor[3], die wieder von dem spezifischen Interesse des Apok. an der Prophetie und von seinem prophetischen Hochgefühl zeugt (s. o. S. 138f.). Anders als 1,1 faßt der Apok. sich in dem Verse mit der ganzen Schar der Propheten zusammen. Mit dem Engel kann hier nur der Schalenengel (17,1; 21,9) gemeint sein, der dem Seher Babel und das himmlische Jerusalem gezeigt hat. Hier findet also „der Engel" in der Überschrift 1,1 seine bestimmte Erklärung, vgl. den Kommentar zu 1,1-3. 22,7. [καὶ][4] ἰδοὺ ἔρχομαι ταχύ. Aus dieser Wendung geht klar hervor, daß in diesem Verse Christus selbst (anders als 19,9) der Redende ist. Beispiele ähnlichen plötzlichen Übergangs finden sich in IV Esr, wo bald Gott, bald der Engel Gottes redend und offenbarend erscheint. μακάριος ὁ τηρῶν τοὺς λόγους τῆς προφητείας (ein Begriff: „die prophetischen Worte") τοῦ βιβλίου τούτου. Auch hier kommt in besondrer Weise das Selbstbewußtsein des Propheten zum Ausdruck. „Die prophetischen Worte bewahren", bedeutet so viel, wie ihren offenbarenden Inhalt gläubig annehmen und im Gedächtnis behalten, vgl. 1,3.

22,8. κἀγὼ[5] Ἰωάννης ὁ βλέπων καὶ ἀκούων[6] (ὁ ἀκούων καὶ βλέπων) ταῦτα. Dan 12,5: „Und ich Daniel schaute". Hier zum Schluß nennt sich der Apok. noch einmal wie am Anfang. καὶ ὅτε ἤκουσα καὶ ἔβλεπον[7], ἔπεσα προσκυνῆσαι ἔμπροσθεν τῶν ποδῶν τοῦ ἀγγέλου τοῦ δεικνύοντός μοι ταῦτα. Eine einfache Wiederholung des 19,10 Erzählten. Der Engel, der die Vision gezeigt hat, wird unterschieden von dem V. 6 Redenden und mit dem in V. 6 erwähnten Engel identifiziert. Daß hier ein ursprünglich besserer Zusammenhang erst bearbeitet wurde, darauf deutet die Inkonzinnität, daß, nachdem in V. 6 Christus geredet hat, der Seher vor dem „Engel" niederfällt. Dieser bessere Zusammenhang liegt 19,9f. vor. Hier zeigt sich die Hand des Bearbeiters einer älteren Quelle. 22,9. καὶ λέγει μοι· ὅρα μή· σύνδουλός σού εἰμι καὶ τῶν ἀδελφῶν σου τῶν προφητῶν καὶ[8] τῶν τηρούντων τοὺς λόγους[9] τοῦ βιβλίου τούτου· τῷ θεῷ προσκύνησον. Vgl. 19,10b. Noch deutlicher als dort, wo diese Tendenz nur durch eine unklare Glosse erreicht wurde, tritt hier die Wertung der Prophetie hervor. Der Engel ist Mitknecht des Johannes und der übrigen Propheten, Mitknecht der übrigen Christen nur, insofern sie himmlische Offenbarung besitzen und bewahren.

In den Versen 6-9 nimmt der Apok. also den Abschnitt 19,9-10 vollständig noch einmal auf. Nur führt er hier als Redenden Christus selbst ein und unterscheidet von ihm den Engel, den der Seher anbetet. Auch von hier aus wird es wahrscheinlich, daß der Apok. den Abschnitt 19,9-10 in einer seiner Quellen vorgefunden und zweimal verarbeitet hat, wie dies schon oben angedeutet wurde (eine ähnliche Doppelbearbeitung liegt 7,5-8; 14,1ff. vor). Und es wird weiter außerordentlich wahrscheinlich, daß diese Verse einst am Schluß jener Apokalypse gestanden haben, welche die Weissagungen vom Weibe und dem Tiere, die Drohrede gegen Babel und die Weissagung vom neuen Jerusalem enthielt. Für den Apok. gehören die Verse aber freilich nicht mehr an den Schluß des vorigen Abschnittes, sondern sie eröffnen die Schlußpartie des ganzen Buches.

22,10-15. Das Ende ist nahe. 22,10. καὶ λέγει μοι. Wahrscheinlich redet hier wieder Christus selbst, nicht der Engel. μὴ σφραγίσῃς τοὺς λόγους τῆς προφητείας τοῦ βιβλίου τούτου· ὁ καιρὸς γὰρ ἐγγύς ἐστιν. 1,4. Im Gegensatz zu Dan 8,26; 12,4.9, wo das Gesicht den fernen Zeiten gilt und deshalb von dem Seher versiegelt wird, betont der Apok. auch hier, daß er für seine Zeit und sein Geschlecht schreibt. Das konnte er freilich, auch wenn er nur im Namen des Johannes schrieb.

22,11. ὁ ἀδικῶν ἀδικησάτω ἔτι, καὶ ὁ ῥυπαρὸς ῥυπαρευθήτω[10] ἔτι[11], καὶ ὁ δίκαιος δικαιοσύνην ποιησάτω[12] ἔτι, καὶ ὁ ἅγιος ἁγιασθήτω ἔτι. Dan 12,10 Theod.: καὶ ἀνομήσωσιν ἄνομοι καὶ οὐ συνήσουσιν ἄνομοι, καὶ οἱ νοήμονες συνήσουσιν. LXX: καὶ ἁμάρτωσιν οἱ ἁμαρτωλοί, καὶ οὐ μὴ διανοηθῶσι πάντες οἱ ἁμαρτωλοὶ, καὶ οἱ διανοούμενοι προσέξουσιν. Vgl. Ez 3,27. Die volle Siegesgewißheit blitzt in diesen Worten auf: Wer unrecht tut, möge nur weiter Unrecht tun, und der Befleckte sich nur weiter beflecken. Das Gericht Gottes naht unaufhaltsam. Und der Gerechte soll nur weiter gerecht handeln, der Heilige sich heilig halten. Es naht die Zeit der Ernte und des Lohnes!

22,12. ἰδοὺ ἔρχομαι ταχὺ, καὶ ὁ μισθός μου μετ' ἐμοῦ ἀποδοῦναι ἑκάστῳ, ὡς τὸ ἔργον ἐστὶν[13] αὐτοῦ (κατὰ τὰ ἔργα αὐτοῦ). Jes 40,10: ἰδοὺ ὁ μισθὸς αὐτοῦ μετ' αὐτοῦ καὶ τὸ ἔργον ἐναντίον αὐτοῦ. 62,11: ἔχων τὸν ἑαυτοῦ μισθὸν, καὶ τὸ ἔργον πρὸ προσώπου αὐτοῦ. Ps LXX 61,13: ὅτι σὺ ἀποδώσεις ἑκάστῳ κατὰ τὰ ἔργα αὐτοῦ. Röm 2,6. I Clem 34,3: ἰδοὺ ὁ κύριος, καὶ ὁ μισθὸς αὐτοῦ πρὸ προσώπου αὐτοῦ, ἀποδοῦναι ἕκάστῳ κατὰ τὸ ἔργον αὐτοῦ. Die

Übereinstimmung der Clemensstelle mit dem vorliegenden Vers erklärt sich immerhin schwer aus der gemeinsamen Abhängigkeit von Jes 40,10; 62,11; Ps 61,13, besonders wenn man die Variante des abendländischen Textes κατὰ τὰ ἔργα αὐτοῦ in Betracht zieht. Liegt hier wirklich eine Berührung vor, so müßte allerdings der Clemensbrief wohl einige Zeit später als man gewöhnlich annimmt, angesetzt werden. Zur Proklamation Christi als des Weltrichters vgl. Mt 16,27: καὶ τότε ἀποδώσει ἑκάστῳ κατὰ τὴν πρᾶξιν αὐτοῦ. II Kor 5,10. 22,13. ἐγὼ τὸ ἄλφα καὶ τὸ ὦ, ὁ πρῶτος καὶ ὁ ἔσχατος[14], ἡ ἀρχὴ καὶ τὸ τέλος[15]. Dieselbe Wendung, die 21,6 von Gott gebraucht wurde. ἄλφα καὶ ὦ 1,8 von Gott, πρῶτος καὶ ἔσχατος 1,17; 2,8 von Christus. Christus rückt hier ganz an die Stelle Gottes. Wie er im vorhergehenden Verse sich als den Weltrichter schlechthin bezeichnet hat, so nennt er sich hier A und O, Anfang und Ende. Weil er das ist, ist er eben Weltrichter und die Versicherung seiner baldigen Ankunft gewiß. In diesem Zusammenhang sei noch nachträglich auf Riedels Aufsatz in St. Kr. 1901, 297f. verwiesen. Riedel sieht in dem A und O des Apok. eine Nachahmung des Gebrauches von א - ת bei den Rabbinen (Chr. Schöttgen, Horae hebr. et tulmudicae I 1086f.) und findet einen Hinweis darauf, in dem ungewöhnlichen ἐρχόμενος der Formel 1,8.(4) (s. zu diesen Stellen). In dem ἔρχεσθαι = אָתָא stecke das א - ת der eigentlich hebräisch gedachten und nur griechisch gesprochenen Formeln. Das sind zweifelhafte Kombinationen. Reitzenstein, Poimandres will 286 die Formel A und O und die verwandten gerade aus hellenistischer Theologie und den Spekulationen über den Gott Zion ableiten. (Vgl. den ganzen Abschnitt 256ff.)

22,14. μακάριοι οἱ ποιοῦντες τὰς ἐντολὰς αὐτοῦ[16] (πλύνοντες τὰς στολὰς αὐτῶν), ἵνα (über dieses merkwürdige ἵνα und seinen johanneischen Charakter s. o. S. 172, 178) ἔσται ἡ ἐξουσία αὐτῶν ἐπὶ τὸ ξύλον τῆς ζωῆς καὶ τοῖς πυλῶσιν (ein merkwürdiger Dativ instrumentalis (?); die Tore sind als Mittel zum Eingehen betrachtet) εἰσέλθωσιν εἰς τὴν πόλιν. In scharfem, unmittelbarem Übergang wird nun noch einmal das Geschick der Frommen und Gottlosen schroff neben einander gestellt. Dabei werden hier die im Vorhergehenden bekannt gewordenen Vorstellungen verwertet. Vgl. noch Dan 12,12f. 22,15. ἔξω οἱ κύνες (die alte Bezeichnung für die Heiden, Mt 7,6; 15,26.) καὶ οἱ φαρμακοὶ (s. o. das zu 9,21 [φαρμακία] Bemerkte) καὶ οἱ πόρνοι καὶ οἱ φονεῖς καὶ οἱ εἰδωλολάτραι καὶ πᾶς φιλῶν καὶ ποιῶν[17] ψεῦδος. Hier liegt eine vollständige Parallele zu 21,8 vor, nur daß dort die Aufzählung für den Apok. charakteristischer ist. Beachte auch hier das εἰδωλολάτραι zum Schluß in Verbindung mit πᾶς ποιῶν ψεῦδος. Überhaupt läuft V. 13-16 dem Abschnitt 21,6-8 vollkommen parallel. Ein zwingender Grund zur Quellenscheidung ergibt sich hier jedoch nicht. Wir werden annehmen dürfen, daß der Apok. den Schluß seiner Weissagung, den er oben abbrach, um die Vision vom himmlischen Jerusalem einzufügen, hier wieder aufnimmt.

22,16-17. Das Schlußwort zum Ganzen. 22,16. ἐγὼ Ἰησοῦς ἔπεμψα τὸν ἄγγελόν μου. „Meinen Engel". Es ist nicht etwa hier Johannes gemeint, und mit „Bote" zu übersetzen (B. Weiß), da dies dem Sprachgebrauch der Apk widerspricht. Von einem Engel (vgl. 1,1) redet der Seher unter dem Eindruck der letzten Visionen. μαρτυρῆσαι ὑμῖν (vielleicht auf die Propheten zu beziehen) ταῦτα ἐπὶ[18] (S. 166) ταῖς ἐκκλησίαις. ἐγώ εἰμι ἡ ῥίζα (5,5, der Wurzelsproß) καὶ τὸ γένος (d. h. hier so viel wie „vom Geschlecht") Δαυείδ (zum Fehlen des Artikels S. 173) ὁ ἀστὴρ ὁ λαμπρὸς ὁ πρωϊνός. Vgl. 2,28. Hier ist der Messias selbst der Morgenstern, der dort den Gläubigen verheißen wird. Jes 11,10; 14,12? Num 24,17; Test. Lev. 18; Jud 24 (Sp.). Weshalb aber der Messias und noch dazu unter deutlicher Beziehung (vgl. die Prädikate λαμπρός πρώϊνος) auf Jes 14,12, wo überdies vom gefallenen Morgenstern (dem Urmenschen?) geredet ist, hier Morgenstern genannt wird, bleibt völlig unerklärbar. Der ganze Vers ist ein mächtiger Abschluß. Mit teilweise geheimnisvollen, feierlich altertümlichen Wendungen (die Wurzel und das Geschlecht Davids) führt sich Jesus hier noch einmal ein. Er selbst war es, der seinen Engel sandte und seinen Gemeinden gilt das Zeugnis. Im feierlichsten Stil folgt der an diese feierliche Versicherung sich anlehnende Ruf des Geistes und der Braut:

22,17. καὶ τὸ πνεῦμα καὶ ἡ νύμφη λέγουσιν· ἔρχου. Der Geist ist der (eine) in den Propheten redende Geist, die Braut auch hier das himmlische Jerusalem, als Person gedacht. Welch eine merkwürdige Dreiheit — an gnostische Spekulationen erinnernd —: Christus, der Geist, die Braut. καὶ ὁ ἀκούων εἰπάτω· ἔρχου. καὶ ὁ διψῶν ἐρχέσθω[19], ὁ θέλων λαβέτω ὕδωρ ζωῆς δωρεάν. 21,6; Jes 55,1. Die Worte sind im Tone höchster ekstatischer Begeisterung gesprochen. Zugleich sind sie auf die Wirkung bei der gottesdienstlichen Vorlesung berechnet. Die Gemeinde wird geradezu aufgefordert, in den Refrain (ἔρχου) mit einzustimmen.

22,18-19. Die Kanonisierungsformel. 22,18. μαρτυρῶ ἐγὼ παντὶ τῷ ἀκούοντι τοὺς λόγους τῆς προφητείας τοῦ βιβλίου τούτου V. 7.10. Wieder wendet sich der Seher wie am Anfang an sämtliche Hörer bei der kirchlichen Verlesung. ἐάν τις ἐπιθῇ ἐπ' αὐτά, ἐπιθήσει [ἐπ' αὐτὸν][20] ὁ θεὸς τὰς πληγὰς τὰς γεγραμμένας ἐν τῷ βιβλίῳ τούτῳ. 22,19. καὶ ἐάν τις ἀφέλῃ ἀπὸ τῶν λόγων τοῦ βιβλίου τῆς προφητείας ταύτης, ἀφελεῖ ὁ θεὸς τὸ μέρος αὐτοῦ ἀπὸ τοῦ ξύλου τῆς ζωῆς καὶ ἐκ[21] τῆς πόλεως τῆς ἁγίας (22,14) τῶν γεγραμμένων ἐν τῷ βιβλίῳ τούτῳ. 21,9ff.; 22,1f. Bereits Dt 4,2 heißt es: οὐ προσθήσεσθε πρὸς τὸ ῥῆμα, ὃ ἐγὼ ἐντέλλομαι ὑμῖν, καὶ οὐκ ἀφελεῖτε ἀπ' αὐτοῦ (vgl. 13,1). Der Satz ist im späteren Judentum die übliche Kanonisierungsformel der heiligen Schriften geworden. Besonders bedeutsam ist hier die Stelle Ps Aristeas § 311. Da heißt es beim Abschluß der Erzählung von der Übersetzung der griechischen Bibel: „Und nachdem alle den Worten beigestimmt hatten, befahl er nach ihrer Sitte, den zu Verfluchen, der eine Bearbeitung unternehmen werde, indem er etwas hinzusetzte oder irgend etwas von dem Geschriebenen änderte oder ausließ." Vgl. ferner Hen 104,10-13 und Josephus c. Apionem I 42: δῆλον δ' ἐστὶν ἔργῳ, πῶς ἡμεῖς πρόσιμεν τοῖς ἰδίοις γράμμασιν. τοσούτου γὰρ αἰῶνος ἤδη παρῳχηκότος οὔτε προσθεῖναί τις οὐδὲν οὔτε ἀφελεῖν αὐτῶν οὔτε μεταθεῖναι τετόλμηκεν. Vgl. Rel. d. Judent. 125. Der Apok. kanonisiert hier seine eigne Schrift mit der üblichen Formel. Welche eigentümliche Sicherheit prophetischen Bewußtseins kommt hier zum Ausdruck!

22,20. λέγει ὁ μαρτυρῶν ταῦτα· ναί, ἔρχομαι ταχύ. ἀμὴν ἔρχου κύριε Ἰησοῦ[22] S. 176. In einer erschütternd innigen Weise klingt die Grundbestimmung des Buches aus: Amen, Komm Herr Jesus, mache ein Ende aller Not. Der Vers ist ein persönliches Bekenntnis des Sehers. Das ἔρχου κύριε Ἰησοῦ ist wahrscheinlich einfache Übersetzung der offenbar im Anfang des Christentums gebräuchlich gewesenen liturgischen Formel Maranatha (I Kor 16,22; Didache 10,6), damit zugleich auch ein Zeugnis für das Recht der Übersetzung: unser Herr, komm (nicht der Herr kommt).

22,21. ἡ χάρις τοῦ κυρίου[23] Ἰησοῦ[24] (S. 176) μετὰ πάντων τῶν ἁγίων[25]. Zum Schluß erfolgt der übliche Gruß. In einer Apk ist dieses ungewöhnlich; doch erklärt es sich daraus, daß der Apok. sich hier an die Hörer im Gottesdienst wendet.

V. 6-21 zeigen so sehr im großen und ganzen (mit Ausnahme des Abschnittes V. 6-9) den literarischen Charakter des Apok. letzter Hand, daß es unnötig erscheint, die auch hier vorgenommenen kritischen Scheidungen zu registrieren.

Fußnoten:

1. λεγει Q Rel., a (exc. An.[1]) Konformation nach 19,9.
2. ℵA; d. übr. >.
3. So erklärt sich auch die seltsame und archaistische Aussage, daß es mehrere Prophetengeister gibt. Wie aber der Apok. neben den sieben Geistern den einen Gottesgeist (V. 17) kennt, so kennt er auch für gewöhnlich nur einen Geist, der in Anm: Die auf der nächsten Seite fortgesetzte Anmerkung wurde hier vervollständigt den Propheten

redet (vgl. die Schlüsse der Sendschreiben). Jene archaistischen Anschauungen sind eben bei ihm einfach herübergenommen.

4. > An.^{1234} dem. c. Pr.
5. εγω am. fu. c s^{1}.
6. א An.$(^{1})^{24}$ c s^{1} Dion. b. Eus.; ο ακουων και βλεπων ταυτα d. übr.; (Konformation nach dem folgenden?).
7. εβλεπον A; εβλεψα א An.^{124}; d. übr. και οτε ειδον; da βλέπειν als das ungewöhnlichere Wort den Vorzug verdient, der Apok. aber den Aor. ἔβλεψα nicht kennt, so ist mit A ἔβλεπον zu lesen. Vgl. B. Weiß.
8. > An.^{13} Pr.
9. + της προφητείας 38 cle. lips.^{46} c a Pr. (s. V. 7).
10. א ρυπανθη τω.
11. και – ετι > A An.$(^{1})^{4}$ (Homoiotel).
12. δικαιωθητω 38. 79 cle. lips.^{56} Aug., und (in einem sehr freien Zitat) das Schreiben der Gemeinde von Vienna und Lugdunum. Trotz des alten Zeugnisses wird das δικαιωθήτω kaum in den Text aufzunehmen, vielmehr als eine mechanische Konformation nach ἁγιασθήτω zu betrachten sein. Nimmt man δικαιωθήτω auf, so wird man zu übersetzen haben: Der Gerechte mache sich (werde) noch gerechter, und der Heilige noch heiliger.
13. אA (38. 81) s^{2}; Q Rel. εσται; κατα τα εργα αυτου vg. (s^{1}) c Clem. Tic. Cypr. Pr.
14. πρωτος και εσχατος A.
15. η αρχ. κ. τ. τελ. ο. πρ. κ. ο. εσχ. An.^{123} a. Or.
16. πλυν. τ. στολ. αυτ. אA 7. 38 vg. sa. ae.; ποιουντες τας εντολας αυτ. Q Rel. c a s^{12} Tert. Cypr. Pr. Die Bezeugung für die letztere Lesart ist etwas stärker. — An und für sich sind beide Ausdrücke für den Apok. gleich möglich. Es liegt hier nach der einen oder andren Seite hin ein alter Schreibfehler vor.
17. ποιων και φιλων א An.^{4} Hipp.e.r.
18. εν A An.$^{2}(^{4})$ vg. sa.?; > An.^{1} a Pr.
19. + και 33. 46 cle. fu. lips.^{4} s^{12} a Pr.
20. א An.^{234} s^{1} Tic.; ο θεος επ' αυτον Q Rel. vg. Pr.; A > επ' αυτον.
21. > εκ A 38 c.
22. + χριστε אc An.^{2} al. c a Pr.
23. + ημων 30. 161 vg. c s^{12} a sa.
24. ιησου אA sa., alle andern ιησου χριστου.A > των αγιων, א > παντων. Beides wohl Schreibversehen.

NACHTRÄGE UND BERICHTIGUNGEN.

(Seitenangaben beziehen sich auf die Originalausgabe)

S. 24 Anm. 1 l.: das neue Testament um das Jahr zweihundert.

S. 47f. lies mehrfach Patmos statt Pathmos.

S. 48 Z. 28 lies „comprobat".

S. 56 (vgl. S. 68f.) Zu Beatus vgl. H. L. Ramsay, Revue des Bibliothèques XII 1902, 74ff. (Überblick über die Handschrn. des Kommentars) und namentlich Revue d'histoire et de la litérature relig. VII 1902, 419ff. Hier S. 427 ein vollständigeres Verzeichnis der Entlehnungen des Beatus, als ich es (bei Hahn Tyconiusstudien l. c.) bieten konnte; vgl. S. 428 den Nachweis von zwei Entlehnungen (ed. Florez p. 337,28-339,20; 229,15-18) aus dem von Batiffol aufgefundenen Tractatus Origenis. Ramsay hat Recht, wenn er betont, daß die Herstellung des Textes des Ticonius in allem einzelnen doch keine so einfache Sache sei. Er rechnet seinen Vorgängern eine Reihe von Fehlern bei der Rekonstruktion vor. So stammt der S. 58,3 auch von mir als Eigentum des Ticonius angesprochene Satz nicht von diesem, sondern aus Isidors Esdras-Kommentar (Migne P. L. 83,423f.). Man wird gut tun, sich mehr als bisher auf das durch die Parallelen zu Beatus bei Primasius, Ps.-Augustin, Beda und namentlich in den Fragmenten des Spicilegium Casinense außer allen Zweifel gestellte Material zu beschränken.

S. 61. Zu dem dem Hieronymus fälschlich zugeschriebenen Kommentar der Münchener Handschr. Cod. lat. 14469 Saec. IX ist jetzt K. Hartung, ein Traktat zur Apokalypse des Ap. Johannes in einer Pergamenthndschr. der K. Bibl. in Bamberg, Bamberg 1904, zu vergleichen. Beide Hndschrn. — auch die Bamberger (patristische Hndschrn. Nr. 102) stammt aus dem 9. Jahrh. — repräsentieren dasselbe Werk, die Bamberger unter dem Namen des Isidor. Als Autoritäten des Werkes sind genannt (S. 2) ein alter Anonymus (nach Hartung VII vielleicht Hippolyt?), Origenes, Ticonius, Primasius. Danach wäre der Kommentar etwa, da er die Zeit des Primasius zu den moderna tempora rechnet (S. 3), im (sechsten) siebenten oder achten Jahrhundert geschrieben. Höchst beachtenswert ist, daß der Anonymus das Zahlenrätsel 13,18 juxta hebraicam linguam lösen will. Woher er diese im lateinischen Mittelalter unerhörte Notiz haben mag, kann ich nicht angeben.

S. 67. Zu Apringius: Weyman, textkrit. Bemerkungen z. Apokalypsenkommentar d. Apringius. Bibl. Zeitschr. hrsg. v. Sickenberger I 1903, 175-181.

S. 73f. Über Joachim vgl. den Artikel von Ehrle bei Wetzer. u. Welte s. v. und von Deutsch, RE. s. v.; Wadstein, d. eschatol. Ideengruppe, Antichrist, Weltsabbat etc. 1896, 83f. 189f.; Schott, Z.K.G. XXIII, 1902, 157ff., die Gedanken des Abtes Joachim v. Floris; F. Kropatschek, d. Schriftprinzip d. luth. Kirche I 247ff. Die bis jetzt bekannt gewordenen Handschriften der Werke Joachims verzeichnet H. Denifle, Archiv f. Lit. u. K. G. des Mittelalters I 1885, 91-97; die zum Apokalypsenkommentar „Apocalypsis nova" S. 93-94 (für die wertvollste Hndschr. erklärt D. den Cod. Ticinen. C. XXX A. 7); vgl. auch das S. 94 über das Enchiridion in Apocalypsin Vermerkte.

S. 76f. Leider ist hier von mir zur Frage des evangelium aeternum und des Liber introductorius des Gerard von Borgo die wichtigste und wie es scheint abschließende Behandlung der Frage durch H. Denifle, das evangelium aeternum und die Kommission zu Anagni (Archiv f. Lit. u. K. G. des Mittelalters I 49-142), übersehen. Denifle erörtert zunächst (S. 49-57) den ursprünglichen Sinn des Begriffes evangelium aeternum bei Joachim (ev. aet. der höhere, geistig verklärte Sinn des Evangeliums Christi). Er weist dann die Umbiegung dieses Terminus bei Gerard, dessen Erscheinung er mir doch allzusehr zu isolieren scheint, und die Beziehung desselben auf die (drei) Hauptschriften des Joachim nach. Er vermutet, daß Gerard mit seinem Introductorius nur die Concordia veteris et Novi Testamenti herausgegeben habe. Damit würde auch übereinstimmen, daß die vielfach überlieferten (31) Exzerptsätze, durch welche man die Verdammung der Lehren Joachims betreiben wollte, aus dem Introductorius und der Concordia stammen. Über die Überlieferung der Exzerptsätze vgl. Denifle S. 70-72. Ich habe nachzutragen, daß nach Denifle 72 die wertvollste Überlieferung in Matthaei Parisiensis Chron. majora VI (ed. Luard, Lond. 1882) p. 335-339 vorliegt. Die von mir S. 76 nach Renan notierten Handschriften der Pariser Bibliothek 1706 und 1726 tragen jetzt die Nummern 16533 und 16397 (über letztere s. Denifle 97). Inbetreff der 31 Exzerptsätze hat Denifle in einer sehr gelehrten und gründlichen Untersuchung (S. 76-85) bewiesen, daß dieselben, so weit sie (Nr. 8-31) auf die concordia Joachims zurückgehen, meistens böswillige Verdrehungen und Zurechtstutzungen echter Sätze Joachims seien (vgl. mein Urteil oben S. 77). Zurücknehmen muß ich nach Denifles Ausführungen meine Vermutung, dass der B. Florentius v. Acco der Autor jenes verläumderischen Machwerkes sei. D. vermutet in der Pariser Professorenpartei, an deren Spitze Wilhelm v. St. Amour stand, die Schuldigen (S. 84ff.). Nach D. sind die vom Papst verdammten schedulae (s. o. S. 77) wahrscheinlich diese in der Tat verläumderischen Exzerptsätze. Text des Protokolls von Anagni, Denifle S. 99-142.

S. 78. Über Petrus Johannis Olivi (so zu lesen statt Johannes Oliva) ist vor allem nach F. Ehrle, Petrus Joh. Olivi sein Leben und seine Schriften, Archiv f.

Lit. u. K.-G. d. M.-A. III 409-540 (vgl. ebenda II 353-416; III 1-195) zu vergleichen; ferner der Artikel van J. Jeiler in Wetzes und Weltes Kirchenlexikon IX 828-834. Die einzige bis jetzt bekannte Hndschr. der Postilla in Apocalipsim findet sich in der Laurentiana in Florenz, ausführliche Beschreibung derselben bei Ehrle III 493-495. Die Verurteilung der Schrift erfolgte durch Johann XXII am 8. Febr. 1326 (Ehrle III 455). Danach ist die Angabe oben 78,2 zu korrigieren.

S. 79. Über Ubertino vgl. Archiv f. Lit. u. K.-G. d. M.-A. II 374ff. III 88.

S. 79,2. Zu Telesphorus vgl. Wadstein, die eschatol. Ideengruppe, 181ff.; F. Kropatschek, das Schriftprinzip d. luther. Kirche I 260.

S. 80,2. Zu Segarelli und Fra Dolcino vgl. Kropatschek I 257; zu Cola di Rienzo Kropatschek I 262; Jean de la Rochetaillade (Joh. v. Rupescissa) schrieb sein Vademecum in tribulatione 1356. Kampers, histor. Jahrb. d. Görresgesellsch. XV 1894, 796ff.; Wadstein 179f.; Kropatschek 254f.; zu Savonarola Wadstein 175ff.; Kropatschek 261,3; zur Reformation Sigismunds Kropatschek 272f.; zu Lichtenberger Kropatschek 268f.

S. 81. Über Milič vgl. Kropatschek 64ff. Kr. konstatiert bei ihm Einfluß Joachims unter Verweis auf die Gefangenschaft Cola di Rienzos in Prag; über Mathias v. Janow Kropatschek 264. Auszüge aus dem Werk bei Jordan, Vorläufer des Hussitentums 1845, S. 74ff.

S. 83. E. Bernheim macht in seiner Schrift über das Wormser Konkordat u. s. Vorurkunden (Unters. z. deutschen Staats- und Rechtsgeschichte 1906 S. 84-88) auf das Scriptum super Apocalypsim des Franziskanermönches „Alexander" vom Jahre 1244 (vom Prager Domkapitel 1873 ediert, mit einer Vorrede vom Domkapitular Anton Frind) aufmerksam. B. weist nach, daß Nikolaus v. Lyra, ein Kompilator, seine charakteristischen, weltgeschichtlichen Deutungen diesem Autor entlehnt, den er mit der Wendung exponunt aliqui, dicunt hic expositores aliqui einführt. Also hätte „Alexander" und nicht Nikolaus v. Lyra die weltgeschichtliche Deutung inauguriert.

S. 83,4 lies Innocenz III st. Innocens IV.

S. 84. Über Luthers dauernd abweisende Stellung gegenüber aller eigentlich phantastischen Auslegung und Gebrauch der Apk. Kropatschek 270f.

S. 116. Zu verweisen ist noch auf die Artikelserie von J. Weiß in der Christlichen Welt 104 und dessen populäre Auslegung in den Schriften des neuen Testaments, neu übers. u. f. d. Gegenw. erkl. II. 1906; ferner auf F. Ch. Porter, the messages of the Apocalyptical Writers (in the messages of the Bible ed. by Sanders a. Kent) New-York 1905 p. 202-292.

S. 279. Zu Apk 7,1ff. vgl. Hen 66,1f.

FSC
www.fsc.org
MIX
Papier | Fördert
gute Waldnutzung
FSC® C083411